PREVENTION, PRECAUTION ET RESPONSABILITE CIVILE

Risque avéré, risque suspecté et transformation du paradigme de la responsabilité civile.

5-7, rue de l'Ecole polytechnique ; 75005 Paris

http://www.librairieharmattan.com
diffusion.harmattan@wanadoo.fr
harmattan1@wanadoo.fr

ISBN : 978-2-296-06257-3
EAN : 9782296062573

Daphné TAPINOS

PREVENTION, PRECAUTION ET RESPONSABILITE CIVILE

Risque avéré, risque suspecté et transformation du paradigme de la responsabilité civile.

Préface de
Nicolas MOLFESSIS
Professeur à l'Université Paris II (Panthéon-Assas)

L'Harmattan

Logiques Juridiques
Collection dirigée par Gérard Marcou

Le droit n'est pas seulement un savoir, il est d'abord un ensemble de rapports et pratiques que l'on rencontre dans presque toutes les formes de sociétés. C'est pourquoi il a toujours donné lieu à la fois à une littérature de juristes professionnels, produisant le savoir juridique, et à une littérature sur le droit, produite par des philosophes, des sociologues ou des économistes notamment.

Parce que le domaine du droit s'étend sans cesse et rend de plus en plus souvent nécessaire le recours au savoir juridique spécialisé, même dans des matières où il n'avait jadis qu'une importance secondaire, les ouvrages juridiques à caractère professionnel ou pédagogique dominent l'édition, et ils tendent à réduire la recherche en droit à sa seule dimension positive. A l'inverse de cette tendance, la collection *Logiques juridiques* des Éditions L'Harmattan est ouverte à toutes les approches du droit. Tout en publiant aussi des ouvrages à vocation professionnelle ou pédagogique, elle se fixe avant tout pour but de contribuer à la publication et à la diffusion des recherches en droit, ainsi qu'au dialogue scientifique sur le droit. Comme son nom l'indique, elle se veut plurielle.

Dernières parutions

TRAN Thi Thuy Duong, *Aspects juridiques de la participation des États de l'ASEAN à l'OMC*, 2008.
Alexis FRANK, *Le droit de la responsabilité administrative à l'épreuve des fonds d'indemnisation*, 2008.
Anne-Claire CHAUMONT, *L'Objectif de développement durable de l'organisation mondiale du commerce*, 2008.
Mireille MONNIER, *Le système administratif dans les établissements publics locaux d'enseignement*, 2008.
Panayotis POULIS, *Droit constitutionnel et institutions helléniques*, 2008.
Jean-Philippe TRICOIT, *La médiation judiciaire,* 2008.
Antoine KASSIS, *La réforme du droit de l'arbitrage international*, 2008.
Romain DUMAS, *Essai sur la fondamentalisation du droit des affaires*, 2008.
Alexis MIHMAN, *Juger à temps*, 2008.
Pierre BOURDON, *Le quinquennat, cinq ans après*, 2008.

Ce travail est le fruit d'une thèse remaniée, soutenue le 5 octobre 2005 à l'Université de Paris II Panthéon-Assas. Je remercie Messieurs les Professeurs Dominique BUREAU, Mustapha MEKKI, Nicolas MOLFESSIS (Directeur de thèse), François TERRE et François Guy TREBULLE pour avoir accepté de faire partie de mon jury.

Je remercie Monsieur Nicolas MOLFESSIS pour m'avoir permis de commencer cette thèse et pour son soutien dans l'adversité ainsi que Monsieur Dominique BUREAU pour ses relectures et ses encouragements.

Enfin, merci à la fidélité et au soutien de mes amis durant mes années de doctorat, en particulier à Euphémie, Francine, Gatien, Périne et Valérie, ainsi que Jean pour son aide en informatique.

A la mémoire du passé
A mes parents
A Chantal

Au fondement de l'avenir
A Michaël

PREFACE

Parmi les notions et concepts en vogue dans notre droit, la précaution occupe assurément une place de choix. Le principe de précaution, désormais fameux, a gravi les différents échelons de la hiérarchie des normes et s'installe à présent en tous contentieux. La Constitution, la loi aussi bien que les jurisprudences communautaire, administrative et judiciaire, assurent son rayonnement. Objet de recherches et d'analyses interdisciplinaires, il ne monopolise d'ailleurs pas l'attention des seuls juristes, pour investir tous les domaines du savoir. Il faut dire qu'il est le signe de notre temps, au centre des tensions qui nouent et opposent progrès et risque, science et incertitude, action et abstention. La précaution incarne nos craintes et légitime nos hésitations. Elle formalise une forme d'angoisse face à l'inconnu en laissant supposer que l'incertain pourrait être mieux maîtrisé et le pire, pourquoi pas, être évité. Voilà d'ailleurs pourquoi la santé et l'environnement, ces deux auberges de toutes formes de vie, constituent ses terres d'élection.

De cet essor remarquable, la notion de précaution ne ressort pas clairement circonscrite. C'est peu dire. A mesure que le mot fait florès, l'idée de précaution se banalise. On y range un peu de tout, sans trop savoir comment la délimiter.

En se proposant d'en faire l'étude aux côtés de la prévention, Mademoiselle Daphné Tapinos inscrit d'emblée sa réflexion autour d'une distinction essentielle : la précaution est définie comme l'anticipation d'un risque *suspecté* ; elle prend ainsi place dans un contexte d'absence de certitudes scientifiques et techniques. En revanche, la prévention présuppose que le risque soit *avéré*. Que l'on ne s'y trompe pas : dans les deux cas, il s'agit de prévenir la survenance d'un risque, sans que sa réalisation, par définition, ne soit jamais assurée. Mais dans la première hypothèse, à rebours de la seconde, le risque lui-même est affecté d'une incertitude, dont rendent compte, arbitres du savoir et de l'ignorance, les connaissances scientifiques et techniques. D'où le fait, comme elle le soulignera si justement, que la prévention consiste à éviter un risque, tandis que « la précaution est une attitude de prudence face à une incertitude ». Le risque qui appelle la précaution n'est ni avéré, ni ignoré, ni « seulement imaginé ». Il est probable.

Sur ces bases simples, bien que souvent négligées en doctrine, l'enjeu de la recherche peut être clairement posé. Il s'agit de s'interroger, comme le souligne l'auteur, sur les conditions de possibilité de l'intégration d'une obligation de prévention et d'une obligation de précaution dans le droit de la responsabilité. Il s'agit, au fond, de tracer la ligne de partage entre défaut de précaution et défaut de prévention, « afin de tenter d'établir l'existence d'un mouvement général, au sein du droit de la responsabilité civile, tendant à une prise en considération progressive de l'incertitude scientifique ».

Pour parvenir à cet objectif, Mlle Tapinos estime qu'il faut distinguer les deux fonctions essentielles de la responsabilité : la fonction curative, classique, qui vise à la réparation du dommage causé, et la fonction préventive, qui intervient en amont de la survenance d'un dommage.

Dans le premier temps, il s'agit alors d'envisager la réception des notions de prévention et de précaution dans les règles du droit de la responsabilité. Si l'étude montre que la responsabilité n'a pas vocation à en sortir, sous ce premier aspect, bouleversée, elle permet de saisir les jeux du droit de la responsabilité sous l'influence de ces vents nouveaux. Comme s'il s'agissait d'éclairer son sujet sous tous ses aspects, l'étude de Mlle Tapinos délivre ici une multitude d'enseignements.

Parce qu'elle sait l'importance des concepts, l'auteur s'attache ainsi à une remise en ordre, assurément salutaire, des différentes notions ici à l'œuvre. La science, la prudence, les probabilités, l'incertitude, le risque, l'ignorance… rien n'échappe à ce travail de mise en catégorie d'une qualité et d'une virtuosité surprenantes. On se délectera de la mobilisation des savoirs à laquelle procède Mlle Tapinos pour permettre cet ordonnancement. On s'enrichira de cette manière de distinguer et de rapprocher, forme d'agencement qui permet de retrouver son chemin dans ce dédale et de savoir y situer, à leur bonne place, la prévention et la précaution.

Parce qu'elle sait la malléabilité des notions juridiques, l'auteur montre parfaitement comment celles qui constituent le droit de la responsabilité civile se plient et se déplacent pour intégrer en leur sein les responsabilités pour défaut de prévention et de précaution. La causalité et ses théories en fournissent une parfaite illustration. L'instrumentalisation des notions n'est souvent pas loin, comme en témoignent les développements sur le recours aux présomptions ou encore ceux relatifs à la perte d'une chance. Le mouvement est plus net encore s'agissant du fait générateur de responsabilité : prévention et précaution incitent ainsi à un renouvellement du contenu du fait personnel. De nouveaux devoirs apparaissent, qui viennent élargir, sous l'influence de l'idée de précaution, le fait dont on peut être responsable. C'est un même mouvement d'extension que subit à son tour la responsabilité du fait des choses. Que l'on n'en déduise pas pour autant trop hâtivement que la prévention et la précaution entendent s'affranchir des fondements classiques de la responsabilité civile. Elles s'y meuvent aisément : la faute et le risque, comme le montre l'auteur, les accueillent parfaitement et se montrent aptes à saisir la distinction de la prévention et de la précaution.

C'est sans doute le second temps qui fournit à Mlle Tapinos l'occasion de donner à la prévention et à la précaution toute leur dimension. Sous le spectre du dommage, le défaut de prévention et de précaution montre son originalité et surtout ses virtualités.

D'une part, parce que la nature et l'échelle des dommages s'en trouvent modifiées : préjudice écologique, préjudice spécifique de contamination, dommages de masse et dommages en série, marquent l'essor de ce droit des catastrophes qu'il faut bien imputer aux progrès techniques et scientifiques. Le temps lui-même s'en fait le témoin : on lira sur ce point les remarquables développements sur le dommage transgénérationnel. La prévention et la précaution ont partie liée avec la temporalité. Elles ont un pacte avec le futur, qu'elles entendent préserver et, donc, orienter. Elles contemplent.

D'autre part, parce que le dommage, à l'inverse, est logiquement absent au moment même où la question de la prévention et de la précaution se pose. Le but même de la responsabilité fondée sur ce nouveau paradigme, c'est précisément d'ouvrir sur une responsabilité civile préventive, dont Mlle Tapinos va se faire défenseur, sous divers aspects, philosophiques autant que juridiques. La prise en compte du risque de dommage, l'intégration du risque au cœur de la faute – par l'émergence d'un fait générateur de risque – viennent composer les traits de cette nouvelle responsabilité préventive.

On pourra sans nul doute discuter, quereller, désapprouver ici ou là. C'est le sort de toute argumentation juridique, de toute construction nouvelle, de s'exposer ainsi à la dispute. L'apport, pour autant, est indéniable. Mlle Tapinos contribue ici de façon déterminante à la construction du droit de la responsabilité, met à jour ses mouvements de façon méticuleuse, en explique les ressorts et les virtualités avec force. Sa recherche, si complète et rigoureuse, aussi savante que fondamentalement honnête, offre à qui veut porter le regard sur le devenir de notre droit de la responsabilité civile, une longue vue puissante et stimulante.

Nicolas Molfessis
Professeur à l'Université Panthéon-Assas (Paris II)

LISTE DES PRINCIPALES ABREVIATIONS

A.J.D.A. : Actualité juridique de droit administratif
A.J.D.I. : Actualité juridique de droit immobilier
Ann. fr. dr. inter. : Annuaire français de droit international
A.P.D. : Archives de philosophie du droit
B.C. : Bulletin civil de la Cour de cassation
B.Crim. : Bulletin criminel de la Cour de cassation
B.D.E.I. : Bulletin du droit de l'environnement industriel
Bull. Acad. Nat. Méd. : Bulletin de l'Académie nationale de médecine
Bull. droit nucléaire : Bulletin de droit nucléaire
Bull. info. Cour Cass. : Bulletin d'information de la Cour de cassation
Bull. Ord. Méd. : Bulletin de l'Ordre national des médecins
Bull. Ord. Pharm. : Bulletin de l'Ordre national des pharmaciens
Civ. 1ère : 1ère chambre Civile de la Cour de cassation
C.J.E.G. : Cahiers juridiques de l'électricité et du gaz
Con. Conc. Cons. : Contrats, Concurrence, Consommation
Crim. : Chambre Criminelle de la Cour de cassation
D. : Recueil Dalloz
D. Aff. : Recueil Dalloz. Affaires
Dr. adm. : Droit administratif
Dr. env. : Droit de l'environnement
Dr. et pat. : Droit et patrimoine
Dr. fam. : Droit de la famille
Dr. ouvr. : Droit ouvrier
Dr. soc. : Droit social
G.P. : Gazette du Palais
Grands arrêts : Les grands arrêts de la jurisprudence civile
J.C.P. : Semaine juridique. Edition générale
J.C.P. éd. Adm. et coll. terr. : Semaine juridique. Edition Administrations et collectivités territoriales
J.C.P. éd. E : Semaine juridique. Edition entreprise
J.C.P. éd. N : Semaine juridique. Edition notariale et immobilière
J.D.I. : Journal du droit international privé
J.O.C.E. : Journal officiel des Communautés européennes
Jour. Accid. Catastr. : Journal des Accidents et des catastrophes
Jour. inter. bioéth. : Journal international de bioéthique
Jurisp. soc. Lamy : Jurisprudence sociale Lamy
Lamy éco. : Bulletin d'actualité - Lamy droit économique
Méd. et dr. : Médecine et droit
P.A. : Les petites affiches
Paris : Cour d'appel de Paris
R.D.C. : Revue des contrats
R.D.I. : Revue de droit immobilier
R.D.I. comp. : Revue de droit international comparé

R.D.P. : Revue du droit public et de la science politique
R.D.rur. : Revue de droit rural
R.D.S.S. : Revue de droit sanitaire et social
R.D.U.E. : Revue du droit de l'Union européenne
Rec. CJCE : Recueil de la jurisprudence de la Cour de Justice des Communautés
R.E.D.C. : Revue européenne de droit de la consommation
Rép. Defrénois : Répertoire du notariat Defrénois
Resp. civ. et ass. : Responsabilité civile et assurances
Resp. et envir. : Responsabilité et environnement
Rev. conc. cons. : Revue de la concurrence et de la consommation
Rev. crit. D.I.P. : Revue critique de droit international privé
Rev. crit. Leg. et Jur. : Revue critique de législation et de jurisprudence
Rev. dr. pén. crim : Revue de droit pénal et de criminologie
Rev. épidém. et santé publ. : Revue d'épidémiologie et de santé publique
Rev. fr. adm. publ. : Revue française d'administration publique
Rev .fr. aff. soc. : Revue française des affaires sociales
Rev. fr. dom. corp. : Revue française du dommage corporel
Rev. fr. éco. : Revue française d'économie
Rev. gén. dr. méd. : Revue générale de droit médical
Rev. inter. dr. éco. : Revue internationale de droit économique
Rev. inter. dr. pénal : Revue internationale de droit pénal
Rev. jurid. Centre Ouest : Revue juridique du Centre Ouest
Rev. Lamy : Revue Lamy Droit des affaires
Rev. Lamy dr. civ. : Revue Lamy Droit civil
Rev. pén. dr. pén. : Revue pénitentiaire et de droit pénal
Rev. sc. crim. : Revue de science criminelle et de droit pénal comparé
R.F.D.A. : Revue française de droit administratif
R.F.D.C. : Revue française de droit constitutionnel
R.G.A.R. : Revue générale des assurances et des responsabilités
R.G.A.T. : Revue générale des assurances terrestres
R.G.D.A. : Revue générale du droit des assurances
R.G.D.I.P. : Revue générale de droit international public
R.I.D.C. : Revue internationale de droit comparé
R.I.E.J. : Revue interdisciplinaire d'études juridiques
R.J.D.A. : Revue de jurisprudence de droit des affaires
R.J.E. : Revue juridique de l'environnement
R.J.S. : Revue de jurisprudence sociale
R.P.D.S. : Revue pratique de droit social
R.R.J. : Revue de la recherche juridique. Droit prospectif
R.T.D.civ. : Revue trimestrielle de droit civil
R.T.D.com. : Revue trimestrielle de droit commercial
R.T.D.eur. : Revue trimestrielle de droit européen
R.T.D.S.S. : Revue trimestrielle de droit sanitaire et social
S. : Recueil Sirey
Sem. soc. Lamy : Semaine sociale Lamy
T.C. : Tribunal des conflits
Tr. et protec. soc. : Travail et protection sociale

SOMMAIRE

CHAPITRE PRELIMINAIRE : Le principe de la distinction de la prévention et de la précaution dans le paradigme classique de la responsabilité civile

PREMIERE PARTIE : PREVENTION, PRECAUTION ET RENOVATION DE LA RESPONSABILITE CIVILE CURATIVE

TITRE I : LA DISTINCTION DE LA PREVENTION ET DE LA PRECAUTION ET L'EXIGENCE D'UN LIEN DE CAUSALITE

CHAPITRE I : L'assouplissement de la causalité juridique, facteur commun d'intégration des responsabilités civiles pour défaut de prévention et de précaution

CHAPITRE II : La prise en compte du lien de causalité scientifique comme critère de distinction des responsabilités civiles pour défaut de prévention et de précaution

TITRE II : LA DISTINCTION DE LA PREVENTION ET DE LA PRECAUTION ET L'EXIGENCE D'UN FAIT GENERATEUR DE RESPONSABILITE CIVILE

CHAPITRE I : Le renouvellement du contenu du fait personnel

CHAPITRE II : L'extension de la responsabilité du fait des choses

CHAPITRE III : La distinction de la prévention et de la précaution à l'épreuve des fondements de la responsabilité civile

DEUXIEME PARTIE : PREVENTION, PRECAUTION ET PROMOTION DE LA RESPONSABILITE CIVILE PREVENTIVE

TITRE I : LES DOMMAGES RESULTANT D'UN DEFAUT DE PREVENTION OU DE PRECAUTION, ELEMENTS PERTURBATEURS DE LA RESPONSABILITE CIVILE CURATIVE

CHAPITRE I : La spécificité des dommages résultant d'un défaut de prévention ou de précaution

CHAPITRE II : Les limites des modalités actuelles de garantie des dommages résultant d'un défaut de prévention ou de précaution

TITRE II : L'ANTICIPATION DES DOMMAGES RESULTANT D'UN DEFAUT DE PREVENTION OU DE PRECAUTION, ELEMENT CREATEUR D'UNE RESPONSABILITE CIVILE PREVENTIVE

CHAPITRE I : Le débat sur la responsabilité civile préventive

CHAPITRE II : Le régime de la responsabilité civile préventive

CHAPITRE III : Les fondements de la responsabilité civile préventive

INTRODUCTION

1. De la rencontre entre les *principes* de prévention et de précaution et le droit de la responsabilité civile. L'article L.110-1 du Code de l'environnement, issu de la loi du 2 février 2005[1], a notamment introduit en droit français le principe de précaution, et le principe d'action préventive et de correction par priorité à la source des atteintes à l'environnement. Aux termes du premier de ces principes : "l'absence de certitudes, compte tenu des connaissances scientifiques et techniques du moment, ne doit pas retarder l'adoption de mesures effectives et proportionnées visant à prévenir un risque de dommages graves et irréversibles à l'environnement à un coût économiquement acceptable". L'histoire du principe de prévention et du principe de précaution atteste leur émergence progressive dans le droit. Apparus en droit international d'abord[2], puis en droit communautaire[3], ces nouveaux principes ont ensuite été consacrés par de nombreux droits nationaux[4].

---

[1] Loi n°95-101 du 2 février 1995, relative au renforcement de la protection de l'environnement. Sur cette loi, cf. J.-P. BOIVIN et M. PENNAFORTE, "La loi Barnier : premières réflexions sur ses implications en droit de l'environnement industriel", *B.D.E.I.*, 1995, n° 1, p. 32 ; C. CANS, "Grande et petite histoire des principes généraux du droit de l'environnement dans la loi du 2 février 1995", *R.J.E.*, 1995, n° 2, p. 195 ; J. MORAND-DEVILLER, "Renforcement de la protection de l'environnement, commentaire de la loi n° 95-101 du 2 février 1995", *A.J.D.A.*, 1995, doctr., p. 439 ; M.-C. REISSZADEH, "La loi du 2 février 1995 relative au renforcement de la protection de l'environnement", *C.J.E.G.*, mai 1995, p. 179 ; R. ROMI, "Politiques publiques d'environnement : à nouveaux concepts, nouveaux principes ?", *Dr. env.*, février-mars 1995, n°29, p. 1 ; Série d'articles consacrés à "La loi du 2 février 1995, relative au renforcement de la protection de l'environnement ", *R.F.D.A.*, mars-avril 1996, p. 197 ; M. DESPAX, "La loi n° 95-101 du 2 février 1995, relative au renforcement de la protection de l'environnement", *in Les hommes et l'environnement : quels droits pour le XXIème siècle. Etudes en hommage à A. Kiss*, Paris, Frison-Roche, 1998, p. 391.

[2] Ainsi, pour le principe de précaution que l'on trouve, par exemple, dans la Déclaration ministérielle de la Troisième conférence internationale sur la protection de la mer du Nord de 1990, dans la Déclaration de Rio sur l'environnement et le Développement de juin 1992 ou encore dans la Convention d'Helsinki du 17 mars 1992 sur la protection des cours d'eau transfrontières et des lacs internationaux. En outre, le principe de précaution a été invoqué à deux reprises devant la Cour internationale de justice (CIJ, Ordonnance du 22 septembre 1995, *Nouvelle Zélande c/ France*, *R.G.D.I.P.*, 1997, p.470, chron., P. SANDS et CIJ, arrêt du 25 septembre 1997, *Gabcikovo-Nagymaros*, *R.G.D.I.P.*, 1998, p. 85 et P. 110, chron. J. SOHNLE), laquelle ne l'a pas cependant consacré comme principe juridique.

[3] Le principe de précaution et celui d'action préventive figurent à l'article 174 du Traité instituant la Communauté européenne. S'agissant du principe de précaution, la jurisprudence communautaire l'a appliqué dès 1996, d'abord implicitement (Ordonnance du Président du Tribunal de 1ère instance, 13 juillet 1996 *National Farmers'Union*, *Rec. CJCE*, 1996, II, p. 815 ; CJCE, 16 juillet 1998, *Laboratoires pharmaceutiques Bergaderm SA*, *Rec. CJCE*, 1998, II, p.2805) puis explicitement (CJCE, 5 mai 1998, *National Farmers'Union*, *Rec. CJCE*, 1998, I, p.2211. TPICE, 11 septembre 2002, *Alpharma Inc. c/ Conseil de l'Union européenne*, Affaire T-

2. L'introduction du principe de précaution a entraîné dans son sillage une multitude de développements doctrinaux[5]. Rarement un terme nouvellement introduit dans le discours juridique[6] aura fait l'objet d'une telle quête de légitimité tant sémantique que philosophique[7]. Il est vrai que le mot "précaution", d'usage courant mais aussi utilisé en économie ou encore riche d'une signification morale, était propice à la controverse[8], chacune de ces significations étant de nature à jouer un rôle dans la détermination conceptuelle

---

70/99, *Rec. CJCE*, 2002, p.II-03495 et TPICE, 11 septembre 2002, *Pfizer Animal Health SA c/ Conseil de l'Union européenne*, Affaire T-13/99, *Rec. CJCE*, 2002, p. II-03305 ; *J.C.P.*, 2002, *Administrations et Collectivités territoriales*, 1021, note N. CHAHID-NOURAÏ. TPICE, 26 nov. 2002, *Artegodan GmbH et autres c/ Commission des Communautés européennes*, Affaires T-74/00, T-76/00, T-83/00, T-84/00, T-85.00, T-132/00, T-137/00, T-141/00, *Rec. CJCE*, 2002, p. II-04945. TPICE, 28 janv. 2003, *Les Laboratoires Servier c/ Commission des Communautés européennes*, Affaires T-147/00, *Rec. CJCE*, 2003, p. II-00085. TPICE, 21 octobre 2003, *Solvay Pharmaceuticals BV c/ Conseil de l'Union européenne*, Affaire T-392/02, *Rec. CJCE*, 2003, p. II-04555). Elle l'a même érigé en "principe général du droit communautaire" (arrêts du TPICE du 26 nov. 2002 et du 28 janv. 2003, préc.).

[4] Sur la genèse de ces deux principes, cf. notamment N. de SADELEER, *Les principes du pollueur-payeur, de prévention et de précaution. Essai sur la genèse et la portée juridique de quelques principes du droit de l'environnement*, Bruxelles, Bruylant, 1999, p. 106 et s. et p. 136 et s. ; M. BOUTONNET et A. GUEGAN, "Historique du principe de précaution", *in Le principe de précaution. Rapport au Premier ministre*, Paris, Odile Jacob, 2000, Annexe 1, p. 253.

[5] Cf. Bibliographie.

[6] Ce dernier est entendu ici en tant qu'il renvoie aux différentes formes de production du droit, notamment législative, réglementaire et jurisprudentielle. Son analyse relève de la sémiotique juridique, cf. Article "Discours juridique", *in Dictionnaire encyclopédique de théorie et de sociologie du droit*, A.-J. ARNAUD, J.-G. BELLEY, A. CARTY et J. COMMAILLE, Paris, L.G.D.J., Bruxelles, Story-Scienta, 1988.

[7] La très grande majorité des écrits consacrés au principe de précaution tentent de rattacher la précaution aux travaux de tel ou tel philosophe. Les noms ne manquent pas : de Descartes à Hans Jonas en passant par Habermas ou Paul Ricœur, nombreux sont ainsi les figures de la philosophie classiques ou modernes qui voient leur nom associé au concept de précaution, l'interdisciplinarité entre le droit, la morale et la philosophie remplissant ici pleinement un rôle de justification de la règle de droit, témoignant ainsi de l'usage d'un type d'argument logique bien connu : l'argument d'autorité. Ce dernier consiste, en effet, à "utiliser les actes et les jugements d'une personne comme moyens de preuve en faveur d'une thèse" (Sur cette notion, cf. F. OST, "L'interprétation logique et systématique et le postulat de la rationalité du législateur", *in L'interprétation en droit. Approche pluridisciplinaire*, sous la dir. de M. VAN DE KERCHOVE, Bruxelles, Facultés Universitaires Saint-Louis, 1978, p. 135 ; R. PEREZ PERDOMO, "L'argument d'autorité dans le raisonnement juridique", *A.P.D.*, 1971, tome XVI, p. 227). Il est vrai que si le rôle à venir de la précaution dans le droit de la responsabilité civile peut être analysé comme l'expression d'une "prédiction doctrinale", celle-ci, en tant que tentative de "peser sur les évolutions du droit" ou encore de "croyance qui investit" (N. MOLFESSIS, "Les prédictions doctrinales", *in L'avenir du droit : mélanges en hommage à François Terré*, Paris, P.U.F., Editions du Juris-classeur, 1999, p.141), aura d'autant plus de poids qu'elle pourra asseoir sa légitimité sur l'opinion d'auteurs appartenant à des horizons divers et variés.

[8] Sur le rôle joué par le langage dans l'émergence des controverses, cf. notamment J. LOCKE, *Essai philosophique concernant l'entendement humain* [1755], traduction de P. Coste, Paris, Vrin, 1998, livre III, chp. X, p. 397 ; F. GENY, *Science et technique en droit privé positif*, Paris, Sirey, 1921, tome III, n° 255, p. 455.

de la règle de droit[9]. La diversité des usages du terme "précaution" témoigne de ce que "derrière la même enveloppe, immobile et raide, peuvent se dissimuler des pensées diverses, flottantes, infiniment nuancées et molles"[10]. C'est d'ailleurs sans doute pour cette raison que plusieurs auteurs estiment que le concept de précaution reste encore largement à construire[11].

3. La réception du principe de précaution par le droit français, en 1995, a d'abord et surtout été analysée sous l'angle du droit public[12], l'obligation de prévenir les risques suspectés de dommages étant de nature à transformer le domaine et les moyens de la décision publique[13]. Il est vrai que l'insertion du principe de précaution dans la loi française participait de la consécration juridique de plusieurs principes destinés à "inspirer" les lois sur l'environnement au point que l'on avait pu alors douter non seulement de son applicabilité directe au droit mais aussi de son rôle en droit privé[14]. En outre, bien qu'initialement réservé au domaine de l'environnement, l'invocation du principe de précaution, dont l'ascension témoigne de la montée en puissance des problématiques de sécurité face aux risques de dommages, devait rapidement s'étendre au domaine de la santé[15].

---

[9] Sur la superposition des notions intervenant dans la configuration conceptuelle de la règle de droit, cf. F. GENY, op. cit., tome III, n° 258, p. 467 et s.

[10] F. GENY, op. cit., tome I, 1914, p. 151.

[11] En ce sens, cf. M. REMOND-GOUILLOUD, "Le risque de l'incertain : la responsabilité face aux avancées de la science", *La vie des sciences*, comptes rendus, série générale, t.10, 1993, n°4, p. 356 ; G. J. MARTIN, "Précaution et évolution du droit", *D.*, 1995, chron. p. 299 ; P. LASCOUMES, "La précaution, un nouveau standard de jugement", *Esprit*, novembre 1997, p.130. De son côté, G. CORNU (*Vocabulaire juridique*, Paris, P.U.F., coll. "Quadrige", 2007, p.703) souligne que le principe de précaution est une "Maxime de prudence aux contours flous dont la portée juridique et le fondement appellent réflexion".

[12] Lequel désigne "l'ensemble des règles qui, dans un Etat donné, président à l'organisation même de cet Etat et qui gouvernent les rapports de l'Etat et de ses agents avec les particuliers", F. TERRE, *Introduction générale au droit*, Paris, Dalloz, 1996 (3ème éd.), n° 83.

[13] C. CASTAING, *La théorie de la décision administrative et le principe de précaution*, thèse, Bordeaux IV, 2001 ; A. GOSSEMENT, *Le principe de précaution. Essai sur l'incidence de l'incertitude scientifique sur la décision et la responsabilité publiques*, L'Harmattan (coll. "Logiques juridiques"), 2003 ; R. VANNEUVILLE et S. GANDREAU, *Le principe de précaution saisi par le droit. Les enjeux sociopolitiques de la juridicisation du principe de précaution*, Paris, La documentation française, 2006 p. 56 et s.

[14] Aux termes de l'article L. 110-1 du Code de l'environnement, la protection, la mise en valeur, la restauration [...] des espaces, ressources et milieux naturels [...] "s'inspirent, dans le cadre des lois qui en définissent la portée, des principes suivants : 1°/ Le principe de précaution [...] 2°/ Le principe d'action préventive et de correction par priorité à la source [...]".

[15] Cf. la définition proposée par Ph. KOURILSKY et G. VINEY (*Le principe de précaution. Rapport au Premier ministre*, Paris, Odile Jacob, 2000, p. 151) en vertu de laquelle le principe de précaution désigne "l'attitude que doit observer toute personne qui prend une décision concernant une activité dont on peut raisonnablement supposer qu'elle comporte un danger grave pour la santé ou la sécurité des générations actuelles ou futures, ou pour l'environnement [...]". Sur le principe de précaution en droit de la santé, cf. K. FOUCHER, *Principe de précaution et risque*

4. Privilège de la nouveauté, le principe de précaution a ainsi été l'objet de toutes les attentions. De son côté, le principe d'action préventive, en tant qu'il constitue une simple re-formulation du principe traditionnel de prévention a fait couler moins d'encre, alors même que, comme l'a souligné un auteur, l'article L. 200-1 du Nouveau code rural, inséré depuis à l'article L.110-1 du Code de l'environnement, s'abstient de le définir[16]. Pourtant, c'est précisément par opposition à ce dernier que le contenu du principe de précaution a pu être progressivement délimité. En outre, la récente constitutionnalisation du *devoir de prévention* et du *principe de précaution*[17] n'a fait qu'actualiser un peu plus encore l'influence susceptible d'être exercée par ces deux principes sur l'ordre juridique.

5. Les principes de prévention et de précaution répondent à une logique préventive d'anticipation des dommages que résume la maxime bien connue "mieux vaut prévenir que guérir". Ils s'opposent donc au mécanisme traditionnel de la responsabilité civile fondée sur une logique curative[18]. En effet, l'objet de cette dernière est d'énoncer les "règles qui obligent l'auteur d'un dommage causé à autrui à réparer ce préjudice en offrant à la victime une compensation"[19]. Dans son sens classique, la responsabilité civile intervient ainsi en aval, après la réalisation d'un dommage, qu'elle a pour objet de réparer.

6. Pourtant, le droit de la responsabilité civile ne pouvait rester insensible à la reconnaissance juridique des principes de prévention et de précaution. En effet, la multiplication et l'ampleur de certains dommages, en particulier dans le domaine de l'environnement et de la santé, ont placé au cœur des réflexions sur l'avenir de la responsabilité civile[20] la question de l'adaptation

---

sanitaire. Recherche sur l'encadrement juridique de l'incertitude scientifique, Paris, L'Harmattan (coll. "Logiques juridiques"), 2002 ; P. GROSIEUX, *Principe de précaution et sécurité sanitaire*, Aix-en-Provence, P.U.A.M. (coll. "Droit de la santé"), 2003. Sur le renouvellement de la question du champ d'application du principe de précaution depuis son insertion dans la Charte de l'environnement, cf. *infra*, n° 341 et s.

[16] N. de SADELEER, op. cit., p. 113, note 246.

[17] Sur cette constitutionnalisation issue de l'article 1er de la loi constitutionnelle n° 2005-205 du 1er mars 2005 relative à la Charte de l'environnement (*J.O.* du 2 mars 2005), cf. *infra*, n° 341 et s.

[18] Sur cette opposition à propos du principe de précaution, cf. F. EWALD, C. GOLLIER et N. de SADELEER, *Le principe de précaution*, Paris, P.U.F. (coll. "Que sais-je ?"), 2001, p. 67 ; M. BOUTONNET, *Le principe de précaution en droit de la responsabilité civile*, Paris, L.G.D.J. (coll. "Bibliothèque de droit privé"), tome 444, 2005, n° 8.

[19] G. VINEY, *Traité de droit civil*, sous la dir. de J. Ghestin, *Introduction à la responsabilité*, Paris, L.G.D.J., 1995 (2ème éd.), n° 1.

[20] Parmi le foisonnement d'articles sur la question, cf. notamment F. EWALD, "Responsabilité. Solidarité. Sécurité. La crise de la responsabilité en France à la fin du XXe siècle", *Risques*, avril-juin 1992, n° 10, p. 9 ; L. ENGEL, "Vers une nouvelle approche de la responsabilité. Le droit français face à la dérive américaine", *Esprit*, juin 1993 ; L. COHEN-TANUGGI et M. RUEGG,

de cette institution aux faits[21]. Non seulement les risques engendrés par les progrès constants de la technologie contemporaine se font plus nombreux mais ils sont aujourd'hui de moins en moins tolérés par la société. Symptôme du souci croissant de sécurité, les principes de prévention et de précaution semblent cristalliser la crise[22], partout dénoncée, que traverse actuellement le droit de la responsabilité civile.

7. Certains auteurs ont très tôt contribué à mettre en lumière les liens susceptibles d'être établis entre le principe de précaution et la responsabilité civile[23] ou administrative[24], tandis que, plus récemment, d'autres ont déjà proposé d'en faire un nouveau fondement de la responsabilité civile[25]. Mais, "il faut de longues études pour qu'un phénomène nouveau fasse apparaître la variable convenable"[26]. En particulier, l'attention portée au tout nouveau principe de précaution, notamment aux questions de son existence juridique et de sa valeur normative[27], a conduit à éluder la distinction, pourtant essentielle,

---

"Responsabilité civile : la dérive des continents", *Le Débat*, sept.-oct. 1993, p. 14 ; M. REMOND-GOUILLOUD, "Le risque de l'incertain : la responsabilité face aux avancées de la science", art. préc., p. 341 ; "Les métamorphoses de la responsabilité", Colloque organisé en 1994 par l'ENM et l'IHEJ, *in Droit et cultures*, 1996, n° 31 ; M. VACQUIN (dir), La responsabilité, condition de notre humanité, *Autrement* (coll. "Serie Morales"), janvier 1994, n° 14 ; F. OST, "Responsabilité. Après nous le déluge ?", *in La nature hors la loi. L'écologie à l'épreuve du droit*, Paris, La Découverte, 1995, p. 265 ; Y. LAMBERT-FAIVRE, "L'éthique de la responsabilité", *R.T.D.civ.*, 1998, p.1 ; C. THIBIERGE, "Libres propos sur l'évolution du droit de la responsabilité (Vers un élargissement de la fonction de la responsabilité civile ?)", *R.T.D.civ.*, 1999, p. 561 et "Avenir de la responsabilité, responsabilité de l'avenir", *D.*, 2004, chron. p. 577 ; FACULTE DE DROIT ET D'ECONOMIE DE L'UNIVERSITE DE SAVOIE, *La responsabilité civile à l'aube du XXIe siècle. Bilan prospectif*, Colloque des 7 et 8 décembre 2000, *Resp. civ. et ass.*, juin 2001, n° 6 bis (hors série).

[21] C. ATIAS et D. LINOTTE, "Le mythe de l'adaptation du droit au fait", *D.*, 1977, chron. p. 251.

[22] L. ENGEL, *La responsabilité en crise*, Paris, Hachette (coll. "Questions de société"), 1995.

[23] G. J. MARTIN, "Précaution et évolution du droit", art. préc., p. 299, "La mise en œuvre du principe de précaution et la renaissance de l'action en responsabilité pour faute", *J.C.P. éd. E.*, 15 avril 1999, n° 1, p. 3, "Responsabilité, risque et précaution", *in Université de tous les savoirs*, sous la dir. d'Yves MICHAUD, vol. V (Qu'est ce que les technologies ?), Paris, Odile Jacob, 2001, p. 593 et "Principe de précaution, prévention des risques et responsabilité : quelle novation, quel avenir ?", *A.J.D.A.*, 2005, p. 2222 ; J.-P. DESIDERI, "La précaution en droit privé", *D.*, 2000, chron. p. 238 ; A. GUEGAN, "L'apport du principe de précaution au droit de la responsabilité civile", *R.J.E.*, 2000, n°2, p. 147 ; P. JOURDAIN, "Principe de précaution et responsabilité civile", *P.A.*, 30 nov. 2000, n° 239, p. 51 ; D. JACOTOT, "Le principe de précaution et le renforcement de l'action en responsabilité pour faute", *R.J.E.*, n° spécial, 2000, p.91 ; C. RADE, "Le principe de précaution, une nouvelle éthique de la responsabilité ?", *ibid.*, p.75 ; D. MAZEAUD, "Responsabilité civile et précaution", *Resp. civ. et ass.*, juin 2001, p. 72.

[24] M. DEGUERGUE, "La responsabilité administrative et le principe de précaution", *R.J.E.*, n°spécial, 2000, p. 105 ; A. GOSSEMENT, op. cit., p. 379 et s.

[25] C. THIBIERGE, art. préc. ; M. BOUTONNET, op. cit.

[26] G. BACHELARD, op. cit., p. 211.

[27] Sur cette distinction entre "existence juridique" et "portée normative", cf. l'apport des développements de M. BOUTONNET relatifs à "l'existence juridique avérée du principe de

entre la prévention et la précaution. Soucieux d'apporter une solution juridique à l'essor des dommages de masse[28], en militant pour leur anticipation, certains auteurs, séduits par le tout nouveau principe de précaution, ont proposé d'y puiser le fondement de l'élargissement de la fonction préventive de la responsabilité civile[29]. Or la pertinence d'un tel objectif a contribué à effacer la spécificité des principes de prévention et de précaution. Elle a laissé de côté le travail de définition nécessaire à toute démarche scientifique devant l'apparition d'une nouvelle notion. Elle n'a donc pas permis la recherche du contenu et des possibilités d'existence des notions de prévention et de précaution.

8. Des *principes* aux *notions* de prévention et de précaution. La définition des *principes* et des *principes généraux du droit* a fait l'objet de nombreuses études doctrinales[30]. L'étymologie du terme principe renvoie à l'origine, au commencement. Dans son sens courant, le mot désigne à la fois la cause première et le résultat c'est-à-dire la règle d'action[31]. En droit, le principe peut être défini par référence à deux principaux types de règles : celles, de caractère général, "non juridique d'où peuvent être déduites des normes juridiques" et celles "établie(s) par un texte en termes assez généraux destinée(s) à inspirer diverses applications et s'imposant à une autorité supérieure"[32]. Autrement dit, le principe juridique renvoie soit à un principe extérieur au droit, soit à un principe du droit, qui peut être en particulier un "principe positif du droit", c'est-à-dire "une norme explicitement formulée dans

---

précaution", comme règle juridique et comme principe juridique (op. cit., n°61 et s.) et à "la portée normative limitée du principe de précaution", qui constitue un "principe directeur du droit de l'environnement" (op. cit., n° 120 et s.). Pour cet auteur, l'existence juridique du principe de précaution tend à se confirmer (op. cit., n° 181 et s.) et entraîne une nécessaire évolution de sa portée normative (op. cit., n° 248 et s.).

[28] Pour une conceptualisation de cette notion, cf. A. GUEGAN-LECUYER, *Dommages de masse et responsabilité civile*, Paris, L.G.D.J. (coll. "Bibliothèque de droit privé"), tome 472, 2006, n° 7 et s.

[29] C. THIBIERGE, art. préc. ; M. BOUTONNET, op. cit.

[30] Parmi lesquelles : G. DEL VECCHIO, "Les principes généraux du droit", *in Recueil d'études sur les sources du droit en l'honneur de François Gény*, Paris, Sirey, tome II, 1934, p. 69 ; J. BOULANGER, "Principes généraux du droit et droit positif", *in Le droit privé français au milieu du XXe siècle. Etudes offertes à Georges Ripert*, Paris, L.G.D.J., tome I, 1950 p. 51 ; M. de BECHILLON, *La notion de principe général en droit privé*, P.U.A.M., 1998 ; F. MODERNE, "Actualité des principes généraux du droit", *R.F.D.A.*, 1998, p. 495 et "Légitimité des principes généraux et théorie du droit", *R.F.D.A.*, 1999, p. 722 ; L. DUBOUIS, "Le droit à cheval sur les principes généraux", *in Drôle(s) de droit(s). Mélanges en l'honneur de Elie Alfandari*, Dalloz, 2000, p. 251 ; N. MOLFESSIS, "La notion de principe dans la jurisprudence de la Cour de cassation", *R.T.D.civ.*, 2001, p. 699 ; P. SARGOS, "Les principes généraux du droit privé dans la jurisprudence de la Cour de cassation", *J.C.P.*, 2001, p. 589 ; J.-P. GRIDEL, "La Cour de cassation française et les principes généraux du droit privé", *D.*, 2002, chron. p. 228.

[31] *Dictionnaire Robert.*

[32] G. CORNU, op. cit., p. 720.

le texte du droit positif"[33]. Si on laisse de côté la première définition qui mène sur le chemin du fondement du droit[34], la seconde définition conduit alors à la distinction opérée par de nombreux auteurs entre les *principes* et les *règles* juridiques. Tandis que les premiers sont généraux "en ce qu'il(s) comporte(nt) une série indéfinie d'applications", les secondes sont générales en ce qu'elles sont établies "pour un nombre indéterminé d'actes ou de faits", tout en présentant un caractère spécial puisqu'elles ne régissent que "tels actes ou tels faits"[35].

9. Dans la mesure où ils figurent expressément dans la loi, il ne fait aucun doute que les principes de prévention et de précaution peuvent être qualifiés de "principes positifs du droit", au sens précédemment défini. Le Conseil d'Etat les a même érigés au rang de "principes généraux"[36]. Ils sont également susceptibles de se présenter comme des règles juridiques puisque, comme nous allons le voir, ils ont chacun vocation à intervenir en présence d'un certain type de risque. Cependant, il convient de souligner que *du point de vue du droit de la responsabilité civile dans son sens classique* (en présence d'un dommage) la question de la normativité juridique des principes de prévention et de précaution[37] n'est pas réellement déterminante. En effet, depuis longtemps déjà, les juridictions civiles sanctionnent les attitudes contraires à la "norme générale de comportement" indépendamment de l'inobservation de devoirs légaux ou réglementaires[38]. Dès lors, seule l'appréhension du contenu (ou signifié) des principes de prévention et de précaution, par-delà l'enveloppe (ou signifiant) qui les contient, est de nature à en révéler les caractères propres. Autrement dit, seul le passage par les *notions* de prévention et de précaution est susceptible de mettre en évidence l'influence des principes de prévention et de précaution sur le droit de la responsabilité civile. La *notion* sera ici entendue comme "le moyen par lequel les juristes appréhendent des faits en vue de déterminer quelles règles de droit leur sont applicables"[39]. Elle "permet de qualifier des faits, c'est-à-dire de les faire rentrer dans une catégorie connue et répertoriée, à laquelle ces faits paraissent correspondre et, en conséquence, de leur déclarer applicable le régime juridique établi pour cette catégorie"[40]. Elle

---

[33] Article "Principes du droit", *in Dictionnaire encyclopédique de théorie et de sociologie du droit*, op. cit.
[34] En ce sens, cf. J. BOULANGER, art. préc., p. 53-54.
[35] J. BOULANGER, art. préc., p. 56.
[36] CE, *Bouchet*, 13 mars 1998, req. n° 172906.
[37] Sur cette question, cf. *infra*, n° 337 et s.
[38] G. VINEY et P. JOURDAIN, *Traité de droit civil*, sous la dir. de J. GHESTIN, *Les conditions de la responsabilité civile*, Paris, L.G.D.J., 1998 (2ème éd.), n° 450.
[39] F.-P. BENOÎT, "Notions et concepts, instruments de la connaissance juridique. Les leçons de la *Philosophie du droit de Hegel*", *in Mélanges Peiser*, Grenoble, P.U.G., 1995, p. 27.
[40] F.-P. BENOÎT, art. préc., p. 27.

est "l'outil qui permet d'opérer les «qualifications» en vue de procéder à «l'imputation» de régimes juridiques déterminés"[41].

10. Des *notions* de prévention et de précaution comme nouvelles sources de responsabilité civile. La "grammaire de la responsabilité"[42] ne connaît que deux modèles préventifs : la notion de prudence, à travers la faute d'imprudence et de négligence et celle de prévention en tant que fonction de la responsabilité dont l'existence est largement reconnue par la doctrine[43]. L'obligation légale, issue du principe de précaution, d'adopter, en situation d'incertitude scientifique, certaines mesures dans le but d'empêcher la survenance d'un dommage, ne peut rester sans conséquence sur les règles constitutives de la responsabilité civile. Cependant, la portée de la recomposition du paradigme[44] du droit de la responsabilité, susceptible d'en résulter, reste ici encore largement tributaire du sens attribué au terme "précaution". Le choix opéré en la matière ne saurait être neutre, toute définition, toute classification étant avant tout une réponse à une question posée[45]. En l'occurrence, *il s'agira de s'interroger sur les conditions de possibilité de l'intégration d'une obligation de prévention et d'une obligation de précaution dans le droit de la responsabilité civile ou encore de se demander quelle doivent être la nature de la prévention et celle de la précaution si elles doivent constituer les objets d'une théorie de la responsabilité civile ?*[46] Or la

---

[41] F.-P. BENOÎT, art. préc., p. 27.

[42] Cette expression est empruntée à J.-L. GENARD, *La grammaire de la responsabilité*, Paris, Les éditions du Cerf (coll. "Humanités"), 1999.

[43] Cf. *infra*, n° 331 et s.

[44] La notion de paradigme renvoie non seulement à "l'ensemble de croyances, de valeurs reconnues et de techniques qui sont communes aux membres d'un groupe donné" mais également à "un élément isolé de cet ensemble : les solutions concrètes d'énigmes, qui employées comme modèles ou exemples, peuvent remplacer les règles explicites en tant que base de solutions pour les énigmes qui subsistent dans la science normale" (T. S. KUHN, *La structure des révolutions scientifiques* [University of Chicago, 1970], Paris, Flammarion, coll. "Champs", 1983, postface, p. 238). En ce sens l'exigence d'un dommage, comme condition de la responsabilité civile, peut être qualifiée de paradigme de cette responsabilité. Mais il ne s'agit là que de l'un des multiples sens de l'expression "paradigme". Sur ces différents sens, cf. M. MASTERMA, "The nature of a paradigm", *in Criticism and the Growth of knowledge*, sous la dir. de I. LAKATOS et A. MUSGRAVE, Cambridge, Cambridge University Press, 1970, p. 59. Cette dernière relève pas moins de vingt et un sens du mot "paradigme" chez Thomas Kuhn.

[45] "dans la vie scientifique, les problèmes ne se posent pas d'eux-mêmes. C'est précisément ce *sens du problème* qui donne la marque du véritable esprit scientifique [...] toute connaissance est une réponse à une question [...]", G. BACHELARD, op. cit., p. 14. Et plus particulièrement à propos des définitions en droit, cf. notamment C. EISENMANN, "Quelques problèmes de méthodologie des définitions et des classifications en science juridique", *A.P.D.*, tome XI, 1966, p. 38 ("on oublie trop souvent qu'une classification est en définitive une réponse à une question, à un problème [...] que l'on se pose au sujet d'un groupe d'objets, d'où il suit que n'importe quelle classification n'est pas rationnellement possible du point de vue de n'importe quel problème").

[46] "Nous procédons avec un concept de façon simplement critique, lorsque, sans entreprendre de décider quelque chose sur son objet, nous le considérons seulement en relation à notre faculté de

réponse à cette question suppose d'abord de tester la résistance des notions au sein des règles déjà existantes[47] (c'est-à-dire au sein du droit de la responsabilité civile tel qu'il est) avant d'en déduire une éventuelle transformation[48].

11. Pour tester cette résistance au changement il sera néanmoins nécessaire d'adhérer à une définition provisoire tant de la prévention que de la précaution, afin d'en déterminer ensuite la pertinence. A cet égard, le dilemme entre l'objet et la méthode semble bien incontournable et suppose d'opter pour l'un ou l'autre. En l'espèce, nous partirons de la méthode c'est-à-dire des règles du droit de la responsabilité civile. Or, pour déterminer dans quelles mesures ces règles sont aptes à réceptionner les notions de prévention et de précaution, il importe de choisir une définition de ces dernières, afin précisément de pouvoir ensuite examiner les conséquences d'une telle option sur le droit de la responsabilité civile. Une telle démarche se présente donc comme un préliminaire méthodologique et ne préjuge pas de la réponse à la question posée, les définitions choisies pouvant, au terme de l'analyse menée, se révéler d'un intérêt limité. Aussi, les définitions retenues seront avant tout stipulatives, c'est-à-dire qu'elles ne seront "ni vraie(s), ni fausse(s), mais seulement opératoire(s) pour un problème spécifique"[49]. De ce point de vue, la définition légale de la précaution, fondée sur le critère de l'absence de certitudes scientifiques et techniques apparaît bien être la plus neutre dans la mesure où elle est celle qui préjuge le moins de la réponse à la question posée[50].

12. Ainsi définie comme l'anticipation d'un risque suspecté, la précaution sera distinguée de la prévention[51]. Il conviendra donc de rechercher

---

connaître, et par conséquent aux conditions subjectives nécessaires pour le penser" (E. KANT, *Critique de la faculté de juger*, Paris, Vrin, 1965, traduction A. Philonenko, p. 211).

[47] "L'anomalie n'apparaît que sur la toile de fond fournie par le paradigme", T. S. KUHN, op. cit., p. 99. Dans le même sens, sur la nécessité d'une "critique immanente", cf. F. A. HAYEK, *Droit, législation et liberté*, [1973], Paris, P.U.F. (coll. "Quadrige"), 1995, t. II, p. 27-28 ("Toute critique ou amélioration valable de règles de conduite doit se situer à l'intérieur d'un système donné de telles règles [...] Nous appellerons "critique immanente" cette sorte de discussion qui évolue dans un système de règles donné et qui juge telles ou telles règles en fonction de leur cohérence, ou compatibilité, avec toutes les autres règles admises en concourant à former un ordre des activités d'une certaine nature").

[48] La réponse à la question de l'incidence des principes de prévention et de précaution sur le paradigme actuel du droit de la responsabilité civile (en présence d'un dommage) ne saurait, en effet, être trouvée d'emblée dans une assimilation de la responsabilité pour défaut de prévention et de précaution à une responsabilité sans dommage, faute de tuer alors la problématique dans l'œuf.

[49] M. TROPER, "Pour une définition stipulative du droit", *Droits*, 1989, n° 10, p. 102. Plus généralement, sur la notion de définition stipulative, cf. Article "Définition en droit", *in Dictionnaire encyclopédique de théorie et de sociologie du droit*, op. cit.

[50] Si tenté que cela reste possible, l'appréhension de la réalité n'étant jamais totalement exempt d'une certaine construction de l'esprit résultant du regard de l'observateur, cf. G. BACHELARD, op. cit.

[51] Cf. Chp. préliminaire, *infra*, n° 48 et s.

les manifestations, en droit de la responsabilité civile, de ces deux notions. La distinction entre la prévention et la précaution pourra sembler incertaine. Toutefois, on admettra que chacune soit reconnue comme une mesure de nature à prévenir la survenance d'un risque scientifique mais pour la première le risque est avéré, tandis qu'il est seulement suspecté, pour la seconde[52].

13. Bien que la caractéristique de ces deux notions soit empruntée à l'arrête la plus saillante du principe à l'origine de la distinction[53], c'est-à-dire au critère des connaissances scientifiques et techniques, inhérent au principe de précaution, toute référence aux autres critères issus de ce dernier[54] ne sera pas écartée. Dès lors, l'examen des manifestations de la prévention et de la précaution, en droit de la responsabilité civile, nous conduira à opérer certains allers et retours entre les *principes* de prévention et de précaution et les *notions* issus de ces derniers[55]. Ainsi placée au cœur de la distinction, la notion de risque scientifique pourrait conduire à un certain élargissement du champ d'application de cette dernière par rapport au domaine d'émergence des principes de prévention et de précaution, initialement introduits en droit de l'environnement et étendus, par la suite, au droit de la santé[56], le rôle de la science, particulièrement sensible dans ces deux branches du droit[57], étant néanmoins susceptible de se manifester plus largement dans d'autres matières.

14. De l'autonomie de la distinction de la prévention et de la précaution en droit privé de la responsabilité civile. Dans la mesure où elle est fondée, en dernière analyse, sur une appréciation des connaissances scientifiques et techniques, la distinction de la prévention et de la précaution a vocation à transcender les deux ordres, public et privé, de responsabilité. La norme scientifique constitue, en effet, le fondement matériel commun à la

---

[52] Sur le critère des connaissances techniques, comme prolongement du critère des données de la science, cf. Chp. préliminaire, *infra*, n° 56.

[53] "dans l'impossibilité pratique, où l'on se trouve, d'épuiser l'intégralité du concept, qu'il s'agit de déterminer, un choix s'imposera entre ses signes, dont les plus caractéristiques fourniront seuls la définition", F. GENY, op. cit., tome I, p. 153.

[54] Tels les critères de l'irréversibilité et de la gravité des dommages ou encore du coût économiquement acceptable de la mesure.

[55] La prévention se présentant alors essentiellement comme "l'envers de la précaution". Sur la distinction entre principes et notions, cf. *supra*, n° 8.

[56] Sur le vivant comme "domaine de prédilection du principe de précaution", cf. L. NEYRET, *Atteintes au vivant et responsabilité civile*, Paris, L.G.D.J. (coll. "Bibliothèque de droit privé"), tome 468, 2006, n° 745. Selon cet auteur, les "atteintes au vivant" peuvent être définies comme "les atteintes d'origine humaine portées à tout ce qui vit et à tout ce qui est nécessaire à la vie" (op. cit., n° 28).

[57] "Les principaux domaines de la prévention immédiate du risque sont la législation concernant la santé -y compris la réglementation de la circulation- et l'environnement [...] Les principaux domaines du risque à prévenir sont déterminés à l'heure actuelle par des données que fournissent les scientifiques", A. KISS, "Risque et droit", *A.P.D.*, 1991, p. 51.

prévention et à la précaution susceptible de justifier l'existence de la distinction entre ces deux notions aussi bien en droit public qu'en droit privé[58]. Ainsi, plusieurs décisions rendues par le Conseil d'Etat peuvent être analysées au regard de la distinction du risque avéré et du risque suspecté, de la prévention et de la précaution, tant en ce qui concerne le contentieux de la légalité[59], que celui de la responsabilité[60]. Dans d'autres cas, les juridictions administratives

---

[58] Ce dernier renvoie à "l'ensemble des règles de Droit qui gouvernent les rapports des particuliers entre eux", G. CORNU, op. cit., p. 723.

[59] Pour des exemples de références implicites au principe de prévention, cf. notamment CE, 30 juillet 1997, *Lebon* 1997, p. 312 ; *D.*, 1999, somm. p. 59, obs. P. BON et D. de BECHILLON. CE, 29 déc. 1999, *Syndicat national du commerce extérieur des produits congelés et surgelés et autres, D.*, 2000, I.R. p. 26 ; *D.*, 2000, IV, 1953 ; *R.F.D.A.*, 2000, p. 286. Pour des exemples de références implicites au principe de précaution, cf. notamment CE, 4 janvier 1995, *Ministre de l'Intérieur c/ Rossi, C.J.E.G.*, 1995, p. 232, note O. SACHS. CE, 21 avril 1997, *Mme Barbier, D.*, 1997, I.R. p. 123 ; *Rapport public du CE*, 1997, p. 47. CE, 30 avril 1997, *Commune de Quévillon, Dr. adm.*, juillet 1997, comm. n° 262. CE, 24 février 1999, *Société Pro-Nat, Dr. adm.*, août-septembre 1999, n°239, p. 33 ; *Con. Conc. Cons.*, déc. 1999, n° 185, p. 21 ; *R.F.D.A.*, 2000, p.284. CE, 28 juillet 2000, *Association Force Ouvrière Consommateurs et autres, Dr. env.*, mars 2001, p. 46, note C. EOCHE-DUVAL.

[60] Pour des applications implicites du principe de prévention, cf. les décisions ayant reconnu la responsabilité de l'Etat pour carence fautive dans la **prévention des risques liés à une exposition à l'amiante** (TA Marseille, 30 mai 2000, 4 espèces, *Bourdignon, Thomas, Botella et Xueref*, concl. C. FEDI, *Dr. env.*, juillet-août 2000, n° 80, p. 5 ; C. LEPAGE, "L'amiante, une illustration à rebours du principe de précaution", *Les annonces de la Seine*, 3 juillet 2000, n° 46 ; P. VILLENEUVE, "La responsabilité de l'Etat en matière de contamination par l'amiante", *P.A.*, 4 sept. 2000, n° 176, p. 12 ; *J.C.P.*, 2000, I, 280, n° 10, chron. G. VINEY ; B. PAUVERT, "Mise en cause de la responsabilité de l'Etat pour les contaminations liées à l'amiante", *G.P.*, 9-10 fév. 2001, doctr. p. 167 ; *Dr. adm.*, fév. 2001, comm. n° 50, note C. ESPER ; C. GUETTIER, "L'Etat face aux contaminations liées à l'amiante", *A.J.D.A*, 2001, p. 529. CAA Marseille, 18 octobre 2001, 4 arrêts, A. GOSSEMENT, "La responsabilité administrative et l'incertitude scientifique : l'exemple de l'amiante", *P.A.*, 27 mai 2002, n° 105, p. 18 ; C. DURAND, *Dr. env.*, mars 2002, n°96, p. 54 et "La carence fautive de l'Etat en matière de protection de la santé au travail", *R.D.S.S.*, 2002, p. 1. CE, Ass., 3 mars 2004, *A.J.D.A.*, 2004, p. 612, concl. E. PRADA-BORDENAVE ; *J.C.P.*, 2004, II, 10098, note F. G. TREBULLE ; *J.C.P.*, 2004, I, 151, obs. A. ONDOUA ; *D.*, 2004, jur. p. 973, note H. ARBOUSSET ; *Dr. adm.*, mai 2004, p. 35, note G. DELALOY). Ainsi, à propos des décisions rendues par les juridictions du fond dans l'affaire de l'amiante, G. VINEY (note préc., p. 2292) estime que "ici, le risque étant connu, c'est clairement le rôle de prévention de l'Etat en matière de santé publique qui est affirmé et dont les conséquences sont tirées sur le terrain de la responsabilité". De même, pour C. LEPAGE (note préc.), le Tribunal administratif de Marseille "fait une application forte du type de prévention plus que du principe de précaution, même si ni l'un ni l'autre ne sont visés". Et, s'agissant des arrêts du Conseil d'Etat, F. G. TREBULLE (note préc., p.1133) souligne que "ces décisions ne répondent pas à la problématique du principe de précaution. En effet, la dangerosité de l'amiante est connue depuis longtemps et il s'agissait par conséquent d'une carence dans la prévention et non dans la précaution". De même, C. DURAND (*R.D.S.S.*, art. préc., p. 18) relève, à propos des jugements rendus par le Tribunal administratif de Marseille, qu' "en définitive ce qu'apportent au débat sur le principe de précaution les jugements en cause, c'est une consécration s'il en faut du dédoublement opéré en matière de responsabilité. Si le champ d'application du principe de précaution n'a eu pour vocation initiale que de s'imposer aux pouvoirs publics, il permet aujourd'hui de redéfinir les contours de la responsabilité, tant civile qu'administrative". Le principe de prévention a également

appliquent ou sanctionnent expressément les principes de prévention et de précaution dans le cadre du contrôle de la légalité[61]. Une telle approche facilite

---

été implicitement appliqué dans un arrêt de la CAA de Marseille du 10 janvier 2005, *Ministère de l'Agriculture et de la Pêche c/ Société Durance Crau* (*A.J.D.A.*, 2005, p. 1248, note Ph. MOREAU) qui a retenu la responsabilité de l'Etat pour avoir tardivement pris des **mesures de police phytosanitaires** (en l'espèce il s'agissait de l'arrachage tardif d'arbres contaminés par un virus connu). Enfin, les décisions émanant des juridictions administratives qui ont reconnu la responsabilité de l'Etat pour carence fautive dans la prévention des **risques liés aux contaminations par le virus du Sida** (TAA de Paris 20 décembre 1991, Plénière, *M.D.*, *M.G.* et *M. B.*, *R.F.D.A.*, 1992, p. 552, concl. E. STAHLBERGER. CAA de Paris, 16 juin 1992, 3 arrêts, *Ministre des affaires sociales et de l'intégration c/ MM. X., Y., Z.*, *P.A.*, 24 juillet 1992, n° 89, p.8, concl. M. DACRE-WRIGHT ; *A.J.D.A.*, 1992, p. 678, note L. RICHER ; *Dr. adm.*, 1992, n° 392, arrêt *M. X.* Devant la cour d'appel les affaires sont nommées différemment : M. B. devient M. X., M. G. devient M. Y. et M. D. devient M. Z. CE, Ass. 9 avril 1993, *R.F.D.A.*, 1993, p. 583, concl. H. LEGAL ; *A.J.D.A.*, 1993, p. 381 et p. 344, chron. C. MAUGÜE et L. TOUVET ; *J.C.P.*, 1993, II, 22110, note C. DEBOUY) ont été souvent présentées comme des applications du principe de précaution. En réalité, seules les conclusions du commissaire du gouvernement H. LEGAL, dans cette affaire, constituent une référence implicite au principe de précaution. Selon ce dernier, en effet, "en situation de risque, une hypothèse non infirmée devrait être tenue, provisoirement pour valide, même si elle n'est pas formellement démontrée". Rappelons que l'arrêt du Conseil d'Etat du 9 avril 1993 distingue deux périodes, pour juger de la responsabilité de l'Etat. D'une part, il estime que l'Etat n'est pas responsable pour son inaction jusqu'au 22 novembre 1984. Il se fonde pour cela sur le "caractère *contradictoire* et *incertain* des informations [...] disponibles tant sur l'évolution de la maladie que sur les techniques susceptibles d'être utilisées pour en éviter la transmission". Il en résulte que l'absence de certitudes relative à la connaissance de la maladie, loin de constituer un motif obligeant l'autorité administrative à agir, justifie son inaction. Une telle analyse témoigne de l'absence d'application du principe de précaution aux faits s'étant déroulés au cours de cette première période. D'autre part, la Haute juridiction administrative retient la responsabilité de l'Etat pour son inaction du 22 novembre 1984 au 20 octobre 1985 aux motifs qu'à partir de cette date l'autorité administrative a été informée, "de façon non équivoque" de l'existence "d'un risque sérieux" et de "la possibilité d'y parer par l'utilisation des produits chauffés". Or à partir de 1984, le risque de transmission du virus du Sida était connu (sur l'évolution des connaissances scientifiques en la matière, cf. *infra*, n° 223). Le Conseil d'Etat n'a donc pas appliqué ici encore le principe de précaution. Pour une application implicite du principe de précaution : CE, 31 mars 2003, *Ministre de l'économie, des finances et de l'industrie c/ SA Laboratoires pharmaceutiques Bergaderm*, *J.C.P.*, 2003, II, 10198, note M.-F. DELHOSTE ; *Resp. civ. et ass.*, janvier 2004, comm. n° 16, note C. GUETTIER (jugeant que les avis rendus par la Commission de la sécurité des consommateurs ne peuvent, en l'absence de dispositions législatives expresses contraires, ouvrir droit à indemnisation au profit des fabricants ou distributeurs d'un produit potentiellement dangereux, que s'ils sont constitutifs d'une faute).

[61] Cf. notamment s'agissant du principe de précaution, en matière d'OGM : CE, 25 septembre 1998, *Association Greenpeace France*, *D.*, 1999, somm. 339, obs. J.-C. GALLOUX ; *J.C.P.*, 1999, I, 128, n° 5, chron. J. PETIT ; *G.P.*, 22-23 janvier 1999, p.13, chron. M. REMOND-GOUILLOUD ; *P.A.*, 16 août 1999, n° 162, p. 12, note R. ROMI. En matière de stockage de farines animales : TA de Strasbourg, 22 fév. 2002, *A.J.D.A.*, 2002, p. 766, concl. R. COLLIER ; *D.*, 2002, jur. p. 2501, note E. DESCHAMPS. En revanche, il a été jugé que le principe de précaution n'était pas applicable en matière d'urbanisme et ne pouvait donc justifier une opposition à des travaux de construction d'une antenne-relais de téléphonie mobile (CE, 20 avril 2005, *Société Bouygues Telecom*, concl. Y. AGUILA, *A.J.D.A.*, 2005, p. 1191 ; *R.D.I.*, 2005, p.254, obs. F.-G. TREBULLE) ou fonder la contestation d'un permis de construire autorisant la réalisation d'un complexe cinématographique (CE, 23 nov. 2005, *Environnement*, fév. 2006,

la mise en évidence de la distinction entre les notions de prévention et de précaution, laquelle tend à être souvent brouillée par les requérants, invoquant à tout-va le principe de précaution dans des situations de risque pourtant avéré[62].

15. Bien que les données des sciences de la nature soient objectives, c'est-à-dire qu'elles ne dépendent pas de la subjectivité des juges et leur sont, en principe, extérieures, l'importance accordée à certaines plutôt qu'à d'autres, ainsi la mise en valeur d'une date jugée clef, d'un article scientifique ou d'un rapport, sera fonction de l'appréhension subjective par chaque juge de l'évolution historique de la connaissance scientifique, c'est-à-dire de l'idée que chaque magistrat, appelé à se prononcer sur la responsabilité du fait d'un défaut de mesures préventives, se fait de la notion de "connaissances scientifiques et techniques du moment". Et en la matière, la diversité humaine implique autant de présentations possibles de l'histoire de la connaissance d'un risque. Le rôle d'harmonisation de la jurisprudence du Conseil d'Etat et de la Cour de cassation est susceptible de conduire à une appréciation uniforme du risque scientifique, en posant le point de départ des périodes de précaution et de prévention pour chaque type de risque, au sein de chaque ordre[63]. En revanche, seule l'adoption d'un modèle unique d'évolution de la connaissance scientifique serait de nature à conférer à la distinction de la prévention et de la précaution une vocation à transcender les deux ordres de responsabilité.

16. En tant qu'instrument de connaissance du droit, la distinction de la prévention et de la précaution n'appartient pas au droit lui-même, l'activité de définition ayant un caractère théorique[64]. Dès lors, son existence n'est pas subordonnée à sa reconnaissance par l'une ou l'autre des deux branches du droit mais demeure uniquement fondée sur la possibilité de spécifier le risque scientifique, au regard des données fournies par la science. Par conséquent, la distinction du droit public et du droit privé devrait se révéler sans incidence sur la distinction juridique de la prévention et de la précaution. Elle devrait conduire à une autonomie des notions de prévention et de précaution en droit privé de la responsabilité civile, dont le principe causal, à l'origine de la distinction, ne saurait être trouvé dans un rapprochement entre le droit public et

---

comm. n° 23, p. 28). Pour un exemple d'absence de méconnaissance des principes de prévention *et* de précaution : CE, 4 août 2006, *P.A.*, 14 mars 2007, n° 53, p. 15, note M. STAUB.

[62] Ainsi en matière d'autorisation d'abattage du loup (CE, 26 avril 2006, *Association pour la protection des animaux sauvages et autres*, *Dr. env.*, juillet-août 2006, n° 140, p. 198) ou de circulation automobile (CE, 10 juillet 2006, req. n° 271835).

[63] Ainsi, le Conseil d'Etat (CE, Ass. 9 avril 1993, préc.) a-t-il modifié les dates des périodes de responsabilité de l'Etat, du fait de la contamination des hémophiles par le virus du Sida, par rapport à celles retenues par les juridictions du fond, témoignant ainsi de la malléabilité de l'appréhension des connaissances scientifiques par les juges.

[64] En ce sens, cf. Article "Définition en droit", *in Dictionnaire encyclopédique de théorie et de sociologie du droit*, op. cit., p. 172.

le droit privé, mais seulement dans une soumission commune à une certaine interprétation de la norme scientifique.

17. Pour certains, le principe de précaution ou *Vorsorgeprinzip*, conformément à son origine[65] et à l'instar du *Principe Responsabilité* énoncé par Hans Jonas[66], ne s'adresse qu'aux personnes publiques[67], seules susceptibles d'y être soumises et de l'invoquer, comme en témoignerait la définition qui en est donnée par l'article 5 de la Charte de l'environnement[68]. Cependant, la majorité de la doctrine estime que le principe s'applique aussi aux personnes privées, également susceptibles de l'invoquer[69]. Selon ce dernier point de vue, le principe de précaution s'appliquerait alors "non seulement à l'action du gouvernement et des autorités publiques mais encore aux particuliers et industriels dont les pratiques risquent d'avoir un impact sur l'environnement ou

---

[65] Selon T. O'RIORDAN et J. CAMERON ("The history and contemporary signifiance of the precautionary principle" *in Interpreting the Precautionary principle* [Cameron May Ltd, 1994], Londres, Earthscan Publications Ltd, 1994, p. 12, spéc. p. 16) le principe de précaution ou *Vorsorgeprinzip*, créé en Allemagne, à l'apogée du socialisme démocratique dans les années 1930 était centré sur le concept de la bonne gestion des ménages. Il impliquait un partenariat entre les individus, l'économie et l'Etat pour améliorer la société et la nature dont dépend notre survie. Pour les Allemands, donc, la précaution est une mesure interventionniste, une justification de l'implication de l'Etat dans la vie quotidienne de ses lands et de leurs citoyens.

[66] Sur ce principe, souvent confondu à tort avec le principe de précaution, cf. 2ème partie, *infra*, n°867 et s., 882 et 915. Selon H. JONAS (*Le Principe responsabilité, une éthique pour la civilisation technologique* [1979, trad. fr. J. Greisch, Les Editions du Cerf, Paris, 1990] Paris, Flammarion, coll. "Champs", 1998, p. 42) "il est manifeste que le nouvel impératif [impératif de H. Jonas : "Agis de façon que les effets de ton action ne soient pas destructeurs pour la possibilité future d'une telle vie"] s'adresse beaucoup plus à la politique publique qu'à la conduite privée, cette dernière n'étant pas la dimension causale à laquelle il peut s'appliquer [...]".

[67] En ce sens, cf. F. EWALD, "La précaution une responsabilité de l'Etat", *Le Monde*, 11 mars 2000 ; B. GLORION, "De la prévention à la précaution", *Bull. Ord. Méd.*, mai 2000, n° 5 (Le principe de précaution "semble en première analyse plus adapté à des actions de santé publique qu'à un acte médical individuel. Mesurer des risques pour une population définie est à la rigueur possible grâce à l'épidémiologie. Prévenir la totalité des risques encourus par un individu donné à la suite d'une décision médicale serait nier la nature même de l'homme, par définition unique").

[68] En vertu de laquelle : "Lorsque la réalisation d'un dommage, bien qu'incertaine en l'état des connaissances scientifiques, pourrait affecter de manière grave et irréversible l'environnement, les *autorités publiques* veillent, par application du principe de précaution et dans leurs domaines d'attributions, à la mise en œuvre de procédures d'évaluation des risques et à l'adoption de mesures provisoires et proportionnées afin de parer à la réalisation du dommage". Sur la portée normative de cet article depuis la constitutionnalisation de la Charte de l'environnement, cf. *infra*, n° 341 et s.

[69] En ce sens, cf. CONSEIL D'ETAT, *Rapport public 1998. Réflexions sur le droit de la santé*, Paris, La Documentation française, 1998, p. 256 ; L. BOY, "Le principe de précaution, de la morale au droit", *La recherche*, déc. 1999, n° 326, p. 86 ; Ph. KOURILSKY et G. VINEY, op. cit., p. 143 ; A. GUEGAN, art. préc., p. 153 ; G. J. MARTIN, "Apparition et définition du principe de précaution", *P.A.*, 30 nov. 2000, n°239, p. 7 (spéc. p. 10) ; J.-M. FAVRET, "Le principe de précaution ou la prise en compte par le droit de l'incertitude scientifique et du risque virtuel", *D.*, 2001, chron. p. 3462 (spéc. p. 3463) ; D. TRUCHET, "Douze remarques simples sur le principe de précaution", *J.C.P.*, 2002, Actualité, 138.

sur la santé"[70]. Il est vrai que la notion de risque, compte tenu des connaissances scientifiques et techniques, et la gestion qui en découle, n'est pas l'apanage de l'Etat et constitue bien plus un "domaine partagé"[71] entre les acteurs publics et privés. Dès lors, la distinction de la prévention et de la précaution en droit de la responsabilité ne saurait être propre au droit privé.

18. En réalité, par-delà cette controverse, la question des destinataires du principe de précaution conduit à s'interroger sur l'autonomie de ce principe en droit privé, en particulier en droit de la responsabilité, et mène alors sur le chemin des liens, depuis longtemps débattus en doctrine, qu'entretiennent le droit public et le droit privé[72]. Cependant, les arguments au soutien de la thèse de la dépendance du principe de précaution en droit privé à l'égard du droit public (I) ne permettent pas de distinguer le principe de précaution du principe de prévention, et par conséquent de caractériser les notions de précaution et de prévention (II).

---

[70] L. BOY, "Le principe de précaution, de la morale au droit", *La recherche*, décembre 1999, n°326, p. 86 (spéc. p. 88).

[71] A. GUEGAN, art. préc., p.155.

[72] Sur cette question, cf. notamment : ouvrages : R. SAVATIER, *Du droit civil au droit public à travers les personnes, les biens et la responsabilité civile*, Paris, L.G.D.J., 1945 (1ère éd.), 1950 (2ème éd.) ; TRAVAUX DE L'ASSOCIATION HENRI CAPITANT POUR LA CULTURE JURIDIQUE FRANCAISE, Journée de Droit civil de Lausanne, 5 juin 1946, Paris, Dalloz, 1947, tome II, *L'influence du droit public sur le droit privé*, Rapport de J. FLOUR et les séances de discussion ; G. RIPERT, *Le régime démocratique et le droit civil moderne*, Paris, L.G.D.J., 1948 (2ème éd.) et *Le déclin du droit*, Paris, L.G.D.J., 1949 ; G. CORNU, *Etude comparée de la responsabilité délictuelle en droit privé et en droit public*, Reims, Matot-Braine, 1951 ; R. CHAPUS, *Responsabilité publique et responsabilité privée. Les influences réciproques des jurisprudences administrative et judiciaire*, Paris, L.G.D.J., 1954 (1ère éd.) et Bibliothèque de droit public, 1957 (2ème éd.), tome VIII ; H. KELSEN, *Théorie pure du droit*, traduction de Charles Eisenmann, Paris, Dalloz, 1962 (2ème éd.), n° 37 et s. Chroniques : A. HAURIOU, "L'utilisation en droit administratif des règles et principes du droit privé", *in Recueil d'études sur les sources du droit en l'honneur de F. Gény*, Paris, Sirey, 1935, tome III, p. 92 ; J. MORELLET, "L'interpénétration du droit public et du droit privé", *in Introduction à l'étude du droit comparé. Recueil d'études en l'honneur d'Edouard Lambert*, Paris, L.G.D.J., 1938, tome III, p. 136, § 144 ; E. RIEZLER, "Oblitération des frontières entre le droit privé et le droit public", *ibid.*, p.117, §143; M.M. MAZEAUD, "Défense du droit privé", *D.*, 1946, chron. p. 17 ; R. SAVATIER, "Droit privé et droit public", *D.*, 1946, chron. p. 25 ; J. RIVERO, "Droit public et droit privé, conquête ou statu quo ?", *D.*, 1947, chron. p. 69 ; C. EISENMANN, "Droit public, droit privé (En marge d'un livre sur l'évolution du droit civil français du XIXe au XX siècle)", *R.D.P.*, 1952, p. 903 ; J. DABIN, "Droit et politique", *in Mélanges offerts à René Savatier*, Paris, Dalloz, 1965, p. 183 ; J. GHESTIN, "Droit public-Droit privé. Institutions publiques-Institutions privées. Le point de vue d'un privatiste", *in La pensée de Charles Eisenmann* (sous la dir. de P. AMSELEK), Paris, Economica, 1986, p. 157 ; J. WALINE, "Droit public-Droit privé. Institutions publiques-Institutions privées. Le point de vue d'un publiciste", *ibid.*, p. 147; F.-X. TESTU, "La distinction du droit public et du droit privé est-elle idéologique?", *D.*, 1998, chron. p. 345.

I – LES ARGUMENTS AU SOUTIEN DE LA THESE DE LA DEPENDANCE DU PRINCIPE DE PRECAUTION EN DROIT PRIVE A L'EGARD DU DROIT PUBLIC

19. Ces arguments sont susceptibles d'être présentés sous deux aspects distincts : un aspect statique en vertu duquel cette dépendance serait fondée sur le contenu du principe (A), et un aspect dynamique selon lequel cette même dépendance trouverait son fondement dans l'affirmation d'un lien général de subordination des règles de droit privé à l'égard de celles de droit public, en raison de leurs sources (B)[73].

A – L'HYPOTHESE DE LA DEPENDANCE DU PRINCIPE DE PRECAUTION EN DROIT PRIVE AU PRINCIPE DE PRECAUTION EN DROIT PUBLIC EN RAISON DU CONTENU DE LA REGLE

20. Il convient de souligner que, à l'instar du principe de prévention posé à l'article L. 110-1 du Code de l'environnement, le principe de précaution, issu de cette même disposition légale, participe d'une mise en œuvre de l'intérêt général[74]. En tant qu'il contribue à la prise en compte des générations futures, des dommages collectifs et des risques sériels[75], il constitue un instrument de sécurité individuelle au service de la sécurité collective. Or selon de nombreux auteurs, la contribution du droit civil à l'intérêt général serait de nature à rapprocher le droit privé du droit public, un tel rapprochement pouvant alors se présenter comme une absorption du droit privé par le droit public ou comme le signe d'une parenté d'évolution trouvant sa source dans des principes communs.

21. En faveur de la première forme de rapprochement on a souligné la fonction sociale des règles de droit privé, la socialisation opérant alors une publicisation du droit[76]. En conséquence, l'application du principe de précaution

---

[73] Sur la distinction de la hiérarchie statique et de la hiérarchie dynamique comme principe d'unité des systèmes normatifs, cf. H. KELSEN, op. cit., n° 37 et s. (Alors que dans un système statique, "c'est en vertu de leur fond ou contenu que les normes sont valables [...] c'est parce que leur validité peut être rapportée à une norme sous le fond de laquelle leur propre fond se laisse subsumer comme le particulier sous le général", dans un système dynamique "une norme juridique n'est pas valable parce qu'elle a un certain contenu [...] elle est valable parce qu'elle est créée d'une certaine façon, et plus précisément, en dernière analyse, d'une façon qui est déterminée par une norme fondamentale, norme supposée").

[74] En ce sens, cf. G. J. MARTIN, "Précaution et évolution du droit", *D.*, 1995, chron. p. 302 ("Le principe de précaution peut être de nature à nourrir le concept d'intérêt général qui servira à fonder en droit une autorisation ou un refus d'autorisation.") ; P. LASCOUMES, "La précaution, un nouveau standard de jugement", *Esprit*, novembre 1997, p. 137.

[75] Cf. 2ème partie, *infra*, n° 666 et s.

[76] En ce sens, cf. J. DABIN ("le droit tout entier, y compris le droit privé, devient, quant à son inspiration et à son orientation, public [...] au sens de *social*, c'est-à-dire d'une *socialisation* -et non publicisation ou étatisation- du droit privé [...]", "Droit et politique", art. préc., p. 195) ; R. SAVATIER ("l'être humain [...] tend à être de moins en moins traité en particulier, et, de plus en

en droit privé ne saurait être que subordonnée au droit public, la sécurité environnementale et sanitaire n'étant plus seulement l'affaire des individus mais relevant de la collectivité, qu'elle soit envisagée au présent ou au futur[77]. A cet égard le principe de précaution renouerait avec la version aristotélicienne de la prudence (*phronésis*) dont "le propre est d'intégrer aux choix des biens particuliers le bien général à long terme", la prudence apparaissant alors comme "la vertu politique par excellence"[78]. Cette socialisation du droit privé, que d'aucuns qualifient de publicisation, a été particulièrement remarquée s'agissant de l'évolution du droit de la responsabilité civile[79], le passage de la faute au risque, du fait de la multiplication et de l'amplification des dommages, étant alors analysé comme un infléchissement toujours croissant du droit privé vers le droit public[80]. L'interprétation du principe de précaution, posé à l'article L.110-1

---

plus, en citoyen chargé d'un service public", "Droit privé et droit public", art. préc., p. 26) ; G. RIPERT ("Tout devient droit public", *Le déclin du droit*, op. cit., chp. II, p. 37) ; E. DURKHEIM ("Tout droit est privé, en ce sens que c'est toujours et partout des individus qui sont en présence et qui agissent ; mais surtout tout droit est public en ce sens qu'il est une fonction sociale et que tous les individus sont, quoique à des titres divers, des fonctionnaires de la société" [...] "nous croyons que tout droit est public, parce que tout droit est social. Toutes les fonctions de la société sont sociales [...]", *De la division du travail social*, Paris, P.U.F., 1930, 1ère éd., P.U.F., coll. "Quadrige", 1998, 5ème éd., p. 33 et p. 96) ; F. A. HAYEK ("aujourd'hui les postulats philosophiques qui gouvernent toujours le développement de l'ensemble des lois, y compris celles du droit privé, sont presque entièrement modelés par des hommes dont le souci majeur est le droit public, c'est-à-dire les règles d'organisation du gouvernement", *Droit, législation et liberté*, [1973], Paris, P.U.F. , coll. "Quadrige", 1995, vol. 1, p. 80).

77 La prise en compte des générations futures, comme composante du bien public transparaît déjà sous la plume de J. DABIN, lequel, après avoir souligné la difficulté à définir la notion de bien public en raison de la "connexion à peu près inextricable du privé et du public" remarque que "le *sujet* immédiat, destinataire et bénéficiaire du bien public, est le public en général, c'est-à-dire tout le monde, sans référence aux individus, aux catégories sociales et aux communautés particulières, en tenant compte à la fois des générations actuelles et des générations futures", *Théorie générale du droit*, Bruxelles, Bruylant, 1953 (2ème éd.), n° 135.

78 Ph. RAYNAUD et S. RIALS (dir.), *Une prudence moderne ?* Paris, P.U.F. (coll. "Politique d'aujourd'hui"), 1992, p. 16 et 17. Cependant sur la spécificité de la prévention et de la précaution par rapport à la prudence, cf. Chp. préliminaire, *infra*, n°35 et s.

79 Ainsi pour R. SAVATIER (op. cit., 2ème éd., 1950, p. 112-113) "l'homme d'aujourd'hui cherche principalement, à l'origine des maux individuels, une cause sociale. C'est une classe, c'est un pays, c'est un Etat qu'il en rend responsables, négligeant, en son cœur, la responsabilité propre de ceux qui souffrent ou font souffrir. Ce sentiment oriente naturellement toute la législation de la responsabilité vers le droit public".

80 "La souplesse, exactement mesurée à l'échelle humaine, qui caractérisait la théorie traditionnelle de la faute en matière de responsabilité civile, n'est-elle pas définitivement disproportionnée à l'ère atomique ? Vouloir ramener à la responsabilité civile *individuelle* des cataclysmes tels que la destruction intégrale des hommes et des choses de toute une région, par la désintégration organisée de la matière, ressemble maintenant à une attitude puérile ? Seul le droit public et même le droit international public, peut rester à la hauteur de pareils dommages. Et il en sera ainsi jusqu'à ce que l'homme domine l'ère atomique elle-même, au point de la mettre à son service et à sa mesure", R. SAVATIER, op. cit., p. 130. La même analyse était faite par l'auteur, dans la première édition de l'ouvrage en 1945, à propos du développement de l'assurance (l'assurance "nous fait entrer en plein droit public car elle revient à mettre à la charge d'une sorte

du Code de l'environnement, à l'aune d'une telle argumentation, conduit inévitablement à en nier la spécificité et l'autonomie en droit de la responsabilité civile. L'intégration de ce nouveau principe en droit participe alors de l'idée selon laquelle "le droit naissant, le droit nouveau, s'il ne se forme pas par modification insensible et progressive du système préexistant, est toujours inventé et imposé par l'Etat pour des fins d'intérêt général : par sa fonction comme par sa sanction il ressortit au droit public"[81]. Cette analyse serait de nature à confirmer la distinction opérée par certains entre juristes statiques et juristes dynamiques, entre privatistes et publicistes[82]. Aujourd'hui, en effet, le droit de l'environnement et le droit de la santé apparaissent comme des disciplines prospectives. Or il n'est pas sans intérêt de noter que si ces deux disciplines, terreau du principe de précaution, transcendent la distinction du droit privé et du droit public, c'est d'abord dans leur aspect publiciste que leur dynamisme s'est fait sentir.

22. Le rapprochement du droit privé et du droit public, sous l'égide du principe de précaution, est également susceptible d'être invoqué au soutien de la thèse qui postule non pas une absorption du public par le privé mais une "juxtaposition"[83] des deux droits dont la parenté d'évolution trouverait alors à s'inscrire, en droit de la responsabilité civile, en application d'un principe commun[84] : le droit à la sécurité. Ce dernier transcende, en effet, la distinction

---

de service public, exercé par l'intermédiaire des assurances, la réparation de tous les dommages fortuits susceptibles d'arriver à des particuliers", p. 166).

[81] J. DONNEDIEU DE VABRES, note sous CE, 2 avril 1943, *Bouguen* , *D.*, 1944, p.54.

[82] "Les premiers -les civilistes- restent tournés vers le passé : leur Droit est valable dans une économie raréfiée comme celle qui vaut entre individus pour les actes de la vie civile (par opposition à la vie commerciale, financière et industrielle). Les juristes dynamiques sont ceux des disciplines prospectives, celles qui sont en rapport direct avec l'évolution socio-économique et politique : Droit commercial, Droit du travail, Droit industriel, Droit public -l'Etat jouant un rôle d'intervention et de protection de plus en plus grand-, Droit pénal -qui semble s'éloigner du Droit privé pour se rapprocher du Droit public- et, bien sûr, économie politique", A.-J. ARNAUD (*Les juristes face à la société du XIXe siècle à nos jours*, Paris, P.U.F., coll. "SUP", 1975, p. 98) à propos de l'analyse faite par M. HAURIOU de l'arrêt du Conseil d'Etat, *Lepreux*, du 13 janvier 1899 (*S.*, 1900, 3, I).

[83] J.-P. NIBOYET, *in L'influence du droit public sur le droit privé*, op. cit., p. 236.

[84] "le plus souvent, les idées politiques se font sentir, d'abord, dans le droit public, le traversent, en quelque sorte, avant de se répercuter sur le droit privé. D'où la tentation, plus forte dans ce cas, d'attribuer les transformations de celui-ci à l'influence de celui-là. Mais ce n'est que cause apparente. Dans la réalité, il y a, entre les deux disciplines, obéissance à des principes communs, et non rapport de cause à effet. Toutes deux subissent la même influence, bien plutôt que l'une n'est soumise à l'influence de l'autre : l'individualisme libéral, qui fut leur fondement commun, a décliné dans chacune d'elles", J. FLOUR, *in L'influence du droit public sur le droit privé*, op. cit., p. 195. Dans le même sens, A. HAURIOU ("L'utilisation en droit administratif des règles et principes du droit privé", art. préc., p. 95) estime qu' "il existe des principes juridiques généraux, dominant toutes les branches du droit, et qui doivent trouver, avec des modalités diverses, leur application aussi bien en droit administratif qu'en droit privé".

du public et du privé[85] et en contribuant à son élargissement[86] le principe de précaution favoriserait donc une interprétation unitaire de la responsabilité.

23. La dépendance du principe de précaution en droit privé par rapport à son énoncé en droit public, et donc la subordination éventuelle de la distinction de la prévention et de la précaution en droit de la responsabilité civile à son homologue en droit public, est également susceptible d'être justifiée d'un point de vue formel.

B – L'HYPOTHESE DE LA DEPENDANCE DU PRINCIPE DE PRECAUTION EN DROIT PRIVE AU PRINCIPE DE PRECAUTION EN DROIT PUBLIC EN RAISON DES SOURCES DE LA REGLE

24. Il convient de préciser que la thèse en faveur d'une dépendance du principe de précaution en droit privé à son corollaire en droit public trouve sa source dans l'article L. 110-1, alinéa 2, du Code de l'environnement. En effet, en vertu de ce dernier la protection de l'environnement s'inspire "dans le cadre des lois qui en définissent la portée" du principe de précaution. L'argumentation au soutien de cette thèse consiste à affirmer que "l'application du principe de précaution est au mieux indirecte en droit privé, par l'intermédiaire des règles que doit édicter l'Etat. Le fondement de la responsabilité des décideurs privés n'est pas le principe de précaution mais l'indifférence ou la violation délibérée des lois et règlements pris au nom du principe de précaution par les autorités publiques"[87]. Dans le même sens, la thèse défendue par François Ewald, selon

---

[85] Cette thèse a été défendue par G. CORNU (*Etude comparée de la responsabilité délictuelle en droit privé et en droit public*, op. cit.). L'auteur entend dépasser la distinction du privé et du public au profit de la distinction entre le "droit propre" à chaque type de responsabilité et le "droit commun"; le principe s'énonçant comme suit : "La victime est toujours un particulier. Ses droits, ses intérêts sont toujours les mêmes, ils appellent toujours les mêmes solutions. Nous trouvons ici le facteur fondamental d'unité entre le droit privé et le droit public. L'intérêt de la victime est toujours d'obtenir une réparation facile, adéquate, intégrale quel que soit l'auteur du dommage. Tout ce qui est de la victime est donc commun au droit public et au droit privé [...] *Tout ce qui est de l'auteur est propre au droit public ou au droit privé, commun tout ce qui est de la victime*" (p.27). Et de poursuivre ainsi : "*Ce droit de la victime qui domine la distinction des deux disciplines est à notre sens un "droit à la sécurité" à la charge du particulier ou de la collectivité.* C'est l'idée de «sécurité» qui réconcilie droit public et droit privé et les appelle à former un «droit commun» indépendant de la personnalité de l'auteur du dommage, indépendant de la faute, tourné vers la victime et la satisfaction de ses droits" (p. 32).

[86] Sur l'extension de l'obligation de sécurité sous l'impulsion du principe de précaution, cf. *infra*, n° 348 et s., 544 et s., 582 et s.

[87] P. VILLENEUVE, note sous T.A. Marseille, 30 mai 2000, *P.A.*, 4 sept. 2000, n° 176, p. 12. Dans le même sens, P. BECHMANN et V. MANSUY (*Le principe de précaution*, Paris, Litec, 2002, p. 86) estiment que "l'application du principe (de précaution) par les personnes privées est subordonnée à l'intervention préalable des autorités publiques". Sur cette controverse et son renouvellement depuis l'insertion du principe de précaution dans la Charte de l'environnement, cf. *infra*, n° 338 et s.

laquelle "si le principe de précaution est une responsabilité de l'Etat, il n'est qu'une responsabilité de l'Etat", thèse qui s'appuie notamment sur l'argument résultant de ce que les premières apparitions du principe "sont le fait des traités, qui, par principe ne s'adressent qu'aux Etats"[88], conduit à une nécessaire subordination d'une responsabilité civile pour *défaut de précaution* au principe de droit public.

25. Mais, en réalité, les arguments ainsi développés au soutien de la thèse de la subordination du principe de précaution en droit privé au principe de précaution en droit public en raison du contenu de la règle ou de ses sources, ne sauraient prospérer, faute de nier alors toute spécificité du principe de précaution par rapport au principe de prévention.

II – L'ABSENCE DE PERTINENCE DES ARGUMENTS AU SOUTIEN DE LA THESE DE LA DEPENDANCE DU PRINCIPE DE PRECAUTION EN DROIT PRIVE A L'EGARD DU DROIT PUBLIC AU REGARD DE LA DISTINCTION DE LA PREVENTION ET DE LA PRECAUTION

26. S'agissant, d'une part, des arguments tendant à établir la dépendance du principe de précaution en droit privé au principe de précaution en droit public en raison du contenu de la règle, il convient de souligner que ces arguments ne sont pas propres au principe de précaution. L'expression du principe de prévention en droit privé et en droit de la responsabilité civile est, elle aussi, susceptible d'être justifiée d'un point de vue statique, en raison d'une subordination au droit public. En effet, la prévention, comme la précaution, participe d'une mise en œuvre de l'intérêt général. Elle est également de nature, comme la précaution, à élargir le droit à la sécurité. Il en résulte que la distinction du droit privé et du droit public, envisagée d'un point de vue matériel, par référence à son contenu, n'est pas une condition de la possibilité d'existence de la distinction de la prévention et de la précaution en droit de la responsabilité civile, laquelle est susceptible de transcender les deux ordres de responsabilité.

27. S'agissant, d'autre part, des affirmations tendant à justifier la subordination du principe de précaution en droit privé au principe de précaution en droit public en raison des sources de la règle, elles sont également réfutables. En effet, elles encourent la même critique que celle alors adressée aux thèses qui dénonçaient jadis la "publicisation" du droit civil sous l'effet de la

---

[88] F. EWALD, "La précaution une responsabilité de l'Etat", *Le Monde*, 11 mars 2000 et "Le principe de précaution, entre responsabilité et politique", *in Principe de précaution, santé et décision médicale*, ACADEMIE NATIONALE DE MEDECINE, Journée du 16 mai 2000, actes non-publiés.

multiplication des réglementations[89] en conduisant à confondre deux choses distinctes : le caractère public de la procédure à l'origine de l'édiction de la norme et le caractère privé de la norme elle-même et de ses destinataires[90]. Si la source du droit qui énonce le principe de précaution est bien publique, le principe n'en demeure pas moins susceptible de constituer une norme privée[91]. Dès lors, l'application du principe de précaution en droit privé ne saurait être subordonnée à son application en droit public. Et la distinction de la prévention et de la précaution, en droit de la responsabilité civile, est susceptible d'exister indépendamment de celle du droit privé et du droit public, envisagée d'un point de vue formel, c'est-à-dire par référence à la nature privée ou publique des sources de la règle juridique[92].

28. Par conséquent, bien que les notions de prévention et de précaution trouvent dans les principes dont elles sont issues la justification de leur existence juridique en y puisant les éléments de nature à fonder leur validité en droit, elles ne sauraient en aucun cas y trouver le principe causal de leur distinction. En effet, la spécificité de la prévention, par rapport à la précaution, ne peut être attribuée à l'existence de deux ordres du droit mais est seulement

---

[89] Sur cette publicisation , cf. G. RIPERT, op. cit. ; R. SAVATIER, op. cit.

[90] En ce sens, cf. C. EISENMANN, art. préc., p. 945.

[91] En ce sens, cf. G. J. MARTIN, "Apparition et définition du principe de précaution", *P.A.*, 30 nov. 2000, n° 239, p. 10.

[92] L'autonomie de la distinction de la prévention et de la précaution est ainsi susceptible de se manifester de deux façons, d'une part comme autonomie de la responsabilité de l'Etat par rapport à celles des entreprises (Ainsi, dans l'affaire de l'amiante, le Conseil d'Etat [CE, Ass., 3 mars 2004, préc.] précise que, "si, en application de la législation du travail désormais codifiée à l'article L. 230-2 du Code du travail, l'employeur a l'obligation générale d'assurer la sécurité et la protection de la santé des travailleurs placés sous son autorité, il incombe aux autorités publiques chargées de la prévention des risques professionnels de se tenir informées des dangers que peuvent courir les travailleurs dans le cadre de leur activité professionnelle, compte tenu notamment des produits et substances qu'ils manipulent ou avec lesquels ils sont en contact, et d'arrêter, en l'état des connaissances scientifiques, au besoin à l'aide d'études ou d'enquêtes complémentaires, les mesures les plus appropriées pour limiter et si possible éliminer ces dangers") et d'autre part, comme autonomie de la responsabilité des personnes privées à l'égard de celles des personnes publiques (Ainsi, la Cour d'appel d'Orléans a jugé, dans un arrêt en date du 23 février 1994 [*Dr. ouvr.*, juillet 1994, p. 288] à propos de la SNCF, poursuivie par un de ses salariés qui avait contracté une asbestose et un mésothéliome en raison de son travail, que "la carence des autorités de tutelle et l'état des connaissances de l'époque ne pouvaient dispenser l'entreprise de prendre par elle-même l'initiative des mesures de prévention et de protection qu'imposait la situation, alors qu'il était officiellement reconnu que, les travaux en relation avec l'amiante étaient de nature ou susceptibles de provoquer chez son personnel des affections professionnelles telle l'asbestose". Il n'y a donc pas de hiérarchie entre l'une et l'autre forme de responsabilité, même si cette absence de hiérarchie ne fait pas obstacle à ce que la reconnaissance de la distinction de la prévention et de la précaution en droit public soit de nature à en favoriser l'admission en droit privé. Mais il ne saurait alors être question de hiérarchie formelle entre les deux branches du droit mais seulement d'une influence réciproque.

susceptible de procéder d'un fondement unique résultant d'une interprétation commune de la norme scientifique.

29. Justification du plan retenu. La distinction de la prévention et de la précaution est certes susceptible de se manifester en droit privé et en droit public. Cependant, la possibilité d'existence de la distinction étant fondée, en dernière analyse, sur l'interprétation de la norme scientifique[93], et bien que la notion de responsabilité civile soit commune au droit public et au droit privé[94], la distinction sera envisagée du point de vue des seules règles de droit privé.

30. Le but de la recherche ainsi effectuée ne sera donc pas tant de *décrire* la ligne de partage entre les hypothèses de responsabilité pour *défaut de prévention* et celles traduisant un *défaut de précaution*, au regard d'un critère appartenant déjà au droit, que de *tracer* une telle ligne[95] afin de tenter d'établir l'existence d'un mouvement général, au sein du droit de la responsabilité civile, tendant à une prise en considération progressive de l'incertitude scientifique.

31. Cette démarche présente néanmoins deux difficultés. La première réside dans la détermination du critère de distinction entre les deux types de risque, la frontière théorique entre l'avéré et le suspecté étant malaisée à établir. Or, "tant que le critère n'est pas clairement déterminé, la distinction ne peut être opératoire"[96]. La seconde difficulté résulte de ce que les éléments de faits, que la distinction a pour objet de saisir, à savoir les risques scientifiques, ne sont pas figés une fois pour toute mais ont, au contraire, vocation à évoluer avec le temps, un même risque étant susceptible d'être d'abord ignoré, avant d'être suspecté et enfin avéré. Pour autant, il ne nous semble pas qu'il faille renoncer à différencier le risque avéré du risque suspecté, car si la détermination de la frontière entre ces deux types de risques peut être difficile à établir, le principe de la distinction est, en revanche, pleinement justifiable au regard de chacun des extrêmes de ces deux notions, le doute ne pouvant être assimilé à la certitude[97].

32. L'existence de la notion de précaution est de nature à engendrer une recomposition de la sémantique juridique qui s'articule autour des notions

---

[93] Cf. Chp. préliminaire, *infra*, n° 43.

[94] Pour une interprétation unitaire de l'institution, cf. G. CORNU, op. cit. ; R. CHAPUS, op. cit.

[95] En ce sens, la distinction de la prévention et de la précaution, comme toute distinction, n'est donc pas seulement un "instrument de connaissance" mais présente un aspect prescriptif puisqu'elle "*n'est pas extérieure au sujet qui l'opère*", M.-L. IZORCHE, "Réflexions sur la distinction", *in Mélanges Christian Mouly*, Paris, Litec, 1998, p. 53.

[96] M.-L. IZORCHE, art. préc., p. 57.

[97] A cet égard les notions de risque avéré et de risque suspecté sont pleinement dépendantes l'une de l'autre, la première ne saurait, en effet, exister si l'autonomie de la seconde n'est pas également reconnue.

de prudence et de prévention. Il conviendra donc de s'interroger, à titre liminaire, sur le principe de la distinction de la prévention et de la précaution dans le *paradigme classique de la responsabilité civile* (Chapitre préliminaire). Ce dernier peut, en effet, être défini, comme le fait de subordonner l'obligation pour l'auteur d'un dommage causé à autrui, de le réparer, *à l'existence de réalisation d'un dommage*. Cette obligation implique de pouvoir identifier un fait générateur et d'établir un lien de causalité entre ce dernier et le dommage causé. Dès lors, conformément à la démarche adoptée ici, il conviendra de partir des règles du droit de la responsabilité civile pour juger de leur adaptabilité à l'insertion des notions de prévention et de précaution, adaptabilité dont il a été montré qu'elle nécessitait d'adopter une définition de travail de la précaution, comme risque suspecté de dommage, par opposition à la prévention, définie comme un risque avéré[98].

33. Il s'avérera alors nécessaire de confronter la distinction de la prévention et de la précaution aux trois éléments constitutifs de la responsabilité civile que sont le fait générateur, le lien de causalité et le dommage. Or la prise en compte du risque suspecté, à côté du seul risque avéré de dommage, n'est pas de nature à engendrer une transformation du concept de responsabilité mais vient enrichir le droit existant. Envisagée en présence d'un dommage, la distinction de la prévention et de la précaution entraîne ainsi une rénovation de la responsabilité civile traditionnelle curative (Première partie). En revanche, interprétée sous l'angle de la condition relative au dommage, la distinction de la prévention et de la précaution tend à s'effacer au profit du critère de gravité commun à ces deux notions. La question de l'appréhension des dommages résultant d'un défaut de prévention ou de précaution favorise alors la promotion d'une responsabilité civile préventive (Deuxième partie).

---

[98] Cf. *supra*, n° 11 et 12.

CHAPITRE PRELIMINAIRE

LE PRINCIPE DE LA DISTINCTION DE LA PREVENTION ET DE LA PRECAUTION DANS LE PARADIGME CLASSIQUE DE LA RESPONSABILITE CIVILE[99]

34. Parmi les différentes façons de préciser les contours d'une notion, la définition par genre prochain et différence spécifique constitue l'un des instruments de la technique juridique le plus abouti[100], sans doute parce qu'elle exprime à elle seule l'opération de définition, dont l'étymologie renvoie à l'action de séparer, autrement dit, d'opposer pour individualiser. Il convient de préciser la spécificité de la *prévention* et de la *précaution* par rapport à la notion de prudence (Section I), avant de procéder à la détermination des éléments constitutifs de la *prévention* et de la *précaution* (Section II).

SECTION I

LA SPECIFICITE DE LA *PREVENTION* ET DE LA *PRECAUTION* PAR RAPPORT A LA PRUDENCE

35. L'émergence de la notion de précaution dans le discours juridique[101] conduit inévitablement à en préciser le sens par rapport à certains concepts déjà existants, tels que ceux de prévention et de prudence, dont le contenu se rapproche de celui susceptible d'être attribué à la précaution[102]. Aussi, l'analyse du chemin qui mène de la prévention à la précaution (§2) sera précédée de celle permettant de passer de la prudence au principe de la distinction de la prévention et de la précaution (§1).

---

[99] Sur la notion de paradigme classique de la responsabilité civile comme renvoyant aux règles de responsabilité civile en présence d'un dommage, cf. Introduction, *supra*, n° 10 et 32.

[100] "la définition juridique sera d'autant plus parfaite, qu'elle analysera plus complètement la compréhension de l'idée à fixer, en la rattachant à un genre prochain (supposé préalablement connu), pour l'en séparer par la différence spécifique, qui marque l'individualité propre de l'objet à définir", F. GENY, *Science et technique en droit privé positif*, Paris, Sirey, 1914, tome I, p. 153.

[101] Sur cette notion, cf. *supra*, n° 2.

[102] En ce sens, Ph. KOURILSKY et G. VINEY (op. cit., p. 151) estiment que la définition de la précaution "pourrait être précédée d'une disposition situant la précaution par rapport à la prévention au sein d'un concept général de prudence". Dans le même sens, cf. Ph. KOURILSKY, *Du bon usage du principe de précaution*, Paris, Odile Jacob, 2002, p. 49.

§ 1 De la prudence a la distinction de la prevention et de la precaution

36. Dans son sens courant, la notion de prudence renvoie à la fois à une vertu de sagesse et à une "attitude de l'esprit qui, réfléchissant à la portée et aux conséquences de ses actes, prend ses dispositions pour éviter des erreurs, des malheurs possibles, s'abstient de tout ce qu'il croit pouvoir être source de dommage"[103]. De son côté, le *Vocabulaire juridique* de Gérard Cornu énonce que la prudence est à la fois une "qualité (vertu) faite de prévoyance (clairvoyance, lucidité, capacité de prévoir) et de modération (mesure, aptitude à se réfréner, maîtrise, autolimitation) ; comportement conforme à cette norme" et un "savoir-faire"[104]. Enfin, le concept aristotélicien de prudence ou *phronésis* désigne une "disposition, accompagnée de règle vraie, capable d'agir dans la sphère de ce qui est bon et mauvais pour un être humain"[105].

37. La spécificité de la prévention et de la précaution doit donc être mise en évidence à la fois par rapport à la notion juridique de prudence (A) et par rapport à la forme antique de cette notion, la *phronésis* (B).

A – Prevention, precaution et prudence juridique

38. On connaît, en droit, la fortune de la notion de prudence au sens d'expérience, de savoir-faire. Ainsi, l'article 1353 du Code civil fait-il appel à la prudence du magistrat dans l'élaboration des présomptions de l'homme. Mais c'est du premier sens juridique du terme, selon lequel la prudence est "un modèle de comportement", qu'il sera ici question. En effet, en droit de la responsabilité civile, le devoir de prudence désigne l'obligation de "prendre toutes les précautions usuelles afin d'éviter que (l)es activités n'engendrent pas plus de risques qu'elles n'en comportent normalement"[106]. Il "impose de veiller non seulement à la sécurité d'autrui, mais également à la sienne propre et il implique, outre le souci de l'intégrité des personnes, le respect de celle des biens, y compris du milieu naturel"[107]. Le devoir de prudence est donc intimement lié à la sécurité. Matériellement, il s'exprime par l'obligation

---

[103] *Dictionnaire Robert.*

[104] G. CORNU, *Vocabulaire juridique*, op. cit., p. 740.

[105] ARISTOTE, *Ethique à Nicomaque*, Paris, Vrin, 1990, traduction J. Tricot, VI, 5, 1140 b, 5. "La tradition morale de l'Occident n'a guère retenu la définition aristotélicienne de la prudence", P. AUBENQUE, *La prudence chez Aristote*, Paris, P.U.F.(coll. "Quadrige"), 1993, p. 33. Sur les évolutions de la notion de prudence, cf. Ph. RAYNAUD et S. RIALS (dir.), *Une prudence moderne ?* Paris, P.U.F. (coll. "Politique d'aujourd'hui"), 1992 et Article "Prudence", *in Dictionnaire de philosophie politique*, Paris, P.U.F., 1996, p. 508.

[106] G. VINEY et P. JOURDAIN, op. cit., n° 477.

[107] G. VINEY et P. JOURDAIN, op. cit., n° 477.

d'empêcher la survenance d'un dommage et tend à l'action en rendant l'abstention fautive. En ce sens il rappelle l'adage de Loysel, "Qui peut et n'empêche pêche"[108], repris ultérieurement par Domat, lequel estimait que "Ceux qui pouvant empêcher un dommage, que quelque devoir les engageait de prévenir, y auront manqué, pourront en être tenus, selon les circonstances"[109].

39. La violation du devoir de prudence est donc susceptible de conduire à la responsabilité pour faute. A cet égard, la prévention et la précaution, en tant qu'elles constituent des règles d'action, se rapprochent de la prudence juridique[110]. Il reste que la notion de faute, parce qu'elle ne sanctionne pas toujours la violation d'un devoir écrit, est souvent présentée comme un standard[111], c'est-à-dire comme "une mesure moyenne de conduite sociale, susceptible de s'adapter aux particularités de chaque hypothèse déterminée"[112]. Or, cette dernière conduite est directement liée à la possession d'un certain savoir. Ainsi, dans *Les loix civiles dans leur ordre naturel*[113], Domat écrit que : "Toutes les pertes et tous les dommages qui peuvent arriver par le fait de quelque personne, soit imprudence, légèreté, *ignorance de ce qu'on doit savoir*[114], ou autres fautes semblables, si légères qu'elles puissent être, doivent être réparées par celui dont l'imprudence ou autre faute y a donné lieu. Car c'est un tort qu'il a fait, quand même il n'aurait pas eu intention de nuire…". Et plus loin, il ajoute : "Il faut mettre au nombre des dommages causés par des fautes, ceux qui arrivent par l'*ignorance des choses que l'on doit savoir*"[115]. Dans le même sens, on peut lire sous la plume de Legal, que la faute non-intentionnelle

---

[108] Cf. H. ROLAND et L. BOYER, *Adages du droit français*, Paris, Litec, 1999 (4ème éd.).

[109] DOMAT, *Les loix civiles dans leur ordre naturel*, Paris, Nyon, 1777, Livre II, Titre VIII, Section IV, § VIII, p. 308.

[110] En effet, dans sa version subjective, la faute repose sur un choix de l'agent dans la détermination de la conduite qu'il va suivre. Elle "procède d'une vision individualiste de la responsabilité et repose sur une adhésion implicite au postulat philosophique du «libre arbitre»" (G. VINEY et P. JOURDAIN, op. cit., n° 444). Dans le même sens, le spécialiste américain Fleming JAMES, estime que le concept de faute "supposait le libre arbitre […]. Au-delà de cela, il supposait que l'agent avait un choix à faire sur sa conduite : agir d'une manière visiblement dangereuse ou de quelque autre manière possible et plus sûre" (cité par A. TUNC, *in La responsabilité civile*, Paris, Economica, 1989, p. 115).

[111] J. FLOUR, J.-L. AUBERT et E. SAVAUX, *Les obligations, 2. Le fait juridique*, Paris, Armand Colin, 2001 (9ème éd.), n° 98.

[112] A.-A. Al-SANHOURY, "Le standard juridique", *in Recueil d'études sur les sources du droit en l'honneur de F. Gény*, tome II, Paris, Sirey, 1935, p. 144. Sur la notion de standard, cf. S. RIALS, "Les standards, notions critiques du droit", *in Les notions à contenu variable en droit*, sous la dir. de C. PERELMAN et R. VANDER ELST, Bruxelles, Bruylant, 1984, p. 39.

[113] DOMAT, op. cit., Livre II, Titre VIII, Section IV, § I, p. 307.

[114] C'est nous qui soulignons.

[115] DOMAT, op. cit., Livre II, Titre VIII, Section IV, § V, p. 308. C'est nous qui soulignons.

"consiste à ne pas connaître *ce qu'on aurait dû et pu connaître*[116], à n'avoir pas eu une pensée qu'on était tenu d'avoir"[117].

40. Depuis, la doctrine s'est employée à distinguer deux types de méthodes pour juger d'un comportement fautif, l'appréciation pouvant se faire *in concreto*, par référence aux aptitudes de l'individu, ou *in abstracto*, par référence à la conduite de l'homme normalement prudent et avisé ou encore du "bon père de famille"[118]. Cette dernière méthode participe de la fonction préventive de la responsabilité, puisque "en détournant les malhabiles, les maladroits, les inaptes et incompétents, d'activités dangereuses ou qui dépassent leurs capacités, le droit de la responsabilité contribue à éviter certains risques et par là à prévenir certains dommages"[119].

41. La notion de prudence juridique suppose donc la référence à une certaine norme de conduite[120]. A l'origine, l'étymologie du mot "norme" renvoie à un instrument matériel, une équerre permettant de vérifier ou tracer des angles droits. L'usage du terme a conduit à la signification de règle ou modèle de conduite, traduisant un "élargissement de sens remarquable du concret à l'abstrait"[121]. La norme comporte alors deux types d'éléments : en tant qu'étalon formant un contenu de pensée, de ce que l'on se représente à l'esprit, elle est "un instrument de mesure de texture purement psychique", et en tant qu'elle s'applique à la réalité, elle est "une mesure d'un déroulement du cours des choses", "toute règle ou norme [...] correspond à la pensée, à la représentation psychique d'un certain déroulement événementiel"[122]. De là suit la distinction entre deux variétés de normes : "les normes à fonction directive et les normes à fonction recognitive ou normes scientifiques"[123]. Les premières, dites éthiques tendent à guider la conduite des hommes, tandis que les secondes "ont vocation à constituer des modèles du déroulement des choses dans la réalité, des modèles de la survenance des choses dans le cours du réel. Elles donnent la mesure du fil

---

[116] C'est nous qui soulignons.

[117] A. LEGAL : *De la négligence et de l'imprudence comme source de responsabilité délictuelle*, thèse, Jouve & C éditeurs, Paris, 1922, p. 64.

[118] F. TERRE, Ph. SIMLER et Y. LEQUETTE, *Droit civil. Les obligations*, Paris, Dalloz, 2005 (9ème éd.), n° 727 et s. ; G. VINEY et P. JOURDAIN, op. cit., n° 462 et s. ; J. FLOUR, J.-L. AUBERT et E. SAVAUX, op. cit., n° 113 et s. ; J. CARBONNIER, op. cit., n° 229. Sur la notion de bon père de famille, cf. S. SEYRAT, *Le bon père de famille (Etude sur l'origine, la signification et la fonction de l'expression dans le droit)*, thèse dactyl., Paris II, 1985.

[119] G. VINEY et P. JOURDAIN, op. cit. n° 463.

[120] Elle renvoie à un contenu normatif, à "une norme générale de comportement" (G. VINEY et P. JOURDAIN, op. cit., n° 450), à la différence de la prudence aristotélicienne. Sur les rapports entre la prudence antique (*phronésis*) et la norme, cf. P. AUBENQUE, op. cit., p. 41. Sur les rapports entre la prévention, la précaution et la prudence antique, cf. *infra*, n° 45 et s.

[121] P. AMSELEK, "Norme et loi", *A. P.D.*, 1980, p. 92.

[122] P. AMSELEK, art. préc., p. 94.

[123] P. AMSELEK, art. préc., p. 96.

des événements qui se réalisent, qui se produisent effectivement, et non pas la mesure du fil d'événements à réaliser, à produire"[124].

42. Bien que les lois scientifiques puissent être ainsi présentées comme des normes, elles n'ont pas un caractère normatif *stricto sensu* dans la mesure où loin de prescrire une action elles permettent simplement d'en mesurer le déroulement. En ce sens, les sciences de la nature s'opposent aux sciences sociales. En effet, alors que les secondes sont régies par un principe d'imputation qui énonce qu'en présence de certaines conditions ou situations un certain résultat *doit* intervenir, les premières obéissent au principe de causalité qui décrit la relation entre deux phénomènes telle qu'elle *intervient* dans la réalité[125]. Alors que les sciences sociales sont normatives et prescrivent une certaine conduite, les sciences de la nature ne font que décrire un certain déroulement des choses.

43. Cette distinction permet d'opérer une spécification de la notion de prudence juridique, par rapport à celles de prévention et de précaution. *Si la prudence juridique renvoie à une norme sociale, c'est-à-dire à un devoir-être, la prévention et la précaution relèvent en dernière analyse du domaine de l'être*[126] *puisqu'elles s'appuient sur des données scientifiques.* Certes, elles ne sont pas dépourvues de normativité, puisqu'elles prescrivent une certaine forme de conduite : celle d'agir en situation de certitude (prévention) ou d'incertitude (précaution) scientifique. Mais cette normativité se limite à leur nature juridique. En revanche, à la différence de la prudence elles ne renvoient pas à une norme éthique. Autrement dit, l'imprudent est celui qui a mal agi, compte tenu d'un certain devoir-être, alors que l'individu qui a commis une faute de prévention ou de précaution s'est abstenu d'agir, compte tenu d'un modèle de déroulement des choses dans la réalité. Dans l'obligation de prudence la rectitude de l'action s'apprécie par rapport à un devoir dont le contenu est susceptible d'exister indépendamment de toute considération de faits[127], alors que dans la prévention et la précaution, le contenu du devoir d'agir est subordonné à une prise en compte des données des sciences de la nature. En

---

[124] P. AMSELEK, art. préc., p. 97.

[125] Sur la distinction entre science causale et science normative, et entre causalité et imputation, cf. H. KELSEN, *Théorie pure du droit*, op. cit., n° 17 et s. p. 104 .

[126] Sur la distinction entre être et devoir être, cf. Article "Etre/devoir être", *in Dictionnaire encyclopédique de théorie et de sociologie du droit*, op. cit. ; C. GRZEGORCZYK, F. MICHAUT et M. TROPER (dir.), *Le positivisme juridique*, Paris, L.G.D.J., 1992, p. 185 et s.

[127] Ce qui ne signifie pas que la prudence ne puisse faire appel aux données scientifiques. Ainsi, par exemple, dans la détermination de l'imprudence d'un médecin les juges pourront faire appel à l'état des connaissances scientifiques et techniques à l'époque des faits litigieux, mais la référence à la science n'est alors qu'un instrument *au service* de l'établissement du modèle du médecin prudent mais n'en est pas le caractère constitutif.

outre, pour pouvoir être appliquée de manière rigoureuse et stable[128], la distinction de la prévention et de la précaution doit être fondée sur un modèle de déroulement des connaissances scientifiques extérieur au droit. Ainsi, elle ne saurait dépendre de l'historique de ces connaissances retracé par les juges dans la mesure où un tel historique est appelé à varier en fonction de l'appréhension par chaque magistrat de l'affaire qui lui est soumise. *La distinction de la prévention et de la précaution ne peut donc trouver sa légitimité qu'en tant qu'elle repose sur un modèle préétabli de l'évolution de l'état de la science dans chaque domaine où elle est susceptible d'être mise en œuvre.*

44. La prévention et la précaution conduisent donc à une redéfinition des savoirs exigés de l'homme prudent. Le "bon père de famille", n'est pas seulement celui qui doit connaître et respecter une règle de conduite humaine mais également celui qui doit avoir connaissance de l'état de la science. Le critère de l'*ignorance de ce qu'on doit savoir*, constitutive de l'imprudence juridique traditionnelle, est ainsi revisité du fait de la spécification de la prudence par rapport à la distinction de la prévention et de la précaution[129].

B – PREVENTION, PRECAUTION ET PRUDENCE ANTIQUE (*PHRONESIS*)

45. Non seulement la prévention et la précaution se distinguent de la prudence juridique mais la précaution[130] ne saurait être confondue avec la notion aristotélicienne de prudence ou *phronésis*, à laquelle elle a pourtant été parfois comparée[131]. En effet, la *phronésis* suppose la délibération. Or cette dernière porte sur "les choses qui dépendent de nous et que nous pouvons réaliser"[132]. "On ne délibère jamais sur les choses qui ne peuvent pas être autrement qu'elles ne sont, ni sur celles qu'il nous est impossible d'accomplir"[133]. La délibération ne porte que sur "les affaires humaines"[134] et

---

[128] Sur l'exigence de "permanence du critère de distinction", cf. M.-L. IZORCHE, art. préc., p. 57.

[129] Par où l'on voit que le savoir ne saurait se réduire à une relation entre un sujet et le monde mais implique toujours une référence à un corpus de connaissances. En ce sens, "tout savoir est transitif: on sait quelque chose. Tout savoir, toute situation cognitive impliquent l'existence d'un objet connu, quel que soit le mode d'existence de celui-ci" (J. SCHLANGER, *Une théorie du savoir*, Paris, Vrin, 1978, p. 13), qu'il s'agisse des données des sciences sociales, dans le cas de la prudence, ou de celles des sciences de la nature, dans le cas de la prévention et de la précaution.

[130] L'analyse vaut également pour la prévention mais l'absence de lien entre cette dernière notion et le concept d'incertitude n'a pas conduit à son rapprochement avec la prudence antique, comme cela a été le cas pour la précaution, cf. note suivante.

[131] En ce sens, cf. J.-J. SALOMON, "Pour une éthique de la science. De la prudence au principe de précaution", *Futuribles*, septembre 1999, n° 245, p. 5 ; G. DELANNOI, "Sagesse, prudence, précaution", *in* UNIVERSITE DE BOURGOGNE, *La décision publique et le droit de la responsabilité face au principe de précaution*, Colloque des 27 et 28 avril 2000, *R.J.E.*, 2000, n°spécial, p. 11 ; M. BOUTONNET, op. cit., n° 546 et s.

[132] ARISTOTE, op. cit., III 5, 1112 a 31, p. 133 et III 5, 1112 b 35, p. 137.

[133] ARISTOTE, op. cit., VI 5, 1140 a 32, p. 285 et VI 2, 1139 a 14, p. 276.

plus précisément sur les affaires humaines qui dépendent de nous c'est-à-dire celles qui demeurent "incertaines dans leur aboutissement", dont "l'issue est indéterminée"[135]. La délibération porte sur l'avenir et l'avenir est incertain. De ce point de vue, la précaution semble s'apparenter à la prudence antique, puisque, comme elle, elle porte sur l'incertain. De même, en tant qu'elle renvoie à un choix de l'agent[136], la précaution entretient des liens avec la prudence antique[137].

46. En revanche, alors que l'incertitude dans la *phronésis* résultait d'une pluralité de choix possibles devant la contingence du monde et s'opposait donc radicalement à la science, laquelle porte sur le nécessaire[138], l'incertitude inhérente à la précaution procède d'une incertitude des connaissances scientifiques elles-mêmes. Autrement dit, si la prudence était pour les anciens, le "substitut proprement humain d'une Providence défaillante"[139], la précaution est le substitut d'une science faillible, l'objet incertain se trouvant ainsi déplacé. Par conséquent, si la précaution devait trouver quelque fondement dans la notion antique de prudence, ce ne pourrait être qu'à condition d'être "revisitée à la mesure des risques que les développements scientifiques font peser"[140].

47. Le critère des connaissances scientifiques permet donc de délimiter les contours de la prévention et de la précaution tant par rapport à la notion juridique traditionnelle de prudence que par rapport à la notion aristotélicienne de prudence. S'agissant de la différenciation entre la prévention et la précaution, les conditions de possibilités de l'existence d'une telle

---

[134] ARISTOTE, op. cit., III 5, 1112 a 27, p. 133.
[135] ARISTOTE, op. cit., III 5, 1112 b 9, p. 135.
[136] La notion de précaution, comme règle de choix a été particulièrement bien mise en évidence par D. OZONOFF, ("The precautionary principle as a screening device", *in* C. RAFFENSPERGER et J. TICKNER Joel, dir., *in Protecting Public health and the Environment. Implementing the Precautionary Principle*, Washington D.C., Island Press, 1999, p. 110). Dans cet article l'auteur se propose de traduire le langage du test de dépistage médical dans celui du principe de précaution. Il est ainsi conduit à dresser le tableau suivant :

	Identifié comme un risque	identifié comme une absence de risque
Vrai risque	a	b
Vraie absence de risque	c	d

Le principe de précaution signifie que si le premier rang est possible (c'est-à-dire s'il y a des chances que le risque existe), la règle de décision doit se trouver dans la première colonne. Autrement dit, le principe de précaution peut être décrit comme le fait de choisir une colonne.
[137] Cette dernière, en effet, vise à l'action (ARISTOTE, op. cit., VI, 8, 1141 b, 17, p.292) et constitue "une disposition pratique concernant la *règle* du choix" (P. AUBENQUE, op. cit., p.34).
[138] ARISTOTE, op. cit., VI, 3, 20, p. 280.
[139] P. AUBENQUE, op. cit., p. 95.
[140] J.-J. SALOMON, art. préc., p. 18.

distinction supposent d'adhérer à une certaine conception de la science, comme en témoigne l'examen du chemin qui mène de la prévention à la précaution.

§ 2 La specificite de la prevention par rapport a la precaution

48. Le principe de la distinction entre la prévention et la précaution (A) se trouve consacré par la loi et la Constitution (B).

A – Le principe de la distinction entre la prevention et la precaution

49. L'existence de la notion de précaution, définie comme l'anticipation des risques scientifiques suspectés, postule que puisse être établie une distinction entre ces derniers et les risques scientifiques avérés. Or cette distinction est complexe en raison de l'existence de différents degrés de connaissance des risques scientifiques. La réponse à la question de savoir à partir de quand il est possible d'estimer que le risque encouru est avéré suppose que soit préalablement résolue celle de la possibilité d'existence de tels risques dans le domaine scientifique. Autrement dit, en impliquant que soit précisé le critère de la distinction, permettant d'opérer une ligne de partage entre les risques avérés et les risques suspectés, la détermination de la spécificité de la prévention et de la précaution conduit à s'interroger sur la définition même de la règle scientifique qu'il convient de retenir. Dès lors, la distinction de la prévention et de la précaution, au cœur de laquelle se trouve le critère de l'état de la science, ne saurait ignorer les données de l'évolution historique relative au critère des connaissances scientifiques.

50. En effet, ce n'est pas sans quelques paradoxes que le critère, pourtant essentiel de la connaissance scientifique, caractéristique de la distinction de la prévention et de la précaution, se révèle être non seulement le moins défini mais surtout le plus sujet à controverse. Si la doctrine juridique s'accorde à souligner les liens entre la science et la précaution en raison du critère de l'incertitude scientifique issu de la loi, rares sont les auteurs qui prennent la peine de s'attarder sur la définition de la science, comme si celle-ci allait nécessairement de soi. Une telle attitude s'explique sans doute par le fait que dans son sens courant la notion de science renvoie aux sciences de la nature par opposition aux sciences humaines ou sociales ou encore aux sciences dites dures par opposition aux sciences molles[141]. En dépit d'une telle évidence

---

[141] Cf. *Dictionnaire historique de la langue française*, Paris, Dictionnaires Le Robert, 2000 (3ème éd.), sous la dir. d'A. REY.

d'interprétation, confirmée par les premiers arrêts intervenus en la matière[142], la définition de la science, fût-elle envisagée uniquement par référence aux sciences de la nature, mérite d'être précisée.

51. Le sens premier du terme science, synonyme de savoir, n'est guère d'une grande utilité, en raison de son caractère très large, le savoir étant susceptible de désigner tout type de connaissance. Plus précise, en revanche, est la définition selon laquelle la science est "un ensemble de connaissances ayant un objet déterminé et une méthode propre"[143]. Cette dernière définition se révèle néanmoins insuffisante car elle laisse entière la question du critère de détermination tant de l'objet que de la méthode scientifique. Celle-ci s'identifie-t-elle à la connaissance prouvée, probable ou encore seulement réfutable ? L'épistémologie des sciences nous apprend que ces différents critères ont été successivement adoptés au cours de l'histoire. Ainsi, après avoir pendant des siècles assimilé la connaissance scientifique à la connaissance prouvée, les justificationnistes classiques ont cédé la place aux probabilistes qui définissaient les théories scientifiques comme les théories probables, avant d'être critiqués par les falsificationnistes, Karl Popper[144] en tête, lequel fondait la scientificité d'une théorie sur son caractère réfutable[145].

---

[142] En ce sens, cf. G. J. MARTIN ("Principe de précaution, prévention des risques et responsabilité : quelle novation, quel avenir ?", art. préc., p. 2223) souligne que même si ni le juge français, ni le juge européen ne se sont prononcés explicitement sur cette question, "certaines décisions, en France (que l'on songe notamment aux décisions rendues à propos des "ondes" émises par les antennes installées par les opérateurs de téléphonie mobile"), laissent penser que la seule hypothèse de risque considérée comme légitime est celle qui repose sur une analyse des sciences "dures".

[143] A. REY (dir.), op. cit.

[144] Le point de départ de la réflexion de Popper (K. POPPER, *La logique de la découverte scientifique* [Londres, Hutchinson, 1959], Payot, coll. "Bibliothèque scientifique Payot", Paris, 1973, traduction de N. Thyssen-Rutten et Ph. Devaux ; *La connaissance objective* [Oxford University Press,1979], Paris, Flammarion, coll. "Champs", 1991 ; R. BOUVERESSE, *Karl Popper ou le rationalisme critique*, Paris, Vrin, 1998, 2ème éd. ; I. LAKATOS, *Histoire et méthodologies des sciences*, [1986] Paris, P.U.F., coll. "Bibliothèque d'histoire des sciences", 1994) est la recherche d'un critère de démarcation entre science et non-science. Il rejette la démarche inductive fondée sur la vérification des théories et lui substitue le critère de la falsification : un énoncé n'est pas scientifique dès lors qu'il est vérifiable mais au contraire seulement s'il est falsifiable ("c'est la falsifiabilité et non la vérifiabilité d'un système, qu'il faut prendre comme critère de démarcation", *La logique de la découverte scientifique*, op. cit., p. 37). Une théorie scientifique ne peut donc jamais être tout à fait justifiée ou vérifiée, elle ne peut être que non encore réfutée. Dès lors, toute théorie ne peut être qu'une hypothèse et demeure provisoire ("il nous faut considérer *toutes les lois ou théories comme hypothétiques ou conjecturales* ; c'est à dire comme des suppositions", K. POPPER, *La connaissance objective*, op. cit., p. 50). Il en résulte d'une part, que la science ne progresse pas par accumulation mais par réfutations successives de théories et d'autre part, qu'elle ne peut prétendre à la certitude absolue mais seulement à une approximation toujours plus grande de la vérité que Popper désigne par le concept de "vérisimilitude" (K. POPPER, *La connaissance objective*, op. cit., p. 111 et s.). Ainsi affirme-t-il que le "vieil idéal scientifique de l'*épistêmê*, l'idéal d'une connaissance absolument

52. Dès lors, la question qui se pose est celle de savoir lequel de ces différents critères il convient de retenir pour que l'existence de la distinction de la prévention et de la précaution soit possible. La réponse à cette question suppose donc d'examiner les conséquences de l'adoption de chacun des critères proposés sur la possibilité d'existence de la distinction.

53. D'un côté, l'adoption du premier ou du deuxième critère énoncé (connaissance prouvée ou connaissance probable) conduit à une interprétation stricte de la précaution, les données scientifiques de référence étant susceptibles d'être qualifiées d'avérées ou seulement de suspectées. D'un autre côté, le choix du troisième critère (connaissance réfutable) aboutit à en élargir considérablement le champ d'application. En effet, ce ne sont plus alors seulement certaines données de la science qui ont un caractère certain ou hypothétique mais c'est la possibilité pour la science elle-même dans son ensemble de fournir des données infaillibles. Dès lors, toute tentative de distinction entre la prévention et la précaution serait stérile puisque, par hypothèse, la science étant toujours provisoire, il ne saurait y avoir de distinction entre un risque scientifique avéré (caractéristique de la prévention) et un risque scientifique suspecté (caractéristique de la précaution), toute donnée scientifique étant par définition toujours réfutable. La prévention n'existerait pas. La science ne peut donc être assimilée à la connaissance prouvée, faute de quoi la prévention engloberait nécessairement la précaution, pas plus qu'à la connaissance réfutable puisqu'elle conduirait alors à supprimer la prévention. *L'affirmation d'une distinction entre la prévention et la précaution suppose donc d'adhérer à une certaine conception de la science, une conception faisant une place à la notion de connaissance scientifique probable permettant alors d'affirmer la spécificité de la notion de prévention et du même coup la légitimité de son opposition à la précaution.* Autrement dit, si la notion de précaution a pu être fondée parfois sur une vision poppérienne de la science[146], la distinction de la prévention et de la précaution suppose en réalité la possibilité de se référer à la fois à des connaissances certaines et à des connaissances seulement probables.

---

certaine et démontrable s'est révélé être une idole" (K. POPPER, *La logique de la découverte scientifique*, op. cit., p. 286).

[145] Sur cette évolution, cf. A. F. CHALMERS, *Qu'est-ce qu'une science ?*, Paris, La découverte, 1987 ; I. LAKATOS, op. cit.

[146] C. LEPAGE et F. GUERY, *La politique de précaution*, Paris, P.U.F. (coll. "Questions actuelles"), 2001, p. 39 ; J. CAZALA, "Principe de précaution et procédure devant le juge international", *in Le principe de précaution. Aspects de droit international et communautaire*, sous la dir. de C. LEBEN et J. VERHOEVEN, Paris, Editions Panthéon-Assas, 2002, p. 161.

54. Il en résulte que, pour que l'existence de la distinction de la prévention et de la précaution soit possible, le critère des *connaissances scientifiques du moment*[147] doit être interprété non pas comme renvoyant aux énoncés scientifiques portant sur les données de la science, c'est-à-dire par référence à la *théorie de la science*, mais en tant qu'il désigne les données scientifiques elles-mêmes, c'est-à-dire par référence à la *science*. *L'absence de certitudes, compte tenu des connaissances scientifiques du moment* ne doit donc pas être comprise comme un constat de faillibilité de la science, c'est-à-dire de son impossibilité à fournir des énoncés certains (ou vrais)[148]. Elle doit être entendue en tant qu'elle se réfère à une situation dans laquelle certaines données de la science ne font pas encore partie des connaissances acquises et relèvent de l'hypothèse, sans pour autant que la possibilité pour la science d'énoncer des propositions certaines (ou vraies) soit contestée.

55. La connaissance scientifique sera donc définie comme "la connaissance exacte, universelle et vérifiable exprimée par des lois"[149], l'activité scientifique consistant alors à "construire des lois ou règles théoriques établissant un rapport entre l'apparition au monde d'un type de phénomène et certains autres phénomènes occurrentiels et donnant ainsi la mesure de la possibilité de survenance de ce phénomène en fonction de ces occurrences"[150].

56. De son côté, le critère des connaissances techniques, issu de la définition légale de la précaution, ne sera pas envisagé pour lui-même mais seulement en tant qu'il constitue une prolongation de la science. En effet, la technique peut être définie comme un "ensemble de procédés employés pour produire une œuvre ou obtenir un résultat déterminé"[151]. Elle apparaît ainsi comme l'application pratique d'un savoir théorique et se présente donc comme un savoir-faire[152]. A l'instar de la connaissance scientifique, la technique est un outil propice à la résolution des problèmes répétitifs inhérents à l'activité humaine[153]. Aussi, dans la détermination de la ligne de partage entre la prévention et la précaution, la considération des données de la technique ne sera envisagée qu'en tant qu'elle constitue un instrument au service de la science, la

---

[147] Issu de la définition du principe de précaution posée à l'article L. 110-1 du Code de l'environnement.

[148] Autrement dit, elle ne doit pas être comprise par référence au critère poppérien de la science. Sur ce critère, cf. *supra*, n° 51.

[149] A. REY (dir.), op. cit.

[150] P. AMSELEK, "La part de la science dans l'activité des juristes", *D.*, 1997, chron., p.337.

[151] *Dictionnaire Robert.*

[152] "les normes techniques ne sont qu'une adaptation à des fins directives de normes scientifiques, une transformation d'un savoir scientifique en savoir-faire, en préceptes (ou "recettes") pour l'action humaine", P. AMSELEK, "Norme et loi", art. préc., p. 99-100.

[153] En ce sens, cf. A. PENNEAU, *Règles de l'art et normes techniques*, Paris, L.G.D.J. (coll. "Bibliothèque de droit privé"), tome 203, 1989, n° 42.

distinction du risque avéré et du risque suspecté étant avant tout fondée sur l'état de cette dernière[154].

B – La consecration de la distinction de la prevention et de la precaution par la loi et la constitution

57. Bien que la loi française ne contienne aucune disposition opposant expressément la *prévention* à la *précaution*, plusieurs arguments interprétatifs militent en faveur de la reconnaissance d'une telle distinction. Ainsi, il importe de rappeler que le principe de précaution a été intégré par la loi du 2 février 1995, relative au renforcement de la protection de l'environnement, en même temps que trois autres principes dont le principe d'action préventive et de correction par priorité à la source. Or, ce dernier constitue sans aucun doute l'expression du principe de prévention, principe qui peut être dégagé de nombreuses dispositions législatives, particulièrement dans le domaine de l'environnement[155]. En ce sens, les travaux préparatoires de la loi Barnier de 1995 se réfèrent aux termes "principe de prévention", même si le législateur a finalement retenu l'expression de "principe d'action préventive"[156].

58. L'interprétation du principe de précaution[157] conduit à lui accorder une spécificité par rapport au principe de prévention. La coexistence, à l'article L. 110-1 du Code de l'environnement, du principe de précaution aux côtés de celui d'action préventive milite en faveur d'une différenciation des deux concepts. L'énumération d'une série de principes implique de donner à chacun

---

[154] L'emploi de la conjonction "et" dans l'expression légale du critère des "connaissances scientifiques *et* techniques", figurant dans la définition du principe de précaution, issue de l'article L. 100-1 du Code de l'environnement, favorise une telle interprétation.

[155] N. de SADELEER, op. cit., p. 112.

[156] Cf. la *Proposition de la commission d'expertise du code de l'environnement*, ainsi que celle de la commission de terminologie, et l'*Avant-projet de loi du ministre de l'Environnement* (intitulé : "APL relatif à la clarification et à la décentralisation des compétences en matière d'environnement"), datant de février 1994. Sur ces différents projets, cf. C. CANS, "Grande et petite histoire des principes généraux du droit de l'environnement dans la loi du 2 février 1995", art. préc., p. 200 et le tableau p. 215.

[157] Dont la légitimité n'est pas douteuse. Ce n'est pas, en effet, parce que le sens du principe de précaution paraît *a priori* clair (prévenir un risque de dommage alors que l'on se trouve en situation d'incertitude scientifique et technique) qu'il ne doit pas être interprété, puisque au contraire, "la clarté est consécutive à l'interprétation et, loin de dispenser de l'interprétation, elle l'implique", P. VANDER EYCKEN, *Méthode positive de l'interprétation juridique*, Bruxelles, Falk Fils, Paris, Félix Alcan, 1907, p. 346, n°217. Dans le même sens C. PERELMAN ("L'interprétation juridique", *A.P.D.*, 1972, tome XVII, p. 30) souligne que s'il l'on a dit et répété souvent que l'interprétation s'arrête quand le texte est clair, il convient justement de se demander à partir de quand il est possible d'affirmer qu'un texte est clair et de rappeler qu' "une règle de droit s'interprète nécessairement dans le contexte d'un système juridique, et celui-ci peut nous obliger d'introduire dans la lecture du texte des clauses générales qui en restreignent la portée, mais qui ne sont pas explicitées".

d'entre eux un sens particulier[158], tout comme l'adhésion au *postulat de la rationalité du législateur*[159] conduit à conférer un effet spécifique à chacun des alinéas de l'article L. 110-1 du Code de l'environnement, les auteurs de la loi de 1995 étant supposés ne rien avoir fait d'inutile.

59. Cette analyse est confirmée par la Charte de l'environnement de 2004, intégrée dans le Préambule de la Constitution par la loi du 1er mars 2005[160]. En effet, la Charte distingue clairement l'obligation, pour toute personne, de "prévenir" les atteintes à l'environnement (article 3) et celle, pesant sur les autorités publiques, de veiller au respect du "principe de précaution" (article 5). Ces dispositions ont été unanimement interprétées comme une application de la distinction de la prévention et de la précaution[161].

60. Enfin, avant même sa consécration implicite par la Charte de l'environnement, la distinction de la prévention et de la précaution avait déjà trouvé un large écho en doctrine. En effet, si certains auteurs refusaient d'opérer une telle différenciation au motif qu'elle relevait du sophisme[162] ou que d'autres cherchaient à en relativiser la portée[163], la majorité de la doctrine insistait sur

---

[158] "la consécration textuelle d'une énumération se voit traditionnellement appliquer différentes directives, telles que l'invitation à attribuer aux différents termes énumérés un sens différent, l'invitation à interpréter chacun des termes à la lumière des autres [...]", F. OST et M. VAN DE KERCHOVE, *Entre la lettre et l'esprit. Les directives d'interprétation en droit*, Bruxelles, Bruylant, 1989, p. 54. Pour une application aux principes issus de la loi Barnier, cf. M. DESPAX, "La loi n° 95-101 du 2 février 1995, relative au renforcement de la protection de l'environnement", *in Les hommes et l'environnement : quels droits pour le XXIème siècle. Etudes en hommage à A. Kiss*, Paris, Frison-Roche, 1998, p. 391, spéc. p. 396 ("Chacun des principes ainsi formulés [principe de précaution, principe d'action préventive et de correction par priorité à la source, principe pollueur-payeur, principe de participation] répond à une préoccupation particulière ...").

[159] Sur cette notion, cf. F. OST, "L'interprétation logique et systématique et le postulat de la rationalité du législateur", *in L'interprétation en droit. Approche pluridisciplinaire*, sous la dir. de M. VAN DE KERCHOVE, Bruxelles, Facultés Universitaires Saint-Louis, 1978, p. 159.

[160] Loi constitutionnelle n°2005-205, *J.O.* du 2 mars 2005.

[161] Sur la constitutionnalisation du *devoir* de prévention et du *principe* de précaution, cf. 1ère partie, *infra*, n° 341 et 2ème partie, *infra*, n° 821 et s.

[162] P. SARGOS, "Approche judiciaire du principe de précaution en matière de relation médecin/patient", *J.C.P.*, 2000, I, 226, n° 6.

[163] F. EWALD, "Philosophie politique du principe de précaution", *in Le principe de précaution* (coll. "Que sais-je ?"), op. cit., p. 25 ("Les textes n'opposent pas prévention et précaution") ; D. TRUCHET, "Douze remarques simples sur le principe de précaution", art. préc. ; M. BOUTONNET (op. cit., spéc., n° 1091) qui estime que le principe de précaution a vocation à s'appliquer "également si les risques sont démontrés", autrement dit, en présence de risques avérés relevant de la prévention. En effet, M. BOUTONNET justifie une telle extension du champ d'application de la précaution par l'idée qu' "il paraîtrait totalement illogique de refuser d'éviter certains dommages parce qu'ils sont bien connus". Or un tel raisonnement est critiquable en ce qu'il tend à confondre deux choses distinctes. D'une part, le *sens* attribué au principe de précaution, dont la légitimité suppose qu'il puisse être délimité par rapport à d'autres concepts

cette distinction[164]. Alors que l'objet de la prévention est de prévenir des risques avérés, la précaution s'applique aux risques suspectés. La mise en place, par le

---

voisins, et d'autre part, la *fonction* préventive de ce principe, qui peut être commune à celle d'autres principes, comme le principe de prévention.

[164] Ouvrages : F. EWALD, "Le retour du malin génie", *in Le principe de précaution dans la conduite des affaires humaines*, sous la dir. d'O. GODARD, Paris, Maison des sciences de l'homme et de l'INRA, 1997, p. 99 et s. ; A. LAUDON et C. NOIVILLE, *Le principe de précaution, le droit de l'environnement et l'OMC*. Rapport remis au Ministère de l'Environnement le 16 novembre 1998 (dactyl.), Introduction, p. 1 ; C. LEPAGE, "Exposé introductif", M. BOTHE, "L'origine et le développement du principe de précaution. Aspects comparatifs et internationaux", J. FROMAGEAU, "L'émergence du principe de précaution en France et en Europe", G. DAVID, "Les difficultés de l'application du principe de précaution au domaine médical", C. SUREAU, "L'apport de l'expérience médicale à la réflexion sur l'application du principe de précaution", D. TURPIN, "Conclusion des Thémiales 1999", *in* LES THEMIALES DE RIOM, *Actes du colloque organisé à la Cour d'appel de Riom les 9 et 10 septembre 1999 par l'Association Riom/Justice/Pays de Volvic sur* Le principe de précaution, *Revue juridique d'Auvergne*, 2000, vol. 1, n° spécial, pp. 24, 35-36, 46, 173, 188 et 194 ; N. de SADELEER, op. cit. ; A. JORDAN et T. O'RIORDAN, "The precautionary principle in contemporary environmental policy and politics", *in Protecting Public health and the Environment. Implementing the Precautionary Principle*, op. cit., p. 15, spéc. p. 24 ; J. GERLACHE, "Entreprises : pour intégrer précaution et proportion", *in Le principe de précaution. Significations et conséquences*, sous la dir. d'E. ZACCAI et J.-N. MISSA, Editions de l'Université de Bruxelles, Bruxelles, 2000, p. 105, spéc. p. 111 ; Ph. KOURILSKY et G. VINEY, op. cit., p. 18 et 151 ; D. BOURG et J.-L. SCHLEGEL, *Parer aux risques de demain. Le principe de précaution*, Paris, Seuil, 2001, p. 138 ; Ph. KOURILSKY, *Du bon usage du principe de précaution*, op. cit., p. 45 ; C. LARRERE, "Le contexte philosophique du principe de précaution" et L. BOISSON DE CHAZOURNES, "Le principe de précaution : nature, contenu et limites", *in Le principe de précaution. Aspects de droit international et communautaire*, op. cit., p. 21 et 80 ; D. TABUTEAU, *La sécurité sanitaire*, Paris, Berger-Levrault, 2002 (2ème éd.), p. 75 ; R. VANNEUVILLE et S. GANDREAU, op. cit., p. 61.

Articles : M. REMOND-GOUILLOUD, "Le risque de l'incertain : la responsabilité face aux avancées de la science", art. préc., spéc. p. 341 ; F. EWALD, "Un entretien avec François Ewald. Le principe de précaution", *Prévenir*, n° 24, 1993, p. 187, spéc. p. 189 ; G. J. MARTIN, "Précaution et évolution du droit", art. préc., spéc. p. 301 et "Principe de précaution, prévention des risques et responsabilité : quelle novation, quel avenir ?", art. préc., spéc. p. 2223 ; F. OST, "La responsabilité, fil d'Ariane du droit de l'environnement", *Droit et Société*, 1995, n° 30-31, p.281, spéc. p. 297 ; V. LABROT, "La précaution : prudence environnementale et réalisme social ou à propos d'un concept durable", *in Environnement et politique. Constructions juridico-politiques et usages sociaux*, sous la dir. d'A. GOUZIEN et P. LE LOUARN, Rennes, P.U.R. (coll. "des Sociétés"), 1996, p. 165, spéc. p. 171 ; L. BOY, "La référence au principe de précaution et l'émergence de nouveaux modes de régulation ?", *P.A.*, 8 janvier 1997, n°4, p. 4, spéc. p. 6 ; M. SETBON, "Le principe de précaution en questions", *Rev. fr. aff. soc.*, juil-déc 1997, p. 201, spéc. p. 202 ; P. LASCOUMES, "La précaution, un nouveau standard de jugement", *Esprit*, novembre 1997, p. 129, spéc. p. 129 et 136 ; L. GONZALEZ VAQUE, L. EHRING et C. JACQUET, "Le principe de précaution dans la législation communautaire et nationale relative à la protection de la santé", *Revue du Marché Unique Européen*, 1999, n° 1, p. 79, spéc. p. 90 ; P. MARTIN-BIDOU, "Le principe de précaution en droit international de l'environnement", *R.G.D.I.P.*, 1999, tome 103, n° 3, p. 631, spéc. p. 647 ; L. BAGHESTANI-PERREY, "Le principe de précaution : nouveau principe fondamental régissant les rapports entre le droit et la science", *D.*, 1999, chron. p. 457, spéc. p. 460 ; P. SANDIN, "Dimensions of the Precautionary Principle, *Human and Ecological Risk Assessment*, 1999, vol. 5, n° 5, p.889, spéc. p. 893 ; J.-P. DESIDERI,

Ministère de l'environnement, d'un Comité de la prévention et de la précaution[165], a également contribué à institutionnaliser cette distinction[166]. Le plus souvent, la différenciation de la prévention et de la précaution a été reconnue de manière générale. Néanmoins, son application spécifique au droit de la responsabilité civile a déjà commencé à être évoquée[167].

SECTION II

LA DETERMINATION DES ELEMENTS CONSTITUTIFS DE LA *PREVENTION* ET DE LA *PRECAUTION*

61. Dans la mesure où les normes scientifiques, au fondement des notions de prévention et de précaution, sont définies comme les "lois ou règles théoriques établissant un rapport entre l'apparition au monde d'un type de phénomène et certains autres phénomènes occurrentiels et donnant ainsi la mesure de la possibilité de survenance de ce phénomène en fonction de ces occurrences"[168], le concept de probabilité est appelé à jouer un rôle central dans la détermination du contenu de ces deux notions (§1). Mais la distinction de la prévention et de la précaution est également susceptible d'être envisagée à l'aune de la différenciation entre deux autres concepts, celui de risque et celui d'incertitude (§2). Ces précisions effectuées, il sera alors possible de déterminer l'influence de la connaissance du risque sur le champ d'application de la prévention et de la précaution (§3).

---

art. préc., spéc. p. 240 ; A. ROUYERE, "L'exigence de précaution saisie par le juge. Réflexions inspirées par quelques arrêts du Conseil d'Etat", *R.F.D.A.*, 2000, p. 266, spéc. p. 272 ; C. GOT, "Relativiser les questions et les solutions ayant trait à la sécurité sanitaire" et D. KESSLER, "De la probabilité à l'incertitude. Risques assurables et non assurables" *in Le principe de précaution et l'industrie agro-alimentaire française*, ASSOCIATION DES AMIS DE MICHEL DEBATISSE, Colloque du 16 février 2000, *Paysans*, juil.-août 2000, n° 262, p. 19 et 29 ; G. DELANNOI, "Sagesse, prudence, précaution", *R.J.E.*, 2000, n° spécial, *Le principe de précaution*, p. 11, spéc. p. 16 ; J.-M. FAVRET, art. préc., p. 3462 ; F. EWALD, "La construction du régime juridique du principe de précaution", *D.*, 2007, n°22, p. 1548, spéc. p. 1549 ; L. FONBAUSTIER, "Le contrôle de légalité à la française comme mode de traitement du principe de précaution", *D.*, 2007, n°22, p.1523, spéc. p.1524.

[165] Arrêté du 30 juillet 1996.

[166] D. TABUTEAU, op. cit. p. 73.

[167] Cf. notamment, M. REMOND-GOUILLOUD, "Le risque de l'incertain : la responsabilité face aux avancées de la science, art. préc., p. 341 ; G. J. MARTIN, articles préc. ; F. OST, "La responsabilité, fil d'Ariane du droit de l'environnement", *Droit et société*, 1995, n° 30-31, p. 281, spéc. p. 292 et s. ; C. RADE, "Le principe de précaution, une nouvelle éthique de la responsabilité?", art. préc., p. 80 ; G. VINEY, "Principe de précaution et responsabilité civile des personnes privées", *D.*, 2007, p. 1542.

[168] P. AMSELEK, "La part de la science dans l'activité des juristes", *D.*, 1997, chron. p.337. Sur la légitimité du choix de cette définition, cf. *supra*, n° 49 et s.

§ 1 LA DISTINCTION DE LA PREVENTION ET DE LA PRECAUTION DANS SES RAPPORTS AVEC LA NOTION DE PROBABILITE

62. La possibilité d'existence de la distinction de la prévention et de la précaution (B) est intimement liée à la reconnaissance de la différenciation entre deux formes de probabilités, les probabilités subjectives et les probabilités objectives (A).

A – PROBABILITES SUBJECTIVES ET PROBABILITES OBJECTIVES

63. Si la notion de probabilité a pu être qualifiée d' "une des plus obscures et des plus mal définies au point de vue du rapport entre la logique et la pratique"[169], c'est sans doute parce qu'elle recouvre une double signification, la notion de probabilité étant susceptible d'être envisagée de manière subjective et de manière objective[170]. La perspective subjective ou *épistémique* renvoie à un certain état de la connaissance. La probabilité est une "estimation du degré de la confiance que peut recevoir une assertion incertaine, portant aussi bien sur le passé [...] que sur le futur"[171] ou encore une "estimation subjective de la valeur d'un pari"[172]. Elle ne concerne donc pas directement les événements eux-mêmes, mais les jugements que l'on porte sur eux. Autrement dit, elle n'est pas dans les choses mais est liée à l'esprit. Ainsi définie, la probabilité "ne mesure pas une propriété des choses, mais l'intensité de l'assentiment que le sujet accorde à ses jugements, et le calcul des probabilités se voit attribuer une fonction essentiellement pratique, celle d'instrument au service de la prise de

---

[169] A. LALANDE, *Vocabulaire technique et critique de la philosophie*, P.U.F. (coll. "Quadrige"), 1992 (2ème éd.).

[170] Ce double sens est déjà perceptible dans le langage courant. Ainsi, lorsque au cours d'une partie de dés, j'affirme qu'il est "peu probable" d'obtenir 421 en un seul coup, cela n'a pas le même sens que si je déclare qu'il est "peu probable" que mon adversaire triche. En effet, "les deux phrases ont bien quelque chose de commun : dans chaque cas, je parle d'un fait dont je ne suis pas certain [...] A côté de cette similitude, une première différence est évidente : alors que je suis capable de donner, après des calculs plus ou moins aisés, la valeur de la probabilité d'obtenir 421, je serai beaucoup plus embarrassé pour chiffrer la probabilité, pour que mon adversaire soit effectivement un tricheur" (B. MATALON, "Epistémologie des probabilités", *in Logique et connaissance scientifique*, Encyclopédie de la Pleiade , sous la dir. de J. PIAGET, Paris, Gallimard, 1967, p. 526). Cet exemple met en évidence les deux sens distincts du mot probabilité. La première formule (*il est peu probable d'obtenir 421*) renvoie au sens objectif de la probabilité qui mesure "un rapport existant dans les choses elles-mêmes" (Th. MARTIN, *Probabilités et critique philosophique selon Cournot*, Paris, Vrin, coll. "Mathesis", 1996, p. 65), tandis que la deuxième formule (*il est peu probable que mon adversaire triche*) se réfère au sens subjectif du concept de probabilité, lequel tend alors à "mesurer notre connaissance des choses" (Th. MARTIN, op. cit., p. 65) et porte sur une croyance.

[171] A. DESROSIERE, *La politique des grands nombres. Histoire de la raison statistique*, Paris, La Découverte (coll. "Anthropologie des sciences et des techniques"), 1993, p. 350.

[172] R. RASHED, *Condorcet. Mathématique et société, Condorcet.*, Paris, Hermann (coll. "Savoir"), 1974, p. 48.

décision"[173]. Elle ne suppose pas une répétition d'événements semblables mais peut porter sur des événements rares ou uniques[174].

64. La perspective objective ou *fréquentiste* conçoit la probabilité comme une mesure de la possibilité de réalisation d'un événement à partir de la prise en compte des fréquences observées de cet événement. A la différence de la conception subjective, la probabilité ne relève donc pas d'une croyance de l'homme mais se trouve dans les choses et suppose qu'un même événement se soit répété plusieurs fois.

65. Il existe néanmoins un point de rencontre entre ces deux conceptions des probabilités qui résulte de la méthode probabiliste elle-même, laquelle consiste à fournir un schéma de pensée du hasard. En effet, avec la découverte du calcul des probabilités le hasard ne se rencontre plus, il se construit. Il devient un cadre conceptuel servant à "fabriquer des représentations"[175], représentations pouvant porter soit sur des jugements (probabilités subjectives) soit sur des fréquences observées (probabilités objectives). Les probabilités "quantifient le monde des possibles et font de la machine hasard une machine à calculer"[176]. La notion de probabilité objective comporte donc deux aspects. En tant que modèle d'objectivation de certains événements, elle renvoie à une forme de la pensée et a donc un aspect subjectif. En tant qu'elle se construit à partir de l'observation de fréquences, elle appartient à la nature et comporte donc un aspect objectif[177].

---

[173] Colloque international, "Probabilités subjectives et rationalité de l'action", organisé par le CNRS, Besançon, 7-9 novembre 2000.

[174] En ce sens, COURNOT souligne que "lorsque le nombre des épreuves est peu considérable, les formules données communément pour l'évaluation des probabilités *a posteriori* deviennent illusoires : elles n'indiquent plus que des probabilités subjectives, propres à régler les conditions d'un pari, mais sans application dans l'ordre de production des phénomènes naturels". (A. COURNOT, *Exposition de la théorie des chances et des probabilités*, [1843], Paris, Vrin, 1984, p.288).

[175] D. DACUNHA-CASTELLE, *Chemins de l'aléatoire. Le hasard et le risque dans la société moderne*, Paris, Flammarion (coll. "Champs"), 1996, p. 17.

[176] D. DACUNHA-CASTELLE, op. cit., p. 19.

[177] On s'accorde généralement à reconnaître que le calcul des probabilités trouve sa source dans la correspondance, en 1654, entre Pascal et Fermat à propos du problème des parties qui tend à déterminer la part, de la somme mise en jeu, revenant à chacun des joueurs d'une suite de "parties", lorsque le jeu est interrompu avant la fin. Historiquement, la notion de probabilité subjective se distinguait mal de son pendant objectif. Ce n'est qu'à partir du XIXème siècle, grâce principalement à la réflexion de Cournot, que les deux sens ont pu être clairement dissociés. Sur la naissance du calcul des probabilités et l'évolution du sens de la notion, cf. E. COUMET, "La théorie du hasard est-elle née par hasard ?", *Annales. Economie, Sociétés, Civilisation*, mai-juin 1970, n° 3, p. 574 ; A. JACQUARD, *Les probabilités*, Paris, P.U.F. (coll. "Que sais-je?"), 1992 (5ème éd.) ; L. DASTON, "L'interprétation classique du calcul des probabilités", *Annales. Economie, Sociétés, Civilisation*, mai-juin 1989, n° 3, p. 715 ; A. GLEMAIN, "Probabilités et

66. La distinction des probabilités objectives et subjectives est donc relative. Son utilité est d'apporter une réponse à la question de savoir si la notion de probabilité s'applique directement aux choses c'est-à-dire à la possibilité d'existence d'un événement ou aux jugements que nous portons sur cette possibilité. Mais cela n'empêche pas qu'un jugement de probabilité en vue d'une décision (une probabilité subjective) s'appuie sur l'observation de fréquences de réalisation d'un événement (probabilité objective). Autrement dit, même lorsqu'il est entendu dans son sens épistémique ou subjectif, le concept de probabilité peut comporter un aspect objectif.

67. Cette relativité de la notion de probabilité subjective conduit à reconnaître à la distinction entre les probabilités objectives et subjectives une double fonction. D'une part, une fonction principale, celle de critère de définition de l'objet de la probabilité. Ainsi, la probabilité objective porte sur des états du monde, elle mesure une propriété des choses, alors que la probabilité subjective mesure l'intensité d'une croyance. D'autre part, une fonction en quelque sorte secondaire, qui se superpose à la première, celle de critère de définition des connaissances à l'origine du jugement de probabilité. Tandis que les probabilités objectives se fondent sur des connaissances d'origine fréquentielle, les probabilités subjectives s'appuient sur des connaissances d'origine non fréquentielle.

68. La notion de probabilité subjective permet d'étendre le champ d'application du calcul des probabilités "pratiquement à toutes les situations comportant des aspects incertains, y compris évidemment les épreuves répétitives, seules considérées par les fréquentistes"[178]. En ce sens, le concept de probabilité subjective fait figure de "genre" à côté de celui de probabilité objective qui n'en est qu'une "espèce". L'interprétation fréquentiste est un cas particulier au sein de l'interprétation subjective de la probabilité. La première porte uniquement sur des événements susceptibles d'être répétés, tandis que la seconde englobe, en plus, la considération d'événements rares ou uniques[179].

B – L'APPORT DE LA DISTINCTION DES PROBABILITES OBJECTIVES ET SUBJECTIVES A LA DISTINCTION DE LA PREVENTION ET DE LA PRECAUTION

69. Selon l'article L. 110-1 du Code de l'environnement, la précaution se caractérise par une *absence de certitudes, compte tenu des connaissances scientifiques et techniques du moment* portant sur un *risque de*

statistiques à l'époque moderne", *Revue de synthèse*, IVe S. n° 2, avril-juin 1991, p. 299 ; Th. MARTIN, op. cit., p. 43 et s.

[178] B. MATALON, art. préc., p. 532.

[179] Colloque international, "Probabilités subjectives et rationalité de l'action", préc.

dommage. Il en résulte, *a contrario*, qu'en situation de certitude, compte tenu des connaissances scientifiques et techniques du moment, il ne peut y avoir d'obligation de précaution. Si l'on désigne par le terme de prévention cette dernière situation, prévention et précaution s'opposent en ce que la première renvoie à la certitude et la seconde à l'incertitude. Or la notion de certitude (ou d'incertitude) est double. Elle peut être entendue soit objectivement comme le caractère d'une affirmation tenue pour vraie, soit subjectivement comme l'état de l'esprit à l'égard d'un jugement tenu pour vrai[180]. La prévention, comme la précaution, a pour objet des risques. Dès lors, la question qui se pose est de savoir si la distinction de la prévention et de la précaution s'applique aux risques objectifs ou aux jugements que nous portons sur les risques. Il ne suffit pas, en effet, de disposer de données scientifiques et techniques sur un risque pour pouvoir en inférer la probabilité de réalisation, encore faut-il que l'on sache si ces données nous renseignent sur le risque lui-même ou seulement sur la connaissance que nous en avons.

70. Il convient, en effet, de distinguer deux choses. D'une part, l'existence objective du risque : c'est le risque à l'état de nature, indépendamment de toute perception par un sujet. Ce risque se définit par la possibilité de se réaliser ou de ne pas se réaliser. Il y a une dualité inhérente à la notion de risque. D'autre part, l'existence subjective du risque ou la connaissance relative au risque : c'est le risque en tant qu'il est perçu par un sujet. *La distinction de la prévention et de la précaution n'a pas pour objet le risque dans son existence objective, mais le risque dans son existence subjective c'est-à-dire dans la connaissance que l'on peut en avoir.* Un risque est une alternative à deux branches, l'une est le fait de se réaliser, l'autre le fait de ne pas se réaliser. Or, que l'on se trouve en situation de prévention ou de précaution, cette alternative est toujours présente. Ce qui change, ce n'est pas l'existence de cette alternative mais son degré de connaissance par le sujet. Dans la prévention l'option "se réalise / ne se réalise pas" est certaine. Dans la précaution l'option "se réalise / ne se réalise pas" est douteuse. En ce sens, la précaution introduit le doute dans la perception du risque et lui confère une qualité autonome. Elle substitue à l'opposition "risque se réalise" / "risque ne se réalise pas", une troisième alternative, celle du doute sur la possibilité de se réaliser[181], c'est un "risque de risque"[182].

---

[180] Le *Dictionnaire Robert* définit la certitude comme 1°/ le caractère d'une affirmation à laquelle on donne une adhésion entière et 2°/ l'état d'esprit qui ne doute pas. Selon A. LALANDE (op. cit.), la certitude est A) l'état de l'esprit à l'égard d'un jugement qu'il tient pour vrai sans aucun mélange de doute et B) l'état de l'esprit qui adhère à une assertion vraie, en reconnaissant avec évidence qu'elle est telle.

[181] Une telle conception n'est pas sans rappeler la reconnaissance par le droit d'une autonomie au doute portant sur l'authenticité d'un tableau et permettant la mise en jeu d'une action en nullité pour erreur sur la substance en vertu de l'article 1110 du Code civil. En effet, à l'instar de la notion de précaution, l'erreur sur la substance postule la référence à deux niveaux de la

71. La prévention repose sur une certitude relative à la possibilité de survenance d'un risque alors que la précaution repose sur une incertitude portant sur la possibilité de survenance d'un risque. La prévention vise le cas où non seulement le risque est perçu mais en plus il est possible de lui attribuer une certaine probabilité d'occurrence, ce qui en fait un risque connu. La précaution vise le cas où le risque est perçu c'est-à-dire envisagé mais où cette perception ne permet pas de le cerner totalement. Le risque est seulement supposé. Il s'agit d'une hypothèse de risque. Celle-ci ne doit pas être confondue avec la dimension incertaine inhérente à tout risque dans son existence objective. Un risque est toujours objectivement incertain. En revanche, il peut être subjectivement certain (prévention : il y a un risque) ou subjectivement incertain (précaution : il y a peut-être un risque).

72. La distinction de la prévention et de la précaution s'inscrit donc dans la perspective subjective des probabilités. Prévention et précaution sont des jugements de probabilité en vue d'une prise de décision. En ce sens, elles se réfèrent toutes deux à la version pascalienne de la probabilité, comme règle de choix au service d'une action. Ce sont des principes "prescriptif(s) de normes de comportement"[183] qui renouent avec l'interprétation classique des probabilités dans laquelle les aspects objectif et subjectif des probabilités s'entremêlaient "sous le primat d'une conception subjectiviste"[184] attribuant au calcul des probabilités une fonction pratique d'aide à la décision. En effet, comme nous l'avons souligné précédemment, la distinction des deux formes de probabilités

connaissance : d'une part, la réalité (en matière d'œuvre d'art il s'agit du tableau qui peut être vrai ou faux) d'autre part, la croyance du sujet relativement à cette réalité, l'erreur résultant d'une discordance entre ces deux éléments. Ainsi, dans la célèbre affaire Poussin, les vendeurs d'un tableau attribué à l'Ecole des Carrache avaient agi en nullité de la vente, sur le fondement de l'article 1110 du Code civil, à l'encontre de la Réunion des Musées nationaux qui avait préempté la toile et l'avait ensuite présentée comme une œuvre de Nicolas Poussin. Dans un arrêt du 22 février 1978 (*D.*, 1978, jur. p. 601, note Ph. MALINVAUD ; *R.T.D.civ.*, 1979, obs. Y. LOUSSOUARN, p. 127 ; H. CAPITANT, F. TERRE et Y. LEQUETTE, *Grands arrêts*, n° 148-149), la première chambre civile de la Cour de cassation avait cassé l'arrêt de la Cour d'appel de Paris (2 février 1976, *D.*,1976, jur. p.325, concl. CABANNES ; *J.C.P.*, 1976, II, 18358, note LINDON), qui avait estimé qu'il n'était pas prouvé que le tableau litigieux fût une œuvre authentique de Poussin et qu'ainsi l'erreur alléguée n'était pas établie, au motif que les juges du fond n'avaient pas recherché si, "au moment de la vente, le consentement des vendeurs n'était pas vicié par leur conviction erronée que le tableau ne pouvait pas être une œuvre de Nicolas Poussin". Autrement dit, alors que pour la cour d'appel la réalité faussement représentée, caractérisant l'erreur, devait être certaine (le tableau était soit vrai soit faux), la Cour de cassation avait admis que l'erreur pouvait résulter d'un doute dans la connaissance de cette réalité (le tableau pouvait être vrai, faux ou douteux).

[182] Cette qualification est notamment employée par Ph. KOURILSKY et G. VINEY, op. cit., p.17 et D. BOURG et J.-L. SCHLEGEL, op. cit., p. 39.

[183] M. KAMTO, "Les nouveaux principes du droit international de l'environnement", *R.J.E.*, 1993, n° 1, p. 16, à propos du principe de précaution.

[184] Th. MARTIN, op. cit., p. 73.

(objectives et subjectives) est relative[185]. La notion de probabilité subjective comprend un aspect objectif : dire d'une probabilité qu'elle est subjective, cela signifie qu'elle est "une modalité des jugements du sujet connaissant"[186]. Mais "cela n'implique pas qu'elle soit sans rapport avec l'objet jugé"[187]. Au contraire, elle croît en fonction des données objectives sur lesquelles elle s'appuie. La notion "d'absence de certitudes, compte tenu des connaissances scientifiques et techniques du moment", caractérisant la précaution, exprime cette double référence. Ainsi, bien qu'elle s'inscrive dans la perspective subjective des probabilités, en tant que l'incertitude ne porte pas directement sur les risques de dommages mais bien sur la connaissance (incertaine) que nous en avons (absence de certitude, *compte tenu* des connaissances...), elle se réfère implicitement à la perspective objective des probabilités puisque cette connaissance est elle-même fonction de la probabilité de réalisation, par référence à des observations passées, de risques de dommages[188].

73. Lorsque les données, sur lesquelles s'appuie le jugement de probabilité sont d'origine fréquentielle, la décision prise renvoie au modèle de la prévention, dans lequel les aspects objectifs et subjectifs se combinent. En revanche, lorsque ces données ne sont pas d'origine fréquentielle, la décision renvoie au modèle de la précaution, lequel s'apparente essentiellement à la version épistémique ou subjective des probabilités puisque par définition le risque à prévenir est certes repéré par la science, mais il s'est si peu réalisé qu'il ne peut servir à constituer une base statistique de laquelle pourrait être inférée

---

185 Cf. *supra*, n° 65 et s.

186 Th. MARTIN, op. cit., p. 262.

187 Th. MARTIN, op. cit., p. 262.

188 C'est en ce sens que la notion de précaution a pu être présentée comme une application de la règle de Bayes dans laquelle les aspects subjectif et objectif des probabilités se combinent. Cf. N. TREICH, "Décision séquentielle et principe de précaution", *Cahiers d'économie et de sociologie rurale*, 2000, n° 55-56, p. 5 (spéc. p.13). La notion de "connaissances scientifiques et techniques du moment" dans la précaution joue le rôle de la probabilité *a priori* dans la règle de Bayes. En effet, l'objet de la règle de Bayes, qualifiée de probabilité des causes, permet non plus de déduire des effets attendus, c'est-à-dire des probabilités d'observer des fréquences à partir d'une cause connue (la composition d'une urne) mais d'établir la cause inconnue d'un événement à partir d'hypothèses afin d'améliorer la rationalité d'une décision. Il s'agit de déterminer, à partir des probabilités de réalisation d'un événement aléatoire dans le passé, le degré de crédibilité qu'il faut attribuer à sa réalisation future ou encore d'inférer, une probabilité *a posteriori* à partir d'une probabilité *a priori* (Soient deux urnes, contenant chacune des boules blanches et des boules noires, mais en proportions différentes. On sait que dans la première la proportion de boules blanches est de 50 % et dans la deuxième de 90 %. On tire de l'une des deux urnes un échantillon de dix boules dont huit sont blanches. Le théorème de Bayes répond à la question suivante : quelle est la probabilité pour que l'échantillon ait été tiré de la première urne ?). Le concept subjectif de probabilité se trouve ainsi relié à son pendant objectif. La formule de Bayes "fournit à la fois la probabilité de l'événement et son degré de probabilité, c'est-à-dire la probabilité pour que cette probabilité soit mesurée exactement" (Th. MARTIN, op. cit., p. 70).

une probabilité de réalisation, dans le futur, de risque similaire[189] justifiant, avec certitude, une mesure de prévention[190]. A l'instar de l'interprétation *fréquentiste* ou objective de la probabilité qui peut être présentée comme un cas particulier au sein de l'interprétation subjective[191], la notion de prévention est une forme particulière de mesure préventive, une mesure préventive intervenant en l'absence d'incertitude scientifique.

74. Au regard de la notion de probabilité, la distinction de la prévention et de la précaution peut donc se résumer comme suit. En théorie, la distinction de la prévention et de la précaution est fonction de l'existence subjective d'un risque, c'est-à-dire de la connaissance que l'on peut en avoir. Ainsi, lorsque l'existence d'un risque fait l'objet d'un doute le modèle de référence est celui de la précaution, dans le cas contraire, celui de la prévention. Or la connaissance d'un risque dépend elle-même de la probabilité objective du risque c'est-à-dire de sa fréquence de réalisation puisque plus le risque s'est déjà réalisé, plus le degré de croyance relativement à sa réalisation dans le futur augmente. Il en résulte qu'en pratique la distinction de la prévention et de la précaution est fonction de la probabilité objective d'un risque. Autrement dit, l'examen des manifestations de la prévention et de la précaution, en droit, devra être effectué à la lumière de la question de la probabilité objective du risque à prévenir. La mesure destinée à prévenir un risque objectivement probabilisable sera qualifiée de mesure de prévention, tandis que celle destinée à prévenir un risque qui n'est pas objectivement probabilisable sera qualifiée de mesure de précaution.

§ 2 La distinction de la prevention et de la precaution dans ses rapports avec la differenciation du risque et de l'incertitude

75. La distinction opérée entre le concept de risque et celui d'incertitude (A) a favorisé l'émergence d'une interprétation économique de la

[189] Une telle opposition doit cependant être nuancée compte tenu de l'exigence d'un seuil de risque caractérisant la précaution. Sur ce point, cf. *infra*, n° 92 et s.

[190] Ainsi, l'affirmation selon laquelle "On confond fréquemment précaution et prévention. On pense que les risques potentiels sont peu probables et on les assimile inconsciemment à des risques avérés dont la probabilité est d'autant plus faible qu'ils sont bien maîtrisés. Ceci est doublement inexact. D'abord, les probabilités ne sont pas de même nature (dans le cas de la précaution, il s'agit de la probabilité que l'hypothèse soit exacte ; dans le cas de la prévention, la dangerosité est établie et il s'agit de la probabilité de l'accident). En outre, et surtout, les risques potentiels, en dépit de leur caractère hypothétique, peuvent avoir une probabilité de réalisation élevée. Dans la pratique, néanmoins, la précaution peut être comprise comme le prolongement des méthodes de prévention appliquées aux risques incertains" (Ph. KOURILSKY et G. VINEY, op. cit., p. 18) doit être précisée. En effet, "la probabilité que l'hypothèse soit exacte" renvoie à la notion de probabilité subjective, tandis que "la probabilité de l'accident" renvoie à celle de probabilité objective.

[191] Cf. *supra*, n° 68.

précaution (B) également de nature à mettre en lumière certains éléments constitutifs de la distinction de la prévention et de la précaution appelée à jouer un rôle en droit de la responsabilité civile.

A – Risque et incertitude

76. Dans un ouvrage intitulé *Risk, Uncertainty and Profit*[192], l'économiste Frank Knight établit une distinction rigoureuse entre d'une part, la notion de risque et d'autre part, celle d'incertitude. Pour cet auteur, le **risque** désigne une incertitude mesurable en termes de probabilités objectives. Il se caractérise par "la précision de l'estimation de sa loi de probabilité et, donc, par la possibilité de le traiter comme un coût assurable"[193]. Il se définit comme un "aléa anticipable"[194]. **L'incertitude** renvoie à des situations dans lesquelles le résultat d'une action dépend d'un risque qui n'est pas objectivement quantifiable. Elle "doit être radicalement distinguée des risques calculables : ici, il n'existe pas de base scientifique de quelque sorte que ce soit qui permette sa mesure"[195]. La différence pratique entre ces deux catégories, le risque et l'incertitude, est que "dans la première, à l'intérieur d'un échantillon, la distribution des résultats est connue (soit par calcul *a priori*, soit grâce à l'analyse statistique). Alors que, dans l'incertitude, cela n'est pas possible, en général, parce que la constitution de l'échantillon est impossible, la situation considérée étant unique"[196].

77. Les notions de risque et d'incertitude renvoient respectivement, selon F. Knight, à celles de probabilité objective et de probabilité subjective[197]. A l'instar de la notion de probabilité subjective, qui mesure le degré d'intensité qu'une personne accorde à ses croyances, l'incertitude "est liée à l'exercice d'un jugement ou à la formation de ces *opinions* (non scientifiques) sur l'évolution future des événements, qui en fait dictent la plupart de nos comportements"[198].

78. Plusieurs autres économistes n'ont pas hésité à critiquer cette distinction du risque et de l'incertitude. Ainsi, Keynes estime qu'aucune des deux approches objective ou subjective n'est pertinente. La première ne l'est pas parce la probabilité d'occurrence d'un événement dans le futur ne peut résulter

---

192 F. H. KNIGHT, *Risk, Uncertainty and Profit*, New York, Sentry Press, 1921.

193 F. KNIGHT cité par C. GOLLIER *in* "Le risque de développement est-il assurable?", *Risque*, n°14, avril-juin 1993, p. 50.

194 P. LASCOUMES, "Construction sociale des risques et contrôle du vivant", *Prévenir*, 1993, n°24, p. 23.

195 C. GOLLIER, art. préc., p. 50.

196 F. H. KNIGHT, "Risque et incertitude", *Risques*, n° 3, déc. 1990, p. 37.

197 "Les termes de probabilité *objective* et *subjective* désigneront respectivement le risque et l'incertitude […]", F. H. KNIGHT, "Risque et incertitude", art. préc., p. 36. Sur la distinction entre ces deux formes de probabilités, cf. *supra*, n° 63 et s.

198 F. H. KNIGHT, "Risque et incertitude", art. préc., p. 37.

de son occurrence dans le passé, sauf si les circonstances en sont identiques. La seconde ne l'est pas non plus, parce que la probabilité ne peut reposer sur le degré de croyance que si cette croyance est nourrie par l'information disponible. Or l'information peut tout aussi bien renforcer ou affaiblir cette croyance[199]. Dans le même sens, un autre auteur, Savage, fait remarquer que tout choix de distribution de probabilité demeurant subjectif, les situations dites de risques se réduisent toujours en fait à des cas d'incertitude[200].

B – L'APPORT DE LA DISTINCTION DU RISQUE ET DE L'INCERTITUDE A LA DISTINCTION DE LA PREVENTION ET DE LA PRECAUTION : L'INTERPRETATION ECONOMIQUE DE LA PRECAUTION

79. Paradoxalement, si la définition juridique de la précaution est antérieure à la théorie économique de la précaution, c'est cette dernière qui en a révélé le critère substantiel, à savoir le concept d'incertitude. L'interprétation économique de la précaution a, en effet, facilité la mise en évidence, dans le discours juridique[201], d'un critère de dissociation entre la prévention et la précaution.

80. La théorie économique s'est attachée à montrer qu'il existait une notion autonome de prudence, distincte d'autres concepts tels que l'aversion au risque ou la flexibilité[202]. Cette dernière est "la possibilité de retarder indéfiniment tout investissement tant que la preuve de son innocuité n'est pas démontrée"[203]. Plusieurs auteurs font appel au concept de prudence et se réfèrent au terme de "précaution". Ainsi, selon la théorie économique de l'épargne de précaution, un individu est dit prudent lorsqu'en cas de risque pesant sur son revenu futur, il augmente son épargne, en se constituant une encaisse de précaution[204]. Dans sa *Théorie générale de l'emploi, de l'intérêt et de la monnaie*, Keynes justifie la préférence pour la liquidité en situation d'incertitude par différents motifs parmi lesquels figure le "motif de précaution" c'est-à-dire "le souci de parer aux éventualités exigeant une dépense soudaine, l'espoir de profiter d'occasions non prévues d'achats avantageux, et [...] le désir

---

199 J. M. KEYNES, *Treatise on probability* [1921], Collected Writings, vol. VIII, Cambridge, Macmillan, 1973, p. 19.

200 L. J. SAVAGE, *The foundations of statistics* [1954], New York, Dover Publications, I.N.C., 1972 (2ème éd.), p. 60.

201 Sur cette notion, cf. Introduction, *supra*, n° 2.

202 G. MONDELLO, "Une approche économique de la notion de prudence", *Rev.fr.éco.*, octobre-novembre 1993, n° 4, p. 37, spéc. p. 39.

203 G. MONDELLO (dir.), *Principe de précaution et industrie*, Paris, L'Harmattan, 1998, p. 13.

204 M. S. KIMBALL, "Precautionary saving in the small and in the large", *Econometrica*, 1990, vol. 58, n° 1, p. 53 et s.

de garder un avoir de valeur nominale immuable pour faire face à une obligation future stipulée en monnaie"[205].

81. Par-delà cet usage courant de la prudence et de ses dérivés dans la littérature économique, l'apparition en 1995 d'une définition légale de la précaution en droit interne français[206] a conduit à l'émergence d'un discours économique sur cette notion[207] et à l'élaboration d'une théorie économique de la précaution, fondée sur la distinction du risque et de l'incertitude[208]. Alors que la prévention consiste à éviter un risque, la précaution est une attitude de prudence face à une incertitude. La première suppose la connaissance du risque issue de la régularité statistique, la seconde intervient précisément pour parer à une menace qui n'est pas objectivement déterminable. Autrement dit, "la précaution est à l'incertitude ce que la prévention est au risque"[209]. Or à la différence du risque qui est par définition connu et identifié une fois pour toute, l'incertitude, qui est un défaut de la connaissance du sujet, a vocation à évoluer avec le temps: "les incertitudes se résorbent, on passe des hypothèses aux théories et des théories aux axiomes". Ainsi, "l'incertitude scientifique se distingue du risque pur, risque inhérent à la nature, par cette capacité à se résorber [...] A la limite, le risque pur est ce qui reste quand toute incertitude scientifique a disparu"[210].

82. Cette opposition, entre le risque qui se caractérise par sa stabilité et l'incertitude scientifique qui renvoie à une notion évolutive de la connaissance, explique la différenciation opérée par l'interprétation économique de la précaution entre cette dernière notion et celle de prévention. Alors que la

---

[205] J. M. KEYNES, *Théorie générale de l'emploi, de l'intérêt et de la monnaie*, Paris, Payot, 1969, p. 205.

[206] Article L. 110-1 du Code de l'environnement (anciennement L. 200-1 du Code rural, issu de la loi n° 95-101 du 2 février 1995).

[207] O. GODARD, "L'ambivalence de la précaution et la transformation des rapports entre science et décision", *in Le principe de précaution dans la conduite des affaires humaines*, op. cit., p. 37 ; O. GODARD, "De l'usage du principe de précaution en univers controversé", *Futuribles*, février-mars 1999, n° 239-240, p. 37 ; "Réflexions d'un économiste sur des questions posées par des juristes", *in Le principe de précaution*, CENTRE DE RECHERCHE EN DROIT PRIVE DE L'UNIVERSITE DE PARIS I (Panthéon-Sorbonne), Colloque, Palais du Luxembourg, 10 déc. 1999, *P.A.*, 30 nov. 2000, n° 239, p. 58.

[208] N. TREICH, *Economie de l'incertain : analyse de la précaution*, thèse (dactyl.), Université des Sciences Sociales de Toulouse, 1997, "Vers une théorie économique de la précaution ?" *Risques*, oct.-déc. 1997, n° 32, p. 117, "Le principe de précaution est-il économiquement acceptable ?", *INRA. Sciences sociales*, juillet 2000, n° 6 et "Décision séquentielle et principe de précaution", *Cahiers d'économie et de sociologie rurale*, 2000, n° 55-56, p. 5. G. MONDELLO (dir.), op. cit., p. 91 et s. C. GOLLIER, "Economie du principe de précaution", *in Le principe de précaution* (coll. "Que sais-je?"), op. cit., p. 104.

[209] C. GOLLIER, "Le risque de développement est-il assurable ?", *Risques*, n° 14, avril-juin 1993, p. 50.

[210] N. TREICH, "Vers une théorie économique de la précaution ?", art. préc., p. 121.

prévention "vise à gérer les risques" et s'inscrit "dans un cadre statique", la précaution "vise à gérer l'attente de l'information" et se place "dans un contexte dynamique et évolutif"[211]. La précaution renvoie à un processus de "décision séquentielle"[212] qui consiste à gérer l'incertitude scientifique et à agir au fur et à mesure des progrès de la connaissance par une suite de mesures provisoires.

83. Dans la mesure où la distinction du *risque* et de l'*incertitude*, à l'instar de celle des probabilités objectives et subjectives[213], est fondée sur la possibilité de quantifier ou non le risque, l'intérêt du rattachement des notions de prévention et de précaution à ces deux distinctions devrait se faire sentir non pas tant du point de vue de la définition juridique de risque, mais surtout du point de vue de son assurabilité[214].

84. A côté de ces différents concepts, il convient désormais de recenser les éléments juridiques également susceptibles d'éclairer le contenu de la distinction de la prévention et de la précaution en droit de la responsabilité civile.

§ 3 L'INFLUENCE DE LA CONNAISSANCE DU RISQUE SUR LE CHAMP D'APPLICATION DE LA PREVENTION ET DE LA PRECAUTION

85. Dans un article publié en 1992, l'économiste Brian Wynne[215] établissait une typologie de l'incertitude en fonction du degré de connaissance du risque. Il distinguait notamment tout d'abord, le *risque*, qui renvoie au cas où le comportement du système est bien connu et les possibilités des différents résultats peuvent être définies et quantifiées par une analyse structurée des mécanismes et des probabilités, ensuite, l'*incertitude*, qui désigne l'hypothèse où l'on connaît les paramètres du système mais non la distribution des probabilités (incertitude au sens de Frank Knight[216]), et enfin l'*ignorance*, qui renvoie à la situation dans laquelle on ne sait pas ce que l'on ne sait pas.

86. Cette cosmologie de l'incertain, reprise par plusieurs auteurs[217], conduit à distinguer deux types de frontières. D'une part, celle permettant de

---

[211] N. TREICH, thèse préc., p. 14, "Vers une théorie économique de la précaution ?", art. préc., p.122 et "Le principe de précaution est-il économiquement acceptable ?", art. préc., p. 2.
[212] N. TREICH, "Décision séquentielle et principe de précaution", art. préc.
[213] Sur cette distinction, cf. *supra*, n° 64 et s.
[214] Cf. 2ème partie, *infra*, n° 748 et s.
[215] B. WYNNE, "Uncertainty and environmental learning. Reconceiving science and policy in the preventive paradigm", *Global environmental change*, vol.2, n° 2, juin 1992, p. 111 (spec. p. 114).
[216] Sur la distinction du risque et de l'incertitude chez F. KNIGHT, cf. *supra*, n° 76 et s.
[217] J. HUNT, "The social construction of precaution", *in Interpreting the Precautionary principle* [Cameron May Ltd, 1994], sous la dir. de T. O'RIORDAN et J. CAMERON, Londres, Earthscan Publications Ltd, 1994, p. 117 et G. MONDELLO (dir.), op. cit., p.14. Pour une autre typologie

caractériser la situation dans laquelle le risque n'est pas perçu, hypothèse qui recouvre ce que Brian Wynne appelle *ignorance*, par rapport à la situation d'*incertitude*. Ainsi, "l'incertitude ne signifie pas ignorance. C'est la connaissance imparfaite, insuffisamment partagée ou encore controversée, faute de preuves établies et reconnues par un consensus effectif de la communauté scientifique"[218]. D'autre part, la frontière qui sépare cette période d'incertitude, pendant laquelle le risque est perçu mais demeure non mesurable, de celle à partir de laquelle le risque devient connu et mesurable, qui est une situation de *risque* au sens strict ou knightien du terme.

87. Il résulte de l'article L. 110-1 du Code de l'environnement, que la précaution renvoie à une situation d'incertitude scientifique et technique. Il convient donc de délimiter son champ d'application des deux côtés de l'échelle de la connaissance, à la fois par rapport à l'ignorance (A) et par rapport au risque avéré (B) et ce, afin de disposer d'un critère de distinction entre la notion de *prévention* et celle de *précaution* susceptible de jouer un rôle en droit de la responsabilité civile.

A – PRECAUTION ET IGNORANCE

88. La question de savoir si la notion de précaution recouvre uniquement les cas dans lesquels le risque est déjà perçu ou si elle renvoie également à ceux où le risque est encore ignoré a trouvé un écho en doctrine à travers la problématique des rapports entre la notion de risque de développement et celle de précaution. En effet, l'hypothèse du risque de développement vise des "dommages susceptibles d'être causés à autrui : par un produit après sa mise en circulation, du fait d'un défaut qui lui est inhérent, qui, au moment même de sa mise en circulation, était imprévisible, insoupçonné, indécelable, voire inévitable, car l'état des connaissances scientifiques et techniques au moment de cette mise en circulation ne permettait pas de l'identifier, et dont les conséquences dommageables vont se révéler, se développer après cette mise en circulation du produit"[219]. Il convient donc de distinguer d'une part, le défaut inhérent au produit, et d'autre part, la connaissance de ce défaut. Le risque de développement ne se réfère qu'à ce dernier aspect ; c'est un risque de la connaissance. Il apparaît au moment où il disparaît, puisqu'en effet, au moment où le défaut inhérent au produit devient

---

des risques, cf. R. BALDWIN (dir.), *Law and uncertainty. Risks and legal processes*, Londres, Kluwer Law International, 1997, p. 2.

[218] *Rapport de la commission d'enquête sur l'état des connaissances scientifiques et les actions menées à l'égard de la transmission du Sida au cours des dix dernières années en France et à l'étranger*, U.G.E (coll. "10/18"), 1993, p. 20.

[219] F. EWALD, "La véritable nature du risque de développement et sa garantie", *Risques*, n° 14, avril-juin 1993, p. 11.

perceptible pour le sujet, il perd sa qualité de risque de développement, plus justement appelée "incertitude de développement"[220], pour devenir un défaut certain. Ainsi, "quand le risque est manifesté, on a déjà quitté l'hypothèse"[221].

89. La question des rapports entre la notion de précaution et celle de risque de développement a reçu, en doctrine, deux types de réponses. La première consiste à faire du principe de précaution une simple directive d'interprétation relative à la responsabilité pour risque de développement. L'argument est le suivant : le souci de précaution pourrait conduire à interpréter de manière restrictive l'exonération pour risque de développement[222]. La seconde consiste à relier le concept de risque de développement à la définition du risque constitutif de la notion de précaution, soit pour l'intégrer dans cette définition, soit au contraire pour l'en exclure. Ainsi, une partie de la doctrine estime que le cas de l'absence d'exonération pour risque de développement constitue une application indirecte du principe de précaution[223]. Dans cette perspective la responsabilité civile pourrait donc résulter de l'absence d'évitement d'un risque ignoré. Le champ d'application de la responsabilité pour *défaut de précaution* se trouverait ainsi élargi aux cas "d'ignorance". En conséquence, les cas d'exonération pour risque de développement constitueraient des exceptions à l'application du principe de précaution ; il y aurait un "choc" entre le principe de précaution et l'exonération pour risque de développement.

90. Il nous semble qu'il s'agit là d'une mauvaise interprétation de la notion de précaution issue de la définition légale. En effet, celle-ci postule l'application du principe de précaution en l'*absence de certitudes*, compte tenu des connaissances scientifiques et techniques. Or, cela suppose qu'il existe déjà un doute perceptible portant sur l'existence d'un risque[224]. Ainsi, c'est bien plutôt

---

220 C. GOLLIER, "Le risque de développement est-il assurable ?", art. préc., p. 51.

221 F. EWALD, art. préc., p. 19.

222 En ce sens, cf. P. JOURDAIN, "Commentaire de la loi n° 98-389 du 19 mai 1998 sur la responsabilité du fait des produits défectueux", *J.C.P. éd. E.*, 1998, p. 1204, n° 38 ; N. de SADELEER, op. cit., p. 217.

223 F. EWALD, art. préc., p. 31 ; Y. LAMBERT-FAIVRE, "L'éthique de la responsabilité", *R.T.D.civ.*, 1998, p. 10 ; Ph. KOURILSKY, *La science en partage*, Paris, Odile Jacob, 1998, p.232 ; N. COURTELIS, "Responsabilité dans le domaine alimentaire et du médicament", *in* LES THEMIALES DE RIOM, préc., p. 152 ; A. ROUYERE, "L'exigence de précaution saisie par le juge. Réflexions inspirées par quelques arrêts du Conseil d'Etat", *R.F.D.A.*, 2000, p. 266 ; D. MAZEAUD, "Responsabilité civile et précaution", *Resp. civ. et ass.*, juin 2001, n° 6 bis (hors série), chron. n° 14, p. 75 (n° 17).

224 En ce sens, cf. G. MARTIN, "Précaution et évolution du droit", art. préc., p. 304 ; H. COUSY, "A propos de la notion de précaution", *Risques*, janvier-mars 1995, n° 21, p.157 ; J.-S. CAYALA, "Le principe de précaution, fondement de la sécurité sanitaire", *R.D.S.S.*, 1998, p. 492 ; L. GONZALEZ VAQUE, L. EHRING et C. JACQUET, art. préc., p. 91 ; C. RADE, "Le principe de précaution, une nouvelle éthique de la responsabilité", art. préc., p. 85-86 ; O. GODARD, "Le

l'exonération pour risque de développement (et non l'absence d'exonération) qui constitue une juste application du principe de précaution dont le champ d'application débute à compter de l'existence d'un risque soupçonné. Il en résulte que les cas de non-exonération pour risque de développement constituent des exceptions au principe de précaution qui viennent en étendre l'application aux cas "d'ignorance".

91. En effet, la nature du risque, dans l'hypothèse du risque de développement, n'est pas évolutive. Il n'y pas d'évolution d'un risque qui serait d'abord imperceptible, puis perceptible mais qui aurait encore le statut d'une simple hypothèse vers un risque de plus en plus avéré. Soit le risque est imperceptible et on ne peut pas encore parler de risque de développement, soit le risque se réalise et son existence révèle un cas de risque de développement. La notion de risque de développement est une notion fuyante. La réalisation du risque a un caractère déclaratif : le défaut du produit existait avant qu'il ne soit découvert. Comme dans l'hypothèse du risque de développement, le risque donnant lieu a l'application du principe de précaution est un risque de la connaissance. Mais dans le cas du risque de développement, il n'y a qu'une alternative : soit le risque est inconnu, soit il est connu. Le risque répond à une logique du "tout ou rien". A l'inverse, le risque auquel se réfère le principe de précaution est envisagé au moment où il est en train d'être perçu par le sujet. *Le principe de précaution saisit le risque au moment où il se révèle au sujet comme hypothèse en processus de confirmation.* Ces deux logiques renvoient à deux conceptions du temps. La première ignore le présent, qui n'est plus face au passé et qui n'est pas encore face au futur. La seconde renvoie à une forme de présent conçu comme un trait d'union entre le passé et le futur.

B – PRECAUTION ET RISQUE AVERE

92. Le problème posé par les relations entre la précaution et le risque avéré (1) nous conduira à rechercher les éléments de détermination d'un seuil de la connaissance du risque caractérisant la précaution (2).

1) Position du problème

93. Il ne suffit pas d'affirmer que la précaution n'a pas vocation à s'appliquer au risque ignoré, et suppose que le risque puisse être perçu, encore faut-il en délimiter le champ d'application de l'autre côté de l'échelle de la connaissance, c'est-à-dire du côté du risque avéré. Ce dernier sera appréhendé, non plus par la précaution mais par la prévention. Or autant la frontière entre le

---

principe de précaution, une nouvelle logique de l'action entre science et démocratie", *Philosophie politique*, mai 2000, n° 11, p. 36-37.

risque ignoré et le risque perçu semble relativement aisée à définir, autant celle entre ce dernier et le risque avéré est délicate à établir.

94. A cet égard, la différenciation de la prévention et de la précaution témoigne du conflit entre la réalité scientifique et les catégories juridiques. En effet, d'une part la science distingue le risque connu du risque inconnu, en passant par toute une palette de risques (risque supposé, risque connu mais dont l'appréciation statistique n'est pas significative, risque dont l'existence est objet de débat dans la communauté scientifique, risque connu et mesurable)[225]. Ainsi, "entre l'ignorance et une connaissance certaine des mécanismes selon lesquels agit un produit, il y a au moins deux stades : celui de l'accumulation d'indices qui aboutit à la formulation d'une hypothèse et celui où une vérification pragmatique permet de regarder cette hypothèse comme confirmée sans que pour autant les raisons scientifiques de sa validité soient parfaitement élucidées"[226]. D'autre part, les distinctions juridiques "s'accommodent mal des éléments mixtes ou intermédiaires"[227] et exigent des critères clairs permettant d'opposer avec netteté les types de régimes qui en découlent. Ainsi, en droit civil, les distinctions sont souvent binaires, consistant "le plus souvent en des oppositions dans lesquelles il s'agit de séparer les contraires [...], car eux seuls rendent possibles les oppositions [...]"[228]. Autrement dit, "les distinctions juridiques ne connaissent que le "blanc" et le "noir" ; elles ignorent dans la plupart des cas le "gris"[229].

95. Pour sortir de l'impasse il est donc nécessaire de fixer un seuil à partir duquel le risque supposé, mais non encore avéré, implique la mise en œuvre d'une mesure de précaution. Sur ce point, la loi Barnier du 2 février 1995, introduisant le principe de précaution dans le droit français, n'est pas d'un grand secours puisqu'elle se réfère uniquement au critère de "l'absence de certitudes, compte tenu des connaissances scientifiques et techniques du moment". Seuls les travaux préparatoires fournissent un indice de seuil. Le projet de loi, relatif au renforcement de la protection de l'environnement, d'octobre 1994, subordonnait, en effet, l'intervention de la mesure de précaution à l'existence de "motifs sérieux de s'inquiéter de l'état de l'environnement"[230], attestant ainsi la volonté du législateur de "maintenir le principe dans les limites du

---

[225] En ce sens, cf. M. TUBIANA, Conclusion du Colloque de l'ACADEMIE NATIONALE DE MEDECINE, *Principe de précaution, santé et décision médicale*, préc., p. 13 ("Il n'y a pas, en science, d'un côté le connu et de l'autre l'inconnu, le blanc et le noir. Entre les deux, il y a toutes les nuances du gris.").
[226] H. LEGAL, Conclusions sur CE, Ass. 9 avril 1993 (3 arrêts), *R.F.D.A.*, 1993, p. 595.
[227] T. TAURAN, "Les distinctions en droit civil", *P.A.*, 7 avril 2000, n° 70, p. 7-8.
[228] T. TAURAN, art. préc.
[229] T. TAURAN, art. préc.
[230] Projet de loi n° 462, déposé par le gouvernement au Sénat en première lecture.

raisonnable"[231]. Néanmoins, à défaut, d'autre précision législative, la détermination du degré de risque, impliquant la mise en jeu de la précaution, incombera au juge.

96. Si, en droit interne, la jurisprudence n'est pas encore venue préciser cette question, il reste cependant possible de recenser, au sein du discours juridique, l'existence de plusieurs éléments de détermination d'un seuil caractérisant la précaution.

2) Eléments de détermination d'un seuil de connaissance du risque caractérisant la précaution

97. Les éléments de détermination d'un seuil constitutif du risque suspecté relevant de la précaution proviennent de sources juridiques internationales (a), européennes (b) ou encore nationales (c).

a) Sources internationales

98. Si dans sa conception originaire, issue du *Vorsorgeprinzip* allemand, le principe de précaution se distinguait mal de celui de prévention[232], l'ensemble des instruments internationaux qui y font référence attestent son autonomie par rapport à la prévention. L'analyse des différentes définitions de la précaution, en droit international, apporte un élément de réponse à la question du type de risque caractéristique de la précaution. Certes, la plupart des définitions ne permettent guère de fixer un seuil dans la connaissance du risque justifiant la mise en œuvre du principe de précaution. Elles se contentent, en effet, d'exiger une absence de certitude scientifique, "absolue"[233] ou "totale"[234] relativement au risque ou à la menace de dommage[235] ou de se référer à

---

[231] N. de SADELEER, op. cit., p. 177.

[232] Selon E. REHBINDER (cité par N. de SADELEER, op. cit., p. 175), à ses origines le principe de précaution concernait plutôt les risques certains et se limitait à prévenir l'*extension* d'une dégradation environnementale préexistante. Pour une interprétation large des prémisses de la précaution, englobant la notion de prévention, cf. T. O'RIORDAN et J. CAMERON, *Interpreting the Precautionary principle*, op. cit., p. 16; F. EWALD, "Philosophie politique du principe de précaution", *in Le principe de précaution* (coll. "Que sais-je ?"), op. cit., p. 7. En sens contraire, cf. M. BOTHE, "L'origine et le développement du principe de précaution. Aspects comparatifs et internationaux", *in* LES THEMIALES DE RIOM, préc., p. 35.

[233] *Convention sur la protection du milieu marin et du littoral de la Méditerranée*, signée à Barcelone en février 1976 ; *Convention-cadre des Nations unies sur les changements climatiques* de mai 1992 ; *Déclaration de Rio sur l'environnement et le développement* de juin 1992 ; *Protocole additionnel à la Convention sur la pollution atmosphérique transfrontière à longue distance*, signé à Oslo en 1994.

[234] *Convention sur la diversité biologique*, de juin 1992.

[235] La terminologie juridique employée est, en effet, variable. Ainsi, certains instruments internationaux se réfèrent à la notion de *risque* de dommage (*Convention sur l'interdiction*

l'incertitude du lien de causalité entre le risque et le dommage[236]. Néanmoins, certaines définitions se rapprochent de la formulation d'un seuil positif en subordonnant la mesure de précaution à l'existence de données scientifiques "adéquates"[237] ou "pertinentes"[238] ou encore à celle de "motifs raisonnables de s'inquiéter"[239].

b) Sources européennes

99. Dans sa *Communication sur le recours au principe de précaution*, en date du 2 février 2000, la Commission des Communautés européennes[240] estime que le facteur déclenchant le recours au principe de précaution est "une hypothèse de risque potentiel, même si ce risque ne peut être entièrement démontré, son ampleur quantifiée ou ses effets déterminés en raison de l'insuffisance ou du caractère non concluant des données scientifiques"[241]. Elle précise que l'incertitude scientifique peut résulter des caractéristiques de la méthode scientifique, telle que "la variable choisie, les mesures effectuées, les échantillons prélevés, les modèles utilisés et le lien de causalité employé" mais également découler "d'une controverse sur les données existantes ou l'absence de certaines données pertinentes"[242].

100. Il résulte de la *Résolution du Conseil européen sur le principe de précaution*, adoptée le 9 décembre 2000, qu'il y a lieu de recourir à ce principe "dès lors que la possibilité d'effets nocifs sur la santé ou

---

d'importer des déchets dangereux et le contrôle de leurs mouvements transfrontières en Afrique, signée à Bamako en 1991 ; *Convention-cadre des Nations unies sur les changements climatiques* de mai 1992 ; *Déclaration de Rio sur l'environnement et le développement* de juin 1992 ; *Protocole additionnel à la Convention sur la pollution atmosphérique transfrontière à longue distance*, signé à Oslo en 1994), d'autres à celle de *menace* de dommage (*Convention sur la protection du milieu marin et du littoral de la Méditerranée*, signée à Barcelone en février 1976 ; *Convention sur la diversité biologique*, de juin 1992), ou encore à l'expression d'*effets défavorables potentiels* (*Protocole de Carthagène sur la prévention des risques biotechnologiques*, de janvier 2000).

[236] *Convention sur la protection et l'utilisation des cours d'eau transfrontières et des lacs internationaux*, signée à Helsinki en 1992 ; *Accords de Charleville-Mezières concernant la protection de l'Escaut et de la Meuse*, de 1994 ("la recherche scientifique n'a pas pleinement démontré l'existence d'un lien de causalité").

[237] *Accord aux fins de l'application des dispositions de la Convention des Nations unies sur le droit de la mer du 10 décembre 1982 relative à la conservation et à la gestion des stocks de poissons dont les déplacements s'effectuent tant à l'intérieur qu'au-delà de la zone économique exclusive et des stocks de poissons grands*, en date du 4 août 1995 (approche de prudence).

[238] *Convention de Vienne sur la protection de la couche d'ozone*, de 1985 ; *Protocole de Carthagène sur la prévention des risques biotechnologiques*, de janvier 2000.

[239] *Convention sur la protection du milieu marin de l'Atlantique du Nord-Est*, de 1992.

[240] COM (OO) 153 final, *J.O.C.E.*, C 2000/58 du 2 février 2000.

[241] Communication, préc., § 5.1.

[242] Communication, préc., § 5.1.3.

l'environnement est identifiée et qu'une évaluation scientifique préliminaire sur la base des données disponibles ne permet pas de conclure avec certitude sur le niveau de risque".

101. De son côté, le Tribunal de première instance des Communautés européennes est venu apporter un élément de réponse dans deux arrêts en date du 11 septembre 2002[243]. Le Tribunal était saisi d'une demande d'annulation du Règlement n° 2821/98 du Conseil, en date du 17 décembre 1998, ayant interdit l'utilisation de quatre antibiotiques comme additifs dans l'alimentation des animaux en tant que facteurs de croissance. De nombreux scientifiques avaient soutenu que cette pratique comportait le risque d'un développement d'une résistance à ces antibiotiques, chez les animaux, et celui d'un transfert de cette résistance à l'homme. Aucune preuve claire de cette corrélation n'ayant été apportée, le Conseil avait justifié l'adoption du règlement attaqué par le principe de précaution. Les requérants (deux laboratoires producteurs de ces antibiotiques) estimaient que les institutions communautaires, au lieu de procéder à une véritable évaluation scientifique des risques, avaient appliqué l'approche dite du "risque zéro", et que les produits en cause avaient été interdits sur la seule base de rumeurs[244]. La question se posait donc de savoir à partir de quel seuil de risque des mesures d'interdiction d'un produit, au nom du principe de précaution, se trouvaient justifiées. Le Tribunal de première instance a rejeté les demandes et précisé "qu'une mesure préventive ne saurait valablement être motivée par une approche purement hypothétique du risque, fondée sur de simples suppositions scientifiques non encore vérifiées"[245]. Selon les juges communautaires, une telle mesure "ne saurait être prise que si le risque, sans que son existence et sa portée aient été démontrées «pleinement» par des données scientifiques concluantes, apparaît néanmoins suffisamment documenté sur la base des données scientifiques disponibles au moment de la prise de cette mesure"[246]. Cette décision a été confirmée par un arrêt du 21 octobre 2003 dans lequel le Tribunal de première instance a rappelé que le principe de précaution "tend en effet à prévenir les risques potentiels" et non les "risques purement hypothétiques -reposant sur de simples hypothèses scientifiquement non étayées"[247].

---

[243] TPICE, 11 septembre 2002, *Alpharma Inc. c/ Conseil de l'Union européenne*, Affaire T-70/99, *Rec. CJCE*, 2002, p. II-03495 et TPICE, 11 septembre 2002, *Pfizer Animal Health SA c/ Conseil de l'Union européenne*, Affaire T-13/99, *Rec. CJCE*, 2002, p. II-03305 ; *J.C.P.*, 2002, *Administrations et Collectivités territoriales*, 1021, note N. CHAHID-NOURAÏ.

[244] Arrêt du 11 septembre 2002, Affaire T-70/99, § 148.

[245] Arrêt, préc., § 156.

[246] Arrêt, préc., § 157.

[247] TPICE, 21 octobre 2003, *Solvay Pharmaceuticals BV c/ Conseil de l'Union européenne*, Affaire T-392/02, § 129, *Rec. CJCE*, 2003, p. II-04555.

c) Sources nationales

102. S'inspirant des enseignements de la doctrine allemande, Nicolas de Sadeleer distingue trois types de risques[248]. Tout d'abord, les *risques certains* qui ne relèvent pas du principe de précaution mais tombent sous le coup du principe de prévention. Il s'agit des risques dont il est possible d'évaluer la probabilité, c'est-à-dire des risques *subjectivement* certains[249] ou encore des événements dont le lien de causalité avec le dommage est scientifiquement prouvé. Ensuite, les *risques résiduels*, c'est-à-dire "les risques hypothétiques reposant sur des considérations purement spéculatives sans aucun fondement scientifique"[250]. Ces risques doivent être exclus du champ d'application du principe de précaution car "la spéculation, la conjoncture, l'intuition, l'alerte, la dénonciation ou la mise en cause ne suffisent pas à justifier à eux seuls une attitude de précaution"[251]. Enfin, les *risques incertains* qui se situent dans la zone intermédiaire entre les deux premiers et se caractérisent par le fait que leur survenance "demeure toujours controversée sur le plan scientifique mais il n'est pas déraisonnable d'envisager leur occurrence sur la base de certaines données même si celles-ci ne sont pas encore validées"[252]. Seuls ces derniers types de risques relèvent du principe de précaution.

103. Dans le même sens, la définition générale du principe de précaution, proposée par le *Rapport au Premier ministre sur le principe de précaution*, en date du 29 novembre 1999[253], précise que la mesure de précaution doit concerner "une activité dont on peut *raisonnablement* supposer qu'elle comporte un danger [...]".

104. Dans son *Rapport et avis sur le principe de précaution et la responsabilité dans le domaine alimentaire*, adopté le 20 septembre 2001, le Conseil National de l'Alimentation (CNA), estime que "le principe de précaution s'impose dès qu'un risque est simplement suspecté"[254]. Cette suspicion peut résulter d'une part, de la nouveauté d'un produit ou d'un composant alimentaire. En effet, pour le CNA, "tout aliment nouveau, au sens du Règlement n° 258/97 est jusqu'à preuve de son innocuité, suspecté ou présumé source de risque sanitaire"[255]. D'autre part, la suspicion peut être liée à

---

[248] N. de SADELEER, op. cit., p. 174 et s.
[249] Sur la distinction entre la notion objective et subjective de risque, cf. *supra*, n° 70-71
[250] N. de SADELEER, op. cit., p. 176.
[251] N. de SADELEER, op. cit., p. 176.
[252] N. de SADELEER, op. cit., p. 176.
[253] Ph. KOURILSKY et G. VINEY, op. cit., p. 215.
[254] Rapport du CNA, § 1.2 et s.
[255] Rapport du CNA, §1.2.1.1.

l'identification d'un risque sanitaire[256]. Dans un premier temps le CNA énonce les deux composantes du risque : le danger, c'est-à-dire "tout effet négatif possible sur la vie, le potentiel physique ou l'agrément des personnes et plus précisément les consommateurs de produits alimentaires" et l'aléa, c'est-à-dire "l'incertitude d'une relation de cause à effet entre un acte ou une abstention et un dommage"[257]. Il souligne que lorsque cette incertitude peut être mesurée, elle entre dans l'ordre de la prévisibilité, de la probabilité et relève de la prévention, tandis que lorsqu'elle porte sur l'existence même du lien scientifique de cause à effet, il y a un aléa qui échappe à toute prévision et relève à certaines conditions de la précaution. Dans un deuxième temps, donc, le CNA énonce les deux critères cumulatifs de la suspicion caractérisant l'aléa propre à la précaution, au vu des textes de droit international et communautaire : d'une part, l'existence d'informations pertinentes, d'autre part, une incertitude scientifique. Ainsi, le risque déclenchant l'application du principe de précaution est "celui susceptible de générer un danger dont l'aléa peut être apprécié par une hypothèse sérieuse, appuyée sur une information pertinente, quoique non vérifiée scientifiquement"[258]. La pertinence d'une information peut s'apprécier selon deux critères distincts. Tout d'abord, quant à sa source, l'information pertinente est celle qui est fiable. Pratiquement, cette fiabilité n'existera que lorsque l'information sera "validée par une autorité scientifique compétente, telles l'Afssa ou les divers organismes officiels de la communauté"[259]. En second lieu, l'information peut être dite pertinente en raison de son contenu, c'est-à-dire lorsqu'elle "établit de manière non fantaisiste un lien de cause à effet entre un dommage et la mise sur le marché d'une denrée alimentaire"[260]. Tel serait le cas, selon le CNA, "d'une démonstration scientifique encore embryonnaire, soit parce qu'elle requiert une confirmation, soit parce qu'elle n'est pas unanimement admise, sans pour autant être considérée comme fantaisiste ou farfelue"[261].

105. Le rappel de ces différents éléments permet de conclure que la notion de précaution suppose la réunion de deux conditions. Tout d'abord, il est nécessaire que le risque encouru soit déjà perçu par la science. Cette exigence permet d'exclure le risque ignoré, constitutif d'un risque de développement[262], mais également le risque qui serait seulement imaginé[263]. Cette condition nécessaire n'est cependant pas suffisante. Il faut, en plus, que l'hypothèse avancée ait fait l'objet d'une certaine vérification sans pour autant que les

---

[256] Rapport du CNA, § 1.2.1.2.
[257] Rapport du CNA, § 1.2.1.2.2.
[258] Rapport du CNA, § 1.2.1.2.3.
[259] Rapport du CNA, § 1.2.1.2.3.1.
[260] Rapport du CNA, *ibid.*
[261] Rapport du CNA, *ibid.*
[262] Sur cette notion, cf. *supra*, n° 88 et s.
[263] Pour une présentation tripartite du risque susceptible d'être qualifié d'*imaginaire*, de *potentiel* et d'*avéré*, cf. Ph. KOURILSKY, *La science en partage*, op. cit., p. 230.

incertitudes scientifiques soient parfaitement élucidées sous peine de renvoyer alors à un risque avéré relevant de la prévention.

106. En théorie, il est possible de regrouper les éléments constitutifs d'un risque suspecté, relevant de la précaution, au sein de deux types de critères: un critère objectif en vertu duquel l'incertitude scientifique résulte de l'incertitude sur la possibilité de survenance du risque, et un critère subjectif, selon lequel la suspicion portée sur le risque est la conséquence de l'existence d'une ou de plusieurs controverses, au sein de la communauté scientifique, sur le risque. Cependant, en pratique une telle distinction demeure relative, la connaissance d'un risque étant intimement liée à sa probabilité de réalisation[264]. Dès lors, la notion de risque suspecté, caractéristique de la précaution, ne peut être définie que par référence à un certain seuil d'occurrence probable du risque[265], toute la difficulté étant précisément de pouvoir fixer ce dernier dans chacun des domaines scientifiques appelés à être appréhendés par le droit de la responsabilité civile. *Concrètement, l'établissement d'une distinction entre la prévention et la précaution, sous l'angle de la responsabilité civile, nécessitera donc de déterminer pour chaque type de risque scientifique et technique la sortie de la période d'ignorance du risque ainsi que le point de départ des périodes de précaution et de prévention.*

107. Enfin, les rapports entre l'incertitude affectant la survenance du risque et celle susceptible d'affecter la gravité du dommage méritent d'être précisés au regard de la distinction de la prévention et de la précaution. En effet, il résulte de l'article L. 110-1 du Code de l'environnement que le principe de précaution s'applique en situation d'incertitude scientifique, en cas de "risque de dommages graves et irréversibles". Dès lors, l'absence de certitude scientifique est susceptible de porter non seulement sur la survenance du risque mais également sur l'étendue de la gravité du dommage[266]. Cependant, cette dernière ne constitue pas le "noyau dur" de la notion de précaution[267], mais apparaît, au contraire, comme un élément commun à la prévention et à la précaution[268].

---

[264] Sur la relativité de la distinction entre les probabilités objectives et les probabilités subjectives, cf. *supra*, n° 65 et s. Cette approche probabiliste du risque est celle retenue par la jurisprudence européenne (cf. TPICE, 11 septembre 2002, Affaire T-70/99, préc., § 160 : "la notion de *risque* correspond donc à une fonction de la probabilité des effets adverses pour le bien protégé par l'ordre juridique en raison de l'utilisation d 'un produit ou d'un procédé").

[265] Lequel atteste du rôle joué par le critère du raisonnable en droit. Sur cette notion, cf. C. PERELMAN, *Le raisonnable et le déraisonnable en droit : au-delà du positivisme juridique*, Paris, L.G.D.J. (coll. "Bibliothèque de philosophie du droit"), 1984.

[266] En ce sens N. de SADELEER, op. cit., p. 172 et s.

[267] L. GONZALEZ VAQUE, L. EHRING et C. JACQUET, art. préc., p. 90.

[268] Cf. 2ème partie, *infra*, n° 664 et s.

CONCLUSION DU CHAPITRE PRELIMINAIRE

108. La norme scientifique, au fondement de la distinction de la prévention et de la précaution, permet de spécifier ces dernières tant par rapport au concept juridique traditionnel de prudence que par rapport au concept philosophique de prudence antique (*phronésis*). En outre, les notions de prévention et de précaution peuvent être rattachées à différents autres concepts philosophiques ou économiques, comme ceux de probabilités (objective ou subjective) ou de *risque* et d'*incertitude*. La diversité des distinctions évoquées rend certes délicate toute tentative de systématisation en vue d'associer le contenu de l'un ou de l'autre de ces concepts avec celui susceptible d'être attribué aux notions de prévention et de précaution. Certaines filiations peuvent néanmoins être établies dans la mesure où pour que la spécificité de la précaution et de la prévention trouve sa source dans la nature du risque scientifique et technique en cause, il convient d'adopter *une certaine définition de la science fondée sur une approche objective des événements, en terme fréquentiel*. Autrement dit, le critère du *risque avéré* et du *risque suspecté*, que présuppose la distinction de la prévention et de la précaution, ne peut être pensé que par référence à une conception probabiliste de la science.

109. Par conséquent, l'appréhension de la distinction de la prévention et de la précaution par le droit de la responsabilité civile se trouvera nécessairement en lien avec la perspective *fréquentiste* ou objective des probabilités, proche de la notion économique de *risque*, au fondement de la norme scientifique. Tandis que, de leurs côtés, les notions de probabilité *épistémique* ou subjective et d'*incertitude* permettent de rattacher la distinction de la prévention et de la précaution non pas au type de risque encouru mais à la décision portant sur ce dernier. En effet, *l'exigence d'un seuil caractéristique du risque de précaution* empêche que soient posées les équations suivantes : prévention = risque avéré = probabilité objective = *risque* au sens de F. Knight ; précaution = risque suspecté = probabilité subjective = *incertitude* au sens de F. Knight. En revanche, la notion scientifique de risque, commune à la prévention et à la précaution, et qui en assure la spécificité par rapport aux concepts juridique et antique de prudence (*phronésis*), permet d'établir un lien entre cette distinction et la perspective *fréquentiste* des probabilités. Cette dernière est alors susceptible de constituer un indice précieux dans la recherche relative aux possibilités de réception de la distinction de la prévention et de la précaution par le droit de la responsabilité civile. Par ailleurs, dans la mesure où elle constitue un instrument de connaissance du droit, la distinction de la prévention et de la précaution n'appartient pas au droit lui-même. Sa validité suppose donc *qu'elle soit fondée sur un modèle d'évolution des connaissances scientifiques extérieur au droit*.

110. *L'analyse des modalités d'appréhension des notions de prévention et de précaution, par le droit de la responsabilité civile, devra donc être effectuée au regard de l'évolution des connaissances scientifiques et techniques. Il conviendra de déterminer concrètement pour chaque type de risque les périodes durant lesquelles le risque pourra être considéré comme totalement inconnu (ignorance du risque), comme simplement suspecté (précaution) ou comme avéré (prévention), afin de pouvoir ensuite qualifier la nature de la responsabilité ou de l'absence de responsabilité encourue.*

PREMIERE PARTIE :

PREVENTION, PRECAUTION ET RENOVATION DE LA RESPONSABILITE CIVILE CURATIVE

111. Pour tester la résistance au changement du paradigme classique de la responsabilité civile, fondé sur l'existence d'un dommage, face à la prévention et à la précaution[269], il importe de confronter ces dernières aux conditions traditionnelles de cette responsabilité. Outre le dommage, par essence pilier de la responsabilité civile curative, celle-ci suppose la réunion d'un fait générateur de responsabilité et d'un lien de causalité entre ce dernier et le dommage. La logique conduit souvent la doctrine à présenter ces trois conditions dans cet ordre[270]. Plusieurs auteurs, néanmoins, retiennent un autre formalisme. Ainsi, l'exigence d'un dommage et d'un lien de causalité est parfois analysée avant celle d'un fait générateur[271]. A l'inverse, ce dernier peut être présenté en premier, avant le dommage et le lien de causalité[272]. Enfin, d'autres encore examinent la condition relative au dommage, puis celle concernant le lien de causalité et, en dernier lieu, celle relative au fait générateur[273].

112. Par définition, interprétée dans le cadre du paradigme classique de la responsabilité civile, la distinction de la prévention et de la précaution, du risque avéré et du risque suspecté, suppose acquise la réalisation d'un dommage. A ce stade de l'analyse, la distinction étudiée n'est donc pas de nature *a priori* à affecter l'exigence de ce dernier. Par ailleurs, en tant qu'elle est fondée sur la norme scientifique, définie en terme de probabilité d'occurrence[274], la distinction de la prévention et de la précaution se trouve placée au cœur de la notion de causalité scientifique. Or la notion de causalité juridique, certes distincte de cette dernière, entretient avec celle-ci des liens étroits. C'est pourquoi la distinction de la prévention et de la précaution sera confrontée, en premier lieu, à l'exigence d'un lien de causalité entre le fait générateur et le dommage (titre I). Une fois l'incidence du risque avéré et du risque suspecté sur la causalité juridique et sur la causalité scientifique, dégagée, il conviendra de s'interroger sur la manière dont le fait générateur de responsabilité civile est appelé à réceptionner ces deux types de risques (Titre II).

---

[269] Sur le choix de cette problématique, cf. Introduction, *supra*, n° 10 et s.

[270] H., L., J. MAZEAUD et F. CHABAS, *Leçons de droit civil. Les obligations*, tome 2, vol. 1, Paris, Montchrestien, 1998 (9ème éd.) ; F. TERRE, Ph. SIMLER et Y. LEQUETTE, *Droit civil. Les obligations*, Paris, Dalloz, 2005 (9ème éd.).

[271] J. CARBONNIER, *Droit civil. Les obligations*, tome 4, Paris, P.U.F., 1996 (20ème éd.).

[272] J. FLOUR, J.-L. AUBERT et E. SAVAUX, *Les obligations, 2. Le fait juridique*, Paris, Armand Colin, 2001 (9ème éd.).

[273] G. VINEY et P. JOURDAIN, *Les conditions de la responsabilité*, op. cit.

[274] Sur le choix de cette définition de la science, cf. Chp. préliminaire, *supra*, n° 49 à 55.

TITRE I

LA DISTINCTION DE LA PREVENTION ET DE LA PRECAUTION ET L'EXIGENCE D'UN LIEN DE CAUSALITE

113. L'exigence d'un lien de causalité entre le fait générateur et le dommage[275] constitue à la fois la condition la plus évidente et la plus fuyante posée par le droit de la responsabilité civile[276]. L'une des raisons de cette insaisissabilité réside dans la confusion fréquente entre deux niveaux d'analyse : celui du fait et celui du droit. Il importe, en effet, de distinguer d'une part, la notion de causalité matérielle ou scientifique et d'autre part, celle de causalité juridique[277]. La première est "l'ensemble objectif des conditions qui ont concouru à la production d'un phénomène"[278]. Elle est l'expression d'un jugement de faits qui procède de l'observation de la répétition de l'enchaînement de certains phénomènes ayant "inspiré aux hommes l'idée d'une nécessité, et

---

[275] L. JOSSERAND, *Cours de droit civil positif français. Théorie générale des obligations*, tome II, Paris, Sirey, 1933 (2ème éd.), n° 448 et s. ; M. PLANIOL et G. RIPERT, *Traité pratique de droit civil français. Les obligations* (par P. ESMEIN), tome VI, Paris, L.G.D.J., 1952, n° 538 et s.; AUBRY et RAU, *Droit civil français. Responsabilité délictuelle*, tome VI-2, par N. DEJEAN DE LA BATIE, Paris, Librairies Techniques, 1989 (8ème éd.), n° 69 et s. ; J. CARBONNIER, op. cit., n° 213 et s. ; F. TERRE, Ph. SIMLER et Y. LEQUETTE, op. cit., n° 858 et s. ; B. STARCK, H. ROLAND et L. BOYER, *Obligations. 1. Responsabilité délictuelle*, Paris, Litec, 1996 (5ème éd.), n° 1055 et s. ; G. VINEY et P. JOURDAIN, op. cit., n° 332 et s. ; H., L., J. MAZEAUD et F. CHABAS, op. cit., n° 560 et s. ; J. FLOUR, J.-L. AUBERT et E. SAVAUX, op. cit., n° 156 et s. ; Ph. MALAURIE et L. AYNES, *Droit civil. Les obligations*, Paris, Cujas, 1999, (12ème éd.), n° 90 et s. ; Ph. LE TOURNEAU et L. CADIET, *Droit de la responsabilité et des contrats*, Paris, Dalloz (coll. "Dalloz Action"), 2000/2001, n° 1701 et s.

[276] "Le lien de causalité est l'un des problèmes les plus obscurs posés par la responsabilité civile", B. STARCK, H. ROLAND et L. BOYER, op. cit., n° 1066.

[277] Nous employons ici la notion de "causalité matérielle" comme synonyme de "causalité efficiente" au sens scientifique, sans référence à la distinction aristotélicienne entre la *cause finale*, la *cause formelle*, la *cause matérielle* et la *cause efficiente*. Sur ces différents sens chez ARISTOTE, cf. *Dictionnaire d'histoire et de philosophie des sciences*, sous la dir. de D. LECOURT, Paris, P.U.F., 1999 et M. MALHERBE, *Qu'est-ce que la causalité ?*, Paris, Vrin (coll. "Pré-textes"), 1994, p. 9 et s. Pour une distinction entre la causalité matérielle et la causalité juridique dans le discours juridique, cf. R. BERAUD, "Les mythes de la responsabilité civile", *J.C.P.*, 1964, I, 1837 ; P. ESMEIN, "Les Principes de la responsabilité délictuelle", *Rev. crit. Leg. et Jur.*, 1932, p. 466 et "Le nez de Cléopâtre ou les affres de la causalité", *D.*, 1964, chron. p. 205, spéc. n° 3 ; L. HUSSON, *Nouvelles études sur la pensée juridique*, Paris, Dalloz (coll. "Philosophie du droit"), 1974, p. 90 ("la notion courante de la causalité a une double origine, technique et morale") ; H. CROZE, "L'incidence des mécanismes processuels sur l'établissement du lien de causalité", *in Exigence sociale, jugement de valeur et responsabilité civile en droit français, allemand et anglais*, sous la dir. de H. A. SCHWARZ-LIEBERMANN VON WAHLENDORF, Paris, L.G.D.J., 1983, n° 3 et s. p. 56 (distinction du "modèle physique" et du "modèle intellectuel" de la causalité).

[278] R. BERAUD, art. préc., n° 2.

qu'ils se représentent comme une génération du postérieur par l'antérieur"[279]. La causalité est envisagée ici de façon dynamique et renvoie à la notion de causalité efficiente ou scientifique, c'est-à-dire à la cause qui provoque le dommage. La seconde, la causalité juridique, est "le rattachement du résultat dommageable, par un jugement de valeur, à un fait ou à une faute"[280] choisi parmi les antécédents objectifs du dommage. Elle envisage le rapport de causalité sous l'angle statique comme un lien d'imputation[281]. La causalité juridique opère donc une réduction d'analyse par rapport à la causalité matérielle qui ne coïncidera pas forcément avec elle. Ainsi, en énonçant que "tout fait quelconque de l'homme qui *cause* à autrui un dommage, oblige celui par la faute duquel il est arrivé à le réparer", l'article 1382 du Code civil exige un lien de causalité juridique". Du point de vue du droit, un individu ne peut être tenu pour responsable d'un fait qu'à la condition qu'il soit possible d'imputer ce dernier à cet individu.

114. La causalité juridique implique donc une démarche intellectuelle permettant de rattacher un fait à son auteur. Elle n'est pas dans les choses mais procède d'un jugement de l'homme, en vertu duquel un acte est *attribué* à un individu. La causalité scientifique, en revanche, repose sur un rapport de nécessité entre deux faits. Elle est efficiente par nature, c'est-à-dire qu'elle renvoie toujours à la cause qui produit le dommage dans la réalité. A l'inverse, la causalité juridique peut ne pas désigner la cause qui a produit le dommage en réalité mais renvoie à celle qui est réputée l'avoir causé, parce que le juge, appelé à statuer sur la responsabilité, en décide ainsi. Il est vrai que lors de ce jugement sur la responsabilité, le juge sera enclin à se référer à la cause efficiente du dommage c'est-à-dire à celle qui s'est produite dans la réalité. Mais son intervention aura précisément pour conséquence de transformer la causalité scientifique en causalité juridique, de faire que l'individu qui se trouve être à l'origine du dommage soit tenu pour responsable aux yeux de la loi.

115. Or l'analyse des liens qu'entretient le concept de probabilité (objective ou subjective[282]) avec celui de causalité diffère selon que la probabilité affecte la causalité envisagée sous son aspect matériel ou juridique. A cet égard, la condition d'incertitude "*compte tenu* des connaissances scientifiques et techniques du moment", issue de la notion légale de précaution,

---

[279] P. ESMEIN, "Trois problèmes de responsabilité civile. Causalité. Concours des responsabilités. Convention d'irresponsabilité.", *R.T.D.civ*, 1934, p. 317, n° 5.

[280] R. BERAUD, art. préc., n° 2.

[281] Pour H. KELSEN (op. cit., n° 18 et s.) il convient de réserver le terme "causalité" à la seule causalité matérielle qui exprime un rapport entre deux faits (si A est, alors B *est* ou *sera*), et de désigner la causalité juridique, qui envisage le rapport entre un fait et une norme (si A est, alors B *doit* être), par la notion d' "imputation".

[282] Sur cette distinction, cf. Chp. préliminaire, su*pra*, n° 63 et s.

renvoie à une causalité scientifique. En effet, l'article L. 110-1 du Code de l'environnement fait obligation de prévenir les dommages dont la cause génératrice est incertaine en l'état actuel de la science. Or, seule la causalité matérielle ou scientifique renvoie à la notion de causalité efficiente. Par hypothèse, avec la notion de précaution, la survenance du dommage étant incertaine, l'absence d'anticipation de celui-ci n'est pas la cause efficiente du dommage puisqu'il se peut que le dommage ne soit pas prévenu et que pourtant il ne se réalise pas.

116. La causalité juridique constitue ainsi la causalité résiduelle commune à la responsabilité pour *défaut de prévention* et à celle pour *défaut de précaution*. En effet, dans les deux cas, que le risque soit avéré ou seulement suspecté, la responsabilité résulte de l'absence d'anticipation d'un risque et tend à imputer une abstention à un dommage[283]. Autrement dit, *le lien de causalité juridique* porte, dans les deux hypothèses, sur la relation entre une abstention et la réalisation d'un risque. En revanche, selon que le *lien de causalité scientifique* sera avéré ou seulement suspecté, la responsabilité civile sera qualifiée de responsabilité pour *défaut de prévention* ou *défaut de précaution*[284]. Dès lors, toute extension du lien de causalité juridique en matière de faute d'abstention devrait être de nature à favoriser l'admission d'une responsabilité pour *défaut de précaution* dans la mesure où cette dernière se présente seulement comme une extension, au risque suspecté, de la responsabilité juridique pour défaut d'anticipation d'un dommage.

117. A ce titre, l'évolution du droit de la responsabilité civile témoigne d'un allégement de la causalité juridique, la jurisprudence et la loi étant souvent enclines à se contenter d'un lien de causalité juridique seulement probable, au détriment de l'exigence posée par la Cour de cassation d'un lien de causalité certain[285]. L'assouplissement de la causalité juridique se présente donc comme un facteur commun d'intégration des responsabilités pour *défaut de prévention* et *de précaution* (Chapitre I). De son côté, la prise en compte de la causalité scientifique constitue le critère distinctif des responsabilités pour *défaut de prévention* et *de précaution* (Chapitre II).

---

[283] Dommage qui constitue la réalisation d'un risque avéré ou suspecté, puisque nous sommes ici dans le paradigme classique de la responsabilité civile fondé sur l'exigence d'un dommage.

[284] La condition d'*absence de certitudes, compte tenu des connaissances scientifiques et techniques du moment*, propre à la précaution, enlevée, la question de la causalité se résout alors à l'identification du rapport entre le dommage et l'omission de la mesure destinée à le prévenir.

[285] Civ. 2ème, 27 octobre 1975, *G.P.*, 1976, 1, jur. p. 169, note PLANCQUEEL.

CHAPITRE I

L'ASSOUPLISSEMENT DE LA CAUSALITE JURIDIQUE, FACTEUR COMMUN D'INTEGRATION DES RESPONSABILITES CIVILES POUR DEFAUT DE PREVENTION ET DE PRECAUTION

118. L'expression "causalité juridique" est souvent utilisée pour désigner deux réalités différentes. D'une part, la catégoric juridique de la causalité, c'est-à-dire les conditions théoriques posées par le droit relatives au lien de causalité tel qu'il *doit être* pour justifier la responsabilité juridique. D'autre part, la causalité telle qu'elle résulte de la solution adoptée par le juge, suite à la mise en œuvre du syllogisme judiciaire. Le but de cette seconde notion de causalité est de répondre à la question de savoir si *tel fait* a eu un rôle causal dans la production du dommage. Elle est le produit du jugement consistant à comparer la relation entre le fait dommageable et le dommage avec celle posée par le droit relativement aux critères de la causalité juridique. Elle comprend donc un aspect matériel (la mineure du syllogisme) et un aspect proprement juridique (la majeure du syllogisme, c'est-à-dire la règle de droit). Cette double signification de la notion de causalité juridique correspond à la distinction établie entre la définition du lien de causalité, question de fond et la preuve du lien de causalité[286].

119. Ces dernières années l'évolution du droit positif de la responsabilité civile témoigne d'un assouplissement progressif tant de la définition (Section I) que de la preuve de la causalité juridique (Section II). Un tel mouvement est de nature à faciliter la réception par le droit de la responsabilité civile des notions de prévention et de précaution. En outre, il conduit à s'interroger sur le rôle des théories de la causalité juridique au regard des responsabilités pour défaut de prévention et de précaution (Section III).

SECTION I

L'ASSOUPLISSEMENT DE LA DEFINITION DE LA CAUSALITE JURIDIQUE

120. Pour expliquer les modalités de rattachement d'un dommage à un fait générateur la doctrine juridique fait généralement état de deux conceptions possibles. En vertu de la théorie de l'équivalence des conditions, tout fait sans lequel le dommage ne serait pas produit est une condition *sine qua non* du dommage et en est la cause juridique. De son côté, la théorie de la

[286] G. VINEY et P. JOURDAIN, op. cit., n° 345.

causalité adéquate opère un tri entre toutes les causes possibles du dommage pour ne retenir que celle qui "normalement, d'après la suite naturelle des événements, était de nature à le produire"[287].

121. La doctrine n'a pas manqué de souligner la difficulté à induire de la jurisprudence la prédominance, en droit français, de l'une ou l'autre des théories relatives à la détermination du lien de causalité juridique[288]. Toute tentative de systématisation en la matière demeure délicate[289]. Néanmoins, selon plusieurs auteurs, la jurisprudence, après avoir retenu la théorie de l'équivalence des conditions[290], consacrerait aujourd'hui la théorie de la causalité adéquate[291]. Pour d'autres, au contraire, l'analyse des solutions de droit positif actuelles attesterait le "triomphe"[292] de la théorie de l'équivalence des conditions[293]. Plusieurs arrêts récents témoignent, en effet, d'une incontestable percée de cette dernière théorie (§1). Une telle évolution confirme, s'il en était besoin, le rôle causal de la faute d'abstention (§2).

§ 1 LES PROGRES DE LA THEORIE DE L'EQUIVALENCE DES CONDITIONS

122. S'il arrive parfois que les juges indiquent expressément l'usage qu'ils font de la théorie de l'équivalence des conditions en la citant dans leur motivation[294], la référence croissante à cette théorie est le plus souvent implicite en jurisprudence. Elle résulte généralement de l'emploi de certains termes ou expressions énonçant qu' "en l'absence de survenance de l'accident, le dommage ne se serait pas produit"[295].

123. Parmi les divers domaines dans lesquels la théorie de l'équivalence des conditions a déjà trouvé à s'appliquer[296], la responsabilité médicale constitue sans aucun doute le terrain d'élection de l'extension de cette théorie en jurisprudence. Ainsi en est-il des décisions ayant retenu la

---

[287] F. TERRE, Ph. SIMLER et Y. LEQUETTE, op. cit., n° 860.
[288] G. MARTY, "La relation de cause à effet comme condition de la responsabilité civile (Etude comparative des conceptions allemande, anglaise et française)", *R.T.D.civ.*, 1939, p. 685, n° 15 ; H., L., J. MAZEAUD et F. CHABAS, op. cit., n° 566 ; J. FLOUR, J.-L. AUBERT et E. SAVAUX, op. cit., n° 162 ; Ph. LE TOURNEAU et L. CADIET, op. cit., n° 1717.
[289] "c'est par *sentiment* que les juges décident si la réalisation d'un dommage est une conséquence trop imprévisible d'un acte pour que son auteur en soit responsable", P. ESMEIN, "Le nez de Cléopâtre ou les affres de la causalité", art. préc., p. 205.
[290] J. CARBONNIER, op. cit., n° 217 ; H., L., J. MAZEAUD et F. CHABAS, op. cit., n° 566 ; Ph. MALAURIE et L. AYNES, op. cit., n° 92.
[291] AUBRY et RAU, op. cit., n° 74 ; F. TERRE, Ph. SIMLER et Y. LEQUETTE, op. cit., n° 860.
[292] G. VINEY, *J.C.P.*, 2000, I, 241, n° 4.
[293] G. VINEY et P. JOURDAIN, op. cit., n° 348 et s.
[294] Pour un exemple récent, cf. Civ. 2ème, 27 mars 2003, *J.C.P.*, I, 101, chron. G. VINEY, n° 3.
[295] Civ. 2ème, 27 mars 2003, *B.C.*, II, n° 76.
[296] Pour de nombreux exemples, cf. G. VINEY et P. JOURDAIN, op. cit., n° 354 et s.

responsabilité de l'automobiliste lorsque la victime de l'accident a contracté le virus du Sida[297] ou de l'hépatite C[298] à la suite de transfusions sanguines intervenues lors de l'opération rendue nécessaire par l'accident de la circulation ou encore lorsqu'elle a été victime de la réalisation d'un aléa médical lors de son hospitalisation[299]. Dès lors qu'en l'absence de cet accident le dommage ne se serait pas produit, il en est la cause directe et certaine.

124. L'arrêt de l'Assemblée plénière de la Cour de cassation *Perruche*, en date du 17 novembre 2000, tant commenté[300], ainsi que ses

---

[297] Paris, 7 juillet 1989, *G.P.*, 1989, 2, p. 752, concl. G. PICHOT et *R.T.D.civ.*, 1990, p.85, obs. P. JOURDAIN ; Rennes, 23 oct. 1990, *G.P.*, 1991, 1, p. 232 ; TGI Bobigny, 19 déc. 1990, *G.P.*, 1991, 1, p. 233 ; Dijon, 16 mai 1991, *D.*, 1993, jur. p. 242, note E. KERCKOVE ; Paris, 26 nov. 1991, *D.*, 1992, I.R., p. 70 ; Civ. 1ère, 17 fév. 1993, *J.C.P.*, 1991, 22226, note A. DORSNER-DOLIVET. Pour une application de la théorie de la causalité adéquate, cf. Versailles, 30 mars 1989, *J.C.P.*, 1990, II, 21505, note A. DORSNER-DOLIVET.

[298] Civ. 1ère, 4 déc. 2001, *D.*, 2002, I.R. p. 138 et jur. p. 3044, note M.-C. de LAMBERTYE-AUTRAND ; *J.C.P.*, 2002, IV, 1107 ; *G.P.*, 20-22 janv. 2002, panor. jur., p. 36 ; *R.T.D.civ.*, 2002, p. 308, note P. JOURDAIN ; *Resp. civ. et ass.* avril 1992, comm. n° 126, note H. GROUTEL.

[299] Civ. 2ème, 27 janvier 2000, *B.C.*, II, n° 20 ; *J.C.P.*, 2000, I, 241, chron. G. VINEY, n°7 ; *J.C.P.*, 2000, II, 10 363, note CONTE (intervention chirurgicale rendue nécessaire par un accident de la circulation et au cours de laquelle la victime avait subi la réalisation d'un aléa thérapeutique provoquant la cécité d'un œil). Civ. 2ème, 12 octobre 2000, *Resp. civ. et ass.*, janv. 2001, comm. n°7, p. 13 (amputation d'une jambe rendue nécessaire par une infection contractée dans une clinique où la victime avait été conduite après avoir chuté d'un véhicule agricole).

[300] Ass. plén., 17 nov. 2000, *J.C.P.*, 2000, II, 10438, rapp. P. SARGOS, concl. J. SAINTE-ROSE, note F. CHABAS ; J.-L. AUBERT, "Indemnisation d'une existence handicapée qui, selon le choix de la mère, n'aurait pas dû être", *D.*, 2001, chron. p. 489 ; L. AYNES, "Le préjudice de l'enfant handicapé : la plainte de job devant la Cour de cassation", *D.*, 2001, chron. p. 492 ; I. BESSIERES-ROQUES, "La réparation du préjudice d'un enfant handicapé : à propos d'un arrêt qui a fait grand bruit", *Rev.fr.dom. corp.*, 2001, p. 61 ; S. CARPI, "Regards sur la causalité (A propos de l'arrêt Quarez du Conseil d'Etat et de l'arrêt Perruche de la Cour de cassation)", *P.A.*, 8 juin 2001, n° 114, p. 12 ; F. DREIFUSS-NETTER, "Observations hétérodoxes sur la question du préjudice de l'enfant victime d'un handicap congénital non décelé pendant la grossesse", *Méd. et dr*,. 2001, n° 46, p. 1 ; D. FENOUILLET, "Pour une humanité autrement fondée", *Dr. fam.*, avril 2001, chron. 7, p. 4 ; P.-Y. GAUTIER, "Les distances du juge à propos d'un débat éthique sur la responsabilité civile", *J.C.P.*, 2001, I, 287 ; M. GOBERT, "La Cour de cassation méritait-elle le pilori ? (A propos de l'arrêt de l'Assemblée plénière du 17 novembre 2000)", *P.A.*, 8 déc. 2000, n°245, p. 4 ; J. HAUSER, "Le préjudice d'être né, question de principe, *Dr. et pat.*, n° 89, janv. 2001, p. 6 ; Ph. JESTAZ, "Une question d'épistémologie (à propos de l'affaire Perruche)", *R.T.D.civ.*, 2001, p. 547 ; P. JOURDAIN, "Réflexion sur un malentendu", *D.*, 2001, jur., p. 336 ; P. KAYSER, "Un arrêt de l'Assemblée plénière de la Cour de cassation sans fondement juridique?", *D.*, 2001, chron. p. 1889 ; C. LABRUSSE-RIOU et B. MATHIEU, "La vie humaine peut-elle être un préjudice ?, *D.*, 2000, Point de vue, p. III ; F. LEDUC, "Handicap génétique ou congénital et responsabilité civile", *Resp. civ. et ass.* fév., 2001, chron. 4, p. 4 ; B. MARKESINIS, "Réflexions d'un comparatiste anglais sur et à partir de l'arrêt *Perruche*", *R.T.D.civ.*, 2001, p. 77 ; L. MAYAUX, "Naissance d'un enfant handicapé : la Cour de cassation au péril de la causalité (réflexions sur Cass. ass. plén., 17 novembre 2000)", *R.G.D.A.*, 2001, n° 1, p. 13 ; D. MAZEAUD, "Naissance, handicap et lien de causalité", *D.*, 2000, interview, p. V et "Réflexions sur un malentendu", *D.*, 2001, jur. p.332 ; G. MEMETEAU, "L'action de vie dommageable",

applications[301], antérieures au vote de la loi du 4 mars 2002[302], participent de ce mouvement. Rappelons que la question posée à la Haute cour, après une longue bataille judiciaire[303], était de savoir si les parents d'un enfant né handicapé en

---

J.C.P., 2000, I, 279 ; R. LIBCHABER, "Que faut-il attendre de l'arrêt de l'Assemblée plénière de la Cour de cassation ?", *R.T.D.civ.*, 2001, p. 226 ; D. MOYSE, "Naissances coupables ? A propos de l'affaire Nicolas Perruche et d'autres du même genre", *Esprit*, janv. 2001, p. 6 ; P. MURAT, *Dr. fam.*, janv. 2001, com. n° 11, p. 28 ; C. RADE, "Etre ou ne pas naître ? Telle n'est pas la question ! (premières réflexions après l'arrêt Perruche), ", *Resp. civ. et ass.*, janv. 2001, chron. 1, p. 4 ; Y. SAINT-JOURS, "Handicap congénital - Erreur de diagnostic prénatal - Risque thérapeutique sous-jacent (à propos de l'arrêt P... du 17 novembre 2000)", *D.*, 2001, chron. p.1263 ; D. SALAS, "L'arrêt Perruche, un scandale qui n'a pas lieu", *Justices*, mai 2001, hors série, p. 14 ; J. SAINTE-ROSE, "La réparation du préjudice de l'enfant empêché de ne pas naître handicapé. Conclusions orales dans l'affaire P...", *D.*, 2001, Le point sur..., p. 316 ; A. TERRASSON DE FOUGERES, "Périsse le jour qui me vit naître (à propos de l'arrêt Ass. plén. 17 nov. 2000)", *R.D.S.S.*, 2001, p. 1; F. TERRE, "Le prix de la vie", *J.C.P.*, 2000, actualité, p.2267 ; F. VASSEUR-LAMBRY, *D.*, 2001, somm. p. 2796 ; G. VINEY, "Brèves remarques à propos d'un arrêt qui affecte l'image de la justice dans l'opinion", *J.C.P.*, 2001, I, 286, p. 65 ; D. de BECHILLON, "Porter atteinte aux catégories anthropologiques fondamentales ? Réflexions, à propos de la controverse *Perruche*, sur une figure contemporaine de la rhétorique universitaire", *R.T.D.civ.*, 2002, p. 47.

301 Ass. Plén., 13 juillet 2001 (3 arrêts), *J.C.P.*, 2001, II, 10601, concl. J. SAINTE-ROSE, note F. CHABAS ; *Dr. fam.*, nov. 2001, chron. n° 24, P. MURAT ; *Méd. et dr.*, 2002, n° 52, p. 30, note F. DREIFUSS-NETTER ; *P.A.*,17 avril 2002, n° 77, p. 4, note M. BENILLOUCHE. Ass. Plén., 28 nov. 2001 (2 arrêts), *J.C.P.*, 2002, II, 10018, concl. J. SAINTE-ROSE, note F. CHABAS ; A. SERIAUX, "Perruche et autres. La Cour de cassation entre mystère et mystification", *D.*, 2002, chron. p. 1996.

302 L'article 1er de la loi du 4 mars 2002 (*J.O.*, 5 mars 2002), codifié à l'article L. 114-5 du Code de l'action sociale et des familles (issu de la loi n° 2005-102 du 11 février 2005, *J.O.*, 12 février 2005) dispose que "Nul ne peut se prévaloir d'un préjudice du seul fait de sa naissance. La personne née avec un handicap dû à une faute médicale peut obtenir la réparation de son préjudice lorsque l'acte fautif a provoqué directement le handicap ou l'a aggravé, ou n'a pas permis de prendre les mesures susceptibles de l'atténuer. Lorsque la responsabilité d'un professionnel ou d'un établissement de santé est engagée vis-à-vis des parents d'un enfant né avec un handicap non décelé pendant la grossesse à la suite d'une faute caractérisée, les parents peuvent demander une indemnité au titre de leur seul préjudice. Ce préjudice ne saurait inclure les charges particulières découlant, tout au long de la vie de l'enfant, de ce handicap. La compensation de ce dernier relève de la solidarité nationale [...]". Sur cette loi cf. notamment Y. LAMBERT-FAIVRE, "La loi n°2002-303 du 4 mars 2002 relative aux droits des malades et à la qualité du système de santé. I. La solidarité envers les personnes handicapées", *D.*, 2002, chron. p. 1217 ; P. JOURDAIN, "Loi anti-Perruche : une loi démagogique", *D.*, 2002, Point de vue, p. 891 ; M.-E. BOURSIER, "La revanche de la jurisprudence Perruche ou l'inconventionnalité de la loi anti-Perruche ?", *P.A.*, 30 mai 2002, n° 108, p. 4.

303 Mme Perruche, enceinte, fit réaliser un test afin d'établir si elle avait ou non contracté la rubéole et pouvoir le cas échéant, interrompre sa grossesse. A la suite d'une erreur du laboratoire d'analyse et d'une négligence du médecin qui ne fit pas procéder à des analyses complémentaires, la mère pensa ne pas avoir contracté cette maladie et décida de poursuivre sa grossesse. Elle accoucha d'un enfant gravement handicapé. Devant les tribunaux, les parents avaient agi en réparation de leur propre préjudice et de celui causé à leur enfant. La Cour d'appel de Paris dans un arrêt du 17 décembre 1993 (*D.*, 1995, somm. p. 99, obs. J. PENNEAU) refusa de réparer le préjudice causé à l'enfant en raison de son absence de causalité avec les fautes commises mais fit droit à la demande relative au préjudice subi par les parents. La Cour de cassation, dans un arrêt

raison de la rubéole contractée par sa mère pendant sa grossesse, pouvaient agir en responsabilité, au nom de leur enfant, contre un médecin et un laboratoire sur le fondement des fautes, commises par ceux-ci, ayant privé la mère de la possibilité d'opter pour l'avortement. L'Assemblée plénière répondit par l'affirmative estimant que "dès lors que les fautes commises par le médecin et le laboratoire dans l'exécution des contrats formés avec Mme X avaient empêché celle-ci d'exercer son choix d'interrompre sa grossesse afin d'éviter la naissance d'un enfant atteint d'un handicap, ce dernier peut demander la réparation du préjudice résultant de ce handicap et causé par les fautes retenues". Si certains auteurs ont nié le caractère causal des fautes commises[304], beaucoup d'autres l'ont admis, soulignant que la Cour de cassation ne faisait qu'appliquer ici la théorie de l'équivalence des conditions[305]. Il convient, en effet, d'entendre par cause d'un dommage, "non seulement l'événement positif qui a produit celui-ci, mais aussi celui qui ne l'a pas empêché de se produire"[306]. Les fautes médicales n'ont certes pas causé le dommage, au sens de la causalité efficiente, mais sans elles, le dommage n'aurait pas eu lieu[307].

125. Surtout, il importe de souligner que l'interprétation souple du lien de *causalité juridique* qui a été retenue par les juges est susceptible d'exister indépendamment de la nature avérée ou suspectée du lien de *causalité scientifique* à l'origine du dommage. Ainsi, en l'espèce, le risque dont la réalisation avait constitué le dommage était avéré, compte tenu des connaissances scientifiques. En effet, le rapport du conseiller à la Cour de cassation, précisait que "lorsque l'infection maternelle a lieu avant la 11e semaine d'aménorrhée, le risque d'infection fœtale est très élevé (environ

---

du 26 mars 1996 (*B.C.*, I, n° 156 ; *J.C.P.*, 1996, I, 3985, obs. G. VINEY et I, 3946, obs. P. MURAT ; *R.T.D.civ.*, 1996, p. 824, obs. P. JOURDAIN et p. 871, obs. J. HAUSER ; *P.A.*, 6 déc. 1996, n° 147, p. 22, note Y. DAGORNE-LABBE ; *D.*, 1997, jur. p. 35, note J. ROCHE-DAHAN et somm. p. 323, obs. J. PENNEAU) censura l'arrêt mais uniquement en ce qu'il avait refusé de réparer le préjudice de l'enfant. La Cour de renvoi ayant refusé de s'incliner (Orléans, 5 fév. 1999, *R.T.D.civ.*, 2000, p. 80, obs. J. HAUSER) l'affaire vint devant l'Assemblée plénière.

[304] C. LABRUSSE-RIOU et B. MATHIEU, art. préc., p. III ; L. MAYAUX, art. préc., p. 14 ; D. MAZEAUD, art. préc., n° 5, p. 333 et l'interview, *D.*, 2000, p. V ; J. SAINTE-ROSE, concl., p.2305.

[305] J.-L. AUBERT, art. préc., n° 8 et s., p. 491 ; L. AYNES, art. préc., n° 12 et s., p. 494; F. DREIFUSS-NETTER, art. préc., p. 2 ; M. FABRE-MAGNAN, "Avortement et responsabilité médicale", *R.T.D.civ.*, 2001, p. 311 ; P.-Y. GAUTIER, art. préc., n° 4, p.67 ; P. JOURDAIN, art. préc., p. 337 ; P. KAYSER, art. préc., n° 6, p. 1890.

[306] L. AYNES, art. préc., n° 14, p. 494.

[307] A condition toutefois de considérer que le préjudice est constitué par la vie handicapée et non par le seul handicap dont la cause résulte non des fautes médicales mais de la rubéole congénitale transmise par la mère (En ce sens, cf. J. HAUSER, art. préc., p. 6 ; F. LEDUC, art. préc., p. 4 ; G. MEMETEAU, art. préc., p. 2278 ; P. MURAT, articles préc., *Dr. fam.*, p. 29 et *J.C.P.*, p. 255 ; C. RADE, art. préc., p. 6).

90%)"[308]. Aussi, la pertinence de l'invocation du principe de précaution, dans cette affaire, était relativement contestable[309], compte tenu de l'absence d'incertitude scientifique relativement au risque encouru. Si la jurisprudence *Perruche* s'inscrit dans le mouvement jurisprudentiel qui interprète avec souplesse l'exigence d'un lien de causalité, en se contentant d'une causalité probable, au détriment d'une causalité certaine, ce n'est qu'en tant qu'elle se réfère au lien de *causalité juridique* entre les fautes du médecin et l'absence d'anticipation du risque de survenance du dommage. Or cette causalité constitue une exigence commune aux responsabilités fondées sur une abstention, quelle que soit la nature avérée ou suspectée du risque dont la réalisation n'a pas été empêchée, au regard des données de la science.

126. A ce titre, la distinction, proposée par certains auteurs, entre la causalité du *dommage* et la causalité du *préjudice*[310], constitue un instrument efficace permettant de discerner avec précision la part du lien causal susceptible d'être affectée par la distinction de la prévention et de la précaution. Tandis, en effet, que la causalité du dommage renvoie au lien qui unit un fait avec ses conditions de survenance et se rattache ainsi à la causalité efficiente ou scientifique du dommage, la causalité du préjudice permet de rattacher le dommage aux conséquences qu'il a engendrées[311]. Or, dans la mesure où la distinction de la prévention et de la précaution est fondée sur un critère scientifique, elle ne peut être mise en œuvre qu'à propos de la part du lien causal susceptible d'être scientifiquement appréhendée c'est-à-dire qu'à propos de la causalité du dommage, par opposition à celle du préjudice. Dès lors, seule la

---

[308] P. SARGOS, Rapport préc., n° 2, p. 2293. Dans le même sens Y. SAINT-JOURS (art. préc., p.1263) soulignait qu'en l'espèce "la mère avait au cours de sa grossesse contracté la rubéole dont on sait médicalement depuis des décennies qu'elle est susceptible d'entraîner chez l'enfant un handicap congénital [...]".

[309] Le principe de précaution, en effet, a été cité expressément par plusieurs commentateurs de l'arrêt (P. SARGOS, rapport préc., p. 2308 ; J. HAUSER, art. préc., p. 8 ; A. TERRASSON DE FOUGERES, art. préc., p. 10 ; F. VASSEUR-LAMBRY, art. préc., p. 2797), tandis que pour d'autres la solution de l'arrêt *Perruche* était de nature à entraîner une dérive vers un "eugénisme de précaution"(J. SAINTE-ROSE, concl. p. 319).

[310] Le dommage "est un fait : c'est toute atteinte à l'intégrité d'une chose, d'une personne, d'une activité ou d'une situation". Le préjudice renvoie aux "conséquences du dommage" ; il "est constitué par un ensemble d'éléments qui apparaissent comme les diverses conséquences découlant du dommage à l'égard de la victime de celui-ci", F.-P. BENOIT, "Essai sur les conditions de la responsabilité en droit public et privé (Problèmes de causalité et d'imputabilité)", *J.C.P.*, I, 1351, n° 9 et s. ; G. VINEY et P. JOURDAIN, op. cit., n° 246-1 et 351 et s. Sur la question de l'intérêt de l'adoption de la distinction du dommage et du préjudice en dehors du paradigme classique de la responsabilité civile, en l'absence de dommage, cf. 2ème partie, *infra*, n°834.

[311] Autrement dit, la notion de causalité efficiente ou scientifique, c'est-à-dire celle qui *produit matériellement* le dommage est inhérente à la causalité du dommage tandis qu'elle est absente du lien qui unit le dommage au préjudice, lequel est au contraire "une notion *subjective* appréciée en fonction d'une personne déterminée" (F.-P. BENOIT, art. préc., n° 14).

causalité du dommage, selon qu'elle peut être qualifiée d'avérée ou de suspectée, compte tenu de l'état de la science, permet de distinguer l'existence d'une responsabilité pour *défaut de prévention* ou d'une responsabilité pour *défaut de précaution*[312].

127. L'élargissement de la notion de causalité juridique s'exprime également à travers l'usage qui est désormais fait, par certaines juridictions, de la théorie de l'équivalence des conditions dans des affaires dans lesquelles le lien de *causalité scientifique* entre le fait générateur et le dommage était seulement suspecté compte tenu des données de la science, comme en témoigne sa récente application aux dommages causés par le Distilbène[313].

128. L'assouplissement du lien de causalité juridique, résultant de la progression de la théorie de l'équivalence des conditions en jurisprudence, participe de la reconnaissance désormais acquise du rôle causal de la faute d'abstention.

§ 2 LE ROLE CAUSAL DE LA FAUTE D'ABSTENTION

129. Si le fait qu'une abstention puisse être à l'origine d'un dommage a été un temps contesté, la jurisprudence et la doctrine admettent aujourd'hui largement que le fait de ne pas avoir pris les mesures afin de prévenir la réalisation d'un dommage constitue une faute de nature à engager la responsabilité civile[314]. Mais l'abstention n'est jamais la cause efficiente du dommage ; "elle se borne à ne pas interrompre le cours d'événements antérieurs

---

[312] Dans l'affaire *Perruche* il était possible de distinguer d'une part, la causalité du dommage permettant de rattacher le handicap (l'infection du fœtus) au fait biologique constitué par l'infection de la mère atteinte par la rubéole et d'autre part, la causalité du préjudice c'est-à-dire le lien entre les fautes commises par le corps médical et la naissance handicapée. Et, en l'espèce, la causalité du dommage était avérée, compte tenu des connaissances scientifiques. La responsabilité retenue s'apparentait donc à un *défaut de prévention*.

[313] Dans l'affaire *S.A. UCB Pharma c/ N. Bobet*, la Cour d'appel de Versailles, dans son arrêt en date du 30 avril 2004 (R.G. n° 02/05925, *D.*, 2004, I.R. p. 1502 et jur. p. 2071, note A. GOSSEMENT ; *Rev. Lamy dr. civ.*, juin 2004, p. 15 chron. J.-A. ROBERT et A. REGNIAULT ; *Resp. civ. et ass.*, octobre 2004, chron. 22, p. 11, C. RADE ; *P.A.*, 22 juin 2005, n° 123, p. 22, note P. L. NIEL), souligne qu' "il n'est pas scientifiquement prouvé qu'en l'absence d'absorption de distilbène, la probabilité qu'elle [la victime] fût née vivante aurait été amoindrie ; que, même si l'absorption de ce produit n'est pas le facteur unique de l'adénocarcinome à cellules claires, elle en est un «facteur majeur» [...]". Cette décision a fait l'objet d'un pourvoi qui a été rejeté par la Cour de cassation dans un arrêt du 7 mars 2006. Sur cet arrêt, cf. *infra*, n° 238 et s., n° 607.

[314] Sur les différents arguments en faveur du rôle causal de l'omission, cf. A. M. HONORE, *International encyclopedia of comparative law*, New York, J.C.B. Mohr, 1971, vol. XI, chp. 7, n°26 et s.

qui en constituent la cause efficiente"[315]. De sorte que l'admission du caractère causal d'une abstention ne peut s'expliquer que par une conception extensive de la notion de causalité. La faute de *non-prévention* consiste précisément à ne pas empêcher l'action d'une cause efficiente avérée, compte tenu des données de la science. De son côté, la faute de *non-précaution* consiste à ne pas interrompre l'action d'une cause efficiente seulement suspectée, compte tenu de ces mêmes données[316].

130. Ainsi, les nombreux arrêts qui ont sanctionné la violation d'un devoir de prudence sont-ils intervenus dans des hypothèses où la cause matérielle ou scientifique du dommage, dont l'agent n'a pas interrompu le cours, était avérée au regard des connaissances scientifiques et techniques[317]. Tel est le cas de la négligence d'un propriétaire relativement à la révision d'un chauffe-eau[318], la causalité matérielle du dommage (le risque que présente le gaz pour la santé humaine) ne faisant pas l'objet d'un doute scientifique.

131. Il reste que cette prise en compte de la faute d'abstention constitue un élément d'assouplissement de la définition de la causalité juridique ayant vocation à s'appliquer tant au risque avéré qu'au risque suspecté. Elle se présente ainsi comme un facteur commun d'intégration des responsabilités pour *défaut de prévention* et de *précaution*.

CONCLUSION DE LA SECTION I

132. En appliquant la théorie de l'équivalence des conditions et en faisant produire effet à la faute d'abstention, les juges assouplissent la définition de la causalité juridique. L'exigence d'un lien de causalité certain fait place à l'admission d'une causalité seulement probable. Une telle démarche est de nature à favoriser l'appréhension du risque suspecté. Pour autant, dans la mesure où elle intervient également lorsque le risque est avéré, elle contribue à intégrer au sein des règles de la responsabilité civile curative tant le *défaut de précaution* que le *défaut de prévention*.

---

315 H. CROZE, "L'incidence des mécanismes processuels sur l'établissement du lien de causalité", art. préc., p. 60.

316 Que le doute affectant la causalité scientifique tienne au caractère encore incertain de sa possibilité d'existence ou à son caractère controversé au sein de la communauté scientifique.

317 Pour de nombreux exemples, cf. G. VINEY et P. JOURDAIN, op. cit., n° 355, spéc. note 70, p. 201 et n° 477, spéc. notes 285 et 286, p. 421-422 ; P. JOURDAIN, *Jurisclasseur* "Responsabilité civile", fasc 130-1.

318 Civ. 2ème, 16 juillet 1976, *J.C.P.*, 1976, IV, p. 301.

SECTION II

L'ASSOUPLISSEMENT DE LA PREUVE DE LA CAUSALITE JURIDIQUE

133. Depuis quelques années, l'exigence relative à la preuve d'un lien de causalité juridique certain a été allégée par la jurisprudence et par la loi à l'aide de diverses techniques ou notions juridiques[319], comme en témoigne le recours aux présomptions (§1), au concept de perte de chance (§2) ou encore l'émergence doctrinale de la notion de création d'un risque (§3).

§ 1 LES PRESOMPTIONS

134. Symbole du rôle joué par la technique dans le droit, la notion de présomption, "acte volontaire de l'esprit, tenant pour certain ce qui est douteux, pour avéré ce qui est tout au plus probable"[320], participe de la mise en œuvre d'une conception libérale du lien de causalité. Grâce à elle le législateur et le juge assouplissent l'exigence d'un lien de causalité certain et se satisfont d'une causalité probable. L'article 1349 du Code civil définit les présomptions comme "les conséquences que la loi ou le magistrat tire d'un fait connu à un fait inconnu". En outre, en vertu de l'article 1353 du Code civil les présomptions judiciaires ne doivent être admises que lorsqu'elles sont "graves, précises et concordantes". Avant d'étudier plus avant l'usage des ces présomptions légales en droit de la santé (B) et en droit de l'environnement (C) il convient de s'attarder un instant sur un mécanisme utilisé dans ces deux domaines et propre aux présomptions judiciaires : celui de la preuve par exclusion et/ou la constatation de la concomitance entre le fait générateur et le dommage (A).

A – LA PREUVE DE LA CAUSALITE PAR EXCLUSION ET/OU LA CONSTATATION DE LA CONCOMITANCE ENTRE LE FAIT GENERATEUR ET LE DOMMAGE

135. Cette méthode d'appréciation de la causalité par la constatation de l'absence d'autres causes possibles a été utilisée pour la première fois par la Cour de cassation à propos des dommages causés à des biens immobiliers par des avions franchissant le mur du son à faible altitude[321]. Cette jurisprudence est

---

[319] Pour une critique de cet allégement en matière médicale, cf. P. VAYRE, D. PLANQUELLE et H. FABRE, "Le lien de causalité en matière de responsabilité médicale", *Méd. et dr.*, 2005, p. 78, spéc. p. 79.

[320] F. GENY, *Science et technique en droit privé positif*, op. cit., tome III, n° 230.

[321] Pour des cas de responsabilité retenue : Civ. 2ème, 29 avril 1969, *B.C.*, II, n° 129 ; *D.*, 1969, jur. p. 534. Civ. 2ème, 13 oct. 1971, *D.*, 1972, jur. p. 117 ; *J.C.P.*, 1972, II, 1044, M. de JUGLART et E. du PONTAVICE ; *R.T.D. com.*, 1969, p. 1127, n° 23. Civ. 2ème, 31 mai 1972, *B.C.*, II, n° 166. Civ. 2ème, 12 oct. 1972, *D.*, 1972, somm. p. 211. Civ.2ème, 28 mai 1973, *D.*, 1973, somm. p. 127. Nancy, 2 juin 1976, *J.C.P.*, 1977, IV, p.256. Pour des cas de responsabilité rejetée : T.G.I Tours,

d'abord apparue pour régler des situations dans lesquelles la cause matérielle ou scientifique du dommage était certaine et la cause juridique probable. En effet, à l'époque où sont intervenus les premiers arrêts en la matière, la question de la potentialité d'un bang supersonique à provoquer des dommages immobiliers ne faisait pas de doute. Les connaissances scientifiques avaient déjà permis de prouver l'existence d'un lien de causalité entre le bang et le dommage[322]. En revanche, la question demeurait, dans chaque affaire, de savoir si tel avion était bien à l'origine de tel dommage. Dans des hypothèses où cette preuve ne pouvait être rapportée avec certitude le juge a néanmoins admis la responsabilité de l'exploitant d'aéronef en raison de la concomitance des événements et du fait qu'aucune autre cause ne pouvait justifier l'endommagement de l'immeuble. Autrement dit, si la cause matérielle, c'est-à-dire scientifique du dommage, était avérée, sa cause juridique n'en demeurait que probable[323]. La responsabilité sanctionnait alors à un *défaut de prévention.*

136. La preuve par exclusion du lien de causalité et celle résultant de la constatation de la concomitance des événements ont, par la suite, été admises dans d'autres domaines dans lesquels la causalité scientifique n'était pas non plus douteuse, autrement dit en présence d'un *défaut de prévention*. Ainsi, cette technique de preuve a été retenue en cas d'accident provoqué par le gaz[324] ou en matière de dommage causé à l'environnement par un produit toxique[325].

---

10 oct. 1967, *R.T.D.com.*, 1969, p.1132, n° 25. Orléans, 5 janv. 1966, *J.C.P.*, 1966, II, 14721, note M. de JUGLART. Civ. 2ème, 21 janv. 1971, *B.C.*, II, n° 25. Et plus généralement sur cette question, cf. J. CAUSSE et R. COMBALDIEU, "Les «bangs supersoniques» et leurs effets nocifs. Recherche et mise en œuvre de la responsabilité civile, en raison des dommages corporels et matériels occasionnés par les déflagrations", *D.*, 1967, chron. p.65 ; J. CALMEJANE-COURSE et L. MOURGEON, *Le bang. Les dommages causés à terre par les avions supersoniques*, Paris, Librairies Techniques, 1969 ; Y. JOUAN, "Les conséquences des vols à vitesse supersonique : effets physiques, sociaux et juridiques", *Revue générale de l'air et de l'espace*, 1969, p. 172.

[322] En 1964 et 1967, plusieurs expériences avaient été effectuées aux Etats-Unis et en France. "Au vu de ces expériences, il semblerait donc *hors de doute* qu'on puisse endommager des installations correctement construites et en bon état ou causer des troubles corporels importants", Y. JOUAN, art. préc., p. 183. Cet auteur relève que "expérimentalement, il *a été prouvé* que les bruits dont le niveau sonore dépasse 3,35 pièzes risquent d'endommager les structures légères [...]", p. 184.

[323] "la preuve du lien de causalité entre le bang et le dommage éprouvé est, dans la majorité des cas, difficile à rapporter. La stricte application de cette obligation aurait toujours pour effet de pénaliser le requérant qui ne peut que, dans ces cas très rares, démontrer avec certitude et de façon probante, que *son* dommage est imputable au mur du son", Y. JOUAN, art. préc., p. 193.

[324] Civ. 2ème, 9 déc. 1992, *B.C.*, II, n° 306 ; *J.C.P.*, 1993, I, 3664, n° 23, obs. G. VINEY (Causalité entre le décès d'une personne retrouvée morte dans l'appartement dont elle était locataire et le mauvais état du chauffe-eau à gaz de cet appartement). Civ. 2ème, 20 janvier 1993, *B.C.*, II, n° 25 (Responsabilité en raison de la quasi-concomitance entre la réalisation d'un branchement au cours de travaux et l'explosion d'une chaudière à gaz). Dans ces hypothèses, le danger du gaz à l'origine de l'intoxication ou de l'explosion ne faisait pas l'objet d'un doute scientifique.

[325] TGI Alberville, 26 août 1975, *J.C.P.*, 1976, II, 18384, note W. RABINOVITCH (Intoxication d'abeilles provoquée par les émanations de fluor d'une usine située à proximité d'un rucher).

137. Depuis une dizaine d'années, la méthode de la preuve par exclusion a été étendue dans d'autres domaines dans lesquels le risque, dont la réalisation avait entraîné le dommage, était avéré ou simplement suspecté, compte tenu des connaissances scientifiques et techniques, conférant ainsi à la responsabilité retenue le caractère d'une responsabilité pour défaut de *prévention* ou de *précaution*. Ainsi, elle est désormais appliquée pour établir le lien de causalité entre la contamination par le virus du Sida et des transfusions[326] ou encore la contamination par le virus de l'hépatite C et des transfusions[327] ou une hospitalisation[328]. Pour prouver que la contamination a son origine dans la transfusion sanguine, les juges se fondent alors sur l'existence de présomptions graves, précises et concordantes parmi lesquelles figurent l'absence d'autres facteurs de risque de contamination chez la victime[329]. Le recours aux présomptions permet d'établir la réalité d'une contamination virale à l'occasion d'une transfusion (fait inconnu) à partir des circonstances de la transfusion (faits connus) dès lors que la voie sanguine est un mode de transmission du virus scientifiquement reconnu. Cette présomption d'imputabilité, mettant en œuvre la preuve par exclusion, est également appliquée par les juridictions administratives tant en matière de contamination par le virus du Sida que par celui de l'hépatite C[330].

---

[326] Paris, 7 juillet 1989, *G.P.*, 1989, 2, p. 752, concl. G. PICHOT ; Rennes, 23 oct. 1990, *G.P.*, 1991, 1, p. 232. Paris, 26 nov. 1991, *D.*, 1992, I.R., p. 70. TGI Paris, 1er juillet 1991, *J.C.P.*, 1991, II, 21762, note M. HARICHAUX. Paris, 28 nov. 1991, *D.*, 1992, p.85, note A. DORSNER-DOLIVET ; *J.C.P.*, 1992, II, 21797, note M. HARICHAUX ; *D.*, 1993, somm. p. 30, obs. J. PENNEAU. TGI Nice, 27 juillet 1992, *D.*, 1993, jur. p.38, note D. VIDAL ; Civ. 2ème, 20 juillet 1993, *B.C.*, II, n° 273.

[327] Civ. 1ère, 9 juillet 1996, *B.C.*, I, n° 306. Réponse ministérielle du 11 août 1997, *J.O. Ass. nat.*, 29 sept. 1997, n° 2175. Lorsque d'autres facteurs sont susceptibles d'expliquer la contamination, la responsabilité n'est pas retenue, cf. Toulouse, 4 oct. 1999, *J.C.P.*, 2000, IV, 1764 ; *P.A.*, 4 août 2000, n° 155, p. 17, note J. JULIEN. Civ. 1ère, 23 nov. 1999 et Civ. 2ème, 23 mars 2000, *J.C.P.*, 2000, I, 241, n° 8, obs. G. VINEY et IV, 1039.

[328] Aix-en-Provence, 7 nov. 2000, *J.C.P.*, 2001, IV, 2473.

[329] Dans les cas de contaminations par le virus du Sida, trois facteurs de risques sont généralement relevés par les juges : 1°/ la pluralité des transfusions après 1978 (date du développement de l'épidémie aux Etats-Unis et en Europe) 2°/ l'absence d'autres facteurs de risques dans le mode de vie du transfusé comme dans ses antécédents médicaux 3°/ la preuve que l'un des donneurs au moins appartenait au moment du don à un groupe à risque ou était séropositif.

[330] CAA Lyon, 2 octobre 1997, *Centre hospitalier Joseph-Imbert d'Arles c/ Mme Carlotti*, *P.A.*, 8 mai 1998, n° 55, p. 9, note J.-A. BAS. CAA Paris, Plen. 12 fév. 1998, *X. et Y.*, *Dr. adm.*, Août-sept. 1998, comm. n° 293, p. 29, note C. ESPER ; *Méd. et dr.*, 1998, n° 32, p. 23. CAA Lyon, 17 juil. 1998, *CHR Clermont-Ferrand*, *Dict. Perm. Bioéth. et Biotech.* feuillets 26 (1er mai 2001), p. 2274. CAA Nantes, 11 mars 1999, *M. Robert Florendeau*, *Procédures*, déc. 1999, comm. n° 281, p. 17. TA Grenoble, 21 fév. 2000, *M. Syord*, *A.J.D.A.*, juillet-août 2000, p. 665, concl. C. SOGNO. CE, 29 mars 2000, *A.P.-H.P.*, *D.*, 2000, jur. p. 563, note A. BOUREL ; *J.C.P.*, 2001, I, 336, n° 33 ; *P.A.*, 23 août 2000, n° 168, p. 7, note F. BAUDE.

138. Par trois arrêts, en date des 9 mai et 17 juillet 2001, la Cour de cassation[331], suivant en cela les conclusions de son commissaire du gouvernement, qui prônait un alignement sur la jurisprudence du Conseil d'Etat[332], est venue alléger un peu plus encore la preuve du lien de causalité en matière de transfusion sanguine en réduisant au nombre de deux les éléments dont la victime devait démontrer l'existence. En effet, il suffit désormais à cette dernière d'établir "d'une part, que la contamination virale dont elle est atteinte est survenue à la suite de transfusions sanguines, d'autre part, qu'elle ne présente aucun autre mode de contamination qui lui soit propre". Il appartient alors au centre de transfusion sanguine, dont la responsabilité est recherchée de prouver que les produits sanguins qu'il a fournis étaient exempts de tout vice. La charge de la preuve n'est pas renversée, puisque la victime n'est pas dispensée de prouver les conditions de mise en œuvre de la présomption de causalité entre les transfusions et la contamination[333] mais elle est ensuite mise à la charge du centre de transfusion, conformément au mécanisme de l'article 1315 du Code civil[334]. La Cour de cassation a, depuis, confirmé cette jurisprudence[335].

139. En outre, l'assouplissement du lien de causalité par l'admission de la preuve résultant de l'absence d'autres causes possibles avait également été admis, par certaines juridictions du fond, à propos des dommages survenus à la suite de vaccinations contre l'hépatite B[336]. Dans un premier temps, la Cour de

---

[331] Civ. 1ère, 9 mai 2001, *D.*, 2001, jur. p. 2149, rapport P. SARGOS ; *R.T.D.civ.*, 2001, p. 889, obs. P. JOURDAIN ; *Rev. fr .dom. corp.*, 2001, p. 259, obs. I. BESSIERES-ROQUES. Civ. 1ère, 17 juillet 2001 (2 arrêts), *B.C.*, I, n° 234 ; *J.C.P.*, 2001, IV, 2731 et 2732 ; *J.C.P.*, 2002, I, 124, n°12, chron. G. VINEY ; *Méd. et dr.*, 2002, p. 32 ; *Resp. civ. et ass.*, déc. 2001, comm. n° 363, note M.-A. AGARD.

[332] CE, 15 janv. 2001, *A.P-H.P.* (3 arrets), *Resp. civ. et ass.*, janvier 2002, comm. n° 1, p. 7 ; *J.C.P.*, 2001, I, 336, n° 34, chron. C. BYK.

[333] P. JOURDAIN (*R.T.D.civ.*, 2001, p. 889) qui estime que "la Cour de cassation décide d'ériger en règle de droit ce qui n'était jusqu'à présent qu'une simple présomption de fait de causalité entre les transfusions et la contamination". Dans le même sens, cf. G. VINEY, *J.C.P.*, 2002, I, 124, n°12. En sens contraire, à propos des arrêts du Conseil d'Etat du 15 janv. 2001, cf. C. BYK (*J.C.P.*, 2001, I, 336, n° 34) pour qui le Conseil d'Etat "institue donc un renversement de la charge de la preuve du lien de causalité au profit de la victime".

[334] Rapport de P. SARGOS sur l'arrêt du 9 mai 2001, *D.*, 2001, jur. p. 2149.

[335] Civ. 1ère, 18 juin 2002, *D.*, 2002, I.R., p. 2307 ; *J.C.P.*, 2002, IV, 2385 ; *Resp. civ. et ass.*, oct. 2002, comm. n° 292 (En l'espèce, le pourvoi est rejeté car le patient ne rapporte pas la preuve qu'il ne présente aucun mode de contamination qui lui soit propre). Civ. 1ère, 2 juillet 2002, *D.*, 2002, I.R., p. 2517 ; *J.C.P.*, 2002, IV, 2476 ; *Resp. civ. et ass.*, nov. 2002, comm. n° 320. Civ. 1ère, 10 juillet 2002, *J.C.P.*, 2002, IV, 2530 ; *Resp. civ. et ass.*, nov. 2002, comm. n° 332.

[336] Versailles 2 mai 2001, *SA Smithkline Beecham c/ Mme Jeanpert*, arrêt n° 284, Lexbase : A3586ATY et Versailles 2 mai 2001, *SA Smithkline Beecham c/ Mme Leroy*, arrêt n° 283, Lexbase : A3585ATX ; *D.*, 2001, I.R. p. 1592 ; *R.T.D.civ.*, 2001, p. 891, n°4, obs. P. JOURDAIN. Dans ces deux décisions la cour se réfère à trois types de données. En premier lieu, elle évoque les données scientifiques issues notamment du rapport d'expertise judiciaire, des études scientifiques, de la communication de l'AFSSAPS ou encore du dictionnaire Vidal, desquels il résulte l'absence de preuve de relation scientifique certaine entre la vaccination et la maladie.

cassation a censuré cette solution[337]. Puis, opérant un revirement de jurisprudence, elle a cassé, notamment sur le fondement de l'article 1353 du Code civil, deux arrêts ayant rejeté l'action en responsabilité de victimes ayant contracté la sclérose en plaques à la suite de vaccinations contre l'hépatite B et jugé que « si l'action en responsabilité du fait d'un produit défectueux exige la preuve du dommage, du défaut et du lien de causalité entre le défaut et le dommage, une telle preuve peut résulter de présomptions, pourvu qu'elles soient graves, précises et concordantes »[338]. Ces décisions participent d'une extension de la technique des présomptions à des domaines dans lesquels le lien de *causalité scientifique* entre le fait générateur et le dommage était seulement suspecté, compte tenu des données de la science.

140. Ainsi, le Tribunal de grande instance de Nanterre[339], puis la Cour d'appel de Versailles, par deux arrêts du 30 avril 2004[340], ont retenu la responsabilité du fabricant de Distilbène à l'égard de deux jeunes femmes ayant développé un cancer à l'âge adulte aux motifs qu'il était "établi par des présomptions graves, précises et concordantes" que les deux victimes avaient été exposées *in utéro* au Distilbène dont la société fabricante avait "fautivement maintenu la distribution destinée aux femmes enceintes" et que ce produit avait "provoqué l'adénocarcinome à cellules claires" (tumeur) dont elles étaient atteintes. La technique des présomptions est utilisée ici afin de faciliter

---

Cependant, "ni ces études, ni le rapport d'expertise, n'excluent de façon tout aussi certaine, la possibilité d'une association" entre ces deux éléments. En second lieu, la cour remarque le fait que "plus d'une centaine de personnes vaccinées contre l'hépatite B ont présenté peu de temps après l'injection, les symptômes de la sclérose en plaques". Autrement dit, elle inscrit le préjudice subi par la victime dans le cadre d'un dommage sériel, ce qui en souligne la spécificité. Enfin, elle a recours à la preuve par exclusion (parfait état de santé de la victime avant la vaccination, absence d'autres facteurs de nature à induire l'apparition de la maladie), et à la constatation de la proximité entre le fait générateur et le dommage (la sclérose en plaques étant apparue quelques semaines après la première injection). Pour la cour d'appel, l'ensemble de ces éléments constitue "des présomptions suffisamment graves, précises et concordantes permettant de conclure, que pour [la victime], la vaccination avec l'ENGERIX B a eu un rôle précipitant ou déclenchant de la sclérose en plaques dont elle est atteinte". Dans le même sens, cf. Versailles 12 septembre 2003, *D.*, 2003, I.R. p. 2549 ; *Resp. civ. et ass.*, nov. 2004, comm. n° 344, p.24, note C. RADE.

[337] Civ. 1ère, 23 septembre 2003, Civ. 1ère, 24 janvier 2006 et Civ. 1ère, 27 février 2007. Sur ces décisions, cf. *infra*, n° 247 et s., n° 616 et s.

[338] Civ. 1ère, 22 mai 2008, *B.C.*, I, n° 220 ; Civ. 1ère, 22 mai 2008, *B.C.*, I, n° 223, *D.*, 2007, Actu., jur., p. 1544, obs. I. GALLMEISTER.

[339] T.G.I. Nanterre, 24 mai 2002, *R.T.D.civ.*, 2002, p. 527, obs. P. JOURDAIN ; L. NEYRET, "La reconnaissance du préjudice d'exposition au distilbène", *R.D.S.S.*, 2002, p. 502 ; *Le Monde*, 24 mai 2002.

[340] Versailles 30 avril 2004, *S.A. UCB Pharma c/ N. BOBET*, R.G. n° 02/05925, *D.*, 2004, I.R. p.1502 et jur. p. 2071, note A. GOSSEMENT ; *Rev. Lamy dr. civ.*, juin 2004, p. 15 chron. J.-A. ROBERT et A. REGNIAULT ; *Resp. civ. et ass.*, oct. 2004, chron. 22, p. 11, C. RADE ; *P.A.*, 22 juin 2005, n° 123, p. 22, note P. L. NIEL. Versailles 30 avril 2004, *S.A. UCB Pharma c/ I. CRIOU*, R.G. n° 02/05924, *Rev. Lamy dr. civ.*, chron. préc. ; *Resp. civ. et ass.*, chron. préc.

l'imputation du dommage au fait générateur du risque que constitue l'exposition *in utéro*[341].

141. La notion de probabilité, inhérente au concept de présomption, se présentait ici seulement comme un instrument au service de l'établissement de la *causalité juridique* et ne préjugeait pas de la nature de la *causalité scientifique* entre le médicament litigieux et le dommage. Ce dernier pouvait, en effet, être avéré ou suspecté. Mais la confusion entre la causalité juridique et la causalité scientifique provenait du fait que *dans l'une des deux espèces* jugées par la le Tribunal de grande instance de Nanterre puis par la Cour d'appel de Versailles, ce lien de causalité, à la différence de la plupart des affaires dans lesquelles le juge avait généralement recours aux présomptions, était seulement suspecté[342]. Cette distinction entre la causalité scientifique et la causalité juridique, et le difficile passage de l'une à l'autre que le Tribunal de Nanterre avait d'ailleurs expressément souligné[343], se retrouve dans la suite de la motivation de la cour d'appel. En effet, cette dernière passe de l'appréciation de la causalité scientifique à l'inférence de la causalité juridique. Ainsi, après avoir relevé qu'il ressort du rapport d'expertise que "si, comme c'est toujours le cas *dans les sciences du vivant*, la démonstration de la causalité ne peut être incontestable, elle n'en est pas moins hautement probable", elle en déduit que, "si l'on ne peut dire que l'absorption de distilbène par la mère [des jeunes femmes] est la cause incontestable de l'adénocarcinome [...] on peut néanmoins affirmer qu'elle est un facteur de risque majeur de survenue de l'adénocarcinome"[344].

---

[341] Ces décisions ont fait l'objet d'un pourvoi qui a été rejeté par la Cour de cassation dans deux arrêts du 7 mars 2006. Sur ces arrêts, cf. *infra*, n° 238 et s., n° 607 et s.

[342] Versailles 30 avril 2004, *S.A. UCB Pharma c/ N. BOBET*, préc. Dans cette espèce, la victime avait été exposée au Distilbène en 1968, soit pendant la période de précaution. Sur la détermination de cette période, cf. *infra*, n° 243.

[343] "Attendu [...] que c'est avec rigueur et exactitude que les experts ont caractérisé les difficultés d'utilisation en médecine et biologie de la notion de causalité incontestable, par référence à celle juridique de lien de causalité directe et certaine [...]", T.G.I. Nanterre, 24 mai 2002, préc. L'intérêt de cet attendu est non seulement de souligner expressément la distinction des deux formes de causalité, scientifique et juridique mais surtout de mettre en évidence le fait que le passage entre ces deux types de causalité ne se traduit pas uniquement par un mouvement de la science vers le droit, comme c'est généralement le cas lorsqu'une affaire vient à être jugée, mais est également susceptible d'emprunter le chemin inverse, en incitant les scientifiques à faire usage des catégories juridiques, testant ainsi la résistance de ces dernières aux données de la science.

[344] La cour d'appel poursuit ainsi son mouvement de balancier entre l'appréciation de la causalité scientifique et celle de la causalité juridique puisqu'elle précise ensuite que "les experts soulignent qu'un facteur de risque n'intervient jamais seul", que la littérature hostile au distilbène, dont elle rappelle les termes, datant de 1972, "n'aurait pas dû échapper à la Société U.C.B. Pharma", qu'ainsi "il existe de nombreux facteurs de probabilité permettant d'établir, comme très vraisemblable, la participation du D.E.S. comme co-facteur à l'origine des adénocarcinomes du vagin ou du col chez les filles de mères traitées par le D.E.S. pendant leur grossesse".

142. Dans le même sens, il convient d'évoquer ici la solution retenue par la Cour de cassation le 24 janvier 2006[345], dans l'affaire de l'hormone de croissance. Les ayants droit d'un enfant décédé de la maladie de Creutzfeldt-Jakob, contractée après avoir été traité par l'hormone de croissance, avaient agi en responsabilité civile à l'encontre de l'Institut Pasteur et de l'Association France Hypophyse. Ces derniers avaient été condamnés par la Cour d'appel de Montpellier dans une décision du 23 septembre 2003[346]. Devant les juges du fond l'Institut Pasteur et l'Association France Hypophyse soutenaient que parmi les lots d'hormones reçus par la victime, l'un d'entre eux avait été fabriqué avec des hypophyses étrangères provenant d'une société tiers au contrat, la société Kabivitrum. En conséquence, ils estimaient que la preuve d'un lien de causalité entre l'administration de l'hormone de croissance France Hypophyse et la contamination de la victime n'était pas rapportée. Mais la cour d'appel, comme le tribunal, a rejeté cette argumentation[347].

143. Dans son pourvoi, l'Institut Pasteur faisait valoir qu'en retenant l'existence d'un lien de causalité entre le traitement par l'hormone de croissance France Hypophyse et la maladie contractée par la victime, la cour d'appel avait inversé la charge de la preuve. Mais la Haute juridiction judiciaire a rejeté le pourvoi. Elle a d'abord souligné que les juges du fond avaient retenu que "tous les patients traités par l'hormone de croissance qui avaient ensuite développé une maladie identique à celle de Pascale Y l'avaient tous été par décision de l'association France Hypophyse". Puis, elle a approuvé la cour d'appel d'avoir relevé, "sans inverser la charge de la preuve, que l'Institut Pasteur ne démontrait par aucun élément nouveau que les patients avaient été contaminés par l'hormone de croissance Kabivitrum, ni que Pascale Y ait pu présenter des

---

345 Civ. 1ère, 24 janvier 2006, *D.*, 2006, I.R. p. 470 et panor. jur. p. 1929, P. JOURDAIN; *Resp. civ. et ass.*, mars 2006, comm. n° 89, note C. RADE ; *R.T.D.civ.*, 2006, p. 323, obs. P. JOURDAIN ; *R.D.S.S.*, 2006, p. 495, note J. PEIGNE ; *J.C.P.*, 2006, II, 10082, note L. GRYNBAUM ; *Rev. Lamy dr. civ.*, mai 2006, p. 13, J.-A. ROBERT et A. REGNIAULT ; *R.D.C.*, 2006, p. 841, note J.-S. BORGHETTI ; *Méd. et dr.*, 2007, p. 12, chron. C. CORGAS-BERNARD.

346 Montpellier, 23 septembre 2003, 1ère ch. B, R.G. n° 02/03600, *Institut Pasteur c/ Fachin*, B. LEGROS, "Etat des lieux sur les différents régimes d'indemnisation des conséquences des accidents médicaux", *Méd. et dr.*, janvier 2004, n° 64, p. 1, Encadré n° 2, p. 20.

347 Après avoir rappelé la solution retenue par les arrêts de la Cour de cassation, en date du 9 mai et du 17 juillet 2001, le Tribunal de grande instance de Montpellier avait estimé, dans un jugement rendu le 9 juillet 2002 (*J.C.P.*, 2002, II, 10158, note F. VIALLA ; *R.T.D.civ.*, 2002, p.818, obs. P. JOURDAIN ; *J.C.P.* éd. E, 2003, supplément au n° 2, p. 38, note A.-C. MAILLOLS), qu' "il n'existe aucune raison de fait ou de droit de ne pas transposer cette jurisprudence inspirée par le souci manifeste d'alléger le fardeau probatoire de la victime d'une contamination iatrogène, au cas d'espèce". De son côté, la cour d'appel (Montpellier, 23 septembre 2003, préc.) avait relevé qu' "en vertu des dispositions de l'article 1353 du Code civil [...] il existe des présomptions graves, précises et concordantes permettant d'affirmer que la maladie de Creutzfeldt-Jakob contractée par Melle F. a pour origine l'hormone de croissance France Hypophyse" (arrêt p. 83).

causes particulières de contamination". Elle a donc estimé que la cour avait "pu tirer de ses constatations, qu'existaient des présomptions graves, précises et concordantes d'imputabilité de la maladie de Creutzfeldt-Jakob contractée par Pascale Y à l'hormone de croissance fournie par l'association France Hypophyse".

144. En l'espèce, la victime avait été traitée à l'hormone de croissance durant une période au cours de laquelle le lien de causalité entre la prise de cette hormone et la maladie de Creutzfeldt-Jakob était seulement suspecté, compte tenu des données de la science[348]. Cette solution témoigne donc, à nouveau, de l'extension de l'assouplissement de la causalité juridique, grâce à l'usage des présomptions et en particulier de la preuve par exclusion, à des cas d'incertitude scientifique, constitutive de la notion de précaution.

145. Dans une décision du 5 avril 2005 la Cour de cassation a, à nouveau, fait usage de la méthode de la preuve par exclusion et par la constatation de la concomitance entre le fait générateur et le dommage, dans une affaire où était en cause, cette fois, un *défaut de prévention*[349]. En l'espèce, un homme s'était révélé atteint d'un syndrome de Lyell, à la suite de la prise de deux médicaments (le Colchimax et le Zyloric) qui lui avaient été prescrits pour une crise de goutte. La cour d'appel avait accueilli son action en responsabilité contre les deux laboratoires fabricants des deux médicaments. Devant la Cour de cassation, l'un des laboratoires, s'appuyant sur une motivation de la décision des juges du fond qui avaient retenu que le syndrome de Lyell était "imputable *de façon plausible* aux médicaments incriminés et qu'un lien de causalité ne pouvait être exclu", avait invoqué une violation de l'article 1147 du Code civil[350]. Or la Haute juridiction judiciaire a rejeté cette argumentation. Après avoir relevé qu'en l'espèce le lien de causalité entre l'absorption d'un des médicaments et l'apparition de la maladie était *"scientifiquement reconnu"*, elle a souligné que cette dernière était apparue quelques jours après l'administration

---

[348] Sur l'historique de l'évolution des connaissances scientifiques concernant les effets de l'hormone de croissance, cf. *infra*, n° 256.

[349] Civ. 1ère 5 avril 2005, *P.A.*, 21 juin 2005, n° 122, p. 9, note C. HENIN et A.-C. MAILLOLS ; *D.*, 2005, jur. p. 2256, note A. GORNY ; *D.*, 2006, panor. p. 1931, P. JOURDAIN.

[350] Ce moyen était invoqué par le Laboratoire Aventis, fabricant du Colchimax. De son côté, le Laboratoire Glaxosmithkline, fabricant du Zyloric fondait son pourvoi sur l'absence de constatation par les juges du fond d'un manquement à son devoir d'information. La Cour de cassation a rejeté cette branche du moyen mais a néanmoins cassé l'arrêt de la cour d'appel au motif que les juges du fond n'avaient pas recherché "si, au regard des circonstances et notamment de la présentation du produit, de l'usage que le public pouvait raisonnablement en attendre, du moment de sa mise en circulation et de la gravité des effets nocifs constatés, le produit était défectueux". L'affaire a été renvoyée devant la Cour d'appel d'Angers qui jugé qu'il n'était pas démontré qu'à la date du traitement le Zyloric était un médicament défectueux et qu'ainsi la responsabilité de la société Glaxosmithkline ne pouvait être retenue (CA Angers, 16 juin 2006, *Resp. civ. et ass.*, oct. 2006, comm. n° 304, note C. RADE).

du médicament, que la cessation du trouble coïncidait avec l'arrêt de la prise de ce dernier, qu'il n'était pas établi d'erreur de prescription, ni de prédisposition du patient à ce syndrome, ni encore d'association avec d'autres médicaments.

146. Enfin, tout récemment encore, dans un arrêt du 24 janvier 2006, la Cour de cassation a retenu la responsabilité des Laboratoires Servier, fabricant de l'Isoméride[351]. Ce médicament coupe-fin, destiné au traitement de l'obésité, a été prescrit entre 1985 et 1997 (date de son retrait du marché) à plusieurs millions de français. Dans l'affaire jugée par la Haute juridiction judiciaire en janvier 2006, une femme s'était vue prescrire de l'Isoméride en 1993 par un médecin du travail. Un an plus tard elle avait présenté des signes d'hypertension artérielle pulmonaire primitive (HTAPP) ayant nécessité une transplantation bi-pulmonaire et une chirurgie cardiaque. Ici encore la Cour de cassation a fait usage de la technique de la preuve par exclusion. Ainsi, elle a rappelé que les juges du fond avaient constaté que "les experts avaient écarté les autres causes possibles d'HTAPP et estimé que l'Isoméride était une cause directe et partielle dans la mesure où il y avait une prédisposition de la patiente comme pour tout malade présentant une affection très rare, et une cause adéquate, en l'absence de tout autre motif de nature à l'expliquer". Par conséquent, elle a approuvé la cour d'appel d'avoir pu "en déduire qu'il existait des présomptions graves, précises et concordantes permettant, dans le cas de Mme Y. d'imputer l'apparition de l'HTAPP à la prise d'Isoméride". Compte tenu de l'état des connaissances scientifiques à l'époque des faits, une telle décision peut être analysée comme une application de la preuve par exclusion à un cas de *défaut de précaution*[352].

B – LES PRESOMPTIONS LEGALES DE CAUSALITE EN DROIT DE LA SANTE

147. Après avoir été largement admis par les juges judiciaires et administratifs, le recours aux présomptions en matière de contaminations post-transfusionnelles, a été pour partie entériné par le législateur. En effet, l'article 47 de la loi n° 91-1406 du 31 décembre 1991[353], portant diverses mesures

---

[351] Civ. 1ère, 24 janvier 2006, *Resp. civ. et ass.*, mars 2006, comm. n° 90, note C. RADE; *D.*, 2006, panor. p. 1931, P. JOURDAIN ; *J.C.P.*, II, 10082, L. GRYNBAUM ; *R.D.S.S.*, 2006, p. 495, note J. PEIGNE ; *Rev. Lamy dr. civ.*, mai 2006, p. 13, J.-A. ROBERT et A. REGNIAULT ; *R.D.C.*, 2006, p. 841, note J.-S. BORGHETTI ; *Méd. et dr.*, 2007, p. 12, chron. C. CORGAS-BERNARD.

[352] En effet, dès 1985 de nombreux médecins, experts et scientifiques avaient soupçonné l'Isoméride d'entraîner des complications pulmonaires. Mais ce n'est qu'en 1995 que l'Agence du médicament a fait état d'un lien entre l'Isoméride et les premiers cas d'hypertension artérielle pulmonaire. En juillet 1997 elle a relevé des anomalies des valves cardiaques à la suite de la prise du médicament. Autrement dit, en 1993, date de la prise du médicament par la patiente, le risque n'était encore que suspecté.

[353] Désormais codifié aux articles L. 3122-1 à L. 3122-6 du Code de la santé publique.

d'ordre social, a créé un fonds d'indemnisation des victimes du virus du Sida[354], dont les attributions ont été depuis transférées à l'Office national d'indemnisation des accidents médicaux (ONIAM)[355]. Le dispositif d'indemnisation est ouvert à toute personne victime "de préjudices résultant de la contamination par le virus de l'immunodéficience humaine causée par une transfusion de produits sanguins ou une injection de produits dérivés du sang"[356]. Pour être indemnisée la victime doit prouver d'une part, "l'atteinte par le virus d'immunodéficience humaine", autrement dit le dommage, c'est-à-dire la contamination et d'autre part, l'existence des "transfusions de produits sanguins ou des injections de produits dérivés du sang"[357] autrement dit l'acte médical de transfusion ou d'injection. Une fois ces deux éléments rapportés, la victime bénéficie d'une présomption de causalité entre la transfusion et la contamination. Cette présomption n'est cependant pas irréfragable puisque le fonds, qui dispose de trois mois pour examiner la demande, peut établir la preuve contraire[358], par exemple en prouvant que tous les donneurs étaient séronégatifs. Ce régime d'indemnisation s'applique uniquement aux victimes du virus du Sida.

148. Pour les victimes du virus de l'hépatite C, les dispositions combinées des articles 101 et 102 de la loi n° 2002-303 du 4 mars 2002 relative aux droits des malades et à la qualité du système de santé[359] conduisent à

---

354 C. DELPOUX, "Loi d'indemnisation des personnes contaminées par le virus du sida", *Risques*, déc. 1991, n° 8, p. 167 ; Y. JOUHAUD, "L'indemnisation des transfusés et hémophiles victimes de contamination par le virus d'immunodéficience humaine. Doctrine adoptée par la Commission du Fonds d'indemnisation", *Bull. info. Cour Cass.*, 1er oct. 1992, p. 6 ; A. SOBEL, "Le fonds d'indemnisation des victimes du sang contaminé", *Rev. fr. dom. corp.*, 1993, p. 305 ; Ph. CASSON, *Les fonds de garantie*, Paris, L.G.D.J., 1999 ; Y. LAMBERT-FAIVRE, *Droit du dommage corporel. Systèmes d'indemnisation*, Paris, Dalloz, 2004 (5ème éd.), n°637.

355 Depuis le 1er janvier 2006 l'ONIAM a été substitué au fonds d'indemnisation dans l'ensemble de ses droits et obligations en vertu du décret n° 2005-1768 du 30 déc. 2005 (*J.O.*, 31 déc. 2005), pris en application de la loi n° 2004-806 du 9 août 2004 (*J.O.*, 11 août 2004) relative à la politique de santé publique.

356 Art. L. 3122-1 al. 1 du Code de la santé publique.

357 Art. L. 3122-2 al. 1 du Code de la santé publique.

358 "Dans un délai de trois mois à compter de la réception de la demande, qui peut être prolongé à la demande de la victime ou de ses ayants droit, l'office examine si les conditions d'indemnisation sont réunies ; il recherche les circonstances de la contamination et procède à toute investigation [...]", art. L. 3122-2 al. 2 du Code de la santé publique.

359 Loi n° 2002-303 du 4 mars 2002, *J.O.*, 5 mars 2002, p. 4118. Selon l'article 101 de la loi du 4 mars 2002, les dispositions de cette même loi relative aux risques sanitaires "s'appliquent aux accidents médicaux, affections iatrogènes et infections nosocomiales consécutifs à des activités de prévention, de diagnostic ou de soins réalisées au plus tôt six mois avant la publication de la présente loi". L'article 102 énonce : "En cas de contestation relative à l'imputabilité d'une contamination par le virus de l'hépatite C antérieure à la date d'entrée en vigueur de la présente loi, le demandeur apporte des éléments qui permettent de présumer que cette contamination a pour origine une transfusion de produits sanguins labiles ou une injection de médicaments dérivés du sang. Au vu de ces éléments, il incombe à la partie défenderesse de prouver que cette

distinguer trois situations en fonction de la date de la contamination[360]. Si la contamination a eu lieu après la date d'entrée en vigueur de la loi, soit, après le 5 mars 2002, la victime peut demander réparation auprès de l'Office national d'indemnisation mis en place par la loi[361]. Si la contamination a eu lieu avant la date d'entrée en vigueur de la loi, il convient de distinguer deux hypothèses. Dans le cas où la contamination est intervenue plus de six mois avant l'entrée en vigueur de la loi, la victime ne bénéficie pas des dispositions de la loi et doit alors invoquer la jurisprudence antérieure. En revanche, si la contamination est intervenue moins de six mois avant l'entrée en vigueur de la loi, la victime bénéficie d'une présomption légale d'imputabilité[362]. Certains auteurs se sont interrogés sur la portée de cette présomption, y voyant un possible retour à une appréciation plus rigoureuse du lien de causalité[363]. Mais la jurisprudence rendue depuis, en application de l'article 102 de la loi du 4 mars 2002, a confirmé l'interprétation souple du lien de causalité en rappelant que le doute profite au demandeur[364]. En outre, les tribunaux judiciaires ont étendu l'application de la présomption de l'article 102 au recours de l'Etablissement français du sang contre l'assureur du conducteur du véhicule, en cas de contamination survenue à la suite de transfusions rendues nécessaires par un accident de la circulation[365].

149. Enfin, le mécanisme des présomptions est également susceptible de jouer en faveur des victimes de l'amiante. Ainsi, l'article 53 de la loi du 23

---

transfusion ou cette injection n'est pas à l'origine de la contamination. Le juge forme sa conviction après avoir ordonné, en cas de besoin, toutes les mesures d'instruction qu'il estime utiles. Le doute profite au demandeur".

360 Cf. J.-A. ROBERT et A. REGNIAULT, "Les personnes atteintes de l'hépatite C sont-elles des victimes comme les autres ?", *Méd. et dr.*, 2002, n° 52, p. 20, spéc. p. 26.

361 Mais l'ONIAM n'intervient qu'en cas de non-assurance d'un établissement ou d'un professionnel de santé responsable, cf. Y. LAMBERT-FAIVRE, op. cit., n° 631-1.

362 Article 102 de la loi.

363 R. BELLAYER-LE COQUIL, "Le retour à une certaine rigueur d'appréciation du lien de causalité en matière de contamination post-transfusionnelle par le VHC suggéré par la loi du 4 mars 2002", *Méd. et dr.*, janv.-fév. 2003, n° 58, p. 40 ; B. LEGROS, "Etat des lieux sur les différents régimes d'indemnisation des conséquences des accidents médicaux", *Méd. et dr.*, janvier 2004, n° 64, p. 1, spéc. p. 8. Il est vrai que, de son côté, le Conseil d'Etat a eu l'occasion d'interpréter avec rigueur l'exigence d'un lien de causalité entre la contamination par le virus de l'hépatite C et la transfusion (CE, 10 oct. 2003, *J.C.P.*, 2004, IV, 1433).

364 Cf. Civ. 1ère, 4 mars 2003, *B.C.*, I, n° 64 ; Civ. 1ère, 7 fév. 2006, *B.C.*, I, n° 61 ; Civ.1ère 12 juillet 2007, *D.*, 2007, Actualité jur., p. 2160.

365 Civ. 2ème, 20 octobre 2005, *B.C.*, II, n° 275 ; Civ. 2ème, 24 mai 2006, *Resp. civ. et ass.*, juil.-août 2006, comm. n° 226, note C. RADE . Une telle solution ne fait qu'aligner la jurisprudence rendue sur le fondement de l'article 102 de la loi du 4 mars 2002 sur celle rendue en application du droit commun, cf. Civ. 1ère, 4 déc. 2001, *Resp. civ. et ass.*, avril 2002, comm. n° 126, note H. GROUTEL ; *D.*, 2002, jur, p. 3044, note M.-C. de LAMBERTYE-AUTRAND. Civ. 2ème, 25 janv. 2007, *R.T.D.civ.*, 2007, p. 362 obs. P. JOURDAIN ; *Resp. civ .et ass.*, avril 2007, comm. n°116, note H. GROUTEL.

décembre 2000, loi de financement de la sécurité sociale pour 2001, a créé un Fonds d'indemnisation des victimes de l'amiante (FIVA)[366]. La loi définit largement les personnes autorisées à demander réparation du préjudice résultant d'une exposition à l'amiante[367]. Le demandeur doit justifier de l'exposition à l'amiante et de l'atteinte à l'état de santé de la victime. Ces deux conditions sont cumulatives[368]. En revanche, une fois qu'elles sont établies, il en résulte une présomption de causalité entre l'exposition à l'amiante et l'atteinte à l'état de santé[369].

150. Ces trois présomptions, instaurées par la loi, en matière de contaminations post-transfusionnelles par le virus du Sida ou celui de l'hépatite C et en matière d'amiante permettent d'assouplir l'exigence d'un lien de *causalité juridique* certain entre le fait ayant exposé la victime au risque et la réalisation de ce dernier constitué par le dommage, sans préjuger de la nature de la *causalité scientifique* entre ces deux éléments. Dès lors, la technique des présomptions apparaît, une fois encore, comme un instrument d'assouplissement de la causalité juridique, commun à la prévention et à la précaution.

C – LES PRESOMPTIONS LEGALES DE CAUSALITE EN DROIT DE L'ENVIRONNEMENT

151. La preuve du lien de causalité constitue "la pierre d'achoppement des victimes de pollutions"[370]. Cette difficulté de preuve peut

---

[366] Loi n° 2000-1257 du 23 décembre 2000 (*J.O.*, 24 déc. 2000). Décret d'application n°2001-963 du 23 oct. 2001 (*J.O.*, 24 oct. 2001). Cf. H. ARBOUSSET, "L'amiante : la création d'un fonds d'indemnisation pour canaliser une bombe à retardement", *R.J.J.*, 2001, p. 873 ; J. HARDY, "La création d'un fonds d'indemnisation des victimes de l'amiante", *J.C.P. éd. E.*, 2001, p. 605 ; C. GUETTIER, "Le fonds d'indemnisation des victimes de l'amiante", *Resp. civ. et ass.*, nov. 2002, chron. n° 19.

[367] Il s'agit d'une part, des personnes qui ont obtenu la reconnaissance d'une maladie professionnelle occasionnée par l'amiante au titre de la législation française de sécurité sociale ou d'un régime assimilé ou de la législation applicable aux pensions civiles et militaires d'invalidité. D'autre part, sont concernées celles qui ont subi un préjudice résultant directement d'une exposition à l'amiante sur le territoire de la République française. Enfin, les ayants droit de ces deux catégories de victimes peuvent également saisir le fonds d'indemnisation (art. 53 § I).

[368] Cf. J. HARDY, art. préc.

[369] "Vaut justification de l'exposition à l'amiante la reconnaissance d'une maladie professionnelle occasionnée par l'amiante au titre de la législation française de sécurité sociale ou d'un régime assimilé ou de la législation applicable aux pensions civiles et militaires d'invalidité, ainsi que le fait d'être atteint d'une maladie provoquée par l'amiante et figurant sur une liste établie par arrêté des ministres chargés du travail et de la sécurité sociale" (art. 53 § III, al. 9).

[370] N. SADELEER, op. cit., p. 221. Dans le même sens, cf. P. GIROD, *La réparation du dommage écologique*, Paris, L.G.D.J. (coll. "Bibliothèque de droit public"), tome 120, 1974, p.118 et s. ; M. REMOND-GOUILLOUD, *Du droit de détruire, essai sur le droit de l'environnement*, Paris, P.U.F. (coll. "Les voies du droit"), 1989, p. 245 et "Du risque à la faute", *Risques*, juil.-sept. 1992, n° 11, p. 11 (spéc. p. 15) ; G. J. MARTIN, "La responsabilité civile du

tenir à la pluralité de causes du dommage, au caractère invisible des nuisances, les pollutions étant souvent diffuses, aux incertitudes relatives aux effets d'une émission donnée et surtout à la durée considérable pouvant exister entre l'intervention du fait générateur du dommage et la manifestation de ses effets. Pour surmonter ces obstacles le juge consacre la notion de cause probable ou vraisemblable[371].

152. Le législateur français, à l'instar de certaines lois étrangères[372], institue des présomptions de causalité. Ainsi, l'article 10 de la loi du 30 octobre 1968, relative aux accidents nucléaires, dispose que s'agissant des dommages corporels, un décret "établira, en fonction de l'irradiation et de la contamination reçues et du délai dans lequel l'affection a été constatée, une liste non limitative des affections qui, sauf preuve contraire, sont présumées avoir pour cause l'accident". Une telle présomption juridique ne préjuge aucunement du degré de

---

fait des déchets en droit français", *R.I.D.C.*, 1992, n°1, p. 65 (spéc. p. 70) ; G. WIEDERKEHR, Rapport général, *in Le dommage écologique en droit interne, communautaire et comparé*, Paris, Economica, 1992, p. 23 et "Dommage écologique et responsabilité civile", *in Les hommes et l'environnement : quels droits pour le XXIème siècle. Etudes en hommage à A. Kiss*, Paris, Frison-Roche, 1998, p. 513 (spéc. p. 519) ; J. HUET, "Le développement de la responsabilité civile pour atteinte à l'environnement", *P.A.*, 7 janvier 1994 n° 3, p. 10 ; E. ALT, "La responsabilité civile environnementale", *P.A.*, 21 avril 1995, n° 48, p. 10 ; G. VINEY, "Les principaux aspects de la responsabilité civile des entreprises pour atteinte à l'environnement en droit français", *J.C.P.*, 1996, I, 3900, n° 23 ; F. ARHAB, *Le dommage écologique*, thèse (dactyl.), Tours, 1997, n° 614 et s. ; G. COTTEREAU, "Qui est responsable des dommages à l'environnement ?", *in De quoi sommes-nous responsables ?*, textes réunis par Th. FERENCZI, Paris, Le Monde-Editions, 1997, p. 123 (spéc. p. 133) ; M.-P. CAMPROUX-DUFFRENE, "La loi du 19 mai 1998 sur la responsabilité du fait des produits défectueux et la protection de l'environnement", *R.J.E.*, 1999, n° 2, p. 189 (spéc. p. 196) ; V. GAILLOT-MERCIER, "Les conditions de la responsabilité en matière d'environnement", *Dr. et pat.*, janvier 2001, n° 89, p. 58 (spéc. p. 59) ; M.-L. DEMEESTER, "La responsabilité civile de l'entreprise pour fait de pollution", *Dr. et pat.*, sept. 2003, n° 118, p. 89 (spéc. p. 92).

[371] Exemple : Civ. 2ème, 4 janv. 1979, *R.J.E.*, 1979, n° 2, p. 117, obs. G. J. MARTIN : la Cour de cassation a approuvé une cour d'appel d'avoir condamné un exploitant agricole en énonçant "qu'il était inévitable qu'une fosse contenant plus de mille hectolitres de purin, dont l'évacuation n'était pas assurée comme elle aurait dû l'être, ait pollué les près voisins et les nappes d'eaux souterraines" et que "la fosse polluait *vraisemblablement* indirectement, par l'intermédiaire de la citerne, une autre source [...]".

[372] Cf. la loi japonaise de 1973 relative à l'indemnisation des dommages de santé imputables à la pollution, adoptée à la suite de la catastrophe de Minamata (rejets de mercure déversés dans la baie ayant empoisonné la population). Elle dispense les personnes situées dans la zone touchée et présentant les symptômes correspondant à la maladie d'établir le lien de causalité entre leur dommage et la source industrielle. Cf. également la loi allemande du 10 décembre 1990 sur la responsabilité en matière environnementale. Elle présume la responsabilité de l'exploitant d'une installation lorsque celle-ci était de nature à avoir causé le dommage survenu. Sur cette loi, cf. D. VON BREITENSTEIN, "La loi allemande relative à la responsabilité en matière d'environnement: pierre angulaire du droit de l'environnement ?", *R.J.E.*, 1993, n° 2, p. 231 ; J. SIEVERS, "Le droit allemand et la responsabilité civile en matière d'environnement : la loi du 10 décembre 1990", *G.P.*, 1994, 1, doctr. p. 572.

certitude du lien de causalité scientifique[373]. Ainsi, le risque d'accident nucléaire est-il calculable. Il sera appréhendé à travers la notion de prévention[374], tandis que la gestion des déchets radioactifs, dont les effets de l'enfouissement sur l'homme et l'environnement demeurent incertains, relève de la précaution[375]. En cette matière l'obligation de précaution s'impose pour déterminer les limites du concept de réversibilité, qui désigne "une technique de stockage supposant que les déchets enfouis ou mis en décharge puissent être récupérés à tout moment"[376]. Sur ce point, en effet, "la question du risque susceptible d'être généré pour l'environnement par des techniques réversibles reste posée"[377].

153. Plusieurs textes communautaires, qui instaurent une responsabilité objective (ou sans faute) à la charge du pollueur, allègent les conditions de preuve du lien de causalité entre le fait générateur et le dommage. Ainsi, la proposition de directive de la Commission sur la responsabilité pour les dommages causés par les déchets, présentée le 1er septembre 1989 et modifiée le 28 juin 1991[378], prévoyait dans sa version initiale de 1989, à l'article 6°/, que le plaignant devait établir la "vraisemblance prépondérante du lien de causalité" entre les déchets et les dommages subis. Cette précision a certes été supprimée dans la dernière version de la proposition. Cependant, en énonçant que "la charge de la preuve ne contient pas de modalités plus strictes qu'en droit civil", le nouvel article 4 c) traduit l'attention portée par le législateur communautaire à la question de l'allégement de la charge de la preuve en droit de l'environnement.

154. De son côté l'article 10 de la Convention du Conseil de l'Europe sur la responsabilité civile des dommages résultant d'activités dangereuses pour l'environnement (Convention de Lugano), adoptée le 8 mars 1993 et ouverte à la

---

[373] "Le lien de causalité de caractère scientifique diffère du lien de causalité juridiquement pertinent", P. STÄHLBERG, "Causalité et problème de la preuve en matière de dommages nucléaires", *Bull. droit nucléaire*, juin 1994, n° 53, p. 22.

[374] En ce sens, cf. Centre d'étude et de recherche de droit international et de relations internationales, *Les risques résultant de l'utilisation pacifique de l'énergie nucléaire*, Académie de droit international de La Haye, 1993, p. 20 et 25.

[375] *Les risques résultant de l'utilisation pacifique de l'énergie nucléaire,* op. cit., p. 98 et s. ; J.-Ph. COLSON et J.-P. SCHAPIRA, "La gestion des déchets radioactifs et la nécessité d'une loi nucléaire en France", *R.J.E.*, 1996, n° 3, p. 247 (spéc. p. 251) ; M. PRIEUR, "Les déchets radioactifs, une loi de circonstance pour un problème de société", *R.J.E.*, 1992, n° 1, p. 19 (spéc. p. 31).

[376] J.-P. BOIVIN, "A propos du principe de réversibilité des déchets", *B.D.E.I.*, 1996, n°3, p. 3.

[377] J.-P. BOIVIN, "Le principe de réversibilité du stockage des déchets", *B.D.E.I.*, n°spécial, 1998, p. 37. Sur cette question voir également : M. TURPIN, "Décharges, déchets et réversibilité", *B.D.E.I.*, 1997, n° 1, p. 33.

[378] *J.O.C.E.,* C. 251 du 4 oct. 1990, p. 3 et *J.O.C.E.,* C. 192 du 23 juillet 1991, p. 6. Sur cette proposition, cf. J. HUET, art. préc., n° 29 ; G. J. MARTIN, art. préc., p. 71.

signature depuis le 21 juin 1993[379], énonce que "lorsqu'il apprécie la preuve du lien de causalité entre l'événement et le dommage ou, dans le cadre d'une activité dangereuse [...], entre cette activité et le dommage, le juge tient dûment compte du risque accru de provoquer le dommage inhérent à l'activité dangereuse". Ce texte constitue "une incitation très claire au libéralisme dans l'appréciation de la causalité"[380]. Il invite, en effet, le juge à "se contenter en la matière de probabilités et à ne pas exiger des certitudes que la victime n'est que très rarement en mesure de leur apporter"[381]. Néanmoins, selon le Rapport explicatif de la Convention, l'article 10 ne pose pas "une véritable présomption de causalité"[382].

155. Dans le même sens, le *Livre vert* de la Commission des Communautés européennes, sur la réparation des dommages causés à l'environnement, en date du 17 mars 1993[383], préconise d'instaurer une présomption de causalité entre le dommage et toute activité "susceptible par sa nature" d'être la cause de ce dommage.

156. En revanche, le *Livre blanc* sur la responsabilité environnementale, adopté par la Commission des Communautés européennes le 9 février 2000[384], reste prudent. En effet, après avoir rappelé qu' "il peut s'avérer plus difficile pour le plaignant et plus facile pour la partie défenderesse d'établir les faits concernant le lien de causalité (ou l'absence de lien de causalité) entre une activité menée par le défendeur et les dommages occasionnés", il énonce que "le système communautaire pourrait également prévoir l'une ou l'autre

---

[379] Texte de la Convention publié dans la *R.G.D.I.P.*, 1993, n° 4, p. 1118 ; P. THIEFFRY, "La responsabilité civile du pollueur : les projets communautaires et la convention du Conseil de l'Europe", *G.P.*, 4-5 août 1993, p. 2 ; C. LARROUMET, "La responsabilité civile en matière d'environnement. Le projet de Convention du Conseil de l'Europe et le livre vert de la Commission des communautés européennes", *D.*, 1994, chron. p. 101 ; C. LARROUMET et C. FABRY, "Le projet de Convention du Conseil de l'Europe sur la responsabilité civile des dommages résultant de l'exercice d'activités dangereuses pour l'environnement", *G.P.*, 1994, 1, doctr. p. 554 ; G. J. MARTIN, "La convention du Conseil de l'Europe du 8 mars 1993 dite *convention de Lugano*", *P.A.*, 27 avril 1994, n° 50, p. 95 et "La responsabilité civile pour les dommages à l'environnement et la Convention de Lugano", *R.J.E.*, 1994, n° 2-3, p. 121 ; N. de SADELEER, "La convention du Conseil de l'Europe sur la responsabilité civile des dommages résultant de l'exercice d'activités dangereuses pour l'environnement", *R.G.A.R.* (Bruxelles), nov. 1994, n° 12367, p. 772.

[380] G. VINEY, art. préc., n° 23.

[381] G. J. MARTIN, art. préc., *PA.*, 27 avril 1994, n° 50, p. 97.

[382] N. de SADELEER, art. préc., note 55, p. 781.

[383] C. LARROUMET, art. préc., p. 106 ; J. HUET, art. préc., n° 27 ; E. FREMEAUX, "Le nouveau rôle de la responsabilité civile", *P.A.*, 27 avril 1994, n° 50, p. 71 (spéc. p.74) ; M. DE GUILLENCHMIDT, "Le livre vert de la Commission : état de la procédure", *G.P.*, 5 mai 1994, doctr. p. 541.

[384] COM (2000) 66 final ; G. J. MARTIN, "Le livre blanc sur la responsabilité environnementale", *J.C.P.*, 2000, Actualité, p. 723.

forme d'allégement de la charge de la preuve traditionnelle, à définir plus précisément à un stade ultérieur"[385].

157. La directive communautaire du 21 avril 2004 sur la responsabilité environnementale en ce qui concerne la prévention et la réparation des dommages environnementaux[386] confirme d'ailleurs ce retour vers une plus grande rigueur dans l'appréciation du lien de causalité juridique. La directive, en effet, conformément au souhait exprimé par certains politiques[387], n'institue pas de présomption de causalité. Elle précise, au contraire, qu'elle "s'applique uniquement aux dommages environnementaux ou à la menace imminente de tels dommages causés par une pollution à caractère diffus, lorsqu'il est possible d'établir un lien de causalité entre les dommages et les activités des différents exploitants"[388]. Mais l'appréciation souple du lien de causalité devrait pouvoir perdurer quelque temps encore puisque la directive énonce que ses dispositions ne s'appliquent pas aux dommages causés avant l'expiration du délai de transposition, c'est-à-dire avant le 30 avril 2007[389].

158. L'assouplissement du lien de *causalité juridique* résultant de certaines de ces dispositions nationales ou communautaires, brièvement rappelées, est indépendant de la nature du lien de *causalité scientifique* existant

---

[385] § 4.3 du Livre blanc.

[386] Directive 2004/35/CE du Parlement européen et du Conseil, *J.O.C.E.*, L. 143 du 30 avril 2004, p. 56 ; P. THIEFFRY, "La directive sur la responsabilité environnementale enfin adoptée", *P.A.*, 21 mai 2004, n° 102, p. 5 ; P. KROMAREK et M. JACQUEAU, "Réflexions autour de la transposition de la directive sur la responsabilité environnementale en droit français", *Environnement*, nov. 2004, p. 7 ; C. HERMON, "La réparation du dommage écologique. Les perspectives ouvertes par la directive du 21 avril 2004", *A.J.D.A.*, 2004, études, p. 1792 ; I. DOUSSAN, "Le droit de la responsabilité civile français à l'épreuve de la «responsabilité environnementale» instaurée par la directive du 21 avril 2004", *P.A.*, 25 août 2005, n° 169, p. 3 ; F. NESI et D. GUIHAL, "Le nouveau dispositif de responsabilité environnementale et le droit commun", *Dr. env.*, septembre 2007, IV, p. 230. La directive est actuellement en cours de transposition en droit français, cf. *Projet de loi relatif à la responsabilité environnementale*, enregistré à la Présidence du Sénat le 5 avril 2007. L'article 1er du projet complète le livre 1er du Code de l'environnement en y ajoutant un titre VI, intitulé "Prévention et réparation de certains dommages causés à l'environnement". Il institue à cette fin les articles L. 160-1 à L. 166-2.

[387] Rapport du Sénat sur la *proposition de directive du Parlement européen et du Conseil sur la responsabilité environnementale en vue de la prévention et de la réparation des dommages environnementaux* (Proposition du 21 février 2002, COM, 2002, 17 final, *J.O.C.E.*, 25 juin 2002, C. 151, E/132), n° 317, du 27 mai 2003, p. 18 ("Il est souhaitable que le texte prévoie l'obligation de prouver un lien de causalité strict entre le fait dommageable ou la faute de l'opérateur concerné et le dommage").

[388] Article 4 § 5 de la directive. Sur ce point le projet de loi transposant la directive (préc.) semble, dans sa rédaction, retenir une conception plus souple du lien de causalité. En effet, l'article L. 162-3 nouveau du Code de l'environnement, qu'il introduit, subordonne la responsabilité des exploitants à l'existence d'un lien de causalité entre les activités de ces derniers et les dommages ou entre ces activités et la simple *menace* de dommages.

[389] Articles 17 et 19 de la directive.

entre le fait générateur de responsabilité et le dommage. Il constitue en cela une technique au service de la protection de l'environnement commune à la prévention et à la précaution.

§ 2 La perte de chance

159. Le concept de chance, défini comme "l'une des manières dont peut se produire un événement aléatoire"[390], renvoie à un événement heureux ou à un événement malheureux : la chance "peut être bonne ou mauvaise"[391]. En droit, la perte de chance[392] est généralement présentée par référence à son versant positif, comme perte d'un gain, comme en témoigne la jurisprudence qui estime qu'il y a perte de chance "chaque fois qu'est constatée la disparition, par l'effet du délit, de la probabilité d'un événement favorable"[393]. Pour autant, elle n'en est pas moins susceptible d'être analysée négativement, comme l'évitement de la survenance d'un événement malheureux. Sous ce second aspect, c'est-à-dire comme possibilité d'éviter un mal, la perte de chance remplit une fonction d'anticipation du dommage dès lors qu'un individu qui n'aura pas, par son fait, *empêché la survenance d'un dommage*, pourra en être jugé responsable.

160. Alors que la perte de chance avait initialement pour fonction de réparer certaines formes de dommages, dont la disparition par le fait d'un tiers

---

390 A. LALANDE, op. cit., V° Chance.

391 A. BENABENT, *La chance et le droit*, Paris, L.G.D.J., 1973, n° 1.

392 Sur cette notion, cf. N. LESOURD, "La perte d'une chance", *G.P.*, 1963, 2, doctr. p.49; R. SAVATIER, "Une faute peut-elle engendrer un dommage sans l'avoir causé ?", *D.*, 1970, chron. p. 123 et "Le droit des chances et des risques dans les assurances, la responsabilité civile dans la médecine, et sa synthèse dans l'assurance de responsabilité médicale", *R.G.A.T.*, 1973, p. 457 ; F. CHABAS, "Vers un changement de nature de l'obligation médicale", *J.C.P.*, 1973, I, 2541 ; J. BORE, "L'indemnisation pour les chances perdues : une forme d'appréciation quantitative de la causalité d'un fait dommageable", *J.C.P.*, 1974, I, 2620 ; A. CHARAF ELDINE, "La théorie de la perte d'une chance sanitaire (devant la Cour de cassation et le Conseil d'Etat)", *R.D.S.S.*, 1983, p.48 ; I. VACARIE, "La perte d'une chance", *R.R.J.*, 1987, n° 2, p. 903 ; F. CHABAS, "La perte d'une chance en droit français", *in Développements récents de la responsabilité civile*, CENTRE D'ETUDES JURIDIQUES EUROPEENNES, Colloque, sous la dir. d'O. GUILLOD, Zürich, Schulthess Polygraphischer Verlag, 1991, p. 131 ; G. MEMETEAU, "Perte de chances et responsabilité médicale", *G.P.*, 24-25 oct. 1997, p. 22 ; J. PENNEAU, "La perte de chance. Dommage aléatoire, ou préjudice aléatoire d'un dommage certain", *Rev. fr. dom. corp.*, 1997, p.11; S. PORCHY, "Lien causal, préjudices réparables et non respect de la volonté du patient", *D.*, 1998, chron. p. 379, n° 6 et s. ; C. RUELLAN, "La perte de chance en droit privé", *R.R.J.*, 1999, p. 729 ; V. TACCHINI-LAFOREST, "Réflexions à propos de la perte de chances", *P.A.*, 19 juillet 1999, n° 142, p. 7 ; M. HEERS, "L'indemnisation de la perte d'une chance", *G.P.*, 22-23 mars 2000, p. 7 ; F. DESCORPS DECLERE, "La cohérence de la jurisprudence de la Cour de cassation sur la perte de chance consécutive à une faute du médecin", *D.*, 2005, chron. p. 742 ; C. BERNFELD, "L'indemnisation de la «perte de chance» dans le domaine des accidents médicaux : une situation dramatique pour les victimes", *G.P.*, 12-13 juillet 2006, doctr. p. 2221 ; "Y. LAMBERT-FAIVRE, op. cit., n° 582-2 et s. et 591-2 .

393 Crim. 6 juin 1990, *B.Crim.*, n° 224.

était certaine, elle a été utilisée afin de remédier au doute existant entre le fait générateur et le lien de causalité, consacrant ainsi le rôle préventif de la responsabilité, comme sanction de l'absence d'évitement du dommage[394] (A). Cette nouvelle fonction attribuée à la perte de chance est susceptible de se manifester aussi bien à l'égard d'un risque scientifique avéré relevant de la prévention que d'un risque suspecté relevant de la précaution (B).

A – PERTE DE CHANCE ET MESURE D'EVITEMENT DU DOMMAGE

161. La perte de chance a été initialement admise en jurisprudence pour assurer la réparation de certains types de dommages[395]. Dans sa version originelle ou classique, la théorie de la perte de chance se rattache donc à la seule condition relative au dommage. Elle résulte de "l'empêchement d'accéder à des espérances précises et réelles (réussite à un examen ou un concours, etc.)"[396] et s'analyse en un "dommage partiel"[397]. Dans cette perspective, elle demeure fidèle aux exigences de la responsabilité civile puisque le dommage, comme le lien de causalité, y est certain. Deux formes de préjudices et donc de lien de causalité doivent être distinguées : d'une part, le préjudice final, demeurant incertain, et d'autre part, le préjudice dit "intermédiaire" constitué par la perte de chance, représenté par la disparition d'une probabilité qui, lui, est certain[398]. La Cour de cassation a admis, en effet, que la chance soit réparée dès lors qu'elle est réelle et sérieuse[399].

162. Depuis le milieu des années soixante la notion de perte de chance a été utilisée afin de faciliter l'engagement de la responsabilité médicale. Cette jurisprudence a été inaugurée par une décision de la Cour d'appel de

---

[394] Conformément à la perspective retenue dans cette 1ère partie (celle de la distinction de la prévention et de la précaution dans le paradigme classique de la responsabilité civile c'est-à-dire en présence d'un dommage), la fonction préventive à laquelle il est ici fait référence s'entend d'une caractérisation du fait générateur comme mesure d'évitement du dommage ayant par hypothèse échoué.

[395] Req. 26 mai 1932, *S.*, 1932, 1, p. 387 (notaire condamné pour avoir fait perdre à ses clients, du fait de ses manquements professionnels et de ses agissements dolosifs, la chance d'acquérir un domaine).

[396] Y. LAMBERT-FAIVRE, op. cit., n° 582-2.

[397] Y. LAMBERT-FAIVRE, op. cit., 582-2

[398] "si le préjudice [objet de la perte de chance] est constitué par la disparition d'une probabilité, cela ne signifie pas pour autant que le préjudice est lui-même frappé d'incertitude. Si le dommage est futur, il n'en est pas moins certain. Seul le préjudice final est incertain", C. RUELLAN, art. préc., n° 26. Sur la distinction du préjudice final et du préjudice constitué par la perte de chance, cf. Civ. 1ère, 2 mai 1978, *B.C.*, n° 167 ; *J.C.P.*, 1978, II, 18966, note R. SAVATIER ; *D.*, 1978, I.R. p. 408, obs. C. LARROUMET. Civ. 1ère, 21 nov. 1978, *J.C.P.*, 1979, II, 19033, note R. SAVATIER. Civ. 2ème, 4 oct. 1995, *B.C.*, II, n° 230.

[399] G. VINEY et P. JOURDAIN, op. cit., n° 283 ; F. TERRE, Ph. SIMLER, Y. LEQUETTE, op. cit., n° 701.

Grenoble du 24 octobre 1961[400] et consacrée par un arrêt de la Cour de cassation en date du 14 décembre 1965[401]. La première Chambre civile avait alors rejeté le pourvoi contre un arrêt qui avait admis la responsabilité partielle d'un médecin au motif qu'il avait compromis les chances de guérison de la victime à la suite d'un mauvais diagnostic. Les juges du fond avaient estimé qu' "il existait des présomptions suffisamment graves, précises et concordantes, pour admettre que l'invalidité [...] est la conséquence directe de la faute retenue à l'encontre de l'intimé".

163. Cette nouvelle application de la perte de chance s'est ensuite largement répandue, les juges ayant estimé que, par manque de prudence, le médecin avait fait perdre à son patient des chances de guérison[402], de survie[403] ou plus généralement d'éviter le préjudice subi[404], et ce malgré l'intervention d'un arrêt du 17 novembre 1982, interprété alors comme une remise en cause de

---

[400] Genoble, 24 octobre 1961, *R.T.D.civ.*, 1963, p. 334, obs. A. TUNC.

[401] Civ. 1ère, 14 déc. 1965, *J.C.P.*, 1966, II, 14753, note R. SAVATIER ; *D.*, 1966, jur. p. 453 ; *R.T.D.civ.*, 1967, p. 181.

[402] Civ. 1ère, 25 mars 1968, *B.C.*, n° 109 (perte de chances de guérison suite à l'administration tardive d'un traitement). Civ. 1ère, 25 mai 1971, 2ème espèce, *J.C.P.*, 1971, II, 16859 ; *R.T.D.civ.*, 1972, p. 408, obs G. DURRY (perte de chances de guérison résultant d'un défaut de surveillance du patient). Civ. 1ère, 4 nov. 2003, *D.*, 2004, somm., p. 601 (perte de chance de guérison résultant de l'absence ou du retard fautif de diagnostic ou de traitement).

[403] Paris, 23 avril 1968, *J.C.P.*, 1968, II, 15625 (perte de chances de survie suite à un accident convulsif après une anesthésie locale) confirmé par Civ. 1ère, 27 janv. 1970, *J.C.P.*, 1970, II, 16422, note A. RABUT ; *D.*, 1970, somm. p. 70. Civ. 1ère, 18 mars 1969 (perte de chances de survie en raison du défaut d'examens pré-opératoires). TGI Montpellier, 21 déc. 1970, *D.*, 1971, jur. p. 637, note F. CHABAS (perte de chance de survie en raison d'une imprudence commise au moment d'un arrêt respiratoire d'une patiente survenu à la fin d'une opération). Civ. 1ère, 25 mai 1971, 1ère et 3ème espèces, *J.C.P.*, 1971, II, 16859 ; *R.T.D.civ.*, 1972, p. 408, obs. G. DURRY (perte de chance de survie en raison d'un défaut de surveillance du patient). Civ. 1ère, 27 mars 1973, *J.C.P.*, 1974, II, 17643, note R. SAVATIER ; *D.*, 1973, p. 595, note J. PENNEAU ; *G.P.*, 1973, 2, p. 630, note J.-P. DOLL (perte de chances de survie résultant d'une anesthésie pratiquée sur un patient qui n'était pas à jeun). Civ. 1ère, 2 mai 1978, *B.C.*, n° 167 ; *J.C.P.*, 1978, II, 18966, note R. SAVATIER ; *D.* 1978, I.R. p. 408, obs. C. LARROUMET (perte de chance de survie résultant du retard dans la mise en application d'une thérapeutique adéquate). Civ. 1ère, 21 nov. 1978, *J.C.P.*, 1979, II, 19033, note R. SAVATIER (perte de chance de survie résultant d'une faute du médecin ayant accepté que son associé, non spécialiste, se substitue à l'anesthésiste).

[404] Civ. 1ère, 17 nov. 1970, *B.C.*, I, n° 301, *D.*, 1971, somm. p.46. Civ. 1ère, 9 mai 1973, *J.C.P.*, 1974, II, 17643, note R. SAVATIER ; *D.*, 1973, somm. p. 116. Lyon, 5 déc. 1974, *D.*, 1975, somm. p. 100 (perte de chances du patient de voir son état s'améliorer). Civ. 1ère, 8 janv. 1985, *B.C.*, I, n° 10. Versailles, 8 déc. 1986, *D.*, 1987, jur. p. 583, note J. PENNEAU et Civ. 1ère, 11 oct. 1988, *B.C.*, I, n° 281 (perte de chance d'éviter une surdité, suite à une erreur de diagnostic). Civ.1ère, 10 janv. 1990, *B.C.*, I, n° 10 ; *D.*, 1991, somm. p. 358 (perte de chance de pouvoir être soigné efficacement lors d'un incident postopératoire). Civ. 1ère, 30 octobre 1995, *Resp. civ. et ass.*, janv. 1996, n° 25 (perte de chance d'éviter un accident survenu au cours d'une anesthésie). Civ. 1ère, 8 juillet 1997 (2 espèces), *J.C.P.*, 1997, II, 22921, rapport P. SARGOS ; *B.C.*, I, n° 238 et n° 239 (perte de chance de subir des séquelles moindres du fait de la persistance des médecins dans un diagnostic erroné).

cette jurisprudence[405]. Dans toutes ces hypothèses, le recours à la perte de chance a permis, en dépit du doute affectant le lien de causalité entre les manquements du médecin et le dommage survenu, lequel ne pouvait conduire à une réparation totale du préjudice[406], d'assurer néanmoins à la victime une indemnisation partielle de son dommage.

164. Ce recours à la notion de perte de chance en matière de responsabilité médicale, rejeté notamment par la Cour de cassation belge[407], a fait l'objet, en France, d'un vif débat doctrinal[408]. La critique majeure a consisté à dénoncer un déplacement de l'objet de la théorie de la perte de chance du préjudice au lien de causalité. Initialement définie comme un dommage partiel, elle est aujourd'hui utilisée afin d'assouplir l'exigence de preuve d'un lien de causalité certain, autrement dit, pour pallier le doute affectant le lien de causalité entre le fait générateur et le dommage.

165. Pour de nombreux auteurs, il conviendrait de distinguer, d'une part, les applications dites classiques de la théorie de la perte de chance, tel le cas de l'étudiant empêché de concourir à un examen par le fait d'un tiers, la perte de chance d'un client résultant d'une négligence de son avocat[409] ou de son avoué, la perte de chance du parieur à la suite d'une faute du jokey ou encore celle résultant du défaut d'achat par un mandataire d'un billet de loterie et, d'autre part, les hypothèses de perte de chance de guérison ou de survie. En effet, dans les premiers cas, le préjudice intermédiaire (la possibilité de se présenter à l'examen, celle de faire valoir un droit, la possibilité d'obtenir un gain pour le parieur de courses etc.), objet de l'indemnisation, demeure certain et direct bien qu'il soit futur. Autrement dit, l'interruption du processus de chance c'est-à-dire la disparition de la probabilité a un caractère certain, seul le

---

[405] Civ. 1ère, 17 novembre 1982, *B.C.*, I, n° 333 ; *J.C.P.*, 1983, II, 20056, note M. SALUDEN ; *D.*, 1984, jur. p. 305, note A. DORSNER-DOLIVET ; *G.P.*, 1983, 1, panor. p 139, note F. CHABAS; *R.T.D.civ.*, 1983, p. 547, obs. G. DURRY. Dans cette affaire la Cour de cassation avait censuré l'arrêt de la cour d'appel au motif "qu'en ayant recours à la notion de perte d'une chance pour déclarer le médecin partiellement responsable de la réalisation d'un risque, alors que cette notion ne pouvait concerner que l'évaluation du préjudice, les juges du second degré, qui avaient constaté l'absence de preuve d'une relation de cause à effet entre la faute retenue par leur arrêt [...] et la réalisation du dommage", avaient violé l'article 1147 du Code civil.

[406] Civ. 1ère, 4 nov. 2003, *B.C.*, I, n° 224.

[407] Cour de cassation belge, 2ème Ch. 23 sept. 1974, *J.C.P.*, 1976, II, 18216, note R. SAVATIER ; *R.T.D.S.S.*, 1976, p. 43 et *R.T.D.S.S.*, 1977, p. 512, obs. L. DUBOUIS.

[408] Contre : R. SAVATIER, art. préc., *D.*, 1970, chron. p. 123 ; F. CHABAS, art. préc. ; J. PENNEAU, *D.*, 1973, p. 598 ; C. RUELLAN, art. préc. ; V. TACCHINI-LAFOREST, art. préc. Pour : G. DURRY, *R.T.D.civ.*, 1969, p. 797 ; J. BORE, art. préc. Certains auteurs sont plus mitigés. Ainsi G. VINEY et P. JOURDAIN, op. cit., n° 371 ; A. DORSNER-DOLIVET, *D.*, 1934, p. 308, note sous Civ. 1ère, 17 nov. 1982.

[409] Pour des exemples récents, cf. Soc. 14 fév. 2001, *D.*, 2001, I.R. p. 1589 ; Civ. 1ère, 4 avril 2001, *J.C.P.*, II, 10 640, note C. NOBLOT ; Paris, 25 nov. 2002, *G.P.*, 4-5 juin 2003, p. 18.

préjudice final est frappé d'incertitude. Dans les seconds cas, le préjudice indemnisé est bien certain mais son rattachement au fait générateur est douteux. Au lieu de rejeter la demande en raison de l'incertitude du lien de causalité, le juge indemnise partiellement le dommage sur le fondement de la perte de chance. A la différence des hypothèses classiques, "quand un médecin a commis une erreur fautive de diagnostic et de traitement, la chance qu'il fait perdre au malade porte directement sur le succès de l'acte médical confié à ses soins. Elle n'a pas de valeur propre"[410] et se confond avec le préjudice final. Ainsi, lorsque par sa faute l'avocat n'a pas permis à son client d'agir en justice, le préjudice final (la perte du procès) demeure incertain, seul est réparé le préjudice certain constitué par l'impossibilité de faire valoir un droit. A l'inverse, lorsqu'il y a perte de chance de guérison ou de survie, la chance perdue perd toute autonomie et se confond avec le préjudice final qui s'est réalisé. Dans un cas, "la chance perdue se place dans le futur"[411], dans l'autre, le dommage s'étant produit, il n'est plus question de chances d'avenir "mais d'un événement passé, dont la cause est incertaine"[412].

166. Un auteur[413] a plus particulièrement insisté sur la confusion entre l'aléa intrinsèque au préjudice et l'incertitude sur le lien causal, invitant à distinguer la "vraie théorie" de la "fausse théorie" de la perte de chance. Il conviendrait, en effet, de distinguer deux types de situations : d'une part, celle du patient dont la vie n'est nullement en danger et qui décède à la suite d'une intervention médicale (par exemple opéré pour une hernie) et d'autre part, celle du patient déjà porteur d'un aléa qui n'a plus que des chances de guérison ou de survie et qui les perd par la faute du médecin (par exemple malade atteint d'un cancer qui subit une opération). Dans le premier cas, il n'y a pas d'aléa, le patient avait toutes ses chances d'éviter le dommage, la seule question porte sur le point de savoir si le fait du médecin a causé le dommage. L'incertitude porte donc sur les causes de la perte de la vie et non sur une prétendue chance de survivre. Dans le deuxième cas, lorsque l'aléa préexistait à l'intervention, "l'aléa est l'élément constitutif de l'enjeu"[414], le préjudice n'est donc pas la perte de la vie mais la perte des chances qui restaient au patient lorsque le praticien est intervenu et cette perte est bien certaine. Autrement dit, pour que l'on puisse parler de perte d'une chance, plusieurs conditions doivent être réunies : "que le patient soit déjà dans une situation de *simple survie* lorsque la faute se produit ; que la faute empêche définitivement le processus d'être arrêté ; qu'elle transforme l'aléa en certitude"[415].

---

[410] R. SAVATIER, note *J.C.P.*, II, 1966, 14753.
[411] R. SAVATIER, art. préc., *D.*, 1970, chron. p. 124.
[412] R. SAVATIER, *ibid.*, p. 124.
[413] F. CHABAS, "La perte d'une chance en droit français", art. préc.
[414] F. CHABAS, *ibid.*, p. 139.
[415] F. CHABAS, *ibid.*, p. 140.

167. En tout état de cause, la sanction juridique de la perte de chance met en évidence la fonction préventive de la responsabilité civile, entendue comme une *caractérisation du fait générateur* destiné à éviter la réalisation d'un dommage[416]. L'obligation de prudence du médecin revêt la forme d'une obligation de connaissance en vue d'une action, ce qu'atteste la présence, dans plusieurs décisions sanctionnant des pertes de chances de survie ou de guérison, de formules telles que : le médecin "savait ou devait savoir"[417], "ne pouvait méconnaître" ou "ignorer"[418] ; certains symptômes "auraient dû faire soupçonner"[419] ; le diagnostic à temps "aurait permis de prendre la décision"[420] etc. En imputant au praticien la responsabilité de la survenance du préjudice, le juge, bien qu'il n'accorde qu'une indemnisation partielle, ne se contente pas de réparer une catégorie de dommages mais rattache *la possibilité d'éviter* le principe même du dommage aux manquements du médecin[421].

168. Le fait positif ou l'abstention du médecin équivaut à l'omission d'une mesure de nature à *empêcher* la survenance du préjudice final. Cette fonction préventive de la responsabilité résulte parfois clairement de la motivation des arrêts. Ainsi, la Cour de cassation a approuvé la décision des juges du fond qui avaient estimé que le retard apporté à un examen radiographique et à une intervention avait fait perdre à la patiente "une chance d'*éviter le préjudice* dont elle se plaignait"[422] ou encore une cour d'appel qui avait estimé que la faute du médecin avait privé la victime "d'une chance d'*échapper au dommage*"[423].

169. Le recours à la notion de perte de chance afin de pallier le doute affectant le lien de causalité entre la faute et le dommage a trouvé également à s'appliquer dans le cas particulier d'accidents survenus au cours d'un accouchement en raison d'une imprudence du médecin. La Cour de cassation a jugé "qu'ayant ainsi admis qu'un médecin aurait été en mesure de résoudre la complication survenue à l'accouchement avec de meilleures chances de succès,

---

416 Lequel s'est par hypothèse réalisé, compte tenu de la perspective retenue dans cette 1ère partie, c'est-à-dire celle de la responsabilité civile en présence d'un dommage.
417 Paris, 23 avril 1968, confirmé par Civ. 1ère, 27 janv. 1970, préc.
418 Civ. 1ère, 25 mars 1968, préc.
419 Civ. 1ère, 2 mai 1978, préc.
420 Pau, 21 déc. 2000, *J.C.P.*, 2001, IV, 2329.
421 Dans les cas de perte de chance de survie ou de guérison, "ce n'est pas une catégorie de préjudice qui est aléatoire, c'est le dommage lui-même en son entier", J. PENNEAU, art. préc., *Rev .fr. dom. corp.*, 1997, p. 15.
422 Civ. 1ère, 17 nov. 1970, *B.C.*, I, n° 301 ; *D.*, 1971, somm. p. 46.
423 Civ. 1ère, 30 octobre 1995, *Resp. civ. et ass.*, janv. 1996, n° 25. Dans le même sens, cf. Civ.1ère, 10 juillet 2002, *B.C.*, I, n° 197 ("l'erreur de diagnostic et l'abstention thérapeutique qui en est résultée ont été à l'origine d'une perte de chance, pour l'enfant, de naître indemne de toute lésion").

la cour d'appel, a pu estimer que l'absence fautive d'un praticien était en relation directe de cause à effet avec *la privation pour l'enfant de chances de naître sans séquelles*"[424]. Dans une autre affaire, la Cour d'appel de Pau a jugé que "le fait de ne pas avoir posé suffisamment tôt le diagnostic de souffrance fœtale a privé l'enfant d'une *chance de naître exempt de toute lésion*"[425]. Dans le même sens, la Cour d'appel de Versailles a condamné un gynécologue-obstétricien pour avoir commis une faute ayant entraîné "*la perte de chance d'échapper soit à la constitution de lésions, soit à leur minimisation*, en présence d'une grossesse par définition à risques"[426]. Enfin, parfois c'est la *perte de chance d'accoucher d'un enfant vivant*[427] qui est réparée. Dans toutes ces hypothèses la réparation ne saurait être totale et doit demeurer partielle[428].

170. L'utilisation de la théorie de la perte de chance pour remédier au doute sur le lien de causalité ou le "dévoiement"[429] de cette théorie a également été exprimé par certains auteurs, par référence aux concepts de probabilité et d'incertitude. Ainsi a-t-on souligné que "dans le cas de la perte de chance, nous sommes en présence d'une chance, d'une probabilité ; dans l'hypothèse d'une application dévoyée de la qualification, il s'agit d'une incertitude affectant le lien de causalité"[430]. Quelle signification faut-il accorder à une telle assertion au regard de la différenciation du *risque* et de l'*incertitude*[431] en lien avec la distinction de la prévention et de la précaution ? C'est ce qu'il convient d'étudier maintenant.

B – PERTE DE CHANCE, PREVENTION ET PRECAUTION

171. Le recours à la notion de perte de chance afin de sanctionner l'absence d'évitement d'un dommage, que ce dernier constitue la réalisation d'un risque avéré ou seulement suspecté, sera analysé à travers deux de ses manifestations, celle concernant la perte de chance consécutive à une

---

424 Civ. 1ère, 18 janv. 1989, *B.C.*, 1989, n° 19 ; *D.*, 1989, I.R. p. 32.

425 Pau, 21 déc. 2000, préc. Les juges ont relevé que "l'autonomie d'exercice de son art dont doit disposer la sage femme ne dispense pas le gynécologue obstétricien de prendre toutes les précautions utiles pour permettre à la parturiente d'accoucher dans les meilleures conditions. La détection précoce de la souffrance fœtale aurait permis de prendre la décision de provoquer l'accouchement, au besoin en pratiquant une césarienne et une intervention du médecin, compte tenu de la situation obstétricale [...]". Pour certains auteurs (G. MEMETEAU, *J.C.P.*, 2000, I, 279; D. MAZEAUD, *D.*, 2001, jur. p. 332) cette jurisprudence aurait pu conduire, dans l'affaire *Perruche* (Ass. Plen., 17 nov. 2000, préc.), à une indemnisation sur le fondement de la perte de chance.

426 CA Versailles, 28 nov. 2003, *D.*, 2004, jur., p. 2814, note P. HENNION-JACQUET.

427 Dijon, 7 fév. 1978, *D.*, 1978, I.R. p. 466.

428 Civ. 1ère, 9 mai 1973 (2ème espèce), *D.*, 1973, I.R. p. 116.

429 C. RUELLAN, art. préc., p. 744.

430 C. RUELLAN, *ibid.*, p. 746.

431 Sur cette distinction, cf. Chp. préliminaire, *supra*, n° 76 et s., 81, 85 et 109.

intervention médicale (1) et celle résultant d'un défaut d'information du patient (2).

1) Perte de chance et intervention médicale

172. Certaines décisions admettant la réparation de la perte de chance d'éviter un préjudice se fondent sur la notion de probabilité objective[432] en insérant dans leurs motifs les rapports des experts relatifs aux nombres de chances statistiques de guérison ou de survie des victimes[433] ou à un risque connu[434], fût-il exceptionnel[435]. L'importance d'une telle motivation est parfois implicite lorsqu'un arrêt, ayant accordé une indemnisation sur le fondement de la perte de chance, est cassé pour manque de base légale, alors que les données de la science de l'époque attestent de statistiques connues[436]. Dans ces hypothèses la probabilité de réalisation de la chance est fondée sur la prise en compte des fréquences observées de cette réalisation. Le préjudice, objet de la perte de chance, est indemnisé comme si le lien de causalité était certain[437].

173. Pourtant un tel raisonnement a été contesté par les auteurs qui dénoncent l'assimilation entre les applications classiques de la théorie de la perte de chance et la perte de chance de survie ou de guérison lors d'une

---

[432] Sur cette notion, cf. Chp. préliminaire, *supra*, n° 64, 77 et 109.

[433] Ainsi : Orléans, 27 fév. 1969, *D.*, 1969, jur. p. 661 (perte de chance de bénéficier d'un traitement adéquate). Paris, 10 mars 1966, *J.C.P.*, 1966, II, 14753, note R. SAVATIER ; *R.T.D.civ.*, 1967, obs. G. DURRY (perte de chance de guérison suite à l'apparition d'une hémorragie utérine en raison du retard des soins lors d'un accouchement). Versailles, 8 déc. 1986, *D.*, 1987, jur. p. 583, note J. PENNEAU (perte de chance d'éviter une surdité suite à un retard dans le diagnostic d'une méningite d'un enfant).

[434] TGI Montpellier, 21 déc. 1970, *D.*, 1971, jur. p. 637, note F. CHABAS (perte de chance de survie lors d'une intervention comportant des "risques prévisibles et connus"). Rennes, 18 oct. 1971, cité par J.-P. DOLL, note sous Civ. 1ère, 27 mars 1973, *G.P.*, 1973, 2, p. 630 (perte de chance de survie suite à une anesthésie résultant du fait que le patient n'était pas à jeun, ce risque étant "très connu dans la pratique opératoire"). La cassation de l'arrêt de la cour d'appel de Rennes est sans incidence sur cette remarque puisqu'elle est intervenue pour manque de base légale relativement à la constatation du caractère partielle de l'indemnisation.

[435] Paris, 23 avril 1968, confirmé par Civ. 1ère, 27 janv. 1970, préc.

[436] Civ. 1ère, 11 oct. 1988, *B.C.*, 1988, I, n° 281 (perte de chance d'éviter une surdité suite à un retard dans le diagnostic d'une méningite d'un enfant). Le manque de base légal entraînant la censure de la Cour de cassation porte précisément sur le lien de causalité entre la faute et le préjudice. Et, en la matière les connaissances scientifiques étaient calculables, comme en témoigne l'arrêt d'appel de la cour de Versailles du 8 déc. 1986, préc.

[437] Pour un exemple de lien de causalité fondé sur une probabilité objective de réalisation d'un préjudice (sans référence à la notion de perte de chance), cf. Civ. 1ère, 29 mai 1979, *B.C.*, 1979, I, n° 156. En l'espèce, le lien de causalité entre l'absorption d'un médicament et l'apparition d'une affection dermatologique "équivalait à une certitude, dès lors qu'il était affirmé que *dans un très grand nombre de cas ce syndrome survenait à la suite de l'administration d'un tel médicament*" (c'est nous qui soulignons).

intervention médicale[438]. Dans le premier cas, la notion de perte de chance renverrait à une probabilité calculable, c'est-à-dire objective, alors que dans le second, la notion de chance correspondrait à une incertitude. Ainsi, pour René Savatier, "le juge est dans l'impuissance d'évaluer, et donc d'estimer matériellement en argent, la chance qu'il dit perdue. Car la chance de succès qu'il suppose détruite par une faute médicale n'a nullement le caractère de ces chances que la loi des grands nombres permet mathématiquement d'apprécier par un calcul de probabilités [...] non seulement aucune statistique de cette sorte n'existe, mais la presque infinie diversité, d'abord des fautes concevables chez le médecin, ensuite de l'état biologique individuel de chaque malade, enfin des pathologies diverses qu'assume l'acte médical, rend actuellement de telles statistiques impossibles"[439]. Selon lui, la jurisprudence de la Cour de cassation a consisté "depuis 1965, à expurger, du mot *chance*, en matière de responsabilité médicale, toute recherche mathématique [...] le mot *chance* correspond alors à une incertitude"[440]. Dans le même sens, Jean Penneau estime qu' "il existe un abîme profond entre les chances statistiques d'une affection donnée et les chances individuelles du patient atteint par cette affection ; or, dans chaque espèce déterminée, ce sont ces chances individuelles qui sont en cause"[441]. De son côté, François Chabas souligne qu' "en matière médicale, il faudra donc se référer aux statistiques, si elles existent (on sait que tel cancer, traité à temps a x chances sur cent de guérir) ; mais aussi, il faudra examiner *in concreto* la situation du patient"[442].

174. L'argumentation précédente peut donc se résumer ainsi : la notion de perte de chance est fondée sur le concept de probabilité objective ou fréquentielle. Or en matière médicale il n'existe pas de probabilité au sens mathématique, chaque situation étant unique. Donc la théorie de la perte de chance est inapplicable dans ce domaine. Ce raisonnement peut être critiqué de deux manières. D'une part, il possible de contester la majeure du syllogisme qui assimile le concept de chance à celui de probabilité objective puisqu'en effet, conformément à la conception subjective des probabilités, la notion de probabilité ne se réduit pas à celle de fréquence mais renvoie également aux jugements que l'on porte sur les événements[443]. Ainsi, en définissant la chance comme "la disparition, par l'effet du délit, de la *probabilité* d'un événement

---

[438] Sur cette dénonciation, cf. *supra*, n° 164 et s.
[439] R. SAVATIER, art. préc., *R.G.A.T.*, 1973, p. 472-473.
[440] R. SAVATIER, note sous Civ. 1ère, 2 mai 1978, *J.C.P.*, 1978, II, 18966.
[441] J. PENNEAU, note sous Civ. 1ère, 27 mars 1973, *D.*, 1973, jur. p. 598.
[442] F. CHABAS, art. préc., p. 143.
[443] Sur la dualité de la notion de probabilité, cf. Chp préliminaire, *supra*, n° 63 et s. Pour A. BENABENT (op. cit., n° 4), selon qu'il est employé au singulier ou au pluriel, le mot chance renvoie à la notion subjective ou objective (c'est-à-dire fréquentielle) de probabilité. Mais dans chacun des cas "il s'agit simplement de l'autre aspect du même phénomène".

favorable"[444], la jurisprudence n'aurait pas opté pour l'une ou l'autre des deux notions de probabilité. Dès lors, la difficulté pour le juge confronté à l'évaluation de la chance perdue, en l'absence de statistique médicale, conduit uniquement à constater l'absence de probabilités au sens objectif ou fréquentiste mais non au sens subjectif du terme. En choisissant telle pratique médicale plutôt que telle autre ou en s'abstenant de prendre telle mesure, le médecin aurait pu faire perdre à son patient une chance de guérison ou de survie, dès lors que sa décision est elle-même susceptible d'être traduite en termes de probabilités au sens de calcul[445]. Il serait donc inexact, aujourd'hui, de critiquer l'application de la théorie de la perte de chance au champ médical, au motif qu'elle correspondrait à un mauvais usage de la théorie des probabilités.

175. D'autre part, il est possible de critiquer, non plus la majeure, mais la mineure du syllogisme qui nie toute possibilité de se référer à des probabilités objectives en médecine et d'estimer, au contraire, qu'il existe bien, en fait, des statistiques médicales permettant l'application de la théorie de la perte de chance, envisagée sous l'angle objectif. Ainsi, Louis Dubouis s'interroge t-il en ces termes : "les médecins ne sont-ils pas habitués à établir, à partir de statistiques, la probabilité de guérison que donne un traitement ou une intervention correctement conduits ?"[446]. Pour Jacques Boré, "la théorie des probabilités est en effet indissociable de la statistique [...]. La moindre de nos actions est motivée par une prévision fondée sur *l'expérience*, c'est à dire sur une corrélation statistique pré-scientifique, qui nous permet de dire : *j'accomplis tel acte, parce qu'à plusieurs reprises il a été accompli par moi ou par autrui avec le succès escompté* [...]. Ainsi lorsque le juge prend en considération la privation d'une chance, il ne quitte pas le terrain de la causalité ; au contraire, il perfectionne celle-ci en se référant à une loi aléatoire sous-jacente, dont on tient toujours compte sans s'en apercevoir, un peu comme Monsieur Jourdain faisait de la prose sans le savoir. Et lorsque le juge estime la valeur de la chance perdue, *il apprécie statistiquement la corrélation existant entre le fait générateur de responsabilité et le dommage*. Par exemple, il demande aux experts médicaux : *est-il fréquent que telle thérapeutique entraîne la guérison?*"[447]. Enfin, Isabelle Vacarie souligne que "pour apprécier le rôle causal d'une faute médicale d'abstention, le juge sera nécessairement conduit à

---

[444] Crim. 6 juin 1990, *B.Crim.*, n° 224.

[445] Rappelons que le point de vue subjectiviste, en matière de probabilité, consiste à montrer que "si un individu est cohérent dans ses comportements face à l'incertain, alors les *plausibilités* qu'il attribue aux différents événements possibles peuvent être représentées par des probabilités au sens de calcul", B. MATALON, "Epistémologie des probabilités", art. préc., p. 531.

[446] L. DUBOUIS, *R.T.D.S.S.*, 1971, p. 68.

[447] J. BORE, art. préc., n° 24. L'argument, ici présenté, consiste à insister sur la relativité de la distinction entre les probabilités objectives et subjectives. Lors de sa mise en œuvre, toute probabilité subjective se réduit à une probabilité objective. Sur cette relativité, cf. Chp. préliminaire, *supra*, n° 65 et s.

prendre en considération les virtualités statistiques du traitement qui eût été approprié à l'état du patient. Comment en effet juger des conséquences dommageables d'une abstention si ce n'est par référence aux effets connus d'une intervention dans des circonstances analogues ?"[448]. L'utilisation de données statistiques apparaît donc inévitable, même en matière médicale. Elles seules "établissent des probabilités scientifiques quant au lien de causalité"[449] en permettant de "savoir si la guérison ou l'amélioration était une chose normalement attendue"[450].

176. Les notions de prévention et de précaution s'inscrivent dans la perspective subjective des probabilités dans la mesure où elles constituent toutes les deux des jugements en vue d'une décision. En revanche, la *distinction* entre ces deux notions ne peut être fondée que sur un critère issu de la perspective fréquentiste puisqu'il s'agit de se demander si le risque, dont la réalisation a entraîné le dommage, en l'espèce, peut être rattaché à un type de risque dont le seuil d'occurrence en fait un risque avéré ou seulement suspecté, autrement dit un risque relevant de la prévention ou de la précaution[451].

177. A cet égard, même les décisions rendues dans des cas dans lesquels la chance perdue ne pouvait être évaluée en fonction de données statistiques objectives, ne peuvent pas non plus, le plus souvent, être analysées comme des applications de la notion de responsabilité civile pour *défaut de précaution*. En effet, dans ces hypothèses l'incertitude ne résultait alors généralement pas de l'absence de réalisation suffisante du risque dans le passé[452], mais du seul fait que la chance dépendait en réalité d'une appréciation subjective de l'individu.

2) Perte de chance et information médicale

178. Dans certains cas, la chance perdue ne peut être évaluée uniquement en fonction de données objectives mais dépend d'une appréciation subjective de l'individu. Il en est ainsi lorsqu'une personne n'a pu exercer un choix, faute de disposer d'une information préalable à laquelle elle avait droit. Dans ce cas, le défaut d'information peut conduire à la responsabilité sur le fondement de la perte de chance[453]. C'est ce qu'a jugé un arrêt de la Cour de

---

[448] I. VACARIE, art. préc., p. 916.
[449] M. SALUDEN, note sous Civ. 1ère, 17 nov. 1982, *J.C.P.*, 1983, 20056.
[450] M. SALUDEN, *ibid.*
[451] Sur cette argumentation, cf. Chp. préliminaire, *supra*, n° 69 et s. Sur l'exigence d'un seuil caractérisant le risque de précaution, cf. Chp. préliminaire, *supra*, n° 92 et s. et 109.
[452] Conférant alors au risque le caractère d'un risque suspecté relevant de la précaution.
[453] Sur la perte de chance en cas de défaut d'information du médecin, cf. Y. LAMBERT-FAIVRE, op. cit., n° 591-2 ; J.-F. BARBIERI, "Défaut d'information et responsabilité médicale : les

cassation du 7 février 1990[454]. Dans cette affaire, un homme atteint d'une sinusite aiguë avait subi une opération chirurgicale au cours de laquelle s'était produite une effraction de la paroi interne de son orbite droite. Les juges du fond avaient retenu une faute du médecin qui avait omis d'informer le patient du risque qui s'était réalisé lors de l'intervention, ainsi qu'un préjudice moral pour la victime. En revanche, ils avaient estimé qu'il "n'existait pas de relation directe de causalité" entre la faute du médecin et les divers préjudices corporels dont la victime demandait réparation. Le pourvoi faisait valoir "qu'informé du risque opératoire le malade aurait pu refuser l'opération et qu'il existait donc un lien de causalité direct entre les dommages corporels invoqués et cette absence fautive d'information" ayant entraîné le risque. La Cour de cassation a rejeté le pourvoi au motif "qu'en manquant à son obligation d'éclairer M. Jugnet sur les conséquences éventuelles de son choix d'accepter l'opération qu'il lui proposait, M. Hérard a seulement privé ce malade d'une chance d'échapper, par une décision peut-être plus judicieuse, au risque qui s'est finalement réalisé, perte qui constitue un préjudice distinct des atteintes corporelles qui seules ont fait l'objet de la demande de réparation de Monsieur Jugnet".

179. Cette solution a, depuis, été confirmée à maintes reprises, tant par la Cour de cassation que par les juridictions de fond. Dans toutes ces décisions l'admission de la perte de chance est fondée sur la privation, pour le patient, d'un *choix*[455], résultant d'un défaut d'information sur la réalisation d'un

---

principes de droit privé", *P.A.*, 4 janv. 1995, p. 16, spéc. n° 23 ; J. GUIGUE et C. ESPER, "Le juge judiciaire et le juge administratif se prononcent sur l'information médicale du malade", *G.P.*, 24-25 oct. 1997, doctr. p. 3, spéc. p. 6 ; S. PORCHY, "Lien causal, préjudices réparables et non respect de la volonté du patient", *D.*, 1998, chron. p. 379, spéc. n° 6 et s. ; Y LACHAUD, "La responsabilité médicale pour défaut d'information. De l'évolution de la jurisprudence à une nécessaire réforme législative", *G.P.*, 16-17 juin 1999, doctr. p. 4, spéc. p. 6 ; M. LAMARCHE, "Heurs et malheurs de l'obligation d'information en matière médicale", *R.R.J.*, 1998, p. 1223, spéc. n° 21 et 22 ; P. SARGOS, "L'obligation d'informer le patient", *P.A.*, 22 sept. 1999, n°189, p.9, spéc. n° 34 ; F. CHABAS, "L'obligation d'information médicale en danger", *J.C.P.*, 2000, I, 212, spéc. n° 15 et s. ; R. REVEAU, "L'évolution du droit relatif à l'information médicale : l'élaboration d'un régime commun de responsabilité civile et administrative, *Dr. adm.*, juin 2002, chron. p. 5, spéc. p. 9.

[454] Civ. 1ère, 7 février 1990, *B.C.*, I, n° 39 ; *D.*, 1991, somm. p. 183, obs. J. PENNEAU.

[455] T.G.I. Niort, 3 déc. 1990, *D.*, 1991, somm. p. 355 (perte de chance de refuser un procédé thérapeutique). Versailles, 20 déc. 1991, *D.*, 1993, somm. p. 30 (le défaut d'information "a privé la patiente de toute possibilité de *choix*"). Paris, 22 janv. 1993, *G.P.*, 30 juin 1994, jur. p. 399 ("pleinement informée et éclairée", la patiente "aurait eu la faculté de refuser l'opération", "cette négligence lui a fait perdre la chance de ne pas subir le préjudice que lui cause cette intervention"). Civ. 1ère, 2 mars 1994, *Resp. civ. et ass.*, juin 1994, comm. n° 220 (les juges du fond ont "caractérisé la faute du praticien en retenant qu'il n'avait pas informé sa patiente de ce risque grave de paralysie que la seconde opération lui faisait courir, *la privant de toute possibilité de choix* pour donner un consentement éclairé à l'intervention"). Toulouse, 8 mars 1999, *P.A.*, 23 mai 200, p.16, note P. VILLENEUVE ; *G.P.*, 18-19 oct. 2000, somm. jur. p. 1961 ("Le préjudice indemnisable est celui qui est directement causé par l'infraction. Or en l'espèce, la faute retenue n'est pas à l'origine de la totalité du préjudice, mais seulement de *la perte d'une chance d'avoir pu*

risque de l'intervention médicale. Par la faute du médecin, le patient n'a pas été en mesure de prendre une décision qui aurait évité le dommage[456]. L'analyse de cette jurisprudence conduit à un dédoublement du lien de causalité. En effet, ces décisions révèlent l'existence d'une incertitude sur la réalisation de l'intervention médicale, c'est-à-dire sur le lien de causalité entre le défaut d'information émanant du médecin et le choix qu'aurait fait le patient s'il avait été informé (a). En revanche, elles sont généralement intervenues en situation d'absence d'incertitude relativement au risque médical, inhérent à l'intervention, compte tenu des connaissances scientifiques et techniques de la médecine (b).

a) L'incertitude sur la réalisation de l'intervention médicale, compte tenu des connaissances relatives au choix du patient

180. Selon une première analyse il est possible d'assimiler le cas de la perte de chance du patient de refuser l'intervention médicale en raison du défaut d'information du médecin au cas classique de la perte de chance de l'étudiant de réussir un examen du fait de l'intervention d'un tiers l'ayant empêché de s'y présenter. Une telle interprétation implique de distinguer deux types de relation causale. D'une part, le lien de causalité entre le défaut d'information et la

---

opter pour un autre mode opératoire"). Aix-en-Povence, 2 mai 2001, *D.*, 2001, IV, 3013 ("Pour apprécier l'éventuelle perte de chance au regard de l'obligation d'information méconnue, il convient de rechercher les effets qu'aurait pu avoir une telle information quant au consentement ou au refus du patient à l'opération et à l'intervention anesthésique. L'opération chirurgicale était indispensable compte tenu de la récidive de hernie. Il existe en revanche une incertitude sur le lien de causalité direct et certain entre le défaut d'information sur les risques de rachianesthésie et le préjudice advenu. Il est en outre impossible d'affirmer ni d'exclure que, correctement informé et ayant néanmoins opté pour cette technique anesthésique, le patient n'aurait pas subi de dommage. Il reste que le défaut d'information *a privé le patient d'une évaluation personnelle des risques afférents à chaque technique et d'une option* en faveur soit d'une anesthésie générale, soit d'une rachianesthésie, selon la nature et la probabilité du risque encouru. [...]. Il est à penser que totalement informé, le patient, s'il n'aurait pu se soustraire à l'opération, *aurait pu choisir* une anesthésie générale. Il aurait ainsi échappé aux séquelles dont il se trouve atteint"). Civ. 1ère, 7 déc. 2004, *B.C.*, I, n°302 (La violation d'une obligation d'information ne peut être sanctionnée qu'au titre de la perte de chance subie par le patient d'échapper, par une décision peut-être plus judicieuse, au risque qui s'est finalement réalisé). CA Grenoble, 5 sept. 2006, *Resp. civ. et ass.*, mars 2007, comm. n° 93, note C. RADE (Médecin-accoucheur jugé responsable, en raison du manquement à son obligation d'information, d'une perte de chance d'éviter pour l'enfant des séquelles. En l'espèce, le médecin n'avait pas informé la mère des risques d'une césarienne et d'un accouchement par le siège). Pour un cas d'irresponsabilité d'un gynécologue en raison du caractère hypothétique de la chance perdue par une patiente, non informée des conséquences d'une éventuelle infection rubéolique en début de grossesse, de recourir à une IVG, cf. Civ. 1ère, 9 mars 2004, *Resp. civ. et ass.*, juin 2004, comm. n°189, note C. RADE.

[456] A cet égard les juges du fond disposent d'un pouvoir souverain d'appréciation pour décider si, informé des risques encourus, le patient aurait refusé ou non l'intervention : Civ. 1ère, 20 juin 2002, *B.C.*, I, n° 193 ; *D.*, 2000, somm. p. 471, obs. P. JOURDAIN. Civ. 1ère, 13 nov. 2002 (2 espèces), *R.T.D.civ.*, 2003, p. 98, obs. P. JOURDAIN ; *J.C.P.*, 2003, I, 152, n° 17, chron. G. VINEY.

privation d'une faculté d'option, c'est-à-dire entre la faute et le préjudice intermédiaire constitué par la perte d'une chance. Ce lien est certain : en n'informant pas son patient, le praticien lui a dénié toute faculté de choisir. D'autre part, le lien de causalité entre l'alternative qu'aurait retenue le patient et l'évitement du dommage, autrement dit entre le préjudice de perte de chance et le préjudice final. Seul ce second lien est incertain. Ainsi, dans cette perspective, cette jurisprudence n'est pas assimilable à celle fondée sur la notion de perte de chance de guérison ou de survie dans laquelle le préjudice intermédiaire se confondait avec le préjudice final[457].

181. Mais cette analyse a été largement critiquée par la doctrine[458]. L'admission de la théorie de la perte de chance en cas de défaut d'information se heurte à la jurisprudence de la Cour de cassation, selon laquelle, "la perte d'une chance ne peut dépendre que d'un événement futur et incertain dont la réalisation ne peut résulter de l'attitude de la victime"[459]. Il n'y aurait donc pas ici de place pour la notion de perte de chance dès lors que la chance serait fonction de la décision du patient[460]. En effet, la chance perdue est alors celle d'échapper, par une décision, à un risque. Elle ne mesure donc pas la possibilité objective de réalisation d'un risque, à partir de quelconques données statistiques, mais porte sur la décision subjective d'un individu. Elle est la mesure de la possibilité d'un choix. La chance perdue n'est pas constituée par la fréquence observée de réalisation de risques similaires mais se trouve être la mesure de la *valeur qu'aurait accordée le patient au pari de sa guérison*, compte tenu de l'information qu'il aurait reçue de son médecin relativement aux risques encourus. Une telle valeur est subjective puisqu'elle est fonction de la croyance personnelle de chaque patient à ses chances de guérison. Non seulement la question de savoir ce qu'aurait fait le patient s'il avait été informé n'est pas statistiquement quantifiable[461], mais il n'existe aucune donnée scientifique en la matière. Autant, en effet, le problème de l'existence de données statistiques en matière médicale, permettant de statuer sur les conséquences normalement

---

[457] En ce sens, cf. S. PORCHY, art. préc., n° 7.

[458] I. VACARIE, art. préc., p. 917 ; J. PENNEAU, obs. *D.*, 1991, somm. p. 183 ; M. FABRE-MAGNAN, *De l'obligation d'information dans les contrats. Essai d'une théorie*, Paris, L.G.D.J. (coll. "Bibliothèque de droit privé"), tome 221, 1992, n° 601 ; R. REVEAU, art. préc., p. 9.

[459] Civ. 1ère, 2 oct. 1984, *B.C.*, I, n° 245.

[460] Pour I. VACARIE (art. préc., p. 919), "fonder la réparation de la seule perte d'une chance sur le caractère hypothétique de la décision qui aurait été prise par le demandeur revient à assimiler acte volontaire et événement aléatoire, alors que chance et volonté sont antinomiques. Le rôle actif qu'aurait pu jouer le demandeur dans la prévention du risque exclut la perte d'une chance".

[461] M. FABRE-MAGNAN (op. cit., n° 617) souligne que "le problème de savoir ce qu'aurait fait le créancier s'il avait reçu l'information n'est pas un problème aléatoire : il est impossible de forger une quelconque statistique sur ce point [...] cela n'a pas de sens de dire que [...] le malade avait 25 ou 30% de chances de refuser l'opération s'il en avait connu les risques exacts". Cf. également du même auteur, "Avortement et responsabilité médicale", *R.T.D.civ.*, 2001, p. 287 (spéc. n° 31, p. 314).

attendues d'une thérapeutique ou d'un acte médical pouvait encore être discuté et soumis à controverse[462], autant l'existence de telles données relatives au comportement des patients à la suite d'une information de leur praticien sur les risques encourus par l'intervention envisagée, paraît douteuse.

182. Il convient néanmoins de réserver ici ceux cas. Tout d'abord celui où le patient a fait savoir, préalablement à l'intervention, son intention d'y recourir ou au contraire d'y renoncer selon les risques en présence. Dans cette hypothèse, l'incertitude sur la survenance de l'intervention disparaît. En deuxième lieu, dans le cas où l'intervention était médicalement indispensable, il y a fort à parier que le patient aurait choisi d'y recourir[463]. Mais cet argument n'est pas de nature à transformer complètement la probabilité de réalisation de l'opération en certitude dès lors que, dans toute décision, une part irréductible de subjectivité demeure, ce qu'attestait d'ailleurs la jurisprudence, aujourd'hui en recul[464], selon laquelle la nécessité médicale de l'intervention ne dispensait pas le médecin de son obligation d'information[465].

183. En dehors du premier de ces deux cas, il existe donc une incertitude, compte tenu des connaissances relatives au choix du patient, sur la réalisation de l'intervention médicale. Mais *celle-ci doit être nettement distinguée du degré de probabilité qui affecte la réalisation du risque issu de l'intervention, compte tenu des connaissances scientifiques et techniques de la médecine, seul critère intervenant dans la distinction du risque avéré et du risque suspecté, de la prévention et de la précaution*[466].

---

[462] Sur cette controverse, cf. *supra*, n° 172 et s.

[463] En ce sens, J. PENNEAU (*La responsabilité du médecin*, Paris, Dalloz, coll. "Connaissance du droit", 1992, p. 34) propose d'opérer une distinction selon que l'opération présente ou non un caractère inéluctable. Dans le premier cas, lorsque l'opération ne peut être évitée, le défaut d'information n'engendre pas de préjudice, dans le second cas le défaut d'information constitue alors la cause du dommage, car mieux informé, le patient aurait pu choisir de ne pas courir le risque de l'intervention.

[464] Plusieurs décisions ont, en effet, jugé que le défaut d'information ne constituait pas un préjudice indemnisable si l'intervention médicale était nécessaire, cf. Paris, 15 nov. 2001, *Méd. et dr.*, mars-avril 2003, n° 59, p. 68. Civ. 1ère, 2 janv. 2003 et Civ. 1ère, 21 oct. 2003, *J.C.P.*, 2004, I, 139, chron. C. BYK. Civ. 1ère, 4 fév. 2003, *Resp. civ. et ass.*, mai 2003, comm. n° 143.

[465] "le médecin n'est pas dispensé de cette information sur la gravité du risque par le seul fait que l'intervention serait médicalement nécessaire", Civ. 1ère, 18 juillet 2000, *J.C.P.*, 2000, IV, 2585 ; *P.A.*, 2000, n° 220, p. 10, note J.-F. BARBIERI ; *G.P.*, 17-19 déc. 2000, somm. jur. p. 2451.

[466] Sur le choix d'une définition de la science fondée sur la probabilité d'occurrence d'un événement, comme condition d'existence de la distinction de la prévention et de la précaution, cf. Chp. préliminaire, *supra*, n° 49 et s.

b) L'absence d'incertitude sur la survenance du risque médical, inhérent à l'intervention, compte tenu des connaissances scientifiques et techniques de la médecine

184. La valeur subjective représentée par la croyance du patient en sa chance de ne pas subir le risque encouru, en optant pour une décision plutôt qu'une autre, ne se confond pas avec le risque que telle option médicale choisie entraîne ou non le dommage. Il importe, en effet, de distinguer clairement deux éléments. D'une part, la possibilité objective de réalisation du risque qui n'a pas été portée à la connaissance du patient. Ce risque est plus ou moins probabilisable selon qu'il a déjà été répertorié par la médecine. Il peut être totalement ignoré de la science médicale s'il survient pour la première fois, connu et exceptionnel, ou fréquent. D'autre part, la chance perdue par le patient qui n'est pas statistiquement appréciable mais relève d'une probabilité subjective[467]. Autrement dit, il faut se garder d'assimiler la probabilité subjective portant sur la décision dont le patient a été privé à la mesure objective de réalisation du risque fondée sur la prise en compte des fréquences observées de ce risque, quand bien même le patient s'appuierait sur des données objectives pour prendre sa décision[468].

185. Or, seule l'incertitude relative à la survenance d'un risque, compte tenu des connaissances scientifiques et techniques du moment, constitue le critère de distinction de la prévention et de la précaution. Seule l'incertitude susceptible d'affecter la probabilité d'occurrence du risque médical, qui est une *incertitude scientifique*, correspond à l'incertitude propre à la précaution, ce qui n'est pas le cas de l'incertitude portant sur la survenance de l'intervention médicale liée à la décision du patient. Il en résulte, pour le droit la responsabilité civile, une triple distinction permettant de mieux cerner la nature de la faute du médecin, constituée par le défaut d'information. Il y a d'abord l'existence objective du risque inhérent à l'intervention médicale qui peut être un risque ignoré, suspecté ou avéré[469]. Il y a ensuite la décision subjective du patient fondée sur sa propre évaluation du risque encouru (qui est une

---

[467] Sur cette notion, cf. Chp. préliminaire, *supra*, n° 63.

[468] Ainsi, F. KNIGHT ("Risque et incertitude", *Risques*, n° 3, décembre 1990, p. 37) souligne que dans toute décision, "c'est ici l'incertitude subjective qui est décisive, ce que l'individu pense être ses chances, que sa confiance vienne d'un calcul de probabilité ou de la capacité de prédiction qu'il s'accorde. Dans un processus de décision, l'objectivité se combine à des données subjectives. L'opinion peut être tirée de l'estimation d'une probabilité objective. A cette estimation sera assigné un certain degré subjectif de croyance. Ainsi, le sentiment d'incertitude sera une combinaison de deux rapports de probabilités. Pratiquement toutes les décisions qui conduisent la vie réelle sont fondées sur des opinions, et la plupart de ces opinions sur une probabilité, même si cela n'est pas exprimé et reste implicite".

[469] Sur cette division tripartite, cf. Chp. préliminaire, *supra*, n° 85 et s.

incertitude stricto sensu[470], puisque nul ne peut prévoir la valeur qu'aurait attribué le patient à ses chances d'éviter le risque). Il y a enfin la connaissance par le juge de la décision du patient (en l'absence d'expression préalable par le patient de sa volonté ou de données statistiques en la matière, cette connaissance par le juge est une *incertitude*).

186. En recourant à la notion de perte de chance pour déterminer "le degré d'incertitude caractérisant le choix du patient"[471], la Cour de cassation confère un rôle juridique à la version épistémique ou subjective des probabilités, laquelle mesure, non pas une propriété des choses, mais l'intensité de l'assentiment que le sujet accorde à ses jugements[472]. A côté de la notion de risque s*tricto sensu*, c'est-à-dire objectivement quantifiable, une place est désormais faite à l'*incertitude*[473]. Mais une telle incertitude ne doit pas être confondue avec celle caractérisant la précaution, laquelle est une *incertitude scientifique*. Pour que le défaut d'information soit constitutif d'une faute de précaution, il faut que le risque inhérent à l'intervention soit incertain, compte tenu des connaissances de la médecine, ce qui n'est pas le cas, par exemple, lorsque les juges relèvent que le risque est connu et évalué à un certain taux[474]. En revanche, tel est le cas si le défaut d'information a porté sur les risques de transmission d'une maladie, par voie sanguine, résultant d'une transfusion au cours de l'intervention, à une époque où la connaissance de ce risque de transmission était encore controversée ou encore sur ceux résultant d'une vaccination contre l'hépatite B, soit autant de risques dont l'existence était ou est encore seulement suspectée[475].

187. Le recours à la notion de perte de chance participe de l'interprétation extensive de l'exigence d'un lien de causalité juridique certain entre le fait générateur et le dommage. Il devrait donc être de nature à favoriser l'admission de la notion de précaution par le droit de la responsabilité civile, dans la mesure où il constitue un instrument d'extension de la catégorie juridique de la causalité de nature à faciliter l'appréhension du risque suspecté. La perte de chance n'en demeure pas moins une technique d'assouplissement de

---

470 Sur cette notion, cf. Chp. préliminaire, *supra*, n° 76 et s.
471 R. REVEAU, art. préc., p. 9.
472 Sur la distinction des probabilités objectives et subjectives, cf. Chp. préliminaire, *supra*, n° 63 et s.
473 Sur la distinction du *risque* et de l'*incertitude*, cf. Chp. préliminaire, *supra*, n° 76 et s.
474 Ainsi, dans un arrêt du 20 novembre 2003, la Cour d'appel de Paris (Paris, 1ère ch. B, 20 nov. 2003, *Resp. civ. et ass.* mars 2004, comm. n° 76, note C. RADE), qui a estimé que l'absence d'information ne pouvait être considérée comme la cause d'une perte de chance au motif qu'il n'était pas démontré, en l'espèce, qu'informée du risque la victime aurait refusé l'intervention, avait relevé que le risque de perforation était "connu et évalué à un taux incompressible de 1/100000".
475 Pour d'autres exemples de risques suspectés relevant de la précaution, cf. *infra*, n°232 et s.

la preuve de la causalité juridique, dont la nature est en quelque sorte "neutre", c'est-à-dire indépendante de celle de l'objet auquel elle s'applique, comme en témoigne son utilisation dans des hypothèses dans lesquelles le risque encouru était scientifiquement avéré. De ce fait, elle apparaît bien comme un instrument juridique commun à la prévention et à la précaution, à l'instar d'une troisième méthode d'interprétation souple de la causalité juridique, fondée sur la notion de création d'un risque.

§ 3 LA CREATION D'UN RISQUE

188. Depuis quelques années la doctrine n'a pas manqué de relever l'émergence d'un troisième type de mécanisme d'assouplissement de la causalité juridique : la création fautive d'un risque qui s'est finalement réalisé[476]. Cette notion permet de rattacher un dommage à un fait générateur, en l'occurrence le fait créateur de risque, afin de pallier le doute affectant le lien de causalité entre ces deux éléments. Cette technique se présente comme une mesure d'évitement du dommage (A), lequel a néanmoins vocation à se réaliser, puisque, par hypothèse, la responsabilité civile traditionnelle suppose la survenance d'un dommage. Pour autant, et bien qu'elle soit de nature à favoriser la prise en considération du risque scientifique et technique suspecté, la création d'un risque se présente en réalité comme une technique en quelque sorte "neutre" susceptible d'appréhender à la fois le risque avéré relevant de la prévention et le risque suspecté relevant de la précaution (B).

A – CREATION D'UN RISQUE ET MESURE D'EVITEMENT DU DOMMAGE

189. La notion de création d'un risque se distingue de la notion de perte de chance. En effet, la perte de chance suppose l'existence dans le patrimoine de la personne lésée d'un élément, positif ou négatif (la chance pouvant être bonne ou mauvaise), dont le fait générateur va entraîner la perte. De son côté, la création d'un risque ou "l'exposition à un risque"[477] intervient en l'absence de tout élément de ce type dans le patrimoine de la future victime. Autrement dit, "la perte de chance est réparée en elle-même, tandis que l'exposition à un risque n'est indemnisée qu'en cas de réalisation du risque"[478].

190. Mais cette différence d'appréhension, par le droit, de la perte de chance et de la création d'un risque, que traduit la différence quant à l'étendue

---

[476] Sur cette notion, cf. G. VINEY et P. JOURDAIN, op. cit., n° 373 et 373-1.
[477] Selon que l'on se place du point de vue de l'auteur du dommage ou de la victime.
[478] M. FABRE-MAGNAN, op. cit., n° 624.

de la réparation des préjudices dans ces deux hypothèses[479], ne fait pas obstacle à une analogie d'analyse de ces deux notions. En effet, d'un point de vue conceptuel, l'exposition à un risque est également susceptible d'être décomposée entre trois éléments : le fait générateur du risque, le risque en cours de création et enfin la réalisation de ce dernier. Cependant, à la différence de la perte de chance, le deuxième de ces deux éléments n'a pas d'autonomie sémantique. Le risque créé ou auquel une personne est exposée n'est pas juridiquement reconnu, comme peut l'être l'élément intermédiaire entre le fait générateur et le dommage, dans la perte de chance, qualifié d'aléa. En outre, à la différence de la perte de chance, la création du risque n'est pas réparée en elle-même, indépendamment de sa réalisation.

191. Mais surtout, en prenant en compte le dommage dont le risque constitue la réalisation, le droit sanctionne indirectement mais nécessairement l'absence d'évitement de la survenance du risque, puisque pour que le risque se transforme en dommage il faut d'abord qu'il ait été créé. La création d'un risque correspond alors à *une absence de mesure de nature à éviter la survenance d'un dommage*. En ce sens, le recours à la notion de création d'un risque participe de la fonction préventive de la responsabilité civile envisagée comme une caractérisation du fait générateur[480], lequel peut se présenter comme l'anticipation d'un risque avéré ou celle d'un risque suspecté.

B – CREATION D'UN RISQUE, PREVENTION ET PRECAUTION

192. La distinction de la prévention et de la précaution a été présentée par plusieurs auteurs sous l'angle de l'opposition entre ce que l'on pourrait appeler "une responsabilité passive", sanctionnant l'absence d'évitement d'un risque de dommage, et une "responsabilité active" résultant de la création d'un risque de dommage. Ainsi, a-t-on, pu écrire que : "alors que la prévention tend à éviter des risques connus, la précaution tend à ne pas créer de risques inconnus"[481]. En réalité, l'assimilation du devoir de ne pas créer de risques à la

---

[479] Tandis que la perte de chance entraîne une réparation partielle du dommage (G. VINEY et P. JOURDAIN, op. cit., n° 284), la réalisation d'un risque conduit à une réparation intégrale. Sur cette différence, cf. M. FABRE-MAGNAN, op. cit., n° 621.

[480] Compte tenu de la perspective adoptée dans cette première partie, c'est-à-dire celle de la responsabilité civile en présence d'un dommage.

[481] Y. LAMBERT-FAIVRE, "L'éthique de la responsabilité", art. préc., p. 10. Pour F. COLLART DUTILLEUL ("Regards sur les actions en responsabilité civile à la lumière de l'affaire de la vache folle", *R.D.rur.*, avril 1997, n° 252, p. 232), avec le principe de précaution, "du devoir de prévenir les dangers connaissables ou prévisibles, on passerait ainsi à celui de ne pas créer des dangers encore inconnus". Dans le même sens C. THIBIERGE ("Libres propos sur l'évolution du droit de la responsabilité. Vers un élargissement de la fonction de la responsabilité civile ?", art. préc., p. 571) estime que l'émergence du principe de précaution renvoie à l'idée selon laquelle "il y a des risques qu'il n'est pas acceptable de créer". Une telle présentation des choses, qui participe

précaution s'inscrit dans une interprétation de cette dernière en dehors du paradigme classique de la responsabilité civile fondé sur l'existence d'un dommage[482].

193. Si, en revanche, la notion de précaution est d'abord envisagée dans le paradigme classique de la responsabilité, c'est-à-dire en présence d'un dommage, il en résulte que la ligne de partage entre la prévention et la précaution ne passe plus entre la mesure tendant à éviter un risque de dommage et celle tendant à ne pas le créer mais entre la mesure tendant à prévenir un dommage constituant la réalisation d'un risque avéré et celle tendant à empêcher la survenance d'un dommage constituant la réalisation d'un risque seulement suspecté. En outre, interprétée dans ce paradigme classique, la notion de précaution, à l'instar de celle de prévention, n'est susceptible de porter que sur des risques en rapport avec l'action du responsable, faute de confondre alors la définition des règles de la responsabilité[483] avec celle de l'assurance[484].

194. La notion de création d'un risque, utilisée par la jurisprudence afin d'assouplir l'exigence d'un lien de causalité certain entre le fait générateur et le dommage, apparaît alors comme un instrument commun à la prévention et à la précaution puisque le risque dont la création est sanctionnée peut être avéré ou suspecté, compte tenu des connaissances scientifiques et techniques.

---

d'une assimilation du risque totalement ignoré au risque suspecté relevant de la précaution (Sur cette assimilation à propos des liens entre la précaution et le risque de développement, cf. Chp. préliminaire, *supra*, n° 88 et s.), est contestable dans la mesure où elle semble lier la question de la nature du risque (lequel peut être ignoré, suspecté ou avéré) dont la réalisation constitue le dommage, avec deux autres questions pourtant distinctes. En effet, d'une part, cette analyse lie la question de la nature du risque à celle de la modalité d'expression de la responsabilité, alors que le critère du degré de connaissance du risque est susceptible de transcender la distinction entre la mesure tendant à éviter la survenance d'un risque et celle tendant à en éviter la création. L'une comme l'autre peut s'exprimer sous la forme d'une faute de commission ou d'abstention, cette dernière pouvant constituer une modalité de l'action (Sur la faute d'abstention comme facteur commun d'intégration des responsabilités pour défaut de prévention et de précaution, cf. *supra*, n°129 et s.). D'autre part, cette analyse conduit à une présentation dissymétrique de la distinction de la prévention et de la précaution quant à l'origine du risque, la première étant susceptible de porter indifféremment sur des risques endogènes ou exogènes, tandis que la seconde porterait uniquement sur les premiers, ceux créés par l'individu dont la responsabilité sera recherchée. Or une telle différenciation n 'est pas justifiée.

482 Sur la notion de création d'un risque, comme condition autonome d'engagement de la responsabilité, cf. 2ème partie, *infra*, n° 951 et s., 1040 et s.

483 C'est-à-dire des règles qui "obligent l'auteur d'un dommage causé à autrui à réparer ce préjudice en offrant à la victime une compensation", G. VINEY, *Introduction à la responsabilité*, op. cit., n° 1.

484 Sur la distinction des risques exogènes propres à l'assurance et des risques endogènes caractérisant la précaution, cf. F. EWALD, "Philosophie politique du principe de précaution", *in Le principe de précaution* (coll. "Que sais-je ?"), op. cit., p. 32.

195. Dès lors, les décisions qui ont été présentées comme des applications de la sanction de la création fautive d'une situation dangereuse peuvent être analysées à travers une double distinction. En effet, il est possible de distinguer les décisions qui ne font que traduire l'expression d'une obligation générale de prudence de celles qui constituent la mise en œuvre d'une telle obligation, par référence à la norme scientifique. En outre, au sein de cette dernière catégorie la différenciation de la prévention et de la précaution conduit à opérer un dédoublement entre les situations dans lesquelles le dommage constitue la réalisation d'un risque avéré et celles dans lesquelles le risque n'était que suspecté.

196. La première catégorie de décisions, fondée sur l'obligation générale de prudence, n'appelle pas d'observation particulière si ce n'est la variété des hypothèses qu'elle recouvre[485]. Ainsi, elle a été évoquée à propos du danger créé à l'environnement du fait de l'édification d'un barrage[486] ou de l'activité d'une papeterie[487]. Dans ces différents cas les risques créés n'étaient pas par eux-mêmes des risques scientifiques. Ils peuvent néanmoins être rattachés aux situations dans lesquelles sont en cause de tels risques dans la mesure où derrière toute causalité juridique, il est toujours possible de déceler une causalité matérielle ou scientifique[488].

197. S'agissant, en revanche, des situations dans lesquelles a été sanctionnée la création d'un risque *scientifique*, il convient ici à nouveau de distinguer clairement l'assouplissement du lien de *causalité juridique* entre le fait générateur et le dommage, que traduit le recours à la notion de création d'un risque, de la *causalité scientifique* susceptible d'être établie entre ces deux éléments. A cet égard, les deux affaires soumises à la Cour d'appel de Paris le 25 janvier 1956[489], bien que déjà anciennes, sont particulièrement éloquentes. En l'espèce, un propriétaire, qui avait inoculé le virus de la myxomatose à deux garennes afin de faire disparaître les lapins dont son domaine était infesté, avait déclenché une épidémie dans son département. Invoquant la disparition des lapins sauvages se trouvant sur son terrain, pour l'un[490] et de ceux de son élevage domestique pour l'autre, deux habitants de la région l'avaient actionné en responsabilité civile sur le fondement de l'article 1382 du Code civil. La cour

---

485 Sur ces différentes hypothèses de création d'un risque, cf. G. VINEY et P. JOURDAIN, op. cit., n° 369.

486 Civ. 3ème, 2 décembre 1980, *J.C.P.*, 1981, IV, p. 69.

487 Civ. 2ème, 11 mars 1976, *J.C.P.*, 1976, p. 157.

488 Sur ce constat à propos de la responsabilité civile délictuelle du fait des choses, cf. *infra*, n°499 et s.

489 Paris, 25 janvier 1956 (2 arrêts), *G.P.*, 1956, 1, jur. p. 107, concl. MARMIER.

490 Bien que les lapins constituaient alors pour ce demandeur des *res nullius* la cour d'appel avait estimé que celui-ci était néanmoins fondé à invoquer le préjudice résultant de "la disparition d'un élément important du gibier peuplant sa propriété".

d'appel avait rejeté l'action de la seconde victime au motif qu'elle ne rapportait pas la preuve de ce que ses lapins étaient bien morts de myxomatose. En revanche, elle avait accueilli l'action de l'autre demandeur estimant qu'il existait "des présomptions suffisamment graves, précises et concordantes de la contamination et de la mort des lapins [peuplant sa propriété]" attestant de la relation de cause à effet entre la faute de l'auteur de l'inoculation du virus et le préjudice subi par la victime[491]. En l'espèce, non seulement les juges avaient pris soin de relever que le fauteur de troubles connaissait personnellement la nature des risques qu'il avait créés, en raison de ses qualités d'homme de science[492] mais le rappel des données scientifiques en la matière attestait du fait que le caractère contagieux du virus était avéré, compte tenu de l'état de la science[493]. Cette dernière remarque confère à la responsabilité ainsi retenue le caractère d'un *défaut de prévention*.

198. Dès lors, en relevant que l'auteur de l'inoculation "pouvait et devait prévoir que des garennes atteintes de l'épizootie qu'il provoquait pourraient sortir de sa propriété parfaitement close", les juges avaient affirmé le caractère prévisible du risque de contamination, *pour l'auteur* des faits litigieux. En revanche, ils n'avaient pas alors estimé nécessaire de préciser, de manière distincte, le caractère prévisible du risque par référence aux données de la science. Cette décision témoigne du fait que tant que le risque encouru est avéré, sa prévision objective est en quelque sorte absorbée par sa prévisibilité subjective[494]. La dangerosité avérée du virus n'était pas reconnue pour elle-même mais participait de la reconnaissance du risque de contagion du virus résultant de la possibilité pour les animaux de sortir de la propriété. Lorsque le risque est avéré, seule compte alors pour les juges, amenés à statuer sur la responsabilité civile, la question de la possibilité *pour la personne* dont la responsabilité est recherchée de prévoir le dommage quelle que soit la

---

[491] En l'espèce la cour avait relevé notamment que les rapports d'experts avaient établi que les lapins présentaient des signes nets de maladie, que la propriété de la victime était proche de celle de l'auteur des faits litigieux et qu'enfin antérieurement à cette épidémie il n'existait aucun foyer de myxomatose dans le département.

[492] L'auteur était, selon les conclusions de l'avocat général dans cette affaire, un "spécialiste éminent de bactériologie, membre de l'Académie de médecine". En outre, il résultait des faits de l'espèce que ce dernier avait entretenu une correspondance avec un confrère, professeur en Suisse, qui l'avait expressément informé du caractère contagieux du virus inoculé aux lapins.

[493] En l'espèce, une expérience effectuée en Australie quelques années auparavant, et dont l'auteur des faits litigieux avait connaissance, avait démontré les effets foudroyants du virus (concl. préc.).

[494] "Dans le domaine de la responsabilité, la prévision n'apparaît pas puisque l'on déplace le problème de l'analyse interne sur la comparaison avec un type de référence, celui de l'erreur de conduite que ne commettrait pas un bon professionnel de la même spécialité que celui concerné. *La prévisibilité prime la prévision*" (c'est nous qui soulignons), J. PENNEAU, *Faute et erreur en matière de responsabilité médicale*, Paris, L.G.D.J. (coll. "Bibliothèque de droit privé"), tome 133, 1973, n° 315.

qualification susceptible d'être conférée au risque, de manière autonome, compte tenu de l'état de la science.

199. En revanche, la prise en considération du risque suspecté résultant de la notion de précaution oblige à dissocier plus nettement les deux questions, le risque pouvant être prévisible pour celui qui l'a créé tout en étant susceptible d'être l'objet d'une prévision variable au regard des connaissances scientifiques et techniques. Par où l'on voit que la notion de création d'un risque constitue alors une technique d'allégement de la preuve du lien de causalité juridique (en palliant le doute affectant ce dernier) susceptible d'être mise au service de la responsabilité pour *défaut de prévention* ou de celle résultant d'un *défaut de précaution.*

200. En mettant l'accent sur la nature du risque la distinction de la prévention et de la précaution permet de mieux cerner le processus d'évolution qui conduit de la création d'un risque au dommage en résultant, ce dommage pouvant constituer la réalisation d'un risque avéré ou seulement suspecté, compte tenu des connaissances scientifiques et techniques. En ce sens l'exposition à un risque est constitutive d'une faute[495], laquelle peut être une faute de prévention ou de précaution.

CONCLUSION DE LA SECTION II

201. Les présomptions judiciaires, telle la preuve par exclusion, et les présomptions légales en droit de la santé et en droit de l'environnement ainsi que l'usage, fait par les juges, des notions de perte de chance et de création d'un risque permettent que soit allégée, pour le demandeur, la preuve du lien de causalité juridique entre le fait générateur et le dommage. Ces techniques sont susceptibles d'être appliquées en présence d'un risque avéré ou seulement suspecté. Dès lors, elles se présentent comme des instruments communs à la *prévention* et à la *précaution.*

SECTION III

LE ROLE DES THEORIES JURIDIQUES DE LA CAUSALITE AU REGARD DES RESPONSABILITES POUR DEFAUT DE PREVENTION ET DE PRECAUTION

202. Bien que les théories juridiques de la causalité n'aient pas été originellement conçues en fonction d'une quelconque distinction relative au type de risque engendré par le fait générateur susceptible d'être retenu comme cause

---

[495] "*l'exposition à un risque n'est pas en toute rigueur un préjudice* mais une faute, un comportement de nature à entraîner un dommage", M. FABRE-MAGNAN, op. cit., n°626.

d'un dommage, les développements précédents ont permis d'établir qu'il existe une certaine prédisposition de ces théories en la matière. Ainsi, la théorie de l'équivalence des conditions se révèle propice à l'appréhension des situations d'incertitude, et donc à l'application de la notion de précaution. Dès lors, la question se pose de savoir si, du point de vue de la *théorie du droit*, il est possible d'établir un lien entre l'utilisation de telle ou telle théorie juridique de la causalité par le droit positif et la distinction de la prévention et de la précaution[496]. La distinction du risque avéré et du risque suspecté, compte tenu des connaissances scientifiques et techniques, est-elle susceptible de correspondre à une opposition entre deux ou plusieurs types de théories juridiques de la causalité ? Pour que cela soit le cas il faudrait, par exemple, que dans toutes les situations juridiques rencontrées, dans lesquelles était en cause un risque avéré, les juges aient appliqué la théorie de la causalité adéquate et qu'à l'inverse en présence d'un risque seulement suspecté ils aient retenu la théorie de l'équivalence des conditions[497]. Or les développements précédents ont permis de recenser plusieurs hypothèses dans lesquelles les juges ont eu recours à la théorie de l'équivalence des conditions alors le risque encouru était avéré[498].

203. A cet égard, la nécessaire distinction entre le risque, comme objet du droit de la responsabilité civile, et le risque comme objet de la science, semble de nature à empêcher toute tentative d'établir une loi théorique entre la nature du risque scientifique, d'une part, et l'une ou l'autre théorie de la causalité juridique, d'autre part. Pour autant, il ne semble pas qu'il faille renoncer à toute forme d'analyse en la matière. Si la théorie de l'équivalence des conditions apparaît comme un instrument commun au service de la *prévention* et de la *précaution* (§1), celle de la causalité adéquate fait figure d'instrument plus spécifique au service de la *prévention* (§2), tandis que la théorie de la relativité aquilienne se révèle propice à l'expression de la distinction de la prévention et de la précaution (§3).

---

[496] A l'instar du raisonnement scientifique qui consiste à établir des liens entre la survenance de certains phénomènes et l'apparition d'autres phénomènes de nature à justifier l'inférence de lois théoriques. Sur cette analogie, cf. P. AMSELEK, "La part de la science dans l'activité des juristes", art. préc. Sur la démarche de la science comme recherche des invariants, cf. J. MONOD, *Le hasard et la nécessité. Essai sur la philosophie naturelle de la biologie moderne*, Paris, Le Seuil, 1970, p. 133 ("la stratégie fondamentale de la science dans l'analyse des phénomènes est la découverte des invariants. Toute loi physique, comme d'ailleurs tout développement mathématique, spécifie une relation d'invariance ; les propositions les plus fondamentales de la science sont des postulats universels de conservation").

[497] Et encore, à condition ici d'adhérer au postulat en vertu duquel il est scientifiquement valide d'inférer une loi à partir de la répétition observée d'un événement. Pour une critique de ce postulat s'agissant du fondement des systèmes moraux, cf. D. HUME, *Traité de la nature humaine,* vol. III, *La morale* [1740], Paris, Flammarion, 1993, p. 65.

[498] Cf. *supra*, n° 122 et s.

§ 1 LA THEORIE DE L'EQUIVALENCE DES CONDITIONS, INSTRUMENT COMMUN AU SERVICE DE LA *PREVENTION* ET DE LA *PRECAUTION*

204. En vertu de cette théorie, développée par von Buri[499] au milieu du XIXème siècle et reprise par von Liszt, il n'y a pas lieu d'opérer un choix entre les différents antécédents du dommage[500]. Tout fait sans lequel le dommage ne se serait pas produit est une condition *sine qua non* du dommage et en constitue la cause juridique. En conséquence, pour savoir si un fait peut être qualifié de cause, il convient de "procéder à une recherche au conditionnel passé"[501], en se demandant si, en l'absence de réalisation de cet événement le dommage serait néanmoins survenu. En cas de réponse négative le fait sera alors jugé causal. Cette théorie, qui attribue une valeur causale équivalente à toutes les conditions du dommage, s'exprime également à travers l'adage *sublata causa, tollitur effectus* ("à supposer la cause enlevée, l'effet le serait aussi").

205. La principale critique adressée à la théorie de l'équivalence des conditions est qu'elle conduit à une extension considérable de la notion de causalité et par la suite de la responsabilité. Ainsi, "par application de cette théorie, une personne pourra être amenée à répondre de conséquences très lointaines et exceptionnelles de ses actes"[502] et, "à la limite, chacun pourrait se sentir une part de responsabilité dans tout le mal qui déchire l'univers"[503]. Ce constat a conduit les partisans de l'équivalence des conditions à ne l'admettre qu'au prix d'une distinction entre les conditions *relevantes*, qui ont contribué à la survenance du dommage et en ont déterminé l'étendue, et les conditions *irrelevantes* dont l'intervention est demeurée sans effet sur la production du dommage[504].

206. La théorie de l'équivalence des conditions se révèle ainsi propice à établir une responsabilité dans des situations où l'intervention d'un fait dans la production d'un dommage est l'objet d'une incertitude, autrement dit dont le lien de causalité avec le dommage est "purement hypothétique"[505]. En conséquence, plus le lien de causalité entre un fait susceptible d'être un antécédent du

---

[499] *Die Kausalität und ihre strafrechtliche Beziehungen,* 1855.

[500] Sur l'apport de chacun des ces auteurs à l'élaboration de la théorie de l'équivalence des conditions, cf. P. MARTEAU, *La notion de causalité dans la responsabilité civile,* Marseille, Barlatier, 1913, p. 127 et s.

[501] J. FLOUR, J.-L. AUBERT et E. SAVAUX, op. cit., n° 157.

[502] G. MARTY, "La relation de cause à effet comme condition de la responsabilité civile. (Etude comparative des conceptions allemande, anglaise et française)", art. préc., p. 691.

[503] J. CARBONNIER, op. cit., n° 216.

[504] P. MARTEAU, op. cit., p. 135 et s. ; G. VINEY et P. JOURDAIN, op. cit., n° 339.

[505] B. STARCK, H. ROLAND et L. BOYER, op. cit., n° 1079 ; Ph. LE TOURNEAU et L. CADIET, op. cit., n° 1715.

dommage et le dommage lui-même apparaîtra distendu et incertain, plus le recours à la théorie de l'équivalence des conditions sera de nature, par opposition à la théorie de la causalité adéquate, à en établir l'existence[506]. D'une certaine façon, il est donc permis d'affirmer que si l'efficacité d'une théorie de la causalité devait se mesurer en terme de potentialité à établir une imputation causale conduisant à la reconnaissance d'une responsabilité, elle serait inversement proportionnelle au degré de probabilité entre le fait litigieux et le dommage constaté. L'aptitude de la théorie de l'équivalence des conditions à établir le lien de causalité entre un fait et un dommage sera donc précieuse dans les matières en proie à l'incertitude scientifique, notamment en matière de dommage écologique[507].

207. Mais les prédispositions de la théorie de l'équivalence des conditions en situation d'incertitude scientifique ne tiennent pas tant à la place attribuée à la notion de causalité scientifique au sein de cette théorie, puisque la causalité n'y est pas entendue comme causalité efficiente, qu'à sa nature essentiellement juridique, comme lien d'imputation entre un dommage et un fait générateur. Autrement dit, si l'équivalence des conditions se révèle apte à saisir aussi bien le dommage résultant d'une faute de *prévention* que celui issu d'une faute de *précaution* c'est précisément parce qu'elle est fondée sur une disjonction entre la norme scientifique et la norme juridique. En effet, la composante scientifique de cette dernière est si réduite[508] que non seulement elle ne saurait constituer un obstacle à la prise en compte d'un risque seulement suspecté, compte tenu de l'état de la science, mais se trouve être de nature à favoriser l'appréhension d'un risque scientifique en général. Aussi, le rôle de l'équivalence des conditions dans l'admission, par le droit de la responsabilité civile, de la notion de précaution tient bien plus à l'indifférence de cette théorie à l'égard de la notion de causalité scientifique qu'à un hypothétique lien entre ces deux notions, du point de vue de la norme scientifique. Tel n'est pas le cas, en revanche, de la théorie de la causalité adéquate qui apparaît comme un instrument plus spécifique en matière de *prévention*.

---

506 Sur le rôle de la théorie de l'équivalence des conditions dans l'émergence de la responsabilité pour défaut de précaution, cf. C. RADE, "Le principe de précaution, une nouvelle éthique de la responsabilité", art. préc., p. 84-85.

507 "On devine les difficultés de preuve auxquelles sont confrontés les plaideurs : il faut identifier le polluant qui est à la source du préjudice, en repérer la source, puis déterminer la nature de ses effets. Aussi, la technique juridique vient-elle au secours des demandeurs : on admettra la théorie de «l'équivalence des conditions» [...]", F. OST, "La responsabilité, fil d'Ariane du droit de l'environnement", art. préc., p. 301.

508 Sur les normes scientifiques comme composantes de certaines normes juridiques, cf. P. AMSELEK, "Norme et loi", art. préc., p. 98 et s.

§ 2 La theorie de la causalite adequate, instrument specifique au service de la *prevention* ?

208. Introduite à la fin du XIXème siècle par le scientifique allemand von Kries[509], la théorie de la causalité adéquate a ensuite été reprise par plusieurs juristes[510]. L'analyse de cette théorie, implicitement fondée sur le concept de probabilité objective[511], fait apparaître son rôle incontestable au sein de la fonction préventive de la responsabilité civile. En effet, la théorie de la causalité adéquate consiste à opérer une sélection parmi l'ensemble des causes matérielles du dommage afin de retenir celle qui sera jugée la plus apte à l'avoir produit. La cause adéquate est celle qui "*normalement*, entraîne toujours un dommage de l'espèce considérée, par opposition aux causes qui n'entraînent un tel dommage que par suite de circonstances extraordinaires"[512]. Or l'examen de l'un (A) et de l'autre (B) des deux critères permettant de déterminer cette aptitude révèle le lien existant entre la notion de causalité adéquate et celle de probabilité objective se trouvant au cœur de la notion de *prévention*.

A – Les criteres du "cours habituel des choses" et de "l'experience de la vie"

209. La causalité adéquate est celle qui "est de nature, dans le cours habituel des choses et selon l'expérience de la vie, à produire l'effet qui s'est réalisé"[513]. Les critères de cette définition (l'habitude et l'expérience) postulent la possibilité de se référer à une relation de cause à effet déjà repérée dans le passé. Le jugement d'adéquation de la cause au dommage n'est pas une mesure de la croyance qu'aurait pu avoir l'auteur du dommage de la probabilité de

---

[509] "Über den Begriff der objectiven Möglichkeit", *Zeitschrift für Wissenschaftliche Philosophie*, 1888, p. 179.

[510] Sur les différentes variantes de la théorie de la causalité adéquate, cf. P. MARTEAU, op. cit., p. 43 et s. ; A. M. HONORE, *International encyclopedia of comparative law*, op. cit., vol. XI, chp. 7, n° 80 et s. Pour une application en histoire, cf. M. WEBER, *Etudes critiques pour servir à la logique des sciences de la "culture"* [1906], 2."Possibilité objective et causalité adéquate en histoire", *in Essais sur la théorie de la science*, Paris, Plon, 1992 (Coll. "Agora"), p. 269.

[511] Sur la distinction entre probabilité objective et probabilité subjective, cf. Chp. préliminaire, *supra*, n° 63 et s.

[512] J. CARBONNIER, op. cit., n° 216.

[513] Ph. LETOURNEAU et L. CADIET op. cit., n° 1716. Dans le mêmes sens, cf. H. DESCHENEAUX, "Norme et causalité en responsabilité civile", *in Stabilité et dynamisme du droit dans la jurisprudence du tribunal fédéral Suisse. Recueil offert au Tribunal Fédéral à l'occasion de son centenaire par les Facultés de droit suisses*, Helbing & Lichtenhahn Verlag Basel, 1975, p. 407. Certains auteurs n'évoquent que le critère du "cours habituel (ou naturel) des choses", cf. J. CARBONNIER, op. cit., n°216; B. STARCK, H. ROLAND et L. BOYER, op. cit., n° 1081 ; J. FLOUR, J.-L. AUBERT et E. SAVAUX, op. cit., n° 158. Pour d'autres, les deux critères ne font qu'un. Il faut se référer au "déroulement des faits tel que l'expérience le révèle", cf. Ph. MALAURIE et L. AYNES, op. cit., n° 93.

réalisation du préjudice (hypothèse de probabilité subjective) mais résulte de la potentialité, inhérente à l'acte constitutif du fait générateur, à produire le dommage. Il renvoie à la perspective objective ou fréquentiste qui conçoit la probabilité comme une mesure de la possibilité de réalisation d'un événement à partir de la prise en compte de fréquences observées de cet événement[514]. Cette mesure s'effectue en tenant compte des "combinaisons variables entre causes constantes et causes accidentelles"[515], à l'instar de la recherche de la cause adéquate qui postule de distinguer entre les antécédents de nature à produire *normalement* le dommage, et ceux ne l'ayant entraîné qu'en raison de circonstances exceptionnelles. Ainsi a-t-on pu affirmer que la théorie de la causalité adéquate était "une conception objective de la causalité"[516] et "une théorie de la *probabilité*"[517] ou encore que "le caractère adéquat de la causalité [dépendait] du degré de probabilité du dommage"[518]. Cette aptitude de la cause à produire le dommage s'exprime également en doctrine par l'exigence d'une "prévisibilité objective" du dommage[519].

B – LA PREVISIBILITE OBJECTIVE DU DOMMAGE

210. Il revient à Rümelin[520] d'avoir perfectionné la théorie inventée par von Kries et formalisé la démarche permettant d'aboutir à la découverte de la cause adéquate grâce à l'introduction de la notion de "pronostic objectif rétrospectif"[521]. L'objectif de Rümelin était de "construire une théorie exclusivement objective"[522] de la causalité et de remédier aux insuffisances de la théorie de von Kries jugée trop subjective en ce qu'elle conduisait à

---

[514] Le lien entre la causalité adéquate et la notion de probabilité objective avait déjà été entrevu par G. MARTY ("La relation de cause à effet comme condition de la responsabilité civile. Etude comparative des conceptions allemande, anglaise et française", art. préc., p. 712, note 1) qui s'interrogeait en ces termes : "Ne pourrait-on cependant établir une parenté entre la vérité causale pratique que le physicien fonde sur la loi des grands nombres et celle que le juriste rattache à l'*id quod plerum que fit*". Dans le même sens, R. BARROT ("Remarques sur la notion de cause et sur ses applications", *R.G.A.T.*, 1989, p. 500) souligne que "lorsque les séries ont été suffisamment nombreuses, et que les corrélations sont confirmées, on obtient une *vérité statistique*, relative certes, mais suffisante à un moment donné. On rejoint ici la théorie dite de la causalité adéquate, où l'idée de normalité repose sur la statistique, en laissant place aux exceptions. La normalité est une notion voisine de la prévisibilité [...]".

[515] A. DESROSIERE, op. cit., p. 100.

[516] I. SOULEAU, *La prévisibilité du dommage contractuel*, thèse (dactyl.), Paris II, 1979, n° 221, p. 223.

[517] H. DESCHENEAUX, art. préc., p. 408. Dans le même sens, cf. A. BENABENT, *La chance et le droit*, op. cit., n° 231.

[518] Ph. MALAURIE et L. AYNES, op. cit., n° 93.

[519] G. VINEY et P. JOURDAIN, op. cit., n° 344 , 347 et 369 ; H., L., J. MAZEAUD et F. CHABAS, op. cit., n° 566 ; H. DESCHENEAUX, art. préc., p. 407.

[520] *Der Zufall im Recht*, Leipzig, 1896.

[521] Sur cette notion, cf. P. MARTEAU, op. cit., p. 108 et s.

[522] P. MARTEAU, op. cit., p. 109.

confondre la causalité et la faute. En effet, "lorsqu'il [von Kries] croit se demander si tel acte est généralement propre à produire un résultat donné, il répond en réalité à la question : l'auteur pouvait-il prévoir ce résultat ?"[523] Pour éviter l'introduction d'un tel élément subjectif dans le jugement sur la causalité Rümelin a donc proposé de procéder à un examen *ex post* consistant à remonter la chaîne des causes matérielles d'un dommage pour s'interroger ensuite sur leur potentialité objective à le produire[524]. Il ne s'agit donc plus seulement de s'interroger sur ce qu'aurait pu ou dû connaître l'auteur du dommage mais bien de se demander si le fait générateur litigieux était *en soi* de nature produire le dommage observé. Le "savoir nomologique"[525] de référence n'est plus la seule prévisibilité subjective du résultat par tel agent mais bien sa prévisibilité objective, compte tenu de "toutes les connaissances constituant l'expérience humaine"[526] ou encore "par référence aux données de la science"[527]. Or une telle analyse de la causalité en termes de *propension* de l'acte à produire le dommage s'apparente à la notion de probabilité objective[528]. Certes, la prévisibilité objective du résultat est parfois présentée comme renvoyant à "ce qu'une personne *normale* aurait prévu ou cru possible"[529], ce qui pourrait être interprété comme le maintien d'une référence à une probabilité de type subjective. Mais l'objection n'est qu'apparente dans la mesure où la subjectivité à laquelle il est ici fait référence ne constitue pas une caractérisation autonome du risque que constitue la réalisation du dommage, compte tenu de l'état de la science. Elle renvoie seulement à l'appréciation subjective de la situation dommageable par son auteur[530].

211. Il importe enfin de souligner que cette propension du fait générateur à entraîner le dommage n'est pas douteuse. Le savoir de référence

---

523 P. MARTEAU, op. cit., p. 102.

524 Cette démarche s'apparente à celle de l'historien qui, un événement étant arrivé, s'interroge par une opération de *rétrodiction* sur la bonne explication qu'il convient de lui donner. A l'instar des problèmes de causalité juridique, les problèmes de causalité historique sont des problèmes de probabilités. Cf. P. VEYNE, *Comment on écrit l'histoire*, Paris, Seuil (coll. "Points"), 1971, chp. 8 "Causalité et rétrodiction", p. 97 et s.

525 P. MARTEAU, op. cit., p. 90.

526 P. MARTEAU, op. cit., p. 110.

527 G. VINEY et P. JOURDAIN, op. cit., n° 340-1.

528 Le terme de "propension" est d'ailleurs utilisé par la doctrine juridique à propos de la causalité adéquate, cf. G. VINEY et P. JOURDAIN, op. cit., n° 358 ; G. SCHAMPS, *La mise en danger : un concept fondateur d'un principe général de responsabilité. Analyse de droit comparé*, Bruxelles, Bruylant et Paris, L.G.D.J., 1996, n° 136. Pour une référence directe à la notion de "probabilité objective", cf. G. VINEY et P. JOURDAIN, op. cit., n° 358-1. Sur le lien entre la notion de "propension" et celle de "probabilité objective" chez K. POPPER, cf. Article "Probabilité", *in Dictionnaire d'histoire et de philosophie des sciences*, sous la dir. de D. LECOURT, Paris, P.U.F., 1999, p. 765.

529 H. DESCHENEAUX, art. préc., p. 407.

530 Laquelle peut ensuite être fondée sur la norme scientifique, mais la référence à cette dernière est alors indirecte.

qui permet, dans le cadre du "pronostic rétrospectif", de se demander "après coup" si le dommage qui s'est produit était prévisible, n'est pas l'objet d'une connaissance vraisemblable ou hypothétique mais bien d'une connaissance certaine. Pour autant, si la théorie de la causalité adéquate repose sur une connaissance avérée des risques créés par l'acte incriminé et renvoie ainsi à la *prévention*, elle ne saurait constituer un instrument spécifique à l'appréhension du risque avéré, compte tenu de l'état de la science. En effet, il convient de rappeler que dans l'appréciation de l'existence d'un risque suspecté, caractéristique de la notion de précaution, toute référence à la réalisation passée de certains risques, et donc toute idée de probabilité objective, n'est pas exclue, la précaution supposant un certain seuil d'occurrence du risque[531].

§ 3 Les predispositions de la theorie de la relativite aquilienne a saisir les fautes de *prevention* et de *precaution*

212. Que la théorie de la relativité aquilienne entretienne des liens étroits avec la notion de causalité, de nombreux auteurs le reconnaissent volontiers[532]. Qu'elle puisse constituer une technique permettant une prise en compte, par le droit de la responsabilité, de l'incertitude, au-delà du seul risque certain, cela peut sembler paradoxal puisque cette théorie se présente comme une tentative pour limiter la responsabilité civile[533]. Mais en tant qu'elle constitue un mode de d'imputation de la responsabilité fondé sur une prévisibilité du dommage (A), elle peut être utilisée pour appréhender non seulement des dommages dont la possibilité de survenance est avérée, compte tenu des connaissances scientifiques, mais également ceux dont la possibilité de survenance est seulement suspectée, eu égard à ces mêmes données de la science (B).

A – La relativite aquilienne, instrument au service de la previsibilite du dommage

213. La théorie de la relativité aquilienne consiste à limiter la recevabilité de l'action en responsabilité en faisant dépendre l'indemnisation de la finalité de la norme violée. L'action en réparation n'appartient qu'aux personnes que la règle juridique a entendu protéger et ne s'étend qu'aux

---

[531] Sur cette exigence de seuil, cf. Chp. préliminaire, *supra*, n° 92 et s.

[532] G. VINEY et P. JOURDAIN, op. cit., n° 336 ; G. VINEY, note sous Crim. 1er mars 1973, *J.C.P.*, 1974, II, 17615 ; J. LIMPENS, "La théorie de la «relativité aquilienne» en droit comparé", *in Mélanges offerts à R. Savatier*, Paris, L.G.D.J., 1965, p. 559 (spéc. n°33 et 39) ; D.-M. PHILIPPE, "La théorie de la relativité aquilienne", *in Mélanges Roger O. Dalcq*, Bruxelles, Maison Larcier, 1994, p. 467 (spéc. p. 480).

[533] En ce sens, cf. J. LIMPENS, art. préc., n° 4 ; G. VINEY, *Introduction à la responsabilité*, op. cit., n° 96.

dommages contre lesquels la norme offre sa protection[534]. Cette double relativité du droit à réparation, à la fois personnelle (limitation quant aux personnes titulaires de l'action) et matérielle[535] (limitation quant aux dommages réparables) renvoie à la fonction préventive de la responsabilité. En effet, la détermination du cercle des personnes protégées et de celui des dommages réparables suppose une interprétation de la règle juridique méconnue visant à "déterminer les hypothèses de danger que la norme veut prévenir"[536]. A l'instar de la causalité adéquate, la théorie de la relativité aquilienne fait appel à la notion de prévisibilité objective du dommage[537]. Il s'agit de se demander si le préjudice qui s'est réalisé appartenait à ceux que l'auteur présumé du dommage se devait de prévoir en vertu de la norme. La faute ne sera jugée causale "que si le devoir méconnu tendait à éviter le préjudice qui en est résulté"[538]. A cet égard, la relativité aquilienne est donc un instrument préventif renvoyant à une caractérisation de la mesure d'évitement du dommage, susceptible d'être définie indépendamment de la réalisation ou non de ce dernier[539].

B – LA RELATIVITE AQUILIENNE, INSTRUMENT COMMUN AU SERVICE DE LA *PREVENTION* ET DE LA *PRECAUTION*

214. Dans la mesure ou la théorie de la relativité aquilienne est intimement liée à la prévisibilité objective du dommage elle se présente comme une technique susceptible de favoriser l'anticipation d'un risque, que celui-ci soit avéré ou seulement suspecté[540]. En effet, en faisant de la prévisibilité objective du résultat une composante de la norme juridique, la relativité aquilienne est de nature à faciliter l'intégration, au sein de cette dernière, des notions de prévention et de précaution qui constituent toutes les deux des mesures d'évitement d'un risque. Autrement dit, si la théorie de la relativité aquilienne n'a pas été originellement conçue pour éviter la réalisation de risques scientifiques et techniques, la place qu'elle attribue au critère de la prévisibilité objective du dommage en fait un instrument propice à l'expression de la prévention et de la précaution.

---

[534] G. VINEY, *Introduction à la responsabilité*, op. cit., n° 96 ; J. LIMPENS, art. préc., n° 4 ; H. DESCHENEAUX, art. préc., p. 414 ; D.-.M. PHILIPPE, art. préc., p. 467 ; A. M. HONORE, op. cit., n° 97.

[535] J. LIMPENS, art. préc., n° 4.

[536] M. SCHICKEDANZ, cité par D.-.M. PHILIPPE, art. préc., p. 472.

[537] En ce sens, cf. D.-.M. PHILIPPE, art. préc., p. 479.

[538] G. VINEY et P. JOURDAIN, op. cit., n° 346-1.

[539] Sur la fonction préventive de la responsabilité dans le paradigme classique de la responsabilité civile, cf. *infra*, n° 331 et s.

[540] Pour un rapprochement entre la théorie de la relativité aquilienne et la notion de mise en danger, cf. G. SCHAMPS, op. cit., n° 140 et s.

215. Dès lors, bien que la théorie de la relativité aquilienne se soit surtout développée à l'étranger et n'ait jamais été adoptée en France[541], elle pourrait être utilisée pour sanctionner non seulement les fautes commises en situation de certitude scientifique, mais également celles intervenues alors que le risque encouru était seulement suspecté, compte tenu de l'état de la science. Une telle utilisation de cette théorie, dans le but de faciliter l'expression de la prévention et de la précaution, se trouverait d'ailleurs pleinement justifiée au regard de la finalité de la consécration juridique des principes de prévention et de précaution. En effet, il convient de rappeler que ces principes ont été originellement conçus pour appréhender une forme particulière de dommage : les dommages de grande ampleur portant atteinte à l'environnement ou à la santé[542]. Or le but de la théorie de la relativité aquilienne consiste précisément à limiter l'action en responsabilité en fonction d'*un certain type de dommage*[543]. Cette théorie est liée à la notion d'intérêt légitime à agir puisqu'elle "ne prend en considération que le dommage qui est inclus dans les **intérêts protégés par la norme**"[544]. Par conséquent, elle s'articule parfaitement bien avec la reconnaissance de nouveaux intérêts spécifiques, tels que ceux résultant de la nécessaire protection de l'environnement et de la santé, susceptibles de faire l'objet de mesures de prévention ou de précaution[545].

CONCLUSION DE LA SECTION III

216. L'analyse de la distinction de la prévention et de la précaution à l'épreuve des théories juridiques de la causalité a permis de souligner les limites auxquelles se heurte toute tentative de systématisation en la matière, c'est-à-dire l'impossibilité d'établir une équivalence parfaite entre les termes de la distinction et les différentes théories de la causalité. Il reste, néanmoins, que la remontée aux sources de ces théories, en mettant en évidence la place attribuée par chacune d'entre elles à la notion de causalité scientifique, a contribué à faire ressortir la nature des liens susceptibles d'être entretenus entre ces diverses théories et la distinction de la prévention et de la précaution.

---

541 G. VINEY et P. JOURDAIN, op. cit., n° 336 ; J. LIMPENS, art. préc., n° 23 ; D.-M. PHILIPPE, art. préc., p. 476.

542 Sur l'extension doctrinale du champ d'application des principes de prévention et de précaution aux risques sanitaires, cf. Introduction, *supra*, n° 3 et 13. Sur la spécificité des dommages résultant d'un défaut de prévention ou de précaution, cf. 2ème partie, *infra*, n° 664 et s.

543 Sur l'importance de l'aspect matériel de la relativité aquilienne, par rapport à son aspect personnel, cf. J. LIMPENS (art. préc., n° 37) qui estime qu' "un jour viendra sans doute où, s'affinant encore davantage la notion de relativité aquilienne portera exclusivement sur le *dommage*, étant entendu que les *personnes* protégées seront automatiquement désignées par référence au dommage".

544 D.- M. PHILIPPE, art. préc., p. 481.

545 Sur cette question, cf. 2ème *infra*, n° 949 et s.

217. Tandis que la disjonction entre la norme scientifique et la norme juridique[546] loin de constituer un obstacle à l'appréhension de la distinction de la prévention et de la précaution, pourtant fondée sur la causalité scientifique, est de nature à en faciliter l'intégration par le droit, la conjonction entre ces deux types de normes[547] ne confère pas nécessairement une vocation unifiante à la théorie juridique de la causalité qui l'exprime. Il en résulte que la spécificité de l'une ou l'autre théorie, au regard du critère des connaissances scientifiques, ne permet pas d'être pleinement rattachée à la spécificité du lien de causalité scientifique, condition distinctive des responsabilités pour *défaut de prévention* et de *précaution.*

CONCLUSION DU CHAPITRE I

218. L'assouplissement de la définition et de la preuve de la causalité juridique tendent à atténuer l'exigence d'un lien de causalité certain entre le fait générateur de responsabilité et le dommage au profit de l'admission d'un lien de causalité probable. Une telle évolution est certes de nature à favoriser la prise en considération de risques seulement suspectés relevant de la notion de précaution en mettant l'accent sur le rôle préventif de la responsabilité, comme mesure destinée à éviter la survenance d'un dommage[548]. Cependant, elle ne saurait être assimilée à une manifestation de la responsabilité pour *défaut de précaution.* En effet, l'interprétation souple du lien de causalité juridique à travers le recours aux présomptions, à la notion de perte de chance ou encore à celle de création d'un risque favorise la prise en considération du risque suspecté caractéristique de la précaution. Mais dans la mesure où elle intervient également pour appréhender le risque avéré elle se présente comme un facteur commun d'intégration des responsabilités pour *défaut de prévention* et *de précaution.* Une telle analyse se trouve confirmée par l'examen du rôle joué par les théories juridiques de la causalité au regard de la prévention et de la précaution. En effet, bien que certaines de ces théories semblent, au premier abord, plus propices à l'appréhension du risque avéré ou du risque suspecté, il apparaît, en réalité, que toute tentative de systématisation en vue d'associer l'une ou l'autre d'entre elles à la notion de prévention ou à celle de précaution se révèle délicate. Le risque scientifique et technique, qu'il soit avéré ou suspecté, est ainsi susceptible d'être appréhendé tant par la théorie de l'équivalence des conditions, que par celle de la causalité adéquate ou encore par celle de la relativité aquilienne. La part attribuée à la causalité scientifique au sein de chacune de ces théories ne se présente pas comme un élément de nature à favoriser la prise en compte des

---

[546] Dans la théorie de l'équivalence des conditions et dans celle de la relativité aquilienne.

[547] Dans la théorie de la causalité adéquate.

[548] Alors même que le dommage se produit effectivement puisque, par hypothèse, dans le paradigme classique de la responsabilité civile, ce dernier est une condition d'engagement de cette responsabilité.

risques scientifiques et techniques. Ainsi, la réception de la notion de précaution pourra être facilitée par le recours à la théorie de l'équivalence des conditions alors que cette dernière se caractérise pourtant par une dissociation entre la norme scientifique et la norme juridique.

CHAPITRE II

LA PRISE EN COMPTE DU LIEN DE CAUSALITE SCIENTIFIQUE COMME CRITERE DE DISTINCTION DES RESPONSABILITES CIVILES POUR DEFAUT DE PREVENTION ET DE PRECAUTION

219. La nature du lien de causalité scientifique, entre un bien ou un produit et ses effets dangereux ou entre un acte et ses effets dommageables, varie selon le degré de certitude dont il est affecté. La distinction précédemment établie entre les trois principaux types de risques (risque ignoré, risque suspecté, risque avéré) [549] renvoie à une division tripartie du lien de causalité scientifique. Le degré de connaissance de ce dernier constitue l'élément distinctif des différentes formes de responsabilités curatives en lien avec l'état des connaissances scientifiques et techniques. Si la causalité scientifique est un élément de qualification de la responsabilité au service de la distinction de la prévention et de la précaution (Section I), elle ne saurait, par conséquent, rester sans influence sur la mise en œuvre des conditions d'exonération de cette responsabilité (Section II).

SECTION I

L'INCIDENCE DE LA CAUSALITE SCIENTIFIQUE SUR LA QUALIFICATION DE LA RESPONSABILITE CIVILE

220. Tandis que la connaissance du lien de causalité scientifique est une condition nécessaire de la responsabilité pour *défaut de prévention* (§1) et que l'incertitude qui affecte ce même lien est une condition autonome, constitutive d'une responsabilité pour *défaut de précaution* (§2), l'ignorance de la causalité scientifique demeure, pour l'heure, en quête de qualification juridique (§3).

§ 1 LA CONNAISSANCE DU LIEN DE CAUSALITE SCIENTIFIQUE, CONDITION NECESSAIRE DE LA RESPONSABILITE POUR *DEFAUT DE PREVENTION*

221. L'existence d'un lien de causalité scientifique avéré, compte tenu des connaissances scientifiques et techniques, est susceptible de se manifester dans de multiples domaines en proie à l'évolution de la science et de la

---

[549] Cf. Chp. préliminaire, *supra*, n° 85 et s.

technique[550]. Cependant, les exemples qui vont suivre seront surtout empruntés au domaine médical. En effet, dans cette matière, un même risque est susceptible de relever de la prévention ou de la précaution en fonction du moment de son intervention dans le dommage, tandis que dans d'autres domaines[551] le risque scientifique ou technique encouru ne s'étant, le plus souvent, pas encore réalisé, son analyse au regard de la distinction de la prévention et de la précaution, *dans le paradigme classique de la responsabilité civile*[552], demeure plus délicate. La prise en compte des bénéfices escomptés et des risques est consubstantielle à l'acte médical dans la mesure où le médecin a pour mission à la fois de soigner les malades et de préserver la santé des bien portants, conformément au précepte traditionnel "*Primum non nocere*" (d'abord ne pas nuire). Dès lors, les manifestations du risque avéré, constitutif d'une responsabilité pour *défaut de prévention*, seront envisagées en matière de produits de santé (A) et d'actes médicaux (B).

A – PREVENTION ET RESPONSABILITE DU FAIT DES PRODUITS DE SANTE

222. De tout temps les produits de santé ont été susceptibles d'entraîner des effets indésirables *connus*, compte tenu de l'état de la science. Parmi les médicaments[553], qui ont toujours été générateurs de tels effets[554], les

---

[550] Ainsi, en matière d'informatique, à propos de la vente d'une disquette contaminée par un virus, cf. Com. 25 nov. 1997, *B.C.*, IV, n° 308 ; *D.*, 1999, somm. p. 16, obs. O. TOURNAFOND ; *D. Aff.*, 1998, p. 66 ; *J.C.P. éd. E*, 1998, p. 853, note B. GROSS ; *Con. Conc. Cons.*, mars 1998, comm n° 43, p. 10, obs. L. LEVENEUR ; *R.T.D.civ.*, 1998, p. 386, obs. P. JOURDAIN. Dans cette affaire, la Cour de cassation avait confirmé la décision de la cour d'appel qui, après avoir jugé que la disquette litigieuse constituait un élément du contrat de vente, avait condamné le vendeur à garantir l'acheteur des conséquences dommageables du virus sur le fondement de l'article 1641 du Code civil, aux motifs, notamment, que "le risque de contamination était un *risque connu* dans le domaine informatique, ayant suscité une abondante littérature ainsi que la mise au point de logiciel de détection et de suppression des virus et d'une véritable stratégie de défense à l'égard de ces risques d'invasion".

[551] Ainsi, en droit de l'environnement.

[552] C'est-à-dire en présence d'un dommage. Sur cette définition cf. *supra*, n° 10, 32, 34, 111 et 112.

[553] Légalement la notion de médicament s'entend de "toute substance ou composition présentée comme possédant des propriétés curatives ou préventives à l'égard des maladies humaines ou animales, ainsi que tout produit pouvant être administré à l'homme ou à l'animal, en vue d'établir un diagnostic médical ou de restaurer, corriger ou modifier leurs fonctions organiques" (art. L.5111-1 du Code de la santé publique).

[554] Sur la responsabilité civile dans le domaine des médicaments, cf. F. COUSTOU, "L'évolution de la notion de responsabilité dans le droit pharmaceutique et dans le droit de la santé", *Bull. Ord. Pharm.*, février 1978, n° 208, p. 161 ; F. TERRE, "Le médicament : risques et responsabilités", *Bull. Ord. Pharm.*, juin 1984, n° 276, p. 404 ; A. VIANDIER, "Garantie des vices cachés et accident pharmaceutique", *Bull. Ord. Pharm.*, juil.-sept. 1984, n° 277, p. 547 ; P. METADIER et F. COUSTOU, "Responsabilité du fait des produits. Directive du 25 juillet 1985 C.E.E.", *Bull. Ord. Pharm.*, mars 1987, n° 300, p. 404 ; S. WELSCH, "Médicament et responsabilité", *Méd. et dr.*, 1997, n° 23, p. 18 ; E. FOUASSIER, "Responsabilité civile liée au médicament industriel : la

produits sanguins occupent une place à part en raison notamment de la valeur symbolique du sang. A cet égard, les contaminations post-transfusionnelles[555] ont souvent été citées comme des exemples d'applications de la notion de précaution. Il convient cependant de souligner qu'elles sont également susceptibles d'être objet de prévention, dès lors que le fait générateur de responsabilité, c'est-à-dire la transfusion sanguine, est intervenu à un moment où le risque de contamination par le virus du Sida ou celui de l'hépatite C était non plus seulement suspecté mais déjà avéré.

223. Ainsi, à partir de 1984 le risque de transmissibilité du virus du Sida par le sang peut être qualifié d'avéré. Cette date ouvre donc le début de la période de prévention[556]. En conséquence, les actions en responsabilité dirigées

---

nouvelle donne. Analyse critique de quelques conséquences de la directive «produits défectueux» du 25 juillet 1985 et du décret du 11 février 1998 relatif aux établissements pharmaceutiques", *R.D.S.S.*, avril-juin 1998, p. 296 ; J. CALVO, "La responsabilité du fait des effets secondaires des produits de santé", *P.A.*, 16 février 1999, n° 33, p. 14 ; A. LAUDE, "La responsabilité des produits de santé", *D.*, 1999, chron. p. 189.

[555] Sur la responsabilité en cas de transfusions sanguines, cf. A. GRAF, "Sida, responsabilité civile et assurance", *Risques*, déc. 1990, n° 3, p. 192 ; H. MARGEAT, "Séropositivité, SIDA et jurisprudence", *G.P.*, 13-15 octobre 1991, doctr. p. 6 ; C. DELPOUX, "Loi d'indemnisation des personnes contaminées par le virus du sida", *Risques*, décembre 1991, p. 167 ; M.-L. MORANCAIS-DEMEESTER, "Contamination par transfusion du virus du SIDA : responsabilités et indemnisation", *D.*, 1992, chron. p. 189 ; Y. LAMBERT-FAIVRE, "L'hépatite C post-transfusionnelle et la responsabilité civile", *D.*, 1993, chron. p. 291 ; F. MEMI, "SIDA et responsabilité civile, *G. P.*, 27 avril 1993, p. 533 ; C. DALCQ, "La transmission du virus du SIDA à l'occasion de transfusions sanguines et la responsabilité civile : enseignements de la jurisprudence française", *in Mélanges R. O. DALCQ, Bruxelles*, Maison Larcier, 1994, p. 67 ; C. DELPOUX, "Contaminations par transfusion sanguine : responsabilité et assurance après les récents arrêts de la Cour de cassation et du Conseil d'Etat", *Risques*, juil.-sept. 1995, n° 23, p. 177; J.-S. BERGER, "Risque et faute dans la contamination transfusionnelle", *G.P.*, 13 juillet 1996, doctr. p. 737 ; S. WELSCH, "Contaminations virales post-transfusionnelles et responsabilités des centres de transfusion : essai sur le droit positif", *P.A.*, 16 avril 1997, n° 46, p.10 ; B. GIMBERT, "Responsabilité médicale et transfusion sanguine", *P.A.*, 4 mars 1998, n° 27, p. 10 ; M. LEBEAU, "Responsabilité et contamination post-transfusionnelles, *G.P.*, 16-17 juin 1999, p. 35 ; I. BESSIERES-ROQUES, "Problèmes juridiques posés par la contamination par les produits humains", *Rev. fr. dom. corp.*, 2000, p. 51 ; L. MARTINET et L. FASSIER, "De la nécessaire orthodoxie juridique en matière d'hépatite C post transfusionnelle", *G.P.*, 17-19 déc. 2000, doctr. p. 2284 ; D. ARTUS, "Hépatite C post-transfusionnelle : des voies et des réponses contentieuses désormais clarifiées", *D.*, 2001, chron. p. 1745 ; D. DENDONCKER, "Les contaminations virales post-transfusionnelles devant les deux ordres juridictionnels", *R.R.J.*, 2002, p. 743 ; J.-A. ROBERT et A. REGNIAULT, "Les personnes atteintes de l'hépatite C sont-elles des victimes comme les autres ?", *Méd. et dr.*, 2002, n° 52, p. 20.

[556] L'historique des connaissances scientifiques relatives au Sida et à son mode de transmission a été retracé par de nombreux auteurs (cf. notamment, *Rapport de la commission d'enquête sur l'état des connaissances scientifiques et les actions menées à l'égard de la transmission du Sida au cours des dix dernières années en France et à l'étranger*, U.G.E, coll. "10/18", 1993 ; M.-A. HERMITTE, *Le sang et le droit. Essai sur la transfusion sanguine*, Paris, Seuil, 1996, p. 240 et s. et "Le principe de précaution à la lumière du drame de la transfusion sanguine en France", *in Le principe de précaution dans la conduite des affaires humaines*, op. cit., p. 179, spéc. p. 182 ; J.

contre des conducteurs d'automobiles[557] ou des médecins en raison des fautes commises par eux, ayant rendu nécessaire des transfusions sanguines à l'origine

---

STRAZZULLA, *Le Sida 1981-1985. les débuts d'une pandémie*, Paris, La documentation française, 1993, chronologie p. 121 ; H. LEGAL, Conclusions sous CE, Ass. 9 avril 1993, *R.F.D.A.*, mai-juin 1993, p. 583, spéc. p. 594 et s.). L'évolution des connaissances scientifiques concernant ce virus a été marquée par l'acquisition progressive de la certitude de quatre principales données médicales : celle du risque de transmission de la maladie par la transfusion sanguine, du risque de passage de la séropositivité au Sida, celle de l'inactivation du virus par la technique du chauffage et enfin celle de la fiabilité des tests de dépistage. Deux périodes peuvent être distinguées. La première période s'étend de 1981 à 1984. Au cours de cette période, l'évolution des connaissances scientifiques passe de l'ignorance à l'incertitude. L'année 1982 marque la sortie de la période d'*ignorance* et le début de la période d'*incertitude.* Selon la plupart des scientifiques et des auteurs (M.-A. HERMITTE, op. cit., p. 246 et s. ; A. MORELLE, "L'institution médicale en question, retour sur l'affaire du sang contaminé", *Esprit*, oct. 1993, p.19; *Rapport de la commission d'enquête sur l'état des connaissances scientifiques*..., p. 380, audition de W. ROZENBAUM, et p. 298 et s., audition de L. MONTAGNIER ; J. STRAZZULLA, op. cit., p. 65) il est possible de considérer l'année 1983 comme le début de la période, au sein de la situation d'*incertitude*, à partir de laquelle la transmissibilité du Sida, soupçonnée depuis 1982, est attestée par plusieurs données, sans pour autant que celles-ci soient totalement validées, ce qui ne sera le cas qu'en avril 1984, lorsque l'équipe américaine confirmera les résultats de l'Institut Pasteur (*Rapport de la commission d'enquête sur l'état des connaissances scientifiques*..., p. 35 et 379). **L'année 1983 peut donc être retenue comme le point de départ de la période de précaution** (En ce sens, cf. M. SETBON, "Le cas du sang contaminé confronté au principe de précaution", *in Le principe de précaution. Rapport au Premier ministre*, op. cit., Annexe 4, p. 399 et "Le principe de précaution en questions", *Rev .fr. aff. soc.*, juil.-déc. 1997, n°34, spéc. p. 203 : "Il aura fallu attendre 1983, soit deux ans après l'apparition des premiers cas de sida en France, pour que la connaissance scientifique retienne comme valide l'hypothèse d'une transmission sanguine de l'agent responsable, même si celle-ci était avancée depuis près d'un an"). La seconde période s'étend de 1984 à 1985. Au cours de cette période, l'évolution des connaissances scientifiques passe de l'*incertitude* au risque *avéré.* **L'année 1984 marque la fin des incertitudes** (M.-A. HERMITTE, op. cit., p. 252) **et peut donc être retenue comme le point de départ de la période de prévention, s'agissant du risque de transmission du virus par la voie sanguine.** A cette date, en effet, la transmissibilité du Sida par le sang est acquise ainsi que l'existence d'une période d'incubation du virus (la séropositivité). Mais le risque de séropositivité est sous estimé car le taux de développement de la maladie demeure incertain. Les premières évaluations relatives au taux passage de la séropositivité vers le Sida n'apparaissent qu'en 1985 (*Rapport de la commission d'enquête sur l'état des connaissances scientifiques*..., p. 50 et s.). L'efficacité du chauffage des produits sanguins, de nature à faire disparaître les risques de contamination, demeure également longtemps discutée. Les congrès et les réunions sur les risques (le risque du chauffage était que, tout en inactivant le virus, il porte atteinte à l'efficacité des traitements en entraînant la formation d'anticorps contre la protéine dite facteur VIII contenue dans les produits sanguins destinés aux hémophiles) et les intérêts du chauffage se succèdent. Si la possibilité d'inactiver le virus du Sida par le chauffage est envisagée dès la fin de l'année l983, cette présomption ne se transforme en certitude qu'en 1985 (*Rapport de la commission d'enquête sur l'état des connaissances scientifiques*..., p. 335 et p. 386-387). Ce n'est que le 20 octobre 1985 que sera diffusée la circulaire obligeant les centres de transfusion à ne plus délivrer de produits non chauffés. Enfin, dernière date importante, celle à laquelle les tests de dépistage du Sida ont été jugés fiables et qui peut être fixée au mois de juin 1985 (*Rapport de la commission d'enquête sur l'état des connaissances scientifique*..., p.89).

[557] Paris, 7 juillet 1989, *G.P.*, 1989, 2, p. 752 (transfusion intervenue en janvier 1985). TGI Bobigny, 19 déc. 1990, *G.P.*, 1991, 1, p. 233 (transfusions intervenues en mai 1984). Rennes, 23

de la contamination de la victime par le Sida, dans des affaires où les transfusions préjudiciables avaient eu lieu à partir de 1984, peuvent être interprétées comme des applications implicites de l'obligation de prévention. Il en est de même s'agissant des actions contre les centres de transfusion[558].

224. A partir de 1989, date à laquelle le virus de l'hépatite C (VHC) est identifié, le risque de transmissibilité de ce virus par le sang n'est plus seulement une hypothèse de la science mais est avéré. L'année 1989 marque donc l'ouverture de la période de prévention[559]. Il en résulte que les décisions qui auraient retenu la responsabilité de centres de transfusion sanguine dans des situations où les transfusions, à l'origine de la contamination par le virus de l'hépatite C, seraient intervenues après 1989 constitueraient des applications de la notion de prévention. En pratique cette situation ne se rencontre guère

---

oct. 1990, *G.P.*, 1991, 1, p. 232 (transfusion intervenue en mai 1984). Dijon, 16 mai 1991, *D.*, 1993, jur. p. 242, note E. KERCKOVE et Civ. 1ère, 17 février 1993 (transfusions intervenues en nov. 1984).

558 Affaire Fougeron : TGI Paris, 1er juillet 1991, *J.C.P.*, 1991, II, 21762, note M. HARICHAUX. Paris, 28 nov. 1991, *D.*, 1992, p. 85, note A. DORSNER-DOLIVET ; *J.C.P.*, 1992, II, 21797, note M. HARICHAUX ; *D.*, 1993, somm. p. 30, obs. J. PENNEAU (transfusion intervenue en mai 1984. Selon les juges du TGI ayant statué dans cette affaire : "à la date de la transfusion subie par Mme D.... les *risques* de contamination par le sida étaient *connus*", ce qui conduit à interpréter l'admission de la responsabilité du centre de transfusion comme une simple application de l'obligation de prévention). TGI Toulouse, 16 juillet 1992, *J.C.P.*, 1992, II, 21965, note X. LABBEE (transfusion en octobre 1986). TGI Nice, 27 juillet 1992, *D.*, 1993, jur. p. 38, note D. VIDAL (transfusions en septembre 1984). Aix-en-Provence, 12 juillet 1993, *D.*, 1994, jur. p. 13, note D. VIDAL (transfusion en septembre 1984). Paris, 9 février 1996, *G.P.*, 14-16 juillet 1996, jur. p. 92, note J. BONNEAU (transfusion en octobre 1984).

559 La découverte du virus de l'hépatite C (VHC) résulte de l'identification de deux autres formes d'hépatites : l'hépatite A et l'hépatite B. L'histoire de celles-ci a été marquée par trois temps distincts (Th. POYNARD, *Hépatite C, le virus caché : vérités pour un demi-million de Français*, Paris Hachette, 1995, chp 1 "Histoire des hépatites", p. 11 et s.). Après avoir mis en évidence la responsabilité du foie dans le développement de la jaunisse, la science médicale a établi, dans les années trente, que l'hépatite était causée par un agent infectieux. Ce n'est que dans un troisième temps qu'elle a mis en évidence les virus à l'origine des différentes formes d'hépatites. Si le virus de l'hépatite A est identifié en 1965 et celui de l'hépatite B dans les années 1980, le virus de l'hépatite C, longtemps dénommé "non A, non B", n'est isolé qu'en 1989. Mais la transmissibilité sanguine de ce dernier est soupçonnée dès les années 1970 car les hépatites A et B n'expliquaient pas tous les cas d'hépatite (J.-F. QUARANTA, B. REBOULOT, J.-P. CASSUTO, *Les hépatites*, Paris, P.U.F., coll. "Que sais-je", 1995, p.13 ; A. MORELLE, *La défaite de la santé publique*, Paris, Flammarion, 1996, p. 138 ; J. COHEN, "L'hépatite C, infection silencieuse et bombe à retardement" *La Recherche*, nov. 1999, n° 325, spéc. p. 70). Ainsi peut-on lire sous la plume du professeur Thierry Poynard que "dès **1974**, il devient clair pour les spécialistes qu'il existait un autre virus, transmis par les transfusions, et qui n'était ni le virus A ni le virus B" (Th. POYNARD, op. cit., p. 28). **Cette dernière date ouvre donc, semble t-il, la période de précaution puisqu'elle marque, en effet, le moment à partir duquel la transmissibilité par le sang du virus de l'hépatite devient une hypothèse clairement établie. A partir de 1989, date de la découverte du virus de l'hépatite C, le risque de transmission du VHC est avéré, la précaution cède alors le pas à la prévention.**

puisque dans toutes les décisions rendues les transfusions ont été effectuées avant 1989.

225. La prise en compte de l'évolution des connaissances scientifiques permet donc de qualifier la responsabilité civile. Lorsque au moment du fait générateur le risque encouru était avéré, la responsabilité en découlant revêt le caractère d'une responsabilité pour *défaut de prévention.*

B – PREVENTION ET RESPONSABILITE DU FAIT D'UN ACTE MEDICAL

226. Avant que le législateur n'intervienne pour régler enfin, par la loi du 4 mars 2002 relative aux droits des malades et à la qualité du système de santé[560], la délicate question de l'indemnisation des victimes d'accidents médicaux, certaines juridictions civiles s'étaient prononcées en faveur d'une telle indemnisation. Les solutions alors adoptées constituent des manifestations de responsabilité pour *défaut de prévention* dans la mesure ou le risque encouru était avéré.

227. Ainsi, dans une affaire soumise au Tribunal de grande instance de Paris le 30 juin 1997[561], une femme avait été victime d'un accident médical survenu au cours d'une coloscopie. Le tribunal avait retenu la responsabilité du médecin ayant pratiqué l'intervention sur le fondement d'une obligation de résultat[562]. En l'espèce, le risque encouru avait été qualifié par les juges de "*risque dont l'existence est connue mais dont la réalisation est exceptionnelle*". Le jugement relevait ainsi que "le phénomène de détente qui fut à l'origine de la déchirure lors du retrait de l'endoscope est un *accident connu, répertorié, heureusement rare* qui survient brutalement indépendamment de la technique". Cette précision permet d'opérer une distinction entre d'une part, la *causalité juridique*, c'est-à-dire l'imputabilité du dommage à l'acte médical, que traduit la formule de la décision selon laquelle le médecin est tenu de "réparer les dommages *causés* par cet acte", et d'autre part, la *causalité scientifique* entre l'intervention médicale et la survenance du dommage, dont la nature permet de spécifier la responsabilité retenue au regard de la distinction de la prévention et de la précaution. Même si le risque, dont la réalisation avait entraîné l'accident,

---

[560] Loi n° 2002-303 du 4 mars 2002 (*J.O.*, 5 mars 2002), article L. 1142-1 du Code de la santé publique.

[561] T.G.I. Paris, 30 juin 1997, *P.A.*, 24 juin 1998, n° 75, p. 26, note S. PRIEUR.

[562] "Si la nature du contrat qui se forme entre le médecin et son client ne met en principe à la charge du praticien qu'une simple obligation de moyens, celui-ci est néanmoins tenu, sur le fondement d'une obligation de résultat, chaque fois que l'acte médical qu'il accomplit est nécessaire à son diagnostic et présente un risque dont l'existence est connue mais dont la réalisation est exceptionnelle et dont aucune raison ne permet de penser que son patient y soit particulièrement exposé, de réparer les dommages causés par cet acte dès lors que ces dommages sont sans rapport avec l'état initial du malade comme avec l'évolution prévisible de son état".

était selon un auteur "statistiquement non significatif"[563], les juges ayant notamment précisé que la fréquence de la complication intervenue se situait, selon les experts, entre 0,3 et 0,6, il n'en demeure pas moins qu'il était avéré et s'apparentait à ce titre à un risque relevant de la prévention[564].

228. De ce point de vue, cette décision se situe dans le droit fil de la solution retenue par la jurisprudence administrative dans le célèbre arrêt du Conseil d'Etat, *Bianchi*, en date du 9 avril 1993[565]. Dans cette espèce un homme avait été hospitalisé dans un CHU pour divers troubles neurologiques. Après avoir subi plusieurs examens se révélant négatifs, les médecins avaient décidé de pratiquer une artériographie vertébrale. A son réveil le patient s'était retrouvé tétraplégique. Le Conseil d'Etat avait retenu la responsabilité de l'hôpital public tout en précisant les conditions auxquelles une telle responsabilité devait être subordonnée[566]. Or parmi celles-ci la Haute assemblée avait pris soin de mentionner que le risque ouvrant droit à une indemnisation était un "*risque dont l'existence est connue mais dont la réalisation est exceptionnelle*". Une telle exigence, afférente à la *causalité scientifique* du dommage, est à distinguer de la condition posée par le Conseil d'Etat relativement à la *causalité juridique* du dommage, en vertu de laquelle "la responsabilité du service public hospitalier est engagée si l'exécution de cet acte est la *cause directe* de dommages [...]". A l'instar de l'affaire précédente, soumise au Tribunal de grande instance de Paris, le risque encouru était certes exceptionnel, les accidents consécutifs aux artériographies vertébrales étant de l'ordre de 3 à 4 pour 10 000, mais il était néanmoins avéré et déjà répertorié dans la littérature médicale. La responsabilité retenue peut donc être qualifiée de responsabilité pour *défaut de prévention*[567].

---

563 S. PRIEUR, note préc., p. 30.

564 Bien que le risque "connu" ne saurait être systématiquement assimilé au risque avéré caractéristique de la prévention, un risque pouvant être connu de la communauté scientifique tout en étant encore controversé ou hypothétique, en l'absence d'une telle précision, il convient de considérer que, en l'espèce, le risque avait non seulement été répertorié par la science, mais était avéré, même si sa réalisation demeurait exceptionnelle.

565 C.E. Ass., 9 avril 1993 *Bianchi*, *R.F.D.A.*, mai-juin 1993, concl. S. DAËL ; *A.J.D.A.*, 20 mai 1993, doctr. p. 344 ; *J.C.P.*, 1993, II, 22061, note J. MOREAU ; *P.A.*, 19 mai 1993, n° 60, p. 15, note F. THIRIEZ ; *R.D.P.*, 1993, p. 1099, note M. PAILLET ; *Risques*, avril-juin 1993, n° 14, chron. M. PINAULT ; *D.*, 1994, somm., p. 65.

566 Selon le Conseil d'Etat cinq conditions cumulatives doivent être remplies pour que la responsabilité de l'hôpital public soit engagée : 1) l'acte médical doit être nécessaire au diagnostic ou au traitement du malade, 2) il doit présenter un risque dont l'existence est connue mais dont la réalisation est exceptionnelle, 3) aucune raison ne doit permettre de penser que le patient y soit particulièrement exposé, 4) l'exécution de l'acte doit être la cause directe de dommages sans rapport avec l'état initial du patient comme avec l'évolution prévisible de cet état, 5) le dommage doit présenter un caractère d'extrême gravité.

567 Cette solution a été ensuite confirmée par la jurisprudence administrative. Cf. CAA Lyon, 20 septembre 1993, *R.F.D.A.*, janv.-fév. 1994. C.E. Ass., 3 novembre 1997, *D.*, 1997, jur. p. 146, note Ph. CHRESTIA ; *R.F.D.A.*, janv.-fév. 1998, p. 90, concl. V. PECRESSE ; *Dr. adm.*, janvier 1998, comm. n° 32, note C. ESPER ; *J.C.P.*, 1998, II, 10016, note J. MOREAU ; *P.A.*, 9 janvier

229. Mais de son côté, la Cour de cassation a, par la suite, réprimé les ardeurs de certaines juridictions du fond en se prononçant contre l'indemnisation de l'aléa thérapeutique dans un arrêt en date du 8 novembre 2000[568]. Pour autant, cette décision n'en est pas moins susceptible d'être analysée au regard de la distinction de la prévention et de la précaution. Il s'agissait d'une espèce dans laquelle un homme avait présenté une paralysie irréversible des membres inférieurs à la suite d'une intervention chirurgicale destinée à remédier à une hydrocéphalie. La cour d'appel de Bordeaux avait condamné le médecin à réparer le préjudice subi par la victime sur le fondement d'une obligation contractuelle de sécurité de résultat[569]. Bien que la Haute juridiction n'ait pas jugé nécessaire de qualifier le risque dont la réalisation avait entraîné le dommage, le risque était, selon le rapport de Monsieur Pierre Sargos dans cette affaire, "*rare mais connu*"[570]. Autrement dit, l'attendu de principe, énoncé par la Cour de cassation, selon lequel "la réparation des conséquences de l'aléa thérapeutique n'entre pas dans le champ des obligations dont un médecin est contractuellement tenu à l'égard de son patient" et la cassation de l'arrêt qui en est résultée, peuvent être analysés comme un cas d'absence de responsabilité pour *défaut de prévention*. Pourtant, la notion d'aléa thérapeutique, définie par la Cour de cassation comme "un risque accidentel inhérent à l'acte médical et qui ne pouvait être maîtrisé", était suffisamment neutre pour être susceptible de renvoyer à la fois à l'hypothèse d'un risque totalement méconnu avant sa survenance ou encore à un risque déjà soupçonné relevant de la précaution[571].

1998, n° 4, p. 16, note P.-A. LECOCQ ; *P.A.*, 28 janvier 1998, n° 2, p. 20, note S. ALLOITEAU ; *R.D.S.S.*, juil.-sept. 1998, p. 519, chron. C. CLEMENT (En l'espèce le risque encouru était le décès d'un enfant intervenu après un coma prolongé survenu au cours d'une anesthésie générale. Si un tel risque est exceptionnel, puisque sa probabilité d'occurrence est de 1 pour 8000, il n'en demeure pas moins connu du corps médical). CE, 12 juillet 2006, *Les Hospices civils de Lyon*, req. n° 254836. CE, 25 juillet 2007, *Assistance Publique de Marseille*, req. n° 293793.

[568] Civ. 1ère, 8 novembre 2000, *P.A.*, 4 déc. 2000, n° 241, p. 14, note S. PRIEUR ; *G.P.*, 17-19 déc. 2000, somm. jur. p. 2453, note J. BONNEAU ; *J.C.P.*, 2001, II, 10493, rapport P. SARGOS, note F. CHABAS ; *J.C.P.*, 2001, I, 340, chron. G. VINEY, n° 6 ; *D.*, 2001, somm., p. 2236, obs. D. MAZEAUD et p. 3083 ; *R.T.D.civ.*, 2001, p. 154, note P. JOURDAIN ; *Con. Conc. Cons.*, janv. 2001, comm. n° 3, note L. LEVENEUR ; *Defrénois*, 2001, p. 267, note J.-L. AUBERT ; *Dr. et pat.*, janvier 2001, n° 89, p. 83, obs. F. CHABAS ; *R.D.S.S.*, 2001, p. 54, chron. L. DUBOUIS. Confirmé par Civ. 1ère, 27 mars 2001, *G.P.*, 2001, IV, 1973 ; *D.*, 2001, p. 3083.

[569] Le médecin était tenu d'une obligation contractuelle de sécurité dès lors "qu'indépendamment de toute faute prouvée de la part du praticien, a été causé au patient, à l'occasion de l'exécution des investigations ou des soins, un dommage à l'intégrité physique ou mentale du patient qui présente les caractéristiques, d'abord d'être sans relation avec l'échec des soins ou les résultats des investigations, ensuite d'être sans rapport connu avec l'état antérieur du patient ou avec l'évolution prévisible de cet état, enfin de découler d'un fait détachable de l'acte médical convenu mais sans l'exécution duquel il ne se serait pas produit, en sorte que ce dommage nouveau et hétérogène apparaît comme de nature purement accidentelle".

[570] Rapport P. SARGOS, p. 603.

[571] Le critère tenant à l'impossibilité de maîtriser le risque étant sans incidence sur la nature avérée, suspectée ou ignorée de ce dernier, un risque pouvant être difficile à maîtriser alors même que son existence est avérée.

230. En réalité, cette dualité d'interprétation possible renvoie à la question de la norme de référence au regard de laquelle la distinction de la prévention et de la précaution, du risque avéré et du risque suspecté doit être appréciée. Ce n'est qu'au regard de la norme juridique, c'est-à-dire de la définition, en l'occurrence générale, de l'aléa thérapeutique retenue par la Haute cour qu'il apparaît difficile de privilégier l'un ou l'autre type de responsabilité. En revanche, au regard de la norme scientifique, l'arrêt du 8 novembre 2000 peut être interprété comme un cas d'absence de responsabilité pour *défaut de prévention*[572] puisqu'il résultait des faits de l'espèce que le risque était connu de la communauté scientifique et n'était pas hypothétique.

231. La même analyse peut être faite à propos d'un arrêt de la Cour de cassation du 29 novembre 2005[573]. En l'espèce, une femme, dont le nerf médian de la main avait été sectionné au cours d'une opération du canal carpien gauche sous endoscopie, avait recherché la responsabilité du chirurgien. La cour d'appel avait notamment constaté, en se fondant sur le rapport d'expertise judiciaire, que "la section survenue constituait une *complication connue* de ce type de chirurgie endoscopique [...]". La Cour de cassation a approuvé les juges du fond d'avoir estimé que "l'atteinte survenue dont le risque était inhérent à la technique utilisée ne pouvait être imputée à la faute du praticien".

§ 2 L'INCERTITUDE DU LIEN DE CAUSALITE SCIENTIFIQUE, CONDITION AUTONOME DE LA RESPONSABILITE POUR *DEFAUT DE PRECAUTION*

232. A l'instar de la distinction précédemment établie à propos des décisions constituant des manifestations de l'obligation de prévention, il est possible de distinguer, parmi les décisions qui constituent des applications de la notion de responsabilité pour défaut de précaution, celles dans lesquelles une telle responsabilité résulte de l'utilisation de produits de santé (A) et celles dans lesquelles cette responsabilité est consécutive à une intervention médicale (B).

A – PRECAUTION ET RESPONSABILITE DU FAIT DES PRODUITS DE SANTE

233. Nous envisagerons, ici, les manifestations de l'obligation de précaution en matière de contaminations virales post-transfusionnelles (1) et en matière de médicaments (2).

---

[572] Sur la norme scientifique comme fondement de la prévention et de la précaution, cf. Chp. préliminaire, *supra*, n° 35 et s.

[573] Civ. 1ère, 29 nov. 2005, *B.C.*, I, n° 456.

1) Les contaminations virales post-transfusionnelles

234. A partir de 1983 et jusqu'en 1984, où il devient avéré, le risque de transmission du Sida par la voie sanguine s'apparente à l'*incertitude* de précaution[574], c'est-à-dire à une hypothèse de la science, déjà étayée par plusieurs données scientifiques. Il en résulte que les décisions ayant accueilli des actions en responsabilité civile contre des conducteurs d'automobiles[575] ou des médecins[576] en raison des fautes commises par eux, ayant rendu nécessaire des transfusions sanguines, à l'origine de la contamination de la victime par le Sida, intervenues entre 1983 et 1984 (époque où la transmissibilité de ce virus par la voie sanguine était fortement suspectée, correspondant donc à la période de précaution) constituent des exemples d'application implicite de l'obligation de précaution. Il en est de même s'agissant des actions contre les centres de transfusion[577]. Une telle analyse peut être retenue alors même qu'à la date du jugement sur la responsabilité cette transmissibilité s'était transformée en certitude. Imputer au médecin ou au centre de transfusion la responsabilité du fait de la contamination par le virus du Sida, entre 1983 et 1984, revient à leur reprocher de ne pas avoir prévenu la réalisation d'un risque qui n'était ni ignoré, ni totalement connu, mais déjà largement suspecté.

235. A partir de 1974, date à compter de laquelle la transmissibilité par le sang du virus de l'hépatite C devient une hypothèse clairement établie et jusqu'en 1989, où le virus est identifié par les scientifiques, le risque de transmission de l'hépatite C par la voie sanguine s'apparente à l'*incertitude* de précaution[578]. Ainsi toutes les décisions ayant retenu la responsabilité des centres de transfusion sanguine[579] ou des conducteurs d'automobiles[580], lorsque

---

[574] Sur l'historique des connaissances scientifiques en la matière, cf. *supra*, n° 223.

[575] Paris, 26 nov. 1991, *D.*, 1992, I.R. p. 70 (transfusion intervenue en 1983).

[576] Versailles, 30 mars 1989, *J.C.P.*, II, 21505, note A. DORSNER-DOLIVET (transfusions intervenues en novembre 1982 et en mars 1983 : responsabilité d'un chirurgien pour le décès, à la suite d'un Sida, d'un patient, dont l'état, provoqué par les fautes du praticien, avait nécessité des transfusions sanguines).

[577] Toulouse, 5 nov. 1991, *G.P.*, 25 sept. 1993, p. 441, note A. DORSNER-DOLIVET (transfusions intervenues en août 1983).

[578] Sur l'historique des connaissances scientifiques en la matière, cf. *supra*, n° 224.

[579] Paris, 20 déc. 1996, *G.P.*, 2-3 juin 1999, p. 29 (transfusion intervenue en 1983). Civ.1ère, 9 mai 2001 (transfusions intervenues en 1986), *D.*, 2001, jur. p. 2149, rapport P. SARGOS ; *R.T.D.civ.*, 2001, p. 889, obs. P. JOURDAIN ; *Rev. fr. dom. corp.*, 2001, p.259, obs. I. BESSIERES-ROQUES. Civ. 1ère, 17 juillet 2001 (2 espèces, transfusions intervenues en 1980 et 1984), *B.C.*, I, n° 234 ; *J.C.P.*, 2001, IV, 2731 et 2732 ; *R.T.D.civ.*, 2001, p. 889, obs. P. JOURDAIN ; *J.C.P.*, 2002, I, 124, n° 12, chron. G. VINEY ; *Méd. et dr.*, 2002, p. 32 ; *Resp. civ. et ass.*, déc. 2001, comm. n° 363, note M.-A. AGARD. Civ. 1ère, 10 juillet 2002 (transfusion, à l'origine de la contamination, datant de 1982), *J.C.P.*, 2002, IV, 2530 ; *Resp. civ. et ass.*, nov. 2002, comm. n°332. Pour des hypothèses d'absence de responsabilité et donc de rejet implicite d'une obligation de précaution, cf. Civ. 1ère, 16 juillet 1998 (transfusion en septembre 1982), *B.C.*, I, n° 261 ;

les transfusions, à l'origine de la contamination par l'hépatite C, avaient eu lieu entre ces deux dates, soit pendant la période de précaution, constituent des cas de responsabilité pour *défaut de précaution*.

2) Les médicaments

236. Le Distilbène (a), le vaccin contre l'hépatite B (b) ainsi que l'hormone de croissance (c) constituent trois exemples remarquables de la manifestation de l'incertitude scientifique, caractéristique de la notion de précaution, dans le domaine de la responsabilité civile du fait des médicaments.

a) Le Distilbène

237. Le Distilbène ou DES est une hormone prescrite à plusieurs millions de femmes dans le monde afin de prévenir les fausses couches et les accouchements prématurés[581]. D'abord commercialisée aux Etats-Unis, elle a ensuite été utilisée dans de nombreux pays. En France, près de deux cent milles femmes y ont eu recours entre 1948 et 1977. Or non seulement cette hormone n'a pas eu les effets escomptés mais elle a provoqué une véritable catastrophe sanitaire en raison des malformations génitales et des cancers entraînés par son utilisation, chez les enfants exposés *in utero*.

J.C.P., 1998, IV, 3117. Toulouse, 4 oct. 1999, *J.C.P.*, 2000, IV, 1764 ; *P.A.*, 4 août 2000, n° 155, p. 17, note J. JULIEN. Civ. 1ère, 23 novembre 1999 (transfusion en juin 1981), *B.C.*, I, n° 324 ; *J.C.P.*, 2000, IV, 1039 et I, 241, n° 8, obs. G. VINEY ; *G.P.*, 16-17 fév. 2000, panor. jur. p. 26 ; *Resp. civ. et ass.*, fév. 2000, comm. n° 48. Civ. 1ère, 18 juin 2002 (transfusion entre 1985 et 1986), *D.*, 2002, IR p.2307 ; *J.C.P.*, 2002, IV, 2385 ; *Resp. civ. et ass.*, oct. 2002, comm. n° 292.

[580] Civ. 1ère, 9 juillet 1996, *B.C.*, I, n° 306 (transfusion intervenue en octobre 1986). Civ.1ère, 4 déc. 2001 (transfusion intervenue en 1985), *D.*, 2002, I.R. p. 138 et jur. p.3044, note M.-C. de LAMBERTYE-AUTRAND ; *J.C.P.*, 2002, IV, 1107 ; *G.P.*, 20-22 janv. 2002, panor. jur. p. 36 ; *R.T.D.civ.*, 2002, p. 308, note P. JOURDAIN ; *Resp. civ. et ass.*, avril 1992, comm. n° 126, note H. GROUTEL. Civ. 2ème, 12 juillet 2007 et Civ. 2ème, 25 octobre 2007, *Resp. civ. et ass.*, novembre 2007, comm. n° 317, note H. GROUTEL (dans ces espèces, la question posée portait sur l'étendue de l'action récursoire de l'EFS à l'encontre du conducteur mais elle ne remet pas en cause l'analyse des décisions en terme de défaut de précaution, les transfusions étant respectivement intervenues, dans les deux affaires, en 1986 et en 1987). Pour des cas de rejet de la responsabilité, cf. Civ. 1ère, 28 mars 2000 (transfusions en juillet 1980, novembre 1981 et mars 1985), *B.C.*, I, n° 108 ; *D.*, 2000, I.R. p. 130 ; *Resp. civ. et ass.*, juillet-août 2000, comm. n° 230.

[581] A. SPIRA, J. GOUJARD, R. HENRION, J. LEMERLE, P. ROBEL, C. TCHOBROUTSKY, "L'administration de diéthylstiboestrol (DES) pendant la grossesse, un problème de santé publique", *Rev. épidém. et santé publ.*, 1983, vol. 31, n°3, p. 249 ; B. BLANC (dir.), *Les enfants du distilbène*, Paris, Arnette, 1991 ; H. LERICHE, "Le Distilbène trente ans plus tard", *Le Monde diplomatique*, février-mars 2004, n° 73, p. 77.

238. La Cour de cassation, par deux décisions en date du 7 mars 2006[582], a rejeté les pourvois formés à l'encontre de deux arrêts confirmatifs de la Cour d'appel de Versailles du 30 avril 2004[583] qui avaient condamné la Société U.C.B. Pharma, fabricant du Distilbène, à indemniser deux jeunes femmes, exposées *in utéro* à ce médicament pendant la grossesse de leur mère et ayant développé à l'âge adulte une tumeur cancéreuse.

239. L'examen du lien de *causalité scientifique* entre la prise de Distilbène et l'apparition de la tumeur cancéreuse permet de qualifier la nature de la responsabilité retenue. Une telle qualification est susceptible d'être opérée par référence à deux types de données. D'une part, la nature de la responsabilité peut être déterminée au regard de l'historique de l'évolution des connaissances scientifiques retracé par le juge. D'autre part, elle peut être déduite d'un modèle de déroulement de la connaissance scientifique préalablement établi.

240. Dans le premier cas, l'analyse révèle la malléabilité des données de la science puisqu'elle conduit à interpréter différemment les arrêts de la Cour d'appel de Versailles et ceux de la Cour de cassation. En effet, dans les deux espèces les juges du fond avaient procédé à une distinction entre deux périodes : avant et après 1971. Ainsi, ils avaient relevé que selon le collège d'experts, "avant 1971, et dès les années 1953-1954, les doutes portant sur l'efficacité du distilbène dans l'indication d'avortement spontané et la littérature expérimentale qui faisait état de la survenance de cancers très divers auraient dû «justifier une attitude différente des laboratoires U.C.B.»". En revanche, "après 1971, les nombreuses études expérimentales, des observations faites en clinique humaine et la position de la Food and Drug Administration américaine qui contre-indiquait l'utilisation du diéthylstilboestrol chez la femme enceinte auraient dû également conduire la société U.C.B. Pharma à cesser la distribution du distilbène pour son usage en cours de grossesse". Autrement dit, au regard de

---

[582] Civ. 1ère, 7 mars 2006, *S.A.UCB Pharma c/ I. CRIOU*, *B.C.*, I, n° 142 ; *D.*, 2006, I.R. p. 812, note L. GALLMEISTER. Civ. 1ère, 7 mars 2006, *S.A.UCB Pharma c/ N. BOBET*, *B.C.*, I, n° 143. Sur les deux espèces, cf. *Resp. civ. et ass.*, mai 2006, comm. n°164, note C. RADE ; *R.T.D.civ.*, 2006, p. 565, obs. P. JOURDAIN ; *R.D.C.*, 2006, p.844, obs. J.-S. BORGHETTI ; *Rev. Lamy dr. civ.*, mai 2006, p. 24, obs. C. KLEITZ ; *Rev. gén. dr. méd.*, 2006, n° 19, p. 338 ; *Méd. et dr.*, 2007, p. 123, chron. C. CORGAS-BERNARD ; O. GOUT, "Les avancées discrètes du principe de précaution", *Resp. civ. et ass.*, juil.-août 2006, chron. 11, p. 7 ; G. VINEY, "Principe de précaution et responsabilité civile des personnes privées", *D.*, 2007, p. 1542, spéc. p. 1544.

[583] Versailles 30 avril 2004, *S.A.UCB Pharma c/ I. CRIOU*, R.G. n° 02/05924, *Rev. Lamy dr. civ.*, juin 2004, p. 15 chron. J.-A. ROBERT et A. REGNIAULT ; *Resp. civ. et ass.*, oct. 2004, chron. 22, p. 11, C. RADE. Versailles 30 avril 2004, *S.A.UCB Pharma c/ N. BOBET*, R.G. n° 02/05925, *D.*, 2004, I.R., p. 1502 et jur. p. 2071, note A. GOSSEMENT ; *Rev. Lamy dr. civ.*, chron. préc. ; *Resp. civ. et ass.*, chron. préc. ; *P.A.*, 22 juin 2005, n° 123, p. 22, note P. L. NIEL. Sur les jugements de première instance dans cette affaire, cf. TGI Nanterre, 24 mai 2002, *R.T.D.civ.* 2002, p. 527, obs. P. JOURDAIN ; L. NEYRET, "La reconnaissance du préjudice d'exposition au distilbène", *R.D.S.S.*, 2002, p. 502 ; *Le Monde*, 24 mai 2002.

l'évolution des connaissances scientifiques retracée par les juges d'appel, il était possible d'interpréter le manquement du fabricant avant 1971 comme un *défaut de précaution*, en raison des "doutes" scientifiques prévalant à cette époque. Tandis que l'abstention reprochée à la société U.C.B. Pharma après 1971 pouvait être qualifiée de *défaut de prévention*[584].

241. A l'inverse, la même analyse, toujours par référence à l'historique des données de la science retracé par les juges, conduit à une interprétation différente des arrêts rendus par la Cour de cassation le 7 mars 2006. En effet, il convient ici d'opérer une distinction entre les deux espèces. Dans l'affaire U.C.B. Pharma c/ I. CRIOU, la Haute juridiction, tout en estimant qu'en l'espèce les risques étaient "connus et identifiés sur le plan scientifique", a jugé que le fabricant n'avait pris aucune mesure, ce qu'il "aurait dû faire *même en présence de résultats discordants*[585] quant aux avantages et inconvénients" et avait ainsi manqué à son obligation de vigilance. Dans la seconde affaire, U.C.B. Pharma c/ N. BOBET, la Cour de cassation s'est contentée de souligner que le risque carcinogène "était connu" et a approuvé la cour d'appel d'en avoir déduit que le fabricant avait ainsi manqué à son obligation de vigilance[586]. Il en résulte que si la première espèce peut être analysée comme une sanction du non-respect d'une *obligation de précaution*, la seconde, en revanche, se présente comme la sanction d'un manquement à une *obligation de prévention*[587].

242. Une telle différence d'interprétation révèle la part de subjectivité d'une analyse de l'évolution des données scientifiques fondée sur un historique retracé par les juges. Elle conduit, en effet, à une variabilité de la qualification de la responsabilité retenue. Selon l'importance accordée à une date plutôt qu'à une autre par tel ou tel magistrat, la responsabilité encourue est susceptible de se présenter comme une responsabilité pour *défaut de prévention* ou *défaut de précaution*. Or, la nécessité d'une interprétation uniforme de la distinction de la prévention et de la précaution implique de privilégier une qualification fondée un modèle d'évolution des connaissances scientifiques indépendant de celui retenu par les juges.

243. A cet égard, l'examen des décisions rendues, tant par les juges versaillais que par la Cour de cassation, effectué par référence à un tel modèle d'évolution des données de la science, conduit à des conclusions totalement

---

[584] En ce sens, cf. C. RADE, chron. préc., p. 12 ; A. GOSSEMENT, note préc., p. 2074 ; P. L. NIEL, note préc., p. 26.
[585] C'est nous qui soulignons.
[586] Dans cette espèce le fabricant soutenait dans son pourvoi que les risques encourus étaient potentiels et qu'il n'était pas tenu de les anticiper, rejetant ainsi une quelconque application du principe de précaution auquel il se référait expressément.
[587] En ce sens, cf. J.-S. BORGHETTI, obs. préc., p. 846 ; O. GOUT, art. préc., p. 8.

différentes. Il est alors possible d'interpréter de manière distincte chacune des deux espèces. En effet, tandis que dans la première espèce (U.C.B. Pharma c/ I. CRIOU) la victime avait été exposée au Distilbène en 1973, soit pendant la période de prévention, dans la seconde (U.C.B. Pharma c/ N. BOBET), l'exposition était intervenue en 1968, soit pendant la période de précaution[588]. Autrement dit, bien que dans les deux affaires qui lui étaient soumises la Cour de Cassation, comme la cour d'appel de Versailles, aient retenu la responsabilité civile du fabricant de Distilbène, la première des décisions constitue un cas d'application de responsabilité pour *défaut de prévention* et la seconde un cas de responsabilité pour *défaut de précaution.*

b) Le vaccin contre l'hépatite B

244. Le virus de l'hépatite B (VBH) est le principal facteur de survenue du cancer du foie. Il se transmet par le sang, par voie sexuelle et par transmission de la mère à l'enfant lors de l'accouchement. Dans plus de deux tiers des cas l'infection n'est pas détectée, ce qui signifie que le sujet peut être

[588] En 1938 le britannique Charles Dodds synthétise le "dyéthylstilboestrol" dont la commercialisation débute aux Etats-Unis en 1947 et dans le reste du monde à partir de 1948. En 1953, à Chicago, paraît une étude menée par W. S. Dieckman qui conclut à l'inefficacité du Distilbène dans la prévention des fausses couches. Mais cette étude passe alors inaperçu (B. BLANC, op. cit., p. 1). Selon P. DELOST, le problème du devenir chez l'adulte de malformations sexuelles et mammaires, constatées chez le fœtus animal, après traitement de la mère par des oestrogènes, n'a fait l'objet d'observations réelles qu'à partir de 1961 ("A propos des enfants du distilbène. Les cliniciens auraient dû écouter les scientifiques", *Le Monde*, 6 avril 1983). Dès 1958, les scientifiques notent que l'utilisation du DES conduit à des lésions cardiaques chez la souris. En 1959, aux Etats-Unis, le secrétaire d'Etat à la santé annonce que les poulets nourris avec des aliments traités au DES peuvent provoquer des cancers chez l'homme et **en 1966** l'administration américaine interdit le DES dans l'alimentation des volailles. **A partir de cette dernière date, les risques du Distilbène étaient donc largement suspectés et le début de la période de précaution peut donc être fixé à cette époque.** En effet, ce n'est qu'en 1971 que les travaux de l'américain Arthur Herbst établissent le lien de causalité entre la prise de DES par des femmes enceintes et l'apparition de malformations génitales chez leurs enfants (B. BLANC, op. cit., p. 2). La Food and Drug Administration interdit alors la prescription du médicament dans le traitement des femmes enceintes. **L'année 1971 marque incontestablement la fin de la période de précaution et le début de la période de prévention, puisque à partir de cette date, les risques de cancer étaient clairement connus.** En France, il faut attendre 1977 pour que le Distilbène soit enfin contre indiqué chez les femmes enceintes (B. BLANC, op. cit., p. 2). Depuis cette date les pouvoirs publics sont intervenus à plusieurs reprises (notamment en 1989 et en 2002) afin d'informer les professionnels de santé et le public des modalités de dépistage et de prise en charge des patients. En novembre 2001, le ministre délégué à la santé a saisi le directeur général de l'Agence Nationale d'Accréditation et d'Evaluation en Santé afin de mettre en place un groupe de travail pour élaborer des recommandations de bonnes pratiques en la matière (*Evaluation de l'hystéroplastie d'agrandissement dans le traitement des anomalies utérines secondaires à l'exposition au diéthystilbestrol*, ANAES, mai 2003, disponible sur le site *www.anaes.fr*. Pour plus d'information, cf. le site du Réseau "D.E.S." France : *www.des-france.org*.

porteur du virus sans le savoir tant que ce dernier n'a entraîné aucune maladie. Après un premier vaccin contre l'hépatite B en 1981, un second vaccin par génie génétique est mis sur le marché en mai 1989. En 1991 il est rendu obligatoire pour les professions de santé[589] et en 1992, pour les femmes enceintes[590]. Souffrant de troubles neurologiques après avoir été vaccinées, de nombreuses personnes ont assigné les fabricants de vaccins devant les juridictions civiles. L'histoire des connaissances scientifiques[591] permet de fixer les périodes

---

[589] En vertu de la loi du 18 janvier 1991, art L. 3111-4 du Code de la santé publique.

[590] Plus de vingt millions de personnes sont aujourd'hui vaccinées en France (ASSEMBLEE NATIONALE, *Rapport fait au nom de la Commission des affaires culturelles familiales et sociales sur la proposition de résolution n° 2930 de M. André Aschieri visant à la création d'une commission d'enquête relative aux circonstances dans lesquelles s'est déroulée la campagne de vaccination de masse contre l'hépatite B, à la responsabilité de l'Etat en la matière, à la prise en charge et à l'indemnisation des victimes,* par Ph. NAUCHE, enregistré à la Présidence de l'Assemblée nationale le 9 mai 2001, document Ass. nat. n° 3043, p. 11).

[591] La possibilité de risques liés à la vaccination contre l'hépatite B est évoquée dans la littérature scientifique américaine dès la fin des années 1980 (F.E SHAW, D.J. GRAHAM, H.A. & all. GUESS, "Postmarketing surveillance for neurologic adverse events reported after hepatitis B vaccination", *American Journal of Epidemiology*, 1988, n° 127, p. 337 ; L. HERROELEN, J. DE KEYSER, G. EBINGER, "Central nervous system demyelination after immunisation with recombinant hepatitis B vaccine", *Lancet*, 1991, n° 338, p. 1174). En France, les premiers cas de pathologies démyélinisantes du système nerveux, après une vaccination contre l'hépatite B, ont été officiellement notifiés aux autorités sanitaires dès l'année 1992 (B. SOUBEYRAND, F. BOISNARD, M. BRUEL, H. DEBOIS, D. DELATTRE, A. GAUTHIER, S. SOUM et C. THEBAULT, "Pathologies démyélinisantes du système nerveux rapportées après vaccination contre l'hépatite B par GenHevac B", *La presse médicale*, 15 avril 2000, tome 29, n° 14, spéc. p.777). A l'instar du Distilbène ou des produits précédemment évoqués, il existe un délai, pouvant aller de un jour à cinq ans, entre l'injection du médicament et la survenue des dommages (*La presse médicale*, 15 avril 2000, art. préc., p. 777). En décembre 1994, la Commission Nationale de Pharmacovigilance décide d'harmoniser les notices des vaccins contre l'hépatite B. Désormais, la rubrique consacrée aux effets indésirables précise que "de façon exceptionnelle, des cas de neuropathies périphériques (polyradiculonévrites, paralysie faciale) de névrite optique ou d'atteintes démyélinisantes du système nerveux central (poussée de sclérose en plaques) ont été rapportés dans les semaines suivant la vaccination, *sans qu'un lien certain de causalité n'ait actuellement pu être établi*". De son côté, le chapitre "Mises en garde et précautions d'emploi" indique : "Il est rappelé que toute stimulation immunitaire comporte le risque d'induire une poussée chez les patients de sclérose en plaques. En conséquence, chez des malades atteints de sclérose en plaques et dont les examens sérologiques spécifiques montrent une absence d'immunisation contre le virus de l'hépatite B, le bénéfice de cette vaccination doit être évalué en fonction des risques d'exposition au virus et du risque encouru". Les médecins sont informés de cette modification par une circulaire du 2 novembre 1995 mais cette dernière n'apparaît dans le Vidal qu'en 1996. Par la suite, plusieurs interventions des autorités sanitaires attestent la prise de conscience de l'existence d'une possibilité de risque lié à la vaccination contre l'hépatite B. Ainsi, en septembre 1998 le Réseau national de santé publique conclut, dans une étude, que "*l'hypothèse possible mais non démontrée* d'une association causale entre vaccination et survenue d'une première atteinte démyélinisante centrale, reste inférieure aux bénéfices cumulés de la vaccination pendant 20 ans" (Ph. NAUCHE, *Rapport préc.*, p. 12-13). Dans un communiqué du 6 mars 2000 des responsables de l'Agence française de sécurité sanitaire des produits de santé, de la Direction générale de la santé et de l'Institut de veille sanitaire, estiment que "le réexamen des données tant épidémiologiques qu'issues de la notification de pharmacovigilance ne permet pas de conclure à

d'ignorance du risque et de précaution en la matière[592]. Compte tenu du doute affectant encore aujourd'hui le lien de causalité scientifique entre les vaccinations et les troubles constatés, les décisions rendues par les juges

---

l'existence d'une association entre la vaccination contre l'hépatite B et la survenue d'atteintes démyélinisantes ou d'affections auto-immunes ; que les résultats permettent d'exclure l'existence d'un risque élevé d'atteintes démyélinisantes ou d'affections auto-immunes associées à la vaccination contre l'hépatite B". Toutefois le communiqué reconnaît également que "*l'existence d'un risque faible* d'atteintes démyélinisantes ou d'affections auto-immunes associées au vaccin contre l'hépatite B *ne peut pas être exclue*, notamment chez certaines personnes présentant des facteurs de sensibilité particuliers" (Ph. NAUCHE, *Rapport préc.*, p. 14). En février 2001, une étude européenne et canadienne et une étude américaine concluent à l'absence de relation de causalité entre le vaccin et l'apparition de sclérose en plaques (*The New England Journal of Medicine*, 1er février 2001, vol. 344, n° 5, pp. 319 et 327). Le 14 novembre 2002, l'Agence française de sécurité sanitaire des produits de santé publie un communiqué de presse dans lequel elle énonce que les résultats des études françaises ou internationales "ne démontrent pas l'existence d'un risque de survenue d'affection démyé*linisante associé à la vaccination contre l'hépatite B, et qu'ils permettent de conclure à l'absence d'un risque important, sans toutefois permettre d'exclure la possibilité d'un risque faible*". En 2002, une étude anglaise a relancé le débat scientifique en concluant à l'existence d'une incidence accrue de survenue de sclérose en plaques dans les trois ans suivant une vaccination contre l'hépatite B (M. A. HERNAN et al., "Recombinant hepatitis vaccine and the risk of multiple sclerosis", *Vaccine*, 2002, 1, p. 461). Au cours de la réunion de Consensus, consacrée à la *Vaccination contre le virus de l'hépatite B* qui s'est tenue à Paris en 2003, les membres du jury ont estimé notamment, s'agissant des atteintes démyélinisantes en cas de vaccination chez l'adulte, que "les études épidémiologiques publiées [...] n'ont pas montré d'association convaincante, mais ne permettent pas d'exclure formellement une association de faible ampleur", les résultats des études étant "largement contradictoires", ces études présentant, en outre, "des limites méthodologiques diverses" (puisqu'elles n'examinent pas toujours les mêmes pathologies, ni les mêmes fenêtres temporelles) et qu'enfin "il n'existe pas d'arguments épidémiologiques en faveur de l'hypothèse que la vaccination puisse provoquer des poussées chez des personnes déjà atteintes de sclérose en plaques", ni "de données épidémiologiques permettant d'évaluer l'existence d'un risque lié à la vaccination en cas d'antécédents familiaux de sclérose en plaques" (*Réunion de consensus. Vaccination contre le virus de l'hépatite B, Faculté de médecine Xavier-Bichat, Paris, 10-11 septembre 2003*, sous l'égide de l'ANAES et de l'INSERM, p. 6 et 7, texte des recommandations disponible sur le site de la Haute Autorité de Santé : *www.has-santé.fr*). Enfin, selon le rapport d'orientation de la Commission d'audition placée sous l'égide de l'Afssaps, l'Anaes et l'Inserm, en date du 24 novembre 2004 (*http://agmed.sante.gouv.fr/htm/10/hepatite/vhb04.pdf*), "les éléments de preuve disponibles à ce jour sont insuffisants pour démontrer un lien de causalité entre vaccination contre le VHB et affections démyélinisantes centrales".

592 **A l'heure actuelle la relation de causalité entre le vaccin contre l'hépatite B et l'apparition de sclérose en plaques ne fait l'objet d'aucune certitude. Par conséquent, il ne saurait être question de prévention en la matière. La fin de la sortie de la période d'ignorance peut être fixée à l'année 1992, date à laquelle les autorités sanitaires françaises se sont vues notifier les premiers cas de troubles neurologiques après une vaccination contre l'hépatite B. Le début de la période de précaution est plus délicat à déterminer.** En effet, au sens strict, la précaution suppose que le risque encouru ait fait l'objet d'une hypothèse relativement sérieuse et serait donc de nature à repousser le point de départ de la période de précaution à une date future indéterminée. Au sens large, **elle peut être fixée à partir de la fin de la période d'ignorance, soit en 1992. La question du début de la période de prévention demeure, pour l'instant, toujours ouverte.**

judiciaires témoignent de la percée d'une responsabilité pour *défaut de précaution*.

245. Dans une première affaire, la Cour d'appel de Versailles, par un arrêt en date du 2 mai 2001[593], a confirmé le jugement rendu le 5 juin 1998 par le Tribunal de grande instance de Nanterre[594], qui avait condamné le laboratoire Glaxo-Smithkline, fabriquant le vaccin contre l'hépatite B, Engerix B. En l'espèce, une comptable dans un centre médical avait reçu trois injections du vaccin contre l'hépatite B, les 22 juillet, 3 septembre et 7 octobre 1994, dans le cadre de la vaccination obligatoire du personnel travaillant en milieu médical. Victime de troubles neurologiques, elle a été hospitalisée dans une clinique où les médecins ont diagnostiqué, le 7 novembre 1994, une sclérose en plaques. La responsabilité du laboratoire retenue par la Cour d'appel peut être qualifiée de responsabilité pour *défaut de précaution* dès lors qu'à l'époque de la vaccination (mais cela reste encore vrai aujourd'hui) le lien de *causalité scientifique* entre le fait générateur et le dommage n'était pas certain mais seulement possible[595].

246. La même analyse peut être faite à propos d'une seconde décision, rendue par la Cour d'appel de Versailles le 12 septembre 2003[596], qui a condamné la société Aventis Pasteur MSD, fabricant d'un autre vaccin contre l'hépatite B, le Genhevac B, aux motifs que "la relation de cause à effet entre la vaccination (contre l'hépatite B) et l'affection développée par la victime (le syndrome de Guillain-Barré) ne pouvait être affirmée de façon scientifique mais [qu'] elle ne pouvait pas non plus être exclue en son principe". La cour avait jugé que "si les experts ont estimé non rapportée la preuve scientifique d'une relation de cause a effet, ils n'en ont pas moins affirmé l'existence de cette possibilité".

247. Mais la portée de ces deux décisions doit être précisée. En effet, dans un premier temps, la Cour de cassation, confirmant ainsi la position de

---

[593] Versailles 2 mai 2001, *SA Smithkline Beecham c/ Mme Jeanpert*, arrêt n° 284, Lexbase : A3586ATY. Dans le même sens, cf. Versailles 2 mai 2001, *SA Smithkline Beecham c/ Mme Leroy* (vaccination les 8 nov. 1995 et 21 déc. 1995, diagnostic de la sclérose en plaques en mars 1996), arrêt n° 283, Lexbase : A3585ATX ; *D.*, 2001, I.R. p. 1592 ; *R.T.D.civ.*, 2001, p. 891, n° 4, obs. P. JOURDAIN.

[594] T.G.I. Nanterre, 5 juin 1998, *Mme Jeanpert, in La responsabilité du fait des produits pharmaceutiques et la protection des victimes*, G. MOR et M. GREARD, Paris, Eska (coll. "Dommage corporel-Expertise médicale"), 2001, Annexe 12, p. 105. Dans le même sens, cf. T.G.I. Nanterre 5 juin 1998, *Janiak c/ Touzet, D.*, 1999, I.R. p. 8, somm. p. 246, obs. J. REVEL et somm. p. 336, obs. J.-C. GALLOUX ; *G.P.*, 17-19 oct. 1999, p. 47, note N. BESLAY. cf. également M. GIRARD, "Expertise médicale : questions et ... réponses sur l'imputabilité médicamenteuse, *D.*, 2001, Point de vue, p. 1251.

[595] Sur l'évolution des connaissances scientifiques dans ce domaine, cf. *supra*, n° 244.

[596] Versailles 12 septembre 2003, *D.*, 2003, I.R. p. 2549 ; *Resp. civ. et ass.*, nov. 2004, comm. n°344, p. 24, note C. RADE.

certaines juridictions de première instance[597], les a censurées. Ainsi, dans un arrêt du 23 septembre 2003, la Haute juridiction judiciaire a cassé l'arrêt de la Cour d'appel de Versailles du 2 mai 2001[598]. Au soutien de son pourvoi, le laboratoire faisait valoir deux moyens[599]. En particulier, s'agissant de l'appréciation du lien de causalité entre le fait générateur et le dommage, il invoquait la violation des articles 1147 et suivants du Code civil, interprétés à la lumière de la directive CEE n° 85-374 du 25 juillet 1985 et reprochait aux juges du fond de s'être contentés d'une simple possibilité d'un risque faible ou d'une concomitance et d'avoir inversé la charge de la preuve en exigeant du fabricant qu'il établisse l'impossibilité de tout lien causal entre la vaccination et la survenue de la sclérose en plaques[600].

---

[597] Exemple : T.G.I. Lyon, 28 avril 2003 (3 jugements) *J.C.P.*, 2003, I, 10 166, note P. MISTRETTA. Dans ces affaires le tribunal a rejeté l'action de trois victimes, ayant développé une sclérose en plaques, après avoir été vaccinées contre l'hépatite B. Mais en réalité, seuls les deux jugements relatifs aux deux premières espèces peuvent être analysés comme une application rigoureuse de l'exigence d'un lien de causalité puisque dans la troisième affaire le Tribunal de grande instance de Lyon a rejeté la demande aux motifs que la victime ne rapportait pas la preuve ni de l'achat du vaccin ni de la vaccination.

[598] Civ. 1ère, 23 septembre 2003, *SAS Laboratoire Glaxo-Smithkline c/ Mme Morice, ép. Jeanpert*, pourvoi n° 01-13.063, *J.C.P.*, 2003, I, 1749, note P. MISTRETTA et T. FAICT ; *J.C.P.*, 2003, II, 10179, note N. JONQUET, A.-C. MAILLOLS, D. MAINGUY et E. TERRIER; L. NEYRET, "Vaccination contre l'hépatite B : fin du débat judiciaire ?", *D.*, 2003, Point de vue, p. 2579; C. RADE, "Vaccination anti-hépatite B et sclérose en plaques : la Cour de cassation envahie par le doute", *Resp. civ. et ass.*, nov. 2003, chron. n° 28, p. 4 ; *Dr. et pat.*, 2004, n° 122, obs. F. CHABAS ; *P.A.*, 16 janv. 2004, n° 12, p. 14, note A. GOSSEMENT; *R.T.D.civ.*, 2004, p. 101, obs. P. JOURDAIN ; S. HOCQUET-BERG, "A qui doit profiter le doute scientifique ?", *Rev. Lamy dr. civ.*, janv. 2004, p. 11 ; B. LEGROS, "Etat des lieux sur les différents régimes d'indemnisation des conséquences des accidents médicaux", *Méd. et dr.*, janvier 2004, n° 64, p. 1 (spéc. Encadré n° 1, p. 19) ; *D.*, 2004, jur. p. 898, note Y.-M. SERINET et R. MISLAWSKI, somm. p. 1344, obs. D. MAZEAUD; *P.A.*, 22 avril 2004, n° 81, p. 9, note G. MEMETEAU; F. PAUL, "La causalité en matière de produits défectueux : une question de pur droit interne ou tributaire de l'harmonisation totale ?", *Con. Conc. Cons.*, février 2004, chron. p. 6 ; L. PITET, "Responsabilité du fait des produits : sagesse et force du lien de causalité (A propos de Cass. 1ère civ., 23 septembre 2003)", *G.P.*, 4 - 6 avril 2004, doctr. p. 869 ; *J.C.P.*, 2004, I, 101, chron. G. VINEY, n° 8 ; F. MAURY, "Victimes du VHB (vaccin contre l'hépatite B) : faut-il attendre une certitude scientifique pour les indemniser ?", *Méd. et dr.*, 2004, p. 125 ; Cl. ROUGE-MAILLART, N. JOUSSET, N. GUILLAUME et M. PENNEAU, "Complications neurologiques et vaccination contre l'hépatite B : l'impossible conciliation entre la preuve scientifique et la preuve judiciaire. Conséquences sur la pratique expertale", *Méd. et dr.*, 2005, p. 89 ; N. JONCQUET, "Vaccins contre l'hépatite B : *nova et vetera*, les nouveaux fondements d'une indemnisation par les laboratoires", *Rev. gén. dr. méd.*, 2005, n° 16, p. 69; C. MANAOUIL et I. CALLIES, "Les différentes voies de recours après un accident vaccinal : étude juridique de la vaccination contre l'hépatite B", *P.A.*, 23 fév. 2006, n° 39, p. 3.

[599] Sur le moyen relatif au fait générateur, cf. *infra*, n° 616.

[600] Si "les magistrats versaillais ont considéré que le vase de la causalité était à moitié rempli [...], le fabricant estimait que le vase de la causalité était à moitié vide" (P. MISTRETTA et T. FAICT, note préc., p. 2022). Une telle dualité d'analyse possible confirme, s'il en était besoin, la difficulté pour le juge de statuer sur la causalité juridique dans les matières en proie à l'évolution des connaissances scientifiques. Elle met en évidence le rôle et l'enjeu fondamental des expertises en

248. Dans un attendu de principe, la Cour de cassation, après avoir visé les articles 1147 et 1382 du Code civil, interprétés à la lumière de la directive CEE n° 85-374 du 25 juillet 1985, a rappelé que "la responsabilité du producteur est soumise à la condition que le demandeur prouve, outre le dommage, le défaut du produit et le lien de causalité entre le défaut et le dommage". Elle a censuré la décision des juges du fond, pour violation de la loi, aux motifs qu'ils n'avaient pas tiré les conséquences légales qui s'inféraient de leurs constatations "desquelles il résultait que le défaut du vaccin comme le lien de causalité entre la vaccination et la maladie ne pouvaient être établis". Autrement dit, pour la Haute cour, l'incertitude scientifique affectant la propension du vaccin contre l'hépatite B à entraîner la survenance d'une sclérose en plaques ne devait pas être supportée par le fabricant mais par la victime.

249. Cette solution était conforme aux articles 9 du Nouveau code de procédure civile et 1315 alinéa 1 du Code civil en vertu desquels il appartient à chaque partie, et en particulier au demandeur, de rapporter la preuve des faits nécessaires au succès de sa prétention. Elle avait été approuvée par de nombreux auteurs soucieux d'endiguer le mouvement jurisprudentiel en faveur d'une trop large indemnisation des victimes, au détriment d'un strict respect des règles traditionnelles de la responsabilité civile[601]. Si la Cour de cassation n'avait pas alors retenu la responsabilité du fabricant, sa décision avait eu néanmoins pour effet de poser clairement la question de la légitimité du rôle de la notion de précaution en droit de la responsabilité civile. A cet égard, en effet, l'intérêt de l'arrêt du 23 septembre 2003 ne tenait pas tant à l'incertitude scientifique concernant la propension du vaccin contre l'hépatite B à produire des effets dommageables tels que la sclérose en plaques[602], qu'à *la place*

---

ce domaine, comme en témoignent les nombreux recours en cassation contre des décisions ayant statué sur des demandes de récusation des experts nommés dans les affaires relatives aux actions engagées à l'encontre des fabricants du vaccin contre l'hépatite B (Civ. 2ème, 5 décembre 2002, pourvois n° 01-01719, n° 01-01955, n° 01-02208, n° 01-00223, n° 01-00224. Civ.2ème, 6 mai 2004, pourvois n° 02-16232, n° 02-16233. Civ. 2ème, 25 mai 2004, pourvoi n° 02-30981. Civ. 2ème, 24 juin 2004, pourvoi n° 02-10200. Civ. 2ème, 4 janv. 2006, pourvois n° 05-13128 et n° 05-13129. Civ. 2ème, 14 juin 2006, pourvoi n°04-18250. Civ. 1ère, 27 fév. 2007, *Resp. civ. et ass.*, mai 2007, comm. n° 163).

601 N. JONQUET, A.-C. MAILLOLS, D. MAINGUY et E. TERRIER, note préc., *J.C.P.*, 2003 ; P. JOURDAIN, obs. préc., *R.T.D.civ.*, 2004 ; G. MEMETEAU, note préc., *P.A.*, 2004 ; L. PITET, art. préc., *G.P.*, 2004 ; J.-A. ROBERT et A. REGNIAULT, "Les effets indésirables des médicaments : information et responsabilités", *D.*, 2004, chron. p. 510 ; Y.-M. SERINET et R. MISLAWSKI, note préc., *D.*, 2004 ; G. VINEY, chron. préc., *J.C.P.*, 2004 ; C. MANAOUIL et I. CALLIES, chron. préc., *P.A.*, 2006.

602 La spécificité de l'affaire soumise à la Haute cour n'avait pas échappé aux nombreux commentateurs de l'arrêt. Plusieurs d'entre eux avaient, en effet, pris soin de souligner que si la jurisprudence avait consacré ces dernières années une conception souple du lien de causalité, en

désormais attribuée par la doctrine à cette incertitude, en droit de la responsabilité civile, comme critère de la notion de précaution. Ainsi, plusieurs commentateurs de l'arrêt avaient franchi le pas et s'étaient expressément référés au principe de précaution, quel que fût leur jugement d'approbation[603] ou de désapprobation[604] de la décision[605].

250. Le second arrêt de la Cour d'appel de Versailles du 12 septembre 2003[606] a également été censuré par la Cour de cassation dans une décision en date du 24 janvier 2006[607]. Cependant, à la différence de la

---

particulier en matière de contaminations post-transfusionnelles par le virus du Sida ou de l'hépatite C, en admettant notamment le jeu de présomptions de causalité, cette situation ne pouvait être confondue avec la présente espèce dans la mesure où dans les cas précédents (Sida ou hépatite C), les présomptions avaient été admises dans des hypothèses où le lien de *causalité scientifique* entre la transfusion et la contamination était certain, alors que dans le cas de l'hépatite B l'étiologie de l'affection (sclérose en plaques) demeurait incertaine.

[603] Y.-M. SERINET et R. MISLAWSKI (note préc., p. 902) soulignaient que : "Maintenu dans le giron de la responsabilité civile, le régime applicable aux fabricants de produits défectueux n'offre pas aux victimes toutes les garanties qu'elles en attendent. Pour l'heure, le droit positif semble peu disposé à le dépasser par une conception maximaliste du principe de précaution". De leur côté, J.-A. ROBERT et A. REGNIAULT (chron. préc., p. 516) remarquaient que la décision de la Cour d'appel de Versailles du 2 mai 2001, censurée par la Cour de cassation, était "inspirée par la précaution". Enfin, selon C. MANAOUIL et I. CALLIES (chron. préc., p. 11) "aux défenseurs d'un principe de précaution élargi, favorables à l'arrêt de la vaccination contre l'hépatite B, on doit opposer les contaminations par le virus de l'hépatite B évitées par la vaccination".

[604] Selon A. GOSSEMENT (note préc., p. 15) "face à cette situation d'incertitude scientifique, la littérature consultée par (l)es experts ne pouvait que recommander le respect du principe de précaution", tandis que C. RADE (chron. préc., p. 6), soulignait que "la question posée aux tribunaux par les victimes de la sclérose en plaques situe immédiatement le débat dans la perspective du rôle que pourrait jouer en droit privé le principe de précaution" et qu' "une analyse faisant appel aux exigences induites par le principe de précaution aurait dû conduire au rejet du pourvoi". Dans le même sens, cf. F. MAURY, art. préc., p. 131 et S. HOCQUET-BERG, art. préc., p. 13.

[605] La Cour d'appel de renvoi (Paris, 2 juin 2006, *Resp. civ. et ass.*, oct. 2006, comm. n°306, note C. RADE ; *D.*, 2007, panorama p. 2899, obs. Ph. BRUN) s'est soumise à la Cour de cassation. Elle a estimé que le lien de causalité scientifique entre le vaccin contre l'hépatite B et la sclérose en plaques demeurait incertain. Puis, elle a rejeté toute présomption de causalité en décidant qu' "il n'est pas possible de retenir les seules données de l'histoire personnelle [de la victime] (concordance de temps entre l'apparition des symptômes de la maladie et la vaccination, absence de facteur de risque, absence d'autres explications de la maladie) comme valant présomptions graves, précises et concordantes en faveur d'une imputabilité de la pathologie apparue au vaccin administré". A nouveau saisie de l'affaire, la Cour de Cassation a rejeté le pourvoi (Civ. 1ère, 22 mai 2008, pourvoi n° 06-18.848, arrêt n° 224).

[606] Versailles, 12 septembre 2003, préc.

[607] Civ. 1ère, 24 janvier 2006, *Société Aventis Pasteur MSD c/ Paule X.*, Concl. J.-D. SARCELET, *P.A.*, 3 mars 2006, n° 45, p. 6 ; *Resp. civ. et ass.*, mars 2006, comm. n° 91, note C. RADE ; *Resp. civ. et ass.*, mai 2006, comm. n° 77, note L. LEVENEUR ; *R.T.D.civ.*, 2006, p. 325, obs. P. JOURDAIN ; *D.*, 2006, jur. p. 1273, note L. NEYRET ; *J.C.P.*, 2006, II, 10082, note L. GRYNBAUM ; *R.D.S.S.*, 2006, p. 495, note J. PEIGNE; *Rev. Lamy dr. civ.*, mai 2006, p. 13, J.-A. ROBERT et A. REGNIAULT ; *Rev. gén. dr. méd.*, 2006, n° 19, p. 257, note S. DESMOULIN ;

précédente affaire, les hauts magistrats ne s'étaient pas prononcés sur la question du lien de causalité entre le vaccin et la maladie (le syndrome de Guillain-Barré). Ils avaient seulement examiné le moyen relatif à l'absence de défectuosité du vaccin. La décision des juges du fond a été cassée sur le visa de l'article 1147 du Code civil, interprété à la lumière de l'article 6 de la directive européenne n° 85-374 du 25 juillet 1985, pour avoir déduit le caractère défectueux du vaccin litigieux des seules constatations d'une part, que le vaccin "avait été le facteur déclenchant du syndrome de Guillain-Barré" et d'autre part, que l'autorisation de mise sur le marché de ce produit "énumérait cette affection au titre des effets indésirables de ce produit, en mentionnant «très rarement, des neuropathies périphé-riques»".

251. Depuis les arrêts de la Cour de cassation du 23 septembre 2003 et du 24 janvier 2006[608] de nombreuses juridictions du fond avaient rejeté les actions en responsabilité intentées par des personnes vaccinées contre l'hépatite B à l'encontre des fabricants du vaccin, en raison de l'absence de lien de causalité scientifique entre le médicament litigieux et la maladie[609]. Dans une décision du 27 février 2007 la Cour de cassation avait réaffirmé sa position en décidant que "l'existence d'un lien causal entre la vaccination de [la demanderesse] contre l'hépatite B et la survenue de sa sclérose en plaques et d'un éventuel défaut de sécurité du vaccin ne pouvait se déduire du seul fait que l'hypothèse d'un risque vaccinal non démontrée ne pouvait être exclue"[610]. Dans cette affaire, le pourvoi s'était expressément référé au principe de précaution pour tenter de justifier le recours aux présomptions afin établir le lien de causalité juridique.

252. Pourtant, bien que dans ces différentes décisions la Cour de cassation refusât d'assouplir l'exigence d'un lien de causalité certain sans se référer *expressément* à la notion de précaution, la solution qu'elle avait retenue pouvait néanmoins être analysée comme la consécration de l'absence de responsabilité du fabricant de médicaments pour *défaut de précaution*[611]. En

---

R.D.C., 2006, p. 841, note J.-S. BORGHETTI ; *Méd. et dr.*, 2007, p. 13, chron. C. CORGAS-BERNARD.

[608] Civ. 1ère, 23 septembre 2003 et Civ. 1ère 24 janv. 2006, préc.

[609] Exemples : Angers, 30 mars 2005, RG n° 04/00283. Versailles, 25 novembre 2005, *P.A.*, 19 mai 2006, n° 100, p. 6, note C. HENIN et A.-C. MAILLOLS. Montpellier, 4 avril 2006, *Rev. gén. dr. méd.*, 2006, n° 20, p. 372, obs. A. LECA . Douai, 15 juin 2006, RG n° 04/05169.

[610] Civ. 1ère, 27 fév. 2007, *F-D, B. c/ Société Sanofi Pasteur MSD*, *Resp. civ. et ass.*, mai 2007, comm. n° 165, note A. GOUTTENOIRE et C. RADE ; *D.*, 2007, panorama p.2899, obs. Ph. BRUN.

[611] Pour G. VINEY ("Principe de précaution et responsabilité civile des personnes privées", *D.*, 2007, p. 1543) il était clair que les décisions de la Cour de cassation "refusent de faire de ce principe [de précaution] une cause spécifique de responsabilité et même de s'en servir pour éluder les conditions exigées par la loi telles que les interprète ordinairement la jurisprudence dans le cas visé".

effet, le raisonnement ici adopté et consistant à qualifier la responsabilité civile au regard de la norme scientifique n'était pas remis en cause. Qu'il s'agît des arrêts des juridictions du fond ou de ceux de la Cour de cassation, il demeurait toujours possible d'analyser ces décisions au regard de la distinction entre la prévention (renvoyant à un risque scientifique avéré) et la précaution (renvoyant à un risque scientifique suspecté).

253. Cette position de la Haute juridiction judiciaire rejetant les actions des personnes vaccinées contre l'hépatite B était regrettable[612]. En effet, plusieurs arguments militaient en sens contraire. Tout d'abord, la Cour de cassation aurait pu alors étendre aux victimes la jurisprudence interprétant avec souplesse l'exigence d'un lien de causalité entre le fait générateur et le dommage, en matière de contamination par les virus du Sida ou de l'hépatite C[613]. En second lieu, la position de la première Chambre civile de la Cour de cassation s'articulait mal avec celle qui fait droit aux actions intentées par des victimes vaccinées contre l'hépatite B, en raison de leur profession, dans le cadre de la vaccination obligatoire, solution retenue tant par la Chambre sociale que par la deuxième Chambre civile[614] ou encore par le Conseil d'Etat[615]. Il en

[612] Pour des commentaires critiquant la rigueur de la solution retenue par la Cour de cassation le 23 septembre 2003, s'agissant de l'appréciation du lien de causalité juridique, cf. A. GOSSEMENT (*P.A.*, 16 janv. 2004, n° 12, p. 14) ; D. MAZEAUD (*D.*, 2004, somm. p. 1344) ; P. MISTRETTA et T. FAICT (*J.C.P.*, 2003, II, 1749) ; C. RADE (*Resp. civ. et ass.*, nov. 2003, chron. n° 28).

[613] Sur cette jurisprudence antérieure à la mise en place d'un fonds d'indemnisation (dont les compétences ont été transférées à l'ONIAM) pour les victimes de contaminations par le virus du Sida et celui de l'hépatite C, cf. *supra*, n° 137 et 138.

[614] Soc., 2 avril 2003, *D.*, 2003, jur. p. 1724, note H. KOBINA GABA. Il s'agissait d'une affaire dans laquelle un homme, salarié d'un établissement accueillant des adultes handicapés, avait subi en 1993 et 1994, pour les besoins de son activité professionnelle, la vaccination contre l'hépatite B imposée par l'article L. 10 devenu l'article L. 3111-4 du Code de la santé publique. La Cour d'appel de Nîmes avait rejeté sa demande tendant à ce que cette affection soit prise en charge au titre de la législation professionnelle aux motifs d'une part, qu'il n'établissait pas qu'un événement soudain susceptible d'être qualifié d'accidentel se fût produit au cours de cette vaccination et fût à l'origine de la lésion invoquée et d'autre part, que la seule exécution de la vaccination obligatoire ne pouvait être considérée comme un événement accidentel en l'absence de circonstances particulières. La Chambre sociale a cassé l'arrêt pour violation de l'article L. 411-1 du Code de la Sécurité sociale, estimant dans un attendu de principe que "constitue un accident du travail un événement ou une série d'événements survenus à des dates certaines par le fait ou à l'occasion du travail, dont il est résulté une lésion corporelle, quelle que soit la date d'apparition de celle-ci" et qu'en l'espèce la cour d'appel avait "constaté que la vaccination avait été imposée au salarié par son employeur en raison de son activité professionnelle". Autrement dit, la censure de la Cour de cassation portait uniquement sur la question de savoir si la vaccination, subie par le demandeur, était ou non susceptible de constituer un accident du travail au sens légal. Or une telle interrogation ne pouvait intervenir qu'à la condition que soit préalablement admise la *causalité scientifique* entre le vaccin contre l'hépatite B et la survenance d'une sclérose en plaques. Il en résulte nécessairement que, pour les magistrats de la Chambre sociale, l'incertitude scientifique affectant le lien entre le vaccin et l'apparition de la sclérose en plaques n'était pas de nature à faire

résultait une discrimination injustifiée entre les victimes selon qu'elles avaient été vaccinées dans un cadre professionnel ou à titre particulier.

254. Dès lors, il n'est pas étonnant que plusieurs auteurs aient alors appelé de leurs vœux une réforme législative afin de permettre l'indemnisation des victimes du vaccin contre l'hépatite B au titre de la solidarité nationale[616]. De son côté, la première Chambre civile de la Cour de cassation, par deux décisions en date du 22 mai 2008, est revenue sur sa position[617]. Elle a, en effet, cassé, notamment sur le fondement de l'article 1353 du Code civil, deux arrêts qui avaient rejeté l'action en responsabilité de victimes vaccinées contre l'hépatite B et souffrant de sclérose en plaques, à l'encontre du fabricant du vaccin aux motifs que « si l'action en responsabilité du fait d'un produit défectueux exige la preuve du dommage, du défaut et du lien de causalité entre le défaut et le dommage, une telle preuve peut résulter de présomptions pourvu qu'elles soient graves, précises et concordantes ». Les hauts magistrats ont estimé que la cour d'appel aurait dû « rechercher si les éléments de preuve, qui lui étaient soumis par [le demandeur] constituaient, ou non, des présomptions graves, précises et concordantes du caractère défectueux du vaccin litigieux, comme du lien de causalité entre un éventuel défaut et le dommage subi ». Cette

---

obstacle à la responsabilité de l'employeur. Cette solution a été confirmée par la deuxième Chambre civile (Civ. 2ème, 14 septembre 2006, *R.D.S.S.*, 2007, p. 281, note S. FANTONI-QUINTON) statuant après renvoi dans cette affaire. Dans cet arrêt les hauts magistrats ont approuvé les juges du fond d'avoir retenu que "les troubles caractérisant la sclérose en plaques diagnostiquée le 9 juillet 1996 sont en fait apparus dans les semaines qui ont suivi la première injection du vaccin et sont allés par la suite en s'aggravant" et "qu'avant de subir cette vaccination, M. X. était en parfaite santé, qu'aucune autre cause de déclenchement de la maladie n'a été décelée et que l'ensemble des praticiens consultés mettent l'accent sur la concordance entre la vaccination et l'apparition des troubles". Dans le même sens, cf. Civ. 2ème, 25 mai 2004, *B.C.*, II, n° 237.

615 Dans un premier temps plusieurs juridictions administratives ont rejeté les actions en responsabilité des personnes vaccinées à titre obligatoire contre des centres hospitaliers (ex. : CAA Douai, 21 juin 2005, *Centre hospitalier de Montreuil*, *A.J.D.A.*, 2005, p. 1945, note J. MICHEL. Plus particulièrement sur les actions des fonctionnaires, cf. J.-P. DIDIER, "Les fonctionnaires vaccinés contre l'hépatite B et la sclérose en plaques : les conséquences juridiques du doute scientifique", *J.C.P. éd. Adm. et coll. terr.*, mai 2006, étude 1104). Mais dans deux espèces du 9 mars 2007 (CE, 9 mars 2007, 4 arrêts, 1ère et 2ème espèce, concl. T. OLSON, *A.J.D.A.*, 2007, p. 861 ; *D.*, 2007, somm. p. 2204, note L. NEYRET) le Conseil d'Etat a estimé que les pathologies (sclérose en plaques et polyarthrite rhumatoïde) survenues chez deux personnes vaccinées contre l'hépatite B étaient imputables au service hospitalier. Les juges ont notamment relevé le bref délai entre les injections du vaccin et l'apparition des maladies ainsi que l'absence d'antécédents à ces dernières chez les victimes.

616 En ce sens, cf. S. HOCQUET-BERG, *Rev. Lamy dr. civ.*, janv. 2004, p. 14 ; F. MAURY, *Méd. et dr.*, 2004, p. 132 ; C. RADE, note sous Versailles, 12 septembre 2003, *Resp. civ. et ass.*, nov. 2004, comm. n° 344, p. 26 et note sous Paris, 2 juin 2006, *Resp. civ. et ass.*, oct. 2006, comm. n°306, p. 25.

617 Civ. 1ère, 22 mai 2008, *B.C.*, I, n° 220 ; Civ. 1ère, 22 mai 2008, *B.C.*, I, n° 223, *D.*, 2007, Actu., jur., p. 1544, obs. I. GALLMEISTER.

solution, préconisée par l'avocat général dans l'affaire du 24 janvier 2006[618], ne peut être qu'approuvée. Elle s'inscrit dans le sens d'une réception de la notion de précaution par les juges de nature à fonder une extension de la responsabilité civile en faveur des victimes du vaccin contre l'hépatite B.

c) L'hormone de croissance

255. L'hormone de croissance, médicament fabriqué à partir d'hypophyses prélevées sur des cadavres humains, a été utilisée à partir de la fin des années cinquante aux Etats-Unis, dans le but de traiter les enfants atteints de nanisme hypophysaire, maladie orpheline. En France le recours à ce traitement remonte à 1970 et s'est développé à partir de 1973, date à laquelle a été créée l'association France Hypophyse. Cette dernière était chargée de collecter les hypophyses, à partir desquelles l'Institut Pasteur procédait à l'extraction de l'hormone de croissance, et d'encadrer la prescription et la distribution de l'hormone. De son côté, la Pharmacie Centrale des Hôpitaux de Paris procédait à la mise en forme pharmaceutique du produit final. Or, cette hormone s'est révélée particulièrement néfaste puisqu'elle a entraîné, chez les personnes y ayant eu recours, le développement de la maladie de Creutzfeldt-Jakob[619]. Les victimes ont alors demandé réparation de leur préjudice devant les juridictions civiles.

256. Ainsi, le 23 septembre 2003 la Cour d'appel de Montpellier[620] a confirmé le jugement du Tribunal de grande instance de Montpellier, en date du 9 juillet 2002[621] qui avait condamné l'Association France Hypophyse et l'Institut

---

618 J.-D. SARCELET (Concl. préc., p. 8-9) pour qui : "pas plus que le lien de causalité doit être subordonné à une certitude scientifique, le risque de contamination ne doit être scientifiquement avéré". Selon lui la "recherche d'un faisceau de présomptions laisse à la jurisprudence un pouvoir d'appréciation sur la responsabilité des produits défectueux en matière de santé, permettant de ne pas faire du recours à la solidarité nationale un passage obligé de l'indemnisation des victimes, ce qui est le plus souvent le cas lorsque la certitude scientifique est acquise au débat".

619 C. TAMBURINI-BONNEFOY et Th. BILLETTE DE VILLEMEUR, "Hormone de croissance et maladie de Creutzfeldt-Jakob : éthique de l'information", *Jour. inter. bioéth.*, déc. 1997, vol. 8, n° 4, p. 77 ; F. CHATEAURAYNAUD et D. TORNY, *Les sombres précurseurs. Une sociologie pragmatique de l'alerte et du risque*, Paris, Ecole des Hautes Etudes en Sciences Sociales, 1999, "Le dossier de l'hormone de croissance", p. 384 ; C. SOKOLSKY, "Hormone de croissance. Les dessous d'un scandale", *Que choisir*, avril 1999, p. 14 ; M. SCHWARTZ, *Comment les vaches sont devenues folles*, Paris, Odile Jacob, 2001, chp. XIX "Grandir et mourir", p. 177 et chp. XX "Les leçons du drame", p. 187.

620 Montpellier, 23 septembre 2003, 1ère ch. B., R.G., n° 02/03600, *Institut Pasteur c/ Fachin*, B. LEGROS, "Etat des lieux sur les différents régimes d'indemnisation des conséquences des accidents médicaux", *Méd. et dr.*, janvier 2004, n° 64, p. 1, Encadré n° 2, p. 20.

621 T.G.I. Montpellier, 9 juillet 2002, *J.C.P.*, 2002, II, 10158, note F. VIALLA ; *R.T.D.civ.*, 2002, p. 818, obs. P. JOURDAIN ; *J.C.P.* éd. E, 2003, supplément au n° 2, p. 38, note A.-C. MAILLOLS.

Pasteur à indemniser les proches d'une jeune femme décédée de la maladie de Creutzfeldt-Jakob survenue plusieurs années après la prise d'un traitement par l'hormone de croissance. La victime avait été traitée par cette hormone du 1er janvier 1985 au 30 juin 1985, soit pendant la période de précaution[622]. En effet,

[622] Bien que dès 1974 plusieurs scientifiques aient évoqué les risques d'une transmission de la maladie de Creutzfeldt-Jakob résultant de l'utilisation de l'hormone de croissance, aucune publication n'avait alors repris cette information (M. SCHWARTZ, op. cit., p.177). En 1980, à la suite du décès d'un patient soupçonné d'avoir contracté la rage, l'Association France Hypophyse s'inquiète des risques de contamination virale en relation avec l'hormone de croissance et sollicite alors l'avis du professeur Montagnier. Ce dernier lui fait parvenir une note dans laquelle il estime que "les dangers de contamination de la préparation hormonale peuvent [...] provenir de sujets morts soit [...] d'encéphalopathies à virus lents [...]. *Une attention particulière doit être portée au danger de transmission de la maladie de Creutzfeldt-Jakob*, maladie certes rare (un cas pour un million en moyenne), mais dont les sujets porteurs de l'agent infectieux peuvent être beaucoup plus nombreux [...]." Afin d'éviter tout risque de transmission de la maladie, Luc Montagnier préconise, dans un but préventif, la sélection des donneurs d'hypophyses, recommandation qui fut suivie par l'association France Hypophyse (le 20 mars 1980, une circulaire de la Direction générale de la santé normalise les conditions de prélèvement). En 1983, un premier rapport de l'Inspection générale des affaires sociales dénonce les abus dans la collecte des hypophyses, sans toutefois mentionner les risques de transmission de la maladie de Creutzfeldt-Jakob. L'année 1985 est celle de l'alerte. Après qu'un premier cas a été signalé aux Etats-Unis à la Food and Drug Administration, en février 1985, suivent plusieurs autres décès dont la France est informée en avril 1985. Mais alors que les Etats-Unis et la Grande-Bretagne décident d'interdire l'utilisation de l'hormone de croissance, la France continue d'y avoir recours en en modifiant toutefois la technique de purification (F. CHATEAURAYNAUD et D. TORNY, op. cit., p. 388 ; M. SCHWARTZ, op. cit., p. 183). Cette hormone purifiée est distribuée jusqu'en 1988, date à laquelle elle est remplacée par une hormone biosynthétique. Entre 1985 et 1988, l'hormone de croissance a ainsi été prescrite à environ deux mille cinq cents enfants (C. TAMBURINI-BONNEFOY et Th. BILLETTE DE VILLEMEUR, art. préc., p. 78). Les premiers cas français avérés de décès consécutifs à l'utilisation de l'hormone de croissance sont signalés en 1991. En juillet 1992, le ministre de la santé commande à l'Inspection générale des affaires sociales une enquête rendue publique en décembre de la même année sous le titre *Rapport sur l'hormone de croissance et la maladie de Creutzfeldt-Jakob* qui dresse un bilan critique de l'action de France Hypophyse et estime notamment que le risque de maladie de Creutzfeldt-Jakob a été sous estimé. Ces différents éléments permettent d'esquisser une chronologie de l'évolution de la connaissance du risque de transmission de la maladie de Creutzfeldt-Jakob à la suite d'un traitement à l'hormone de croissance. Il semble, en effet qu'un tel risque ait été suspecté dès le milieu des années 1970, si ce n'est même antérieurement. A cet égard, on (M. SCHWARTZ, op. cit., p. 188) a fait remarquer que ce risque *aurait pu* être soupçonné à la fin des années 1960 dans la mesure où des informations susceptibles d'indiquer le danger lié à un traitement à l'hormone de croissance extraite d'hypophyse existaient dans la littérature scientifique dès cette époque, mais qu'alors ces informations "n'étaient pas connues ou pas appréciées à leur juste valeur", et surtout, qu'il "manquait une donnée importante, à savoir la fréquence de la maladie chez l'homme, essentielle pour l'appréciation du risque", fréquence d'une extrême rareté (un cas sur un million) qui ne fut établie qu'en 1979. Ainsi tant qu'aucun cas de transmission de la maladie de Creutzfeldt-Jakob par l'intermédiaire d'hormone de croissance n'avait pu être observé, le risque demeurait théorique. En revanche cette situation a pris fin dès lors que plusieurs décès ont été recensés. Mais à partir de quand peut-on estimer que la possibilité d'un lien de causalité entre l'hormone de croissance et la survenue de la maladie de Creutzfeldt-Jakob était fondée sur une hypothèse scientifique suffisamment sérieuse caractéristique d'un risque de précaution ? Il ne saurait y avoir de réponse incontestable. Néanmoins, **l'année 1985 marque sans aucun doute une période de rupture**

durant cette période le lien de causalité *scientifique* entre l'usage de l'hormone et la survenance d'une maladie de Creutzfeldt-Jakob était déjà suspecté. A cet égard, la motivation de l'arrêt de la cour d'appel est particulièrement éloquente, les juges ont en effet évoqué les "lots distribués en janvier 1984 et juillet 1985 considérés comme une *période suspecte*" ou encore la "*période considérée comme à risque*, entre novembre 1983 et juillet 1985"[623].

257. Cette décision a fait l'objet d'un pourvoi de la part de l'Institut Pasteur qui a été rejeté par la Cour de cassation dans un arrêt du 24 janvier 2006[624]. Les hauts magistrats ont écarté l'application en l'espèce de la directive européenne du 25 juillet 1985 sur la responsabilité du fait des produits défectueux[625]. Par une substitution de motifs, ils ont approuvé la condamnation de l'Institut Pasteur sur le fondement des articles 1147 et 1382 du Code civil. Comme il vient d'être rappelé, à propos de l'arrêt de la Cour d'appel de

---

puisque c'est à cette date que sont signalés les premiers décès aux Etats-Unis, transmis en France au mois d'avril de cette année et c'est aussi à cette période que l'hormone est purifiée en France, ce qui, faute d'éléments attestant avec certitude l'existence d'une hypothèse scientifique sérieuse quant au risque, n'en traduit pas moins une perception certaine d'un risque de risque. L'ouverture de la période de précaution pourrait, semble-t-il, être fixée à cette époque. La question du début de la période de prévention n'en est pas moins délicate. Au bout de combien de décès, en effet, peut-on estimer que le risque était définitivement avéré ? La réalisation du risque, c'est-à-dire le décès, présente ici une importance toute particulière pour rattacher le traitement par l'hormone de croissance à la maladie de Creutzfeldt-Jakob, cette dernière ne pouvant être diagnostiquée avec certitude qu'une fois le décès survenu, par une anatomopathologie. De l'avis des auteurs, le risque est devenu certain à partir des années 1990-1991. **Ainsi il a été estimé que "l'accumulation des cas est véritablement avérée lorsqu'un groupe de travail de France-Hypophyse fait état, le 13 juin 1991, de sept cas de MCJ, dont deux certains"** (F. CHATEAURAYNAUD et D. TORNY, op. cit., p. 391). Dans le même sens, M. SCHWARTZ (op. cit., p. 185) estime que "pendant trois ou quatre ans, il sembla que les quatre cas rapportés en avril 1985 constituaient des accidents exceptionnels. On pensa pouvoir les rapporter à la contamination d'un seul lot d'hypophyses, à partir duquel l'hormone aurait été purifiée selon une méthode ancienne et abandonnée depuis [...]. A partir de 1989-1990, hélas, la situation devait changer. En 1990, le nombre cumulé de décès par maladie de Creutzfeldt-Jakob imputables à l'hormone de croissance s'élevait à treize : sept aux Etats-Unis, quatre en Grande-Bretagne, un en Nouvelle-Zélande, et un au Brésil". **La période de prévention aurait donc pris, à cette époque, le pas sur la période de précaution.**

[623] Arrêt, p. 82.

[624] Civ. 1ère, 24 janvier 2006, *D.*, 2006, I.R. p. 470 et *panor. jur.*, p. 1929, P. JOURDAIN ; *Resp. civ. et ass.*, mars 2006, comm. n° 89, note C. RADE ; *R.T.D.civ.*, 2006, p. 323, obs. P. JOURDAIN ; *R.D.S.S.*, 2006, p. 495, note J. PEIGNE ; *J.C.P.*, 2006, II, 10082, note L. GRYNBAUM ; *Rev. Lamy dr. civ.*, mai 2006, p. 13, J.-A. ROBERT et A. REGNIAULT ; *R.D.C.*, 2006, p. 841, note J.-S. BORGHETTI ; *Méd. et dr.*, 2007, p. 12, chron. C. CORGAS-BERNARD.

[625] En effet, l'hormone de croissance avait été mise en circulation en février 1985, soit avant l'intervention de la directive communautaire du 25 juillet 1985 et donc *a fortiori* avant la date d'expiration du délai de transposition laissé aux Etats destinataires de ce texte (soit le 31 juillet 1988), à partir de laquelle les juges nationaux sont tenus, conformément au droit communautaire (CJCE, 10 avril 1984, *S. von Colson et E. Kamann c/ Land Nordrhein-Westfalen*, *Rec. CJCE*, 1984, p. 1891), d'interpréter leur droit commun à la lumière de la directive en cause.

Montpellier dans cette affaire[626], le traitement par hormone de croissance avait été pris pendant la période de précaution. Dès lors, cette décision de la Cour de cassation constitue un exemple remarquable de responsabilité pour *défaut de précaution*[627]. Une telle solution doit être approuvée. En effet, du point de vue du droit, elle est conforme aux règles de la responsabilité civile et en particulier à l'interprétation souple du lien de causalité juridique, déjà consacrée par la jurisprudence à travers l'usage des présomptions[628]. D'autre part, elle évite une discrimination entre les victimes de l'hormone de croissance ayant vocation à être indemnisées par l'ONIAM depuis la loi du 31 décembre 2002[629] et celles, comme en l'espèce, ayant refusé l'offre d'indemnisation lors de l'adoption de la loi.

B – PRECAUTION ET RESPONSABILITE DU FAIT D'UN ACTE MEDICAL

258. Parmi les décisions rendues avant la loi du 4 mars 2002, relative aux droits des malades et à la qualité du système de santé, qui ont consacré l'indemnisation d'un aléa thérapeutique, certaines d'entre elles sont intervenues dans des affaires où le risque encouru était connu mais de réalisation exceptionnelle ou à l'inverse totalement inconnu avant sa survenance[630]. En revanche, il ne semble pas que les juridictions judiciaires aient eu à connaître d'affaires dans lesquelles le risque encouru, lors d'un acte médical, était certes encore incertain mais déjà soupçonné, autrement dit de risque relevant de l'obligation de précaution.

259. Tel n'est pas le cas des juridictions administratives. Dans une espèce soumise à la Cour administrative d'appel de Lyon le 21 décembre 1990[631], un jeune homme souffrant d'une cyphose avait été opéré selon la méthode de Luqué afin de redresser sa colonne vertébrale. A la suite de cette intervention il est devenu paraplégique. L'expertise médicale avait établi d'une

---

[626] Montpellier, 23 septembre 2003, 1ère ch. B., R.G., n° 02/03600, *Institut Pasteur c/ Fachin*, préc.

[627] En ce sens, cf. J. PEIGNE (note préc., p. 502) qui estime que "la Cour de cassation procède à une application, à peine voilée, du principe de précaution" et C. RADE (note préc., p. 17) qui relève que dans cette affaire, l'association France Hypophyse et l'Institut Pasteur ont commis un "défaut de précaution", constitutif d'une faute justifiant leur condamnation.

[628] Sur le recours aux présomptions dans cette affaire, cf. *supra*, n° 142 et s.

[629] L'Association France Hypophyse ayant été liquidée en 1997, c'est l'Office National d'indemnisation des Accidents Médicaux (ONIAM) qui est venu aux obligations de cette dernière, conformément aux dispositions de la loi n° 2002-1577 du 30 décembre 2002, relative à la responsabilité civile médicale (art. L. 1142-22, al. 2 du Code de la santé publique).

[630] Cf. *infra*, n° 288 et s.

[631] CAA Lyon, 21 décembre 1990, *Gomez*, *D.*, 1991, somm., p. 292 ; *J.C.P.*, 1991, II, 21698, note J. MOREAU ; *A.J.D.A.*, 1991, p. 167 et doctr. p. 126, J.-P. JOUQUELET et F. LOLOUM ; *R.F.D.A.*, 1991, p. 466, obs. C. BUNIET ; *G.P.*, 23 juillet 1991, note D. CHABANOL ; *R.D.S.S.*, 1991, p. 258, chron. R.-M. MEDOUZE.

part, que cette invalidité médicale était la conséquence de l'opération et d'autre part, qu'aucune faute n'avait été commise au cours de l'intervention ou de l'administration des soins post-opératoires. Parmi les conditions énoncées par la cour d'appel pour retenir la responsabilité sans faute de l'hôpital public du fait de l'utilisation d'une thérapeutique nouvelle, les juges avaient relevé qu'il devait s'agir de l'utilisation d'une thérapeutique dont les "*conséquences n'étaient pas encore entièrement connues*". A l'époque où la victime avait été opérée, il existait deux techniques permettant de redresser la colonne vertébrale : celle de Harrington et celle de Luqué. La seconde de ces méthodes était utilisée en France depuis plus de cinq ans où elle avait donné des résultats satisfaisants. Cette technique avait été mise en œuvre dans soixante dix cas parmi lesquels deux accidents étaient survenus. Autrement dit, le risque, en l'espèce, était certes calculable mais la valeur de la base de calcul était susceptible d'être appréciée différemment selon que l'on estimait que le nombre de cas observés d'accidents constituait ou non une base statistique significative[632]. Dans la première hypothèse (risque connu dont la base de calcul est jugée significative) la responsabilité retenue pouvait être qualifiée de responsabilité pour *défaut de prévention*. Dans la seconde hypothèse (risque certes connu parce qu'il s'est déjà produit au moins une fois mais dont l'appréciation statistique n'est pas jugée significative compte tenu du petit nombre d'interventions déjà réalisées), la responsabilité retenue relevait alors plutôt d'un *défaut de précaution*. Cette dernière notion suppose, en effet, que le risque ait déjà atteint un certain seuil d'occurrence probable[633]. Une telle décision témoigne de la difficulté d'application du critère de distinction entre la prévention et la précaution. Cette difficulté tient au fait que la norme juridique, c'est-à-dire la formule employée par les juges ("thérapeutique nouvelle dont les conséquences ne sont pas encore entièrement connues"), ne saurait être interprétée indépendamment de la norme scientifique sur laquelle elle est fondée[634]. Or, cette dernière est parfois susceptible de donner lieu à plusieurs interprétations.

---

[632] Ainsi pour J.-P. JOUQUELET et F. LOLOUM (art. préc., p. 126) le "nombre encore [...] faible d'accidents constatés (2 répertoriés) interdisant toute étude statistique". Dans le même sens, D. CHABANOL (note préc., p. 442) estime que "demeure nouvelle une thérapeutique pour laquelle le nombre d'observations est trop faible pour que l'extrapolation puisse conduire, avec une probabilité de 95 %, à une appréciation statistiquement significative du risque d'accident". De son côté, A. de LAJARTRE ("La responsabilité hospitalière relative aux premières médicales", *A.J.D.A.*, 1997, doctr. p.562, spéc. p. 568) s'interroge, en ces termes, à propos de la notion de thérapeutique nouvelle : "S'agit-il d'une approche statistique ? Lorsqu'un certain nombre d'interventions aura été effectué, le juge décidera t-il que la thérapeutique n'est plus nouvelle [...]".

[633] Sur cette condition, cf. Chp. préliminaire, *supra*, n° 92 et s.

[634] Sur les liens entre la norme juridique et la norme scientifique inhérente à la distinction de la prévention et de la précaution, cf. Chp. préliminaire, *supra*, n° 42 et 43.

§ 3 L'IGNORANCE DU LIEN DE CAUSALITE SCIENTIFIQUE EN QUETE DE QUALIFICATION JURIDIQUE

260. Dans certains cas le lien de causalité scientifique entre un produit et ses effets dangereux ou entre un acte médical et ses effets dommageables n'est ni suspecté ni avéré mais est ignoré et ne se révèle qu'avec la réalisation du dommage. Cette hypothèse peut tout d'abord être associée à l'apparition d'un risque de développement[635]. Ce dernier désigne le "défaut d'un produit qui pouvait être considéré comme irréprochable dans l'état de la science et de la technologie au moment où il a été mis en circulation, et dont le caractère défectueux s'est révélé ultérieurement, avec l'évolution des connaissances"[636]. La survenance d'un risque méconnu avant sa réalisation renvoie également, à certaines conditions, à la notion d'aléa thérapeutique. Celui-ci est généralement défini comme "un événement dommageable survenu au patient sans qu'une maladresse, et plus généralement une faute quelconque, puisse être imputée au praticien, et sans que ce dommage se relie à l'état initial du patient ou à son évolution prévisible"[637]. En devenant un critère de qualification de la responsabilité civile, au même titre que la prévention et la précaution, l'ignorance du lien de causalité scientifique, à travers ses deux manifestations que sont le risque de développement et l'aléa thérapeutique (A) conduit à relativiser la place qui lui était traditionnellement attribuée comme cause d'exonération de la responsabilité civile (B).

---

[635] Sur cette notion, cf. J.-F. KRIEGK, "L'obligation de sécurité : de sa maturation à l'admission du risque de développement", *G. P.*, 24 avril 1993, p. 519 ; F. EWALD, "La véritable nature du risque de développement et sa garantie", *Risques*, n° 14, avril-juin 1993, p. 9 ; C. GOLLIER, "Le risque de développement est-il assurable ?", *Risques*, n°14, avril-juin 1993, p. 49 ; G. DEFRANCE, "Risque thérapeutique, l'assurance des atteintes à l'environnement, risque de développement…La pression des assureurs", *L'argus*, 30 avril 1993, p. 24 ; O. BERG, "La notion de risque de développement en matière de responsabilité du fait des produits défectueux", *J.C.P.*, 1996, I, 3945 ; I. VEZINET, "Le risque de développement en matière de responsabilité du fait des produits défectueux", *Dr. et pat.*, juin 1997, p. 54 ; Y. BRISSY, "Problématique du risque de développement, *D. Aff.*, 17 déc. 1998, n° 142, p. 2004 ; C. CHADELAT, "Risque de développement", *R.G.D.A.*, 1998, n° 3, p. 452 ; C. DEVAUX, "Le risque de développement", *in Encyclopédie de l'assurance*, sous la dir. de F. EWALD et J. H. LORENZI, Paris, Economica, 1997, p. 1251 ; B. MANSART, "Le risque de développement des produits issus du corps humain", *Méd. et dr.* 1999, n° 36, p. 11 ; C. LARROUMET, "La notion de risque de développement, risque du XXIe siècle", *in Clés pour le siècle. Droit et science politique, information et communication, sciences économiques et de gestion*, UNIVERSITE PARIS II PANTHEON–ASSAS, Paris, Dalloz, 2000, p. 1589 ; J.-S. BORGHETTI, *La responsabilité du fait des produits défectueux. Etude de droit comparé*, Paris, L.G.D.J. (coll. "Bibliothèque de droit privé"), tome 428, 2004, n° 402 et s. et n° 662 et s.

[636] Y. LAMBERT-FAIVRE, op. cit., n° 668.

[637] P. SARGOS, "L'aléa thérapeutique devant le juge judiciaire", *J.C.P.*, 2000, I, 202, n°13.

A – Les manifestations de l'ignorance du lien de causalite scientifique

261. Les notions de risque de développement (1) et d'aléa thérapeutique (2) constituent les deux catégories juridiques traduisant la révélation d'un risque ignoré avant sa survenance.

1) Ignorance du lien de causalité scientifique et risque de développement

262. La notion de risque de développement a été introduite en droit français par la loi du 19 mai 1998 relative à la responsabilité du fait des produits défectueux[638] (a). Elle a été ensuite précisée par la jurisprudence européenne

---

[638] E. CARTOU, "La transposition en droit français de la directive sur la responsabilité du fait des produits", *P.A.*, 11 avril 1997, n° 44, p. 4 ; J.-P. PIZZIO, "La responsabilité du fait des produits. *La sécurité des produits*", *Dr. et pat.*, juin 1997, p. 48 ; F. CHABAS, "La loi du 19 mai 1998 et le droit commun", *G.P.*, 1999, doctr. p. 565 et "La responsabilité pour défaut de sécurité des produits, dans la loi du 19 mai 1998", *G.P.*, 1998, doctr. p. 2 ; DICTIONNAIRE PERMANENT DES ASSURANCES, "La responsabilité du fait des produits défectueux. Analyse de la loi du 19 mai 1998", Editions Législatives, 15 juin 1998, Bulletin 45 ; J. FRANCK, "L'intégration en droit français de la directive communautaire du fait des produits défectueux : une loi défectueuse ?", *R.E.D.C.*, 1998, p. 187 ; J. GHESTIN, "Le nouveau titre IV bis du Livre III du Code civil : *De la responsabilité du fait des produits défectueux*. L'application en France de la directive sur la responsabilité du fait des produits défectueux après l'adoption de la loi n° 98-389 du 19 mai 1998", *J.C.P.*, 1998, I, 148 ; J. HUET, "Une loi peut en cacher une autre : mise en perspective de la loi sur la responsabilité du fait des produits défectueux", *D. Aff.*, 1998, p. 1160 ; P. JOURDAIN, "Commentaire de la loi n°98-389 du 19 mai 1998 sur la responsabilité du fait des produits défectueux", *J.C.P. éd. E.*, 1998, p. 1204 et "Une loi pour rien ? (à propos de la loi du 19 mai 1998 relative à la responsabilité du fait des produits défectueux)", *Resp. civ. et ass.*, juillet-août 1998, p.4 ; C. LARROUMET, "La responsabilité du fait des produits défectueux après la loi du 19 mai 1998, *D.*, 1998, chron. p. 311 ; L. LEVENEUR, "Produits défectueux : attention un défaut peut en cacher un autre", *Con. Conc. Cons.*, déc. 1998, n° 12, p. 3 ; G. RAYMOND, "Premières vues sur la loi n° 98-389 du 19 mai 1998 relative à la responsabilité du fait des produits défectueux", *Con. Conc. Cons.*, juin 1998, p. 7 ; A. SOROSTE, "Responsabilité du fait des produits défectueux", *Option Qualité*, juillet 1998, n° 163 ; P. STORRER, "Bon an mal an, la loi relative à la responsabilité du fait des produits défectueux", *Lamy droit économique*, n° 108, juillet 1998 ; F.-X. TESTU et J.-H. MOITRY, "Les produits défectueux et leur responsabilité. Commentaire de la loi 98-389 du 19 mai 1998", *D. Aff.*, 16 juillet 1998, supplément au n°125, p.3; F.-X. TESTU, "Les produits défectueux et leur responsabilité. Présentation de la réforme du 19 mai 1998", *D. Aff.*, 17 déc. 1998, n° 142, p. 1996 ; UNIVERSITE PARIS II PANTHEON–ASSAS, ORDRE DES AVOCATS A LA COUR DE PARIS, CHAMBRE DE COMMERCE ET DE L'INDUSTRIE DE PARIS, *La responsabilité du fait des produits défectueux* (loi du 19 mai 1998), Colloque du 27 octobre 1998, *P.A.*, 28 déc. 1998, n° 155 ; G. VINEY, "L'introduction en droit français de la directive européenne du 25 juillet 1985 relative à la responsabilité du fait des produits défectueux", *D.*, 1998, chron. p. 291 ; E. FOUASSIER, "Responsabilité du fait des produits défectueux. De la directive à la loi... en passant par Cervantès", *Méd. et dr.*, mai-juin 1999, n° 36, p. 2 ; I. LOLIES, "L'insertion de la loi du 19 mai 1998 dans le droit de la responsabilité", *R.R.J.*, 1999, p.349 ; J. REVEL, "La coexistence du droit commun et de la loi

(b). Le risque de développement est susceptible de se manifester dans divers domaines du droit (c).

a) L'introduction du risque de développement dans le droit français

263. La question de l'exonération pour risque de développement est sans aucun doute celle qui a suscité les plus vifs débats lors de l'élaboration de la loi française sur la responsabilité du fait des produits défectueux. La directive européenne n° 85-374 du 25 juillet 1985 relative à la responsabilité du fait des produits défectueux[639] laissait, en effet, aux Etats membres la liberté d'opter ou non pour cette cause d'exonération[640]. Aussi, après de longues discussions, les parlementaires ont choisi une solution de compromis[641]. En effet, l'article 1386-11 du Code civil, issu de la loi du 19 mai 1998, dispose que "le producteur est responsable de plein droit à moins qu'il ne prouve [...] 4°/ Que l'état des connaissances scientifiques et techniques, au moment où il a mis le produit en circulation, n'a pas permis de déceler l'existence du défaut". Cependant cette

---

relative à la responsabilité du fait des produits défectueux", *R.T.D.com.*, 1999, p. 317 ; J.-S. BORGHETTI, op. cit., 2ème partie, "Le modèle français".

[639] Directive CEE 85/374 du 25 juillet 1985, *J.O.C.E.*, 7 août 1985, n° 1210, p. 29 (article 15).

[640] Dans le premier projet de loi, soumis à l'Assemblée Nationale le 23 mai 1990, le risque de développement avait été mis à la charge des victimes. Puis, sur l'intervention de M. Fauchon, il avait été placé à la charge des producteurs dans le projet adopté en Commission mixte paritaire le 15 décembre 1992. Mais le gouvernement n'acceptant pas cette position avait finalement retiré le projet. Le débat s'est renouvelé à partir de la proposition de loi, présentée en 1993, par Mme Catala.

[641] A l'encontre de l'exonération pour risque de développement on faisait valoir un argument d'équité associé à un argument de logique juridique. En conduisant à se servir des premières victimes, comme "révélateurs" du défaut de certains produits, sans les indemniser, l'exonération était moralement inacceptable (P. FAUCHON, Rapport Sénat, 21 janvier 1998, n° 226, p. 18-19). Le souvenir de l'affaire du sang contaminé était encore largement présent dans les esprits. De plus, l'exonération aurait entraîné un recul de la protection des victimes, non seulement par rapport à la jurisprudence française qui refusait l'exonération mais encore par rapport à la finalité première de la directive qui était d'établir un régime de responsabilité objective, détaché de la notion de faute, quand une telle exonération constituait, au contraire, un retour indirect à une responsabilité pour faute présumée. De leur côté, les partisans de l'exonération avançaient plusieurs arguments économiques (P. FAUCHON, Rapport Sénat, 21 janvier 1998, n° 226, p. 17-18). D'une part, l'absence d'exonération pour risque de développement aurait nui à la compétitivité des entreprises françaises, la plupart des autres puissances industrielles européennes, en particulier l'Allemagne, ayant admis cette cause d'exonération (Tous les pays, à l'exception du Luxembourg et de la Finlande, ont opté pour l'exonération pour risque de développement). Elle aurait, d'autre part, ralenti l'innovation et la recherche et surtout entraîné une hausse des primes de l'assurance de responsabilité civile. Enfin, les droits des victimes n'auraient pas été menacés puisque ces dernières conservaient la possibilité d'agir sur les fondements du droit commun de la responsabilité (X. BECK, Rapport Assemblée Nationale, 6 mars 1997, n° 3411, p. 16 ; E. GUIGOU, *J.O.* Sénat, 6 février 1998, p. 672). Sur la portée de ce dernier argument depuis la décision de la Cour de justice des Communautés européennes, en date du 25 avril 2002, cf. *infra*, n° 589.

exonération ne s'applique pas lorsque le dommage a été causé par un élément du corps humain ou par les produits issus de celui-ci[642]. Cette exception s'explique par le drame du sang contaminé et par la volonté de ne pas revenir sur la jurisprudence ayant mis à la charge des centres de transfusion sanguine une obligation de sécurité de résultat[643]. Néanmoins, plusieurs auteurs n'ont pas hésité à en souligner le paradoxe. Non seulement, en effet, on peut se demander ce qui justifie de traiter différemment les producteurs de produits sanguins des producteurs de médicaments ou des producteurs d'aliments, notamment de viande bovine infectée par l'encéphalopathie spongiforme bovine ou encore les responsables de contaminations résultant d'une exposition à l'amiante[644]. Mais surtout, alors que la responsabilité augmente généralement avec le degré d'aléa, l'absence d'exonération pour risque de développement conduit à consacrer la solution inverse. En effet, les produits issus du corps humain comportent "de par leur origine même des risques immunologiques, virologiques, bactériologiques tout à fait spécifiques et difficilement maîtrisables", à tel point que l'on a même pu se demander s'il n'aurait pas "été plus juste de ne réserver qu'aux produits issus du corps humain le bénéfice de l'effet exonératoire du risque de développement"[645].

b) La notion de risque de développement

264. Dans une décision en date du 29 mai 1997, la Cour de justice des Communautés européennes[646] a eu l'occasion de préciser le niveau de connaissances exigé du producteur qui entend se prévaloir d'un risque de développement et en a donné une interprétation objective[647]. Selon elle, en effet,

---

[642] Article 1386-12 du Code civil.

[643] Sur cette obligation de sécurité de résultat, cf. *infra*, n° 556.

[644] P. JOURDAIN, art. préc., *J.C.P. éd. E.*, 1998, p. 1204, n° 39 ; F.-X. TESTU et J.-H. MOITRY, art. préc. p. 3, n° 38 ; L. LEVENEUR, "Le défaut", *in La responsabilité du fait des produits défectueux* (loi du 19 mai 1998), Colloque du 27 octobre 1998, préc., p.28, n° 16.

[645] B. MANSART, art. préc., p. 12.

[646] C.J.C.E., 29 mai 1997, *P.A.*, 17 déc. 1997, n° 151, p. 31, note J. RICATTE ; *J.C.P.*, 1997, I, 4070, n° 31, chron. G. VINEY ; *D.*, 1998, jur. p. 488, note A. PENNEAU.

[647] La Commission des Communautés européennes avait saisi la Cour d'un recours en manquement contre le Royaume-Uni au motif que le Consumer Protection Act de 1987, qui transpose dans le droit anglais la directive du 25 juillet 1985 relative à la responsabilité du fait des produits défectueux, aurait élargi le moyen de défense de l'article 7, sous e) de la directive, relatif à l'exonération pour risque de développement, et transformé ainsi la responsabilité sans faute, imposée par l'article 1er de la directive, en une simple responsabilité fondée sur la négligence. En effet, la disposition du Consumer Protection Act (section 4, 1, e), qui transpose l'article 7, sous e), de la directive, dispose que le défendeur pourra s'exonérer de sa responsabilité s'il prouve "que l'état des connaissances scientifiques et techniques au moment pertinent ne permettait pas d'escompter d'un producteur de produits analogues au produit en cause qu'il ait pu déceler le défaut s'il avait existé dans ses produits pendant qu'ils étaient sous son contrôle". La Commission estimait qu'en se référant à ce qui était escompté d'un producteur de produits analogues au produit en cause la loi anglaise était manifestement contraire à la directive, en ce qu'elle autorisait la prise

pour pouvoir invoquer l'exonération pour risque de développement, "le producteur d'un produit défectueux doit établir que l'état objectif des connaissances techniques et scientifiques, en ce compris son niveau le plus avancé, au moment de la mise en circulation du produit en cause, ne permettait pas de déceler le défaut de celui-ci. Encore faut-il, pour qu'elles puissent valablement être opposées au producteur, que les connaissances scientifiques et techniques pertinentes aient été accessibles au moment de la mise en circulation du produit en cause"[648]. Autrement dit, d'une part, l'appréciation des connaissances scientifiques et techniques doit être faite par référence à l'état de la science envisagé au niveau mondial, ce qui ne sera pas de nature à faciliter l'établissement d'un modèle de déroulement de l'évolution des données scientifiques nécessaire à la mise en œuvre de la distinction de la prévention et de la précaution. D'autre part, cette appréciation de l'état de la science et de la technique doit se faire de façon objective c'est-à-dire indépendamment des aptitudes personnelles du producteur. Une telle solution traduit, une fois encore, la nécessité d'opérer une distinction claire entre la connaissance subjective par un individu du degré de réalisation d'un risque et l'existence objective de ce dernier, compte tenu des données scientifiques et techniques, seul critère à prendre en considération lors de l'application de la distinction de la prévention et de la précaution[649].

c) Les manifestations du risque de développement en droit

265. Comme le risque suspecté ou le risque avéré, le risque de développement peut se révéler aussi bien dans le domaine de la santé (α) que dans celui de l'alimentation (β) ou de l'environnement (γ).

---

en compte des connaissances subjectivement détenues par un producteur normalement diligent, compte tenu des précautions d'usage dans le secteur industriel en cause.

[648] En l'espèce, la Cour a rejeté le recours formé par le Royaume-Uni aux motifs d'une part, que la loi anglaise "impose, conformément à la directive, la charge de la preuve au fabricant qui se prévaut de la clause exonératoire", d'autre part, que cette loi "ne comporte aucune restriction quant à l'état et au degré des connaissances scientifiques et techniques à prendre en considération au moment pertinent", que son libellé "ne laisse pas entendre que [...] le recours à la clause exonératoire dépend des connaissances subjectivement entendues par un producteur normalement diligent compte tenu des précautions d'usage dans le secteur industriel en cause", qu'enfin "la portée des dispositions législatives [...] doit s'apprécier compte tenu de l'interprétation qu'en donnent les juridictions nationales" et que rien ne permet de considérer que les juridictions du Royaume-Uni, appelées à interpréter la loi anglaise, ne le feraient pas à la lumière du texte et de la finalité de la directive.

[649] Sur cette distinction, cf. Chp. préliminaire, *supra*, n° 70 à 74.

α) Risque de développement et sécurité sanitaire

266. L'apparition d'un risque ignoré avant sa survenance est susceptible de se produire à la suite d'une contamination virale post-transfusionnelle (1°/) ou de la prise de médicaments (2°/).

1°/ Les contaminations virales post-transfusionnelles

267. S'agissant tout d'abord des contaminations par le virus du Sida, bien que la notion de risque de développement ait été souvent évoquée à l'occasion des décisions relatives à ce type de contamination, très peu d'entre elles constituent en réalité des applications de cette notion. En effet, dans la plupart des affaires les contaminations ont eu lieu après 1983, c'est-à-dire à une époque où le risque de transmission du virus par le sang non seulement n'était plus ignoré mais était déjà largement suspecté[650]. Dès lors, seules les décisions ayant accueilli des actions en responsabilité civile en raison de contaminations par le virus du Sida à la suite de transfusions sanguines intervenues pendant la période dite d'*ignorance* du risque, soit avant 1982[651], constituent des exemples de risques de développement.

268. Le 12 avril 1995 la Cour de cassation a rendu deux décisions concernant des contaminations post-transfusionnelles par le virus du Sida[652]. Les faits ayant donné lieu au premier de ces arrêts[653] étaient les suivants. A la suite d'une intervention médicale, une femme avait reçu successivement trois transfusions sanguines, en décembre 1982, en février 1983 et en mars 1984. En 1989 un examen avait révélé sa contamination par le VIH, dont elle était décédée en mars 1990. Sur l'action en responsabilité civile de ses héritiers à l'encontre du centre de transfusion sanguine, la Cour d'appel de Toulouse avait estimé qu' "en 1982 le centre n'avait pas manqué à l'obligation de moyens qui était la sienne". Les héritiers de la victime se sont pourvus en cassation. La question s'est alors posée de savoir si un centre de transfusion sanguine était tenu à l'égard des personnes transfusées d'une simple obligation de moyens. La première Chambre civile de la Cour de cassation a répondu par la négative, estimant au contraire que "les centres de transfusion sanguine sont tenus de fournir aux receveurs des produits exempts de vices et qu'ils ne peuvent

---

650 Sur l'évolution des connaissances scientifiques en la matière, cf. *supra*, n° 223.

651 Alors même qu'à la date du jugement sur la responsabilité cette transmissibilité s'était transformée en certitude.

652 Civ. 1ère, 12 avril 1995, *B.C.*, I, n° 179 et n° 180 ; *Bull. d'info. C. Cass.*, 1er juin 1995, n° 410, p. 9, concl. Y. LESEC ; *J.C.P.*, 1995, II, 22467, note P. JOURDAIN ; *J.C.P.*, 1995, I, 3893, n°20, obs. G. VINEY ; *Resp. civ. et ass.*, 1995, comm. n° 241 ; *Dr. et pat.*, janv. 1996, p. 97, n° 1204, note F. CHABAS.

653 Civ. 1ère, 12 avril 1995, *B.C.*, I, n° 179.

s'exonérer de cette obligation de sécurité que par la preuve d'une cause étrangère qui ne puisse leur être imputée".

269. Dans un second arrêt, en date du même jour, et à propos d'une transfusion intervenue en mai 1984, à la suite d'un accouchement dans une clinique, qui avait contaminé la receveuse par le virus du Sida, la Cour de cassation a réaffirmé la solution précédente, relative à la responsabilité des centres de transfusion, et précisé celle des cliniques[654]. D'une part, en effet, la Haute juridiction a confirmé la décision des juges du fond qui avaient retenu que "le vice interne du sang, même indécelable, ne constitue pas, pour l'organisme fournisseur, une cause qui lui est étrangère, et que les obligations des centres de transfusion quant à la conservation du sang et à sa délivrance, dont ils ont le monopole, ne les dispensent pas de réparer les conséquences dommageables dues à la fourniture de sang nocif". D'autre part, la Cour de cassation a cassé l'arrêt de la cour d'appel au motif qu'elle s'était abstenue de rechercher si la clinique, tenue d'une simple obligation de prudence et de diligence dans la fourniture de produits sanguins livrés par un centre de transfusion, avait la possibilité de contrôler la qualité du sang transfusé.

270. Malgré la similitude apparente de ces deux décisions, s'agissant de la responsabilité des centres de transfusion sanguine, il convient de constater que les dates des transfusions ayant entraîné les contaminations diffèrent. Dans la première affaire la première transfusion avait eu lieu en décembre 1982, alors que dans la seconde elle datait de mai 1984. Or, les connaissances scientifiques relatives au virus du Sida n'ont cessé d'évoluer et si l'année 1982 marque la fin de la période d'*ignorance*, l'année 1984 marque la fin de la période d'*incertitude*.

271. Plusieurs auteurs ont interprété ces décisions comme une consécration de l'absence d'effet exonératoire du risque de développement[655].

---

[654] Civ. 1ère, 12 avril 1995, *B.C.*, I, n° 180.

[655] G. VINEY, *J.C.P.*, 1995, I, 3893, n° 20 ; F. CHABAS, *Dr. et pat.*, janv. 1996, p. 97, n° 1204 ; J. HUET, *Les principaux contrats spéciaux*, Traité de droit civil, sous la dir. de J. GHESTIN, Paris, L.G.D.J., 1996, n° 11385 ; S. WELSCH, "Contaminations virales post-transfusionnelles et responsabilités des centres de transfusion : essai sur le droit positif", *P.A.*, 16 avril 1997, n° 46, p.10 (spéc., n° 54) ; J.-S. BORGHETTI, op. cit., n° 407. Si d'autres auteurs s'accordent pour se référer à la notion de risque de développement, tout en prenant soin de préciser la date à compter de laquelle la période d'ignorance doit être rétroactivement fixée, l'accord disparaît quant à la période de référence à prendre en compte. Ainsi, P. JOURDAIN (*J.C.P.*, 1995, II, 22467) propose que seules les contaminations antérieures à 1983 puissent être qualifiées de risque de développement, tandis que F. MEMMI ("SIDA et responsabilité civile, *G. P.*, 27 avril 1993, p.533, spéc. p. 536) retient l'année 1981 ou que M.-L. MORANCAIS-DEMEESTER ("Contamination par transfusion du virus du SIDA : responsabilités et indemnisation", *D.*, 1992, chron. p. 189, spéc. p. 191) évoque l'année 1984. La diversité des dates proposées confirme "combien il est délicat de préciser dans la genèse des connaissances et de leur propagation, quels sont les jour et heure où l'acquis de la science aurait dû pénétrer dans les couches médicales"(H.

Une telle interprétation est contestable. En effet, pour pouvoir être qualifié de risque de développement, le risque de transmission du Sida par le sang doit avoir été ignoré avant d'être révélé, ce qui suppose de se trouver durant une période au cours de laquelle la transmissibilité du virus par la voie sanguine était encore ignorée et non déjà suspectée. En vertu de la chronologie préalablement rappelée, seules les contaminations antérieures à l'année 1982, époque à partir de laquelle le risque de transmission du virus par le sang a été suspecté, peuvent être qualifiées de risque de développement. En l'espèce, les décisions du 12 avril 1995 portaient sur des contaminations intervenues en décembre 1982, en février 1983 et en mars 1984, pour le premier arrêt, et en mai 1984, pour le second. Dans la seconde affaire, les risques visés relevaient donc déjà de la période dite d'*incertitude* et non plus de la période d'*ignorance*. Dès lors, seul le premier arrêt est susceptible d'être interprété comme une application de la notion de risque de développement. Une telle analyse confirme, s'il en était besoin, le caractère tout à fait rare, en pratique, du risque de développement[656].

272. Les décisions du 12 avril 1995 ont été confirmées par deux arrêts de la Cour de cassation, en date du 9 juillet 1996[657]. Dans la seconde de ces affaires[658], un homme avait été transfusé lors d'une intervention chirurgicale en avril 1984 et était décédé des suites d'un Sida. Les juges du fond, sur l'action de ses héritiers, avaient condamné le centre de transfusion sanguine au motif que "le contrat de fourniture du sang ou de ses dérivés par le Centre de transfusion mettait à la charge de celui-ci une obligation de livrer des produits exempts de vices, sans faculté d'exonération autre que la cause étrangère et que le vice interne du produit, même indécelable, ne constituait pas, pour l'organisme fournisseur, une cause étrangère". Devant la Cour de cassation, l'un des moyens du pourvoi faisait grief à l'arrêt de la cour d'appel de ne pas avoir pris en compte la directive communautaire du 25 juillet 1985, relative à responsabilité du fait des produits défectueux. L'auteur du pourvoi entendait ainsi se prévaloir de l'exonération pour risque de développement prévu à l'article 7 de la directive. Mais les hauts magistrats ont rejeté le pourvoi aux motifs que "si le juge national, saisi d'un litige dans une matière entrant dans le domaine d'application d'une directive, est tenu d'interpréter son droit interne à la lumière du texte et de la finalité de cette directive, c'est à la condition que celle-ci soit contraignante pour l'Etat membre et ne lui laisse pas une faculté d'option

MARGEAT, "Séropositivité, SIDA et jurisprudence", *G.P.*, 13-15 octobre 1991, doctr. p. 6 (spéc. p. 12).

[656] En ce sens, cf. Y. LAMBERT-FAIVRE, op. cit., n° 650-2.

[657] Civ. 1ère, 9 juillet 1996, *B.C.*, I, n° 303 et 304 ; *D.*, 1996, jur. p. 611, note Y. LAMBERT-FAIVRE ; *J.C.P.*, 1996, I, 3985, n° 18, chron. G. VINEY ; *Con. Conc. Cons.*, déc. 1996, p. 12, n°200 ; *R.T.D.civ.*, 1997, p. 146, obs. P. JOURDAIN.

[658] Civ. 1ère, 9 juillet 1996, *B.C.*, I, n° 304.

pour l'adaptation de son droit national au droit communautaire" et que "l'article 15-1-c de la directive CEE 85/374 du 25 juillet 1985 [...] laisse aux Etats membres la faculté d'introduire ou non dans leur législation interne l'exonération pour risque de développement".

273. En dépit du rejet, par les juges de la Cour de cassation, de l'exonération pour risque de développement, au titre de l'article 15-1-c de la directive européenne du 25 juillet 1985, la pertinence de l'invocation de la notion de risque de développement était, ici encore, contestable. En effet, les transfusions sanguines, à l'origine de la contamination par le virus du Sida, étaient intervenues en avril 1984, soit à une époque où la transmissibilité de ce virus par le sang était déjà acquise avec certitude. Autrement dit, l'arrêt de la Cour de cassation du 9 juillet 1996 constitue bien plutôt une application de la responsabilité pour *défaut de prévention*[659].

274. S'agissant des contaminations par le virus de l'hépatite C, il convient de rappeler que ce virus a été soupçonné à partir des années 1970[660]. Dès lors, seules les décisions qui auraient accueilli des actions en responsabilité en raison de transfusions intervenues avant cette date, soit pendant la période d'*ignorance* du risque, constitueraient des applications de la notion de risque de développement. Or, parmi toutes les affaires portées devant les tribunaux et relatives à des contaminations par le virus de l'hépatite C, aucune ne remplit cette condition. En effet, dans toutes les décisions rendues les transfusions ont été effectuées après les années 1970[661].

2°/ Les médicaments

275. Que le domaine des médicaments constitue, en théorie, un terrain propice à l'émergence de risques de développement de nombreux auteurs le reconnaissent volontiers[662], l'élaboration des médicaments étant

---

[659] L'affaire ayant fait l'objet du premier arrêt rendu par la Cour de cassation le 9 juillet 1996 (*B.C.*, I, n° 303) n'était pas non plus, *a priori*, propice à l'évocation de la notion de risque de développement. La victime avait, en effet, subi deux transfusions en mai 1983 et en novembre 1986, l'année 1983 marquant le début de la période de précaution.

[660] Sur l'évolution des connaissances scientifiques en la matière, cf. *supra*, n° 224.

[661] Les contaminations post-transfusionnelles par le virus de l'hépatite C relèvent même du seul risque de précaution car elles sont toutes intervenues dans des affaires où la date de la transfusion se situait après que le risque eut été soupçonné mais avant que le virus soit identifié, soit entre 1974 et 1989. cf. *supra*, n° 224 et 235.

[662] J. HUET, "Le paradoxe des médicaments et les risques de développement", *D.*, 1987, chron. p.73 ; J.-F. KRIEGK, "L'obligation de sécurité : de sa maturation à l'admission du risque de développement", *G.P.*, 24 avril 1993, p. 519 ; F. MEMMI, "La responsabilité du fabricant de médicaments : un refus manifeste de garantir le risque de développement", *G.P.*, 7-9 janvier 1996,

particulièrement sensible à l'évolution des connaissances scientifiques. Il n'en demeure pas moins pourtant, qu'en pratique, les affaires dans lesquelles le risque encouru était complètement ignoré avant sa réalisation sont très peu nombreuses pour ne pas dire inexistantes. A cet égard, la qualification de risque de développement a bien plus souvent été invoquée à tort dans des hypothèses où, en réalité, le risque était déjà au moins soupçonné par la science et relevait ainsi de la précaution (ainsi dans l'affaire du médicament Pentasa[663]) ou encore lorsque le dommage résultait non pas d'un seul médicament mais de l'utilisation combinée de plusieurs d'entre eux (ainsi dans la célèbre affaire *Thorens*[664]).

276. Contrairement à d'autres[665], le législateur français n'a pas souhaité mettre à la charge des fabricants de médicaments les risques de développement et leur a permis de s'exonérer de leur responsabilité du fait de la survenance d'un tel risque, en application de l'article 1386-11 4°/ du Code civil. Mais, comme nous avons déjà eu l'occasion de le souligner, l'article 1386-12 du Code civil prévoit que cette faculté d'exonération ne s'applique pas lorsque le dommage a été causé par un élément du corps humain ou par les produits issus de celui-ci, ces dernières notions étant susceptibles d'être interprétées assez diversement[666]. Ainsi, conformément à la jurisprudence antérieure[667],

---

doctr. p. 2 ; M. DUNEAU, "Le médicament et *les risques de développement* après la loi du 19 mai 1998", *Méd. et dr.*, janv.-fév. 1999, n° 34, p. 23.

663 Dans cette affaire la Cour de cassation (Civ. 1ère, 15 mai 2007, pourvoi n° 05-10234, *D.*, 2007, panorama p. 2906, obs. Ph. BRUN), a censuré un arrêt de la Cour d'appel de Paris (Paris, 23 septembre 2004, *D.*, 2005, jur. p. 1012, note A. GORNY) ayant jugé, sur le fondement des articles 1147 et 1384 alinéa 1er du Code civil, interprétés à la lumière de la directive européenne du 25 juillet 1985 sur la responsabilité du fait des produits défectueux, qu'en l'état des connaissances scientifiques et techniques au moment de la mise en circulation du produit défectueux, il y avait lieu d'exonérer le fabricant du médicament de sa responsabilité pour le dommage causé au demandeur, aucun manquement à son obligation de sécurité ne pouvant lui être reproché. La Haute juridiction judiciaire a rappelé que si le juge national, saisi d'un litige entrant dans le domaine d'application d'une directive, est tenu d'interpréter son droit interne à la lumière de cette directive, c'est à la condition que celle-ci soit contraignante pour l'Etat membre et ne lui laisse pas une faculté d'option pour l'adaptation de son droit national au droit communautaire. Or l'article 15-1-c de la directive laissait précisément aux Etats membres la faculté d'introduire ou non dans leur législation interne l'exonération pour risque de développement. En l'espèce, pourtant, la qualification de risque de développement était contestable. En effet, l'arrêt de la Cour d'appel de Paris (préc.) faisait état de "complications peu connues" et "d'absence de consensus international" sur le risque en cause. Autrement dit, dans cette affaire, le risque était seulement peu connu mais n'était pas ignoré, l'existence de controverses à son sujet en faisait plutôt un risque suspecté relevant de la précaution.

664 Dans cette affaire était en cause l'obligation d'information du médecin prescripteur. Sur cette affaire, cf. *infra*, n° 357 et s.

665 Le législateur allemand (loi du 15 décembre 1989, entrée en vigueur le 1er janvier 1990) a choisi de permettre aux fabricants de s'exonérer de leur responsabilité en invoquant le risque de développement.

666 Ainsi pour C. MASCRET ("La loi sur les produits défectueux et les «éléments ou produits issus du corps humain»", *P.A.*, 2 fév. 1999, n° 23, p. 15, spéc. p. 16) les notions d' "éléments du

l'exonération ne pourra être invoquée s'agissant du sang et de ses dérivés[668]. La loi du 4 mars 2002, relative aux droits des malades et à la qualité du système de santé, n'a pas modifié ce régime, l'article L. 1142-1 alinéa 1 du Code de la santé publique faisant expressément référence à "la responsabilité [...] encourue en raison d'un défaut d'un produit de santé" pour l'exclure du dispositif qu'elle introduit.

β) Risque de développement et sécurité alimentaire

277. La sophistication croissante des aliments, désormais fabriqués à partir de divers produits (conservateurs, colorants....) et le développement d'une agriculture de masse ont certes accru les possibilités de survenance de risques de développement dans le domaine alimentaire[669]. Cependant, le lien particulier qui unit l'alimentation au vivant, dont la connaissance est intimement liée à l'évolution des données des sciences de la nature, permet d'affirmer que, même en cette matière, la réalisation de risques ignorés avant leur survenance a, en réalité, toujours existé. Mais à l'instar des risques résultant de contaminations post-transfusionnelles ou de la prise de médicaments, les cas de survenance d'un risque de développement, en matière alimentaire, demeurent relativement rares en pratique. Ainsi, s'agissant des actions en responsabilité intentées par les personnes ayant contracté la maladie de Creutzfeldt-Jakob à la suite de l'ingestion de viandes contaminées par l'encéphalopathie spongiforme bovine (ESB), seules les décisions qui auraient accueilli ou rejeté ces actions en raison de contaminations intervenues avant la date à laquelle la possibilité de transmission de l'ESB à l'homme a été évoquée pour la première fois[670], constitueraient des cas de responsabilité ou d'absence de responsabilité pour risque de développement.

278. L'exonération pour risque de développement, introduite par la loi du 19 mai 1998 relative aux produits défectueux, est susceptible d'être invoquée par les producteurs d'aliments. En effet, la loi a vocation à s'appliquer

---

corps humain" et de "produits issus de celui-ci" comprennent "les produits cités dans le livre VI du Code de la santé publique, les organes, tissus, cellules et produits du corps humain (titre III), les produits de thérapies génique et cellulaire (titre IV)", tandis que pour A. LAUDE ("La responsabilité des produits de santé", *D.*, 1999, chron. p. 189, spéc. p. 190 et 193) la question de la qualification des thérapies géniques reste ouverte.

667 Civ. 1ère, 12 avril 1995, *B.C.*, I, n° 179.

668 L'ensemble des produits sanguins, qu'ils soient stables ou labiles (les premiers sont des produits qui ont une durée de conservation beaucoup plus importante que les produits labiles et qui sont fabriqués industriellement), sont donc visés par cette absence d'exonération pour risque de développement, alors pourtant que seuls les produits stables constituent des médicaments (art. L. 5121-3 du Code de la santé publique).

669 En ce sens, cf. Y. LAMBERT-FAIVRE, op. cit., n° 670.

670 Sur la fixation de cette date à l'année 1988, cf. *infra*, n° 376.

à "tout bien meuble [...] y compris les produits du sol, de l'élevage, de la chasse et de la pêche"[671]. Mais là encore, si dans certaines affaires, soumises aux juridictions judiciaires, certaines des parties ont tenté de s'exonérer de leur responsabilité en invoquant la notion de risque de développement, cette qualification était le plus souvent inexacte compte tenu de la nature du risque qui était alors en fait déjà suspecté ou même avéré.

γ) Risque de développement et sécurité environnementale

279. En droit de l'environnement le risque de développement est particulièrement susceptible de se manifester à propos de terrains contaminés par des produits toxiques[672], même si la notion ne recouvre pas l'ensemble des cas de sites pollués recensés. A ce titre, en effet, il convient de distinguer clairement d'une part, l'ignorance par l'exploitant du site du caractère contaminé du sol et d'autre part, l'ignorance du lien de *causalité scientifique* entre le produit utilisé par l'exploitant et ses effets toxiques sur l'environnement, la seconde étant seule de nature à conférer au risque la qualité de risque de développement.

280. Dès 1993 la Convention du Conseil de l'Europe, signée à Lugano, relative à la responsabilité civile des dommages résultant d'activités dangereuses pour l'environnement[673], prévoyait la possibilité pour l'exploitant de s'exonérer de sa responsabilité dès lors que "l'état des connaissances scientifiques et techniques au moment de l'événement ne permettait pas de connaître l'existence des propriétés dangereuses de la substance ou le risque significatif que présentait l'opération concernant l'organisme"[674]. Le principe de cette exonération avait été repris dans le *Livre blanc* sur la responsabilité environnementale, adopté par la Commission des Communautés européennes le 9 février 2000[675]. Il a, depuis, été définitivement consacré par la directive européenne du 21 avril 2004 sur la responsabilité environnementale en ce qui concerne la prévention et la réparation des dommages environnementaux[676]. En

[671] Article 1386-3 du Code civil. Sur cette question, cf. N. MOLFESSIS, "Les produits en cause", *in La responsabilité du fait des produits défectueux* (loi du 19 mai 1998), Colloque du 27 octobre 1998, *P.A.*, 28 décembre 1998, n° 155, p. 20.

[672] En ce sens, cf. M. REMOND-GOUILLOUD, "Terrains à vendre : poison compris", *D.*, 1992, p. 137 ; E. FREMEAUX, "La pollution des sols et la responsabilité contractuelle", *G.P.*, 5 mai 1994, doctr. p. 563 ; P. STEICHEN, *Les sites contaminés et le droit*, Paris, L.G.D.J. (coll. "Bibliothèque de droit privé"), tome 269, 1996, p. 161.

[673] Texte de la Convention publié dans la *R.G.D.I.P.*, 1993, n° 4, p. 1118.

[674] Article 35 de la Convention.

[675] COM (2000) 66 final. Cf. G. J. MARTIN, "Le livre blanc sur la responsabilité environnementale", *J.C.P.*, 2000, Actualité, p. 723.

[676] Directive 2004/35/CE du Parlement européen et du Conseil, *J.O.C.E.*, n° L. 143 du 30 avril 2004, p. 56. Cf. P. THIEFFRY, art. préc., *P.A.*, 21 mai 2004, n° 102, p. 5 ; I. DOUSSAN, art.

effet, l'article 8. 4 b) de la directive dispose que les Etats membres peuvent prévoir que l'exploitant n'est pas tenu de supporter les coûts des actions de réparation entreprises en application de la présente directive, s'il apporte la preuve qu'il n'a pas commis de faute ou de négligence et que le dommage causé à l'environnement est dû à "une émission ou une activité ou tout autre mode d'utilisation d'un produit dans le cadre d'une activité dont l'exploitant prouve qu'elle n'était pas considérée comme susceptible de causer des dommages à l'environnement au regard de l'état des connaissances scientifiques et techniques au moment où l'émission ou l'activité a eu lieu"[677]. Cette disposition figure au futur article L. 162-27 du Code de l'environnement, inséré par l'article 1er du *Projet de loi relatif à la responsabilité environnementale* qui vise à transposer la directive communautaire du 21 avril 2004 en droit interne[678].

281. Contrairement au droit allemand[679], la législation française ne prévoit pas que l'exploitant réponde du risque de développement. En effet, la loi du 19 mai 1998 sur la responsabilité du fait des produits défectueux, qui instaure une exonération pour ce type de risque[680], a vocation à s'appliquer largement à tout type de produit[681], même si, en pratique, la condition relative à la mise en circulation du produit se trouvera difficilement remplie. Là encore, la qualification de risque de développement sera fonction de l'évolution des connaissances scientifiques et ne sera pas toujours aisée à déterminer[682].

---

préc., *P.A.*, 25 août 2005, n° 169, p. 3 ; F. NESI et D. GUIHAL, art. préc., *Dr. env.*, septembre 2007, IV, p. 230.

677 Cette disposition avait d'ailleurs été approuvée par le Rapport du Sénat sur la *proposition de directive du Parlement européen et du Conseil sur la responsabilité environnementale en vue de la prévention et de la réparation des dommages environnementaux* (Proposition du 21 février 2002, COM (2002) 17 final, *J.O.C.E.*, 25 juin 2002, C. 151, E/132), n° 317, du 27 mai 2003, p.17. La Commission sénatoriale avait, en effet, estimé que l'inclusion "*des activités jugées non néfastes compte tenu des connaissances scientifiques et techniques*" dans le domaine de la responsabilité aurait eu pour conséquence de freiner tout progrès scientifique et industriel.

678 Projet de loi enregistré à la Présidence du Sénat le 5 avril 2007. L'article 1er de ce projet complète le livre 1er du Code de l'environnement en y ajoutant un titre VI, intitulé "Prévention et réparation de certains dommages causés à l'environnement". Il institue à cette fin les articles L. 160-1 à L. 166-2.

679 D. VON BREITENSTEIN, "La loi allemande relative à la responsabilité en matière d'environnement : pierre angulaire du droit de l'environnement, *R.J.E.*, 1993, n° 2, p.231; J. SIEVERS, "Le droit allemand et la responsabilité civile en matière d'environnement : la loi du 10 décembre 1990", *G.P.*, 1994, 1, doctr. p. 572.

680 Article 1386-11 4°/ du Code civil.

681 En ce sens, cf. M.-P. CAMPROUX-DUFFRENE, "La loi du 19 mai 1998 sur la responsabilité du fait des produits défectueux et la protection de l'environnement", *R.J.E.*, 1999, n° 2, p. 198.

682 En ce sens, cf. M.-P. CAMPROUX-DUFFRENE, art. préc., p. 199.

2) Ignorance du lien de causalité scientifique et aléa thérapeutique

282. L'ignorance du lien de causalité scientifique entre un acte médical et ses effets dommageables est susceptible de constituer la manifestation d'un aléa thérapeutique[683]. Avant d'examiner le rôle joué par le critère du degré de connaissance du risque au sein de cette dernière notion au regard des dispositions de la loi du 4 mars 2002 relative aux droits des malades et à la qualité du système de santé, qui a mis en place un mécanisme d'indemnisation des accidents médicaux (b), il convient de s'attarder un instant sur le droit antérieur à cette loi (a).

a) Avant la loi du 4 mars 2002

283. Avant l'intervention de la loi du 4 mars 2002, relative aux droits des malades et à la qualité du système de santé, la notion d'aléa thérapeutique avait fait l'objet de multiples définitions. Or, selon les critères de définition retenus par la doctrine (α) ou la jurisprudence (β), l'aléa thérapeutique était alors susceptible d'être analysé ou non comme une manifestation de l'ignorance du lien de causalité scientifique.

α) L'ignorance de la causalité scientifique au regard de la pluralité des définitions de l'aléa thérapeutique

284. Paradoxalement, l'ampleur des débats qui ont agité nombre de juristes, de médecins et d'assureurs relatifs à la question de la prise en charge par le droit de l'aléa thérapeutique, avant la promulgation de la loi du 4 mars

[683] Sur cette notion, cf. Ouvrages : F. EWALD, *Le problème français des accidents thérapeutiques. Enjeux et solutions*, Paris, La documentation française, 1992 ; D. TRUCHET (dir.), *L'indemnisation de l'aléa thérapeutique*, Paris, Sirey, 1995 ; G. VINEY (dir.), *L'indemnisation des accidents médicaux*, Actes du colloque du 24 avril 1997, Centre de droit des obligations de l'Université de Paris I, Paris, L.G.D.J. (coll. "Bibliothèque de droit privé"), tome 289, 1997 ; D. DREYFUSS, F. LEMAIRE, H.-D. OUTIN et S. RAMEIX, *L'aléa thérapeutique*, Journées d'éthique médicale Maurice Rapin, Paris, Flammarion (coll. "Médecine-Sciences"), 1999. Articles : F. EWALD et H. MARGEAT, "Le risque thérapeutique", *Risques*, juin 1991, n°6, p. 9 ; P. SARGOS, "Réflexions sur les accidents médicaux et la doctrine jurisprudentielle de la Cour de cassation en matière de responsabilité médicale", *D.*, 1996, chron. p. 365 ; A. KIMMEL-ALCOVER, "A propos des accidents médicaux : vers l'indemnisation de l'aléa thérapeutique ?", *P. A.*, 25 déc. 1996, n° 155, p. 17 ; M. BLOCH-MAUREL, "L'indemnisation des accidents médicaux", *P.A.*, 4 juillet 1997, n° 80, p. 7 ; C. LARROUMET, "L'indemnisation de l'aléa thérapeutique", *D.*, 1999, chron. p. 33 et *P.A.*, 22 sept. 1999, n° 189, p. 16 ; P. SARGOS, "L'aléa thérapeutique devant le juge judiciaire", *J.C.P.*, 2000, I, 202 ; E. GOUESSE, "Réflexions sur l'aléa thérapeutique et son indemnisation", *P.A.*, 25 janvier 2000, n° 17, p. 10 ; J. GUIGUE, "Aléa thérapeutique : le droit privé peut-il s'aligner sur la jurisprudence du Conseil d'Etat ?", *G.P.*, 22-23 mars 2000, doctr. p. 2 ; Y. LAMBERT-FAIVRE, "La réparation de l'accident médical. Obligation de sécurité : oui ; aléa thérapeutique : non", *D.*, 2001, chron. p. 570.

2002, est à la mesure de l'incertitude qui affectait alors les contours exacts de cette notion. Ainsi, l'expression servant à désigner la réalité à laquelle cette notion renvoyait était écartée par certains auteurs au profit d'autres qualifications comme celles d' "accident médical" ou d' "accident thérapeutique". En réalité, plusieurs auteurs s'accordent pour opérer une distinction entre ces deux dernières qualifications et celle d'aléa thérapeutique. Les premières renvoient à un acte médical fautif, la seconde implique que la survenance du dommage résulte d'un acte médical non fautif[684].

285. S'agissant de l'aléa thérapeutique, la définition lexicale de l'aléa renvoie à un "événement imprévisible"[685], l'étymologie latine évoquant la chance, le hasard et le sort. De son côté, l'adjectif thérapeutique désigne "l'ensemble des actions et pratiques destinées à guérir, à traiter les maladies"[686] et apparaît ainsi plus restrictif que le terme "médical" dans la mesure où il ne vise pas les actes de diagnostic ou de prévention[687]. C'est la raison pour laquelle certains auteurs ont d'ailleurs proposé que l'expression "aléa thérapeutique" soit remplacée par celle "d'aléa médical"[688]. La majorité de la doctrine définit l'aléa thérapeutique selon quatre critères principaux. Tout d'abord, il doit s'agir d'un événement dommageable dont la survenance est indépendante d'une faute du praticien. En second lieu, cet événement ne doit pas être susceptible d'être relié à l'état initial du patient ou à son évolution prévisible. Il doit résulter d'un acte nécessaire au patient. Enfin, il doit présenter un certain degré de gravité. Ces différentes conditions font clairement apparaître l'exigence d'un lien de causalité *juridique* entre l'acte médical pratiqué et le dommage qui en est résulté, le second devant pouvoir être imputé au premier[689]. Cette imputabilité doit d'ailleurs être soigneusement distinguée de celle susceptible d'être établie entre un dommage et l'échec des soins[690]. Mais surtout, cette imputabilité doit être

---

[684] Y. LAMBERT-FAIVRE, op. cit., n° 566 ; A. KIMMEL-ALCOVER, art. préc., p. 21; C. LARROUMET, art. préc., n° 7.
[685] Définition du *Dictionnaire Robert.*
[686] Définition du *Dictionnaire Robert.*
[687] Au sens traditionnel, comme anticipation du dommage.
[688] M. GOBERT, "L'aléa thérapeutique en droit civil", *in L'indemnisation de l'aléa thérapeutique*, op. cit., p. 16.
[689] Certaines définitions font d'ailleurs apparaître très clairement cette exigence de causalité. Ainsi en est-il de la définition donnée par P. SARGOS (art. préc., *D.*, 1996, p.370) qui se réfère à "un dommage *causé* au patient par un acte médical [...]" ou encore de celle figurant à la *Revue française de l'Assurance*, d'avril 1994, et citée par P. SARGOS (art. préc., *J.C.P.*, 2000, p. 191) selon laquelle l'aléa est "lié au danger [...] d'un acte médical ou paramédical, susceptible de *causer* un dommage [...]". Dans le même sens, E. GOUESSE (art. préc., p. 10) précise que l'aléa thérapeutique "s'entend du dommage *accidentel ayant un lien de causalité certain* avec un acte médical [...]". Enfin, pour Y. LAMBERT-FAIVRE (op. cit., n° 566) l'aléa thérapeutique désigne "un dommage iatrogène *consécutif* à une activité médicale non fautive".
[690] En ce sens G. VINEY *(L'indemnisation des accidents médicaux*, op. cit., p. 111) estime qu'il convient de distinguer d'une part, "le dommage résultant de l'échec des soins ou des traitements"

distinguée du lien de causalité *scientifique* entre l'acte et ses effets dommageables ou encore de la propension de l'intervention médicale à entraîner le dommage, compte tenu des connaissances scientifiques et techniques. A cet égard, parmi les diverses définitions qui ont été proposées, il est possible d'établir une distinction en fonction de la place attribuée au critère relatif à la connaissance du risque encouru.

286. Selon une première conception, l'aléa thérapeutique constitue la révélation d'un risque inconnu. Ainsi, il renvoie aux "conséquences du pur hasard dans la pratique médicale" et "n'est en réalité que la réalisation d'un dommage dont la possibilité de survenue est méconnue par la communauté médicale à l'instant de la pratique de l'acte incriminé. Dès sa réalisation, il perd sa qualité d'aléa pour devenir un risque, de survenue peut-être exceptionnelle dont le mécanisme physio pathologique peut certes rester incertain pendant longtemps mais désormais inventorié et répertorié"[691]. A l'inverse et selon une deuxième conception, la notion d'aléa thérapeutique doit être expressément réduite au risque connu[692]. Enfin, un dernier courant doctrinal estime que l'aléa thérapeutique a vocation à désigner à la fois un risque méconnu avant sa réalisation et un risque connu mais de survenance exceptionnelle. Cette version l'élargie de l'aléa thérapeutique résulte soit d'une prise en compte explicite des différents degrés de connaissance du risque[693], soit simplement d'une ignorance de ce critère qui n'est pas évoqué dans la définition retenue[694].

---

qui doit rester soumis au régime de l'obligation de moyens, et d'autre part, "le dommage indépendant de l'échec des soins et de la maladie elle-même, celui qui est ajouté par le traitement ou par l'intervention médicale ou chirurgicale", qui relève de l'accident qui doit être indemnisé sans que l'on ait à s'interroger sur l'existence d'une faute.

691 J.-C. BASTE, "L'aléa médical : évolution du concept en droit public", *in L'indemnisation de l'aléa thérapeutique*, op. cit., p. 19.

692 M. BLOCH-MAUREL, art. préc., p. 9 ; C. LARROUMET, art. préc., n° 6.

693 J.-C. BASTE, art. préc., p. 19 ; J.-M. AUBY, *in L'indemnisation de l'aléa thérapeutique*, op. cit., p. 6 ; R. SAUVY, "Le point de vue du médecin sur l'indemnisation des accidents médicaux", *in L'indemnisation des accidents médicaux*, op. cit., p. 91 ; B. BEGAUD et M. BAUMEVILLE, "Médicament et aléa thérapeutique", *in L'aléa thérapeutique*, Journées d'éthique médicale Maurice Rapin, op. cit., p. 26 ; A. KIMMEL-ALCOVER, art. préc., p. 22. S. DAËL (concl. sous C.E., Ass. 9 avril 1993, *Bianchi*, *R.F.D.A.*, 1993, p. 579). Après avoir fait mention de l'argument défavorable à la prise en compte, dans la notion d'aléa thérapeutique, du risque inconnu (argument selon lequel face à un risque inconnu le malade est dans une situation d'égalité avec le médecin, un tel risque étant alors également partagé, il ne saurait se prêter à une attribution quelconque de responsabilité), le commissaire du gouvernement se prononce en faveur de l'intégration du risque inconnu dans la notion d'aléa thérapeutique réparable, aux motifs d'une part, que l'exigence d'un risque connu est étrangère à l'état actuel de la responsabilité sans faute dans ses développements relatifs aux activités à risque, et d'autre part, qu'un risque inconnu ne l'est qu'une fois et qu'il serait anormal que seules les premières victimes d'un tel risque ne soient pas indemnisées.

694 F. EWALD, *Le problème français des accidents thérapeutiques. Enjeux et solutions*, op. cit., p. 60 ; F. CHABAS, "L'obligation de moyens du médecin", *in L'indemnisation des accidents médicaux*, op. cit., p. 6 ; J. PENNEAU, "Les modalités d'une loi organisant l'indemnisation des

287. En tout état de cause, il apparaît que seule la notion d'aléa thérapeutique telle qu'elle résulte de la première conception, c'est-à-dire défini comme un risque inconnu dont la réalisation *révèle* l'existence, constitue une manifestation de l'ignorance du lien de causalité scientifique. Ainsi envisagé comme un risque totalement inconnu avant sa survenance l'aléa thérapeutique constitue, dans le domaine de la responsabilité résultant des actes médicaux, le pendant du risque de développement, dans celui de la responsabilité du fait des produits. A l'instar de ce dernier, il n'est susceptible de faire l'objet ni d'une responsabilité pour *défaut de prévention*, laquelle suppose que le risque soit connu, ni d'une responsabilité pour *défaut de précaution*, cette dernière impliquant que le risque ait été déjà soupçonné. La même analyse peut être faite à propos de la jurisprudence, tant administrative que civile, intervenue avant la promulgation de la loi du 4 mars 2002 relative aux droits des malades et à la qualité du système de santé.

β) L'ignorance du lien de causalité scientifique au regard de la jurisprudence civile et administrative

288. Avant la loi du 4 mars 2002, relative aux droits des malades et à la qualité du système de santé, votée après que la Cour de cassation se fut prononcée contre la réparation des conséquences de l'aléa thérapeutique[695], certaines décisions judiciaires, qui avaient favorablement accueilli les actions en responsabilité dirigées à l'encontre de praticiens en raison de la survenance d'un aléa thérapeutique, étaient intervenues dans des affaires où le risque encouru était ignoré avant sa réalisation. Ainsi, dans une espèce soumise à la Cour d'appel de Paris le 15 janvier 1999[696], la cour avait confirmé un jugement du Tribunal de grande instance de Paris rendu le 20 octobre 1997[697] et condamné un médecin, sur le fondement d'une l'obligation de sécurité, à réparer le dommage constitué par la cécité définitive d'un œil d'une patiente, survenue au

---

accidents médicaux même non fautifs", *ibid.*, p. 39 ; P. SARGOS, art. préc., *D.*, 1996, p. 370 et art. préc., *J.C.P.*, 2000, p. 191-192 ; E. GOUESSE, art. préc., p. 10.

[695] Civ. 1ère, 8 novembre 2000, *P.A.*, 4 déc. 2000, n° 241, p. 14, note S. PRIEUR ; *G.P.*, 17-19 déc. 2000, somm. jur. p. 2453, note J. BONNEAU ; *J.C.P.*, 2001, II, 10493, rapport P. SARGOS, note F. CHABAS ; *J.C.P.*, 2001, I, 340, chron. G. VINEY, n° 6 ; *D.*, 2001, somm., p. 2236, obs. D. MAZEAUD et p. 3083, obs. J. PENNEAU ; *R.T.D.civ.*, 2001, p. 154, note P. JOURDAIN ; *Con. Conc. Cons.*, janv. 2001, comm. n°3, note L. LEVENEUR ; *Defrénois*, 2001, p. 267, note J.-L. AUBERT ; *Dr. et pat.*, janv. 2001, n° 89, p. 83, obs. F. CHABAS ; *R.D.S.S.*, 2001, p. 54, chron. L. DUBOUIS. Confirmé par Civ. 1ère, 27 mars 2001, *G.P.*, 2001, IV, 1973 ; *D.*, 2001, p.3083.

[696] Paris, 15 janvier 1999, *G.P.*, 16-17 juin 1999, somm. jur. p. 74, concl. I. TERRIER-MAREUIL; *J.C.P.*, 1999, I, 147, chron. G. VINEY, n° 13 ; *J.C.P.*, 1999, II, 10068, note L. BOY ; *P.A.*, 15 juin 1999, n° 118, p. 25, note S. HOCQUET-BERG.

[697] T.G.I. Paris, 20 octobre 1997, *D.*, 1998, jur. p. 558, note L. BOY.

cours d'une intervention chirurgicale destinée à corriger le décalage de son maxillaire[698]. Les juges avaient relevé que le dommage constituait pour les experts "*une complication jusqu'à présent inconnue des publications scientifiques*". Cette décision est particulièrement remarquable dans la mesure où la réalisation d'un l'aléa thérapeutique, dans sa version étroite, au sens d'un risque totalement méconnu avant sa survenance[699], est peu fréquente en pratique[700], à l'instar de la réalisation d'un risque de développement[701]. De ce point de vue, cette affaire doit être rapprochée de celle soumise au Tribunal administratif de Toulouse, le 16 novembre 1995[702], dans laquelle les juges avaient retenu la responsabilité sans faute d'un centre hospitalier en raison du décès d'une femme survenu à la suite d'une intervention de réimplantation hépato-rénale. Le tribunal avait, en effet, précisé que les complications entraînées par l'opération, qui avaient abouti au décès, "*n'étaient pas connues et décrites dans la littérature chirurgicale de l'époque de l'intervention*". Cette décision, comme celle rendue par la Cour d'appel de Paris précédemment évoquée, ne saurait être analysée comme un cas de responsabilité pour *défaut de prévention* ni pour *défaut de précaution*, le lien de causalité scientifique entre le risque encouru et le dommage étant bel et bien ignoré au moment de sa réalisation[703].

289. Il convient de souligner ici que l'appréciation du caractère inconnu du risque ne doit pas être faite tant par référence à la qualification du risque retenue par les juges mais bien plus par référence aux données scientifiques existant à l'époque de l'intervention, comme en témoigne le jugement du Tribunal de Toulouse qui précise que le risque est "exceptionnel". Or ce dernier adjectif est également employé par les juridictions judiciaires comme par les juridictions administratives pour qualifier un risque non pas *ignoré* mais *connu* et qui se réalise très rarement[704], ce qui loin de permettre un affinement de la notion de risque exceptionnel tend plutôt à en révéler le caractère protéiforme.

---

[698] "si la nature du contrat qui se forme entre le chirurgien et son client ne met en principe à la charge du praticien qu'une simple obligation de moyens, celui-ci est néanmoins tenu, sur le fondement d'une obligation de sécurité, de réparer le dommage causé à son patient à l'occasion d'un acte chirurgical nécessaire à son traitement chaque fois que ce dommage totalement imprévisible et non imputable à une faute de maladresse ou d'imprudence est en relation directe avec l'intervention pratiquée et sans rapport avec l'état antérieur de ce patient".

[699] Sur cette définition, cf. *supra*, n° 287.

[700] En ce sens, E. GOUESSE (art. préc., p. 16) souligne que "le cas soumis à la Cour d'appel de Paris, à savoir la réalisation d'un risque jusqu'alors inconnu, constitue un cas d'école".

[701] Cf. *supra*, n° 265 et s.

[702] T.A. Toulouse, 16 novembre 1995, *P.A.*, 10 juin 1996, n° 70, p. 11, note N. ALBERT.

[703] Et donc *a fortiori* au moment du fait générateur du risque.

[704] Cf. *supra*, n° 226 et s.

b) Après la loi du 4 mars 2002

290. La loi du 4 mars 2002, relative aux droits des malades et à la qualité du système de santé[705], a unifié les règles d'indemnisation des accidents médicaux. Après avoir rappelé le principe de la responsabilité pour faute des professionnels de santé, elle a mis en place un régime d'indemnisation de ces accidents fondé sur la solidarité nationale applicable quel que soit le lieu, public ou privé, dans lequel l'accident est survenu. Ainsi, l'article L. 1142-1 du Code de la santé publique, introduit par la loi, énonce dans son paragraphe II que "lorsque la responsabilité d'un professionnel, d'un établissement, service ou organisme mentionné au I ou d'un producteur de produit n'est pas engagée, un accident médical, une affection ou une infection nosocomiale ouvre droit à la réparation des préjudices du patient [...] au titre de la solidarité nationale, lorsqu'ils sont directement imputables à des actes de prévention, de diagnostic ou de soins et qu'ils ont eu pour le patient des conséquences anormales au regard de son état de santé comme de l'évolution prévisible de celui-ci et présentent un caractère de gravité, fixé par décret, apprécié au regard de la perte de capacités fonctionnelles et des conséquences sur la vie privée et professionnelle mesurées en tenant notamment compte du taux d'incapacité permanente ou de la durée de l'incapacité temporaire de travail"[706].

291. Bien que cette nouvelle disposition ne se réfère pas expressément à la terminologie "aléa thérapeutique", l'ensemble des commentateurs de la loi estiment que les notions employées d' "accident médical" et d' "affection iatrogène" renvoient à cette dernière[707]. La distinction

---

[705] Y. LAMBERT-FAIVRE, "La loi n° 2002-303 du 4 mars 2002 relative aux droits des malades et à la qualité du système de santé. III-L'indemnisation des accidents médicaux", *D.*, 2002, chron. p. 1367 ; P. MISTRETTA, "La loi n° 2002-303 du 4 mars 2002 relative aux droits des malades et à la qualité du système de santé. Réflexions critiques sur un droit en pleine mutation", *J.C.P.*, 2002, I, 141 ; C. RADE, "La réforme de la responsabilité médicale après la loi du 4 mars 2002 relative aux droits des malades et à la qualité du système de santé", *Resp. civ. et ass.*, mai 2002, p.4 ; M.-O. BERTELLA-GEFFROY, "Le point de vue d'un praticien sur les nouvelles dispositions concernant les risques sanitaires incluses dans la loi du 4 mars 2002 sur les droits des malades", *G.P.*, 15-17 décembre 2002, doctr. p. 45 ; C. ESPER, "La nouvelle réparation des conséquences des risques sanitaires", *Méd. et dr.*, 2002, n° 55, p. 3 ; A. GARAY, "La nouvelle législation française relative aux droits des malades et à la qualité du système de santé", *R.R.J.*, 2002, p. 1305 ; C. BOU, "Les apports de la loi du 4 mars 2002 concernant l'indemnisation des accidents médicaux", *G.P.*, 4-5 juin 2003, doctr. p.2 ; Y. LACHAUD, "La mise en œuvre de l'action en responsabilité civile médicale après la loi du 4 mars 2002", *Dr. et pat.*, janvier 2003, n°111, p. 95.

[706] La notion de "prévention" est employée dans cette disposition législative dans son sens classique d'acte de nature à prévenir la réalisation d'un dommage et non dans le sens où nous l'entendons, dans cette étude, d'acte entraînant la réalisation d'un risque avéré, par opposition à la *précaution*.

[707] Cf. articles préc.

entre ces deux expressions résulte surtout de l'opposition entre l'accident et la maladie, les termes "médical" et "iatrogène" étant synonymes[708]. La loi ne précise pas le contenu de ces notions, laissant ainsi au juge une certaine marge d'interprétation[709] et conservant l'utilité des définitions antérieurement proposées par la doctrine. Cependant, elle énonce les conditions en vertu desquelles les victimes de ces différents actes pourront être indemnisées. Or parmi ces conditions l'exigence d'un lien de causalité *juridique* entre l'acte et le dommage est clairement posée à travers l'exigence d'une imputabilité directe du dommage aux actes de prévention, de diagnostic ou de soins.

292. En revanche, la nature du lien de causalité *scientifique* entre ces actes et leurs effets dommageables n'est pas précisée. Mais l'adage selon lequel il n'y pas lieu d'opérer de distinction là où la loi ne distingue pas conduit à interpréter les notions d'accident médical et d'affection iatrogène comme renvoyant non seulement à la réalisation d'un risque avéré avant sa survenance, mais également à celle d'un risque déjà soupçonné ainsi qu'à celle d'un risque totalement ignoré de la communauté scientifique au moment de l'accident ou de l'apparition de la maladie. Il en résulte que l'indemnisation de l'aléa thérapeutique, telle qu'elle est désormais organisée par la loi, est susceptible de revêtir à la fois les contours de la *prévention*, de la *précaution* ou encore de correspondre à des situations dans lesquelles le lien de causalité scientifique entre l'accident ou la maladie et leurs conséquences dommageables est encore ignoré. En outre, il convient de souligner que la qualification de la responsabilité au regard de la distinction de la prévention et de la précaution sera, pendant quelques temps encore, susceptible d'être opérée conformément à la jurisprudence antérieure à la loi du 4 mars 2002. En effet, si cette dernière s'applique aux instances en cours n'ayant pas donné lieu à une décision irrévocable, elle ne s'applique qu'aux accidents médicaux survenus après le 4 septembre 2001[710].

B – LE ROLE DE L'IGNORANCE DU LIEN DE CAUSALITE SCIENTIFIQUE : DE LA CAUSE D'EXONERATION A LA DETERMINATION DE LA NATURE DE LA RESPONSABILITE CIVILE

293. La notion de risque de développement est double. Elle comporte à la fois un aspect objectif (le défaut) et un aspect subjectif (la connaissance de

---

[708] Selon le *Dictionnaire Robert*, "iatrogène" signifie "qui est provoqué par le médecin".

[709] En ce sens, cf. P. MISTRETTA (art. préc., p. 1081) ; C. RADE (art. préc., p. 11) ; B. LEGROS ("Etat des lieux sur les différents régimes d'indemnisation des conséquences des accidents médicaux", *Méd. et dr.*, janvier 2004, n° 64, p. 1, spéc. p. 6).

[710] Les dispositions de la loi "s'appliquent aux accidents médicaux, affections iatrogènes et infections nosocomiales consécutifs à des activités de prévention, de diagnostic ou de soins réalisés au plus tôt six mois avant la publication de la présente loi" (Article 101).

ce défaut)[711]. Lorsque la Cour de cassation affirme que "le vice interne du sang, même indécelable, ne constitue pas, pour l'organisme fournisseur, une cause qui lui est étrangère"[712], elle se réfère à la fois à l'aspect objectif du risque de développement à travers la notion de "vice interne" et à son aspect subjectif à travers l'adjectif "indécelable". Mais il résulte de la formule employée ("le vice interne du sang, *même* indécelable") que le vice interne du sang n'est pas, *par lui-même*, une cause étrangère, indépendamment de toute considération relative à son degré de connaissance. A supposer que la Cour de cassation se soit donc référée ici implicitement à la notion de risque de développement et à son absence d'effet exonératoire, elle ne l'aurait fait qu'en tant qu'elle l'envisage sous son aspect objectif. Or sous cet aspect, non seulement le risque de développement n'est pas une cause étrangère mais il est la cause efficiente du dommage, car c'est le vice du sang qui produit le dommage[713]. Ce qui signifie que l'attendu de la Cour de cassation ne préjuge aucunement du caractère exonératoire ou non du risque de développement envisagé dans sa "véritable nature"[714], c'est-à-dire comme risque de la connaissance. Pour que ce fût réellement le cas, il aurait fallu que la Cour énonce que "le vice interne du sang, indécelable, ne constitue pas, pour l'organisme fournisseur, une cause qui lui est étrangère".

294. La même remarque pourrait être faite à propos de l'aléa thérapeutique, lequel comporte à la fois un aspect objectif (l'acte matériel à l'origine du dommage, c'est-à-dire l'accident) et un aspect subjectif (la connaissance de la relation de causalité entre l'acte et le dommage). Si, en se référant à la notion de "risque accidentel inhérent à l'acte médical et qui ne pouvait être maîtrisé" pour refuser de mettre à la charge du médecin la réparation des conséquences de l'aléa thérapeutique, antérieurement à la loi du 4 mars 2002, la jurisprudence civile[715] a pu être interprétée comme une consécration du refus d'instituer l'aléa thérapeutique en cause étrangère de responsabilité[716], ce n'est qu'en tant que l'aléa thérapeutique était *envisagé sous son aspect objectif*.

295. Autrement dit, il convient de distinguer clairement deux questions : d'une part, la question de la définition du risque de développement ou de l'aléa thérapeutique qui, envisagés sous leur aspect objectif, constituent un

---

711 Sur cette dualité, cf. F. EWALD, "La véritable nature du risque de développement et sa garantie", art. préc., p. 16-17.
712 Civ. 1ère, 12 avril 1995, préc.
713 En ce sens, cf. C. LARROUMET, "La notion de risque de développement, risque du XXIe siècle", art. préc., p. 1599.
714 F. EWALD, art. préc.
715 Civ. 1ère, 8 novembre 2000, préc.
716 En ce sens, G. VINEY (note sous Civ. 1ère, 8 novembre 2000, *J.C.P.*, 1995, I, 340, n°6, § 21) qui estime "qu'on se trouvait quasiment en présence d'un cas de force majeure".

défaut, pour le premier, et un acte, pour le second, qui vont entraîner la survenance du dommage. De ce point de vue, le risque s'apparente au fait générateur de la responsabilité à l'origine du dommage. Il constitue alors une condition d'engagement de la responsabilité en situation d'*ignorance du risque*, à l'instar du risque suspecté et du risque avéré qui constituent respectivement des conditions d'engagement de la responsabilité pour *défaut de précaution* et pour *défaut de prévention*. D'autre part, le rôle affecté par le droit aux notions de risque de développement et d'aléa thérapeutique, lequel est susceptible d'en faire des causes d'exonération de la responsabilité civile.

296. La confusion provient d'une inversion chronologique de la problématique particulièrement en ce qui concerne le risque de développement puisque le droit a d'abord assigné une fonction à cette notion, en l'instituant en cause étrangère susceptible d'être une cause exonératoire de responsabilité, avant d'en consacrer l'existence. Ce n'est pas parce que le risque de développement se révèle au sujet lors de sa survenance qu'il n'existait pas avant dans son aspect objectif. Ainsi, avant d'être une cause exonératoire de responsabilité le risque, dont la survenance traduit le développement, était déjà par lui-même un risque susceptible d'être générateur de responsabilité[717]. Mais la connaissance de sa potentialité dommageable, compte tenu des données scientifiques et techniques, demeurait ignorée. Or précisément c'est cette connaissance, évaluée par référence à la norme scientifique, qui permet d'opérer une ligne de partage entre les responsabilités pour *défaut de prévention*, de *précaution* et d'*ignorance*. A cet égard, le risque de développement est donc seulement un certain type de risque dont la particularité est d'être méconnu avant de se réaliser[718].

---

[717] Cette inversion chronologique consistant à passer par la cause étrangère pour influer sur le domaine de la responsabilité civile peut être rapprochée de celle, déjà dénoncée par un auteur (P.-H. ANTONMATTEI, *Contribution à l'étude de la force majeure*, Paris, L.G.D.J., coll. "Bibliothèque de droit privé", tome 220, 1992, n° 33 et s.), concernant l'utilisation, par la jurisprudence, du critère d'extériorité de la force majeure comme élément d'objectivation de la responsabilité. Ainsi, "en affirmant depuis des années cette nécessaire présence de l'extériorité de la force majeure, la Cour de cassation a indirectement admis une responsabilité contractuelle du fait des choses. C'est précisément la démarche inverse qui s'impose. Il faut d'abord affirmer que le fait des choses est un fait générateur de la responsabilité contractuelle puis en déduire que la cause d'exonération doit être extérieure à la chose du débiteur plutôt que de procéder au raisonnement inverse" (P.-H. ANTONMATTEI, "Ouragan sur la force majeure", *J.C.P.*, 1996, I, 3907, n° 6).

[718] Il présente néanmoins une particularité par rapport au risque avéré relevant de la prévention et au risque suspecté relevant de la précaution. Tandis, en effet, que s'agissant de ces deux derniers types de risque il existe une dissociation temporelle entre leur aspect subjectif et objectif, c'est-à-dire entre la perception que l'on en a et leur réalisation, la première étant déjà acquise avant la réalisation du risque (Qu'il s'agisse, en effet, du risque avéré relevant de la prévention ou du risque suspecté relevant de la précaution, l'un comme l'autre ne sont plus ignorés de la communauté scientifique mais sont déjà perçus par celle-ci avant de se réaliser), s'agissant du

297. La notion de risque de développement, comme celle d'aléa thérapeutique, est emblématique de la dissociation, qu'entraîne la prise en compte de la connaissance scientifique par le droit de la responsabilité civile, entre la cause efficiente du dommage et la nature de la responsabilité, dans la mesure où elle cristallise la dissociation des deux niveaux de la connaissance, du sujet (la *connaissance* du défaut ou du risque de l'acte médical) et de l'objet (le *défaut interne* du produit ou le *risque inhérent* à l'acte médical). Ainsi, le caractère ignoré du lien de causalité scientifique entre le défaut du produit ou le risque de l'acte médical et le dommage, traditionnellement envisagé sous l'angle de la cause exonératoire de responsabilité se présente comme un élément permettant de qualifier cette dernière en situation d'*ignorance* du risque.

CONCLUSION DE LA SECTION I

298. La distinction de la prévention et de la précaution introduit une condition supplémentaire relative à la date de perception du fait générateur. Le degré de connaissance du lien de causalité scientifique entre ce fait et le dommage n'est plus seulement un critère d'exonération de la responsabilité, comme pouvait le laisser penser l'analyse classique de situations d'ignorance du risque, telles le risque de développement ou l'aléa thérapeutique. Il devient un critère de *qualification* de la responsabilité civile au regard des données de la science et de la technique. Ainsi, lorsque au moment du fait générateur, le risque encouru était avéré, compte tenu de ces données, la responsabilité renvoie à un *défaut de prévention.* Lorsqu'il était seulement suspecté, par référence à ces mêmes données, la responsabilité s'analyse en un *défaut de précaution.* La prise en considération par le droit de la distinction de la prévention et de la précaution mériterait, en toute logique, que soient également juridiquement qualifiés, par un troisième terme, les cas de responsabilité ou d'absence de responsabilité en présence d'un risque qui n'est ni avéré, ni suspecté mais ignoré lors du fait générateur[719].

---

risque de développement la réalisation du risque et sa connaissance interviennent au même moment puisque le risque étant ignoré, la première révèle la seconde.

[719] Dans son *Rapport et avis sur le principe de précaution et la responsabilité dans le domaine alimentaire*, en date du 20 septembre 2001, le Conseil National de l'Alimentation, proposait de distinguer quatre principes : *le principe d'exonération* en cas de risques inconnaissables, *le principe de précaution*, en cas de risques suspectés, *le principe de prévention* en cas de risques avérés et enfin *le principe de réparation* en cas de risques réalisés. Cette distinction nous paraît cependant contestable dans la mesure où elle met sur le même plan deux questions distinctes : celle de la *qualification* de la responsabilité au regard du degré de connaissance du risque et celle de l'*imputation juridique* entre la survenance d'un certain type de risque et les conséquences qui en découlent quant à l'existence ou à l'absence de responsabilité.

SECTION II

L'INCIDENCE DE LA CAUSALITE SCIENTIFIQUE SUR LES CAUSES D'EXONERATION DE LA RESPONSABILITE CIVILE

299. La cause étrangère peut être définie comme "un événement dont la personne à laquelle la responsabilité d'un dommage est imputée cherche à se prévaloir pour démontrer que le fait qui lui est reproché n'est pas la seule cause ni même peut-être la cause principale du préjudice invoqué"[720]. Dès lors, elle "doit également être l'une des causes du dommage, c'est-à-dire qu'elle doit être reliée à celui-ci par un rapport de nécessité" répondant aux conditions relatives au lien de causalité[721].

300. La notion de cause étrangère recouvre plusieurs types d'événements, habituellement présentés à travers la trilogie classique de la force majeure, du fait d'un tiers et du fait de la victime[722]. Dans son sens strict, la force majeure désigne les seuls événements naturels par opposition aux deux autres événements qui renvoient à des actions humaines mais il est aujourd'hui largement admis que le concept de force majeure a vocation à s'appliquer à toutes les causes exonératoires dès lors qu'elles en présentent les caractères[723]. Il n'en reste pas moins que l'influence du degré de connaissance du lien de causalité scientifique est tout particulièrement susceptible de se manifester à propos de la notion de force majeure, entendue dans son sens strict, d'événement naturel. En effet, elle renvoie alors à un fait dont la survenance traduit déjà, par elle-même, la réalisation d'une causalité naturelle ou scientifique, indépendamment de son rattachement au dommage résultant d'une imputation juridique[724]. De ce point de vue, "l'évaluation des obligations de

---

[720] G. VINEY et P. JOURDAIN, op. cit., n° 383.

[721] G. VINEY et P. JOURDAIN, op. cit., n° 383.

[722] G. VINEY et P. JOURDAIN, op. cit., n° 386 ; J. FLOUR, J.-L. AUBERT et E. SAVAUX, op. cit., n° 273 ; F. TERRE, Ph. SIMLER et Y. LEQUETTE, op. cit., n° 796 et s. ; H. et L. MAZEAUD, F. CHABAS, op. cit., n° 572.

[723] VINEY et P. JOURDAIN, op. cit., n° 392 ; J. FLOUR, J.-L. AUBERT et E. SAVAUX, op. cit., n° 274 ; H. et L. MAZEAUD, F. CHABAS, op. cit., n° 575.

[724] Cela ne signifie pas que les événements d'origine humaine que sont le fait d'un tiers ou le fait de la victime ne sont pas susceptibles d'être scientifiquement rattachés à un dommage, l'imputation juridique entre un fait et un événement dommageable reposant toujours, en dernière analyse, sur une causalité matérielle, mais cette dernière n'intervient qu'à titre d'instrument méthodologique au service du droit. De ce point de vue elle demeure extérieure à la définition du fait d'un tiers ou du fait de la victime, ce qui n'est pas le cas de la force majeure au sens strict, laquelle se définit précisément par la notion de causalité matérielle ou scientifique dont elle constitue la réalisation.

prévention et de précaution [...] est un problème intrinsèquement lié à la reconnaissance d'un cas de force majeure"[725].

301. Traditionnellement, la doctrine et la jurisprudence s'accordent pour estimer que la force majeure doit présenter trois caractères : elle doit être extérieure au défendeur, imprévisible et irrésistible. L'hypothèse dans laquelle le risque est ignoré avant sa survenance ayant déjà été précédemment abordée[726], l'influence de la causalité scientifique sur ces trois conditions de la force majeure ne sera envisagée qu'en tant qu'elle constitue la manifestation d'un risque avéré relevant de la prévention ou d'un risque suspecté relevant de précaution. Aussi, après avoir étudié les liens entre la prévention, la précaution et l'extériorité de la force majeure (§1), nous analyserons les conséquences des ces deux notions sur l'imprévisibilité de la force majeure (§2) ainsi que sur le caractère d'irrésistibilité de cette dernière (§3).

§ 1 PREVENTION, PRECAUTION ET EXTERIORITE DE LA FORCE MAJEURE

302. L'extériorité signifie que "le défendeur ne peut invoquer, pour échapper à sa responsabilité ni un fait qu'il aurait lui-même provoqué ou à l'origine duquel il serait, ni un fait dont une règle juridique quelconque lui impose précisément de garantir les conséquences dommageables pour les tiers"[727]. L'exigence d'extériorité est sans doute l'une des conditions de la force majeure qui a suscité les plus vifs débats au sein de la doctrine juridique, au point que la jurisprudence n'a pas hésité souvent à la supprimer, consacrant alors une conception moins rigoureuse de la force majeure fondée sur les seuls critères d'imprévisibilité et d'irrésistibilité[728]. Cette évolution a trouvé son point d'orgue avec les arrêts de l'Assemblée plénière de la Cour de cassation du 14 avril 2006, ayant jugé qu'un événement constitue un cas de force majeure lorsqu'il présente un caractère imprévisible et irrésistible[729], sans aucune référence au critère de l'extériorité.

---

[725] B. HAGEGE, "La reconnaissance de la force majeure à l'occasion de catastrophes naturelles : mythe ou réalité ?", *P.A.*, 6 septembre 2002, n° 179, p. 5.

[726] Cf. *supra*, n° 260 et s.

[727] G. VINEY et P. JOURDAIN, op. cit., n° 385. Sur le critère d'extériorité, cf. notamment, P.-H. ANTONMATTEI, op. cit., n° 33 ; I. GUYOT, "Le caractère extérieur de la force majeure", *R.R.J.*, 2001, p. 213.

[728] Civ. 2ème, 15 mars 2001, *B.C.*, II, n° 56. Dans certains cas l'abandon du critère de l'extériorité est allé de pair avec la suppression de celui de l'imprévisibilité, faisant du critère de l'irrésitibilité l'unique critère de la force majeure. Exemples : Civ. 1ère, 10 février 1998, *D.*, 1998, jur. p. 539, note D. MAZEAUD ; *J.C.P.*, 1998, II, 10124, note G. PAISANT ; *R.T.D.civ.*, 1998, p. 689, obs. P. JOURDAIN (à propos de la maladie considérée comme un cas de force majeure). Civ. 1ère, 6 novembre 2002, *B.C.*, I, n° 258.

[729] Ass. plén., 14 avril 2006 (2 arrêts), *D.*, 2006, jur. p. 1577, note P. JOURDAIN ; *R.T.D.civ.*, 2006, p. 775, obs. P. JOURDAIN ; *Resp. civ. et ass.*, 2006, juin 2006, chron. n° 8, L. BLOCH. Pour autant, l'analyse des premiers arrêts rendus depuis ces deux décisions d'assemblée témoigne

303. Le débat doctrinal sur la notion d'extériorité trouve notamment sa source dans la question de la détermination de l'objet de référence par rapport auquel elle doit être appréciée. L'extériorité est, en effet, susceptible d'être appréciée soit par rapport à la personne du défendeur, soit par rapport à la chose utilisée ou livrée par le défendeur[730].

304. Envisagé par rapport à la personne du défendeur, le degré de connaissance du risque scientifique est bien extérieur à cette dernière. En effet, la connaissance au regard de laquelle est appréciée la nature du risque n'est pas la connaissance subjective d'un individu en particulier mais bien la connaissance "objective" fondée sur les données de la science et de la technique. Dès lors, quel que soit le degré de connaissance du risque, par la communauté scientifique, qu'il soit ignoré, suspecté ou encore avéré, il remplit la condition d'extériorité de la force majeure, envisagée par rapport à la personne du défendeur.

305. Mais cette analyse est aussi valable lorsque le critère d'extériorité est envisagé par rapport à la chose utilisée ou livrée par le défendeur, le degré de connaissance du risque scientifique étant également extérieur à cette dernière. En effet, il convient de distinguer d'une part, la chose dont la matière est la cause du dommage et d'autre part, le jugement porté sur son intervention dans la réalisation du dommage, compte tenu des données de la science. Or ce dernier peut alors conduire à la reconnaissance d'un risque avéré ou simplement suspecté. C'est en vertu de cette analyse qu'on a pu ainsi affirmer que le risque de développement, qui est "un risque de la connaissance", était extérieur au défendeur[731].

306. Il en résulte que la qualification de la responsabilité, au regard de la distinction de la prévention et de la précaution, n'est pas de nature à remettre en cause la condition d'extériorité de la force majeure. En effet, cette qualification est fondée sur un critère (le degré de connaissance scientifique) qui demeure extérieur au défendeur, qu'il soit envisagé par rapport à la personne du défendeur ou à la chose utilisée ou livrée par ce dernier. Mais si le critère de la nature du risque est sans incidence sur la définition de la notion d'extériorité, il n'en va pas de même s'agissant des deux autres caractères de la force majeure que sont l'imprévisibilité et l'irrésistibilité.

---

du maintien des divergences antérieures, au sein de la Cour de cassation, s'agissant du rôle du critère de l'imprévisibilité. Sur ce point les arrêts de 2006 "semblent n'avoir rien réglé" (P. JOURDAIN, *R.T.D.civ.*, 2007, obs. p. 574).

[730] G. VINEY et P. JOURDAIN, op. cit., n° 389.

[731] F. EWALD, "La véritable nature du risque de développement et sa garantie", art. préc., p. 17.

§ 2 PREVENTION, PRECAUTION ET IMPREVISIBILITE DE LA FORCE MAJEURE

307. L'imprévisibilité de la force majeure signifie que l'événement invoqué par le défendeur ne pouvait être prévu, la notion de prévision étant susceptible de porter sur l'événement lui-même ou sur sa probabilité de survenance. Or, sous ce second aspect, il existe autant de définitions possibles de l'imprévisibilité que de degré dans l'échelle de la connaissance. La possibilité de survenance de l'événement devait-elle ne pas pouvoir être imaginée par le défendeur ou simplement suspectée, compte tenu de certains indices ou encore ne pas pouvoir être mesurée par le défendeur ? Si en effet, "il n'est pas nécessaire, pour qu'il y ait *imprévisibilité*, qu'on soit en face d'un événement qui ne s'est jamais produit"[732], à partir de quand peut-on estimer que l'événement, s'étant déjà suffisamment produit, il est possible de le qualifier de "prévisible"[733]. On retrouve ici la délicate question du seuil rencontrée à propos de la définition du risque de précaution[734].

308. L'assouplissement de la condition d'imprévisibilité par la jurisprudence en vertu de laquelle il suffit que le cas de force majeure soit "normalement imprévisible"[735] n'est pas d'un grand secours, la question du contenu de la notion d'imprévisibilité se trouvant simplement déplacée vers celle de la norme de référence. A cet égard, la prise en considération d'un "type *moyen*, celui de l'homme normalement prudent et diligent, le standard du «bon père de famille» adapté à l'activité du défendeur et au degré de spécialisation qu'elle implique"[736] demeure encore insuffisante. En effet, même si elle signifie que le critère d'imprévisibilité doit être apprécié *in abstracto*[737], elle porte sur l'aptitude subjective de l'individu de référence et laisse entière la question du type de risque en vertu duquel il convient de juger de la prévisibilité ou de l'imprévisibilité de la force majeure. Le bon père de famille, quelle que soit sa profession, doit-il prévoir seulement les risques avérés ou également les risques suspectés ?

309. Autrement dit, la question de l'influence de la connaissance du risque sur le critère d'imprévisibilité de la force majeure renvoie à celle de

---

[732] H. et L. MAZEAUD, F. CHABAS, op. cit., n° 576.
[733] Sur cette question à propos des catastrophes naturelles, cf. B. HAGEGE, art. préc., p.4
[734] Cf. Chp. préliminaire, *supra*, n° 92 et s.
[735] G. VINEY et P. JOURDAIN, op. cit., n° 399 ; J. FLOUR, J.-L. AUBERT et E. SAVAUX, op. cit., n° 272 ; F. TERRE, Ph. SIMLER et Y. LEQUETTE, op. cit., n°798.
[736] G. VINEY et P. JOURDAIN, op. cit., n° 399.
[737] "l'imprévisibilité doit s'apprécier par référence à une prévisibilité raisonnable *in abstracto*" (G. VINEY et P. JOURDAIN, op. cit., n° 399). "Il ne s'agit donc pas de rechercher si le défendeur lui-même pouvait prévoir l'événement [...], mais si l'individu avisé, placé dans les mêmes circonstances, aurait pu le prévoir [...]" (H. et L. MAZEAUD, F. CHABAS, op. cit., n° 576).

savoir si un risque avéré et un risque seulement suspecté peuvent être considérés comme des risques "normalement prévisibles". Le normal présente un double sens. Il est à la fois "ce qui sert de modèle, de règle", et ce "qui a une grande fréquence, conforme à la moyenne"[738]. Par définition, le second sens ne saurait être appliqué à la notion de risque suspecté, entendue au sens strict de possibilité de réalisation du dommage et non du dommage lui-même. En effet, si la possibilité d'occurrence du dommage était normale au sens de *fréquente*, le risque ne serait pas suspecté mais serait nécessairement avéré. Reste alors le premier sens du mot normal : le normal comme règle ou modèle. Examiné par référence à cette dernière définition, le risque de précaution, comme le risque de prévention, est bien "normalement prévisible", compte tenu d'un certain type de règle : celle de la science. Ces deux types de risques sont prévisibles, compte tenu des connaissances scientifiques et techniques, c'est-à-dire d'un certain modèle de déroulement des choses : le modèle de déroulement des choses dans la réalité, soit les sciences de la nature.

310. Dès lors, l'extension du domaine de la prévention en direction de la précaution s'accompagnera nécessairement d'un élargissement du domaine de la prévisibilité en direction de la connaissance non pas certaine mais seulement suspectée. Il en résultera alors une réduction du domaine de l'imprévisibilité[739] qui ne devrait plus recouvrir que les cas d'ignorance du risque et non ceux dans lesquels le risque était déjà suspecté. Une telle évolution serait de nature à confirmer la marginalisation de la condition d'imprévisibilité, en droit contemporain, soulignée par certains[740].

311. Enfin, la prise en considération de l'état des connaissances scientifiques, résultant de la distinction de la prévention et de la précaution, devra, en outre, être combinée avec la règle qui détermine le moment de l'appréciation du critère de l'imprévisibilité. Sur ce point, la doctrine[741] et la jurisprudence[742] estiment qu'en matière délictuelle, l'appréciation de ce critère doit être faite au moment de la réalisation du dommage, tandis qu'en matière contractuelle, elle doit intervenir lors de la conclusion du contrat. Ce principe pourrait être perturbé en raison de la dissociation possible entre le fait générateur à l'origine de la survenance du risque et l'apparition du dommage, ce

---

[738] A. REY(dir.), *Dictionnaire historique de la langue française*, op. cit.

[739] En ce sens, cf. D. MAZEAUD ("Responsabilité civile et précaution", art. préc., p.72) qui souligne que "la part de l'imprévisibilité dans la notion de force majeure, semble, dans ce contexte précis, réduite à une peau de chagrin".

[740] P.-H. ANTONMATTEI, op. cit., n° 64 et s. ; C. COUTANT-LAPALUS, "Variation autour de l'imprévisibilité de la cause étrangère", *P.A.*, 26 février 2002, n° 41, p. 15.

[741] G. VINEY et P. JOURDAIN, op. cit., n° 397.

[742] Cette solution, déjà acquise depuis longtemps en matière contractuelle (Civ. 1ère, 7 mars 1966, *B.C.*, I, n° 166) a été expressément affirmée par les arrêts de l'Assemblée plénière de la Cour de cassation du 14 avril 2006 (préc.).

dernier pouvant intervenir longtemps après que le risque a été créé[743]. Le principe de distinction fondé sur la nature contractuelle ou délictuelle de la responsabilité pourrait alors être remplacé par une appréciation objective de la notion de prévisibilité, fondée sur l'état des connaissances scientifiques et techniques susceptible de transcender les deux ordres de responsabilité[744]. En effet, le jugement qui permet de qualifier la responsabilité pour *défaut de prévention* ou de *précaution* consistera à apprécier le caractère avéré ou suspecté du risque, compte tenu des données de la science et de la technique, *au moment du fait générateur du dommage*, que ce fait intervienne dans le cadre de l'exécution d'un contrat ou en dehors de tout contrat.

§ 3 PREVENTION, PRECAUTION ET IRRESISTIBILITE DE LA FORCE MAJEURE

312. Le cas de force majeure doit être irrésistible c'est-à-dire qu'il doit avoir mis le défendeur dans l'impossibilité d'éviter le dommage. La jurisprudence apprécie sévèrement cette condition "en exigeant de l'événement invoqué qu'il empêche absolument l'agent de remplir son devoir ou le débiteur d'exécuter ses obligations"[745]. En particulier, elle estime qu'un événement qui n'empêche pas le défendeur d'éviter le dommage mais rend seulement l'exécution de son obligation plus onéreuse n'est pas irrésistible[746]. Le critère financier posé par la définition légale de la précaution[747], en vertu duquel l'adoption des mesures visant à prévenir le risque de dommages doit pouvoir se faire à "un coût économiquement acceptable", devrait dès lors être de nature à assouplir le critère de l'irrésistibilité. En effet, si la mesure est trop onéreuse, le *défaut de précaution* ne sera pas sanctionné. La menace de dommages sera donc considérée comme irrésistible[748].

313. L'irrésistibilité s'apprécie *in concreto*, "en tenant compte de toutes les circonstances, de temps, de lieu, des circonstances économiques, sociales ou politiques, ainsi que des moyens dont le défendeur disposait pour résister à l'événement [...]"[749]. L'une des difficultés de mise en œuvre de ce critère résulte du fait qu'il pourrait paraître de nature à absorber la condition relative à la prévisibilité, dans la mesure où "si un événement est irrésistible c'est que, prévisible ou non, ses effets ne pouvaient être ni évités ni

---

[743] Cf. 2ème partie, *infra*, n° 704 et s.

[744] Sur la vocation de la distinction de la prévention et de la précaution à transcender les deux ordres de responsabilité, cf. *infra*, n° 580 et s.

[745] G. VINEY et P. JOURDAIN, op. cit., n° 399.

[746] Civ. 4 août 1915, *D.*, 1916, 1, p. 22 ; Com. 12 nov. 1969, *J.C.P.*, 1971, II, 16791.

[747] Article L. 110-1 du Code de l'environnement.

[748] En ce sens, cf. A. GUEGAN, "L'apport du principe de précaution au droit de la responsabilité civile", art. préc., p. 174 ; D. MAZEAUD, art. préc., p. 75.

[749] G. VINEY et P. JOURDAIN, op. cit., n° 398.

surmontés"[750]. Pourtant, il semble bien qu'analysées au regard de la différenciation du risque avéré et du risque suspecté, compte tenu des connaissances scientifiques et techniques, ces deux conditions se distinguent nettement. En effet, le degré de connaissance d'un risque, auquel se rattache sa prévisibilité possible, est indépendante de son "évitabilité", comme en témoigne l'évolution des connaissances scientifiques dans de nombreux domaines[751]. Ainsi, entre le moment où un risque est soupçonné par la science et celui où il devient possible de le prévenir par des méthodes éprouvées, il peut s'écouler un temps non négligeable[752]. Cette distinction entre la prévisibilité et "l'évitabilité" apparaît d'ailleurs clairement dans la définition légale de la précaution qui précise que la mesure destinée à prévenir le risque de dommage doit être *effective*, ce qui signifie qu'elle doit atteindre son but, lequel consiste à éviter la survenance du dommage.

CONCLUSION DE LA SECTION II

314. La prise en compte, par le droit de la responsabilité civile, de la prévention et de la précaution ne devrait pas affecter l'appréciation du critère de l'extériorité de la force majeure. En effet, le risque scientifique et technique, qu'il soit avéré ou suspecté demeure toujours extérieur au débiteur, que cette extériorité soit envisagée par rapport à la personne de ce dernier ou par rapport à la chose utilisée ou livrée par le défendeur. En revanche, la réception de la notion d'incertitude scientifique, résultant de la précaution, est de nature à venir élargir le domaine de la prévisibilité exigée du bon père de famille et par conséquent à réduire le rôle joué par le critère de l'imprévisibilité de la force majeure. Enfin, les notions de prévention et de précaution devraient entraîner un renouvellement de la condition d'irrésistibilité de la force majeure en favorisant la dissociation de ce critère avec celui de la prévisibilité avec lequel il est parfois confondu, la question de la prévisibilité objective d'un risque scientifique étant distincte de celle des moyens destinés à l'éviter.

CONCLUSION DU CHAPITRE II

315. Le fait de définir la précaution comme une mesure destinée à prévenir la survenance de risques suspectés, par opposition à la prévention,

---

[750] J. FLOUR, J.-L. AUBERT et E. SAVAUX, op. cit., n° 270.

[751] A cet égard, l'historique de l'acquisition progressive des connaissances scientifiques relatif à l'apparition du Sida est exemplaire puisque la transmissibilité par le sang du virus a d'abord été ignorée, puis soupçonnée avant d'être avérée et surtout avant que les moyens permettant d'empêcher cette transmission, en particulier le chauffage des produits, ne soient établis avec certitude. Sur cette évolution, cf. *supra*, n° 223.

[752] Aussi a-t-on pu souligner que "la condition d'imprévisibilité ne réapparaît que lorsque la prévision de l'événement peut permettre, par la mise en œuvre de moyens appropriés, d'éviter ses effets préjudiciables" (G. VINEY et P. JOURDAIN, op. cit., n°396).

destinée à empêcher la réalisation de risques avérés, compte tenu des connaissances scientifiques et techniques, conduit à classer les différents cas de responsabilité civile en fonction de la nature du risque. Le critère de la causalité scientifique n'intervient donc plus seulement de manière ponctuelle, comme critère d'exonération de la responsabilité, en particulier à travers les notions de risque de développement ou d'aléa thérapeutique, mais constitue l'élément permettant de *qualifier* la responsabilité en fonction du degré de connaissance du risque. Autrement dit, la spécification du risque suspecté, résultant de la réception par le droit de la notion de précaution, en plaçant la question de la causalité scientifique au cœur de la définition de la responsabilité, conduit à nommer les différentes hypothèses de responsabilité civile, en fonction de la nature du risque scientifique et technique en cause. A cet égard, si les responsabilités encourues en cas de risque avéré ou de risque suspecté ont pu trouver un nom grâce aux notions de prévention et de précaution, les situations d'ignorance du lien de causalité scientifique entre le fait générateur et le dommage demeurent encore en quête de qualification juridique. Enfin, la prise en considération de la prévention et de la précaution, si elle n'est pas de nature à affecter le critère d'extériorité de la force majeure, devrait, en revanche, conduire à un rétrécissement de la condition d'imprévisibilité et permettre de distinguer plus nettement le critère de l'irrésistibilité de la force majeure de la notion d' "évitabilité" avec laquelle ce dernier est souvent confondu.

CONCLUSION DU TITRE I

316. La distinction de la prévention et de la précaution, résultant de l'introduction de cette dernière notion en droit conduit à classer les différents cas de responsabilité civile en fonction de la nature du risque scientifique et technique encouru. Une telle démarche se heurte néanmoins à deux types de limites. Tout d'abord, en caractérisant la responsabilité en fonction du degré de connaissance scientifique et technique du risque, elle oblige à déterminer au préalable la liste des types de risques qui vont permettre de qualifier ensuite le type de responsabilité. Or, par hypothèse, une telle catégorisation du risque ne saurait être illimitée et nécessite d'opérer des choix afin de ne retenir que certains types de risques là où au contraire la science offre une multitude de variations du risque en fonction de son degré de certitude[753]. Il en résulte que la qualification de la responsabilité civile qui en découle ne peut pas couvrir l'ensemble des hypothèses factuelles de risques, laissant ainsi dans l'ombre des "tranches de risques" qui n'accèderont jamais à une reconnaissance juridique[754].

---

[753] Sur cette dichotomie entre la démarche scientifique et la démarche juridique, cf. Chp. préliminaire, *supra*, n° 94.

[754] Ainsi, entre le risque ignoré et le risque suspecté relevant de la précaution il existe de nombreux types de risques qui ne pourront entrer dans l'une des trois catégories de responsabilité,

317. Mais surtout, l'intérêt pratique d'une telle spécification de la responsabilité en fonction de la nature du risque est pour le moins limité puisqu'elle n'entraîne pas l'application d'un régime distinct, l'opération de qualification conduisant seulement à classer *a posteriori* les différents cas de responsabilité civile[755]. En revanche, en tant qu'instrument de la connaissance, une telle opération est loin d'être dénuée d'intérêt, puisqu'elle permet, au contraire, de mesurer l'apport de la notion de précaution dans le paradigme classique de la responsabilité civile, fondé sur l'exigence de la réalisation d'un dommage. A cet égard, du point de vue de la condition relative au lien de causalité entre le fait générateur et le dommage, la distinction de la prévention et de la précaution oblige à dissocier nettement le lien de causalité juridique, lien d'imputation entre deux faits, du lien de causalité scientifique ou propension du risque à causer le dommage. Le premier a vocation à s'appliquer quelle que soit la nature avérée ou suspectée du risque. Son assouplissement par la jurisprudence et la loi, grâce au recours aux présomptions et aux notions de perte de chance ou de création d'un risque, constitue donc un facteur commun d'intégration des responsabilités pour *défaut de prévention* et de *précaution.* De son côté, le lien de causalité scientifique se trouve être le seul "lieu" d'expression de la distinction de la prévention et de la précaution. Il se présente ainsi comme le critère distinctif des responsabilités pour *défaut de prévention* et de *précaution.* En outre, il permet de mettre en évidence les situations d'*ignorance* du risque indépendamment de leur appréhension sous l'angle de la cause étrangère, à travers les notions de risque de développement ou d'aléa thérapeutique.

---

faute d'être déjà perçus par la communauté scientifique (et de pouvoir alors être qualifiés d'*ignorés*) sans pour autant avoir fait l'objet d'une hypothèse suffisamment vérifiée pour constituer des risques de précaution. Sur l'exigence d'un seuil de risque caractérisant la précaution, cf. Chp. préliminaire, *supra*, n° 92 et s.

755 Un tel constat ne fait pas obstacle *de lege feranda* à la possibilité de soumettre les responsabilités pour défaut de prévention et de précaution à des régimes distincts. En particulier, la responsabilité encourue en présence d'un risque avéré pourrait être sanctionnée de manière plus rigoureuse que lorsque le risque en cause était seulement suspecté.

TITRE II

LA DISTINCTION DE LA PREVENTION ET DE LA PRECAUTION ET L'EXIGENCE D'UN FAIT GENERATEUR DE RESPONSABILITE CIVILE

318. Parmi les trois régimes fondamentaux de responsabilité, la responsabilité du fait personnel et la responsabilité du fait des choses constituent sans doute les deux composantes du fait générateur susceptibles d'être le plus directement affectées par la notion de précaution. Ainsi, l'expression de la distinction du risque scientifique avéré et du risque scientifique suspecté, au sein des obligations de prudence d'origine légale ou jurisprudentielle, est un facteur de renouvellement du contenu du fait personnel (Chapitre I). En outre, la distinction de la prévention et de la précaution, au cœur de laquelle se trouve la notion de causalité matérielle ou scientifique[756], est tout particulièrement amenée à jouer un rôle au sein de la responsabilité du fait des choses puisque toute intervention causale d'une chose dans la production d'un dommage est toujours, en dernière analyse, l'expression d'une causalité matérielle ou scientifique entre cette chose et le dommage (Chapitre II)[757]. Enfin, l'examen des manifestations de la distinction de la prévention et de la précaution, au sein de ces deux régimes de responsabilité, nous conduira tout naturellement à nous interroger sur l'incidence de cette distinction sur les fondements techniques[758] de la responsabilité civile (Chapitre III).

---

[756] Cf. *supra*, n° 219 et s.

[757] C'est pourquoi la distinction de la prévention et de la précaution sera donc étudiée seulement sous l'angle de la responsabilité civile du fait personnel et du fait des choses.

[758] Sur cette notion, cf. *infra*, n° 621.

CHAPITRE I

LE RENOUVELLEMENT DU CONTENU DU FAIT PERSONNEL

319. La faute peut être définie comme "la violation d'une norme ou d'un devoir qui s'imposait à l'agent"[759] ou encore, selon la célèbre formule de Planiol, comme "une contravention à une obligation préexistante"[760] ou plus succinctement "la violation d'une obligation"[761]. Dès lors, toute nouvelle obligation posée par le droit est de nature à élargir d'autant le domaine potentiel de la responsabilité délictuelle. La multiplication des obligations a vocation à étendre la liste des devoirs susceptibles d'être violés et donc des fautes possibles, qu'il s'agisse d'obligations juridiques ou simplement de normes de conduite ou de normes techniques, particulièrement nombreuses dans les domaines de la santé et de l'environnement, propices à l'expression de la distinction de la prévention et de la précaution.

320. La notion de précaution, issue de la loi du 2 février 1995, relative au renforcement de la protection de l'environnement[762], est venue donner un souffle nouveau à ce devoir traditionnel de prudence[763], obligeant du même coup à une redéfinition des contours de la prévention. En ce sens, "tout comme la prévention, la précaution est fille de la prudence"[764]. A l'instar de l'obligation traditionnelle de prudence, les notions de prévention et de précaution trouvent à s'exprimer tant au sein de la responsabilité délictuelle (Section I) que de la responsabilité contractuelle (Section II).

---

[759] G. VINEY et P. JOURDAIN, op. cit. n° 443.

[760] M. PLANIOL, "Etudes sur la responsabilité civile (Première étude. Du fondement de la responsabilité)", *Rev. crit. Leg. et Jur.*, 1905, p. 277, spéc. p. 287.

[761] M. PLANIOL et G. RIPERT, *Traité pratique de droit civil français. Les obligations* (par P. ESMEIN), tome VI, Paris, L.G.D.J., 1952, n° 505.

[762] Art. L. 110-1 du Code de l'environnement.

[763] G. J. MARTIN ("Précaution et évolution du droit", art. préc., p. 304) souligne que "le contenu de l'obligation de prudence et de diligence, dont le non-respect constitue une faute délictuelle, doit être repensé à la lumière du principe de précaution". Dans le même sens, cf. C. RADE, "Le principe de précaution, une nouvelle éthique de la responsabilité", *in* UNIVERSITE DE BOURGOGNE, *La décision publique et le droit de la responsabilité face au principe de précaution*, Colloque des 27 et 28 avril 2000, *R.J.E.*, 2000, n° spécial, p. 75 et D. JACOTOT, "Le principe de précaution et le renforcement de l'action en responsabilité pour faute", *ibid.*, p. 91.

[764] Ph. KOURILSKY et G. VINEY, op. cit., p. 21.

SECTION I

PREVENTION, PRECAUTION ET RESPONSABILITE CIVILE DELICTUELLE

321. Nul n'ignore qu'à la différence du droit romain, le Code civil ne comporte aucune liste particulière de délits et énonce à l'article 1382 que "tout fait quelconque de l'homme qui cause à autrui un dommage oblige celui par la faute duquel il est arrivé à le réparer". Pour autant, il n'a pas supprimé toute difficulté puisqu'il n'offre pas de définition du "fait" constitutif de faute. C'est donc à la doctrine et à la jurisprudence qu'est revenue cette tâche.

322. La majorité des auteurs s'accorde pour distinguer deux éléments constitutifs de la notion de faute civile[765] : un élément objectif qui consiste dans "la violation d'un devoir ou d'une obligation juridique"[766], qualifié encore d'*illicéité* et un élément subjectif qui exprime "l'aptitude psychologique de l'agent à comprendre la portée de ses actes et en assumer les conséquences"[767], fréquemment dénommé *imputabilité*. Selon les auteurs, l'accent est porté sur l'un ou l'autre de ces deux éléments, opposant ainsi les objectivistes aux subjectivistes[768]. L'élément objectif est lui-même susceptible d'être décomposé en deux : d'une part, le fait matériel et d'autre part, la norme violée, conduisant une partie de la doctrine à une présentation tripartite de la faute comprenant un élément matériel, un élément légal et un élément moral[769]. S'agissant de l'élément matériel de la faute, la doctrine distingue traditionnellement la faute de commission consistant *à avoir fait ce que l'on aurait pas dû faire*, et la faute d'omission ou l'abstention consistant à *ne pas avoir fait ce que l'on aurait dû faire*. De son côté, l'élément moral de la faute conduit à la distinction de la faute intentionnelle, issue de l'article 1382 du Code civil et de la faute d'imprudence ou de négligence résultant de l'article 1383 du Code civil. Bien que cette dernière ne se réduise pas à la faute d'abstention[770], elle s'y apparente le plus souvent.

323. La généralité des articles 1382 et 1383 du Code civil a conduit, depuis longtemps déjà, la jurisprudence à décider qu'il n'était pas nécessaire que le fait reproché ait été commis en violation d'une disposition précise d'un texte législatif ou réglementaire. En effet, en sanctionnant les fautes d'imprudence et

---

765 G. MARTY et P. RAYNAUD, *Traité de droit civil, Les obligations*, tome 1, *Les sources*, Paris, Sirey, 1987 (2ème éd.), n° 454 ; G. VINEY et P. JOURDAIN, op. cit., n° 442.
766 G. VINEY et P. JOURDAIN, op. cit., n° 442.
767 G. VINEY et P. JOURDAIN, op. cit., n° 442.
768 Sur cette opposition, cf. G. VINEY et P. JOURDAIN, op. cit., n° 444.
769 En ce sens, cf. F. TERRE, Ph. SIMLER et Y. LEQUETTE, n° 717 et s. ; J. CARBONNIER, n°220 et s.
770 L'omission peut être volontaire et donc ne pas être assimilable alors à une simple négligence ou imprudence. Cf. J. FLOUR, J.-L. AUBERT et E. SAVAUX, op. cit., n°106, note 6.

de négligence, le Code civil se réfère indirectement "à une norme générale de conduite sociale imposant de se conduire en toute circonstance avec prudence et diligence"[771]. L'expression de la distinction de la prévention et de la précaution s'inscrit dans cette évolution. Elle est de nature à renouveler le contenu de l'élément matériel (§1) et celui de l'élément légal de la faute (§2) ainsi que l'appréciation de l'élément moral de cette dernière (§3).

§ 1 PREVENTION, PRECAUTION ET ELEMENT MATERIEL DE LA FAUTE

324. L'élément matériel de la faute, c'est-à-dire "la manière dont, concrètement, elle se manifeste"[772], se présente, selon la doctrine, soit sous la forme d'une faute de commission consistant *à avoir fait ce que l'on aurait pas dû faire*, soit sous la forme d'une faute d'omission ou d'abstention consistant à *ne pas avoir fait ce que l'on aurait dû faire*. En affirmant que "l'absence de certitudes, compte tenu des connaissances scientifiques et techniques du moment, *ne doit pas retarder l'adoption de mesures* [...]", l'article L. 110-1 du Code de l'environnement fait du *défaut de précaution* une faute d'abstention, sanction d'un principe d'action. Bien que la violation du principe de précaution soit donc susceptible de constituer une faute d'abstention, le principe lui-même invite à l'action. Cette dernière affirmation a pourtant fait l'objet d'un vif débat. En effet, de l'avis de certains auteurs, le principe de précaution serait uniquement constitutif d'une obligation d'abstention ; il serait la traduction juridique du proverbe "dans le doute, abstiens-toi"[773], la précaution postulant alors de ne pas agir en présence d'incertitudes scientifiques.

325. Mais la majorité des auteurs rejette cette interprétation et estime, au contraire, que le principe de précaution vise à l'action[774]. Ainsi, pour Bruno

[771] G. VINEY et P. JOURDAIN, op. cit., n° 450.
[772] J. FLOUR, J.-L. AUBERT et E. SAVAUX, op. cit., n° 104.
[773] L. BAGHESTANI-PERREY, "Le principe de précaution : nouveau principe fondamental régissant les rapports entre le droit et la science", *D.*, 1999, chron. p. 457.
[774] V. LABROT, "La précaution : prudence environnementale et réalisme social ou à propos d'un concept durable...", *in Environnement et politique. Constructions juridico-politiques et usages sociaux*, A. GOUZIEN et P. LE LOUARN (dir.), Rennes, P.U.R. (coll. "Des Sociétés"), 1996, p.177 ; C. LEPAGE, "Que faut-il entendre par principe de précaution ?", *G.P.*, 8-9 octobre 1999, n° spécial *Droit de l'environnement et entreprise*, p. 7 (spéc. p. 8) et "Exposé introductif", *in* LES THEMIALES DE RIOM, préc., p. 25 ; F. EWALD, "La précaution une responsabilité de l'Etat", *Le Monde*, 11 mars 2000 ; Ph. KOURILSKY et G. VINEY, op. cit., p. 146 ; O. GODARD, "Le principe de précaution, une nouvelle logique de l'action entre science et démocratie", *Philosophie politique*, mai 2000, n° 11, p. 17 et "De la nature du principe de précaution", *in Le principe de précaution. Significations et conséquences*, op. cit., p. 25; J. DRATWA, "Prendre des risques avec le principe de précaution ou comment l'incertain se communique", *ibid.*, p.60 ; D. BOURG et J.-L. SCHLEGEL, op. cit., p. 164 ; C. LEPAGE et F. GUERY, op. cit., pp. 178 et 189 ; Ph. KOURILSKY, *Du bon usage du principe de précaution*, op. cit., pp. 49-50 et 57 ; P. BECHMANN et V. MANSUY, op. cit., p. 75.

Latour, le principe de précaution est "l'exact contraire de la prudence : elle demandait de s'abstenir, faute de connaître tous les tenants et aboutissants d'une action ; il exige que l'on agisse pour d'autres raisons et selon d'autres critères que la connaissance précise des causes et des conséquences [...]. Le principe de précaution n'a rien à voir avec l'inaction et rien non plus avec l'action précautionneuse. Il est au contraire tout entier dirigé par une nouvelle urgence de la décision"[775]. Dans le même sens, François Ewald estime que le principe de précaution "interdit de reporter la décision au motif d'une incertitude scientifique. C'est parce qu'on ne sait pas qu'il faut agir. Il fait de l'incertitude une urgence. Il proscrit l'irrésolution"[776].

326. A l'appui de cette seconde interprétation du principe de précaution comme règle d'action, plusieurs auteurs, dont Olivier Godard, n'avaient pas manqué de souligner les composantes "peu défendables" de la règle de l'abstention[777]. Cette dernière postulait tout d'abord d'attendre d'avoir la preuve de l'innocuité d'une activité ou d'une technique et conduisait ainsi à faire du dommage zéro une "norme générale de l'action publique face aux risques collectifs"[778]. Or une telle norme participe d'une conception irrationnelle de la décision en situation d'incertitude scientifique selon laquelle il serait possible de choisir entre une option risquée et une option qui ne le serait pas là où, au contraire, toute décision présente nécessairement une part de risque. Les hommes, en effet, "n'ont jamais à choisir entre un risque et une absence de risque [...], mais entre deux risques. La valeur d'un risque n'est jamais qu'un autre risque"[779]. A l'inverse de la règle de l'abstention, le principe de précaution postule précisément une approche en termes de bilan coûts-avantages.

327. En outre, la règle de l'abstention conduit à une "focalisation sur le scénario du pire": la considération des hypothèses les plus catastrophiques engendrées par une éventuelle action conduit à en écarter définitivement la mise en œuvre. Or "la définition du scénario du pire dépend en fait de l'imagination de ceux qui écrivent les scénarios [...] les groupes d'intérêts ayant partie liée

---

775 B. LATOUR, "Prenons garde au principe de précaution", *Le Monde*, 4 janvier 2000, p. 15.

776 F. EWALD, C. GOLLIER et N. de SADELEER, op. cit., p. 26.

777 O. GODARD, "L'ambivalence de la précaution et la transformation des rapports entre science et décision", *in Le principe de précaution dans la conduite des affaires humaines*, op. cit., p. 37 (spéc. p. 48) ; "De l'usage du principe de précaution en univers controversé", *Futuribles*, février-mars 1999, n° 239-240, p. 37 (spéc. p. 44) ; "Le principe de précaution, une nouvelle logique de l'action entre science et démocratie", *Philosophie politique*, mai 2000, n° 11, p. 31 et "De la nature du principe de précaution", *in Le principe de précaution. Significations et conséquences*, op. cit., p. 25.

778 O. GODARD, "Le principe de précaution, une nouvelle logique de l'action entre science et démocratie", art. préc., p. 31.

779 F. EWALD, "Le principe de précaution, entre responsabilité et politique", *in* ACADEMIE NATIONALE DE MEDECINE, *Principe de précaution, santé et décision médicale*, préc.

avec l'une ou l'autre des «visions du monde» où des théories en présence vont se lancer dans une surenchère du pire, afin de discréditer l'option adverse, et mobiliser à cette fin les ressources d'argumentation qu'ils pourront trouver, dans l'état controversé et incertain, des connaissances disponibles"[780]. Enfin, l'abstention participe d'une inversion de la charge de la preuve en imposant aux entrepreneurs ou aux promoteurs d'une action nouvelle d'en prouver l'innocuité avant d'être autorisés à la mettre en œuvre[781].

328. Mais si l'article L. 110-1 du Code de l'environnement pose un principe d'action, toute forme d'abstention ne saurait être écartée. En effet, l'abstention est susceptible de se manifester à deux niveaux[782]. D'une part, lors de la prise de décision d'appliquer ou de ne pas appliquer le principe de précaution. Ainsi, dans son *Rapport public* de 1998, le Conseil d'Etat estime que le principe de précaution "se définit par l'obligation pesant sur le décideur public ou privé de s'astreindre à une action ou de s'y refuser en fonction du risque possible"[783]. D'autre part, une fois prise la décision d'agir par précaution, l'abstention peut être une modalité de l'action[784]. A cet égard, Geneviève Viney et Philippe Kourilsky jugent que "la notion de décision doit être conçue de façon compréhensive" : elle "doit englober aussi bien l'abstention que l'action, la poursuite d'une activité que son déclenchement"[785]. Dans le même sens, la Commission des Communautés européennes, dans sa *Communication sur le recours au principe de précaution*, estime qu'en situation d'incertitude scientifique, les décideurs politiques se doivent de donner des réponses et que "donner des réponses ne signifie pas pour autant que des mesures doivent toujours être arrêtées. La décision de ne pas agir peut constituer, elle aussi, une réponse"[786]. De son côté, Corinne Lepage souligne que le principe de précaution "peut signifier abstention à la condition qu'abstention ne soit pas assimilée à inaction mais à prohibition" et précise que la notion d'abstention peut être interprétée de deux manières : "par abstention on peut entendre interdiction de mettre en place un nouveau produit ou un nouveau *process*. Mais l'on peut

---

780 O. GODARD, "De l'usage du principe de précaution en univers controversé", art. préc., p. 46-47.

781 Sur cette question, cf. *infra*, n° 435 et s.

782 "L'analyse du principe de précaution fait apparaître deux aspects, de par leur nature, distincts : (i) la décision politique d'agir ou de ne pas agir, liée aux facteurs déclenchant du principe de précaution ; (ii) dans l'affirmative, comment agir, c'est-à-dire les mesures résultant d'une telle utilisation du principe de précaution", Commission des Communautés européennes, *Communication sur le recours au principe de précaution* COM (00) 153 final, *J.O.C.E.*, C 2000/58 du 2 février 2000, § 5.

783 Conseil d'Etat, *Rapport public 1998*, op. cit., p. 256.

784 En ce sens, cf. Ch. NOIVILLE, "Principe de précaution et gestion des risques en droit de l'environnement et en droit de la santé", *P. A.*, 30 novembre 2000, n° 239, p. 39.

785 Ph. KOURILSKY et G. VINEY, op. cit., p. 144.

786 COM (00) 153 final, *J.O.C.E.*, C 2000/58 du 2 février 2000, § 5.2.1.

également entendre refus d'intervenir sur un processus en cours pour en limiter les effets"[787].

329. Le principe de précaution peut donc à la fois conduire à l'action ou à l'abstention, entendue comme une interdiction, sachant qu'entre ces deux formes de décisions, il existe "toute une palette de possibilités", "une gamme de mesures de précaution"[788] : restrictions dans l'usage, informations particulières données au consommateur, suivi spécifique, etc.

§ 2 PREVENTION, PRECAUTION ET ELEMENT LEGAL DE LA FAUTE

330. Parmi les devoirs extra-contractuels susceptibles d'entraîner la responsabilité, il convient de distinguer ceux qui émanent d'une règle légale au sens large (loi, règlement ou toute disposition normative ayant des effets directs dans l'ordre juridique interne), et ceux qui ne sont prévus par aucune disposition écrite mais qui constituent "une norme générale de comportement"[789] dont la violation est juridiquement sanctionnée. L'introduction du principe de précaution dans le droit français est susceptible d'affecter l'une ou l'autre de ces deux catégories de devoirs, élargissant ainsi le domaine potentiel de la responsabilité civile. La précaution participe de la fonction préventive de la responsabilité civile dans la mesure où elle étend le domaine de la norme de comportement aux risques scientifiques seulement suspectés (I) et ce, qu'elle constitue une extension des devoirs légaux de prévention, au sens traditionnel[790], ou des règles de prudence posées par la jurisprudence ou la doctrine (II). En revanche, la distinction de la prévention et de la précaution, interprétée dans le paradigme classique de la responsabilité civile, en présence d'un dommage, ne devrait pas être de nature à modifier la portée des devoirs qu'elle incarne au regard de la division traditionnelle des obligations de moyens et des obligations de résultat (III).

I – L'ELARGISSEMENT DE LA FONCTION PREVENTIVE DE LA RESPONSABILITE CIVILE

331. Dans quelle mesure, la notion de précaution, définie comme l'anticipation des risques suspectés, est-elle susceptible d'influer sur la fonction de la responsabilité civile, c'est-à-dire de modifier le rôle et les buts qui ont été

---

[787] C. LEPAGE et F. GUERY, op. cit., p. 118-119.
[788] C. LEPAGE et F. GUERY, op. cit., p. 119-120.
[789] G. VINEY et P. JOURDAIN, op. cit., n° 450.
[790] C'est-à-dire comme anticipation d'un dommage et non comme élément de la distinction de la *prévention* et de la *précaution*.

assignés à cette dernière au sein de la société ?[791] A cet égard la fonction de la responsabilité doit être soigneusement distinguée de son fondement. Alors que "rechercher la fonction des règles établissant une responsabilité, c'est rechercher le résultat à venir qu'attendait de l'établissement de ces règles la société qui les a édictées, rechercher le fondement de la responsabilité c'est, se tournant vers l'action passée de la personne déclarée responsable, rechercher les raisons susceptibles de justifier cette responsabilité [...]"[792].

332. Que la responsabilité civile remplisse une fonction classique de prévention des dommages, de nombreux auteurs le reconnaissent volontiers[793], même si les propos s'apparentent alors bien plus à des prescriptions doctrinales qu'à une réelle description de l'efficacité des règles de responsabilité civile en terme de prévention[794]. Tandis que pour certains la fonction préventive de la

---

[791] Selon la définition lexicale du *Dictionnaire Robert*, la fonction renvoie à l' "action, [au] rôle caractéristique d'un élément, d'un organe dans un ensemble". A propos de la fonction de la responsabilité, P. FAUCONNET, définissait la notion de "fonction d'une institution", comme "la correspondance entre la nature de cette institution et les besoins généraux de la société à laquelle elle appartient", P. FAUCONNET, *La responsabilité. Etude de sociologie*, Paris, Felix Alcan, 1920, p. 282.

[792] L. BACH, "Réflexion sur le problème du fondement de la responsabilité civile en droit français", *R.T.D.civ.*, 1977, n° 6, p. 20.

[793] G. VINEY, *Introduction à la responsabilité*, op. cit., n° 39 et s. ; Ph. LE TOURNEAU et L. CADIET, op. cit., n° 2 ; F. TERRE, Ph. SIMLER et Y. LEQUETTE, op. cit., n° 690 ; G. MARTY et P. RAYNAUD, op. cit., n° 408.

[794] Pour A. TUNC : "La vérité est que la responsabilité pour faute a un fondement politique. Il est socialement sain que celui par la faute de qui un dommage a été causé soit tenu de le réparer : cette règle donne aux citoyens un intérêt évident à éviter de commettre des fautes dommageables" ("Logique et politique dans l'élaboration du droit, spécialement en matière de responsabilité civile", *in Mélanges en l'honneur de Jean DABIN*, Paris, Sirey, 1963, tome 1, n° 14, p. 331). Ainsi, "la responsabilité civile *doit* tendre à décourager les comportements antisociaux [...]" ("Fondements et fonctions de la responsabilité civile en droit français", *in Colloque franco-germano-suisse sur les fondements et les fonctions de la responsabilité civile, Bâle 1er et 2 novembre 1968*, sous la dir. de F.-E. KLEIN, Bâle et Stuttgart, Helbing & Lichtenhahn, 1973, p.27 ; "Responsabilité civile et dissuasion des comportements anti-sociaux", *in Aspects nouveaux de la pensée juridique. Recueil d'études en hommage à Marc Ancel*, Paris, Pédone, 1975, p. 407). Dans le même sens, J. DABIN estimait déjà que "l'un des meilleurs moyens d'attirer l'attention des hommes sur le devoir de vigilance et de prudence qui s'impose dans la vie en société, c'est semble-t-il, de le sanctionner par l'obligation de réparer toutes les conséquences préjudiciables qui pourraient sortir de la négligence du devoir. La perspective des sanctions est le commencement de la sagesse : si les hommes sont avertis que les manquements au devoir social de vigilance et de prudence peuvent leur coûter cher, ils seront sans doute plus diligents et circonspects" (*La philosophie de l'ordre juridique positif, spécialement dans les rapports de droit privé*, Paris, Sirey, 1929, n° 156). "Pour le juriste, en effet, un système de responsabilité civile n'a pas seulement une fonction *morale* de réparation [...], il a, en même temps, une fonction *sociale* de prévention des dommages : sachant qu'ils payeront même pour leurs fautes non intentionnelles, les gens prendront l'habitude de la diligence et de la prudence, vertus indispensables dans la vie sociale" (J. DABIN, *Théorie générale du droit*, Bruxelles, Bruylant, 1953, 2ème éd., n° 122).

responsabilité ne peut demeurer "qu'accessoire et secondaire"[795], d'autres au contraire en soulignent l'importance et le nécessaire élargissement sous l'impulsion du principe de précaution[796]. Mais quelle que soit la portée qui lui est reconnue par la doctrine, la fonction de prévention est toujours envisagée dans sa forme classique comme instrument de dissuasion : la perspective de la responsabilité conduirait au respect des règles de prudence sanctionnées par le droit. La prévention recouvre alors l'ensemble des techniques destinées à empêcher le dommage de survenir et se conçoit par opposition à la réparation, laquelle intervient précisément après la survenance de celui-ci.

333. Pour autant, même dans le cas de la prévention, au sens classique[797], le dommage n'est jamais loin puisqu'il intervient alors comme l'élément dont l'absence est recherchée. Autrement dit, dans la mesure où la prévention tend à empêcher un fait dommageable[798], elle ne se conçoit que par rapport à la prise en compte de celui-ci. Le concept de prévention implique la possibilité d'une référence à un dommage. Toute mesure de prévention est transitive : on prévient quelque chose. En ce sens la prévention se définit comme une relation à un objet dont elle se distingue néanmoins. En effet, quelle que soit l'issue finale, que la mesure préventive échoue et que le dommage se réalise ou qu'elle soit effective et empêche la survenance du dommage, la prévention n'en demeure pas moins toujours définissable comme "tentative d'évitement" de quelque chose. Paradoxalement, dans l'interprétation traditionnelle de la prévention, l'accent n'est pas mis sur les modalités de la recherche tendant à éviter le dommage mais sur l'absence de réalisation de ce dernier, alors pourtant que la considération de cette absence n'existe précisément qu'en raison de la tension qui unit la mesure d'empêchement à son objet.

334. C'est pourquoi il ne fait aucun doute qu'envisagés en dehors du paradigme classique de la responsabilité civile, c'est-à-dire en l'absence de la condition relative à l'exigence d'un dommage, les principes de prévention et de précaution, figurant à l'article L. 110-1 du Code de l'environnement, participent de la fonction préventive de la responsabilité en favorisant l'anticipation des

---

795 J. FLOUR, J.-L. AUBERT et E. SAVAUX, op. cit., n° 85.

796 C. THIBIERGE, "Libres propos sur l'évolution du droit de la responsabilité (Vers un élargissement de la fonction de la responsabilité civile ?)", art. préc., p. 561. Dans le même sens, cf. Ph. LE TOURNEAU et L. CADIET, op. cit., n° 2 et 17 ; A. GUEGAN, "L'apport du principe de précaution au droit de la responsabilité civile", art. préc., p.158-159 ; M. BOUTONNET, op. cit., n° 673 et s.

797 C'est-à-dire en l'absence de dommage.

798 La prévention tend à "empêcher -ou du moins à limiter- la réalisation d'un risque, la production d'un dommage, l'accomplissement d'actes nuisibles, etc., en s'efforçant d'en supprimer les causes et les moyens", G. CORNU, *Vocabulaire juridique*, op. cit., p.717.

dommages. Ils s'opposent alors à la logique de réparation[799]. En revanche, la contribution de ces principes, envisagés dans le cadre du paradigme classique de la responsabilité, c'est-à-dire en présence d'un dommage, à une extension de la fonction préventive de la responsabilité, mérite d'être précisée.

335. En effet, rappelons que la *précaution* trouve sa spécificité, par opposition à la *prévention*, dans la nature des risques scientifiques envisagés. Alors que la première porte sur des risques scientifiques suspectés, la seconde a pour objet des risques scientifiques avérés[800]. Ainsi définie, la précaution est néanmoins susceptible de participer d'un élargissement de la fonction préventive de la responsabilité civile dès lors que, dans la caractérisation de cette dernière, l'accent n'est plus mis uniquement sur l'*objet* de la prévention, au sens classique, c'est-à-dire le dommage, mais sur la *relation* qui unit celui-ci au fait générateur. L'anticipation du dommage n'est alors qu'une caractérisation du fait générateur envisagé comme une mesure "d'évitement" ou "d'empêchement" du dommage ayant par hypothèse échoué et conduit à la réalisation de ce dernier. Dans cette optique, la prise en compte de la précaution par le droit de la responsabilité civile est alors de nature à élargir le rôle préventif de cette dernière, en l'étendant aux mesures tendant à l'évitement de dommages constitués par la réalisation de risques scientifiques suspectés, la fonction d'anticipation de la responsabilité civile devenant ainsi une forme de réceptacle neutre au service de la *prévention* et de la *précaution*.

II – L'EXTENSION DES DEVOIRS TRADITIONNELS DE PREVENTION

336. La réception de la notion de précaution, par le droit de la responsabilité civile, est de nature à renouveler l'élément légal de la faute civile en y instituant un dédoublement des obligations, en présence d'un risque scientifique, entre le *défaut de prévention* et *le défaut de précaution*. L'extension des devoirs légaux est susceptible de résulter tant de la normativité juridique des principes de prévention et de précaution (A), que de la prise en compte du risque scientifique suspecté dans la loi ou les règlements (B), dans les normes de conduite et les normes techniques (C) ou encore dans les obligations, inspirées par un souci de sécurité, consacrées par la jurisprudence (D).

---

[799] Sur les principes de prévention et de précaution comme fondements rationnels de la responsabilité civile préventive, cf. 2ème partie, *infra*, n° 1048 et s

[800] Sur le choix de cette définition, cf. Introduction, *supra*, n° 12.

A – L'EXTENSION DES DEVOIRS LEGAUX DU FAIT DE LA NORMATIVITE JURIDIQUE DES PRINCIPES DE PREVENTION ET DE PRECAUTION

337. Le juge civil s'autorise, depuis longtemps déjà, à sanctionner les comportements qui, bien que non incriminés par un texte particulier, paraissent contraires à la "norme fondamentale de comportement"[801], cette dernière pouvant être une norme morale ou une norme juridique. Il n'en demeure pas moins que la reconnaissance de la normativité juridique des principes de prévention et de précaution est de nature à en faciliter la réception par le juge de la responsabilité civile.

338. La question de la valeur normative des principes de prévention et de précaution est sans doute l'une de celle qui a été le plus vivement débattue en doctrine (1), avant que l'inscription des notions de prévention et de précaution dans la Charte de l'environnement, intégrée dans le bloc de constitutionnalité depuis le 1er mars 2005[802], ne soit de nature à en préciser les effets (2).

---

[801] G. VINEY et P. JOURDAIN, op. cit., n° 450.

[802] L'article 1er de la loi constitutionnelle n° 2005-205 du 1er mars 2005 relative à la Charte de l'environnement (*J.O.*, 2 mars 2005) a modifié le Préambule de la Constitution de 1958 qui fait désormais référence non seulement à la Déclaration des droits de l'homme et du citoyen de 1789, au Préambule de la Constitution de 1946, mais également "aux droits et devoirs définis dans la Charte de l'environnement de 2004". Or depuis la célèbre décision du Conseil Constitutionnel du 16 juillet 1971 relative à la liberté d'association (Décision n° 71-44 D.C., *A.J.D.A.*, 1971, p. 537, note J. RIVERO), le Préambule de la Constitution de 1958 a désormais valeur constitutionnelle. Sur le Projet de loi constitutionnelle n° 992 relatif à la Charte de l'environnement, adopté en Conseil des ministres le 25 juin 2003, cf. MINISTERE DE L'ECOLOGIE ET DU DEVELOPPEMENT DURABLE, *Rapport de la Commission Coppens de préparation de la Charte de l'environnement*, 8 avril 2003, disponible sur le site internet du Ministère de l'écologie et du développement durable ; Y. JEGOUZO, "Quelques réflexions sur le projet de Charte de l'environnement", *Les cahiers du Conseil Constitutionnel*, 2003, n° 15, p. 123 ; B. MATHIEU, "Observations sur la portée normative de la Charte de l'environnement", *ibid.*, p. 145 ; M. PRIEUR, "Vers un droit de l'environnement renouvelé", *ibid.*, p. 130 et "L'environnement entre dans la constitution", *Dr. env.*, n°106, mars 2003, chron. p. 38 ; R. ROMI, "La constitutionnalisation des principes du droit de l'environnement : de la grandeur à la mesquinerie? Les contours du rapport Coppens", *Dr. env.*, n° 109, juin 2003, p. 114 ; SOCIETE FRANCAISE POUR LE DROIT DE L'ENVIRONNEMENT, *L'environnement et la Constitution*, Actes de la journée d'étude organisée à l'Université de Paris I le 29 avril 2003, *R.J.E.*, sept. 2003, n° spécial ; J.-Ph. FELDMAN, "Le projet de loi constitutionnelle relatif à la Charte de l'environnement", *D.*, 2004, chron. p. 970 ; Y. JEGOUZO et F. LOLOUM, "La portée juridique de la charte de l'environnement", *Dr. adm.*, mars 2004, p. 5 ; G. J. MARTIN, "Observations d'un «privatiste» sur la Charte de l'environnement", *R.D.P.*, 2004, p. 1207.

1) La valeur normative des principes de prévention et de précaution avant la loi constitutionnelle du 1er mars 2005 relative à la Charte de l'environnement

339. Avant leur insertion dans la Charte de l'environnement et la constitutionnalisation de celle-ci, la question s'était posée de savoir si, indépendamment des prescriptions spécifiques qui s'inspiraient des principes de prévention et de précaution, ces derniers possédaient, par eux-mêmes, une valeur normative permettant leur application directe sans le support d'aucun texte. A l'origine de la controverse se trouvait la place conférée par le législateur à ces nouveaux principes. En effet, l'article L. 110-1 du Code de l'environnement, issu de la loi Barnier du 2 février 1995, dispose que : "les espaces, ressources et milieux naturels, les sites et paysages, la qualité de l'air, les espèces animales et végétales, la diversité et les équilibres biologiques auxquels ils participent font partie du patrimoine commun de la nation" et que "leur protection, leur mise en valeur, leur restauration, leur remise en état et leur gestion [...] *s'inspirent, dans le cadre des lois qui en définissent la portée*, des principes suivants : le principe de précaution [...] le principe d'action préventive [...]". Un tel renvoi, que l'on peut qualifier d' "horizontal", puisqu'il se réfère à un corps de règles situées au même niveau dans la hiérarchie des normes[803], avait conduit plusieurs auteurs, au lendemain du vote de la loi Barnier, à douter de leur réelle portée juridique[804] ou encore à ne leur conférer qu'une "valeur réduite"[805], tandis que d'autres estimaient, au contraire, qu'ils s'agissaient "d'authentiques normes juridiques positives"[806].

340. Ainsi, s'agissant du principe de précaution, alors que certains auteurs estimaient que la précaution constituait seulement un "principe politique" destiné à guider l'action des pouvoirs publics[807], d'autres y voyaient

---

803 Sur cette typologie, cf. N. MOLFESSIS, "Le renvoi d'un texte à un autre", *in Les mots de la loi*, Paris, Economica, 1999, p. 58.

804 Ainsi, J. MORRAND-DEVILLER ("Renforcement de la protection de l'environnement, commentaire de la loi n° 95-101 du 2 février 1995", *A.J.D.A.*, 20 juin 1995, doctr. p. 440) avait-elle estimé que la portée de ces principes était "incitative plus qu'impérative". De son côté, le commissaire du gouvernement J.-H. STAHL (Concl. non publiées sous CE, 25 septembre 1998, *Association Greenpeace France*) avait considéré que le renvoi à des lois pour définir la portée juridique de ces principes pouvait "conduire à leur dénier, et notamment au principe de précaution, tout caractère d'invocabilité directe".

805 Y. JEGOUZO, "Les principes généraux du droit de l'environnement", *R.F.D.A.*, mars-avril 1996, n° 2, p. 215.

806 N. de SADELEER, op. cit., p. 246.

807 En ce sens, cf. M. LONG (*Le principe de précaution dans la conduite des affaires humaines*, op. cit., préface, p. 21) pour qui la précaution "n'est encore, même lorsqu'elle est prévue par les textes, qu'un principe politique [...] mais elle n'est pas encore une règle de droit qui appellerait une définition précise et aurait des conséquences également précises" ; O. GODARD, "Le principe de précaution, un principe politique d'action", *R.J.E.*, 2000, n° spécial, p. 127 ; J.-H.

une obligation juridique autonome[808], qu'il s'agisse d'un standard juridique[809], d'une règle de droit[810] ou d'un principe général du droit[811]. Le principe de précaution n'a pas encore été formellement reconnu comme source autonome d'obligation par les juridictions judiciaires, bien que son invocation par les plaideurs soit de plus en plus fréquente. En revanche, la jurisprudence administrative, à l'instar de la jurisprudence communautaire[812], en a reconnu l'applicabilité directe au contentieux de la légalité[813]. Le droit de la responsabilité civile ne peut être qu'affecté par une telle solution. En effet, en reconnaissant la légalité des lois, règlements ou arrêtés interdisant ou suspendant la commercialisation de produits dont l'innocuité n'est que suspectée, compte tenu des connaissances scientifiques et techniques, le juge élargit d'autant le champ d'application potentiel de la responsabilité pour *défaut de précaution.* Cette analyse est aujourd'hui confirmée puisque "en adossant" la Charte de l'environnement à la Constitution, "le constituant fournit au Conseil Constitutionnel une panoplie nouvelle de normes de référence dont le respect s'impose, sous son contrôle au législateur"[814].

STAHL (Concl. non publiées sous CE, 25 septembre 1998) qui estime que l'article L. 200-1 du Code rural (désormais intégré à l'article L. 110-1 du Code de l'environnement) "ne respire pas l'applicabilité immédiate et autonome" ; A. SOROSTE, "Principe de précaution ou excès de prudence", *Option Qualité*, mars 2000, n° 181, p. 289 ; D. TRUCHET, "Douze remarques simples sur le principe de précaution", art. préc., 138.

808 J.-M. FAVRET, "Le principe de précaution ou la prise en compte par le droit de l'incertitude scientifique et du risque virtuel", art. préc., p. 3464.

809 P. LASCOUMES, "La précaution, un nouveau standard de jugement", art. préc., p.129 ; L. BOY, "Le principe de précaution, de la morale au droit", art. préc., p. 86. Sur la notion de standard juridique, cf. notamment A.-A. AL-SANHOURY, "Le standard juridique", art. préc.

810 N. de SADELEER, op. cit., p. 269 (Pour cet auteur "il serait pourtant possible d'arguer que les trois principes environnementaux recèlent dans une certaine mesure des standards") ; C. CANS, "Le principe de précaution, nouvel élément du contrôle de légalité", *R.F.D.A.*, 1999, p. 750 (spéc. p. 753).

811 A. LAUDON et C. NOIVILLE, *Le principe de précaution, le droit de l'environnement et l'OMC*, Rapport préc., p. 37 ; L. BAGHESTANI-PERREY, "Le principe de précaution : nouveau principe fondamental régissant les rapports entre le droit et la science", art. préc., p. 461.

812 Cf. Ph. KOURILSKY et G. VINEY, op. cit., p. 155 ; C. LEBEN et J. VERHOEVEN, op. cit. ; A. ALEMANNO, "Principe de précaution et contrôle de légalité par les juridictions communautaires", *D.*, 2007, *Dossier sur le Principe de précaution*, p. 1527.

813 Cf. C. CANS, "Le principe de précaution, nouvel élément du contrôle de légalité", art. préc., p.750 ; N. de SADELEER, op. cit., p. 202 et s. ; Ph. KOURILSKY et G. VINEY, op. cit., p. 153 et s. ; A. ROUYERE, "L'exigence de précaution saisie par le juge. Réflexions inspirées par quelques arrêts du Conseil d'Etat", art. préc., p. 266 ; A. GOSSEMENT, op. cit., 1ère partie, titre II; R. VANNEUVILLE et S. GANDREAU, op. cit., p. 57 et s. ; L. FONBAUSTIER, "Le contrôle de légalité à la française comme mode de traitement du principe de précaution", art. préc., p.1523.

814 Y. JEGOUZO et F. LOLOUM, art. préc., p. 7.

2) La valeur normative des principes de prévention et de précaution depuis la loi constitutionnelle du 1er mars 2005 relative à la Charte de l'environnement

341. Depuis la loi du 1er mars 2005 relative à la Charte de l'environnement[815], la question de la portée juridique des principes de prévention et de précaution a fait l'objet d'un nouveau débat dans la mesure où, tout en reprenant le contenu de ces deux principes, la Charte de l'environnement ne semble pas leur conférer la même valeur. Tandis que la prévention est reléguée au rang de simple *devoir*, la précaution demeure un *principe* (a). Cependant, l'incidence d'une telle distinction au regard de la responsabilité civile curative classique demeure relativement limitée (b).

a) Le *devoir de prévention* et le *principe de précaution* dans la Charte de l'environnement

342. L'article 3 de la Charte de l'environnement dispose que "toute personne doit, dans les conditions définies par la loi, prévenir les atteintes qu'elle est susceptible de porter à l'environnement ou, à défaut, en limiter les

---

[815] Sur la portée de la Charte de l'environnement depuis la loi du 1er mars 2005, cf. D. BOURG, O. GODARD et J.-C. HOURCADE, "Charte de l'environnement : enjeux et controverses", *Futuribles*, mai 2004, n° 297, p. 59 ; G. DRAGO, "L'environnement saisi par la Constitution", *Risques*, janv-mars 2004, n° 57, p. 87 et "Principes directeurs d'une charte constitutionnelle de l'environnement", *A.J.D.A.*, 2004, études, p. 133 ; N. CHAHID-NOURAÏ, "La portée de la Charte pour le juge ordinaire", *A.J.D.A.*, 2005, p.1175 ; B. MATHIEU, "La portée de la Charte pour le juge constitutionnel", *A.J.D.A.*, 2005, p. 1170 ; J.-L. PISSALOUX, "La constitutionnalisation non sans risque du droit de l'environnement", *G.P.*, 12-13 janvier 2005, p. 3 ; A. PERI, "La charte de l'environnement : reconnaissance du droit à l'environnement comme droit fondamental", *P.A.*, 24 février 2005, n° 39, p. 8 ; M. PRIEUR, "Du bon usage de la Charte constitutionnelle de l'environnement", *Environnement*, avril 2005, études, p. 7, "Les nouveaux droits", *A.J.D.A.*, 2005, p. 1157 et "L'environnement entre dans la Constitution", *P.A.*, 7 juillet 2005, n° 134, p. 14 ; M. VERPEAUX, "La charte de l'environnement ou le triomphe de l'obstination", *J.C.P.*, 2005, Actualité, 183 et "La Charte de l'environnement, texte constitutionnel en dehors de la Constitution", *Environnement*, avril 2005, études, p. 12 ; O. CARTON, "De l'inutilité d'une constitutionnalisation du droit de l'environnement ?", *P.A.*, 2 sept. 2005, n°175, p. 3 ; SOCIETE FRANCAISE POUR LE DROIT DE L'ENVIRONNEMENT et CENTRE NATIONAL DE LA RECHERCHE SCIENTIFIQUE, *La Charte Constitutionnelle de l'environnement en vigueur*, *R.J.E.*, 2005, n° spécial. Le débat doctrinal sur la portée de la Charte de l'environnement continue de prospérer depuis que sont intervenues les premières décisions jurisprudentielles en la matière, cf. Décision du Conseil Constitutionnel du 28 avril 2005, n° 2005-514 D.C. (loi relative à la création du registre international français) concernant la portée de l'article 6 de la Charte (*Environnement*, janvier 2006, chron. L. FONBAUSTIER, p. 16) ; CE, 19 juin 2006, *Association "Eau et rivières de Bretagne"*, concernant la portée des articles 1er, 2 et 6 de la Charte (Conclusions M. GUYOMAR, *B.D.E.I.*, septembre 2006, n° 5, p. 41 et chron. L. FONBAUSTIER, *Environnement*, décembre 2006, p. 10).

conséquences"[816]. Ainsi, contrairement à la solution proposée par le *Rapport Coppens*[817], les rédacteurs de la Charte n'ont pas érigé la prévention en principe. La formule retenue marque donc un certain retrait, voire "une régression"[818] par rapport à celle de l'article L. 110-1 du Code de l'environnement. A l'inverse, la précaution est maintenue au rang de principe. Antérieurement à l'adoption de la Charte de l'environnement et à son insertion dans le bloc de constitutionnalité, le Conseil constitutionnel avait estimé que le principe de précaution n'était pas un objectif de valeur constitutionnelle[819]. Désormais, en vertu de l'article 5 de la Charte de l'environnement, il est prévu que "lorsque la réalisation d'un dommage, bien qu'incertaine en l'état des connaissances scientifiques, pourrait affecter de manière grave et irréversible l'environnement, les autorités publiques veillent, par application du principe de précaution et dans leurs domaines d'attributions, à la mise en œuvre de procédures d'évaluation des risques et à l'adoption de mesures provisoires et proportionnées afin de parer à la réalisation du dommage"[820]. Ainsi, à la différence de la prévention, non seulement la précaution demeure un principe mais sa mise en œuvre n'est plus subordonnée à l'action du législateur, contrairement à ce que prévoit l'article L. 110-1 du Code de l'environnement ayant introduit les principes de prévention et de précaution en droit français.

343. Cette différence de rédaction entre la prévention et la précaution a relancé le débat doctrinal sur la valeur normative de ces deux notions. Tandis que pour certains auteurs elle traduit la différence de portée des dispositions de

---

[816] Sur ce devoir, cf. S. CAUDAL, "Le devoir de prévention : une exigence fondamentale fortement dépendante du législateur", *Environnement*, avril 2005, comm. n° 31, p. 23 ; Y. JEGOUZO, "De certaines obligations environnementales : prévention, précaution et responsabilité", *A.J.D.A.*, 2005, p. 1164.

[817] Les membres de la Commission Coppens (*Rapport Coppens*, préc., p. 42-43) avaient, en effet, estimé que le terme "principe" devait figurer expressément dans la Charte "car il est intimement lié à la proclamation de droits", la notion de principe, marquant ainsi "la volonté d'ériger le concept véhiculé au rang suprême, dans les intentions politiques et sociales de leurs auteurs, pour lui donner l'autorité la plus large possible au-delà des frontières nationales [...]". La solution contraire reviendrait à "se situer en deçà des objectifs et des intentions du législateur" et ferait perdre à la Charte "sa force politique et sa portée juridique".

[818] S. CAUDAL, art. préc., p. 24.

[819] Décision n° 2001-446 DC, *J.O.*, 7 juillet 2001 ; C. EOCHE-DUVAL, "Le principe de précaution et le juge constitutionnel français : la décision IVG du 27 juin 2001", *Dr. env.*, octobre 2001, n° 92, p. 232 ; *J.C.P.*, 2001, II, 10635, note C. FRANCK.

[820] Sur ce principe, cf. M. REMOND-GOUILLOUD, "A propos du principe de précaution", *R.J.E.*, sept. 2003, n° spécial, p. 69 ; D. CHAGNOLLAUD, "Le principe de précaution est-il soluble dans la loi ? A propos de l'article 5 de la charte de l'environnement", *D.*, 2004, chron. p.1103 ; L. BAGHESTANI-PERREY, "La constitutionnalisation du principe de précaution dans la charte de l'environnement ou la consécration d'un principe à effet direct", *P.A.*, 30 juillet 2004, n° 152, p. 4 ; O. GODARD, "Charte de l'environnement : pour le principe de précaution", *Futuribles*, mai 2004, n° 297, p. 75 ; L. BENOIT, "Le principe de précaution reste...un principe", *Environnement*, avril 2005, comm. n° 33, p. 27.

la Charte[821], pour d'autres, elle ne saurait donner lieu à une interprétation spécifique, l'ensemble des articles de cette dernière ayant vocation à avoir un effet juridique direct[822]. Il nous semble, en effet, que l'opposition entre la prévention et la précaution qui tendrait à conférer à la seconde, seulement, un effet direct doit être relativisée. Ces deux notions ont désormais une valeur constitutionnelle et sont susceptibles, à ce seul titre, de produire des effets directs. Ainsi a-t-on pu souligner que tant que la constitutionalité se présentait seulement comme "une composante de la légalité", "l'applicabilité directe des normes constitutionnelles était difficilement concevable ne serait-ce que parce que la Constitution n'était pas censée contenir de vraies règles de droit". Mais depuis que la légalité est devenue "une composante de la constitutionnalité", les choses ont changé et "la normativité de la Constitution ne cesse d'être affirmée de même que son applicabilité directe et l'ensemble des actes administratifs ainsi que ceux des juridictions administratives et judiciaires doivent respecter la constitutionnalité dont le contenu est identique quels que soient les actes contrôlés"[823]. A la vue d'une telle analyse, il apparaît que la distinction entre le *devoir* de prévention et le *principe* de précaution ne peut avoir qu'une incidence limitée sur le rôle que sont appelées à jouer ces deux notions dans le paradigme classique de la responsabilité civile, fondé sur l'exigence d'un dommage.

---

[821] Ainsi, pour B. MATHIEU ("La portée de la Charte pour le juge constitutionnel", *A.J.D.A.*, 2005, p. 1171 et "La Charte et le Conseil Constitutionnel : point de vue", *R.J.E.*, 2005, n° spécial, p. 134), il convient de distinguer les principes déclaratifs, les objectifs constitutionnels, les droits et devoirs subjectifs dont il appartient au législateur de fixer les conditions (parmi lesquels figure le devoir de prévention) et le principe d'effet direct qu'est le principe de précaution. De son côté, N. CHAHID-NOURAÏ ("La portée de la Charte pour le juge ordinaire", *A.J.D.A.*, 2005, p. 1176) oppose d'une part, les dispositions de la Charte dont la portée est essentiellement politique, et d'autre part, celles ayant une portée juridique claire qui regroupe d'un côté, les objectifs de valeur constitutionnelle (dont le devoir de prévention) et de l'autre, le principe de valeur constitutionnelle qu'est le principe de précaution. Dans le même sens, J.-L. PISSALOUX ("La constitutionnalisation non sans risque du droit de l'environnement", *G.P.*, 12-13 janv. 2005, p. 12) distingue les dispositions à caractère purement déclaratoire, les objectifs à valeur constitutionnelle dont la mise en œuvre incombe au législateur et le principe de précaution, de valeur constitutionnelle. Enfin, pour G. J. MARTIN ("De quelques incidences possibles de la Charte de l'environnement sur le droit civil et le droit des affaires", *R.J.E.*, 2005, n° spécial, p. 163) "seules certaines dispositions de la Charte paraissent susceptibles de produire des effets juridiques horizontaux", tandis que d'autres seront "irrémédiablement banni(s) des prétoires", tel le devoir de prévention.

[822] En ce sens, cf. G. DRAGO, "L'environnement saisi par la Constitution", art. préc., p.89 et "Principes directeurs d'une charte constitutionnelle de l'environnement", art. préc., p. 135 ; Y. JEGOUZO et F. LOLOUM, "La portée juridique de la charte de l'environnement", art. préc., p. 5 ; S. CAUDAL, art. préc., p. 24 ; M. PRIEUR, "Du bon usage de la Charte constitutionnelle de l'environnement", art. préc., p. 9, "Les nouveaux droits", art. préc., p. 1161 et "L'environnement entre dans la Constitution", art. préc., p.16 ; M. VERPEAUX, "La Charte de l'environnement, texte constitutionnel en dehors de la Constitution", art. préc., p. 16 ; M.-A. COHENDET, "La Charte et le Conseil Constitutionnel : point de vue", *R.J.E.*, 2005, n° spécial, p. 124

[823] L. FAVOREU, "Légalité et constitutionnalité", *Les Cahiers du Conseil constitutionnel*, 1997, n° 3, p. 80.

b) L'incidence limitée de la distinction constitutionnelle du *devoir* de prévention et du *principe* de précaution dans le paradigme classique de la responsabilité civile

344. Le débat relatif à la portée respective de la prévention et de la précaution, depuis leur insertion dans le bloc de constitutionnalité, n'est pas de nature à affecter le rôle que sont appelées à jouer ces deux notions dans le paradigme classique de la responsabilité civile, en présence d'un dommage. En effet, dans ce paradigme, ces deux notions se présentent comme des éléments du discours sur la responsabilité civile permettant de qualifier cette dernière au regard de la nature avérée ou suspectée du risque encouru. A cet égard, elles sont donc indépendantes de la valeur normative que le droit objectif leur accorde. Certes, leur inscription dans le bloc de constitutionnalité est de nature à favoriser leur utilisation par le juge judiciaire, dans la mesure où elle vient élargir le corpus de normes constitutionnelles dont le respect s'impose à ce dernier[824]. Cependant, quand bien même on chercherait à établir un lien entre leur portée juridique et leur réception par le droit de la responsabilité civile, force serait de constater que ce lien ne constitue pas une condition de leur applicabilité par le juge civil. Il convient, en effet, de rappeler que ce dernier, depuis longtemps déjà, sanctionne les comportements qui, bien que non incriminés par un texte particulier, paraissent contraires à "la norme générale de comportement"[825].

345. En revanche, l'intérêt de la constitutionnalisation de la prévention et de la précaution pourrait se présenter avec acuité dans le cadre du rôle que pourraient jouer ces deux notions en dehors du paradigme traditionnel de la responsabilité civile, sous l'égide d'une conception préventive de la responsabilité civile, détachée de l'exigence d'un dommage. Dans ce cas, en effet, non seulement la valeur constitutionnelle du devoir de prévention et du principe de précaution devra être combinée avec le principe de responsabilité, issu de l'article 1382 du Code civil, qui a désormais valeur constitutionnelle[826],

---

[824] En ce sens, cf. M. PRIEUR ("Du bon usage de la Charte constitutionnelle de l'environnement", art. préc., p. 8) qui souligne que la Charte "aura nécessairement des effets juridiques dits horizontaux, c'est-à-dire s'imposant dans les relations entre particuliers, que ce soit dans le contentieux des biens, dans celui des contrats et peut-être surtout dans le contentieux de la responsabilité".

[825] En ce sens, cf. G. VINEY et P. JOURDAIN, op. cit., n° 450.

[826] Déc. n° 99-419, D.C., 9 novembre 1999. Cf. G. DRAGO, "La Constitution «en réserves»", *Dr. fam.*, H.S., déc. 1999, p. 46 ; J.-E. SCHOETTL, "Le pacte civil de solidarité à l'épreuve du contrôle de constitutionnalité", *P.A.*, 1er déc. 1999, n° 239, p. 6 ; N. MOLFESSIS, "La réécriture de la loi relative au PACS par le Conseil Constitutionnel", *J.C.P.*, 2000, I, 210 ; *J.C.P.*, 2000, I, 280, chron. G. VINEY, n° 1 ; *D.*, 2000, somm. p. 424 et *R.F.D.C.*, 2000, p. 104, note S. GARNERI ; *P.A.*, 26 juillet 2000, n° 148, p. 11, chron. B. MATHIEU, M. VERPEAUX, S.

mais ce dernier devra également être concilié avec la nouvelle obligation de contribution à la réparation des dommages causés à l'environnement posée à l'article 4 de la Charte de l'environnement[827].

B – L'EXTENSION DES DEVOIRS LEGAUX DU FAIT DE LA PRISE EN COMPTE DU RISQUE SCIENTIFIQUE SUSPECTE DANS LA LOI OU LES REGLEMENTS

346. La prise en compte par la loi ou les règlements du risque scientifique suspecté, en étendant la liste des devoirs susceptibles d'être violés, conduit à un élargissement du champ potentiel de la responsabilité pour faute[828]. La multiplication des réglementations ne constitue certes pas en elle-même un facteur d'émergence de la faute de précaution, la diversité des obligations ne conduisant qu'à une extension du domaine de la faute en général. Elle y contribue néanmoins dans la mesure où elle conduit à étendre le nombre des devoirs légaux susceptibles d'appréhender le risque scientifique suspecté. Qu'elle résulte d'une extension des devoirs légaux existants (1) ou qu'elle soit liée à l'émergence de nouveaux devoirs (2), la précaution participe d'un renouvellement de la responsabilité pour faute[829].

AIVAZZADEH et L. BAGHESTANI PERREY ; P. BLACHER et J.-B. SEUBE, "Le PACS à l'épreuve de la Constitution", *R.D.P.*, 2000, p. 203.

[827] Sur cette question, cf. 2ème partie, *infra*, n° 821 et s.

[828] En ce sens, cf. M. REMOND-GOUILLOUD, "Le risque de l'incertain : la responsabilité face aux avancées de la science", art. préc., p. 353 ; G. J. MARTIN, "Précaution et évolution du droit", art. préc., p. 304, "La mise en œuvre du principe de précaution et la renaissance de l'action en responsabilité pour faute", art. préc., p. 4, "Principe de précaution et responsabilités", *in Les transformations de la régulation juridique*, Paris, L.G.D.J. (coll. "Droit et société. Recherches et travaux"), sous la dir. de J. CLAM et G. MARTIN, 1998, p. 416 et "Principe de précaution, prévention des risques et responsabilité : quelle novation, quel avenir ?", art. préc., p. 2225 ; P. LASCOUMES, "La précaution comme anticipation des risques résiduels et hybridation de la responsabilité", *L'année sociologique*, vol. 46/1996 n°2 , p. 366 et "La précaution, un nouveau standard de jugement", art. préc., p. 132 ; C. LEPAGE, "Que faut-il entendre par principe de précaution ?", art. préc., p. 10 ; A. GUEGAN, "L'apport du principe de précaution au droit de la responsabilité civile", art. préc., p. 147 ; P. JOURDAIN, "Principe de précaution et responsabilité civile", art. préc., p. 52 ; D. JACOTOT, "Le principe de précaution et le renforcement de la responsabilité pour faute", art. préc., p. 94 ; G. VINEY, "Principe de précaution et responsabilité civile des personnes privées", art. préc., p. 1542.

[829] Même si pour certains, la prolifération des lois et des règlements serait alors de nature à rapprocher la responsabilité pour faute de la responsabilité pour risque. Ainsi, M. REMOND-GOUILLOUD ("Droit et prévention", *Risques*, janv. 1991, n° 4, p. 114) souligne que "la multiplicité des précautions imposées dans les activités à risque ôte une bonne part de son intérêt à la distinction traditionnelle entre responsabilité fondée sur la faute et responsabilité fondée sur le risque : le nombre d'obligations pesant sur les intéressés y est tel que la violation de l'une d'elles sera presque toujours relevée ; la différence entre les deux systèmes, qui réside dans la dispense de preuve de la faute lorsque la responsabilité se trouve fondée sur le risque, s'estompe d'autant". De son côté, F. OST ("La responsabilité, fil d'Ariane du droit de l'environnement", art. préc., p.300) estime que "dans la mesure où s'étend le champ du droit de l'environnement et se multiplient les règlements en tout genre, on comprend que le domaine de la faute s'accroisse dans

1) L'extension des devoirs légaux existants

347. Au rang des devoirs légaux dont le contenu est susceptible d'être élargi du fait de la prise en considération du risque scientifique suspecté figurent les obligations légales de sécurité (a), celles d'information et d'étiquetage (b) ainsi que plus généralement toutes les obligations issues de la réglementation des activités ou des produits en proie à l'évolution des connaissances scientifiques et techniques dans les domaines de l'environnement et de la santé (c).

a) L'extension des obligations légales de sécurité

348. La loi du 21 juillet 1983 relative à la sécurité des consommateurs[830], insérée dans le Code de la consommation aux articles L. 221-1 et suivants, qualifiée de "loi de prévention"[831] est généralement présentée comme le complément du dispositif législatif consacré à la réparation et à la répression des atteintes à la sécurité des consommateurs. La notion de prévention y est, en effet, conçue au sens le plus classique de mesure destinée à empêcher la survenance de dommages. Bien que la loi du 21 juillet 1983 n'ait pas été spécifiquement élaborée pour prévenir des dangers connus, c'est pour l'instant à propos de ce type de danger que sont intervenus ses nombreux décrets d'application. Mais plusieurs de ses dispositions constituent également des instruments efficaces de nature à prévenir les risques scientifiques relevant de la précaution, c'est-à-dire non encore avérés mais déjà suspectés[832].

349. Ainsi, selon l'article L. 221-1 du Code de la consommation, "les produits et les services doivent, dans des conditions normales d'utilisation ou dans d'autres conditions raisonnablement prévisibles par le professionnel, présenter la sécurité à laquelle on peut légitimement s'attendre et ne pas porter

---

les mêmes proportions : à la limite, la faute cesse d'être l'exception, l'événement statistiquement anormal. Dès lors que le comportement (de l'exploitant de substances dangereuses, par exemple) est réglé dans le moindre détail et que la faute, même très légère, est retenue, il n'y aura plus beaucoup de différence entre cette responsabilité fondée sur la faute et la responsabilité objective fondée sur le risque".

830 Cf. J.-C. FOURGOUX, "La loi du 21 juillet 1983 : la sécurité des consommateurs et le reste", *G.P.*, 1983, doctr. p. 395 ; J. REVEL, "La prévention des accidents domestiques : vers un régime spécifique de la responsabilité du fait des produits ?", *D.*, 1984, chron. p. 69 ; L. BIHL, "La loi du 21 juillet 1983 sur la sécurité des consommateurs", *in Sécurité des consommateurs et responsabilité du fait des produits défectueux*, J. GHESTIN (dir), Colloque des 6 et 7 novembre 1986, Centre de droit des obligations, Université de Paris I - Panthéon-Sorbonne, Paris, L.G.D.J. (coll. "Bibliothèque de droit privé"), tome 193, 1987, p. 49.

831 Y. LAMBERT-FAIVRE, op. cit., n° 653.

832 En ce sens, cf. N. COURTELIS, "Responsabilité dans le domaine alimentaire et du médicament", *in* LES THEMIALES DE RIOM, préc., p. 145.

atteinte à la santé des personnes". Aux termes de cette disposition, la prévention[833] apparaît nettement liée à la prévisibilité du dommage, l'exigence d'une utilisation normale n'étant qu'une des formes possibles de cette prévisibilité[834]. L'article L. 221-1 du Code de la consommation se révèle surtout apte à saisir le risque de *prévention* c'est-à-dire le risque avéré, lequel est par définition prévisible. Cependant, il constitue également un instrument juridique adéquat au service de la *précaution*, le risque suspecté étant lui aussi, dans une moindre mesure, également prévisible. Ainsi, l'article L. 221-2 du Code de la consommation dispose que "les produits ne satisfaisant pas à l'obligation générale de sécurité prévue à l'article L. 221-1 sont interdits ou réglementés [...]" par décrets en conseil d'Etat, pris après avis de la Commission de sécurité des consommateurs. Dès lors, les décrets pris en application de cet article et portant sur des produits dont les risques, compte tenu des connaissances scientifiques et techniques, ne sont que soupçonnés constitueront autant de devoirs dont le non-respect sera constitutif d'une faute de précaution.

350. Par conséquent, si à l'origine l'article L. 221-1 du Code de la consommation n'avait nullement vocation à constituer le fondement d'une quelconque responsabilité, l'obligation de sécurité qu'il édicte ayant pour but de servir de fondement à des textes réglementaires interdisant ou réglementant les produits, la jurisprudence y a d'ores et déjà eu recours afin de fonder des actions en responsabilité civile en présence de risques scientifiques seulement suspectés[835].

351. Il convient cependant de distinguer nettement d'une part, les devoirs dont la violation sera susceptible d'entraîner une responsabilité civile pour *défaut de prévention* ou de *précaution* (selon la nature du risque), et d'autre part, les mesures prises par les autorités publiques et destinées à prévenir le risque avéré ou suspecté dont la mise en œuvre relèvera alors de la responsabilité administrative[836].

---

[833] Au sens traditionnel d'anticipation d'un dommage.

[834] En ce sens, cf. Ch. BLAEVOET, "Normalité, sécurité et garde", *D.*, 1955, chron. p.37 ("le normal est le prévisible").

[835] Cf. *infra*, n° 592 et s.

[836] Ainsi, l'article L. 221-5 du Code de la consommation prévoit qu' "en cas de danger grave ou immédiat, le ministre chargé de la consommation et le ou les ministres intéressés peuvent suspendre par arrêté conjoint, pour une durée n'excédant pas un an, la fabrication, l'importation, l'exportation, la mise sur le marché à titre gratuit ou onéreux d'un produit et faire procéder à son retrait en tous lieux où il se trouve ou à sa destruction lorsque celle-ci constitue le seul moyen de faire cesser le danger [...]". Une telle disposition peut également être mise en œuvre pour retirer du marché des produits dont les dangers n'ont été que soupçonnés. De son côté, l'article L. 221-7 al. 2 du Code de la consommation comporte d'ores et déjà une référence implicite au risque de précaution. En effet, ses dispositions prévoient que "lorsque pour un produit ou un service déjà commercialisé, il existe *des indices suffisants d'un danger* ou quand les caractéristiques d'un produit ou service nouveau justifient cette précaution ils [le ministre chargé de la consommation

b) L'extension des obligations légales d'information et d'étiquetage

352. Outre l'obligation contractuelle d'information mise à la charge de certains professionnels par la jurisprudence[837], plusieurs dispositions légales imposent une telle obligation. Parmi les obligations d'information et de mise en garde, celles qui sont en relation avec l'état des connaissances scientifiques doivent être repensées à la lumière de la distinction entre la prévention et la précaution. Aussi, après avoir rappelé les dispositions générales en matière d'information et d'étiquetage (α) nous évoquerons les obligations d'information existant dans des domaines plus spécifiques tels que les médicaments ou les produits de santé soumis à autorisation (β), l'alimentation (γ), le tabac (δ) ou encore l'environnement (ε).

α) Les dispositions générales en matière d'information et d'étiquetage

353. L'obligation générale d'information mise à la charge de tout professionnel, vendeur de biens ou prestataire de services, posée à l'article L.111-1 du Code de la consommation ou l'obligation d'étiquetage pesant sur les professionnels au titre de l'article L.113-3 du même code[838] sont autant de devoirs pouvant porter sur des biens comportant un danger encore incertain et donc susceptibles d'entraîner une responsabilité pour *défaut de précaution*. Il en est de même s'agissant de l'article L. 221-5 alinéa 1 du Code de la consommation prévoyant que le ministre chargé de la consommation et le ou les ministres intéressés ont "la possibilité d'ordonner la diffusion de mises en garde ou de précautions d'emploi [...]". Les mesures prises en application de ce dernier article constituent autant de normes dont la violation est de nature à accroître le champ potentiel de la responsabilité pour faute.

β) Les dispositions spécifiques en matière de médicaments ou de produits de santé soumis à autorisation[839]

354. Bien que parmi les exigences légales en matière d'étiquetage et de notice des médicaments ou produits soumis à autorisation[840] aucune ne soit

---

ou le ou les ministres intéressés] peuvent prescrire aux professionnels concernés de soumettre [...] les produits ou services qu'ils offrent au public au contrôle d'un organisme présentant des garanties d'indépendance, de compétence et d'impartialité désigné par le ou les ministres".

[837] Cf. *infra*, n° 464 et s.

[838] Cette dernière obligation d'étiquetage concerne l'information sur les prix, les limitations éventuelles de responsabilité contractuelle et les conditions particulières de la vente.

[839] Cf. P. SARGOS, "L'information sur les médicaments. Vers un bouleversement majeur de l'appréciation des responsabilités", *J.C.P.*, 1999, I, 144 ; J.-A. ROBERT et A. REGNIAULT, "Les effets indésirables des médicaments : information et responsabilités", *D.*, 2004, chron. p. 510.

expressément consacrée au risque scientifique suspecté, plusieurs d'entre elles sont néanmoins de nature à faciliter l'appréhension d'un tel risque par la responsabilité civile. Ainsi, l'article R. 5121-149 5°/ du Code de la santé publique prévoit que la notice doit comporter une description des effets indésirables[841] pouvant être observés lors de l'usage normal du médicament ou du produit. Désormais une telle prescription ne pourra se réduire à la description des effets indésirables connus et avérés mais devra également énoncer les effets indésirables potentiels, et ce, grâce à l'Agence française de sécurité sanitaire des produits de santé[842]. Celle-ci a notamment pour mission de surveiller, dans le cadre de la pharmacovigilance, le risque d'effet indésirable résultant de l'utilisation de médicaments et de produits à usage humain[843]. Avec l'introduction de la précaution, l'insuffisance des informations portées sur les notices ne s'appréciera plus seulement en fonction des données certaines de la science mais également des hypothèses, à condition toutefois qu'elles soient suffisamment validées[844].

355. Plusieurs décisions méritent d'être examinées au regard du dédoublement de l'obligation délictuelle d'information du fabricant de médicaments[845] entre d'une part, l'*obligation de prévention* portant sur les risques avérés, et d'autre part, l'*obligation de précaution* portant sur les risques seulement suspectés. Une affaire, déjà ancienne, jugée par le Tribunal civil de la Seine en 1955[846], dans laquelle était en cause le défaut d'information d'un

---

[840] Article R. 5121-137 à R. 5121-146 du Code de la Santé publique, pour l'étiquetage et R. 5121-147 à R. 5121-149 du même code, pour la notice.

[841] L'effet indésirable est "une réaction nocive et non voulue, se produisant aux posologies normalement utilisées chez l'homme pour la prophylaxie, le diagnostic ou le traitement d'une maladie ou pour la restauration, la correction ou la modification d'une fonction physiologique, ou résultant d'un mésusage du médicament ou produit" (art. R. 5121-153 1°/ du Code de la santé publique).

[842] Cette dernière remplace l'Agence du médicament depuis la loi du n° 98-535 du 1er juillet 1998 relative au renforcement de la veille sanitaire et du contrôle de la sécurité sanitaire des produits destinés à l'homme. Les dispositions concernant l'AFSSAPS figurent désormais aux articles L.5311-1 et s. du Code de la santé publique.

[843] Articles R. 5121-150 et R. 5121-154 du Code de la santé publique. Sur le rôle du principe de précaution comme "socle de création" et "socle des décisions" de l'AFSSAPS, cf. O. LANTRES, "Les acteurs pharmaceutiques face au principe de précaution", *P.A.*, 21 octobre 2004, n° 211, p. 5.

[844] Sur la détermination d'un seuil constitutif de la précaution, cf. Chp. préliminaire, *supra*, n° 92 et s.

[845] Bien que l'obligation d'information du fabricant de médicaments soit souvent de nature contractuelle (cf. *infra*, n° 471 et s.), plusieurs décisions la fondent sur les articles 1382 et s. du Code civil. La thèse délictuelle se justifie alors par l'absence de contrat entre le fabricant de la spécialité pharmaceutique et le consommateur, l'article R. 5124-42 du Code de la santé publique (ancien article R. 5115-1) interdisant, en effet, la vente direct de médicaments par les fabricants au public.

[846] Trib. civ. de la Seine, 28 juin 1955, *D.*, 1955, jur. p. 640, note F. GOLLETY ; *J.C.P.*, 1955, II, 8825, note J. BERNAYS et C. HAUSER.

fabricant de médicaments témoigne d'un certain glissement de l'obligation de prévention en direction de l'obligation de précaution sans pour autant encore pouvoir y être assimilée. En l'espèce, un médicament, la Xylomucine, destiné à la constipation avait causé de nombreuses occlusions intestinales entraînant la mort de plusieurs dizaines de personnes. Après avoir été portée devant les juridictions pénales, sur plainte du Ministère de la santé publique, où elle se termina par un non-lieu, en raison du décès du pharmacien responsable, l'affaire vint devant les juridictions civiles. Les victimes et leurs familles reprochaient notamment au laboratoire fabricant de n'avoir pas, dans son mode d'emploi, suffisamment attiré l'attention des utilisateurs sur les dangers pouvant résulter d'une inobservation de la posologie. Les juges du tribunal civil de la Seine[847], saisis par un premier groupe de victimes, condamnèrent le laboratoire[848]. Ils estimèrent, tout d'abord, "qu'en admettant, ce qui est plausible, que la cause de quelques accidents résidait dans l'inobservation de la posologie, force était de constater que l'avertissement donné au public de ce point de vue était insuffisant pour éveiller l'idée d'un danger sérieux". Ils soulignèrent, ensuite, que "la faute prévue par l'article 1382 s'apprécie en soi et doit être sanctionnée dès lors que sont établis sa réalité et son lien de causalité avec le dommage, *sans qu'il y ait à rechercher si, dans des circonstances analogues et plus fréquentes, le même fait s'était avéré inoffensif*"[849]. Autrement dit, alors même que l'information non délivrée portait sur un danger dont la réalisation n'avait pas encore été observée à grande échelle, comme en témoigne la référence du Tribunal de la Seine aux "quelques" cas d'accidents, le fabricant n'en avait pas moins une obligation d'information sur ce danger. Cette obligation est donc ici étendue à un risque certes déjà répertorié par la science, donc connu et relevant à ce titre de la prévention, mais dont la réalisation demeurait exceptionnelle, ce qui traduit un élargissement de l'obligation de *prévention* en direction de la *précaution*.

356. Mais depuis, la jurisprudence était revenue à une interprétation plus restrictive de l'obligation de *prévention* en la matière. Tout d'abord, dans une première affaire une patiente s'était vue prescrire par son médecin une série d'injections intraveineuses de "Dig Bill", à la suite desquelles elle présenta de graves abcès nécessitant une opération et cinq mois d'hospitalisation. La victime reprochait au laboratoire fabricant de ne pas avoir suffisamment averti le public des risques de troubles susceptibles de se produire par l'injection intraveineuse de son médicament. Après avoir rappelé la nature délictuelle de la responsabilité du fabricant de médicaments, au titre des articles 1382 et 1383 du

---

847 Trib. civ. de la Seine, préc.

848 La Cour d'appel de Paris (Paris, 30 avril 1957, *J.C.P.*, 1957, II, 10088, concl. LINDON ; *D.*, 1957, jur. p. 550, note F. GOLLETY) a confirmé la condamnation du fabricant, tout comme la Cour d'appel de Pau (Pau, 12 mars 1958, *D.*, 1958, jur. p. 397), devant laquelle l'affaire avait été portée par un second groupe de victimes.

849 C'est nous qui soulignons.

Code civil, la Cour d'appel de Paris[850] constata, qu'en l'espèce, le laboratoire n'avait commis aucune faute. Selon elle, la complication intervenue ne pouvait s'expliquer que par l'absence de stérilisation parfaite lors de l'injection ou par l'existence de germes pathogènes dans l'organisme de la malade, soit deux causes qui n'étaient pas imputables au fabricant. Elle releva que "*la loi*, si elle impose au fabricant une prudence exceptionnelle lors de l'élaboration de ses produits, *ne met cependant pas à sa charge l'obligation de prévoir tous les risques présentés par le médicament* dans tous les cas et ne le rend pas responsable du seul fait de la réalisation d'un de ces risques"[851].

357. Dans le même sens, les décisions rendues dans l'affaire *Thorens* témoignent d'un cantonnement de l'obligation du fabricant de médicaments aux risques connus. En l'espèce, M. Thorens, souffrant d'angine de poitrine, fut soigné à l'aide de deux médicaments, la Cordarone et le Pexid, d'abord pris séparément, puis associés entre eux. A la suite de ces traitements, il fut atteint de graves troubles neurologiques (difficulté de marche, tremblements des mains et troubles de la parole) entraînant une inaptitude au travail de 100% et nécessitant son hospitalisation. Après l'arrêt du traitement, décidé par les médecins, les troubles disparurent progressivement. M. Thorens assigna en responsabilité les deux laboratoires fabricants des médicaments prescrits. La Cour d'appel de Paris[852] confirma le jugement[853] au motif que "la loi, si elle impose au fabricant une prudence exceptionnelle lors de l'élaboration des ses produits, ne met cependant pas à sa charge l'obligation de prévoir tous les risques présentés par le médicament dans tous les cas et ne le rend pas responsable du seul fait de la réalisation d'un de ces risques"[854].

358. M. Thorens se pourvut en cassation en faisant valoir la nature contractuelle de son action à l'encontre des fabricants, afin d'invoquer d'une part, la garantie des vices cachés des articles 1641 et suivants du Code civil et d'autre part, l'obligation de renseignement du vendeur professionnel

---

[850] Paris, 4 juillet 1970, *D.*, 1971, jur. p. 73, note M. PLAT et M. DUNEAU.
[851] C'est nous qui soulignons.
[852] Paris, 15 déc. 1983, *D.*, 1985, jur. p. 228, note J. PENNEAU.
[853] Après avoir diligenté une expertise établissant que la cause des troubles résultait de la combinaison des deux médicaments, le Tribunal de grande instance de Paris avait rejeté la demande estimant que les produits litigieux étaient "indiqués en raison de l'état grave du malade et motif pris de ce que la preuve était rapportée de l'efficacité de la médication et de son application judicieuse en l'espèce, et de l'impossibilité pour les utilisateurs, comme pour les fournisseurs des médicaments, de prévoir un danger qui ne s'est découvert que par un usage répandu".
[854] En l'espèce, la cour avait précisé qu'il résultait de l'expertise que les troubles étaient "dus à la combinaison des deux médicaments" et que cette association n'était en rien imputable aux deux laboratoires puisqu'elle entrait dans le cadre thérapeutique et résultait des prescriptions des médecins. En outre, elle avait souligné que le seul terrain sur lequel pouvait être recherchée la responsabilité des laboratoires était celui des articles 1382 et 1383 du Code civil.

relativement aux dangers ou restrictions d'emploi de la chose vendue. La Cour de cassation, par un arrêt en date du 8 avril 1986[855], rejeta le pourvoi. Elle estima tout d'abord que "le vice caché, étant nécessairement inhérent à la chose elle-même, ne peut résulter de l'association de deux médicaments". Elle jugea, ensuite, que "l'obligation de renseignement relative aux contre-indications et effets secondaires des médicaments, ne peut [...] s'appliquer qu'*à ce qui est connu au moment de l'introduction du médicament sur le marché et à ce qui a été porté à la connaissance des laboratoires depuis cette date*"[856]. Or, en l'espèce, pour les hauts magistrats, "les publications au sujet des effets de Cordarone et de Pexid se situent toutes à la suite du cas Thorens et de quelques cas analogues, en 1975-1976".

359. Cette dernière motivation a été interprétée par une partie de la doctrine comme l'admission, par la jurisprudence, en matière de médicaments, de l'exonération pour risque de développement, ce qui ne serait pas sans "paradoxe", dès lors que c'est précisément en ce domaine que les risques sont les plus imprévisibles[857]. Un auteur, pourtant, a fait valoir que la jurisprudence *Thorens* ne saurait être analysée en ce sens parce que l'attendu de l'arrêt ne porte que sur l'obligation d'information du fabricant et non sur son obligation générale de sécurité[858]. A l'encontre de cet argument, on a souligné, au contraire, que l'obligation de délivrer une chose présentant une sécurité suffisante et celle de la livrer en donnant des explications suffisantes procèdent de la même inspiration et concourent à la même fin. Il serait donc difficilement concevable que les juges tiennent compte du risque de développement dans un cas et pas dans l'autre[859].

360. En réalité, c'était la qualification même de risque de développement qui était ici critiquable dans la mesure où le risque qui s'était réalisé ne résultait d'aucun des deux médicaments pris individuellement mais seulement de l'association des deux produits. En effet, le risque de développement est un risque de la connaissance portant sur un défaut du produit, c'est-à-dire sur un de ses éléments[860]. Or tel n'était pas le cas ici puisque aucun des deux médicaments n'était défectueux. La faute portait donc sur une

---

[855] Civ. 1ère, 8 avril 1986, *J.C.P.*, 1987, II, 20721, note G. VIALA et A. VIANDIER.

[856] C'est nous qui soulignons.

[857] J. HUET, "Le paradoxe des médicaments et les risques de développement", *D.*, 1987, chron. p.73 (spéc. p. 74) ; F. EWALD, "La véritable nature du risque de développement et sa garantie", *Risques*, n° 14, avril-juin 1993, p. 9 (spéc. p. 13) ; P. FAUCHON, Rapport Sénat, 21 janvier 1998, n° 226, p. 36.

[858] P. JOURDAIN, note sous Civ. 1ère, 12 avril 1995, *J.C.P.*, 1995, II, 22467.

[859] F.-X. TESTU et J.-H. MOITRY, "Les produits défectueux et leur responsabilité. Commentaire de la loi 98-389 du 19 mai 1998", art. préc., p. 13-14.

[860] F. EWALD, art. préc., p. 16.

absence d'information relative à la combinaison éventuelle des deux médicaments ou encore sur une faute de prescription[861].

γ) Les dispositions spécifiques en matière alimentaire

361. Plusieurs dispositions réglementaires témoignent d'ores et déjà de la prise en compte du risque scientifique suspecté au stade de l'information du consommateur en imposant une obligation d'étiquetage relative à des aliments présentant un danger dont la connaissance demeure incertaine, obligation dont la violation est de nature à élargir le domaine de l'élément légal de la faute civile[862]. Le mouvement est venu du droit communautaire dérivé et plus particulièrement de règlements du Conseil et de la Commission des Communautés européennes qui, à la différence des directives, sont "directement applicables dans tout Etat membre"[863]. Cela signifie qu'ils créent des droits et des obligations pour les particuliers eux-mêmes[864].

362. Ainsi, les aliments comportant des organismes génétiquement modifiés (OGM) doivent faire l'objet d'un étiquetage. Ce principe, posé par la directive n° 2001/18/CE du Parlement européen et du Conseil, du 12 mars

[861] En ce sens, cf. Y. LAMBERT-FAIVRE, op. cit., n° 669.
[862] "Faute, pour le principe de précaution, d'être immédiatement applicable dans le contentieux de l'autorisation, les juridictions n'en auront donc pas moins à connaître de la violation des dispositions réglementaires, tant à l'occasion de cette procédure que de l'exploitation des produits concernés, et notamment pour ce qui touche à leur étiquetage", P. THIEFFRY, "Le droit des OGM : précaution et information", *Risques*, juin 1999, n° 38, p. 96.
[863] Article 249 du Traité instituant la Communauté européenne.
[864] "en raison de sa nature même et de sa fonction dans le système des sources de droit communautaire, il [le règlement] produit des effets immédiats et est, comme tel, apte à confier aux particuliers des droits que les juridictions nationales ont l'obligation de protéger" (C.J.C.E., 14 déc. 1972, *Politi*, aff. 43/71, *Rec. CJCE*, p. 1049. cf. G. ISAAC et M. BLANQUET, *Droit communautaire général*, Paris, A. Colin, 2001, 8ème éd., p.142 et s.). Toutefois cela n'empêche pas que des décrets soient pris afin de "constater" que les dispositions issues de la réglementation communautaire constituent des mesures d'exécution prévues par le droit national. Ainsi, l'article L. 214-3 du Code de la consommation prévoit que lorsque les dispositions d'un règlement communautaire entrent dans le champ d'application des chapitres II à VI du Code de la consommation, un décret constate que ces dispositions constituent les mesures d'exécution prévues aux articles L. 214-1, L. 215-1, dernier alinéa et L. 215-4 du même code, lesquelles portent notamment sur les modes de présentation ou les inscriptions de toute nature sur les marchandises (art. L. 214-1 2°/ du Code de la consommation). Tel est le cas du décret n° 2000-838 du 28 août 2000, portant application du Code de la consommation en ce qui concerne les nouveaux aliments et les nouveaux ingrédients alimentaires ainsi que l'étiquetage de certaines denrées alimentaires produites à partir d'OGM (*J.O.*, 2 sept. 2000, p. 13640) ou encore du décret n° 2001-927 du 9 octobre 2001, portant application du Code de la consommation en ce qui concerne l'étiquetage et la traçabilité des viandes bovines (*J.O.*, 11 oct. 2001, p. 15975).

2001[865], a depuis été précisé par deux règlements communautaires du 22 septembre 2003. L'article 4 B du règlement n°1830/2003[866] impose que les produits consistant en OGM ou en contenant soient expressément étiquetés comme tels. Cependant, cette obligation ne s'applique pas aux traces fortuites ou techniquement inévitables d'OGM présentes dans les produits alimentaires dès lors qu'elles n'excèdent pas un seuil fixé à 0,9% de chaque ingrédient. Les articles 12 à 14 du règlement n° 1829/2003[867] énoncent les mêmes principes pour les denrées alimentaires et les aliments pour animaux génétiquement modifiés.

363. Dans le même sens, un système d'étiquetage obligatoire de la viande bovine a été mis en place dans tous les Etats membres de l'Union européenne, à partir du 1er janvier 2000[868]. Cette obligation, qui relève désormais bien plus de la *prévention* que de la *précaution*, la plupart des risques liés à la contamination de viandes bovines par l'encéphalopathie spongiforme bovine ayant été confirmés, a été depuis redéfinie. En effet, le règlement du Parlement européen et du Conseil n°1760/2000 du 17 juillet 2000, remplaçant le règlement communautaire du 21 avril 1997[869], impose aux opérateurs et aux organisations[870] d'étiqueter la viande bovine à tous les stades de la procédure. L'étiquette doit comporter différentes mentions obligatoires[871]. Cette obligation

---

[865] Article 21 de la Directive 2001/18/CE du Parlement européen et du Conseil du 12 mars 2001, relative à la dissémination volontaire d'organismes génétiquement modifiés dans l'environnement et abrogeant la directive 90/220/CEE du Conseil (*J.O.C.E.*, 17 avril 2001, L. 106/1).

[866] Règlement CE n° 1830/2003 du Parlement européen et du Conseil du 22 septembre 2003 concernant la traçabilité et l'étiquetage des organismes génétiquement modifiés et la traçabilité des produits destinés à l'alimentation humaine ou animale produits à partir d'organismes génétiquement modifiés, et modifiant la directive 2001/18/CE (*J.O.C.E.*, 18 oct. 2003, L. 268/24).

[867] Règlement CE n° 1829/2003 du Parlement européen et du Conseil du 22 septembre 2003 concernant les denrées alimentaires et les aliments pour animaux génétiquement modifiés (*J.O.C.E.*, 18 oct. 2003, L. 268/1).

[868] Cf. "Viande bovine : étiquetage et traçabilité", *Option qualité*, septembre 2000, n°186, chron. p. 2.

[869] Règlement du Parlement européen et du Conseil n° 1760/2000, du 17 juillet 2000, établissant un système d'identification et d'enregistrement des bovins et concernant l'étiquetage de la viande bovine et des produits à base de viande bovine, et abrogeant le règlement n° 820/97 du Conseil (*J.O.C.E.*, 11 août 2000, L. 204/1). Cf. Décret n° 2001-927 du 9 octobre 2001 portant application du Code de la consommation en ce qui concerne l'étiquetage et la traçabilité des viandes bovines (*J.O.*, 11 oct. 2001).

[870] Paradoxalement, l'article 12 du règlement du Parlement européen et du Conseil n°1760/2000 (préc.) définit la notion d'organisation par référence à la notion d'opérateur (l'organisation est un "groupe d'opérateurs du même secteur ou de secteurs différents du commerce de la viande bovine") mais ne définit pas cette dernière.

[871] L'étiquette fait apparaître a) un numéro ou code de référence assurant la relation entre la viande et l'animal b) un numéro d'agrément de l'abattoir ayant procédé à l'abattage de l'animal c) le numéro d'agrément de l'atelier de découpage (art. 13. 2 du règlement n° 1760/2000, préc.). Sur les modalités de mise en œuvre de cet étiquetage, cf. le règlement de la Commission n°1825/2000 du 25 août 2000 portant modalités d'application du règlement CE n° 1760/2000 du Parlement

d'étiquetage trouve son prolongement dans le devoir de traçabilité, dont elle se distingue néanmoins[872], désormais imposé par la loi[873].

δ) L 'obligation d'information sur les dangers du tabac

364. Depuis la loi n° 76-616 du 9 juillet 1976 les paquets de cigarettes vendus en France doivent comporter une mention informant les utilisateurs des dangers du tabac[874]. Alors qu'aux Etats-Unis, les consommateurs victimes des effets dévastateurs du tabac n'ont pas hésité à mettre en cause les fabricants[875], le droit français était jusque là resté insensible à ce mouvement[876]. Mais dans deux récentes affaires un fabricant de cigarettes a été assigné par des fumeurs devant les juridictions françaises[877]. Ces actions en responsabilité constituent des applications remarquables de la mise en jeu de la responsabilité délictuelle pour non-respect d'un *devoir de prévention* fondé sur un défaut d'information.

365. Dans une première espèce, il était question d'un homme, M. Gourlain, qui fumait deux paquets de cigarettes "Gauloises" sans filtre par jour depuis l'âge de quatorze ans, en 1963. Victime d'un cancer du poumon en 1988 qui l'avait conduit à sa mise en invalidité, puis d'un double cancer du poumon et de la langue en 1995, il avait, peu avant son décès, intenté une action en réparation à l'encontre de la Société nationale d'exploitation industrielle des tabacs et allumettes (SEITA). Plusieurs membres de sa famille s'étaient joints à

---

européen et du Conseil en ce qui concerne l'étiquetage de la viande bovine et des produits à base de viande bovine (*J.O.C.E.*, 28 août 2000, L. 216/8), modifié par le règlement de la Commission n° 275-207 du 15 mars 2007 (*J.O.C.E.*, 16 mars 2007, L. 76/12).

872 "Les deux choses, traçabilité et information, sont donc disjointes. Mais, pour être disjointes, elles ne sont pas sans lien", M.-A. HERMITTE, "La traçabilité des personnes et des choses. Précaution, pouvoirs et maîtrise", *in* Ph. PEDROT (dir.), *Traçabilité et responsabilité*, Paris, Economica, 2003, p. 30.

873 Sur ce devoir, cf. *infra*, n° 389 et s.

874 La mention "Abus dangereux" prévue par la loi du 9 juillet 1976 a ensuite été remplacée, par la loi Evin n° 91-32 du 10 janvier 1991, par la formule "Nuit gravement à la santé". Aujourd'hui la réglementation de cet avertissement, qui s'apparente à cette dernière formule, est prévue par l'arrêté du 5 mars 2003 (*J.O.*, 9 mars 2003), en application de l'article L. 3511-6 du Code de la santé publique. La répression du tabagisme a été renforcée, depuis, par la loi n° 2003-715 du 31 juillet 2003 (*J.O.*, 3 août 2003). Cf. J.-Ph. GUEDON, "Lutte contre le tabagisme. La répression au service de la prévention. Loi n° 2003-715 du 31 juillet 2003", *J.C.P.*, 2004, I, 104. Mais ce nouveau dispositif n'est pas venu modifier les règles légales précédemment introduites et relatives à l'obligation d'information du fabricant de cigarettes.

875 F. CABALLERO et Y. BISIOU, *Droit de la drogue*, Paris, Dalloz, 2000 (2ème éd.), n° 166.

876 Cf. cependant déjà l'approche prospective de I. DESBARATS, "Le droit à réparation des victimes directes du tabagisme", *D.*, 1998, chron. p. 167.

877 Comme cela fut le cas devant plusieurs juridictions européennes. Cf. B. DAILLE-DUCLOS, "Le rejet général des actions en responsabilité engagées contre les fabricants de tabac par les juridictions européennes", *P.A.*, 5 avril 2005, n° 67, p. 6.

cette procédure afin d'obtenir la réparation de leurs préjudices moraux et matériels. Les plaignants soutenaient notamment que le fabricant avait manqué à son obligation d'information, relative aux dangers du tabac pour la santé, fondée sur l'article 1382 du Code civil.

366. Le Tribunal de grande instance de Montargis, dans un jugement du 8 décembre 1999[878], avait partiellement admis l'existence d'un défaut d'information de la part du fabricant[879]. La SEITA fit appel de cette décision. La Cour d'appel d'Orléans, dans un arrêt du 10 septembre 2001[880], estima qu'il ne pouvait être reproché à la SEITA d'avoir manqué, ni avant[881], ni après 1976[882], à

[878] *D.*, 2000, I.R., p. 15 ; *R.D.S.S.*, 2000, p. 717 ; *Libération*, 9 déc. 1999 ; *Le Monde*, 10 déc. 1999.

[879] En effet, selon les premiers juges il convenait de distinguer deux périodes. Après 1976, date à laquelle la loi Veil avait imposé la mention "Abus dangereux" sur tous les paquets de cigarettes vendus en France, la SEITA ne pouvait se voir reprocher aucune faute dès lors que la victime était informée des dangers encourus par la consommation de cigarettes. En revanche, avant 1976 le fabricant avait manqué à son obligation d'information. Les juges avaient estimé "qu'à défaut d'information à ce sujet", le demandeur "avait perdu une chance de prendre une décision de nature à éviter le risque, en l'espèce la décision de ne pas commencer à fumer". Mais le tribunal avait jugé que si la responsabilité de la SEITA était entière pour la période de 1963 à 1969, date de la majorité de la victime, après cette date et jusqu'en 1976, elle demeurait partagée entre le fabricant, pour 60%, et le fumeur, pour 40%, ce dernier ayant alors la possibilité de connaître les dangers de la cigarette.

[880] Orléans, 10 septembre 2001, *J.C.P.*, 2002, II, 10133, note B. DAILLE-DUCLOS ; *G.P.*, 3-5 mars 2002, somm. jur. p. 25, note S. PETIT ; *Resp. civ. et ass.*, nov. 2001, chron. n° 23, L. GRYNBAUM ; *R.T.D.S.S.*, 2002, p. 28, chron. A. SAILLARD.

[881] En effet, les juges ont déduit l'absence de manquement à une obligation d'information, avant 1976, de la part de la SEITA, de deux éléments. Tout d'abord ils ont recensé plusieurs correspondances desquelles il ressortait "premièrement, que les autorités gouvernementales, dont le Ministre des finances, autorité de tutelle de la SEITA, étaient informées, dès avant 1964, soit au moins à une date contemporaine de celle à partir de laquelle feu Richard Gourlain commença sa consommation tabagique, des dangers liés à une consommation excessive du tabac et ce, entre autres, du fait des travaux du GEFT [...], deuxièmement, qu'elles reconnaissaient devoir intervenir pour prévenir la population des dangers inhérents au tabac, troisièmement, que leurs points de vue sur le caractère impératif et les modalités de cette information étaient divergents". En second lieu, la cour d'appel a souligné que la mission de la SEITA d'exploitation des monopoles étatiques des tabacs et allumettes, "consistait d'abord à procurer des recettes au budget de l'Etat". Les juges en ont conclu que "la SEITA ne pouvait, de sa propre initiative, procéder à cette information". Les contraintes financières, ayant justifié, pour la cour d'appel, l'inaction de la SEITA, ne sont pas sans rappeler le critère du *coût économiquement acceptable*, posé par l'article L. 110-1 du Code de l'environnement, en matière de précaution. Elles contribuent, sur ce point, à rapprocher les devoirs de prévention et de précaution.

[882] Pour la période, après 1976, la Cour d'appel a jugé que la SEITA n'était pas non plus responsable. Elle a relevé qu'à partir de cette date, "Richard Gourlain, âgé de 27 ans, ne pouvait plus ignorer les méfaits d'un usage abusif du tabac, non seulement du fait de l'information légale, apposition sur les paquets de cigarettes de l'avis "Abus dangereux" et mention des taux de nicotine et de goudrons, mais encore de toutes les informations portées jusqu'alors à la connaissance de tout un chacun par les "médias", presse et radiotélévision [...]". A supposer que l'information due par la SEITA, en vertu de la loi du 9 juillet 1976, ait été faite de façon

une obligation d'information. Mais au préalable, les juges avaient pris soin de préciser que le risque de cancer du poumon était connu lors de la réalisation du dommage[883]. Leur décision, rejetant la responsabilité du fabricant, constitue donc un cas d'application d'absence de responsabilité pour *défaut de prévention.*

367. Cette décision de la Cour d'appel d'Orléans a été confirmée en tous points par la Cour de cassation dans un arrêt en date du 20 novembre 2003[884]. Au soutien de leur pourvoi les demandeurs invoquaient à nouveau, dans leurs deux premiers moyens, la violation de l'article 1382 du Code civil[885]. Ainsi, en premier lieu, ils reprochaient au fabricant l'inexécution de son obligation précontractuelle d'information pour la période allant de 1963 à 1976. Mais la Haute juridiction a rejeté cet argument aux motifs que les autorités gouvernementales, dont le Ministre des finances, autorité de tutelle de la SEITA, "informées dès avant 1964 des dangers liés à la consommation excessive de tabac, divergeaient sur le caractère impératif et sur les modalités de l'information à fournir à la population"[886]. En second lieu, les auteurs du pourvoi faisaient valoir, dans un deuxième moyen, que la SEITA avait commis une faute en s'abstenant de prendre des *mesures de prévention*[887] destinées à inciter les fumeurs à arrêter de fumer. Mais la Cour de cassation a repoussé cet argument, motif pris de l'absence de lien de causalité entre le dommage invoqué

---

critiquable, "Richard Gourlain était seul à même de prendre les décisions qui s'imposaient". De sorte que, pour les juges, il n'était pas démontré que les fautes reprochées à la SEITA avaient "joué quelque rôle que ce soit dans l'habitude prise, depuis longtemps" par le fumeur. Par cette motivation la cour soulignait l'absence de lien de causalité entre le défaut d'information invoqué par les demandeurs et les préjudices subis.

[883] Dans son arrêt, la Cour d'appel d'Orléans a énoncé que, à la date à laquelle le demandeur commença à fumer, la SEITA "n'ignorait pas qu'il existait une corrélation entre le fait de fumer et le risque de cancer notamment du poumon [...]". Et ce, en raison d'une étude, menée sous l'égide du Groupe d'études de la fumée du tabac (GEFT) publiée dans la revue de l'INED en 1958, ainsi que d'autres travaux scientifiques, publiés en Angleterre ou aux Etats-Unis au début des années 1960. En France, cette corrélation entre cigarette et cancer du poumon a été démontrée dès 1960, cf. F. CABALLERO et Y. BISIOU, op. cit., n° 135.

[884] Civ. 2ème, 20 novembre 2003, *D.*, 2003, somm. p. 2902, concl. R. KESSOUS, note L. GRYNBAUM ; *D.*, 2004, doctr. p. 653, A. BUGADA, somm. p. 1346, obs. D. MAZEAUD ; *J.C.P.*, 2004, II, 10 004, note B. DAILLE-DUCLOS ; *R.T.D.civ.*, 2004, p.103, obs. P. JOURDAIN ; *Resp. civ. et ass.*, février 2004, chron. n° 5, C. RADE.

[885] Sur le troisième moyen de cassation tiré de la violation de l'article 1384 alinéa 1 du Code civil, cf. *infra*, n° 523.

[886] Plusieurs auteurs n'ont pas manqué de critiquer cette solution, en rappelant que non seulement, en l'espèce, la SEITA connaissait les dangers liés à la consommation de tabac, mais que la loi, au travers de l'article L. 111-1 du Code de la consommation consacrait désormais l'obligation précontractuelle d'information issue de la jurisprudence (En ce sens, cf. L. GRYNBAUM , P. JOURDAIN et D. MAZEAUD, notes préc.). A cet égard, la qualité d'établissement public industriel et commercial de la SEITA, avant sa privatisation, en vertu de laquelle elle aurait eu pour seule mission de "maximiser les recettes de l'Etat", n'était pas de nature à la priver d'une autonomie suffisante la dispensant d'une obligation d'information sur les dangers du tabac.

[887] C'est nous qui soulignons.

et les fautes alléguées de la SEITA[888]. Pour la Haute juridiction, le doute, fut-il extrêmement tenu, affectant cette absence de lien de causalité ne pouvait suffire, à justifier la responsabilité du fabricant de cigarettes. Au regard des règles traditionnelles de la responsabilité délictuelle, une telle analyse aurait été de nature à entraîner un partage de responsabilité entre ce dernier et la victime[889]. La Cour de cassation a donc refusé de faire prévaloir la théorie de l'équivalence des conditions, en vertu de laquelle tout fait sans lequel le dommage ne se serait pas produit est une condition *sine qua non* du dommage et en constitue la cause juridique[890]. Mais surtout, bien qu'en l'espèce, la Cour de cassation n'ait pas retenu l'existence d'une obligation d'information, il demeure que, dans la mesure où le risque en cause était largement connu à l'époque des faits, l'absence de responsabilité s'apparente à une absence de responsabilité pour *défaut de prévention*[891].

368. La même analyse peut être faite s'agissant d'une seconde espèce jugée par la Cour de Cassation le 8 novembre 2007[892]. Dans cette affaire, plusieurs membres de la famille de madame B., décédée, et qui avait commencé à fumer à l'âge de 12-13 ans, soit en 1973-1974, avaient agi en responsabilité civile à l'encontre la SEITA (devenue la société Altadis). Ils reprochaient

---

[888] Dans leur motivation, les hauts magistrats ont souligné, en effet, qu' "il n'est pas démontré, d'une part que la *désinformation* que les consorts G. imputent au directeur de la SEITA, et qui se serait caractérisée par une seule communication dans une publication destinée aux seuls débitants de tabac ou par la publicité, alors non réglementée, d'autre part que l'ensemble des fautes qu'ils reprochent à la SEITA postérieurement à 1976, aient joué quelque rôle que ce soit dans l'habitude prise depuis longtemps par leur auteur [...]". L'absence de lien de causalité entre le dommage invoqué et les fautes reprochées à la SEITA, bien que non établie avec une certitude absolue, s'apparentait, selon la Cour de cassation, à une très haute probabilité, puisque selon les termes employés par les juges "Richard G [...] était seul à pouvoir prendre les décisions qui s'imposaient" et que "si l'avertissement sanitaire légal pouvait influencer un fumeur récent ou une personne envisageant de fumer, il était *improbable*, même au regard du caractère addictif du tabac [...] que Richard G., qui avait assisté en 1980 au décès par cancer du poumon d'un membre de sa famille, qui avait été lui-même atteint d'un cancer en 1988 sans cesser de fumer, eût été influencé par ce message [...], qu'il était ainsi *pratiquement certain* que [...] le dommage se serait produit de toutes façons".

[889] D. MAZEAUD (*D.*, 2004, obs., p. 1346) rappelle qu' "il est de jurisprudence constante que la faute de la victime provoque un partage de responsabilité, sauf si le défendeur à l'action en responsabilité peut démontrer que cette faute était imprévisible, inévitable et irrésistible, autrement dit qu'elle présente les caractères de la force majeure". Dans le même sens, cf. L. GRYNBAUM, note préc., p. 2907.

[890] Alors pourtant que, contrairement aux conclusions de l'avocat général dans cette affaire (R. KESSOUS, concl. préc., p. 2905), cette théorie est aujourd'hui largement consacrée par la jurisprudence civile, cf. *supra*, n° 122 et s.

[891] Et en aucun cas à une absence de responsabilité pour défaut de précaution, comme on a pu l'écrire, cf. A. BUGADA (note préc., p. 654) qui estime que "la Cour refuse de découvrir, comme elle a pu le faire ailleurs, une obligation non écrite (donc point de principe de précaution rétroactif)".

[892] Civ. 2ème, 8 novembre 2007, pourvoi n° 06-15873.

notamment à cette dernière un manquement à son obligation d'information. La cour d'appel de Montpellier, dans un arrêt du 22 mars 2006[893], a rejeté la demande. Elle a approuvé les premiers juges d'avoir rappelé qu'avant la loi Veil du 9 juillet 1976 aucune disposition réglementaire n'imposait l'inscription de message sanitaire sur les paquets de cigarettes et qu'avant cette loi la SEITA ne pouvait intervenir de sa propre initiative dans ce domaine qui ressortissait au ministère de la santé et à celui de l'Economie et des Finances. Pour la période après la loi de 1976, puis celle du 10 janvier 1991, imposant l'inscription d'un message sanitaire sur les paquets de cigarettes, la cour a estimé qu'il n'était pas établi que l'adjonction de ce message avait eu une incidence sur le comportement de la fumeuse[894]. Par conséquent, aucune faute en relation avec le décès de cette dernière ne pouvait être reprochée à la SEITA sur le fondement des articles 1382 et 1383 du Code civil. Cette décision a fait l'objet d'un pourvoi qui a été rejeté par la Cour de cassation le 8 novembre 2007[895]. Les hauts magistrats ont estimé, dans un motif laconique, que la cour d'appel avait pu déduire de ses constatations l'absence de relation de causalité entre la faute imputée à la SEITA et le décès de la fumeuse[896]. A l'instar de l'affaire *Gourlain*, le risque encouru en l'espèce était avéré lorsque la victime avait commencé à fumer[897]. Dès lors, ici encore, la décision peut être analysée comme un cas d'absence de responsabilité pour *défaut de prévention*.

ε) Les dispositions spécifiques en matière d'environnement

369. A l'instar des obligations d'information, issues de la loi ou du règlement, en matière de sécurité sanitaire, les obligations d'information, prévues par des textes écrits, en droit de l'environnement constituent autant de devoirs dont la violation est susceptible d'engendrer la mise en jeu de la responsabilité civile. Or la sensibilisation croissante de la société à l'égard de

---

893 Montpellier, 22 mars 2006, *J.C.P.*, 2006, II, 10 158, note B. DAILLE-DUCLOS.

894 Les juges ont relevé qu'à l'époque où Mme B. avait commencé à fumer "il était déjà largement fait état par les médias, des risques de maladies cardio-vasculaires et de cancers engendrés par la consommation de tabac ; que Suzanne B., alors adolescente, à défaut d'avoir été informée par ces moyens, avait nécessairement dû l'être par ses parents, titulaires de l'autorité parentale et chargés, selon l'article 371-2 du Code civil, de veiller à sa sécurité ainsi qu'à sa santé ; que par suite, devenue majeure, épouse et mère de 3 enfants, elle avait de même nécessairement dû être informée lors du suivi médical de ses grossesses, des risques encourus tant par elle-même que par l'enfant à naître, d'une consommation excessive de cigarettes".

895 Civ. 2ème, 8 novembre 2007, pourvoi n° 06-15873.

896 Contrairement à la cour d'appel, la Cour de cassation n'a pas opéré de distinction entre les périodes avant et après 1976.

897 Sur ce point les juges d'appel avaient rappelé que "depuis les années 1950, des études réalisées aux Etats-Unis et en Angleterre, établissaient déjà une relation causale entre la consommation de tabac et certaines maladies cardio-vasculaires ainsi que le cancer, et que la Seita elle-même avait une parfaite connaissance des méfaits du tabac sur la santé, pour avoir financé plusieurs études scientifiques et recherches médicales sur le sujet".

l'environnement a conduit ces dernières années à une multiplication, dans ce domaine, des obligations d'information d'origine légale ou réglementaire ou encore issues de normes techniques[898]. Le développement des études d'impact participe de ce mouvement. Instrument essentiel à la prévention, au sens classique[899], des atteintes à l'environnement, l'étude d'impact consiste en "l'identification et l'évaluation des effets physiques, écologiques ou esthétiques d'un équipement ou d'une décision technique, économique ou politique dont les effets directs ou indirects doivent être considérés dans leurs conséquences à court, moyen et long terme"[900]. En tant que "mécanisme de médiation et d'objectivation des données scientifiques"[901], elle ne peut qu'être affectée par l'élargissement du domaine du critère des connaissances scientifiques et techniques, en direction du risque suspecté, consécutif à l'émergence de la notion de précaution. Ainsi, l'étude d'impact ne devrait "plus se contenter d'afficher l'impact réel et constatable du projet, ni même l'état des risques prévisibles et des moyens pour y faire face, mais aussi les incertitudes et les moyens pressentis pour, sinon s'en prémunir, du moins tenter de les réduire"[902].

370. Une telle extension présente autant d'applications qu'il existe de types d'études d'impact. Sont donc concernées non seulement les études d'impact effectuées en application du droit commun, c'est-à-dire de l'article 2 de la loi du 10 juillet 1976, relative à la protection de la nature[903], mais également celles particulières à certains types d'installations, comme les installations classées, en application de loi du 19 juillet 1976[904]. En outre, l'élargissement du domaine des études d'impact du fait de la prise en compte des risques suspectés

---

[898] Sur les normes techniques dans le domaine de l'environnement, cf. *infra*, n° 413 et s.

[899] C'est-à-dire comme anticipation du dommage et non par opposition à la *précaution*.

[900] Définition de M. FALQUE, cité par J.-P. BOIVIN, *Les installations classées. Traité pratique de droit de l'environnement industriel*, Le Moniteur, (coll. "Analyse juridique"), 2003 (2ème éd.), p. 155.

[901] E. NAIM-GESBERT, *Les dimensions scientifiques du droit de l'environnement. Contribution à l'étude des rapports de la science et du droit, Bruxelles*, VUBPress et Bruylant, 1999, p. 591.

[902] G. J. MARTIN, "Précaution et évolution du droit", art. préc., p. 301.

[903] Article L. 122-1 du Code de l'environnement. En vertu de cette disposition "les travaux et les projets d'aménagement qui sont entrepris par une collectivité publique ou qui nécessitent une autorisation ou une décision d'approbation, ainsi que les documents d'urbanisme, doivent respecter les préoccupations d'environnement". La suite du texte prévoit, en effet, que "les études préalables à la réalisation d'aménagements ou d'ouvrages qui, par l'importance de leurs dimensions ou leurs incidences sur le milieu naturel, peuvent porter atteinte à ce dernier, doivent comporter une étude d'impact permettant d'en apprécier les conséquences".

[904] L'étude d'impact d'une installation classée soumise à autorisation a un contenu propre fixé par l'article R. 512-8 du Code de l'environnement. Cet article reprend les dispositions de l'article 3, 4°/ du décret n° 77-1133 du 21 septembre 1977, pris pour l'application de la loi n° 76-663 du 19 juillet 1976 relative aux installations classées pour la protection de l'environnement, qui a été abrogé par le décret n° 2007-1467 du 12 octobre 2007 relatif au livre V de la partie réglementaire du Code de l'environnement et modifiant certaines autres dispositions de ce code (*J.O.*, 16 oct. 2007).

devrait être d'autant plus important depuis que ces études portent désormais non seulement sur les effets du projet envisagé sur l'environnement mais également sur ceux affectant la santé[905]. A cet égard, la circulaire du 17 février 1998 relative à l'application de l'article 19 de la loi sur l'air et l'utilisation rationnelle de l'énergie[906] prévoit que "dans les domaines où les effets directs ou indirects de certaines pollutions ou nuisances sur la santé humaine ne sont pas établis avec suffisamment de certitude, dans ceux où les méthodes d'analyse des coûts des pollutions et nuisances ne sont pas établies ou reconnues, l'étude ne pourra pas toujours aller au-delà de l'identification du problème et de l'indication des risques potentiels encourus par les populations exposées. L'étude devra alors s'appuyer sur le principe général de précaution"[907].

371. Dans la mesure où la loi en impose la publicité[908], l'étude d'impact constitue un "outil d'information irremplaçable pour le public"[909]. En effet, la fonction de l'étude d'impact n'est pas seulement de fournir un support à la décision administrative mais également d'éclairer le public concerné et les tiers sur les conditions d'insertion du projet dans son environnement[910]. Si le contentieux relatif aux études d'impact relève bien plus du droit administratif que du droit privé[911], il n'est pas à exclure que, dans l'hypothèse où le non-respect des formalités de publicité engendrerait un préjudice pour les tiers, ces derniers puissent agir en responsabilité contre le pétitionnaire sur le fondement de l'article 1382 du Code civil. L'extension du domaine de l'étude d'impact du

---

[905] Pour les études d'impact de droit commun cette extension résulte de l'article 19 de la loi n° 96-1236 du 30 décembre 1996 sur l'air et l'utilisation rationnelle de l'énergie qui a modifié l'article 2 de la loi n° 76-629 du 10 juillet 1996 relative à la protection de la nature, codifié à l'article L122-3 du Code de l'environnement. Cf. A. MOUSTARDIER, "Installations classées, étude d'impact et loi sur l'air : à votre santé", *G.P.*, 1999, doctr. p. 1457. Pour les études d'impact propres aux installations classées cette modification résulte du décret n° 2000-258 du 20 mars 2000. Cf. L. CHABANNE-POUZYNIN, "La prise en compte de la santé dans les études d'impact des installations classées", *Dr. env.*, juillet-août 2000, n° 80, p. 14. Cette prise en compte de la santé figure désormais à l'article R. 512-8 du Code de l'environnement.

[906] BO. Min. Equip. n° 243-98/5 du 25 mars 1998. Pour un commentaire de cette circulaire, cf. D. VOYNET, *Dr. env.*, mai 1998, n° 58, p. 8. Sur l'article 19 de la loi du 30 décembre 1996, cf. note précédente.

[907] Article 2.1.2.2. de la circulaire du 17 février 1998, préc.

[908] Cette publicité résulte du décret n° 77-1141 du 12 octobre 1977, codifié à l'article L. 122-1 et L. 122-3 du Code de l'environnement.

[909] J.-P. BOIVIN, op. cit., p. 155.

[910] J.-P. BOIVIN, op. cit., p. 157.

[911] La légalité des études d'impact sera examinée par le juge administratif à l'occasion des recours contre les actes administratifs soumis à étude d'impact. S'agissant de la possibilité d'engager la responsabilité de l'administration, cf. M. PRIEUR, *Droit de l'environnement*, Paris, Dalloz, 2001, (4ème éd.), n° 105.

fait de la prise en compte des risques seulement suspectés contribuerait alors à étendre d'autant le champ d'application de la responsabilité pour faute[912].

c) La réglementation des activités ou des produits en proie à l'évolution des connaissances scientifiques et techniques dans les domaines de l'environnement et de la santé

372. Les nombreuses dispositions légales ou réglementaires portant sur des activités ou des produits en proie à l'évolution des connaissances scientifiques et techniques constituent autant de normes juridiques dont la violation est susceptible de constituer une faute de *prévention* ou de *précaution*, selon le degré de connaissance du risque encouru à la date du fait générateur de responsabilité. Ainsi en est-il de la réglementation progressive de l'amiante (α), de l'encéphalopathie spongiforme bovine (β), des organismes génétiquement modifiés (γ) ou encore de l'usage de la téléphonie mobile (δ).

α) La réglementation progressive de l'utilisation de l'amiante

373. L'amiante est une roche naturelle à partir de laquelle on obtient des fibres massivement utilisées par l'homme en raison de leurs propriétés exceptionnelles. Elles sont notamment ininflammables et protègent du froid et du bruit. Bien que cet usage ne date pas d'hier, il faut attendre la seconde moitié du XIXème siècle pour que débute l'accroissement de la production et de l'utilisation de l'amiante[913]. Au cours du XXème siècle ce matériau, qualifié de "magic mineral", a connu un formidable essor. D'abord employées dans l'industrie textile, les fibres d'amiante ont ensuite été largement utilisées dans de nombreux domaines, en particulier dans celui du bâtiment. A partir de 1950, lors du développement industriel de l'après-guerre, l'usage de l'amiante est à son apogée. Celle-ci durera jusque dans les années 1970, date à laquelle la prise de conscience progressive des dangers de l'amiante conduit peu à peu à sa réglementation[914]. L'exposition aux fibres d'amiante est susceptible d'entraîner

---

912 Un raisonnement similaire peut être tenu s'agissant de l'étude de dangers que doit fournir l'exploitant d'une installation classée soumise à autorisation. En effet, l'étude de dangers "en tant que de besoin [...] donne lieu à une analyse de risques qui prend en compte la probabilité d'occurrence, la cinétique et la gravité des accidents potentiels selon une méthodologie qu'elle explicite" (art. L. 512-1 du Code de l'environnement).

913 R. LENGLET, *L'affaire de l'amiante*, Paris, La découverte, 1996, p. 8 et s. ; OFFICE PARLEMENTAIRE D'EVALUATION DES CHOIX SCIENTIFIQUES ET TECHNOLOGIQUES, J.-Y. LE DEAULT et H. REVOL, *Rapport sur l'amiante dans l'environnement de l'homme : ses conséquences et son avenir*, Assemblée nationale, 1997, p. 23.

914 INSERM, *Effets sur la santé des principaux types d'exposition à l'amiante*, Paris, Les Editions INSERM, 1997 ; J.-P. FAVRE-TROSSON, *Amiante : les dangers*, Paris, Flammarion, 1997 ; G. DERIOT et J.-P. GODEFROY, *Le drame de l'amiante en France : comprendre, mieux réparer, en tirer des leçons pour l'avenir*, Rapport d'information fait au nom de la mission commune

l'apparition de trois formes de pathologies : l'asbestose, le cancer du poumon et le mésothéliome. Le point de départ des périodes de précaution et de prévention diffèrent pour chacun de ces trois types de risques résultant d'une exposition à l'amiante. Ainsi, s'agissant du risque d'asbestose, l'année 1930 marque la fin de la période de précaution tandis qu'elle ouvre le début de la période de prévention[915]. Pour le risque du cancer du poumon, l'année 1930 marque la fin de la période d'ignorance tandis que 1935 ouvre la période de précaution, laquelle prend fin en 1955, date du début de la période de prévention[916]. Enfin, s'agissant du mésothéliome, le point de départ de la période de prévention peut être fixé à l'année 1960[917]. Aujourd'hui les risques d'asbestose, de cancer du poumon et de mésothéliome, consécutifs à une exposition à l'amiante sont bien connus. Cependant, des incertitudes demeurent encore d'une part, sur l'existence ou non à de très faibles doses, d'un seuil en deçà duquel une exposition à l'amiante ne provoquerait pas de cancer et d'autre part, sur les risques découlant

---

d'information sur le bilan et les conséquences de la contamination par l'amiante, Sénat n° 37, 2005-2006 ; J. LE GARREC et J. LEMIERE, *Rapport fait au nom de la mission d'information sur les risques et les conséquences de l'exposition à l'amiante*, Assemblée nationale n° 2884, 22 février 2006.

[915] En effet, le risque de fibrose pulmonaire ou asbestose a été le premier à avoir été établi. Cette fibrose est caractéristique de fortes expositions à l'amiante intervenues à une fréquence élevée. Elle survient dans un délai relativement court après le début des expositions, soit cinq à dix ans en moyenne. Dès 1900, en Grande-Bretagne, le docteur H. M. Murray fait état d'une maladie pulmonaire survenue chez un travailleur de l'amiante. Plusieurs cas de fibroses pulmonaires sont décrits en 1906 et 1907 et le terme asbestose est introduit par Cooke en 1927. Mais ce n'est qu'en 1930 que la relation de causalité entre une exposition à l'amiante et l'accroissement du risque d'asbestose est établie.

[916] En effet, le risque de cancer du poumon découlant d'une exposition à l'amiante n'a été mis en évidence que dans un second temps, et ce, en raison de plusieurs facteurs. D'une part, en effet, le temps de latence entre l'exposition et la révélation du cancer est beaucoup plus long que dans le cas des asbestoses puisqu'il peut aller de dix à vingt ans. D'autre part, le risque de cancer du poumon n'est pas caractéristique d'une exposition à l'amiante et peut résulter d'autres facteurs comme par exemple la consommation de tabac. Si le caractère cancérogène de l'amiante a été suspecté dès 1930, ce n'est qu'à partir de 1935 que sont publiées les premières études suggérant l'existence d'un lien de causalité entre l'exposition à l'amiante et le cancer du poumon. Et il faut attendre 1955 pour que le britannique Richard Doll apporte la preuve d'un tel lien de causalité. Plusieurs enquêtes épidémiologiques confirmeront par la suite cette relation de causalité. En 1977, l'amiante est classé cancérogène par le Centre International de Recherches contre le cancer.

[917] En effet, le risque d'apparition de mésothéliome, qui est une tumeur maligne localisée au niveau de la plèvre et du péritoine, est le dernier à avoir été établi en raison de l'importance du délai de latence de réalisation du risque qui s'étend de trente à quarante ans et du caractère exceptionnel de la maladie et ce, bien que le mésothéliome soit spécifique de l'exposition à l'amiante c'est-à-dire ne résulte d'aucun autre facteur. Les premiers cas de mésothéliome chez les travailleurs de l'amiante ont été décrits en 1960 par Wagner, en Afrique du Sud. Selon plusieurs auteurs le lien de causalité entre l'amiante et le mésothéliome peut être considéré comme établi à compter de cette date. (En ce sens, cf. OFFICE PARLEMENTAIRE D'EVALUATION DES CHOIX SCIENTIFIQUES ET TECHNOLOGIQUES, Rapport préc., p. 31 ; R. LENGLET, op. cit., p. 46).

de l'exposition aux fibres de substitution utilisées en remplacement de l'amiante (laines de verre, laines de roche etc.)[918].

374. Alors qu'en Grande-Bretagne les premières mesures tendant à réduire l'exposition professionnelle des travailleurs à l'amiante sont prises dès 1931, en France, il faut attendre 1945 pour que soit créé un tableau de maladies professionnelles relatif à l'inhalation de "poussières siliceuses et amiantifères"[919], modifié en 1950 afin d'inscrire l'asbestose à titre spécifique[920]. Mais durant plusieurs années le nombre d'asbestoses reconnu par la Sécurité sociale reste limité en raison de la rigueur des critères exigés par la loi nécessaires à la reconnaissance de la maladie[921] et qui ne seront assouplis qu'en 1976. A cette date, le mésothéliome et le cancer du poumon sont inscrits à leur tour au tableau des maladies professionnelles[922]. Dès le milieu des années soixante dix plusieurs affaires révèlent au grand public les dangers de l'amiante[923]. Mais la réglementation est lente à intervenir. Le 29 juin 1977 un arrêté interdit le flocage dans les locaux d'habitation et le 20 mars 1978 un décret interdit l'emploi de produits contenant plus de 1% d'amiante. Le 17 août 1977 un décret impose que la concentration moyenne en fibre d'amiante dans l'atmosphère inhalée par un salarié ne dépasse pas 2 fibres par cm3[924]. Le 7 février 1996 deux décrets sont pris. L'un est relatif à la protection de la population contre les risques sanitaires liés à une exposition à l'amiante dans les immeubles bâtis et l'autre à la protection des travailleurs contre les risques liés à l'inhalation de poussières d'amiante[925]. A la demande de la Direction des

---

918 Cf. OFFICE PARLEMENTAIRE D'EVALUATION DES CHOIX SCIENTIFIQUES ET TECHNOLOGIQUES, Rapport préc., pp. 33 et s. et 141 et s.

919 Ordonnance n° 1724 du 2 août 1945 (*J.O.*, 3 août 1945) et rectificatif (*J.O.*, 18 août 1945).

920 Décret n° 50-1082 du 31 août 1950 (*J.O.*, 2 septembre 1950). Ce décret crée un tableau spécifique de l'amiante (n° 30) et modifie les signes dont la présence est exigée pour la reconnaissance du caractère professionnel de l'asbestose. Celle-ci est désormais subordonnée à trois types de signes dans les tests de dépistage de la maladie : des signes fonctionnels liés à la diminution de la capacité respiratoire ; des signes radiologiques et des signes biologiques (présence de fibres dans les poumons).

921 Cf. note précédente.

922 Décret n° 76-34 du 5 janvier 1976 (*J.O.*, 15 janvier 1976).

923 Ainsi en 1975 est créé le collectif anti-amiante de la faculté de Jussieu, tandis qu'en 1976 l'UFC Que choisir dénonce la présence d'amiante dans le vin et qu'éclate le scandale de l'entreprise Amisol dont l'usine est couverte de poussières d'amiante (cf. R. LENGLET, op. cit., p.63 et s.).

924 Décret n° 77-949 du 17 août 1977 relatif aux mesures particulières d'hygiène applicables dans les établissements où le personnel est exposé à l'action des poussières d'amiante (*J.O.*, 20 août 1977) précisé par l'arrêté du 25 août 1977 relatif au contrôle de l'empoussièrement dans les établissements où le personnel est exposé à l'action des poussières d'amiante (*J.O.*, 18 septembre 1977).

925 Décrets n° 96-97 et 96-98 (*J.O.*, 8 février 1996). Cf. J.-P. BOIVIN, "Nouvelles contraintes résultant du décret n° 96-97 du 7 février relatif à la protection des personnes contre les risques provenant d'une exposition à l'amiante", *B.D.E.I.*, 1996, n° 2, p. 9 ; D. DELAVAL, "Amiante : la

Relations du Travail et de la Direction Générale de la Santé, l'INSERM établit un rapport relatif aux *Effets sur la santé des principaux types d'exposition à l'amiante*[926], qui est remis au Ministre du travail et des affaires sociales en juin 1996[927]. Le 24 décembre 1996, un décret pris en application du Code du Travail et du Code de la consommation pose le principe de l'interdiction de l'amiante en France à partir du 1er janvier 1997[928]. La directive européenne n°1999/17/CE du 26 juillet 1999 interdit la commercialisation et l'industrialisation des fibres d'amiante dans l'Union européenne[929]. Cette directive devait être transposée en droit national au plus tard le 1er janvier 2005. Enfin, l'article 53 de la loi du 23 décembre 2000, loi de financement de la sécurité sociale pour 2001, a créé un Fonds d'indemnisation des victimes de l'amiante[930]. Compte tenu de la chronologie de l'évolution des connaissances scientifiques, précédemment évoquée, l'ensemble de ces dispositions légales et réglementaires constituent autant de devoirs de prévention dont la violation est susceptible de conduire à la mise en jeu d'une responsabilité civile pour faute[931].

---

réglementation propre au risque adoptée en 1996", *G.P.*, 22-23 janv. 1997, doctr. p. 20. Le décret n° 96-97 du 7 février 1996 est complété en 1997 (D. 12 sept. 1997, *J.O.*, 19 sept. 1997), puis à nouveau en 2001 (D. 13 sept. 2001, *J.O.*, 18 sept. 2001). Le décret n° 96-98 du 7 février 1996 a été abrogé par le décret n° 2006-761 du 30 juin 2006 relatif à la protection des travailleurs contres les risques liés à l'inhalation de poussières d'amiante et modifiant le Code du travail (*J.O.*, 1er juillet 2006).

[926] INSERM, Rapport, préc.

[927] A cette époque est alors créée l'Association nationale de défense des victimes de l'amiante (Andeva) regroupant le Collectif de Jussieu, l'Association pour l'étude des risques du travail et la Fédération nationale des accidentés du travail et des handicapés.

[928] Décret n° 96-1133 du 24 décembre 1996 (*J.O.*, 26 décembre 1996).

[929] *J.O.C.E.*, 6 août 1999, L. 207/18.

[930] Loi n° 2000-1257 du 23 décembre 2000 (*J.O.*, 24 déc. 2000). Décret d'application n°2001-963 du 23 octobre 2001 (*J.O.*, 24 oct. 2001). Cf. H. ARBOUSSET, "L'amiante : la création d'un fonds d'indemnisation pour canaliser une bombe à retardement", *R.J.J.*, 2001, p. 873 ; J. HARDY, "La création d'un fonds d'indemnisation des victimes de l'amiante", *J.C.P. éd. E.*, 2001, p. 605 ; C. GUETTIER, "Le fonds d'indemnisation des victimes de l'amiante", *Resp. civ. et ass.*, nov. 2002, chron. n° 19.

[931] A l'exception évidemment de ceux qui ont été repris dans des dispositions législatives instaurant un régime de responsabilité pour risque, comme en matière d'accident du travail.

β) La réglementation de l'encéphalopathie spongiforme bovine[932]

375. Les encéphalopathies spongiformes, maladies neurologiques dégénératives mortelles à prions, se caractérisant par une longue période d'incubation, présentent à la fois une forme animale et une forme humaine[933]. Dès le milieu des années 1960 plusieurs expériences permettent de conclure à la transmissibilité de ces maladies[934]. Mais la nature de l'agent infectieux ("agent transmissible non conventionnel") est inconnue et le demeure encore à ce jour[935]. En avril 1985 apparaissent en Angleterre les premiers cas d'encéphalopathie spongiforme chez des bovins (ESB). L'enquête menée par les épidémiologistes anglais conduit, en 1987, à imputer cette contamination à une transformation des méthodes de préparation de la farine de viande utilisée comme complément dans l'alimentation des bovins[936].

---

[932] Sur l'histoire de la maladie de vache folle, cf. K. TRAN, J.-M. GUILBERT, M.-Th. ALBERTINI et S. CARTON, *Chronique d'un massacre annoncé. Les animaux malades de nos folies*, Montpellier, Sauramps, 1997 ; D. DORMONT, "Encéphalopaties subaiguës spongiformes transmissibles : le risque pour la santé publique humaine", *in Université de tous les savoirs*, op. cit., vol. II, p. 385 ; N. KOPP, F. TISSOT-GUERRAZ et Th. BARON, *Maladie de Creutzfeldt-Jakob, maladie de la vache folle*, Paris, Ellipses, 1998 ; P.-M. LLEDO, *Histoire de la vache folle*, Paris, P.U.F., 2001 ; M. SCHWARTZ, *Comment les vaches sont devenues folles*, Paris, Odile Jacob, 2001 ; A. de B., "Vache folle. Autopsie d'un scandale", *Que choisir*, mars 2001, p. 36.

[933] Depuis le XVIIIème siècle, en effet, les scientifiques connaissent la *tremblante* du mouton, maladie infectieuse dont la transmissibilité à d'autres moutons sera établie dans les années trente. En outre à partir de 1921, Hans-Gerhard Creutzfeldt et Alfons Jakob décrivent les premiers cas d'encéphalopathie humaine (On distingue aujourd'hui 3 formes de la maladie : une forme sporadique, touchant des individus âgés de 50 à 75 ans, dont l'incidence en France est d'un cas par million d'habitants et par an, une forme familiale ou génétique et une forme iatrogène, liée à des actes médicaux tels l'injection d'hormone de croissance ou les greffes de cornée). Bien que de nombreuses études aient été réalisées en ce sens, le lien entre la maladie de Creutzfeldt-Jakob et la tremblante du mouton n'a jamais été démontré (P.-M. LLEDO, op. cit., p. 31).

[934] La transmissibilité est établie grâce à l'inoculation de la maladie à d'autres mammifères. Ces expériences résultent d'un rapprochement entre la maladie de Creutzfeldt-Jakob, la tremblante du mouton, et le kuru, maladie affectant des indigènes de Nouvelle-Guinée dont les rites funéraires impliquaient la consommation des cadavres humains (P.-M. LLEDO, op. cit., p. 25 et M. SCHWARTZ, op. cit., p. 165).

[935] Deux hypothèses s'affrontent, celle du virus et celle de la protéine, le prion (P.-M. LLEDO, op. cit., p. 101).

[936] A la fin des années 1970, dans un souci de rentabilité et de protection environnementale, l'usage des solvants organiques pour l'extraction des graisses a été abandonné et la température de chauffage de ces farines, produites à partir de déchets et de dépouilles d'animaux, a été abaissée, ce qui empêchait l'inactivation des agents pathogènes, en particulier ceux véhiculant la tremblante. Cf. P.-M. LLEDO, op. cit., p.36 ; M. SCHWARTZ, op. cit., p. 196 ; J. BIZET, *Rapport de la Commission d'enquête sur les conditions d'utilisation des farines animales dans l'alimentation des animaux d'élevage et les conséquences qui en résultent pour la santé des consommateurs*, Sénat, n° 321, 10 mai 2001, p. 57 et s.

376. Depuis cette date, de nombreuses mesures ont été prises tant par la Commission européenne que par les autorités anglaises et françaises. Ainsi, la première réglementation européenne en la matière est intervenue en juillet 1989[937], puis de nombreux textes réglementaires ont été adoptés en France[938], élargissant ainsi le contenu du devoir traditionnel de prévention. L'ouverture de la période de précaution remonte à l'année 1996[939]. La transmission de l'ESB à

---

[937] Décision n° 89/469 du 28 juillet 1989 de la Commission interdisant l'exportation hors du Royaume-Uni de bétail né avant le 18 juillet 1988 ainsi que des veaux nés d'animaux contaminés ou suspects, cf. K. THOMPSON, "Légalité de l'action de l'Union européenne concernant l'ESB", *R.D.rur.*, janvier 1998, n° 259, p.13 et J. BOUDANT, "Les institutions communautaires face à la crise. Le recours aux comités d'experts ou la perversion de la décision communautaire", *R.D.rur.*, avril 1997, n° 252, p. 207.

[938] Pour un résumé, cf. J. BIZET, Rapport préc., p. 131 et s. ; L. LORVELLEC, "L'action des autorités publiques françaises dans la crise de la vache folle", *R.D.rur.*, avril 1997, n° 252, p. 214.

[939] La possibilité de la transmission de l'encéphalopathie spongiforme bovine à l'homme est évoquée dès le mois de juin 1988. **Cette date marque donc la fin de la période d'ignorance**. Un des arguments invoqué pour minimiser le risque est celui de la barrière des espèces : on savait que la tremblante des moutons n'était pas transmissible à l'homme par la voie alimentaire, par conséquent, si l'ESB était bien le résultat de la transmission de la tremblante aux bovins, elle ne pouvait être transmise à l'homme. Mais plusieurs expériences, datant des années 1960, et l'apparition au printemps 1990 de cas d'encéphalopathies spongiformes chez des chats attestaient néanmoins du fait que la barrière des espèces n'était pas si infranchissable (M. SCHWARTZ, op. cit., p. 211 et s.) Pour M.-A. HERMITTE et D. DORMONT ("Propositions pour le principe de précaution à la lumière de l'affaire de la vache folle", *in Le principe de précaution. Rapport au Premier ministre*, op. cit., Annexe 3, p. 341), "le concept de barrière d'espèce sera utilisé dans le sens bovins-humains à des fins politiques dans le but de rassurer [...]". La possibilité d'une transmission à l'homme est à nouveau évoquée notamment en juin 1992 par le rapport Dormont (*Rapport du Comité des experts français sur les encéphalopathies spongiformes*, présidé par Dominique Dormont, remis au gouvernement le 9 mai 1996, *Le Monde*, 8 juin 1996). En mars 1993 une maladie de Creutzfeldt-Jakob est diagnostiquée chez un fermier britannique dont le troupeau présentait un cas de vache atteinte d'ESB. Au cours des années 1994 et 1995 plusieurs autres cas, qualifiés de "sporadiques", sont alors signalés. En effet, à chaque fois, aucune cause particulière iatrogène ou génétique n'est à l'origine de la maladie et les sujets touchés, contrairement à ceux qu'affecte la forme classique de la maladie, sont jeunes (M. SCHWARTZ, op. cit., p. 213 ; F. CHATEAURAYNAUD et D. TORNY, *Les sombres précurseurs. Une sociologie pragmatique de l'alerte et du risque*, Paris, Ecole des Hautes Etudes en Sciences Sociales, 1999, p. 340 et s.). L'âge moyen des patients atteints de la forme classique de la maladie de Creutzfeldt-Jakob est de soixante ans environ, tandis que celui des victimes de la nouvelle variante de la maladie est de vingt-neuf ans (N. KOPP, F. TISSOT-GUERRAZ et Th. BARON, op. cit., p. 34). En mars 1996, dix nouveaux cas de cette nouvelle variante de la maladie de Creutzfeldt-Jakob sont signalés et le gouvernement britannique annonce officiellement la possibilité d'une transmission de l'ESB à l'homme, avant que l'information ne paraisse en avril 1996 dans la revue *The Lancet.* A compter de cette date, "la possibilité d'une transmission de l'ESB à l'homme, sous la forme de maladie de Creutzfeldt-Jakob, avait quitté le domaine de la conjecture pour devenir une hypothèse probable" (M. SCHWARTZ, op. cit., p. 215). En effet, même si cette transmission n'était pas encore formellement démontrée plusieurs arguments, tels l'inoculation de la maladie à des singes ou encore la transmission de l'ESB à la souris, conduisaient à cette conclusion (Sur les autres animaux susceptibles d'être contaminés par la voie orale et ceux résistants à cette contamination, cf. M. SCHWARTZ, op. cit., p. 225 ; J. BIZET,

l'homme est aujourd'hui considérée comme une certitude. En revanche, l'établissement d'une date exacte attestant le passage de la période de précaution à celle de prévention demeure délicat, il semble néanmoins qu'elle puisse être fixée à la fin de l'année 1999[940].

377. Dès lors, l'ensemble des règlements et arrêtés pris entre 1996 et 1999 constituent autant de devoirs de précaution dont la violation est susceptible d'être sanctionnée par le droit de la responsabilité civile. Tel est le cas notamment de l'arrêté du 8 juillet 1996 interdisant l'emploi de certaines protéines d'origine animale dans l'alimentation et la fabrication d'aliments destinés aux ruminants[941]. L'embargo sur l'importation de la viande britannique, décidé par la France en mars 1996, a été maintenu en 1999 malgré les injonctions de la Commission européenne[942]. Cependant, à compter de cette dernière date, le risque de transmission de l'encéphalopathie spongiforme bovine pouvant être qualifié d'avéré, les dispositions réglementaires intervenues depuis présentent alors les caractères de devoirs de *prévention*[943].

Rapport préc., p. 88). **L'ouverture de la période de précaution, remonte donc semble-t-il à cette époque**.

[940] Le 21 décembre 1999, l'équipe du professeur Prusiner, découvreur du prion, publie un article avec le professeur Will dans le journal *Proceeding of the National Academy of Sciences*, dans lequel ils démontrent que l'agent infectieux de l'ESB est bien à l'origine de la nouvelle forme de la maladie de Creutzfeldt-Jakob. En mai 2001, le rapport du Sénat (préc., p. 89) estimait que cette transmission est "une *certitude* très récente".

[941] *J.O.*, 11 juillet 1996.

[942] O. GODARD, "Embargo or not embargo", *La Recherche*, février 2001, p. 50.

[943] S'agissant des autres formes de transmission possible de la maladie, les données scientifiques actuelles empêchent encore de parler de précaution, ni même *a fortiori* de prévention. En effet, la possibilité d'une transmission par la voie sanguine de la nouvelle variante de la maladie de Creutzfeldt-Jakob, évoquée en septembre 2000 (Article paru dans la revue *The Lancet*, cité par M. SCHWARTZ, op. cit., p. 226), demeure encore incertaine, le manque de données expérimentales et épidémiologiques ne permettant pas une évaluation exacte de l'importance de ce risque transfusionnel (P.-M. LLEDO, op. cit., p. 98). Ce risque constitue donc seulement une hypothèse insuffisamment validée ne relevant pas de la notion de précaution. Néanmoins, la question d'une possible transmission de la maladie de Creutzfeldt-Jakob par transfusion sanguine demeure plus que jamais d'actualité depuis que, le 17 décembre 2003, les autorités de santé britanniques ont rapporté un cas de maladie de Creutzfeldt-Jakob survenu chez un sujet qui avait reçu un produit sanguin issu d'un donneur ayant développé ultérieurement une maladie de Creutzfeldt-Jakob (AFSSAPS, *Analyse du risque de transmission de la variante de la maladie de Creutzfeldt-Jakob par les produits de santé et par les tissus fluides d'origine humaine. Actualisation des données du rapport ad hoc de décembre 2000*, Rapport de février 2004, p. 13). Les auteurs de ce rapport estiment que "les données épidémiologiques apportent pour la première fois une relation possible entre v-MCJ et transfusion, sans toutefois en apporter la preuve. La démarche de précaution prise dans le rapport de décembre 2000, qui envisageait déjà ce risque quoique alors théorique, doit être poursuivie en considérant ce risque comme possible" (AFSSAPS, Rapport préc., p. 16). Autrement dit, il semble bien que le risque de transmission de la maladie de Creutzfeldt-Jakob, par la voie sanguine, soit en passe de devenir un risque relevant de la précaution. Le même constat peut être fait s'agissant du risque de transmission verticale de l'ESB, c'est-à-dire de la mère au veau. Si la possibilité d'une telle transmission a été évoquée par les Britanniques depuis le mois

γ) La réglementation du risque résultant des ondes électromagnétiques liées à la téléphonie mobile

378. Les téléphones cellulaires numériques utilisent des fréquences électromagnétiques relayées par des stations de base appelées antennes-relais. A ce titre ils participent des radio-fréquences présentes dans l'ensemble des espaces privés (fours à micro-ondes, réseaux informatiques, système de chauffage industriel, etc.) ou publics (émetteurs de radio ou de télévision, radars, etc.). Mais le succès des téléphones portables a relancé le débat sur l'incidence des ondes ainsi émises[944]. Ces dernières sont, en effet, soupçonnées d'être à l'origine de risques pour la santé (risque de cancer, échauffement du cerveau entraînant des migraines, des pertes de mémoire), en particulier pour certaines personnes sensibles comme les enfants ou les personnes âgées. Ces risques résultent d'une part, de l'usage des téléphones mobiles, et d'autre part, de la multiplication des antennes-relais dans l'environnement, dont la presse s'est fait largement l'écho[945].

379. Au cours de ces dernières années l'importance du développement de la téléphonie mobile a donné lieu a une multitude de rapports[946] et d'avis[947] scientifiques relatifs à ses effets nocifs potentiels. Les

---

d'août 1996 (*Le Monde*, 3 août 1996), aucune donnée scientifique nouvelle n'a permis d'étayer cette affirmation (En ce sens, cf. M. SCHWARTZ, p. 229).

944 "Les téléphones portables sont-ils dangereux ?", *60 Millions de consommateurs*, février 2001, n° 347, p. 32 ; Cabinet RAMBAUD MARTEL, *Télécommunications et environnement. Le cas des réseaux de téléphonie mobile*, Etude réalisée pour l'Autorité de régulation des télécommunications, novembre 2002 ; K. POPEE, *La téléphonie mobile*, Paris, P.U.F. (coll."Que sais-je"), 2003 ; M.-F. DELHOSTE, "Portables et antennes : une protection sanitaire des populations insuffisante", *R.R.J.*, 2006, p. 1579.

945 *Libération*, 14 février 2001 ; *Le Figaro*, 14 février 2001 ; *France-Soir*, 14 février 2001 ; *Le Parisien*, 14 février 2001.

946 *Rapport Stewart*, rendu en Grande-Bretagne le 11 mai 2000, par l'Independent Expert Groupe on Mobile Phones ; *Rapport Zmirou* de 2001, *Le Monde* 30 janv. 2001 ; *Etude du Centre scientifique et technique du bâtiment* ; Rapport de l'Agence nationale des fréquences : *Panorama du rayonnement électromagnétique en France. Etat des lieux et principe de précaution*, rendu public en décembre 2001. Pour une liste plus complète, cf. J.-L. LORAIN et D. RAOUL, *Rapport sur l'incidence éventuelle de la téléphonie mobile sur la santé*, OFFICE PARLEMENTAIRE D'EVALUATION DES CHOIX SCIENTIFIQUES ET TECHNOLOGIQUES, Sénat, 6 novembre 2002, p. 30 ; AFSSE, *Plan national santé environnement. Rapport final de la Commission d'orientation*, 12 février 2004.

947 *Avis sur la téléphonie mobile*, rendu par l'Agence française de sécurité sanitaire environnementale, le 16 avril 2003. Dans cet avis, l'Agence française de sécurité sanitaire environnementale (AFSSE), estime que "les effets de l'exposition aux ondes émises par les antennes des téléphones ("les terminaux") *ne permettent pas de conclure à leur caractère nocif, en l'état actuel des connaissances*". S'agissant des antennes-relais, l'AFSSE confirme "*l'absence d'effets sanitaires*" des ondes émises par les stations de base. Selon elle, la puissance des rayonnements reçus des stations de base, au-delà de quelques mètres des antennes-relais, est sensiblement plus faible que la puissance de ceux reçus par des émetteurs de radio et de télévision

risques résultant de l'exposition aux ondes électromagnétiques liées à la téléphonie mobile relèvent donc seulement de l'hypothèse scientifique. En ce sens, ils s'apparentent à des risques de précaution[948], comme en témoignent le Rapport Zmirou ou l'avis de l'AFSSE qui recommandent l'application du principe de précaution, à condition toutefois d'adopter alors une version souple de la précaution dans la mesure où l'exigence d'un certain degré de vérification des hypothèses scientifiques émises, propre à la notion de précaution[949] fait encore défaut[950]. Début 2004, un livre blanc émanant de quatre scientifiques a relancé le débat en faisant valoir que les rapports, précédemment évoqués, de 2001, 2002 et 2003 auraient livré une présentation erronée des effets des champs électromagnétiques de la téléphonie mobile sur la santé, en concluant à l'innocuité des antennes-relais[951]. De son côté l'AFSSE a répondu qu'au contraire ces rapports avaient clairement évoqué l'hypothèse d'un "doute raisonnable", conduisant notamment à recommander une application du principe de précaution[952]. La controverse scientifique reste donc ouverte et la détermination de la nature du risque en cause n'en est que plus délicate.

380. La protection de la santé faisait déjà partie, au côté de celle de l'environnement, depuis 2001, des objectifs à respecter lors de l'établissement et de l'exploitation de réseaux de communications ouverts au public[953]. Mais le

---

et "en l'état actuel des connaissances scientifiques, aucun effet sanitaire n'a été démontré en lien avec les rayonnements liés aux émissions de la radio et de la télévision auxquels nous sommes exposés en continu depuis des décennies".

948 W. DAB, "Précaution et santé publique. Le cas des champs électriques et magnétiques de basse fréquence", *in Le principe de précaution dans la conduite des affaires humaines*, op. cit., p.199 ; D. GUINIER, "Justifications du principe de précaution. Application aux antennes radio-téléphoniques", *Expertises*, juillet 2001, p.263 et août septembre 2001, p. 298. ; J.-L. TIXIER et P. ELFASSI, "Le principe de précaution : un relais efficace du pouvoir de police en matière de téléphone mobile ?", *Collectivités Territoriales. Intercommunalité*, novembre 2001, p. 4 ; "Le principe de précaution appliqué aux téléphones mobiles", *Le Monde*, 28 mars 2002.

949 Sur l'exigence d'un tel seuil, cf. Chp. préliminaire, *supra*, n° 92 et s.

950 Ainsi, si certaines expériences effectuées sur les animaux suggèrent que les rayonnements des téléphones pourraient avoir des effets sur le cerveau, elles n'ont pas encore été transposées à l'homme, cf. Avis de l'AFSSE, préc.

951 R. GAUTIER, P. LE RUZ, D. OBERHAUSEN et R. SANTINI, *Votre GSM / Votre santé. On vous ment. Livre blanc sur les incidences de la téléphonie mobile et des antennes relais sur votre santé*, éd. Marco Pietteur (coll. "Résurgence"), 2004 ; *Le Figaro*, 22 janvier 2004.

952 *Remarques relatives à l'article paru dans le Figaro du 22 janvier 2004 sur la téléphonie mobile.* Selon l'AFSSE (Rapport, préc., p. 49), "l'analyse globale des données scientifiques actuelles ne révèle aucun risque pour la santé lié aux stations de base de la téléphonie mobile, compte tenu des niveaux d'exposition constatés". En revanche, toujours selon l'AFSSE, "les données scientifiques relatives aux effets des ondes reçues des téléphones mobiles eux-mêmes sont moins convergentes. Il existe peut-être des effets non thermiques, mais qui n'ont pas encore été confirmés ni élucidés".

953 Articles L. 33-1 § I, d) et L. 32, 12° du Code des postes et télécommunications électroniques modifiés par l'ordonnance n° 2001-670 du 25 juillet 2001 (*J.O.*, 28 juillet 2001) transposant en droit interne la directive du Parlement européen et du Conseil n°1999/5/CE du 9 mars 1999

risque potentiel d'effets nocifs sur la santé résultant des ondes électromagnétiques liées à la téléphonie mobile a été pris en compte par la réglementation française seulement depuis le décret du 3 mai 2002[954] qui transpose dans le droit national les limites d'exposition définies par la recommandation européenne du 12 juillet 1999[955]. Il impose à toute personne exploitant un réseau de télécommunications, tel que défini au 2° de l'article 32 du Code des postes et télécommunications[956], de veiller à ce que le niveau d'exposition du public aux champs électromagnétiques qu'elle exploite soit inférieur à un certain nombre de valeurs limites fixées en annexe du décret[957]. Or les seuils retenus sont cinquante fois plus faibles que les niveaux d'exposition capables de provoquer un échauffement significatif des tissus, seul effet avéré d'une exposition prolongée aux rayonnements électromagnétiques dans la gamme de fréquences considérées[958], ce qui confirme l'attention portée au risque éventuel. Néanmoins les valeurs retenues ne sont pas destinées à demeurer définitives et pourront toujours être révisées compte tenu de l'évolution des connaissances scientifiques et techniques[959]. En outre, même si les scientifiques ne retiennent pas à l'heure actuelle l'hypothèse d'un risque pour la santé des populations vivant à proximité des stations de base, la circulaire du 16 octobre 2001, *relative à l'implantation des antennes relais de radiotéléphonie mobile*, recommande que certains bâtiments, considérés comme sensibles et situés à moins de cent mètres d'une station de base, ne soient pas atteints directement par le faisceau de l'antenne. Bien que cette disposition s'adresse à des personnes de droit public, en particulier aux préfets, et non à des

---

concernant les équipements hertziens et les équipements terminaux de télécommunications et la reconnaissance mutuelle de leur conformité (*J.O.C.E.*, 7 avril 1999, L. 91/10).

[954] Décret n° 2002-775 du 3 mai 2002 pris en application du 12° de l'article L. 32 du Code des postes et télécommunications et relatif aux valeurs limites d'exposition du public aux champs électromagnétiques émis par les équipements utilisés dans les réseaux de télécommunication ou par les installations radioélectriques (*J.O.*, 5 mai 2002).

[955] Recommandation du Conseil du 12 juillet 1999 relative à la limitation de l'exposition du public aux champs électromagnétiques (de 0 Hz à 300 GHz), *J.O.C.E.*, 30 juillet 1999, L. 199/59.

[956] Le réseau de télécommunications électroniques au sens de cet article s'entend de "toute installation ou tout ensemble d'installations de transport ou de diffusion ainsi que, le cas échéant, les autres moyens assurant l'acheminement de communications électroniques, notamment ceux de commutation et de routage".

[957] Article 2 du décret du 3 mai 2002 préc. La limite d'exposition est fixée à 41 volts pour la fréquence de 900 mégahertzs et à 58 volts par mètre pour 1800 mégahertzs.

[958] En ce sens, cf. Circulaire interministérielle GS/7 D, DGUHC/QC, D4 E et DIGITIP, du 16 octobre 2001, relative à l'implantation des antennes relais de radiotéléphonie mobile, non parue au *J.O.*

[959] A cet effet, la recommandation du Conseil du 12 juillet 1999 (préc.) précise dans son considérant n° 19 que "les Etats membres devraient prendre note de l'évolution des connaissances scientifiques et de la technologie en matière de protection contre les rayonnements non ionisants, *en tenant compte de l'élément de précaution*, et ils devraient prévoir, à intervalles réguliers, des examens et des révisions dans le domaine comportant une évaluation à la lumière des orientations fournies par les organisations internationales compétentes [...]".

personnes privées, elle n'en constitue pas moins un critère technique pouvant orienter le contenu de la norme de comportement sanctionnée par le juge civil dans le sens d'un élargissement de la prévention en direction de la précaution.

δ) La réglementation des organismes génétiquement modifiés

381. Les organismes génétiquement modifiés (OGM) sont des organismes, "à l'exception des être humains, dont le matériel génétique a été modifié d'une manière qui ne s'effectue pas naturellement par multiplication et/ou par recombinaison naturelle"[960]. La transgenèse permet, en effet, d'introduire dans le génome d'un organisme vivant un gène étranger conférant à cet organisme hôte un avantage particulier pour l'agriculture et l'environnement[961]. Ainsi, il est possible de rendre une plante résistante à certains herbicides ou encore à certains insectes ravageurs, tel le maïs transgénique résistant à la pyrale. Ces techniques de génie génétique ont suscité de larges espoirs et de nombreuses craintes. Les défenseurs des OGM invoquent à la fois des arguments économiques (optimisation des rendements des cultures), environnementaux (un moindre recours aux herbicides, nocifs pour l'environnement), qualitatifs (amélioration de la qualité des aliments) ou encore humanitaires (l'augmentation de la production permettrait de faire face à l'accroissement de la population mondiale). A l'inverse, d'autres soulignent les risques que ces nouvelles technologies sont susceptibles d'engendrer. Deux types de risques sont généralement mis en avant : d'une part, les risques environnementaux[962] et d'autre part, les risques sanitaires[963] et alimentaires[964], résultant de la consommation d'un OGM[965].

---

[960] Définition issue de l'article 2 de la Directive 2001/18/CE du Parlement européen et du conseil, du 12 mars 2001, relative à la dissémination volontaire d'organismes génétiquement modifiés dans l'environnement et abrogeant la directive 90/220/CEE du Conseil (*J.O.C.E.*, 17 avril 2001, L. 106/1).

[961] Il existe deux méthodes pour insérer un gène dans un organisme. La première consiste à isoler un plasmide (petite molécule d'ADN) d'un pathogène infectant naturellement l'organisme et à incorporer dans ce plasmide le transgène sur lequel on travaille. La seconde consiste à bombarder les cellules cibles avec des particules métalliques revêtues de l'ADN à transférer. Cf. A. CHESSON et Ph. JAMES, "Les aliments avec OGM sont-ils sans danger ?", *La Recherche*, janvier 2000, n° 327, p. 27.

[962] Parmi les risques environnementaux figurent le flux de gènes, par exemple d'un maïs transgénique vers un maïs non transgénique dans des champs contigus, et la dissémination de gènes résistants aux herbicides, notamment vers les mauvaises herbes, ce qui entraînerait une perte d'efficacité des herbicides ; l'apparition d'insectes résistants aux plantes transgéniques ; l'éventuel impact sur les insectes utiles comme l'abeille ; enfin le risque de réduction de la biodiversité.

[963] Notamment le risque sanitaire résultant du transfert de gènes de résistance aux antibiotiques aux mirco-organismes du tube digestif. En effet, la transgenèse fait appel à des gènes dits marqueurs utilisés pour trier les cellules transformées par rapport à celles où le transfert du gène a échoué. Or certains de ces gènes marqueurs sont des gènes de résistance à un antibiotique, notamment l'ampicilline. Dès lors, si un tel gène venait à être transféré vers des micro-organismes

382. Néanmoins, à l'heure actuelle, l'ensemble de ces risques demeure théorique. En effet, même s'ils sont étudiés depuis longtemps, leur réalisation n'a encore jamais été constatée. Ainsi, en 1998 ils étaient présentés par les experts comme des risques "potentiels" dont la probabilité de réalisation "n'est pas nulle" ou pour lesquels il existe "des indices de probabilité de réalisation" ou qui ne peuvent être *a priori* écartés ou encore "très faibles" ou "minimes"[966]. Récemment encore, il a été rappelé qu' "aucune démonstration scientifique n'a mis en évidence la nocivité des OGM pour l'homme"[967] ou que l'impact des OGM sur l'environnement ou sur la santé demeure encore seulement "éventuel"[968]. Dans certain cas le risque sera fonction de la modification introduite dans l'organisme. Par exemple, en matière alimentaire, l'évaluation du risque s'effectue en application du principe d' "équivalence substantielle"[969]. En outre, l'absence d'effet à court terme de certains de ces

---

du tube digestif, cela entraînerait une perte d'efficacité de l'antibiotique (P. COURVALIN, "De la résistance aux antibiotiques et des organismes génétiquement modifiés", *G.P.*, 20-21 mai 1998, p.23 ; F. CASSE, "Le maïs et la résistance aux antibiotiques", *La Recherche*, janvier 2000, n°327, p. 35).

[964] Parmi les risques alimentaires on trouve le risque toxicologique, la transgenèse pouvant, en effet, conduire à la production de substances toxiques, et le risque allergène, même si ce dernier n'est pas propre aux OGM et existe déjà du fait de la consommation de certains aliments (J.-M. WAL, "OGM et allergies : constater ou prédire ?", *La recherche*, février 2001, n° 339, n° spécial sur *Le risque alimentaire*, p. 87).

[965] C. GOUPILLON, "Les risques de la dissémination des plantes transgéniques pour l'environnement", *Courrier de l'environnement de l'INRA*, avril 1996, n° 27, p. 45 ; P. PHILIPON, "Dossier : Plantes transgéniques", *Biofutur*, février 1997, n° 164, p. 11 ; J. BIZET, Rapport d'information sur *les organismes génétiquement modifiés*, Sénat, n°440, 20 mai 1998 ; J.-Y. LE DEAUT, *De la connaissance des gènes à leur utilisation*, Rapport, OFFICE PARLEMENTAIRE D'EVALUATION DES CHOIX SCIENTIFIQUES ET TECHNOLOGIQUES, n° 545 et 1054, 8 juillet 1998, tome 1 ; S. BONNY, "L'agriculture française : le double risque des OGM", *Risques*, juin 1999, n°38, p. 67 ; Y. CHUPEAU et M. TUBIANA, "Une perception plus sereine des plantes transgéniques", *Risques*, juin 1999, n° 38, p. 59 ; M.-H. AUBERT, Rapport d'information sur *la dissémination volontaire des OGM dans l'environnement*, Assemblée nationale, n° 2538, 6 juillet 2000, Les documents d'information de l'Assemblée nationale, p. 21 et s. ; F. CASSE, "Les plantes transgéniques : les risques et la réglementation", *in* ACADEMIE DES SCIENCES, *Les plantes génétiquement modifiées*, Rapport sur la science et la technologie, n° 13, Paris, Lavoisier, 2002, p.69 et s. ; L. MIDRIER et J. POUGET, "OGM : les champs de la controverse", *Réalités industrielles. Annales des Mines*, février 2003, p. 41 ; J.-Y. LE DEAUT, *Rapport fait au nom de la mission d'information sur les enjeux des essais et de l'utilisation des organismes génétiquement modifiés*, Assemblée nationale, n° 2254, 13 avril 2005 ; M. LAFFINEUR, Rapport d'information déposé par la délégation de l'Assemblée nationale pour l'Union européenne sur *la réglementation des organismes génétiquement modifiés dans l'Union européenne*, Assemblée nationale n° 247, 3 octobre 2007.

[966] Rapport d'information sur *les organismes génétiquement modifiés*, Sénat, n° 440, 20 mai 1998, préc.

[967] Rapport, Assemblée nationale, n° 2254, 13 avril 2005, préc., p. 20.

[968] Rapport, Assemblée nationale n° 247, 3 octobre 2007, préc., p. 13-14.

[969] Principe selon lequel un aliment issu d'un OGM doit être aussi sûr que son homologue classique, B. CHASSY et I. MUNRO, "Evolution d'un principe fondateur", *La recherche*, février 2001, n° 339, n° spécial sur *Le risque alimentaire*, p. 70.

risques ou encore le défaut d'expérimentation à grande d'échelle rend difficiles les prédictions en ce domaine[970].

383. Mais risque théorique ne signifie pas absence de controverse. Au contraire, les risques potentiels présentés par les OGM pour l'environnement et la santé ont donné lieu à de nombreuses discussions au sein de la communauté scientifique[971]. C'est pour cette raison que les OGM sont généralement présentés comme le "domaine d'application, par excellence du principe de précaution"[972]. L'invocation de ce principe tient moins à la consistance des risques, dont l'absence de réalisation empêche toute ébauche de vérification scientifique, qu'aux controverses qu'ils suscitent, lesquelles résultent de la nouveauté des technologies en cause. En revanche, si les risques engendrés par les OGM sont encore discutés, dans l'hypothèse de leur réalisation les experts s'accordent sur l'irréversibilité de leurs conséquences. Ainsi, un gène disséminé dans la nature ne pourra pas être rattrapé[973].

384. La réglementation, depuis plus de dix ans, de ces organismes est venue renouveler le domaine potentiel de l'élément légal de la faute civile. La loi n° 92-654 du 13 juillet 1992, relative au contrôle de l'utilisation et de la dissémination des organismes génétiquement modifiés et modifiant la loi n° 76-663 du 19 juillet 1976 relative aux installations classées pour la protection de l'environnement[974], a transposé dans le droit français les directives européennes du 23 avril 1990 concernant respectivement l'utilisation confinée des micro-organismes génétiquement modifiés[975] et la dissémination volontaire d'OGM dans l'environnement[976]. Cette dernière directive a été abrogée par la directive

---

[970] Ainsi en est-il des risques liés à la dissémination des OGM dans l'environnement.

[971] Cf. J.-Y. LE DEAUT, rapport préc. ; L. MIDRIER et J. POUGET, art. préc.

[972] C. NOIVILLE et P.-H. GOUTON, "Principe de précaution et organismes génétiquement modifiés. Le cas du maïs transgénique", *in Le principe de précaution. Rapport au Premier ministre*, op. cit., Annexe 2, p. 277. Pour une application du principe de précaution en matière d'OGM, cf. F. G. TREBULLE, "OGM : Une illustration de la mise en œuvre du principe de précaution", *Environnement,* octobre 2004, p. 9.

[973] L. MIDRIER et J. POUGET, art. préc., p. 44.

[974] *J.O.*, 16 juillet 1992 ; *R.J.E.*, 1993, p. 461.

[975] Directive du Conseil n° 90/219 du 23 avril (*J.O.C.E.*, 8 mai 1990, L. 117/1), modifiée par la directive n° 98/81 du Conseil du 26 octobre 1998 (*J.O.C.E.*, 5 décembre 1998, L. 330).

[976] *J.O.C.E.*, 8 mai 1990, L. 117/15. Sur les directives du 23 avril 1990, cf. J. BOUDANT, "L'encadrement juridique communautaire du risque biotechnologique", *A.J.D.A.*, 1991, p. 438 ; M.-H. HERMITTE, "Disséminations volontaires d'organismes génétiquement modifiés", *Risques*, avril-juin 1993, n° 14, p. 101 ; M.-A. HERMITTE et C. NOIVILLE, "La dissémination volontaire d'organismes génétiquement modifiés dans l'environnement. Une première application du principe de prudence", *R.J.E.*, 1993 n° 3, p. 391 ; A. PAGNOUX et L. BABIN, "Organismes génétiquement modifiés", *R.D.rur.*, janvier 1999, n° 269, p. 15.

du Parlement européen et du Conseil n° 2001/18/CE du 12 mars 2001, relative à la dissémination volontaire d'organismes génétiquement modifiés[977].

385. Les dispositions de cette nouvelle directive du 12 mars 2001, dont "le but principal est de rendre la procédure d'autorisation de la dissémination volontaire et de la mise sur le marché des OGM plus efficace et plus transparente [...]"[978], ne concernent pas spécifiquement la responsabilité civile. Mais d'une part, ces dispositions, bien qu'elles n'aient pas, en l'absence de transposition, valeur de normes juridiques directement applicables dans le droit national, n'en sont pas moins susceptibles d'influencer le contenu de la norme de comportement constitutive de la faute civile. Ainsi, le texte communautaire se fonde t-il expressément sur le principe de précaution[979]. Il distingue clairement les OGM obtenus au moyen de certaines techniques de modification génétique qui ont été traditionnellement utilisées pour diverses applications et *dont la sécurité est avérée* depuis longtemps, et qui dès lors ne relèvent pas du champ d'application de la directive, de ceux dont la dissémination volontaire dans l'environnement[980] présente un *risque potentiel*, seuls soumis aux procédures mises en place par la directive. Une telle distinction est de nature à favoriser le dédoublement, précédemment évoqué, entre l'obligation de *prévention* et l'obligation de *précaution*. D'autre part, la directive communautaire du 21 avril 2004 sur la responsabilité environnementale en ce qui concerne la prévention et la réparation des dommages environnementaux[981] est expressément applicable aux OGM[982]. Les activités liées aux OGM sont soumises à un régime de responsabilité objective[983].

---

977 *J.O.C.E.*, 17 avril 2001, L. 106. Sur cette directive, cf. *R.D.U.E.*, 2001, p. 971 ; M. BLUMBERG-MOKRI, "Le régime modifié des organismes réglementairement disséminés", *P.A.*, 11 septembre 2001, n° 181, p. 5 ; L. BOY, "La place du principe de précaution dans la directive UE du 12 mars 2001 relative à la dissémination volontaire d'organismes génétiquement modifiés dans l'environnement, *R.J.E.*, 2002, p. 5.

978 *R.D.U.E.*, 2001, p. 972. A l'instar de la directive du 23 avril 1990, la directive du 12 mars 2001 prévoit une procédure de notification préalable à toute dissémination et à toute mise sur le marché d'OGM. Mais désormais l'autorisation est limitée à une durée de dix ans renouvelable (art. 17. 6). En outre, le nouveau texte prévoit notamment une consultation du public (art. 24) et l'obligation pour les Etats membres d'assurer la traçabilité des OGM après leur mise sur le marché (art. 4. 6).

979 Sur la référence au principe de précaution dans la directive, cf. L. BOY, art. préc.

980 La notion de "dissémination volontaire" étant définie comme "toute introduction intentionnelle dans l'environnement d'un OGM ou d'une combinaison d'OGM pour laquelle aucune mesure de confinement spécifique n'est prise pour limiter leur contact avec l'ensemble de la population et l'environnement et pour assurer à ces derniers un niveau élevé de sécurité" (art. 2.3 de la directive du 12 mars 2001).

981 Directive 2004/35/CE du Parlement européen et du Conseil (*J.O.C.E.* n° L. 143 du 30 avril 2004, p. 56). Sur cette directive, cf. *supra*, n° 157 et 280. Cette directive est actuellement en cours de transposition, cf. *Projet de loi relatif à la responsabilité environnementale*, enregistré à la Présidence du Sénat le 5 avril 2007.

982 Annexe III, § 10 et 11.

983 Article 8 de la directive du 21 avril 2004.

386. Après que la France a été condamnée par la Cour de justice des Communautés européennes le 15 juillet 2004 pour non-transposition de la directive communautaire n° 2001/18/CE du 12 mars 2001[984], le gouvernement français a pris notamment deux décrets en date du 19 mars 2007. Le premier concerne la dissémination volontaire à toute autre fin que la mise sur le marché de produits composés en tout ou partie d'OGM[985]. Le second est relatif à la procédure d'autorisation de mise sur le marché de produits non destinés à l'alimentation composés en tout ou partie d'OGM[986]. Mais ces textes ne constituaient alors qu'un "pis-aller"[987] et ne pouvaient être interprétés comme la transposition attendue de la directive du 12 mars 2001.

387. Il aura fallu attendre la loi du 25 juin 2008 relative aux organismes génétiquement modifiés[988] pour que la France transpose enfin la directive communautaire n° 2001/18/CE du 12 mars 2001. Cette loi introduit notamment un article L. 531-2-1 dans le Code de l'environnement aux termes duquel « les organismes génétiquement modifiés ne peuvent être cultivés, commercialisés ou utilisés que dans le respect de l'environnement et de la santé publique, des structures agricoles, des écosystèmes locaux et des filières de production et commerciales qualifiées "sans organismes génétiquement modifiés", et en toute transparence [...]». L'alinéa 5 de cet article précise que « la liberté de consommer et de produire avec ou sans organismes génétiquement modifiés, sans que cela nuise à l'intégrité de l'environnement et à la spécificité des structures traditionnelles et de qualité, est garantie dans le respect des principes de précaution, de prévention [...] et de responsabilité inscrits dans la Charte de l'environnement de 2004 et dans le respect des dispositions communautaires»[989]. La loi instaure une responsabilité de plein droit de l'exploitant agricole mettant en culture un organisme génétiquement modifié dont la mise sur le marché est autorisée, pour le préjudice

[984] C.J.C.E., 15 juillet 2004, Aff. C-419/03, *D.*, 2004, I.R. p. 2346.
[985] Décret n° 2007-358 (*J.O.*, 20 mars 2007).
[986] Décret n° 2007-359 (*J.O.*, 20 mars 2007).
[987] J.-C. GALLOUX, "Timides avancées sur la réglementation des OGM", *D.*, 2007, chron. p.1672.
[988] *J.O.*, 26 juin 2008.
[989] La loi de 2008 a été déférée au Conseil Constitutionnel. Les requérants dénonçaient notamment le fait que le régime institué par la loi de coexistence des cultures génétiquement modifiées et des cultures sans OGM et les conditions techniques organisant cette coexistence, avaient pour effet de permettre la présence accidentelle d'OGM dans des cultures sans OGM alors, selon eux, que l'application du principe de précaution aurait dû conduire à ce que ces conditions techniques interdisent une telle contamination. Dans leur décision n° 2008-564 DC du 19 juin 2008, les juges du Palais Royal ont rejeté cette argumentation et estimé que le régime instauré par la loi qui, en effet, n'excluait pas la présence accidentelle d'OGM dans d'autres productions, ne constituait pas une méconnaissance du principe de précaution.

économique[990] résultant de la présence accidentelle de cet organisme génétiquement modifié dans la production d'un autre exploitant agricole[991]. L'exploitant agricole mettant en culture un organisme génétiquement modifié dont la mise sur le marché est autorisée doit souscrire une garantie financière couvrant sa responsabilité[992].

2) L'émergence de nouveaux devoirs

388. L'insertion en droit de la notion de précaution a favorisé le développement de nouveaux devoirs de nature à renforcer l'obligation de sécurité. Ainsi, elle a conduit à l'émergence d'un devoir de traçabilité (a), s'apparentant à l'obligation de suivi insérée depuis quelques années dans le droit national sous l'impulsion du droit communautaire (b). Ces nouvelles obligations doivent être examinées au regard de la distinction entre la prévention et la précaution.

a) Le devoir de traçabilité

389. Non seulement l'introduction de la précaution dans le droit a eu pour effet de conduire à une nécessaire redéfinition des contours de la prévention mais elle a ouvert la voie sur le chemin d'un nouveau champ sémantique de la sécurité, entraînant l'apparition sur la scène juridique de nouvelles notions. La traçabilité fait partie de celles-ci. Elle constitue une nouvelle "technique de gouvernement des hommes et des choses"[993]. Dérivée du mot "trace" renvoyant à une suite d'empreintes ou de marques laissées par le passage d'un être ou d'un objet, la traçabilité désigne l'aptitude à retrouver le cheminement des personnes ou des choses. Elle est ainsi susceptible d'être utilisée dans de multiples domaines. Tandis que la traçabilité des personnes est

---

[990] Le préjudice économique est constitué par la dépréciation du produit résultant de la différence entre le prix de vente du produit de la récolte soumis à l'obligation d'étiquetage et celui d'un même produit, présentant des caractéristiques identiques, non soumis à cette obligation (article L. 663-4 II nouveau du Code rural, issu de l'article 8 de la loi du 25 juin 2008).

[991] Cette responsabilité suppose la réunion de trois conditions : "1° Le produit de la récolte dans laquelle la présence de l'organisme génétiquement modifié est constatée est issu d'une parcelle ou d'une ruche située à proximité d'une parcelle sur laquelle est cultivé cet organisme génétiquement modifié et a été obtenu au cours de la même campagne de production ; 2° Il était initialement destiné soit à être vendu en tant que produit non soumis à l'obligation d'étiquetage mentionnée au 3°, soit à être utilisé pour l'élaboration d'un tel produit ; 3° Son étiquetage est rendu obligatoire en application des dispositions communautaires relatives à l'étiquetage des produits contenant des organismes génétiquement modifiés" (article L. 663-4 I nouveau du Code rural introduit par l'article 8 de la loi du 25 juin 2008).

[992] Article L. 663-4 III nouveau du Code rural, issu de l'article 8 de la loi du 25 juin 2008.

[993] D. TORNY, "La traçabilité comme technique de gouvernement des hommes et des choses", *Politix*, n° 44, 1998, p. 51.

une figure ancienne de l'organisation sociale[994], la traçabilité des choses "est une entreprise plus récente, liée à la production de masse, au libre-échange et aux risques propres à ce système de circulation généralisée"[995]. C'est de cette dernière qu'il sera ici question, la traçabilité des choses intéressant tout particulièrement les domaines de la santé et de l'environnement, propices à l'expression de la prévention et de la précaution. Si le droit n'en offre aucune définition générale, certaines dispositions particulières permettent néanmoins d'en cerner les contours. Ainsi, la norme ISO 9000-2000 la définit comme "l'aptitude à retrouver l'historique, la mise en œuvre ou l'emplacement de ce qui est examiné. Dans le cas d'un produit, elle peut être liée à l'origine des matériaux et composants, l'historique de réalisation, la distribution et l'emplacement du produit après livraison". Le devoir de traçabilité, dont la violation est de nature à élargir le champ potentiel de la responsabilité civile en y associant le *défaut de précaution* au *défaut de prévention* (β), trouve ses sources dans différents textes de droit communautaire et national (α).

α) Les sources du devoir de traçabilité

390. La loi d'orientation agricole du 9 juillet 1999[996] avait posé une obligation générale de traçabilité insérée à l'article L. 214-1-1 du Code de la consommation[997]. Mais ce dernier a été abrogé en 2006[998]. Désormais, il résulte de l'article L. 214-1 du Code de la consommation qu'il sera statué par décrets en Conseil d'Etat sur les mesures à prendre pour assurer l'exécution des chapitres II à VI du titre II de ce code[999], concernant, notamment "la traçabilité des marchandises". En réalité, avant qu'elle ne soit ainsi consacrée par la loi, la notion de traçabilité était déjà implicitement présente dans diverses dispositions juridiques relatives à la sécurité alimentaire, sanitaire et environnementale, domaines dans lesquels elle trouve à la fois son origine et ses principales applications.

---

[994] "La traçabilité des personnes est un vieux rêve du pouvoir politique, à l'origine du nom, de l'état civil, des passeports [...]", M.-A. HERMITTE, "La traçabilité des personnes et des choses. Précaution, pouvoirs et maîtrise", *in Traçabilité et responsabilité*, sous la dir. de Ph. PEDROT, Paris, Economica, 2003, p. 1.

[995] M.-A. HERMITTE, art. préc., p. 2.

[996] Article 100, *J.O.*, 10 juillet 1999, p. 10231.

[997] Selon lequel "un décret en conseil d'Etat fixe la liste des produits ou denrées pour lesquels la traçabilité doit être assurée. Il précise les obligations des producteurs et des distributeurs qui sont tenus d'établir et de mettre à jour des procédures d'informations enregistrées et d'identification des produits ou des lots de produits. Ces procédures permettent de connaître l'origine de ces produits et de ces lots, ainsi que les conditions de leur production et de leur distribution".

[998] Article 20 de l'ordonnance n° 2006-1224 du 5 octobre 2006, *J.O.*, 6 oct. 2006.

[999] Ce titre est consacré à la conformité des produits et des services.

391. Dès les années 1960, le législateur, puis le gouvernement sont intervenus pour imposer des mesures tendant à l'identification des bovins, dans le but notamment d'éradiquer certaines maladies contagieuses[1000]. La crise de la vache folle a rendu plus nécessaire encore l'exigence de traçabilité en matière alimentaire[1001]. Tout d'abord, le règlement du Parlement européen et du Conseil n° 1760/2000 du 17 juillet 2000, remplaçant le règlement communautaire du 21 avril 1997, a organisé le "traçage" des bovins par la mise en place d'un système d'identification et d'enregistrement de ceux-ci[1002]. Applicable à la viande bovine provenant d'animaux abattus à partir du 1er septembre 2000, date à compter de laquelle le risque de transmission de l'ESB était connu[1003], il constitue sans aucun doute une mesure de *prévention*. Les modalités d'application de ce règlement ont été précisées par le règlement n°1825/2000 du 25 août 2000[1004]. Ce dernier énonce que les opérateurs et organisations[1005] disposent, à chaque étape de la production et de la vente, d'un système d'identification et d'un système d'enregistrement détaillé. Ce système d'enregistrement comporte, en particulier, l'indication de l'arrivée et du départ des animaux, des carcasses et/ou des morceaux de viande pour garantir l'établissement d'une corrélation entre les arrivées et les départs[1006].

392. Le décret n° 99-260 du 2 avril 1999 relatif à l'étiquetage et à la traçabilité des viandes bovines précise qu'une fois mis en circulation il

---

[1000] Cf. *Avis du Conseil national de l'alimentation sur la traçabilité des denrées alimentaires*, du 28 juin 2001.

[1001] Cf. F. COCHOY, "Les effets d'un trop-plein de traçabilité", *La Recherche*, février 2001, n°339, p. 66 ; S. RETTERER, "Traçabilité et protection alimentaire", *Dr. et pat.*, mai 2001, n° 93, p. 92 ; C. CHARLIER, "Précaution sous les auspices de la traçabilité (Application au cas de l'ESB)", *in Face au droit rural et à ses pratiques. Une approche conjointe des économistes, des juristes et des sociologues*, SOCIETE FRANCAISE D'ECONOMIE RURALE, Paris, L'harmattan, 2001, p. 131.

[1002] Règlement du Parlement européen et du Conseil n° 1760/2000, du 17 juillet 2000, établissant un système d'identification et d'enregistrement des bovins et concernant l'étiquetage de la viande bovine et des produits à base de viande bovine, et abrogeant le règlement n° 820/97 du Conseil (*J.O.C.E.*, 11 août 2000, L. 204/1). L'identification des bovins repose sur la mise en place de marques auriculaires, de base de données informatisées, de passeports pour les animaux et enfin de registres individuels tenus dans chaque exploitation. (art. 3). Cf. Décret n° 2001-927 du 9 octobre 2001 portant application du Code de la consommation en ce qui concerne l'étiquetage et la traçabilité des viandes bovines (*J.O.*, 11 oct. 2001).

[1003] Sur l'évolution des connaissances scientifiques en la matière, cf. *supra*, n° 375 et s.

[1004] Règlement de la Commission n° 1825/2000 du 25 août 2000 portant modalités d'application du règlement CE n° 1760/2000 du Parlement européen et du Conseil en ce qui concerne l'étiquetage de la viande bovine et des produits à base de viande bovine (*J.O.C.E.*, 28 août 2000, L. 216/8). Ce règlement a été quelque peu modifié par le règlement de la Commission n° 275-207 du 15 mars 2007 (*J.O.C.E.*, 16 mars 2007, L. 76/12).

[1005] La notion d'organisation désigne "un groupe d'opérateurs du même secteur ou de secteurs différents du commerce de la viande bovine" (art. 12 du règlement du Parlement européen et du Conseil, n° 1760/2000, préc.).

[1006] Article 2 du règlement de la Commission n° 1825/2000, préc.

appartient alors au distributeur de tenir un registre des quantités achetées et vendues de chaque produit identifié[1007]. Enfin, il résulte de l'article R. 201-11 du Code rural que les propriétaires et détenteurs d'animaux ou de denrées alimentaires d'origine animale concernés par l'enquête épidémiologique consécutive à une toxi-infection alimentaire, à un cas humain de maladie zoonotique ou à un foyer de maladie réputée contagieuse tiennent à la disposition de l'autorité administrative concernée tout échantillon et résultat d'analyse utile à l'enquête. Ils veillent à ce que soit préservé la traçabilité des échantillons et des analyses de laboratoire.

393. Le même souci de traçabilité se retrouve dans la réglementation des OGM[1008], et ce, en raison de la spécificité du processus de production de ces derniers[1009]. La directive communautaire n° 2001/18/CE du 12 mars 2001 précise, en effet, que les Etats membres "prennent les mesures nécessaires pour garantir [...] la traçabilité à tous les stades de la mise sur le marché des OGM autorisés [...]"[1010]. Le règlement n° 1830/2003 du Parlement européen et du Conseil du 22 septembre 2003, modifiant la directive du 12 mars 2001[1011], définit la traçabilité comme "la capacité de suivre des OGM et des produits élaborés à partir d'OGM, à tous les stades de leur mise sur le marché, le long de la chaîne de production et de distribution"[1012]. Il précise que cette obligation de suivi des produits consistant en OGM ou en contenant, pesant sur les opérateurs[1013], est d'une durée de cinq ans[1014]. Cependant, cette obligation de traçabilité ne s'applique pas aux traces d'OGM fortuites ou techniquement

---

[1007] Article 3 du décret n° 99-260 du 2 avril 1999 (*J.O.*, 4 avril 1999).

[1008] L'exigence de traçabilité en ce domaine se distingue désormais plus nettement de celle de l'étiquetage. Sur la confusion antérieure, cf. C. NOIVILLE et P.-H. GOUYON, "Principe de précaution et organismes génétiquement modifiés. Le cas du maïs transgénique", *in Le principe de précaution. Rapport au Premier ministre*, op. cit., Annexe 2, p. 329.

[1009] L. BOY "Union Européenne, précaution et traçabilité des OGM", *in Traçabilité et responsabilité*, op. cit., p. 245.

[1010] Article 4. 6 de la directive 2001/18/CE du Parlement européen et du Conseil, du 12 mars 2001, relative à la dissémination volontaire d'organismes génétiquement modifiés dans l'environnement et abrogeant la directive 90/220/CEE du Conseil (*J.O.C.E.*, 17 avril 2001, L.106/1).

[1011] Règlement n° 1830/2003 du Parlement européen et du Conseil du 22 septembre 2003, concernant la traçabilité et l'étiquetage des organismes génétiquement modifiés et la traçabilité des produits destinés à l'alimentation humaine ou animale produits à partir d'organismes génétiquement modifiés, et modifiant la directive 2001/18/CE (*J.O.C.E.*, 18 oct. 2003, L. 268/24).

[1012] Article 3, 3°/ du règlement n° 1830/2003, préc.

[1013] L'opérateur désigne "la personne physique ou morale qui met un produit sur le marché ou qui reçoit un produit mis sur le marché dans la Communauté, en provenance soit d'un Etat membre, soit d'un pays tiers, à un stade quelconque de la chaîne de production et de distribution, à l'exclusion du consommateur final" (art. 3, 5°/ du règlement n° 1830/2003, préc.).

[1014] Article 4 A 4. du règlement n° 1830/2003, préc.

inévitables, présentes dans les produits dans une proportion n'excédant pas un seuil de 0, 9% de chaque ingrédient[1015].

394. De son côté, l'article L. 251-1 § IV du Code rural dispose que "le responsable de la mise sur le marché ou de la dissémination, le distributeur et l'utilisateur de ces produits[1016] doivent participer au dispositif de surveillance biologique et répondre aux obligations liées à la mise en œuvre des dispositions du présent article, notamment celle leur imposant de communiquer aux agents chargés de la protection des végétaux toutes les informations nécessaires à la surveillance biologique. La traçabilité des produits doit être assurée soit par suivi du produit, soit par analyse [...]".

395. Enfin, l'exigence de traçabilité est largement présente dans le domaine de la santé[1017] où elle concerne les médicaments dérivés du sang (et s'exerce alors dans le cadre de la pharmacovigilance)[1018], les éléments ou produits du corps humain[1019], les organes, tissus ou cellules d'origine animale utilisés à des fins thérapeutiques[1020] ou encore les dispositifs médicaux (dans le cadre de la matériovigilance)[1021]. Tous ces produits de santé font donc l'objet de diverses techniques d'identification destinées à assurer leur traçabilité.

396. L'ensemble de ce dispositif témoigne d'une certaine imbrication entre d'une part, le devoir de traçabilité au sens strict, qui renvoie à un devoir de surveillance consistant à assurer le suivi des informations relatives à un produit et d'autre part, les mesures consécutives à cette surveillance destinées à prévenir le risque encouru. Pourtant, si l'autorité chargée de la traçabilité peut fréquemment être la même que celle à qui il incombe d'empêcher la réalisation du risque, le devoir de traçabilité en tant que devoir de surveillance n'implique pas nécessairement une telle confusion. Il convient donc de distinguer le devoir de traçabilité dont la violation pourra être sanctionnée sur le terrain de la responsabilité civile, des mesures prises consécutivement à l'identification d'un risque grâce à la mise en oeuvre de la traçabilité, mesures dont l'exécution ou l'inexécution relèvera alors le plus souvent de la responsabilité de l'administration. En outre, il faut souligner que seule la nature de l'information,

---

1015 Article 4 C 7. du règlement n° 1830/2003, préc.

1016 Il s'agit plus précisément des "végétaux, y compris les semences, les produits antiparasitaires à usage agricole et les produits assimilés, les matières fertilisantes et les supports de cultures composés en tout ou partie d'organismes génétiquement modifiés disséminés dans l'environnement ou mis sur le marché" (art. L. 251-1 § I du Code rural).

1017 Cf. A. LAUDE, "La traçabilité des produits de santé", *in Traçabilité et responsabilité*, op. cit., p. 287.

1018 Art. R. 5121-183 du Code de la santé publique.

1019 Art. R. 1211-19 du Code de la santé publique.

1020 Art. L. 1125-2 du Code de la santé publique.

1021 Art. R. 5212-3 et R. 5212-36 du Code de la santé publique.

selon qu'elle portera sur un risque, affectant le produit, dont la connaissance est avérée ou au contraire seulement suspectée, permettra de qualifier le devoir de traçabilité de devoir de *prévention* ou de *précaution*. En ce sens, la traçabilité est "un instrument commun à la prévention et à la précaution"[1022].

β) La responsabilité du fait d'un manquement au devoir de traçabilité

397. Que le manquement au devoir de traçabilité soit de nature à entraîner la mise en jeu de la responsabilité civile, plusieurs auteurs le reconnaissent volontiers[1023]. En permettant de conserver la trace du chemin emprunté par les produits et en rendant possible l'identification des différents acteurs de la chaîne de distribution, la traçabilité constitue une "mémoire" précieuse au service d'une future recherche de responsabilité[1024]. En revanche, les questions de la nature contractuelle ou délictuelle et de l'intensité de cette obligation de traçabilité demeurent plus délicates et ce d'autant qu'il n'existe, à l'heure actuelle, aucune jurisprudence en la matière.

398. Tout d'abord, l'obligation de traçabilité ne saurait se réduire à une obligation contractuelle. Certes, il ne fait pas de doute qu'en raison des divers contrats intervenant dans le circuit de production et de distribution des produits, l'obligation de traçabilité sera de nature à accroître le champ des obligations contractuelles des différents participants à la filière de production[1025]. Mais, à l'instar des obligations d'information ou de mise en garde, dont la jurisprudence reconnaît la possibilité pour les tiers victimes d'un dommage d'invoquer la violation[1026], les tiers victimes d'un non-respect de l'obligation de traçabilité devraient pouvoir se retourner contre le débiteur de l'obligation. Quant à l'intensité de l'obligation de traçabilité, il est possible de s'interroger sur le point de savoir si les producteurs et les distributeurs, débiteurs

---

1022 M.-A. HERMITTE, "La traçabilité des personnes et des choses. Précaution, pouvoirs et maîtrise", art. préc., p. 22. En sens contraire, à propos des mesures fondées sur la traçabilité qui n'auraient pas pour moteur la certitude d'un danger mais seulement des indices permettant de soupçonner un danger, cf. D. TORNY, "La traçabilité comme technique de gouvernement des hommes et des choses", art. préc., p. 74.

1023 Ainsi, Ph. KOURILSKY (*Du bon usage du principe de précaution*, op. cit., p. 74) souligne que "l'étiquetage et la traçabilité sont deux corrélats de la transparence, ils constituent deux fils directeurs propres à faciliter l'identification des problèmes et des responsabilités de chacun dans tous les systèmes qui génèrent des produits". Pour S. CHILLON ("Libre circulation des biens et traçabilité", *in Traçabilité et responsabilité*, op. cit., p. 269) "l'imputation de la responsabilité est le cœur de la problématique de la traçabilité. Malgré les contrôles les plus sévères, des dommages peuvent se produire. Il sera alors nécessaire de rechercher les responsabilités en retraçant à rebours le parcours du bien en cause".

1024 D. TORNY, "Une mémoire pour le futur. La traçabilité comme allocateur de responsabilité", *in Traçabilité et responsabilité*, op. cit., p. 872.

1025 En ce sens, cf. D. TORNY, art. préc., p. 880.

1026 Cf. Civ. 1ère, 11 oct. 1983, *B.C.*, I, n° 228, *R.T.D.civ.*, 1984, p. 731, obs. J. HUET.

de cette obligation, vont pouvoir s'exonérer en prouvant qu'ils avaient mis en œuvre tous les moyens nécessaires pour assurer la traçabilité ou si, tenus d'une obligation de résultat, seul un cas de force majeure pourra les exonérer de leur responsabilité[1027].

b) L'obligation de suivi

399. Avant d'examiner la responsabilité susceptible de résulter d'un manquement à l'obligation de suivi (β), il convient de rappeler les sources de cette obligation (α).

α) Les sources de l'obligation de suivi

400. Dès 1977, la loi du sur le contrôle des produits chimiques a introduit une obligation de suivi[1028] en prévoyant que les producteurs ou importateurs de substances chimiques ou de préparations les contenant sont tenus "d'indiquer à l'autorité administrative compétente les faits nouveaux, découlant soit de l'amélioration des connaissances scientifiques et techniques, soit de l'observation des effets de ces substances et faisant apparaître de nouveaux dangers pour l'homme ou pour son environnement"[1029]. Le caractère avéré ou seulement suspecté de ces "nouveaux dangers" contribue à faire de cette disposition un devoir de *prévention* ou de *précaution*.

401. De son côté, la directive européenne 92/59/CEE du 29 juin 1992 relative à la sécurité générale des produits[1030] avait ensuite largement consacré cette obligation de suivi[1031]. Cette directive a été abrogée depuis le 14 janvier 2004 par la directive 2001/95/CE du Parlement et du Conseil en date du 3

[1027] Sur l'application de la distinction des obligations de moyens et de résultat en matière délictuelle, cf. *infra*, n° 434 et s.

[1028] Article 7 al. 2. de la loi n° 77-771 du 12 juillet 1977 (*J.O.*, du 13 juillet 1977).

[1029] Cette disposition figure désormais à l'article L. 521-8 al. 4 du Code de l'environnement, issu de l'ordonnance n° 2001-321 du 11 avril 2001 (*J.O.*, 14 avril 2001).

[1030] *J.O.C.E.*, 11 août 1992, L. 228/24. Cf. A. DAVIS, "La directive du Conseil des Communautés européennes relative à la sécurité générale des produits", *R.E.D.C.*, 1992, p. 132 ; J. CALAIS-AULOY, "Les rapports entre la directive de 1985 sur la responsabilité du fait des produits et celle de 1992 concernant la sécurité des produits", *R.E.D.C.*, 1994, p. 159.

[1031] Son article 3 disposait, en effet, que les distributeurs étaient "tenus d'agir diligemment afin de contribuer au respect de l'obligation générale de sécurité, en particulier en ne fournissant pas de produits dont ils [savaient] ou auraient dû estimer, sur la base des éléments d'information en leur possession et en tant que professionnels, qu'ils ne [satisfaisaient] pas à cette obligation. Ils [devaient] notamment, dans la limite de leurs activités respectives, participer au suivi de la sécurité des produits mis sur le marché, en particulier par la transmission des informations concernant les risques des produits et par la collaboration aux actions engagées pour éviter ces risques".

décembre 2001 relative à la sécurité générale des produits[1032]. Cette dernière directive européenne a été transposée en droit français par l'ordonnance du 9 juillet 2004 qui modifie certaines dispositions du Code de la consommation[1033]. En particulier, l'article L. 221-1-2 § II de ce code énonce que "le responsable de la mise sur le marché adopte les mesures qui, compte tenu des caractéristiques des produits qu'il fournit, lui permettent a) de se tenir informé des risques que les produits qu'il commercialise peuvent présenter; b) d'engager les actions nécessaires pour maîtriser ces risques, y compris le retrait du marché, la mise en garde adéquate et efficace des consommateurs ainsi que le rappel auprès des consommateurs des produits mis sur le marché".

402. La directive du 3 décembre 2001, comme celle de 1992, n'a certes pas été instituée dans un but de réparation mais en vue de la prévention des dommages, au sens classique[1034]. Il reste que l'obligation de suivi, issue de la transposition de la directive de 2001, pesant sur le responsable de la mise sur le marché, n'en constitue pas moins un devoir dont la violation pourra être sanctionnée par la mise en jeu de la responsabilité civile[1035]. Ici encore l'obligation de suivi constitue un devoir général susceptible d'emprunter deux formes distinctes, selon la nature du risque : celle de la *prévention* ou de la *précaution*.

[1032] *J.O.C.E.*, 15 janvier 2002, L. 11/4. L'objectif de cette seconde directive est d'opérer une refonte de la directive du 29 juin 1992 à la lumière notamment du principe de précaution (cf. 1er considérant de la directive du 3 décembre 2001). Aux termes de l'article 5 de la directive de 2001, les producteurs sont tenus d'adopter des mesures leur permettant notamment de procéder à un retrait des produits présentant des risques. De leurs côtés, les distributeurs doivent participer au suivi de la sécurité des produits mis sur le marché. A cet égard, l'article 5 § 3 dispose, à l'instar de la directive de 1992, que "lorsque les producteurs et les distributeurs savent ou doivent savoir, sur la base des informations en leur possession et en tant que professionnels, qu'un produit qu'ils ont mis sur le marché présente pour le consommateur des risques incompatibles avec l'obligation générale de sécurité, ils en informent immédiatement les autorités compétentes des Etats membres [...] en précisant notamment les actions engagées afin de prévenir les risques pour les consommateurs".

[1033] Ordonnance n° 2004-670 du 9 juillet 2004 (*J.O.*, 10 juillet 2004).

[1034] A la différence de la directive communautaire du 25 juillet 1985 relative à la responsabilité du fait des produits défectueux . En ce sens à propos de la directive du 29 juin 1992, cf. A. DAVIS, art. préc., p. 135.

[1035] "les obligations mises par la directive de 1992 à la charge des producteurs et distributeurs n'ont de sens que si elles entraînent des responsabilités", J. CALAIS-AULOY, art. préc., p. 164. Selon cet auteur, l'article 13 de la directive de 1992, disposant que la directive "ne préjuge pas de l'application de la directive 85/374/CEE", signifie simplement que la directive de 1992 ne doit pas entraver l'application de celle de 1985, mais cela n'empêche pas qu'elle puisse ajouter des responsabilités à celles prévues par le texte de 1985. La même analyse peut être faite s'agissant de la directive de 2001 dont l'article 17 prévoit qu'elle est "sans préjudice de l'application de la directive 85/374/CEE".

403. Entre temps, la loi du 19 mai 1998, relative à la responsabilité du fait des produits défectueux, transposant la directive du 25 juillet 1985, avait mis à la charge des producteurs de produits défectueux une obligation de suivi. Aux termes de l'ancien article 1386-12 alinéa 2 du Code civil, le producteur ne pouvait s'exonérer de sa responsabilité en invoquant un risque de développement ou le fait que le défaut fût dû à la conformité avec des règles impératives d'ordre législatif ou réglementaire "si, en présence d'un défaut qui s'[était] révélé dans un délai de dix ans après la mise en circulation du produit, il n' [avait] pas pris les dispositions propres à en prévenir les conséquences dommageables". La présence d'un défaut ne peut être systématiquement assimilée à celle d'un danger. Il est fréquent néanmoins que la défectuosité d'un produit le rende dangereux. Selon que la révélation du défaut permettait d'inférer l'existence d'un risque avéré ou suspecté, compte tenu des connaissances scientifiques et techniques, une telle l'obligation de suivi était alors susceptible d'épouser les contours d'un devoir de *prévention* ou d'un devoir de *précaution*[1036]. Mais la loi du 9 décembre 2004 a abrogé le second alinéa de l'article 1386-12 du Code civil[1037], faisant ainsi disparaître l'obligation de suivi du producteur. Une telle suppression est tout à fait regrettable et traduit un certain recul de l'amélioration de la sécurité des consommateurs.

404. Pour autant, l'obligation de suivi est loin de pouvoir être définitivement enterrée, non seulement en raison de sa présence résultant de la transposition de la directive du 3 décembre 2001 relative à la sécurité générale des produits, mais également du fait de son existence dans certains domaines particuliers, tels que la réglementation des médicaments, à travers la pharmacovigilance[1038]. En outre, elle tend à resurgir en jurisprudence, comme en témoigne l'étude de la responsabilité du fait d'un manquement à une telle obligation.

β) La responsabilité du fait d'un manquement à l'obligation de suivi

405. A l'instar des obligations de recherche ou de traçabilité, l'obligation de suivi, en tant qu'elle constitue un nouveau devoir susceptible d'être civilement sanctionné vient renforcer la responsabilité pour faute. Il est

---

1036 Ainsi, à propos de l'ancien article 1386-12 al. 2 du Code civil, G. VINEY ("L'introduction en droit français de la directive européenne du 25 juillet 1985 relative à la responsabilité du fait des produits défectueux", *D.*, 1998, chron. p. 291, n° 19) écrivait : "cette *obligation de suivi* est tout à fait compatible avec la conception française de la responsabilité, notamment avec le principe de prudence et de précaution qui est admis par notre droit".

1037 Article 29 de la loi n° 2004-1343 du 9 décembre 2004, *J.O.*, 10 déc. 2004, p. 20857.

1038 Article L. 5121-20 13°/ et R. 5121-150 du Code de la santé publique. En vertu de cette dernière disposition, la pharmacovigilance "a pour objet la surveillance du risque d'effet indésirable résultant de l'utilisation des médicaments et produits à usage humain [...]".

vrai que dans sa version issue de loi du 19 mai 1998, relative à la responsabilité du fait des produits défectueux (ancien article 1386-12 al. 2 du Code civil), l'obligation de suivi s'inscrivait dans le cadre de la mise en oeuvre d'une responsabilité pour risque. Elle n'en traduisait pas moins une certaine résurgence de la notion de faute en fondant la responsabilité du producteur sur un défaut de mesure préventive[1039]. La responsabilité objective n'était pas alors sans rappeler l'ancienne théorie de la faute dans la garde[1040].

406. Les récentes décisions intervenues dans l'affaire du Distilbène illustrent la pénétration progressive, dans le droit, de l'obligation de suivi et le rôle de la faute comme fondement de cette obligation. En effet, dans deux décisions en date du 7 mars 2006 la Cour de cassation[1041] a rejeté les pourvois formés par la société fabricant du Distilbène à l'encontre des arrêts de la Cour d'appel de Versailles[1042] qui l'avait condamnée, sur le fondement des articles 1165, 1382 et 1383 du Code civil, à indemniser deux jeunes femmes exposées à ce médicament pendant la grossesse de leur mère[1043]. Dans les deux affaires, la

---

[1039] L'avant-projet de loi du groupe de travail de 1985 précisait d'ailleurs que le professionnel "*est en faute*, notamment s'il n'établit pas, en présence d'un défaut ou d'un danger s'étant révélé après la mise en circulation du produit, que, dès le moment où il aurait dû en avoir connaissance en procédant à toute recherche utile, il a pris toutes les dispositions nécessaires afin d'en prévenir les conséquences dommageables [...]". Cf. J. HUET, "Une loi peut en cacher une autre : mise en perspective de la loi sur la responsabilité du fait des produits défectueux", *D. Aff.*, 1998, p. 1164, note 52.

[1040] En ce sens, cf. F.-X. TESTU et J.-H. MOITRY, La responsabilité du fait des produits défectueux", art. préc., p. 3. Sur la notion de faute dans la garde, cf. H. MAZEAUD, "La faute dans la garde", *R.T.D.civ.,* 1925, p. 793.

[1041] Civ. 1ère, 7 mars 2006, *S.A. UCB Pharma c/ I. CRIOU*, *B.C.*, I, n° 142 ; *D.*, 2006, I.R. p. 812, note L. GALLMEISTER. Civ. 1ère, 7 mars 2006, *S.A. UCB Pharma c/ N. BOBET*, *B.C.*, I, n° 143. Sur les deux espèces, cf. *Resp. civ. et ass.*, mai 2006, comm. n°164, note C. RADE ; *R.T.D.civ.*, 2006, p. 565, obs. P. JOURDAIN ; *R.D.C.*, 2006, p.844, obs. J.-S. BORGHETTI ; *Rev. Lamy dr. civ.*, mai 2006, p. 24, obs. C. KLEITZ ; *Rev. gén. dr. méd.*, 2006, n° 19, p. 338 ; *Méd. et dr.*, 2007, p. 123, chron. C. CORGAS-BERNARD ; O. GOUT, "Les avancées discrètes du principe de précaution", art. préc., p. 7 ; G. VINEY, "Principe de précaution et responsabilité civile des personnes privées", art. préc., p. 1544.

[1042] Versailles 30 avril 2004, *S.A.UCB Pharma c/ I. CRIOU*, R.G. n° 02/05924, *Rev. Lamy dr. civ.*, juin 2004, p. 15 chron. J.-A. ROBERT et A. REGNIAULT ; *Resp. civ. et ass.*, oct. 2004, chron. 22, p. 11, C. RADE. Versailles 30 avril 2004, *S.A.UCB Pharma c/ N. BOBET*, R.G. n°02/05925, *D.*, 2004, I.R., p. 1502 et jur. p. 2071, note A. GOSSEMENT ; *Rev. Lamy dr. civ.*, chron. préc. ; *Resp. civ. et ass.*, chron. préc. ; *P.A.*, 22 juin 2005, n° 123, p. 22, note P. L. NIEL. Sur les jugements de première instance dans cette affaire, cf. TGI Nanterre, 24 mai 2002, *R.T.D.civ.* 2002, p. 527, obs. P. JOURDAIN ; L. NEYRET, "La reconnaissance du préjudice d'exposition au distilbène", *R.D.S.S.*, 2002, p. 502 ; *Le Monde*, 24 mai 2002.

[1043] Les jeunes femmes victimes étaient tiers au contrat unissant leur mère au fabricant, la responsabilité de ce dernier ne pouvait donc être de nature contractuelle. Pour autant, les deux victimes pouvaient agir à l'encontre du laboratoire, compte tenu de la jurisprudence en vertu de laquelle les tiers à un contrat sont fondés à invoquer, sur le fondement de la responsabilité délictuelle, un manquement contractuel, dès lors que ce dernier leur cause un dommage (Civ. 1ère,

Haute juridiction judiciaire a approuvé les juges du fond d'avoir estimé que le fabricant avait "manqué à son obligation de vigilance".

407. Bien que, dans la motivation de leurs décisions ni les juges versaillais ni les magistrats de la Cour de cassation ne se soient référés expressément à la notion d' "obligation de suivi", la faute reprochée au fabricant s'apparente à la violation d'une telle obligation[1044]. Compte tenu des dates d'exposition au Distilbène, dans chacune des deux affaires, l'obligation ainsi sanctionnée revêt, pour la première, les contours d'un *devoir de prévention*, et pour la seconde, ceux d'un *devoir de précaution*. En effet, dans la première espèce (U.C.B. Pharma c/ I. CRIOU) la victime avait été exposée au Distilbène en 1973, soit pendant la période de prévention, tandis que dans la seconde (U.C.B. Pharma c/ N. BOBET) l'exposition avait eu lieu en 1968, soit pendant la période de précaution[1045]. La notion de précaution vient donc ici à nouveau étendre le concept traditionnel de faute de négligence et d'imprudence[1046].

408. Dans le même sens, il convient d'évoquer ici la solution retenue par l'arrêt de la Cour de cassation en date du 24 janvier 2006[1047] dans l'affaire de l'hormone de croissance. En l'espèce, les ayants droit d'une jeune fille, décédée de la maladie de Creutzfeldt-Jakob qu'elle avait contractée à la suite d'injections d'hormones de croissance, avaient agi à l'encontre de l'Association France Hypophyse et de l'Institut Pasteur. Ces derniers avaient été condamnés par la Cour d'appel de Montpellier, dans une décision du 23 septembre 2003[1048]. La Cour d'appel avait implicitement reproché à l'Association France Hypophyse et à l'Institut Pasteur un manquement à leur obligation de suivi[1049]. Mais les juges

18 juillet 2000, *B.C.*, I, n° 221 ; Ass. plén., 6 oct. 2006, *R.T.D.civ.*, 2007, p. 123, obs. P. JOURDAIN).

[1044] En ce sens, cf. J.-S. BORGHETTI, obs. préc., p. 845 ; O. GOUT, art. préc., p. 9.

[1045] Sur la fixation du point de départ de ces deux périodes, indépendamment de l'historique des connaissances scientifiques retracé par les juges, cf. *supra*, n° 243.

[1046] En ce sens, cf. C. RADE, *Resp. civ. et ass.*, mai 2006, comm. n° 164, spéc. p. 15 ; G. VINEY, *D.*, 2007, art. préc., p. 1545.

[1047] Civ. 1ère, 24 janvier 2006, *D.*, 2006, I.R. p. 470 et panor. jur., p. 1929, P. JOURDAIN ; *Resp. civ. et ass.*, mars 2006, comm. n° 89, note C. RADE ; *R.T.D.civ.*, 2006, p. 323, obs. P. JOURDAIN ; *R.D.S.S.*, 2006, p. 495, note J. PEIGNE ; *J.C.P.*, 2006, II, 10082, note L. GRYNBAUM ; *Rev. Lamy dr. civ.*, mai 2006, p. 13, J.-A. ROBERT et A. REGNIAULT ; *R.D.C.*, 2006, p. 841, note J.-S. BORGHETTI ; *Méd. et dr.*, 2007, p. 12, chron. C. CORGAS-BERNARD.

[1048] Montpellier, 23 septembre 2003, 1ère ch. B., R.G., n° 02/03600, *Institut Pasteur c/ Fachin*, B. LEGROS, "Etat des lieux sur les différents régimes d'indemnisation des conséquences des accidents médicaux", art. préc., p. 20.

[1049] Les juges d'appel avaient, en effet, précisé qu'après le mois d'avril 1985, date à laquelle l'Association France Hypophyse et l'Institut Pasteur avaient été informés des risques de contamination des lots affectés à la victime, ni l'une ni l'autre "n'ont émis le souhait de retirer immédiatement l'hormone de croissance extractive et de ne pas la délivrer aux malades pour lesquels elle avait été prescrite" (arrêt p. 90). Au contraire, la cour avait même relevé que "le 14

du fond avaient alors rattaché une telle obligation à la responsabilité contractuelle de l'Association France Hypophyse et de l'Institut Pasteur à l'égard de la victime[1050].

409. Dans son arrêt du 24 janvier 2006, la Cour de cassation a approuvé la cour d'appel d'avoir sanctionné un tel manquement mais elle a rendu sa décision sur le visa des articles 1147 et 1382 du Code civil. Les hauts magistrats ont, en effet, souligné que les juges du fond avaient relevé "que le rapport de M. Montagnier avait souligné, dès 1980, la nécessité impérative de prendre toutes les précautions dans l'extraction, la purification et la composition des hormones de croissance et que, malgré ce rapport, les précautions recommandées n'avaient pas été suivies d'effet". Ils ont donc estimé que la cour avait "pu en déduire l'existence d'un lien de causalité certain et direct entre les manquements à la prudence imputés à l'Institut Pasteur et le préjudice de contamination subi par Pascale Y". Enfin, la Cour de cassation a rappelé que les juges du fond avaient relevé que "le 14 mai 1985, la décision de poursuite du traitement par l'hormone extractive, avait été prise d'un commun accord entre l'association France Hypophyse et l'Institut Pasteur".

410. Bien qu'elles ne se soient pas expressément référées à la notion d' "obligation de suivi", le manquement sanctionné tant par la cour d'appel que par la Cour de cassation, dans cette affaire, s'apparente à la violation d'une telle obligation. En outre, dans la mesure où le risque en cause était déjà soupçonné au moment de la prescription du traitement[1051], ce défaut de suivi revêt les contours d'un manquement au *devoir de précaution*. Enfin, en visant à la fois les articles 1147 et 1382 du Code civil la Cour de cassation inscrit sa décision dans le mouvement d'uniformisation de la responsabilité civile, lequel tend à transcender la distinction des responsabilités contractuelle et délictuelle[1052]. L'obligation de suivi ici sanctionnée trouve donc son fondement en dehors du clivage traditionnel de la responsabilité civile.

---

mai 1985 [...] la décision de poursuivre le traitement par l'hormone extractive a été prise d'un commun accord" (arrêt p. 91).

[1050] "tant France Hypophyse que l'Institut Pasteur ont manqué à leur obligation contractuelle qui était pour le moins de prendre toutes les précautions nécessaires et indispensables pour que les hypophyses soient collectées dans des conditions assurant une sécurité maximum au point de vue de la contamination éventuelle, ce qui n'a pas été fait [...], qu'en ce qui concerne les précautions insuffisantes faites au moment du broyage, de la purification, de l'extraction, de la composition de lots, elles sont à reprocher tant à l'Institut Pasteur qu'à France Hypophyse [...]" (arrêt p. 88-89).

[1051] La jeune fille avait été traitée de janvier à juin 1985, soit pendant la période de précaution. Sur la détermination du point de départ de cette période dans cette affaire, cf. *supra*, n° 243.

[1052] Sur cet aspect de l'arrêt du 24 janvier 2006, cf. *infra*, n° 610.

C – L'EXTENSION DES DEVOIRS DU FAIT DE L'ESSOR DES NORMES DE CONDUITE ET DES NORMES SCIENTIFIQUES ET TECHNIQUES PORTANT SUR UN RISQUE SUSPECTE

411. Ces dernières années ont vu éclore une multitude de normes de conduite et de normes scientifiques et techniques[1053]. Les premières, souvent codifiées, constituent alors "un ensemble d'engagements adoptés par une entreprise ou un groupe d'entreprises privées, rassemblés dans un document unique appelé indifféremment code, charte ou guide et qui présente la caractéristique de ne pas être formellement obligatoire"[1054]. Les secondes sont des dispositions destinées à guider l'action des particuliers et si elles sont souvent intégrées dans des normes juridiques, nombre d'entre elles se trouvent dans des sources extra-légales. Bien que ces textes ne soient pas juridiquement obligatoires, ils n'en constituent pas moins des prescriptions dont la violation est de nature à faciliter la mise en jeu de la responsabilité civile. Et lorsque ces normes de conduite ou ces normes scientifiques et techniques portent sur un risque seulement suspecté, elles constituent alors autant de dispositions susceptibles d'élargir le domaine de l'élément légal de la faute civile dans le sens de la précaution. L'essor de ces deux types de dispositions est particulièrement notable dans les domaines de la santé (1) et de l'environnement (2).

1) Normes de conduite et normes techniques relatives à la santé

412. Outre le développement général des modes de consignation des données de la science médicale par le biais de conférences de consensus, de recommandations ou encore de références médicales opposables[1055], certains domaines particuliers, en proie à l'incertitude scientifique, ont fait l'objet d'une normalisation. Ainsi, en matière de téléphonie mobile, plusieurs organismes européens ont été mandatés par la Commission européenne afin de rédiger et de publier des normes[1056]. En France cette mission relève de l'Union technique de l'électricité et des communications, déléguée par l'Association française de normalisation (AFNOR). Diverses normes européennes ou françaises

---

[1053] G. FARJAT, "Réflexions sur les codes de conduite privés", *in Le droit des relations économiques internationales. Etudes offertes à Berthold GOLDMAN*, Paris, Litec, 1982, p. 47 ; F. OSMAN, "Avis, directives, codes de bonne conduite, recommandations, déontologie, éthique, etc.: réflexion sur la dégradation des sources privées du droit", *R.T.D.civ.*, 1995, p. 509 ; J.-B. RACINE, "La valeur juridique des codes de conduites privés dans le domaine de l'environnement", *R.J.E.*, 1996, p. 409.

[1054] J.-B. RACINE, art. préc., p. 410.

[1055] Sur cette question affectant plus particulièrement la relation médecin/patient et donc le domaine de la responsabilité contractuelle, cf. *infra*, n° 456 et s.

[1056] Le Comité européen de normalisation (CEN), le Comité européen de normalisation électrotechnique (CENELEC) et l'European Telecommunications Standards Institute (ETSI).

définissent les spécifications techniques qui permettent d'évaluer la conformité des équipements émettant des champs électromagnétiques aux valeurs limites prévues par les réglementations européennes et nationales, et ce aux différents stades du fonctionnement des stations de base (lors de la mise sur le marché, lors de la mise en service ou encore lors de procédures de surveillance)[1057]. Dans le domaine alimentaire, la Commission du Codex alimentarius, chargée d'édicter des normes, s'est récemment prononcée en faveur de la prise en compte du principe de précaution[1058]. De leur côté, plusieurs autorités sont ainsi habilitées à rendre des recommandations ou des avis pouvant porter sur des risques dont la connaissance demeure encore incertaine. Ainsi, l'Institut national de veille sanitaire émet des recommandations en cas de menace pour la santé publique, tandis que l'Agence française de sécurité sanitaire des aliments ou encore la récente Autorité européenne de sécurité alimentaire rendent régulièrement des avis.

2) Normes de conduite et normes techniques relatives à l'environnement

413. La prolifération des normes et en particulier des normes techniques dans le domaine de l'environnement a été soulignée par de nombreux auteurs[1059]. Certaines de ces normes traduisent plus spécifiquement la prise en compte d'un risque seulement suspecté[1060]. C'est le cas de l'article 10 de la *Charte pour un développement durable* qui reprend le principe de précaution. La violation de ce type de disposition est alors de nature à étendre le domaine

---

[1057] Pour une présentation des normes en vigueur, cf. J.-L. LORAIN et D. RAOUL, *Rapport sur l'incidence éventuelle de la téléphonie mobile sur la santé*, OFFICE PARLEMENTAIRE D'EVALUATION DES CHOIX SCIENTIFIQUES ET TECHNOLOGIQUES, Sénat, 6 novembre 2002, p. 57 et s. et p. 70 et s.

[1058] "Lorsqu'on a la preuve qu'un risque existe pour la santé humaine, mais que les données scientifiques sont insuffisantes ou incomplètes, la Commission ne devrait pas élaborer de norme, mais devrait envisager d'élaborer un texte apparenté, par exemple un code d'usages, à condition que ce texte s'appuie sur des preuves scientifiques disponibles", *Rapport de la vingt-Quatrième Session de la Commission du Codex Alimentarius*, FAO et OMS, 2001. L'adoption de ce texte avait été notamment préparée par la France, cf. J. BIZET, *Rapport d'information sur le Codex alimentarius*, Sénat, 29 juin 2000, n° 450.

[1059] M. REMOND-GOUILLOUD, op. cit., p. 289 et s. ; S. CHARBONNEAU, "La nature du droit de la prévention des risques techniques", *R.F.D.A.*, 1988, p. 529 (spéc. p.541) ; R. ROMI, "Science et droit de l'environnement : la quadrature du cercle", *A.J.D.A.*, 1991, p. 432.

[1060] Selon plusieurs auteurs, l'incertitude scientifique serait même l'une des caractéristiques des normes techniques environnementales. Ainsi M. REMOND-GOUILLOUD (op. cit., p. 290) remarque que "impressionnés par la précision des chiffres, les juristes tendent à prêter aux normes techniques des vertus d'exactitude que leurs auteurs sont loin de leur reconnaître. *Et ils découvrent avec surprise que le doute a sa part dans les sciences dites exactes, autant que dans les sciences humaines*". Et selon S. CHARBONNEAU (art. préc., p. 542) les normes techniques "sont toutes fondées sur des incertitudes scientifiques car en matière de santé publique et d'environnement les effets de seuil sont toujours très discutés comme le montre l'éternel débat sur les effets des faibles doses dans l'industrie nucléaire".

de la responsabilité pour faute. En effet, bien que ces normes ne soient pas juridiquement obligatoires, elles n'en sont pas moins susceptibles d'être sanctionnées par le juge[1061]. Il en est de même des normes affectant plus particulièrement l'information due par les entreprises qui choisissent de s'y soumettre, relativement aux risques de leurs produits ou services sur l'environnement, comme les normes concernant l'étiquetage de produits, telles le label N.F. Environnement[1062] ou les normes ISO 14000 de management environnemental[1063]. L'extension du domaine de ces normes à la prise en compte du risque suspecté, sous l'influence de la précaution, sera, là encore, de nature à élargir le domaine de la responsabilité pour faute.

414. Dans le même sens, le règlement CE du 19 mars 2001 relatif à la participation volontaire des organisations à un système communautaire de management environnemental et d'audit (EMAS)[1064] permet aux organisations (compagnie, société, firme, entreprise, etc.)[1065] qui se soumettent aux exigences du système de recevoir en contrepartie le droit d'utiliser un logo attestant du respect des normes environnementales communautaires et nationales. Pour participer à l'EMAS, une organisation doit établir une déclaration environnementale présentant les impacts des activités, produits ou services de l'organisation sur l'environnement[1066] ainsi que des actions planifiées pour les prévenir. Cette déclaration doit ensuite être validée par un vérificateur, c'est-à-

---

[1061] En ce sens, cf. J.-B. RACINE, art. préc., p. 418.

[1062] Cette norme est "destinée à certifier que les produits sur lesquels elle est apposée présentent un impact négatif moindre sur l'environnement et une qualité d'aptitude à l'usage au moins équivalente à celle d'autres produits analogues présents sur le marché", E. GUEGUEN, "La normalisation de l'environnement contrainte ou atout pour l'entreprise ?", *Dr. env.*, oct.-nov. 1993, n° 21, p. 112.

[1063] Le management environnemental désigne les méthodes de gestion et d'organisation de l'entreprise, visant à prendre en compte de façon systématique l'impact des activités de l'entreprise sur l'environnement, à évaluer cet impact et à le réduire, cf. C. LONDON, "Protection de l'environnement : normes et réglementation pour un management environnemental", *P.A.*, 17 février 1995, n° 21, p. 17 ; P. POUPET, S. MATHIEU et G. REVOIL, "L'ISO 14001 et les normes de management de l'environnement", *Dr. env.*, sept. 1996, n° 41, p. 10 ; Y. RAZAFINDRATANDRA, "Pour l'adhésion volontaire à un système de management environnemental", *ibid.*, p. 19 ; E. DINETY, "Règlement éco-audit et normes ISO 14 000 : systèmes de management environnemental et risques contentieux", *B.D.E.I.*, 1996 n°4, p. 2.

[1064] Règlement CE n° 761/2001 du 19 mars 2001 du Parlement européen et du Conseil (*J.O.C.E.*, 24 avril 2001, L. 114/1), qui remplace et abroge le règlement CEE n°1836/93 du 29 juin 1993, permettant la participation volontaire des entreprises du secteur industriel à un système communautaire de management environnemental et d'audit (*J.O.C.E.*, 10 juillet 1993, L. 168/1).

[1065] Selon le règlement une organisation est "une compagnie, une société, une firme, une entreprise, une autorité ou une institution ou une partie ou une combinaison de celles-ci, ayant ou non la personnalité juridique, de droit public ou privé, qui a sa propre structure fonctionnelle et administrative" (art. 2, s).

[1066] L'impact environnemental est défini comme "toute modification de l'environnement, qu'elle soit négative ou positive, provoquée totalement ou partiellement par les activités, produits ou services d'une organisation" (art. 2, g du règlement du 19 mars 2001, préc.).

dire une personne ou un organisme agréé par l'Etat membre (en France il s'agit de l'AFNOR) puis diffusée au public. Les organisations visées demeurent libres d'adhérer à ce système. Cependant, à partir du moment où elles choisiront de le faire, le non-respect des prescriptions réglementaires permettra d'engager leur responsabilité sur le fondement des articles 1382 et suivants du Code civil, si le demandeur prouve que la pollution provient d'un tel manquement[1067]. Or les obligations prévues par le règlement n'ont pas seulement pour objet de faire apparaître les impacts *réels* des activités, produits ou services de ces organisations sur l'environnement mais également leurs impacts *potentiels*[1068], donnant ainsi à la faute résultant de leur violation les caractères d'une faute de *prévention* ou d'une faute de *précaution*.

D – L'EXTENSION DES DEVOIRS, INSPIRES PAR UN SOUCI DE SECURITE, CREES PAR LA JURISPRUDENCE

415. Depuis que la jurisprudence se reconnaît le droit de définir des devoirs extra-contractuels, nombreuses sont les obligations dont le manquement constitue désormais une faute de nature à engager la responsabilité[1069]. En l'absence de devoirs légaux traduisant la prise en compte du risque scientifique, la réception de la notion de précaution par le droit de la responsabilité civile est susceptible d'intervenir d'une double manière. Tout d'abord, en sanctionnant les fautes traduisant la violation d'une règle générale de comportement et non pas seulement celles résultant du manquement à des devoirs "explicités par des textes écrits"[1070], la jurisprudence facilite l'insertion de nouveaux devoirs dont le non-respect entraînera la mise en jeu de la responsabilité civile. Le devoir de précaution devrait trouver là un chemin aisé pour venir élargir l'élément légal de la faute.

416. Outre cette prise en considération du risque scientifique suspecté à travers la référence à une norme générale de comportement, la notion

---

[1067] En ce sens, cf. G. VINEY, "Les principaux aspects de la responsabilité civile des entreprises pour atteinte à l'environnement en droit français", art. préc., n° 10 et E. DINETY, art. préc., p. 5, à propos du règlement communautaire n° 1836/93 du 29 juin 1993, préc.

[1068] L'Annexe I du règlement du 19 mars 2001, modifiée par le règlement CE n°196/2006 de la Commission du 3 février 2006 afin de tenir compte de la norme européenne EN ISO 14001 : 2004 (*J.O.C.E.*, 4 févr. 2006, L. 32/4), prévoit que "l'organisme doit établir, mettre en œuvre et tenir à jour une (des) procédure(s) pour permettre que les personnes travaillant pour lui ou pour son compte soient sensibilisées : […] b) aux aspects environnementaux significatifs et aux impacts réels ou potentiels correspondants associés à leur travail, et aux effets bénéfiques pour l'environnement de l'amélioration de leur performance individuelle" (Annexe I-A.4.2 al. 3). L'organisme "doit établir, mettre en œuvre et tenir à jour une (des) procédure(s) pour traiter la (les) non conformité(s) réelle(s) et potentielle(s) et pour entreprendre les actions correctives et les actions préventives" (Annexe I-A.5.3).

[1069] Pour des applications, cf. G. VINEY et P. JOURDAIN, op. cit., n° 473 et s.

[1070] Selon l'expression de G. VINEY et P. JOURDAIN, op. cit., n° 446.

de précaution est de nature à étendre le domaine de certains devoirs extra-contractuels déjà consacrés par le juge, en particulier ceux ayant pour but d'assurer la sécurité des personnes et des biens, la sécurité se définissant comme l'absence de danger et le danger étant une composante du risque scientifique. La prise en compte de la précaution, c'est-à-dire du risque scientifique suspecté, emporte deux conséquences. D'une part, elle est de nature à favoriser une différenciation au sein des devoirs de sécurité existants, entre ceux dont la mise en jeu n'est pas liée à l'état des connaissances scientifiques et techniques, et ceux, tels que les devoirs de *prévention* et de *précaution*, qui sont fondés sur l'état de ces connaissances. Ainsi, l'ensemble des devoirs inspirés par le souci de sécurité et dégagés par le juge, comme le devoir de prudence et de *précautions*, le devoir de surveillance des personnes et des choses ou encore le devoir d'information et de mise en garde[1071], devraient connaître un dédoublement entre d'un côté les devoirs de prudence *stricto sensu* et de l'autre, les devoirs de prudence en relation avec l'état de la science. D'autre part, au sein de ces derniers, l'émergence de la notion de précaution conduit à opérer une distinction entre les *devoirs de prévention*, fondés sur la prise en compte d'un risque scientifique avéré, et les *devoirs de précaution*, fondés sur la prise en compte d'un risque scientifique seulement suspecté. Le dédoublement de ces devoirs est notamment susceptible de se manifester à propos de certains devoirs nouvellement créés sous l'impulsion du principe de précaution. Parmi ceux-ci, le devoir d'évaluation du risque (1) et celui de recherche sur le risque (2) occupent une place particulière.

1) Le devoir d'évaluation du risque

417. Si la prévention a pour objet le risque avéré, tandis que la précaution porte sur le risque suspecté, encore faut-il pour opérer une telle qualification que le risque ait fait l'objet d'une évaluation préalable. A cet égard, l'évaluation du risque n'est pas seulement un préliminaire nécessaire à la distinction de la prévention et de la précaution. Elle est constitutive de la notion même de précaution, puisqu'elle seule rend possible la caractérisation précise du risque encouru au sein des différents types de risques suspectés. L'évaluation est alors "l'étape essentielle de rationalisation des risques qui doit conduire à séparer le risque potentiel du fantasme et de la simple appréhension"[1072]. Dans leur *Rapport au Premier ministre sur le principe de précaution*, Philippe Kourilsky et Geneviève Viney préconisent de se livrer à un double exercice consistant tout d'abord "à imaginer les risques possibles, à éliminer les scénarios jugés non plausibles et à retenir ceux qui sont jugés plausibles et qui méritent

---

[1071] Sur la reconnaissance de ces différents devoirs par le juge, cf. G. VINEY et P. JOURDAIN, op. cit., n° 477 et s.

[1072] Ph. KOURILSKY et G. VINEY, op. cit., p. 41.

dès lors le titre de «risque potentiel»", puis, "à graduer le risque potentiel et à décider du niveau du seuil d'alerte". Le seuil d'alerte est franchi "lorsque des retours d'expérience valident la plausibilité de l'hypothèse de risque sans la démontrer". Il existe donc, toujours selon ces auteurs, deux catégories de risques potentiels : "les risques potentiels plausibles, reconnus comme tels par l'analyse alors même qu'aucun retour d'expérience ne vient l'appuyer" et "les risques potentiels étayés dont la plausibilité est soutenue par des retours d'expérience qui indiquent qu'un seuil d'alerte est atteint"[1073].

418. Dans sa *Communication sur le recours au principe de précaution*, la Commission européenne est venue préciser les quatre éléments que comporte toute évaluation des risques nécessaire à la décision d'invoquer ou non le principe de précaution[1074]. Elle distingue en premier lieu, *l'identification du danger* consistant à "déceler les agents biologiques, chimiques ou physiques susceptibles d'avoir des effets défavorables" ; en second lieu, *la caractérisation du danger* qui vise à "déterminer, en termes quantitatifs et/ou qualitatifs, la nature et la gravité des effets défavorables liés aux agents ou à l'activité en cause". Il s'agit alors d'établir une relation entre la quantité de la substance dangereuse et l'effet. Puis, la Commission préconise de procéder à *l'évaluation de l'exposition*, c'est-à-dire à "une évaluation quantitative ou qualitative de la probabilité de l'exposition à l'agent étudié". Enfin, en dernier lieu, il convient de procéder à *la caractérisation du risque*, c'est-à-dire à "l'estimation qualitative et/ou quantitative, tenant compte des incertitudes inhérentes à cet exercice, de la probabilité, de la fréquence et de la gravité des effets défavorables, potentiels ou connus, susceptibles de se produire pour l'environnement ou la santé". Elle est établie sur la base des trois volets précédents.

419. En pratique, l'exercice du devoir d'évaluation du risque devrait nécessiter le plus souvent le recours à une expertise scientifique, "clef de voûte qui donne toute sa solidité à la prise de décision et qui permettra de trancher, de façon équitable, les litiges que celle-ci peut, à plus ou moins échéance provoquer"[1075]. Bien que l'expertise ait été le plus souvent abordée comme préliminaire à une décision publique de précaution[1076], les qualités alors requises d'une telle procédure demeurent valables s'agissant d'une décision

---

[1073] Ph. KOURILSKY et G. VINEY, op. cit., p. 42.
[1074] Communication du 2 février 2000, Annexe III, COM (00) 153 final (*J.O.C.E.*, C, 2000/58 du 2 février 2000).
[1075] Ph. KOURILSKY et G. VINEY, op. cit., p. 213.
[1076] M.-A. HERMITTE, "L'expertise scientifique à finalité politique, réflexions sur l'organisation et la responsabilité des experts", *Justices*, oct. 1997, n° 8, p. 79 ; R. ENCINAS DE MUNAGORRI, "Expertise scientifique et décision de précaution", *R.J.E.*, 2000, p. 67; P. BOISTARD, "Expertise scientifique et débat démocratique", *in Université de tous les savoirs*, op. cit., vol. I, p. 223 ; Ph. KOURILSKY et G. VINEY, op. cit., pp. 60 et s., 88 et s. et 213 ; P. BECHMANN et V. MANSUY,op. cit., n°47 et s.

privée. Ainsi, l'expertise scientifique, acte d'évaluation du risque se distinguant de la gestion de celui-ci, se doit d'être indépendante, objective et contradictoire. La principale difficulté réside en réalité dans la comparaison de la décision prise avec l'état des données scientifiques disponibles lors du jugement sur la responsabilité du fait d'un *défaut de précaution* ou *de prévention,* le juge devant alors retracer l'historique des connaissances scientifiques et pourra, pour cela, recourir à une expertise judiciaire.

420. Le respect du devoir d'évaluation des risques devrait être facilité par le travail des différents organismes ayant notamment pour mission de suivre l'évolution des connaissances scientifiques et techniques dans le domaine de la santé et de l'environnement. Ainsi, l'évaluation des risques sanitaires devrait être facilitée par le travail de l'Agence française de sécurité sanitaire des produits de santé (AFSSAPS) et celle des risques environnementaux par celui de l'Agence française de sécurité sanitaire de l'environnement et du travail (AFSSET)[1077]. De même, le travail de la Fondation santé et radiofréquences[1078] devrait favoriser l'évaluation des risques résultant des ondes électromagnétiques liées à la téléphonie mobile. Cependant, l'apport du travail de ces institutions doit être considéré avec prudence, comme en témoigne le rapport de janvier 2006 de l'Inspection générale des affaires sociales et de l'Inspection générale de l'environnement, relatif à l'évaluation des méthodes de travail scientifique de l'AFSSE, qui pointe les insuffisances de ces dernières[1079].

421. Outre l'évaluation du risque, l'application du principe de précaution *stricto sensu* devrait conduire également à l'élaboration d'analyses économiques, l'article L. 110-1 du Code de l'environnement précisant que l'adoption de la mesure de précaution doit intervenir "à un coût économique acceptable". Le respect d'une telle exigence devrait être relativement vérifiable s'agissant de la mise en jeu de la responsabilité de l'Etat car il n'est pas rare de trouver dans la motivation des décisions des autorités publiques ou dans les lois elles-mêmes[1080] des considérations permettant de procéder à une telle

[1077] L'AFSSAPS a été créée par la loi n° 98-535 du 1er juillet 1998 relative au renforcement de la veille sanitaire et du contrôle de la sécurité sanitaire des produits destinés à l'homme (*J.O.*, 2 juillet 1998). Depuis l'ordonnance n° 2005-1087 du 1er septembre 2005 (*J.O.*, 2 sept. 2005), l'AFSSET a remplacé l'Agence française de sécurité environnementale qui avait été créée par la loi n° 2001-398 du 9 mai 2001.

[1078] Cette dernière, reconnue d'utilité publique par un décret du 10 janvier 2005 (*J.O.*, 13 janvier 2005), a notamment pour mission de promouvoir des programmes de recherche sur les effets de l'exposition des personnes aux champs électromagnétiques.

[1079] Rapport présenté par Th. DIEULEVEUX et J. ROUSSOT. Cf. M.-F. DELHOSTE, "Rapport ministériel critique sur l'expertise scientifique : les juges administratifs ferment les yeux", *Environnement*, octobre 2007, étude, p. 12.

[1080] Même si comme le soulignent Ph. KOURILSKY et G. VINEY (op. cit., p. 44-45), l'analyse économique tarde à se développer en France pour les risques environnementaux autant que pour les risques sanitaires.

vérification. En revanche, l'application de ce critère en droit de la responsabilité civile devrait se révéler plus délicate, la décision privée étant plus rarement accompagnée d'une telle considération. Si le devoir d'évaluation des risques est de nature à étendre le domaine de la responsabilité civile, c'est en tant qu'il se combine avec le devoir de recherche sur le risque.

2) Le devoir de recherche sur le risque

422. Nombreux sont les auteurs à avoir souligné l'apparition d'un devoir de recherche sur le risque, sous l'impulsion du principe de précaution[1081], allant jusqu'à affirmer qu'il "n'y a pas de précaution sans stratégie de recherche"[1082]. De son côté, dans sa *Communication sur le recours au principe de précaution*, la Commission des communautés européennes ne manque pas de s'y référer[1083]. En outre, depuis l'adoption de la Charte de l'environnement, "adossée" à la Constitution, l'exigence de recherche revêt une valeur constitutionnelle, l'article 9 de la charte énonçant, en effet, que "la recherche et l'innovation doivent apporter leur concours à la préservation et à la mise en valeur de l'environnement"[1084].

423. Pourtant, il semble qu'à y regarder de plus près, le devoir de recherche ne soit pas totalement nouveau. Ainsi le trouve-t-on déjà en filigrane à propos de l'affaire du Stalinon. En l'espèce, un pharmacien peu scrupuleux avait conçu un produit, associant de la vitamine F et de l'étain, supposé avoir des vertus curatives dans le traitement de certaines maladies de peau. Présenté

[1081] M. REMOND-GOUILLOUD, "Le risque de l'incertain : la responsabilité face aux avancées de la science", art. préc., p. 355 ; G. J. MARTIN, "Précaution et évolution du droit", art. préc., p.304 et "La mise en œuvre du principe de précaution et la renaissance de l'action en responsabilité pour faute", art. préc., p. 4 ; F. EWALD, C. GOLLIER et N. de SADELEER, op. cit., pp. 62 et 69 ; Ph. KOURILSKY, *Du bon usage du principe de précaution*, op. cit., p. 64 et s.

[1082] V. LABROT, "La précaution : prudence environnementale et réalisme ou à propos d'un concept durable…", art. préc., p. 170.

[1083] "des recherches scientifiques doivent être poursuivies, en vue de procéder à une évaluation scientifique plus avancée ou plus complète […]", Communication, préc., art 6.3.5.

[1084] Néanmoins, selon la plupart des auteurs, la portée réelle de cette disposition demeure limitée, se présentant avant tout comme une déclaration de principe dépourvue d'effet juridique direct. En ce sens, cf. B. MATHIEU, "Observations sur la portée normative de la Charte de l'environnement", art. préc., p. 147 ; M. PRIEUR, "L'importance de la réforme constitutionnelle", *R.J.E.*, sept. 2003, n° spécial, p. 10 ; J.-L. PISSALOUX, "La constitutionnalisation non sans risque du droit de l'environnement", art. préc., p. 13 ; M. VERPEAUX, "La Charte de l'environnement, texte constitutionnel en dehors de la Constitution", art. préc., p. 15 ; N. CHAHID-NOURAÏ, "La portée de la Charte pour le juge ordinaire", art. préc., p. 1176 ; L. FONBAUSTIER, "Recherche, innovation et environnement : difficultés d'un ménage à trois", *Environnement*, avril 2005, comm. n° 37, p. 35. En sens contraire, cf. G. DRAGO ("Principes directeurs d'une charte constitutionnelle de l'environnement", art. préc., p. 134) qui estime que toutes les dispositions de la charte ont la même valeur constitutionnelle "parce qu'elles sont intégrées de la même façon au bloc de constitutionnalité".

comme la modification d'un produit ancien, il avait reçu le visa du ministre de la Santé publique et avait été largement diffusé en France. Or non seulement ce produit s'était révélé inefficace mais son utilisation avait provoqué la mort ou l'invalidité grave de plusieurs centaines de personnes. Le tribunal correctionnel de la Seine[1085], dont la décision fut confirmée par la Cour d'appel de Paris[1086], avait condamné le pharmacien-fabricant en raison des nombreuses fautes et délits résultant du défaut de contrôle des matières premières du produit qui était toxique, de l'absence de surveillance de la fabrication du produit et de l'absence de contrôle du produit fini. Les juges de première instance avaient notamment relevé que "le choix, *sans études ni recherches approfondies*[1087], et par surcroît sans justifications valables d'ordre thérapeutique, d'un produit impropre à assurer un dosage rigoureux, témoigne à la charge de l'inventeur d'une négligence et d'une imprudence inadmissibles". Et ce, alors même que l'un des composants du produit figurait au titre de ceux "décrits dans quelques études comme particulièrement toxiques".

424. Dans son commentaire du jugement, Jean-Denis Bredin insistait sur la rigueur des tribunaux relativement à la responsabilité du pharmacien-fabricant soulignant que ce dernier ne peut "plus se contenter d'être un professionnel consciencieux. Il doit, pour répondre au critère de la jurisprudence, être doué d'une science sans défaut, disposer de tous les moyens d'investigation, tout savoir, tout prévoir"[1088]. Du même coup, c'est la notion classique de la faute "entendue comme une erreur de conduite telle qu'elle n'aurait pas été commise par une personne avisée placée dans les mêmes circonstances externes [...]" qui s'en trouve modifiée, puisque "la faute quasi-délictuelle du pharmacien-fabricant est celle que n'aurait pas commise un professionnel idéal"[1089]. Le pharmacien est jugé responsable "au seul motif qu'il fallait prévoir *a priori* le mécanisme des accidents qui a pu être rétabli *a posteriori*"[1090]. Or, toujours selon Jean-Denis Bredin, "il est très contestable que tout ce qui peut être scientifiquement expliqué soit scientifiquement prévisible"[1091]. Et de conclure que cette évolution traduit "la fragilité des critères auxquels le droit de la responsabilité, en dépit de ses révolutions, semble attaché. Force est alors de constater leur insuffisance ou si l'on veut rester fidèle à des mots qui rassurent, de les charger d'un sens nouveau"[1092]. C'est bien ce

---

1085 Trib. corr. de la Seine, 19 déc. 1957, *D.*, 1958, jur. p. 257 ; *S.*, 1958, jur. p. 137, note J.-D. BREDIN ; F. GOLLETY, "Obligations et responsabilités des fabricants de produits pharmaceutiques, *D.*, 1958, chron. p. 71.
1086 Paris, 3 juin 1958, *G.P.*, 1958, 2, jur. p. 105 ; *S.*, 1958, jur. p. 336, note J.-D. BREDIN.
1087 C'est nous qui soulignons.
1088 *S.*, 1958, jur., p. 144.
1089 *S.*, 1958, jur. p. 144.
1090 *S.*, 1958, jur. p. 340.
1091 *S.*, 1958, jur. p. 340.
1092 *S.*, 1958, jur. p. 145.

sens nouveau qu'atteste l'émergence de la faute de précaution du fait d'une insuffisance de recherche, à condition toutefois de préciser qu'à la différence de cette affaire, elle porte désormais sur un risque seulement suspecté[1093].

425. Une autre affaire, jugée par le Tribunal de grande instance de Nanterre, le 12 décembre 1985[1094], témoigne également d'une certaine pénétration de l'obligation de recherche sur le risque avant l'introduction du principe de précaution. Il s'agissait d'une jeune fille qui avait absorbé un antibiotique, l'Amphocycline, jusqu'à l'âge de trois ans, ayant entraîné une dyscoloration de ses dents qui s'était révélée une dizaine d'années plus tard. Ses parents, agissant alors en son nom, assignèrent les laboratoires fabricants en responsabilité. Dans son jugement, le tribunal releva que la tétracycline, composant de l'antibiotique, avait été introduite en France en 1948, que la possibilité d'une dyscoloration des dents datait de 1956 et qu'au cours des années qui suivirent plusieurs études cliniques furent consacrées à cette question (en 1958, 1961, 1963 et 1964). Il condamna le fabricant du médicament à indemniser le préjudice esthétique subi par la victime, au motif "qu'il est donc établi qu'à la date où l'Amphocycline a été administrée à Laurence Caron (1967) les laboratoires Squibb *qui avaient choisi de commercialiser le produit sans attendre d'autres études ou mettre en œuvre les diligences propres à les parfaire, étaient déjà en mesure d'apprécier l'existence d'un risque* et devaient au moins introduire dans la présentation du médicament les réserves nécessaires à l'utilisateur comme à son médecin pour décider en fonction de la maladie de l'opportunité du traitement ; qu'*en omettant cette diligence, ils ont commis une faute qui conduit à les déclarer responsables du dommage qui en procède*"[1095]. Il résulte des faits de l'espèce que le risque en cause dans cette affaire était déjà largement soupçonné au moment du fait générateur, compte tenu des données scientifiques résultant des différentes études versées aux débats. Par conséquent, le manquement reproché au fabricant qui aurait dû, selon les juges, procéder à des recherches complémentaires, peut être analysé comme un *défaut de précaution*.

426. Pourtant cette décision a été interprétée comme un cas d'exonération pour risque de développement[1096] dans la mesure où le tribunal avait indiqué, dans ses motifs, que "compte tenu de son application à la thérapeutique humaine le laboratoire doit faire preuve dans la

---

[1093] Sur l'application du devoir de recherche concernant ce type de risque, cf. O. LANTRES, "Les acteurs pharmaceutiques face au principe de précaution", *P.A.*, 21 octobre 2004, n° 211, p. 3.

[1094] T.G.I. Nanterre, 12 décembre 1985, J. HUET, "Le paradoxe des médicaments et les risques de développement", art. préc., Annexe II ; *Bull. Ord. Pharm.*, juillet-août 1987, n° 303, p. 765.

[1095] C'est nous qui soulignons.

[1096] Selon J. HUET (art. préc., n° 7) "on se trouvait donc typiquement en présence d'un cas de risque de développement".

commercialisation d'un tel produit d'une prudence exceptionnelle dépassant en tout cas la simple obligation d'un professionnel consciencieux ; qu'*il ne pourrait prétendre ainsi [...] s'exonérer sur le fondement d'une simple imprévisibilité au moment de la mise en vente alors que les processus dommageables pourraient être ensuite scientifiquement expliqués*"[1097]. Cette analyse est contestable puisque le risque de dyscoloration dentaire était déjà suspecté en 1967, soit à la date du fait générateur. Or la qualification de risque de développement suppose que le risque en cause soit ignoré à cette date[1098].

427. La faute de précaution consiste alors à "n'avoir pas mis en place les procédures, les procès qui permettaient de produire de la connaissance sur un risque potentiel mais non encore avéré [...] ne pas avoir accompagné l'activité susceptible de faire naître des risques non connus de dispositifs permettant précisément d'en déceler la potentialité bien avant de pouvoir les identifier [...] ne pas avoir procédé par paliers successifs pour anticiper l'éclosion du risque, pour le construire intellectuellement en même temps que l'activité ou le produit susceptible de le porter en germe"[1099]. Désormais, "devra être considéré comme fautif, non seulement celui qui n'aura pas pris les mesures de prévention du risque connu ou prévisible, mais également celui qui, en situation d'incertitude ou de doute, n'aura pas adopté une démarche de précaution, consistant, par exemple, à retarder la mise en vente d'un produit pour poursuivre les recherches ou [...] à soumettre les protocoles d'expériences et leurs résultats à des expertises extérieures"[1100]. L'obligation de recherche sur le risque suspecté constitue donc très certainement un facteur d'extension de la responsabilité pour faute dans la mesure où elle vient allonger la liste des devoirs dont le manquement entraîne la responsabilité[1101]. *Loin de faire alors de la faute de précaution un nouveau fondement de la responsabilité civile, elle participe de son insertion dans les catégories déjà existantes*[1102].

428. Selon le degré d'incertitude du risque, l'obligation de recherche devrait se trouver plus ou moins étendue. Ainsi, conformément à la distinction précédemment établie, Philippe Kourilsky et Geneviève Viney estiment que si la prise en considération d'un risque potentiel plausible "induit une obligation de recherche", celle d'un risque potentiel étayé "renforce l'obligation de recherche

---

[1097] C'est nous qui soulignons.

[1098] Sur l'ignorance du risque caractéristique de la notion de "risque de développement", cf. *supra*, n° 88 et s. et 262 et s.

[1099] G. J. MARTIN, "Responsabilité, risque et précaution", *in Université de tous les savoirs*, op. cit., vol. V, p. 599.

[1100] G. MARTIN, "Précaution et évolution du droit", art. préc., p. 304.

[1101] En ce sens, cf. G. J. MARTIN, articles préc. ; P. JOURDAIN, "Principe de précaution et responsabilité civile", art. préc., p. 52 ; D. JACOTOT, "Le principe de précaution et le renforcement de la responsabilité pour faute", art. préc., p. 94.

[1102] En ce sens, cf. *infra*, n° 637 et s.

et ouvre la question de la prise de décision"[1103]. Une telle obligation de recherche confère à la décision de précaution un caractère provisoire. Largement souligné en matière de décision publique[1104], ce caractère devrait se traduire, en droit privé, par une remise en jeu permanente de la responsabilité, chaque nouvelle découverte apportant son lot d'incertitudes, élargissant à chaque fois un peu plus encore l'étendue du devoir de recherche susceptible d'être violé et donc le domaine potentiel de la responsabilité civile. L'obligation de recherche devrait alors constituer un élément de nature à dynamiser de l'intérieur la notion de faute.

429. C'est donc à une double extension de la responsabilité pour faute que devrait conduire l'obligation de recherche : non seulement une extension matérielle de la notion de faute en y incluant le risque scientifique suspecté, mais également une extension temporelle de la responsabilité en renaissant, en quelque sorte, régulièrement après l'apparition de chaque nouveau risque.

III – La portee des devoirs de prevention et de precaution

430. Du point de vue de la responsabilité civile, la question de savoir si la précaution est une règle substantielle ou procédurale (A), conduit à s'interroger sur la portée des devoirs de *prévention* et de *précaution* au regard de la distinction classique entre les obligations de moyens et les obligations de résultat (B).

[1103] Ph. KOURILSKY et G. VINEY, op. cit., p. 43.

[1104] "les mesures doivent être maintenues tant que les données scientifiques demeurent insuffisantes, imprécises ou non concluantes et tant que le risque est réputé suffisamment élevé pour ne pas accepter de le faire supporter à la société. En raison de nouvelles données scientifiques, il se peut que les mesures soient à modifier, voire à supprimer, avant un délai précis. Cela n'est toutefois pas lié à un facteur temps, mais à l'évolution des connaissances scientifiques", art. 6.3.5 de la *Communication de la commission des Communautés européennes sur le recours au principe de précaution*, préc. Les mesures "doivent avoir un caractère provisoire dans l'attente de données scientifiques plus approfondies [...]", art 5 § 7 de l'*Accord de l'Organisation Mondiale du commerce du 15 avril 1994 sur l'application des mesures sanitaires et phytosanitaires*. CE, 22 nov. 2000, *Association Greenpeace France* (*J.C.P.*, 2001, I, 10530, concl. TOUVET) : à la suite de l'interprétation par la Cour de justice des Communautés européennes de la directive 90/220/CE (C.J.C.E., 21 mars 2000, *Rec. CJCE*, 2000, I, p. 1651), le Conseil d'Etat a estimé qu'une autorisation de mise en culture de maïs transgénique ne pouvait être remise en cause en l'absence "d'éléments nouveaux relatifs aux risques que présentent les semences" et qu'aucune obligation ne pesait sur le gouvernement français de saisir à nouveau la commission consultative compétente en l'absence de "changement de circonstances de nature à justifier un nouvel examen du dossier".

A – La portee de l'obligation de precaution au regard de la distinction entre regle de fond et regle de procedure

431. L'interprétation économique de la précaution[1105] a conduit à son rattachement à la distinction entre deux formes de rationalité : la rationalité dite substantielle ou substantive et la rationalité qualifiée de procédurale[1106]. La première consiste à discerner quelle sera, pour un décideur, "l'action engendrant le meilleur résultat possible parmi un éventail d'actions donné, en fonction de l'objectif qu'il poursuit [...]". La seconde "correspond à un contexte différent : un jugement direct sur l'action susceptible d'entraîner le meilleur résultat n'est pas à portée de main, du fait de la «rationalité limitée» de l'agent, des limites de ses compétences de calcul et des manques qu'il subit quant à l'information dont il aurait besoin pour être «substantivement rationnel»"[1107]. Ici, l'action finalement retenue sera considérée comme rationnelle "non parce qu'elle est la meilleure du point de vue de ses conséquences, jugement alors tout à fait inaccessible, mais parce qu'elle aura été choisie au terme de la bonne procédure"[1108]. Autrement dit, dans le premier cas, l'action est rationnelle du point de vue "des résultats du choix", tandis que dans le second cas, l'action est rationnelle en considération des "processus du choix"[1109]. Pour certains auteurs, cette distinction renvoie à une opposition entre deux niveaux de décision : l'individuel et le collectif. Alors que la rationalité substantielle se rattacherait à la décision individuelle, la rationalité procédurale mettrait en jeu la délibération collective[1110]. Pour les économistes la précaution présente des liens avec ces deux formes de rationalité, tout en étant dominée, semble-t-il par la version procédurale[1111].

432. Cette distinction économique entre ces deux formes de rationalité ne renvoie qu'imparfaitement à la distinction juridique entre le droit substantiel et le droit procédural. En effet, le droit substantiel a trait au fond du

---

1105 Sur cette interprétation cf. Chp. préliminaire, *supra*, n° 79 et s.

1106 O GODARD, "L'ambivalence de la précaution et la transformation des rapports entre science et décision", *in Le principe de précaution dans la conduite des affaires humaines*, op. cit., p. 49 ; G. MONDELLO (dir.), *Principe de précaution et industrie*, op. cit., p. 16 ; G. MONDELLO, "Une approche économique de la notion de prudence", *Rev.fr.éco.*, oct.-nov. 1993, n° 4, pp. 47, 49 et 57.

1107 O GODARD, art. préc., pp. 49 et 50

1108 O GODARD, art. préc., p. 50.

1109 Ph. MONGIN, "Simon, Stigler et les théories de la rationalité limitée", *Information sur les sciences sociales*, 1986, p. 555.

1110 G. MONDELLO, "Une approche économique de la notion de prudence", art. préc., p. 57. Sur la distinction de la prévention et de la précaution au regard de la distinction du droit public et du droit privé, cf. Introduction, *supra*, n° 14 et s.

1111 O GODARD, "L'ambivalence de la précaution et la transformation des rapports entre science et décision", art. préc., p. 50. et "Le principe de précaution, une nouvelle logique de l'action entre science et démocratie", art. préc., p. 31.

droit et désigne à la fois "les droits subjectifs que les parties invoquent en justice [...] et qui donnent lieu à une prétention juridique" ainsi que "les droits objectifs tels que les lois et les décrets qui créent les droits subjectifs"[1112]. De son côté, le droit procédural, processuel ou judiciaire[1113] porte sur le premier et a pour objet d'en permettre la réalisation[1114]. Or, bien que le principe de précaution ait pu être analysé au regard de la distinction entre ces deux derniers types de règles, les arguments présentés témoignent d'un usage non conforme aux définitions juridiques précédemment rappelées. Ainsi, tandis que certains estiment que le principe de précaution pose à la fois une règle de fond et une règle de procédure[1115], de nombreux auteurs assimilent la précaution à une règle procédurale[1116] : elle n'aurait pas tant pour objet de permettre de décider de courir un risque suspecté ou de le prévenir que d'assurer que la décision soit prise conformément à certaines procédures ayant trait à l'évaluation du risque, au coût de la décision et à son caractère proportionné par rapport au risque encouru. Le droit procédural serait ainsi "invité à prendre parfois le pas sur le droit substantif"[1117] et le principe de précaution serait alors "davantage un principe de méthode qu'un principe d'action"[1118].

1112 E. JEULAND, Article "Droit judiciaire", *in Dictionnaire de la justice*, sous la dir. de L. CADIET, Paris, P.U.F., 2004, p. 358.

1113 Sur la controverse entre les notions de procédure et de droit judiciaire, cf. Article "Procédure civile", *in Dictionnaire de la culture juridique*, sous la dir. de D. ALLAN et S. RIALS, Paris, P.U.F. (coll. "Quadrige"), 2003, p. 1226. Sur la notion de droit processuel, cf. H. MOTULSKY, *Droit processuel*, Paris, Montchrestien, 1973.

1114 Sur l'opposition entre d'une part, les règles primaires qui "prescrivent à des êtres humains d'accomplir ou de s'abstenir de certains comportements, qu'ils le veuillent ou non" et d'autre part, les règles secondaires qui "veillent [...] à ce que les êtres humains puissent, en accomplissant certains actes ou en prononçant certaines paroles, introduire de nouvelles règles de type primaire, en abroger ou en modifier d'anciennes, ou, de différentes façons, déterminer leur incidence ou contrôler leur mise en œuvre", comme "clé de la science du droit", cf. H.L.A. HART, *Le concept de droit*, [1961], Bruxelles, Facultés Universitaires de Saint-Louis, 1976, p. 105.

1115 Ch. NOIVILLE, "Principe de précaution et gestion des risques en droit de l'environnement et en droit de la santé", *P.A.*, 30 novembre 2000, n° 239, p. 47 ; C. LEPAGE et F. GUERY, op. cit., p. 168.

1116 P. LASCOUMES, "La précaution comme anticipation des risques résiduels et hybridation de la responsabilité", art. préc., p. 372 et "La précaution, un nouveau standard de jugement", art. préc., p. 133 et 140 ; L. BOY, "Le principe de précaution, de la morale au droit", art. préc., p. 89 ; G. J. MARTIN, "Apparition et définition du principe de précaution", art. préc., p. 12 et "Responsabilité, risque et précaution", *in Université de tous les savoirs*, op. cit., vol. V, p. 599 ; D. TURPIN, "Conclusion des thémiales 1999" *in* LES THEMIALES DE RIOM, préc., p. 196 ; Ph. KOURILSKY, *Du bon usage du principe de précaution*, op. cit., p. 54 et s.

1117 G. BOURGEAULT, ("L'éthique et le droit aujourd'hui : quand les fondations sont ébranlées...", *Les cahiers de droit*, juin 1993, vol. 34, n° 2, p. 542) qui estime que "le droit doit peut-être se soucier davantage aujourd'hui, du moins en certaines matières, d'encadrer le jeu de la discussion et de la négociation que de préciser à l'avance les règles de conduite".

1118 G. J. MARTIN, "La responsabilité en matière d'environnement et le principe de précaution", *in* LES THEMIALES DE RIOM, préc., p. 166.

433. L'argumentation de ces auteurs ne saurait renvoyer à la distinction classique entre le droit substantiel et le droit procédural, dans la mesure où la notion de procédure n'y est pas entendue dans son sens juridique, comme extérieur au fond du droit, mais s'apparente en réalité à ce dernier. En effet, même défini comme une obligation d'évaluation des risques dans le respect de certaines procédures, le principe de précaution demeure une règle de droit substantiel et non une règle de droit procédural. Dès lors, force est de constater que l'obligation de précaution est bien une règle de fond et non une règle de procédure.

B – LA PORTEE DES DEVOIRS DE *PREVENTION* ET DE *PRECAUTION* AU REGARD DE LA DISTINCTION ENTRE LES OBLIGATIONS DE MOYENS ET LES OBLIGATIONS DE RESULTAT

434. Bien que la doctrine rattache généralement la distinction des obligations de moyens et de résultat à la matière contractuelle[1119], certains auteurs n'hésitent pas à en faire état à propos des obligations extra-contractuelles[1120] et même à l'ériger en critère général de distinction des obligations commun aux délits et aux contrats[1121]. L'intérêt de la distinction, énoncée par Demogue afin de résoudre le conflit d'interprétation entre les articles 1137 et 1147 du Code civil[1122], est d'apporter une réponse à l'étendue de la preuve du créancier d'une obligation en fonction de ce que le débiteur a promis. Ainsi, lorsque ce dernier était tenu d'une obligation de moyens, le créancier doit prouver non seulement l'inexécution de l'obligation mais également l'existence d'une faute à la charge du débiteur, tandis que si le débiteur était tenu d'une obligation de résultat, le créancier peut se contenter de rapporter la preuve de l'inobtention du résultat ainsi promis. Appliquée en matière délictuelle, la distinction signifie que selon que le devoir violé imposait ou non l'obtention d'un résultat, la victime devra alors établir la faute en prouvant un simple fait matériel ou démontrer en outre le caractère moralement ou socialement blâmable du comportement de l'auteur[1123]. La question se pose de savoir quelle est la portée des obligations de *prévention* et de *précaution* au

---

[1119] F. TERRE, Ph. SIMLER et Y. LEQUETTE, op. cit., n° 577 et s. ; J. CARBONNIER, op. cit., n° 156 ; Ph. LE TOURNEAU et L. CADIET, op. cit., n° 1489; Ph. MALAURIE et L. AYNES, *Les obligations*, Paris, Cujas, 2001/2002, n° 551.
[1120] G. VINEY et P. JOURDAIN, op. cit., n° 457.
[1121] H. MAZEAUD, "Essai de classification des obligations : Obligations contractuelles et extra-contractuelles ; obligations déterminées et obligation générale de prudence et de diligence", *R.T.D.civ.*, 1936, p. 1 ; H., L. MAZEAUD et A. TUNC, *Traité théorique et pratique de la responsabilité civile délictuelle et contractuelle*, Paris, Montchrestien, 1965 (6ème éd.), tome I, n°103-2.
[1122] Sur ce conflit, cf. notamment G. VINEY et P. JOURDAIN, op. cit., n° 520 ; F. TERRE, Ph. SIMLER et Y. LEQUETTE, op. cit., n° 577.
[1123] En ce sens, cf. G. VINEY et P. JOURDAIN, op. cit., n° 457.

regard de cette classification des obligations. Le débiteur d'une obligation de prévention ou de précaution s'est-il seulement engagé à tout mettre en œuvre pour éviter la survenance du dommage ou a-t-il promis d'empêcher cette dernière ? Son obligation est-elle de moyens ou de résultat ?

435. Si les obligations de prévention et de précaution sont des obligations de moyens, le créancier doit prouver non seulement la réalisation du dommage mais également un manque de prudence et de diligence du débiteur. Concrètement, cela signifie que le créancier doit rapporter d'une part, la preuve de l'état des données scientifiques et techniques, c'est-à-dire la nature du risque encouru et d'autre part, celle de la connaissance par le débiteur de cet état, cette dernière relevant de l'appréciation de l'élément moral de la faute. La détermination de la personne chargée de rapporter la preuve du risque scientifique, en cas de non-respect de l'obligation en cause, a été vivement débattue à propos de l'obligation de précaution en raison de sa nouveauté. Pour certains auteurs le principe de précaution conduit à un renversement de la charge de la preuve[1124]. D'autres s'opposent aujourd'hui à une telle interprétation[1125], tout en estimant, pour la plupart, que le principe de précaution sera néanmoins de nature à alléger la preuve de l'absence de nocivité des produits ou des activités en cause[1126].

[1124] M.-A. HERMITTE et C. NOIVILLE, "La dissémination volontaire d'organismes génétiquement modifiés dans l'environnement. Une première application du principe de prudence", art. préc., p. 394 ("Cette culture du risque classique se traduit très concrètement par la liberté d'entreprendre et de commercialiser des produits tant que leur dangerosité n'a pas été prouvée. *Or, le principe de prudence inverse exactement la proposition : au seul motif que la technique est nouvelle, et que toute technique nouvelle engendre sinon un risque certain, du moins une incertitude scientifique*, on s'autorise à conclure que la «prudence» s'impose tant que l'innocuité (et non le risque) n'a pas été démontrée") ; V. LABROT, "La précaution : prudence environnementale et réalisme social ou à propos d'un concept durable…", art. préc., p. 171 ; P. LASCOUMES, "La précaution, un nouveau standard de jugement", art. préc., p. 138 ; T. O'RIORDAN et J. CAMERON, "The history and contemporary signifiance of the precautionary principle", *in Interpreting the Precautionary principle*, op. cit., chp. 1, p. 13 et 15 ; C. F. CRANOR, "Asymetric information, the precautionary principle, and burdens of proof", *in Protecting Public health and the Environment. Implementing the Precautionary Principle*, op. cit., chp. 4, p. 74 ; M. DEGUERGUE, "La responsabilité administrative et le principe de précaution", art. préc., p. 115.

[1125] O. GODARD, "Le principe de précaution, une nouvelle logique de l'action entre science et démocratie", art. préc., p. 34 ; H. BELVEZE, "Lignes directrices pour l'application du principe de précaution" et J. DRATWA, "Prendre des risques avec le principe de précaution ou comment l'incertain se communique", *in Le principe de précaution. Significations et conséquences*, op. cit., p. 48 et p. 63 ; F. EWALD, C. GOLLIER et N. de SADELEER, op. cit., p. 48 ; J. CAZALA, "Principe de précaution et procédure devant le juge international", *in* L*e principe de précaution. Aspects de droit international et communautaire*, op. cit., p. 167.

[1126] L. GONZALEZ VAQUE, L. EHRING et C. JACQUET, "Le principe de précaution dans la législation communautaire et nationale relative à la protection de la santé", art. préc., p. 118 ; N. de SADELEER, op. cit., p. 206 ; Ph. KOURILSKY et G. VINEY, op. cit., p. 140 ; C. RADE, "Le

436. Pour l'Association européenne du droit de l'alimentation, "lorsqu'une mesure est prise au nom du principe de précaution, on ne doit en aucun cas procéder à un renversement de la charge de la preuve", la preuve de la réunion des conditions d'application du principe de précaution, et donc en particulier du risque de dommage, devant être "supportée par la partie qui adopte une mesure"[1127]. Dans sa *Communication sur le recours au principe de précaution*, la Commission des Communautés européennes s'est prononcée contre un renversement systématique de la charge de la preuve. Selon elle, en effet, "une action prise au titre du principe de précaution peut comporter dans certains cas une clause renversant la charge de la preuve sur le producteur, le fabricant ou l'importateur ; mais une telle obligation ne peut pas systématiquement s'envisager en tant que principe général. Cette possibilité devrait être examinée au cas par cas, lorsqu'une mesure est adoptée au titre de la précaution dans l'attente des données scientifiques supplémentaires, pour donner aux professionnels ayant un intérêt économique dans la production et/ou la commercialisation du procédé ou du produit en question, la possibilité de financer les recherches scientifiques nécessaires, sur une base volontaire"[1128].

437. Si, en revanche, les obligations de prévention et de précaution s'analysent en des obligations de résultat, cela signifie que le débiteur ne s'est pas seulement engagé à mettre en œuvre tous les moyens de nature à prévenir la survenance du dommage mais à empêcher cette dernière, le créancier n'ayant alors qu'à démontrer l'inobtention du résultat promis, c'est-à-dire la réalisation effective du dommage. Ici encore la réponse à la question a été discutée par la doctrine à propos de l'obligation de précaution[1129]. Certains estiment qu'elle constitue une obligation de moyens[1130], tandis que d'autres y voient une obligation de résultat[1131] et soulignent alors la difficulté qui résulterait d'une

principe de précaution, une nouvelle éthique de la responsabilité ?", art. préc., p. 87 ; D. BOURG et J.-L. SCHLEGEL, op. cit., p. 157.

[1127] Position de l'Association Européenne du Droit de l'Alimentation pour la quatorzième Session du Comité du Codex Alimentarius sur les Principes Généraux, 19-23 avril 1999, *in* LES THEMIALES DE RIOM, préc., p. 155.

[1128] COM (00) 153 final, § 6.4 (*J.O.C.E.*, C 2000/58 du 2 février 2000).

[1129] Sur ce débat, cf. Y. JEGOUZO, "Les principes généraux du droit de l'environnement", art. préc., p. 212 ; R. ROMI, "Quelques réflexions sur l'*affrontement économie-écologie* et son influence sur le droit", *Droit et société*, 1998, n° 38, p. 135 ; C. CANS, "Le principe de précaution, nouvel élément du contrôle de légalité", art. préc., p. 755 ; B. MATHIEU, "L'avenir du principe de précaution", *D.*, 2001, Actualité, p. 2026.

[1130] En ce sens, cf. M. REMOND-GOUILLOUD, "Le risque de l'incertain : la responsabilité face aux avancées de la science", art. préc., p. 355 ; M. LONG, préface, *in Le principe de précaution dans la conduite des affaires humaines*, op. cit., p. 21.

[1131] P. MARTIN-BIDOU, "Le principe de précaution en droit international de l'environnement", art. préc., p. 655.

telle qualification qui renverrait, en matière d'environnement, à un devoir de ne pas polluer, impossible à réaliser[1132].

438. Mais les termes de ce débat ne sont pas de nature à justifier une analyse différente selon la nature avérée ou suspectée du risque encouru. A cet égard, le critère traditionnel de l'obligation de moyens résidant dans l'existence d'un aléa affectant la réalisation de l'obligation[1133] n'est d'aucun secours dans la mesure où il constitue une donnée commune à la notion de risque, quelle que soit la connaissance qui s'attache à sa probabilité d'occurrence. En effet, l'aléa caractérisant l'obligation de moyens ne porte pas sur le risque scientifique dont le dommage constitue la réalisation mais sur le risque que l'activité litigieuse engendre le dommage, quelle que soit l'appréciation susceptible d'être portée sur ce risque, au regard des connaissances scientifiques et techniques. Aussi, dans le paradigme classique de la responsabilité civile, c'est-à-dire en présence de l'exigence relative à la réalisation d'un dommage, la distinction de la prévention et de la précaution a vocation à s'exprimer de façon transversale, indépendamment de la nature comme de la portée de l'obligation. La question de la charge de la preuve du risque encouru, au cœur de laquelle se trouve la distinction des obligations de moyens et des obligations de résultat, ne se présente pas différemment selon la nature avérée ou suspectée du risque scientifique. En conséquence, le devoir de *prévention*, comme le devoir de *précaution*, peut être constitutif d'une obligation de moyens ou d'une obligation de résultat.

§ 3 Le renouvellement de l'appreciation de l'element moral de la faute : de la previsibilite subjective a la prevision objective

439. L'élément moral de la faute est "l'aptitude psychologique de l'agent à comprendre la portée de ses actes et en assumer les conséquences"[1134]. Dès lors, l'appréciation de la nature du risque encouru dont la réalisation constitue le dommage, à l'origine de la distinction de la prévention et de la précaution, participe de la définition de l'élément moral de la faute. En la matière, la doctrine distingue deux types de méthodes. L'appréciation peut intervenir *in concreto*, par référence au caractère et aux aptitudes de la personne dont le comportement est analysé ou *in abstracto*, par référence à un modèle de conduite prédéterminé, celui de l'homme normalement prudent ou encore le

---

[1132] R. ROMI, art. préc.
[1133] Sur ce critère, cf. F. TERRE, Ph. SIMLER et Y. LEQUETTE, op. cit., n° 586 ; G. VINEY et P. JOURDAIN, op. cit., n° 541.
[1134] G. VINEY et P. JOURDAIN, op. cit., n° 442.

"bon père de famille"[1135]. Or l'absence de prise en considération de la nature, avérée ou suspectée, du risque scientifique dont la réalisation constitue le dommage, lors de l'application de l'une ou l'autre de ces méthodes, était de nature à gommer la distinction possible entre la qualification du risque par l'agent présumé responsable et celle susceptible d'être opérée par référence aux données de la science. En revanche, la différenciation de la prévention et de la précaution conduit, au contraire, à faire émerger plus que jamais une telle opposition.

440. A cet égard, la prévisibilité subjective de la survenance du dommage, par l'agent, doit être distinguée de sa prévision objective, compte tenu de l'état de la science. Ainsi, la prévision consiste "dans une représentation actuelle de l'avenir. Elle s'opère par l'analyse du présent, appuyée sur la connaissance du passé, et l'application logique des lois de son évolution"[1136]. Une telle prévision peut, en outre, avoir pour objet le monde naturel ou la liberté humaine. Or, comme l'a souligné un auteur, "dans le domaine de la responsabilité, la prévision n'apparaît pas puisque l'on déplace le problème de l'analyse interne sur une comparaison avec un type de référence, celui de l'erreur de conduite que ne commettrait pas un bon professionnel de la même spécialité que celui concerné. La prévisibilité prime la prévision"[1137]. Autrement dit, l'appréciation de ce que l'agent pouvait ou non prévoir absorbe en quelque sorte la prévision objective de l'événement naturel ou humain, compte tenu des données scientifiques et techniques. Aussi, l'introduction de tout élément portant plus spécifiquement sur l'un ou l'autre terme de cette distinction est de nature à favoriser une dissociation entre la prévisibilité et la prévision, laissant apparaître l'autonomie de la seconde par rapport à la première. En ce sens, la spécification du risque, résultant de la distinction de la prévention et de la précaution, conduit à distinguer plus clairement, au sein de l'élément moral de la faute, la part qui ressort de la prévisibilité subjective de l'agent par rapport au risque encouru et celle qui s'apparente à la prévision objective du risque, fondée sur l'état des connaissances scientifiques et techniques. Une telle dissociation traduit l'autonomie de la norme de référence sur laquelle est fondée la distinction de la prévention et de la précaution par rapport au concept juridique traditionnel de prudence[1138]. La distinction de la prévention et de la précaution ne remet donc pas en cause le contenu de l'élément moral de la faute. Elle conduit, cependant,

---

[1135] F. TERRE, Ph. SIMLER et Y. LEQUETTE, op. cit., n° 727 et s. ; G. VINEY et P. JOURDAIN, op. cit., n° 462 et s. ; J. FLOUR, J.-L. AUBERT et E. SAVAUX, op. cit., n° 113 et s. ; J. CARBONNIER, op. cit., n° 229.

[1136] P. HEBRAUD, "Observations sur la notion du temps dans le droit civil", *in Etudes offertes à P. Kayser*, P.U.F. d'Aix-en-Provence, 1979, tome II, p. 28.

[1137] J. PENNEAU, *Faute et erreur en matière de responsabilité médicale*, Paris, L.G.D.J. (coll. "Bibliothèque de droit privé"), tome 133, 1973, p. 260.

[1138] Sur cette autonomie, fondée sur la norme scientifique, cf. Chp. préliminaire, *supra*, n° 38 et s.

à différencier plus nettement, dans l'appréciation de cet élément, la part qui relève de la prévisibilité subjective de l'agent, en l'occurrence de sa connaissance ou non du risque encouru, et celle qui relève de l'appréciation objective de celui-ci, compte tenu des données de la science et de la technique.

CONCLUSION DE LA SECTION I

441. L'introduction en droit de la notion de précaution conduit à renouveler le contenu du fait personnel de la responsabilité civile. Les trois éléments constitutifs de la faute civile que sont l'élément matériel, l'élément légal et l'élément moral doivent donc être repensés au travers de la distinction du risque avéré et du risque suspecté. Il importe de distinguer désormais les *devoirs de prévention* des *devoirs de précaution.* Ces derniers sont de nature venir élargir considérablement le contenu du fait personnel. Ils conduisent à une extension tant des devoirs légaux traditionnels de sécurité ou d'information que des normes de conduite et des normes techniques, particulièrement nombreuses dans les domaines de l'environnement et de la santé. En outre, ils favorisent l'émergence de nouveaux devoirs comme les devoirs d'évaluation ou de recherche sur le risque. Enfin, de son côté, la constitutionnalisation du *devoir* de prévention et du *principe* de précaution devrait faciliter une telle évolution.

SECTION II

PREVENTION, PRECAUTION ET RESPONSABILITE CIVILE CONTRACTUELLE

442. Dans la mesure où, en l'absence de norme légale de prudence, les individus sont libres de se lier par des conventions leur tenant lieu de loi[1139], les notions de prévention et de précaution, en tant qu'elles constituent des espèces de prudence[1140], sont également susceptibles de trouver à s'exprimer au sein de la responsabilité contractuelle. Mais le rôle de la distinction de la prévention et de la précaution dans l'ordre contractuel peut être apprécié différemment selon que l'on envisage la qualification juridique de la norme scientifique, sur laquelle la distinction est fondée ou le contenu matériel de la norme contractuelle. Autrement dit, l'influence du critère de l'état des connaissances scientifiques sur le renouvellement du contenu du fait personnel d'origine contractuelle mérite d'être précisée au regard de la distinction entre d'une part, la qualification de cet état *par le droit* (à travers l'emploi de diverses expressions, parmi lesquelles figurent notamment la notion de "données acquises" ou "actuelles" de la science) et d'autre part, la qualification de cet état *par la science*. En effet, la distinction de la prévention et de la précaution ne saurait avoir d'incidence sur la qualification juridique de ces données, la nature

[1139] Article 1134 du Code civil.
[1140] Cf. Chp. préliminaire, *supra*, n° 35 et s.

avérée ou suspectée du risque scientifique étant déterminée par référence directe à la norme scientifique, indépendamment de son appréhension par le droit[1141]. L'étude de la qualification juridique de la norme scientifique dans le domaine médical confirme une telle analyse (§1). En revanche, la distinction de la prévention et de la précaution est de nature à enrichir le contenu matériel de la norme contractuelle en étendant le domaine de l'obligation d'information (§2).

§ 1 L'ABSENCE D'INFLUENCE DE LA DISTINCTION DE LA PREVENTION ET DE LA PRECAUTION SUR LA QUALIFICATION JURIDIQUE DE LA NORME SCIENTIFIQUE DANS LE DOMAINE MEDICAL

443. L'étude des liens qui unissent le critère de "l'absence de certitudes", caractéristique de la notion de précaution, au domaine des sciences et des techniques médicales traduit l'existence d'un glissement de l'incertitude *en* médecine à une incertitude *sur* la médecine. L'incertitude, en effet, n'est plus seulement présente au sein de la science médicale, comme caractérisant le passage des "données acquises" aux "données actuelles" (A) mais traduit une évolution du statut de la science médicale d'une science de données, forte de ses certitudes, à une science de références dont les énoncés demeurent réfutables (B).

A – L'EMERGENCE DE L'INCERTITUDE EN MEDECINE : DES DONNEES *ACQUISES* AUX DONNEES *ACTUELLES*

444. Depuis l'arrêt Mercier de la Cour de cassation du 20 mai 1936[1142] le médecin est tenu de donner à son patient "des soins, non pas quelconques [...], mais consciencieux, attentifs et, réserve faite de circonstances exceptionnelles, conformes aux données acquises de la science". L'expression "données acquises de la science" était alors passée presque inaperçue, les commentateurs de l'époque étant surtout préoccupés par la nature contractuelle que la décision reconnaissait à la responsabilité médicale, rompant ainsi avec la jurisprudence antérieure[1143]. Mais le succès de la formule, reprise à l'article 32 du Code de déontologie médicale, issu du décret n° 95-1000 du 6 septembre 1995[1144], et constamment rappelée par la jurisprudence[1145], allait démontrer, s'il

---

[1141] Sur cette exigence, cf. Chp. préliminaire, *supra*, n° 43.

[1142] *D.*, 1936, 1, p. 88, concl. MATTER, rapport JOSSERAND, note E. PERREAU ; *S.*, 1937, 1, p. 321, note A. BRETON ; *G.P.*, 1936, 2, p. 41 ; C. FALQUE, "La responsabilité du médecin après l'arrêt de la Cour de cassation du 20 mai 1936", *Rev. crit. Lég. et Jur.*, 1937, p. 609 ; *Rev. crit. Lég. et Jur.*, 1938, p. 319, note J. FLOUR ; *R.G.A.T.*, 1936, p. 804.

[1143] En ce sens, cf. A. RABUT, note sous Paris, 25 avril 1945, *J.C.P.*, 1946, II, 3161.

[1144] Cet article est désormais codifié à l'article R. 4127-32 du Code de la santé publique. Il énonce que : "Dès lors qu'il a accepté de répondre à une demande, le médecin s'engage à assurer personnellement au patient des soins consciencieux, dévoués et fondés sur les données acquises

en était besoin, son importance. L'adjonction de l'adjectif "acquises" n'est pas sans surprendre dès lors qu'une donnée se définit comme "ce qui est admis, connu ou reconnu, et qui sert de base à un raisonnement, de point de départ pour une recherche"[1146] et renvoie donc déjà par elle-même à un élément incontesté. Le pléonasme n'est qu'apparent. Il traduit une volonté implicite de distinguer au sein des données de la science celles qui sont indiscutées et celles qui sont sujettes à controverses. Une donnée peut être acquise au regard de deux types de critères. Un critère objectif de scientificité : la donnée est acquise si elle atteint un certain niveau de certitude. Mais elle peut également être acquise au regard d'un critère subjectif qui sera son niveau de reconnaissance par la communauté scientifique. Suivant ce dernier critère une théorie médicale ne sera dite acquise "qu'autant qu'elle est reçue -reçue depuis un temps assez long- [...] par la partie la plus considérable de l'opinion scientifique", sachant que "plutôt que de compter les têtes, il s'agit d'apprécier la force du courant"[1147]. Si la plupart du temps les deux critères coïncideront (plus la donnée aura un niveau de certitude élevé, plus il y a de chances qu'elle soit admise par le plus grand nombre de scientifiques) cela ne sera pas toujours nécessairement le cas.

445. Qu'elle soit envisagée selon l'un ou l'autre critère la donnée acquise se construit avec le temps et renvoie donc à une vision dynamique de la science. Or c'est précisément à cette vision que se réfère la notion de précaution. Mais, alors que la jurisprudence de 1936 fait prévaloir la donnée acquise ou indiscutée, la précaution, elle, opte pour la connaissance scientifique "du moment" qui peut n'être qu'une hypothèse non encore validée ou une opinion

---

de la science, en faisant appel, s'il y a lieu, à l'aide de tiers compétents". Dans le même sens, l'article 39 du Code de déontologie médicale, figurant à l'article R. 4127-39 du Code de la santé publique, interdit aux médecins de proposer aux malades "un remède ou un procédé illusoire ou insuffisamment éprouvé". Sur la portée des normes déontologiques dans le cadre du contentieux de la responsabilité civile, cf. P. SARGOS, "La révolution éthique des codes de déontologie des professions médicales et ses conséquences juridiques et judiciaires", *D.*, 2007, chron. p. 811, spéc. p. 813.

[1145] Paris, 25 avril 1945, *D.*, 1945, jur. p. 190, note A. TUNC ; *G.P.*, 1945, I, 209, concl. JODELET ; *S.*, 1945, p. 47 ; *J.C.P.*, 1946, II, 3161, note A. RABUT ; *S.*, 1946, 2, p. 29, note DU GARREAU DE LA MECHENIE ; Req., 3 juillet 1945, *D.*, 1946, jur. p. 53 ; Aix, 14 février 1950, *J.C.P.*, 1950, II, 5423, note R. VIENNE ; Paris, 15 février 1950, *J.C.P.*, 1950, II, 5566 ; Montpellier, 14 décembre 1954, *D.*, 1955, jur. p. 745, note J. CARBONNIER ; Civ. 1ère, 1er juillet 1958, *B.C.*, 1958, I, n° 349 ; Civ. 1ère, 16 novembre 1965, *J.C.P.*, 1965, IV, p. 163 ; Civ. 1ère, 27 octobre 1969 *B.C.*, 1969, I, n° 315 ; Civ.1ère 27 octobre 1970, *B.C.*, 1970, I, n° 283 ; T.G.I. Montpellier, 21 décembre 1970, *D.*, 1971, jur. p. 637, note F. CHABAS ; Paris, 16 décembre 1982, *D.*, 1983, I.R. p. 376, obs. J. PENNEAU ; Civ. 1ère, 18 juillet 1983, *B.C.*, 1983, I, n° 209 ; Civ. 1ère, 20 mars 1984, *J.C.P.*, 1986, II, 20621, note F. C. ; Versailles, 21 avril 1986, *D.*, 1987, somm. p.28 ("données acquises de l'art").

[1146] Définition du *Dictionnaire Robert*. Dans le même sens, cf. le *Vocabulaire technique et critique de la philosophie* d'A. LALANDE (op. cit.) qui définit les "données d'une science" comme "les faits et les principes *indiscutés* qui leur servent de point de départ".

[1147] J. CARBONNIER, note sous Montpellier, 14 décembre 1954, *D.*, 1955, p. 747.

minoritaire. Néanmoins, l'arrêt Mercier faisait déjà une place à la notion de précaution en réservant le cas de "circonstances exceptionnelles". Compte tenu, en effet, de son emplacement dans l'attendu de la Cour de cassation, cette réserve porte sur la nature des données auxquelles le médecin doit se conformer[1148]. Il en résulte, *a contrario*, que le médecin qui, dans certaines circonstances, refuserait de donner à son malade des soins consciencieux et attentifs en raison de l'incertitude entourant les données de la science engagerait sa responsabilité. Ces circonstances recouvrent "les cas où l'urgence qu'il y a à intervenir ne laisse pas le temps de recourir aux procédés scientifiques généralement employés"[1149]. Elles permettent donc de "passer outre aux données acquises de la science"[1150] et d'appliquer un traitement ou de faire une opération aux "résultats aléatoires, faute d'expériences renouvelées et probantes"[1151].

446. L'arrêt Mercier réservait donc déjà la possibilité d'une prise en compte par le droit d'une simple hypothèse de la science médicale. Mais c'est surtout la référence de plus en plus fréquente dans la jurisprudence, à partir de 1945, aux données "actuelles" de la science[1152] ou à "l'état actuel de la science"[1153] qui révèle avec acuité la pénétration d'une conception toujours plus dynamique de la science dans le droit. La plupart des auteurs s'accordent en effet pour reconnaître l'existence d'une distinction conceptuelle entre les données "acquises" et les données "actuelles"[1154]. Alors que les premières

---

[1148] Pour E. PERREAU (note préc.) cette réserve porterait également sur la nature de la responsabilité : par dérogation au principe de la responsabilité contractuelle le médecin pourrait, en cas de circonstances exceptionnelles, engager sa responsabilité sur le fondement délictuel.

[1149] C. FALQUE, note préc., p. 623.

[1150] P. SARGOS, "Approche judiciaire du principe de précaution en matière de relation médecin/patient", *J.C.P.*, 2000, I, 226, spéc. n° 15.

[1151] E. PERREAU, note préc., p. 90.

[1152] Aix, 23 février 1949, *J.C.P.*, 1949, II 5025, note R. VIENNE ; Pau, 12 mars 1953, *D.*, 1953, somm. p. 75 ; Civ 1ère, 28 décembre 1954, *D.*, 1955, p. 249, note R. SAVATIER ; Limoges, 25 octobre 1955, *J.C.P.*, 1956, II, 901 ; Paris, 5 décembre 1959, *J.C.P.*, 1960, II, 11489, note R. SAVATIER ; Civ. 1ère, 28 juin 1960, *J.C.P.*, 1960, II, 11787, note R. SAVATIER ; *R.T.D.civ.*, 1961, p. 112, obs. A. TUNC ; Civ. 1ère, 5 février 1968, *J.C.P.*, 1968, IV, p. 43 ; Civ. 30 octobre 1967, *J.C.P.*, 1967, IV, p. 175 ; Paris, 3 mars 1972, *D.*, 1972, somm. p. 101 ; Civ. 1ère, 4 janvier 1974, *B.C.*, 1974, I, 1974, n° 4 ; *D.*, 1974, somm. p. 79 ; *R.T.D.civ.*, 1974, p. 822, obs. G. DURRY ; Civ.1ère, 28 octobre 1974, *B.C.*, 1974, I, n° 283 ; Lyon, 5 déc. 1974, *D.*, 1975, somm. p.100 ; Civ.1ère, 20 janvier 1982, *J.C.P.*, 1982, II, 19877, note F. CHABAS ; Crim. 4 mai 1982, *D.*, 1983, I.R. p. 375, obs. J. PENNEAU ; Paris, 26 avril 1984, *D.*, 1985, somm. p. 368 ; Crim. 7 juillet 1993, *Droit pénal*, déc. 1993, n° 255, note M. VERON.

[1153] Paris, 25 avril 1945, préc. ; Paris, 26 avril 1948, *D.*, 1948, jur. p. 272.

[1154] En ce sens, cf. F. BOUVIER, "Le consentement à l'acte thérapeutique : réalités et perspectives. Les enseignements du colloque «génétique, procréation et droit» de janvier 1995", *J.C.P.*, 1986, I, 3249, n° 9 ; M. HARICHAUX, "L'obligation du médecin de respecter les données de la science", *J.C.P.*, 1987, I, 3306, spéc. n° 12 et s. et *Jurisclasseur*, "Responsabilité civile et assurance", Dalloz, 1993, fasc. 440-1, n° 35 ; M. VERON, note préc. sous Crim. 7 juillet 1993 ; M. CARA, *Bull. Acad. Nat. Méd.*, 1998, tome 182, n° 6, "Commentaires et Discussion", p. 1228.

renvoient à des résultats indiscutés actuellement, les secondes ne se réfèrent qu'aux résultats actuellement disponibles, ces derniers pouvant être acquis ou seulement hypothétiques. Il n'y a donc pas coïncidence entre les deux types de données : "l'acquis" n'est plus nécessairement actuel et "l'actuel" n'est pas nécessairement acquis. En revanche, la doctrine est divisée quant à la portée pratique de la distinction dès lors qu'il n'y a pas eu substitution des "données actuelles" aux "données acquises" mais que, aujourd'hui encore, les deux expressions coexistent dans la jurisprudence[1155]. Selon un auteur, cette coexistence s'explique par le fait que les deux types de données s'appliquent à des actes différents. Les données acquises constitueraient une référence en matière de décision thérapeutique alors que les données actuelles concerneraient plutôt le diagnostic[1156]. Outre que l'opportunité d'une telle opposition peut être contestée[1157], la question demeure de savoir si la distinction entre les deux notions *quant à leur contenu* se retrouve dans l'usage juridique des adjectifs "acquis" et "actuel". De même que lorsque le temps altère la langue commune ce changement se traduit toujours par un "*déplacement du rapport entre le signifié et le signifiant*"[1158], les transformations de la langue juridique s'opèrent suivant le même modèle. Ainsi, les liens qui unissent les expressions "données *actuelles*" et "données *acquises*" à leur contenu (ou signifié) peuvent prendre quatre formes[1159]:

- les données sont qualifiées d'*actuelles* alors qu'elles ne renvoient pas au dernier état de la science actuellement en vigueur -état qui comprend à la fois des données acquises et des hypothèses scientifiques- mais seulement aux données *acquises* (1) ;
- les données sont qualifiées d'*actuelles* mais ne sont *pas acquises* en ce sens qu'elles ne renvoient qu'à des données hypothétiques non encore confirmées (2);

En sens contraire, cf. P. SARGOS, "La jurisprudence civile de la Cour de cassation en matière de faute médicale", *in Rapport de la Cour de cassation 1996*, Paris, La documentation française, 1997, p. 189.

1155 Certains arrêts se réfèrent même aux seules "données de la science", cf. Civ. 13 juillet 1949, *D.*, 1949, jur. p. 423 ; Civ. 1ère, 31 mai 1960, *J.C.P.*, 1961, II, 11914, note R. SAVATIER ; Civ.1ère, 3 juillet 1961, *D.*, 1962, somm. p. 10.

1156 M. HARICHAUX, art. préc.

1157 G. NICOLAS, *La responsabilité médicale*, Paris, Flammarion (coll. "Dominos"), 1996. Pour cet auteur, "qu'il s'agisse du diagnostic ou du traitement : il serait en effet aberrant d'être plus exigeant dans l'un de ces deux domaines alors que le résultat naît de leurs effets conjugués" (p.32-33).

1158 F. de SAUSSURE, *Cours de linguistique générale* [1915], Paris, Payot, 1995, chp. II "Immutabilité et mutabilité du signe", spéc. p. 109.

1159 Dans la mise en évidence de l'absence de coïncidence entre la qualification juridique des données et leur contenu, nous retiendrons les deux définitions suivantes :

- la donnée *acquise* est une donnée ayant un certain niveau de certitude, c'est à dire une donnée ayant dépassé le statut de la simple hypothèse scientifique.
- la donnée *actuelle* est soit une donnée acquise, soit une donnée hypothétique.

- les données sont qualifiées d'*acquises* alors qu'elles ne renvoient qu'à des *données actuellement acquises* c'est-à-dire hypothétiques et falsifiables (3) ;
- les données sont qualifiées d'*acquises* et ne renvoient qu'à des *données confirmées* et non à des hypothèses scientifiques[1160].

1) La donnée est dite "actuelle" mais est seulement acquise

447. Même lorsqu'ils se réfèrent aux "données actuelles" nombreux sont les arrêts qui n'envisagent en réalité que des données acquises, au point que l'on a pu estimer que le véritable critère de référence serait en réalité, selon la formule d'une cour d'appel[1161], les "données actuellement acquises" de la science[1162]. La donnée actuelle n'est, en effet, généralement pas hypothétique[1163] et est le plus souvent admise en majorité par la doctrine.

2) La donnée est dite "actuelle" mais n'est pas acquise

448. Plusieurs décisions témoignent d'une conception élargie des données de la science incluant des procédés non encore totalement validés ou des pratiques prônées par une partie seulement du corps médical. Ainsi, dans un arrêt du 26 mai 1939 la Cour d'appel de Toulouse[1164] a retenu la responsabilité d'un médecin pour avoir omis un procédé de diagnostic alors même que, selon les dires des experts énoncés par l'arrêt, "la réaction de Zondeck en 1932 n'était pas encore entrée dans la pratique courante et *ne donnait pas les résultats de quasi-certitude qu'elle donne aujourd'hui*"[1165]. Au-delà du principe de l'indépendance du juge à l'égard de l'expert, qui est ici implicitement rappelé, cette décision constitue incontestablement un exemple de responsabilité civile fondée sur une simple hypothèse scientifique.

449. Dans sa thèse, Jean Penneau, après avoir rappelé la distinction entre les usages juridiques ou coutumes qui "naissent en un lent aménagement spontané des rapports sociaux qu'ils ont pour but d'harmoniser, et, (qui) une fois établis, n'ont que peu d'aptitude à évoluer, ou en tout cas, évoluent lentement" et les usages de fait qui "varient et se modifient continuellement en fonction d'une

---

1160 Ce cas n'appelle pas de remarque particulière car il exprime une concordance entre la qualification de la donnée et son contenu.
1161 Montpellier, 14 décembre 1954, préc.
1162 En ce sens, cf. A. PENNEAU, op. cit., n° 151.
1163 Ainsi l'arrêt précité de la Cour d'appel d'Aix du 23 février 1949 qui, après s'être référé aux "données actuelles de la science", précise que le chirurgien est libre de choisir le mode d'anesthésie qu'il préfère à condition que "ce procédé constitue un *moyen connu ayant dépassé le stade de l'expérimentation scientifique*".
1164 Toulouse, 25 mai 1939, *G.P.*, 1940, 1, p. 61.
1165 C'est nous qui soulignons.

évolution scientifique de plus en plus complexe et accélérée", range les "données actuelles de la science" dans cette seconde catégorie en raison du renouvellement permanent de leur contenu[1166]. Par ailleurs, il insiste sur la nécessité de distinguer, au sein des usages de fait, les véritables usages "admis de manière quasi unanime, à quelques variantes secondaires près" des pratiques d'opinion "variables selon les auteurs et les écoles"[1167]. Le fait, pour un médecin, de se conformer à ces pratiques, qui ne sont pas encore reconnues unanimement par le corps médical, ne constitue pas en soi une cause de responsabilité. La solution contraire conduirait même à supprimer toute possibilité, pour la science médicale, d'évoluer[1168]. Ainsi certains arrêts ont-ils rejeté la responsabilité de médecins qui avaient suivi des pratiques d'opinion[1169]. Mais la prééminence de l'actualité des données de la science sur leur caractère acquis se révèle avec encore plus d'acuité dès lors que le non-respect de certaines opinions minoritaires devient source de responsabilité, comme en témoignent deux arrêts de la Cour d'appel de Paris rendus à la suite de la contamination par la syphilis d'un patient bénéficiaire d'une transfusion sanguine dans un hôpital.

450. Dans une première espèce, en date du 25 avril 1945[1170], la Cour d'appel de Paris a retenu la responsabilité du médecin, auteur de la transfusion, alors même qu'en ne procédant pas à un examen clinique du donneur avant la transfusion il n'avait fait que se conformer aux usages de sa profession qui ne prévoyaient que des analyses périodiques du sang. Après avoir relevé qu' "une partie autorisée du corps médical réclame précisément un renforcement du contrôle des donneurs de sang", les juges ont en effet estimé "qu'en droit, il ne suffit pas qu'un acte soit conforme à un usage pour faire échapper celui qui l'accomplit à toute responsabilité ; que l'usage n'enlève pas aux tribunaux leur liberté d'appréciation ; que ceux-ci peuvent toujours refuser de le consacrer s'ils l'estiment contraire aux règles de la prudence ou insuffisant, comme c'est le cas en l'espèce actuelle". La cour reprochait donc au médecin de ne pas s'être conformé à une pratique prônée par une partie seulement du corps médical et qui de ce fait constituait une donnée actuelle de la science tout en ne faisant pas encore partie des données acquises. L'usage invoqué par le médecin n'en était pas véritablement un, il s'agissait bien plus d'une "pratique encore mouvante"[1171].

[1166] J. PENNEAU, *Faute et erreur en matière de responsabilité médicale*, Paris, L.G.D.J. (coll. "Bibliothèque de droit privé"), tome 133, 1973, n° 106.
[1167] J. PENNEAU, op. cit., n° 109.
[1168] J. PENNEAU, op. cit., n° 117.
[1169] Aix, 23 février 1949, préc. ; Aix, 14 février 1950, préc.
[1170] Paris, 25 avril 1945, préc.
[1171] A. TUNC (note préc. sous Paris, 25 avril 1945) qui souligne que l'usage "qui tire sa force du sentiment commun, n'existe qu'au-dessus de toute discussion sérieuse". C'est cette distinction entre véritables usages et pratiques d'opinion qui permet à J. PENNEAU (op. cit., n° 126)

451. Dans une affaire similaire, la Cour d'appel de Paris a, par une décision du 28 avril 1948[1172], condamné un centre de transfusion sanguine pour n'avoir pas pris toutes les précautions auxquelles il lui était possible, "en l'état de la science médicale", de recourir pour éviter l'inoculation d'un sang vicié à une patiente. En l'espèce, le centre qui se contentait, conformément à l'usage en vigueur, de vérifier l'état sanitaire des donneurs tous les trimestres, n'avait pas procédé à un examen clinique de la donneuse avant la transfusion alors pourtant que "des personnalités médicales qualifiées" avaient préconisé un tel examen. Si les données de la science justifiant la condamnation du centre étaient bien "actuelles" elles ne pouvaient cependant être qualifiées d' "acquises" dès lors qu'une doctrine, certes de renom mais minoritaire, s'y était opposée. Ici encore, le non-respect d'une opinion dissidente a joué en faveur de la responsabilité. Et si la Cour de cassation a rejeté le pourvoi du centre de transfusion en substituant ses motifs à ceux de la cour d'appel, marquant ainsi implicitement son désaccord avec la possibilité d'une responsabilité médicale en cas de conformité aux usages[1173], dont le principe avait d'ailleurs été vivement contesté par certains[1174], il n'en demeure pas moins que les connaissances médicales de l'époque faisaient apparaître un doute quant à l'efficacité d'une pratique.

452. Ces deux affaires permettent de souligner une double dissociation. D'une part, en effet, la qualification retenue par le juge du critère des données de la science est susceptible de différer du contenu réel des données en ce sens que les données peuvent être qualifiées d'actuelles mais renvoyer, en réalité, aux seules données hypothétiques, sans comprendre les données acquises alors pourtant que l'expression "données actuelles" est susceptible d'englober les deux types de données. Il n'y a donc pas nécessairement de lien entre l'expression juridique retenue et le contenu auquel elle renvoie. D'autre part, le choix opéré par le juge entre la qualification "données actuelles" et la qualification "données acquises" est indépendante de la qualification du risque encouru au regard de l'état de la science au fondement de la distinction de la prévention et de la précaution. En effet, dans les deux

---

d'affirmer que cette jurisprudence n'est pas contradictoire avec celle qui estime que le médecin qui se conforme aux usages ne commet pas de faute.

[1172] Paris, 26 avril 1948, *D.*, 1948, jur. p. 272.

[1173] Cour de cassation, 17 décembre 1954, *D.*, 1955, jur. p. 269, note R. RODIERE. La cour a confirmé la responsabilité du centre aux motifs qu'il existait entre ce dernier et l'Assistance publique une convention, ayant pour objet de procurer à la malade hospitalisée le concours d'une donneuse de sang, pour l'exécution d'une prescription médicale, accompagnée d'une stipulation pour autrui en faveur de la patiente hospitalisée et qu'en inoculant à cette dernière un sang vicié le centre n'avait pas fourni la prestation loyale à laquelle elle était en droit de prétendre.

[1174] Cf. A. TUNC, note préc. sous Paris, 25 avril 1945.

espèces précédentes le risque scientifique encouru était avéré[1175]. Pourtant, dans un cas comme dans l'autre, la donnée ne pouvait renvoyer à une donnée "acquise" puisque la pratique en cause, que le praticien s'était vu reprocher de ne pas avoir mise en œuvre, était prônée par une doctrine minoritaire. Le médecin ayant pratiqué la transfusion, dans le premier arrêt de la cour d'appel de Paris et le centre, dans le second, n'ont donc pas été condamnés pour *défaut de précaution* mais pour *défaut de prévention*[1176]. Il en résulte que la qualification juridique de la norme scientifique au regard de la distinction des données actuelles et des données acquises est sans incidence sur la distinction de la prévention et de la précaution. Le fait que le juge qualifie les données scientifiques d'actuelles ou d'acquises ne préjuge pas de la nature avérée ou suspectée du risque.

3) La donnée est dite "acquise" alors qu'elle est seulement actuelle

453. La référence aux "données acquises" se trouvant à l'article 32 du Code de déontologie médical de 1995[1177] devrait, selon plusieurs auteurs, être interprétée à la lumière d'une conception toujours plus dynamique de la science, de telles données n'étant pas nécessairement indiscutables et définitives[1178]. Dès lors, les arrêts qui aujourd'hui encore continuent de se référer aux données "acquises" de la science ne peuvent plus être interprétés comme le signe d'une référence à une science sûre d'elle-même et invitent à rechercher le concept derrière la formule[1179]. Une telle analyse conduit à rejeter la distinction originaire entre données acquises et données actuelles mais cette fois au profit des secondes.

454. Ces différents types de rapports entre les expressions employées par la jurisprudence ou la doctrine et le contenu auquel elles renvoient mettent en évidence la prééminence des concepts sur les mots utilisés. Ce qui importe bien plus ce n'est pas tant la caractérisation formelle des données scientifiques -

---

[1175] A l'époque des faits, en effet, la connaissance du risque relatif à la transmission de la syphilis par la voie sanguine était avérée. En revanche, il existait une incertitude portant sur la durée de la période d'incubation.

[1176] En sens contraire, à propos de l'arrêt du 25 avril 1945, cf. L. SOUBELET ("La représentation de la science par le droit", *in Le droit saisi par la biologie. Des juristes au laboratoire*, sous la dir. de C. LABRUSSE-RIOU, Paris, L.G.D.J., 1996, p. 385) qui estime que cette affaire constitue une application de la notion de précaution.

[1177] Codifié à l'article R. 4127-32 du Code de la santé publique.

[1178] En ce sens, cf. L. RENE, *Code de déontologie médicale*, Paris, Seuil (coll.. "Points"), 1996, pp. 66 et 104.

[1179] Cette démarche ne remet pas en cause le principe suivant lequel l'état des données de la science s'apprécie par référence à la date des soins et non à la date du jugement, comme le rappelle un arrêt de la Cour de cassation du 6 juin 2000 qui juge inopérant le moyen "qui se réfère à la notion, erronée, de données actuelles" (Civ. 1ère, 6 juin 2000, *J.C.P.*, 2001, II, 10447, note G. MEMETEAU).

qu'elles soient dites *acquises* ou *actuelles*- que la valeur accordée à ces données. Or, depuis la fin des années trente[1180], déjà, cette valeur n'est plus identique à celle qui était reconnue à la science médicale lorsque, à la fin du XIXème siècle, les condamnations de médecins se sont faites plus fréquentes. Jamais peut-être la médecine n'a eu autant conscience de la précarité de ses données[1181] ; il n'y a plus aujourd'hui, en ce domaine, de connaissances acquises, l'acquis étant toujours provisoire. Cette situation est le fruit d'une double évolution. Evolution du rythme des progrès de la science médicale elle-même qui est de plus en plus rapide, obligeant le médecin à actualiser en permanence ses connaissances[1182]. La médecine, en effet, "a plus changé au cours des soixante dernières années que pendant les soixante siècles précédents."[1183] Cette inflation des connaissances a eu pour effet paradoxal d'entraîner une augmentation de l'incertitude de la pratique médicale. Evolution de la théorie de la science qui d'une part, refuse d'assimiler la connaissance scientifique à la seule connaissance prouvée et affirme qu'elle demeure toujours réfutable[1184] et d'autre part, affirme le caractère approximatif et non déterminé du progrès scientifique, particulièrement dans le domaine des sciences de la vie[1185]. Or de même que la naissance de la science moderne a largement contribué à l'apparition de la

---

[1180] Cette période constitue incontestablement une rupture dans l'évolution de la médecine. Pour J. BERNARD, on peut dater la révolution thérapeutique de 1937, année de l'apparition des sulfamides, suivie de celle des antibiotiques (J. BERNARD et J. DAUSSET, *La mosaïque humaine. Entretiens sur les révolutions de la médecine et le devenir de l'homme*, Paris, Calmann-Lévy, 2000, p. 11). Dans le même sens, M. TUBIANA oppose le "monde stable" de la médecine avant 1939 et la situation actuelle (*Histoire de la pensée médicale. Les chemins d'Esculape*, Paris, Flammarion, coll. "Champs", 1995, p. 327).

[1181] M. HARICHAUX, "Relativité des données de la science et responsabilité médicale", *in Clés pour le siècle. Droit et science politique, information et communication, sciences économiques et de gestion*, op. cit., p. 1603.

[1182] En ce sens, cf. M. TUBIANA, op. cit., p. 327.

[1183] J. BERNARD, J. BERNARD et J. DAUSSET, op. cit., p. 11.

[1184] Sur cette vision poppérienne de la science qui fait de la "falsifiabilité" le critère de scientificité, cf. Chp. préliminaire, *supra*, n° 51. Certes dès 1865, C. BERNARD affirmait la faillibilité de toutes les théories, particulièrement en médecine : "Quand nous faisons une théorie générale dans nos sciences, la seule chose dont nous soyons certains, c'est que toutes ces théories sont fausses absolument parlant. Elles ne sont que des vérités partielles et provisoires [...] elles ne représentent que l'*état actuel* de nos connaissances" (C. BERNARD, *Introduction à l'étude de la médecine expérimentale* [1865], Paris, Flammarion, coll. "Champs", 1984, p. 69). Mais à l'inverse de K. Popper, la démarche de C. Bernard était fondée sur un critère positif de vérification visant à prouver une théorie et non à la ruiner.

[1185] En ce sens, cf. P. MEYER et P. TRIADOU, *Leçons d'histoire de la pensée médicale. Sciences humaines et sciences sociales en médecine*, Paris, Odile Jacob, 1996, p. 19 et s. Selon eux, si "la science, de Laplace et Claude Bernard à Einstein ou Monod, s'accommode fort bien du déterminisme" (qui permet de prédire un résultat dès lors que certaines conditions sont remplies), aujourd'hui, le Vivant est largement "irrésolu" et cette irrésolution "compte très fort parmi les causes de fluctuations et d'hésitations de la pensée médicale".

médecine moderne[1186], le statut de la médecine actuelle doit être rapproché du renouvellement contemporain de la méthodologie des sciences.

455. Si le passage d'une référence aux données acquises de la science au critère des données actuelles s'est d'abord réduit à un changement sémantique, dont la portée a pu être discutée, la nouvelle expression a incontestablement contribué à favoriser l'émergence d'une conception évolutive de la science médicale accordant une place au doute et à l'incertitude.

B – L'EMERGENCE D'UNE INCERTITUDE RELATIVE AUX ENONCES DE LA SCIENCE MEDICALE : D'UNE SCIENCE DE DONNEES A UNE SCIENCE DE REFERENCES

456. Depuis une dizaine d'années les données de la médecine font l'objet d'une normalisation sous diverses formes : conférences de consensus, recommandations, références médicales opposables etc. En théorie, ces systèmes de référence n'ont presque aucune valeur contraignante. Néanmoins, ils risquent d'influencer fortement la pratique judiciaire en matière de responsabilité médicale. Ils contribueraient alors à faire entrer le doute dans les prétoires, dès lors que loin de renvoyer à une science empreinte de certitudes, ils constituent plutôt le symptôme d'une science toujours réfutable (1). Mais si une telle évolution est susceptible d'être favorisée, de manière générale, par la prise en considération de l'incertitude scientifique résultant de la consécration juridique de la notion de précaution, elle ne saurait trouver à s'exprimer au sein de la distinction de la prévention et de la précaution (2).

1) La normalisation, symptôme d'une science toujours réfutable

457. Le mouvement de normalisation dans le domaine de la santé, venu des Etats-Unis, a débuté en France à la fin des années quatre-vingt avec les premières conférences de consensus[1187]. Ces conférences, composées d'experts, d'un jury et d'un public, ont un double objectif. Elles visent à obtenir un consensus tant sur la validité scientifique, l'efficacité, l'utilité clinique et l'innocuité d'une technique médicale que sur son acceptabilité humaine, légale, sociale, économique et éthique[1188]. L'initiative de la conférence est prise par un

---

[1186] M. TUBIANA, op. cit., p. 74 et s.

[1187] Les premières conférences de consensus en France dans le domaine de la santé remontent à 1987. Cf. *Le consensus en médecine. Analyse et bilan des conférences de consensus dans le monde*, sous la dir. de A. GIRAUD et D. JOLLY, Paris, Doin et Assistance Publique-Hôpitaux de Paris, 1991, p. 8.

[1188] A. GIRAUD et D. JOLLY, "Origines et définition des conférences de consensus", *in Le consensus en médecine. Analyse et bilan des conférences de consensus dans le monde*, op. cit., p.14.

promoteur qui, après avoir choisi un thème de réflexion, confie la responsabilité de la conférence à un comité d'organisation. Celui-ci désigne un jury et son président, recrute des experts et invite le public. Dans un premier temps, les experts exposent les questions libellées par le comité d'organisation et en discutent avec le public et le jury. Puis, ce dernier se réunit à huis clos pour rédiger un rapport de synthèse qui est ensuite lu au public[1189]. Par hypothèse, donc, l'apparition de ces conférences est liée à l'inflation des situations d'incertitude. Mais l'exigence de consensus révèle l'existence de la controverse sans pour autant y mettre fin. Si l'on en croit Jean Penneau[1190], les modalités d'organisation de ces conférences (désignation du promoteur, choix du sujet et des experts) et leur déroulement (effet de la dynamique de groupe) sont de nature à instaurer un consensus forcé qui s'apparente bien plus à un "compromis accepté" qu'à un véritable consensus. Les conclusions de la conférence représentent seulement une opinion parmi d'autres, celle des participants et non celle de la communauté médicale dans son ensemble. Dès lors, les références médicales issues de ces conférences demeurent toujours réfutables.

458. En 1990 la Convention nationale des médecins a introduit en droit la notion de références médicales, devenues, dans le cadre de la maîtrise des dépenses de santé, les "références médicales opposables" (RMO) instaurées par la Convention nationale des médecins signée le 21 octobre 1993[1191] et approuvée par un arrêté du 25 novembre 1993[1192]. Selon cette convention, les RMO sont "d'une part, des critères scientifiques reconnus permettant notamment de définir les soins et prescriptions médicalement inutiles, d'autre part, des fréquences d'utilisation par patient de certains soins et prescriptions"[1193]. Elles sont déterminées à partir de recommandations, "propositions de bonnes pratiques ou de stratégie diagnostique ou thérapeutique établies méthodiquement, améliorables en permanence, destinées à aider le praticien et le patient à rechercher les soins les plus appropriés"[1194]. Par la suite,

---

[1189] Y. MATILLON et P. DURIEUX, "Le consensus dans le contexte de l'Evaluation médicale", *in Le consensus en médecine. Analyse et bilan des conférences de consensus dans le monde*, op. cit., p. 79. Pour une présentation synthétique des différentes procédures de délibération sur l'évaluation des risques, cf. A. TIRLING, "Sciences et risques : aspects théoriques et pratiques d'une approche de précaution", Tableau 13, *in Le principe de précaution. Significations et conséquences*, op. cit., p. 97.

[1190] M. et J. PENNEAU, "Recommandations professionnelles et responsabilité médicale", *Méd. et Dr.*, janv.-fév. 1998, n° 28, p. 4.

[1191] Cette convention est intervenue en application de la loi n° 93-8 du 4 janvier 1993 relative aux relations entre les professions de santé et l'assurance maladie (*J.O.*, 5 janvier 1993), qui prévoit que les conventions entre les organisations syndicales de médecins et les caisses d'assurance maladie définissent et fixent les références médicales opposables à chaque médecin (art. 2 et 4 de la loi codifiés à l'article L. 162-5 6°/ du Code de la sécurité sociale).

[1192] *J.O.*, 26 novembre 1993.

[1193] Article 14 § 3, al. 2 de la Convention nationale des médecins de 1993.

[1194] Article 14 § 2 de la Convention nationale des médecins de 1993.

l'ordonnance du 24 avril 1996, relative à la maîtrise médicalisée des dépenses de soins[1195], a étendu ces références à l'ensemble des professionnels de santé. En outre, elle a introduit dans le Code de la sécurité sociale un article L. 165-12-15 qui en modifie quelque peu le contenu puisqu'il énonce que ces références "identifient des soins et des prescriptions médicalement inutiles ou dangereux". Au critère de l'inutilité de l'acte s'est donc ajouté celui de la dangerosité. Ces références -ainsi que les recommandations de bonne pratique- sont établies par la Haute autorité de santé[1196] et, pour le domaine du médicament, par l'Agence française de sécurité sanitaire des produits de santé[1197]. Le médecin qui ne respecte pas les références médicales encourt une sanction financière[1198].

459. Les références médicales, à l'instar des recommandations adoptées lors des conférences de consensus, ne sont pas des données qui s'imposent d'elles-mêmes. Elles ne sont pas *acquises*, mais, étant discutables, elles sont seulement tenues pour vraies au terme d'une décision qui fait autorité, comme en témoigne la définition réglementaire des références médicales opposables qui renvoie à des "critères scientifiques *reconnus*". Les propos de Christian Atias sont éloquents à ce sujet. Il remarque, en effet, que ces références médicales nous invitent désormais à penser en ces termes : "rien n'est acquis ; tout peut être convenu entre des experts reconnus" et estime que "le passage des données acquises de la science aux références médicales opposables marque un véritable saut d'une médecine expérimentale, forte des certitudes que promet la vérification expérimentale, à une médecine de la vigilance"[1199]. Paradoxalement donc, les données inscrites dans les références médicales opposables ne sont pas des données certaines mais constituent au contraire le symptôme d'une "médecine qui doute de ses données"[1200] et l'indice d'une faillibilité de la science. En outre, la normalisation des connaissances médicales sous forme de recommandations ou de références tend à donner une image inexacte du processus d'évolution de la science, nous invitant à croire que l'accumulation des connaissances conduit au progrès alors qu'elle ne fait que substituer une vérité convenue à une vérité incertaine[1201].

[1195] Ordonnance n° 96-345, *J.O.*, 25 avril 1995.

[1196] Cette dernière a été créée par la loi n° 2004-810 du 13 août 2004 relative à l'assurance maladie (*J.O.*, 17 août 2004).

[1197] Article L. 162-12-15 du Code de la sécurité sociale.

[1198] Article 14 § 4 et 5 de la Convention nationale des médecins de 1993.

[1199] C. ATIAS, "Les références médicales opposables : révolution ou continuité ?", *R.D.S.S.*, 1995, p. 22.

[1200] C. ATIAS, art. préc., p. 23.

[1201] Sur l'approche épistémologique des RMO, cf. C. ATIAS, "Sur les reversements et les références médicales opposables", *Droit social*, sept.-oct. 1997, n° 9/10, p. 830, n°13. Et plus généralement sur la critique de la science comme processus cumulatif, cf. T. S. KUHN, *La structure des révolutions scientifiques*, op. cit., p. 138-139 ; K. POPPER, *La logique de la découverte scientifique*, op. cit., p. 285.

460. La vérité scientifique demeurant toujours réfutable, la vérité juridique s'y substitue. Mais la stabilité du droit catalyse, pour un temps seulement, une science en perpétuel mouvement. Il en résulte la nécessité d'actualiser les références médicales en fonction des données de la science, comme le prévoit notamment l'article L. 162-12-15 du Code de la sécurité sociale[1202]. Comment pourtant opérer une telle actualisation dès lors que les conclusions de la science sont plus que jamais provisoires ? La boucle semble se refermer sur elle-même : faute de certitudes la science de données a fait place à une science de références qui en appelle à la première. Cependant, si le constat de l'émergence progressive d'une médecine fondée sur des données provisoires et réfutables témoigne du rôle accru de l'incertitude scientifique dans ce domaine, il ne saurait être de nature à favoriser l'ancrage de la notion de précaution en cette matière. En effet, la distinction de la prévention et de la précaution est en réalité incompatible avec une conception de la science fondée sur la notion de connaissances provisoires et toujours réfutables.

2) L'incompatibilité d'une science médicale de références avec la distinction de la prévention et de la précaution

461. Les recommandations issues des conférences de consensus sont dépourvues de force obligatoire et ne sauraient exonérer un médecin de sa responsabilité. Néanmoins, elles constituent un moyen d'évaluation de l'état des connaissances scientifiques, à un moment donné, qui pourra être pris en compte par le juge appelé à statuer sur la responsabilité d'un médecin[1203]. La même analyse peut être faite pour les références médicales opposables. En effet, si ces dernières, à la différence des recommandations, sont contraignantes, elles ne sont applicables qu'aux rapports entre les médecins et les caisses d'assurance maladie et ne peuvent conduire qu'à une sanction financière, le but de leur instauration étant avant tout de favoriser une réduction des dépenses de santé. Certains auteurs en ont déduit l'indépendance des références médicales par rapport aux "données acquises de la science" estimant à la fois que le fait pour un médecin de s'être conformé à une référence médicale opposable ne l'exonère pas nécessairement de sa responsabilité et que le non-respect par un médecin d'une telle référence n'implique pas forcément qu'il ait commis une faute de

[1202] "La liste des références opposables est régulièrement actualisée par les parties conventionnelles [...] en fonction notamment des données de la science".

[1203] En ce sens, cf. "La conférence de consensus : valeur médico-juridique", *Bull. Ord. Méd.*, mai 1994, n° 5 ; "Responsabilité des médecins et conférence de consensus", *Bull. Ord. Méd.*, juin 1994, n° 6, p. 43 ; L. RENE, "Relations entre la responsabilité médicale et les conclusions d'une conférence de consensus", *in Le consensus en médecine. Analyse et bilan des conférences de consensus dans le monde*, op. cit., p. 91 ; J. TAPIE, "Les recommandations de bonne pratique et les références médicales, des outils à généraliser", *Droit social*, sept.-oct. 1997, n° 9/10, p. 828.

nature à engager sa responsabilité[1204]. Pourtant, dans la mesure ou elles constitueront un moyen d'estimation des données actuelles de la science, d'autres s'accordent à reconnaître qu'elles auront un effet indirect sur le contentieux de la responsabilité[1205].

462. La distinction précédemment établie entre une science de données et une science de références renouvelle les enjeux du débat. En effet, dès lors que les données de la science ne sont plus dotées d'une valeur de certitude absolue mais seulement relative, la question de l'obligation ou non pour les médecins d'agir conformément à ces données prend un sens nouveau. Si les recommandations issues des conférences de consensus et les références médicales opposables devaient devenir, pour le juge appelé à statuer sur la responsabilité d'un médecin, un critère d'évaluation des données de la science, tout médecin verrait alors son comportement comparé à celui du professionnel qui aurait agi conformément à ces références médicales c'est-à-dire en l'absence de certitude. Alors que l'ancienne norme des données acquises permettait d'aboutir à un jugement sur la responsabilité en raison de la certitude de ces données, les références médicales étant l'indice d'une "discutabilité" des données de la science ne peuvent constituer un critère de responsabilité que si l'on admet la possibilité d'une telle responsabilité en situation de doute. Il en résulterait que le médecin qui aurait agi sans se conformer à une référence médicale qualifiant un acte de dangereux ou celui ayant respecté une RMO qualifiant un acte d'inutile pourrait toujours voir sa responsabilité engagée en raison du doute attaché à la valeur de la RMO[1206]. La valeur de vérité attachée à la référence prime sur son contenu. Peu importe que la référence retienne le caractère dangereux d'un acte ou son inutilité car ce danger ou cette inutilité énoncé n'est toujours que relatif, la référence médicale étant par nature toujours réfutable. Si la référence médicale exprime *la connaissance scientifique du moment*, ce qu'elle énonce l'est toujours *en l'absence de certitudes*.

1204 C. ATIAS, "Les références médicales opposables : révolution ou continuité ?", art. préc. ; I. LUCAS-BALOUP et B. LORIT, "Quelle est l'influence des RMO sur la responsabilité civile et pénale du praticien?", *in Médecins / Caisses, 20 questions sur les références médicales opposables*, Paris, SCROF, 1995, p. 95 ; M. et J. PENNEAU, art. préc., p. 6.

1205 En ce sens, cf. C. ATIAS, "Les références médicales opposables et l'anesthésie : Aspects médico-légaux", *R.R.J.*, 1995, p. 759 ; A. LAUDE, "La force juridique des références médicales opposables", *Méd. et Dr.*, janv.-fév. 1998, n° 28, p. 1.

1206 En ce sens, cf. P. FRAISSEIX, "L'opposabilité des références médicales obligatoires aux médecins de ville et aux médecins hospitaliers", *P.A.*, 29 juillet 1994, n° 90, p. 23 ; P. SARGOS, "Approche judiciaire du principe de précaution en matière de relation médecin/patient", art. préc., spéc. n° 13 ; J. M. FOIDART, "Le principe de précaution et l'obligation d'action médicale", *in* ACADEMIE NATIONALE DE MEDECINE, *Principe de précaution, santé et décision médicale*, préc.

463. Mais, contrairement aux apparences, une telle évolution ne saurait favoriser l'ancrage de la notion de précaution. En effet, l'incertitude relative aux énoncés de la science médicale ne saurait être fondée que sur une conception extensive de la précaution incluant la prévention. Or, la distinction de ces deux notions, au cœur de laquelle se trouve la différenciation du risque avéré et du risque suspecté, suppose au contraire la possibilité de se référer à la fois à des connaissances scientifiques certaines et à des connaissances scientifiques probables, mais non à des connaissances réfutables[1207].

§ 2 L'INCIDENCE DE LA DISTINCTION DE LA PREVENTION ET DE LA PRECAUTION SUR LA DETERMINATION DU CONTENU MATERIEL DE LA NORME CONTRACTUELLE : L'EXTENSION DE L'OBLIGATION D'INFORMATION[1208]

464. La réception de la notion de précaution par le droit conduit à une extension du domaine des obligations d'information portant sur les risques sanitaires (A) et sur les risques environnementaux (B).

A – L'ELARGISSEMENT DE L'OBLIGATION D'INFORMATION RELATIVE AUX RISQUES SANITAIRES

465. L'extension de la prévention en direction de la précaution apparaît notamment s'agissant de l'obligation contractuelle d'information du médecin (1), de celle du fabricant de médicaments (2) ou encore de celle de l'opérateur de téléphonie mobile (3).

1) L'obligation contractuelle d'information du médecin

466. Cette obligation est prévue par plusieurs textes. Tout d'abord l'article 35 du Code de déontologie des médecins énonce que "le médecin doit à la personne qu'il examine, qu'il soigne ou qu'il conseille, une information loyale, claire et appropriée sur son état, les investigations, et les soins qu'il lui propose"[1209]. De son côté, l'article L. 1111-2 du Code de la santé publique, issu de la loi du 4 mars 2002 relative aux droits des malades et à la qualité du système de santé[1210], pose le principe selon lequel "toute personne a le droit d'être informée sur son état de santé". Ces dernières années l'obligation

[1207] Sur ce postulat, cf. Chp. préliminaire, *supra*, n° 53.

[1208] La notion de précaution est également de nature à étendre d'autres types d'obligations contractuelles, en particulier les obligations contractuelles de sécurité, mais ces dernières intervenant principalement à propos de l'utilisation d'une chose, leur étude interviendra dans la suite des développements consacrés à la responsabilité du fait des choses, cf. *infra*, n° 544 et s.

[1209] Cette disposition est désormais codifiée à l'article R. 4127-35 du Code de la santé publique.

[1210] *J.O.*, 5 mars 2002, p. 4118.

d'information du médecin a connu un formidable essor en jurisprudence[1211]. En effet, alors que traditionnellement le médecin était dispensé d'informer son patient sur les risques exceptionnels encourus[1212], sauf dans certains cas particuliers[1213], la jurisprudence a progressivement consacré une telle obligation. Les signes avant-coureurs de cette évolution sont apparus dès 1996, date à partir de laquelle plusieurs juridictions du fond ont estimé qu'un risque rare devait être signalé dès lors qu'il présentait une certaine gravité[1214]. Puis, dans un arrêt du 14 octobre 1997, la première Chambre civile de la Cour de cassation[1215] a approuvé la décision d'une cour d'appel ayant jugé, sur la base de présomptions, que l'information concernant un risque mortel lié à une colioscopie avait bien été donnée à une patiente et a rejeté le pourvoi abstraction faite du motif surabondant selon lequel un tel risque étant exceptionnel n'avait pas à être révélé. Dans une autre décision, en date du 27 mai 1998, la Cour de cassation énonçait que le médecin était tenu de fournir à son patient "une information loyale, claire et appropriée sur les risques graves des investigations ou des soins qu'il lui propose [...]" sans distinguer selon le caractère exceptionnel ou non du risque[1216].

467. Mais le principe de l'extension de l'obligation d'information aux risques exceptionnels a été véritablement consacré avec les arrêts de la Cour de

---

1211 Cf. notamment F. ALT-MAES, "L'information médicale du patient au cœur de la distinction entre responsabilité délictuelle et responsabilité contractuelle", *R.D.S.S.*, 1994, p. 381 ; F. CHABAS, "L'obligation d'information médicale en danger", *J.C.P.*, 2000, I, 212 ; E. NAHON, "L'obligation d'information du médecin et de l'avocat", *G.P.*, 15-16 février 2002, doctr. p. 25.

1212 Civ. 1ère, 8 nov. 1955, *D.*, 1956 p. 3 ; *J.C.P.*, 1955 II 9014 (accidents fréquents, non imprévisibles, peu graves en général, mais pouvant parfois entraîner la mort). Civ. 1ère, 23 mai 1973, *G.P.*, 1973, II, 885, note J.-P. DOLL ; *J.C.P.*, 1975, II, 17955, note R. SAVATIER ; *R.T.D.C.*, 1974, p. 618 note G. DURRY (les accidents comparables à celui de la victime se comptaient sur les doigts de la main). Civ. 1ère, 6 mars 1979, *D.*, 1980, I.R. p. 170 note J. PENNEAU (risque de 4/1000). Civ. 1ère, 29 mai 1984, *D.*, 1985, jur. 281, note F. BOUVIER (le pourcentage des risques était suffisant pour obliger le médecin à en informer le patient). Civ. 1ère, 9 octobre 1985, *B.C.*, I, n° 253. Civ. 1ère, 3 janvier 1991, *B.C.*, I, n° 5 ; *J.C.P.*, 1991, IV, p. 75.

1213 En matière de chirurgie esthétique, cf. Civ. 1ère, 17 novembre 1969, *J.C.P.*, 1970, II, 16507, note R. SAVATIER ; *D.*, 1970 p. 85. Civ. 1ère, 17 février 1998, *J.C.P.*, 1998, I, 144, note G. VINEY ; *P.A.*, 6 mai 1999, n°90, p. 19, note D. HALLIEZ. Lorsque le risque résulte de l'affection dont souffre le patient et non de l'intervention qu'il subit, cf. Civ. 1ère, 20 janvier 1987, *B.C.*, I, n°19.

1214 T.G.I. Paris, 21 octobre 1996, non publié, cité par J. GUIGUE et C. ESPER, "Le juge judiciaire et le juge administratif se prononcent sur l'information médicale du malade", *G.P.*, 1997, doctr. p. 5. Versailles, 28 mars 1996, *D.*, 1996, I.R. p. 138. Paris, 20 février 1998, *G.P.*, 1998, n° 296/297, p. 89.

1215 *J.C.P.*, 1997, II, 22942, rapport P. SARGOS ; *J.C.P.*, 1997, I, 4068, n° 6, obs. G. VINEY ; *R.D.S.S.*, 1998, p. 68, note M. HARICHAUX.

1216 Civ. 1ère, 27 mai 1998, *J.C.P.*, 1998, IV, 2626 ; *D.*, 1998, jur. p. 530, note F. LAROCHE-GISSEROT.

cassation du 7 octobre 1998[1217]. Dans la première espèce, une femme avait subi une intervention chirurgicale à la suite d'une chute ayant entraîné une fracture de la deuxième vertèbre lombaire. Quelque temps après l'opération des troubles de l'œil gauche s'étaient manifestés. Le praticien diagnostiqua une thrombose du sinus caverneux qui déboucha sur la perte fonctionnelle définitive de l'œil. La victime assigna alors le chirurgien en invoquant un défaut d'information sur le risque encouru. La cour d'appel la débouta de sa demande au motif, notamment qu' "en l'espèce, la complication de thrombophlébite du sinus caverneux bien que connue est très rare". La première Chambre civile cassa la décision de la cour d'appel, sur le fondement de l'article 1147 du Code civil, estimant qu' "hormis les cas d'urgence, d'impossibilité ou de refus du patient d'être informé, un médecin est tenu de lui donner une information loyale, claire et appropriée sur les risques graves afférents aux investigations et soins proposés et qu'il n'est pas dispensé de cette obligation par le seul fait que ces risques ne se réalisent qu'exceptionnellement".

468. Dans la seconde espèce, la victime, souffrant d'une gonarthrose évolutive du genou, avait subi une intervention chirurgicale qui provoqua un syndrome de loge, dont elle demandait réparation au praticien. La cour d'appel rejeta la demande aux motifs que le médecin n'était pas tenu d'informer le patient du risque d'atteinte du nerf sciatique lors de l'intervention "en raison du seul fait qu'un tel risque était exceptionnel dès lors qu'il pouvait être évalué à seulement 1%". Bien que la Cour de cassation rejetât ici le pourvoi[1218], elle estima que l'arrêt des juges du fond était justifié "abstraction faite du motif erroné mais surabondant suivant lequel le risque n'avait pas à être révélé au patient en raison du seul fait que sa réalisation était exceptionnelle".

469. Dans ces deux affaires d'une part, le risque encouru était grave et d'autre part, et surtout, sa probabilité de réalisation était connue du corps médical, bien qu'elle fût peu importante. Il s'agissait donc d'un risque avéré constitutif de la notion de *prévention*. En effet, un risque, même exceptionnel,

---

[1217] Civ. 1ère, 7 octobre 1998 (2 arrêts), *J.C.P.*, 1998, II, 10179 Concl. J. SAINTE-ROSE, note P. SARGOS ; *D.*, 1999, jur. p. 145, note S. PORCHY ; *D.*, 1999, somm. p.259, note D. MAZEAUD; *G.P.*, 16-17 juin 1999, somm. jur. p. 99, note F.- J. PANSIER ; C. NOIVILLE, "L'extension de l'obligation d'information du médecin", *P.A.*, 5 mai 1999, n° 89, p. 4 ; E. GOUESSE, "L'obligation d'information du médecin (A propos de deux arrêts de la Cour de cassation du 7 octobre 1998), *P.A.*, 9 juin 1999, n°114, p. 4.

[1218] Aux motifs que la cour d'appel avait constaté qu'eu égard au caractère évolutif de la gonarthrose du genou et à l'échec de tous les traitements, l'opération subie était indispensable et seule de nature à améliorer l'état du patient, que cette intervention avait effectivement abouti à l'amélioration escomptée, que la victime ne souffrait, en définitive, du fait du syndrome de loge, que de troubles sensitifs moindres que ceux découlant de la non-réalisation de l'opération chirurgicale, et qu'ainsi l'absence de préjudice résultant pour le patient de la perte de la faculté qu'il aurait eue, s'il avait été informé, de refuser l'intervention, était caractérisée.

n'en demeure pas moins certain quant à sa possibilité de survenance. Ces arrêts traduisent néanmoins un élargissement de la responsabilité pour *défaut de prévention* en direction du risque suspecté, constitutif d'un *défaut de précaution*, dans la mesure où plus la probabilité de réalisation du risque est faible et se rapproche de l'inconnu, plus la notion de prévention tend à céder le pas à celle de précaution. Cette jurisprudence a été largement confirmée depuis[1219], la Cour de cassation l'ayant même appliquée à des actes médicaux antérieurs à son intervention[1220]. En outre, son adoption par les juridictions administratives[1221] est un signe de ce que l'élargissement du domaine de la prévention qui mène sur le chemin de la précaution est un phénomène qui dépasse le clivage traditionnel du droit privé et du droit public[1222].

470. Depuis la loi du 4 mars 2002 relative aux droits des malades et à la qualité du système de santé, il est prévu, à l'article L. 1111-2 du Code de la santé publique, que l'information due par le médecin porte notamment sur "les risques fréquents ou graves normalement prévisibles" que comportent les différentes investigations, traitements ou actions de prévention proposés au malade. Cette formulation est de nature à étendre un peu plus encore l'obligation d'information, en ne la limitant pas seulement aux risques graves, comme dans les deux affaires ayant donné lieu aux arrêts de 1998[1223]. Mais elle n'est pas de nature à élargir le domaine de la prévention en direction de la précaution, cette dernière supposant également un risque grave[1224]. La référence aux risques "normalement prévisibles" témoigne même plutôt, au premier abord, d'un resserrement de la prévention vers le risque largement connu[1225]. Tel n'est pas le

---

[1219] Civ. 1ère, 15 juillet 1999, *J.C.P.*, 1999, IV, 2713 ; *D.*, 1999, somm. p. 393. Civ. 1ère, 9 octobre 2001, *J.C.P.*, 2001, IV, 2864. Paris, 25 octobre 2001, *D.*, 2001, I.R. p. 3492.

[1220] Civ. 1ère, 9 octobre 2001, *D.*, 2001, jur. p. 3470, rapport P. SARGOS, note D. THOUVENIN ; *J.C.P.*, 2002, II, 10045, note O. CACHARD.

[1221] CE, 5 janvier 2000 (2 espèces), *Cts Telle* et *Assistance publique-hôpitaux de Paris*, *J.C.P.*, 2000, II, 10271, note J. MOREAU ; *J.C.P.*, 2000, I, 243, n° 21, obs. G. VINEY ; *P.A.*, 25 février 2000, n° 40, p. 15, note C. CLEMENT ; *A.J.D.A.*, 2000, doctr. p. 137, M. GUYOMAR et P. COLLIN. CE, 17 mai 2000, *J.C.P.*, 2001, II, 10462, note E. SAVATIER. Pour une approche comparée de l'obligation d'information en droit privé et en droit public, cf. C. CLEMENT, "L'obligation d'information médicale : les divergences des juges administratif et civil", *P.A.*, 9 juin 1999, n° 114, p. 12 ; R. REVEAU, "L'évolution du droit relatif à l'information médicale : l'élaboration d'un régime commun de responsabilité civile et administrative, *Dr. adm.*, juin 2002, chron. p.5.

[1222] Sur les liens entre la distinction de la prévention et de la précaution et celle du droit public et du droit privé, cf. Introduction, *supra*, n° 14 et s.

[1223] Civ. 1ère, 7 octobre 1998 (2 arrêts), préc.

[1224] Sur cette condition de gravité, cf. 2ème partie, *infra*, n° 664 et s.

[1225] En réalité la question de savoir si une telle formule est de nature à favoriser la précaution est particulièrement délicate. En effet, dès lors que la précaution se définit par référence au risque suspecté, elle suppose nécessairement une perception du risque et renvoie donc à une certaine prévisibilité. Reste à savoir dans quelle mesure le risque de précaution peut être considéré comme

cas, en revanche, de la suite des dispositions de l'article L. 1111-2 du Code de la santé publique, selon lesquelles "lorsque, postérieurement à l'exécution des investigations, traitements ou actions de prévention, des risques nouveaux sont identifiés, la personne concernée doit en être informée, sauf en cas d'impossibilité de la retrouver". Dans la mesure où la loi ne distingue pas selon que les risques nouveaux sont avérés ou seulement suspectés, l'obligation de suivi de l'information ainsi instituée[1226] se présente à la fois comme un devoir de *prévention* et un devoir de *précaution*.

2) L'obligation contractuelle d'information du fabricant de médicaments

471. Si l'obligation d'information du fabricant de médicaments est parfois fondée sur la responsabilité délictuelle[1227], la jurisprudence la rattache également au contrat. Ici encore les décisions rendues peuvent être examinées à la lumière de la distinction entre l'obligation de *prévention* et celle de *précaution*. Ainsi, dans une espèce jugée en 1979 par la Cour d'appel de Rouen[1228], un psychiatre avait prescrit à une patiente un traitement à base de Nimaol qui avait entraîné chez celle-ci de graves troubles oculaires allant jusqu'à un état proche de la cécité. La victime reprochait au fabricant de ne pas avoir suffisamment informé en temps utile les prescripteurs et les utilisateurs du médicament des dangers d'une posologie excessive alors qu'il avait eu connaissance que par suite de trop fortes doses, plusieurs accidents de même nature étaient déjà survenus. La Cour d'appel de Rouen condamna le fabricant pour non-respect de son obligation contractuelle de renseignement à l'égard du consommateur, résultant de l'article 1135 du Code civil. Dans son arrêt, la cour relève que si "les experts soulignent qu'en 1964 la réalité des névrites optiques médicamenteuses n'était pas encore connue du milieu médical alors qu'au contraire les I.M.A.O., constituants du Nimaol, avaient la réputation d'être bien tolérés ; qu'ils rappellent que d'une façon générale, à cette époque les accidents thérapeutiques n'avaient pas encore suffisamment sensibilisé les praticiens", les laboratoires fabricants avaient, avant cette date "été avisés de la survenance en neuropsychiatrie de quatre incidents sous forme de troubles visuels dont trois au moins se sont révélés être des névrites optiques et en tiraient eux-mêmes la conclusion que le Nimaol pouvait être tenu responsable de ces accidents survenus après une posologie trop élevée [...]". La Cour d'appel estima que le fabricant était donc "informé des dangers éventuels" du médicament et aurait dû en informer les utilisateurs. Dans la mesure où le type d'accident à l'origine du dommage s'était déjà produit, le risque encouru, en l'espèce, était donc avéré.

"*normalement* prévisible". Sur cette question, cf. les développements relatifs à la force majeure, *supra*, n° 307 et s.

[1226] Sur l'obligation de suivi en général, cf. *supra*, n° 399 et s.

[1227] Cf. *supra*, n° 354 et s.

[1228] Rouen, 14 février 1979, *J.C.P.*, 1980, II, 19360, note P. BOINOT.

Par conséquent, la responsabilité retenue sanctionnait un *défaut de prévention*, mais cette dernière était entendue de façon extensive, le risque n'étant pas fréquent mais exceptionnel en raison du petit nombre d'accidents déjà constatés.

472. Dans l'affaire de l'Isoméride, jugée par la Cour de cassation le 24 janvier 2006[1229], les Laboratoires Servier, condamnés en appel sur l'action en responsabilité d'une patiente ayant développé une Hypertension artérielle pulmonaire primitive (HTAPP) à la suite de la prise de ce médicament, soutenaient notamment dans leur pourvoi que la notice de l'Isoméride faisait état des effets indésirables subis par la victime. Mais la Haute juridiction judiciaire a rejeté le moyen comme manquant en fait[1230]. Compte tenu du caractère suspecté du risque d'HTAPP, au moment de la prescription du médicament[1231], le défaut d'information reproché au fabricant peut être analysé comme un *défaut de précaution*.

3) L'obligation contractuelle d'information de l'opérateur de téléphonie mobile

473. La nature encore suspectée des risques sanitaires liés à la téléphonie mobile[1232] constitue un terrain propice à l'extension de l'obligation d'information des opérateurs en la matière, qu'il s'agisse de leurs relations avec les usagers de téléphones portables ou de celles susceptibles de naître à l'occasion de contrats portant sur l'installation d'antennes-relais. Désormais, en effet, l'information relative aux risques potentiels sur la santé des téléphones portables[1233] est rendue possible grâce au DAS (débit d'absorption spécifique) qui permet, pour chaque usager, de connaître son niveau d'exposition personnel aux champs électromagnétiques liés à son téléphone[1234]. Un arrêté du 8 octobre

---

[1229] Civ. 1ère, 24 janv. 2006, *Resp. civ. et ass.*, mars 2006, comm. n° 90, note C. RADE ; *D.*, 2006, panor. p. 1931, P. JOURDAIN ; *J.C.P.*, II, 10082, L. GRYNBAUM ; *R.D.S.S.*, 2006, p. 495, note J. PEIGNE ; *Rev. Lamy dr. civ.*, mai 2006, p. 13, J.-A. ROBERT et A. REGNIAULT ; *R.D.C.*, 2006, p. 841, note J.-S. BORGHETTI ; *Méd. et dr.*, 2007, p. 12, chron. C. CORGAS-BERNARD.

[1230] "Attendu qu'il résulte des constatations de la cour d'appel que, contrairement aux énonciations du moyen, à la date de la prescription, l'annexe II de l'AMM de l'Isoméride, correspondant à l'information reprise dans la notice, ne faisait aucune référence à l'existence d'un risque d'HTAPP et l'annexe I, correspondant au résumé des caractéristiques du produit dont disposait M. Z. [médecin du travail prescripteur du médicament], mentionnait seulement que des cas d'hypertension artérielle avaient été rapportés chez des patients généralement obèses sans qu'aucun lien de causalité n'ait été établi avec la prise d'Isoméride".

[1231] Sur l'évolution des connaissances scientifiques en la matière, cf. *supra*, n° 146.

[1232] Pour une présentation de ces risques, cf. *supra*, n° 378 et s.

[1233] "Les opérateurs commencent à informer timidement les consommateurs", *Le Monde*, 30 janvier 2001.

[1234] Le DAS quantifie la dose d'énergie absorbée par un milieu biologique ou par un organisme en un temps donné et par kilogramme. Il exprime le rapport de la puissance absorbée par le poids de l'individu (en watt/kg).

2003 impose une obligation d'information sur les DAS dans les notices d'emploi des téléphones mobiles[1235]. En cas de non-respect des dispositions de ce texte, les consommateurs ayant subi un préjudice pourront alors mettre en jeu la responsabilité des fabricants de mobiles sur le fondement d'une *faute de précaution*, en raison de l'existence d'un risque potentiel.

474. Les opérateurs de téléphonie mobile pourraient aussi voir leur responsabilité engagée à l'occasion des contrats qu'ils passent lors de l'installation d'une antenne-relais. Ainsi, dans un jugement en date du 5 décembre 2000, le Tribunal d'instance de Montpellier[1236] a annulé, pour réticence dolosive, une convention, relative à la pose d'une antenne-relais, entre un syndicat de copropriétaires et la Société française de radiotéléphone (SFR), au motif que cette dernière, opérateur professionnel, qui connaissait parfaitement les problèmes soulevés par les scientifiques sur les répercussions de ce genre d'installation sur la santé humaine se devait d'en informer son cocontractant, simple particulier, et de lui fournir tous les renseignements permettant de soumettre à l'assemblée générale des copropriétaires un dossier objectif. L'obligation contractuelle d'information du professionnel est ainsi étendue aux risques seulement éventuels. Néanmoins, la portée de cette jurisprudence doit être relativisée, d'une part en raison du caractère non définitif du jugement. D'autre part, l'éventualité d'un risque lié aux relais de téléphonie mobile ne saurait entraîner nécessairement l'annulation des actes relatifs à leur implantation, comme en témoigne un arrêt de la Cour d'appel de Paris, en date du 7 mai 2002[1237]. Cette décision confirme le rejet de l'action tendant à l'annulation d'une décision d'assemblée générale pour vice du consentement, intentée par une copropriétaire aux motifs que cette dernière "qui n'ignorait pas que l'implantation projetée du relais avec trois grandes antennes et trois armoires se ferait en terrasse au-dessus de son appartement, était parfaitement à même de se convaincre, même en l'absence de connaissances scientifiques étendues, de l'existence d'un aléa, d'un risque éventuel pour la santé, quand elle a voté en faveur du projet. Elle ne pouvait être sûre ni de l'innocuité ni de la nocivité de relais de ce type, nocivité qui jusqu'à présent n'a pas été établie. Elle ne démontre pas que son consentement fût vicié par une erreur substantielle au moment du vote".

[1235] Arrêté du 8 octobre 2003 relatif à l'information des consommateurs sur les équipements terminaux radioélectriques pris en application de l'article R. 20-10 du Code des postes et télécommunications (*J.O.*, 9 octobre 2003).

[1236] TI Montpellier, 5 décembre 2000, n° 2660/2000, RG n° 11-00-000359 (non publié), *Le Monde*, 10 mai 2001.

[1237] Paris, 7 mai 2002, non publié, RG n° 2001/04367.

B – L'ELARGISSEMENT DE L'OBLIGATION D'INFORMATION RELATIVE AUX RISQUES ENVIRONNEMENTAUX

475. Plusieurs dispositions légales imposant une obligation d'information dans le domaine de l'environnement sont susceptibles d'être élargies par la prise en compte d'un risque suspecté. Ainsi, il résulte de l'article L. 514-20 du Code de l'environnement[1238] que "lorsqu'une installation soumise à autorisation a été exploitée sur un terrain, le vendeur de ce terrain est tenu d'en informer par écrit l'acheteur ; il l'informe également, pour autant qu'il les connaisse des dangers ou inconvénients importants qui résultent de l'exploitation"[1239]. La suite du texte précise que "à défaut, l'acheteur a le choix de poursuivre la résolution de la vente ou de se faire restituer une partie du prix". Il peut aussi "demander la remise en état du site aux frais du vendeur, lorsque le coût de cette remise en état ne paraît pas disproportionnée par rapport au prix de vente". L'insertion juridique de la notion de précaution, combinée avec le principe selon lequel il convient de ne pas distinguer là où la loi ne distingue pas, pourrait conduire à une interprétation large des dangers ici visés, comprenant non seulement les dangers avérés mais également les dangers potentiels, compte tenu des connaissances scientifiques et techniques. La faute contractuelle susceptible d'être reprochée au vendeur d'un terrain sur lequel une installation classée a été exploitée s'en trouverait élargie d'autant[1240].

[1238] Cet article reprend les dispositions de l'article 8-I de la loi du 19 juillet 1976 relative aux installations classées. Cf. G. ANGELI, "L'obligation d'information de l'article 8-1 de la loi du 19 juillet 1976, *R.J.E.*, 1996, p. 1 ; E. FREMEAUX, "La pollution des sols et la responsabilité contractuelle", *G.P.*, 5 mai 1994, doctr. p. 563 ; F. BAVOILLOT, "La réparation des dommages causés à l'environnement : l'exemple français de la réhabilitation des sites pollués", *G.P.*, 5 mai 1994, doctr. p. 546 ; V. SOL, "Le point sur la réhabilitation des sites pollués : un droit en pleine évolution", *P.A.*, 8 août 2000, n°157, p. 4. M.-P. CAMPROUX-DUFFRENE, "La prise en charge par le vendeur de la réhabilitation d'un terrain pollué sur le fondement de l'article L. 514-20 du Code de l'environnement", *J.C.P.*, 2006, I, 156.

[1239] La jurisprudence interprète avec rigueur ces dispositions. Ainsi, le vendeur doit-il se renseigner sur l'existence d'une éventuelle exploitation d'une installation classée soumise à autorisation sur le site industriel qu'il vend et rechercher l'existence d'une éventuelle pollution causée par une telle installation, afin d'en informer l'acheteur (Paris, 13 février 2003, *J.C.P.*, 2003, 10075, note F. G. TREBULLE). En outre, la Cour de cassation a eu l'occasion de rappeler que l'information due par le vendeur doit être faite par écrit (Civ. 3ème, 12 janvier 2005, *D.*, 2005, jur. p. 2513, note M. BOUTONNET ; *Dr. env.*, juillet-août 2005, II, p. 1528, note D. VOINOT). En revanche, s'agissant du champ d'application de l'article L. 514-20 du Code de l'environnement, les juges s'en tiennent à une interprétation stricte de la loi, laquelle limite l'obligation d'information aux seules installations classées soumises à autorisation (Civ. 3ème, 20 juin 2007, *Environnement*, août-sept. 2007, comm. n° 168, note M. BOUTONNET). Enfin, la Cour de cassation décide que cette disposition ne s'applique pas à la vente d'un terrain sur lequel l'exploitation d'une installation classée est en cours (Civ. 3ème, 9 avril 2008, *J.C.P.*, 2008, II, 10096, note F. G. TREBULLE).

[1240] En ce sens, cf. P. STEICHEN, op. cit., p. 128.

476. Mais l'influence de la précaution pourrait également se faire sentir du côté de l'acheteur, en venant étendre le domaine de son obligation de se renseigner, corollaire du devoir classique d'informer[1241], qui tend à s'imposer, sur le modèle de certains droits étrangers[1242]. En revanche, si la responsabilité du vendeur devait s'étendre à un défaut d'information portant sur un risque ignoré lors de la vente, compte tenu des données de la science, c'est-à-dire un risque de développement[1243], elle ne pourrait alors être qualifiée de responsabilité pour *défaut de précaution*, cette notion supposant que le risque ait été déjà soupçonné[1244].

477. La loi sur les nouvelles régulations économiques du 15 mai 2001 a introduit un article L. 225-102-1 dans le Code de commerce imposant aux sociétés cotées de faire figurer dans le rapport annuel, présenté par le conseil d'administration ou le directoire, à l'assemblée générale, des informations "sur la manière dont la société prend en compte les conséquences sociales et environnementales de son activité"[1245]. Dans la mesure où cette disposition ne distingue pas selon que les conséquences de l'activité de l'entreprise sur l'environnement sont avérées, compte tenu des connaissances scientifiques et techniques ou seulement suspectées, on peut penser que l'information devra également porter sur ces dernières[1246]. Dès lors, un

---

1241 En ce sens, cf. M. REMOND-GOUILLOUD, "Terrains à vendre : poison compris", art. préc., p. 137, n° 13.

1242 Ainsi, au Royaume-Uni la règle de droit *Caveat emptor* dispense le vendeur d'informer son cocontractant des défauts de la chose vendue, l'acheteur étant tenu lui-même de mener sa propre enquête. Cf. M. REMOND-GOUILLOUD, "Une tempête transatlantique. Le problème juridique des terres contaminées", *Etudes foncières*, juin 1992, n° 55, p. 36.

1243 Sur la notion de risque de développement en droit de l'environnement, cf. *supra*, n° 279 et s.

1244 Sur cette question, cf. Chp. préliminaire, *supra*, n° 88 et s.

1245 Loi NRE n° 2001-420 du 15 mai 2001 (*J.O.*, 16 mais 2001). Le décret n° 2002-221 du 20 février 2002 (*J.O.*, 21 février 2002), introduisant un article 148-3 dans le décret du 23 mars 1967 sur les sociétés commerciales, précise la liste des informations relatives aux conséquences de l'activité de la société sur l'environnement. Cf. S. OLIVEIRA LEITE, "Environnement : les nouvelles responsabilités des entreprises", *Option finance*, 22 octobre 2001, n° 661, p. 35.

1246 En ce sens la Recommandation de la Commission européenne du 30 mai 2001 *concernant la prise en considération des aspects environnementaux dans les comptes et rapports annuels des sociétés : inscription comptable, évaluation et publication d'informations* (*J.O.C.E.*, 13 juin 2001, L. 156/33) précise que "s'il existe une faible probabilité que la société soit tenue de pallier des dommages, mais que cette obligation n'a pas encore été confirmée par la réalisation d'un événement qui reste incertain, il conviendrait de mentionner l'existence d'un passif éventuel dans l'annexe aux comptes". Par contre, "s'il est vraiment très peu probable que la société ait à supporter une dépense environnementale ou si cette dépense ne doit pas avoir d'importance significative, la mention d'un tel passif éventuel n'est pas requise" (Annexe, § 3. 5). Bien que la probabilité pour la société d'être tenue au paiement des dommages ne soit pas nécessairement liée à la probabilité de réalisation du dommage, *compte tenu des connaissances scientifiques et techniques*, il est certain, en revanche, que cette dernière probabilité sera de nature à rendre incertaine l'existence d'un passif environnemental et donc l'obligation d'inscription comptable afférente.

actionnaire ayant subi un préjudice du fait du non-respect de cette disposition (l'inscription d'un passif environnemental étant de nature à modifier le cours de l'action de la société) pourrait invoquer la responsabilité contractuelle des dirigeants de la société.

CONCLUSION DE LA SECTION II

478. L'expression de la distinction de la prévention et de la précaution au sein de la responsabilité contractuelle n'est pas directement affectée par la qualification des données de la science opérée par le juge mais existe indépendamment de celle-ci. Par-delà les mots employés par les magistrats, le renouvellement du domaine de la responsabilité contractuelle, sous l'impulsion de la prise en considération du risque suspecté, invite à rechercher le concept derrière la formule. En effet, les notions de prévention et de précaution sont fondées sur la norme scientifique, c'est-à-dire sur un modèle d'évolution des connaissances scientifiques dont l'existence précède l'interprétation susceptible d'être ensuite retenue par les juges appelés à statuer sur la responsabilité civile. A cet égard, l'analyse de la qualification de la norme scientifique par les juges en matière médicale, en particulier à travers les notions de "données acquises" et de "données actuelles" de la science, témoigne du décalage possible entre les formules utilisées et la réalité scientifique à laquelle elles renvoient. L'enrichissement du domaine de la responsabilité contractuelle, sous l'influence de la précaution, devrait se manifester tout particulièrement à propos de l'obligation d'information relative aux risques sanitaires et environnementaux, désormais élargie aux risques scientifiques et techniques suspectés, par-delà les seuls risques avérés relevant de la prévention. En réalité, une telle évolution a déjà commencé avec la prise en considération des risques exceptionnels, qui traduit une extension de la prévention en direction de la précaution.

CONCLUSION DU CHAPITRE I

479. La réception de la notion de précaution par la responsabilité du fait personnel conduit à un enrichissement du contenu de ce dernier en érigeant, à côté des devoirs classiques portant sur les seuls risques scientifiques et techniques avérés, des devoirs de précaution relatifs aux risques scientifiques et techniques suspectés. La transformation affectant les responsabilités délictuelle et contractuelle, qui résulte de cette évolution, se présente donc essentiellement comme une extension quantitative du champ d'application de ces deux formes de responsabilité. En matière délictuelle, la constitutionnalisation du *devoir* de prévention et du *principe* de précaution, l'existence de nombreux devoirs légaux et de normes techniques, prenant en compte le risque scientifique, est de nature à favoriser l'extension des devoirs traditionnels de prévention en direction du risque suspecté. En outre, la notion de précaution participe de l'émergence de nouveaux devoirs comme le devoir de traçabilité ou l'obligation de suivi. Enfin, elle contribue à renforcer les devoirs jurisprudentiels, inspirés par un souci de sécurité, tel que le devoir d'évaluation du risque ou de recherche portant sur ce dernier. En matière contractuelle, cet élargissement du domaine de la responsabilité civile, déjà perceptible à propos de l'obligation d'information du médecin qui porte désormais sur les risques exceptionnels, devrait également affecter plus largement l'obligation d'information relative aux risques sanitaires et environnementaux. Le devoir traditionnel de *prudence* se trouve ainsi revisité au profit d'une nouvelle forme de catégorisation de la responsabilité civile, en fonction de la nature du risque scientifique encouru, contribuant ainsi à l'émergence d'une responsabilité pour *défaut de prévention* et d'une responsabilité pour *défaut de précaution.*

CHAPITRE II

L'EXTENSION DE LA RESPONSABILITE DU FAIT DES CHOSES

480. La responsabilité délictuelle du fait des choses, au cœur de laquelle se trouve la notion de causalité matérielle ou scientifique résultant de l'intervention de la chose dans la survenance du dommage est particulièrement propice à la mise en œuvre de la distinction de la prévention et de la précaution. A ce titre, la prise en considération du risque scientifique suspecté, au côté du risque scientifique avéré, est de nature à étendre le domaine de la responsabilité délictuelle du fait des choses en droit commun (Section I), tout comme celui de la responsabilité contractuelle du fait des choses (Section II). En outre, les liens qu'entretiennent les notions de prévention et celle de précaution avec le concept de sécurité ne peuvent qu'en favoriser le déploiement au sein du mouvement actuel d'unification des deux ordres de responsabilité civile (Section III).

SECTION I

PREVENTION, PRECAUTION ET RESPONSABILITE DELICTUELLE DU FAIT DES CHOSES EN DROIT COMMUN

481. Les conséquences de la distinction de la prévention et de la précaution, du risque avéré et du risque suspecté, doivent être analysées au regard de la trilogie classique des conditions d'engagement de la responsabilité du fait des choses, issue de l'article 1384 alinéa 1er du Code civil, que sont l'existence d'une chose (§1), l'exigence d'un fait de la chose (§2) et la détermination du gardien de la chose (§3).

§ 1 LES CONSEQUENCES DE LA DISTINCTION DE LA PREVENTION ET DE LA PRECAUTION SUR LA DEFINITION DE LA CHOSE INSTRUMENT DU DOMMAGE : LA RESURGENCE DU DEBAT SUR LES CHOSES DANGEREUSES

482. Les notions de prévention et de précaution, envisagées dans le cadre du paradigme classique de la responsabilité civile, c'est-à-dire en présence d'un dommage, se définissant toutes les deux par rapport au risque, avéré ou suspecté, conduisent inévitablement sur le chemin du concept de danger, le risque étant avant tout un "danger éventuel plus ou moins prévisible". Il est "la mesure du danger"[1247] et la dangerosité "peut se résumer à une potentialité

[1247] D. BOURG et J.-L. SCHLEGEL, op. cit., p. 36.

dommageable"[1248]. Dès lors, l'application de la distinction de la prévention et de la précaution à la responsabilité délictuelle du fait des choses est de nature à faire resurgir le vieux débat sur la définition des choses dangereuses[1249]. Mais cette fois, le débat ne porte pas tant sur la détermination du *critère* du danger, que sur la *mesure* de ce danger. Autrement dit, l'analyse se trouve déplacée vers la question du critère permettant d'opérer une distinction entre d'une part, le danger constituant un risque avéré et d'autre part, celui représentant un risque suspecté et ce, compte tenu des données de la science et de la technique. Or, parmi les différentes conceptions doctrinales relatives à la notion de chose dangereuse[1250], certaines se fondent sur le concept traditionnel de prévention, comme mesure destinée à empêcher la survenance d'un dommage, par opposition à sa réparation (A). Elles ne permettent donc pas de conclure à une équivalence entre une telle conception de la prévention et celle résultant de la distinction de la *prévention* et de la *précaution*, du risque avéré et du risque suspecté (B).

A – La notion de chose dangereuse et le concept traditionnel de prevention

483. Avant que le célèbre arrêt Jand'heur, rendu par les Chambres réunies le 13 février 1930[1251], ne pose le principe selon lequel l'article 1384 alinéa 1er du Code civil a vocation à s'appliquer quelle que soit la nature dangereuse ou non de la chose en cause[1252], la distinction des choses

---

1248 G. SCHAMPS, op. cit., n° 317.

1249 Ainsi, M. REMOND-GOUILLOUD ("Droit et prévention", art. préc., p. 111) souligne que "le souci de prévention suscite l'apparition de nouveaux concepts, voire ressuscite des concepts jusqu'ici imparfaitement intégrés à notre droit. La notion de chose ou de produit dangereux est ici au cœur du débat. La prise en compte spécifique de cette notion exprime en effet la conscience de ce que les choses dangereuses appellent des précautions, une vigilance particulières". Bien que la prévention soit entendue ici dans son sens classique, en l'absence de réalisation d'un dommage, par opposition à la réparation, la remarque vaut aussi pour la notion de *prévention*, consécutive à l'émergence de la précaution, comme mesure de nature à prévenir un risque scientifique avéré.

1250 Cf. *Travaux de l'association H. CAPITANT*, 1967, Paris, Dalloz, 1971, tome XIX, *Les choses dangereuses*.

1251 Ch. Réunies, 13 février 1930, *D.*, 1930, 1, p. 57, rapport LE MARC'HADOUR, concl. MATTER, note G. RIPERT ; *S.*, 1930, 1, p. 121, note P. ESMEIN ; *Grands arrêts*, n° 193.

1252 La Haute juridiction avait, en effet, estimé, après avoir précisé que la présomption de l'article 1384 alinéa 1er du Code civil ne distinguait pas selon que la chose à l'origine du dommage était ou non actionnée par la main de l'homme, qu'il n'était "pas nécessaire qu'elle ait un vice inhérent à sa nature et susceptible de causer le dommage, *l'article 1384 rattachant la responsabilité à la garde de la chose, non à la chose elle-même*". La majeure partie des commentateurs avait alors souligné que la Cour de cassation mettait ainsi fin à sa doctrine précédente, selon laquelle il suffisait, pour que la présomption de l'article 1384 alinéa 1er du Code civil s'appliquât, "*qu'il s'agisse d'une chose soumise à la nécessité d'une garde en raison des dangers qu'elle peut faire courir à autrui [...]*" (Civ., 21 fév. 1927, *Jand'heur*, *D.*, 1927, I, p. 97, note G. RIPERT ; *S.*, 1927, I, p. 137, note P.

dangereuses et non dangereuses avait suscité un important débat doctrinal[1253]. L'analyse des différents critères de dangerosité, proposés alors, met en évidence les liens entre la notion de danger et celle de prévention, au sens classique, conçue comme une prévisibilité objective du dommage à travers la prise en compte de la fréquence des accidents survenus du fait de certaines choses. La référence à la perspective fréquentiste[1254], chez les partisans d'une distinction des choses selon leur dangerosité, était présente de deux manières : soit indirectement à travers la prise en compte de la fréquence de la faute du gardien (1), soit plus directement à travers la consignation des dommages provenant des choses dangereuses (2).

1) Probabilités objectives, chose dangereuse et faute du gardien

484. En tête des ardents défenseurs de la distinction, Ripert avait proposé un classement des choses dangereuses en trois catégories[1255]. D'une part, *les choses dangereuses parce qu'elles sont mues par une force dont l'homme n'a pas la direction absolue*, parmi lesquelles figurent les véhicules, les machines mues par un moteur quelconque, les choses contenant une substance explosive ou inflammable. D'autre part, *les choses qui sont mises en mouvement par la force humaine, mais qui en développent l'effet*, comme par exemple un treuil mû à la main ou encore une bicyclette. Enfin, *les choses qui ne peuvent être dangereuses que par la force de leur pesanteur et à la condition qu'elles soient mises dans une situation telle que cette force les entraîne* : ainsi un véhicule sans moteur lancé sur une pente, une pierre ou un vase détachée d'un mur, un lustre tombant d'un plafond. Seules ces trois types de choses devaient, selon Ripert, relever de l'article 1384 alinéa 1er du Code civil. A l'inverse, les dommages causés par le fait des choses qui n'ont pas de force propre et ne peuvent par un mécanisme multiplier la force humaine, qui sont par elles-mêmes inertes et inoffensives et ne peuvent par conséquent causer un accident

---

ESMEIN ; H. CAPITANT, *D.*, 1927, chron. p. 49 ; Civ., 25 juil. 1927, *S.*, 1928, I, p. 89, note P. ESMEIN ; Civ., 27 fév. *D.*, 1929, I, p. 129, note G. RIPERT).

1253 L'objectif était d'identifier les choses dangereuses afin de limiter le domaine de la présomption de l'article 1384 alinéa 1er du Code civil à ces dernières, tandis que les choses non dangereuses devaient relever de l'article 1382 du Code civil. La notion de chose dangereuse ne figure pas expressément dans le Code civil, ni dans les travaux préparatoires (G. SCHAMPS, op. cit., n° 51), bien que certains auteurs aient néanmoins estimé qu'elle y était implicite à travers l'édiction des présomptions de responsabilité relatives aux dommages causés par un animal ou du fait de la ruine d'un bâtiment, posées aux articles 1385 et 1386 du Code civil, dans la mesure où les animaux et les bâtiments correspondaient aux choses identifiées comme dangereuses en 1804 (J. FLOUR, J.-L. AUBERT et E. SAVAUX, op. cit., n° 293. Dans le même sens, cf. J. CARBONNIER, op. cit., n° 261 ; L. CHARBONNIER, note sous 15 nov. 1984, *D.*, 1985, spéc. p.25).

1254 Sur les notions de perspective fréquentiste et de probabilité objective, cf. Chp. préliminaire, *supra*, n° 64.

1255 G. RIPERT, note préc. sous Civ., 21 fév. 1927, p. 98.

que si une personne quelconque s'en sert comme instrument, telles une tringle axée dans un mur ou encore des feuilles d'arbre poussées par le vent, devaient rester hors du champ d'application de l'article 1384 alinéa 1er du Code civil.

485. Si la référence à la perspective fréquentiste n'apparaît pas directement au travers de la classification proposée par Ripert, elle n'y est pas totalement absente. En effet, Ripert estimait que la responsabilité du fait des choses était fondée sur la garde et que seules les choses dangereuses devaient être gardées. Dès lors qu'une chose dangereuse avait été l'instrument du dommage, la réalisation de ce dernier faisait présumer une faute du gardien. Autrement dit, si la chose présentait des dangers, elle devait être gardée, c'est-à-dire faire l'objet de "*précautions* suffisantes pour qu'elle ne nuis(e) point aux tiers"[1256] et la survenance du dommage faisait présumer ce "défaut de précautions". Une telle présomption est issue du *plerumque fit* qui révèle que dans la très grande majorité des cas les dommages provenant de choses dangereuses sont dus à une faute du gardien. La même justification se retrouve sous la plume de Esmein qui soulignait que la responsabilité du dommage causé par les choses dangereuses était fondée "sur des constatations de fait, résultant de l'expérience, sur des statistiques faisant apparaître que les accidents causés par certaines choses sont dus dans la majeure partie des cas à une faute du gardien"[1257]. En conséquence, le "défaut de précautions", n'est réputé être la cause du dommage qu'en raison de la consignation précédente d'un lien de causalité entre la faute du gardien et le dommage, au vu d'*accidents déjà réalisés*. Le fait générateur se rattache au dommage en raison de sa potentialité à produire le dommage, selon le "cours habituel des choses" ou "l'expérience de la vie", autrement dit selon les critères de la causalité scientifique ou adéquate, ce qui souligne les liens entre cette dernière forme de causalité et la notion de *prévention* consécutive à la distinction de la prévention et de la précaution[1258].

486. De son côté, Savatier jugeait que le fait de tirer du danger de la chose le fondement de la responsabilité du gardien marquait un retour vers la théorie traditionnelle de la responsabilité fondée sur la faute. A l'instar de Ripert et de Esmein il estimait que la réalisation du dommage faisait présumer le danger de la chose. En revanche, il se prononçait en faveur d'une détermination *a posteriori* de la notion de chose dangereuse, en fonction des circonstances de l'espèce. Pour lui, parmi les choses dommageables, "les seules qui doivent être considérées comme vraiment dangereuses sont celles que, dans les circonstances de la cause, le gardien pouvait juger telles, celles qu'il devait normalement prévoir susceptibles de causer un préjudice". Cette logique, conclut Savatier "n'est guère que le retour à la vieille théorie de la faute

[1256] G. RIPERT, note préc. sous Civ. , 21 fév. 1927, p. 98.
[1257] P. ESMEIN, note préc. sous Civ., 21 fev. 1927, p. 138.
[1258] Sur cette question, cf. *supra*, n° 208 et s.

d'imprudence. Car l'imprudence ne consiste-t-elle pas précisément à s'exposer à causer un dommage qu'*on* avait la possibilité de prévoir ? Celui qui met en circulation une chose qu'il devait savoir dangereuse répond donc d'une imprudence certaine". L'utilisation du pronom "on" indique que la prévisibilité du dommage, à laquelle il est ici fait référence n'est pas seulement la prévisibilité subjective du fait de l'agent, compte tenu des circonstances de l'espèce, mais également la prévisibilité objective, compte tenu des connaissances scientifiques et techniques. Le danger susceptible d'entraîner la responsabilité devait être objectivement prévisible.

2) Probabilités objectives, chose dangereuse et dommage

487. La référence à la perspective fréquentiste apparaît plus nettement encore chez Esmein. Le but d'une distinction des choses selon leur dangerosité est clairement présenté par ce dernier comme étant celui de la prévention des dommages, au sens traditionnel. Les choses dangereuses sont les seules pour lesquelles une *politique préventive* se trouve justifiée[1259]. Selon lui, la liste des choses dangereuses "ne comprendra que *des choses qui causent ou sont susceptibles de causer des accidents fréquents*"[1260]. Dans le même sens, Henri Mazeaud, qui pourtant se prononce contre une distinction des choses d'après leur nature, reconnaît volontiers que "nul n'aurait songé à appliquer l'article1384, § 1, aux automobiles, si la multiplicité des accidents n'avait pas fait apparaître le danger de leur circulation". Et d'ajouter que la circulation automobile constituait à son époque "un danger *certain*"[1261].

488. La prise en compte de la fréquence des accidents causés par une chose pour en déterminer la dangerosité est également retenue par Voirin[1262]. Ce dernier critique la notion de chose dangereuse telle qu'elle est conçue par Ripert, Esmein ou Savatier. Il cherche à en montrer d'une part, l'autonomie et d'autre part, la relativité. Tout d'abord la notion de chose dangereuse, selon lui, ne doit pas être confondue avec le fait de la chose ni avec le fait dommageable ; le danger se distingue du dommage réalisé et une chose est dangereuse avant d'être dommageable. Elle est également indépendante de la notion de faute, l'opinion personnelle du gardien étant sans influence sur la nocivité d'une chose. Mais surtout, il estime que la notion de chose dangereuse est relative et propose deux critères de dangerosité. Le premier critère, objectif, est fondé sur la fréquence des accidents. Ainsi, il souligne qu' "à l'aide des statistiques on relèvera le nombre et la gravité des accidents causés aux tiers par une série de choses répondant à la même utilité et susceptibles d'être substituées les unes aux autres

[1259] P. ESMEIN, notes préc. sous Civ., 21 fev. 1927, p. 138 et Civ., 25 juil. 1927, p. 89.
[1260] P. ESMEIN, note préc. sous Civ., 25 juil. 1927.
[1261] H. MAZEAUD, "La faute dans la garde", art. préc., p. 814-815.
[1262] P. VOIRIN, "La notion de chose dangereuse", *D.*, 1929, chron. p. 1.

(série des modes d'éclairage, des moyens de locomotion, des procédés de fabrication, etc.). Les choses qui composent chaque série se hiérarchisent d'après leur degré de nocivité ou [...] suivant leur potentiel de malfaisance. *L'expérience du passé cristallisée dans les statistiques permet d'actualiser l'avenir* : une automobile, par exemple, au sortir des mains du constructeur, bien qu'en fait elle n'ait encore causé aucun dommage, sera néanmoins réputée dangereuse, à raison de la fréquence et de la gravité des dommages qu'ont déjà causés les automobiles en général". Néanmoins, selon Voirin, un tel critère se révèle à lui seul insuffisant pour distinguer une chose dangereuse d'une chose inoffensive, car toute chose quelconque est susceptible un jour ou l'autre de se révéler dommageable. En ce sens la dangerosité d'une chose est toujours relative. A ce premier critère objectif, il convient donc, selon lui, d'en ajouter un second, subjectif : "l'opinion que les hommes se font des dangers de la chose", laquelle doit être entendue non pas comme un sentiment individuel mais comme "un sentiment collectif, une impression commune, une croyance partagée par la masse". Il en résulte que la liste des choses dangereuses n'est pas figée mais au contraire susceptible de varier au gré de l'opinion commune.

489. La thèse de Voirin est particulièrement intéressante car elle met en lumière la combinaison, révélatrice du modèle de la *prévention*, comme mesure de nature à prévenir la réalisation d'un risque avéré, des deux aspects objectif et subjectif des probabilités[1263]. La notion de *prévention* comporte à la fois un aspect subjectif en tant qu'elle renvoie à la connaissance d'un danger, et un aspect objectif dans la mesure où cette même connaissance ne peut être établie qu'à partir de la réalisation objective, passée, de certains types de dangers. On objectera certes que si, à l'instar des accidents du travail, les accidents de la route étaient à cette époque suffisamment fréquents pour qu'on puisse en inférer le caractère dangereux de l'automobile, tel n'était pas nécessairement le cas pour d'autres choses présentant un danger et susceptibles, à ce titre, d'entrer dans le domaine de la présomption de l'article 1384 alinéa 1er du Code civil. Anticipant cet argument, Voirin proposait alors de recourir aux "données de l'expérience pratique, formalisées dans une réglementation administrative"[1264]. Comment le sentiment du danger pourrait-il naître autrement que par l'expérience de l'accident ?[1265]

[1263] Sur les liens entre la notion subjective et la notion objective de probabilité lors de l'apparition du concept de probabilité, cf. Chp préliminaire, *supra*, n° 65.

[1264] P. VOIRIN, art. préc., p. 4.

[1265] Bien que dans sa thèse P. Voirin cherche à distinguer les deux critères, objectif et subjectif, de la notion de chose dangereuse, la nécessaire combinaison des deux critères réapparaît sous sa plume lorsqu'il estime que "si par hasard, *à la suite de quelque catastrophe retentissante*, l'opinion générale affolée s'égare et déplace arbitrairement la ligne de partage du dangereux et de l'inoffensif, il n'y aura pas plus d'inconvénient à la suivre quand même, qu'il n'y en a, dans d'autres domaines, à faire sortir le droit de l'erreur commune", art. préc., p. 3.

490. Plus récemment, l'avocat général Charbonnier[1266] a proposé un autre critère de dangerosité. Il estime que la thèse de Ripert était profondément juste mais qu'elle n'a pas été suffisamment circonscrite. En effet, selon M. Charbonnier, l'article 1384 alinéa 1er du Code civil doit être limité aux choses dangereuses, définies comme les choses *intrinsèquement* dangereuses. Il convient donc de distinguer d'une part, les choses "qui, en tant que telles, de par leur nature même, sont génératrices de risques" et relèvent de l'article 1384 alinéa 1er du Code civil, et d'autre part, celles qui peuvent occasionner un dommage sans pouvoir être incriminées en tant que telles, comme par exemple un pot de fleur qui n'est pas par lui-même dangereux, et qui doivent rester soumises à l'article 1382 du Code civil. Le critère permettant de reconnaître une chose intrinsèquement dangereuse réside dans le fait qu'une telle chose "met en œuvre une technique propre à accroître l'efficacité de l'action humaine". Sont ainsi considérés comme intrinsèquement dangereux "non seulement les machines de toutes sortes, mais aussi les objets ou produits susceptibles d'exploser ou de s'enflammer, d'avoir une action corrosive ou toxique". Une telle définition participe d'une conception objective de la prévention, au sens classique, puisque le danger y est conçu en termes de propension d'une chose à causer un dommage[1267] et non par référence à la prévisibilité subjective de l'utilisateur de la chose. Le danger résulte de la chose elle-même et non de sa perception par l'agent. En ce sens, le risque généré par les choses intrinsèquement dangereuses est donc prévisible. A cet égard, on ne peut que souligner la référence de Charbonnier à l'assurance obligatoire, comme indice de détermination des choses intrinsèquement dangereuses[1268], le risque assuré étant par définition prévisible et avéré.

B – LA NOTION DE CHOSE DANGEREUSE ET LA DISTINCTION DE LA *PREVENTION* ET DE LA *PRECAUTION*

491. L'examen des différentes conceptions doctrinales relatives à la notion de chose dangereuse témoigne de l'importance accordée à la notion de prévention, dans son sens classique, de mesure destinée à empêcher la survenance d'un dommage, souvent définie par référence à un critère tiré de la fréquence de réalisation du danger. La chose dangereuse est généralement

---

1266 Note sous Civ. 2ème, 15 nov. 1984, *D.*,1985, jur. p. 20.

1267 Dans le même sens, cf. J. M. M. MAEIJER ("Rapport général", *in Travaux de l'association H. CAPITANT*, tome XIX, p. 9, spéc. p. 10), qui estime que les choses dangereuses sont celles qui lorsqu'on les emploie normalement causent un danger plus grand que celui que l'on peut attendre de l'emploi d'un objet quelconque, "en conséquence de qualités inhérentes à cet objet, donc de sa structure particulière, de son état interne [...]".

1268 "L'assurance obligatoire [...] implique nécessairement que le législateur a estimé que les activités visées s'exerçaient à l'aide de moyens matériels dangereux et je pense que cette appréciation nous lie", *D.*, 1985, note préc., p. 23.

associée à celle dont la propension à causer un dommage a déjà été constatée et dont l'intervention future dans la réalisation d'un dommage peut donc être prévenue par des mesures adéquates. Or, le critère fréquentiel de définition de la prévention, dans son sens traditionnel, permet d'opérer une distinction entre la *prévention* et la *précaution*, respectivement définies comme les mesures (ayant par hypothèse échouées, puisque nous sommes dans le paradigme classique de la responsabilité civile, en présence d'un dommage) destinées à prévenir la réalisation d'un risque scientifique et technique avéré et celles destinées à prévenir la réalisation d'un risque scientifique et technique suspecté. En effet, plus le risque encouru appartient à un type de risque dont la réalisation a été fréquemment consignée, plus il sera de nature à être qualifié d'avéré. Par conséquent, les thèses fondant la notion de chose dangereuse sur un critère fréquentiel de réalisation du dommage, c'est-à-dire sur le concept de probabilité objective, pourraient sembler constituer autant d'arguments de nature à faciliter la mise en évidence de la distinction de la *prévention* et de la *précaution*.

492. Cependant, la pertinence d'une telle argumentation doit être tempérée. En effet, le critère fréquentiel ne saurait constituer un critère efficace de distinction entre la prévention et la précaution puisque, cette dernière, à l'instar de la prévention, est également fondée sur le concept de probabilité objective, dans la mesure où elle suppose qu'ait été atteint un certain seuil de risque. Autrement dit, la précaution implique que le type de risque en cause se soit déjà réalisé un minimum de fois, afin de conduire à l'émission d'une hypothèse de risque ayant fait l'objet d'une certaine vérification[1269]. Dès lors, les thèses relatives à la notion de chose dangereuse ne sauraient permettre de conclure à une équivalence entre le concept traditionnel de prévention, désignant une mesure destinée à empêcher la survenance d'un dommage, et la notion de *prévention*, fondée sur un risque avéré, consécutive à la distinction de la prévention et de la précaution. Cependant, le critère fréquentiel, constitue néanmoins *un indice* permettant de distinguer le risque avéré du risque seulement suspecté, la prévention de la précaution. En effet, si toute chose est potentiellement dangereuse, il en existe néanmoins dont la dangerosité est avérée, parce qu'elles ont déjà été à l'origine de dommages. Et, il est possible de les isoler des précédentes. Autrement dit, s'il ne peut exister de certitude quant à l'absence de risque généré par les choses, quelles qu'elles soient, en revanche, il existe une certitude relative à la possibilité pour certaines choses d'engendrer des dommages dès lors qu'elles ont au moins une fois causé un dommage. Il en résulte alors cette *conclusion essentielle selon laquelle il ne faudrait pas chercher à définir le domaine de la précaution par rapport à celui de la prévention mais bien plutôt inverser la problématique et définir d'abord le champ d'application de la prévention afin d'en déduire celui de la précaution.*

[1269] Sur la notion de seuil caractéristique de la précaution, cf. Chp. préliminaire, *supra*, n° 92 et s.

493. On objectera que les développements précédents conduisent à une conception très large du domaine d'application de la distinction de la prévention et de la précaution qui semble *a priori* s'étendre au-delà des seuls risques mesurés au regard des données des sciences de la nature. Il est néanmoins possible d'établir un lien entre le risque avéré présenté par une chose résultant de la réalisation passée de dommages du fait de cette chose et le risque avéré présenté par un produit à partir d'une certaine époque (exemple l'amiante). Ce lien réside dans la notion de causalité scientifique. En effet, le critère de la probabilité objective ou le critère fréquentiel précédemment évoqué, qui permet de repérer les choses dont la propension à causer un dommage est avérée, constitue le critère de définition de la science au fondement de la distinction de la prévention et de la précaution[1270]. Autrement dit, *la causalité scientifique dite efficiente ou encore pour reprendre la terminologie juridique la causalité adéquate, permet de faire le pont entre les dommages constituant la réalisation de risques, compte tenu de l'état des sciences de la nature et ceux provoqués par le fait de choses dont le danger ne peut être apprécié, en dernière analyse, que par référence à des connaissances scientifiques et techniques.* Dans un cas comme dans l'autre la potentialité dommageable d'une chose renvoie à la mesure de sa probabilité d'occurrence. De ce point de vue, la distinction de la prévention et de la précaution fait donc resurgir la question de la détermination du critère de dangerosité d'une chose mais en la reportant vers celle du critère scientifique sur lequel est fondée cette dangerosité. La problématique du critère du danger fait place à celle du seuil permettant de qualifier ce dernier d'avéré ou de suspecté. La question n'est alors plus tant celle de savoir ce que l'on doit entendre par chose dangereuse mais à partir de quand l'on peut estimer que le danger est avéré ou seulement suspecté. Et à cet égard, le critère tiré de la fréquence de survenance du danger constitue l'un des instruments permettant de mesurer ce dernier, donc de qualifier le risque.

§ 2 LES CONSEQUENCES DE LA DISTINCTION DE LA PREVENTION ET DE LA PRECAUTION SUR L'INTERPRETATION DU FAIT DE LA CHOSE

494. L'exigence d'un fait de la chose de nature à entraîner la responsabilité du gardien est aujourd'hui entendue largement par la jurisprudence, cette dernière ayant rejeté l'une après l'autre les tentatives destinées à limiter le domaine d'application de l'article 1384 alinéa 1er du Code civil, fondées sur une interprétation étroite de la notion de "fait de la chose" et mis ainsi fin au "travail de refoulement de la responsabilité du fait des choses"[1271]. Le fait de la chose entretient des liens étroits avec le concept

1270 Sur l'adoption de ce critère comme pour définir la science, cf. Chp. préliminaire, *supra*, n° 49 et s.

1271 L. JOSSERAND, "Le travail de refoulement de la responsabilité du fait des choses inanimées", *D.*, 1930, chron. p. 5.

traditionnel de prévention, dans son sens de mesure destinée à éviter la réalisation d'un risque. Il "apparaît, en définitive, comme une intervention présentant certains caractères particuliers de nature à rendre normalement prévisible la survenance d'un dommage [...]"[1272]. Le critère de normalité constitue ainsi une condition de nature à rendre le risque de dommage subjectivement prévisible par l'agent dont la responsabilité est recherchée (A). Mais tant que le risque encouru était avéré, la possibilité, pour l'agent, de l'anticiper se distinguait mal de sa prévisibilité objective, compte tenu des données de la science et de la technique. La première était implicitement fondée sur la seconde. En revanche, la distinction de la prévention et de la précaution conduit à opérer une dissociation entre la prévisibilité subjective de l'agent et la prévision objective résultant de la mesure du risque au regard des normes scientifiques et techniques (B).

A – La normalite, condition de la previsibilite subjective du risque de dommage

495. A l'origine le normal renvoyait à ce qui est "régulier", puis à ce "qui forme un angle droit avec". Sous l'influence du concept de norme, le normal s'est répandu avec le double sens de "ce qui sert de modèle, de règle" et "qui a une grande fréquence, conforme à la moyenne"[1273]. Ainsi, l'anormal peut-il être défini comme "d'une part, ce qui n'est pas régulier, ce qui n'est pas conforme aux prescriptions des lois et règlements, d'autre part ce qui n'est pas habituel, ordinaire, courant, et ce à quoi on ne peut pas s'attendre, qui est inopiné"[1274]. L'aspect qualitatif de la notion de normalité, comme conformité à la norme, ne doit donc pas faire oublier son versant quantitatif[1275]. Ainsi envisagé comme une mesure de la possibilité de survenance des choses, le normal se présente comme un critère scientifique de prévisibilité. Dès lors, il n'est pas surprenant qu'il soit utilisé comme un instrument au service de la détermination du fait des choses dans les hypothèses où l'intervention causale de la chose dans la survenance du dommage est plus délicate à établir.

496. En effet, négativement la nécessité d'un fait de la chose n'implique plus que la chose ait été atteinte d'un vice propre[1276] ou encore

---

[1272] G. VINEY et P. JOURDAIN, op. cit., n° 674.

[1273] A. REY (dir.), *Dictionnaire historique de la langue française*, op. cit.

[1274] Ch. BLAEVOET, "Normalité, sécurité et garde", *D.*, 1955, chron., p. 37.

[1275] Sur les liens entre ces deux aspects, cf. G. CANGUILHEM, *Le normal et le pathologique* [1943], Paris, P.U.F. (coll. "Quadrige"), 1999 (8ème éd.), "Norme et moyenne", p. 96 et E. DURKHEIM, *Les règles de la méthode sociologique* [1937], Paris, P.U.F., (coll. "Quadrige"), 1995 (8ème éd.), chp. III, p. 47 et s.

[1276] Civ., 16 nov. 1920, *D.*, 1920, 1, p. 169, note R. SAVATIER ; Ch. Réunies, 13 février 1930, *Jand'heur*, préc.

qu'elle ait été dotée d'un dynamisme propre, c'est-à-dire non actionnée par la main de l'homme[1277]. Il importe peu également que la chose soit entrée en contact avec la victime[1278], ni qu'elle ait été en mouvement[1279], comme on avait pu d'abord se le demander[1280]. Positivement, cette exigence suppose non seulement que la chose soit intervenue dans la réalisation du dommage mais qu'elle y ait joué un "rôle actif" ou encore qu'elle ait été "l'instrument du dommage"[1281]. La preuve de cette participation causale[1282], qui pèse sur la victime, a été facilitée depuis qu'à la fin des années trente la Cour de cassation a estimé que dès lors que la chose était intervenue dans la réalisation du dommage, elle était présumée en être la cause génératrice[1283]. La jurisprudence ultérieure est venue réduire le domaine de cette présomption. Elle ne s'applique plus, aujourd'hui, que lorsque la chose en mouvement est entrée en contact avec la personne lésée ou le bien endommagé, le gardien ne pouvant alors s'exonérer que par la preuve d'un événement de force majeure[1284]. Dans cette hypothèse l'exigence d'un fait de la chose se rattache sans conteste à une notion scientifique ou efficiente de la causalité : le fait de la chose renvoie alors à l'ensemble des forces physiques ayant conduit à la survenance du dommage.

497. Lorsqu'en revanche la chose était inerte ou encore bien qu'en mouvement elle n'a pas heurté le siège du dommage, la victime doit non seulement rapporter la preuve de l'intervention matérielle de la chose dans la réalisation du dommage mais également celle de son rôle actif. Or, cette dernière exigence s'apparente le plus souvent, selon la jurisprudence[1285] et la

---

[1277] Ch. Réunies, 13 février 1930, *Jand'heur*, préc.

[1278] Civ. 2ème, 12 nov. 1958, *J.C.P.*, 1959, II, 11011, note R. RODIERE ; Civ. 2ème, 4 oct. 1961, *D.*, 1961, jur. p. 755, note P. ESMEIN.

[1279] Civ. 19 fév. 1941, *D.*, 1941, jur. p. 85, note J. FLOUR, *Grands arrêts*, n° 200.

[1280] P. ESMEIN, "L'article 1384, al. 1, c. civ. est-il applicable au profit de celui qui heurte une chose immobile ?", *D.*, 1937, chron. p. 65.

[1281] Exemple : Civ. 2ème, 8 juin 1994, *B.C.*, II, n° 152.

[1282] Depuis longtemps, en effet, la doctrine s'accorde à reconnaître derrière l'exigence d'une intervention active de la chose la nécessité d'un rapport de causalité entre la chose et le dommage, cf. H. MAZEAUD, "Le fait actif de la chose", *in Etudes de droit civil à la mémoire de Henri Capitant*, Paris, Dalloz, 1939, p. 517 ; M. NAST, "La cause en matière de responsabilité du fait des choses", *J.C.P.*, 1941, I, 221 ; A. JOLY, "Vers un critère juridique du rapport de causalité au sens de l'article 1384, alinéa 1er, du Code civil", *R.T.D.civ.*, 1942, p. 257. Et aujourd'hui, cf. G. VINEY et P. JOURDAIN, op. cit., n° 661 ; J. CARBONNIER, op. cit., n° 256 ; J. FLOUR, J.-L. AUBERT et E. SAVAUX, op. cit., n° 250 ; H., L., J. MAZEAUD et F. CHABAS, op. cit. , n°533.

[1283] Civ., 9 juin 1939, *D.*, 1939, jur. p. 449 ; Civ., 16 janv. 1940, *S.*, 1940, 1, p. 97, note H. MAZEAUD ; Civ., 19 fév. 1941, *D.*, 1941, jur. p. 85, note J. FLOUR, *Grands arrêts*, n° 200.

[1284] Civ. 2ème, 1er fév. 1973, *J.C.P.*, 1974, II, 17810, note N. DEJEAN DE LA BÂTIE ; Civ. 2ème, 22 nov. 1984, 2ème espèce, *J.C.P.*, 1985, II, 20477, note N. DEJEAN DE LA BÂTIE ; Civ. 2ème, 2 avril 1997, *Resp. civ. et ass.*, sept. 1997, comm. n° 255, note F. LEDUC.

[1285] Arrêts admettant la responsabilité du gardien : pour une chose en mouvement sans contact avec la victime, cf. Civ. 2ème, 10 mars 1976 (position anormale d'un ensemble routier) , *J.C.P.*,

doctrine[1286], à la preuve d'un comportement anormal de la chose ou de son caractère défectueux. Parfois la notion de normalité ou de défaut de la chose est associée[1287] ou même remplacée par la considération du danger de la chose[1288], la jurisprudence ayant recours à la notion de création d'une situation dangereuse[1289]. La position anormale de la chose de nature à engendrer la responsabilité du gardien s'explique souvent par le fait que la manière dont la chose est intervenue dans le dommage avait déjà pu être observée précédemment et constituait alors une cause fréquente de dommage. Parfois même, c'est la chose à l'origine du dommage qui avait déjà été la cause d'accidents similaires précédents[1290].

498. Cependant, une telle analyse en terme purement fréquentiste ne rendrait pas compte de la réalité de la jurisprudence, la plupart des choses inertes ou en mouvement et sans contact avec le siège du dommage, autrement dit celles dont la victime doit prouver l'anormalité, n'ont fait l'objet d'aucune statistique particulière. Pour autant, leur position anormale n'en demeurait pas moins objectivement prévisible, compte tenu des connaissances scientifiques et

---

1976, IV, p. 157. Pour une chose inerte, cf. Civ. 2ème, 11 janv. 1999, *B.C.*, II, n° 29 (position anormale de grumes heurtés par la victime). Arrêts rejetant la responsabilité du gardien : pour des choses inertes, cf. Civ., 20 juin 1976, *D.* 1975, jur. p. 351, note A. TUNC (position normale d'un imperméable). Civ. 2ème, 25 nov. 1992, *B.C.*, II, n° 281, *J.C.P.*, 1993, IV, n° 334 (position normale ou absence de défaut d'une barrière de téléski). Civ. 2ème, 11 janv. 1995, *J.C.P.*, 1995, I, 3853, obs. G. VINEY n° 8 et IV, 625 ; *Dr. et pat.*, déc. 1995, n° 1146, p. 103, obs. F. CHABAS (normalité d'une verrière). Civ. 2ème, 14 déc. 2000, *J.C.P.*, 2001, 338, obs. G. VINEY, n° 13 ; *Resp. civ. et ass.*, mars 2001, comm. n° 76, 1ère espèce, note H. GROUTEL (normalité d'un étang peu profond dans lequel la victime avait plongé). Civ. 2ème, 11 juil. 2002, *J.C.P.*, 2002, IV, 2547 (rampe d'escalier). Après avoir semblé être délaissée un temps par la Cour de cassation (Civ. 2ème, 25 oct. 2001, *B.C.*, II, n° 162), voire même être abandonnée (Civ.2ème, 18 septembre 2003, *D.*, 2004, jur. p. 25), cette exigence d'anormalité a été récemment réaffirmée dans deux décisions de la Cour de cassation en date du 24 février 2005 (Civ. 2ème, 24 fév. 2005, *D.*, 2005 jur., p. 1395, note N. DAMAS.

1286 G. VINEY et P. JOURDAIN, op. cit., n° 674 ; F. TERRE, Ph. SIMLER et Y. LEQUETTE, op. cit., n° 776. En sens contraire, cf. H., L., J. MAZEAUD et F. CHABAS, op. cit. , n° 533 ; J. CARBONNIER, op. cit., n° 259.

1287 Civ. 2ème, 30 nov. 1994, *B.C.*, II, n° 249 ; *J.C.P.*, I, 3853, obs. G. VINEY, n° 7 (fil de fer barbelé placé à quelques centimètres au-dessus du sol).

1288 Civ. 2ème, 16 nov. 1978, préc. (porte rendue dangereuse par la fragilité des vitres) ; Civ. 2ème, 16 mars 1994, *B.C.*, II, n° 94 (danger évident résultant d'une verrière démunie de dispositif de protection et rendue invisible par la poussière) ; Civ. 2ème, 16 nov. 1994, *Resp. civ. et ass.*, janv. 1995, comm. n° 7 (anomalie dangereuse du fait d'une piscine insuffisamment remplie) ; Civ. 2ème, 14 déc. 2001, préc., 2ème espèce (agencement de jardinières en équilibre sur le rebord d'une terrasse dangereux dans sa conception).

1289 Sur cette notion, cf. *supra*, n° 188 et s.

1290 Ainsi, dans une affaire relative au dommage du fait d'une porte vitrée fragile, les juges du fond, dont la décision a été approuvée par la Cour de cassation, n'avaient pas manqué de souligner que "plusieurs accidents imputables à cette fragilité avaient eu lieu", Civ. 2ème, 16 nov. 1978, *B.C.*, II, n° 240.

techniques. Mais tant que cette dernière était avérée elle n'avait pas vocation à être appréhendée pour elle-même, de manière autonome. Elle constituait seulement un critère de nature à faciliter la reconnaissance de la possibilité, pour l'agent, dont la responsabilité était recherchée, de prévoir ou non le dommage. La prévision du risque de dommage au regard des données de la science et de la technique était toujours absorbée par la considération de la prévisibilité subjective de l'agent, laquelle était alors présumée puisque par définition la responsabilité était fondée sur le fait de la chose.

B – La norme scientifique et technique, critere de la prevision objective du risque de dommage

499. Bien qu'elle soient intervenues pour la première fois dans un dommage certaines choses présentaient néanmoins une propension à le causer, laquelle n'était pas douteuse au moment de l'accident. A cet égard, le fait de la chose, dont la doctrine n'a pas manqué de souligner le lien avec la notion de causalité, s'apparente à la causalité adéquate[1291]. En effet, rappelons que selon cette dernière la cause est celle qui "*normalement* entraîne toujours un dommage", celle qui présente une "possibilité objective" d'engendrer le dommage, et ce compte tenu des données de la science et de la technique[1292]. Ainsi, et pour reprendre des exemples jurisprudentiels, c'est parce qu'il est anormalement glissant qu'un sol est susceptible de causer un dommage, c'est parce qu'elle est insuffisamment remplie qu'une piscine peut jouer un rôle actif etc. Chaque fois, l'anormalité renvoie à une cause matérielle du dommage susceptible d'être expliquée par les lois de la physique et donc objectivement prévisible. Il en est de même lorsque la jurisprudence relève un défaut ou un vice de la chose. Ce dernier est la cause matérielle du dommage, compte tenu de connaissances scientifiques et techniques non contestées. Ainsi, il est scientifiquement prouvé qu'une vitre affectée d'un défaut sera fragilisée et donc susceptible de se briser plus facilement. Sur ce point, l'évolution de la jurisprudence mérite d'être soulignée. En effet, après avoir longtemps exigé que la victime blessée par une vitre rapporte la preuve d'un défaut ou d'un vice de cette dernière[1293], la Cour de cassation se contente aujourd'hui de la preuve de la seule constatation de l'intervention de la vitre dans le dommage[1294]. Le fait que la vitre se brise fait présumer son caractère défectueux et son rôle dans la

---

[1291] En ce sens, cf. Ch. BLAEVOET, art. préc. ; G. VINEY et P. JOURDAIN, n° 674.

[1292] Sur la théorie de la causalité adéquate, cf. *supra*, n° 208 et s.

[1293] Civ. 2ème, 16 nov. 1978, *B.C.*, II, n° 240 ; Civ. 2ème, 7 mars 1979, *B.C.*, II, n° 75 ; Civ. 2ème, 28 mai 1986, *B.C.*, II, n° 85 ; Civ. 2ème, 20 janv. 1993, *Resp. civ. et ass.* 1993, comm. n° 112.

[1294] Civ. 2ème, 29 avril 1998, *J.C.P.*, 1998, I, 185, obs. G. VINEY, n° 18. Civ. 2ème, 15 juin 2000, *B.C.*, II, n° 103 ; *J.C.P.*, 2000, I, 280, obs. G. VINEY, n° 21 et IV, 2353 ; *R.T.D.civ.*, 2000, p.849, obs. P. JOURDAIN ; *Resp. civ. et ass.*, oct. 2000, n° 292, note H. GROUTEL ; *D.*, 2001, jur. p.886, note G. BLANC.

réalisation du dommage[1295]. Qu'est-ce, en effet, qu'une brisure, sinon un mouvement interne à la matière attestant son rôle actif, adéquat, dans la survenance du dommage ?[1296]

500. Plus récemment, la jurisprudence semble même s'être affranchie de la preuve d'un comportement anormal ou d'un vice ou défaut de la chose en dehors du seul contentieux des vitres brisées[1297], le lien de causalité entre la chose inerte et le dommage étant alors présumé, à l'instar de la responsabilité du fait des choses en mouvement. Il n'en demeure pas moins que, l'exigence d'une position anormale de la chose, même lorsqu'elle est présumée, comme dans ce dernier cas, renvoie toujours, en dernière analyse, au respect des normes scientifiques et techniques. C'est en ce sens qu'il convient de comprendre d'une part, l'association opérée par certains arrêts entre chose défectueuse et conformité aux normes de sécurité[1298] et d'autre part, l'affirmation doctrinale selon laquelle "le normal donne la sécurité"[1299] ou encore l'idée selon laquelle "le normal est le prévisible"[1300].

501. Néanmoins, si une telle interprétation se conçoit aisément dans l'hypothèse d'un contact entre la chose et le siège du dommage, elle se révèle plus contestable en l'absence d'un tel contact. Dans ce dernier cas, pourtant, l'exigence d'une position anormale participe encore d'une mesure de la prévision objective du risque, compte tenu des données de la science et de la technique. En effet, les liens entre la normalité et la prévisibilité subjective du risque de dommage par l'agent ont été soulignés à travers le rapprochement souvent effectué entre l'anormalité et la notion de faute. Selon certains auteurs, la référence à la position anormale de la chose constitue "un retour déguisé à l'article 1382"[1301] même si la doctrine s'accorde à reconnaître que la preuve du comportement anormal de la chose ne coïncide pas nécessairement avec celle

---

[1295] En ce sens, cf. H. GROUTEL, note préc.

[1296] En sens contraire, estimant que l'évolution de la jurisprudence traduit une application du système de l'équivalence des conditions, cf. G. BLANC, note préc.

[1297] Cf. Civ. 2ème, 25 oct. 2001, *D.*, 2002, jur. p. 1450, note C. PRAT ; *Resp. civ. et ass.* janv. 2002, comm. n° 16 (boîte aux lettres). Néanmoins la portée de la solution de la Cour de cassation demeure encore incertaine dès lors qu'il résultait des faits de l'espèce que la boîte aux lettres, cause du dommage, était mal positionnée, la cassation prononcée traduisant alors seulement une mauvaise qualification des faits.

[1298] Exemple : Civ. 2ème, 20 janv. 1993 (*Resp. civ. et ass.*, 1993, comm. n° 112) qui approuve les juges du fond d'avoir estimé qu' "il n'était pas établi que la porte vitrée soit défectueuse *ou* non conforme aux normes de sécurité".

[1299] Ch. BLAEVOET, art. préc.

[1300] Ch. BLAEVOET, art. préc.

[1301] H., L., L. MAZEAUD et F. CHABAS, op. cit. n° 533. Dans le sens d'un rapprochement entre le critère de l'anormalité et la notion de faute, cf. M. NAST, art. préc.

d'une faute[1302]. Or, en matière de responsabilité du fait des choses, il y a toujours derrière la faute, une conception objective de la causalité, car "les accidents -considérés uniquement dans leurs impacts et conséquences matériels-sont, en dehors des comportements humains, le résultat de phénomènes qui peuvent presque toujours être expliqués, grâce à un ensemble de mesures et d'analyses. *Les lois de la physique et de la mécanique, et les statistiques, permettent de dégager des relations causales entre les phénomènes matériels (directions, poids, vitesses, matériaux...)*[1303]. L'explication technique, rapprochée ensuite des présences et comportements des individus, fait apparaître des manquements aux obligations légales et/ou contractuelles"[1304].

502. Le fait de la chose s'apprécie donc toujours, en dernière analyse, compte tenu de connaissances scientifiques et techniques. Mais tandis que parfois cette référence est explicite lorsque la chose, instrument du dommage, présente une nocivité qui peut être mesurée par référence à l'évolution de l'état de la science et de la technique, elle est plus implicite lorsque la dangerosité de la chose ne se trouve pas dans la chose elle-même mais dans son intervention dans la réalisation du dommage, autrement dit dans *le fait de la chose*, c'est-à-dire dans son "intervention causale". Dans la première hypothèse la potentialité dommageable résulte des caractères mêmes de la chose instrument du dommage. Mais derrière l'affirmation d'un tel danger, inhérent à la chose intervenue dans le dommage, il y a toujours une référence à la cause scientifique du dommage. Ainsi, si la nocivité de l'amiante a pu un jour être reconnue c'est bien parce que la propension de cette substance à causer un dommage avait été précédemment identifiée. Dans la seconde hypothèse, la dangerosité n'apparaît certes pas au premier abord et pourtant elle se trouve seulement révélée (et non pas établie) par la réalisation du dommage car la réalisation du risque, que traduit la survenance du dommage, est toujours susceptible d'être rattachée à une cause scientifique. Le danger inhérent à une chose et celui qui se révèle à travers le fait de cette chose constituent tous deux une mesure du possible, c'est-à-dire une expression de la probabilité du dommage à se produire, ce que traduit précisément la notion de causalité scientifique[1305].

[1302] G. VINEY et P. JOURDAIN, op. cit., n° 674 ; F. TERRE, Ph. SIMLER et Y. LEQUETTE, op. cit., n° 776 ; J. CARBONNIER, op. cit., n° 259 ; H., L., L. MAZEAUD et F. CHABAS, op. cit., n° 533.

[1303] C'est nous qui soulignons.

[1304] R. BARROT, "Remarques sur la notion de cause et sur ses applications", *R.G.A.T.*, 1989, p.503.

[1305] On objectera que si, dans le cas où le risque est inhérent à la chose, la connaissance du lien de causalité scientifique entre le risque et le dommage qui pourrait survenir du fait de cette chose peut être avérée pour le gardien de la chose, il n'en est pas de même dans l'hypothèse où le danger de la chose se révèle du fait du dommage. Dans cette dernière hypothèse, l'agent, auteur du dommage, peut ne pas connaître les risques scientifiques résultant de l'intervention de la chose

503. Dès lors, la responsabilité du fait des choses, susceptible d'être ainsi fondée sur les lois scientifiques, constitue un terrain propice à la mise en œuvre de la distinction de la prévention et de la précaution. Par-delà la prévisibilité subjective du risque de dommage, par l'agent, dont le principe de la responsabilité civile du fait des choses présume l'existence, la prévision objective du risque, compte tenu de l'état de la science et de la technique se présente donc comme un critère autonome au service de la qualification de la responsabilité. L'exigence d'un fait de la chose, au cœur duquel se trouve la notion de causalité efficiente ou scientifique, permet d'établir un lien entre d'une part, les dommages constituant la réalisation de risques directement en proie à l'évolution des connaissances scientifiques et techniques (telles ceux résultant de l'amiante, de médicaments, d'aliments etc.) et d'autre part, ceux qui résultent de l'intervention d'une chose dans la survenance du dommage. Ainsi, en mettant l'accent sur la causalité scientifique, l'émergence de la notion de précaution n'a pas seulement pour effet de faire apparaître l'incertitude pouvant affecter le lien de causalité scientifique mais contribue à *placer la causalité scientifique au centre de la responsabilité du fait des choses*. Elle fait apparaître l'importance de la norme scientifique dans la justification de cette dernière, révélant ainsi l'existence d'une obligation de *prévention*, portant sur des risques avérés compte tenu de l'état de la science.

---

dans le dommage. Et pourtant l'existence même d'une responsabilité du fait de la chose peut être fondée, précisément, sur le fait que l'auteur du dommage est réputé connaître les lois de la physique. D'une certaine façon, l'adage *Nul n'est censé ignorer la loi* (Sur cet adage, cf. R. GUILLIEN, "Nul n'est censé ignorer la loi", *in Mélanges en l'honneur de Paul Roubier*, Paris, Dalloz, 1961, tome I, p. 253 ; F. TERRE, "Le rôle actuel de la maxime «Nul n'est censé ignorer la loi»", Etudes de droit contemporain, *Travaux de recherches de l'Institut de droit comparé de l'Université de Paris*, tome XXX, Paris, Cujas, 1966, p. 91 ; C. HUBERLANT, "La présomption de connaissance de la loi dans le raisonnement juridique", *in Les présomptions et les fictions en droit*, sous la dir. de Ch. PERELMAN et P. FORIES, Bruxelles, Bruylant, 1974, p. 186) prend ici un sens particulier : nul n'est censé ignorer les lois scientifiques et techniques selon lesquelles par exemple un corps atteint d'un défaut sera fragilisé et donc susceptible d'engendrer un dommage. A cet égard, la référence classique au *comportement* de la chose témoigne du fait que même inerte une chose est toujours sujette à différentes forces physiques capables de modifier sa position, dès lors qu'elle est atteinte d'une particularité (défaut ou vice) qui vient perturber son équilibre. A l'instar de la présomption de connaissance de la loi juridique, la présomption de connaissance de la loi scientifique n'a pas tant pour effet d'établir une présomption générale de connaissance de l'ensemble des normes scientifiques, impossible à imposer, en fait, que de permettre d'exprimer le caractère obligatoire de la loi scientifique ("la présomption de connaissance de la loi a aujourd'hui presque exclusivement pour objet d'exprimer la règle fondamentale du caractère obligatoire de la loi", C. HUBERLANT, art. préc., p. 225). Les normes scientifiques et techniques constituent un critère de prévisibilité objective du risque de dommage puisqu'elles "permettent aux hommes de mesurer à l'avance, par application syllogistique, les développements événementiels de la réalité et d'adapter en conséquence leur comportement" (P. AMSELEK, "Norme et loi", art. préc., p. 98). Aussi, bien que, à la différence des normes juridiques, elles soient indépendantes de toute visée prescriptive, elles s'imposent, de fait, aux hommes, qui ne peuvent prétendre les ignorer.

§ 3 L'APPREHENSION DE LA DISTINCTION DE LA PREVENTION ET DE LA PRECAUTION PAR LA NOTION DE GARDE DE LA CHOSE

504. La notion de garde, issue de l'article 1384 alinéa 1er du Code civil, n'ayant fait l'objet d'aucune définition légale, c'est à la jurisprudence et à la doctrine qu'il incomba d'en préciser les contours. Or, dans la réalisation de cette tâche, la considération de la possibilité de prévenir le dommage ne fut pas absente, à telle enseigne que tant la définition juridique de la garde que la distinction, qui en est résultée, de celle de la structure et du comportement de la chose, instrument du dommage, y font référence (A). Mais si traditionnellement le dommage constituait fréquemment la réalisation d'un risque scientifique avéré, il est désormais susceptible de renvoyer à un risque scientifique suspecté (B).

A – LA NOTION DE GARDE ET LE CONCEPT TRADITIONNEL DE PREVENTION

505. Depuis le célèbre arrêt Franck du 2 décembre 1941[1306], la Cour de cassation a consacré la théorie de la garde matérielle. A la question de savoir si le propriétaire d'une voiture volée devait être jugé responsable, en vertu de l'article 1384 alinéa 1er du Code civil, des dommages causés à un tiers par la voiture dont le voleur s'était emparée, les Chambres réunies, intervenues en raison de la résistance des juridictions de fonds[1307], avaient répondu par la négative. Elles avaient estimé que le propriétaire, "privé de l'usage, de la direction et du contrôle de sa voiture, n'en avait plus la garde et n'était plus, dès lors, soumis à la présomption édictée par l'article 1384, alinéa 1er, du Code civil". Or la notion de garde ainsi définie se rattache à *la possibilité de prévenir la survenance du dommage*[1308]. C'est en ce sens que la doctrine estime généralement que la théorie de la garde matérielle, qui subordonne la qualité de gardien à l'exercice d'un pouvoir effectif sur la chose au moment de la réalisation du dommage, trouve son fondement dans l'idée de faute. Le gardien est alors responsable de ne pas avoir pris les précautions de nature à éviter la réalisation du dommage. De son côté, la thèse de la garde juridique se rapproche

---

[1306] Ch. Réunies, 2 décembre 1941, *D.*, 1942, jur. p. 25, note G. RIPERT ; *S.*, 1941, 1, jur. p. 217, Rapport LAGARDE, note H. MAZEAUD ; *J.C.P.*, 1942, II, 1766, note MIHURA ; *Grands arrêts*, n° 194.

[1307] La cour d'appel de Besançon (25 fév. 1937, *S.*, 1937, 2, jur. p. 97, note P. DURAND), intervenue comme cour de renvoi, avait repris la thèse de la première cour d'appel et condamné la garde juridique après que la Cour de cassation eut pourtant rejeté cette condamnation (Civ. 3 mars 1936, *D.*, 1936, 1, jur. p. 81, note H. CAPITANT).

[1308] En ce sens, cf. J. CARBONNIER, op. cit., n° 257.

de l'idée de risque, le propriétaire devant assumer les risques de dommages du fait de sa voiture, corollaires naturels du profit qu'il tire de sa propriété[1309].

506. En réalité, la possibilité d'empêcher la survenance du dommage, comme constitutive de la notion de garde, était également invoquée par les partisans de la garde juridique. Ainsi, Henri Mazeaud, ardent défenseur de cette dernière, la définissait comme "l'obligation imposée par la loi de garder une chose, c'est-à-dire *d'empêcher cette chose de causer un dommage*"[1310]. La considération de la possibilité de prévenir le dommage était également susceptible d'être le fait des partisans de la théorie du risque comme en témoignent ces propos de Josserand qui soulignait que "le vol ordinaire est parfois imputable au gardien qui avait peut-être négligé de prendre les précautions d'usage [...] et l'on comprend donc qu'*une telle éventualité, de plus en plus fréquente et par conséquent de plus en plus prévisible, soit incluse dans le risque délictuel incombant au gardien*"[1311].

507. Si les notions de faute et de risque sont ainsi susceptibles de justifier l'un ou l'autre des deux types de garde c'est sans doute parce qu'elles expriment toutes les deux, à leur manière, une certaine prévisibilité du dommage, fonction commune à la garde matérielle comme à la garde juridique, à la faute comme au risque. En ce sens, "la responsabilité de l'article 1384 alinéa 1er doit être dirigée vers celui qui a la possibilité de prévenir le dommage : non pas tant pour une idée théorique de faute que pour une vue politique de prévention"[1312], laquelle peut à la fois être fondée sur la faute comme sur le risque[1313].

508. Mais c'est surtout à l'occasion de la mise en œuvre de la fameuse distinction de la garde de la structure et du comportement[1314] que le concept de prévention, dans son sens traditionnel, comme mesure de nature à empêcher la

---

1309 G. VINEY et P. JOURDAIN, op. cit., n° 675 ; J. FLOUR, J.-L. AUBERT et E. SAVAUX, op. cit., n° 253.

1310 H. MAZEAUD, "En attendant l'arrêt des Chambres réunies : garde matérielle et garde juridique", *D.*, 1937, chron. p. 45 (spéc. p. 47). Pour ce dernier, la responsabilité du gardien est fondée sur l'idée de faute : "on est responsable des choses dont on a la garde parce qu'on a commis une faute. Cette faute, c'est la faute dans la garde : la perte de la garde matérielle" (H. MAZEAUD, "La faute dans la garde", art. préc., p. 804).

1311 L. JOSSERAND, "Le gardien de l'automobile, le voleur et la victime d'un accident", *D.*, 1936, chron. p. 37 (spéc. p. 40).

1312 J. CARBONNIER, op. cit., n° 263.

1313 Sur la notion de risque comme prolongement de la faute, *infra*, n° 645 et s.

1314 B. GOLDMAN, *La détermination du gardien responsable du fait des choses inanimées*, Paris, Sirey, 1947, n° 116, 117 et 131 et s. ; A. TUNC, "Garde du comportement et garde de la structure dans la responsabilité du fait des choses inanimées", *J.C.P.*, 1957, I, 1384 et "La détermination du gardien dans la responsabilité du fait des choses inanimées", *J.C.P.*, 1960, I, 1592 ; G. VINEY et P. JOURDAIN, op. cit., n° 691 et s. ; F. TERRE, Ph. SIMLER et Y. LEQUETTE, op. cit., n° 789.

réalisation d'un risque, a trouvé à s'appliquer. En effet, en vertu de cette théorie, il convient de distinguer d'une part, le gardien de la "structure", c'est-à-dire le propriétaire qui répond des vices internes de la chose et d'autre part, le gardien du "comportement", c'est-à-dire son utilisateur, répondant des dommages résultant de la manière dont la chose est utilisée.

509. Dès la première consécration jurisprudentielle de la distinction de la garde de la structure et de celle du comportement, à l'occasion de la célèbre affaire de l'*Oxygène Liquide*, la Cour de cassation avait estimé que la qualité de gardien était liée à la possibilité de pouvoir prévenir le dommage[1315]. La Cour de cassation, dans son arrêt en date du 5 janvier 1956[1316], avait, en effet, jugé que "le propriétaire de la chose ne cesse d'en être responsable que s'il est établi que *celui à qui il l'a confiée a reçu corrélativement toute possibilité de prévenir lui-même le préjudice qu'elle peut causer*"[1317]. Puis, le 10 juin 1960, la Cour de cassation[1318], statuant à nouveau après la résistance de la cour de renvoi avait rappelé, d'une part, dans un motif similaire à celui énoncé en 1956, que "le propriétaire de la chose, bien que la confiant à un tiers, *ne cesse d'en être responsable que s'il est établi que ce tiers a reçu, corrélativement, toute possibilité de prévenir, lui-même, le préjudice qu'elle peut causer*". D'autre part, elle avait estimé que "l'arrêt précisant qu'il était pratiquement impossible de contrôler dans tous ses éléments la matière explosive contenue dans la bouteille,

---

[1315] On se souvient des faits : la Société L'Oxygène Liquide avait expédié plusieurs bouteilles remplies d'oxygène comprimé, l'une d'elle éclata lors de leur livraison dans les locaux du destinataire, effectuée par le transporteur qui les avait prises en charge en gare d'arrivée. Deux ouvriers furent blessés. Ils assignèrent alors la société expéditrice en réparation, sur le fondement de l'article 1384 alinéa 1er du Code civil, au motif que la société était restée gardienne de la structure des bouteilles. La Cour d'appel de Poitiers (Poitiers, 29 octobre 1952, *J.C.P.*, 1953, II, 7410, note R. SAVATIER ; *R.T.D.civ.*, 1953, p. 108, n° 30, obs. H. et L. MAZEAUD) rejeta la demande, estimant qu'au moment de l'explosion, la société n'était plus gardienne des bouteilles, la garde ayant été transférée au transporteur. Elle refusa expressément d'appliquer la distinction doctrinale de la garde de la structure et du comportement, invoquée par les victimes.

[1316] Civ. 2ème, 5 janvier 1956, *D.*, 1957, jur. p. 261, note R. RODIERE ; *J.C.P.*, 1956, II, 9095, note R. SAVATIER ; *R.T.D.civ.*, 1956, p. 340, n° 24, obs. H. et L. MAZEAUD ; *Grands arrêts*, n° 195-196.

[1317] Selon elle, "les juges du fond devaient, à la lumière des faits de la cause et compte tenu de la nature particulière des récipients transportés et de leur conditionnement, rechercher si le détenteur auquel la garde aurait été transférée avait l'usage de l'objet qui a causé le préjudice ainsi que le pouvoir de surveiller et d'en contrôler tous les éléments". La cour de renvoi (Angers, 15 mai 1957, *J.C.P.*, 1957, II, 10058, concl. LECRIVAIN) ne l'entendit pas de cette oreille et débouta à nouveau les demandeurs, sur le fondement de l'article 1782 du Code civil, aux termes duquel "les voituriers [...] sont assujettis, pour la garde et la conservation des choses qui leur sont confiées, aux mêmes obligations que les autres aubergistes, dont il est parlé au titre *Du dépôt et du séquestre*". La cour estima qu'en l'espèce, le transporteur, qui possédait en fait, "tous les pouvoirs de surveillance compatibles avec sa nature qu'au surplus il connaissait bien, et tels que le propriétaire en jouissait antérieurement, en était alors le seul gardien".

[1318] Civ. 2ème, 10 juin 1960, *D.*, 1960, jur. p. 609, note R. RODIERE ; *J.C.P.*, 1960, II, 11824, note P. ESMEIN.

de manière à prévenir intégralement les dommages qu'elle pouvait causer, il s'évince de cette constatation que le détenteur de la chose n'avait pas reçu toute possibilité d'empêcher la réalisation du préjudice qu'elle a causé". Enfin, elle avait remarqué que "l'arrêt n'a pas recherché si le détenteur de la chose en avait l'usage, dérivant d'une manière absolue."

510. La notion de garde est donc intimement liée au concept de prévention, entendu dans son sens traditionnel de mesure destinée à prévenir la survenance d'un dommage. L'existence d'un tel lien est de nature à favoriser l'expression de la distinction de la *prévention* et de la *précaution*, fondée sur la différenciation du risque scientifique et technique avéré et du risque scientifique et technique suspecté. En effet, la prise en considération de la possibilité de prévenir le dommage constitue en quelque sorte le socle commun à la *prévention* et à la *précaution*.

B – La notion de garde et la distinction de la *prevention* et de la *precaution*

511. Bien que la prévisibilité du dommage, attachée à l'idée de garde, soit avant tout entendue dans son sens subjectif, comme possibilité *pour l'agent* de prévoir la survenance du dommage[1319], l'appréciation de cette dernière est susceptible d'être fondée, en dernière analyse, sur la considération de données scientifiques et techniques. A cet égard, l'application traditionnelle de la notion de garde en présence d'un risque scientifique avéré constitue l'expression d'une responsabilité délictuelle pour *défaut de prévention* (1). Son utilisation en présence d'un risque scientifique suspecté serait de nature à favoriser l'émergence d'une responsabilité délictuelle pour *défaut de précaution* (2).

1) L'application traditionnelle de la notion de garde en présence d'un risque scientifique avéré, expression d'une responsabilité délictuelle pour *défaut de prévention*

512. La référence à un risque scientifique et technique est seulement implicite lorsqu'elle résulte de l'intervention causale de la chose dans la survenance du dommage (a). En revanche, elle apparaît explicitement lorsque le danger est inhérent à la chose elle-même (b).

[1319] Sur cette prévisibilité subjective, cf. H. MAZEAUD, "La faute dans la garde", art. préc., p.826 ("la faute dans la garde est un «défaut de prévisibilité»").

a) La référence implicite à un risque scientifique et technique avéré

513. La prise en compte de la possibilité pour le gardien de prévenir la survenance du dommage transparaît tout particulièrement à propos de la question du transfert de la garde. Si le propriétaire de la chose est présumé gardien, il perd cette dernière qualité par l'effet de contrats de location, de prêt, de dépôt, de transport de marchandises etc. Dans ces hypothèses la garde est alors transférée à l'emprunteur, au dépositaire ou au transporteur. Néanmoins, la Cour de cassation a eu l'occasion de préciser que le propriétaire demeurait gardien s'il avait conservé la possibilité de prévenir le préjudice que la chose pouvait causer. Or l'appréciation de cette dernière possibilité s'effectue bien souvent par référence aux données des sciences de la nature comme en témoigne une espèce jugée par la Cour de cassation en 1993. A la suite d'une explosion survenue dans ses silos à grains, une société avait conclu un marché de démolition et d'évacuation des déblais avec deux autres sociétés. Ces dernières avaient déchargé les déblais dans une ancienne gravière, située à l'intérieur du périmètre de protection d'un captage d'eau alimentant une commune. Ayant constaté la présence d'orge dans les déblais, la commune décida d'arrêter les pompages sur le site, en raison des risques de pollution, et compensa ses besoins par l'achat d'eau à une troisième société. Elle assigna en réparation de son préjudice, résultant de ces dépenses supplémentaires, les deux premières sociétés ainsi que la société utilisatrice de la décharge. La cour d'appel déclara la commune responsable pour un tiers du préjudice qu'elle avait subi à la suite de la pollution des eaux. Elle condamna *in solidum* la société propriétaire des silos, sur le fondement de l'article 1382 du Code civil, en raison d'un défaut d'information portant sur le risque de pollution à l'égard de son cocontractant, et la société de démolition et d'évacuation des déblais, sur le fondement de l'article 1384 alinéa 1er du Code civil. Parmi les pourvois intentés, seul celui de la société de démolition et d'évacuation des déblais fut accueilli. La Cour de cassation, dans un arrêt du 9 juin 1993[1320], estima, en effet, que la garde des silos n'avait pu lui être transférée et que la société propriétaire en était restée gardienne, au motif que "sauf l'effet de stipulations contraires valables entre les parties, le propriétaire de la chose, bien que la confiant à un tiers, ne cesse d'en être responsable que s'il est établi que ce tiers a reçu corrélativement *toute possibilité de prévenir lui-même le préjudice qu'elle peut causer*"[1321].

514. Dans cette affaire, les risques de pollution, résultant de la présence de l'orge dans les déblais déchargés à proximité du captage d'eau, n'étaient pas scientifiquement inconnus, comme en témoignent les motifs de l'arrêt. Ce dernier relève qu' "en se déterminant ainsi, alors qu'elle [la cour

---

[1320] Civ. 1ère, 9 juin 1993, *J.C.P.*, 1994, II, 22202, note G. VINEY.

[1321] C'est nous qui soulignons.

d'appel] retenait que la Société La Malterie de la Moselle, propriétaire des déblais et de l'orge, ne pouvait ignorer, en sa qualité de professionnel, *le risque présenté par l'orge, matière susceptible de créer une fermentation dangereuse*[1322] [...] la Société la Malterie avait conservé la garde de la chose, instrument du dommage". Autrement dit, par cette formule la Cour de cassation lie la responsabilité du gardien, non pas seulement à sa faculté subjective d'anticiper le dommage mais bien à la possibilité objective, compte tenu des données des sciences de la nature, de mesurer les dangers de la chose, instrument du dommage. En l'espèce, ces dangers étaient scientifiquement avérés, la "susceptibilité" de l'orge à créer une fermentation dangereuse n'étant pas douteuse. Dès lors, la responsabilité de la société, propriétaire des silos, s'apparente à une responsabilité pour *défaut de prévention*.

515. Dans une affaire plus récente, une société pétrolière, ayant installé des cuves de stockage de carburant pour l'exploitation d'une station-service sur le terrain du locataire-gérant de la station, avait été assignée en responsabilité, sur le fondement de l'article 1384 alinéa 1er du Code civil, en raison de fuites des cuves ayant contaminé un fonds voisin. Pour sa défense, la compagnie pétrolière avait invoqué le fait qu'elle avait transféré la garde des cuves et du carburant à l'exploitant de la station-service, sur la base d'un prêt à usage. La cour d'appel de Versailles écarta cet argument au motif notamment que "s'agissant d'une installation dangereuse, *il n'était pas établi que les exploitants avaient reçu, de la part de la société BP, toute information pour lui permettre de prévenir eux-mêmes les dommages qu'elle pouvait causer*"[1323]. La Cour de cassation, dans un arrêt en date du 12 octobre 2000, rejeta le pourvoi estimant que "la société, qui avait assuré le contrôle, la surveillance et la direction de ces cuves, n'en avait pas transféré la garde"[1324]. La possibilité de prévenir le dommage, dont la société pétrolière était seule détentrice, n'était pas seulement appréciable de façon subjective, eu égard à sa qualité de professionnel, mais l'était également d'un point de vue objectif, par référence à l'état de la science. Et, en l'espèce, la nocivité pour l'environnement de la chose instrument du dommage, à savoir le carburant, était avérée compte tenu des connaissances scientifiques et techniques, conférant à la responsabilité ainsi retenue le caractère d'un *défaut de prévention*.

516. Il résulte de ces deux exemples jurisprudentiels que la possibilité de prévenir le dommage est susceptible de renvoyer implicitement à la prise en considération d'un risque scientifique et technique avéré. Dans ce

---

[1322] C'est nous qui soulignons.
[1323] C'est nous qui soulignons.
[1324] Civ. 2ème, 12 octobre 2000, *J.C.P.*, 2001, I, 338, chron. G. VINEY, obs. n° 15 ; *Resp. civ. et ass.*, 2000, comm. n° 357.

cas, le concept traditionnel de prévention coïncide avec la notion de *prévention*, résultant de la distinction de la prévention et de la précaution.

517. La même analyse peut être faite à propos de la distinction de la garde de la structure et du comportement, susceptible de renvoyer également, de manière implicite, à un risque scientifique et technique avéré. En effet, le vice interne de la chose s'apparente souvent à un défaut de la chose dont la propension à causer un dommage est scientifiquement établie. Le modèle de la cause renvoie alors à "celui de la mécanique newtonienne dans lequel la cause est une force qui vient perturber un état d'inertie"[1325]. Une telle considération explique que la distinction de la garde de la structure et du comportement a essentiellement vocation à s'appliquer aux choses ayant un "dynamisme propre et dangereux" ou "un dynamisme propre susceptible de se manifester dangereusement"[1326].

518. Ainsi, dans la célèbre affaire de l'oxygène liquide, précédemment rappelée[1327], à aucun moment la cause matérielle ou scientifique du dommage n'avait pu être clairement identifiée, les différentes juridictions s'employant, au contraire, à en souligner l'incertitude[1328]. Pour autant, dans cette affaire, si l'origine exacte de l'explosion était demeurée incertaine en l'espèce, *la propension de la chose, objet du dommage, à causer un préjudice n'était pas scientifiquement douteuse.* Dans l'arrêt du 10 juin 1960, la Cour de cassation avait déduit l'impossibilité, pour le transporteur, de prévenir la réalisation du préjudice des constations de la décision d'appel selon lesquelles "il était pratiquement impossible de contrôler dans tous ses éléments la matière explosive contenue dans la bouteille, de manière à prévenir intégralement les

[1325] H. CROZE, "L'incidence des mécanismes processuels sur l'établissement du lien de causalité", *in Exigence sociale, jugement de valeur et responsabilité civile en droit français, allemand et anglais*, op. cit., p. 55, n° 12.
[1326] Civ. 2ème, 12 nov. 1975, *J.C.P.*, 1976, II, 18479, 1ère espèce, note G. VINEY ; Civ.2ème, 3 oct. 1979, *D.*, 1980, jur. p. 325, note LARROUMET.
[1327] Civ. 2ème, 5 janvier 1956, préc. ; Angers, 15 mai 1957, préc. ; Civ. 2ème, 10 juin 1960, préc.
[1328] En effet, la Cour d'appel de Poitiers avait relevé que "la cause originaire exacte et déterminante de l'accident est demeurée inconnue et reste exclusivement du domaine des hypothèses". Dans sa décision du 5 janvier 1956, la Cour de cassation avait estimé que "la cause de cette explosion, en l'état de l'expertise effectuée, serait restée inconnue, encore qu'il n'ait point été prouvé ni même allégué que l'accident fût la conséquence d'un acte ou d'une circonstance extérieurs à l'objet". Pour la cour de renvoi, les conclusions contradictoires des experts faisaient "apparaître, qu'aucune faute n'ayant été établie à la charge de quiconque et les causes physiques ou chimiques de l'explosion restant inconnues, que l'accident [avait] été la conséquence, heureusement rare mais toujours à craindre, du caractère intrinsèquement dangereux propre à toute matière explosive [...]".

dommages qu'elle pouvait causer"[1329]. Le transporteur n'avait donc pu être qualifié de gardien parce qu'il n'avait pas la maîtrise totale et entière du produit contenu dans la bouteille. *Pour lui*, la survenance d'une explosion, bien que résultant d'un élément objectif (la matière explosive) n'était pas *subjectivement* évitable. En tant que transporteur il ne pouvait *connaître* la structure de la bouteille. Mais une telle constatation ne préjugeait aucunement de la "connaissabilité" objective du danger, en l'état des connaissances scientifiques, c'est-à-dire de la connaissance objective de la propension de la chose à causer un dommage. Or cette dernière n'était pas méconnue, comme en témoigne la référence de la cour de renvoi au "caractère intrinsèquement dangereux, *propre* à toute matière explosive". Cette décision met en évidence la nécessité de distinguer d'une part, la causalité du dommage, c'est-à-dire la cause de l'explosion, demeurée incertaine en l'espèce, et la causalité du danger ou du risque provenant de la matière explosive contenue dans la bouteille, susceptible de faire l'objet d'une connaissance certaine.

519. Cette jurisprudence, appliquée depuis à de multiples choses susceptibles d'exploser ou de s'enflammer[1330], confirme les liens qu'entretient le concept traditionnel de prévention avec celui de chose dangereuse, tandis que la différenciation de la *prévention* et de la *précaution* conduit nécessairement à une résurgence de ces deux concepts, en particulier dans le cadre de la distinction de la garde de la structure et du comportement[1331]. Mais la notion de garde n'est pas seulement susceptible d'appréhender des choses dont la propension à causer un dommage est implicitement avérée, compte tenu des données de la science et de la technique. Elle s'applique également à des choses dont la nocivité est expressément attestée au regard de l'évolution de ces mêmes données.

[1329] Pour plusieurs auteurs, une telle motivation attestait l'existence d'un vice, à l'origine de l'explosion, P. ESMEIN, *J.C.P.*, 1960, II, 11824 ; B. GOLDMAN, *Mélanges P. Roubier*, op. cit., p. 57

[1330] Exemple, à propos d'un téléviseur, cf. Civ. 2ème, 3 oct. 1979, *D.*, 1980, jur. p. 325, note C. LARROUMET. Sur l'actualité de cette distinction, cf. le débat entre P. JOURDAIN (*R.T.D.civ.*, 2007, p. 132) et H. GROUTEL ("Garde de la structure-garde du comportement : le glas sonne-t-il?", *Resp. civ. et ass.*, mai 2007, repère, p. 5) à propos de l'arrêt de la Cour de cassation du 5 octobre 2006.

[1331] Au détriment de la position actuelle de l'ensemble de la doctrine qui dénonce les inconvénients pratiques de cette dernière distinction. L'inconvénient principal résidant dans la difficulté à distinguer les risques inhérents à la structure de la chose et ceux résultant de son utilisation, entraînant deux conséquences négatives pour la victime. D'une part, une incertitude quant à la personne à assigner devant les juridictions civiles, d'autre part, la nécessité de rechercher les causes exactes de son préjudice en lui imposant ainsi la charge d'une preuve dont l'article 1384 alinéa 1er du Code civil avait précisément pour objectif de la dispenser. En ce sens, cf. G. VINEY et P. JOURDAIN, op. cit., n° 700 ; J. FLOUR, J.-L. AUBERT et E. SAVAUX, op. cit., n° 260 ; F. TERRE, Ph. SIMLER et Y. LEQUETTE, op. cit., n° 789.

b) La référence explicite à risque scientifique et technique avéré

520. Parmi les choses dont la propension à être source de dommage a été récemment attestée, certaines d'entre elles ont déjà été saisies par la notion de garde à la suite de décisions des juridictions civiles. C'est le cas de l'amiante. Ainsi, dans un arrêt, en date du 20 novembre 2001, la Cour d'appel de Caen[1332] a confirmé un jugement du Tribunal de grande instance d'Argentan ayant déclaré une entreprise responsable, sur le fondement de l'article 1384 alinéa 1er du Code civil, de l'asbestose contractée par l'épouse d'un de ses salariés. En l'espèce, un homme avait travaillé dans les usines textiles d'une société entre 1961 et 1986. Les différents emplois qu'il avait alors occupés l'avaient tous directement exposé aux fibres d'amiante et en janvier 1987 il avait été reconnu atteint d'une asbestose d'origine professionnelle. De son côté, son épouse qui avait procédé au nettoyage régulier des vêtements de travail de son mari de 1961 à 1977, date à partir de laquelle les ouvriers avaient cessé de rapporter leurs vêtements à leur domicile, s'était révélée elle aussi atteinte d'asbestose en 1995. La décision de la Cour d'appel de Caen, qui fait droit à la demande d'indemnisation de l'épouse à l'encontre de la société de son mari, constitue une application de la responsabilité pour *défaut de prévention* puisque le risque d'asbestose lié à une exposition à l'amiante était scientifiquement avéré à la date où l'épouse y avait été exposée[1333].

521. Après avoir reconnu l'existence d'un lien de causalité entre l'amiante et le préjudice, la cour d'appel a jugé que l'entreprise poursuivie avait conservé la qualité de gardien des fibres d'amiante. Selon elle, "seule la preuve d'un transfert de la garde (ou d'une cause étrangère) peut permettre au gardien de se dégager de sa responsabilité", ce qui n'était pas le cas en l'espèce. En effet, les juges du fond ont estimé que "la société Valéo ne peut sérieusement prétendre avoir transféré les attributs de la garde de l'amiante à M. Leclair chaque fois que celui-ci quittait l'usine pour regagner son domicile et rejoindre sa famille". Selon eux, "la nature même de la chose dommageable, à l'état de poussières volatiles et microscopiques, provenant d'une substance dangereuse pour la santé de l'homme, ne permettait pas aux ouvriers, et ceci est particulièrement vrai pour la période antérieure à 1978 (pendant laquelle ils rapportaient chez eux leurs vêtements de travail pour procéder à leur nettoyage), de disposer sur elle d'un pouvoir de contrôle et de direction". Et de préciser que "les intéressés ne pouvaient, quand bien même ils auraient soigneusement brossé leurs vêtements, se débarrasser entièrement des poussières d'amiante qui

---

1332 Caen, 20 novembre 2001, *J.C.P.*, 2003, II, 10045, note F. G. TREBULLE.

1333 Sur la détermination des périodes de précaution et de prévention s'agissant de l'amiante, cf. *supra*, n° 373 et s.

s'y trouvaient et, à plus forte raison, de celles qui étaient sur leur peau et leurs cheveux".

522. En soi, la structure de la chose dommageable (volatile et microscopique) n'empêchait pas qu'elle soit l'instrument du dommage et l'objet de la garde au sens de l'article 1384 alinéa 1er du Code civil, puisque le droit, en effet, "sait se saisir des choses les plus petites"[1334]. En revanche, elle rendait difficile un transfert de la garde. Paradoxalement, c'est même en raison de leur trop forte incrustation dans la personne de l'ouvrier que les poussières d'amiante étaient restées sous la garde de la société. Les ouvriers se trouvaient dans l'impossibilité de prévenir la survenance du dommage dans la mesure où compte tenu de la nature même de la chose, instrument du dommage, toute action préventive (brossage et lavage des vêtements) était vouée à l'échec. D'une certaine façon les poussières d'amiante présentaient un dynamisme propre et dangereux dont seule la société avait la garde. Néanmoins, il aurait été difficile en l'espèce d'appliquer la distinction de la garde de la structure et du comportement, puisque la première était indissociable de la seconde[1335], la nocivité des poussières se confondant pleinement avec leur mouvement. Ce qui est sûr, en revanche, c'est que la propension des poussières à causer un dommage, si elle ne pouvait être évitée par les travailleurs et leur famille, n'en demeurait pas moins scientifiquement avérée à l'époque des faits et de ce fait objet de *prévention*. La distinction du risque avéré et du risque suspecté, de la prévention et de la précaution est, en effet, indépendante de la possibilité subjective pour telle ou telle personne d'empêcher la survenance du dommage. Elle se rapporte à une conception objective de la possibilité de prévenir la réalisation d'un risque, compte tenu de l'état des connaissances scientifiques et techniques[1336].

523. En revanche, s'agissant de l'affaire Gourlain dans laquelle un fumeur et sa famille avaient agi en responsabilité civile contre la SEITA[1337], les victimes s'étaient notamment fondées sur l'article 1384 alinéa 1er du Code civil, faisant valoir que la SEITA avait conservé la garde des cigarettes qu'elle

---

[1334] F. G. TREBULLE, note préc.

[1335] En ce sens, cf. G. VINEY et P. JOURDAIN, op. cit., n° 693.

[1336] En fait, seule l'information par la société des caractéristiques dangereuses des poussières auprès de ses ouvriers aurait pu conduire à un éventuel transfert de la garde, la jurisprudence antérieure ayant jugé que "le propriétaire de la chose ne cesse d'en être responsable que s'il est établi que celui à qui il l'a confiée a reçu corrélativement toute possibilité de prévenir lui-même le préjudice qu'elle peut causer" (Civ. 1ère, 9 juin 1993, préc. et Civ. 2ème, 12 oct. 2000, préc.). Mais il aurait alors fallu admettre que le mari de l'épouse contaminée ait pu lui-même devenir gardien des poussières d'amiante, ce qui n'allait pas de soi compte tenu de l'incompatibilité, posée par la jurisprudence entre les qualités de gardien et de préposé (M.-A. PEANO, "L'incompatibilité entre les qualités de gardien et de préposé", *D.*, 1991, chron. p. 51).

[1337] Sur les faits de cette affaire, *supra*, n° 365 et s.

fabriquait[1338]. Mais le Tribunal de grande instance de Montargis[1339], puis la Cour d'appel d'Orléans ont écarté cette argumentation. En effet, dans son arrêt, en date du 10 septembre 2001[1340], cette dernière a jugé inapplicable la théorie de la garde divisée, au motif que le dommage subi par feu Richard Gourlain ne pouvait "être attribué exclusivement à la structure des cigarettes, mais aurait été provoqué par le fumeur lui-même, M. Gourlain, fumeur excessif, dans cette théorie, gardien du comportement". Les juges semblent avoir entendu ici les critiques, formulées au lendemain de l'assignation de la SEITA, dénonçant "une forme d'infantilisation de notre société, un monde qui, comme les Etat-Unis, devient entièrement pénalisé et judiciarisé, où il n'y a désormais que des victimes et des responsables"[1341]. Non seulement, donc, l'admission d'une responsabilité sans faute du fabricant de cigarettes était contestable, mais en s'exposant volontairement à un risque le demandeur avait eu un comportement qui pouvait être qualifié de faute civile. En effet, cette dernière consiste dans la violation d'une "norme générale de conduite sociale imposant de se conduire en toutes circonstances avec prudence et diligence"[1342]. Certes, il n'existe aucune norme de ce type en matière de consommation de cigarettes, la liberté de chacun demeurant totale. Il n'en reste pas moins une obligation générale faite aux individus de veiller à leur sécurité dont la jurisprudence s'est faite l'écho[1343]. Ainsi, "c'est moins, par conséquent, la violation d'une norme légale préexistence que la transgression de cet impératif général consistant à veiller sur sa propre sécurité que l'on pourrait reprocher à une victime du tabagisme : pourrait en

---

1338 Le même argument avait été invoqué par les proches d'une fumeuse, décédée d'un cancer du poumon, qui avaient également assigné la SEITA en responsabilité civile devant le Tribunal de grande instance de Béziers. Mais il n'a pas été repris en appel. Cf. Montpellier, 22 mars 2006, *J.C.P.*, 2006, II, 10 158, note B. DAILLE-DUCLOS.

1339 T.G.I. de Montargis, 8 décembre 1999 (*D.*, 2000, I.R. p. 15 ; *R.D.S.S.*, 2000, p. 717 ; *Libération* 9 déc. 1999 ; *Le Monde* 10 déc. 1999). Le tribunal avait estimé en effet que "le dommage causé par les cigarettes est dû de manière indissociable, du moins en l'état des connaissances actuelles, aux produits contenus dans les cigarettes ou dégagés par elles : nicotine-goudron-gaz et au comportement du fumeur qui consomme excessivement ce produit [...] que le seul fait de mettre en circulation un produit dangereux [...] ne suffit pas à rendre responsable le fabricant de dommages survenus lors de l'utilisation du produit ; qu'en effet, la garde de la structure suppose que le fabricant a le pouvoir de surveiller, de contrôler les éléments de la chose et de prévenir le dommage. Qu'en l'espèce, il n'est pas démontré que la SEITA a fabriqué ses cigarettes de manières anormales compte tenu des connaissances actuelles".

1340 Orléans, 10 septembre 2001, *J.C.P.*, 2002, II, 10133, note B. DAILLE-DUCLOS ; *G.P.*, 3-5 mars 2002, somm. jur. p. 25, note S. PETIT ; *Resp. civ. et ass.*, nov. 2001, chron. n° 23, L. GRYNBAUM ; *R.T.D.S.S.*, 2002, p. 28, chron. A. SAILLARD.

1341 Ph. MALAURIE, "La Seita, le droit et l'infantilisme", *La vie judiciaire*, 19 janv. 1997 ; A. FINKIELKRAUT, *Le Figaro*, 28 décembre 1997. Dans le même sens, cf. F. TERRE ("Le temps du mépris", *in Clés pour le siècle. Droit et science politique, information et communication, sciences économiques et de gestion*, op. cit., p. 413, n°497) qui estime qu'il s'agit là d'une "judiciarisation qui tue le droit". Sur les actions intentées aux Etats-Unis contre les fabricants de cigarettes, cf. F. CABALLERO et Y. BISIOU, op. cit., n° 166.

1342 G. VINEY et P. JOURDAIN, op. cit., n° 450.

1343 G. VINEY et P. JOURDAIN, op. cit., n° 456-1.

effet lui être fait grief de s'être exposée à un risque manifeste et par conséquent d'avoir commis une faute d'imprudence"[1344]. Cette solution a ensuite été confirmée par la Cour de cassation, dans son arrêt en date du 20 novembre 2003[1345], qui a jugé que "la théorie distinguant garde de la structure et garde du comportement, applicable uniquement aux choses dotées d'un dynamisme propre et dangereuses ou encore dotées d'un dynamisme interne et affectées d'un vice interne, n'est pas applicable aux cigarettes fumées par Richard G.". Cependant bien que le tribunal, comme la cour d'appel, puis la Cour de cassation, aient refusé d'appliquer la théorie de la garde divisée aux cigarettes, une telle solution ne préjuge pas de l'applicabilité de la notion de garde à ce type de choses c'est-à-dire à des choses dont la propension à causer un dommage est scientifiquement avérée et à ce titre susceptibles d'être l'objet d'une responsabilité pour *défaut de prévention*[1346].

524. La notion de garde, telle qu'elle résulte de l'arrêt Franck, est liée à la possibilité de prévenir le préjudice que la chose est susceptible de causer. Elle trouve alors généralement à s'appliquer en présence d'un risque scientifique avéré. Cependant, elle est également susceptible d'appréhender les choses pouvant conduire à la réalisation d'un risque scientifique seulement suspecté.

2) Les potentialités d'application de la notion de garde en présence d'un risque scientifique suspecté ou l'émergence possible d'une responsabilité délictuelle pour *défaut de précaution*

525. Non seulement la notion de garde est susceptible d'être appliquée aux choses pouvant conduire à la réalisation d'un risque suspecté, compte tenu des connaissances scientifiques et techniques mais la distinction de la garde de la structure et du comportement se révèle particulièrement propice à saisir de telles choses. A cet égard, le risque de survenance de maladies neurologiques (en particulier la sclérose en plaques) attaché à la vaccination contre l'hépatite B constitue un exemple remarquable d'extension possible de la notion de garde à une chose dont la propension à causer un dommage n'est pas encore avérée, compte tenu de l'état de la science[1347]. En effet, parmi les nombreuses victimes invoquant les effets indésirables du vaccin contre

---

[1344] I. DESBARATS, "Le droit à réparation des victimes directes du tabagisme", *D.*, 1998, chron. p. 167, n° 23.

[1345] Civ. 2ème, 20 novembre 2003, *D.*, 2003, somm., p. 2902, concl. R. KESSOUS, note L. GRYNBAUM ; *D.*, 2004, doctr. p. 653, A. BUGADA, somm. p. 1346, obs. D. MAZEAUD ; *J.C.P.*, 2004, II, 10 004, note B. DAILLE-DUCLOS ; *R.T.D.civ.*, 2004, p.103, obs. P. JOURDAIN ; *Resp. civ. et ass.*, février 2004, chron. n° 5, C. RADE.

[1346] Ainsi, par exemple, rien ne s'oppose à ce qu'un fumeur ayant malencontreusement brûlé une personne avec sa cigarette soit jugé responsable du dommage ainsi causé sur le fondement de l'article 1384 alinéa 1er du Code civil.

[1347] Sur l'évolution des connaissances scientifiques en la matière, cf. *supra*, n° 244.

l'hépatite B qui ont saisi les juridictions judiciaires, plusieurs d'entre elles ont déjà vu leur affaire jugée par les tribunaux civils. Ainsi, une femme vaccinée par son médecin traitant le 30 septembre 1995 était tombée, quelques semaines plus tard, dans un état tétraplégique flasque avec évolution rapide en troubles de la déglutination, dysphonie et dyspnée. Les médecins ont diagnostiqué la maladie de Guillain-Barré, affection démyélinisante, nécessitant son hospitalisation. La victime a alors assigné la société Aventis Pasteur, fabricant du vaccin[1348]. Le Tribunal de grande instance de Nanterre, par un jugement en date du 4 avril 1997[1349], a estimé que les fautes invoquées n'étaient pas constituées[1350]. Il a condamné le laboratoire, sur le fondement de la responsabilité délictuelle des articles 1382, 1383 et 1384 alinéa 1er du Code civil et de l'ancien article R. 5115-1 du Code de la santé publique qui prohibait tout contrat entre fabricant et consommateur[1351]. Dans son jugement, le tribunal relève, en effet, que le "vaccin -produit de haute technologie- est doté par définition d'un dynamisme propre, mais que toutes ses conséquences possibles n'en sont pas connues, ni même maîtrisables au regard des effets secondaires ou des contre-indications qui peuvent se révéler à l'usage et qui en font un produit générateur de risques élevés et de ce fait potentiellement dangereux [...] *le laboratoire qui fabrique puis met sur le marché ce vaccin en conserve la surveillance de la structure* jusqu'à son administration au patient et en assure la maîtrise de la mise en œuvre, notamment par l'information qu'il délivre simultanément ; il doit dès lors être considéré comme le *gardien de ce vaccin* et de ce fait assumer le risque des dommages qu'il a, comme dans le cas d'espèce, provoqués".

[1348] Elle invoquait d'une part, la violation des articles L. 221-1 du Code de la consommation et de l'article R. 5143 du Code de la santé publique, en raison de l'absence de modification par le laboratoire de ses notices explicatives ainsi que du défaut de mention relative aux contre-indications possibles, alors qu'il connaissait les dangers que pouvait présenter le vaccin qu'il commercialisait ; d'autre part, le développement par le laboratoire d'une campagne de publicité massive et enfin, la poursuite par ce dernier de la commercialisation du produit alors pourtant qu'il en connaissait les effets nocifs.

[1349] T.G.I. 4 avril 1997, *Mme L.*, *in La responsabilité du fait des produits pharmaceutiques et la protection des victimes*, op. cit., Annexe 11, p. 103.

[1350] En effet, pour les juges de première instance, le retard dans la délivrance de l'information ne pouvait être imputé à une faute du laboratoire dès lors que ce dernier avait demandé, le 1er décembre 1994, au Président de la Commission nationale de pharmacovigilance de pouvoir modifier dans l'Edition 1995 du Vidal le paragraphe relatif aux effets indésirables, afin d'y insérer l'observation de cas de neuropathies périphériques et que ce n'était qu'au mois d'août 1995 que l'Agence du Médicament avait fait procéder à la modification. Les deux autres fautes ne pouvaient pas non plus, selon le tribunal, être imputées au laboratoire aux motifs que "le bilan établi à la fin de l'année 1994 par la Commission nationale de pharmacovigilance, s'il fait ressortir 1170 effets indésirables survenus depuis la mise sur le marché des différents vaccins contre l'hépatite B [...] ne mentionne toutefois que deux cas de survenance du syndrome de Guillain-Barré ; *ce très faible pourcentage considéré au regard du rapport bénéfice/risque de cette vaccination ne permet pas de tenir pour acquises les fautes que Mme L. impute au défendeur*".

[1351] Dont les dispositions figurent désormais à l'article R. 5124-42 du Code de la santé publique.

526. En condamnant le laboratoire fabricant à réparer le dommage résultant de l'injection d'un vaccin, dont les effets secondaires n'étaient pas connus à l'époque de la vaccination et demeurent d'ailleurs, aujourd'hui encore, hypothétiques, le Tribunal de grande instance de Nanterre reconnaît implicitement mais nécessairement que le *défaut de précaution*, c'est-à-dire l'absence de mesure de nature à empêcher la réalisation d'un risque suspecté, engage la responsabilité civile de son auteur. Le tribunal fonde notamment cette obligation sur l'article 1384 alinéa 1er du Code civil, relatif à la responsabilité du fait des choses, et recourt à la distinction doctrinale de la garde de la structure et du comportement. Cette distinction est particulièrement adéquate en l'espèce, dans la mesure où elle a essentiellement vocation à s'appliquer aux choses ayant un "dynamisme propre et dangereux" ou "un dynamisme propre susceptible de se manifester dangereusement"[1352], ce qui est le cas d'un vaccin, comme le relèvent les motifs du jugement. Le Tribunal de grande instance de Nanterre renoue ici avec une jurisprudence antérieure qui avait déjà appliqué la responsabilité du fait des choses aux médicaments[1353] mais en étend l'application en présence d'un risque scientifique suspecté.

[1352] Civ. 2ème, 12 nov. 1975, *J.C.P.*, 1976, II, 18479, 1ère espèce, note G. VINEY ; Civ.2ème, 3 oct. 1979, *D.*, 1980, jur. p. 325, note LARROUMET.

[1353] Dans une affaire similaire où un médecin victime, dans l'exercice de ses fonctions, d'une affection due à l'inoculation accidentelle du vaccin B.C.G., avait agi en responsabilité, sur le fondement de l'article 1384 alinéa 1er du Code civil, contre l'Institut Pasteur, fabricant du vaccin, la cour d'appel avait rejeté la demande aux motifs que "ledit vaccin avait été l'élément de base de l'affection, que le médecin n'en avait ni la direction, ni le contrôle et que le vaccin, composé pour partie de germes vivants, avait un dynamisme propre en dehors de son contenant, enfin que la preuve d'une faute de la victime n'était ni rapportée ni offerte". La Cour de cassation, dans un arrêt du 7 décembre 1977 (*D.*, 1978, I.R. p. 202, obs. C. LARROUMET), avait certes cassé la décision des juges du fond mais pour insuffisance de motifs, ce qui ne rendait pas déterminant son refus de considérer le fabricant comme gardien de la structure du vaccin. Elle avait estimé qu'il "ne résult[ait] pas de ces seuls motifs que l'Institut Pasteur puisse être considéré comme ayant eu, au moment des faits, la garde de la chose, cause du dommage". Dans une espèce précédente, une personne blessée à l'œil à la suite de l'éclatement de l'ampoule d'un médicament, remis par son médecin, avait agi en responsabilité contre le fabricant. La cour d'appel avait condamné le fabricant estimant qu'il avait conservé la garde du médicament. La Cour de cassation, dans un arrêt du 15 juin 1972 (Civ. 2ème, 15 juin 1972, *B.C.*, II, n° 186 ; *R.T.D.civ.*, 1973, p. 135, obs. G. DURRY), censura la décision aux motifs qu'en déclarant qu'au moment de la production du dommage le fabricant avait, sur le médicament, les pouvoirs caractérisant la garde, la cour d'appel n'avait pas tiré les conséquences légales de ses constatations. En l'espèce, en effet, le médecin détenait l'ampoule depuis plus de dix ans alors que la notice publicitaire accompagnant le produit en spécifiait la grande altérabilité se traduisant par un jaunissement des solutions et que ni le médecin ni l'infirmière n'avaient ouvert la boîte pour se rendre compte de l'état du médicament, impropre à l'utilisation, qui aurait été révélée au vu de l'aspect du contenu de l'ampoule et à la lecture de la notice. Néanmoins, en rappelant dans un attendu de principe les conditions d'application de l'article 1384 alinéa 1er, la Cour de cassation confirmait la possibilité de recourir à cet article en cas de dommage du fait d'un médicament.

527. Néanmoins, bien que la distinction de la garde de la structure et du comportement se révèle propice à saisir les choses susceptibles d'engendrer la réalisation d'un risque suspecté, l'avenir de cette distinction au sein de la responsabilité pour *défaut de précaution* demeure pour le moins incertaine. En effet, d'une part, l'arrêt de la Cour d'appel de Versailles, en date du 12 septembre 2003, qui confirme pourtant le jugement du Tribunal de grande instance de Nanterre du 4 avril 1997, précédemment évoqué, fonde la responsabilité du fabricant du vaccin contre l'hépatite B sur l'article 1147 du Code civil, interprété à la lumière de la directive CEE n° 85-374 du 25 juillet 1985[1354]. Toute référence à la responsabilité délictuelle du fait des choses de l'article 1384 alinéa 1er du Code civil est donc écartée. En outre, cette décision a depuis été cassée par la Cour de cassation le 24 janvier 2006, toujours sur le fondement de l'article 1147 du Code civil interprété à la lumière de la directive européenne du 25 juillet 1985[1355]. D'autre part, dans un arrêt du 25 novembre 2005, la Cour d'appel de Versailles a expressément rejeté l'applicabilité de l'article 1384 alinéa 1 du Code civil au vaccin contre l'hépatite B[1356]. La demanderesse, qui avait développé une sclérose en plaques après avoir été vaccinée, a été déboutée de son action à l'encontre du laboratoire fabricant[1357]. Pourtant, une application de la distinction de la garde de la structure et du comportement aurait permis de retenir la responsabilité du fabricant du médicament et d'accueillir ainsi l'action de la victime.

528. Il reste que dans la majorité des cas, les choses, dont la propension à causer un dommage n'est pas avérée à l'heure actuelle mais demeure seulement suspectée, n'ont pas encore été à l'origine d'accidents. Elles ne peuvent que conduire à une réflexion théorique sur l'applicabilité à leur encontre de la responsabilité fondée sur l'article 1384 alinéa 1er du Code civil[1358]. Ainsi, s'agissant tout d'abord des organismes génétiquement modifiés, la détermination du gardien pourrait être trouvée dans la distinction de la garde

---

1354 Versailles, 12 septembre 2003, *D.*, 2003, I.R. p. 2549 ; *Resp. civ. et ass.*, nov. 2004, comm. n°344, p. 24, note C. RADE.

1355 Civ. 1ère, 24 janvier 2006, préc., cf. *supra*, n° 250.

1356 Versailles, 25 novembre 2005, *P.A.*, 19 mai 2006, n° 100, p. 6, note C. HENIN et A.-C. MAILLOLS.

1357 Après avoir jugé qu'en l'espèce la responsabilité du fait des produits défectueux issue de la loi du 19 mai 1998 n'était pas applicable (le vaccin ayant été mis en circulation en 1989), la cour d'appel a rejeté la demande sur le fondement de la première partie de la phrase de l'article 1384 alinéa 1 du Code civil ("on est responsable non seulement du dommage que l'on cause par son propre fait"), faute, selon les juges, de pouvoir se fonder sur l'article 1382 du Code civil qui n'avait pas été invoqué par l'appelante. Une telle motivation est tout à fait critiquable, le juge ayant, en vertu de l'article 12 du Nouveau code de procédure civile, le pouvoir de restituer aux faits leur exacte qualification.

1358 En ce sens, cf. M.-A. HERMITTE, "Disséminations volontaires d'organismes génétiquement modifiés", *Risques*, avril-juin 1993, n° 14, p. 101 (spéc. p. 113).

de la structure et du comportement[1359]. En effet, "l'idée de garde de la structure s'applique particulièrement bien à la structure génétique" car "on est, avec les gènes, au cœur même des choses ayant un dynamisme propre"[1360], critère de qualification des choses ayant, selon la jurisprudence, vocation à se voir appliquer la théorie de la garde divisée[1361]. Dès lors, les fabricants d'OGM pourraient être jugés responsables des dommages causés par ces derniers en raison de leur structure, quand bien même ceux-ci se trouveraient entre les mains de l'agriculteur, de l'éleveur ou de tout autre détenteur[1362]. La question demeure néanmoins de savoir durant combien de temps la garde de la structure pourrait être attribuée au fabricant d'OGM, la jurisprudence ayant affirmé que cette garde ne peut plus être imputée à une personne qui s'est dessaisie de la chose depuis plusieurs années[1363]. Or les dommages résultant d'organismes génétiquement modifiés peuvent se révéler longtemps après leur dissémination. A l'inverse, il n'est pas à exclure que le fabricant ait transféré la garde de l'OGM à un tiers dès lors que, conformément à la jurisprudence précédemment évoquée[1364], ce dernier avait reçu "toute information pour lui permettre de prévenir" le dommage. A cet égard, le contenu des obligations portant sur l'étiquetage et plus généralement sur l'information relative aux risques résultant de l'utilisation et de la dissémination de ces organismes se révélera déterminante en la matière[1365]. Cependant, s'agissant plus particulièrement des OGM insérés dans des aliments, la garde de la structure se heurtera à la disparition effective de l'OGM ingéré par le consommateur.

529. Cette même difficulté se retrouve à propos des aliments contaminés par l'encéphalopathie spongiforme bovine à l'époque où le risque de transmission à l'homme de cette maladie était encore incertain[1366]. En effet, "comment dire que le fabricant est resté gardien de la structure des aliments

---

1359 En ce sens, cf. M.-A. HERMITTE, art. préc., p. 114 ; I. CASSIN, "La dissémination volontaire dans l'environnement d'organismes génétiquement modifiés : vers quelle responsabilité civile ?", *B.D.E.I.*, 1998, n° 2, p. 12 ; P. THIEFFRY, "Le contentieux naissant des organismes génétiquement modifiés : précaution et mesures de sauvegarde", *R.T.D.eur.*, janvier-mars 1999, n° 1, p. 85.

1360 M.-A. HERMITTE, art. préc., p. 115.

1361 Cf. déjà à propos de la *prévention*, *supra*, n° 517 et s.

1362 Le développement des OGM "s'appuie en effet sur toute une chaîne d'intervenants qui va du semencier au distributeur final en passant par l'exploitant agricole et le groupe industriel du secteur agroalimentaire", P. PICARD, "Des risques en voie d'identification", *Risques*, juin 1999, n° 38, p. 58.

1363 Civ. 2ère, 5 juin 1971, *B.C.*, II, n° 204 ; *D.*, 1971, somm. p. 191 ; Civ. 1ère, 4 décembre 1973, *B.C.*, I, n° 337 (bouteille de chlore acquise depuis vingt ans).

1364 Civ. 2ème, 12 octobre 2000, préc., cf. *supra*, n° 515.

1365 Sur cette question, cf. *supra*, n° 362.

1366 Soit depuis 1996. Sur l'évolution des connaissances scientifiques en la matière, cf. *supra*, n°375 et s.

alors qu'ils n'existent plus ?"[1367]. Ainsi, "s'agissant du sang, la «traçabilité» du virus va des donneurs identifiés au corps meurtri du receveur tandis que, s'agissant du virus de l'ESB, elle s'arrête inéluctablement dans l'assiette du consommateur"[1368]. Enfin, les téléphones portables, dont les risques pour la santé demeurent encore largement débattus au sein de la communauté scientifique[1369], sont également de nature à venir élargir la liste des choses visées par l'article 1384 alinéa 1er du Code civil. A l'heure où les vols de téléphones portables se multiplient, la solution retenue depuis l'arrêt Franck, en faveur de la garde matérielle, pourrait trouver là de quoi s'offrir une nouvelle jeunesse à moins qu'il soit possible d'appliquer ici encore la distinction de la garde de la structure et du comportement, la première étant susceptible d'appartenir au fabricant tandis que la seconde pourrait relever de l'utilisateur du téléphone.

CONCLUSION DE LA SECTION I

530. La responsabilité délictuelle du fait des choses en droit commun, fondée sur l'exigence d'une chose, d'un fait de la chose et d'un gardien de cette dernière, se révèle tout à fait apte à saisir la distinction de la prévention et de la précaution, du risque scientifique avéré et du risque scientifique suspecté. Ici, comme ailleurs, la réception de la notion de précaution, par le droit de la responsabilité civile, conduit à une extension du domaine d'application de cette dernière en direction de l'incertitude scientifique. Elle oblige à reconsidérer le concept traditionnel de prévention, comme mesure destinée à empêcher la survenance d'un dommage. En effet, la possibilité d'anticiper la réalisation d'un risque a désormais vocation à s'appliquer quelle que soit la nature avérée ou suspectée de ce dernier. Aussi, implique-t-elle de déterminer un critère de distinction entre ces deux sortes de risques. Or, la recherche d'un tel critère peut être facilitée par l'analyse de la conception classique de la prévention qui repose, en réalité, sur la prise en considération de la fréquence des dommages. Cela est de nature à faire resurgir l'ancien débat sur la notion de chose dangereuse.

[1367] F. COLLART DUTILLEUL, "Regards sur les actions en responsabilité civile à la lumière de l'affaire de la vache folle", *R.D.rur.*, avril 1997, n° 252, p. 229.
[1368] F. COLLART DUTILLEUL, art. préc., p. 231.
[1369] Sur cette question, cf. *supra*, n° 378 et s.

SECTION II

PREVENTION, PRECAUTION ET RESPONSABILITE CONTRACTUELLE DU FAIT DES CHOSES

531. En matière contractuelle la distinction de la prévention et de la précaution, du risque avéré et du risque suspecté, est de nature à renforcer les obligations d'information relatives aux risques sanitaires et environnementaux[1370]. S'agissant de la responsabilité contractuelle du fait des choses, cette distinction est susceptible d'affecter la notion de vice caché, en entraînant, au sein de cette dernière, un dédoublement des obligations entre celles garantissant un vice avéré et celle portant sur un risque suspecté (Sous-Section I). L'émergence de la notion de précaution devrait également conduire à étendre l'obligation contractuelle de sécurité consacrée par la jurisprudence (Sous-Section II).

SOUS-SECTION I

LE RENOUVELLEMENT DE LA GARANTIE DES VICES CACHES

532. La distinction de la prévention et de la précaution conduit à opérer un renouvellement de la notion de vice caché. En effet, conformément à l'article 1641 du Code civil, le vice caché se définit comme un défaut de la chose vendue qui la rend impropre à l'usage auquel on la destine ou qui diminue tellement cet usage, que l'acheteur ne l'aurait pas acquise ou n'en aurait donné qu'un moindre prix, *s'il l'avait connu*. La connaissance à laquelle il est ici fait référence renvoie à la connaissance subjective de l'acheteur, c'est-à-dire à la possibilité, pour lui, de déceler le vice, compte tenu d'un certain savoir. La distinction de la prévention et de la précaution introduit une spécification relativement au type de savoir en cause, le caractère décelable ou non du vice s'appréciant également en fonction de l'état des sciences de la nature. Lorsque le vice était ignoré lors de la vente, compte tenu des connaissances scientifiques et techniques, la situation s'apparente à un risque de développement[1371]. Lorsque

---

[1370] Sur cette évolution cf. *supra*, n° 464 et s.

[1371] En ce sens, F. EWALD ("La véritable nature du risque de développement et sa garantie", art. préc., p. 17) souligne que l'hypothèse du risque de développement "désigne un événement d'un type tout à fait particulier, inconnu des catégories traditionnelles du droit de la vente, parce qu'il s'agit d'un vice caché d'un genre nouveau. Il faudrait distinguer deux types de vices cachés : vice caché dans un certain état de la science, mais qui aurait pu être décelable dans cet état ; vice caché dans un certain état de la science, mais indécelable pour cet état de la science [...] le risque de développement désigne la possibilité pour le producteur de se voir reprocher, *après coup*, dans un nouvel état de la science et des connaissances, les défauts jusqu'alors imprévisibles du produit". Sur la notion de risque de développement, cf. Chp. préliminaire, *supra*, n° 88 et s. et *supra*, n°262 et s.

ce vice était suspecté, compte tenu de ces mêmes connaissances, la situation juridique renvoie à la notion de précaution. Enfin, lorsque ce vice était, toujours selon ces mêmes connaissances, avéré, la situation juridique renvoie à la notion de prévention. Après avoir rappelé le rôle traditionnel de la garantie des vices cachés en présence d'un risque scientifique avéré, constitutif de la prévention (§1), nous évoquerons le recours à la garantie des vices cachés en présence d'un risque scientifique suspecté, caractéristique de la précaution (§2).

§ 1 LE RECOURS TRADITIONNEL A LA GARANTIE DES VICES CACHES EN PRESENCE D'UN RISQUE SCIENTIFIQUE AVERE

533. Particulièrement sensibles à l'évolution des connaissances scientifiques, le domaine de l'environnement (A) et celui de l'alimentation (B) se révèlent propices à la mise en évidence du rôle joué par la garantie des vices cachés résultant d'un défaut dont la connaissance est scientifiquement avérée.

A – PREVENTION ET VICE CACHE EN DROIT DE L'ENVIRONNEMENT

534. L'importance du rôle joué par les sciences et les techniques en droit de l'environnement[1372] explique que la notion de vice caché y est fréquemment associée à un certain état de la science. En application de l'article 1641 du Code civil, l'acheteur d'un site qui se révèle pollué après la vente peut agir en garantie du vice caché contre son vendeur afin d'obtenir la résolution du contrat ou une diminution du prix[1373] ou encore une remise en état[1374]. L'action en garantie des vices cachés est soumise à plusieurs conditions. Tout d'abord, l'acheteur doit prouver l'antériorité du vice à la vente. En outre, il doit prouver

---

1372 Cf. E. NAIM-GESBERT, op. cit.

1373 Cf. P. STEICHEN, op. cit. ; M. REMOND-GOUILLOUD, "Terrains à vendre : poison compris", art. préc., p. 137 ; E. FREMEAUX, "La pollution des sols et la responsabilité contractuelle", *G.P.*, 5 mai 1994, doctr. p. 563 ; F. BAVOILLOT, "La réparation des dommages causés à l'environnement : l'exemple français de la réhabilitation des sites pollués", *G.P.*, 5 mai 1994, doctr. p. 546 ; G. J. MARTIN, "Les risques tenant à la pollution des sols", *R.D.I.*, 1997, p.559 ; C. HUGLO, "Les évolutions récentes du droit de la responsabilité du fait des sols contaminés par une activité industrielle", *G.P.*, 1999, doctr. p. 1450 ; V. SOL, "Le point sur la réhabilitation des sites pollués : un droit en pleine évolution", *P.A.*, 8 août 2000, n° 157, p. 4 ; B. WERTENSCHLAG, "Propriétaires immobiliers : les réflexes en matière de pollution des sols", *A.J.D.I*, janvier 2003, p. 20 ; A. GOSSEMENT, "Les conditions de l'action directe en responsabilité civile du vendeur d'un sol pollué par son sous-acquéreur, au terme d'une chaîne de contrats de vente", *P.A.*, 18 août 2004, n° 165, p. 6.

1374 Sur l'obligation de remise en état de l'exploitant d'un site pollué depuis la loi n° 2003-699 du 30 juillet 2003 relative à la prévention des risques technologiques et naturels et à la réparation des dommages, cf. F. G. TREBULLE, "Les sites pollués dans la loi relative à la prévention des risques technologiques", *Dr. env.*, n° 113, novembre 2003, p. 229.

que la chose était impropre à l'usage auquel elle était destinée[1375]. Enfin, il doit agir dans le délai de deux ans de l'article 1648 du Code civil, à compter de la découverte du vice. De même, le preneur d'un terrain qui s'avère être contaminé peut agir en garantie contre son bailleur afin d'obtenir une indemnisation sur le fondement de l'article 1721 du Code civil[1376]. Dans les hypothèses déjà jugées la pollution du sol résultait de l'action de produits ou d'une activité industrielle dont la potentialité dangereuse n'était pas douteuse. Le vice caché s'apparentait alors à la réalisation d'un risque scientifique dont la connaissance était avérée lors du contrat de vente ou de location. Ainsi en est-il, par exemple, dans le cas d'une contamination par hydrocarbure, la nocivité de ce type de substance étant scientifiquement établie[1377].

B – PREVENTION ET VICE CACHE EN MATIERE ALIMENTAIRE

535. L'actualité de la question de la sécurité alimentaire, en particulier du fait du récent scandale de la vache folle, ne doit pas faire oublier l'ancienneté de la notion de crise alimentaire[1378] et le fait que de nombreux risques sanitaires, dès lors qu'ils sont scientifiquement avérés, peuvent être objets de prévention. Ainsi, les tribunaux judiciaires ont déjà eu à connaître de plusieurs actions en responsabilité civile consécutives à la réalisation de risques alimentaires dont l'existence n'était pas douteuse, compte tenu des connaissances scientifiques. Les actions se fondaient alors souvent sur la garantie légale des vices cachés.

536. A cet égard, l'affaire du "pain maudit" de Pont-Saint-Esprit est exemplaire. En l'espèce, plusieurs dizaines de personnes étaient décédées après avoir consommé du pain confectionné avec de la farine avariée provenant de la même fournée. Les victimes ou leurs ayants cause avaient agi en responsabilité contre le boulanger vendeur, lequel avait appelé en garantie l'Union meunière du Gard, venderesse de la farine. La pollution résultait d'un mélange accidentel de la farine avec un produit toxique, le Panogen. La Cour d'appel de Nîmes[1379] condamna le boulanger à réparer l'intégralité du préjudice subi sur le fondement de l'article 1646 du Code civil, en vertu duquel le vendeur ignorant les vices de

---

[1375] "Ce sera le cas si la pollution du site le rend impropre à la réalisation d'un projet d'aménagement, ou au moins l'affecte sérieusement, de par le déséquilibre financier lié au surcroît important de la dépollution qu'elle entraîne", V. SOL, art. préc.

[1376] Cf. B. WERTENSCHLAG, art. préc., p. 22.

[1377] Civ. 3ème, 6 mars 1991, *Code permanent environnement et nuisances*, n° 107 ; Versailles 13 janvier 2000, *D.*, 2000, I.R. p. 94 ; Civ. 3ème, 16 novembre 2005, *B.C.*, n°222 ; Civ. 3ème, 8 juin 2006, *Environnement*, déc. 2006, comm. n° 134, note M. BOUTONNET.

[1378] Cf. J.-P. GAUDILIERE, "Echos d'une crise centenaire", *La recherche*, février 2001, n° 339, n° spécial sur *Le risque alimentaire*, p. 14.

[1379] Nîmes 25 avril 1960, *D.*, 1960, jur. p. 725, note R. SAVATIER ; *R.T.D.civ.*, 1961, p. 116, obs. A. TUNC.

la chose, n'est tenu qu'à la restitution du prix et au remboursement, à l'acquéreur, des frais occasionnés par la vente. Elle accueillit le recours en garantie formé contre l'Union meunière et ordonna une expertise afin de déterminer si l'intoxication devait être indiscutablement attribuée au Panogen. La Cour, en effet, estima que le boulanger ignorait que le pain qu'il vendait était toxique et qu'il était donc tenu de rembourser aux victimes non seulement le prix du pain vendu mais aussi les frais occasionnés par la vente, soit selon les juges d'appel "tous les frais se rapportant à la vente, c'est-à-dire les dommages causés par la chose vendue". La Cour de cassation, dans un arrêt du 19 janvier 1965[1380], confirma la décision de la cour d'appel tout en procédant à une substitution de motifs. Elle condamna le boulanger sur le fondement de l'article 1645 du Code civil, selon lequel le vendeur qui connaissait les vices de la chose vendue, auquel il convient d'assimiler celui qui par sa profession ne pouvait les ignorer, est tenu outre la restitution du prix qu'il a reçu de tous les dommages envers l'acheteur. Bien que techniquement la méthode de la Cour de cassation ait différé de celle de la cour d'appel, la première s'étant fondée sur l'article 1645[1381] du Code civil et la seconde sur l'article 1646, les deux juridictions ont attribué à la garantie légale des vices cachés une même fonction de protection des victimes. En effet, elles y ont recouru non seulement pour réparer le dommage résultant de l'achat d'un chose atteinte d'un vice, mais également les dommages supplémentaires causés par la chose viciée, en l'occurrence les dommages corporels résultant de l'intoxication alimentaire[1382]. En l'espèce, la toxicité du produit à l'origine de la contamination de la farine était scientifiquement établie à l'époque des faits[1383]. L'engagement de la responsabilité du vendeur, qui vient sanctionner la réalisation d'un risque avéré, caractérise donc un *défaut de prévention*.

537. Des décisions similaires ont été rendues à propos de produits infestés de salmonelles[1384]. Certaines de ces bactéries responsables de la fièvre

---

[1380] Civ. 1ère, 19 janvier 1965, *D.*, 1965, jur. p. 389 ; *R.T.D.civ.*, 1965, p. 665, obs. G. CORNU ; *G.P.*, 21 mai 1965, 1, p. 360.

[1381] Conformément à la jurisprudence qui, peu de temps avant, avait condamné l'interprétation extensive de l'article 1646 du Code civil. (Civ. 1ère, 10 février 1959, *D.*, 1959, jur. p. 117).

[1382] "A vrai dire, l'art. 1646 dans son sens initial, -comme l'art. 1384, al. 1er, dans son sens initial-correspondait à un donné social dépassé. Les dangers créés par les techniques qui escortent aujourd'hui les marchandises, non seulement dans leur fabrication mais dans tout le cycle de leur circulation, conduisent à des mesures nouvelles de protection des victimes de ces dangers. Le besoin social d'assurer leur sécurité n'autorise plus à leur imposer la charge des dommages causés par les vices cachés des choses qui les atteignent", R. SAVATIER, note préc., p. 730

[1383] Sur la persistance actuelle de ce type de contamination, cf. M. BOISSET, "Contamination des denrées alimentaires par des métaux toxiques", *in Sécurité alimentaire du consommateur*, sous la dir. de M. et N. MOLL, Londres, Paris, New York, Lavoisier, 2002, (2ème éd.), p. 333.

[1384] Com. 10 juin 1986, Pourvoi n° 84-12.815, *Juridistique Lamy* (Rejet de la responsabilité d'un vendeur ayant fourni des aliments à un éleveur de cailles aux motifs que la cour d'appel avait souverainement retenu l'absence de salmonelles dans la marchandise livrée) ; Com. 21 janvier

typhoïde n'infectent que l'homme et peuvent être assez facilement maîtrisées. D'autres, en revanche, à l'origine de gastro-entérites, peuvent infecter aussi bien les humains que les animaux et sont susceptibles de passer des premiers aux seconds par la nourriture[1385]. Dès lors, la variété des aliments susceptibles d'être infectés (en particulier la viande crue ou insuffisamment cuite, le lait et les oeufs) peut donner lieu à de nombreuses contaminations et font d'elles la première cause d'intoxication alimentaire en France[1386]. Mais surtout, si le moment de survenance de nouveaux types de salmonelles demeurent toujours inconnu, en revanche, le lien de causalité scientifique entre la présence de salmonelle animale et les dommages causés à l'homme a été établi depuis longtemps[1387]. La certitude de ce lien de causalité scientifique doit être distinguée de la certitude du lien de causalité juridique nécessaire à l'imputation d'un dommage à la présence de salmonelles.

538. Ainsi, dans une espèce, jugée par la Chambre commerciale de la Cour de cassation le 31 mai 1994[1388], une société fabriquant des confiseries avait agi en réparation contre son fournisseur de lait en poudre et le producteur de celui-ci, en raison de la présence de salmonelles dans la marchandise livrée. La Haute juridiction avait rejeté le pourvoi formé par l'acheteur contre la décision de la cour d'appel, l'ayant débouté de sa demande, aux motifs que l'arrêt avait souverainement retenu que la preuve n'était pas rapportée que la contamination par salmonelles des produits laitiers était imputable au vendeur. Les juges du fond s'étaient fondés sur un rapport d'expertise qui avait conclu à l'existence "d'un doute sur l'origine de la contamination invoquée et son imputabilité au producteur et au vendeur de lait en poudre". Les experts avaient, en effet, estimé d'une part, que les types de salmonelles retrouvées dans le lait différaient de celles relevées dans un conteneur du producteur de lait ainsi que de celles décelées dans l'atelier d'œufs situé à proximité de l'usine de production. D'autre part, ils avaient retenu qu'il était possible qu'il ait existé des

---

1992, Pourvoi n° 90-12.345 (Cassation de l'arrêt ayant rejeté l'action d'un vendeur de friands fabriqués avec de la viande infestée de salmonelles à l'encontre de son fournisseur de viande, sur le fondement des articles 1641 et s. du Code civil, aux motifs que le vendeur professionnel ne peut ignorer les vices de la chose vendue même à un professionnel) ; Com. 16 mars 1999, Pourvoi n° 96-16.710 (Admission de l'action en résolution de la vente, entre professionnels, pour vices cachés, d'œufs de dinde contaminés par mycoplasma gallisepticum. Il s'agit d'une bactérie à l'origine de maladies respiratoires chez les volailles).

1385 Le délai d'incubation entre l'ingestion de la bactérie et l'apparition de la maladie est alors relativement rapide, soit de douze à trente six heures.

1386 O. BLOND, "Une salmonelle peut en remplacer une autre", *La recherche*, février 2001, p. 38.

1387 "Depuis longtemps, de nombreuses observations ont montré le rôle possible du réservoir animal dans les incidents dus aux *Salmonella* chez l'homme. Les intercontaminations homme-animal, de même que la circulation de différents stéréotypes de *Salmonella* dans l'environnement ont été parfaitement mis en évidence ", Ph. J.-M. BOUVET, "Salmonelles et salmonelloses en France", *in Sécurité alimentaire du consommateur*, op. cit., p. 1.

1388 Com. 31 mai 1994, Pourvoi n° 92-16.386, *Juridistique Lamy*.

modes de contamination extérieurs et incontrôlables en relation avec le transport du produit, son stockage et la pollution des oiseaux. Pour la cour d'appel, la responsabilité du vendeur et du producteur ne pouvait être établie qu'à la condition qu'ait été démontrée une identité certaine de la salmonelle décelée chez l'acheteur avec celle relevée au sein des installations du producteur, ce qui, aux dires des experts, ne pouvait résulter de la seule connaissance des propriétés biochimiques et antigéniques des bactéries. Autrement dit, la preuve du lien de causalité juridique entre le fait générateur et le dommage ne pouvait résulter du seul caractère dangereux inhérent à toute bactérie ; encore fallait-il démontrer que la bactérie responsable de la contamination était bien la même que celle retrouvée chez les personnes poursuivies. Mais l'absence de responsabilité du vendeur et du producteur s'apparentait à une absence de *défaut de prévention* et non de *précaution*. En effet, le doute portait sur le type de bactérie à l'origine de la contamination du lait. S'agissait-elle de celle retrouvée dans le conteneur, de celle décelée sur le site de production ou de celle trouvée dans l'atelier d'œufs ? Il en résultait un second doute relatif à l'imputabilité de la contamination à une personne déterminée. En revanche, la potentialité dangereuse de ces différents types de salmonelles n'était pas douteuse. L'incertitude ne portait donc que sur l'imputabilité du préjudice au fait générateur *et non sur la connaissance scientifique de la propension de ce type d'agent biologique à causer un dommage*, condition de la distinction de la prévention et de la précaution. La même remarque vaudrait également en cas de responsabilité du fait de la présence de listéria dans l'alimentation[1389], dont les effets nuisibles à l'homme sont connus depuis longtemps[1390]. Point de responsabilité pour *défaut de précaution*, mais seulement une responsabilité en raison d'un *défaut de prévention*.

539. Une interprétation similaire peut enfin être retenue à propos de la responsabilité des vendeurs et producteurs de viande pour *défaut de prévention* du risque de contamination par des larves de trichine. La trichinellose est une maladie qui se transmet à l'homme par la consommation de viande crue ou peu cuite ou d'animaux eux-mêmes contaminés par des larves de trichine. Depuis la découverte du parasite au XIXe siècle et jusqu'en 1975, la majorité des cas humains de trichinellose résultait de la consommation de porc et de sanglier. En 1975 les premiers cas de trichinellose humaine attribués à la

---

[1389] Les épidémies de listéria constitueraient "l'un des dangers alimentaires majeures de l'époque contemporaine", D. CHEVALLIER, *Rapport fait au nom de la Commission d'enquête sur la transparence et la sécurité sanitaire de la filière alimentaire en France*, Assemblée nationale, n°2297, 29 mars 2000, p. 93 et s.

[1390] Cette bactérie a été reconnue comme source d'infection humaine en 1960 et le mode de contamination alimentaire est démontré depuis 1981. G. LAMBERT, "Au-delà des crises de listériose", *La recherche*, février 2001, p. 26.

consommation de la viande de cheval ont été décrits. Depuis cette date une douzaine d'épidémies ont été recensées en France jusqu'en 1998. Les carcasses de cheval à l'origine de la contamination provenaient, selon les cas, de Yougoslavie, des Etats-Unis ou encore du Canada[1391]. La durée d'incubation entre la contamination et l'apparition de la maladie est sans comparaison avec celle des contaminations par le VIH ou encore l'hépatite C, puisqu'elle s'élève en moyenne à vingt jours[1392]. En revanche, le nombre de sujets susceptibles d'être touchés par l'épidémie demeure important, une même carcasse de cheval pouvant, en effet, être consommée par plusieurs centaines d'individus[1393]. L'intervention des autorités sanitaires françaises ainsi que plusieurs directives européennes[1394], imposant aux producteurs la recherche de trichines sur les carcasses d'équidé n'ont pas empêché la survenance de nouvelles contaminations et la mise en cause des différents acteurs de la filière chevaline, jusqu'aux sociétés importatrices[1395], devant les juridictions judiciaires.

540. Antérieurement à la loi du 19 mai 1998 relative à la responsabilité du fait des produits défectueux, la jurisprudence indemnisait les victimes sur le fondement de la garantie légale des vices cachés[1396]. Ainsi, à l'occasion de l'épidémie de trichinellose survenue en août 1985, la Cour de cassation, dans un arrêt en date du 16 décembre 1992[1397], confirma un arrêt de la Cour d'appel de Paris ayant condamné un producteur de viande de cheval, infestée de trichines, à indemniser les victimes intoxiquées. Les juges du fond s'étaient fondés d'une part, sur le fait que la viande provenait de boucheries chevalines, qui à l'exception d'une seule, s'approvisionnaient, aux dates présumées d'infestation, auprès du fournisseur poursuivi, ce qui attestait le lien de causalité juridique entre les maladies constatées et la présence de trichines dans la viande. D'autre part, ils avaient relevé qu'il importait peu que le

---

[1391] T. ANCELLE, "Historique des épidémies de trichinellose liées à la consommation de viande chevaline, 1975-1998", *Eurosurveillance*, vol. 3, n° 8/9, août-sept. 1998, p.86.

[1392] *Communiqué de presse du 9 janvier 1999 du Secrétariat d'Etat à la santé et à l'action sociale.*

[1393] T. ANCELLE, art. préc., p. 89.

[1394] Directive 91/497/CEE du 29 juillet 1991 modifiant et codifiant la directive 64/433/CEE relative aux problèmes sanitaires en matière d'échanges intra-communautaires de viandes fraîches. Directive 94/59/CEE du 2 décembre 1994 portant à 5 g l'échantillon à partir duquel doit être effectuée la recherche des larves de trichine. Sur ces questions, cf. E. MAILLOT, "Trichinellose liée à la consommation de viande de cheval : réglementation européenne et gestion de risque", *Eurosurveillance*, vol. 3, n°8/9, août-sept. 1998, p. 90.

[1395] Cf. Paris, 18 juin 2002, *Lexbase* n° 2000/22873 ; Civ. 1ère, 2 octobre 2001, *Lexbase* n° A1507AWQ.

[1396] En effet, avant la loi du 19 mai 1998, et avant que la jurisprudence n'introduise une obligation de sécurité autonome dans le contrat de vente, la jurisprudence estimait que la réparation des dommages causés par la chose viciée relevait de la garantie légale des vices cachés. Sur cette question, cf. *infra*, n° 546 et s.

[1397] Civ. 1ère, 16 décembre 1992, *Resp. civ. et ass.*, février 1993, comm. n° 47 ; *R.J.E.*, 1990, p.195, chron. C. GIRAUDEL ; *R.J.E.*, 1993, p. 451, chron. C. GIRAUDEL.

fournisseur ait invoqué l'impossibilité de déceler le vice, dès lors que, vendeur professionnel, il était réputé le connaître. Enfin, la Haute juridiction estima qu'en constatant que le vice dont était atteinte la viande n'était pas un événement extérieur et en en déduisant l'absence de force majeure, la cour d'appel avait légalement justifié sa décision au regard de l'article 1148 du Code civil. Bien que la cour d'appel n'en ait pas fait expressément mention, le lien de causalité scientifique entre le risque d'intoxication et la consommation de viande de chevale infestée de trichines était avéré à l'époque de la réalisation du dommage, c'est-à-dire en 1985, ce qui confère à la reconnaissance de la responsabilité du fournisseur le caractère d'une responsabilité pour *défaut de prévention*. Autrement dit, l'impossibilité invoquée par le fournisseur de déceler le vice ne pouvait être qu'une impossibilité subjective, indépendante de l'état de la science, puisqu'en vertu de ce dernier, il était au contraire tout à fait possible de connaître le risque d'intoxication. Mais une telle impossibilité subjective ne pouvait être admise, en l'espèce, depuis que la jurisprudence estime que le vendeur professionnel est présumé connaître les vices cachés de la chose qu'il met en vente[1398]. Enfin, dans la mesure où le vice caché était un défaut dont l'existence était scientifiquement connue lors de la réalisation du dommage, la cour d'appel avait estimé qu'il ne pouvait constituer un événement de force majeure en raison de son absence d'extériorité. Mais c'était envisager le vice caché dans sa globalité, sans distinction entre ses aspects objectif et subjectif. Or, la notion de vice caché renvoie à la fois à un défaut objectif et à la connaissance de ce défaut. Et si le défaut objectif est bien interne à la chose viciée, en revanche, la connaissance scientifique de l'existence de ce vice est extérieure à la chose elle-même puisqu'elle est le fait de l'observateur[1399]. Le fait qu'elle ait été inconnue pour un individu, ce que la jurisprudence n'admet pas lorsque celui-ci est un professionnel, n'empêche pas que *du point de vue de l'état de la science*, le défaut correspondait à un risque avéré lors de la réalisation du dommage.

541. Ces différents exemples jurisprudentiels témoignent du fait que le critère du caractère avéré du risque scientifique et technique, caractérisant la notion de *prévention*, conduit à opérer une différenciation entre la causalité scientifique des dommages et leur causalité juridique[1400]. Tandis, en effet que la première relève d'une prévision objective du dommage, la seconde trouve sa source dans un critère de prévisibilité subjective.

[1398] Req. 10 mai 1909, *D.*, 1912, 1, p. 16.

[1399] Sur la distinction de ces deux niveaux de la connaissance et de la réalité à propos de la notion de risque de développement, cf. F. EWALD, "La véritable nature du risque de développement et sa garantie", art. préc., p. 16.

[1400] Sur cette distinction, cf. *supra*, n° 113 et s.

§ 2 Le recours a la garantie des vices caches en presence d'un risque scientifique suspecte

542. Les dommages causés par la réalisation d'un risque suspecté, compte tenu de l'état des connaissances scientifiques et techniques, à l'époque des faits, bien que résultant d'un vice non apparent, pourront être sanctionnés par la mise en jeu de la garantie légale des vices cachés. Ainsi, les victimes de dommages résultant d'une contamination par l'ESB, pendant la période de précaution[1401], ou de la dissémination d'organismes génétiquement modifiés ou de tout autre produit dont les effets nocifs n'étaient que suspectés lors de la réalisation du dommage, pourront agir sur le terrain de la garantie légale des vices cachés, chaque fois que la contamination ou la présence d'OGM ne présentait pas de caractère apparent[1402]. La responsabilité alors retenue sera constitutive d'un *défaut de précaution*.

Conclusion de la sous-section I

543. S'agissant de la réception de la distinction de la prévention et de la précaution par la garantie des vices cachés, il convient de souligner ici encore que les règles de la responsabilité civile en ce domaine, traditionnellement mises en jeu en présence de risques scientifiques et techniques avérés, ne font pas obstacle à la prise en considération de la notion de précaution, fondée sur le risque suspecté. Cette dernière devrait conduire à un élargissement du champ d'application de la garantie des vices cachés en direction de l'incertitude scientifique.

Sous-section II

L'extension de l'obligation contractuelle de securite

544. Dans le but de faciliter aux victimes d'accidents corporels la preuve de leurs dommages, dont le nombre n'avait cessé de croître du fait de la révolution des moyens de locomotion caractéristique du XIXème siècle, la Cour de cassation a découvert en 1911 une obligation de sécurité dans le contrat de transport[1403]. Depuis cette date la jurisprudence n'a cessé d'étendre cette obligation à de multiples contrats susceptibles de mettre en jeu non plus

---

[1401] Sur la détermination de cette période, cf. *supra*, n° 375 et s.

[1402] Sur le recours à la garantie des vices cachés dans l'hypothèse de contamination par la maladie de Creutzfeldt-Jakob, cf. F. COLLART DUTILLEUL, "Regards sur les actions en responsabilité civile à la lumière de l'affaire de la vache folle", *R.D.rur.*, avril 1997, n° 252, p. 226, spéc. p. 229.

[1403] Civ., 21 novembre 1911, *D.*, 1913, 1, p. 249, note SARRUT ; *S.*, 1912, 1, p. 73, note LYON-CAEN ; *Grands arrêts*, n° 262.

seulement la sécurité physique des personnes mais également celle des biens[1404]. Ce mouvement d'expansion de la sécurité au cœur du contrat, dont on a pu fonder l'existence sur une interprétation des volontés contractuelles ou sur les suites du contrat au sens de l'article 1135 du Code civil[1405], se rattache à une conception large de la notion de sécurité, conçue comme une absence de danger, c'est-à-dire de menace relative à la sûreté, l'existence d'une personne ou d'une chose[1406]. Il n'est pas rare qu'en dernière analyse l'appréciation du danger encouru s'effectue en fonction de connaissances scientifiques et techniques. Or selon que le risque révélé par ces dernières est avéré ou seulement suspecté, l'obligation de sécurité se présente alors comme une consécration de la prévention (§1) ou de la précaution (§2).

§ 1 La consecration d'une obligation contractuelle de securite en presence d'un risque scientifique avere, expression d'une responsabilite civile pour *defaut de prevention*

545. Parmi les nombreux contrats dans lesquels la jurisprudence a reconnu l'existence d'une obligation de sécurité, certains sont intervenus dans des domaines directement en lien avec l'évolution des connaissances scientifiques : ainsi en matière de contaminations post-transfusionnelles par le virus du SIDA ou de l'hépatite C ou encore de contaminations du fait d'une exposition à de l'amiante. Dans ces hypothèses, la jurisprudence n'a pas encore consacré la distinction de la prévention et de la précaution. Néanmoins, il demeure possible de l'appliquer afin de repérer au sein des décisions déjà rendues celles intervenues en présence d'un risque scientifique avéré ou seulement suspecté. En ce sens, la référence à un risque de dommage, compte tenu des connaissances scientifiques se révèle relativement explicite (B). En revanche, dans d'autres cas, la chose ou le produit instrument du dommage, sans pouvoir être directement reliés à un certain état de la science, n'en demeurent pas moins implicitement rattachés, dès lors qu'en dernière analyse le danger

---

[1404] Obligation de sécurité introduite dans les contrats relatifs à des jeux forains ou à des activités sportives ou de loisir, obligation de sécurité mise à la charge des propriétaires ou exploitants d'établissements accueillant une clientèle dans leur enceinte, obligation de sécurité dans le contrat de vente etc. Sur cette expansion, cf. G. VINEY et P. JOURDAIN, op. cit., n° 500 et s. ; D. ARLIE, "L'obligation de sécurité du vendeur professionnel", *R.J.D.A.*, juin 1993, p. 409 ; P. JOURDAIN, "L'obligation de sécurité (A propos de quelques arrêts récents)", *G.P.*, 25 sept. 1993, doctr. p. 1171 ; Y. LAMBERT-FAIVRE, "Fondement et régime de l'obligation de sécurité", *D.*, 1994, chron. p. 81 ; T. HASSLER, "Le point sur l'obligation de sécurité", *P.A.*, 12 fév. 1997, n°19, p. 17 ; *G.P.*, "La naissance de l'obligation de sécurité", n° spécial, 23 sept. 1997 ; D. MAINGUY, "L'avenir de l'obligation de sécurité dans la vente", *Dr. et pat.*, décembre 1998, n°66, p.68 ; F. DEFFERRARD, "Une analyse de l'obligation de sécurité à l'épreuve de la cause étrangère", *D.*, 1999, chron. p. 364.

[1405] P. JOURDAIN, "Le fondement de l'obligation de sécurité", *G.P.*, 1997, doctr. p.1196.

[1406] Pour une proposition d'extension du domaine de l'obligation de sécurité "aux composantes et à la globalité du vivant", cf. L. NEYRET, op. cit., n° 761.

encouru ne peut être apprécié et mesuré qu'en considération de connaissances scientifiques et techniques. Ainsi en est-il dans les affaires ayant donné lieu aux nombreux arrêts qui ont consacré une obligation de sécurité dans le contrat de vente dont l'examen révèle que le danger créé par la chose ou le produit, objet du contrat, ne peut être apprécié que par une référence, même implicite, à l'état de la science et de la technique (A).

A – LA REFERENCE IMPLICITE A UN RISQUE SCIENTIFIQUE AVERE DANS LA JURISPRUDENCE RELATIVE A L'OBLIGATION DE SECURITE DANS LE CONTRAT DE VENTE

546. Aux termes de l'article 1641 du Code civil le vendeur doit garantir l'acheteur des vices cachés de la chose vendue. En revanche, aucune disposition légale ne prévoit expressément une garantie du vendeur en raison du préjudice, corporel ou matériel, causé par le vice caché de la chose lui-même. Pendant longtemps la réparation de ce dommage était néanmoins admise par la jurisprudence dans le cadre de la garantie des vices cachés. Ainsi, après avoir jugé que cette indemnisation trouvait son fondement dans l'article 1646 du Code civil[1407], elle l'a ensuite fondée sur l'article 1645 du même code [1408]. A partir de la fin des années 1980, la Cour de cassation a progressivement affirmé l'existence, dans le contrat de vente, d'une obligation de sécurité autonome, indépendante de la garantie des vices cachés et par conséquent non plus soumise au délai de l'article 1648 du Code civil mais à la prescription contractuelle de droit commun. La reconnaissance d'une telle obligation (1) tout comme sa portée (2) témoigne du rôle joué par la notion de *prévention* au sein de ce type d'obligation.

1) L'existence d'une *obligation de sécurité de prévention* à la charge du vendeur professionnel

547. Le mouvement jurisprudentiel en faveur de la reconnaissance d'une obligation de sécurité dans le contrat de vente a été amorcé dès le milieu des années 1980[1409]. Puis, plusieurs arrêts ont affirmé l'existence d'une obligation générale de sécurité du vendeur professionnel détachée de celle de la garantie des vices cachés, estimant que "*le vendeur professionnel est tenu de livrer des produits exempts de tout vice ou de tout défaut de fabrication de nature à créer un danger pour les personnes ou les biens*". Or dans toutes les espèces soumises à la Cour de cassation le lien de causalité scientifique entre le

---

[1407] Req. 21 oct. 1925, *D.*, 1926, 1, p. 9, rapport CELICE, note JOSSERAND.
[1408] Civ. 1ère, 3 juillet 1983, *B.C.*, I, n° 211, *D.*, 1985, I.R. p. 482.
[1409] Civ. 1ère, 16 mai 1984, *B.C.*, I, n° 165 ; *D.*, 1985, jur. p. 485, note J. HUET ; *R.T.D.civ.*, 1985, p. 179, obs. Ph. REMY et p. 403, obs. J. HUET.

bien ou le produit et le dommage était avéré. Il en est ainsi s'agissant des dommages causés par l'explosion d'un poste de télévision[1410], par une crème dite "exfoliante"[1411], d'une intoxication par l'oxyde de carbone, dégagé par le chauffage d'un mobile home dont la conception était défectueuse1[1412] ou encore de l'explosion d'un fusil résultant de la surpression d'une cartouche[1413]. Par conséquent, l'obligation de sécurité mise alors à la charge du vendeur s'analyse en une *obligation de prévention*.

548. Ces différents arrêts attestent que l'existence d'une obligation de sécurité de *prévention* du vendeur, détachée de la garantie des vices cachés, est désormais bien ancrée dans la jurisprudence[1414]. Il convient néanmoins de souligner le domaine de cette obligation. Tout d'abord, s'agissant des personnes, et bien que la jurisprudence ait parfois employé uniquement le terme "vendeur"[1415], il résulte de la plupart des arrêts, ainsi que de la doctrine[1416], que cette obligation pèse sur le seul vendeur *professionnel*, auquel il convient d'assimiler le fabricant[1417]. S'agissant des dommages, la formule jurisprudentielle ("produits...de nature à créer un danger *pour* les personnes ou les biens") ainsi que l'autonomie de l'obligation de sécurité, conduit à estimer que seuls les dommages autres que ceux causés au bien défectueux sont ici visés[1418], conformément à ce que prévoit la directive du 25 juillet 1985 ainsi que l'article 1386-2 du Code civil, issu de la loi du 19 mai 1998 relative à la responsabilité du fait des produits défectueux[1419].

[1410] Civ. 1ère, 20 mars 1989, *B.C.*, I, n° 137 ; *D.*, 1989, jur. p. 381, note P. MALAURIE ; *R.T.D.civ.*, 1989, p. 756, obs. P. JOURDAIN.
[1411] Civ. 1ère, 22 janv. 1991, *B.C.*, I, n° 30 ; *R.T.D.civ.*, 1991, p. 539, obs. P. JOURDAIN.
[1412] Civ. 1ère, 11 juin 1991, *B.C.*, I, n° 201 ; *D.*, 1993, somm. p. 241, obs. O. TOURNAFOND ; *J.C.P.*, 1992, I, 3572, p. 158, G. VINEY ; *R.T.D.civ.*, 1991, p. 114, obs. P. JOURDAIN ; *Con. Conc. Cons.* 1991, n° 219, obs. L. LEVENEUR ; *Grands arrêts*, n° 250-251.
[1413] Civ. 1ère, 27 janv. 1993, *B.C.*, I, n° 44 ; *R.T.D.civ.*, 1993, p. 592, obs. P. JOURDAIN; *Resp. civ. et ass.*, avril 1993, comm. n° 130 ; *R.J.D.A.*, juin 1993, n° 488 ; *D.*, 1994, somm. p. 238, obs. O. TOURNAFOND.
[1414] Pour d'autres exemples, cf. Civ. 1ère, 22 nov. 1994 (*B.C.*, I, n° 340 ; *R.T.D.civ.*, 1995, p. 375, obs. P. JOURDAIN ; *Resp. civ. et ass.*, janv. 1995, comm. n° 23), à propos du risque de perforation de l'œil d'un enfant par son appareil dentaire, composé de deux arcs métalliques reliés par des élastiques à dispositif d'appui occipital. De même, cf. Civ. 1ère, 15 oct. 1996 (*B.C.*, I, n°354 ; *D.*, 1997, somm. p. 287, note P. JOURDAIN ; *J.C.P.*, 1997, I, 4025, n° 13, obs. G. VINEY ; *Resp. civ. et ass.*, janv. 1997, comm. n° 28), à propos du risque d'énucléation présenté par des lunettes de motocycliste ; Civ. 1ère, 11 mai 1999, *Con. Conc. Cons.*, 1999, n° 140, obs. L. LEVENEUR.
[1415] Cf. Civ. 1ère, 22 janv. 1991 et Civ. 1ère, 11 juin 1991, préc.
[1416] G. VINEY et P. JOURDAIN, op. cit. n° 500-1 ; D. ARLIE, "L'obligation de sécurité du vendeur professionnel", art. préc.
[1417] Civ. 1ère, 15 oct. 1996, préc.
[1418] D. ARLIE, "L'obligation de sécurité du vendeur professionnel", art. préc., p. 413 ; D. MAINGUY, "L'avenir de l'obligation de sécurité dans la vente", art. préc., p. 69.
[1419] Les dispositions du présent titre "s'appliquent également à la réparation du dommage [...] qui résulte d'une atteinte à un bien autre que le produit défectueux lui-même".

549. Le fondement de cette obligation de sécurité de *prévention* est à rechercher dans "les suites" du contrat, la Cour de cassation ayant pris soin de viser à plusieurs reprises l'article 1135 du Code civil[1420]. En outre, la doctrine[1421] n'a pas manqué de souligner "l'inspiration communautaire"[1422] de cette jurisprudence, destinée à pallier alors l'absence de transposition de la directive du 25 juillet 1985, relative à la responsabilité du fait des produits défectueux[1423]. En effet, la terminologie employée s'apparente à celle du texte européen puisque selon l'article 6 de la directive, "un produit est défectueux lorsqu'il n'offre pas la sécurité à laquelle on peut légitimement s'attendre [...]"[1424].

550. Cette influence communautaire transparaît tout particulièrement dans l'arrêt de la Cour de cassation du 3 mars 1998[1425]. En l'espèce, un patient s'était vu prescrire l'ingestion quotidienne d'un comprimé dont l'enveloppe était constituée d'une éponge non digestible permettant la libération progressive de chlorure de potassium au cours du trajet digestif et qui devait normalement être évacuée par les voies naturelles. A la suite de graves douleurs intestinales il fut hospitalisé d'urgence et subit deux interventions chirurgicales à plusieurs mois d'intervalle. Imputant son état à la présence d'un comprimé non évacué, il assigna le laboratoire pharmaceutique en responsabilité. La cour d'appel de Versailles fit droit à sa demande[1426]. La Cour de cassation rejeta le pourvoi dont elle était saisie aux motifs que "*le fabricant est tenu de livrer un produit exempt de tout défaut de nature à causer un danger pour les personnes ou les biens, c'est-à-dire un produit qui offre la sécurité à laquelle on peut légitimement s'attendre*". La Haute juridiction judiciaire fait ici un pas supplémentaire dans l'application anticipée de la directive communautaire du 25 juillet 1985, puisque, comme l'y invitait le rapporteur dans cette l'affaire[1427], elle se réfère directement à la définition du produit défectueux issue de l'article 6 de la directive. La Cour de cassation juge, qu'en l'espèce, il résulte des énonciations de la cour d'appel que le préjudice "est imputable aux *caractéristiques mêmes*

[1420] Civ. 1ère, 20 mars 1989 et Civ. 1ère, 27 janv. 1993, préc.

[1421] P. JOURDAIN, notes préc., G. VINEY, *J.C.P.*, 1992, I, 3572 ; D. ARLIE, art. préc., p. 413 ; O. TOURNAFOND, *D.*, 1994, somm. p. 238.

[1422] P. JOURDAIN, *R.T.D.civ.*, 1991, p. 115.

[1423] P. JOURDAIN, *R.T.D.civ.*, 1989, p. 758 ; *R.T.D.civ.*, 1993, p. 593 ; D. ARLIE, art. préc., p.413.

[1424] A cet égard, la remarque de la Cour d'appel, dans l'affaire des lunettes brisées (Civ.1ère, 15 oct. 1996, préc.), selon laquelle "l'acheteur *était en droit d'attendre* que la solidité des lunettes soit conforme à leur destination de lunettes de motocycliste", fait écho à la définition du produit défectueux issue de la directive européenne.

[1425] Civ. 1ère, 3 mars 1998, *J.C.P.*, 1998, II, 10049, Rapport P. SARGOS ; *J.C.P. éd. E*, 1998, p.1102, note J. REVEL ; *G.P.*, 23-24 oct. 1998, somm. p. 74, note E. FOUASSIER ; *D. Aff.*, 1998, p. 664 ; *Lamy éco.*, avril 1998, n° 105, p. 1, note P. STORRER ; *D.*, 1999, jur. p. 36, note G. PIGNARRE et Ph. BRUN.

[1426] Versailles, 25 janv. 1996, *Bull. Ord. Pharm.*, juin 1996, n° 351, p. 236.

[1427] P. SARGOS, *J.C.P.*, 1998, II, 10049, n° 9.

de l'enveloppe non digestible du comprimé qui, *en stagnant* dans l'intestin de la victime, a provoqué l'inflammation et ses suites ; que la cour d'appel, qui a ainsi caractérisé le défaut de ce produit, a légalement justifié sa décision". L'absence de "dégradabilité" de l'enveloppe du comprimé, qui permet sa fixation au niveau de l'appendice, le rend potentiellement dangereux donc défectueux. Conformément aux dispositions de la directive, exigeant que le demandeur rapporte la preuve du dommage, du défaut et du lien de causalité entre les deux[1428], la Cour de cassation prend soin de qualifier ce défaut, indépendamment du dommage[1429], comme en témoigne la référence aux "caractéristiques mêmes de l'enveloppe". Le défaut ne se réduit pas au dommage puisqu'il se peut que bien que non digestible l'enveloppe n'ait pas stagné[1430]. Mais surtout, en l'espèce cette sécurité du produit est fonction de connaissances scientifiques avérées, la propension de l'enveloppe non dégradable du comprimé à se fixer au niveau de l'appendice étant une donnée scientifiquement établie. Dès lors, l'obligation retenue à la charge du laboratoire pharmaceutique s'apparente à une obligation de sécurité de *prévention*.

2) La portée de l'*obligation de sécurité de prévention* pesant sur le vendeur professionnel

551. L'obligation de sécurité de *prévention* du vendeur professionnel est-elle de moyens ou de résultat ? Certes, dans son arrêt du 16 mai 1984, la Cour de cassation[1431] avait rejeté le pourvoi contre la décision des juges du fond qui avaient estimé que l'obligation de sécurité du vendeur était de moyens. Elle avait approuvé la cour d'appel d'avoir retenu que "*le vendeur professionnel n'était pas tenu d'une obligation de résultat*". Cependant, la doctrine estime

[1428] Article 4 de la directive.

[1429] Le dommage, c'est-à-dire la stagnation de l'enveloppe du comprimé, se distinguant d'ailleurs ici nettement du préjudice que constitue l'inflammation. Sur la distinction entre le préjudice et le dommage, cf. F.-P. BENOIT, "Essai sur les conditions de la responsabilité en droit public et privé (Problèmes de causalité et d'imputabilité)", *J.C.P.*, 1957, I, 1351, n° 11 et s.

[1430] En ce sens, l'absence de "dégradabilité" n'est pas la cause adéquate du dommage mais en est seulement une condition *sine qua non*, c'est-à-dire une condition sans laquelle le dommage ne se serait pas produit, au sens de la théorie de l'équivalence des conditions. L'absence de "dégradabilité" de l'enveloppe du comprimé est seulement *de nature à* causer un danger et, par définition, le danger peut ne pas se réaliser. Bien que théoriquement distinct du défaut, c'est pourtant le dommage qui en fait présumer l'existence. La stagnation du comprimé fait preuve, pour les juges, du défaut de l'enveloppe (En ce sens, cf. J. REVEL ; E. FOUASSIER, notes préc.), ce qui traduirait, selon plusieurs auteurs (E. FOUASSIER, G. PIGNARRE et Ph. BRUN, notes préc.) la conception fonctionnelle, extensive, du défaut, issue de la directive, par opposition à une définition matérielle. Le défaut est, en effet, entendu non comme un vice de la chose vendue, mais comme une qualité attendue, en l'occurrence une certaine sécurité du produit.

[1431] Civ. 1ère, 16 mai 1984, préc.

aujourd'hui, eu égard à la jurisprudence ultérieure[1432] que cette obligation autonome de sécurité, détachée de la garantie des vices cachés, "se rapproche de l'obligation de résultat"[1433] ou du moins "en présente tous les stigmates"[1434].

552. Puisque le vendeur professionnel est tenu d'une obligation de résultat, la victime n'a donc pas à rapporter la preuve d'une faute de sa part, mais doit seulement établir l'inobtention du résultat attendu, c'est-à-dire, en l'espèce, l'absence de livraison d'un produit exempt de tout vice ou de tout défaut de nature à créer un danger pour les personnes ou pour les biens. Il ne lui suffit donc pas de prouver le dommage, encore faut-il qu'elle établisse le vice de fabrication ou le défaut de conception potentiellement dangereux[1435]. Autrement dit, le résultat attendu se situant en amont du dommage, l'objet de la preuve en est reporté d'autant. Du même coup, l'obligation de sécurité ne peut garantir l'acquéreur contre tous les dommages mais seulement contre ceux résultant d'un vice ou d'un défaut du produit de nature à créer un danger, ce qui, par conséquent, permet au vendeur de s'exonérer en prouvant l'absence de caractère dangereux du produit[1436].

[1432] A cet égard, le jugement du Tribunal de grande instance de Lons-le-Saulnier, en date du 25 juin 1991 (G. RAYMOND, "La responsabilité civile du fait de jouets défectueux. A propos du jugement du Tribunal de Lons-le-Saulnier du 25 juin 1991", *Resp. civ. et ass.*, nov. 1991, chron. p. 1), est sans ambiguïté, puisqu'il affirme, s'agissant d'un fabricant de jouets assigné en responsabilité en raison des blessures causées à de nombreux enfants du fait de son produit, qu'il a "l'obligation de mettre sur le marché, des jouets présentant des garanties de sécurité suffisantes et non dangereux pour les enfants" et précise qu' "*il s'agit incontestablement d'une obligation de résultat*". Dans l'affaire du comprimé mal digéré, jugée par la Cour de cassation le 3 mars 1998 (préc.), la cour d'appel de Versailles avait estimé que le fabricant de médicament était tenu, non d'une obligation de moyens, mais d'une obligation de sécurité dont il ne pouvait se libérer qu'en apportant la preuve d'une cause exonératoire. Cependant si la Cour de cassation n'avait pas fait allusion à une obligation de résultat, les termes de sa motivation, qui reprenaient ceux de la directive communautaire, s'en rapprochaient très fortement.

[1433] D. ARLIE, "L'obligation de sécurité du vendeur professionnel", art. préc., p. 414.

[1434] Ph. DELEBECQUE, "La dispersion des obligations de sécurité dans les contrats spéciaux", *G.P.*, 23 sept. 1997, n° spécial, p. 1184 (spéc. p. 1186). Dans le même sens, cf. G. VINEY, "Rapport de synthèse", *G.P.*, 23 sept. 1997, n° spécial, p. 1212 (spéc. p.1214).

[1435] En ce sens, cf. P. JOURDAIN, *R.T.D.civ.*, 1991, p. 540, *R.T.D.civ.*, 1991, p. 115, "Les actions des acquéreurs insatisfaits ou victimes de dommages", *G.P.*, 1994, 2, doctr. p. 826 et *D.* ,1997, somm. p. 288.

[1436] Ainsi, l'arrêt du 22 janvier 1991 (préc.), concernant l'affaire de la crème de beauté, avait-il précisé que l'obligation du vendeur, "*ne comporte pas une garantie de plein droit de tous les dommages pouvant résulter de l'usage de ses produits*". Cette affirmation a conduit plusieurs auteurs à souligner la particularité de cette obligation et à y voir plutôt une obligation de résultat "atténuée" ou "allégée" (Sur cette notion, cf. G. VINEY et P. JOURDAIN, op. cit., n° 534-1 ; F. TERRE, Ph. SIMLER et Y. LEQUETTE, op. cit., n° 580), en vertu de laquelle le débiteur peut s'exonérer en établissant qu'il n'a pas commis de faute. Cette notion renvoie donc à une présomption de faute susceptible de preuve contraire (En ce sens, cf. D. ARLIE, art. préc., p. 414, note 49 ; G. RAYMOND, art. préc., p. 2 ; P. JOURDAIN, "L'obligation de sécurité. A propos de quelques arrêts récents", *G.P.*, 25 sept. 1993, doctr. p. 1171, spéc. p. 1173).

553. Parfois, la référence à un risque susceptible d'être mesuré au regard des données de la science et de la technique est encore plus explicite. Il en est ainsi lorsque le dommage intervient dans des domaines en proie à l'évolution des connaissances scientifiques. L'existence d'une obligation de sécurité de *prévention* se trouve alors consacrée avec encore plus de netteté.

B – La reference explicite a un risque scientifique avere dans la jurisprudence relative a l'obligation de securite dans d'autres contrats

554. L'obligation de sécurité pesant sur les fournisseurs de sang (1) ou celle mise à la charge de l'employeur du fait de contaminations liées à l'amiante (2) constituent autant d'exemples de responsabilités pour *défaut de prévention* fondées sur la référence explicite à un risque scientifique avéré.

1) La responsabilité contractuelle des fournisseurs de sang pour *défaut de prévention* des risques de contamination par le virus du Sida

555. S'agissant de la connaissance du risque de transmission du Sida par voie de transfusion sanguine, l'année 1984 ouvre la période de prévention, c'est-à-dire la période à partir de laquelle ce risque peut être tenu pour avéré[1437]. Dès lors, la jurisprudence ayant mis à la charge des centres de transfusion sanguine (a) ainsi que des cliniques privées (b) une obligation de sécurité dans des affaires où les transfusions étaient intervenues pendant cette période constitue une mise en œuvre de la responsabilité contractuelle pour *défaut de prévention.*

a) L'*obligation de sécurité de prévention* à la charge des centres de transfusion sanguine

556. Dès 1992 plusieurs décisions des juridictions du fond, portant sur des affaires dans lesquelles des transfusions sanguines étaient intervenues après 1984, ont mis à la charge des centres de transfusion sanguine une obligation de sécurité de résultat relative aux produits sanguins livrés[1438]. Cette jurisprudence a été consacrée par les arrêts de la Cour de Cassation en date du

---

[1437] Sur l'évolution des connaissances scientifiques en la matière, cf. *supra*, n° 223.

[1438] TGI Toulouse, 16 juillet 1992, *J.C.P.*, 1992, II, 21965, note X. LABBEE (transfusion en octobre 1986). TGI Nice, 27 juillet 1992, *D.*, 1993, jur. p. 38, note D. VIDAL (transfusions en septembre 1984). Aix-en-Provence, 12 juillet 1993, *D.*, 1994, jur. p. 13, note D. VIDAL (transfusion en septembre 1984). Paris, 9 février 1996, *G.P.*, 14-16 juillet 1996, jur. p. 92, note J. BONNEAU (transfusion en octobre 1984).

12 avril 1995[1439] et du 9 juillet 1996[1440] ayant jugé, sur le fondement de l'article 1147 du Code civil, d'une part, que "les centres de transfusion sanguine sont tenus de fournir aux receveurs des produits exempts de vices et qu'ils ne peuvent s'exonérer de cette obligation de sécurité que par la preuve d'une cause étrangère" et d'autre part, "que le vice interne du sang, même indécelable, ne constitue pas, pour l'organisme fournisseur, une cause qui lui est étrangère". Cette obligation de sécurité est de nature contractuelle, comme l'indique le visa de l'article 1147 du Code civil et ce, bien que le receveur n'ait pas directement contracté avec le centre de transfusion, mais seulement avec la clinique où il se trouvait hospitalisé. Une telle solution se fonde sur la reconnaissance d'une stipulation pour autrui émanant des cliniques au profit des malades transfusés, conformément à une jurisprudence bien établie[1441]. A l'instar de l'obligation de sécurité du vendeur professionnel, dont elle se rapproche, bien qu'il ne saurait être question de "vente" à propos du sang[1442], l'obligation de sécurité des centres de transfusion sanguine est une obligation de résultat. En effet, les centres ne peuvent s'exonérer que par la preuve d'une cause étrangère[1443]. Par conséquent, en ne prévenant pas le risque, alors avéré, de transmission du virus du Sida par le sang, les centres de transfusion sanguine ont engagé leur responsabilité pour *défaut de prévention*. Une telle qualification ne préjuge aucunement du fondement de la responsabilité civile, lequel peut être, comme en l'espèce, le risque ou la faute, comme en témoigne la jurisprudence relative à l'obligation de sécurité des cliniques[1444].

[1439] Civ. 1ère, 12 avril 1995 (en particulier la première espèce dans laquelle les transfusions dataient de mai 1984), *B.C.*, I, n° 179 ; *Bull. d'info. C. Cass.*, 1er juin 1995, n° 410, p. 9, concl. Y. LESEC ; *J.C.P.*, 1995, II, 22467, note P. JOURDAIN ; *J.C.P.*, 1995, I, 3893, n° 20, obs. G. VINEY ; *Resp. civ. et ass.*, 1995, comm. n° 241 ; *Dr. et pat.*, janv. 1996, p. 97, n° 1204, note F. CHABAS.

[1440] Civ. 1ère, 9 juillet 1996 (en particulier la première espèce dans laquelle les transfusions dataient de 1984), *B.C.*, I, n° 303 et 304 ; *D.*, 1996, jur. p. 611, note Y. LAMBERT-FAIVRE ; *J.C.P.*, 1996, I, 3985, n° 18, chron. G. VINEY ; *Con. Conc. Cons.*, déc. 1996, p. 12, n° 200 ; *R.T.D.civ.*, 1997, p. 146, obs. P. JOURDAIN.

[1441] Civ. 2ème, 17 décembre 1954, *J.C.P.*, 1955, II, 8490, note R. SAVATIER ; *D.*, 1955, jur. p.269, note R. RODIERE. *Affaire Fougeron* : TGI Paris, 1er juillet 1991, *J.C.P.*, 1991, II, 21762, note M. HARICHAUX et Paris, 28 nov. 1991, *D.*, 1992, p. 85, note A. DORSNER-DOLIVET ; *J.C.P.*, 1992, II, 21797, note M. HARICHAUX ; *D.*, 1993, somm. p. 30, obs. J. PENNEAU. TGI Toulouse 16 juillet 1992, préc. Aix-en-Provence 12 juillet 1993, préc.

[1442] Cf. P. JOURDAIN, note préc., p. 288.

[1443] Certaines décisions se réfèrent expressément à la notion d'obligation de résultat, cf. TGI Nice, 27 juillet 1992, préc. ; Paris, 28 nov. 1991, *Fougeron*, préc.

[1444] Sur l'incidence de la distinction de la prévention et de la précaution sur les fondements de la responsabilité civile dans le paradigme classique de cette dernière, cf. *infra*, n° 621 et s.

b) L'*obligation de sécurité de prévention* à la charge des cliniques

557. Dans sa décision, en date du 12 avril 1995[1445], la Cour de cassation a censuré la cour d'appel pour s'être bornée "à énoncer qu'en raison de la confiance que le malade doit nécessairement lui faire, la clinique a l'obligation de fournir des produits sanguins non viciés et qu'en fournissant un sang contaminé par le virus VIH, elle a engagé sa responsabilité [...] sans rechercher si la clinique, tenue d'une simple obligation de prudence et de diligence dans la fourniture de produits sanguins livrés par un centre de transfusion, avait la possibilité de contrôler la qualité du sang transfusé". Dans cette espèce la victime avait subi une transfusion sanguine en mai 1984, soit à une date à laquelle le risque de transmission du virus du Sida par le sang était alors scientifiquement établi[1446]. En s'abstenant de prendre les mesures de nature à le prévenir la clinique a donc manqué à son *obligation de prévention.* Mais contrairement aux centres de transfusion sanguine, les cliniques ne répondent que d'une obligation de sécurité de moyens. Certains auteurs n'ont pas manqué de critiquer cette différence de régime[1447] en faisant valoir d'une part, l'absence de rôle actif du créancier dans l'exécution de l'obligation, caractéristique de l'un des critères de qualification de l'obligation de moyens[1448]. En effet, les malades sont, "dans leurs relations avec la clinique, dans la même situation d'infériorité et de passivité qu'à l'égard d'un centre de transfusion ; ils n'acceptent pas davantage de courir le moindre risque lorsqu'ils reçoivent du sang"[1449]. D'autre part, la critique a également porté sur les inconvénients attachés à la notion d'obligation de sécurité de moyens. Cette dernière a pour effet de placer la victime dans une situation délicate, la privant alors de la possibilité d'agir sur le terrain plus favorable de l'article 1384 alinéa 1er du Code civil. Ce second argument participe d'un mouvement doctrinal plus général en faveur d'une "décontractualisation" de l'obligation de sécurité[1450].

2) La responsabilité contractuelle de l'employeur pour *défaut de prévention* des risques de contamination liés à l'amiante

558. L'importance des délais de latence existant entre l'exposition à l'amiante et la réalisation des risques en découlant[1451] explique que le contentieux relatif à la responsabilité du fait des contaminations liées à ce

---

[1445] Civ. 1ère, 12 avril 1995 (2ème espèce), préc.
[1446] Sur la détermination des périodes de prévention et de précaution, cf. *supra*, n° 223.
[1447] P. JOURDAIN, *J.C.P.*, 1995, II, 22467 ; G. VINEY, *J.C.P.*, 1995, I, 3893.
[1448] Cf. G. VINEY et P. JOURDAIN, op. cit., n° 542 ; F. TERRE, Ph. SIMLER, Y. LEQUETTE, op. cit., n° 586.
[1449] P. JOURDAIN, note préc., p. 290.
[1450] Sur ce mouvement, *infra*, n° 582 et s.
[1451] Cf. *supra*, n° 373.

produit est encore naissant. La voie a été ouverte, en droit social, avec les premières actions intentées par des salariés exposés à l'amiante en raison de leur profession, à l'encontre de leurs employeurs. Bien que ces actions demeurent soumises au droit du travail et ne relèvent donc pas du droit commun de la responsabilité civile[1452], l'incidence de ces solutions sur l'évolution et la fonction du droit commun de la responsabilité explique leur insertion dans le cadre de cette étude[1453].

559. La loi du 9 avril 1898, relative aux accidents du travail, qui a soustrait le contentieux de ces accidents au droit commun de la responsabilité civile, pose un principe d'indemnisation forfaitaire du salarié en vertu duquel la rente versée en cas d'incapacité de travail ou de décès de la victime est forfaitairement établie par référence au salaire antérieur et non en fonction du préjudice subi. Néanmoins, ce principe connaît plusieurs exceptions, en particulier lorsque l'accident est dû à la faute inexcusable de l'employeur ou de ceux qu'il s'est substitués dans la direction du travail. Dans ce cas, en effet, la victime ou ses ayants droit ont droit à une indemnisation complémentaire[1454]. Ils peuvent obtenir une majoration de la rente versée[1455] et la réparation de leur préjudice causé par les souffrances physiques et morales endurées, des préjudices esthétiques et d'agrément ainsi que celle résultant de la perte ou de la diminution des possibilités de promotion professionnelle[1456].

560. Afin d'obtenir une indemnisation intégrale de leur préjudice, les salariés victimes de l'amiante ou leurs ayants droit ont donc invoqué une faute inexcusable de leur employeur. Les premières décisions favorables aux victimes sont intervenues dans les années 1990[1457]. Cependant, l'indemnisation judiciaire massive des personnes contaminées n'a réellement débutée qu'avec les arrêts de la Chambre sociale de la Cour de cassation, en date du 28 février 2002[1458]. La

---

[1452] L'article L. 451-1 du Code de la sécurité sociale pose un principe d'immunité selon lequel hors le cas de faute intentionnelle, inexcusable ou de responsabilité d'un tiers, aucune action en réparation ne peut être exercée conformément au droit commun par la victime ou ses ayants droit.

[1453] Sur les liens entre le droit du travail et la responsabilité civile, cf. notamment C. RADE *Droit du travail et responsabilité civile*, Paris, L.G.D.J. (coll. "Bibliothèque de droit privé"), tome 282, 1997 ; M. BUY, "La responsabilité civile de l'employeur", *Dr. et pat.*, septembre 2003, n° 118, p.65.

[1454] Art. L 452-1 du Code de la sécurité sociale.

[1455] Art. L 452-2 du Code de la sécurité sociale.

[1456] Art. L 452-3 du Code de la sécurité sociale.

[1457] Exemple : Trib. aff. de séc. soc. de Saint-Lo, 9 nov. 1995, *D.*, 1996, jur. p. 271, note Y. SAINT-JOURS et les décisions citées *infra* en matière de faute inexcusable.

[1458] Soc. 28 février 2002, concl. A. BENMAKHLOUF, *J.C.P.*, 2002, II, 10053 ; *D.*, 2002, jur. comm. p. 2696, note X. PRETOT ; *P.A.*, 27 mars 2002, n° 62, p. 15, note G. PICCA ; *R.T.D.civ.*, 2002, p. 310, obs. P. JOURDAIN ; *J.C.P.* éd. E., 2002, Actualité p.585, note Ph. COURSIER ; *J.C.P.* éd. E., 2002, Actualité p. 693, note F. TAQUET ; M. HAUTEFORT, "Exposition au risque: entrée du principe de précaution dans le droit social", *Jurisp. soc. Lamy*, 26 mars 2002,

Haute juridiction était saisie de trente pourvois, formés par les employeurs de salariés contaminés par l'amiante ainsi que les caisses primaires d'assurance maladie, après que les différentes cours d'appel eurent donné gain de cause aux salariés ou à leurs ayants droit. Les périodes durant lesquelles les victimes d'asbestose ou de mésothéliome avaient été exposées à l'amiante variaient suivant les affaires et s'étendaient au total de la fin des années cinquante jusqu'au milieu des années 1990. Il ne fait aucun doute que les salariés atteints d'asbestose ont été contaminés pendant la période de prévention, le lien de causalité entre l'asbestose et l'amiante ayant été connu dès les années trente. Pour les victimes de mésothéliome, la distinction de la précaution et de la prévention s'avère plus délicate et dépend des affaires, le lien de causalité entre l'amiante et cette dernière maladie ayant été scientifiquement établi dans les années soixante[1459].

561. La Cour de cassation a rejeté tous les pourvois dont elle était saisie, à une exception près, aux motifs que : "en vertu du contrat de travail le liant à son salarié, l'employeur est tenu envers celui-ci d'une obligation de sécurité de résultat, notamment en ce qui concerne les maladies professionnelles contractées par ce salarié du fait des produits fabriqués ou utilisés par l'entreprise ; que le manquement à cette obligation a le caractère d'une faute inexcusable, au sens de l'article L. 452-1 du Code de la sécurité sociale, lorsque l'employeur avait ou aurait dû avoir conscience du danger auquel était exposé le salarié, et qu'il n'a pas pris les mesures nécessaires pour l'en préserver"[1460]. En confirmant la responsabilité des employeurs pour ne pas avoir prévenu un risque avéré, la Chambre sociale a fait une application de la notion de responsabilité pour *défaut de prévention*. Cette responsabilité est fondée sur

---

n°98, p. 7 ; L. MILET, "La nouvelle faute inexcusable de l'employeur en cas d'accident du travail ou de maladie professionnelle", *R.P.D.S.*, n° 683, mars 2002, p. 91 ; *Dr. ouvr.*, avril 2002, p. 166, note F. MEYER ; A. LYON-CAEN, "Une révolution dans le droit des accidents du travail", *Dr. soc.*, avril 2002, n° 4, p. 445 ; O. GARAND et Ph. ROZEC, "La faute inexcusable au cœur de la réforme de la législation sur la réparation des accidents du travail et des maladies professionnelles, *Sem. soc. Lamy*, 27 mai 2002, p. 6 ; I. MONTEILLET, "Les arrêts amiante de la Cour de cassation du 28 février 2002", *R.J.S.*, mai 2002, p. 403 ; *R.J.S.*, mai 2002, n° 617 et s. ; P. MORVAN, "Le *déflocage* de la faute inexcusable", *R.J.S.*, juin 2002, p. 495 ; G. VACHET, "Une nouvelle définition de la faute inexcusable", *Tr. et protec. soc.*, juin 2002, p. 5 ; A. DERUE et Ph. COURSIER, "Le nouveau régime jurisprudentiel de la faute inexcusable de l'employeur", *Jurisp. soc. Lamy*, 3 sept. 2002, n° 107, p. 2 ; M. BABIN et N. PICHON, "Obligation de sécurité et faute inexcusable de l'employeur", *Dr. soc*, sept.-oct. 2002, n° 9/10, p. 828 ; Y. SAINT-JOURS, "La dialectique conceptuelle de la faute inexcusable de l'employeur en matière de risques professionnels", *Dr. ouvr.*, fev. 2003, p. 41.

[1459] Sur la détermination des périodes de précaution et de prévention, cf. *supra*, n° 373.

[1460] Cette jurisprudence a été confirmée, depuis, à de nombreuses reprises tant par la Chambre sociale (Soc. 26 nov. 2002, *Bull.*, V, n° 357 ; Soc. 6 fév. 2003, *Bull.*, V, n° 48) que par la deuxième Chambre civile (Civ. 2ème, 14 déc. 2004, *B.C.*, II, n° 520 ; Civ. 2ème, 13 déc. 2005, *B.C.*, II, n° 322 ; Civ. 2ème, 31 mai 2006, *B.C.*, II, n° 138 ; Civ. 2ème, 8 nov. 2007, pourvoi n° 07-11219) de la Cour de cassation.

l'existence d'une obligation de sécurité de résultat dans le contrat de travail (b) et une conception renouvelée de la faute inexcusable (b)[1461].

a) La consécration d'une obligation de sécurité de résultat dans le contrat de travail[1462]

562. L'idée d'introduire une obligation de sécurité dans le contrat de travail n'est pas nouvelle puisque avant l'intervention de la loi du 9 avril 1898 et alors que le débat sur les accidents du travail battait son plein, elle avait constitué l'une des voies proposées pour faciliter l'indemnisation des salariés victimes. Exposée par Sauzet[1463] et reprise par Sainctelette[1464] la thèse contractuelle avait pour but de mettre à la charge des employeurs une obligation de sécurité afin de soulager les salariés de l'incontournable preuve de l'origine de l'accident, cause du dommage[1465]. Bien que, par la suite, d'autres juristes se soient ralliés à cette doctrine[1466], elle ne fut pas retenue lors du vote de la loi de 1898 qui consacra la notion de risque professionnel inspirée par les thèses de Saleilles[1467] et Josserand[1468]. L'introduction d'une obligation de sécurité dans le contrat de travail renoue donc avec ces premiers errements doctrinaux.

563. Pour autant, l'apport des arrêts du 28 février 2002 ne doit pas être surestimé. En effet, la notion d'obligation de sécurité était déjà très présente dans le Code du travail à travers les nombreuses obligations mises à la charge de l'employeur tant en ce qui concerne l'évaluation des risques que leur prévention, au sens traditionnel du terme[1469]. En outre, selon plusieurs

---

1461 S'agissant de l'apport des arrêts relativement à la question de la prescription et à la transmission aux héritiers de l'action en réparation de la victime, on renverra ici aux notes et articles précédemment cités.

1462 Pour une synthèse récente, cf. Y. SAINT-JOURS, "De l'obligation contractuelle de sécurité de résultat de l'employeur", *D.*, 2007, chron. p. 3024.

1463 M. SAUZET, "De la responsabilité des patrons vis-à-vis des ouvriers dans les accidents industriels", *Rev. crit. Leg. et Jur.*, 1883, p. 596.

1464 C. SAINCTELETTTE, *De la responsabilité et de la garantie*, Bruxelles et Paris, 1884.

1465 Cf. J.-L. HALPERIN, "La naissance de l'obligation de sécurité", *G.P.*, 23 sept. 1997, n° spécial, "La naissance de l'obligation de sécurité", p. 1170.

1466 LABBE, *S.*, 1885, 4, 25 ; PLANIOL, *Rev. crit. Leg. et Jur.*, 1888, p. 279.

1467 R. SALEILLES, *Les accidents de travail et la responsabilité civile, essai d'une théorie objective de la responsabilité délictuelle*, Paris, Arthur Rousseau , 1897.

1468 L. JOSSERAND, *De la responsabilité du fait des choses inanimées*, Paris, Arthur Rousseau, 1897.

1469 Depuis la loi du 9 avril 1898 plusieurs lois sont intervenues pour organiser la prévention des accidents du travail. Ainsi, la loi n° 76-1106 du 6 décembre 1976 relative à la prévention des accidents du travail ou encore la loi n° 82-1097 du 23 décembre 1982 sur les comités d'hygiène, de sécurité et des conditions de travail. Mais c'est surtout la directive CEE n° 89/391 du 12 juin 1989 concernant la mise en œuvre de mesures visant à promouvoir l'amélioration de la sécurité et de la santé des travailleurs au travail, transposée dans le Code du travail par la loi n° 91-1414 du 31 décembre 1991 (*J.O.*, 7 janv. 1992) qui a profondément renouvelé la notion de sécurité en

auteurs[1470], l'avènement d'une obligation de sécurité dans le contrat de travail avait été largement préparé par la reconnaissance de la nature contractuelle de l'action du salarié victime d'une affection ne relevant pas de la législation relative aux accidents du travail[1471].

564. Mais alors qu'antérieurement l'employeur était tenu d'une simple obligation de moyens[1472], la Chambre sociale de la Cour de cassation met désormais à la charge de l'employeur une obligation de résultat[1473]. Ce n'est donc plus à la victime ou à ses ayants droit d'apporter la preuve du comportement fautif de son employeur ainsi que le lien de causalité entre la faute et le préjudice subi. C'est désormais à ce dernier de s'exonérer de sa responsabilité en prouvant qu'il avait pris les mesures nécessaires pour préserver le salarié d'un risque dont il avait ou aurait dû avoir conscience[1474]. Le domaine de cette obligation de résultat doit être entendu de manière extensive, comme en témoigne la formule de la Cour de cassation selon laquelle cette obligation est

---

droit du travail. Désormais l'article L. 230-2, § III, a) du Code du travail impose au chef d'établissement d' "**évaluer les risques** pour la sécurité et la santé des travailleurs, y compris dans le choix des procédés de fabrication, des équipements de travail, des substances ou préparations chimiques, dans l'aménagement ou le réaménagement des lieux de travail ou des installations et dans la définition des postes de travail [...]". La mise en œuvre de cette obligation d'évaluation a été organisée par un décret n° 2001-1016 du 5 novembre 2001 (cf. *Sem. soc. Lamy*, 27 mai 2002, p. 4). De son côté, l'article L. 230-2, § I du Code du travail pose un principe de **prévention des risques**, selon lequel "le chef d'établissement prend les mesures nécessaires pour assurer la sécurité et protéger la santé physique et mentale des travailleurs de l'établissement, y compris les travailleurs temporaires. Ces mesures comprennent des actions de prévention des risques professionnels, d'information et de formation ainsi que la mise en place d'une organisation de moyens adaptés [...]". Dans l'application de ce principe de prévention, l'employeur doit tenir compte notamment "de l'état d'évolution de la technique" (art. L. 230-2, § II, e) du Code du travail).

[1470] P. MORVAN, art. préc., *R.J.S.*, juin 2002, n° 10 ; P. JOURDAIN, obs. préc., *R.T.D.civ.*, 2002; F. MEYER, note préc., *Dr. ouvrier*, avril 2002 ; P. SARGOS, "L'évolution du concept de sécurité au travail et ses conséquences en matière de responsabilité, *J.C.P.*, 2003, I, 104, n° 10.

[1471] Soc. 11 oct. 1994, *B.C.*, V, n° 269 ("attendu que si, s'agissant d'une affection qui, en vertu de la législation alors applicable, n'a pu être prise en charge au titre des maladies professionnelles, le salarié, qui attribuait son état de santé aux mauvaises conditions de son travail imposées par l'employeur, était en droit d'agir sur le terrain de la responsabilité contractuelle, il ne pouvait se prévaloir des dispositions de l'article 1384 du Code civil."). Soc. 28 oct. 1997, *B.C.*, V, n° 339 ; *D.*, 1998, jur. p. 219, note C. RADE ; *J.C.P.*, 1998, I, 185, n° 6, obs. G. VINEY.

[1472] En ce sens notamment, cf. X. PRETOT, *D.*, 2002, p. 2699 ; Ph. COURSIER, *J.C.P.* éd. E., 2002, Actualité p. 586 ; O. GARAND et Ph. ROZEC, *Sem. soc. Lamy*, 27 mai 2002, p. 7 ; A. DERUE et Ph. COURSIER, *Jurisp. soc. Lamy*, 3 sept. 2002, n° 107, p. 5.

[1473] Pour P. MORVAN (art. préc.), la jurisprudence précitée (cf. note précédente), ainsi que les multiples obligations légales de l'employeur traduisaient déjà la nature *de résultat* de l'obligation de sécurité en droit du travail, en sorte que, avec les arrêts du 28 février 2002, "la nouveauté provient de ce que l'obligation de sécurité de résultat, de nature prétorienne, qui se trouvait auparavant éclipsée par le régime légal d'indemnisation des accidents du travail issu de la loi du 9 avril 1998, a reconquis du terrain sur la loi".

[1474] Cf. *supra*, n° 566 et s..

due "*notamment* en ce qui concerne les maladies professionnelles contractées par ce salarié du fait des produits fabriqués ou utilisés par l'entreprise"[1475]. Ainsi, elle ne se limite pas aux seules maladies professionnelles mais concerne également les accidents du travail[1476]. Cette interprétation a été confirmée par la Chambre sociale dans un arrêt en date du 11 avril 2002[1477], rendu sous le visa des articles L. 230-2 du Code du travail, L. 411-1 et L. 452-1 du Code de la sécurité sociale et de l'article 1147 du Code civil[1478].

b) Une conception renouvelée de la faute inexcusable

565. La possibilité offerte au salarié de demander une indemnisation supplémentaire en présence d'une faute inexcusable de l'employeur est "le résultat du compromis historique entre les partisans du maintien de la faute comme fondement de tout système de responsabilité et les adeptes de la théorie du risque"[1479]. Elle était, en effet, "destinée à moduler l'indemnisation de la victime en la minorant ou la majorant selon qu'elle était imputable à la victime elle-même ou à l'employeur"[1480]. Durant de nombreuses années la qualification de la faute inexcusable, dont la loi ne donne aucune définition, relevait de l'appréciation souveraine des juges du fond jusqu'à ce que la Cour de cassation, dans un arrêt de principe, en date du 15 juillet 1941, n'en précise les contours[1481]. Les arrêts du 28 février 2002 ont modifié cette définition et ramené

[1475] En ce sens notamment, cf. L. MILET, note préc., *R.P.D.S.*, mars 2002 ; O. GARAND et Ph. ROZEC, note préc., *Sem. soc. Lamy*, 27 mai 2002 ; I. MONTEILLET, note préc., *R.J.S.*, mai 2002 ; M. BABIN et N. PICHON, note préc., *Dr. soc.*, sept.-oct. 2002.

[1476] Sur la distinction entre l'accident du travail et la maladie professionnelle, cf. J.-J. DUPEYROUX, *Droit de la sécurité sociale*, Paris, Dalloz, 2001 (14ème éd.), n° 863 et s.

[1477] Soc. 11 avril 2002 ("Attendu qu'en vertu du contrat de travail le liant à son salarié, l'employeur est tenu envers ce dernier d'une obligation de résultat, *notamment en ce qui concerne les accidents du travail*"), *D.*, 2002, jur. p. 2215, note Y. SAINT-JOURS ; *J.C.P. éd. E*, 2002, I, 1841, n° 9, obs. D. ASQUINAZI-BAILLEUX ; *Resp. civ. et ass.*, sept. 2002, chron. n° 16, p. 6, N. DUPUY-LOUP ; *R.P.D.S.*, n° 691, nov. 2002, p. 373, note L. MILET.

[1478] En ce sens, cette obligation de sécurité-résultat "réhabilite la présomption d'imputabilité [consacrée par l'article L. 411-1 du Code de la sécurité sociale] comme élément intrinsèque de la législation spéciale des accidents du travail et des maladies professionnelles", Y. SAINT-JOURS, "La réhabilitation de la présomption d'imputabilité spécifique aux risques professionnels", *D.*, 2003, chron. p. 2975.

[1479] Y. SAINT-JOURS, (dir.), *Traité de sécurité sociale*, tome I, Paris, L.G.D.J., 1980, p. 335.

[1480] Y. SAINT-JOURS, "La dialectique conceptuelle de la faute inexcusable de l'employeur en matière de risques professionnels", *Dr. ouvr.*, fév. 2003, p. 41.

[1481] Chambres réunies, 15 juillet 1941, *Dame veuve Villa*, *D.*, 1941, jur. p. 117, note A. ROUAST; *J.C.P.*, 1941, II, 1705, note J. MIHURA ; X. PRETOT, *Les grands arrêts du droit de la sécurité sociale*, Paris, Dalloz, 1998 (2ème éd.), n° 54. En vertu de cette jurisprudence bien établie (cf. plus récemment, Ass. plén., 18 juil. 1980, *B.C.*, n° 5 ; *D.*, 1980, jur. p. 394), la faute inexcusable supposait cinq éléments, trois éléments positifs et deux éléments négatifs. Ainsi d'une part, elle s'entendait d'une faute d'une gravité exceptionnelle, dérivant d'une action ou d'une omission volontaire et de la conscience du danger que devait en avoir son auteur. D'autre part, elle supposait l'absence de toute cause justificative et le défaut d'un élément intentionnel. En outre, la

la notion de faute inexcusable à deux éléments : la conscience du danger qu'avait ou qu'aurait dû avoir l'employeur (α) et l'absence de mesures prises par l'employeur pour préserver le salarié de ce danger (β).

α) La conscience du danger qu'avait ou qu'aurait dû avoir l'employeur

566. La conscience du danger s'apprécie *in abstracto* et non *in concreto*[1482]. Autrement dit, "pour que soit démontrée la connaissance du risque, il n'est pas nécessaire de prouver que le responsable avait réellement conscience du danger auquel il exposait le travailleur mais il suffit d'établir que compte tenu de sa formation, de la réglementation en vigueur, de l'état des connaissances scientifiques, des habitudes de la profession, etc., il aurait dû en avoir conscience"[1483]. Il convient donc de se référer à un employeur normalement prudent et diligent et de se demander "ce qu'en l'état de la réglementation et des connaissances scientifiques de la période considérée, l'on pouvait attendre d'un entrepreneur avisé"[1484].

567. S'agissant des risques liés à une exposition à l'amiante, l'avocat général, intervenu dans les affaires ayant donné lieu aux arrêts du 28 février 2002, soulignait l'opposition entre deux thèses. Selon une première thèse, il pouvait être soutenu que la connaissance des dangers de l'amiante et en particulier la possibilité de survenance d'un mésothéliome était relativement récente, à la différence de l'asbestose dont le lien de causalité avec l'amiante a été établi dès les années trente. L'année 1977, date de la réglementation de la concentration moyenne en fibre d'amiante dans l'atmosphère inhalée par un

---

jurisprudence avait, par la suite, décidé que la faute inexcusable ne pouvait être caractérisée qu'à la condition d'avoir été la cause déterminante de l'accident (Soc. 4 juillet 1973, *Dr. soc.*, 1973, p.170, note Y. SAINT-JOURS). Sur la définition de la faute inexcusable, antérieurement aux arrêts du 28 février 2002, cf. Y. SAINT-JOURS, op. cit., p. 335 ; J.-J. DUPEYROUX, op. cit., n°927 ; G. VINEY, "Remarques sur la distinction entre faute intentionnelle, faute inexcusable et faute lourde", *D.*, 1975, chron. p. 261 ; Y. SAINT-JOURS, "Le remodelage des effets de la faute inexcusable en matière d'accidents du travail", *J.C.P.*, 1987, II, 14972. La rigueur de cette définition rendait difficile la condamnation des employeurs pour faute inexcusable même si la jurisprudence et la loi étaient déjà intervenues pour en assouplir la mise en œuvre. Ainsi, l'article L. 231-8-1 du Code du travail, issu de la loi du 23 décembre 1982, a posé le principe d'une faute inexcusable de droit au bénéfice de la victime, lorsque le risque qui s'est réalisé avait été préalablement porté à la connaissance de l'employeur par la victime elle-même ou un membre du comité d'hygiène, de sécurité et des conditions de travail. En outre, depuis l'intervention de la loi du 10 juillet 2000, tendant à préciser la définition des délits non intentionnels (*J.O.*, 11 juillet 2000), la relaxe au pénal de l'employeur du chef des poursuites pour délit non intentionnel n'interdit plus à la victime d'agir en reconnaissance de faute inexcusable (Soc. 12 juillet 2001, *B.C.*, V, n° 267) .

[1482] Y. SAINT-JOURS (dir.), op. cit., p. 335 ; J.-J. DUPEYROUX, op. cit., n° 926 et s.

[1483] O. GARAND et Ph. ROZEC, art. préc., *Sem. soc. Lamy*, 27 mai 2002.

[1484] A. BENMAKHLOUF, conclusions préc. sous Soc. 28 février 2002.

salarié, constituerait le point de départ de la responsabilité de l'employeur[1485]. Cette thèse était celle présentée par les pourvois[1486]. Selon une seconde thèse, "même si les connaissances scientifiques n'ont évolué que de façon progressive et si les dispositions spécifiques à l'amiante sont, en effet, relativement récentes, il existait à l'époque considérée des textes protecteurs du travail en milieu exposé à des poussières dangereuses pour la santé, ainsi que l'obligation générale de sécurité incombant à l'employeur. La mise en danger de contracter une asbestose étant alors connue, le fait qu'une affection de plus grande gravité ait été contractée aurait rendu, en quelque sorte, d'autant plus inexcusable la faute commise"[1487]. C'est la thèse retenue par la Chambre sociale qui a jugé dans presque[1488] toutes les affaires que l'employeur avait ou aurait dû avoir conscience du danger.

568. Pourtant, si les risques d'asbestose et de mésothéliome liés à l'amiante étaient respectivement acquis dès les années 1930 et 1960, l'acceptation de ces données scientifiques par le juge n'allait pas nécessairement de soi. En effet, d'une part, la date de la connaissance scientifique du risque est généralement antérieure à celle de son inscription dans la réglementation française. D'autre part, la diversité des éléments retenus par les juges dans les affaires antérieures témoigne de ce que l'historique des connaissances scientifiques n'est pas toujours retracé de façon identique d'une affaire à

[1485] Sur l'évolution des connaissances scientifiques et de la réglementation en matière d'amiante, cf. *supra*, n° 373 et s.

[1486] Ces derniers soutenaient "qu'un vide juridique ayant incontestablement existé quant aux mesures de sécurité à prendre dans les établissements où le personnel est exposé à l'inhalation de poussières d'amiante et un dispositif de mesures appropriées n'ayant été défini par les pouvoirs publics que par un décret n° 77-949 du 17 août 1977 que les juges du fond se sont totalement abstenus de considérer, la cour d'appel ne pouvait, sans priver sa décision de base légale au regard des articles L. 452-1 et suivants du Code de la sécurité sociale, caractériser la conscience du danger qu'aurait dû avoir l'employeur quant aux risques qu'il faisait courir au salarié du fait de l'utilisation d'une matière qui demeurait autorisée, en se référant à un article confidentiel paru dans une revue médicale en 1930 et en ignorant le caractère très progressif de l'évolution des connaissances scientifiques en la matière", cf. notamment Soc. 28 février 2002, SA Eternit industrie c/ Chauvette et autres, *R.J.S.*, mai 2002, n° 621.

[1487] Conclusions A. BENMAKHLOUF, préc.

[1488] Dans l'une seulement des trente affaires qui lui étaient soumises (Stampel c/ Sté Groupe Usinor Sacillor Sollac et autre, *R.J.S.*, mai 2002, n° 618, 7ème espèce), à propos d'un salarié qui ne participait pas à des travaux comportant l'usage direct de l'amiante, la Cour de cassation a rejeté le pourvoi et approuvé les juges du fond d'avoir écarté la faute inexcusable en retenant que "le port d'éléments de protection contre la chaleur ou l'implantation dans des locaux d'éléments d'isolation comportant de l'amiante ne faisaient l'objet, pendant la période d'emploi de l'intéressé, d'aucune disposition restrictive, et qu'en l'état des connaissances scientifiques, la société Sollac, qui n'utilisait pas l'amiante comme matière première, pouvait ne pas avoir conscience que l'utilisation de ces éléments de protection et le travail à proximité de ces éléments constituaient un risque pour le salarié [...]".

l'autre[1489]. La variété des éléments scientifiques et des conclusions qu'en tirent les magistrats révèle le pouvoir d'appréciation laissé aux juges du fond. Du même coup, elle fait apparaître la difficulté à établir un critère juridique de distinction entre la précaution et la prévention et rend nécessaire l'adoption d'un critère fondé sur une norme scientifique extérieure au droit[1490].

β) L'absence de mesures prises par l'employeur pour préserver le salarié du danger

569. Le second critère constitutif de la nouvelle définition de la faute inexcusable, posé par la Chambre sociale dans ses arrêts du 28 février 2002, est l'absence de mesures prises par l'employeur pour préserver le salarié du danger dont il avait ou aurait dû avoir conscience. L'employeur est sanctionné pour ne pas avoir adopté les mesures préventives de nature à empêcher l'exposition du salarié au danger. La faute reprochée à l'employeur est une faute de *prévention* et non de *précaution* puisqu'elle est intervenue en présence d'un risque avéré. Dans la mesure où la faute inexcusable se définit par un manquement à une obligation de sécurité de résultat, l'employeur peut-il se contenter de mettre en œuvre tous les moyens nécessaires pour prévenir l'exposition au risque ? La distinction des obligations de moyens et de résultat, dans sa version classique,

---

[1489] Ainsi, dans une affaire dans laquelle un ouvrier exposé à l'amiante de 1946 à 1984 s'était révélé atteint d'une asbestose et d'un mésothéliome, la Cour de cassation, dans un arrêt en date du 3 décembre 1992 (Soc., 3 déc. 1992, pourvoi n° 90-19.171, non publié. Cf. cependant l'arrêt de renvoi de la Cour d'appel d'Orléans du 23 février 1994, *Dr. ouvr.*, juillet 1994, p. 288), avait jugé que l'employeur (la SNCF) aurait dû avoir conscience du danger qu'il faisait courir à son salarié en l'exposant sans protection aux poussières d'amiante, puisque l'asbestose a été inscrite dès 1950 au tableau n° 30 des maladies professionnelles. Dans le même sens, le Tribunal des affaires de sécurité sociale du Havre avait jugé le 30 janvier 1995 (M. MINE, "La faute inexcusable à travers quelques nouveaux apports de la jurisprudence", *Dr. ouvr.*, août 1997, p. 314, Annexe 1), après avoir relevé que l'amiante était un produit notoirement connu pour sa dangerosité, ce que l'employeur ne pouvait ignorer depuis la réglementation spécifique de 1977, que l'employeur, poursuivi par l'un de ses salariés, atteint d'asbestose, avait commis une faute inexcusable. En revanche, la Chambre sociale, dans une décision en date du 19 mai 1994 (Soc. 19 mai 1994, pourvoi n° 92-14.938, non publié, cité par A. BENMAKHLOUF, conclusions préc. sous Soc. 28 février 2002. Dans le même sens, cf. Aix-en-Provence, 20 nov. 1995, et Trib. aff. san. et soc. de Valenciennes, 16 déc. 1997, *G.P.*, 1998, 1, somm. jur. p. 137), a approuvé la cour d'appel d'avoir décidé qu'en l'état de la législation alors en vigueur et des connaissances scientifiques de l'époque, la société Air liquide avait pu ne pas avoir conscience du risque encouru par l'un de ses salariés. Les juges du fond avaient, en effet, relevé que les décrets du 5 janvier 1976 mentionnant au tableau n° 30 les travaux portant sur des produits d'amiante et du 17 août 1977 réglementant la concentration moyenne en fibre d'amiante dans l'atmosphère inhalée par un salarié, n'étaient intervenus qu'après la cessation de l'exposition au risque. De même, la Chambre sociale avait jugé le 19 mars 1998 (Soc. 19 mars 1998, pourvoi n° 96-17.781, non publié, cité par A. BENMAKHLOUF, conclusions préc. sous Soc. 28 février 2002) que l'entreprise NORMED, qui avait cessé d'utiliser l'amiante à partir de 1977, pour la période antérieure, compte tenu de la législation en vigueur, avait pu ne pas avoir conscience du risque encouru par le salarié.

[1490] Sur cette exigence, cf. Chp. préliminaire, *supra* n° 43.

conduit à répondre par la négative. Car en effet, de deux choses l'une. Ou bien, l'obligation de *prévention* mise à la charge de l'employeur est une obligation de résultat et alors la seule survenance du dommage, c'est-à-dire la contamination du salarié du fait d'une exposition au danger est fautive, et l'employeur ne peut s'exonérer que par la preuve d'un cas de force majeure. Ou bien, l'obligation de *prévention* mise à la charge de l'employeur n'est pas une obligation de résultat et alors l'employeur peut s'exonérer en prouvant son absence de faute, c'est-à-dire le fait que, malgré la survenance du dommage, il avait bien pris des mesures pour éviter l'exposition au danger. Mais la double affirmation par la Cour de cassation selon laquelle le manquement à l'obligation de sécurité a le caractère d'une faute inexcusable et celle selon laquelle cette faute inexcusable est notamment constituée par le fait que l'employeur n'a pas pris les mesures nécessaires pour préserver le salarié du danger oblige à reconsidérer le schéma précédent. Comment, en effet, concilier obligation de résultat et possibilité d'exonération par la preuve de l'absence de faute ?

570. L'attendu de la Cour de cassation peut être interprété de deux manières. Selon un premier point de vue, il conviendrait d'interpréter séparément les deux phrases de l'attendu, autrement dit de considérer que l'existence d'une obligation de sécurité de résultat posée par la Chambre sociale est indépendante de l'obligation dont la violation constitue une faute inexcusable. Une telle interprétation paraît difficilement tenable dans la mesure où la Cour précise que "le manquement à *cette* obligation a le caractère d'une faute inexcusable". L'emploi du pronom démonstratif "cette" signifie que l'obligation dont le manquement a le caractère d'une faute inexcusable est l'obligation de sécurité de résultat dont il est question dans la phrase précédente. Cette interprétation doit donc être rejetée.

571. Dès lors, le seul moyen de concilier l'affirmation d'une obligation de sécurité de résultat avec la nouvelle définition de la faute inexcusable est de considérer que l'obligation de sécurité posée par la Chambre sociale est une obligation de résultat atténuée ou allégée[1491], en vertu de laquelle le débiteur peut s'exonérer en prouvant qu'il n'a pas commis de faute[1492]. Le régime de responsabilité auquel est soumis l'employeur est donc celui d'une simple présomption de faute susceptible de preuve contraire. Mais l'exigence de résultat est néanmoins maintenue à l'égard de la caractérisation du type de mesures prises dont l'employeur devra rapporter la preuve. Il ne s'agira pas de

---

[1491] Sur cette notion, cf. G. VINEY et P. JOURDAIN, op. cit., n° 534-1 ; F. TERRE, Ph. SIMLER et Y. LEQUETTE, op. cit., n° 580.

[1492] En ce sens, M. BABIN et N. PICHON (*Dr. social*, sept.-oct. 2002, p. 836) soulignent qu'il "apparaît donc que l'employeur est certes débiteur d'une obligation contractuelle de sécurité de résultat mais que, s'agissant de la législation sur les maladies professionnelles, cette obligation a une portée moindre qu'en droit commun".

mesures quelconques mais des mesures "nécessaires" pour préserver le salarié du danger. Autrement dit, si d'un point de vue théorique la formulation de la Cour de cassation s'apparente à la définition d'une obligation de résultat atténuée, en pratique elle conservera les caractères d'une obligation de résultat au sens strict. Le résultat attendu, c'est-à-dire l'absence de dommage, est simplement reporté en amont et porte désormais sur l'absence d'exposition au danger. Or seul un certain type de mesure, c'est-à-dire une mesure efficace, est de nature à empêcher cette exposition au danger[1493]. On retrouve ici, dans le domaine de la *prévention*, l'exigence de mesures effectives visant à prévenir un risque de dommage, posée par la définition légale de la précaution[1494]. En résumé, la preuve de la contamination d'un salarié par l'amiante pendant la période de prévention ou de précaution peut certes résulter directement de l'absence de mesures préventives. Néanmoins, en pratique une telle contamination attestera toujours l'absence de mesures préventives *efficaces*.

572. De plus, l'arrêt de la Cour de cassation du 11 avril 2002, confirmé par une décision du 31 octobre 2002[1495], a supprimé l'exigence selon laquelle la faute inexcusable devait avoir été la cause déterminante de l'accident[1496]. Cette solution consacre la progression de la théorie de l'équivalence des conditions, au détriment de la causalité adéquate[1497], et étend la présomption d'imputabilité en matière d'accidents du travail[1498] aux victimes d'une faute inexcusable[1499]. L'employeur ne peut donc s'exonérer de sa responsabilité qu'en rapportant la preuve d'une cause étrangère. Il en résulte que, si en cas de faute inexcusable la responsabilité de l'employeur demeure fondée sur la notion de faute, elle se rapproche néanmoins de la responsabilité pour risque[1500]. Mais l'originalité provient de ce que le risque ne se manifeste pas là

[1493] Pour L. MILET (*R.D.P.S.*, mars 2002, p. 95), par "mesures nécessaires", on doit entendre celles "propres à empêcher objectivement que le dommage se réalise et non pas seulement à protéger le salarié".

[1494] Art. L. 110-1 du Code de l'environnement : "l'absence de certitudes [...] ne doit pas retarder l'adoption de mesures *effectives* [...] visant à prévenir un risque de dommages graves et irréversibles à l'environnement [...]".

[1495] Soc. 31 oct. 2002, *J.C.P.*, 2002, IV, 3009 : "il est indifférent que la faute inexcusable commise par l'employeur ait été la cause déterminante de l'accident survenu au salarié, il suffit qu'elle ait été une cause nécessaire pour que la responsabilité de l'employeur soit engagée, alors même que d'autres fautes auraient concouru au dommage".

[1496] Soc. 11 avril 2002, préc.

[1497] Cf. les arrêts de la première Chambre civile de la Cour de cassation du 4 déc. 2001 (*B.C.*, I, n°310) et du 2 juillet 2002 (*B.C.*, I, n° 182). Sur cette question, cf. *supra*, n°122 et s.

[1498] En vertu de l'article L. 411-1 du Code de la sécurité sociale : "est considéré comme accident du travail, quelle qu'en soit la cause, l'accident survenu par le fait ou à l'occasion du travail [...]".

[1499] P. MORVAN, art. préc., n° 36 et 37.

[1500] En ce sens X. PRETOT (note préc., *D.* 2002, p. 2699) : "La définition ainsi retenue de la faute inexcusable conduit, en définitive, à fonder la responsabilité encourue par l'employeur sur le risque : certes, la loi se référant expressément à la faute, plus encore à la faute inexcusable (art. L.452-1 CSS), la notion figure encore formellement dans la motivation des arrêts de la Cour de

où on pouvait l'attendre. En effet, dans sa version traditionnelle le régime de la responsabilité de l'employeur était fondé sur la notion de risque social, tout en laissant une place à la faute (inexcusable) de l'employeur. Désormais, le risque apparaît au cœur même de la faute à travers l'exigence de mesures de nature à prévenir l'exposition à un danger[1501]. La seule réalisation du risque est de nature à prouver le défaut de mesures préventives adéquates.

573. La nouvelle définition de la faute inexcusable accroît la responsabilité de l'employeur. Elle conduit à une amélioration du sort des victimes de risques professionnels en favorisant une extension du principe de réparation intégrale, propre au droit commun de la responsabilité civile. Cette évolution participe d'un mouvement doctrinal contemporain qui prône une transformation de la législation des accidents du travail dont il souligne le manque d'équité, résultant principalement du caractère forfaitaire de l'indemnisation légale[1502]. Plus généralement, elle s'inscrit dans le cadre de l'extension actuelle du droit à la sécurité, dont la sécurité corporelle des salariés, élément de spécificité de la faute inexcusable[1503], n'est qu'un aspect[1504]. La faute inexcusable, selon qu'elle intervient en période de certitude ou d'incertitude des connaissances scientifiques, constitue l'une des manifestations de la responsabilité pour *défaut de prévention* ou *de précaution* en droit du travail[1505].

---

cassation. Dans la mesure où la responsabilité de l'employeur est engagée du seul fait de la réalisation d'un risque dont il aurait dû avoir conscience, sauf à lui à prouver qu'il a pris les mesures de prévention appropriées, elle se rapproche, si elle ne se confond avec elle, de la responsabilité pour risque".

1501 Sur la notion de "faute de risque", cf. *infra*, n° 645 et s.

1502 Cf. R. MASSE, *Réflexions et propositions relatives à la réparation intégrale des accidents du travail et des maladies professionnelles*, Rapport remis au ministre de l'emploi et de la solidarité en 2001 ; COUR DES COMPTES, *La gestion du risque accidents du travail et maladies professionnelles*, Rapport public particulier, février 2002.

1503 "dans tous les cas où elle [la faute inexcusable] est admise, il s'agit de fautes contre la sécurité corporelle des salariés", G. VINEY, "Remarques sur la distinction entre faute intentionnelle, faute inexcusable et faute lourde", art. préc., p. 266.

1504 La notion d'obligation de sécurité de résultat constitue le point de rencontre entre le droit du travail et le droit de l'environnement car "*la sécurité est un tout* qui doit être globalisé", H. SEILLAN, "Obligations et responsabilités en droit du travail et en droit de l'environnement", *in Droit du travail et droit de l'environnement*, SOCIETE FRANCAISE POUR LE DROIT DE L'ENVIRONNEMENT, Actes du colloque de la Société française pour le droit de l'environnement, Toulouse, 30 sept.-1er oct. 1993, Paris, Litec, 1994, p. 37, (spéc. p. 41 et s.).

1505 Sous l'empire de la jurisprudence antérieure, G. VINEY (art. préc.) estimait que la gravité "qui permet de reconnaître la faute inexcusable tient uniquement à la nature et à la probabilité du dommage qu'elle risque d'engendrer". Or nature et probabilité du dommage sont deux éléments permettant de caractériser la notion légale de précaution, ce qui fait de la faute inexcusable un instrument idéal au service de cette notion, à condition évidemment que l'on se trouve en situation d'incertitude scientifique.

§ 2 L'EXTENSION DE L'OBLIGATION CONTRACTUELLE DE SECURITE DU FAIT DE LA PRISE EN COMPTE D'UN RISQUE SCIENTIFIQUE SUSPECTE OU L'EMERGENCE D'UNE RESPONSABILITE CIVILE POUR *DEFAUT DE PRECAUTION*

574. Le domaine de l'obligation contractuelle de sécurité a été récemment étendu à des risques scientifiques suspectés, comme ceux résultant d'une contamination pendant la période de précaution[1506] par le virus du Sida ou de l'hépatite C. La même analyse pouvait être faite à propos de l'arrêt de la Cour d'appel de Montpellier du 23 septembre 2003 concernant un enfant traité à l'hormone de croissance ayant ensuite contracté la maladie de Creutzfeldt-Jakob[1507], avant que la Cour de cassation, dans une décision du 24 janvier 2006, n'eût rejeté le pourvoi formé par l'Institut Pasteur, sur le fondement des articles 1147 *et 1382* du Code civil. La Haute juridiction judiciaire refusa, en effet, de retenir la responsabilité contractuelle de ce dernier, se plaçant au-dessus de la distinction des responsabilités contractuelle et délictuelle, à l'instar de la

---

[1506] En ce sens, "le principe de précaution conforte l'obligation de sécurité qui s'impose à tous les apprentis sorciers" (Y. LAMBERT-FAIVRE, *D.*, 1996, p. 614, note sous Civ.1ère, 9 juillet 1996, 3 arrêts). Et inversement, "l'obligation de sécurité s'exprime [...] dans le principe de précaution et participe à sa définition", M. V. JEANNIN, "Sécurité et insécurité alimentaire au troisième millénaire", *G.P.*, 2-4 janvier 2000, p. 70.

[1507] CA Montpellier, 1ère ch. B., 23 septembre 2003, R.G. n° 02/03600, *Institut Pasteur c/ Fachin*, B. LEGROS, "Etat des lieux sur les différents régimes d'indemnisation des conséquences des accidents médicaux", *Méd. et dr.*, janvier 2004, n° 64, p. 1, Encadré n° 2, p. 20. La cour avait, en effet, condamné l'Institut Pasteur et la Fondation France Hypophyse aux motifs qu' "il appartenait à l'Association France Hypophyse et au vu des dispositions de l'article 1147 du Code civil et de la loi du 21 juillet 1983 [relative à la sécurité des consommateurs] qui décidait du traitement, de l'attribution des lots et du nombre de doses, de faire délivrer des produits exempts de vices, alors que l'Association était à l'origine du traitement, qu'elle assurait le prélèvement des hypophyses, qu'elle a choisi le laboratoire devant procéder à l'extraction de l'hormone, soit l'Institut Pasteur à qui elle vendait les hypophyses qu'elle collectait [...] et que l'intégralité de la chaîne de production était sous son contrôle" (arrêt p. 84). La cour avait également relevé que "tant France Hypophyse que l'Institut Pasteur ont manqué à leur obligation contractuelle qui était pour le moins de prendre toutes les précautions nécessaires et indispensables pour que les hypophyses soient collectées dans des conditions assurant une sécurité maximum au point de vue de la contamination éventuelle, ce qui n'a pas été fait [...], que cette absence de précaution est imputable tant à l'Association France Hypophyse qu'à la Fondation Pasteur [...]" (arrêt p. 88-89). La famille de la victime, intimée en appel, avait invoqué expressément une violation du principe de précaution ("Les consorts Fachin soutiennent que [...] la Fondation Institut Pasteur ne peut prétendre qu'elle ne connaissait pas la possibilité de véhiculer l'agent contaminant par l'hormone de croissance iatrogène lors de la production du principe ; subsidiairement, ils soutiennent que l'Institut Pasteur a manqué au principe de précaution, car il avait au moins envisagé cette possibilité", arrêt p. 51), ce qu'avait tenté de réfuter l'Institut Pasteur dans ses conclusions (L'Institut Pasteur "soutient que cette contamination est le fait de France Hypophyse en raison des conditions de collecte ; il conteste le fait qu'il aurait dû arrêter ses activités au nom du principe de précaution [...]", arrêt p. 28).

directive sur la responsabilité du fait des produits défectueux du 25 juillet 1985, bien que cette dernière ne fût pas applicable en l'espèce[1508].

575. S'agissant du risque de transmission du virus du Sida par le sang, l'année 1983 marque l'ouverture de la période de précaution[1509]. Dès lors, les décisions ayant mis à la charge des centres de transfusion sanguine une obligation de sécurité, dans des affaires où les transfusions étaient intervenues à compter de cette époque, et jusqu'en 1984 (date d'ouverture de la période de prévention[1510]), participent de l'extension de cette obligation au risque scientifique suspecté. Ainsi, dans une espèce jugée par la Cour d'appel de Toulouse le 5 novembre 1991, un hémophile avait reçu, d'un centre régional de transfusion sanguine, des produits sanguins depuis 1983 et s'était révélé porteur du Sida en 1987. Les juges avaient retenu la responsabilité civile du centre estimant "qu'un centre de transfusion sanguine doit fournir une prestation loyale à laquelle tout patient a le droit de prétendre et contracte donc une obligation de résultat, dont il ne peut s'exonérer qu'en prouvant la force majeure ou des circonstances extérieures". La cour d'appel précisait "qu'il est d'évidence que le centre ne peut rapporter l'imprévisibilité ou l'irrésistibilité puisqu'il ne peut disconvenir qu'avant le 29 mai 1985 et plus particulièrement dès le 26 octobre 1984, date où a été reconnue l'efficacité du chauffage, il n'ignorait pas que le sang ou les dérivés qu'il fournissait étaient susceptibles d'être contaminés entièrement et qu'il ne leur était pas appliqué la méthode du chauffage alors reconnue efficace [...]". La responsabilité du centre est donc liée à la possibilité qu'il avait de prévenir efficacement la survenance du dommage en recourant au chauffage des produits. Cette possibilité remonte à une date postérieure (1984) à celle par nous retenue comme constitutive de l'ouverture de la période de précaution (1983). La solution de la cour d'appel est certes plus respectueuse d'une interprétation stricte de la définition légale de la précaution en vertu de laquelle "l'absence de certitudes [...] ne doit pas retarder l'adoption de mesures *effectives* et proportionnées visant à prévenir un risque de dommages [...]"[1511]. Cependant, elle se révèle alors encore plus délicate à utiliser, puisqu'il faudrait, pour chaque type de risque encouru, déterminer deux dates. D'une part, celle à compter de laquelle le risque a fait l'objet d'une hypothèse de la science déjà étayée par plusieurs données scientifiques. D'autre part, celle à partir de laquelle le risque était susceptible d'être efficacement prévenu.

[1508] Sur cet arrêt, cf. *infra*, n° 610.
[1509] Sur l'évolution des connaissances scientifiques en la matière, cf. *supra*, n° 223.
[1510] Cf. note précédente, *supra*.
[1511] Le *Vocabulaire juridique Cornu* (op. cit.) définit ainsi l'adjectif "effectif" : "1) qui produit l'effet recherché 2) qui a été réalisé, accompli, fait 3) qui correspond à la réalité". Or le sens 1) correspond à la définition du terme "efficace" donnée par le *Dictionnaire Robert* et selon laquelle est "efficace" ce "qui produit l'effet qu'on en attend".

576. En tout état de cause, le critère de distinction de la prévention et de la précaution, du risque avéré et du risque suspecté, ne saurait être laissé à la discrétion des magistrats, faute de pouvoir être généralisé. Il serait alors susceptible de varier au gré des affaires et de l'appréciation de l'évolution des connaissances scientifiques par les juges. Loin de devenir un critère *du* droit de la responsabilité, cette distinction ne peut être qu'un critère de la théorie de la responsabilité, c'est-à-dire du discours *sur* la responsabilité civile, et dès lors fondé sur une appréciation objective et uniforme de l'évolution des données de la science, dégagée de celle retenue par la jurisprudence[1512].

577. La même analyse peut être faite à propos des décisions ayant retenu la responsabilité de centres de transfusion sanguine, sur le fondement d'une obligation contractuelle de sécurité de résultat, en raison de la contamination par le virus de l'hépatite C, durant la période de précaution, soit entre 1974 et 1989[1513]. Ces décisions constituent, en effet, des cas de responsabilité civile pour *défaut de précaution*.

CONCLUSION DE LA SOUS-SECTION II

578. Le mouvement d'extension de l'obligation de sécurité, depuis sa découverte par la jurisprudence dans le contrat de transport au début du XXème siècle, en faveur des personnes physiques et des biens peut être réinterprété à la lumière de la distinction de la prévention et de la précaution. En effet, une telle analyse révèle que traditionnellement l'obligation de sécurité, consacrée par la jurisprudence, était intervenue en présence d'un risque scientifique avéré. Cette référence à un tel risque pouvait être implicite, comme dans le cas de l'obligation de sécurité du vendeur professionnel ou explicite dès lors qu'elle

---

[1512] Sur cette exigence, cf. Chp. préliminaire, *supra*, n° 43.

[1513] Sur la détermination de cette période, cf. *supra*, n° 224. Pour des exemples d'extension de l'obligation de sécurité de résultat aux organismes de transfusion s'agissant de la contamination par le virus de l'hépatite C, durant cette période, cf. Paris, 20 déc. 1996, *G.P.*, 2-3 juin 1999, p. 29 (transfusion intervenue en 1983). Civ. 1ère, 9 mai 2001 (transfusions intervenues en 1986), *D.*, 2001, jur. p. 2149, rapport P. SARGOS ; *R.T.D.civ.*, 2001, p. 889, obs. P. JOURDAIN ; *Rev. fr. dom. corp.*, 2001, p.259, obs. I. BESSIERES-ROQUES. Civ. 1ère, 17 juillet 2001, (2 espèces, transfusions intervenues en 1980 et 1984), *B.C.*, I, n° 234 ; *J.C.P.*, 2001, IV, 2731 et 2732 ; *R.T.D.civ.*, 2001, p. 889, obs. P. JOURDAIN ; *J.C.P.*, 2002, I, 124, n° 12, chron. G. VINEY ; *Méd. et dr.*, 2002, p. 32 ; *Resp. civ. et ass.*, déc. 2001, comm. n° 363, note M.-A. AGARD. Civ.1ère, 10 juillet 2002 (transfusion à l'origine de la contamination datant de 1982), *J.C.P.*, 2002, IV, 2530 ; *Resp. civ. et ass.*, nov. 2002, comm. n° 332. Pour des hypothèses d'absence de responsabilité pour *défaut de précaution*, cf. Civ. 1ère, 16 juillet 1998 (transfusion en septembre 1982), *B.C.*, I, n° 261 ; *J.C.P.*, 1998, IV, 3117. Toulouse, 4 oct. 1999, *J.C.P.*, 2000, IV, 1764 ; *P.A.*, 4 août 2000, n° 155, p. 17, note J. JULIEN. Civ. 1ère, 23 novembre 1999 (transfusion en juin 1981), *B.C.*, I, n° 324 ; *J.C.P.*, 2000, IV, 1039 et I, 241, n° 8, obs. G. VINEY ; *G.P.*, 16-17 fév. 2000, panor. jur. p. 26 ; *Resp. civ. et ass.*, fév. 2000, comm. n° 48. Civ. 1ère, 18 juin 2002 (transfusion entre 1985 et 1986), *D.*, 2002, I.R. p. 2307 ; *J.C.P.*, 2002, IV, 2385 ; *Resp. civ. et ass.*, oct. 2002, comm. n° 292.

portait sur des matières en proie à l'évolution directe des connaissances scientifiques, comme les risques résultant de contaminations post-transfusionnelles ou de contaminations liées à une exposition à l'amiante pendant la période de prévention. L'obligation contractuelle de sécurité ainsi reconnue a pu être analysée en une obligation de sécurité de *prévention*. De son côté, la prise en considération du risque scientifique suspecté a contribué à étendre un peu plus encore le domaine de l'obligation contractuelle de sécurité pesant sur les centres de transfusion sanguine. En effet, dès lors que la contamination par le virus du Sida ou de l'hépatite C était intervenue alors que le risque n'était pas encore avéré, les responsabilités retenues ont conduit à la reconnaissance de l'émergence d'une obligation de sécurité de *précaution*.

CONCLUSION DE LA SECTION II

579. La distinction de la prévention et de la précaution conduit à un renouvellement de l'analyse traditionnelle de la responsabilité contractuelle du fait des choses. Ainsi, la garantie des vices cachés ne devrait plus seulement intervenir en présence d'un risque scientifique avéré mais également lorsqu'est en cause un risque seulement suspecté. De même, l'obligation contractuelle de sécurité de droit commun, consacrée par la jurisprudence, qui se traduit par une obligation de "livrer des produits exempts de tout vice ou de tout défaut de fabrication de nature à créer un danger pour les personnes ou les biens", doit être reconsidérée. A cet égard, elle constitue un terrain propice à l'expression de la distinction de la prévention et de la précaution dans la mesure où elle est fondée sur la notion de danger inhérente à de celle de risque. La prise en compte du risque scientifique et technique suspecté se présente comme un facteur d'extension du domaine de l'obligation contractuelle de sécurité, traditionnellement réservée à des hypothèses dans lesquelles le risque était implicitement ou explicitement avéré compte tenu des données de la science et de la technique.

SECTION III

PREVENTION, PRECAUTION ET UNIFORMISATION DE LA RESPONSABILITE CIVILE

580. L'extension de la responsabilité civile, sous l'impulsion de la notion de précaution, ne se manifeste pas seulement au sein des deux ordres de responsabilité, délictuelle et contractuelle. Elle participe du mouvement doctrinal et jurisprudentiel d'unification de la responsabilité, relayé par le législateur. Ce mouvement trouve son origine dans le constat établi du "désordre créé dans notre droit de la responsabilité par l'obligation contractuelle de sécurité"[1514]. En effet, l'émergence de la notion d'obligation de sécurité dans le but de favoriser l'indemnisation des victimes, et le forçage du contrat qui en est résulté, ont modifié la fonction des dommages et intérêts dus en cas d'inexécution du contrat. Alors qu'en 1804 ces derniers constituaient un mode d'exécution forcée du contrat, conséquence de sa force obligatoire, ils sont devenus aujourd'hui un mode de réparation, concurrençant ainsi la responsabilité délictuelle. Plusieurs auteurs[1515] critiquent cette évolution et proposent de rendre au délit sa compétence naturelle en "décontractualisant" l'obligation de sécurité. Il faudrait, selon eux, rétablir la responsabilité contractuelle dans sa seule vraie fonction, celle d'exécution forcée du contrat et reconnaître qu'elle n'a aucune fonction de réparation, cette dernière relevant entièrement de la responsabilité délictuelle.

581. L'étude de la distinction de la prévention et de la précaution, du risque avéré et du risque suspecté, en tant qu'elle s'exprime notamment au travers de l'obligation de sécurité, ne saurait ignorer ce débat. En effet, les notions de prévention et de précaution transcendent la distinction des responsabilités contractuelle et délictuelle[1516] en étant susceptibles d'emprunter la forme "décontractualisée" de l'obligation de sécurité (§1). Cependant, à l'heure actuelle la question de la recherche d'un fondement autonome légal des obligations de prévention et de précaution demeure ouverte (§2).

1514 E. SAVAUX, "La fin de la responsabilité contractuelle ?", *R.T.D.civ.*, 1999, p. 24.

1515 D. TALLON, "Pourquoi parler de faute contractuelle", *in Ecrits en hommage à G. Cornu*, Paris, P.U.F., 1994, p. 429 et "L'inexécution du contrat : pour une autre présentation", *R.T.D.civ.*, 1994, p. 223 ; Ph. REMY, "Critique du système français de responsabilité civile", *Droit et cultures*, 1996, p. 31 et "La responsabilité contractuelle" : histoire d'un faux concept, *R.T.D.civ.*, 1997, p. 323 ; L. LETURMY, "La responsabilité délictuelle du contractant", *R.T.D.civ.*, 1998, p.839. Pour une critique de cette position doctrinale, cf. P. JOURDAIN, "Réflexion sur la notion de responsabilité contractuelle", *in Les métamorphoses de la responsabilité*, SIXIEME JOURNEES RENE SAVATIER, Colloque, Poitiers 15-16 mai 1997, P.U.F., 1997, p. 65 ; E. SAVAUX, art. préc. ; G. VINEY, "La responsabilité contractuelle en question", *in Le contrat à la fin du XXème siècle. Etudes en l'honneur de J. Ghestin*, Paris, L.G.D.J., 2001, p. 921 ; G. DURRY, "Responsabilité délictuelle et responsabilité contractuelle : dualité ou unité ?", *Resp. civ. et ass.*, juin 2001, n° 6 bis, hors série, p. 20 ; P. CATALA, *Avant-projet de réforme du droit des obligations et de la prescription*, Ministère de la justice, Paris, La documentation française, 2006, p. 163. Pour une analyse des dispositions de l'avant-projet sur cette question, cf. E. SAVAUX, "Brèves observations sur la responsabilité contractuelle dans l'avant-projet de réforme du droit de la responsabilité", *R.D.C.*, janvier 2007, p. 45. Pour un commentaire critique de la position retenue par l'avant-projet, cf. Ph. LE TOURNEAU, "Brefs propos critiques sur «la responsabilité contractuelle» dans l'avant-projet de réforme du droit de la responsabilité", *D.*, 2007, chron. p.2180.

1516 En ce sens à propos de la précaution, cf. J. et C. de MAILLARD, *La responsabilité juridique*, Paris, Flammarion (coll. "Dominos"), 1999, p. 55.

§ 1 LA DISTINCTION DE LA PREVENTION ET DE LA PRECAUTION A L'AUNE DE LA "DECONTRACTUALISATION" JURISPRUDENTIELLE DE L'OBLIGATION DE SECURITE

582. Que la sécurité ne soit pas l'apanage du contrat, de nombreux auteurs le reconnaissent volontiers, à commencer par Jean Carbonnier qui dans une formule devenue célèbre soulignait que "c'est artifice que de faire entrer là-dedans [la responsabilité contractuelle] des bras cassés et des morts d'hommes ; les tragédies sont de la compétence des articles 1382 et suivants"[1517]. De son côté, Patrice Jourdain estime que "la sécurité est un impératif de portée générale susceptible de constituer l'objet d'une norme générale de comportement indépendante de tout contrat. La sécurité peut en effet être rationnellement attendue de tous et due par tous, en dehors de toute promesse et de tout contrat ; elle est en quelque sorte hors contrat". Et de poursuivre qu' "il résulte une parenté naturelle entre la responsabilité contractuelle qui naît de la violation de l'obligation de sécurité et la responsabilité délictuelle. Celle-ci sanctionne, en effet, à travers les articles 1382 et 1383 du Code civil, le manquement à une norme de comportement incluant un devoir de prudence qui n'est autre qu'une obligation de sécurité extra-contractuelle"[1518]. Autrement dit, "*l'obligation de prendre des précautions*[1519] afin de ne pas mettre en péril la sécurité d'autrui a une portée générale"[1520]. La distinction de la prévention et de la précaution témoigne du renouvellement du contenu des devoirs susceptibles d'être violés en favorisant le passage d'une précaution à l'autre. De l'obligation traditionnelle de *précautions* à la nouvelle obligation de *précaution*, issue du principe du même nom, du pluriel au singulier, c'est tout le concept de sécurité qui se trouve désormais susceptible d'être enrichi, par-delà la distinction des responsabilités contractuelle et délictuelle. Dès lors, la "décontractualisation" de l'obligation de sécurité apparaît comme un mouvement commun à l'*obligation de prévention* (A) et à l'*obligation de précaution* (B).

A – "DECONTRACTUALISATION" DE L'OBLIGATION DE SECURITE ET *PREVENTION*

583. Le premier pas vers l'extension de l'obligation de sécurité à des tiers non-parties au contrat a été franchi avec *l'affaire Nelly*, ayant donné lieu à l'arrêt de la Cour de cassation du 17 janvier 1995[1521], qui avait déjà innové en

---

1517 J. CARBONNIER, *Droit civil. Les obligations*, op. cit., n° 295.

1518 P. JOURDAIN, "Le fondement de l'obligation de sécurité", art. préc., p. 1198.

1519 C'est nous qui soulignons.

1520 P. JOURDAIN, "L'obligation de sécurité (A propos de quelques arrêts récents)", *G.P.*, 1993, doctr. p. 1175.

1521 Civ. 1ère, 17 janvier 1995, *D.*, 1995, jur. p. 350, note P. JOURDAIN ; *J.C.P.*, 1995, I, 3853, n°9, obs. G. VINEY ; *R.T.D.civ.*, 1995, p. 631, obs. P. JOURDAIN ; *Resp. civ. et ass.*, avril 1995,

posant le principe d'une responsabilité contractuelle du fait des choses. La cour d'appel avait notamment retenu la responsabilité du distributeur d'un cerceau qui avait blessé une jeune fille, en raison du vice de fabrication de celui-ci. Dans son pourvoi, le distributeur faisait valoir, sur le fondement de l'article 1382 du Code civil, qu'il ne pouvait être considéré comme ayant commis un manquement pour n'avoir pas procédé à un examen approfondi, dès lors que le vice affectant le cerceau, imputable au seul fabricant, n'était pas apparent et qu'il n'était pas soumis à des normes entrées en vigueur ultérieurement. La Cour de cassation a rejeté le pourvoi. Reprenant la formule, désormais classique, l'arrêt a rappelé que "le vendeur professionnel est tenu de livrer des produits exempts de tout vice ou de tout défaut de fabrication de nature à créer un danger pour les personnes ou les biens". Il a ajouté, ensuite, que ce dernier "en est responsable tant à l'égard des tiers que de son acquéreur" et que "la cour d'appel qui retient souverainement que les cerceaux présentaient, en raison du principe même de leur conception, un risque d'accident, a par ce seul motif légalement justifié sa décision".

584. En l'espèce, le risque d'accident, présenté par le cerceau, n'était pas en apparence directement lié à l'état de connaissances scientifiques et techniques, la chose défectueuse, objet du contrat (le cerceau), n'étant pas par elle-même en proie à l'évolution de l'état de la science. Pourtant, un tel risque ne pouvait être apprécié, en dernière analyse, que par référence à de telles données puisqu'en effet la causalité matérielle ou physique de l'accident ne pouvait être privée d'une explication scientifique. Sur ce point, le risque d'accident n'était ni inconnu, ni douteux. Si le fabricant ou le revendeur ignorait personnellement les risques du cerceau, il leur était possible d'en connaître objectivement les dangers, compte tenu de l'état de la science. *La "connaissabilité" objective du risque, c'est-à-dire la propension de la chose à causer le dommage ou encore le lien de causalité scientifique entre le fait générateur et le dommage, n'était pas incertaine. Or lorsque tel est le cas le risque s'apparente à un risque de prévention et non à une incertitude de précaution.* Autrement dit, si dans cette affaire le cerceau litigieux intervenait pour la première fois dans la réalisation d'un dommage, il se rattachait, en revanche, à un type de bien (les jouets pour enfants) dont la propension à causer des dommages, *dès lors qu'ils présentent un vice de conception ou un défaut de fabrication*, n'est pas douteuse[1522]. De ce

---

comm. n° 123 et chron. n° 16, H. GROUTEL ; *R.G.A.T.*, 1995, p.529, chron. Ph. PEMY ; *D.*, 1996, chron. p. 164, F. LEDUC.

[1522] Comme en témoignent les nombreux décrets relatifs à la prévention des risques résultant de l'usage des jouets : décrets pris en application de l'article 2 de la loi du 21 juillet 1983 (article L.221-3 du Code de la consommation). Ainsi, à l'annexe II du décret n° 89-662 du 12 septembre 1989 il est précisé que "les utilisateurs de jouets ainsi que les tiers doivent être protégés contre les risques pour la santé et les risques de blessures lorsque les jouets sont utilisés conformément à leur destination ou qu'il en est fait un usage prévisible, compte tenu du comportement habituel des

point de vue l'accident survenu pouvait être rapproché de ce qu'il est convenu d'appeler "les accidents de la vie courante"[1523] et était en ce sens prévisible.

585. Cette jurisprudence a été interprétée par la majorité de la doctrine dans le sens d'un détachement de la sécurité du contrat au motif qu' "une obligation qui est destinée à profiter aux tiers comme aux parties n'a plus grand-chose de contractuel"[1524]. Elle a été critiquée comme ayant à tort rejeté le jeu de la responsabilité délictuelle, naturellement encline à régir les dommages corporels[1525]. Cependant, elle a, depuis, été largement confirmée[1526], avant d'être pleinement consacrée par la loi du 19 mai 1998, relative à la responsabilité du fait des produits défectueux, insérée aux articles 1386-1 et suivants du Code civil. En effet, en vertu de l'article 1386-1 "le producteur est responsable du dommage causé par un défaut de son produit, qu'il soit ou non lié par un contrat avec la victime".

B – "DECONTRACTUALISATION" DE L'OBLIGATION DE SECURITE ET *PRECAUTION*

586. L'extension de l'obligation de sécurité à des tiers non-parties au contrat a été consacrée dans une hypothèse où le risque scientifique encouru n'était pas encore avéré au moment du fait générateur de responsabilité mais était seulement suspecté. En l'espèce, un homme avait été contaminé par le virus du Sida en 1983, soit pendant la période de précaution[1527], à l'occasion d'une transfusion sanguine. Après son décès sa fille avait engagé, devant les juridictions civiles, une action contre le centre de transfusion et son assureur

---

enfants. Il s'agit des risques : a) qui sont liés à la conception, construction et à la composition du jouet [...]".

[1523] Sur cette notion, cf. Y. LAMBERT-FAIVRE, op. cit., n° 213.

[1524] P. JOURDAIN, *D.*, 1995, jur. p. 353.

[1525] P. JOURDAIN, Ph. REMY et G.VINEY, notes préc. sous Civ. 1ère, 17 janvier 1995.

[1526] Civ. 1ère, 9 juillet 1996, *B.C.*, I, n° 304 ; *D.*, 1996, jur. p. 611, note Y. LAMBERT-FAIVRE ; *J.C.P.*, 1996, I, 3985, n° 18, chron. G. VINEY ; *Con. Conc. Cons.*, déc. 1996, p. 12, n° 200 ; *R.T.D.civ.*, 1997, p. 146, obs. P. JOURDAIN. Civ. 1ère, 28 avril 1998 (Cassation de l'arrêt de la cour d'appel ayant débouté le mari et les enfants d'une femme décédée des suites d'une contamination par le virus du Sida, de leur action en réparation de leur préjudice moral par ricochet contre le centre de transfusion sanguine, au motif, notamment, qu'ils ne rapportaient pas la preuve d'une faute commise par ce centre en relation de causalité avec leur préjudice. Sur le visa des articles 1147 et 1384, al. 1 du Code civil, interprétés à la lumière de la Directive CEE n°85/374 du 25 juillet 1985, la Cour de cassation a estimé, en effet, que "tout producteur est responsable des dommages causés par un défaut de son produit, tant à l'égard des victimes immédiates que des victimes par ricochet, sans qu'il y ait lieu de distinguer selon qu'elles ont la qualité de partie contractante ou de tiers") *J.C.P.*, 1998, II, 10088, rapport P. SARGOS ; *D. Aff.*, 2 juillet 1998, n° 123, p. 1122 ; *P.A.*, 13 janv. 1999, n° 9, p. 17, note E. FOUASSIER ; *Méd. et dr.*, 1999, n° 34, p. 29.

[1527] Sur la détermination des périodes de prévention et de précaution s'agissant du virus du Sida, cf. *supra*, n° 223.

aux fins de réparation du préjudice par ricochet, moral et économique, qu'elle subissait du fait de la mort de son père. La Cour d'appel de Rennes l'avait déboutée de son action au motif qu'elle ne pouvait invoquer l'obligation contractuelle de sécurité de résultat pesant sur le centre en l'absence de lien contractuel avec celui-ci et qu'elle ne rapportait pas la preuve d'une faute directe dudit centre. La Cour de cassation, dans un arrêt du 13 février 2001[1528], a cassé la décision des juges du fond pour violation des articles 1165 et 1382 du Code civil, estimant "qu'un centre de transfusion sanguine est tenu d'une obligation de sécurité de résultat en ce qui concerne les produits sanguins qu'il cède et que le manquement à cette obligation peut être invoqué aussi bien par la victime immédiate que par le tiers victime d'un dommage par ricochet".

587. Bien que cette décision s'inscrive dans le fil de la jurisprudence du "cerceau brisé", précédemment évoquée[1529], en ce qu'elle permet à des tiers victimes d'engager la responsabilité des fournisseurs de produits pour manquement à leur obligation de sécurité, elle s'en distingue néanmoins par son fondement. En effet, elle n'opte pas pour une "responsabilité extra-contractuelle"[1530] transcendant les deux ordres de responsabilité mais choisit la voie d'une assimilation des fautes contractuelle et délictuelle sous le primat de la responsabilité délictuelle[1531]. Elle se conforme ainsi à une jurisprudence antérieure selon laquelle "les tiers à un contrat sont fondés à invoquer tout manquement du débiteur contractuel lorsque ce manquement leur a causé un dommage sans avoir d'autre preuve à rapporter"[1532]. Une telle solution participe

[1528] Civ. 1ère, 13 février 2001, *R.T.D.civ.*, 2001, p. 367, obs. P. JOURDAIN ; *J.C.P.*, 2002, II, 10099, note C. LISANTI-KALCZYNSKI.
[1529] Civ. 1ère, 17 janvier 1995, préc.
[1530] P. JOURDAIN, note sous Civ. 1ère, 17 janvier 1995, *D.*, 1995, jur. p. 352.
[1531] En ce sens, P. JOURDAIN et C. LISANTI-KALCZYNSKI, notes préc.
[1532] Civ. 1ère, 18 juillet 2000, *J.C.P.*, 2000, II, 10415, rapport P. SARGOS ; *R.T.D.civ.*, 2001, p.146, obs. P. JOURDAIN. La Chambre commerciale de la Cour de cassation ayant ensuite décidé qu'un tiers ne pouvait se prévaloir de l'inexécution d'un contrat "qu'à la condition que cette inexécution constitue un manquement à son égard au devoir général de ne pas nuire à autrui" (Com. 5 avril 2005, *B.C.*, IV, n° 81), la question s'était posée de l'autonomie de la faute délictuelle. Mais l'Assemblée plénière de la Cour de cassation a confirmé la position de la première Chambre civile. Dans un arrêt du 6 octobre 2006 (*Resp. civ. et ass.*, nov. 2006, chron. n°17, L. BLOCH ; *R.T.D.civ.*, 2007, p. 123, obs. P. JOURDAIN ; *D.*, 2007, panorama p. 2900, obs. Ph. BRUN) elle a jugé que "le tiers à un contrat peut invoquer, sur le fondement de la responsabilité délictuelle, un manquement contractuel dès lors que ce manquement lui a causé un dommage", consacrant ainsi l'identité des fautes contractuelle et délictuelle. Cette solution a été confirmée depuis (Civ. 3ème, 4 juillet 2007, *Resp. civ. et ass.*, novembre 2007, comm. n°299). De son côté, l'*Avant-projet de réforme du droit des obligations* (préc. p. 164-165) prévoit que lorsque l'inexécution d'une obligation contractuelle est la cause directe d'un dommage subi par un tiers, celui-ci peut en demander réparation au débiteur sur le fondement des articles 1363 à 1366 de l'avant-projet, relatifs aux dispositions propres à la responsabilité contractuelle. Mais il peut également agir sur le fondement de la responsabilité extracontractuelle à condition qu'il rapporte la preuve d'un fait générateur de responsabilité (article 1342 de l'avant-projet). Pour F. SAVAUX

doublement d'une extension de la responsabilité délictuelle pour faute. D'une part, en effet, en ce qu'elle fait du manquement contractuel une faute délictuelle et d'autre part, en raison de l'élargissement du domaine de la faute elle-même auquel conduit l'admission d'une obligation de sécurité en présence d'un risque scientifique suspecté, expression de l'enrichissement du concept de faute sous l'impulsion de la notion de précaution. Il convient de souligner ici que le préjudice invoqué par la requérante (préjudice par ricochet, moral et économique, du fait de la mort de son père) ne s'est réalisé qu'après l'expiration de la période de précaution (soit en 1992, date du décès du père). Cependant, il ne peut être totalement détaché de l'obligation contractuelle de sécurité à la charge du centre de transfusion en présence d'un risque suspecté (la transfusion ayant eu lieu en 1983, soit à une époque où le risque de transmission du virus du Sida par la voie sanguine faisait encore l'objet d'une incertitude scientifique). Sur ce point les termes de l'arrêt de la Cour de cassation sont sans équivoque puisqu'il en résulte que c'est bien le "manquement à *cette* obligation" (l'obligation contractuelle de sécurité de résultat du centre de transfusion) qui est constitutif de la responsabilité civile.

588. Mais ce rattachement au contrat se limite à l'exigence d'une obligation préalable dont la violation est source de responsabilité. A cet égard, la décision s'inscrit dans le mouvement jurisprudentiel qui refuse de subordonner l'engagement de la responsabilité du fait d'une inexécution contractuelle à la constatation d'une faute délictuelle autonome, distincte du simple manquement au contrat[1533]. Elle doit être rapprochée de la jurisprudence qui juge que le fait de commercialiser une chose atteinte d'un vice est une faute susceptible d'engager la responsabilité délictuelle du fabricant à l'égard des tiers sur le fondement de l'article 1382 du Code civil[1534]. D'un point de vue théorique, cette dernière jurisprudence pourrait trouver un nouvel élan sous l'impulsion de la notion de précaution. En effet, dans les affaires déjà jugées la responsabilité délictuelle du fabricant avait été retenue dans des hypothèses où le risque encouru ne pouvait être apprécié, en dernière analyse, que par référence à des connaissances scientifiques et techniques avérées[1535]. Désormais les tiers

---

(art. préc., *R.D.C.*, janvier 2007, spéc. p. 53) il s'agit là d'une consécration de la solution retenue par la Chambre commerciale de la Cour de cassation (préc.) et d'une condamnation de la théorie de l'unité des fautes contractuelle et délictuelle.

[1533] Sur ce mouvement, cf. G. VINEY, *Introduction à la responsabilité*, op. cit., n° 213 et s.

[1534] Civ. 1ère, 21 mars 1962, *B.C.*, n° 174 ; Civ. 3ème, 18 avril 1972, *B.C.*, n° 233 ; Civ.1ère, 18 juillet 1972, *B.C.*, n° 189 ; Civ. 3ème, 5 décembre 1972, *D.*, 1973, jur. p. 401, note J. MAZEAUD ; Civ. 1ère, 27 juin 1978, *D.*, 1978, I.R. p. 409. Sur cette question, cf. G. VINEY, "L'indemnisation des atteintes à la sécurité des consommateurs en droit français", *in Sécurité des consommateurs et responsabilité du fait des produits défectueux*, op. cit., p. 80.

[1535] Qu'il s'agisse de l'explosion d'un fer à repasser électrique à projection de vapeur, la propension d'une telle machine à exploser, dès lors qu'elle comporte un vice de conception, étant scientifiquement établie (Civ. 1ère, 21 mars 1962, préc.) ; du dommage causé par des tuiles

victimes pourront engager la responsabilité des fabricants sur le fondement de l'article 1382 du Code civil alors même que les vices de fabrication ou de conception à l'origine du dommage ne sont que suspectés.

589. En pratique cependant, une telle jurisprudence devrait être amenée à disparaître en raison de l'introduction dans le droit français du régime de responsabilité du fait des produits défectueux, applicable quelle que soit la nature contractuelle ou délictuelle du lien unissant le producteur du produit à la victime[1536]. Il est vrai que l'article 1386-18 du Code civil laisse aux victimes la possibilité de se prévaloir du droit commun de la responsabilité contractuelle ou extracontractuelle. Mais la Cour de justice des Communautés européennes a condamné le principe d'une telle option, dès lors que le régime de responsabilité issu du droit commun repose sur le même fondement que celui mis en place par la directive du 25 juillet 1985 relative à la responsabilité du fait des produits défectueux[1537].

590. L'obligation de sécurité "décontractualisée" est donc de nature à favoriser l'expression des obligations de prévention et de précaution. Pour autant, la question de l'existence d'un fondement autonome légal de ces obligations demeure ouverte, la jurisprudence ayant déjà, à cet égard, eu recours à plusieurs textes différents.

§ 2 LES OBLIGATIONS DE SECURITE DE *PREVENTION* ET DE *PRECAUTION* A LA RECHERCHE D'UN FONDEMENT AUTONOME LEGAL

591. Ces dernières années certaines juridictions du fond ont eu recours à l'article L. 221-1 du Code de la consommation afin de fonder l'obligation de sécurité des fabricants de produits dont les risques scientifiques étaient avérés ou seulement suspectés (A). Mais la Cour de cassation a mis un

---

atteintes d'un vice de fabrication (Civ. 3ème, 18 avril 1972, préc.) ; de celui causé par le système de freinage défectueux d'un camion (Civ. 1ère, 18 juillet 1972, préc.) ou par des menuiseries extérieures atteintes d'un défaut d'étanchéité (Civ. 3ème, 5 décembre 1972, préc.) ou encore par un escalier mécanique défectueux (Civ. 1ère, 27 juin 1978, préc.).

1536 Article 1386-1 du Code civil.

1537 C.J.C.E., 25 avril 2002 (aff. C-154/00, *Comm. c/ Rép. hellénique* ; aff. C-52/00, *Comm. c/ Rép. fr.*), *J.C.P.*, 2002, I, 177, chron. G. VINEY ; *D.*, 2002, jur. p. 2462, note C. LARROUMET ; J. CALAIS-AULOY, "Menace européenne sur la jurisprudence française concernant l'obligation de sécurité du vendeur professionnel", *D.*, 2002, chron. p. 2458 ; *R.T.D.civ.*, 2002, p. 523, obs. P. JOURDAIN ; *P.A.*, 5 novembre 2002, n° 221, p. 11, note C. DABURON ; *D.*, 2003, somm. p.463, obs. D. MAZEAUD ; D. DEGROOTE et L. BENAICHE, "Responsabilité civile du fait d'un produit de santé défectueux : nouvelles perspectives au regard des arrêts du 25 avril 2002 de la Cour de justice des communautés européennes", *Méd. et dr.*, mai-juin 2003, n° 60, p. 73 ; P. OUDOT, "Le piège communautaire de la responsabilité du fait des produits défectueux", *Dr. et pat.*, janvier 2003, n° 111, p. 40.

frein à cette jurisprudence (B). Ainsi, s'agissant de médicaments mis en circulation avant l'entrée en vigueur de la loi du 19 mai 1998 sur la responsabilité du fait des produits défectueux, transposant la directive européenne n° 85-374 du 25 juillet 1985, elle a statué au regard du droit commun des articles 1147 et 1382 du Code civil (C). Concernant les médicaments mis en circulation avant l'entrée en vigueur de la loi du 19 mai 1998 mais après l'expiration du délai laissé aux Etats membres pour la transposition de ce texte[1538], elle s'est prononcée sur les fondements des articles 1147 et 1382 du Code civil interprétés à la lumière de cette directive (D).

A – LA PERCEE DE L'ARTICLE L. 221-1 DU CODE DE LA CONSOMMATION COMME FONDEMENT AUTONOME DES OBLIGATIONS DE SECURITE DE *PREVENTION* ET DE *PRECAUTION*

592. Plusieurs décisions de première instance ou de cours d'appel ont fait usage de l'article L. 221-1 du Code de la consommation pour fonder l'obligation de sécurité de *prévention* (1) ou de *précaution* (2) pesant sur les fabricants.

1) La percée de l'article L. 221-1 du Code de la consommation comme fondement autonome de l'obligation de *prévention*

593. L'article L. 221-1 du Code de la consommation dispose que "les produits et les services doivent, dans des conditions normales d'utilisation ou dans d'autres conditions raisonnablement prévisibles par le professionnel, présenter la sécurité à laquelle on peut légitimement s'attendre et ne pas porter atteinte à la santé des personnes". Cette disposition résulte de l'article 1er de la loi n° 83-660 du 21 juillet 1983 sur la sécurité des consommateurs, initialement instaurée dans un but de prévention des dommages, au sens classique[1539]. Depuis quelques années l'article L. 221-1 du Code de la consommation a été utilisé par la jurisprudence comme fondement de l'obligation de sécurité des fabricants et vendeurs professionnels.

594. Dans nombre d'affaires déjà jugées le risque dont le dommage constituait la réalisation était scientifiquement et techniquement avéré. Ainsi en est-il dans l'arrêt de la Chambre commerciale de la Cour de cassation, en date du 9 décembre 1997[1540], ayant décidé, à propos de l'explosion d'une pile vendue

---

[1538] Soit avant le 21 mai 1998, date d'entrée en vigueur de la loi du 19 mai 1998 et après le 31 juillet 1988, date d'expiration du délai de transposition (art. 17 de la directive).

[1539] C'est-à-dire de mesure ayant pour finalité d'éviter la survenance du dommage, et non pas, au sens utilisé ici, comme mesure d'évitement en présence d'un risque avéré de dommage, par opposition à la précaution.

[1540] Com. 9 décembre 1997, *Rev. Lamy*, fév. 1998, n° 2, p. 17.

par une société, que "le vendeur professionnel est tenu de livrer des produits exempts de tout vice ou de tout défaut de fabrication de nature à créer un danger pour les personnes et les biens ; qu'il en est responsable tant à l'égard des tiers que de son acquéreur" et ce, en application de l'article L. 221-1 du Code de la consommation.

595. Dans le même sens, le 7 janvier 1999, la Cour d'appel de Douai[1541] a retenu la responsabilité du fabricant ainsi que celle des vendeurs successifs d'un luminaire halogène, pour violation de l'article L. 221-1 du Code de la consommation. Les juges ont relevé expressément que "le luminaire ne comportait pas de dispositif [...] qui serve de système de protection de l'ampoule non seulement pour empêcher tout contact direct avec celle-ci mais également pour éviter au cas, qui est celui de l'espèce et qui constitue un risque connu d'explosion de l'ampoule, la projection d'éclats incandescents". Et l'annotateur de l'arrêt de souligner que "le risque étant *connu*, *le fabricant aurait dû prendre les précautions nécessaires*[1542]". Cette dernière expression s'inscrit dans l'usage, déjà souligné, de la notion traditionnelle de *précautions*, renvoyant à un risque avéré, et dont l'élargissement au risque suspecté, sous l'impulsion de la notion de *précaution*, sera de nature à favoriser le passage d'une précaution à l'autre.

596. Dans une autre espèce, jugée par la Cour d'appel de Paris le 8 décembre 2000[1543], les magistrats ont confirmé la décision des premiers juges qui avaient déclaré responsable un laboratoire pharmaceutique ayant mis sur le marché un produit dangereux en cas d'inhalation ou d'ingestion. La société distributrice a été condamnée, sur le fondement de l'article L. 221-1 du Code de la consommation, au motif que "*le nombre et la similitude des accidents survenus*[1544] autorisent à considérer que le risque encouru était si prévisible par le fabricant que celui-ci a modifié la présentation du produit [...]". Cette dernière motivation confirme le rôle joué par la notion de probabilité objective, qui mesure la possibilité de réalisation d'un événement à partir de la prise en compte des fréquences observées de cet événement, comme critère de définition de la prévention[1545].

597. Enfin, dans une dernière décision, en date du 14 juin 2001, la Cour d'appel de Lyon[1546] a retenu la responsabilité d'un fabricant de sèche-

---

1541 Douai, 7 janvier 1999, *Con. Conc. Cons.*, avril 2000, comm. n° 73, p. 29.
1542 C'est nous qui soulignons.
1543 Paris, 8 décembre 2000, *Resp. civ. et ass.*, juin 2001, comm. n° 192, p. 18.
1544 C'est nous qui soulignons.
1545 Sur cette question, cf. Chp. préliminaire, *supra*, n° 62 et s.
1546 Lyon, 14 juin 2001, *Resp. civ. et ass.*, novembre 2001, comm. n° 325, p. 16, note L. GRYNBAUM.

cheveux, ayant provoqué un incendie. Elle a jugé qu' "en application de l'article 1147 du Code civil le fabricant est tenu de livrer un produit exempt de tout défaut de nature à causer un danger" et que "cette obligation est renforcée par l'article L. 221-1 du Code de la consommation". En l'espèce, si l'expert avait relevé qu'il était "quasi-certain" que l'incendie était dû à un vice de fabrication, il se refusait à "donner une indication précise sur les vices potentiels de fabrication de l'appareil en cause, son état empêchant toute vérification". La cour avait donc estimé que la preuve d'un vice caché n'était pas rapportée tout en jugeant que le sèche-cheveux "était à l'origine de l'incendie". Autrement dit, bien que la causalité matérielle de l'accident demeurait incertaine *en l'espèce*, les juges ont néanmoins décidé que la causalité juridique du dommage était établie. Mais surtout, l'hypothèse considérée s'apparente à un cas de responsabilité pour *défaut de prévention* dans la mesure où la propension de l'appareil en cause à provoquer un incendie était établie, compte tenu des connaissances scientifiques et techniques du moment.

2) La percée de l'article L. 221-1 du Code de la consommation comme fondement autonome de l'obligation de *précaution*

598. La jurisprudence a eu recours à l'article L. 221-1 du Code de la consommation pour fonder l'obligation de sécurité de plusieurs fabricants de médicaments dans des hypothèses où le risque encouru lors du fait générateur de responsabilité était seulement suspecté. Cela a été le cas pour l'Isoméride (a), le Distilbène (b) ou encore le vaccin contre l'hépatite B (c).

a) L'article L. 221-1 du Code de la consommation et l'affaire de l'Isoméride

599. Le 22 décembre 2000, le Tribunal de grande instance de Nanterre a statué dans une affaire concernant une patiente à qui avait été prescrit de l'Isoméride, traitement contre l'obésité, et qui avait ensuite présenté une hypertension artérielle pulmonaire primitive[1547]. Les juges ont retenu la responsabilité du fabricant du médicament, sur le fondement de l'article L 221-1 du Code de la Consommation. Ils ont estimé qu' "eu égard à la portée générale de ce texte, il peut s'en déduire l'existence, à la charge du fabricant de l'Isoméride pris comme «professionnel», d'une obligation de résultat destinée à garantir la sécurité de tout utilisateur du produit et cette obligation, appréciée à la lumière de la directive CEE n°85/74 du 25 juillet 1985, a pour conséquence que le fabricant peut être responsable des dommages causés par le défaut de sécurité de son produit, à l'égard de toute victime". En l'espèce, l'absence de certitude du risque, compte tenu des connaissances scientifiques en la matière,

---

[1547] T.G.I. Nanterre, 22 décembre 2000, *G.P.*, 15-16 fév. 2002, somm. jur. p. 60, note H. VRAY.

confère à la responsabilité ainsi retenue le caractère d'une responsabilité pour *défaut de précaution*[1548].

b) L'article L. 221-1 du Code de la consommation et l'affaire du Distilbène

600. Dans un jugement, en date du 24 mai 2002, le Tribunal de grande instance de Nanterre[1549] a condamné, pour la première fois en France, un fabricant de Distilbène à indemniser une jeune femme exposée *in utero* à cette hormone en 1968, soit pendant la période de précaution[1550], et qui s'est révélée porteuse d'une tumeur cancéreuse en 1992. Le fabricant a été déclaré responsable alors même qu'à la date d'utilisation du produit le danger de celui-ci n'était pas définitivement établi mais était déjà largement suspecté. Néanmoins, le tribunal a considéré que "le fait générateur de cette responsabilité est ici la manifestation du fait préjudiciable pour la demanderesse, à savoir l'apparition de l'ACC [la tumeur] en 1992, à défaut duquel aucune mise en cause du laboratoire Y n'aurait été recevable". Par cette formule les magistrats assimilent le fait générateur au dommage et tendent à induire le premier du second. La responsabilité est présumée à partir de la constatation du dommage, conformément à la maxime latine *res ipsa logitur* (la chose parle d'elle-même). En vertu de cet adage, le demandeur, sur qui pèse normalement l'obligation d'établir les fondements juridiques de sa prétention, est dispensé de toute preuve lorsque les circonstances de l'espèce rendent son allégation évidente[1551]. Le mécanisme utilisé ici rappelle la théorie de la faute virtuelle initiée par Josserand[1552] ou encore la théorie de la "faute incluse"[1553], selon lesquelles la

---

[1548] Dès 1985 de nombreux médecins, experts et scientifiques avaient soupçonné l'Isoméride d'entraîner des complications pulmonaires. Mais ce n'est qu'en 1995 que l'Agence du médicament a fait état d'un lien entre l'Isoméride et les premiers cas d'hypertension artérielle pulmonaire. En juillet 1997 elle a relevé des anomalies des valves cardiaques à la suite de la prise du médicament. Autrement dit, en 1994, date de la survenance du dommage chez la patiente, le risque n'était encore que suspecté.

[1549] *R.T.D.civ.* 2002, p. 527, obs. P. JOURDAIN ; L. NEYRET, "La reconnaissance du préjudice d'exposition au distilbène", *R.D.S.S.*, 2002, p. 502 ; *Le Monde*, 24 mai 2002.

[1550] Sur la détermination de cette période, cf. *supra*, n° 243.

[1551] H. ROLAND et L. BOYER, op. cit., n° 395.

[1552] L. JOSSERAND, *Cours de droit civil positif français. Théorie générale des obligations*, tome II, Paris, Sirey, 1939 (3ème éd.), n° 472.

[1553] Cette notion a notamment été utilisée par un arrêt de la Cour d'appel de Rennes du 3 avril 1996 qui avait retenu la responsabilité d'un chirurgien au motif que "l'accident thérapeutique ayant résulté du traitement révélait une faute incluse dès lors qu'il y a eu anormalité du dommage et qu'un acte de soins courants a provoqué des troubles d'une gravité exceptionnelle". Mais la Cour de cassation a cassé la décision (Civ. 1ère, 27 mai 1998, *B.C.*, I, n° 185 ; *D.*, 1999, jur. p. 21, note S. PORCHY) estimant "qu'en statuant ainsi par référence à la notion erronée de «faute incluse» et alors que l'existence d'une faute ne peut se déduire de la seule anormalité d'un dommage et de sa gravité, la cour d'appel, qui devait rechercher si la blessure causée à l'œil ne procédait pas d'une faute caractérisée du praticien, a violé le texte susvisé [art. 1147 CC]". Cf.

faute résulte du seul dommage. L'examen des circonstances de fait permet de déterminer l'existence d'un fait fautif. *A contrario*, cela signifie que si le dommage ne s'était pas manifesté, la responsabilité du fabricant n'aurait pu être engagée sur le seul fondement de sa faute.

601. Une telle solution tend à rappeler la nécessité de l'existence d'un dommage pour que la responsabilité civile soit engagée. Mais elle ne fait pas obstacle à une analyse en terme de *défaut de précaution*. En effet, l'induction du fait générateur à partir du dommage intervient afin de faciliter la preuve de la *causalité juridique*, que rend difficile le décalage dans le temps entre le dommage causé par le Distilbène et sa manifestation. Le dommage est "la cause" juridique de la responsabilité[1554]. En revanche, la *causalité scientifique* du dommage demeure l'exposition *in utero* de la victime au Distilbène en 1968, c'est-à-dire pendant la période de précaution. La suite du jugement énonce que "le laboratoire doit répondre d'une responsabilité sans faute à raison de la défectuosité de son produit, le Distilbène, révélée par l'atteinte ainsi constatée [...]". Cette motivation paraît quelque peu contradictoire avec l'affirmation précédemment évoquée selon laquelle "le fait générateur de cette responsabilité est ici la manifestation du fait préjudiciable pour la demanderesse [...]". En effet, si la responsabilité a pour origine la défectuosité du produit et si cette dernière est *révélée* par le dommage, cela signifie bien que le fait générateur de responsabilité, à savoir le défaut, était antérieur au dommage et était intervenu, en l'occurrence, pendant la période de précaution. Dès lors, la première formule des juges tendant à assimiler le fait générateur au dommage s'apparente plus à une formule de style, destinée à produire un certain résultat, en l'espèce faire du dommage le fait générateur[1555], qu'à une description de la réalité du déroulement des faits et de la responsabilité juridique en découlant.

602. Mais l'originalité de la décision du Tribunal de grande instance de Nanterre réside surtout dans le recours à l'article L. 221-1 du Code de la

---

également F. HEAS, "La maxime *res ipsa logitur* : à propos d'une application censurée en matière de responsabilité médicale", *P.A.*, 2 juillet 1999, n° 131, p. 8.

[1554] La maxime *res ipsa logitur*, à laquelle s'apparente le raisonnement du Tribunal de grande instance de Nanterre, fonctionne comme une présomption. Cf. F. HEAS, art. préc.

[1555] En ce sens la formule "le fait générateur *est* le dommage" présente un caractère performatif. Ces types d'énoncés sont des phrases "qui ne sont pas une description de ce que je fais, elles ne peuvent donc être vraies ou fausses, bien qu'elles soient exprimées à l'indicatif présent. Ce sont des cas où dire quelque chose, c'est faire quelque chose (ou, en d'autres termes, en disant quelque chose, on fait quelque chose). On peut dire également que produire l'énoncé c'est performer une action". De ce fait, "l'attribution de la responsabilité d'une conséquence est une affirmation performative. Elle crée le fait social de reconnaissance qu'une cause donnée [...] est responsable de cette conséquence", C. GRZEGORCZYK, "Le rôle du performatif dans le langage du droit", *A.P.D.*, 1974, tome 19, p. 229. La théorie des performatifs trouve notamment son origine dans l'ouvrage de J. L. AUSTIN *How To Do Things With Words* [1962], trad. fr. de G. LANE, Paris, Seuil, 1970.

consommation, afin de fonder la responsabilité du fabricant. Ici encore, l'obligation générale de sécurité se trouve enrichie par son application à un risque suspecté, sous l'égide d'une conception uniforme de la responsabilité, affranchie de la distinction des ordres contractuel et délictuel.

c) L'article L. 221-1 du Code de la consommation et l'affaire du vaccin contre l'hépatite B

603. Dans deux jugements rendus le 5 juin 1998, le Tribunal de grande instance de Nanterre[1556] a condamné les fabricants de vaccins contre l'hépatite B, à la suite de l'action en responsabilité civile de victimes atteintes d'une grave maladie peu de temps après l'injection. Les juges ont estimé, dans les deux affaires, que le fabricant du vaccin "est susceptible de voir sa responsabilité recherchée du chef des conséquences nuisibles pour celui ou celle qui le reçoit", sur le fondement de l'article L. 221-1 du Code de la consommation. Le tribunal a souligné, en effet, "qu'eu égard à la portée générale" de ce texte, "il peut s'en déduire l'existence, à la charge du fabricant de vaccins, pris comme «professionnel», d'une obligation de résultat destinée à garantir la sécurité à laquelle tout utilisateur de produit peut légitimement s'attendre". Pour les juges, "cette obligation, appréciée à la lumière de la directive CEE n° 85/374 du 25 juillet 1985[1557], a pour conséquence que le fabricant peut être responsable des dommages causés par le défaut de sécurité de son produit à l'égard de toute victime, sans qu'il y ait lieu de distinguer selon que celle-ci se situe avec lui dans un rapport contractuel au sens des articles 1147 et 1135 du Code civil ou dans un cadre quasi délictuel au sens de l'article 1384 alinéa 1 du même code".

604. Cependant, le recours de ces différentes juridictions du fond à l'article L. 221-1 du Code de la consommation pour justifier les obligations de

---

[1556] T.G.I. Nanterre, 5 juin 1998, *Mme Jeanpert*, *in La responsabilité du fait des produits pharmaceutiques et la protection des victimes*, op. cit., Annexe 12, p. 105 (victime atteinte d'une sclérose en plaques après trois injections du vaccin). T.G.I. Nanterre, 5 juin 1998, *Janiak c/ Touzet et autres*, *D.*, 1999, somm. p. 246, note J. REVEL et somm. p. 336, chron. J.-C. GALLOUX ; *G.P.*, 17-19 oct. 1999, somm. p. 47, note N. BESLAY (victime atteinte d'une maladie osseuse après l'injection du vaccin).

[1557] La loi n° 98-389 du 19 mai 1998, qui transpose dans le droit français la directive CEE n°85/374 du 25 juillet 1985, ne pouvait être invoquée en l'espèce puisque ses dispositions ne s'appliquent qu'aux produits dont la mise en circulation est postérieure à la date d'entrée en vigueur de la loi c'est-à-dire au 21 mai 1998 (art. 21 de la loi). Or le vaccin contre l'hépatite B avait été mis en circulation avant cette date. La question de savoir si ce vaccin devait être considéré comme un produit issu du corps humain et à ce titre être exclu de l'exonération pour risque de développement, en vertu de l'article 1386-12 du Code civil, était donc sans incidence en l'espèce. Sur cette question, cf. J.-C. GALLOUX, note préc.

prévention et de précaution a été progressivement refoulé tant en appel que devant la Cour de cassation.

B – Le refoulement de l'article L. 221-1 du Code de la consommation comme fondement des obligations de securite de *prevention* et de *precaution*

605. Plusieurs juridictions du fond ont expressément rejeté l'application de l'article L. 221-1 du Code de la consommation aux produits de santé. Ainsi, dans l'affaire du vaccin contre l'hépatite B, le Tribunal de grande instance de Lyon, dans un jugement du 13 octobre 2003[1558], puis la Cour d'appel de Versailles, dans une décision du 25 novembre 2005[1559], ont écarté l'application de cette disposition aux médicaments au motif que ces derniers relèvent d'une réglementation spécifique édictée par le Code de la santé publique[1560]. Compte tenu de l'absence de certitude affectant le lien de causalité scientifique entre le vaccin contre l'hépatite B et les pathologies neurologiques (en particulier la sclérose en plaques) développées par les personnes vaccinées[1561], ces décisions témoignent de l'exclusion de l'article L. 221-1 du Code de la consommation comme fondement possible des cas d'absence de responsabilité civile pour *défaut de précaution*.

606. Dans l'affaire du Distilbène, les arrêts de la Cour d'appel de Versailles du 30 avril 2004[1562], intervenus sur l'appel du fabricant, ont confirmé la responsabilité de ce dernier. Cependant, ils ont expressément censuré la référence à l'article L. 221-1 du Code de la consommation au profit de la responsabilité délictuelle des articles 1382 et suivants du Code civil. Les juges ont, en effet, estimé qu' "il convient de rechercher la responsabilité du laboratoire, non pas sur un fondement contractuel, mais sur un fondement délictuel [...] il y a donc lieu d'écarter toute référence aux articles 1147 du Code civil et L. 221-1 du Code de la consommation pour ne retenir que l'application

---

1558 T.G.I. de Lyon, 13 octobre 2003, *M. c/Aventis Pasteur et F. c/ Aventis Pasteur*, cité par L. PITET, art. préc., p. 872.

1559 Versailles, 25 novembre 2005, *P.A.*, 19 mai 2006, n° 100, p. 6, note C. HENIN et A.-C. MAILLOLS.

1560 En vertu de l'article L. 221-8 du Code de la consommation "les mesures prévues au présent titre ne peuvent être prises pour les produits et services soumis à des dispositions législatives particulières ou à des règlements communautaires ayant pour objet la protection de la santé ou de la sécurité des consommateurs [...]".

1561 Sur l'évolution des connaissances scientifiques en la matière, cf. *supra*, n° 244.

1562 Versailles 30 avril 2004, *S.A.UCB Pharma c/ I. CRIOU*, R.G. n° 02/05924, *Rev. Lamy dr. civ.*, juin 2004, p. 15 chron. J.-A. ROBERT et A. REGNIAULT ; *Resp. civ. et ass.*, oct. 2004, chron. 22, p. 11, C. RADE. Versailles 30 avril 2004, *S.A.UCB Pharma c/ N. BOBET*, R.G. n°02/05925, *D.*, 2004, I.R. p. 1502 et jur. p. 2071, note A. GOSSEMENT ; *Rev. Lamy dr. civ.*, chron. préc. ; *Resp. civ. et ass.*, chron. préc. ; *P.A.*, 22 juin 2005, n° 123, p. 22, note P. L. NIEL.

des dispositions des articles 1165, 1382 et 1383 du Code civil en vertu desquels les tiers à un contrat sont fondés à invoquer tout manquement du débiteur contractuel lorsque ce manquement leur a causé un dommage, sans avoir à rapporter d'autre preuve". Rappelons que dans la première espèce la victime avait été exposée au Distilbène pendant la période de prévention[1563], tandis que dans la seconde, l'exposition au médicament avait eu lieu pendant la période de précaution[1564]. Par conséquent, en refusant, dans chacune de ces deux affaires, de fonder la responsabilité du fabricant sur l'article L. 221-1 du Code de la consommation, la Cour d'appel de Versailles écarte ici cette disposition comme fondement possible de l'obligation de *prévention* ou de l'obligation de *précaution*.

607. Le refoulement de l'article L. 221-1 du Code de la consommation a été implicitement confirmé par la Cour de cassation. Ainsi, dans deux arrêts du 7 mars 2006, les hauts magistrats ont rejeté les pourvois formés par le fabricant de Distilbène sur le seul fondement d'un manquement à son obligation de vigilance[1565]. De même, dans l'affaire de l'Isoméride, précédemment évoquée, la Cour de Cassation, dans une décision du 24 janvier 2006[1566], a confirmé la responsabilité du laboratoire fabricant le médicament sans référence aucune à l'article L. 221-1 du Code de la consommation sur lequel s'étaient fondés les juges de première instance[1567].

608. La percée jurisprudentielle de l'article L. 221-1 du Code de la consommation, comme fondement juridique des obligations de prévention et de précaution n'aura donc été que de courte durée. La jurisprudence se réfère aujourd'hui aux dispositions des articles 1386-1 et suivants du Code civil relatifs à la responsabilité du fait des produits défectueux, issus de la transposition de la directive CEE n° 85-374 du 25 juillet 1985. A défaut, lorsque les produits ont

---

[1563] Versailles 30 avril 2004, *S.A.UCB Pharma c/ I. CRIOU* (exposition au Distilbène en 1973), préc.

[1564] Versailles 30 avril 2004, *S.A.UCB Pharma c/ N. BOBET* (exposition au Distilbène en 1968), préc. Sur la détermination des périodes de prévention et de précaution, cf. *supra*, n° 243.

[1565] Civ. 1ère, 7 mars 2006, *S.A.UCB Pharma c/ I. CRIOU*, *B.C.*, I, n° 142 ; *D.*, 2006, I.R. p. 812, note L. GALLMEISTER. Civ. 1ère, 7 mars 2006, *S.A.UCB Pharma c/ N. BOBET*, *B.C.*, I, n° 143. Sur les deux espèces, cf. *Resp. civ. et ass.*, mai 2006, comm. n°164, note C. RADE ; *R.T.D.civ.*, 2006, p. 565, obs. P. JOURDAIN ; *R.D.C.*, 2006, p.844, obs. J.-S. BORGHETTI ; *Rev. Lamy dr. civ.*, mai 2006, p. 24, obs. C. KLEITZ ; *Rev. gén. dr. méd.*, 2006, n° 19, p. 338 ; *Méd. et dr.*, 2007, p. 123, chron. C. CORGAS-BERNARD ; O. GOUT, "Les avancées discrètes du principe de précaution", art. préc., p. 7 ; G. VINEY, "Principe de précaution et responsabilité civile des personnes privées", art. préc., p. 1544.

[1566] Civ. 1ère, 24 janv. 2006, *Resp. civ. et ass.*, mars 2006, comm. n° 90, note C. RADE ; *D.*, 2006, panor. p. 1931, P. JOURDAIN ; *J.C.P.*, II, 10082, L. GRYNBAUM ; *R.D.S.S.*, 2006, p. 495, note J. PEIGNE ; *Rev. Lamy dr. civ.*, mai 2006, p. 13, J.-A. ROBERT et A. REGNIAULT ; *R.D.C.*, 2006, p. 841, note J.-S. BORGHETTI ; *Méd. et dr.*, 2007, p. 12, chron. C. CORGAS-BERNARD.

[1567] T.G.I. Nanterre, 22 décembre 2000, préc.

été mis en circulation avant l'entrée en vigueur de ces textes, soit avant le 21 mai 1998, et après la date limite fixée pour la transposition de la directive européenne, soit le 31 juillet 1988, les juges se fondent sur l'article 1147 du Code civil, interprété à la lumière de cette directive[1568].

C – Les articles 1147 et 1382 du Code civil comme fondements des obligations de *prevention* et de *precaution*

609. S'agissant de médicaments mis en circulation avant l'adoption de la directive européenne du 25 juillet 1985 sur la responsabilité du fait des produits défectueux, la Cour de cassation a appliqué le droit commun de la responsabilité civile en se fondant sur la combinaison des articles 1147 et 1382 du Code civil, se plaçant ainsi au-dessus de la distinction traditionnelle des responsabilités contractuelle et délictuelle. Cette solution a été adoptée dans des hypothèses de risque scientifique avéré ou de risque suspecté.

610. Ainsi, en est-il de l'arrêt de la Cour de cassation du 24 janvier 2006[1569], rendu dans l'affaire de l'hormone de croissance où était en cause un risque relevant de la précaution. Au terme d'une longue procédure judiciaire, les ayants droit des victimes ayant contracté la maladie de Creutzfeldt-Jakob, par l'intermédiaire de l'hormone de croissance, qui avaient agi devant les juridictions civiles[1570] ont définitivement obtenu gain de cause. En première instance les juges avaient condamné l'Institut Pasteur et la Fondation France Hypophyse, pour manquement à leur obligation de sécurité de résultat, sur le fondement de l'article 1147 du Code civil, interprété à la lumière de la directive

---

[1568] Sur la responsabilité du fait des produits défectueux, cf. J.-S. BORGHETTI, *La responsabilité du fait des produits défectueux. Etude de droit comparé*, Paris, L.G.D.J. (coll. "Bibliothèque de droit privé"), tome 428, 2004.

[1569] Civ. 1ère, 24 janvier 2006, *D.*, 2006, I.R. p. 470 et panor. jur. p. 1929, P. JOURDAIN ; *Resp. civ. et ass.*, mars 2006, comm. n° 89, note C. RADE ; *R.T.D.civ.*, 2006, p. 323, obs. P. JOURDAIN ; *R.D.S.S.*, 2006, p. 495, note J. PEIGNE ; *J.C.P.*, 2006, II, 10082, note L. GRYNBAUM ; *Rev. Lamy dr. civ.*, mai 2006, p. 13, J.-A. ROBERT et A. REGNIAULT ; *R.D.C.*, 2006, p. 841, note J.-S. BORGHETTI ; *Méd. et dr.*, 2007, p. 12, chron. C. CORGAS-BERNARD.

[1570] La plupart des victimes ont préféré porter plainte avec constitution de partie civile devant les juridictions pénales. Une information judiciaire a été ouverte du chef de blessures involontaires puis, sur réquisitions supplétives, du chef d'homicide involontaire et enfin de tromperie et complicité de ces infractions, à l'encontre des dirigeants de l'association France Hypophyse, de l'Institut Pasteur et de la Pharmacie centrale des hôpitaux de l'Assistance publique. Les prévenus ont invoqué la prescription de l'action publique, le délit de tromperie ayant été commis il y a plus de trois ans. Mais la Chambre criminelle de la Cour de cassation a rejeté cet argument, approuvant la chambre de l'instruction d'avoir retenu comme point de départ de la prescription le jour de l'apparition du délit, qualifié de clandestin, soit en l'espèce la date à laquelle le résultat des investigations médicales concernant la victime avait été communiqué à ses parents (Crim. 7 juillet 2005, *D.*, 2005, jur. p. 2998, note A. DONNIER ; *Resp. civ. et ass.*, septembre 2005, comm. n°132, note J.-H. ROBERT).

communautaire du 25 juillet 1985[1571]. De son côté, la Cour d'appel de Montpellier avait certes confirmé la condamnation mais elle s'était fondée sur l'article 1147 du Code civil et la loi du 21 juillet 1983 relative à la sécurité des consommateurs[1572]. Statuant sur le pourvoi formé par l'Institut Pasteur, la Cour de cassation, dans sa décision du 24 janvier 2006[1573], a écarté l'application de la directive européenne, les produits litigieux ayant été mis en circulation en février 1985, c'est-à-dire avant l'adoption du texte européen. Elle a approuvé la cour d'appel d'avoir retenu que "tout producteur était responsable des dommages causés par son produit, tant à l'égard des victimes immédiates que des victimes par ricochet, sans qu'il y ait lieu de distinguer selon qu'elles avaient la qualité de parties contractantes ou de tiers au contrat". Rappelons qu'en l'espèce, l'enfant avait été traité par l'hormone de croissance entre le 1er janvier et le 30 juin 1985, autrement dit, pendant la période de précaution[1574], et avait développé une maladie de Creutzfeldt-Jakob quatorze ans plus tard, avant de décéder le 12 juin 2001. Par conséquent, la solution de la Cour de cassation peut être analysée comme un cas de responsabilité pour *défaut de précaution*. Bien que cette responsabilité n'ait pu être fondée sur la directive communautaire n° 85-374 du 25 juillet 1985, elle s'en inspire fortement dans la mesure où, à l'instar du texte européen, elle présente un caractère autonome, détaché du clivage classique des responsabilités contractuelle et délictuelle.

[1571] T.G.I. Montpellier, 9 juillet 2002, *J.C.P.*, 2002, II, 10158, note F. VIALLA ; *R.T.D.civ.*, 2002, p. 818, obs. P. JOURDAIN ; *J.C.P.* éd. E, 2003, supplément au n° 2, p. 38, note A.-C. MAILLOLS. Devant les juges de première instance l'Institut Pasteur avait invoqué en vain l'exonération pour risque de développement prévue à l'article 7 de la directive européenne du 25 juillet 1985. En l'espèce, la notion de risque de développement n'était pas seulement dépourvue d'effet exonératoire mais se révélait en fait inexacte, une telle qualification supposant, en effet, que le risque en cause n'ait pas été suspecté mais ait été véritablement *ignoré* à la date des faits (Sur la notion de risque de développement, cf. Chp. préliminaire, *supra*, n° 88 et s. et *supra*, n°262 et s.) Or, dans cette affaire, le fait générateur de responsabilité, c'est-à-dire la prescription du traitement d'hormone de croissance, était intervenu entre le 1er janvier et le 30 juin 1985, autrement dit à un moment où le risque de transmission de la maladie de Creutzfeldt-Jakob, par l'intermédiaire de l'hormone de croissance, était déjà suspecté. Les termes du jugement favorisent d'ailleurs une telle interprétation, les juges ayant évoqué *l'insuffisance* des connaissances scientifiques à l'époque des faits et non point leur absence, seule susceptible de caractériser un risque de développement.

[1572] Montpellier, 23 septembre 2003, 1ère ch. B., R.G. n° 02/03600, *Institut Pasteur c/ Fachin*, (arrêt p. 84). A l'instar du jugement de première instance, la cour d'appel a rejeté l'argumentation de l'Institut Pasteur sur le fondement du risque de développement Après avoir rappelé, dans une longue motivation, la chronologie de l'évolution des connaissances scientifiques, la cour a précisé que "l'ensemble de ces éléments interdit à l'Institut Pasteur de prétendre à une exonération pour risque de développement, alors qu'il connaissait les risques de contamination dès le rapport du Professeur Montagnier, et qu'averti de la réalité d'une contamination il n'a pas interrompu les traitements en cours" (arrêt p. 91).

[1573] Civ. 1ère, 24 janvier 2006, préc.

[1574] Sur la détermination de cette période, cf. *supra*, n° 256.

D – LE ROLE DES ARTICLES 1147 ET 1382 DU CODE CIVIL INTERPRETES A LA LUMIERE DE LA DIRECTIVE CEE N° 85-374 DU 25 JUILLET 1985 COMME FONDEMENTS POSSIBLES DES OBLIGATIONS DE *PREVENTION* ET DE *PRECAUTION*

611. Dans l'affaire du vaccin contre l'hépatite B, dont la mise en circulation était antérieure à la transposition en droit interne de la directive CEE du 25 juillet 1985 sur la responsabilité du fait des produits défectueux mais postérieure au délai laissé aux Etats membres pour transposer cette directive[1575], tant la Cour d'appel de Versailles que la Cour de cassation, et bien qu'elles aient statué en sens contraire, se sont référées à la directive européenne.

612. Par deux arrêts en date du 2 mai 2001, la Cour d'appel de Versailles a confirmé la condamnation de la société Smithkline Beecham, fabricant de vaccins contre l'hépatite B[1576]. La cour a rappelé que "le juge national saisi d'un litige entrant dans le domaine d'application d'une directive communautaire, est tenu de l'appliquer même si elle n'a pas été transposée en droit interne"[1577]. Puis, après avoir précisé la définition du produit défectueux issue de la directive européenne du 25 juillet 1985, les juges ont souligné que "le fabricant d'un produit, y compris d'un produit de santé, est tenu de livrer un produit exempt de tout défaut de nature à causer un danger pour les personnes ou les biens, c'est-à-dire un produit qui offre la sécurité à laquelle on peut légitimement s'attendre". Les arrêts se sont ainsi fondés sur la combinaison, prônée par certains auteurs[1578], de la directive de 1985 avec la jurisprudence

---

[1575] Le vaccin Engerix B, fabriqué par la société Smithkline Beecham (devenue la société Glaxo-Smithkline) et le vaccin Genhevac B, fabriqué par la société Aventis Pasteur MSD ont été mis en circulation respectivement en septembre 1988 et en 1989, soit avant le 21 mai 1998, date d'entrée en vigueur de la loi du 19 mai 1998 transposant la directive communautaire en droit français, mais après le 31 juillet 1988, date d'expiration du délai laissé aux Etats destinataires pour la transposition du texte européen (art. 17 de la directive).

[1576] Versailles 2 mai 2001, *SA Smithkline Beecham c/ Mme Jeanpert*, arrêt n° 284, Lexbase : A3586ATY. Versailles 2 mai 2001, *SA Smithkline Beecham c/ Mme Leroy* (vaccination les 8 nov. 1995 et 21 déc. 1995, diagnostic de la sclérose en plaques en mars 1996), arrêt n° 283, Lexbase : A3585ATX ; *D.*, 2001, I.R. p. 1592 ; *R.T.D.civ.*, 2001, p. 891, n° 4, obs. P. JOURDAIN.

[1577] En vertu de la jurisprudence communautaire, le juge national est tenu "d'interpréter le droit français à la lumière du texte et de la finalité" des directives non encore transposées (CJCE, 10 avril 1984, *S. von Colson et E. Kamann c/ Land Nordrhein-Westfalen*, *Rec. CJCE*, 1984, p. 189 ; CJCE, 13 nov. 1990, *Marleasing*, aff. 106/89, *J.C.P.*, 1990, II, 21658, note P. LEVEL ; CJCE, 14 août 1994, *J.C.P.*, 1995, II, 22358). Sur cette interprétation, cf. D. MAINGUY, "Les directives non transposées. Libres propos sur une étrange lumière", *in Mélanges Christian MOULY*, Paris, Litec, 1998, p.89.

[1578] J. REVEL, "La coexistence du droit commun et de la loi relative à la responsabilité du fait des produits défectueux", *R.T.D.com.*, 1999, p. 317 (spéc. p. 320).

antérieure de la Cour de cassation, relative à l'obligation de sécurité des fabricants et vendeurs professionnels[1579].

613. Pour la cour d'appel, "le dommage causé à [la victime] établit une absence de sécurité du vaccin à laquelle son utilisateur pouvait légitimement s'attendre et démontre la défectuosité du produit". A l'instar du jugement du Tribunal de grande instance de Nanterre du 24 mai 2002, relatif au Distilbène, précédemment évoqué[1580], le défaut de sécurité est présumé à partir du dommage. Pourtant, selon la directive du 25 juillet 1985 à laquelle se réfère l'arrêt, "la victime doit prouver le dommage, le défaut et le lien de causalité entre le défaut et le dommage"[1581], ce qui atteste bien l'indépendance de ces trois conditions. En outre, il résulte de la même directive, qu'un produit est défectueux "lorsqu'il n'offre pas la sécurité à laquelle on peut légitimement s'attendre, compte tenu de toutes les circonstances, et notamment a) de la présentation du produit ; b) de l'usage du produit qui peut être raisonnablement attendu ; c) du moment de la mise en circulation du produit"[1582]. Un produit ne saurait donc être défectueux du seul fait que le dommage s'est réalisé[1583]. Pourtant c'est bien ce qu'a estimé la cour d'appel dans ces deux décisions. Tout débat sur la consistance du "défaut de sécurité à laquelle on peut légitimement s'attendre" a été esquissé. Pour les juges, le dommage *est* le défaut et ce, malgré la formule de la cour selon laquelle "le dommage [...] *démontre* la défectuosité", qui tend à maintenir une liaison apparente entre deux éléments distincts, le défaut et le dommage. Pourtant, il aurait été possible, en l'espèce, de respecter les exigences de la directive dès lors qu'au moment de son utilisation par la victime le vaccin n'était pas assorti d'une notice présentant les risques, déjà suspectés, de sclérose en plaques, autrement dit, qu'il était défectueux au sens du texte communautaire.

[1579] Sur cette jurisprudence, cf. *supra*, n° 547 et s.
[1580] Cf. *supra*, n° 600 et s.
[1581] Article 4 de la directive, repris à l'article 1386-9 du Code civil, issu de la loi n° 98-389 du 19 mai 1998, relative à la responsabilité du fait des produits défectueux. Lors des débats parlementaires, le Sénat, estimant que la charge de la preuve pesant sur la victime pouvait s'avérer trop lourde dans certains cas et contrevenait au principe de la responsabilité sans faute du producteur, proposa de faire peser sur la victime la seule charge du dommage et du lien de causalité avec le *produit*. Mais l'amendement déposé en ce sens fut rejeté. Cf. Rapport P. FAUCHON, Sénat, 21 janv. 1998, n° 226, p. 34 et *J.O.*, Sénat, 6 février 1998, p. 690 et s.
[1582] Article 6 de la directive.
[1583] En ce sens, cf. E. CARTOU, "La transposition en droit français de la directive sur la responsabilité du fait des produits", art. préc., p. 5 ; A. SOROSTE, "Responsabilité du fait des produits défectueux", art. préc., p. 4 ; C. LARROUMET, "La responsabilité du fait des produits défectueux après la loi du 19 mai 1998, art. préc., p. 311, n° 22 ; L. LEVENEUR, "Le défaut", *in La responsabilité du fait des produits défectueux* (loi du 19 mai 1998), Colloque préc., p. 28 (spéc. p. 31) ; F.-X. TESTU et J.-H. MOITRY, "Les produits défectueux et leur responsabilité. Commentaire de la loi 98-389 du 19 mai 1998", art. préc., p. 3, n° 16.

614. Dans la mesure où les juges ont retenu la responsabilité civile du fabricant alors que le risque de survenance de la sclérose en plaques après vaccination était seulement suspecté au moment de la réalisation du fait générateur, la solution de la cour s'apparente à la sanction d'un *défaut de précaution*[1584]. A cet égard, il convient de remarquer que l'un des arrêts[1585], lors du rappel des faits et de la procédure, fait état du rapport d'expertise judiciaire selon lequel il résulte notamment que malgré l'absence de résultats significatifs des études, relatives au lien de causalité entre la vaccination et la sclérose en plaques, des mises en garde ont été inscrites dans le dictionnaire Vidal. Et les juges de préciser que ces dernières "ne suivent donc qu'un *principe de précaution* et ne sauraient par leur présence dans les mentions légales définies par la commission d'autorisation de mise sur le marché, être une preuve scientifique de relation de cause à effet"'. La formule vaut d'être soulignée car c'est à notre connaissance la première fois que l'expression "principe de précaution" est employée par les juges judiciaires, même si elle ne figure pas dans la motivation de l'arrêt et n'est pas utilisée comme fondement de la responsabilité. Dans un arrêt en date du 12 septembre 2003 la Cour d'appel de Versailles a, à nouveau, condamné un autre fabricant de vaccins contre l'hépatite B, la société Aventis Pasteur MSD, sur le fondement de l'article 1147 du Code civil, interprété à la lumière de la directive CEE n° 85-374 du 25 juillet 1985[1586].

615. Mais les décisions des juges versaillais ont été censurées par la Cour de cassation. Dans l'espèce ayant donné lieu à l'arrêt de la Haute juridiction judiciaire du 23 septembre 2003[1587], le laboratoire, dans son second

---

1584 Sur la fixation de la période précaution, cf. *supra*, n° 244.

1585 Versailles 2 mai 2001, *SA Smithkline Beecham c/ Mme Jeanpert*, préc.

1586 Versailles 12 septembre 2003, *D.*, 2003, I.R. p. 2549 ; *Resp. civ. et ass.*, nov. 2004, comm. n°344, p. 24, note C. RADE.

1587 Civ. 1ère, 23 septembre 2003, *SAS Laboratoire Glaxo-Smithkline c/ Mme Morice, ép. Jeanpert*, pourvoi n° 01-13.063, *J.C.P.*, 2003, I, 1749, note P. MISTRETTA et T. FAICT ; *J.C.P.*, 2003, II, 10179, note N. JONQUET, A.-C. MAILLOLS, D. MAINGUY et E. TERRIER ; L. NEYRET, "Vaccination contre l'hépatite B : fin du débat judiciaire ?", *D.*, 2003, Point de vue, p.2579 ; C. RADE, "Vaccination anti-hépatite B et sclérose en plaques : la Cour de cassation envahie par le doute", *Resp. civ. et ass.*, nov. 2003, chron. n° 28, p. 4 ; *Dr. et pat.*, 2004, n° 122, obs. F. CHABAS ; *P.A.*, 16 janv. 2004, n° 12, p. 14, note A. GOSSEMENT ; *R.T.D.civ.*, 2004, p.101, obs. P. JOURDAIN ; S. HOCQUET-BERG, "A qui doit profiter le doute scientifique ?", *Rev. Lamy dr. civ.*, janv. 2004, p. 11 ; B. LEGROS, "Etat des lieux sur les différents régimes d'indemnisation des conséquences des accidents médicaux", *Méd. et dr.*, janvier 2004, n° 64, p. 1 (spéc. Encadré n° 1, p. 19) ; *D.*, 2004, jur. p. 898, note Y.-M. SERINET et R. MISLAWSKI, somm. p. 1344, obs. D. MAZEAUD ; *P.A.*, 22 avril 2004, n° 81, p. 9, note G. MEMETEAU ; F. PAUL, "La causalité en matière de produits défectueux : une question de pur droit interne ou tributaire de l'harmonisation totale ?", *Con. Conc. Cons.*, fév. 2004, chron. p. 6 ; L. PITET, "Responsabilité du fait des produits : sagesse et force du lien de causalité (A propos de Cass. 1ère civ., 23 septembre 2003)", *G.P.*, 4-6 avril 2004, doctr. p. 869 ; *J.C.P.*, 2004, I, 101, chron. G. VINEY, n° 8.

moyen[1588], contestait tout d'abord que l'existence d'un défaut du produit puisse se déduire *ipso facto* de la seule constatation du dommage. Il reprochait ensuite à la cour d'appel de ne pas avoir tenu compte des avertissements mentionnés dans les précautions d'emploi du vaccin et dans le dictionnaire Vidal pour apprécier la sécurité à laquelle on peut légitimement s'attendre. Enfin, il déniait que la réparation de l'aléa thérapeutique fût entrée dans le champ des obligations du laboratoire. La Cour de cassation a sanctionné l'analyse de la Cour d'appel de Versailles consistant à présumer le défaut de sécurité à partir du dommage. Après avoir visé les articles 1147 et 1382 du Code civil, "interprétés à la lumière de la directive CEE n° 85-374 du 25 juillet 1985", elle a précisé, dans un attendu de principe, que "la responsabilité du producteur est soumise à la condition que le demandeur prouve, outre le dommage, le défaut du produit et le lien de causalité entre le défaut et le dommage". Autrement dit, la Cour de cassation a rappelé que "le défaut et le dommage sont bien des concepts distincts"[1589]. En visant à la fois les articles 1147 et 1382 du Code civil, elle a confirmé le mouvement d'uniformisation de la responsabilité civile, consacré depuis par la loi n° 98-389 du 19 mai 1998 relative à la responsabilité du fait des produits défectueux qui transpose dans le droit français la directive européenne du 25 juillet 1985[1590]. L'arrêt de renvoi de la Cour d'appel de Paris, intervenu dans cette affaire, s'est conformé à la solution et aux fondements juridiques retenus par l'arrêt de la Cour de cassation[1591]. A nouveau saisie de l'affaire, la Haute juridiction judiciaire a rejeté le pourvoi le 22 mai 2008[1592].

616. Dans le même sens, la décision de la Cour de cassation du 24 janvier 2006[1593] a cassé l'arrêt de la Cour d'appel de Versailles du 12 septembre 2003[1594] qui avait retenu la responsabilité de la société Aventis Pasteur MSD. Sur le visa de l'article 1147 du Code civil, interprété à la lumière de l'article 6 de

---

1588 Sur le premier moyen relatif au lien de causalité entre la vaccination et la survenance de la maladie, cf. *supra*, n° 247.

1589 G. VINEY, chron. préc., p. 25.

1590 En vertu de l'article 1386-1 du Code civil, issu de la loi du 19 mai 1998, "le producteur est responsable du dommage causé par un défaut de son produit, qu'il soit ou non lié par un contrat avec la victime".

1591 Paris, 2 juin 2006, *Resp. civ. et ass.*, oct. 2006, comm. n° 306, note C. RADE ; *D.*, 2007, panorama p. 2899, obs. Ph. BRUN.

1592 Civ. 1ère, 22 mai 2008, pourvoi n° 06-18.848, arrêt n° 24.

1593 Civ. 1ère, 24 janvier 2006, *Société Aventis Pasteur MSD c/ Paule X.*, Concl. J.-D. SARCELET, *P.A.*, 3 mars 2006, n° 45, p. 6 ; *Resp. civ. et ass.*, mars 2006, comm. n° 91, note C. RADE ; *Resp. civ. et ass.*, mai 2006, comm. n° 77, note L. LEVENEUR ; *R.T.D.civ.*, 2006, p.325, obs. P. JOURDAIN ; *D.*, 2006, jur. p. 1273, note L. NEYRET ; *J.C.P.*, 2006, II, 10082, note L. GRYNBAUM ; *R.D.S.S.*, 2006, p. 495, note J. PEIGNE; *Rev. Lamy dr. civ.*, mai 2006, p. 13, J.-A. ROBERT et A. REGNIAULT ; *Rev. gén. dr. méd.*, 2006, n° 19, p. 257, note S. DESMOULIN ; *R.D.C.*, 2006, p. 841, note J.-S. BORGHETTI ; *Méd. et dr.*, 2007, p. 13, chron. C. CORGAS-BERNARD.

1594 Versailles, 12 septembre 2003, préc.

la directive européenne du 25 juillet 1985, la Cour a rappelé tout d'abord que "dès lors qu'il ne justifie pas que l'inexécution provient d'une cause étrangère qui ne peut lui être imputée, le débiteur de l'obligation est responsable de l'inexécution de celle-ci, encore qu'il n'y ait aucune mauvaise foi de sa part". Elle a ensuite précisé que "le producteur, tenu d'une obligation de sécurité résultat, est responsable de l'inexécution de cette obligation en cas de dommage causé par son produit lorsqu'au moment où il l'a mis en circulation pour être vendu ou distribué, ce produit n'offrait pas la sécurité à laquelle on pouvait légitimement s'attendre compte tenu de toutes les circonstances, et, notamment, de sa présentation, de l'usage qui pouvait en être raisonnablement attendu et du moment de sa mise en circulation". L'arrêt de la cour d'appel est donc censuré pour avoir déduit le caractère défectueux du vaccin litigieux des seules constatations d'une part, que le vaccin "avait été le facteur déclenchant du syndrome de Guillain-Barré" et d'autre part, que l'autorisation de mise sur le marché de ce produit "énumérait cette affection au titre des effets indésirables de ce produit, en mentionnant *très rarement, des neuropathies*".

617. Par ces deux décisions du 23 septembre 2003 et du 24 janvier 2006, la Cour de cassation a donc condamné le raisonnement des juges du fond tendant à présumer le défaut à partir du dommage. Une telle solution s'inscrit dans le sens d'un mouvement doctrinal qui critique l'assimilation du défaut au danger et qui propose de retenir comme critère de la défectuosité d'un produit le bilan bénéfices/risques de ce dernier[1595].

618. Depuis ces décisions, la Cour de cassation est revenue sur la rigueur dont elle avait fait preuve. Dans deux espèces du 22 mai 2008, elle s'est prononcée en faveur d'un assouplissement non seulement de la preuve du lien de causalité entre le défaut du vaccin et le dommage mais également de la preuve du défaut lui-même, sur le fondement des articles 1353 du Code civil et 1382[1596] ou 1147[1597] du même code, interprétés à la lumière de la directive n°85-374 du 25 juillet 1985. En outre, dans une troisième espèce du 22 mai 2008[1598], la Cour de cassation a opéré un revirement de jurisprudence par rapport à la solution qu'elle avait retenue dans son arrêt du 24 janvier 2006[1599]. Dans l'affaire ayant donné lieu à l'arrêt du 22 mai 2008, la Cour d'appel de Versailles avait débouté une victime de son action en responsabilité à l'encontre du fabricant du vaccin. Elle avait, en effet, estimé que le vaccin n'était pas défectueux et présentait la sécurité légitimement attendue du grand public au

---

1595 J.-S. BORGHETTI, op. cit., n° 397 et s. ; G. VINEY, note sous Civ. 1ère, 23 septembre 2003, préc. ; P. JOURDAIN, note sous Civ. 1ère, 24 janvier 2006, préc.

1596 Civ. 1ère, 22 mai 2008, *B.C.*, I, n° 220.

1597 Civ. 1ère, 22 mai 2008, *B.C.*, I, n° 223 ; *D.* 2007, Actu. Jur., p. 1544, obs. I. GALLMEISTER.

1598 Civ. 1ère, 22 mai 2008, *B.C.*, I, n° 221 ; *D.* 2007, Actu. Jur., p. 1544, préc.

1599 Civ. 1ère, 24 janvier 2006, cf. *supra*, n° 616.

moment de sa mise en circulation au regard de sa présentation. Or, la première Chambre civile de la Cour de cassation a censuré la décision des juges versaillais aux motifs qu'ayant relevé que l'édition pour 1994 du dictionnaire Vidal mentionnait au titre des effets indésirables la survenue exceptionnelle de sclérose en plaques, il leur incombait « d'apprécier la relation causale prétendue entre le vaccin et l'aggravation de la maladie à l'époque du dernier rappel de vaccination, en recherchant si, à cette époque, la présentation du vaccin mentionnait l'existence de ce risque ». Cette dernière espèce atteste de l'imbrication entre la notion de produit défectueux, au sens de la directive européenne, laquelle fait appel à la présentation du produit, et le lien de causalité scientifique entre le produit litigieux et le dommage. Elle tend à introduire la notion de risque au cœur de la notion de défaut. Mais surtout, les décisions du 22 mai 2008 témoignent du rôle des articles 1147 et 1382 du Code civil, interprétés à la lumière de la directive européenne du 25 juillet 1985, comme fondements possibles de l'obligation de précaution.

CONCLUSION DE LA SECTION III

619. L'essor de l'obligation de sécurité dans le domaine de la responsabilité civile du fait des choses est un phénomène qui dépasse désormais les clivages traditionnels de la responsabilité civile. Une telle évolution est aujourd'hui consacrée par le régime spécifique de la responsabilité du fait des produits défectueux, issu de la loi du 19 mai 1998, qui transcende la distinction des responsabilités contractuelle et délictuelle. Les notions de prévention et de précaution, au cœur desquelles se trouve le concept de risque, sont donc tout naturellement appelées à revêtir le nouveau visage de l'obligation de sécurité, désormais détachée de la distinction entre les deux ordres de responsabilité. Pour autant, le fondement susceptible d'être attribué aux obligations de prévention et de précaution demeure encore incertain.

CONCLUSION DU CHAPITRE II

620. A l'instar de la responsabilité du fait personnel, la responsabilité du fait des choses devrait connaître, sous l'impulsion de la notion de précaution, un élargissement de son domaine d'application en direction de l'incertitude scientifique et technique. Ici encore la transformation affectant les responsabilités contractuelle et délictuelle se présente comme une extension quantitative de ces dernières. S'agissant de la responsabilité délictuelle du fait des choses en droit commun, toutes les conditions d'engagement de cette responsabilité (une chose, un fait de la chose, une garde de la chose) devraient connaître un nouvel essor du fait de la prise en compte du risque suspecté. De son côté, l'évolution de la responsabilité contractuelle du fait des choses devrait concerner non seulement la garantie des vices cachés mais aussi, et surtout, l'obligation de sécurité. A cet égard, le concept de sécurité, commun à la prévention et à la précaution est de nature à favoriser le mouvement, déjà largement entamé, d'uniformisation de la responsabilité civile, transcendant la distinction des responsabilités contractuelle et délictuelle, désormais consacré par la loi du 19 mai 1998 relative à la responsabilité du fait des produits défectueux.

CHAPITRE III

LA DISTINCTION DE LA PREVENTION ET DE LA PRECAUTION A L'EPREUVE DES FONDEMENTS DE LA RESPONSABILITE CIVILE

621. Recherche le fondement de la responsabilité consiste à se demander "*pourquoi* l'auteur d'un dommage est parfois tenu de le réparer"[1600]. En réalité derrière cette interrogation se profilent deux questions distinctes. D'une part, en effet, celle du fondement "médiat" ou rationnel" de la responsabilité civile et d'autre part, celle du fondement "immédiat" ou "technique"[1601]. Le premier est la norme méta-juridique qui justifie l'obligation de réparer le dommage causé. Il s'agit d'une disposition nécessairement prescriptive[1602]. Elle constitue la raison qui justifie la responsabilité, "qui permet d'affirmer que la réglementation établie en la matière par le législateur et l'«application» [...] que font de celle-ci les tribunaux, sont conformes *aux idéaux de justice* que fait siens une société donnée à une époque déterminée de son existence"[1603]. Le second découle de l'analyse des conditions de la responsabilité[1604] et relève de la technique juridique[1605].

622. La reconnaissance d'une telle distinction serait de nature à éviter bien des controverses sur les moyens de résoudre la crise actuelle de la responsabilité civile. En effet, parmi les nombreuses propositions, anciennes ou récentes, de renouvellement des fondements de la responsabilité civile, il

---

1600 J. FLOUR, J.-L. AUBERT et E. SAVAUX, op. cit., n° 64.

1601 Nous empruntons ces expressions respectivement à C. EISENMANN ("Sur le degré d'originalité du régime de la responsabilité extra-contractuelle des personnes publiques", *J.C.P.*, 1949, I, 751) et à C. RADE ("L'impossible divorce de la faute et de la responsabilité civile", *D.*, 1998, chron. p. 301).

1602 Cf. M. TEISSEIRE (*Essai d'une théorie générale sur le fondement de la responsabilité*, Paris, Arthur Rousseau, 1901, p. 14) à propos des rapports entre l'auteur d'un dommage et le fait dommageable, qui s'interroge ainsi : "Quels *doivent être* (c'est nous qui soulignons) ces rapports ? [...] L'examiner, c'est, à proprement parler, rechercher le fondement de la responsabilité".

1603 L. BACH, "Réflexions sur le problème du fondement de la responsabilité civile en droit français", *R.T.D.civ.*, 1977, p. 19.

1604 "le fondement d'une responsabilité juridique ne peut être recherché qu'autant qu'a été préalablement précisé le régime de cette responsabilité, plus précisément qu'autant qu'ont été précisées les conditions relatives à la désignation de la personne déclarée responsable" (L. BACH, art. préc., p. 20).

1605 Au sens où l'entendait Gény, comme représentant "dans l'ensemble du droit positif, la forme opposée à la matière [...] une construction, largement artificielle, du donné, œuvre d'action plus que d'intelligence, où la volonté du juriste se puisse mouvoir librement, dirigée seulement par le but prédéterminé de l'organisation juridique qui suggère les moyens de sa propre réalisation", F. GENY, *Science et technique en droit privé positif*, tome III, Paris, Sirey, 1921, p. 23.

importe de différencier clairement celles qui ressortent d'une modification de ses seuls fondements techniques et celles qui témoignent d'un effort pour rattacher le principe de la responsabilité à une norme méta-juridique, droit général à l'intégrité physique[1606], devoir général de ne pas nuire à autrui[1607] ou encore droit à la sûreté[1608]. Ainsi, l'obligation de réparer les dommages constituant la réalisation d'un risque scientifique suspecté peut être aisément rattachée à un droit à la sécurité ou à un devoir de pas nuire à autrui. Elle se présente alors comme une extension au risque suspecté, du fondement rationnel ainsi attribué à l'obligation de réparer un dommage. En revanche, l'incidence de la distinction de la prévention et de la précaution sur les fondements techniques de la responsabilité civile mérite d'être précisée.

623. La notion de faute et celle de risque constituent autant de catégories, c'est-à-dire de procédés techniques, "dont les contours se tirent des éléments intrinsèques des situations reconnues, de telle sorte que celles-ci se trouvent juridiquement spécifiées par certains traits de fond, les distinguant, les mettant à part des autres circonstances, pour leur attacher la sanction, positive et efficace, de la contrainte"[1609], au service du droit de la responsabilité civile[1610]. Or l'émergence de nouveaux fondements de la responsabilité civile

---

1606 J. FAURES et J. DE MEYER, *La pensée juridique du procureur général Paul Leclercq*, Buxelles, Bruylant, 1953.

1607 R. SAVATIER, *Traité de la responsabilité civile en droit français civil, administratif, professionnel, procédural*, Paris, L.G.D.J., 1951, tome 1, n° 35.

1608 C. RADE, "Réflexions sur les fondements de la responsabilité civile. 1. L'impasse", *D.*, 1999, chron. p. 314 et "2. Les voies de la réforme : la promotion du droit à la sûreté", *D.*, 1999, chron. p.323.

1609 F. GENY, op. cit., p. 123.

1610 En ce sens, cf. F. GENY (op. cit., p. 127) : "Il est vrai que dans l'ordre privé (civil ou commercial), le système des catégories semble avoir perdu, chez les modernes, sinon son importance, à tout le moins de sa rigueur technique, par suite de certaines idées, dominant notre organisation juridique, et y introduisant des principes tellement vastes, élastiques, mous et presque flasques, que, sous prétexte d'assouplir le droit positif, elles aboutissent à en rompre les cadres. Ainsi, si nous envisageons les sources d'obligations, qui représentent, en réalité, les principes fondamentaux de tous les droits du patrimoine, nous constatons que le délit ou le quasi-délit, au lieu de se traduire dans les types variés et précis du droit romain (*furtum, injuria, damnum legis Aquiliae,...*etc...), ne se "catégorise" plus que par la formule, à la fois large et souple, des articles 1382 et 1383 du Code napoléon, fortifiée des présomptions légales des articles 1384 à 1386 et de quelques lois complémentaires, de sorte, qu'au lieu d'une série de catégories, presque concrètes par leur précision minutieuse, nous n'avons plus ici qu'une catégorie purement abstraite, susceptible du contenu le plus varié, sous la seule sauvegarde des caractères généraux qui l'encadrent. Le plus notable de ces caractères généraux, la faute, a paru tellement vague, que, tandis que quelques-uns ont proposé de le supprimer (1), d'autres, plus judicieusement fidèles aux *nécessités d'une bonne technique du droit*, demandent, au contraire, sa précision par des critères, empruntés à la jurisprudence, qui nous ramèneraient, en réalité, sous une forme à peine différente, au système des délits, étroitement catégorisé, du droit romain". (Note 1 : "C'est à quoi aboutissent logiquement les systèmes, dits de «responsabilité objective», pour lesquels le prétendu «risque crée» se réduit à un rapport de causalité entre le fait illicite et le préjudice qu'il engendre.").

s'accompagne généralement d'un enrichissement sémantique de cette matière[1611]. Aussi, la tentation est grande d'interpréter l'influence de la distinction de la *prévention* et de la *précaution*, dans le paradigme classique de la responsabilité, c'est-à-dire en présence d'un dommage, comme le signe d'un renouvellement des catégories traditionnelles de ce dernier (Section I). Mais en réalité les arguments susceptibles d'être présentés à l'appui d'une telle interprétation sont aisément réfutables. Les notions de prévention et de précaution, en tant qu'elles sont fondées sur la différenciation du risque avéré et du risque suspecté, *du point de vue de la science*, demeurent soumises aux catégories de la faute et du risque (Section II).

SECTION I

LA TENTATIVE D'AFFRANCHISSEMENT DE LA DISTINCTION DE LA PREVENTION ET DE LA PRECAUTION DES CATEGORIES TRADITIONNELLES DU DROIT DE LA RESPONSABILITE CIVILE

624. Dans quelle mesure la notion de prévention et celle de précaution, définies respectivement comme des mesures de nature à prévenir la réalisation d'un risque scientifique avéré ou suspecté sont-elles susceptibles de ne pas pouvoir être appréhendées par les catégories de la faute et du risque ? Pour tester la résistance au changement de ces catégories, il convient de partir de leurs éléments constitutifs afin de pouvoir ensuite, en les confrontant aux notions de risque scientifique avéré et suspecté, juger de leur aptitude ou non à saisir ces dernières. La tentative d'affranchissement de la distinction de la prévention et de la précaution des catégories traditionnelles du droit de la responsabilité, que sont la faute et le risque, tend à montrer que ces deux catégories se meuvent dans l'univers de la certitude, celle-ci étant de l'essence[1612] de la faute (§1) et de l'essence du risque (§2). En conséquence, en faisant une place à l'incertitude, la notion de précaution et la distinction en résultant entre celle-ci et la prévention conduiraient nécessairement à l'achoppement des catégories traditionnelles à saisir la prévention et la précaution.

[1611] Ainsi G. VINEY (*Introduction à la responsabilité*, op. cit., n° 50-1), après avoir retracé l'historique de la théorie du risque, souligne que "c'est précisément sur ces *recherches des mots appropriés pour désigner le fondement de la responsabilité civile* qu'allaient se cristalliser ensuite les efforts de la doctrine". Dans le même sens, Y. FLOUR ("Faute et responsabilité civile : déclin ou renaissance ?", *Droits*, 1987, p. 30) observe qu' "en matière de responsabilité civile, le langage fait souvent office d'un écran qui dissimule la réalité plutôt qu'elle ne l'exprime".

[1612] L'essence peut être définie comme "ce qui fait qu'une chose est ce qu'elle est et ce sans quoi elle ne serait pas". Elle renvoie ainsi à l' "ensemble des caractères constitutifs et invariables" d'une chose, par opposition à ses qualités seulement accidentelles qui ne permettent pas d'en affirmer la spécificité, *Dictionnaire Robert*.

§ 1 FAUTE ET EXIGENCE DE CERTITUDE

625. Dans quelles situations la certitude est-elle de l'essence de la faute civile ? Lorsque la notion de certitude est envisagée dans son sens subjectif, comme une qualité du jugement, elle est une condition constitutive de la notion de faute subjective. En effet, selon cette dernière conception, "l'acte, pour être fautif, devrait être «imputable» à son auteur au sens ou celui-ci devrait avoir agi en pleine conscience et avec la capacité de comprendre ce qu'il faisait"[1613]. Lorsque la faute est une faute d'abstention, elle s'apparente souvent à la faute d'imprudence ou de négligence c'est-à-dire à la faute non intentionnelle mais elle peut également être intentionnelle. Or l'intention suppose quelque chose de plus que la volonté. Elle est la volonté appliquée non seulement à l'acte mais aux conséquences de l'acte[1614]. Autrement dit, elle est "le rapport de la volonté au dommage"[1615] et se distingue de la simple représentation des conséquences de l'acte[1616]. Dès lors, la faute non intentionnelle ne consiste pas seulement dans le fait de ne pas avoir eu une pensée que l'on était tenu d'avoir mais dans un insuffisant désir d'éviter un résultat préjudiciable[1617]. Or ce dernier suppose que l'auteur présumé ait été à même d'apprécier la possibilité de réalisation du dommage que son acte allait entraîner, qu'*il ait donc pu être certain de l'existence de ce risque de dommage.* Ainsi, *la certitude, comme jugement subjectif portant sur les choses, est bien de l'essence de la notion de faute subjective.* De ce point de vue, "on ne saurait parler d'imprudence ou de négligence que par rapport à ce que connaissait ou aurait pu connaître la personne dont on a à juger la conduite ; l'examen de l'état d'esprit du sujet est, à cet égard, seul décisif, seul il permet de tracer la ligne de partage entre la responsabilité et l'irresponsabilité"[1618].

626. Or la précaution se caractérise par le concept d'incertitude. En conséquence, la notion de faute de précaution serait alors un non sens. Il ne saurait y avoir de "faute" en situation d'incertitude subjective. Ainsi, François Ewald estime que la précaution "implique que la sanction échappe à la référence à un savoir disponible, à un standard de connaissances déterminées, que l'on soit

---

[1613] G. VINEY et P. JOURDAIN, op. cit., n° 444.
[1614] J. FLOUR, J.-L. AUBERT et E. SAVAUX, op. cit., n° 110.
[1615] J. CARBONNIER, op. cit., n° 222.
[1616] Sur la théorie de la représentation, cf. A. LEGAL, *De la négligence et de l'imprudence comme source de responsabilité civile délictuelle*, thèse, Paris, Jouve & C. éditeurs, 1922, p. 55.
[1617] En ce sens, cf. A. LEGAL, op. cit., p. 67. Dans le même sens, cf. F. EWALD ("Le retour du malin génie. Esquisse d'une philosophie de la précaution.", *in Le principe de précaution dans la conduite des affaires humaines*, op. cit., p. 118) remarque que "le principe classique de la responsabilité civile, formulé par l'article 1382 du Code civil, qui faisait intervenir la faute, supposait que l'on ne pouvait être responsable que de ce que l'on pouvait savoir, que l'on ne pouvait pas se trouver responsable sans avoir pu avoir conscience de mal faire".
[1618] A. LEGAL, op. cit., p. 164.

jugé non seulement en fonction de ce qu'on devait savoir, mais aussi de ce dont on devait ou aurait dû se douter". Et de conclure que "en cela, la logique de précaution, même si elle étend le champ des responsabilités subjectives parce que visant la prise de décision, ne s'inscrit pas, rigoureusement parlant, dans l'ancienne logique de la faute. Celle-ci suppose la disposition d'un savoir, ici absent puisque l'on est dans l'incertain"[1619]. La remarque peut être prolongée puisqu'en réalité, il ne saurait même être question d' "extension" de la responsabilité subjective, mais bien plutôt d'*absence* de responsabilité subjective, dans la mesure où l'élément constitutif de cette responsabilité, la certitude de l'existence d'un risque de dommage, fait ici défaut.

§ 2 Risque et exigence de certitude

627. La certitude est-elle de l'essence de la notion de risque juridique ? En remontant aux origines de la théorie du risque il apparaît que la notion de risque était initialement liée à celle d'incertitude. Elle s'en est progressivement détachée pour céder la place à un concept de risque fondé sur la possibilité de répéter les événements, faisant ainsi apparaître l'ancrage de cette théorie dans la perspective fréquentiste[1620] (A). La loi de 1898 sur les accidents du travail, qui en est la traduction législative, confirme cette évolution (B).

A – L'ancrage de la pensee des fondateurs de la theorie du risque dans la perspective frequentiste

628. Dans le langage courant, le risque désigne un "danger éventuel plus ou moins prévisible"[1621]. Il représente alors l'éventualité *pour un individu* de tomber sous le coup de la réalisation d'un événement dommageable et renvoie à "une menace objective"[1622] (le coup du sort) qui ne peut pas être appréhendée scientifiquement. Au sens juridique traditionnel, le risque désigne l' "éventualité d'un événement futur, incertain ou d'un terme indéterminé, ne dépendant pas exclusivement de la volonté des parties et pouvant causer la perte d'un objet ou tout autre dommage"[1623]. Le risque est alors entendu non pas comme un concept mais comme la réalisation d'un événement originairement

[1619] F. EWALD, "Le retour du malin génie. Esquisse d'une philosophie de la précaution.", *in Le principe de précaution dans la conduite des affaires humaines*, op. cit., p. 114.
[1620] Sur cette perspective, cf. Chp. préliminaire *supra*, n° 64.
[1621] Définition du *Dictionnaire Robert*. Etymologiquement le mot risque est emprunté à l'ancien italien *risco*. Il renvoie doublement à la notion de danger, soit qu'on le rapproche du latin *resecare* ("enlevé en coupant", puis "risque que court une marchandise en mer") ou du roman *rixicare* ("se quereller"). Sur ces différentes interprétations, cf. A. REY (dir.), op. cit.
[1622] F. EWALD, *L'Etat providence*, Paris, Grasset et Fasquelle, 1986, p. 173.
[1623] *Vocabulaire juridique*, sous la dir. de H. CAPITANT, Paris, P.U.F., 1936, p. 435.

incertain. Il est synonyme d'incertitude et n'est pas calculable. Mais la fréquence de réalisation de certains événements, combinée avec l'application du calcul des probabilités et le développement de la statistique, a permis de les appréhender collectivement. Le risque est alors devenu un concept, une "catégorie de l'entendement"[1624]. Au terme de cette évolution, la notion de risque s'est dédoublée entre d'une part, l'événement que réalise le risque et d'autre part, la technique qu'il met en œuvre[1625]. Et si, à l'origine, la notion de risque, associée à celle de hasard était liée au destin ou au divin, elle s'en est progressivement détachée grâce à la possibilité offerte à l'homme de répéter les expériences dans lesquelles le hasard intervenait[1626]. Au XVIIe siècle les travaux de Pascal sur les jeux de hasard ont conduit à la découverte du calcul des probabilités. Avec le probable, le possible est devenu mesurable[1627]. L'essor de la statistique à partir du milieu du XVIIIe siècle et surtout au cours de la première moitié du XIXe siècle[1628] a ensuite permis l'enregistrement de faits sociaux les plus divers tels certains faits de l'industrie comme les accidents du travail. Elle a ainsi rendu possible, à la fin du XIXe siècle, l'élaboration de la théorie du risque professionnel. L'émergence du risque comme concept participe donc de la dissociation entre deux formes de probabilités : les probabilités subjectives, instrument au service de la prise de décision, qui ne supposent pas une répétition d'événements semblables et les probabilités objectives constituant une mesure de la possibilité de réalisation d'un événement à partir de la prise en compte des fréquences observées de cet événement[1629].

629. La théorie du risque constitue la réponse doctrinale, d'abord, puis jurisprudentielle, apportée à la survenance de nouveaux dommages corporels, issus du développement du machinisme. Ces derniers se caractérisaient par leur aspect anonyme. Ils mettaient le plus souvent l'ouvrier blessé dans l'impossibilité d'obtenir réparation de son préjudice faute de pouvoir l'imputer à une action humaine[1630]. Ne pouvant rapporter la preuve d'une faute

---

1624 F. EWALD, *L'Etat providence*, op. cit., p. 173 ; F. EWALD, "La société assurancielle", *Risques*, juin 1990, n°, p. 6.

1625 Désormais le "risque" désigne à la fois l'éventualité de survenance d'un événement et l'événement lui-même.

1626 D. DACUNHA-CASTELLE, op. cit., p. 13 et s.

1627 G-G GRANGER, *Le probable, le possible et le virtuel. Essai sur le rôle du non-actuel dans la pensée objective*, Paris, Odile Jacob, 1995, chp V : "Le probable comme mesure du possible", p.129.

1628 Si l'émergence de la statistique est antérieure à la fin de l'Ancien régime, la Révolution marque un nouvel essor de la discipline. Elle ouvre une période qui se caractérise par "une nouvelle façon de faire de la statistique", en ce qu'elle est désormais destinée à la publication. La création, en 1800, par Lucien Bonaparte du "Bureau de la statistique de la République" traduit cette nouvelle orientation. cf. A. DESROSIERE, op. cit., p. 47 et s.

1629 Sur cette distinction, cf. Chp préliminaire, *supra*, n° 63 et s.

1630 "Trop inhérents aux choses pour être rattachés aux fureurs du sort ou au choix du destin, pas assez liés aux hommes pour être le signe d'une nature sinon pécheresse, du moins faillible, ils [les

de leur employeur les victimes étaient renvoyées à elles-mêmes, privées d'une juste indemnisation. L'ouvrage de Raymond Saleilles *Les accidents de travail et la responsabilité civile, essai d'une théorie objective de la responsabilité délictuelle*[1631] constitue avec celui de Louis Josserand, *De la responsabilité du fait des choses inanimées*[1632], le texte fondateur de la théorie du risque[1633]. Leur analyse fait apparaître l'ancrage de cette théorie dans la perspective fréquentiste.

630. Dans sa thèse, élaborée à la suite de l'arrêt rendu par la Cour de cassation le 16 juin 1896[1634], Saleilles poursuit deux objectifs. D'une part, il entend, grâce à l'idée de risques, attribuer à la responsabilité du fait des choses un fondement objectif. D'autre part, il cherche à réintégrer cette interprétation dans les catégories traditionnelles du Code civil en élargissant le domaine de l'article 1382 à la notion de faute objective[1635]. L'argumentation qu'il développe au soutien de la première partie de sa démonstration repose sur une adhésion implicite au modèle probabiliste dans sa version objective. En effet, la théorie du risque professionnel fait dériver la responsabilité du fait dommageable, de sa matérialité. Or précisément, ce rattachement de la responsabilité au fait dommageable s'effectue en vertu d'une objectivation de la notion d'accident selon le modèle des probabilités objectives. Ainsi, l'accident, en tant que "rançon du machinisme et de l'industrie moderne"[1636], est un fait objectivement prévisible.

631. Cette analyse est confirmée par le rapprochement qu'opère Saleilles entre d'une part, sa propre définition du fait fautif et d'autre part, la définition de la faute donnée par Doneau, laquelle se caractérise également par son caractère purement objectif. La faute, selon Doneau et d'après Saleilles est "tout fait non prévu et exercé sans droit qui a causé un dommage à autrui"[1637]. Il s'agit donc d'une "qualification matérielle du fait, un fait qui n'a pas été prévu, et l'on sous-entend qu'*on aurait pu prévoir*[1638], et un fait qui ne soit pas l'exercice

---

dommages anonymes] appelaient, d'une société plus humaine, une juste réparation", F. TERRE, "Propos sur la responsabilité civile", *A.P.D.*, 1977, p.40.

[1631] R. SALEILLES, *Les accidents de travail et la responsabilité civile, essai d'une théorie objective de la responsabilité délictuelle*, Paris, Arthur Rousseau, 1897.

[1632] L. JOSSERAND, *De la responsabilité du fait des choses inanimées*, Paris, Arthur Rousseau, 1897.

[1633] En ce sens, cf. notamment G. VINEY, *Introduction à la responsabilité*, op. cit., n°49 ; F. TERRE, Ph. SIMLER, Y. LEQUETTE, op. cit., n° 685.

[1634] Civ. 16 juin 1896, *D.*, 1897, 1, p. 433, note R. SALEILLES.

[1635] "ce que je prétends démontrer c'est que l'article 1384 [...] n'est que l'application pure et simple de l'article 1382", R. SALEILLES, op. cit., n° 12, p. 22 ; "L'article 1382 ne peut en aucune façon se restreindre au domaine du fait intentionnel [...]", R. SALEILLES, op. cit., n° 27, p. 43.

[1636] R. SALEILLES, op. cit., n° 5, p. 6.

[1637] R. SALEILLES, op. cit., n° 49, p. 69.

[1638] C'est nous qui soulignons, comme dans les citations ultérieures.

d'un droit positif"[1639]. Saleilles poursuit ainsi : "Par suite, ce qui caractérise le fait constitutif de faute et ce qui le distingue du cas fortuit, c'est qu'*en soi les conséquences auraient pu en être prévues* : le cas fortuit est celui que personne n'eût pu prévoir"[1640]. Ce qui caractérise le fait fautif selon cet auteur et la lecture qu'en donne Saleilles est le fait qu'il était "humainement possible" d'en prévoir les conséquences, sans avoir à s'interroger sur le point de savoir si "dans l'espèce et individuellement cette prévision était possible", cette dernière question demeurant une "appréciation purement abstraite"[1641]. Et Saleilles de s'interroger en ces termes : "Et ne pourrait-on pas rattacher déjà à ces définitions toute la théorie du risque professionnel ? N'est-il pas, lui aussi, *un fait qu'on prévoit*, un fait qui se caractérise au point de vue abstrait, par la prévision qu'on doit en avoir, dès qu'on prend l'entreprise d'une industrie ? [...] C'est un fait de risques, où forcément *les risques sont à prévoir*, donc c'est une faute"[1642].

632. Ainsi, "il n'y a pas, selon Saleilles, d'activité au monde plus complètement livrée à la part de hasard et d'inconnu *d'où peuvent sortir* tous les accidents et tous les risques que celle-là [l'activité industrielle]". Or cette "propension"[1643] de l'activité industrielle à produire des risques renvoie précisément à la notion de probabilité objective ou événementielle en tant que "propriété d'un état de choses qui rend la possibilité de l'occurrence de cet événement plus forte que celle de sa non-occurrence"[1644]. La notion d'accident, dans la théorie du risque, s'apparente à celle de probabilité objective en ce qu'elle renvoie à la fois à une certaine forme de rationalité (aspect subjectif de la probabilité objective) et à la constatation de la réalisation fréquentielle de certains événements (aspect objectif de la notion de probabilité objective)[1645].

1639 R. SALEILLES, *ibid.*
1640 R. SALEILLES, *ibid.*
1641 R. SALEILLES, *ibid.*
1642 R. SALEILLES, op. cit., n° 49, p. 70. La causalité à laquelle se réfère Saleilles dans la formule "la prévision qu'on *doit* en avoir" n'est pas seulement une causalité juridique au sens d'une imputation établie par le droit qui impose de prévoir les risques. Elle renvoie également à la causalité naturelle selon laquelle certains faits produisent toujours certaines conséquences, en l'occurrence les faits de l'industrie produisent toujours des risques. Sur la distinction entre la *causalité* dans les sciences de la nature et l'*imputation* dans les sciences sociales, cf. H. KELSEN, op. cit., n° 18, p. 105.
1643 Ce terme est employé par K. POPPER (*La connaissance objective*, op. cit., p. 409) pour désigner la probabilité au sens fréquentiel. Cf. article "Probabilité", *in Dictionnaire d'histoire et de philosophie des sciences*, op. cit., p. 766 et S. CALLENS, *Les maîtres de l'erreur : mesure et probabilité au XIXe siècle*, Paris, P.U.F. (coll. "Sciences, histoire, société"), 1997, p. 299.
1644 Définition donnée par J. LADRIERE, article "Probabilité", *in Dictionnaire d'histoire et de philosophie des sciences*, op. cit., p. 765.
1645 Sur la distinction entre ces deux aspects de la probabilité objective, cf. Chp. préliminaire, *supra*, n° 65.

L'accident se situe dans "l'entre-deux"[1646] de la rationalité et des faits. Il "ne se constate pas seulement, il se produit"[1647].

633. La possibilité de réalisation d'un accident de l'industrie peut être mesurée par un raisonnement inductif fondé sur l'observation d'accidents qui se sont déjà produits. L'accident industriel se caractérise par sa régularité statistique et participe du fonctionnement normal de la société moderne[1648]. Il a une "objectivité propre"[1649]. En tant que "mal social"[1650] sa propension à se produire n'est pas douteuse. La théorie du risque comporte donc une prémisse cachée selon laquelle si tout accident, au niveau individuel est imprévisible, le fait de l'industrie auquel il se rattache est prévisible. Il en résulte qu'un accident qui se rattache à un fait de l'industrie devient en quelque sorte à son tour prévisible. Le détour par le collectif, c'est-à-dire l'appréhension du risque professionnel comme risque social, ne confère pas seulement au risque une dimension mesurable mais est constitutif de la notion de risque. Autrement dit, la perspective fréquentiste n'est pas seulement un modèle permettant d'assurer une réalisation concrète de la socialisation des risques –modèle qu'incarne la technique de l'assurance- mais est une composante de la constitution de la théorie du risque comme théorie de la répartition des risques. Si les deux questions de la répartition du risque -entre celui qui le produit et celui qui le subi- et de la socialisation du risque apparaissent techniquement distinctes, leur émergence conceptuelle est indissociable, comme en témoignent les nombreuses allusions aux mécanismes assuranciels dès les premières formalisations de la théorie du risque[1651]. Ceci n'est pas surprenant compte tenu de l'antériorité de l'apparition de ces mécanismes par rapport la naissance de la théorie du risque[1652]. C'est parce que leur "répétitivité", au sein de la société, a

[1646] F. EWALD, *L'Etat providence*, op. cit., p. 23.
[1647] F. EWALD, op. cit., p. 22.
[1648] F. EWALD, op. cit., p. 17 et s.
[1649] F. EWALD, op. cit., p. 17.
[1650] F. EWALD, op. cit., p. 18.
[1651] M. HAURIOU, dans sa note sous l'arrêt *Cames* du Conseil d'Etat du 21 juin 1895, estime que "les choses se passent comme si l'Etat, en sa qualité de personne morale, gérait une assurance mutuelle contractée entre les administrés contre le risque des accidents administratifs" (*S.*, 1987, III, p. 33). Dans le même sens, R. SALEILLES (op. cit., n° 66, p. 90) reconnaît que "la véritable solution juridique, la seule qui corresponde à l'équité sociale et à la réalité des choses, ce serait de faire de la répartition des risques une charge collective de l'organisme industriel ; et cela ne peut s'obtenir que par le mécanisme de l'assurance". De son côté, L. JOSSERAND (op. cit., p. 116) affirme, en réponse aux adversaires de la théorie du risque, qui la jugeraient trop dangereuse pour le patron, que "le danger que redoute l'industrie n'est cependant qu'imaginaire, car il comporte un remède facile et souverain, l'assurance contre les accidents".
[1652] Les historiens font remonter les premières assurances terrestres au XVIIe siècle. Quant à l'assurance du travail, elle est apparue dans les années 1860, F. EWALD, op. cit., p. 257.

été observée et consignée que les risques de l'industrie ont pu être objectivés selon le modèle fréquentiste[1653].

634. Cette propension du mal à se reproduire de façon régulière et son enregistrement par la statistique[1654], en tant qu'ils caractérisent la société industrielle, constituent le point de rattachement de la théorie du risque à la version objective ou fréquentiste de la théorie des probabilités[1655]. C'est ce rattachement qu'illustre la loi du 9 avril 1898 sur les accidents du travail.

B – L'ANCRAGE DE LA LOI DU 9 AVRIL 1898 SUR LES ACCIDENTS DU TRAVAIL DANS LA PERSPECTIVE FREQUENTISTE

635. Il revient à François Ewald d'avoir mis en évidence les soubassements épistémologiques de la notion de risque professionnel adoptée par la loi du 9 avril 1898 sur les accidents du travail. Selon lui, cette notion "procède d'une pensée de type statistique et probabilitaire"[1656]. Le risque défini par le législateur est un "risque à assurer"[1657], en ce qu'il "n'existe que socialisé"[1658]. Il permet de "penser le problème d'imputation juridique des dommages non plus en terme de *cause*, mais en termes de *répartition*"[1659]. Ce qui caractérise, en effet, le risque en tant que concept du droit des assurances est qu'il n'a pas de réalité objective. Il n'y a pas de risque en soi. Le risque est un

---

1653 Selon F. EWALD (op. cit., p. 17), le caractère fréquentiel des accidents du travail est observé en France dès 1868 : "pour une certaine population d'ouvriers travaillant dans une entreprise, malgré les entrées et les sorties incessantes, le nombre d'accidents reste constant". En tant qu'il "obéit aux lois de la statistique", l'accident du travail est donc prévisible.

1654 Cet enregistrement est notamment rendu possible en raison de la nature même du fait à consigner : l'accident, en tant que manifestation d'un mal (social) est multiple et facilement repérable. En ce sens, S. CALLENS (op. cit., p. 545) souligne que "les recherches statistiques enregistrent plutôt les actions du capitaine qui conduit le navire au naufrage, que les hauts faits de navigation ; plutôt les maladies que l'excellence d'une santé, plutôt les crimes et délits que les beaux gestes..., c'est à dire que dans la polarisation bien/mal, le point de départ est du côté du mal [...]".

1655 L'argument du nombre comme facteur d'émergence de la théorie du risque est largement reconnu dans le discours interprétatif de cette théorie, cf. notamment M. PLANIOL, *Traité élémentaire de droit civil*, tome II, Paris, L.G.D.J., 1949 (3ème éd.), n°918 ; AUBRY et RAU, *Droit civil français. Responsabilité délictuelle*, tome VI-2, par N. DEJEAN DE LA BATIE, Paris, Librairies Techniques, 1989, (8ème éd.), n° 3 ; G. VINEY, *Introduction à la responsabilité*, op. cit., n° 17 et n° 27 ; J. CARBONNIER, op. cit., n° 203 ; F. TERRE, Ph. SIMLER et Y. LEQUETTE, op. cit., n° 684 ; F. EWALD, op. cit., p. 245 ("L'accident en tant que tel fait partie de ces cas fortuits qui devraient rester à la charge de ceux qui les subissent. Position qui n'est tenable que dans la mesure où le nombre d'accidents reste faible, où il ne s'agit que d'événements discrets, exceptionnels, anormaux") ; G. SCHAMPS, op. cit., n° 54.

1656 F. EWALD, op. cit., p. 285.

1657 F. EWALD, op. cit., p. 283.

1658 F. EWALD, op. cit., p. 285.

1659 F. EWALD, op. cit., p. 285.

"mode de traitement spécifique de certains événements qui peuvent advenir à un groupe d'individus"[1660]. L'assureur ne se contente pas de "constater passivement l'existence de risques" mais il "*produit des risques*, il fait apparaître des risques là où chacun croyait devoir subir, résigné, les coups du sort"[1661]. Cette analyse du risque comme événement dont la régularité est "indépendante de la conduite des individus"[1662] correspond à l'approche objective des probabilités[1663]. On retrouve, en effet, les deux aspects précédemment évoqués constitutifs de la notion de probabilité objective. Le risque est à la fois une "catégorie de la pensée"[1664] et une fréquence observable. Dès lors, dans la mesure où il se trouverait ainsi intimement lié à la possibilité de mesurer la probabilité d'occurrence des événements le concept de risque ne saurait se décliner que dans l'univers de la certitude. Il serait donc inapte à saisir le risque scientifique suspecté inhérent à la notion de précaution.

CONCLUSION DE LA SECTION I

636. L'affranchissement de la distinction de la prévention et de la précaution des catégories traditionnelles du droit que sont la faute et le risque postule de considérer que la certitude participe de ces deux concepts. Par conséquent, la précaution, fondée sur l'incertitude, et la distinction qui en résulte entre celle-ci et la prévention ne sauraient être pensées à travers les catégories traditionnelles du droit de la responsabilité civile. Ces dernières trouveraient, du fait de l'émergence de la notion d'incertitude, un point d'achoppement entraînant leur nécessaire renouvellement. L'opposition entre la faute et le risque, comme modèle d'explication et de distinction des fondements techniques de la responsabilité civile[1665] céderait le pas à celle de la prévention et de la précaution. La prévention aurait vocation à justifier la responsabilité en situation de certitude. La précaution constituerait le fondement de la responsabilité en situation d'incertitude. Mais les arguments au soutien de cette thèse peuvent être aisément réfutés au point que la distinction de la prévention et de la précaution, fondée sur celle du risque avéré et du risque suspecté, se révèle en réalité soumise aux catégories traditionnelles du droit de la responsabilité civile que sont la faute et le risque.

[1660] F. EWALD, op. cit., p. 173.
[1661] F. EWALD, op. cit., p. 174.
[1662] F. EWALD, op. cit., p. 285.
[1663] En ce sens "le point de vue fréquentiste a partie liée avec une position macrosociale (l'Etat ou une collectivité), alors que la position épistémique est celle d'une personne ayant à décider pour elle-même", A. DESROSIERE, op. cit., p. 72.
[1664] F. EWALD, op. cit., p. 285.
[1665] Sur la notion de "fondement technique" de la responsabilité civile, cf. *supra*, n° 621.

SECTION II

LA SOUMISSION DE LA DISTINCTION DE LA PREVENTION ET DE LA PRECAUTION AUX CATEGORIES TRADITIONNELLES DU DROIT DE LA RESPONSABILITE CIVILE

637. En réalité, la distinction de la prévention et de la précaution ne saurait être affranchie des catégories de la faute et du risque. En effet, il convient de ne pas confondre deux points de vue : d'une part, l'appréciation du risque de dommage *par l'agent* dont la responsabilité est recherchée et d'autre part, celle susceptible d'être opérée *au regard des données de la science.* Or, seule la considération de l'appréciation du risque par l'agent, c'est-à-dire la prévisibilité subjective du risque par celui-ci, joue un rôle dans la détermination des concepts juridiques de faute et de risque. Qu'il s'agisse d'en imposer l'existence dans le cas de la faute ou d'en supprimer l'exigence dans le cas du risque, ce dernier étant alors réputé inhérent à l'activité humaine et donc toujours prévisible par l'agent. A l'inverse, l'appréciation du risque, compte tenu des connaissances scientifiques et techniques n'est pas une condition constitutive des notions de faute et de risque. Or la distinction du risque avéré et du risque suspecté, propre à la différenciation de la prévention et de la précaution, est fonction du seul point de vue scientifique, la probabilité de réalisation du risque s'appréciant par référence à l'état de la science[1666]. Il en résulte que la prévention et la précaution sont susceptibles d'être subsumées sous les notions de faute (§1) et de risque (§2) et même sous celle, récemment apparue, de faute de risque (§3).

§ 1 PREVENTION, PRECAUTION ET FAUTE

638. La thèse selon laquelle la faute ne pourrait pas saisir la précaution en raison de l'incertitude consubstantielle à cette dernière repose sur une réduction de la notion de faute à celui de faute subjective. Or la

[1666] Ce qui n'empêche pas que lors de la détermination du point de savoir si un individu a commis une faute de prévention ou de précaution ou s'il a contribué à la réalisation d'un risque avéré ou suspecté, intervienne alors la considération de la connaissance qu'il avait de la nature du risque encouru, que cette connaissance doive être prouvée dans le premier cas, ou qu'elle soit présumée dans le second. Mais précisément cela témoigne du fait que la prévention et la précaution s'inscrivent dans les catégories traditionnelles du droit de la responsabilité et ne sont pas elles-mêmes constitutives de nouveaux fondements de cette responsabilité. Autrement dit, si la distinction de la prévention et de la précaution permet de qualifier la nature de la responsabilité en fonction de celle du risque encouru, elle ne *fonde* pas la responsabilité dans la mesure où la raison technique qui permet d'imputer le dommage au fait générateur demeure toujours l'existence d'une faute ou la création d'un risque.

reconnaissance doctrinale[1667], jurisprudentielle[1668] et légale[1669] de la notion de faute objective permet, au contraire, d'en faire un instrument susceptible d'appréhender la faute consistant à ne pas avoir empêché la survenance d'un risque scientifique avéré ou suspecté. En effet, en vertu de la conception objective de la faute, "la constatation d'un écart de conduite ou la transgression d'un devoir imposé par les règles juridiques suffit à caractériser la faute civile sans qu'il y ait lieu de s'interroger sur l'état d'esprit de l'agent"[1670]. Il importe peu que l'agent qui viole le devoir ait estimé que le risque était avéré ou suspecté. Le jugement qu'il a porté sur le risque n'est pas pris en considération, seule compte la constatation objective du non-respect de l'obligation imposée par la loi, les règlements ou la jurisprudence. La notion de certitude, comme qualité du jugement de l'agent sur le risque encouru, n'est pas de l'essence de la faute et ne fait donc pas obstacle à l'existence d'une "faute de précaution", à condition de l'entendre dans son sens objectif. Dès lors, les notions de prévention et de précaution, loin de remettre en cause le rôle de la faute comme fondement technique de la responsabilité civile s'inscrivent pleinement dans ce dernier. Pour s'en convaincre il suffit de mentionner ici le recours à la *précaution*, en raison de la forme primaire du risque encouru, aux débuts de l'industrialisation.

639. Tant qu'ils étaient peu nombreux et qu'ils n'avaient pas pu être encore statistiquement recensés, les accidents du travail ne pouvaient être objectivés selon le modèle fréquentiste[1671]. Le risque d'accident du travail s'apparentait alors à une incertitude en ce sens que sa propension à se réaliser n'était pas avérée. Durant cette période, la connaissance du risque d'accident du travail en était à ses débuts. Le risque encouru à cette époque peut être analysé comme un risque seulement suspecté relevant de la précaution. Les solutions retenues par les arrêts qui ont statué sur la responsabilité de patrons à l'aube de l'industrialisation, et avant que la théorie du risque ne soit formalisée, sont riches d'enseignements. Elles doivent être rapprochées de celles proposées aujourd'hui à travers la notion de précaution pour résoudre les questions de responsabilité liée à des risques encore incertains. En effet, avant que Saleilles

[1667] Sur les différents partisans de cette conception, cf. G. VINEY et P. JOURDAIN, op. cit., n°444 ; H. MAZEAUD, "La *faute objective* et la responsabilité sans faute", *D.*, 1985, chron. p. 13.
[1668] Ainsi, à propos de la responsabilité de l'*infans* : Ass. Plen., 9 mai 1984, *J.C.P.*, 1984, II, 20255, note N. DEJAN DE LA BATIE et 20256, note P. JOURDAIN et 20291, rapport FEDOU ; *D.*, 1984, jur. p. 525, note F. CHABAS ; *R.T.D.civ.*, 1984, p.508, obs. J. HUET. Solution réaffirmée depuis par Civ. 2ème, 28 février 1996, *B.C.*, II, n° 54 ; *D.*, 1996, jur. p. 602, note DUQUENE ; *D.*, 1997, somm. p. 28, obs. D. MAZEAUD ; *R.T.D.civ.*, 1996, p. 628, obs. P. JOURDAIN.
[1669] Article 489-2 du Code civil, introduit par la loi du 3 janvier 1968, qui dispose que "celui qui a causé un dommage à autrui alors qu'il était sous l'empire d'un trouble mental, n'en est pas moins obligé à réparation".
[1670] G. VINEY et P. JOURDAIN, op. cit., n° 444.
[1671] Sur ce modèle, cf. *supra*, n° 64.

et Josserand n'inventent la théorie du risque, plusieurs décisions avaient retenu, sur le visa de l'article 1382 du Code civil, la responsabilité de certains patrons. Ces décisions étaient fondées sur le fait que l'employeur n'avait pas pris les mesures de nature à prévenir la réalisation d'un risque d'accident dont la survenance était simplement *possible* et non certaine. Ainsi, dans une décision du 7 janvier 1878, la Chambre des Requêtes de la Cour de cassation avait rejeté le pourvoi formé contre un arrêt de la Cour d'appel de Dijon. Ce dernier avait retenu la responsabilité d'un employeur, pour manque de "précaution", au motif que celui-ci se devait de "prévoir les causes non seulement habituelles, mais simplement *possibles* d'accidents et de prendre toutes les mesures qui seraient de nature à les éviter"[1672]. Le défaut de *précaution* relevé expressément par les juges du fond prend ici tout son sens. Il ne s'agit pas de sanctionner une omission portant sur un risque avéré mais de condamner l'absence d'anticipation d'un risque dont la connaissance est encore embryonnaire. En effet, c'est bien "l'insuffisance de la science" qui rend difficile l'établissement de la cause et la mise en œuvre des moyens destinés à éviter l'accident industriel[1673]. Sanctionner le patron sur le fondement de la faute d'imprudence équivalait à indiquer ce qu'il "aurait dû faire pour prévenir l'accident et prouver que par avance il aurait pu et dû se douter des moyens préventifs à prendre et qu'on a découverts qu'après coup"[1674].

640. Ainsi, la conception classique de la responsabilité subordonnait le droit à réparation de l'ouvrier à la preuve d'une faute de son employeur alors même que les connaissances scientifiques ne permettaient pas de déterminer avec certitude la cause et les moyens d'éviter le risque encouru. Une telle appréhension des accidents du travail s'apparente à la mise en œuvre d'une responsabilité pour *défaut de précaution*. La nature primaire du risque encouru, du fait de l'émergence de l'industrialisation, légitime l'analogie entre la sanction de la faute d'imprudence de l'employeur, sur le fondement de l'article 1382 du Code civil, avant l'invention de la théorie du risque, et la faute de précaution telle qu'elle résulte de l'article L. 110-1 du Code de l'environnement.

[1672] Req. 7 janvier 1878, *D.*, 1878, I, p. 297. Dans le même sens, cf. Amiens, 15 novembre 1883, *S.*, 1884, 2, p. 6 (les patrons ont le devoir de "prévoir les causes *possibles* d'accidents").

[1673] "c'est l'insuffisance de la science qui fait obstacle à nos efforts soit pour rechercher la cause de l'accident, soit pour le prévenir", note sous Civ. 19 juillet 1870, *D.*, 1870, p.46. Le critère des connaissances scientifiques était également présent dans le jugement de première instance -qui certes rejetait l'action en responsabilité de l'ouvrier- ayant donné lieu à l'arrêt de la Cour de cassation du 7 janvier 1878 (préc.) qui se référait à "l'état actuel de la science et de l'industrie". Dans le même sens (J. CARBONNIER, *Droit civil. Les obligations*, op. cit., n° 203) s'interroge en ces termes à propos du "développement du machinisme (la machine à vapeur, plus tard l'automobile) source d'accidents de plus en plus nombreux, et d'accidents anonymes dont la cause ne paraît pouvoir être imputée à aucune action humaine" : "n'est-ce pas transitoire, et *un jour, l'expertise scientifique ne permettra t-elle pas de connaître toutes les causes* ?".

[1674] R. SALEILLES, op. cit., n° 6, p. 9.

§ 2 PREVENTION, PRECAUTION ET RISQUE

641. La thèse selon laquelle le risque, dans la théorie du risque, dans la mesure où il procède d'une objectivation de la notion d'accident, pourrait saisir le risque scientifique avéré mais non le risque scientifique suspecté doit être ici réfutée. En effet, elle est fondée sur une confusion entre l'appréciation objective du risque *par la science*, seul critère de la distinction de la prévention et de la précaution, et l'appréciation subjective *par l'agent* dont la responsabilité civile est recherchée. Ainsi, Saleilles oppose la "théorie courante et ancienne" ou théorie subjective, dans laquelle il suffisait, pour qu'il y ait responsabilité, que l'agent ait été en mesure de prévoir le dommage et de ne pas l'avoir prévu, à la "conception nouvelle" ou théorie objective. Cette dernière reconnaît la responsabilité de l'agent "sans qu'il y ait à rechercher si le dommage pouvait ou non être prévu et s'il était humainement possible ou non de l'empêcher[1675]. Mais il se réfère à cette absence de prévisibilité de l'accident (dans la théorie objective) en vue de l'opposer à la faute personnelle de l'agent, et non pour affirmer que l'accident, en tant que fait objectif est imprévisible. La prévision que vise Saleilles est la prévision subjective de l'accident : le fait que tel patron n'ait pas pu prévoir ni empêcher tel accident n'ôte rien à la prévisibilité objective de l'accident en tant que fait de l'industrie comportant des risques[1676]. Il convient donc de distinguer la connaissance par un industriel déterminé des risques de son industrie et l'existence objective de ces risques, compte tenu de l'état de la science. Or seule la première est une condition constitutive de la notion de risque comme catégorie du droit, laquelle envisage le risque du point de vue l'agent qui le crée ou qui en profite[1677]. La notion de faute et celle de risque, comme fondements techniques de la responsabilité, participent toutes les deux d'une même analyse en terme de prévisibilité subjective du dommage par l'agent dont la responsabilité civile est recherchée. Cependant, tandis que la première exige que le risque dont la réalisation constitue le dommage ait été prévu par ce dernier, la seconde n'implique pas une telle condition, le risque étant réputé inhérent à l'activité humaine et donc toujours subjectivement prévisible. Et, si cette dernière prévisibilité repose en dernière analyse sur l'état des connaissances scientifiques, celle-ci n'est pas la caractéristique essentielle qui définit les notions de faute et de risque. En effet, la prévision objective de

[1675] R. SALEILLES, op. cit., n° 7, p. 10-11 et n° 47, p. 68.

[1676] C'est en ce sens qu'il faut interpréter les propos suivants : "Alors même qu'il serait démontré que l'accident ne pouvait ni être prévu, ni empêché, du moment qu'il se rattache au fait initial dont on a dû accepter les conséquences, c'est à l'auteur de ce fait d'en subir les risques", R. SALEILLES, op. cit., n° 7, p. 11.

[1677] Tandis que la théorie du *risque créé* fonde la responsabilité sur le fait d'introduire dans la vie sociale une activité génératrice de risques, celle du *risque profit* justifie la responsabilité découlant des risques d'une activité comme contrepartie des bénéfices tirés de cette activité. Cf. J. CARBONNIER, op. cit., n° 204 ; F. TERRE, Ph. SIMLER et Y. LEQUETTE, op. cit., n° 685 ; J. FLOUR, J.-L. AUBERT et E. SAVAUX, op. cit., n° 70.

l'accident, compte tenu des données de la science est en quelque sorte absorbée par la considération de la possibilité pour l'agent d'anticiper ou non le dommage[1678]. De ce point de vue, la théorie du risque inventée par Saleilles et Josserand en 1897 ne se réfère pas au seul risque probabilisable mais renvoie à la fois au risque *et* à l'incertitude[1679]. La réduction de la notion juridique de risque à sa dimension assurancielle procéderait d'une présentation "nouvelle et biaisée"[1680].

642. Autrement dit, la possibilité de mesurer le risque a certes contribué à faire émerger la notion de risque comme catégorie du droit de la responsabilité civile dans la mesure où elle a fourni une justification à l'imputation de certains dommages au fait générateur de responsabilité. Elle n'en est pas moins seulement demeurée un instrument au service de la règle juridique sans pour autant en constituer la caractéristique essentielle. En revanche, ce qu'apporte l'analyse des conditions d'émergence de la catégorie juridique du risque, en droit de la responsabilité civile, c'est le rôle joué par la norme scientifique. Cette dernière est intervenue non pas dans la définition juridique du risque, mais dans la justification de l'utilisation de cette notion comme fondement de la responsabilité civile. La science y a, en effet, été utilisée comme méthode. Cette méthode, alors mise au service du droit de la responsabilité, a permis de fournir un critère de prévisibilité quant à la possibilité de prévoir et donc de prévenir certains dommages. Il reste qu'à première vue, les données de la science, compte tenu desquelles a été apprécié le risque, ne semblent pas relever des sciences de la nature mais plutôt des sciences sociales, en particulier de la statistique. Elles ne sont pourtant pas sans lien avec ces dernières. En effet, derrière le fait social de l'accident du travail, objectivé par la statistique, il y a toujours un fait matériel qui renvoie à une causalité naturelle, c'est-à-dire à une causalité physique[1681].

643. En substituant au fait de l'homme, le risque de la chose, comme fondement de la responsabilité (dans le but d'éviter aux victimes la preuve de la faute et surtout celle du lien de causalité entre celle-ci et le dommage) la théorie du risque a consacré une conception matérielle ou scientifique de la causalité. La responsabilité n'est plus désormais rattachée au fait fautif mais à la cause

---

[1678] Sur la dissociation entre la prévisibilité subjective de l'agent et la prévision objective du dommage, compte tenu des données de la science, résultant de la distinction de la prévention et de la précaution, cf. *supra*, n° 440.

[1679] Sur la distinction *risque / incertitude*, cf. Chp. préliminaire, *supra*, n° 76 et s.

[1680] G. MARTIN, "Précaution et évolution du droit", *D.*, 1995, chron., p. 304.

[1681] Sur le modèle de la causalité physique et son usage en droit, cf. H. CROZE, "L'incidence des mécanismes processuels sur l'établissement du lien de causalité", *in Exigence sociale, jugement de valeur et responsabilité civile en droit français, allemand et anglais*, op. cit., p. 55.

objective du dommage[1682]. Elle témoigne d'un effort pour "transporter dans le monde juridique une loi physique de causalité efficiente"[1683]. Or les normes scientifiques "ont vocation à constituer des modèles du déroulement des choses dans la réalité, des modèles de la survenance des choses dans le cours du réel"[1684]. En tant que "modèles de déroulement du réel, [elles] permettent bien aux hommes de mesurer à l'avance, par application syllogistique, les développements événementiels de la réalité et d'adapter en conséquence leurs comportements. Cette fonction recognitive, et finalement l'existence même de la science, n'est évidemment possible que parce que la réalité se répète, au moins en partie, et parce qu'elle se répète au moins en partie selon un modèle déterminé"[1685]. C'est "en ce sens que l'on associe couramment la science à l'idée de prévision"[1686].

644. La considération de la norme scientifique est précisément ce qui permet d'opérer une distinction entre la prévention et la précaution[1687]. Par conséquent, la notion de risque utilisée par le droit de la responsabilité civile ne saurait faire obstacle à la réception de la distinction de la prévention et de la précaution. Elle se révèle, au contraire, propice à saisir le risque scientifique avéré et le risque scientifique suspecté dans la mesure où les raisons qui ont présidé à sa reconnaissance sont intimement liées au concept de causalité scientifique. Ainsi, *la notion de causalité scientifique permet de faire le pont entre d'une part, les risques scientifiques suspectés à l'origine de l'émergence de la notion juridique de précaution*[1688] *et les risques scientifiques avérés relevant de la prévention, et d'autre part, les risques scientifiques inhérents à tout danger créé par l'utilisation de choses en raison du lien de causalité matérielle ou scientifique entre cette utilisation et le dommage produit. Ces derniers risques pouvant être avérés ou seulement suspectés, compte tenu des données de la science et de la technique.* Il ne saurait, en effet, y avoir plusieurs

---

1682 Avec la théorie du risque "la responsabilité ne résulte pas de la culpabilité et de la faute ; c'est une question de causalité matérielle. *Est responsable celui qui a matériellement causé le dommage. Ainsi la responsabilité n'est plus subjective*, fondée sur l'appréciation de la conduite de l'auteur du dommage, *elle est objective*, fondée sur le fait matériel de la causalité", G. MARTY et P. RAYNAUD, op. cit., p. 436. "le problème de la responsabilité n'est plus un problème *moral*, d'appréciation d'une conduite humaine. Il devient un problème *scientifique*, de causalité. Celui qui a *causé* un dommage du fait d'une activité à risques est, à cette seule condition, tenu de le réparer", J. FLOUR, J.-L. AUBERT et E. SAVAUX, op. cit., n° 70.

1683 G. RIPERT, *La règle morale dans les obligations civiles*, Paris, L.G.D.J., 1949 (4ème éd.), n°117, p. 213.

1684 P. AMSELEK, "Norme et loi", *A. P. D.*, 1980, p. 97.

1685 P. AMSELEK, art. préc., p. 98.

1686 P. AMSELEK, art. préc., p. 97-98.

1687 Sur la causalité scientifique comme critère distinctif des responsabilités pour défaut de prévention et de précaution, cf. *supra*, n° 219 et s.

1688 Il s'agit des risques environnementaux, conformément aux dispositions de l'article L. 110-1 du Code de l'environnement.

types de conceptions de la notion de connaissances scientifiques et techniques en fonction de l'objet du dommage dont le risque constitue la réalisation. Dans tous les cas la notion de risque scientifique est fondée sur celle de causalité efficiente. Que le risque soit apprécié en fonction des données de la science environnementale, médicale ou de tout autre type de science de la nature, la cause du dommage, que constitue la réalisation du risque, est toujours celle qui l'a produit. Dès lors, loin de remettre en cause le rôle du risque comme fondement de la responsabilité civile[1689], l'émergence de la notion de précaution est de nature à en favoriser le redéploiement, en l'étendant à l'appréhension des risques scientifiques suspectés[1690].

§ 3 PREVENTION, PRECAUTION ET "FAUTE DE RISQUE"

645. Depuis l'apparition de la théorie du risque, la coexistence entre ce dernier et la notion de faute a conduit à l'émergence de diverses propositions doctrinales tendant soit à réduire le premier à la seconde, soit à dépasser l'opposition traditionnelle entre ces deux fondements. S'inscrivant dans le premier de ces deux courants, Léon Husson estimait que la théorie du risque ne constituait qu'une "extension de la théorie de la faute". Pour lui, l'exigence de justice commutative, qui impose à chacun de supporter le poids des risques qu'il a créés, est également le principe générateur de la théorie de la faute, en sorte que "la faute, telle que la théorie classique l'entend, englobe une part de risques"[1691]. Aussi, "la théorie du risque prolonge la théorie de la faute [...] l'obligation pour autrui d'assumer les risques de son activité ne saurait me dispenser de veiller moi-même sur mes intérêts ; et l'on ne saurait lui imputer, comme un risque de cette activité, les répercussions nuisibles pour moi qu'elle entraîne, lorsqu'il est en mon pouvoir et dans mon rôle de les esquiver". La théorie du risque tend ainsi à "renforcer le sentiment de la responsabilité en

---

[1689] Sur les manifestations de ce constat en droit positif, cf. *supra*, n° 480 et s.

[1690] "les objectifs qui sont aujourd'hui assignés à la prise en compte du principe de précaution dans l'aménagement des règles de la responsabilité sont exactement les mêmes que ceux qui ont inspirés, à la fin du XIXème siècle, la «théorie du risque» et qui justifient les cas de responsabilité sans faute qu'elle a pu inspirer, de telle sorte que cette construction doctrinale peut être considérée comme ayant intégré, un siècle avant que l'on ne parle du «principe de précaution», tous les apports potentiels de ce principe au droit de la responsabilité", Ph. KOURILSKY et G. VINEY, op. cit., p. 181.

[1691] L. HUSSON, *Les transformations de la responsabilité. Etude sur la pensée juridique*, Paris, P.U.F. (coll. "Bibliothèque de philosophie contemporaine"), 1947, p.356 et s. En réalité, les tentatives d'unification du risque et de la faute sont apparues au lendemain même de la formalisation de la théorie du risque, cf. M. TEISSEIRE, *Essai d'une théorie générale sur le fondement de la responsabilité* (thèse, Aix), Paris, Arthur Rousseau, 1901. "Risques et responsabilité représentent, en somme, les deux faces, réciproquement complémentaires, d'une idée générale et nécessaire de la vie juridique, l'idée de la répartition des dommages qui atteignent les intérêts privés", F. GENY, "Risques et responsabilité. A propos de deux thèses récentes", *R.T.D.civ.*, 1902, p. 812.

obligeant l'auteur d'une initiative à envisager jusqu'à une plus grande distance la répercussion de ses actes"[1692]. Elle procède ainsi du "même idéal" que celui sur lequel est fondée la notion de faute.

646. Dans une perspective inverse, la célèbre théorie de la garantie, énoncée par Boris Starck, se proposait de dépasser le "dilemme de la faute et du risque" en envisageant la responsabilité non plus du point de vue de l'auteur du dommage mais du point de vue de la victime[1693]. Le principe de la garantie réside dans "la reconnaissance d'un droit individuel à la sécurité, dont la violation non autorisée constitue un dommage causé sans droit, *une injustice en soi*, indépendamment de l'état psychique et mental de celui qui l'a causé"[1694]. Sa mise en œuvre est fondée sur une distinction entre deux types de dommages : les dommages matériels et corporels relevant du droit à la sécurité, et les dommages moraux ou économiques dont la réparation est subordonnée à la preuve d'une faute. Pour autant, s'il existe, pour cet auteur, des cas de responsabilité pour faute ou pour risque, le fondement unique de la responsabilité réside dans la garantie des droits essentiels de l'individu et du groupe. A cet égard, la garantie s'apparente alors bien plus à un fondement méta-juridique qu'à un fondement technique[1695]. Et de ce point de vue, la garantie, en tant qu'elle est fondée sur la sécurité, est une condition du devoir de prudence[1696].

647. Le constat, maintes fois souligné, de l'objectivation de la responsabilité civile, depuis la mise en évidence du mouvement de *socialisation de la responsabilité*[1697] et du *déclin de la responsabilité individuelle*[1698], a conduit certains auteurs à prôner un abandon de la faute[1699], en dépit des appels constants au maintien de cette notion[1700]. Aujourd'hui, ce constat a fait place, à

[1692] L. HUSSON, op. cit., p. 359.

[1693] B. STARCK, *Essai d'une théorie générale de la responsabilité civile considérée en sa double fonction de garantie et de peine privée*, thèse, Paris, L. Rodstein, 1947.

[1694] B. STARCK, op. cit., p. 49.

[1695] Sur la distinction entre ces deux types de fondement, cf. *supra*, n° 621.

[1696] "les obligations d'agir avec prudence et diligence [...] impliquent un esprit de solidarité entre les membres de la société se traduisant par le devoir de prendre les mesures nécessaires pour éviter de nuire aux autres par son activité", B. STARCK, op. cit., p. 62.

[1697] R. SAVATIER, *Les métamorphoses économiques et sociales du droit civil aujourd'hui*, Paris, Dalloz [1959], 1964 (3ème éd.), chp. XII, "Vers la socialisation de la responsabilité et des risques individuels".

[1698] G. VINEY, *Le déclin de la responsabilité individuelle*, thèse, Paris, L.G.D.J., 1965.

[1699] M.-Th. CALAIS-AULOY, "La libération du droit de la responsabilité par l'abandon de la notion de faute", *D.*, 1998, Dernière actualité, p. 1.

[1700] P. ESMEIN, "La faute et sa place dans la responsabilité civile", *R.T.D.civ.*, 1949, p.481 ; R. SAVATIER, "Personnalité et dépersonnalisation de la responsabilité civile", *in Mélanges de droit, d'histoire et d'économie offerts à Marcel Laborde-Lacoste*, Bordeaux, Bière, 1963, p. 321 (spéc. p. 341-342) ; Y. FLOUR, "Faute et responsabilité civile : déclin ou renaissance ?", *Droits*,

nouveau, à l'opportunité d'un dépassement de l'opposition traditionnelle entre la faute et le risque. Mais si le principe de ce dépassement est suggéré par de nombreux auteurs[1701], les modalités d'une telle évolution demeurent encore largement incertaines. A cet égard, la question du fondement technique de la responsabilité civile, c'est-à-dire des conditions concrètes d'engagement de cette dernière, n'est pas toujours pleinement distinguée de son fondement idéologique ou rationnel, comme en témoigne la recherche d'une "éthique de la responsabilité"[1702]. Comme souvent en droit de la responsabilité, l'arrivée d'un nouveau terme sur la scène juridique ne pouvait que contribuer à alimenter un peu plus le débat. La précaution a alors été présentée comme un candidat susceptible de succéder à la traditionnelle opposition du risque et de la faute, comme fondement de la responsabilité civile[1703].

648. La notion de "faute de risque", proposée par certains[1704] cristallise cette évolution[1705]. Selon ses auteurs la "faute de risque" ne serait que l'une des deux expressions du "risque fautif", caractéristique de la responsabilité en situation d'incertitude. Le risque fautif est présenté comme comportant "deux aspects distincts : l'un, que l'on peut nommer le risque de faute, est le critère qui permet de sanctionner tous ceux dont le comportement constitue un risque jugé anormal ou excessif, qui est sanctionné par ce seul fait. L'autre, qui est la faute de risque, consiste à apprécier l'existence d'une faute à partir de la constatation d'un dommage"[1706]. Mais, si la notion de "faute de risque" permet, en effet, de "faire apparaître une nouvelle forme de responsabilité, au carrefour de la faute et du risque"[1707], il nous semble qu'elle ne saurait être appliquée aux seules

---

1987, p. 29 ; Ph. LE TOURNEAU, "La verdeur de la faute dans la responsabilité civile (ou la relativité de son déclin)", *R.T.D.civ.*, 1988, p. 505 ; C. RADE, "L'impossible divorce de la faute et de la responsabilité civile", *D.,* 1998, chron. p. 301. Pour ce dernier, le recul de la faute comme condition de la responsabilité civile, c'est-à-dire comme fondement technique de celle-ci, ne doit pas masquer son rôle fondamental comme fondement rationnel ou éthique de la responsabilité.

[1701] Exemple : F. TERRE, Ph. SIMLER, Y. LEQUETTE, op. cit., n° 691.

[1702] Y. LAMBERT-FAIVRE, "L'éthique de la responsabilité", art. préc. ; J.- F. MATTEI, "Le fondement éthique de la responsabilité", *Resp. civ. et ass.*, juin 2001, n° 6 bis, hors série, p. 16.

[1703] En ce sens, cf. C. THIBIERGE, "Libres propos sur l'évolution du droit de la responsabilité. (Vers un élargissement de la fonction de la responsabilité civile ?)", art. préc. et "Avenir de la responsabilité, responsabilité de l'avenir", art. préc. ; M. BOUTONNET, op. cit., n° 570 et s.

[1704] J. et C. de MAILLARD, *La responsabilité juridique*, Paris, Flammarion (coll. "Dominos"), 1999, p. 51.

[1705] L'idée d'un risque constitutif d'une faute apparaît déjà en filigrane dans la thèse de M. FABRE-MAGNAN (*De l'obligation d'information dans les contrats. Essai d'une théorie*, op. cit., p. 497). Pour cette dernière, en effet, "l'exposition à un risque n'est pas en toute rigueur un préjudice mais une faute, un comportement de nature à entraîner un dommage : la réalisation d'un risque".

[1706] Cette dernière perspective constitue une application de la maxime *res ipsa logitur* (la chose parle d'elle même), qui permet de présumer la responsabilité à partir de la constatation du dommage, cf. H. ROLAND et L. BOYER, op. cit., n° 395.

[1707] J. et C. de MAILLARD, op. cit., p. 50.

situations d'incertitude relevant de la précaution. La notion de "faute de risque" transcende la distinction de la prévention et de la précaution puisque le risque, dont la réalisation constitue le dommage, est susceptible d'être avéré ou seulement suspecté, compte tenu des données de la science.

649. En revanche, en inscrivant la faute au cœur du risque, la notion de "faute de risque" met l'accent sur la considération de l'anticipation du dommage. Cette dernière n'est alors qu'une caractérisation du fait générateur envisagé comme une mesure "d'évitement" ou "d'empêchement" du dommage ayant par hypothèse échoué et conduit à la réalisation de ce dernier[1708]. Elle fait apparaître avec netteté la tension qui unit le fait générateur au dommage et permet de placer ainsi la notion de causalité scientifique au cœur de la responsabilité civile. Or c'est précisément sur cette notion que se cristallise la distinction de la prévention et de la précaution[1709]. La première est une mesure de nature à éviter la survenance d'un risque avéré tandis que la seconde vise à prévenir celle d'un risque seulement suspecté. Dès lors, la notion de "faute de risque" se présente plutôt comme un instrument commun au service de la prévention et de la précaution, celles-ci étant susceptibles d'être subsumées sous cette dernière notion.

CONCLUSION DE LA SECTION II

650. La prévention et la précaution, fondées sur l'état de la science, peuvent être subsumées sous les notions juridiques de faute et de risque. En effet, envisagée dans son sens objectif la notion de faute renvoie à la violation d'un devoir, indépendamment de la prise en compte de l'état mental de l'agent c'est-à-dire de son jugement subjectif sur la nature du risque. Que le risque encouru ait été jugé avéré ou suspecté par l'agent, cela ne fait donc pas obstacle à une analyse en terme de "faute" de prévention ou de précaution, compte tenu des données de la science. De son côté, l'émergence de la notion juridique de risque, bien que distincte du concept assuranciel de risque, a été rendue possible grâce à la prise en considération de la notion de causalité scientifique. Par conséquent, elle est susceptible de saisir aussi bien le risque scientifique avéré que le risque scientifique suspecté. Le même constat peut être fait s'agissant du concept de "faute de risque", proposé par certains auteurs, et qui est de nature à appréhender tout type de risques quelle que soit sa nature avérée ou suspectée.

[1708] Puisque nous sommes ici dans le paradigme classique de la responsabilité civile, fondé sur l'exigence de la réalisation d'un dommage.

[1709] Sur la causalité scientifique comme critère distinctif des responsabilités pour défaut de prévention et de précaution, cf. *supra*, n° 219 et s.

CONCLUSION DU CHAPITRE III

651. Les deux catégories traditionnelles du droit de la responsabilité civile que sont la faute et le risque se révèlent tout à fait aptes à saisir la distinction de la prévention et de la précaution. D'une part, en effet, la faute et le risque sont susceptibles d'appréhender aussi bien le risque scientifique et technique avéré que le risque scientifique et technique suspecté. D'autre part, la combinaison de ces deux fondements techniques, sous l'égide de la notion de "faute de risque", se révèle également propice à saisir le risque avéré et le risque suspecté, compte tenu des données de la science et de la technique.

652. Les catégories classiques de la faute et du risque ne constituent donc pas un obstacle à l'expression de la distinction de la prévention et de la précaution. Au contraire, l'analyse des composantes de la faute, conçue de manière objective, ainsi que la remontée aux sources de la théorie du risque permettent de mettre en évidence les liens entre ces deux notions et la norme scientifique. Or la distinction de la prévention et de la précaution repose précisément sur cette norme. Cela est donc de nature à favoriser l'appréhension par les notions de faute et de risque, des risques scientifiques et techniques quel que soit leur caractère avéré ou suspecté.

CONCLUSION DU TITRE II

653. La prise en considération du risque scientifique et technique suspecté, sous l'impulsion de la notion de précaution, se traduit par un enrichissement des responsabilités du fait personnel et du fait des choses. Elle conduit à opérer une distinction entre les *devoirs de prévention* fondés sur un risque avéré et les *devoirs de précaution* fondés sur un risque suspecté. Les domaines de la faute délictuelle et de la faute contractuelle se trouvent ainsi revisités au regard d'un dédoublement entre ces deux types de devoirs.

654. Ce renouvellement du contenu du fait personnel affecte tout particulièrement les devoirs légaux existants en lien avec l'évolution des connaissances scientifiques et techniques. Il en est ainsi des obligations de sécurité, des obligations d'information en matière environnementale, médicale ou encore alimentaire. Cette extension des devoirs en direction du risque suspecté trouve également à s'exprimer à travers l'essor des normes de conduites et des normes techniques. En outre, la distinction de la prévention et de la précaution vient renforcer certaines obligations portant sur le risque, comme le devoir d'évaluation ou de recherche sur celui-ci. Elle conduit également à la reconnaissance de nouveaux types de devoirs, tels que le devoir de traçabilité ou l'obligation de suivi.

655. La réception de la précaution par le droit civil devrait aussi conduire à une extension de la responsabilité du fait des choses. A cet égard, le concept traditionnel de prévention, comme mesure d'anticipation d'un dommage, devrait trouver là de quoi s'offrir une nouvelle jeunesse. En particulier, les liens entre ce concept et l'approche probabiliste des événements dommageables sont de nature à favoriser l'expression de la distinction de la prévention et de la précaution. Mais plus généralement ce sont tous les éléments constitutifs de la responsabilité du fait des choses en droit commun (à savoir la chose, le fait de la chose et la garde de la chose) qui devraient être affectés par la distinction du risque avéré et du risque suspecté. De son côté, le domaine de la responsabilité contractuelle du fait des choses devrait également se trouver élargi sous l'impulsion de la notion de précaution. En particulier, le recours à la garantie des vices cachés ou à l'obligation de sécurité ne devrait plus être réservé à la prise en considération du risque avéré. En réalité, concernant cette dernière obligation, l'analyse du droit positif révèle déjà son extension au risque suspecté, qu'il s'agisse de sa version contractuelle ou de sa forme "décontractualisée". A cet égard, la distinction de la prévention et de la précaution est susceptible de se déployer au sein d'une conception unifiée de la sécurité, transcendant le clivage classique entre les responsabilités délictuelle et contractuelle.

656. Enfin, les fondements techniques traditionnels de la responsabilité civile que sont la faute et le risque, ne constituent pas un obstacle à l'expression de la distinction de la prévention et de la précaution. Au contraire, ils se révèlent tout à fait aptes à saisir les risques scientifiques et techniques qu'ils soient avérés ou seulement suspectés. Au regard du fait générateur de responsabilité civile, le critère de distinction de la prévention et de la précaution, que constitue la norme scientifique et technique, permet de rattacher les risques résultant d'un *défaut de prévention* ou *de précaution* à tous les autres types de risques. En effet, tout risque est susceptible d'être réduit, en dernière analyse, à l'existence d'un lien de causalité matérielle ou scientifique avec le fait générateur du dommage.

CONCLUSION DE LA PREMIERE PARTIE

657. Le droit de la responsabilité civile se révèle tout à fait apte à saisir la distinction de la prévention et de la précaution. A cet égard, l'assouplissement de la définition et de la preuve de la causalité juridique est de nature à favoriser l'intégration commune du risque avéré et du risque suspecté. De son côté, la notion de causalité scientifique se présente comme le critère de distinction entre les responsabilités pour *défaut de prévention* et *défaut de précaution*. Elle permet ainsi de qualifier la responsabilité au regard de la nature du risque encouru, compte tenu des données de la science. La réception de la précaution par le droit de la responsabilité civile se traduit par une extension quantitative du domaine d'application de cette dernière en direction de l'incertitude scientifique.

658. La distinction de la prévention et de la précaution tend à renouveler le domaine de la faute contractuelle et de la faute délictuelle, en insérant à côté des *devoirs de prévention*, des *devoirs de précaution*. Si les domaines de l'environnement et de la santé sont particulièrement propices à cette évolution, en réalité la distinction est de nature à affecter tout type de risques. En effet, le critère distinctif de la prévention et de la précaution est fondé sur la norme scientifique. Il est donc susceptible de concerner de nombreux domaines, puisque toute causalité juridique se réduit, en dernière analyse, à une causalité scientifique. La même analyse peut être faite s'agissant des responsabilités délictuelle et contractuelle du fait des choses. Ici encore la distinction de la prévention et de la précaution conduit à un dédoublement des obligations, entre celles fondées sur un risque avéré et celles relevant d'un risque suspecté. Ce renouvellement du droit de la responsabilité civile affecte tout particulièrement les obligations d'information et de sécurité.

659. En revanche, l'ensemble de ces conclusions ne préjuge aucunement de la réponse à la question de l'incidence des notions de prévention et de précaution sur *l'existence du paradigme classique de la responsabilité civile, fondé sur l'exigence de la réalisation d'un dommage*. Pour répondre à cette interrogation, il convient, en effet, de tester la résistance de la conception classique de la responsabilité civile, tournée vers la réparation des dommages, aux changements qui affectent ces derniers du fait de l'évolution des sciences et des techniques. Autrement dit, il convient d'envisager désormais la distinction de la prévention et de la précaution, du risque avéré et du risque suspecté, non plus du point de vue du lien de causalité et du fait générateur de responsabilité civile mais du point de vue du dommage.

DEUXIEME PARTIE :

PREVENTION, PRECAUTION ET PROMOTION DE LA RESPONSABILITE CIVILE PREVENTIVE

660. Examinée sous l'angle du lien de causalité et du fait générateur, la distinction de la prévention et de la précaution a conduit à revisiter ces deux conditions de la responsabilité au regard de la différenciation entre le risque avéré et le risque suspecté. La prise en compte du risque suspecté est, en effet, de nature à élargir quantitativement le domaine de la responsabilité civile. L'exigence d'un dommage[1710], quant à elle, semble cristalliser la problématique du rôle que les notions de prévention et de précaution sont appelées à jouer en droit de la responsabilité civile. D'une part, en effet, parce que du point de vue du dommage, la distinction de la prévention et de la précaution tend à s'estomper, le dommage se présentant comme la *réalisation d'un risque*, que celui-ci soit avéré ou seulement suspecté. L'accent doit donc être porté non plus sur le critère distinctif des notions de prévention et de précaution, qu'est l'absence ou la présence d'une incertitude scientifique, mais sur le caractère commun aux risques engendrés par un défaut de prévention ou de précaution que constitue leur gravité. Dès lors, cette dernière conduit à s'interroger sur les modalités d'intégration, par le droit de la responsabilité civile, de ces types de risques résultant d'un défaut de prévention ou de précaution. D'autre part, il convient de rappeler que l'exigence d'un dommage est la condition qui a révélé le rôle potentiellement perturbateur de la notion légale de précaution en droit de la responsabilité civile, dans la mesure où cette dernière met l'accent sur le concept de *risque de dommage*[1711].

661. Les dommages résultant d'un défaut de prévention ou de précaution se caractérisent par leur ampleur et leur particulière gravité. Cette spécificité est un élément qui vient perturber la mise en oeuvre des règles de la responsabilité civile traditionnelle de nature curative. Face à ces dommages constituant la réalisation de risques scientifiques et techniques avérés ou suspectés, les mécanismes classiques de réparation et de garantie semblent trouver leurs limites (Titre I). Dès lors, la question se pose du chemin à emprunter pour assurer leur meilleur traitement juridique. A cet égard, l'anticipation de tels dommages se présente comme l'une des voies de leur appréhension. Une telle solution est un élément de nature à justifier la création d'une responsabilité civile préventive, déjà proposée par certains auteurs (Titre II).

[1710] A ce stade de l'analyse nous n'opérons pas de distinction entre les notions de *dommage* et de *préjudice*, que nous tiendrons pour synonymes. Sur l'intérêt que pourrait présenter l'adoption de cette distinction en dehors du paradigme classique de la responsabilité civile fondé sur l'existence d'un dommage, cf. *infra*, n° 834.

[1711] A cet égard, la nouveauté de la notion de précaution a conduit à focaliser le débat sur cette dernière, mais en réalité l'argument vaut également pour la notion légale de prévention, également fondée sur un risque de dommage.

TITRE I

LES DOMMAGES RESULTANT D'UN DEFAUT DE PREVENTION OU DE PRECAUTION, ELEMENTS PERTURBATEURS DE LA RESPONSABILITE CIVILE CURATIVE

662. En dépit de l'attention qui lui avait été portée par certains auteurs soucieux de redéfinir la responsabilité à partir de la victime, donc du préjudice subi[1712], le dommage a longtemps été délaissé par la doctrine juridique, au profit des deux autres conditions de la responsabilité civile[1713]. Il suscite aujourd'hui un regain d'intérêt[1714] au point qu'il semble même désormais constituer la condition dont la nécessité est à la fois la plus contestée, comme en témoignent les partisans de la reconnaissance d'une responsabilité civile préventive[1715] et la plus revendiquée, certains auteurs prônant une reconstruction de la notion de responsabilité à partir du concept de dommage[1716].

663. A l'heure actuelle, le dommage constitue bien une condition essentielle de la responsabilité civile, qualifiée même de "constante" de cette dernière aux côtés de la causalité[1717]. La jurisprudence exige, quant à elle, que la victime qui demande réparation rapporte la preuve de l'existence d'un dommage[1718]. Le mouvement d'objectivation de la responsabilité civile, en privilégiant les mécanismes d'indemnisation, au détriment de la responsabilité

1712 B. STARCK, *Essai d'une théorie générale de la responsabilité civile considérée en sa double fonction de garantie et de peine privée*, Paris, L. Rodstein, 1947 ; A. TUNC, *La responsabilité civile*, Paris, Economica, 1989.

1713 G. VINEY et P. JOURDAIN, op. cit., n° 247 ; X. PRADEL, *Le préjudice dans le droit civil de la responsabilité*, Paris, L.G.D.J. (coll. "Bibliothèque de droit privé"), tome 415, 2004, n° 1.

1714 Ainsi, pour L. MORDEFROY (*Le dommage génétique*, Paris, Les Etudes hospitalières, 1999, n° 24), "le dommage semble aujourd'hui être l'élément prépondérant de l'institution".

1715 C. THIBIERGE, "Libres propos sur l'évolution du droit de la responsabilité (Vers un élargissement de la fonction de la responsabilité civile ?)", art. préc. et "Avenir de la responsabilité, responsabilité de l'avenir", art. préc. ; M. BOUTONNET, op. cit.

1716 En ce sens, cf. G. VINEY, "La responsabilité et ses transformations (responsabilité civile et pénale)", *in Université de tous les savoirs*, sous la dir. d'Yves MICHAUD, vol. II, op. cit., p. 144 (spéc., p. 148-149). De même, pour un plaidoyer en faveur du maintien du seul rôle curatif des règles de responsabilité civile face à l'émergence des dommages de masse, cf. A. GUEGAN-LECUYER, op. cit. Dans le même sens et afin de permettre une meilleure prise en compte des atteintes au vivant, L. NEYRET (op. cit., n° 610 et s.) se prononce pour une approche renouvelée de la responsabilité civile centrée autour de la notion de préjudice objectif, c'est-à-dire indépendant de l'existence de répercussions sur les personnes ou leurs biens.

1717 J. CARBONNIER, *Droit civil. Les obligations*, op. cit., n° 205.

1718 Civ. 19 avril 1956, *D.*, 1956, somm., p. 108 ; Crim. 5 janv. 1963, *D.*, 1963, jur. p.263.

individuelle[1719], trouvait déjà sa source dans une attention croissante portée à la victime et donc au dommage[1720], témoignant ainsi d'une "transformation du droit de la responsabilité civile en un droit de la réparation"[1721]. Aujourd'hui, la spécificité de certains dommages aux conséquences particulièrement graves a replacé à nouveau le concept de dommage au cœur de l'institution de la responsabilité (Chapitre I). Dès lors, l'accent porté par la législation et la doctrine au pôle actif de la responsabilité, comme créance de la victime[1722] se trouve régénéré. La question se pose alors de savoir dans quelle mesure l'émergence de nouveaux dommages est de nature à entraîner la poursuite du mouvement d'objectivation, désormais classiquement souligné, ou constitue un saut qualitatif[1723] appelant une transformation significative des règles traditionnelles de la responsabilité civile. A cet égard, l'examen de la garantie spécifique actuelle des dommages résultant d'un défaut de prévention ou de précaution tend à en faire apparaître les limites (Chapitre II).

1719 G. VINEY, *Le déclin de la responsabilité individuelle*, Paris, L.G.D.J., 1965.

1720 Sur le lien entre le fondement objectif attribué à la responsabilité et l'importance accordée au dommage, cf. G. VINEY et P. JOURDAIN, op. cit., n° 247.

1721 J.-L. FAGNART, "Recherches sur le droit à réparation", *in Responsabilités et assurances. Mélanges Roger O. Dalcq*, Bruxelles, Maison Larcier, 1994, p. 135.

1722 Cf. R. SAVATIER, "Personnalité et dépersonnalisation de la responsabilité civile", *in Mélanges de droit, d'histoire et d'économie offerts à Marcel Laborde-Lacoste*, Bordeaux, Bière, 1963, p. 321 ; Y. LAMBERT-FAIVRE, "L'évolution de la responsabilité civile d'une dette de responsabilité à une créance d'indemnisation", *R.T.D.civ.*, 1987, p. 1.

1723 "la grande question est de savoir s'il s'agit aujourd'hui d'un changement de nature ou d'un changement de degré", C. LEPAGE et F. GUERY, op. cit., p. 205.

CHAPITRE I

LA SPECIFICITE DES DOMMAGES RESULTANT D'UN DEFAUT DE PREVENTION OU DE PRECAUTION

664. L'existence d'un lien entre l'ampleur de certains dommages et l'évolution des règles de la responsabilité civile n'est pas un phénomène nouveau. Ainsi, non seulement la gravité du dommage est un élément fondamental de mesure de l'adaptabilité des règles de la responsabilité aux faits, comme en témoigne l'analyse des facteurs d'émergence de la théorie du risque[1724], mais l'accent porté sur la démesure du fait dommageable est un thème récurrent de la pensée juridique concernant l'objectivation de la responsabilité civile[1725]. Depuis quelques années il semble bien, pourtant, que la gravité de certains dommages, en particulier dans les domaines de l'environnement et de la santé ait atteint un seuil jusqu'à présent inédit. Témoins de cette évolution, l'émergence de sciences du danger[1726] et le glissement sémantique qui s'opère dans le discours juridique, tendant à substituer la *catastrophe* à l'*accident*[1727]. Tandis que l'avènement de la société libérale avait conduit à l'émergence de la notion d'accident, "expérience particulière du mal"[1728], événement soudain, se caractérisant par son absence d'extension dans l'espace et dans le temps en même temps que par la gravité de ses conséquences[1729], la société

[1724] Sur cette analyse, cf. 1ère partie, *supra*, n° 627 et s.

[1725] "Si la sécurité corporelle et morale de la personne (y) est apparue comme particulièrement nécessaire à protéger, c'est parce les forces mécaniques de la nature domestiquées, mais aussi déchaînées par l'homme, sont à la fois puissantes, aveugles, automatiques [...] La responsabilité d'une personne ne peut être qu'à la mesure de cette personne. Or, toute civilisation mécanique amplifie, d'une manière de plus en plus illimitée, l'efficacité du geste d'une personne à un moment donné", R. SAVATIER, "Personnalité et dépersonnalisation de la responsabilité civile", art. préc., p. 333 à 335.

[1726] "Les cindyniques", cf. G.-Y. KERVEN, "Epistémologies des cindyniques", *Risques*, décembre 1991, n° 8, p. 139.

[1727] J.-Ph. COLSON, *La réparation des dommages catastrophiques. Travaux des XIIIème Journées d'études juridiques Jean Dabin*, Bruxelles, Bruylant (coll. "Bibliothèque de droit de l'Université de Louvain"), 1990 ; M. REMOND-GOUILLOUD, "Le risque de l'incertain : la responsabilité face aux avancées de la science", art. préc., p. 349 ; Th. HASSLER, "Le gauchissement des règles de la responsabilité civile en cas d'accidents collectifs ou de risques majeurs", *P.A.*, 8 juin 1994, n° 68, p. 19 ; M.-F. FEUERBACH-STEINLE, "Le droit des catastrophes et la règle des trois unités de temps de lieu et d'action", *P.A.*, 28 juillet 1995, n° 90, p. 9 ; C. LIENHARD, "Pour un droit des catastrophes", *D.*, 1995, chron. p. 91 ; M.-P. CAMPROUX-DUFFRENE, "Réflexions sur l'indemnisation des victimes de catastrophes technologiques", *G.P.*, 21-22 février 1997, doctr. p. 2.

[1728] F. EWALD, *Histoire de l'Etat providence*, Paris, Grasset et Fasquelle (coll. "Le livre de Poche"),1996, p. 52.

[1729] "L'accident renvoie à une expérience du mal où celui-ci, privé de toute substance ou de toute essence, prend une forme atomistique, individuelle, multiple, discrète et dispersée. Partout

contemporaine est confrontée à une nouvelle figure de la catastrophe liée aux risques technologiques majeurs.

665. Traditionnellement, en effet, la catastrophe était généralement associée à un événement particulièrement dramatique d'origine naturelle, produit de la providence divine. Aujourd'hui elle réapparaît au cœur de l'activité humaine, comme une conséquence des progrès toujours croissants de la science et de la technique accomplis par l'homme[1730] au point désormais de revêtir l'apparence de la normalité antérieurement réservée à l'accident[1731]. Qu'elle constitue la réalisation d'un risque scientifique avéré ou d'un risque scientifique suspecté, la catastrophe se distingue néanmoins de l'accident par son ampleur spécifique susceptible de se manifester à la fois d'un point de vue matériel (Section I) et d'un point de vue temporel (Section II).

SECTION I

LES MANIFESTATIONS MATERIELLES DE LA GRAVITE DES DOMMAGES RESULTANT D'UN DEFAUT DE PREVENTION OU DE PRECAUTION : DE L'ACCIDENT A LA CATASTROPHE

666. La gravité des dommages engendrés par les sociétés contemporaines se manifeste tant d'un point de vue qualitatif (§1) que quantitatif (§2), traduisant à la fois un changement de la nature et de l'échelle du dommage[1732].

§ 1 LA GRAVITE DU DOMMAGE, CRITERE QUALITATIF

667. L'histoire du préjudice est celle d'une extension progressive de la notion de dommage réparable. En effet, les caractères traditionnellement requis de ce dernier ont été constamment élargis. Aujourd'hui les caractères

---

présent, l'accident a bien une existence mais il n'a pas d'être. Pas d'extension dans l'espace, il est de l'ordre de la rencontre ; ni dans le temps, il ne dure jamais plus qu'un instant", F. EWALD, *Histoire de l'Etat providence*, op. cit., p. 53.

1730 Sur la "réapparition de l'idée de responsabilité humaine dans les catastrophes", cf. M.-A. DESCAMPS, "Catastrophe et responsabilité", *Revue française de sociologie*, 1972, tome XIII, p.376. Dans le même sens, cf. F. EWALD, "Le retour du malin génie", *in Le principe de précaution dans la conduite des affaires humaines*, sous la dir. d'O. GODARD, op. cit., p. 109.

1731 Sur la banalisation de la catastrophe, cf. J.-P. DUPUY, *Pour un catastrophisme éclairé*, Paris, Seuil, 2002, p. 84-85.

1732 En ce sens, cf. notamment C. THIBIERGE, "Libres propos sur l'évolution du droit de la responsabilité. (Vers un élargissement de la fonction de la responsabilité civile ?)", art. préc., p.565 ; M. BOUTONNET, op. cit., n° 381 et s.

personnel, licite, certain et direct[1733] du préjudice sont entendus de façon de plus en plus souple au point de conduire à une certaine désincarnation de la notion. En outre, le souci croissant d'indemnisation des victimes, jugées toujours plus vulnérables[1734], a conduit à une diversification croissante des préjudices donnant lieu à réparation[1735]. Symptômes de ce dernier mouvement s'agissant des préjudices d'une particulière gravité, l'émergence progressive de la notion de préjudice écologique pur dans le domaine de l'environnement (A) et celle de préjudice spécifique de contamination dans celui de la santé (B)[1736].

A – LE PREJUDICE ECOLOGIQUE PUR

668. Le droit de la responsabilité civile répare depuis longtemps les atteintes portées par l'intermédiaire de l'environnement aux personnes ou aux biens, en particulier grâce à la théorie des troubles de voisinage. Néanmoins, la condition relative au caractère personnel du préjudice le rend encore relativement réticent à réparer les "préjudices écologiques purs"[1737]. Ces

---

[1733] Sur ces différents caractères du préjudice réparable, cf. G. VINEY et P. JOURDAIN, op. cit., n° 248 et s. ; J. FLOUR, J.-L. AUBERT et E. SAVAUX, op. cit., n° 134 et s. ; J. CARBONNIER, op. cit., n° 205 et s. ; F. TERRE, Ph. SIMLER, Y. LEQUETTE, op. cit., n° 698 et s. ; Y. CHARTIER, *La réparation du préjudice*, Paris, Dalloz (coll. "Connaissance du droit"), 1996, p. 5 et s.; X. PRADEL, op. cit., n°153 et s.

[1734] J. SAYAH, "Vulnérabilité et mutation du droit de la responsabilité", *in Vulnérabilité et droit. Le développement de la vulnérabilité et ses enjeux en droit*, sous la dir. de F. COHET-CORDEY, Presse Universitaire de Grenoble, 2000, p. 213.

[1735] Sur cette évolution, cf. notamment Y. LAMBERT-FAIVRE ("Dommage corporel : de l'hétérogénéité des systèmes de réparation à l'unicité d'une méthodologie de l'indemnisation", *in Responsabilités et assurances. Mélanges Roger O. Dalcq*, op. cit., p. 349 et *Droit du dommage corporel*, op. cit., n° 18 et s.) qui évoque un droit de la réparation "en miettes" ; C. LIENHARD, "Pour un droit des catastrophes", art. préc., n°3 ; L. CADIET, "Les métamorphoses du préjudice", *in Les métamorphoses de la responsabilité*, SIXIEME JOURNEES RENE SAVATIER, Colloque, Poitiers 15-16 mai 1997, P.U.F., 1997, p. 37 ; P. JOURDAIN, "Le préjudice et la jurisprudence", *Resp. civ. et ass*, juin 2001, chron. n° 8, p. 45 ; A. GUEGAN-LECUYER, op. cit., n° 95 et s.

[1736] Il ne s'agit là que de deux exemples symptomatiques de la gravité des nouveaux types de dommages. Pour une présentation plus complète, cf. L. NEYRET, op. cit. n°196 et s. Ce dernier a mis en évidence deux formes d'atteintes au vivant actuellement exclues de la responsabilité civile dans la mesure où elles sont sans répercussions sur les personnes. Outre le dommage écologique pur traditionnellement évoqué par la doctrine (op. cit., n° 198 et s.), il existe un "dommage biologique pur" qui pourrait être défini, comme comprenant "d'une part le dommage écologique pur et d'autre part les atteintes au vivant *humain* sans répercussions sur les personnes" (op. cit., n°220).

[1737] Il convient néanmoins de souligner la voie ouverte par le jugement du Tribunal correctionnel de Paris du 16 janvier 2008 ayant condamné, pour délit de pollution maritime, le propriétaire du pétrolier l'ERIKA, son gestionnaire, la société de classification ainsi que la société Total responsable du « vetting » pour l'affrètement du navire. Dans son jugement, le tribunal a, en effet, admis pour la première fois en droit français la réparation du préjudice causé à l'environnement (Jugement p. 239). Pour un commentaire, cf. notamment K. LE COUVIOUR, *J.C.P.*, 2008, Actu., p. 88.

derniers désignent les atteintes à l'environnement qui n'affectent pas spécialement telle ou telle personne déterminée, mais "le milieu naturel en lui-même, c'est-à-dire les «choses communes»"[1738]. Ces dommages se distinguent donc des premiers qui ne constituent que des "dommages écologiques dérivés"[1739]. Si "la responsabilité d'une personne ne peut être qu'à la mesure de cette personne"[1740], la démesure caractérisant le dommage écologique pur rend son indemnisation particulièrement difficile. En effet, c'est désormais l'environnement lui-même dans ce qu'il a de plus large et de plus complexe qui doit être protégé.

669. Il convient de définir la notion d'environnement (1), avant d'envisager les caractères spécifiques du dommage écologique pur qui en révèlent l'intensité (2).

1) La notion d'environnement

670. La généralité du concept d'environnement est à la mesure de l'engouement qu'il suscite depuis qu'est apparue, à partir des années 1960, une prise de conscience collective de la nécessité de protéger la nature de l'action des hommes[1741]. "Notion caméléon"[1742] pour certains ou "mythe"[1743] pour

---

1738 G. VINEY et P. JOURDAIN, op. cit., n° 269-2. Dans le même sens, F. CABALLERO (*Essai sur la notion juridique de nuisance*, Paris, L.G.D.J., 1981, n°237) estime que le dommage écologique est celui "causé directement au milieu pris en tant que tel indépendamment de ses répercussions sur les personnes et sur les biens". Sur cette notion de préjudice écologique, cf. M. REMOND-GOUILLOUD, op. cit., p. 189 et "Du préjudice écologique", *D.*, 1989, chron. p. 259 ; SOCIETE FRANCAISE POUR LE DROIT DE L'ENVIRONNEMENT, *Le dommage écologique en droit interne, communautaire et comparé*, Paris, Economica, 1992 ; J. HUET, "Le développement de la responsabilité civile pour atteinte à l'environnement", *P.A.*, 5 janv. 1994, n°2, p. 10, 7 janv. 1994 n° 3, p. 9 et 14 janv. 1994, n° 6, p. 6 ; C. LARROUMET, "La responsabilité civile en matière d'environnement. Le projet de Convention du Conseil de l'Europe et le livre vert de la Commission des communautés européennes", *D.*, 1994, chron. p. 101, spéc., p. 105 ; F. BAVOILLOT, "Les réponses actuelles du droit au problème du risque environnement et leurs applications pratiques, *P.A.*, 8 mars 1995, n °29, p. 18 ; E. ALT, "La responsabilité civile environnementale", *P.A.*, 21 avril 1995, n° 48, p. 7 ; G. VINEY, "Les principaux aspects de la responsabilité civile des entreprises pour atteinte à l'environnement en droit français", *J.C.P.*, 1996, I, 3900, spéc., n° 24 et "Le préjudice écologique", *Resp. civ. et ass.*, n° 5 bis, mai 1998 , p.6; F. ARHAB, *Le dommage écologique*, thèse (dactyl.), Tours, 1997 ; G. WIEDERKEHR, "Dommage écologique et responsabilité civile", *in Les hommes et l'environnement : quels droits pour le XXIème siècle. Etudes en hommage à A. Kiss*, Paris, Frison-Roche, 1998, p. 513 ; A. GUEGAN-LECUYER, op. cit., n° 90 et s.

1739 G. WIEDERKEHR, art. préc., p. 515.

1740 R. SAVATIER, "Personnalité et dépersonnalisation de la responsabilité civile", art. préc., p.335.

1741 Sur cette évolution, cf. M. REMOND-GOUILLOUD, op. cit., chp. IV, "L'émergence du droit de l'environnement", p. 89 ; C. HUGLO et C. LEPAGE-JESSUA, "La véritable nature du droit de l'environnement", *Esprit*, mai 1995, n° 5, p.73.

1742 M. PRIEUR, *Droit de l'environnement*, 3ème éd., Dalloz, 1996, n° 1.

d'autres, le mot, "porté par une mode", ne semble donc pas toujours correspondre à un concept précis[1744]. La définition lexicale de l'environnement renvoie à l' "ensemble des conditions naturelles (physiques, chimiques, biologiques) et culturelles (sociologiques) susceptibles d'agir sur les organismes vivants et les activités humaines"[1745]. De son côté, le droit ne fournit pas de définition générale de l'environnement. Il demeure néanmoins possible d'en cerner les contours à partir des éléments constitutifs de la notion de patrimoine commun de la nation, énoncés à l'article L. 110-1 du Code de l'environnement. Ces éléments sont "les espaces, ressources et milieux naturels, les sites et paysages, la qualité de l'air, les espèces animales et végétales, la diversité et les équilibres biologiques". La notion d'environnement susceptible d'être extraite de cette liste s'apparente donc avant tout au milieu naturel, par opposition aux éléments artificiels construits par l'homme et qu'englobe la définition lexicale de la notion précédemment rappelée. En outre, dans la mesure où elle ne se réduit pas à un énoncé quantitatif des éléments objets de protection mais se réfère également à une donné qualitative, elle permet de faire le pont entre la protection de la nature et celle de la santé en affirmant implicitement le "droit à un environnement sain"[1746].

671. Certains textes de droit communautaire se réfèrent plus explicitement à la notion d'environnement. Ainsi, la Convention de Lugano adoptée le 8 mars 1993[1747], énonce, dans son article 2-11, que "l'environnement comprend les ressources naturelles abiotiques et biotiques, telles que l'air, l'eau, le sol, la faune et la flore et l'interaction entre les mêmes facteurs, les biens qui composent l'héritage culturel et les aspects caractéristiques du paysage". Plus récemment, la directive communautaire du 21 avril 2004 sur la responsabilité environnementale en ce qui concerne la prévention et la réparation des dommages environnementaux[1748] a précisé que le dommage environnemental comprend les dommages à la biodiversité, les dommages affectant les eaux et ceux affectant les sols. Ce dernier type de dommage est expressément défini comme celui qui "nuit potentiellement ou effectivement à la santé publique du

---

[1743] J. ELLUL, "Le mythe de l'environnement", *Economies et sociétés. Cahiers de l'EA*, 1973, n°25, p. 1551.

[1744] M. REMOND-GOUILLOUD, op. cit., p. 43.

[1745] *Dictionnaire Robert.*

[1746] Sur les liens entre santé et environnement, cf. notamment M.-A. HERMITTE, "Santé, environnement, pour une deuxième révolution hygiéniste", *in Les hommes et l'environnement : quels droits pour le XXIème siècle. Etudes en hommage à A. Kiss*, Paris, Frison-Roche, 1998, p.23 (spéc. p. 25).

[1747] Sur cette convention, cf. *supra*, n° 154.

[1748] Sur cette directive, cf. P. THIEFFRY, art. préc., *P.A.*, 21 mai 2004, n° 102, p. 5 ; I. DOUSSAN, art. préc., *P.A.*, 25 août 2005, n° 169, p. 3 ; F. NESI et D. GUIHAL, art. préc., *Dr. env.*, septembre 2007, IV, p. 230.

fait de la contamination du sol et du sous-sol"[1749]. De son côté, en posant l'obligation pour toute personne de "contribuer à la réparation des dommages qu'elle cause à l'*environnement*", l'article 4 de la Charte de l'environnement, qui a valeur constitutionnelle[1750], permet que soit désormais réparé le dommage écologique pur[1751]. C'est également en vue de permettre l'indemnisation du préjudice écologique que l'avant-projet de réforme du droit des obligations et de la prescription[1752] retient qu' "est réparable tout préjudice certain consistant dans la lésion d'un intérêt [...] individuel ou collectif"[1753].

672. Ainsi précisés, et quoiqu'en disent les tenants de "l'écologie profonde"[1754], l'environnement et la protection de ses éléments, à travers le concept de dommage écologique pur, ne sauraient s'affranchir d'un certain anthropocentrisme[1755], puisqu'en effet, "relativement à elle-même, la nature ne connaît point de catastrophe"[1756]. A cet égard, la Charte de l'environnement qui énonce, dans son préambule, que "l'avenir et l'existence même de l'humanité sont indissociables de son milieu naturel" et proclame, dans son article 1er, que "Chacun a le doit de vivre dans un environnement équilibré et respectueux de la santé", tend à placer l'individu au centre de la protection de l'environnement "qui est ici protégé non pas pour lui-même, mais en ce qu'il est nécessaire à

[1749] Article 18 de la directive.

[1750] Loi constitutionnelle n° 2000-205 du 1er mars 2005 relative à la Charte de l'environnement (*J.O.*, 2 mars 2005).

[1751] En ce sens, cf. Y. JEGOUZO, "De certaines obligations environnementales : prévention, précaution et responsabilité", *A.J.D.A.*, 2005, p. 1168 ; Ph. BILLET, "La (dé)responsabilisation des auteurs d'atteintes à l'environnement par l'article 4 de la Charte constitutionnelle", *Environnement*, avril 2005, comm. n° 32, p. 26.

[1752] P. CATALA, *Avant-projet de réforme du droit des obligations et de la prescription*, préc. Sur cet avant-projet, cf. UNIVERSITE PANTHEON–SORBONNE (PARIS I), Actes du colloque du 12 mai 2006, *L'avant-projet de réforme du droit de la responsabilité*, *R.D.C.*, janvier 2007.

[1753] Article 1343 nouveau du Code civil, avant-projet, préc., p. 173.

[1754] Cette dernière nous invite à penser l'écologie (laquelle, à la différence de l'environnement "ne s'intéresse qu'aux végétaux et aux animaux", M. PRIEUR, *Droit de l'environnement*, op. cit., n° 3) en dehors du paradigme anthropocentrique et conduit à reconnaître des droits à des êtres vivants non humains. Parmi les représentants de ce courant, cf. A. NAESS, "The Shallow and the Deep, Long-Range Ecology Movement. A summary", *Inquiry*, 1973, n° 16, 1973, p. 95 ; C. D. STONE, *Should trees have standing ? Toward legal rights for natural objects*, Los Altos, Kaufman, 1974. Pour une présentation de "l'écologie profonde", cf. L. FERRY, *Le nouvel ordre écologique*, Paris, Grasset (coll. "Livre de poche"), 1992, p. 107 et s. ; D. BOURG, "Droits de l'homme et écologie", *in La nature en politique ou l'enjeu philosophique de l'écologie*, sous la dir. de D. BOURG, Paris, L'Harmattan (coll. "La philosophie en commun"), 1993, p. 150 ; D. BOURG, *Les scénarios de l'écologie*, Paris, Hachette (coll. "Questions de société"), 1996, p. 31 et s.

[1755] Sur cet "anthropocentrisme inéluctable", cf. M. REMOND-GOUILLOUD, op. cit., p. 45. Dans le même sens, cf. L. FERRY, op. cit., p. 207.

[1756] H. JONAS, *Le Principe Responsabilité, une éthique pour la civilisation technologique* [Insel Verlag, 1979, Frankfurt], Les Editions du Cerf, Paris, 1990 (trad. J. Greisch) ; Paris, Flammarion (coll. "Champs"), 1998, p. 350.

l'homme"[1757]. Dès lors, l'environnement n'est jamais complètement détachable de l'homme qui y vit et l'intensité de l'atteinte susceptible d'y être portée n'en revêt alors que plus d'intérêt.

2) L'intensité du préjudice écologique pur

673. La spécificité de l'atteinte susceptible d'être portée à la nature tient principalement à son intensité, le dommage écologique pur ayant souvent un caractère irréversible[1758]. Cette dernière notion, de plus en plus souvent employée dans les conventions internationales, a fait son entrée en droit français avec le principe de précaution, lequel vise les dommages "graves et irréversibles". Cependant, elle ne fait l'objet d'aucune définition légale. Bien qu'elle se distingue de la gravité du dommage[1759] puisqu'elle affecte avant tout un processus d'évolution et lui confère un caractère transgénérationnel[1760], elle en est indissociable dans la mesure où elle suppose que soit atteint un certain

---

[1757] B. MATHIEU, "Observations sur la portée normative de la Charte de l'environnement", *Les cahiers du Conseil Constitutionnel*, n°15, 2003, p.148 et "La Charte et le Conseil Constitutionnel : point de vue", *R.J.E.*, 2005, n° spécial, p. 132. Dans le même sens, cf. L. FONBAUSTIER, "Environnement et pacte écologique. Remarques sur la philosophie d'un nouveau «droit à»", *Les cahiers du Conseil Constitutionnel*, n° 15, 2003, p. 141 ; A. PERI, "La charte de l'environnement : reconnaissance du droit à l'environnement comme droit fondamental", *P.A.*, 24 février 2005, n°39, p. 13 (qui évoque "un droit individuel anthropocentré") ; F.-G. TREBULLE, "Du droit de l'homme à un environnement sain", *Environnement*, avril 2005, comm. n° 29, p. 19 ; G. CANIVET, "Vers une dynamique interprétative", *R.J.E.*, 2005, n° spécial, p. 11. Cependant, tandis que pour certains auteurs la formule de l'article 1er de la Charte de l'environnement revenait à reconnaître à chacun un droit subjectif à l'environnement (En ce sens, cf. M.-A. COHENDET, "Les effets de la réforme", *R.J.E.*, sept. 2003, n° spécial, p. 65 ; M. PRIEUR, "Du bon usage de la Charte constitutionnelle de l'environnement", *Environnement*, avril 2005, études, p. 10 et "Les nouveaux droits", *A.J.D.A.*, 2005, p. 1159), d'autres estimaient, au contraire, qu'elle ne pouvait créer un tel droit au profit des individus, seulement "destinataires" de la protection de l'environnement (B. MATHIEU, "La portée de la Charte pour le juge constitutionnel", *A.J.D.A.*, 2005, p. 1170 et "Observations sur la portée normative de la Charte de l'environnement", art. préc.; Y. JEGOUZO et F. LOLOUM, "La portée juridique de la charte de l'environnement", *Dr. adm.*, mars 2004, p. 6 ; A. PERI, art. préc., p. 15-16). Ce débat semble bien avoir été tranché, en faveur de la reconnaissance d'un droit subjectif à l'environnement, depuis que le Tribunal administratif de Châlons-en-Champagne a jugé, dans une ordonnance du 29 avril 2005, qu' "en «adossant» à la Constitution une Charte de l'environnement qui proclame en son article 1er que «Chacun a le droit de vivre dans un environnement équilibré et respectueux de la santé», le législateur a nécessairement entendu ériger le droit à l'environnement en «liberté fondamentale» de valeur constitutionnelle", *A.J.D.A.*, 2005, p. 1357, note H. GROUD et S. PUGEAULT. Pour une telle interprétation de cette décision, cf. notamment M. PRIEUR, "L'environnement est entré dans la Constitution", *R.J.E.*, 2005, n° spécial, p.28 ; D. GUIHAL, "La Charte de l'environnement et le juge judiciaire", *R.J.E.*, 2005, n° spécial, p. 247. En sens contraire, cf. B. MATHIEU (art. préc., *R.J.E.*, 2005, p. 133) qui y voit un simple objectif constitutionnel.

[1758] Sur cette notion, cf. *R.J.E.*, 1998, n° spécial.

[1759] Comme en témoigne la référence en droit international et en droit interne aux dommages "graves *et* irréversibles".

[1760] Sur ce dernier aspect, cf. *infra*, n° 719 et s.

seuil de nuisance précisément de nature à empêcher la reconstitution de l'élément endommagé[1761]. En effet, l'irréversibilité du dommage écologique pur signifie que l'atteinte portée aux éléments naturels est telle qu'elle affecte la potentialité de régénération de la nature. Ainsi en est-il, par exemple, lorsque le préjudice frappe le patrimoine génétique d'une espèce en conduisant à sa disparition, menaçant alors la diversité biologique.

674. La biodiversité désigne "la variabilité des organismes vivants dans leurs relations avec le milieu où ils vivent"[1762], qu'il s'agisse du milieu terrestre ou marin[1763]. Elle se présente sous trois aspects : diversité génétique à l'intérieur d'une même espèce, diversité des espèces et diversité des écosystèmes[1764]. La biodiversité a toujours été susceptible d'être modifiée du fait de la survenance de phénomènes naturels, telles que les variations climatiques. Aujourd'hui il est largement admis que l'activité humaine contribue à accélérer le processus de disparition de la diversité du vivant[1765]. Ainsi, certaines estimations prévoient une chute de la diversité de 27 000 espèces par an[1766]. La spécificité du préjudice susceptible d'être ainsi causé a d'ailleurs conduit certains auteurs à prôner la mise en place d'un véritable statut juridique de la diversité biologique[1767].

675. Concrètement le caractère irréversible du dommage se traduit par l'extrême difficulté tenant à son évaluation. Comment réparer sans évaluer et comment évaluer ce qui n'est pas réparable ?[1768] A cet égard, le principe de précaution, au cœur duquel se trouve la notion d'irréversibilité, témoigne d'un

---

[1761] "Au-delà d'un certain seuil, la dégradation atteint un point de non-retour", M. REMOND-GOUILLOUD, "L'irréversibilité : de l'optimisme dans l'environnement", *R.J.E.*, préc., p. 7. Dans le même sens, cf. J. THEVENOT, "Introduction au concept d'irréversibilité. Approche en droit international de l'environnement", *R.J.E.*, préc., p.34.

[1762] Article 2 de la Convention des Nations unies sur la diversité biologique, en date du 5 juin 1992. Cf. M.-A. HERMITTE, "La Convention sur la diversité biologique", *Ann. fr. dr. inter.*, 1992, p. 844.

[1763] Sur ce dernier, cf. C. NOIVILLE, *Ressources génétiques et droit. Essai sur les régimes juridiques des ressources génétiques marines*, Pédone, 1997.

[1764] C. de KLEMM, "La conservation de la diversité biologique, obligation des Etats et devoirs des citoyens", *R.J.E.*, 1989, p. 399.

[1765] J.-M. BETSCH, "Sur quelques aspects scientifiques relatifs à la protection des écosystèmes, des espèces et de la diversité biologique", *R.J.E.*, 1991, p. 443.

[1766] Cf. J.-P. BEURIER, "Le droit de la biodiversité", *R.J.E.*, 1996, p. 7.

[1767] M.-A. HERMITTE, "Pour un statut juridique de la diversité biologique", *Rev. fr. adm. publ.*, 1990, n° 53, p. 33.

[1768] "la détermination du dommage est ici largement commandée par la possibilité de l'évaluer : la reconnaissance du concept s'est longtemps heurtée à la difficulté d'en obtenir une traduction marchande", M. REMOND-GOUILLOUD, "Le préjudice écologique", art. préc., p. 259. Cf. également du même auteur, "Le prix de la nature (A propos de l'affaire du Zoé Colocotroni)", *D.*, 1982, chron. p. 33 et "Le prix de la nature : l'évaluation du patrimoine naturel", *Rev. fr. adm. publ.*, janvier-mars 1990, p. 61.

"nouveau rapport au dommage" puisque "avec l'irréversible, nous découvrons qu'il y a de l'irréparable. Tout n'est pas, indéfiniment économisable. Tout n'est pas évaluable à prix d'argent"[1769]. On comprend, dès lors, que la gravité du dommage écologique pur soit de nature à contribuer à la reconnaissance de la nécessité d'anticiper le dommage[1770]. Une telle analyse procède également du constat du caractère particulièrement grave de certains dommages corporels, comme en témoigne l'apparition de la notion de préjudice spécifique de contamination.

B – LE PREJUDICE SPECIFIQUE DE CONTAMINATION

676. La reconnaissance par le droit, à la suite de l'affaire du sang contaminé, d'un préjudice spécifique de contamination se présente comme le symptôme de la gravité particulière de certains dommages. La notion de préjudice spécifique de contamination (1) a vocation à être appliquée à d'autres dommages que ceux causés par une transfusion sanguine, en particulier à ceux résultant de l'action d'un médicament ou de produits nocifs (2).

1) Le préjudice spécifique de contamination causé par une transfusion sanguine

677. Bien que le droit indemnise, depuis longtemps déjà, les personnes ayant contracté une maladie contagieuse à la suite de contaminations post-transfusionnelles[1771], il n'avait jamais reconnu à cette forme de préjudice une autonomie particulière. Le principe de la réparation était alors fondé sur le droit commun des dommages réparables. Mais l'émotion suscitée par le drame du sang contaminé a conduit la jurisprudence à consacrer l'existence d'un "préjudice spécifique de contamination"[1772], d'abord réservé aux victimes du

---

[1769] F. Ewald, "Le retour du malin génie", *in Le principe de précaution dans la conduite des affaires humaines*, op. cit., 112.

[1770] Cf. *infra*, n° 812 et s.

[1771] Ainsi s'agissant d'une personne ayant contracté la syphilis à la suite d'une contamination post-transfusionnelle, cf. Civ. 2ème, 17 décembre 1954, *D.*, 1955, jur. p.269, note R. RODIERE ; *J.C.P.*, 1955, II, 8490, note R. SAVATIER.

[1772] I. BESSIERES-ROQUES, "Le préjudice de contamination : un nouveau préjudice?", *Rev. fr. dom. corp.*, 1993, p. 79 ; Y. LAMBERT-FAIVRE, "Principes d'indemnisation des victimes post-transfusionnelles du sida", *D.*, 1993, chron. p. 68 et "L'indemnisation des victimes post-transfusionnelles du sida, hier, aujourd'hui et demain", *R.T.D.civ.*, 1993, p. 1 ; C. DALCQ et F. TULKENS, "La transmission du virus du Sida à l'occasion de transfusions sanguines et la responsabilité civile : enseignements de la jurisprudence française", *in Responsabilités et assurances. Mélanges Roger O. Dalcq*, op. cit., p. 67, n° 22 ; F. CHABAS, "La notion de préjudice de contamination", *Resp. civ. et ass.*, mai 1998, p. 20. Sur le préjudice spécifique de contamination par le virus du Sida, comme "illustration" de la notion de dommage de masse, cf. A. GUEGAN-LECUYER, op. cit., n° 86 et s.

virus du Sida (a) et étendu ensuite aux victimes d'autres virus comme l'hépatite C (b).

a) Le préjudice spécifique de contamination par le virus du Sida

678. La reconnaissance d'un préjudice spécifique de contamination participe de la fragmentation croissante du contentieux de la réparation des dommages corporels[1773]. Ici, plus qu'ailleurs, se manifeste le rôle joué par la pensée nominaliste dans le droit[1774], la réparation du dommage étant, avant tout, subordonnée à la reconnaissance de son autonomie sémantique. L'une des toutes premières décisions ayant consacré l'autonomie de ce préjudice est l'arrêt de la Cour d'appel de Paris du 7 juillet 1989[1775]. En l'espèce, la victime d'un accident de voiture avait contracté le virus du Sida lors des transfusions effectuées au cours de son opération. Après avoir souligné que l'état de santé de la victime ne pouvait "être assimilé totalement à celui des blessés graves dont cette chambre de la Cour a, habituellement, la charge d'indemnisation", les juges parisiens ont estimé que la "spécificité cruelle" du préjudice et son "exceptionnelle gravité" justifiaient une indemnité exceptionnelle.

679. La notion de préjudice spécifique de contamination a été précisée à la suite de la création, par l'article 47 de la loi n° 91-1406 du 31 décembre 1991, d'un fonds d'indemnisation spécifique des victimes du Sida[1776]. Le dispositif légal d'indemnisation est ouvert à toute personne "victime de préjudices résultant de la contamination par le virus de l'immunodéficience humaine causée par une transfusion de produits sanguins ou une injection de produits dérivés du sang"[1777]. La victime doit prouver d'une part, le fait qu'elle est atteinte par le virus et d'autre part, l'existence de transfusions ou injections, le lien de causalité entre ces deux éléments étant alors présumé[1778]. Le fonds est ensuite tenu de lui présenter une offre d'indemnisation. La victime peut accepter[1779] ou refuser l'offre. Dans ce dernier cas, elle peut alors agir en justice

---

[1773] Cf. *supra*, n° 667.

[1774] Cf. R. MARTIN, "Les mots du droit et les choses d'ailleurs", *D.*, 1999, chron. p.231.

[1775] Paris, 7 juillet 1989, *Courtellemont*, *G.P.*, 1989, jur. p. 752, concl. G. PICHOT. Dans le même sens, cf. Rennes, 23 octobre 1990, *G.P.*, 1991, 1, jur. p. 232.

[1776] Loi n° 91-1406, du 31 décembre 1991, portant diverses dispositions d'ordre social (*J.O.*, 4 janvier 1992, p. 178).

[1777] Art 47 § I de la loi n° 91-1406 du 31 décembre 1991.

[1778] Sur cette présomption, cf. *supra*, n° 147.

[1779] La procédure devant le Fonds n'est pas exclusive et la victime peut demander réparation en utilisant les voies de droit commun. Mais d'une part, elle doit alors en informer le Fonds (art. 47 § VI de la loi du 31 décembre 1991) et d'autre part, la jurisprudence est venue préciser que le cumul d'actions ne saurait entraîner un cumul d'indemnisation. Ainsi, la Cour de cassation a jugé que l'acceptation de l'offre par le Fonds d'indemnisation prive le transfusé de tout intérêt à solliciter une autre indemnisation de ce chef (Civ. 2ème, 26 janvier 1994, *G.P.*, 24-26 juillet 1994, p. 3, note

en portant son action devant la Cour d'appel de Paris. En l'absence de disposition légale particulière, le fonds d'indemnisation a été amené à élaborer une "doctrine d'indemnisation"[1780]. Celle-ci consacre l'existence d'un préjudice spécifique de contamination recouvrant "l'ensemble des troubles dans les conditions d'existence entraînés par la séropositivité et la maladie déclarée". Ce préjudice personnel et non économique inclut "dès la phase de séropositivité, tous les troubles psychiques subis du fait de la contamination par le VIH : réduction de l'espérance de vie, incertitude quant à l'avenir, crainte éventuelle de souffrances physiques et morales, isolement, perturbation de la vie familiale et sociale, préjudice sexuel et, le cas échéant, procréation". Il inclut, en outre, "les différents préjudices personnels apparus ou qui apparaîtraient en phase de maladie avérée, souffrances endurées, préjudice esthétique et l'ensemble des préjudices d'agrément consécutifs". Cette définition inscrit donc le préjudice spécifique de contamination aux côtés des préjudices extra-patrimoniaux dont elle vient étendre la liste conformément au principe de réparation intégrale. Elle participe de la dynamique actuelle du droit à réparation "qui veut que les consciences modernes, toujours plus sensibles à l'idée de sécurité, en demandent l'indemnisation la plus complète"[1781].

680. La Cour d'appel de Paris[1782], puis la Cour de cassation[1783], ont entériné cette définition, en distinguant clairement le préjudice spécifique de séropositivité d'une part, et le préjudice lié à la déclaration du Sida, d'autre part. En réalité, une telle dissociation ne renvoie pas à deux préjudices d'un genre distinct mais bien plutôt à deux aspects d'un même préjudice, comme en témoigne l'application de la règle énoncée par le fonds d'indemnisation en vertu de laquelle le premier aspect représente les trois quarts de l'offre globale, tandis que le second est couvert par le dernier quart de l'indemnité[1784].

681. Cette double nature du préjudice de contamination, résultant de la distinction entre la phase de séropositivité et celle de Sida déclaré, dont la

---

J. GUIGUE ; Civ. 1ère, 9 juillet 1996, *J.C.P.*, 1996, IV, 2109 ; Ass. Plén., 6 juin 1997, *D.*, 1998, jur. p. 255, concl. P. TATU).

[1780] Y. JOUHAUD, "L'indemnisation des transfusés et hémophiles victimes de contamination par le virus d'immunodéficience humaine. Doctrine adoptée par la Commission du Fonds d'indemnisation", *Bull. info. Cour Cass.*, 1er octobre 1992, p. 6.

[1781] Y. CHARTIER, op. cit., p. 37.

[1782] Paris, 27 novembre 1992, *G.P.*, 1992, jur. p. 733 ; Paris, 11 décembre 1992, *G.P.*, 1993, somm, p. 198 ; Paris, 15 janvier 1993, *G.P.*, 1993, somm, p. 201 ; Paris, 12 mars 1993, *G.P.*, 1993, somm, p. 197 ; Paris, 6 janvier 1995, *G.P.*, 1995, jur., p. 193.

[1783] Civ. 2ème, 20 juillet 1993, *D.*, 1993, jur. p. 526, note Y. CHARTIER ; *R.T.D.civ.*, 1994, p. 107, obs. P. JOURDAIN. Civ. 2ème, 1er février 1995, *Resp. civ. et ass.*, 1995, n°126 ; *J.C.P.*, 1995, I, 3893, chron. G. VINEY ; *R.T.D.civ.*, 1995, p. 626, obs. P. JOURDAIN. Civ. 2ème, 2 avril 1996, *B.C.*, II, n° 88 ; *J.C.P.*, 1996, I, 3985, chron. G. VINEY ; *Dr. et pat.*, septembre 1996, n° 1435, note F. CHABAS.

[1784] Y. JOUHAUD, art. préc., p. 8.

caractéristique est d'être d'une "exceptionnelle gravité"[1785], lui confère incontestablement une spécificité. Pourtant, certains auteurs n'ont pas hésité à en critiquer l'originalité aux motifs qu'il ne serait pas différent, par sa nature, des atteintes corporelles déjà connues[1786], tandis que d'autres ont, au contraire, préféré en souligner le particularisme[1787]. Il est vrai, en effet, que d'un point de vue technique, la contamination par le virus du Sida s'apparente à des préjudices corporels déjà connus dans la mesure où elle se caractérise par l'apparition de maladies dites opportunistes répertoriées[1788]. Il n'en reste pas moins, qu'outre son incurabilité en l'état actuel de la science, malgré le développement des traitements, qui empêche toute application de la notion de consolidation (condition pourtant nécessaire de l'indemnisation définitive)[1789], le préjudice de contamination présente une dimension temporelle tout à fait spécifique. En effet, le délai d'apparition de la maladie peut s'étendre sur plusieurs années. L'intensité des souffrances que recouvre le préjudice est alors non seulement susceptible de s'étendre, en quelque sorte, "dans l'espace", puisque ce sont toutes les parties de l'organisme humain qui peuvent être touchées, mais également dans le temps, entraînant la déchéance progressive de l'individu contaminé. D'autres arguments, plus sociologiques, militent également dans le sens de la spécificité du préjudice de contamination. Ainsi, en est-il de l'appréhension de la maladie par le corps social[1790] ou encore de l'inacceptabilité de son mode de propagation, le mal intervenant précisément là où devait surgir le bien, transformant l'acte de soin en acte dommageable.

682. Dès lors, il apparaît que le préjudice spécifique de contamination par le virus du Sida ne saurait se réduire à la somme des préjudices moraux traditionnels que sont les souffrances physiques et morales, le préjudice d'agrément, le préjudice esthétique et le préjudice sexuel[1791]. Chacune de ces composantes prend ici une dimension particulière en raison non

---

[1785] Paris, 12 mars 1993, *G.P.*, 1993, somm, p. 197.

[1786] En ce sens, cf. G. VINEY, *J.C.P.*, 1995, I, 3893, n° 23.

[1787] P. JOURDAIN, *R.T.D.civ.*, 1995, p. 626 ; Y. CHARTIER, op. cit., p. 62-63.

[1788] En vertu de la définition donnée en 1987 par l'Organisation mondiale de la santé, le Sida est un syndrome qui se caractérise par "l'apparition de maladies dites opportunistes répertoriées qui sont d'une gravité telle que le diagnostic vital du malade est mis en cause".

[1789] La notion de consolidation renvoie le plus souvent au décès de la victime. En ce sens, cf. Y. JOUHAUD, art. préc., p. 8 ; Paris, 6 janvier 1995, *G.P.*, 1995, 1, jur. p. 193 ("considérant que la contamination est évolutive ; que dès lors cette évolution exclut les notions classiques de consolidation et d'incapacité permanente").

[1790] "les impacts sociaux et psychologiques du Sida, apparu brutalement dans notre temps, frappent profondément la conscience collective. Celle-ci se trouve confrontée à un phénomène qui suscite des réactions aussi irrationnelles que celles dictées par la peur, à tel point que les malades sont marginalisés ou exclus de la vie sociale, professionnelle voire familiale", Paris, 7 juillet 1989, préc.

[1791] Sur ces composantes du préjudice moral, cf. Y. LAMBERT-FAIVRE, op. cit., n°135 et s. ; G. VINEY et P. JOURDAIN, op. cit., n° 261 et s. ; Y. CHARTIER, op. cit., p. 59 et s.

seulement de "l'incommensurable et indescriptible souffrance des victimes"[1792] mais surtout de l'impossibilité de rattacher le préjudice à la distinction classique entre préjudice temporaire et préjudice permanent. Ces deux notions supposent précisément, en effet, la référence possible à un état de consolidation qui fait ici défaut[1793]. Le préjudice spécifique de contamination constitue en quelque sorte le pendant, dans le domaine des atteintes corporelles, du préjudice écologique pur, dans celui de l'atteinte aux biens. Dans les deux cas c'est le processus même de développement de la vie, humaine ou naturelle, qui est ici touché.

683. L'exceptionnelle gravité du préjudice spécifique de contamination a pour corollaire de conduire à une indemnisation particulièrement élevée. Ainsi, il résulte du barème établi par le fonds d'indemnisation[1794] que le montant des indemnités accordées est inversement proportionnel à l'âge de la victime lors de la contamination. Il atteint deux millions de francs, soit plus de trois cent quatre mille euros, si la victime avait dix ans et moins ; un million six cent quatorze mille francs, soit deux cent quarante six mille euros pour une victime de trente ans ; un million deux cent quatre vingt treize mille francs pour une victime de quarante ans, soit plus de cent quatre vingt dix sept mille euros etc.[1795] Il convient de souligner, en outre, que l'évaluation du préjudice spécifique de contamination est fondée sur certains autres critères objectifs tels que la durée de la contamination et la connaissance qu'en a eu le sujet jusqu'à son décès. Cependant, son appréciation ne saurait être faite indépendamment d'une prise en considération de "l'ensemble de la situation concrète personnelle et individuelle de la victime [...] en fonction des troubles effectivement subis dans ses conditions d'existence"[1796].

b) Le préjudice spécifique de contamination par le virus de l'hépatite C

684. Dans un premier temps, la jurisprudence n'a pas reconnu expressément l'existence d'un préjudice spécifique de contamination par le virus de l'hépatite C. Néanmoins, elle a souligné la particularité des manifestations de cette maladie, qui tout en paraissant "paisible" n'en est pas moins susceptible d'évoluer de façon "sournoise", générant ainsi une anxiété pour la personne

---

[1792] Y. LAMBERT-FAIVRE, op. cit., n° 146.
[1793] Y. LAMBERT-FAIVRE, op. cit., n° 136.
[1794] Bien qu'officiellement ce barème ne soit qu'indicatif, la prohibition des arrêts de règlement interdisant aux juges de s'y référer ostensiblement, en pratique il est largement suivi par les magistrats.
[1795] Sur ces chiffres, cf. Y. JOUHAUD, art. préc., p. 9.
[1796] Paris, 27 novembre 1992, préc. ; Paris, 11 décembre 1992, préc. ; Paris, 15 janvier 1993, préc.; Paris, 6 janvier 1995, préc.

atteinte[1797]. Puis, dans un arrêt en date du 20 mai 1998, la Cour d'appel d'Aix-en-Provence[1798], qui avait rejeté la demande d'une personne tendant à obtenir l'indemnisation immédiate de son état à la suite de la contamination par le virus de l'hépatite C, a ouvert la voie à l'extension de la notion de préjudice spécifique. La cour avait, en effet, estimé que "s'il devait être vérifié que l'état de M. S. est tel que l'éventualité d'une guérison ou d'une stabilisation définitive est exclue, celui-ci pourrait alors soutenir qu'il demeure en conséquence sous la menace permanente d'une aggravation éventuelle de son état, situation de nature à caractériser un chef de préjudice moral particulier, alors pouvant aussi être qualifié de spécifique et à prendre en compte en tant que tel". Mais cette décision n'était pas déterminante dans la mesure où la victime était à la fois contaminée par le virus de l'hépatite C et par celui du Sida.

685. En revanche, dans un arrêt en date du 1er avril 2003, la première Chambre civile de la Cour de cassation[1799] a confirmé un arrêt de la Cour d'appel de Metz qui avait utilisé la notion de préjudice spécifique de contamination afin d'indemniser une personne ayant développé une hépatite C à la suite de transfusions qu'elle avait subies lors d'une opération. Dans son pourvoi le centre de transfusion sanguine invoquait notamment la violation des articles 1147 du Code civil et 47 § I et III de la loi du 31 décembre 1991[1800] aux motifs que la contamination par le virus de l'hépatite C ne constituait pas un préjudice indemnisable indépendamment des dommages en résultant. Autrement dit, devant la Haute cour la question se posait de savoir si la notion de préjudice spécifique de contamination était réservée au préjudice résultant d'une contamination par le virus du Sida. La Cour de cassation répondit par la négative, estimant que "les juges du fond, qui ont constaté que Mme X. souffrait d'une hépatite C chronique à un stade avancé et énoncé les nombreuses incidences et risques d'évolution de cette maladie, ont exactement jugé que les différents éléments constitutifs d'un préjudice spécifique de contamination étaient réunis en l'espèce [...]".

686. Une telle extension de la notion de préjudice spécifique de contamination aux victimes de l'hépatite C en confirme le particularisme dans la mesure où elle crée une solidarité entre plusieurs préjudices ayant une caractéristique commune. Celle-ci est de s'appliquer "à la situation particulière

---

1797 En ce sens, cf. Paris, 17 septembre 1993, *G.P.*, 1994, somm., p. 489 ; Civ. 1ère, 9 juillet 1996, *B.C.*, I, n° 306.

1798 Aix-en-Provence, 20 mai 1998, n° 9403811, *Dictionnaire permanent Bioéthique et Biotechnologies*, Editions Législatives, 1994, Feuillets 26 (1er mai 2001), n° 264.

1799 Civ. 1ère, 1er avril 2003, *B.C.*, I, n° 95 ; *J.C.P.*, 2004, I, 101, chron. G. VINEY, n° 6. Dans le même sens depuis, cf. Civ. 1ère, 3 mai 2006 (2 arrêts), *R.T.D.civ.*, 2006, p. 562, obs. P. JOURDAIN.

1800 Sur cette loi, cf. *supra*, n° 679.

des personnes menacées par une maladie grave mais dont les effets se développeront au terme d'une période dont la durée, qui peut être très longue, est au départ indéterminée"[1801]. Dès lors, il n'est pas étonnant que cette notion se révèle propice à l'indemnisation de préjudices résultant d'autres types de maladies mais qui en présentent les mêmes caractères.

2) L'extension de la notion de préjudice spécifique de contamination aux dommages résultant de l'exposition à un médicament ou à un produit nocif

687. Bien que, pour l'instant, la notion de préjudice spécifique de contamination n'ait été expressément appliquée par la jurisprudence qu'aux dommages résultant d'une transfusion sanguine, elle est particulièrement adaptée à l'indemnisation des préjudices résultant de l'exposition à d'autres types de risques sériels[1802]. En effet, les éléments caractéristiques des dommages déjà saisis par la notion de préjudice spécifique de contamination se retrouvent dans d'autres types d'atteintes corporelles. Tel est le cas du délai de latence existant entre la contamination et la survenance du dommage, de l'extrême gravité du dommage conduisant le plus souvent au décès de la victime, du caractère évolutif de la maladie se traduisant par une dégénérescence progressive des facultés physiques et intellectuelles de l'individu, et enfin, dans la plupart des cas, du rattachement de la contamination à un acte de soin qui rend l'apparition du dommage encore plus inacceptable.

688. La jurisprudence reste encore timorée quant à une telle extension de la notion de préjudice spécifique de contamination aux dommages résultant d'une exposition au Distilbène, à des poussières d'amiante ou encore à un traitement par l'hormone de croissance. Ainsi, s'agissant de ce dernier, la Cour d'appel de Montpellier, dans son arrêt en date du 23 septembre 2003[1803], puis la Cour de Cassation, dans sa décision du 24 janvier 2006[1804], ont évoqué le "préjudice de contamination" subi par une jeune fille traitée à l'hormone de croissance et ayant développé, une quinzaine d'années plus tard, la maladie de Creutzfeldt-Jakob. Si les juges n'ont pas expressément qualifié le préjudice de "spécifique", les termes de l'arrêt de la cour d'appel, selon lesquels l'évolution de la maladie de la victime "établit qu'elle a cessé de marcher et est devenue

---

[1801] G. VINEY, chron. préc. n° 7.

[1802] Sur cette notion, cf. *infra*, n° 701 et s.

[1803] Montpellier, 1ère ch. B., R.G. n° 02/03600, *Institut Pasteur c/ Fachin*, préc.

[1804] Civ. 1ère, 24 janvier 2006, *D.*, 2006, I.R. p. 470 et panor. jur. p. 1929, P. JOURDAIN ; *Resp. civ. et ass.*, mars 2006, comm. n° 89, note C. RADE ; *R.T.D.civ.*, 2006, p. 323, obs. P. JOURDAIN ; *R.D.S.S.*, 2006, p. 495, note J. PEIGNE ; *J.C.P.*, 2006, II, 10082, note L. GRYNBAUM ; *Rev. Lamy dr. civ.*, mai 2006, p. 13, J.-A. ROBERT et A. REGNIAULT ; *R.D.C.*, 2006, p. 841, note J.-S. BORGHETTI ; *Méd. et dr.*, 2007, p. 12, chron. C. CORGAS-BERNARD.

grabataire"[1805], sont sans équivoque sur la nature particulièrement grave et évolutive de l'atteinte corporelle subie par cette dernière et ayant conduit à son décès.

689. La même analyse peut être faite à propos des décisions rendues le 30 avril 2004 par la Cour d'appel de Versailles[1806], ayant retenu la responsabilité du fabricant de Distilbène. Les jeunes filles exposées *in utéro* pendant la grossesse de leur mère à ce produit avaient développé, plusieurs dizaines d'années après, une tumeur cancéreuse. Les préjudices subis par les victimes peuvent certes être rattachés aux catégories traditionnelles que sont les souffrances physiques et morales (ablation de l'utérus), le préjudice esthétique (cicatrice liée à l'opération chirurgicale), le préjudice d'agrément ou le préjudice sexuel (impossibilité de procréer). Cependant, ils présentent des caractères particuliers qui s'apparentent à ceux déjà évoqués du préjudice de contamination par le virus du Sida au point qu'il est possible d'y voir un préjudice spécifique. Ainsi en est-il du délai de latence entre la contamination et la survenance du dommage, de la gravité particulière de ce dernier qui "touche à un élément cher de la femme : sa capacité à transmettre et accueillir la vie"[1807], et enfin des conditions de son émergence. Le Distilbène a, en effet, été prescrit aux femmes enceintes dans un but médical, afin prévenir les fauches couches, le mal se révélant alors au cœur même de l'acte de soin.

690. Enfin, dans une perspective similaire, la réparation des atteintes subies par les personnes exposées à des poussières d'amiante pourrait intervenir sur le fondement de la notion de préjudice spécifique de contamination. Après avoir investi le contentieux administratif[1808], l'affaire de l'amiante commence à être examinée par les juridictions judiciaires. La jurisprudence n'a certes pas encore expressément consacré la notion de préjudice spécifique de contamination. Mais là encore, les arguments qui militent en faveur de la reconnaissance d'un tel préjudice sont largement présents. D'une part, en effet, le délai entre l'exposition aux fibres d'amiante et la survenance des dommages est susceptible de s'étendre sur plusieurs années[1809]. D'autre part, les maladies consécutives à une telle exposition sont particulièrement graves, qu'il s'agisse de l'asbestose, du cancer du poumon ou du mésothéliome[1810]. Ces différentes pathologies entraînent une dégradation progressive de l'état de santé de la

---

[1805] Montpellier, 23 septembre 2003, préc., arrêt p. 94.

[1806] Versailles 30 avril 2004, *S.A. UCB Pharma c/ N. BOBET*, R.G. n° 02/05925 et Versailles 30 avril 2004, *S.A. UCB Pharma c/ I. CRIOU*, R.G. n° 02/05924, préc.

[1807] L. NEYRET, "La reconnaissance du préjudice d'exposition au distilbène", art. préc., p. 508.

[1808] Cf. les décisions citées dans l'Introduction, *supra*, n° 14, note 60.

[1809] Cinq à dix ans, en moyenne, pour l'asbestose ; dix à vingt ans pour le cancer du poumon ; trente à quarante ans pour le mésothéliome.

[1810] Ces deux dernières étant qualifiées de "complications redoutables" selon l'INSERM, *Rapport* préc., p. 27.

victime pouvant aller jusqu'à son décès. Ici comme ailleurs les préjudices subis constituent autant de "troubles dans les conditions d'existence" et appellent une réparation globale. La notion de "contamination" a ainsi été retenue dans la décision de la Cour d'appel de Caen du 20 novembre 2001[1811]. Dans cette affaire, la femme d'un travailleur de l'amiante avait développé une asbestose à la suite du lavage et du brossage des vêtements de son mari. Les magistrats avaient alors évoqué la "contamination domestique".

691. La spécificité des préjudices résultant d'une exposition à l'amiante apparaît également en filigrane dans l'arrêt de la Cour d'appel de Paris du 21 juin 2001[1812] et dans ceux rendus par cette même cour le 14 février 2002[1813]. Ces derniers ont condamné le fonds de garantie des victimes d'actes de terrorisme à indemniser les préjudices subis par une dizaine de personnes, employés ou enseignants, à l'Université de Jussieu, à Paris. Dans la première décision les juges ont estimé que si, pour l'instant, la victime souffrait d'une pathologie bénigne, rien de permettait de juger de l'avenir puisque des pathologies plus graves étaient susceptibles de se déclarer très longtemps après l'exposition. En l'espèce, il existait donc un préjudice moral résultant du fait que la victime savait que son état pouvait s'aggraver dans les années à venir, voire menacer le pronostic vital. Dans les affaires ayant donné lieu aux arrêts du 14 février 2002, les victimes avaient demandé réparation "non pas des souffrances endurées du fait des lésions bénignes" dont elles étaient déjà atteintes "mais de celles résultant de la connaissance d'une apparition possible des autres pathologies liées à l'empoussièrage par les fibres d'amiante" de leurs poumons, dans la mesure où cette "incertitude quant à l'avenir" leur imposait un "suivi médical générateur d'angoisse". Ces décisions mettent en évidence la spécificité de la composante psychologique et morale du préjudice consécutif à une exposition à l'amiante, qualifié par certains de "préjudice d'anxiété"[1814]. A l'instar du préjudice de séropositivité, le préjudice résultant d'une exposition aux fibres d'amiante s'inscrit dans un processus irréversible d'atteinte corporelle menaçant la survie de la personne exposée[1815].

[1811] Caen, 20 novembre 2001, *J.C.P.*, 2003, II, 10045, note G. TREBULLE.

[1812] Paris, 1ère chambre, section B, 21 juin 2001, R.G. n°1999/00465 ; A. SCHNEIDER, "Jussieu : indemnisation des victimes de l'amiante", *Jour. Accid. Catastr.*, 16 nov. 2001.

[1813] Paris, 14 février 2002, 1ère chambre, section B, R.G. n° 1999/00466, n° 1999/00467, n°1999/00469, n° 1999/00471, n° 1999/00473, *Lexbase* ; *Le Monde*, 16 février 2002 ; F. HASTINGS, "La justice reconnaît la spécificité du préjudice moral de l'amiante", *La Tribune*, 15-16 février 2002.

[1814] A. SCHNEIDER, "Chronique d'une naissance : le préjudice d'anxiété", *Jour. Accid. Catastr.*, 7 mai 2002.

[1815] "Madame Antoinette Cuenot demande l'indemnisation non pas des souffrances endurées du fait des lésions bénignes dont elle est déjà atteinte mais de celles résultant de la connaissance d'une apparition possible d'autres pathologies liées à *la présence irréversible de fibres d'amiante dans ses poumons* [...]", Paris, 14 février 2002, 1ère chambre, section B, R.G. n° 1999/00473, *Lexbase*.

692. La mise en place d'un fonds d'indemnisation des victimes de l'amiante (FIVA), par l'article 53 de la loi du 23 décembre 2000[1816], participe de la reconnaissance d'une certaine spécificité du préjudice de contamination en ce domaine. Cependant, on peut regretter que ni la loi, ni le fonds ne se réfèrent expressément à cette notion. L'indemnisation est ouverte à trois catégories de victimes : d'une part, les personnes qui ont obtenu la reconnaissance d'une maladie professionnelle occasionnée par l'amiante au titre de la législation française de sécurité sociale ou d'un régime assimilé ou de la législation applicable aux pensions civiles et militaires d'invalidité ; d'autre part, celles qui ont subi un préjudice résultant directement d'une exposition à l'amiante sur le territoire de la République française. Enfin, les ayants droit de ces deux catégories de victimes peuvent également saisir le fonds d'indemnisation[1817]. Le but du législateur est d'assurer aux victimes l'indemnisation intégrale de leurs préjudices. La réparation couvre donc à la fois les préjudices patrimoniaux et les préjudices extra-patrimoniaux[1818]. Au moment de la saisine du fonds le demandeur doit justifier de la matérialité de l'exposition et de l'atteinte à son état de santé. A l'instar du fonds d'indemnisation des victimes du Sida, le FIVA a établi un barème qui tient compte de deux critères : d'une part, la pathologie et son degré de gravité et d'autre part, l'âge de la victime[1819]. Enfin, l'acceptation de l'offre du fonds vaut désistement des actions en indemnisation en cours et rend irrecevable toute action future en réparation du même préjudice[1820].

693. Par conséquent, si la jurisprudence n'a pas encore franchi le pas de l'extension de la notion de préjudice spécifique de contamination, fondée sur une évaluation globale des indemnités, ce n'est qu'une question de temps, la doctrine ayant déjà appelé à une telle évolution[1821]. On objectera qu'à trop l'étendre la notion de préjudice spécifique de contamination risque de se diluer et de perdre ce qui en fait précisément son particularisme. Un tel argument ne saurait prospérer dès lors que l'existence d'une solidarité entre les atteintes corporelles issues d'accidents collectifs ou de risques sériels est un phénomène désormais souligné par tous. L'exceptionnelle gravité et la multiplicité des préjudices personnels causés par ces derniers justifient l'adoption d'une méthode

---

[1816] Sur cette loi, cf. *supra*, n° 149.

[1817] Article 53 § I.

[1818] Contrairement au projet gouvernemental qui avait adopté une approche restrictive du préjudice indemnisable, puisqu'il faisait seulement état du dommage corporel, excluant le dommage moral. Cf. H. ARBOUSSET, "L'amiante : la création d'un fonds d'indemnisation pour canaliser «une bombe à retardement»", *R.J.J.*, 2001, p. 876.

[1819] Cf. Fonds d'indemnisation des victimes de l'amiante, *3ème Rapport d'activité au Parlement et au Gouvernement, juin 2003 - mai 2004.*

[1820] Ce principe a été contesté, en vain, devant le Conseil Constitutionnel. Cons. Consti. Décis. n°2000-437 DC du 19 décembre 2000, *R.T.D.civ.*, 2001, p. 229, obs. N. MOLFESSIS.

[1821] En ce sens, cf. X. PRADEL, op. cit., n° 423 et s. ; P. JOURDAIN, "Le préjudice et la jurisprudence", art. préc., n° 21 ; G. VINEY, chron., *J.C.P.*, 2004, I, 101.

commune d'évaluation globale des indemnités allouées, destinée à assurer la réparation de "l'ensemble des troubles dans les conditions d'existence". L'intérêt de cette méthode réside notamment dans la soustraction de ces préjudices aux recours des tiers payeurs[1822], laissant ainsi à la victime l'entier bénéfice de l'indemnisation. En outre, la reconnaissance de caractéristiques communes aux divers préjudices, précédemment évoquées[1823], ne fait pas obstacle à l'existence de traits spécifiques à chaque préjudice (ainsi, l'impossibilité de procréer dans le cas du préjudice résultant d'une exposition au Distilbène). La spécificité est alors susceptible de présenter à la fois un caractère relatif, commun à tous les préjudices et un caractère absolu, propre à chacun d'entre eux. Une telle évolution ne ferait que traduire, s'agissant des techniques du droit de la réparation, le nécessaire renouveau des mécanismes classiques du droit de la responsabilité. Et cela en réponse au double constat d'une transformation de l'ampleur des menaces, sous l'impulsion des développements constants des sciences et des technologies modernes, et d'une diminution permanente du seuil de tolérance des sociétés contemporaines face aux atteintes à la sécurité.

§ 2 La gravite du dommage, critere quantitatif

694. D'un point de vue quantitatif, la gravité des nouveaux types de dommages se manifeste à la fois par l'extension de leur assiette (A) et par la multiplication du nombre des personnes qui en sont victimes (B).

A – L'extension de l'assiette du dommage

695. L'un des traits spécifiques des dommages auxquels sont aujourd'hui confrontées les sociétés contemporaines est leur dimension spatiale qui atteint une échelle jusque là inédite. Ainsi en est-il du préjudice écologique pur[1824] à propos duquel il existe une imbrication très forte entre les manifestations de sa gravité dans l'espace et celles qui s'opèrent dans le temps. En effet, la plupart des éléments qui en révèlent la gravité, tels que son caractère irréversible[1825], sont susceptibles d'être envisagés à la fois sous un aspect matériel et temporel. S'agissant du premier de ces deux aspects[1826] le dommage écologique pur se caractérise par son l'ampleur "sans précédent"[1827]. Parce qu'il

---

[1822] Civ. 2ème, 2 avril 1996, préc.

[1823] Cf. *supra*, n° 687.

[1824] Sur cette notion, cf. *supra*, n° 668 et s.

[1825] Sur ce caractère, cf. *supra*, n° 573.

[1826] Sur la dimension temporelle du dommage écologique pur, cf. *infra*, n° 713 et s.

[1827] C'est la qualification retenue à propos du changement climatique résultant de l'effet de serre (sur ce dommage, cf. *infra*, n° 715 et s.) par le *Rapport d'information fait au nom de la délégation du Sénat pour la planification sur les instruments économiques et fiscaux visant à limiter les émissions de gaz à effet de serre*, 11 mai 1999, n° 346, chp. III § I.

a pour objet la nature elle-même, l'assiette de ce dommage est à la mesure de l'immensité de cette dernière. Les ressources naturelles susceptibles d'être affectées sont aussi nombreuses que variées. En outre, la nature même des éléments en cause (l'eau, l'air, la faune, la flore etc.) favorise la diffusion du dommage, la pollution étant le plus souvent "rampante"[1828], "insidieuse, voire sournoise"[1829]. Le préjudice est ici généralement transfrontalier, et même mondial[1830], et l'atteinte portée au patrimoine commun de l'humanité[1831]. Une telle extension dans l'espace implique désormais d' "articuler le local et le global"[1832]. Elle fait du dommage écologique pur "un enjeu planétaire"[1833]. La menace, en effet, est celle "d'un dérèglement des mécanismes de régulation de la planète"[1834]. Le préjudice susceptible d'en résulter présente donc un caractère particulièrement grave.

696. Mais plus généralement cette "tendance immanente à la globalisation"[1835] est une caractéristique commune à l'ensemble des risques liés à la modernité. Ainsi, "la production industrielle s'accompagne d'un universalisme des menaces, indépendamment de leur lieu d'origine : dans la pratique, les chaînes alimentaires relient tous les êtres humains présents sur la terre"[1836]. La même remarque vaut également pour les chaînes sanitaires. La découverte d'un nouveau médicament ou d'un traitement médical est, en général, rapidement suivie de sa diffusion par delà les frontières. Il en est de même pour tout autre type de produit. Un tel phénomène est parfois amplifié par le recours à une technique spécifique de fabrication d'un produit qui tend à multiplier les risques de diffusion d'un agent pathogène. C'est le cas du "poolage" utilisé pour la mise au point des produits anti-hémophiliques, obtenus par le fractionnement industriel d'un mélange de milliers de plasmas. C'est également le ce cas de l'hormone de croissance, fabriquée à partir d'une pluralité

[1828] F. OST, "La responsabilité, fil d'Ariane du droit de l'environnement", *Droit et Société*, 1995, n° 30-31, p. 289.

[1829] J. HUET, art. préc., p. 10. Sur le caractère collectif et diffus du dommage écologique, cf. Également X. THUNIS, "Le droit de la responsabilité civile en matière écologique : entre relecture et création", *in Quel avenir pour le droit de l'environnement*, sous la dir. de F. OST et S. GUTWIRTH, Bruxelles, Facultés universitaires de Saint-Louis, 1996, p. 361.

[1830] M. DELMAS-MARTY, *Trois défis pour un droit mondial*, Paris, Seuil, 1998, p. 193 et *Le relatif et l'universel*, Paris, Seuil, 2004, p. 39 ; G. J. MARTIN, "La gestion mondiale des risques majeurs", *in La mondialisation du droit*, sous la dir. de E. LOQUIN et C. KESSEDJIAN, Paris, Litec, 2000, p. 415.

[1831] Sur cette notion, cf. *infra*, n° 1006 et s.

[1832] F. CHAUMET et F. EWALD, "Autour de la précaution", *Risques*, juil.-sept. 1992, n° 11, p.101.

[1833] M. CHAVET et L. OLIVIER, *La biodiversité. Enjeu planétaire*, Paris, Sang de la Terre, 1993.

[1834] M.-C. SMOUTS "Risque planétaire et sécurité environnementale", *Esprit*, mai 2001, p. 139.

[1835] U. BECK, *La société du risque*, [1986], Paris, Aubier, 2001, p. 66.

[1836] U. BECK, op. cit., p. 66.

d'hypophyses, augmentant ainsi, en cas de lots défectueux, le nombre des victimes.

B – La multiplication du nombre des victimes du dommage

697. L'une des caractéristiques majeures du dommage catastrophique est le nombre de victimes qu'il engendre. L'antinomie, soulignée jadis par Ripert, entre l'esprit juridique et l'esprit scientifique, l'avait conduit à écrire que si "le droit s'occupe des rapports entre les hommes, les sciences ne connaissent pas les hommes mais les nombres"[1837]. Cette affirmation mérite d'être reconsidérée au regard du caractère collectif des dommages actuels[1838] qui placent précisément la considération du nombre au cœur des préoccupations du juriste. La catastrophe peut revêtir deux figures distinctes : celle de l'accident collectif (1) ou celle du risque sériel (2).

1) L'accident collectif

698. L'accident collectif est un "événement unique engendrant instantanément de nombreuses victimes"[1839]. Il se caractérise par une unité de temps, de lieu et d'action[1840]. Selon que son origine est le fait de la nature ou celui des hommes, il s'apparente alors aux catastrophes naturelles ou aux catastrophes technologiques, routières, aériennes, ferroviaires, etc. Les premières ont été définies par la loi n° 82-600 du 13 juillet 1982[1841]. Sont considérés comme les effets des catastrophes naturelles "les dommages matériels directs non assurables ayant eu pour cause déterminante l'intensité anormale d'un agent naturel, lorsque les mesures habituelles à prendre pour prévenir ces dommages n'ont pu empêcher leur survenance ou n'ont pu être prises"[1842]. Le système d'indemnisation légale ne prend pas en compte l'atteinte aux personnes. Quant aux secondes, elles sont liées au développement des sciences et des techniques et n'ont été prises en considération de façon globale, par le droit, que très récemment, avec la loi n° 2003-699 du 30 juillet 2003 relative à la prévention des risques technologiques et naturels et à la réparation des dommages[1843]. Cette dernière instaure un régime d'indemnisation des

---

[1837] G. RIPERT, *Les forces créatrices du droit*, Paris, L.G.D.J., 1955, n° 15.

[1838] Sur ce caractère collectif, cf. A. GUEGAN-LECUYER, op. cit. ; M. BOUTONNET, op. cit., n° 394 et s. ; L. NEYRET, op. cit., n° 479 et s.

[1839] C. LIENHARD, art. préc., note 4.

[1840] M.-F. FEUERBACH-STEINLE, "Le droit des catastrophes et la règle des trois unités de temps de lieu et d'action", *P.A.*, 28 juillet 1995, n° 90, p. 9.

[1841] X. PRETOT, "L'indemnisation des victimes de catastrophes naturelles", *Administration*, juillet-septembre 1992, p. 107.

[1842] Article 125-1 alinéa 3 du Code des assurances.

[1843] J. BIGOT, "La loi Bachelot et l'assurance. Loi n° 2003-699 du 30 juillet 2003", *J.C.P.*, 2004, I, 167 ; C. GORY, "La loi n° 2003-699 du 30 juillet 2003 relative à la prévention des risques

victimes de risques technologiques calqué sur celui des catastrophes naturelles, puisqu'il est subordonné à une décision de l'autorité administrative. L'état de catastrophe technologique se définit par "la survenance d'un accident dans une installation relevant du Titre Ier du Livre V du Code de l'environnement [c'est-à-dire les installations classées] et endommageant un grand nombre de biens immobiliers". Ainsi, à l'instar du régime d'indemnisation des catastrophes naturelles le régime d'indemnisation des risques technologiques ne concerne pas les dommages corporels.

699. Cette réglementation des risques technologiques est intervenue à la suite de l'explosion de l'usine AZF à Toulouse, le 21 septembre 2001, qui avait entraîné la mort de trente personnes et fait plus de cinq mille blessés. Cet accident s'inscrit dans une longue liste de catastrophes technologiques déjà survenues dans le monde[1844] depuis celles de Minamata, en 1959, du Torrey Canyon, en 1967, de Seveso, en 1976[1845], de l'Amoco-Cadiz, en 1978[1846], de Bhopal, en 1984, de Tchernobyl, en 1986, de Sandoz, en 1986[1847], de l'Exxon-Valdez, en 1989[1848] jusqu'à celle de l'Erika, en 1999[1849]. L'importance du nombre de victimes, ayant atteint généralement plusieurs centaines voir plusieurs milliers de personnes, confère à tous ces accidents un caractère collectif. Elle en fait de véritables catastrophes même si la détermination d'un seuil exact permettant de les distinguer de l'accident traditionnel est délicate à opérer[1850].

---

technologiques et naturels et à la réparation des dommages", *R.G.D.A.*, 2004, p. 21 ; A. GUEGAN-LECUYER, "Le nouveau régime d'indemnisation des victimes de catastrophes technologiques", *D.*, 2004, chron. p. 17 ; P. SAVIN et Y. MARTINET, "Risques technologiques et réparation des dommages : points saillants de la loi du 30 juillet 2003", *P.A.*, 10 octobre 2003, n° 203, p. 4.

1844 Sur ces "grandes peurs", cf. M. REMOND-GOUILLOUD, op. cit., p. 75 et s.

1845 A la suite de cette dernière (il s'agissait de l'emballement d'un réacteur industriel dans la ville italienne de Seveso qui avait causé le rejet dans l'atmosphère d'un nuage de dioxine) la Communauté européenne avait adopté la première directive en matière de risques industriels, le 24 juin 1982, dite *Directive Seveso* (*J.O.C.E.*, n° L. 230 du 5 août 1982, p. 1). Cette directive a été abrogée à compter du 3 février 1999 et remplacée par la *Directive Seveso II*, adoptée le 9 décembre 1996 (*J.O.C.E.*, n° L. 10 du 14 janvier 1997, p. 13), modifiée depuis par la directive 2003/105/CE du Parlement européen et du Conseil du 16 décembre 2003 (*J.O.C.E.*, L. 345 du 31 déc. 2003, p. 97).

1846 M. REMOND-GOUILLOUD, "Leçons d'un naufrage (à propos de l'indemnisation des victimes de l'Amoco-Cadiz)", *D.*, 1979, chron. p. 133 ; C. HUGLO, "La réparation du dommage écologique au milieu marin à travers deux expériences judiciaires : les affaires «Montedison» et «Amoco-Cadiz »", *G.P.*, 1992, 2, doctr. p. 582.

1847 M. DUROUSSEAU, "L'affaire Sandoz et la pollution transfrontalière du Rhin de novembre 1986", *in Le dommage écologique en droit interne, communautaire et comparé*, op. cit., p. 211.

1848 T. T. SMITH Jr., "Les déversements de pétrole en mer aux Etats-Unis. L'Exxon Valdez et au-delà", *ibid.*, p. 201.

1849 Ph. DELEBECQUE, "Responsabilité et indemnisation des dommages dus à la pollution par les hydrocarbures. A propos de la catastrophe de l' «Erika»", *J.C.P.*, 2000, Actualité, p. 215.

1850 En ce sens, cf. C. LIENHARD, art. préc., n° 23.

700. Ce qui est sûr, en revanche, c'est que malgré les incantations toujours plus nombreuses en faveur de l'anticipation de ces types d'accidents majeurs, au-delà de leur seule réparation, c'est encore trop souvent après la réalisation de l'un d'entre eux qu'intervient une modification législative[1851]. Sur ce point, l'avant-projet de réforme du droit des obligations et de la prescription[1852] propose de créer un régime spécial de responsabilité de plein droit à la charge de l'exploitant d'une activité anormalement dangereuse en cas de dommage consécutif à une telle activité. En vertu de l'article 1362 du Code civil, issu de l'avant-projet, "est réputée anormalement dangereuse l'activité qui crée un risque de dommages graves pouvant affecter un grand nombre de personnes simultanément". Aux dires même des auteurs de l'avant-projet il s'agit de "doter le droit français d'un régime de responsabilité adapté notamment aux catastrophes industrielles de grande ampleur"[1853]. La création d'un tel régime, en dépit de l'existence d'une responsabilité du fait des choses laisse dubitatif, dans la mesure où sont concernées les seules "activités" dangereuses et non les produits présentant un danger[1854]. S'agissant de ces derniers, l'actuelle législation concernant la responsabilité du fait des produits défectueux ne permet pas toujours de répondre aux caractéristiques des nouveaux risques sériels[1855]. Pourquoi donc réglementer certains types de dommages et pas d'autres ?[1856]

2) Le risque sériel

701. Parfois, la catastrophe ne résulte pas de la survenance soudaine d'un événement isolé touchant un grand nombre de personnes mais se trouve

---

[1851] C. LONDON, "Risques industriels d'accidents majeurs : de la non-application du principe de prévention ?", *P.A.*, 29 avril 2002, n° 85, p. 7.

[1852] P. CATALA, *Avant-projet de réforme du droit des obligations et de la prescription*, préc. Pour un commentaire, cf. notamment Y. SAINT-JOURS, "La part du risque dans le projet de réforme de la responsabilité civile", *D.*, 2006, chron. p. 2960.

[1853] Avant-projet, préc., p. 179.

[1854] A l'inutilité de ce nouveau régime, compte tenu de l'existence d'une responsabilité du fait des choses, il a été répondu que le texte "concernerait essentiellement les catastrophes industrielles alors que la responsabilité du fait des choses est mieux adaptée aux dommages entre particuliers", *Avant-projet*, préc., p. 168. Sur ce débat, cf. C. RADE ("Brefs propos sur une réforme en demi-teinte", *R.D.C.*, janvier 2007, spéc. p.87) pour qui "il semble bien que les dispositions actuelles devraient suffire pour faire face à des catastrophes industrielles majeures".

[1855] C'est pourquoi ces derniers sont aujourd'hui indemnisés grâce à des fonds de garantie. Mais la multiplication de ces fonds ne semble plus permettre d'absorber l'essor constant des risques sériels. Sur cette question, cf. *infra*, n° 789 et s.

[1856] De deux choses l'une. Ou bien le droit positif actuel ne permet pas de réparer les dommages engendrés par les accidents collectifs et les risques sériels et il convient alors de le modifier dans son ensemble. Ou bien le régime traditionnel de responsabilité du fait des choses est susceptible d'intégrer tous les nouveaux risques et alors on peut s'interroger sur l'opportunité d'adopter un régime spécifique concernant les activités dangereuses.

réalisée par la répétition d'un même type de dommage qui affecte une série d'individus dispersés et de manière échelonnée dans le temps. Le risque est alors qualifié de "sériel". Il se caractérise par une absence d'unité de temps et de lieu[1857]. A sa source, en revanche, on trouve un fait générateur unique : "la technique en cause est toujours la même"[1858]. Ce phénomène résulte d'une transformation des modes de production et de diffusion des biens et des techniques, à l'origine de la consommation de masse caractéristique des sociétés contemporaines. Aussi, la notion de risques sériels ou de "risques de masse"[1859] n'est pas une donnée du réel mais résulte au contraire de "processus de labellisation qui conduisent à désigner certains types de problèmes sociaux comme relevant d'un *risque collectif*"[1860]. Autrement dit, le risque sériel suppose qu'à un certain moment, la répétition d'un même événement dommageable est identifiée et peut être rattachée à un fait générateur unique qui en assure la solidarité. Une telle reconnaissance n'intervient qu'au bout d'un certain temps, après que le risque s'est réalisé plusieurs fois[1861].

702. Parce que ce sont avant tout des risques, c'est-à-dire des "passagers clandestins de la consommation normale"[1862], les risques sériels sont susceptibles de se manifester dans de multiples domaines : sanitaire, alimentaire, environnemental etc. Ici encore, l'importance du dommage se manifeste par le nombre de victimes résultant de la très grande diffusion d'un produit ou d'une technique. Ainsi en est-il pour les personnes contaminées par le

---

1857 M.-F. FEUERBACH-STEINLE, art. préc., p. 10.

1858 M.-P. CAMPROUX-DUFFRENE, art. préc., p. 3.

1859 M. REMOND-GOUILLOUD, "Le risque de l'incertain : la responsabilité face aux avancées de la science", art. préc., p. 349 ; C. LIENHARD, art. préc., note 4. Pour une approche renouvelée de la notion de "dommages de masse", cf. A. GUEGAN-LECUYER (op. cit.). Selon cette dernière il n'y aurait pas "d'unité notionnelle au sein des dommages d'une ampleur exceptionnelle" (op. cit., n° 24 et s.). En particulier, tant la "terminologie circonstanciée" (à travers les notions de risque technologique majeur, d'accident collectif, de délit à grande échelle, de dommages collectifs ou de dommages sériels) que la "terminologie générique de la catastrophe" se révèleraient incapables d'"identifier sans équivoque l'hypothèse de dommages d'une ampleur exceptionnelle en quête d'unité" (op. cit., n° 43). A partir de ce constat, l'auteur en vient donc à proposer la construction d'une "notion unitaire de dommages de masse" (op. cit., n° 46 et s.) fondée sur deux critères cumulatifs. D'une part, un critère quantitatif lié au grand nombre de victimes, et d'autre part, un critère qualitatif lié à l'unité du fait dommageable. Les dommages de masse sont ainsi définis comme "les atteintes aux personnes, aux biens ou au milieu naturel qui touchent un grand nombre de victimes à l'occasion d'un fait dommageable unique, ce dernier pouvant consister en un ensemble de faits dommageables ayant une origine commune" (op. cit., n° 77).

1860 C. LEMIEUX et Y. BARTHE, "Les risques collectifs sous le regard des sciences du politique", *Politix*, 1998, n° 44, p. 7.

1861 "Le sinistre sériel catastrophique en lui-même fait rarement l'objet d'un scoop. Le fait générateur de la catastrophe est souvent ancien. Les dommages se sont déjà manifestés, il n'y a pas d'action de sauvetage en cours [...] La prise de conscience de la catastrophe est progressive [...]", M.-F. FEUERBACH-STEINLE, art. préc., p. 11.

1862 U. BECK, op. cit., p. 74.

virus du Sida ou de l'hépatite C à la suite d'une transfusion sanguine[1863] ou par la maladie de Creutzfeldt-Jakob à la suite de l'ingestion de vaches contaminées par l'ESB[1864] ou d'un traitement à l'hormone de croissance[1865], pour les personnes exposées *in utéro* au Distilbène[1866], pour celles vaccinées contre l'hépatite B[1867] ou encore pour celles exposées à des poussières d'amiante[1868].

1863 Entre 150 et 180 millions de personnes seraient porteuses du virus de l'hépatite C dans le monde. En France, les estimations généralement avancées font état de 500 000 à 600 000 personnes contaminées (MINISTERE DE L'EMPLOI ET DE LA SOLIDARITE, *Sida et hépatite C : les chiffres clefs*, Paris, Flammarion, coll. "Médecine-sciences", 2000, p. 65 ; Livrets : *"Hépatite C : questions et réponses à l'usage des patients"* et *"Hépatite C : clinique, prise en charge et conseils aux patients", à l'usage des professionnels de santé*, MINISTERE DE LA SOLIDARITE ET DE LA SANTE, décembre 2001, pp. 10 et 3 ; *Conférence de consensus des 27 et 28 février 2002 sur le traitement de l'hépatite C*).

1864 Le nombre de ces victimes demeure largement incertain en raison du long délai d'incubation de la maladie (Il est de quatre à six ans en moyenne pour les animaux atteints d'ESB et de cinq à quinze ans pour la maladie de Creutzfeldt-Jakob, consécutive à une ESB, ce qui est moins long que la durée d'incubation de la forme classique de la maladie de Creutzfeldt-Jakob qui est de dix ans en moyenne, P.-M. LLEDO, op. cit. p.54 et 79). Au 31 décembre 2003 six victimes avaient été recensées en France (AFSSAPS, "Analyse du risque de transmission de la variante de la maladie de Creutzfeldt-Jakob par les produits de santé et par les tissus fluides d'origine humaine. Actualisation des données du rapport *ad hoc* de décembre 2000", *Rapport de février 2004*, Annexe, p. 33). Si certaines données épidémiologiques britanniques sur la maladie de Creutzfeldt-Jakob avaient pu laisser penser, un temps, que l'épidémie était sur le déclin (*Le Monde*, 6 mars 2003), le nombre de cas de cette maladie continue en réalité de progresser dans les Iles britanniques, avec 146 cas en février 2004 contre 130 en février 2003 ; tandis qu'en France le nombre de cas n'a pas progressé en 2003. S'agissant de l'ESB, les dernières études montrent que la décroissance du nombre de cas dans le cheptel britannique, comme dans le cheptel français, s'est poursuivie en 2003 (*Rapport de l'AFSSAPS*, préc., p. 11-12).

1865 A la fin de l'année 2000, le nombre total de cas répertoriés s'élevait à cent trente-neuf, dont soixante-quatorze en France (M. SCHWARTZ, op. cit., p. 185). Le nombre de victimes est appelé à augmenter compte tenu du délai d'incubation de la maladie pouvant atteindre dix ans.

1866 Le nombre d'enfants touchés, en France, est estimé à 160 000. C'est entre 1965 et 1975 que le Distilbène a été le plus prescrit. Les conséquences, qui portent essentiellement sur la fécondité et la grossesse, se font donc particulièrement sentir depuis 1990 et sont appelées à durer jusqu'en 2015 ("Diéthylstiboestrol et risque de complications génitales et obstétricales", Communiqué de presse de l'Agence française de sécurité sanitaire et des produits de santé, du 30 novembre 2002).

1867 Le nombre de porteurs chroniques du virus de l'hépatite B est estimé à 350 millions dans le monde et à 100 000 personnes en France (Ph. NAUCHE, *Rapport Assemblée Nationale*, 9 mai 2001, n° 3043, p. 7-8). En mars 2001 le nombre de cas d'atteintes neurologiques faisant suite à une vaccination contre l'hépatite B été estimé à 862 (*Mission d'expertise sur la politique de vaccination contre l'hépatite B en France,* Rapport Dartigues, 15 février 2002, p. 9).

1868 Le nombre de victimes varie suivant le type de pathologies en cause. Ainsi, s'agissant du mésothéliome, le nombre de décès attribués à cette maladie a été estimé en 1996 à 750 et en 1998 l'exposition professionnelle a été à l'origine de plus de cinq cents nouveaux cas. Le nombre de décès du cancer du poumon attribuable à une exposition à l'amiante oscille entre 2086 et 4172 cas chez les hommes. Ces chiffres sont appelés à augmenter dans les années à venir. Ainsi, selon les dernières estimations le nombre de décès consécutifs à un mésothéliome, pour la période de 1996 à 2020, pourrait s'élever à 20 000 au sein de la population masculine et de 2900 dans la population féminine (*Rapport du gouvernement au Parlement présentant l'impact financier de l'intervention*

CONCLUSION DE LA SECTION I

703. L'accident traditionnel a fait place à de nouvelles formes de dommages qui s'apparentent à de véritables catastrophes engendrées par les progrès techniques et scientifiques. L'émergence de la notion de préjudice écologique pur dans le domaine de l'environnement, ainsi que celle de préjudice spécifique de contamination dans celui de la santé, témoignent de l'extension du concept de préjudice en vue de favoriser l'appréhension de ces dommages qualitativement et quantitativement de plus en plus graves. Certes, ces notions ne sauraient permettre, à elles seules, de saisir l'ensemble des risques majeurs susceptibles de se produire dans de multiples autres domaines[1869]. Néanmoins, elles sont particulièrement représentatives du changement d'échelle et de nature des dommages engendrés par les sociétés contemporaines.

SECTION II

LES MANIFESTATIONS TEMPORELLES DE LA GRAVITE DES DOMMAGES RESULTANT D'UN DEFAUT DE PREVENTION OU DE PRECAUTION : DU DOMMAGE ACTUEL AU DOMMAGE TRANSGENERATIONNEL

704. La gravité des dommages engendrés par les progrès scientifiques et techniques des sociétés modernes ne se manifeste pas seulement par leur extension dans l'espace[1870], mais par un prolongement de leurs effets dans le temps[1871]. Le droit de la responsabilité civile admet depuis longtemps la réparation du dommage futur, à condition qu'il soit certain (§1). Aujourd'hui il est confronté à une dissociation temporelle toujours plus grande entre le fait générateur et ses effets dommageables. Désormais les dommages ne sont plus seulement susceptibles de se produire dans un futur proche mais peuvent se manifester après plusieurs années, voire plusieurs générations (§2).

§ 1 DU DOMMAGE ACTUEL AU DOMMAGE FUTUR

705. Que la réparation du dommage soit subordonnée à son caractère certain c'est là une exigence qui ne traduit rien de moins que la nécessité, pour qu'il y ait responsabilité, que le dommage existe, faute de constituer alors un enrichissement sans cause. La Cour de cassation exerce donc son contrôle sur la

---

des victimes de l'amiante pour l'année en cours et pour les vingt années suivantes, Paris, 2003, p.28 et s.).

1869 Telle la génétique (cf. L. MORDEFROY, op. cit.) ou plus généralement le vivant (L. NEYRET, op. cit.).

1870 Cf. *supra*, n° 695 et s.

1871 En ce sens notamment, cf. M. BOUTONNET, op. cit., n° 483 et s.

certitude du dommage relevée par les juges du fond[1872]. Mais cette condition a toujours été entendue avec souplesse par la jurisprudence qui indemnise, depuis longtemps déjà, le préjudice futur dès lors que sa survenance est d'ores et déjà certaine.

706. La solution de principe a été affirmée par un arrêt de la Chambre des Requêtes, en date du 1er juin 1932[1873]. En l'espèce, une société avait obtenu une concession déclarée d'utilité publique, en vue de la construction et de l'exploitation d'une ligne de transport d'énergie électrique à très haute tension qui devait passer au-dessus du terrain d'un particulier. Ce dernier avait engagé une action contre la société et obtenu des indemnités pour dépréciation de sa propriété, diminution de jouissance et gêne occasionnée par le passage des préposés à la surveillance et à l'entretien du réseau. La société s'était pourvue en cassation en contestant notamment le caractère certain du préjudice résultant de la dépréciation de la valeur de la propriété qui ne pouvait intervenir, selon elle, qu'en cas de vente future de l'immeuble, et du préjudice résultant du passage des préposés pour l'entretien de la ligne qui revêtait, selon elle, un caractère éventuel. Mais la Cour de cassation rejeta cette argumentation, estimant, au contraire, que "si le préjudice purement éventuel ne peut donner lieu à l'allocation de dommages-intérêts, il en est autrement lorsque le préjudice, bien que futur, apparaît aux juges du fait comme la prolongation certaine et directe d'un état de choses actuel et comme étant susceptible d'estimation immédiate".

707. Ainsi était donc posée la frontière entre d'une part, le préjudice éventuel, hypothétique, insusceptible d'évaluation immédiate et par-là irréparable, et d'autre part, le préjudice futur, mais certain, susceptible d'évaluation actuelle et de réparation immédiate. L'avenir est pris en considération "dans la mesure où il est contenu en puissance dans le présent qui le postule fatalement"[1874]. Outre les considérations pratiques qui justifient l'adoption d'une telle solution (une bonne administration de la justice postulant d'éviter au justiciable d'avoir à intenter plusieurs actions pour la réparation d'un même préjudice[1875]) cette jurisprudence témoigne du lien essentiel entre l'existence du dommage et son évaluation. La première est intimement liée à la seconde. Par la suite, la jurisprudence a rappelé cette solution à plusieurs

---

[1872] Cf. Civ. 1ère, 11 octobre 1983, *D.*, 1984, jur. p. 137, note J.-L. AUBERT ; Civ. 1ère, 20 juin 1990, *B.C.*, II, n° 142.
[1873] Req. 1er juin 1932, *D.*, 1932, 1, jur. p. 102, Rapport PILON.
[1874] L. JOSSERAND, *Cours de droit civil positif français. Théorie générale des obligations*, tome II, Paris, Sirey, 1933 (2ème éd.), n° 439.
[1875] "Du moment que le juge a la certitude que le demandeur subira un préjudice, il serait absurde de le contraindre à rejeter une action qu'il devrait admettre le lendemain", M. PILON, rapport préc., p. 105.

reprises[1876], rejetant les actions tendant à la réparation de préjudices purement éventuels[1877]. Enfin, la formule consacrée par la Cour de cassation dans son arrêt de 1932 a été reprise expressément par l'avant-projet de réforme du droit des obligations et de la prescription[1878]. L'article 1345 alinéa 1 nouveau du Code civil énonce, en effet, que "le préjudice futur est réparable lorsqu'il est la prolongation certaine et directe d'un état de chose actuel".

708. En outre, l'interprétation souple de la notion de certitude du dommage a conduit les tribunaux, depuis longtemps également, à indemniser la perte d'une chance. Selon la Cour de cassation, en effet, "l'élément de préjudice constitué par la perte d'une chance présente un caractère direct et certain chaque fois qu'est constatée la disparition [...] de la probabilité d'un événement favorable encore que, par définition, la réalisation d'une chance ne soit jamais certaine"[1879]. La jurisprudence exige néanmoins que la chance soit réelle et sérieuse[1880]. Dans cette hypothèse, le dommage est certain dans la mesure où il est constitué par la perte d'un élément, la chance, dont l'existence est certaine. Elle est alors qualifiée de préjudice intermédiaire, par opposition au préjudice final que constitue l'absence de réalisation effective de l'événement aléatoire. L'évaluation du dommage final est alors fonction du degré de probabilité de réalisation de la chance[1881].

709. La problématique du dommage futur s'est récemment renouvelée avec l'apparition de certaines maladies caractérisées par une période d'incubation plus ou moins lente. Les solutions adoptées lors de l'indemnisation des victimes du Sida témoignent de cette évolution. L'originalité de la jurisprudence, ayant consacré la notion de préjudice spécifique de

---

[1876] Civ. 2ème, 15 décembre 1971, *B.C.*, II, n° 345 (réparation du préjudice de dépréciation d'une villa résultant des nuisances causées par l'implantation voisine de deux usines) ; Com. 9 juillet 1979, *B.C.*, IV, n° 226 (réparation du préjudice futur résultant de la contrefaçon d'un modèle) ; Crim. 13 février 2007, pourvoi n° 06-85022 (préjudice résultant des procédures initiées et des incertitudes liées à une future revente subi par l'acheteur d'une voiture trompé sur la marchandise).

[1877] Civ. 19 mars 1947, *D.*, 1947, jur. p. 313 ; Civ. 3ème, 11 juillet 1968, *J.C.P.*, 1969, II, 15721, note B. BOCCARA ; *R.T.D.civ.*, 1969, p. 778, obs. G. DURRY (absence de réparation du préjudice éventuel résultant de la précarité d'un bail affecté d'un vice de forme de nature à en rendre plus difficile le renouvellement) ; Civ. 2ème, 25 février 1971, *B.C.*, II, n° 77 (absence de réparation du préjudice éventuel résultant du renouvellement d'une prothèse à la suite d'un accident corporel) ; Civ. 3ème, 27 mars 1987, *J.C.P.*, 1987, IV, p. 192 (absence de réparation du préjudice éventuel résultant de l'usage abusif d'une servitude de passage).

[1878] P. CATALA, *Avant-projet de réforme du droit des obligations et de la prescription*, préc., p.174.

[1879] Crim. 6 juin 1990, *Bull. Crim.*, n° 224 ; *R.T.D.civ.*, 1991, p. 121, note P. JOURDAIN.

[1880] Cf. Civ. 1ère, 1er avril 1965, *B.C.*, II, p. 230 ; Soc. 29 février 1996, *B.C.*, V, n° 79.

[1881] Pour des développements plus complets sur la notion de perte de chance et son évolution, cf. 1ème partie, *supra*, n° 159 et s.

contamination[1882], est précisément qu'elle permet une prise en considération du préjudice futur résultant de la déclaration du Sida, après la phase de séropositivité, tout en optant pour une conception stricte de la condition de certitude du dommage[1883]. Plutôt, en effet, que d'estimer que le préjudice lié à l'apparition du Sida était très probable, conformément à la jurisprudence traditionnelle qui interprète avec souplesse l'exigence de certitude du dommage, les juges ont préféré aménager la procédure d'indemnisation. Ainsi, dans l'affaire ayant donné lieu à l'arrêt de la Cour de cassation du 20 juillet 1993[1884], la cour d'appel avait jugé que le paiement d'un complément d'indemnisation du préjudice afférent au Sida déclaré était subordonné à la constatation médicale de la maladie. Dans son pourvoi, la victime faisait valoir que l'apparition du Sida avait, au contraire, un caractère certain. Selon elle, "il résultait de l'audition du professeur Montagnier que, compte tenu des données actuelles et prévisibles de la science pour plusieurs années, 90 % des personnes séropositives étaient appelées à contracter le Sida dans un délai de douze ans à compter de leur séroconversion". Mais la Cour de cassation a rejeté cette argumentation aux motifs que "de nombreux essais thérapeutiques visent à retarder, voire à bloquer le passage à la maladie". En conséquence, les juges du fond avaient pu retenir que le préjudice résultant de la survenance du Sida n'avait pas un caractère certain. En revanche, la reconnaissance d'une telle incertitude ne faisait pas obstacle à une évaluation immédiate et définitive de ce préjudice. En effet, le droit à réparation de la victime était d'ores et déjà acquis, le versement effectif de l'indemnité correspondant à ce chef de préjudice étant seulement reporté dans le temps à la date de la déclaration de la maladie. La Cour de cassation a donc confirmé le fractionnement de l'indemnisation décidée par les juges du fond.

710. La dissociation entre le fait générateur et l'apparition de certains préjudices ne fait donc pas obstacle à une juste réparation. Bien qu'appelé à se réaliser dans le futur, le dommage peut faire l'objet d'une évaluation immédiate et revêt donc un caractère réparable. Il reste, néanmoins, que les solutions ainsi adoptées en matière de contamination par le virus du Sida, applicables à d'autres types de maladies également caractérisées par une longue période d'incubation[1885], consistent à prendre en considération un futur encore relativement proche. Le préjudice ainsi réparé est généralement appelé à survenir quelques années après la réalisation du fait générateur. Mais parfois, le

---

1882 Sur cette notion, cf. *supra*, n° 676 et s.

1883 Pour P. JOURDAIN (note préc., *R.T.D.civ.*, 1994), cette solution est "novatrice", tandis que pour Y. CHARTIER (note, préc., *D.*, 1993) elle constitue une "intéressante avancée du droit de la réparation".

1884 Civ. 2ème, 20 juillet 1993, préc.

1885 Telles que celles résultant d'une exposition à l'amiante, à un traitement à l'hormone de croissance, à la prise de Distilbène.

futur est beaucoup plus lointain et le dommage présente alors un caractère transgénérationnel.

§ 2 DU DOMMAGE FUTUR AU DOMMAGE TRANSGENERATIONNEL

711. La notion de préjudice futur est encore appelée à évoluer sous l'impulsion de nouvelles formes de dommages susceptibles de survenir de nombreuses années, voire plusieurs générations, c'est-à-dire une ou plusieurs trentaines d'années, après la réalisation du fait générateur[1886]. Désormais, en effet, la gravité de certains dommages se caractérise par un allongement sans précédent de leurs manifestations dans le temps. L'atteinte ainsi portée ne relève plus tant du domaine de l'avoir que de celui de l'être[1887] dans la mesure où ce sont les processus même de vie dans leur création et leur renouvellement qui sont alors affectés[1888]. Ce phénomène concerne plus particulièrement les dommages à l'environnement et à la santé. Dans ces deux domaines, en effet, le temps juridique est "noué de manière étroite au temps scientifique"[1889]. Les dommages transgénérationnels, dont il convient de recenser les manifestations (A), conduisent à constater l'inadaptation, à leur encontre, des règles actuelles de prescription (B).

A – LES MANIFESTATIONS DE DOMMAGES TRANSGENERATIONNELS

712. En vertu de la dualité du rapport qui unit le temps au droit, d'un côté ce dernier se trouve soumis au temps puisqu'il se situe précisément à l'intérieur de celui-ci et de l'autre, le temps est un objet du droit parce qu'il peut être mesuré par l'homme[1890]. Dans le même sens, le dommage

---

[1886] La notion de génération est entendue ici comme un "*espace de temps* correspondant à l'intervalle qui sépare chacun des degrés d'une filiation (évalué à une trentaine d'années)", *Dictionnaire Robert*. Sur la notion de générations futures, cf. *infra*, n° 1003 et s.

[1887] Cf. déjà, à propos du dommage corporel, Y. LAMBERT-FAIVRE, "Le dommage corporel entre l'être et l'avoir", *Resp. civ. et ass.*, déc. 1997, chron. n° 31, p. 5.

[1888] Ainsi, à propos de la notion d'irréversibilité M. REMOND-GOUILLOUD (art. préc., *R.J.E.*, 1998, p. 7) estime que "du sang contaminé à la vache folle, elle intéresse l'ensemble des processus de vie, dont le dérèglement semble annoncer la dégénérescence. Le rouage est, on le voit, essentiel en ce qu'il touche, au sens propre à l'essence".

[1889] M. CHEMILLIER-GENDREAU, "Sur quelques rapports du temps juridique aux autres formes du temps", *in L'accélération du temps juridique*, sous la dir. de Ph. GERARD, F. OST et M. VAN DE KERCHOVE, Bruxelles, Facultés universitaires de Saint-Louis, 2000, p. 295.

[1890] Ainsi, si le temps "nous aliène et nous est étranger", devenant "mon maître, mon Dominant", on constate que "ce n'est pas le temps qui nous mesure, c'est nous qui mesurons le temps" et "grâce à la mesure [...] l'appropriation du temps se fait plus pleine et plus complète, car le temps mesuré devient utilisable", S. COTTA, "Le droit et l'appropriation du temps", *in Temporalité et aliénation*, Actes du colloque organisé par le Centre International d'Etudes Humanistes et par l'Institut d'Etudes Philosophiques de Rome, 3-8 janvier 1975, sous la dir. d' E. CASTELLI, Paris, Aubier-Montaigne, 1975, p. 180. Dans le même sens, F. TERRE ("Temps sociologiques et temps

transgénérationnel[1891] se présente à la fois comme une inscription du fait dommageable dans le temps et comme une manifestation de l'appréhension du temps par le droit, le temps devenant alors un élément caractérisant le dommage. Il convient d'évoquer ici quelques-unes des manifestations de dommages transgénérationnels qui affectent l'environnement (1) et la santé (2).

1) Les dommages transgénérationnels à l'environnement

713. Les dommages transgénérationnels à l'environnement trouvent à s'exprimer à travers la notion de préjudice écologique pur. Cependant, ce dernier n'est plus envisagé ici sous l'angle de sa gravité matérielle[1892] mais dans sa dimension temporelle. Celle-ci est particulièrement importante s'agissant de l'environnement car "tout est dans la nature fait de rythmes, de cycles et de leurs ruptures"[1893]. Les rapports entre l'environnement et le temps se présentent sous deux aspects puisque le temps affecte à la fois la cause du préjudice écologique pur en favorisant son apparition (a) et les effets de ce dernier à travers son irréversibilité (b).

a) Le rôle du temps dans l'apparition du préjudice écologique pur

714. Plus que tout autre dommage le préjudice écologique s'inscrit dans la durée. Certes l'atteinte portée à la nature résulte fréquemment d'un fait unique et instantané comme l'accident collectif[1894]. Mais elle est aussi très souvent la conséquence d'une répétition sans relâche d'agressions du milieu naturel dont l'accumulation conduit à l'apparition d'un préjudice particulièrement grave. L'importance de l'assiette du dommage résultant de la spécificité des éléments affectés tels que l'air, la terre ou l'eau[1895], favorise un tel phénomène. La réitération des atteintes ainsi portées à la nature est, en effet, susceptible d'intervenir en tous lieux. Autrement dit, le déploiement du préjudice écologique dans l'espace en facilite la survenance dans le temps.

715. A cet égard, le problème du réchauffement climatique de la planète ou "l'effet de serre", constitue un exemple remarquable de ce processus

---

juridiques", *Annales de la Faculté de droit d'Istanbul*, XXX / n° 46, mars 1996, p. 160) remarque que "le droit, tout d'abord, se situe dans le temps d'une manière qui retient principalement l'attention ; à quoi s'ajoute une autre réflexion, liée à l'appréhension du temps par le droit, lequel tour à tour subit et agit".

[1891] La notion de "risques transgénérationnels", caractéristique des sociétés contemporaines, est notamment employée par F. OST, *in Le temps du droit*, Paris, Odile Jacob, 1999, p. 271.

[1892] Cf. *supra*, n° 668 et s.

[1893] M. REMOND-GOUILLOUD, "A la recherche du futur : la prise en compte du long terme par le droit de l'environnement", *R.J.E.*, 1992, n°1, p. 5.

[1894] Sur cette notion, cf. *supra*, n° 698 et s.

[1895] Sur l'assiette du préjudice écologique pur, cf. *supra*, n° 695.

d'extension dans le temps de la formation du préjudice écologique résultant des effets cumulés de la pollution. Chauffée par le soleil, la terre émet des rayonnements infrarouges auxquels sont perméables la plupart des gaz émis dans l'atmosphère. Certains d'entre eux, cependant, appelés "gaz à effet de serre"[1896] ont la propriété d'absorber ces infrarouges et de retenir ainsi dans l'atmosphère la chaleur dégagée par ceux-ci conduisant à un réchauffement de la terre. Ce phénomène est naturel mais il est amplifié par le développement des activités humaines. A terme, les modifications climatiques résultant de cette évolution sont susceptibles d'entraîner une multitude de conséquences néfastes pour la nature et les hommes (élévation du niveau des mers avec pour conséquence une augmentation des inondations, intensification des cyclones et des tempêtes, recrudescence du paludisme, extension de maladies infectieuses comme la salmonellose ou le choléra, hausse des maladies cardio-vasculaires lors des vagues de chaleur etc.). Dans la mesure où ces "gaz à effet de serre" ont une durée de vie très longue dans l'atmosphère, une dizaine d'années en moyenne, voire un siècle pour le gaz carbonique, l'atteinte portée à la couche d'ozone est à la fois progressive et cumulative[1897]. En outre, une fois le processus de leur réduction amorcé, plusieurs générations seront nécessaires pour revenir à la situation initiale.

716. Exposée dès le début du XIXème siècle par le chimiste suédois Svante Arrhenius, l'hypothèse d'un lien de causalité entre l'émission de CO2 dans l'atmosphère et le réchauffement de la terre, n'a fait l'objet d'une confirmation empirique qu'à la fin des années 1980, en particulier après que fut découvert en 1985 le trou d'ozone apparu dans l'Antarctique[1898]. Aujourd'hui, la plupart des experts s'accordent sur le fait qu'il existe un lien de causalité certain entre la poursuite des émissions actuelles de "gaz à effet de serre" et un réchauffement global de la planète[1899], pouvant atteindre environ un à trois degrés C. En revanche, l'ampleur et la nature exacte des perturbations susceptibles d'en résulter, ainsi que la localisation de celles-ci et surtout le coût afférent à leur réduction demeurent encore controversés et donc largement

---

[1896] Il s'agit principalement du gaz carbonique (CO2), du méthane (CH4) et des chlorofluorocarbures (CFC).

[1897] Cf. S. LEPELTIER, *Rapport d'information fait au nom de la délégation du Sénat pour la planification sur les instruments économiques et fiscaux visant à limiter les émissions de gaz à effet de serre*, 11 mai 1999, n° 346.

[1898] G. MEGIE, "Incertitude scientifique et décision politique : le cas «historique» de l'ozone stratosphérique", *in Le principe de précaution dans la conduite des affaires humaines*, op. cit., p.229.

[1899] "Le fait que les émissions humaines de gaz à effet de serre tendent à perturber le climat et à accroître le risque de phénomènes climatiques extrêmes est désormais scientifiquement établi [...]", S. LEPELTIER, rapport préc. Dans le même sens, le *Rapport sur les nouvelles technologies de l'énergie*, rendu au mois de juin 2004 (p. 17), estime que "l'augmentation et les inconvénients des émissions de gaz à effet de serre constituent désormais des faits avérés".

incertains[1900]. Aussi, la problématique de l'effet de serre est-elle souvent présentée comme un terrain propice à l'application du principe de précaution[1901].

717. Depuis quelques années les dommages résultant du réchauffement de la planète, dont les effets sont susceptibles de s'intensifier au cours des générations à venir, sont devenus une préoccupation mondiale des pays industrialisés. Ainsi, après les conférences internationales sur le climat en 1979 et 1989, et la création en 1988, sous l'égide du Programme des Nations unies pour l'environnement et de l'Organisation météorologique mondiale d'un Groupe d'Experts Intergouvernemental sur l'Evolution du Climat (GIEC)[1902], une Convention-cadre sur les changements climatiques a été signée à Rio de Janeiro en 1992. Elle vise à "stabiliser [...] les concentrations de gaz à effet de serre dans l'atmosphère à un niveau qui empêche toute perturbation anthropique dangereuse du système climatique"[1903]. L'article 3 alinéa 3 de la convention impose aux parties de "prendre des mesures de précaution pour prévoir, prévenir ou atténuer les causes des changements climatiques et en limiter les effets néfastes". La suite du texte énonce que "quand il y a risque de perturbations graves ou irréversibles, l'absence de certitude scientifique absolue ne doit pas servir de prétexte pour différer l'adoption de telles mesures [...]".

718. A la suite de cette convention les parties signataires ont réaffirmé leur volonté de renforcer leurs engagements tendant à limiter les émissions de gaz à effet de serre au cours des conférences de Berlin en 1995 et de Genève en 1996. Mais la décision d'adopter des mesures concrètes n'est intervenue que le 11 décembre 1997 lors de la signature du Protocole de Kyoto[1904] regroupant trente huit Etats ainsi que l'Union européenne. L'objectif

---

[1900] Y. MARTIN, "Effet de serre. Controverses scientifiques et stratégies économiques", *Risques*, sept. 1992, n° 11, p. 87 ; G. MEGIE, art. préc., p. 234 ; J.-C. HOURCADE, "Précaution et approche séquentielle de la décision face aux risques climatiques de l'effet de serre", *in Le principe de précaution dans la conduite des affaires humaines*, op. cit., p. 263 ; J.-P. VAN YPERSELE, "Effet de serre et précaution : enjeux et réponses", *in Le principe de précaution. Significations et conséquences*, op. cit., p. 158.

[1901] Cf. G. MEGIE, art. préc. ; J.-C. HOURCADE, art. préc. ; J.-P. VAN YPERSELE, art. préc. ; C. LEPAGE et F. GUERY, op. cit., p. 67 et s. ; M. MOLINER, "Le principe de précaution dans le dossier climatique", *Dr. env.*, mai 2003, n° 108, p. 90 ; H. ARBOUSSET, "Incertitude, climat et droit public", *P.A.*, 13 janvier 2006, n° 10, p. 8 (spéc. p. 13). Il nous semble, cependant, que l'absence d'incertitude relative au *lien de causalité scientifique*, critère distinctif des notions de prévention et de précaution (cf. 1ère partie, *supra*, n° 219 et s.), entre les émissions de gaz et leurs effets sur le climat empêche de retenir aujourd'hui une telle analyse, l'évitement du dommage s'apparentant plutôt à de la prévention.

[1902] Ce dernier est chargé d'évaluer les données scientifiques disponibles sur l'évolution du climat, d'en apprécier les incidences écologiques et socio-économiques, et de formuler des stratégies possibles de prévention et d'adaptation.

[1903] Article 2 de la Convention.

[1904] S. ROUSSEAUX et R. ROMI, "Le Protocole de Kyoto sur la couche d'ozone", *P.A.*, 24 juin 1998, n° 75, p. 9.

de ce protocole était alors de parvenir à une réduction d'au moins 5% du niveau des émissions de gaz à effet de serre par rapport au niveau de 1990 au cours de la période allant de 2008 à 2012. Depuis, la Communauté européenne, après avoir entériné la convention-cadre de 1992[1905] et le Protocole de Kyoto de 1997[1906], a adopté une directive, en date du 13 octobre 2003[1907]. Cette dernière met en place un système d'échange de quotas d'émission de gaz à effet de serre. Elle a été transposée en droit français par l'ordonnance du 15 avril 2004[1908]. Le principe des marchés de permis d'émission consiste, conformément au principe pollueur-payeur, à allouer aux Etats membres, à l'échelle internationale, et aux entreprises, à l'échelle nationale[1909], des quotas d'émission de CO2[1910], pour une période donnée, que ceux-ci peuvent ensuite s'échanger[1911]. En cas de dépassement du quota qui lui a été attribué l'entreprise se voit infliger une amende[1912]. Les objectifs d'une telle réglementation doivent être approuvés, dans la mesure où ils s'inscrivent dans le processus qui fait de la lutte contre l'intensification de l'effet de serre une priorité nationale[1913]. Cependant les moyens pour y parvenir demeurent contestables puisqu'ils aboutissent à accorder un droit de polluer librement négociable entre Etats[1914].

1905 Décision 94/69/CE du Conseil, du 15 décembre 1993 (*J.O.C.E.*, 7 fév. 1994, L. 33).

1906 Décision 2002/358/CE du Conseil, du 25 avril 2002 (*J.O.C.E.*, 15 mai 2002, L.130).

1907 Directive 2003/87/CE du Parlement européen et du Conseil, du 13 octobre 2003 (*J.O.C.E.*, 25 oct. 2003, L. 272/32). Cf. P. THIEFFRY, "Droits d'émission et éco-fiscalité : de nouveaux instruments de lutte contre les changements climatiques à géométrie variable", *P.A.*, 1er avril 2004, n° 66, p. 4 et *P.A.*, 2 avril 2004, n° 67, p. 6 ; V. MANSUY, "L'allocation des quotas d'émission de gaz à effet de serre", *Environnement*, août-sept. 2004, p. 7 ; T. REVET, "Les quotas d'émission de gaz à effet de serre (ou l'atmosphère à la corbeille ?)", *D.*, 2005, chron. p. 2632 ; A. PAULIN, "L'allocation des quotas d'émission de gaz à effet de serre", *R.R.J.*, 2006, p. 2461.

1908 Ordonnance n° 2004-330 du 15 avril 2004 portant création d'un système d'échange de quotas d'émission de gaz à effet de serre (*J.O.*, 17 avril 2004, p. 7089).

1909 En France seules les installations classées pour la protection de l'environnement, rejetant un gaz à effet de serre dans l'atmosphère, sont concernées par ce système (art. L. 229-5 du Code de l'environnement).

1910 Sur la nature juridique de ces derniers, cf. B. LE BARS, "La nature juridique des quotas d'émission de gaz à effet de serre après l'ordonnance du 15 avril 2004. Réflexions sur l'adaptabilité du droit des biens", *J.C.P.*, 2004, I, 148 ; S. GIULJ, "Les quotas d'émission de gaz à effet de serre (La problématique de la nature juridique des quotas et ses implications en matière comptable et fiscale)", *P.A.*, 13 fév. 2004, n°32, p.10.

1911 Pour l'instant, ne sont assujetties à ce régime que les activités émettant du dioxyde de carbone et relevant de certains secteurs énoncés par la directive (art. 2 de la directive).

1912 Article 16 de la directive et article L. 229-18 II, al. 3 du Code de l'environnement.

1913 Article L. 229-1 du Code de l'environnement.

1914 Sur cette question, cf. N. BOUCQUEY, "La responsabilisation des entreprises : l'exemple du marché des droits de pollution", *in Quel avenir pour le droit de l'environnement*, sous la dir. de F. OST et S. GUTWIRTH, op. cit., p. 399.

b) L'irréversibilité du préjudice écologique pur

719. Parce qu'il s'est longtemps perçu comme "maître et possesseur de la nature"[1915], l'homme n'avait pas d'abord envisagé que celle-ci puisse un jour lui résister au point de ne plus lui fournir ce qu'il attendait d'elle. Cette vision prométhéenne du rapport entre l'homme et la nature, dont le Code civil s'est fait l'écho à travers une sacralisation du droit de propriété[1916], allait de pair avec le postulat d'une réversibilité des atteintes à l'environnement engendrées par l'utilisation des ressources naturelles[1917]. Mais l'éveil de la conscience environnementale a révélé le caractère irréversible de nombreuses agressions commises à l'encontre du milieu naturel par l'homme. Celui-ci s'est trouvé investi d'un pouvoir de destruction toujours plus grand du fait du développement des sciences et des techniques. Désormais la temporalité humaine tend à prendre le pas sur la temporalité naturelle, conduisant ainsi à une accélération de la dégradation des écosystèmes qui atteint un point de non-retour[1918].

720. L'irréversibilité désigne "ce qui ne peut se reproduire en sens inverse"[1919]. Elle témoigne de l'impossibilité de revenir en arrière, de faire que ce qui a été puisse se reproduire à l'identique[1920]. Appliquée au préjudice écologique, l'irréversibilité se caractérise par la disparition définitive d'une ressource ou d'une espèce. Elle renvoie à l'idée d'une perte définitive et irréparable. Ainsi définie, pourtant, elle ne fait qu'exprimer l'impossibilité d'effacer *le fait même* de la survenance du dommage, quelle que soit la réparation, même intégrale, conformément au principe juridique du même nom, auquel il a donné lieu. En réalité, la notion d'irréversibilité est nécessairement quelque chose de plus qu'un caractère du dommage, en ce sens qu'elle ne s'attache pas tant au résultat produit, qu'au résultat "en train de se produire". Elle s'apparente donc avant tout à un processus, "un processus qui s'écoule sans

---

[1915] DESCARTES, *Discours de la méthode*, VIème partie.
[1916] En ce sens, cf. M. REMOND-GOUILLOUD, op. cit., p. 12 ; F. OST, "Le juste milieu. Pour une approche dialectique du rapport homme-nature, *in Images et usages de la nature en droit*, sous la dir. de Ph. GERARD, F. OST et M. VAN DE KERCHOVE, Bruxelles, Facultés universitaires de Saint-Louis, 1993, p. 17.
[1917] "le postulat de la réversibilité apparaît à présent comme l'expression de l'illusion de la capacité de l'homme à maîtriser la nature", A. MICHELO, "Utilisation durable et irréversibilité(s). Du «jeu» de la temporalité aux enjeux de la durabilité", *R.J.E.*, 1998, p. 17.
[1918] N. de SADELEER, "Les enjeux de la temporalité dans le droit de l'environnement", *in L'accélération du temps juridique*, op. cit., p. 893.
[1919] Définition du *Dictionnaire Robert.*
[1920] La notion d'irréversibilité est envisagée ici dans sa dimension temporelle et non plus dans sa dimension matérielle (sur cette dernière, cf. *supra*, n° 673).

qu'on puisse le retenir"[1921]. Elle est "la temporalité même du temps"[1922]. Et s'agissant de la nature, c'est-à-dire du vivant, l'irréversibilité se présente alors comme "un processus, à contre courant de la vie" : elle "participe du processus de dégradation en cours par-delà l'individu, elle affecte l'espèce et, par-delà cette espèce, l'ensemble de l'écosystème dont elle fait partie"[1923]. La notion d'irréversibilité présuppose donc une certaine conception de l'écologie qui "conduit à ne plus penser en terme d'équilibres plus ou moins stables, mais en termes de processus, c'est-à-dire de déséquilibres et d'événements singuliers"[1924]. Dans cette perspective, les perturbations du système font partie de l'évolution normale de ce dernier. Elles assurent la pérennité des cycles biologiques. En revanche, dès lors que la menace ne porte plus seulement sur un élément du système mais affecte la viabilité du processus lui-même en mettant en péril les conditions de possibilités de sa bonne continuation, elle présente un caractère irréversible. C'est alors le principe même d'auto-régénération de la nature qui est remis en cause.

721. Dans la mesure où elle est intimement liée à la potentialité de la nature à se régénérer, la notion d'irréversibilité est susceptible de se présenter sous plusieurs formes selon la connaissance de cette dernière. Or, en la matière, non seulement il est souvent difficile de prévoir le temps que prendra la reconstitution du milieu endommagé lorsque celle-ci est possible[1925] mais la nature réversible ou irréversible du préjudice écologique peut être délicate à déterminer et présenter un caractère incertain. Ainsi, le dommage ayant entraîné la disparition d'une espèce ne pourra être certain que si l'espèce concernée est suffisamment connue. Dans le cas contraire, la nature irréversible du préjudice n'apparaîtra qu'après coup. C'est pourquoi certains auteurs ont proposé de distinguer les irréversibilités certaines et les irréversibilités incertaines. Mais une telle distinction ne porte pas sur le caractère objectivement irréversible ou non du dommage mais sur le jugement susceptible d'être porté par l'homme qui attribue au dommage un tel caractère[1926]. En réalité, la distinction des irréversibilités certaines et incertaines ne fait que traduire la dichotomie entre

---

[1921] R. BOYER, B. CHAVANCE et O. GODARD, *Les figures de l'irréversibilité en économie*, Paris, Editions EHESS, 1991, p. 20.

[1922] V. JANKELEVITCH, *L'irréversible et la nostalgie*, Paris, Flammarion, 1974, p. 5.

[1923] M. REMOND-GOUILLOUD, "L'irréversibilité : de l'optimisme dans l'environnement", art. préc., p. 10.

[1924] C. LARRERE et R. LARRERE, *Du bon usage de la nature. Pour une philosophie de l'environnement*, Paris, Aubier (coll. "Alto"), 1997, p. 149.

[1925] "qui peut en effet prédire les années, les mois qu'il faudra à une rivière empoisonnée pour se régénérer, à une espèce pour se réimplanter dans la zone dévastée ?", M. REMOND-GOUILLOUD, op. cit., p. 30.

[1926] Pour une présentation et une critique de cette distinction, cf. M. REMOND-GOUILLOUD, "L'irréversibilité : de l'optimisme dans l'environnement", art. préc., p. 11 et "A la recherche du futur : la prise en compte du long terme par le droit de l'environnement", art. préc., n° 18.

d'une part, le temps écologique qui s'étend sur plusieurs générations et d'autre part, celui du droit de la responsabilité qui suppose que le dommage causé peut être imputé à la personne qui en est l'auteur. Si le dommage est susceptible d'être réversible à l'échelle de la nature, ce n'est généralement plus le cas à l'échelle humaine.

2) Les dommages transgénérationnels à la santé

722. Tout comme le préjudice écologique pur, susceptible de se manifester après une ou plusieurs générations et qui ne peut, une fois survenu, être réparé qu'au bout d'un temps tout aussi long, certains dommages à la santé peuvent également se manifester très longtemps après l'intervention du fait générateur (a). Dans certains cas, l'atteinte est susceptible de perdurer durant de nombreuses années. Le dommage ne frappe alors plus seulement un individu mais tend à affecter l'espèce humaine (b).

a) Le rôle du temps dans l'apparition de certains dommages corporels

723. L'existence d'une période de latence ou période muette, entre le fait générateur à l'origine de la transmission d'une maladie et la survenance d'un dommage, constitué par la déclaration de cette dernière, n'est pas un phénomène nouveau. Au cours des siècles derniers les ravages faits par la syphilis, caractérisée par un long temps d'incubation, en avaient déjà fourni une triste application[1927]. L'apparition du Sida devait marquer le renouveau de ce type de maladie à effet retardé. La survenance de cette maladie est, en effet, précédée d'une phase de séropositivité susceptible de s'étendre sur plusieurs années. Ce mécanisme de report dans le temps des conséquences dommageables d'une maladie ou d'un produit nocif est une constante caractéristique de nombreuses pathologies actuelles[1928], même si la durée de la période de latence avant la déclaration de la maladie est variable. Ainsi, elle est de un jour à cinq ans, pour la sclérose en plaques consécutive à une vaccination contre l'hépatite B ; de cinq jours à cinq ans pour l'hépatite C; de cinq à dix ans pour l'asbestose consécutive à une exposition à l'amiante ; de dix à vingt ans pour le cancer du poumon faisant suite à une telle exposition ; de dix ans pour la maladie de Creutzfelt-Jakob consécutive à une prise d'hormone de croissance ou à un aliment infecté

[1927] Sur "la leçon oubliée de la syphilis", cf. M.- A. HERMITTE, *Le sang et le droit. Essai sur la transfusion sanguine*, Paris, Seuil, 1996, p. 222 et s.

[1928] Dans une affaire, précédemment évoquée (T.G.I. Nanterre, 12 décembre 1985, J. Huet, "Le paradoxe des médicaments et les risques de développement", *D.*, 1987, chron. p. 73, Annexe II ; *Bull. Ord. Pharm.* juillet-août 1987, n° 303, p. 765) un tribunal avait déjà eu à juger de la responsabilité d'un laboratoire pharmaceutique dans la survenance d'une dyscoloration dentaire chez une jeune fille qui avait absorbé un antibiotique plus d'une dizaine d'années auparavant, cf. *supra*, n° 425 et s.

par l'ESB ; de trente à quarante ans pour le mésothéliome consécutif à une exposition à l'amiante et de cinq à trente ans pour les dommages résultant d'une exposition *in utero* au Distilbène. Enfin, dans de nombreux cas encore, compte tenu de l'incertitude des connaissances scientifiques, un tel délai demeure indéterminé. Il en est ainsi pour les dommages corporels pouvant résulter de l'ingestion d'un OGM ou d'une exposition à des ondes électromagnétiques liées à la téléphonie mobile.

724. Dès lors, les produits ou médicaments à l'origine de ces dommages différés[1929] constituent de véritables bombes à retardement dont les conséquences sont appelées à durer de nombreuses années encore. Certains de ces préjudices sont susceptibles de revêtir le caractère de dommages transgénérationnels à un double titre : d'une part, en raison de leur longue période d'incubation, qui, passée trente ans s'apparente à la durée généralement associée à la notion de génération[1930], et d'autre part, en raison du fait que, dans certains cas, le dommage survient chez le descendant de l'individu exposé au produit nocif. Cette dernière hypothèse se rencontre à propos du Distilbène, dont les effets engendrent un préjudice non seulement pour les enfants des mères exposées *in utero* à ce médicament mais affectent indirectement la génération suivante, dans la mesure où les conséquences néfastes de ce médicament se manifestent par des difficultés à procréer voire par une infertilité ou une stérilité.

b) L'extension temporelle du dommage résultant d'une atteinte à l'espèce humaine

725. Si l'individu se déploie avant tout dans un temps limité, borné par sa naissance et sa mort, sa propre temporalité s'inscrit elle-même dans un temps qui déborde celui de la vie humaine et qui fait de chacun l'un des participants d'une aventure collective[1931]. Ainsi, bien que causés individuellement, certains dommages, parce qu'ils affectent la nature même de l'être humain, ont une portée temporelle beaucoup plus importante. Or le développement des sciences et des techniques permet non plus seulement à l'homme d'agir sur la nature extérieure mais sur lui-même. Désormais, le corps humain peut être transformé[1932] et avec lui c'est donc, par delà l'individualité de

---

[1929] Sur la notion de dommage différé, cf. L. MORDEFROY, op. cit., n° 210 et s.

[1930] Cf. *supra*, n° 711.

[1931] M. BORNANCIN, "Pouvoir de la biologie, de la connaissance sur le vivant à l'éthique biomédicale", *in De quoi sommes-nous responsables ?* textes réunis par Th. FERENCZI, Paris, Le Monde-Editions, 1997, p. 182.

[1932] "le corps n'engendre pas seulement l'outil" qui le prolonge mais "il est encore susceptible d'être techniquement transformé", D. BOURG, *L'homme artifice. Le sens de la technique*, Paris, Gallimard (coll. "Le Débat"), 1996, p. 265.

chacun, l'espèce humaine[1933] qui est susceptible d'être affectée. L'émergence de la notion d'humanité traduit à elle seule cette évolution. Elle désigne à la fois l'ensemble des êtres humains vivant sur la terre, donc une masse d'individus, et ce qui en chaque homme fait de lui un membre du genre humain, c'est-à-dire ce qui est universellement commun à tous[1934]. Elle exprime l'idée d'un tout qui dépasse la somme de ses parties. Du même coup, elle s'inscrit dans une durée qui transcende celle de la vie humaine pour se déployer dans un temps infiniment plus long, celui de la vie de l'espèce humaine. Elle se rapproche ainsi du concept de dignité de la personne humaine. Comme cette dernière, elle envisage l'individu non plus dans sa seule nature, c'est-à-dire à travers ses qualités accidentelles, mais dans son essence[1935].

726. Il n'est que trop banal de rappeler comment les progrès de la médecine ont ouvert un champ de recherche inédit pour le droit, en sollicitant constamment l'adaptabilité de ses catégories[1936]. Ainsi, l'essor de la génétique, dont l'objet est d'étudier la transmission héréditaire à travers le concept de gène (lequel exprime "l'idée d'un lieu spécifique de l'hérédité présent dans l'organisme, déterminant matériel qui assure la transmission des caractères"[1937]), a conduit à l'émergence d'une nouvelle catégorie de dommage, le dommage génétique. Ce dernier désigne "une atteinte, quelle qu'en soit l'origine, à l'intégrité ou à la diversité du gène, ayant pour effet la lésion d'un intérêt individuel ou collectif"[1938].

727. Désormais, le développement de la médecine prédictive, qui "consiste à analyser les prédispositions biologiques individuelles aux différentes maladies connues et à déterminer les probabilités d'apparition de ces

---

[1933] Sur la réception de cette notion par le droit, cf. X. LABBEE, "Esquisse d'une définition civiliste de l'espèce humaine", *D.*, 1999, chron. p. 437 ; M.-P. PEIS-HITIER, "Recherche d'une qualification juridique de l'espèce humaine", *D.*, 2005, chron. p. 865.
[1934] M. CHEMILLIER-GENDREAU, "L'humanité peut-elle être un sujet de droit international ?", *Actes*, septembre 1989, p. 14.
[1935] La dignité "désigne non pas [...] l'être de l'homme, mais l'humanité de l'homme" (B. EDELMAN, "La dignité de la personne humaine, un concept nouveau", *in La dignité de la personne humaine*, sous la dir. de M.-L. PAVIA et Th. REVET Paris, Economica, coll. "Etudes juridiques", 1999, p. 27). Elle trouve son fondement dans l'idée chrétienne d'une "transcendance, affirmant la dignité de l'homme en raison de son humanité, rattachant ainsi la dignité à l'essence même de l'homme et non aux contingences et déterminations dont témoigne l'existence de chaque être humain" (N. MOLFESSIS, "La dignité de la personne humaine en droit civil", *in La dignité de la personne humaine*, op. cit., p. 112).
[1936] J.C. HONLET, "Adaptation et résistance de catégories substantielles de droit privé aux sciences de la vie", *in Le droit saisi par la biologie. Des juristes au laboratoire*, sous la dir. de C. LABRUSSE-RIOU, op. cit., p. 233.
[1937] G. DENIS, Article "Gène", *in Dictionnaire d'histoire et de philosophie des sciences*, sous la dir. de D. LECOURT, op. cit., p. 444.
[1938] L. MORDEFROY, op. cit., n° 12.

maladies"[1939], confère une lisibilité temporelle sans précédent au dommage corporel. Le sujet n'est plus envisagé individuellement mais peut être appréhendé à travers la lignée à laquelle il appartient, comme en témoigne les possibilités offertes par le diagnostic préimplantatoire[1940]. Certes, le législateur est intervenu dès 1994[1941], puis plus récemment en 2004[1942], pour réglementer, voire interdire certaines pratiques, telles que le clonage[1943]. Il n'en reste pas moins techniquement toujours possible de modifier l'évolution de la marche de l'humanité, soit parce que les interdictions posées ne remplissent pas entièrement le champ de l'action potentielle des scientifiques, soit, plus prosaïquement, parce que la loi ne sera pas toujours respectée. Enfin, les techniques de procréation médicalement assistées constituent un terrain propice à l'application de la distinction de la prévention et de la précaution. En effet, certaines d'entre elles sont susceptibles d'engendrer des conséquences non avérées à l'heure actuelle[1944].

B – L'INADAPTATION DES REGLES ACTUELLES DE PRESCRIPTION AUX DOMMAGES TRANSGENERATIONNELS

728. S'il est une institution juridique qui, plus que tout autre, révèle combien le temps apparaît "comme support, comme substance de tout droit"[1945], c'est bien la prescription. Instrument de "promotion du fait au droit"[1946], la

---

[1939] B. LECLERC, "Médecine prédictive", *in Les mots de la bioéthique : un vocabulaire encyclopédique*, sous la dir. de G. HOTTOIS et M.-H. PARIZEAU, Bruxelles, De Boeck Université (coll. "Sciences, éthiques, sociétés"), 1993, p. 271.

[1940] A. DORSNER-DOLIVET, "La responsabilité consécutive à la pratique du diagnostic préimplantatoire", *Méd. et dr.*, sept.-oct. 1999, n° 38, p. 10.

[1941] Lois bioéthiques du 1er juillet 1994, en particulier, la loi n° 94-653, relative au respect du corps humain et la loi n° 94-654 relative au don et à l'utilisation des éléments et produits du corps humain, à l'assistance médicale à la procréation et au diagnostic prénatal (*J.O.*, 30 juillet 1994).

[1942] Loi n° 2004-800 du 6 août 2004 relative à la bioéthique (*J.O.*, 7 août 2004). Cf. D. THOUVENIN, "La loi relative à la bioéthique ou comment accroître l'accès aux éléments biologiques d'origine humaine", D., 2005, chron., p. 116 et 172.

[1943] Art. 21 de la loi du 4 août 2004, inséré dans un alinéa 3 à l'article 16-4 du Code civil. Cf. A. DORSNER-DOLIVET, "De l'interdiction du clonage à la réification de l'être humain. Loi n°2004-800 du 6 août 2004", *J.C.P.*, 2004, I, 172.

[1944] Ainsi, en est-il de la technique de fécondation *in vitro* de l'ICSI (injection intra-cytoplasmique de spermatozoïdes) qui présente des risques de transmission d'anomalies génétiques à l'enfant tels que la stérilité. Dans un avis en date du 12 septembre 2002, le Comité Consultatif National d'Ethique avait estimé qu'en l'espèce, le principe de précaution devait conduire à privilégier l'intérêt de l'enfant sur celui des parents (M. DOUCHY-OUDOT, "Principe de précaution et assistance médicale à la procréation : l'ICSI", *D.*, 2004, somm., p. 531).

[1945] P. HEBRAUD, "Observations sur la notion du temps dans le droit civil", *in Etudes offertes à P. Kayser*, P.U.F. d'Aix-en-Provence, 1979, tome II, p. 2.

[1946] F. HAGE-CHAHINE, *Les conflits dans l'espace et dans le temps en matière de prescription. Recherches sur la promotion du fait au droit*, Paris, Dalloz (coll. "Bibliothèque de droit privé"), 1977, n° 9.

prescription est "un moyen d'acquérir ou de se libérer par un certain laps de temps, et sous les conditions déterminées par la loi"[1947]. A s'en tenir à sa forme extinctive[1948], on ne saurait nier que "la prescription protège chaque génération contre les engagements contractés par la précédente censée la continuer et que [...] nul n'est vraiment libre tant que l'on doit quelque chose à quelqu'un, tant que l'on a promis quelque chose ou tant que l'on doit répondre de quelque acte"[1949]. Dès lors, la question de l'articulation entre les vertus de l'oubli, nécessaire au bon fonctionnement de tout système juridique, et la juste réparation des dommages se présente avec acuité à propos des dommages dont la survenance est désormais susceptible d'être différée dans le temps. Sur ce point, force est de constater que les règles actuelles relatives aux délais de prescription (1) tout comme le régime de celle-ci (2) ne permettent pas de saisir aisément les dommages transgénérationnels.

1) Dommages transgénérationnels et délais de prescription

729. L'organisation des règles de prescription en droit de la responsabilité civile et en particulier dans les deux domaines principaux d'application de la distinction de la prévention et de la précaution, que sont l'environnement et la santé, témoigne d'une orientation encore largement favorable aux intérêts des personnes créatrices de risques, au détriment de ceux des victimes. Non seulement la durée des délais retenus dans ces matières se révèle nettement insuffisante (a) mais les points de départ de ces délais restent souvent difficiles à déterminer (b).

a) L'insuffisante durée des délais de prescription

730. Par delà le "chaos"[1950] ou le "désordre"[1951] qui affecte aujourd'hui le droit de la prescription extinctive, plusieurs tendances de fond semblent néanmoins se dessiner[1952]. Ainsi, l'évolution de la durée des délais de prescription en droit de la responsabilité civile peut se résumer à un double mouvement. L'analyse juridique révèle d'une part, un éclatement des durées, en raison d'une diversification toujours plus grande des domaines d'application de

---

[1947] Définition de l'ancien article 2219 du Code civil.

[1948] Pour une présentation unitaire de l'institution, cf. F. ZENATI et S. FOURNIER, "Essai d'une théorie unitaire de la prescription", *R.T.D.civ.*, 1996, p. 339.

[1949] M. BRUSCHI, *La prescription en droit de la responsabilité civile*, Paris, Economica, 1997, n°282.

[1950] A. BENABENT, "Le chaos du droit de la prescription extinctive", *in Mélanges dédiés à Louis Boyer*, Toulouse, Université des sciences sociales de Toulouse, 1996, p.123.

[1951] P. COURBE (réunion de textes), *Les désordres de la prescription*, Rouen, Publications de l'Université de Rouen, 2000.

[1952] Pour une synthèse récente, cf. V. LASSERRE-KIESOW, "La prescription, les lois et la faux du temps", *J.C.P. éd. N*, 2004, I, 1225.

la responsabilité civile et d'autre part, une harmonisation de celles-ci, sous l'égide d'un rapprochement entre les responsabilités civiles contractuelle et délictuelle fondée sur la notion d'obligation de sécurité[1953]. Or la diversification des délais, tout comme l'harmonisation des régimes, se traduit par une tendance toujours plus grande dans le sens d'une réduction des durées de prescription[1954]. Cette évolution a été récemment consacrée par loi n° 2008-561 du 17 juin 2008 portant réforme de la prescription en matière civile[1955] qui substitue à la prescription trentenaire de droit commun (ancien article 2262 du Code civil) une prescription de cinq ans en matière personnelle ou mobilière[1956].

731. S'agissant de la responsabilité du fait des produits défectueux, l'unification des deux ordres de responsabilité, consacrée par la loi du 19 mai 1998, a conduit le législateur, conformément à la directive du 25 juillet 1985, à retenir deux types de délais dont la combinaison diminue les droits des victimes. En effet, l'article 1386-17 du Code civil réduit à trois ans le délai de prescription de l'action du demandeur, à compter de la date à laquelle il a eu ou aurait dû avoir connaissance du dommage, du défaut et de l'identité du producteur. Le point de départ du délai est donc retardé au moment où la victime dispose de tous les éléments qui lui sont nécessaires pour exercer efficacement son action. Cette solution tendait alors à compenser la réduction du délai par rapport aux anciens délais de dix ans en matière délictuelle et de trente ans en matière contractuelle.

732. Mais l'avantage du report du point de départ de la prescription à compter de la connaissance du dommage est limité par l'article 1386-16 du Code civil. Ce dernier pose un délai de péremption en vertu duquel, sauf faute du producteur, la responsabilité de celui-ci est éteinte dix ans après la mise en circulation du produit qui a causé le dommage, à moins que, durant cette période, la victime n'ait engagé une action en justice. Ce délai d'extinction des droits substantiels de la victime est un délai préfix qui n'est donc susceptible d'aucune interruption ou de suspension. Mais surtout, la durée retenue est

---

[1953] En ce sens, cf. M. BRUSCHI (op. cit., n° 118) qui souligne que "le droit semble plutôt transcender le dualisme [entre les deux ordres de responsabilité] au profit d'une obligation bien particulière : l'obligation de sécurité".

[1954] Le mouvement de réduction des délais de prescription déjà souligné en 1952 par J. CARBONNIER ("Notes sur la prescription extinctive", *R.T.D.civ.*, 1952, p. 171) n'a cessé de se prolonger à l'époque contemporaine (cf. M. BANDRAC, "Les tendances récentes de la prescription extinctive", *R.D.I. comp.*, 1994, p. 359, spéc. n° 7.) et se présente comme une donnée commune à de nombreux droits étrangers (cf. B. FAUVARQUE-COSSON, "Aspects de droit comparé de la prescription", *in Les désordres de la prescription*, op. cit., spéc. p. 49 ; C. WITZ, "La nouvelle jeunesse du BGB insufflée par la réforme du droit des obligations", *D.*, 2002, chron. p. 3156).

[1955] *J.O.*, 18 juin 2008.

[1956] Article 2224 nouveau du Code civil.

largement inférieure à celle affectant la révélation des produits les plus nocifs, tels que l'amiante, qui peut s'étendre sur plusieurs dizaines d'années. Une telle solution est d'autant plus regrettable que la juxtaposition d'un délai d'action et d'un délai de responsabilité témoigne d'une dissociation entre le sort de l'action et celui du droit[1957]. Cette dissociation, loin de favoriser les victimes, intervient ici au profit des créateurs de risques. En effet, tandis qu'en vertu de la conception substantialiste de la prescription, cette dernière affecte le droit substantiel qu'elle éteint définitivement, la conception processualiste de la prescription postule d'opérer une distinction entre l'action et le droit, en permettant au second de survivre malgré l'extinction de la première[1958]. Or si une telle conception peut être théoriquement de nature à profiter aux victimes de dommages en assurant une survie de leur droit, par delà l'extinction de leur action[1959], elle est ici détournée d'une telle fonction. En effet, le droit dont le législateur a choisi d'assurer la survie n'est pas celui des victimes, qui se trouve précisément éteint au bout de dix ans, mais bien celui du producteur dont la responsabilité ne saurait, en principe, être recherchée au-delà de ce délai.

733. La même analyse peut être faite à propos de la prescription des actions en matière de responsabilité médicale. Cette dernière, à l'instar de celle déjà retenue pour les dommages résultant d'une recherche biomédicale[1960], est désormais fixée à dix ans à compter de la consolidation du dommage[1961]. Du point de vue du droit public, l'unification de la durée des délais, qui vise à placer sur un pied d'égalité toutes les victimes de dommages résultant d'actes de prévention, de diagnostic ou de soins, quel que soit le caractère public ou privé de l'établissement de santé où a eu lieu le dommage, se présente comme une extension des droits des victimes. En effet, elle substitue à la prescription

---

[1957] En ce sens, cf. S. JOLY, "La nouvelle génération des doubles délais extinctifs", *D.*, 2001, chron. p. 1450, spéc. n° 3.

[1958] Sur l'opposition entre ces deux conceptions, cf. F. HAGE-CHAHINE, op. cit., n° 18 et s. ; M. BANDRAC, *La nature juridique de la prescription extinctive en matière civile*, Paris, Economica, (coll. "Droit civil"), 1986, n° 5 et s. ; H. LECUYER, "Prescription trentenaire", *Juris-Classeur notarial*, art. 2260 à 2264, fasc. 72, 1997, n°109 et s.

[1959] Ainsi, M. BANDRAC (op. cit., p. 14) souligne que "la prescription extinctive déchaîne l'aversion de ceux qui ne sauraient admettre que le droit ait à tenir compte du fait, fût-il irrémédiablement inscrit dans la durée, par lequel il est démenti" et estime que "cette négation radicale de la vulnérabilité du droit trouve son compte dans la conception processualiste de la nature juridique de la prescription extinctive [...] parce que celle-ci place la substance du droit à l'abri des conséquences de fait". Appliquée au droit à réparation des victimes une telle analyse conduit à placer ce dernier au-dessus des effets différés des dommages.

[1960] Article L. 1126-7 du Code de la santé publique.

[1961] Article L. 1142-28 du Code de la santé publique issu de la loi du 4 mars 2002 relative aux droits des malades et à la qualité du système de santé.

administrative quadriennale une prescription décennale[1962]. Mais du point de vue du droit privé, cette solution, alors fondée sur une unification des responsabilités contractuelle et délictuelle tendant à porter systématiquement la prescription, en droit privé, de trente à dix ans[1963], apparaît comme une réduction du droit des victimes. Cette réduction est de nature à empêcher la réparation des dommages qui se manifestent plusieurs dizaines d'années après le fait qui en est la cause. Il en est également ainsi en matière de dommage corporel, l'article 2226 nouveau du Code civil, issu de la loi du 17 juin 2008, dispose que l'action en responsabilité de la victime directe ou indirecte des préjudices résultant d'un tel dommage se prescrit par dix ans. Or, un tel délai demeure encore largement inadapté aux nouvelles formes de dommages corporels ayant un caractère transgénérationnel.

734. En revanche, si quittant le domaine de la responsabilité médicale pour celui de la responsabilité environnementale nous envisageons les délais de prescription susceptibles d'être opposés aux victimes, il convient de souligner les progrès apportés par la réforme de 2008. En effet, en vertu de l'article L. 152-1 nouveau du Code de l'environnement, introduit par la loi du 17 juin 2008, « les obligations financières liées à la réparation des dommages causés à l'environnement par les installations, travaux, ouvrages et activités régis par le présent code se prescrivent par trente ans à compter du fait générateur du dommage ». Il n'y a donc plus lieu de distinguer selon que le dommage à l'environnement s'inscrit dans un cadre contractuel ou délictuel[1964].

735. Les règles actuelles relatives aux délais de prescription, en droit de la responsabilité civile, restent donc encore largement inadaptées aux temps des dommages constituant la réalisation de risques scientifiques et techniques qui se manifestent après une ou plusieurs générations. L'allongement du délai de prescription concernant les dommages à l'environnement ne doit pas masquer le maintien du délai de dix ans en matière de dommages médicaux et de dommages corporels, pour lesquels il existe bien souvent un long temps de latence entre le fait générateur du dommage et sa manifestation.

736. Les arguments invoqués hier au soutien d'une réduction des délais sont ceux-là même qui justifient aujourd'hui un allongement des durées.

1962 Sur cette question, cf. A. LEFEUVRE, "De la prescription décennale en matière de responsabilité médicale", *A.J.D.A.*, 2003, p. 270 ; C.-M. ALVES, "L'unification de la prescription médicale à l'épreuve de la prescription quadriennale", *P.A.*, 14 septembre 2004, n° 184, p. 3.

1963 Depuis la jurisprudence *Mercier* de 1936 la responsabilité médicale étant contractuelle, la prescription était de trente ans, conformément aux dispositions de l'ancien article 2262 du Code civil.

1964 Avant la réforme de 2008, dans le premier cas l'action était soumise au délai de droit commun de trente ans de l'ancien article 2262 du Code civil et dans le second cas, elle était soumise au délai de droit commun de dix ans de l'ancien article 2270-1 du Code civil.

Ainsi, l'évolution des conditions de vie et des besoins sociaux évoqués jadis pour expliquer l'abrègement des délais[1965], militent à l'heure actuelle en faveur d'une extension de ceux-ci. Là où le progrès technique, facteur d'extension de la responsabilité civile, avait pu conduire certains auteurs à appeler de leurs vœux une disparition de la prescription trentenaire[1966], le souci actuel de sécurité et de protection des victimes ne saurait se satisfaire de délais trop courts.

737. La durée de trente ans paraît constituer un bon compromis entre l'exigence de protection des droits des victimes et les impératifs de sécurité juridique[1967]. Il aurait été préférable de fixer à trente ans le délai de prescription des dommages les plus graves susceptibles d'affecter tant l'environnement que la santé[1968]. Dès lors, on ne peut que regretter que le législateur n'ait pas, lors de la réforme de 2008, décidé d'allonger la durée de la prescription des dommages sanitaires, médicaux ou corporels. A cet égard, l'avant-projet de réforme du droit des obligations et de la prescription[1969] tendait à mieux prendre en compte la spécificité de ces types de dommages. En effet, l'article 2278 alinéa 2 du Code civil, réécrit par l'avant-projet, prévoyait qu' "à l'égard des actions en responsabilité civile ayant pour objet la réparation d'un préjudice corporel ou résultant [...] d'une atteinte à l'environnement" le délai maximum de prescription de l'action était de trente ans[1970]. En revanche, au-delà d'une telle période, la question même de l'option en faveur de la seule réparation des dommages semble céder le pas devant l'opportunité d'un renouvellement du droit de la responsabilité civile dans le sens de l'anticipation de ceux-ci[1971].

[1965] A. MONTEIL, "Considérations en matière de réforme de la prescription", *R.T.D.civ.*, 1936, spéc. p. 638.

[1966] P. SOUTY, "La prescription trentenaire doit disparaître", *G.P.*, 1948, 1, doctr. p. 43.

[1967] En ce sens, cf. M.-J. NICOLI ("La position des consommateurs et des fabricants", *Dr. et pat.*, juin 1997, p. 59) qui souligne qu' "une protection sérieuse et efficace du consommateur impose un rallongement substantiel du délai de prescription qui ne saurait être inférieur à trente ans, et qui doit courir à compter de la survenance du dommage".

[1968] Sur l'inadaptation de la prescription décennale aux "risques dont les conséquences peuvent se manifester avec un retard important", cf. CONSEIL D'ETAT, *Rapport public 2005. Responsabilité et socialisation du risque*, Paris, La documentation française, 2005, p. 329. Sur la nécessité d'adopter des règles uniformes de prescription, non pas en fonction de la nature délictuelle ou contractuelle de la responsabilité mais en fonction de la nature des dommages, cf. M. BRUSCHI, op. cit., n° 276.

[1969] P. CATALA, *Avant-projet de réforme du droit des obligations et de la prescription*, préc.

[1970] Cependant la solution retenue par l'avant-projet n'était pas non plus pleinement satisfaisante dans la mesure où le délai commençait à courir « après le fait générateur » et non à compter de la manifestation du dommage.

[1971] Cf. *infra*, n° 812 et s.

b) La difficile détermination des points de départ des délais de prescription[1972]

738. La détermination du point de départ des délais de prescription des actions en responsabilité civile relatives aux dommages sanitaires et environnementaux se révèle particulièrement difficile à opérer. En effet, les critères retenus par le droit pour fixer une telle date ne sont pas toujours adaptés à la spécificité de ces types de dommages. En matière délictuelle, sous l'empire de l'ancien article 2270-1 du Code civil, le point de départ du délai de prescription était celui de la manifestation du dommage ou de son aggravation. Lorsque était en cause un préjudice corporel, la Cour de cassation était venue préciser que la date à retenir était celle de la consolidation du dommage[1973]. C'est également cette date qui a ensuite été retenue par la loi du 4 mars 2002, relative aux droits des malades et à la qualité du système de santé, s'agissant des actions en responsabilité médicale[1974]. L'article 2226 nouveau du Code civil, issu de la loi du 17 juin 2008, consacre cette solution en matière de dommage corporel puisqu'il prévoit que l'action de la victime « se prescrit par dix ans *à compter de la date de la consolidation du dommage initial ou aggravé* ». En matière contractuelle, sous l'empire de l'ancien article 2262 du Code civil, la jurisprudence estimait que le délai de prescription courait à compter "de la réalisation du dommage ou de la date à laquelle il [était] révélé à la victime si celle-ci n'en avait pas eu précédemment connaissance"[1975]. Depuis la réforme de 2008, le nouvel article 2224 du Code civil dispose que le délai de droit commun des actions personnelles ou mobilières est de « cinq ans *à compter du jour où le titulaire d'un droit a connu ou aurait dû connaître les faits lui permettant de l'exercer* ». En outre, l'article L.152-1, introduit par la loi du 17 juin 2008 dans le Code de l'environnement, qui fixe à trente ans le délai de prescription des actions en réparation des dommages causés à l'environnement précise que ce délai court « *à compter du fait générateur du dommage* ». Enfin, rappelons que la prescription des actions en responsabilité du fait de la défectuosité d'un produit court à compter de la date à laquelle le demandeur a eu ou aurait dû avoir connaissance du dommage, du défaut et de l'identité du producteur[1976], tandis que le délai d'extinction de cette responsabilité débute à compter de la mise en circulation du produit[1977].

[1972] Sur cette question, cf. notamment P. SARGOS, "Les points de départ de la prescription dans la jurisprudence de la Cour de cassation", *in Les désordres de la prescription*, op. cit., p. 23.

[1973] Civ. 2ème, 4 mai 2000, *Resp. civ. et ass.*, 2000, comm. n° 221, note H. GROUTEL ; *R.G.D.A.*, 2000, p. 879, note J. LANDEL ; *R.T.D.civ.*, 2000, p. 851, obs. P. JOURDAIN.

[1974] Article L. 1142-28 du Code de la santé publique.

[1975] Soc. 18 décembre 1991, *B.C.*, V, n° 598. Dans le même sens, cf. Soc. 1er avril 1997, *R.T.D.civ.*, 1997, p. 957, obs. P. JOURDAIN.

[1976] Article 1386-17 du Code civil.

[1977] Article 1386-16 du Code civil. La date de la mise en circulation n'est pas aisément déterminable, cette notion n'étant pas expressément définie par la loi. En effet, bien que l'article

739. La solution retenue en matière de dommages environnementaux ne se révèle pas pleinement satisfaisante. En effet, si le délai de prescription est désormais de trente ans quelle que soit la nature contractuelle ou délictuelle de l'action, la fixation du point de départ de ce délai à la date du fait générateur du dommage et non de sa manifestation est regrettable. Il convient de rappeler que nombre de dommages à l'environnement ne surviennent pas nécessairement de manière instantanée mais résultent, au contraire, d'une accumulation progressive et diffuse d'atteintes au milieu naturel[1978]. En outre, le délai existant entre le fait à l'origine du dommage et sa manifestation peut être particulièrement long. Par conséquent, la notion de fait générateur, comme point de départ de l'action en matière environnementale, ne pourra pas permettre de réparer les dommages causés à l'environnement présentant un caractère transgénérationnel.

740. La même analyse peut être faite à propos des dommages corporels ou de ceux résultant d'un acte "de prévention, de diagnostic ou de soins". A cet égard, le choix de la consolidation, comme point de départ de la prescription, est peu opportun. En effet, la date de la consolidation s'entend du "moment où les lésions se fixent et prennent un caractère permanent, tel qu'un traitement n'est plus nécessaire, si ce n'est pour éviter une aggravation, et qu'il est possible d'apprécier un certain degré d'incapacité permanente réalisant un préjudice définitif"[1979]. En dépit d'une telle précision, cette date "ne peut être une date-repère parce qu'elle est inconnue, instable et fuyante"[1980]. La dimension souvent évolutive de nombreux dommages corporels rend particulièrement difficile, voire même parfois impossible, l'application à leur égard du critère de la consolidation. Qu'il s'agisse, en effet, des pathologies résultant d'une exposition à l'amiante, d'une contamination par le virus du Sida, par celui de l'hépatite C ou encore de la prise d'hormone de croissance ou de Distilbène, force est de constater que la plupart de ces dommages ne peuvent pas être saisis par la notion de consolidation, dans la mesure où ils ne sont pas susceptibles de se fixer de manière définitive et continuent toujours de s'aggraver. Leur évolution ne peut, le plus souvent, qu'être ralentie. Certes

---

1386-5 du Code civil énonce qu' "un produit est mis en circulation lorsque le producteur s'en est dessaisi volontairement", la fixation du moment exact ce dessaisissement demeure délicate. En ce sens notamment, cf. C. LARROUMET, "La responsabilité du fait des produits défectueux après la loi du 19 mai 1998, *D.*, 1998, chron. p. 311, n° 21. Cependant, dans une décision du 9 février 2006, la Cour de justice des Communautés européennes (*R.T.D.civ.*, 2006, p. 331, obs. P. JOURDAIN) a précisé qu' "un produit est mis en circulation lorsqu'il est sorti du processus de fabrication mis en œuvre par le producteur et qu'il est entré dans un processus de commercialisation dans lequel il se trouve en l'état offert au public aux fins d'être utilisé ou consommé". Il en est donc notamment ainsi lorsque le produit est remis à une autre entreprise à des fins de commercialisation.

[1978] Sur cette spécificité, cf. *supra*, n° 714.

[1979] Mission d'expertise 1987, citée par Y. LAMBERT-FAIVRE, op. cit., n° 57.

[1980] Y. LAMBERT-FAIVRE, "La responsabilité médicale : la loi du 30 décembre modifiant la loi du 4 mars 2002", *D.*, 2003, chron. p. 362.

l'article 2226 nouveau du Code civil se réfère à la « consolidation du dommage *initial ou aggravé* », permettant ainsi un report du point de départ de la prescription au jour de l'aggravation du dommage. Il reste que la nouvelle notion de consolidation du dommage aggravé ne sera pas évidente à mettre en œuvre. A cet égard, l'avant-projet de réforme du droit des obligations et de la prescription laissait une plus grande marge d'appréciation aux juges. En effet, il précisait que la prescription courait "à compter de la manifestation du dommage ou de son aggravation *sans égard, en cas de dommage corporel, à la date de la consolidation*"[1981].

2) Dommages transgénérationnels et régime de la prescription

741. L'inadaptation des règles actuelles relatives aux délais de prescription aux nouvelles formes de dommages résultant d'un défaut de prévention ou de précaution ne semble pas pouvoir être compensée par des arguments tirés de l'examen du régime de la prescription extinctive ou du fondement de l'institution elle-même. Certes, le principe, déjà posé par l'ancien article 2223 du Code civil et repris par le nouvel article 2247 du même Code, en vertu duquel les juges ne peuvent pas suppléer d'office le moyen résultant de la prescription tend à favoriser les victimes de dommages. Sous l'empire de l'ancien article 2220 du Code civil, qui interdisait de renoncer par avance à la prescription, la jurisprudence déclarait illicites les clauses visant à allonger le délai de prescription[1982]. Il est vrai que la portée de cette règle se trouvait limitée aux actions en responsabilité contractuelle. Le nouvel article 2254 du Code civil, issu de la loi du 17 juin 2008, prévoit notamment que les parties peuvent décider d'allonger la durée de la prescription. Mais le texte précise qu'un tel allongement ne peut excéder dix ans. Or une telle durée n'est pas de nature à permettre la prise en compte des dommages transgénérationnels.

742. Les règles classiques régissant l'interruption et la suspension des délais ne présentent pas de particularité en matière environnementale et sanitaire[1983]. Dès lors, plus que les règles elles-mêmes qui régissent le régime de

---

[1981] Article 1384 du Code civil issu de l'avant- projet, préc.

[1982] J. CARBONNIER, *Droit civil. Les obligations*, op. cit., n° 354. En revanche, la jurisprudence admettait la validité des accords conclus après la naissance de l'obligation et en cours de délai par lesquels les parties convenaient de la suspension de ce délai (Civ. 1er, 13 mars 1968, *J.C.P.*, 1969, II, 15903, note PRIEUR).

[1983] On relèvera, toutefois, un cas de suspension spécifique dans le domaine de la responsabilité médicale en cas de saisine de la Commission régionale de conciliation et d'indemnisation des accidents médicaux (art. L. 1142-7 al. 4 du Code de la santé publique). En outre, si aux termes de l'article 2232 alinéa 1 nouveau du Code civil, issu de la loi du 17 juin 2008, le report du point de départ, la suspension ou l'interruption de la prescription ne peut avoir pour effet de porter le délai de la prescription extinctive au-delà de vingt ans à compter du jour de la naissance du droit, il

la prescription, c'est la nature de ce dernier qui tend à faire obstacle à l'indemnisation des dommages trangénérationnels. En effet, elle témoigne du fait que la prescription civile, contrairement aux délais préfix, est considérée comme d'intérêt privé[1984]. Or une telle vision contraste évidemment avec celle que traduit la multiplication des dommages de masse, aux effets différés dans le temps, qui ne saurait être appréhendée à travers des règles fondées sur des intérêts privés. La notion de dommage transgénérationnel tend précisément à transcender les victimes envisagées dans leur individualité. Elle a vocation à affecter l'espèce humaine[1985]. Aussi, l'allongement des délais de prescription pour ces types de dommages pourrait peut-être trouver quelque fondement dans une extension du recours à la maxime "*contra non valentem agere*", désormais consacrée par la loi[1986], en vertu de laquelle la prescription ne court pas à l'encontre de celui qui ne peut agir[1987]. Les victimes encore virtuelles[1988] de demain, ne pourraient-elles, en effet, invoquer le fait qu'elles ne pouvaient agir en temps utile en raison de leur appartenance à une génération autre que celle au cours de laquelle a été créé le risque à l'origine du dommage ?[1989] Il est vrai qu'une telle solution impliquerait alors de détacher pleinement le droit à indemnisation des victimes de la responsabilité des créateurs de risques, dans la mesure où ces derniers ne seraient plus alors identifiables au moment de l'action des victimes.

CONCLUSION DE LA SECTION II

743. La gravité des dommages résultant d'un défaut de prévention ou de précaution se manifeste tout particulièrement d'un point de vue temporel. En effet, par delà le dommage susceptible de se réaliser dans un futur assez proche, dont la jurisprudence admet depuis longtemps déjà la réparation dès lors qu'il ne présente pas de caractère éventuel, le droit est aujourd'hui confronté à l'émergence de dommages pouvant se manifester au bout de plusieurs années.

---

convient de souligner que cette disposition n'est pas applicable en matière de dommage corporel (article 2232 alinéa 2 nouveau du Code civil).

1984 En ce sens, M. BANDRAC, art. préc., n° 15 ; D. MAZEAUD, "Ordre public et aménagement de la prescription", *in Les désordres de la prescription*, op. cit., p. 85, spéc. n° 5.

1985 Sur cet aspect, cf. *supra*, n° 725 et s.

1986 Article 2234 nouveau du Code civil.

1987 Sur cette maxime, cf. J. CARBONNIER, "La règle *contra non valentem agere non currit praescriptio*", *Rev. crit. Leg. et Jur.*, 1937, p. 155.

1988 Sur la notion de virtualité, expression de la durée dans l'avenir et son appréhension par le droit, cf. P. HEBRAUD, "La notion de temps dans l'oeuvre du Doyen Maurice Hauriou", *in La pensée du doyen Maurice Hauriou et son influence*, Journées Hauriou organisées par la Faculté de droit et des sciences économiques de Toulouse, 11-14 mars 1968, *Annales de la Faculté de droit et des sciences sociales de Toulouse*, tome XVI, fasc. 2, spéc. p. 202.

1989 Sur la fonction de la règle *contra non valentem agere* comme "moyen de venir en aide à des individus économiquement faibles [...] de défendre leurs droits fragiles contre des entreprises puissamment organisées", cf. J. CARBONNIER, art. préc., p.160.

Ces nouveaux dommages résultant de la réalisation de risques scientifiques et techniques, avérés ou suspectés, présentent alors souvent un caractère transgénérationnel. Ainsi en est-il des dommages à la santé ou à l'environnement, susceptibles de porter atteinte aux conditions même de survie de l'espèce humaine et à la pérennité de son milieu naturel. Face à cette évolution, la durée des délais de prescription, plusieurs fois réduite par le législateur, se révèle inadaptée. A cet égard, seul un délai de trente ans pourrait permettre d'assurer une juste réparation aux victimes de dommages résultant d'un défaut de prévention ou de précaution. Il en est de même s'agissant des points de départ de ces délais lorsqu'ils sont fixés à partir de la date du fait générateur et non de la manifestation du dommage. Dès lors, la spécificité des dommages sanitaires et environnementaux aux effets différés appelle une nouvelle réflexion sur le régime de leur prescription.

CONCLUSION DU CHAPITRE I

744. Envisagée sous l'angle du dommage, c'est-à-dire, du point de vue de l'élément dont le risque constitue la réalisation, la distinction de la prévention et de la précaution tend à s'estomper au profit d'une spécification du dommage en lien avec les connaissances scientifiques et techniques. La dimension catastrophique de ce dernier témoigne du saut qualitatif en la matière. Le changement d'échelle et de nature des dommages actuels, particulièrement dans les domaines de l'environnement et de la santé, vient questionner le droit de la responsabilité civile de manière inédite. Qu'il résulte d'un défaut de prévention ou d'un défaut de précaution le risque, comme événement que réalise le dommage, se caractérise avant tout par la gravité de ses manifestations, aussi bien dans l'espace que dans le temps. La multiplication du nombre des victimes ainsi que l'extension de l'assiette du dommage confère à ce dernier un caractère collectif sans précédent.

745. Il est vrai que ce n'est pas la première fois que le droit de la responsabilité civile doit ainsi faire face à une massification des dommages de nature à perturber le jeu de ses règles traditionnelles. Mais, tandis que cette dernière ressortait encore de la dimension de l'accident, ainsi à propos des accidents du travail ou de la circulation, elle revêt aujourd'hui l'ampleur de la catastrophe. La diffusion du dommage est partout et va jusqu'à transcender les générations. Elle ne vise plus, comme avant, une collectivité d'individus relativement homogène et limitée mais tend à porter atteinte à tous, et par delà l'individu est susceptible d'hypothéquer les conditions même de survie de l'espèce humaine. Dès lors, la question des limites des modalités actuelles de garantie de ces types de dommages revêt aujourd'hui une acuité toute particulière.

CHAPITRE II

LES LIMITES DES MODALITES ACTUELLES DE GARANTIE DES DOMMAGES RESULTANT D'UN DEFAUT DE PREVENTION OU DE PRECAUTION

746. L'objectivation constante de la responsabilité civile s'est accompagnée d'une socialisation toujours plus grande des risques. A cet égard, l'émergence de dommages graves et irréversibles affectant l'environnement et la santé ne peut qu'accentuer le mouvement de collectivisation des risques[1990]. Face aux limites des mécanismes assuranciels (Section I), la répartition de la charge des risques scientifiques et techniques dans ces deux domaines passe par un développement des mécanismes d'indemnisation fondés sur la solidarité nationale ou la contribution des acteurs créateurs de risques. Elle conduit donc au développement ou à l'instauration de fonds de garantie. Cependant, la capacité d'absorption des risques collectifs par ces derniers semble néanmoins aujourd'hui trouver ses limites (Section II)[1991]. Une telle évolution amène alors à s'interroger sur l'articulation des fonctions de la responsabilité civile et l'éventualité d'un détachement entre cette dernière et l'indemnisation (Section III).

SECTION I

LES LIMITES DE LA COLLECTIVISATION DU RISQUE OPEREE PAR L'ASSURANCE

747. Pour être garanti par l'assureur un risque doit présenter certains caractères qui le rendent assurable[1992]. Il convient donc d'examiner l'assurabilité

1990 Sur la distinction susceptible d'être opérée entre la *socialisation* du risque et sa *collectivisation*, cf. C. RUSSO, *De l'assurance de responsabilité à l'assurance directe. Contribution à l'étude d'une mutation de la couverture des risques*, Paris, Dalloz ("Nouvelle Bibliothèque de thèses"), 2001, n° 9 (Tandis que la socialisation "vise à répercuter la charge de la réparation sur le plus grand nombre", la collectivisation consiste à "diluer la charge de la réparation par son report sur une collectivité donnée", "réduite" aux "individus directement concernés par la création du risque").

1991 Ainsi pour G. VINEY (*Introduction à la responsabilité*, op. cit., n° 60) "les mutations provoquées par la collectivisation des risques ne peuvent en effet que s'accentuer car il s'agit d'un phénomène irréversible et dont le droit est loin d'avoir tiré toutes les conséquences".

1992 Tandis que le risque assurable est celui "qui peut être pris en charge par l'assureur car il répond nécessairement à des critères juridiques auxquels viennent s'ajouter des critères techniques et financiers", le risque garanti est celui "défini par le contrat d'assurance", N. HADJ-CHAÏB, cité par J. BIGOT (dir.), *Traité de droit des assurances. Le contrat d'assurance*, tome 3, Paris, L.G.D.J., 2002, n° 1035.

des risques scientifiques et techniques résultant d'un défaut de prévention ou de précaution (§1) avant d'en étudier la garantie (§2).

§ 1 L'ASSURABILITE DES RISQUES SCIENTIFIQUES ET TECHNIQUES RESULTANT D'UN DEFAUT DE PREVENTION OU DE PRECAUTION

748. Traditionnellement, pour être assurable un risque doit revêtir trois caractères : être aléatoire, connu et ne pas être trop important[1993]. Il importe de confronter ces trois exigences, respectivement relatives à la réalisation du risque (A), à sa connaissance (B) ainsi qu'à son importance (C), aux caractères spécifiques du risque avéré et du risque suspecté résultant d'un défaut de prévention ou de précaution[1994].

A – PREVENTION, PRECAUTION ET REALISATION DU RISQUE

749. L'exigence liée au caractère aléatoire du risque signifie que pour être assurable un risque doit être incertain, c'est-à-dire qu'il ne doit pas s'être déjà réalisé au jour de sa prise en charge par l'assurance[1995]. Cette dernière condition ne renvoie donc pas à une absence de réalisation du risque, envisagée de manière absolue. Elle traduit seulement l'idée que l'événement singulier dont la garantie est demandée peut se réaliser ou ne pas se réaliser. Autrement dit, l'aléa ne porte pas sur la possibilité de survenance d'un type de risque mais sur la possibilité de survenance d'un risque unique pour un individu particulier. Dès lors, il importe peu que le lien de causalité scientifique entre le fait générateur et le dommage soit certain, le risque pouvant être avéré ou suspecté *du point de vue de l'état de la science*. Il n'en demeure pas moins aléatoire. Ainsi, pour prendre un exemple, il convient de distinguer d'une part, l'*aléa scientifique* qui affecte le risque que la dissémination d'OGM dans l'environnement produise des effets dommageables sur la faune ou la flore et d'autre part, l'aléa qui affecte la *survenance du risque* que la dissémination d'un OGM particulier nuise à l'environnement. Tandis que l'aléa, dans le premier cas, s'apprécie par référence à la norme scientifique, dans le second cas il s'apprécie par référence à la situation particulière susceptible d'engendrer le risque. L'assurabilité du risque signifie alors que le risque encouru ne s'est pas encore réalisé, non pas d'une manière absolue mais bien eu égard à un individu ou à une chose en particulier.

[1993] Sur ces trois conditions, cf. J. BIGOT, op. cit., n° 1038 et s.

[1994] La perspective adoptée ici n'est donc plus celle de l'articulation entre le degré de connaissance d'un risque et les exigences posées par les règles de la responsabilité civile mais celle de l'articulation entre le degré de connaissance d'un risque et les exigences posées par les règles de l'assurance. Et ce, afin de déterminer les possibilités de garantie des risques scientifiques et techniques résultant d'un défaut de prévention ou de précaution.

[1995] "Un risque est de réalisation certaine quand il s'est déjà réalisé au jour de la prise en charge par l'assurance", J. BIGOT, op. cit., n° 1040.

Ainsi, le risque ne sera pas assurable si l'OGM, dont la garantie est recherchée, a déjà produit un sinistre. Dans ce cas, le risque s'étant déjà entièrement réalisé, il n'est plus susceptible d'être assurable car il ne présente plus de caractère aléatoire.

750. En revanche, *pour l'assureur* les deux notions se rejoignent. L'aléa scientifique général et l'aléa qui résulte de l'incertitude sur la survenance du risque, dont la garantie est demandée, ne font qu'un puisque précisément la technique de l'assurance est fondée sur les lois de probabilités et sur les données de la statistique. En effet, ces dernières renvoient à une mesure du risque qui s'appuie sur la considération d'événements du même type qui se sont déjà produits. Or la science a précisément pour objet de mesurer la probabilité de survenance d'un événement[1996]. Il en résulte que, pour l'assureur, la question de la propension du risque à se réaliser du point de vue de l'état de la science et celle de l'assurabilité du risque ne font qu'une. Pour lui, l'assurabilité du risque est fonction de la connaissance scientifique du risque c'est-à-dire de la mesure de la probabilité d'appariation de certains événements. Tandis que le risque est aléatoire pour l'assuré, il ne doit plus l'être pour l'assureur, la mutualisation des risques ayant précisément pour objet de rendre l'aléa prévisible. Par conséquent, dans la mesure où le risque suspecté, caractéristique de la précaution, suppose que le risque a atteint un certain seuil d'occurrence probable[1997], la question de son assurabilité, du point de vue de sa réalisation, renvoie en réalité à celle de sa connaissance.

B – PREVENTION, PRECAUTION ET CONNAISSANCE DU RISQUE

751. Le risque doit être suffisamment connu de l'assureur[1998]. Cette exigence "désigne un moyen terme entre deux situations qui sont autant d'obstacles à l'assurabilité" : d'une part, la connaissance excessive et d'autre part, la connaissance insuffisante[1999]. La première ne nous retiendra pas longtemps dans la mesure où elle relève avant tout d'un choix de l'assureur qui demeure libre d'opérer une sélection des risques. L'assurabilité des risques scientifiquement avérés relevant de la prévention s'inscrit dans ce dernier cas. La seconde, en revanche, conduit à s'interroger sur le point de savoir si l'insuffisante connaissance d'un risque constitue un obstacle technique à son

---

[1996] Sur l'adoption de cette définition de la science, cf. Chp. préliminaire, *supra*, n° 55.

[1997] Sur l'exigence d'un seuil caractérisant le risque de précaution, cf. Chp. préliminaire, *supra*, n°92 et s.

[1998] Bien que la question de la connaissance du risque puisse être envisagée à la fois du côté de l'assuré et du côté de l'assureur, elle ne sera étudiée ici que sous le second aspect puisqu'il s'agit de se demander dans quelle mesure les risques scientifiques et techniques répondent à certains critères qui les rendent assurables et donc susceptibles d'être garantis par l'assureur.

[1999] J. BIGOT, op. cit, n° 1068.

assurabilité. Nous retrouvons ici la délicate question de la détermination du risque suspecté des deux côtés de l'échelle de la connaissance, à la fois par rapport au risque avéré et par rapport au risque ignoré[2000]. Nous envisagerons donc l'assurabilité du risque suspecté, relevant de la précaution (1), avant de nous interroger sur celle du risque ignoré (2).

1) L'assurabilité du risque suspecté

752. Par définition, le risque suspecté relevant de la précaution n'est pas avéré, mais il n'est pas non plus totalement ignoré. Il se caractérise par un degré de connaissance scientifique se situant entre ces deux extrêmes. Autrement dit, conformément à la définition de la science adoptée ici[2001], il se définit par un certain seuil d'occurrence probable[2002]. Pour l'assureur toute la difficulté réside dans le caractère suffisant ou non du seuil ainsi retenu, eu égard aux techniques de l'assurance. En effet, l'assurabilité d'un risque suspecté, qui s'apparente à un risque nouveau, se heurte à deux obstacles. D'une part, un tel risque est difficilement mesurable en l'absence de données statistiques qui supposent une observation du risque sur une période de temps relativement longue pouvant atteindre plusieurs années. Et, en la matière, le temps n'est pas seulement une condition nécessaire à l'observation de la réalisation de plusieurs événements d'un même type. Il est aussi une condition de la survenance du risque lui-même qui peut intervenir plusieurs années après que le fait qui en était à l'origine a eu lieu[2003]. D'autre part, le second obstacle, lié au premier, tient à la difficulté d'opérer une véritable mutualisation du risque. En effet, "le fait que le risque nouveau soit d'apparition récente limite fortement la population des assurés potentiels et s'oppose à la répartition de la charge des sinistres sur une mutualité [...] un risque sans existence passée et non mutualisable pour le présent paraît bien inassurable"[2004]. Appliqué au risque suspecté relevant de la précaution, cela ne signifie pas que le risque ne s'est jamais réalisé, auquel cas on se trouverait alors dans le cas du risque ignoré. Mais cela témoigne de l'absence d'un nombre suffisant d'expériences passées de nature à constituer une base statistique fiable rendant ainsi possible sa mutualisation[2005]. Ces difficultés rendent donc délicate l'assurance du risque suspecté relevant de la précaution et pourraient conduire l'assureur à refuser sa garantie par le biais de la théorie des

---

[2000] Sur cette question, cf. Chp. préliminaire, *supra*, n° 85 et s.

[2001] Sur la définition de la science comme mesure de la probabilité d'un événement, cf. Chp. préliminaire, *supra*, n° 55.

[2002] Sur l'exigence d'un seuil caractérisant le risque de précaution, cf. Chp. préliminaire, *supra*, n°92 et s.

[2003] Cf. *supra*, n° 704 et s.

[2004] J. BIGOT, op. cit., n° 1084.

[2005] Sur ce problème s'agissant des risques génétiques, cf. Th. EPPRECHT, "Le génie génétique et l'assurance de responsabilité civile", *Risques*, juin 1999, n° 38, p. 86 ; F. EWALD, "Génétique et assurance", *R.G.D.A.*, 1999, p. 539.

déchéances. En revanche, elles ne rendraient pas impossible l'assurance de ce même risque, conçu indépendamment de la réalisation d'un dommage[2006].

2) L'assurabilité du risque ignoré

753. L'ignorance d'un risque est susceptible de renvoyer à deux figures juridiques distinctes : celle du risque de développement et celle de l'aléa thérapeutique[2007]. Il existe néanmoins un point de rencontre entre ces deux formes de risques ignorés qui réside, dans les deux cas, dans le fait précisément de connaître leur possibilité d'existence. Certes avant de se révéler le risque de développement et l'aléa thérapeutique sont bien ignorés. En revanche, l'existence de la possibilité de cette révélation n'est pas contestée, comme en témoigne la reconnaissance juridique des notions de risque de développement et d'aléa thérapeutique. On peut donc se demander si ces deux formes de risques ne conduisent pas seulement à un élargissement de la catégorie du risque dit "assurable" en reportant en amont l'étendue de cette notion. Celle-ci pourrait alors englober non seulement les risques répertoriés mais également ceux dont la possibilité de survenance est également acquise. Par leur existence juridique, le risque de développement et l'aléa thérapeutique viennent questionner le droit des assurances. Ils l'invitent à élargir ses propres catégories afin de recevoir celles déjà accueillies par le droit. On objectera alors qu'une telle analyse se heurte à l'argument, déjà souligné, à propos du risque suspecté de la difficulté (qui prend ici la forme d'une impossibilité) de mesurer le risque, l'ignorance n'étant pas calculable. Il reste néanmoins que l'idée selon laquelle la connaissance de l'existence de la possibilité de survenance de risques ignorés, dans un certain état de la science et qui se révèlent dans un autre état, constitue une piste de réflexion qui mériterait d'être creusée par les techniciens de l'assurance[2008].

[2006] En ce sens, cf. L. MAYAUX, "Réflexions sur le principe de précaution et le droit des assurances", *R.G.D.A.*, 2003, p. 285. Pour cet auteur, il convient, en effet, de distinguer deux situations. Tandis qu'envisagé dans le paradigme classique de la responsabilité civile, par référence au *risque–événement*, le caractère suspecté du risque pourrait conduire l'assureur à refuser sa garantie sur le fondement d'une déchéance, envisagé en dehors du paradigme traditionnel de la responsabilité civile, comme *éventualité de survenance d'un dommage*, le risque suspecté ne devrait pas pouvoir être exclu de la garantie, dans la mesure où "l'assurance a pour principal objet la couverture d'un risque: de tous les risques, même les plus hypothétiques". Dans le premier cas le refus d'assurance est fondé sur le rôle moralisateur de l'assurance, dans le second cas, la prise en charge du risque est justifiée par l'objectif principal de l'assurance qui est la garantie d'une possibilité de survenance d'un événement.

[2007] Cf. *supra*, 1ère partie, n° 260 et s.

[2008] A cet égard, bien qu'elle estime que le risque de développement ne remplit pas les conditions normales d'assurabilité des risques de responsabilité civile, la Fédération Française des Sociétés d'Assurance juge que sa couverture n'est pas impossible. Mais pour elle, la solution se trouve avant tout dans une limitation du montant et du temps de la garantie, cf. *Le Livre Blanc de l'Assurance de Responsabilité Civile*, 12 septembre 2000.

C – PREVENTION, PRECAUTION ET IMPORTANCE DU RISQUE

754. Qu'il soit avéré ou suspecté, le risque scientifique et technique se caractérise généralement par sa nature catastrophique[2009]. A cet égard, l'importance du risque, quelles que soient ses modalités d'expression, accident collectif ou risque sériel[2010], constitue un réel obstacle pour l'assureur. Cependant, il est loin d'être le plus insurmontable d'un point de vue technique[2011]. La solution réside, en effet, dans une augmentation de la capacité financière des assureurs. Autrement dit, l'obstacle est ici plus psychologique que technique. Un risque, même important, n'en demeure pas moins toujours assurable, à condition évidemment d'accepter d'en payer le prix[2012]. On a fait valoir notamment que la localisation du sinistre catastrophique à l'intérieur d'une zone géographique déterminée le rendait plus difficilement assurable[2013]. Or si la remarque vaut pour les accidents collectifs, elle est au contraire de nature à favoriser l'assurabilité des risques sériels dont l'une des caractéristiques est précisément d'être dispersés dans l'espace. En réalité, un tel argument reste largement contestable dans la mesure où la difficulté à assurer des risques dispersés est avant tout financière et non géographique.

755. Les exigences posées par les règles du droit des assurances rendent certes peu aisée l'assurabilité des risques scientifiques et techniques résultant d'un défaut de prévention ou de précaution, dans les domaines de l'environnement ou de la santé. Néanmoins, par delà les difficultés techniques c'est avant tout le coût de la prise en charge de tels risques qui en rend l'assurance plus délicate et explique ainsi que leur garantie demeure encore relativement limitée.

§ 2 LA GARANTIE DES RISQUES SCIENTIFIQUES ET TECHNIQUES RESULTANT D'UN DEFAUT DE PREVENTION OU DE PRECAUTION

756. La spécificité tant matérielle que temporelle des dommages constituant la réalisation de risques scientifiques et techniques[2014] conduit à s'interroger sur l'étendue (A) et la durée (B) de leur garantie.

[2009] Cf. *supra*, n° 666 et s.
[2010] Sur ces deux expressions du risque catastrophique, cf. *supra*, n° 698 et s. et 701 et s.
[2011] En ce sens, cf. M. PERIER, "L'assureur et l'aversion aux risques", *in Etudes offertes à Hubert Groutel. Responsabilité civile et assurances*, Paris, Litec, 2006, p. 339
[2012] En matière de risques scientifiques et techniques la facture est particulièrement élevée. Ainsi, le montant global des sinistres résultant de l'usage de l'amiante a été estimé, au niveau mondial, à 124 milliards d'euros (*L'Argus*, 12 juillet 2002, p. 24).
[2013] J. BIGOT, op. cit., n° 1099.
[2014] Sur cette spécificité, cf. *supra*, n° 664 et s.

A – L'ETENDUE DE LA GARANTIE DES RISQUES SCIENTIFIQUES ET TECHNIQUES

757. Il convient d'envisager la question de l'étendue de la garantie des risques scientifiques et techniques dans les deux domaines principaux d'application de la distinction de la prévention et de la précaution que sont l'environnement (1) et la santé (2).

1) L'étendue de la garantie des risques environnementaux

758. De même que le mouvement d'objectivation de la responsabilité civile, fondé sur la multiplication des risques professionnels, avait conduit à une mutualisation toujours plus grande des risques, l'essor des dommages causés à l'environnement ne pouvait rester sans conséquence sur l'assurance[2015]. Pendant longtemps les risques d'atteintes à l'environnement ont été garantis par des polices incendie ou responsabilité. Puis, devant l'ampleur et l'incertitude caractérisant les types de dommages susceptibles d'en résulter, les assureurs ont progressivement limité leurs garanties[2016]. Ainsi, ils ont tout d'abord décidé, dès 1970, d'insérer dans leurs contrats une clause d'exclusion des dommages causés par les pollutions. Cette dernière pouvait néanmoins être rachetée moyennant une surprime. En 1977, plusieurs compagnies d'assurance ont formé un "pool", le Garpol, remplacé en 1989 par Assurpol, afin de proposer à leurs membres un contrat spécifique "atteintes à l'environnement". Ce dernier instaurait une garantie limitée aux seules pollutions "consécutives à des cas fortuits" et excluait ainsi les pollutions graduelles et chroniques, pourtant particulièrement nombreuses et importantes. A partir du 1er janvier 1994 les assureurs ont décidé d'exclure le risque d'atteintes à l'environnement des polices non spécifiques.

[2015] En ce sens, cf. P. LASCOUMES "L'assurance des risques environnementaux", *in Droit du travail et droit de l'environnement*, MINISTERE DE L'ENVIRONNEMENT, MINISTERE DU TRAVAIL, DE L'EMPLOI ET DE LA FORMATION PROFESSIONNELLE, Paris, 1994, Litec (coll. "Droit et économie de l'environnement"), p. 65. Sur l'assurance des risques environnementaux, cf. J.-Y. COMBY, "L'assurabilité des risques de pollution", *Risques*, juillet-septembre 1992, n°11, p. 39 ; G. HUSSON, "L'assurance pollution", *ibid.*, p. 43 et "Le point de vue des assureurs", *in Le dommage écologique en droit interne, communautaire et comparé*, op. cit., p. 175 ; C. DELPOUX, "Responsabilité civile du fait des atteintes à l'environnement : les réponses actuelles de l'assurance", *G.P.*, 1994, 1, doctr. p. 558 ; S. LE DAMANY, "Les limites du recours à l'assurance face aux risques d'atteinte à l'environnement", *B.D.E.I.*, 1995, n° 3, p. 35 ; M.-L. DEMEESTER, "Assurance et environnement", *G.P.*, 28-29 nov. 1997, doctr. p. 6 ; I. NATOWICZ, "Qui supporte le risque d'atteintes à l'environnement ? Le pollueur, l'assureur, le consommateur final…", *in La Communauté européenne et l'environnement, Travaux de la CEDECE*, sous la dir. de J.-C. MASCLET, Paris, La documentation française, 1997, p. 655 ; G. PIERATTI, "Risque de pollution et sécurité : un défi pour les assureurs maritimes", *G.P.*, 2000, doctr. p. 12 ; G. J. MARTIN, "Responsabilité et assurance", *G.P.*, 3-7 juin 2001, doctr. p. 51.

[2016] Sur les dispositions spécifiques en matière de dommages maritimes, cf. G. PIERATTI, art. préc.

759. Aujourd'hui, les contrats proposés couvrent "les conséquences pécuniaires de la responsabilité civile de l'assuré en raison des dommages corporels, matériels et immatériels causés aux tiers et résultant d'atteintes à l'environnement consécutives à des faits fortuits qui se produisent dans le cadre de l'exercice par l'assuré dans l'enceinte de son établissement des activités définies aux conditions particulières". Il n'est donc plus fait de différence entre le fait générateur de caractère accidentel et soudain et le fait générateur de caractère progressif ou répété. La garantie couvre aussi bien les cas de pollution accidentelle que ceux de pollution graduelle[2017].

760. Plusieurs types de dommages sont exclus de la garantie[2018]. Ainsi en est-il des dommages résultant de l'inobservation des textes légaux et réglementaires et de leurs mesures d'application, des dommages résultant du mauvais état ou de l'insuffisance d'entretien des installations, des dommages résultant de l'activité normale de l'entreprise, de ceux résultant d'un risque de développement, de ceux résultant de l'utilisation ou de la dissémination d'organismes génétiquement modifiés[2019] et enfin et surtout, des "dommages subis par les éléments naturels tel que l'air, l'eau, le sol, la faune et la flore dont l'usage est commun à tous, ainsi que les préjudices d'ordre esthétique et d'agrément qui s'y rattachent". Cette dernière exclusion vise le préjudice écologique pur, c'est-à-dire celui dont l'étendue dans l'espace et dans le temps est la plus importante.

761. L'exigence d'un dommage certain constitue encore l'un des obstacles majeurs à la garantie par l'assurance du préjudice écologique. Ainsi, dans une affaire jugée par la Cour de cassation le 27 mars 2001[2020], une société avait vendu des immeubles et des matériels parmi lesquels se trouvaient des transformateurs à pyralène qui se sont ouverts entraînant un écoulement du produit sur le terrain. La Haute juridiction judiciaire a confirmé la décision des juges du fond qui avaient estimé que l'assureur de la venderesse n'était pas tenu de garantir les dépenses relatives aux mesures de dépollution imposées par le préfet. En effet, la cour d'appel avait relevé que ces mesures "ne tendaient qu'à éviter un risque potentiel de nature à menacer la collectivité sans qu'aucune personne individualisée ait eu encore à se plaindre d'un dommage réalisé direct et certain, et qu'il ne s'agissait pas, en l'état, de couvrir l'indemnisation d'un

---

2017 En ce sens notamment, cf. M.-L. DEMEESTER, art. préc., n° 10 et G. J. MARTIN, art. préc., p. 52.

2018 Conformément aux recommandations du rapport FORTIN, sur "L'apport de l'assurance à la prévention et à la réparation des atteintes portées à l'environnement", remis au Ministre de l'Environnement" le 23 mars 1994 et établissant une liste de risques inassurables.

2019 Sur les difficultés tenant à l'assurance de ces derniers, cf. N. FLICOTEAUX, "Assurer les risques liés aux OGM", *Risques*, juin 1999, n° 38, p. 81.

2020 Civ. 1ère, 27 mars 2001, *J.C.P.*, 2002, II, 10 089, note D. GUIHAL.

dommage causé à des tiers, mais de prendre en charge des dépenses entraînées par des injonctions administratives prises dans l'intérêt de la collectivité". Compte tenu du caractère scientifiquement avéré de la nocivité du pyralène, la responsabilité dont la garantie avait été demandée s'apparentait à un *défaut de prévention*. L'exigence relative à la certitude du dommage portait, en effet, sur le seul lien de causalité juridique entre l'écoulement du produit sur le terrain et la survenance d'un dommage. Sur ce point, la motivation des juges du fond, reprise par la Cour de cassation, témoigne du fait que l'incertitude affectant le dommage est liée à son objet qui ne vise pas un individu identifié mais un ensemble d'individus, que désigne la notion de "collectivité". Elle révèle, dès lors, que la question de l'indemnisation d'un risque potentiel de dommage passe notamment par la reconnaissance juridique de titulaires d'une action en responsabilité chargés de défendre l'intérêt d'une collectivité d'individus[2021].

762. La résistance actuelle des assureurs à garantir le préjudice écologique s'inscrit à contre courant de la Convention de Lugano du Conseil de l'Europe en date du 8 mars 1993, du Livre vert du 17 mars 1993 et du Livre blanc du 9 février 2000, adoptés par la Commission des Communautés européennes, et surtout de la directive européenne du 21 avril 2004 sur la responsabilité environnementale en ce qui concerne la prévention et la réparation des dommages environnementaux[2022]. En effet, l'article 14 § 1 de la directive prévoit que les Etats membres "prennent des mesures visant à encourager le développement, par les agents économiques et financiers appropriés, d'instruments et de marchés de garantie financière, y compris des mécanismes financiers couvrant les cas d'insolvabilité, afin de permettre aux exploitants d'utiliser des instruments de garantie financière pour couvrir les responsabilités qui leur incombent en vertu de la présente directive". Cette disposition pose donc une obligation d'assurance[2023] sur la tête des exploitants visés par la directive[2024], obligation dont les conditions de mise en œuvre

---

[2021] Sur cette question, cf. *infra*, n° 973 et s.

[2022] Sur ces différents textes, cf. 1ère partie, *supra*, n° 154 et s.

[2023] Conformément aux souhaits émis par plusieurs auteurs (cf. notamment P. THIEFFRY, "L'opportunité d'une responsabilité communautaire du pollueur. Les distorsions entre les Etats membres et les enseignements de l'expérience américaine", *R.D.I. comp.*, 1994, p. 121 ; G. VINEY, "Le préjudice écologique", *Resp. civ. et ass.*, mai 1998, p. 10) mais contrairement à ce que prévoyait le rapport du Sénat (Rapport sur la *proposition de directive du Parlement européen et du Conseil sur la responsabilité environnementale en vue de la prévention et de la réparation des dommages environnementaux*, n° 317, du 27 mai 2003, p. 20 et s.) qui estimait "qu'une obligation d'assurance serait prématurée et qu'un système d'incitation serait préférable", aux motifs que "les entreprises d'assurance ne peuvent se fonder sur aucune expérience antérieure pour établir des estimations".

[2024] Il s'agit des personnes physiques ou morales exerçant l'une des activités énoncées à l'Annexe III de la directive, parmi lesquelles figurent notamment l'utilisation ou la dissémination d'organismes génétiquement modifiés.

devront faire l'objet d'un rapport présenté par la Commission avant le 30 avril 2010[2025].

763. Enfin, les montants susceptibles d'être garantis sont encore insuffisants au regard du coût réel des dommages. Ainsi, le contrat proposé par Assurpol comporte un plafond de trois cents millions de francs par sinistre et par an (soit plus de quarante cinq millions d'euros). L'ensemble de ces limitations dans la définition des risques garantis et des dommages couverts témoigne de la relative inadaptation du droit des assurances à l'orientation objective des règles de la responsabilité civile en matière de dommage environnemental. Pour certains auteurs les contrats proposés "ne permettent pas de considérer que la fonction d'indemnisation de l'assurance pollution est correctement remplie"[2026].

2) L'étendue de la garantie des risques sanitaires

764. Il convient ici d'opérer une distinction entre d'une part, l'étendue de la garantie des risques sanitaires avant les lois du 4 mars 2002 et du 30 décembre 2002, respectivement relatives aux droits des malades et à la qualité du système de santé pour la première, et à la responsabilité médicale pour la seconde (a), et d'autre part, l'étendue de la garantie de ces mêmes risques après ces deux lois (b).

a) La garantie des risques sanitaires avant les lois du 4 mars 2002 et du 30 décembre 2002

765. Avant que n'interviennent les lois du 4 mars 2002 et du 30 décembre 2002 la Cour de cassation avait déjà eu à se prononcer sur la validité des plafonds de garantie insérés dans les contrats d'assurance, en particulier dans un des domaines d'application de la distinction de la prévention et de la précaution, celui de la transfusion sanguine. En effet, l'ancien article L. 667 du Code de la santé publique imposait aux centres de transfusion sanguine l'obligation de souscrire une assurance couvrant les risques encourus par les donneurs et comportant des garanties au moins égales à celles définies par un arrêté conjoint du ministre chargé de la Santé et du ministre de l'Economie et des Finances[2027]. Cet arrêté a été pris le 27 juin 1980. Il imposait aux centres de transfusion la conclusion de contrats d'assurance non seulement pour les risques

---

[2025] Article 14 § 2 de la directive.

[2026] G. J. MARTIN, art. préc., p. 52.

[2027] Depuis la loi n° 98-535 du 1er juillet 1998 relative au renforcement de la veille sanitaire et du contrôle de la sécurité sanitaire des produits destinés à l'homme, l'Etablissement français du sang fédère les centres de transfusion sanguine. Il est tenu de s'assurer pour les risques encourus par les donneurs à raison des opérations de prélèvement (article L. 1222-9 du Code de la santé publique).

encourus par les donneurs mais également pour ceux encourus par les receveurs. L'annexe de l'arrêté instaurait un double plafonnement de la garantie. Celle-ci intervenait "pour l'ensemble des dommages corporels, matériels, immatériels, à concurrence du montant global fixé aux conditions particulières par sinistre et par année d'assurance". Le texte précisait en outre que "pour l'application [de cette garantie] le montant par année se réduit et finalement s'épuise par tout règlement amiable ou judiciaire d'indemnités, quels que soient les dommages auxquels ils se rapportent sans reconstitution automatique de la garantie après règlement".

766. En application de ces dispositions, les centres de transfusion ont donc souscrit des polices d'assurance de responsabilité qui prévoyaient une limitation de la garantie par sinistre et par année d'assurance. Le drame du sang contaminé devait donner à ces contrats une portée sans précédent. En effet, la gravité des dommages résultant de la contamination par le virus du Sida et l'importance du nombre des victimes ont conduit plusieurs de ces dernières à contester devant les juges judiciaires la validité des limitations de garantie d'assurance. La question s'est alors posée de savoir si le double plafond de garantie, prévu dans les polices d'assurance, devait jouer autant de fois qu'il y avait eu de sinistres dans l'année, la garantie se reconstituant avant chaque nouveau sinistre, ou si, au contraire, il s'appliquait globalement pour tous les sinistres de l'année et entraînait alors une diminution du montant de la garantie après chaque indemnisation.

767. Dans une décision du 9 juillet 1996, la Cour de cassation[2028] a rejeté le pourvoi formé contre un arrêt infirmatif de la Cour d'appel d'Aix-en-Provence, en date du 12 juillet 1993, qui avait jugé que la clause du contrat d'assurance stipulant un plafond de garantie de cinq millions de francs constituait "la limite de l'indemnisation pouvant être due par l'assureur pour une même année d'assurance, quels que soient le nombre et la nature des sinistres, chaque indemnité étant prélevée sur ce montant jusqu'à épuisement"[2029]. En l'espèce, en effet, le contrat d'assurance n'était pas particulièrement ambigu puisqu'il prévoyait expressément que "dans tous les cas où la garantie est accordée à concurrence d'un montant limité par année d'assurance, les sommes

---

[2028] Civ. 1ère, 9 juillet 1996, 2ème espèce, *Cts X c/ GAN*, *D.*, 1996, jur. p. 610, note Y. LAMBERT-FAIVRE ; *R.G.D.A.*, 1996, p. 919, note Ph. REMY. Dans le même sens, cf. Civ. 1ère, 9 juillet 1996, *Union des assurances de Paris c/ Centre régional de transfusion sanguine*, *Resp. civ. et ass,* nov. 1996, H. GROUTEL, chron., n° 37.

[2029] Aix-en-Provence, 12 juillet 1993, *D.*, 1994, jur. p. 13, note D. VIDAL. En première instance le Tribunal de grande instance de Nice (TGI Nice, 27 juillet 1992, *D.*, 1993, jur. p. 38, note D. VIDAL ; *R.G.D.A.*, 1994, p. 236, note J. BIGOT) avait, au contraire, jugé qu'une telle interprétation n'était pas conforme à la lettre et à l'esprit de la convention, estimant qu'il ne faisait aucun doute que, "dans l'esprit des parties, le centre de transfusion a entendu se garantir pour chaque sinistre à hauteur de cinq millions de francs, et quelle qu'en soit l'origine, virale ou autre".

assurées seront réduites automatiquement, quels que soient le nombre, la nature ou l'origine des sinistres, du montant des indemnités payées au cours d'une même année d'assurance suivant l'ordre chronologique de réalisation des dommages déclarés à la compagnie, et, sauf convention contraire, reconstituées d'office d'année en année sur les mêmes bases... seront considérés comme formant un seul et même sinistre toutes les conséquences de dommages causés à des personnes différentes ayant leur origine dans une même faute ou un même fait générateur". Par la suite, la Cour de cassation a confirmé cette solution[2030]. Elle l'a notamment appliquée à des contrats d'assurance souscrits pour la garantie des dommages résultant de la défectuosité d'autres types de produits que les produits sanguins et faisant l'objet d'une large diffusion[2031].

768. Il reste, néanmoins, qu'une telle solution, approuvée par les assureurs[2032], est très défavorable aux victimes de risques sériels. La clause de globalisation des sinistres a pour effet d'entraîner une discrimination entre les victimes en fonction du moment de la mise en jeu de la garantie. Les premières à se manifester sont, en effet, favorisées par rapport aux suivantes qui voient leur indemnité réduite du fait des indemnisations déjà opérées avant leur demande de garantie. Paradoxalement, loin de faciliter l'indemnisation des victimes, la répétition d'un même type de sinistre devient une cause de limitation de la garantie dans la mesure où chaque sinistre identique, provenant d'une même cause, est considéré comme un sinistre unique. Tandis que la technique assurancielle, en mutualisant les risques de même nature, avait rendu possible l'indemnisation des risques collectifs (en opérant une distinction entre le risque individuel pesant sur chacun et le risque collectif pesant sur l'assureur) elle est ici détournée au profit du seul assureur. La collectivisation du risque n'est plus seulement un instrument au service de ce dernier, mais devient un élément de la relation entre l'assureur et l'assuré, susceptible d'être alors l'objet de limitations contractuelles.

769. Il est vrai que la situation des victimes traditionnelles de risques collectifs à l'origine du développement des assurances, telles que les victimes de risques professionnels ou les victimes d'accidents de la circulation, pour ne citer qu'elles, est quelque peu différente de celle des victimes de risques sériels. Les

---

[2030] Civ. 1ère, 23 novembre 1999, *UAP c/ Centre régional de transfusion sanguine de Montpellier et autres, R.G.D.A.*, 2000, p. 190, note Ph. REMY.

[2031] Civ. 1ère, 7 décembre 1999, *R.G.D.A.*, 2000, p. 177, note L. FONLLADOSA (validité de la clause d'une police d'assurance R.C. produits, plafonnant à dix millions de francs par sinistre et par an le montant de la garantie due par l'assureur pour les préjudices nés de la défectuosité de produits destinés à la fabrication de couronnes dentaires).

[2032] L'argument invoqué par ces derniers, en faveur d'une telle solution, repose sur la nécessaire prévisibilité annuelle du montant des sinistres qu'implique le calcul de la prime, qui serait difficile à opérer si le plafond prévu pouvait jouer plusieurs fois et entraîner alors un report du montant de la garantie sur l'exercice suivant.

dommages subis par les premières résultent d'une multitude de faits générateurs distincts d'un même type (accident professionnel, accident de la circulation). Les dommages subis par les secondes sont susceptibles d'être rattachés à un fait générateur unique, à savoir la diffusion d'un même type de produit dont la défectuosité touche alors de manière identique une multitude d'individus. Pourtant, à y regarder de plus près, même dans cette dernière hypothèse, il existe, en réalité, toujours autant de faits générateurs que de dommages. En effet, chaque transfusion, chaque utilisation individuelle d'un produit est susceptible de constituer à elle seule un fait générateur. Pourquoi dès lors, interpréter différemment la notion de fait générateur selon l'un ou l'autre cas ? Autrement dit, pourquoi rattacher le fait générateur au fait de l'accident dans les hypothèses traditionnelles et au fait du produit ou du bien à l'origine de l'accident dans les cas de risques sériels ? En effet, dans toutes les hypothèses évoquées il est toujours possible de distinguer deux niveaux d'analyses : d'une part, le niveau individuel (l'accident professionnel, l'accident de voiture, la transfusion, l'utilisation d'un produit défectueux etc.) et d'autre part, le niveau collectif, c'est-à-dire le rattachement du fait générateur individuel à un fait générateur plus large se trouvant en amont du premier (fait de l'industrie, pour les accidents professionnels ; fait de la technologie, pour les accidents de la circulation ; fait de la consommation de masse, quel qu'en soit le domaine - alimentaire, pharmaceutique, environnemental- pour les dommages résultant de produits défectueux). Or si la collectivisation du risque, condition de sa prévisibilité pour l'assureur, justifie que ce dernier se place au niveau collectif, précédemment évoqué, pour calculer le montant de sa garantie, en revanche, elle ne saurait être un élément intervenant dans la définition du sinistre dont l'assuré demande à être garanti. Pour lui, en effet, le risque est toujours individuel et aléatoire. Il importe peu, en effet, que d'autres personnes en soient victimes. Cette dernière considération est seulement et uniquement de nature à faciliter la prévisibilité du risque pour l'assureur. Pour l'assuré, le fait générateur du risque est toujours l'événement individuel ayant entraîné la survenance de son dommage. Aussi, les clauses des polices d'assurance contenant des plafonds de garantie en fonction du nombre de sinistres par année, c'est-à-dire définies *du point de vue de l'assureur*, ne sauraient être opposées à l'assuré qu'en raison d'un détournement de la technique de l'assurance de son objet initial, à savoir la possibilité pour un individu de se garantir contre certains risques préalablement définis, au niveau individuel, mais objectivés par l'assureur au niveau collectif.

770. Dès lors, la solution du problème de l'indemnisation des risques sériels ne semble pas devoir être trouvée dans une répartition de l'indemnité au marc le franc[2033], non pas d'ailleurs en raison du long délai d'attente que le choix

---

[2033] Sur l'évocation de cette possibilité, cf. J. BIGOT,op. cit., n° 1556.

d'une telle option engendrerait[2034] dans la mesure où il serait toujours possible d'accorder aux victimes des provisions. En réalité, la solution réside plutôt dans une réglementation des modalités d'épuisement des plafonds de garantie, voire dans une suppression de leur opposabilité à l'assuré, en dépit de l'attachement des assureurs à ces derniers[2035]. Ce qui est sûr en revanche, c'est que la solution passe nécessairement par une augmentation de la surface financière des compagnies d'assurance, donc des primes, à moins de mettre en place des fonds de garanties spécifiques pour ces types de risques. Mais c'est alors la question du financement de ces derniers qui devra être résolue.

b) La garantie des risques sanitaires après les lois du 4 mars 2002 et du 30 décembre 2002

771. A la suite de la loi du 4 mars 2002, relative aux droits des malades et à la qualité du système de santé, rendant obligatoire l'assurance de la responsabilité médicale, plusieurs assureurs s'étaient retirés du marché ou avaient menacé de le faire. Sous la pression du secteur assuranciel, le législateur est donc intervenu, à nouveau, en adoptant, dans l'urgence, la loi du 30 décembre 2002 relative à la responsabilité civile médicale[2036] qui précise et modifie l'organisation de l'assurance de responsabilité civile en la matière[2037].

772. Désormais, l'article L. 1142-2 du Code de la santé publique dispose que "les professionnels de santé exerçant à titre libéral, les établissements de santé, services de santé et organismes [...] exerçant des activités de prévention, de diagnostic ou de soins ainsi que les producteurs,

---

[2034] La répartition au marc le franc ne pouvant intervenir qu'une fois que le nombre total de victimes est connu.

[2035] Ainsi, pour la Fédération Française des Sociétés d'Assurance, "l'introduction de limitations en montant de la garantie constitue un des éléments essentiels de l'assurabilité du risque de responsabilité. Cette règle, à laquelle il ne peut être dérogé sans mettre en péril la mutualisation, doit être observée rigoureusement lors du paiement des indemnités", *Le Livre Blanc de l'Assurance de Responsabilité Civile*, 12 septembre 2000.

[2036] N. JONQUET et F. VIALLA, "La perversion de la solidarité nationale et la déresponsabilisation des acteurs de santé", *D.*, 2002, Point de vue, p. 3211 ; C. RADE, "La solidarité au secours de la responsabilité", *Resp. civ. et ass.*, fév. 2003, chron. n° 5, p. 7 ; G. LACOEUILHE, "A propos de la loi du 30 décembre 2002 relative à la responsabilité civile médicale", *D.*, 2003, Point de vue, p. 499 ; Y. LAMBERT-FAIVRE, "La responsabilité médicale : la loi du 30 décembre modifiant la loi du 4 mars 2002", *D.*, 2003, chron. p. 361 ; J.-A. ROBERT et A. REGNIAULT, "La loi n° 2002-1577 du 30 décembre 2002 relative à la responsabilité civile médicale", *P.A.*, 5 mars 2003, n° 46, p. 3 ; *R.T.D.civ.*, 2003, p. 150, obs. J. ROCHFELD.

[2037] La lecture des travaux préparatoires de la loi du 30 décembre 2002 atteste la particularité du contexte dans lequel cette loi a été adoptée, plusieurs députés n'ayant pas hésité à qualifier l'attitude des assureurs de "chantage caractérisé", cf. *Rapport fait au nom de la Commission des affaires culturelles, familiales et sociales sur la proposition de loi adoptée par le Sénat relative à la responsabilité civile médicale*, par J.-P. DOOR, Assemblée Nationale, 11 décembre 2002, n°464, p. 11 et 13.

exploitants et fournisseurs de produits de santé [...] sont tenus de souscrire une assurance destinée à les garantir pour leur responsabilité civile ou administrative susceptible d'être engagée en raison de dommages subis par des tiers et résultant d'atteintes à la personne, survenant dans le cadre de l'ensemble de cette activité". La loi pose donc une obligation d'assurance à la charge de l'ensemble des professionnels de santé, personnes physiques ou morales, de droit privé ou de droit public[2038] pour les responsabilités qu'ils encourent dans leur activité médicale quel que soit le fondement de la responsabilité retenue (avec ou sans faute). Le manquement à cette obligation d'assurance est puni par une amende de 45 000 euros[2039]. Afin d'en garantir l'effectivité le législateur a mis en place un Bureau central de tarification chargé de contraindre une société d'assurance à garantir les risques pesant sur un établissement ou un professionnel qui se serait heurté à deux refus d'assurance[2040].

773. En outre, la loi définit la notion de sinistre telle qu'elle doit être entendue "pour les risques mentionnés à l'article L. 1142-2 du Code de la santé publique". Il s'agit de "tout dommage ou ensemble de dommages causés à des tiers, engageant la responsabilité de l'assuré, résultant d'un fait dommageable ou d'un ensemble de faits dommageables ayant la même cause technique, imputable aux activités de l'assuré garanties par le contrat, et ayant donné lieu à une ou plusieurs réclamations"[2041]. La référence à "*un ensemble de faits dommageables ayant la même cause technique*" conduit à opérer une globalisation des sinistres sériels, dans la mesure où ces derniers se définissent précisément par leur identité de cause d'un point de vue technique. Autrement dit, cette disposition consacre la globalisation contractuelle déjà pratiquée par les assureurs et validée par la jurisprudence mais dont nous avons déjà souligné les inconvénients pour l'assuré[2042]. En réalité, la portée de cette disposition dépendra de la valeur des plafonds de garantie décidés par les assureurs. En l'absence d'augmentation de ces derniers la globalisation ne pourra en aucun cas constituer un avantage pour l'assuré[2043].

774. La loi dispose que les contrats d'assurance peuvent prévoir des plafonds de garantie mais laisse au pouvoir réglementaire le soin d'en fixer les

---

[2038] Pour les établissements publics, la loi prévoit, néanmoins, qu'ils puissent bénéficier d'une dérogation à l'obligation d'assurance s'ils disposent des ressources financières pour indemniser les dommages dans des conditions équivalentes à celles qui résulteraient d'un contrat d'assurance (article L. 1142-2 alinéa 2 du Code de la santé publique).

[2039] Article L. 1142-25 du Code de la santé publique.

[2040] Article L. 252-1 du Code des assurances, inséré par la loi du 4 mars 2002.

[2041] Article L. 251-2 du Code des assurances.

[2042] Cf. *supra*, n° 767 et s.

[2043] Contrairement à l'affirmation de certains auteurs, cf. notamment J. BIGOT, "La loi n° 2002-1577 du 30 décembre 2002 sur l'assurance de la responsabilité médicale", *J.C.P.*, 2003, I, 118, n°14.

modalités[2044]. En outre, lorsqu'il est sollicité le Bureau central de tarification peut décider que soit appliquée une franchise. Le montant maximum de celle-ci peut être soit d'une somme fixe de 10 000 euros par sinistre dans la limite de 200 000 euros par année d'assurance, soit d'une somme proportionnelle par sinistre représentant 20% de l'indemnité due dans la limite de 100 000 euros par année d'assurance[2045].

B – La duree de la garantie des risques scientifiques et techniques

775. L'extension temporelle particulièrement importante des dommages résultant d'un défaut de prévention ou de précaution[2046] place la question de la garantie dans le temps des risques scientifiques et techniques au cœur de la détermination des modalités d'indemnisation de ces types de dommages. Sur ce point, l'évolution du droit positif, tant en ce qui concerne les dommages à l'environnement que ceux concernant la santé, se caractérise par un double mouvement. Durant plusieurs années la jurisprudence s'est efforcée de dénier progressivement tout pouvoir à la volonté des parties dans la détermination de la durée de la garantie, en interdisant notamment les clauses des contrats d'assurance limitant la garantie dans le temps (1). Puis le législateur est intervenu, par les lois du 30 décembre 2002 et du 1er août 2003, pour briser cette jurisprudence (2).

1) La durée de la garantie des risques environnementaux et sanitaires avant les lois du 30 décembre 2002 et du 1er août 2003

776. Le risque garanti est celui, défini par le contrat d'assurance, dont le sinistre constitue la réalisation. Dès lors, pour fixer la durée de la garantie il importe de préciser non seulement la durée d'effet du contrat mais également le critère permettant de dater le sinistre. Or, en matière d'assurance de responsabilité[2047] trois types d'événements peuvent être retenus par les parties afin de déterminer le jour du sinistre : le fait générateur, la survenance du

---

2044 Article L. 1142-2, alinéa 3, du Code de la santé publique.

2045 Article R. 250-4-1 du Code des assurances, inséré par le décret n° 2003-168 du 28 février 2003 relatif au Bureau central de tarification et modifiant le Code des assurances (*J.O.*, 2 mars 2003, p. 3733).

2046 Cf. *supra*, n° 704 et s.

2047 La question se pose essentiellement en cette matière, puisque s'agissant des assurances de personnes ou de choses, la durée de la garantie est liée à celle de l'événement dommageable garanti, atteignant directement soit la personne, soit les biens de l'assuré, mais non à la dette de réparation de l'assuré envers la victime, laquelle suppose que cette dernière mette en jeu la responsabilité de l'assuré.

dommage ou la réclamation effectuée par la victime[2048]. L'article L. 124-1 du Code des assurances, issu de la loi du 13 juillet 1930, dispose que "dans les assurances de responsabilité, l'assureur n'est tenu que si, à la suite du fait dommageable prévu au contrat, une réclamation amiable ou judiciaire est faite à l'assuré par le tiers lésé". Mais les tribunaux n'ont jamais estimé que cette disposition définissait le sinistre par la réclamation de la victime[2049]. En effet, avant que n'interviennent les lois du 30 décembre 2002 et du 1er août 2003, les juges avaient, par un long travail de sédimentation jurisprudentielle, progressivement posé les règles relatives à la détermination de la durée de la garantie[2050]. La jurisprudence a d'abord retenu comme date du sinistre celle du jour du fait générateur du dommage en jugeant que, dans le silence des parties, la garantie était due par l'assureur quand bien même la réclamation de la victime était intervenue après la résiliation du contrat mais pour un fait survenu pendant la période d'effet de celui-ci[2051]. Puis, en vertu du principe de liberté contractuelle, les juges ont longtemps admis les clauses relatives à la période de garantie, en particulier les "clauses réclamations" ou "claim's made", réservant l'application de la garantie aux dommages dont l'indemnisation avait été réclamée par le tiers lésé à l'assuré pendant la période de garantie[2052]. L'extension de ces clauses, à partir des années 1980, trouve notamment sa source dans un courant venu d'Amérique, où leur essor avait précisément été favorisé par l'apparition des premiers dommages de grande ampleur résultant de risques sériels liés à l'usage de certains produits ou médicaments tels que l'amiante ou le Distilbène[2053], autrement dit aux dommages engendrés par un défaut de prévention ou de précaution.

777. La première étape sur le chemin de l'élimination de ces clauses de réclamations est intervenue en 1985, date à laquelle la Cour de cassation les a jugées inopposables aux tiers lésés[2054]. Mais le coup d'arrêt a été porté par la série de décisions rendues le 19 décembre 1990 par la Haute juridiction judiciaire qui a décidé que ces clauses devaient être réputées non écrites, sur le fondement des articles 1131 du Code civil et L. 124-1 du Code des assurances,

---

[2048] Pour une réflexion théorique sur les conséquences afférentes au choix de l'un ou de l'autre de ces critères, cf. R. RAFFI, "Réflexions sur le rôle du temps en assurance de responsabilité", *D.*, 1998, chron. p. 245.

[2049] En ce sens, cf. G. VINEY, "La clause dite «de réclamation de la victime» en assurance de responsabilité", *J.C.P.*, 1994, I, 3778, n° 3.

[2050] Sur cette évolution, cf. notamment J. BIGOT, op. cit., n° 1276 et s. ; C. ELIASHBERG, *Risques et assurances de responsabilité civile*, Paris, L'Argus, 2002 (4ème éd.), p. 153.

[2051] Civ. 1ère, 16 juillet 1970, *J.C.P.*, 1971, II, 16652, note A. BESSON.

[2052] Civ. 1ère, 3 mars 1981, *R.G.A.T.*, 1981, p. 451.

[2053] Y. LAMBERT-FAIVRE, "La durée de la garantie dans les assurances de responsabilité : fondement et portée de la nullité des clauses «réclamation de la victime»", *D.*, 1992, chron. p. 16.

[2054] Civ. 1ère, 22 janvier 1985, *D.*, 1985, jur. p. 216, note Y. J. ; *J.C.P.*, 1985, II, 20509, note G. DURRY ; *R.G.A.T.*, 1985, p. 271, note J. BIGOT et p. 411, note G. VINEY. Confirmée par Civ.3ème, 8 avril 1987, *R.G.A.T.*, 1987, p. 251, note J. BIGOT.

au motif que "le versement de primes pour la période qui se situe entre la prise d'effet du contrat et son expiration a pour contrepartie nécessaire la garantie des dommages qui trouvent leur origine dans un fait qui s'est produit pendant cette période ; que la stipulation de la police, selon laquelle le dommage n'est garanti que si la réclamation de la victime, en tout état de cause nécessaire à la mise en œuvre de l'assurance de responsabilité, a été formulée au cours de la période de validité du contrat, aboutit à priver l'assuré du bénéfice de l'assurance en raison d'un fait qui ne lui est pas imputable et à créer un avantage illicite, comme dépourvu de cause, au profit du seul assureur, qui aurait alors perçu les primes sans contrepartie"[2055]. Certains auteurs ont approuvé cette jurisprudence, dans son principe, tout en critiquant les modalités[2056]. En revanche, de nombreux commentateurs se sont érigés contre la solution alors adoptée par la Cour de cassation[2057], à commencer par les assureurs au motif qu'elle menaçait la viabilité du régime d'assurance par répartition[2058]. Ces derniers ont d'ailleurs rapidement réagi en adoptant une convention, le 18 décembre 1991, prévoyant qu'ils n'entendaient pas se prévaloir entre eux de la jurisprudence de 1990[2059].

778. Malgré les critiques dont elle a fait l'objet, la jurisprudence de 1990 s'est généralisée. Initialement adoptée dans le domaine de l'assurance construction, elle a été étendue ensuite aux assurances de responsabilité, en

---

[2055] Civ. 1ère, 19 décembre 1990, *R.G.A.T.*, 1991, p. 155, concl. CHARBONNIER, note J. BIGOT; *J.C.P.*, 1991, II, 21656, note J. BIGOT ; *Resp. civ. et ass.*, février 1991, chron. n° 4, H. GROUTEL ; *D.*, 1992, préc., Y. LAMBERT-FAIVRE ; *Risques*, avril-juin 1993, p. 59, C. DELPOUX

[2056] Ainsi, pour G. VINEY (art. préc., *J.C.P.*, 1994, n° 19 et s.), il aurait été préférable de fonder la solution sur l'article 35 de la loi du 10 janvier 1978, réglementant alors les clauses abusives, ou sur l'article L. 113-1 du Code des assurances, exigeant que les exclusions de la garantie soient formelles et limitées, plutôt que sur l'article 1131 du Code civil. Dans le même sens, à propos du recours à la théorie de la cause, cf. Y. LAMBERT-FAIVRE, art. préc., p. 17.

[2057] J. BIGOT (note préc.) ; H. GROUTEL (note préc.) ; C. DELPOUX (note préc.). Pour tous ces auteurs, l'argument tiré de l'absence de cause n'était pas fondé puisque l'exigence d'une réclamation ne supprimait pas le caractère aléatoire du contrat inhérent au contrat d'assurance dans la mesure où ni l'assureur, ni l'assuré ne savent à l'avance si la réclamation va intervenir pendant la période de validité du contrat. En tout état de cause, seul le législateur, pouvait, selon ces auteurs, interdire les clauses réclamations.

[2058] Le système de répartition consiste, en effet, à payer les sinistres survenant au cours d'une année avec les primes payées pour cette même année. Or, en exigeant que l'assureur garantisse les sinistres résultant d'un fait générateur intervenu pendant la période d'effet du contrat mais dont l'indemnisation est réclamée par le tiers lésé après la résiliation de celui-ci, autrement dit au cours d'une année qui n'est pas la même que celle de la perception de la prime, la solution de la Cour de cassation implique une gestion de l'assurance par capitalisation.

[2059] Sur cette convention, ultérieurement reconduite en 1993, cf. notamment C. ELIASHBERG, op. cit., p. 154. Plus généralement, sur l'incidence des "clauses réclamations" en matière de réassurance, cf. J. BOURTHOUMIEUX, "Durée de l'assurance de responsabilité et réassurance", *R.G.D.A.*, 1998, p. 239 et "Garantie d'assurance sur base réclamation et réassurance", *R.G.D.A.*, 2004, p. 13.

particulier à l'assurance R.C. produits[2060] ou à l'assurance R.C. professionnelle obligatoire[2061]. Ces diverses applications ont été l'occasion, pour la Cour de cassation, de préciser ce qu'il convenait d'entendre par "fait dommageable" lors de l'annulation des clauses subordonnant la garantie à la survenance d'un tel fait au cours de la période de validité du contrat. Pour la Haute juridiction, le fait dommageable ne renvoie pas au dommage, mais bien au seul fait générateur de ce dernier[2062], correspondant, selon les cas, à la livraison du produit[2063], à l'accomplissement du travail ou à la fourniture du service.

779. Ces solutions jurisprudentielles se révèlent particulièrement difficiles à appliquer s'agissant des dommages environnementaux et sanitaires résultant d'un défaut de prévention ou de précaution. En effet, la spécificité temporelle de ces types de dommages, tant en ce qui concerne l'importance du laps de temps existant entre le fait générateur et la manifestation du dommage, que la persistance dans le temps des conséquences engendrées par la survenance du dommage sur l'environnement ou la santé humaine, ne favorise pas la détermination de la date du fait générateur. En matière environnementale les obstacles auxquels se heurte l'établissement de la causalité du dommage en raison du caractère souvent continu et diffus de ce dernier[2064] rendent délicate, en effet, la fixation de la date exacte du fait ayant engendré le dommage. Sans doute est-ce pour cette raison que les dispositions du contrat Assurpol, proposé par les assureurs de dommages en ce domaine, prévoient que, pour l'application de la garantie dans le temps, il est fait référence au "critère de la première constatation vérifiable du dommage résultant de l'atteinte à l'environnement" et que l'atteinte à l'origine du dommage ou à l'origine de la menace imminente du dommage doit avoir été constatée pendant la période de validité du contrat. Il n'en reste pas moins qu'une telle solution était alors contraire à l'interdiction des "clauses réclamations", posée par la Cour de cassation en 1990, et aux solutions, ultérieurement retenues par la jurisprudence, définissant le fait dommageable nécessaire à l'application de la garantie dans le temps comme la cause génératrice de celui-ci et non comme sa manifestation.

2060 De nombreuses décisions ont ainsi été rendues à propos de la responsabilité de fabricants de tuiles gélives. Cf. Civ. 1ère, 9 décembre 1992, *R.G.A.T.*, 1992, p. 313, note A. d'HAUTEVILLE ; Civ. 1ère, 9 juin 1993, *R.G.A.T.*, 1993, p. 885, note J. BIGOT ; Civ. 1ère, 1er décembre 1993, *R.G.A.T.*, 1994, p. 241, note J. BIGOT ; Civ. 1ère, 2 février 1994, *R.G.A.T.*, 1994, p. 668, note Ph. REMY ; Civ. 1ère, 30 mars 1994, *R.G.A.T.*, 1994, p. 666, note J. BIGOT ; Civ. 1ère, 11 octobre 1994, *R.G.A.T.*, 1994, p. 1215, note J. BIGOT ; Civ. 1ère, 30 octobre 1995 et 14 novembre 1995, *R.G.A.T.*, 1996, p. 197, note L. MAYAUX.

2061 Civ. 1ère, 9 mai 1994, *R.G.A.T.*, 1994, p. 647, note J. BIGOT (réputant non écrite une "clause réclamation" insérée dans la police d'assurance professionnelle d'un avocat).

2062 "le fait dommageable se définit comme l'événement qui constitue la cause génératrice du préjudice", Civ. 1ère, 30 janvier 1996, *Resp. civ. et ass.*, avril 1996, n°148.

2063 En ce sens, cf. Civ. 1ère, 9 juin 1993, préc. ; Civ. 1ère, 11 octobre 1994, préc. ; Civ.1ère, 30 octobre 1995 et 14 novembre 1995, préc.

2064 Sur cette difficulté, cf. 1ère partie, *supra*, n° 151 et s.

780. La même difficulté tenant à la détermination de la date du fait générateur se retrouve en matière d'atteintes corporelles lorsque le dommage ne se manifeste qu'après un long délai de latence pouvant durer plusieurs années[2065]. Mais ici, contrairement à la solution retenue par les assureurs d'atteintes à l'environnement, il semble que la date du fait générateur doit être reportée dans le temps et correspondre, alors, au moment où la victime à été exposée au risque lors de l'ingestion d'un produit, d'un médicament ou encore lors de son contact avec un produit nocif[2066]. C'est d'ailleurs par référence à cette date qu'il convient, selon nous, de qualifier la responsabilité en fonction de la nature avérée ou suspectée du risque encouru, autrement dit, de déterminer si cette dernière révèle un *défaut de prévention* ou de *précaution*[2067]. L'évolution ultérieure de la jurisprudence est venue confirmer le bien fondé d'une telle interprétation.

781. En effet, pour tenter de compenser les conséquences engendrées par la jurisprudence de 1990 interdisant les "clauses réclamations", les assureurs ont eu recours à deux autres types de clauses relatives à la durée de la garantie. La première est la clause dite de garantie subséquente dont l'objet est "de couvrir des réclamations formulées après la cessation du contrat mais afférentes à des dommages survenus pendant la période de validité"[2068]. La seconde est la clause de reprise du passé qui consiste à "couvrir les réclamations formulées pendant la période de validité mais afférentes à des dommages survenus avant la prise d'effet des garanties (sous réserve de leur non-connaissance par l'assuré à la souscription)"[2069]. Ces deux types de clauses permettaient donc de détourner la jurisprudence de 1990. En effet, même si le fait générateur du dommage s'était produit pendant la période de validité du contrat et que la réclamation était intervenue après cette période, la garantie pouvait se trouver limitée à un certain laps de temps après la cessation du contrat (en présence d'une clause de garantie subséquente) ou après la prise d'effet de celui-ci (en présence d'une clause de reprise du passé). Or, il se trouve que ces clauses sont souvent insérées dans les polices garantissant les atteintes à l'environnement. Ainsi, le contrat Assurpol prévoit une garantie subséquente en vertu de laquelle l'indemnisation des dommages garantis est subordonnée au fait qu'ils soient constatés au cours d'un délai de cinq ans suivant l'expiration du contrat d'assurance.

782. Afin d'éviter que les assureurs insèrent dans les contrats des clauses contractuelles ayant pour effet de tourner la jurisprudence de 1990, la

---

[2065] Cf. *supra*, n° 723.
[2066] En ce sens, cf. Y. LAMBERT-FAIVRE, art. préc., p. 14.
[2067] Cf. 1ère partie, *supra*, n° 219 et s.
[2068] C. ELIASHBERG, op. cit., p. 151.
[2069] C. ELIASHBERG, op. cit.

Cour de cassation a aligné la durée de la garantie sur la durée de la responsabilité. Dans un arrêt du 16 décembre 1997[2070], rendu sur le fondement des articles 1131 du Code civil et L. 124-1 du Code des assurances, elle a jugé que "toute clause qui tend à réduire la durée de la garantie de l'assureur à un temps inférieur à la durée de la responsabilité de l'assuré est génératrice d'une obligation sans cause, comme telle illicite et réputée non écrite". En outre, la décision de 1997 a également eu le mérite de rappeler, en termes généraux, la solution précédemment évoquée et faisant du fait générateur le critère de référence permettant de dater le sinistre. Ainsi, dans un attendu de principe les hauts magistrats ont indiqué que "le versement de primes pour la période qui se situe entre la prise d'effet du contrat d'assurance et son expiration a pour contrepartie nécessaire la garantie des dommages qui trouvent leur origine dans un fait qui s'est produit pendant cette période". Appliquée aux risques sériels à manifestation différée cette jurisprudence conduit à retenir, comme date du sinistre, pour la détermination de la durée de la garantie, le fait à l'origine du dommage, c'est-à-dire la contamination par le virus du Sida ou de l'hépatite C, l'exposition aux poussières d'amiante, l'ingestion du produit ou la prise de médicament ayant entraîné la survenance du dommage[2071]. En revanche, s'agissant des atteintes à l'environnement, force est de constater que, malgré l'intervention de la décision de 1997, les assureurs ont continué alors à rédiger leurs contrats en prenant toujours comme date du sinistre, pour l'application de la garantie dans le temps, celle de la première constatation vérifiable du dommage et non celle du fait à l'origine de ce dernier[2072].

783. Jusque là, cependant, l'interdiction des clauses de réclamations posée par la jurisprudence était toujours intervenue à propos de clauses librement prévues par les parties. Les juges refusaient, en effet, de condamner celles qui avaient été insérées en application d'un texte réglementaire imposant une obligation d'assurance[2073] dès lors qu'il comportait des dispositions spécifiques relatives à la durée de la garantie[2074]. Ainsi, de nombreux contrats

---

[2070] Civ. 1ère, 16 décembre 1997, *J.C.P.*, 1998, II, 10 018, rapport P. SARGOS ; *D.*, 1998, jur. p.287, note Y. LAMBERT-FAIVRE ; *R.G.D.A.*, 1998, p. 124, note L. MAYAUX. D'abord jugée à propos de la clause limitant la garantie dans le temps à une certaine période suivant la livraison du bien garanti, la solution a ensuite été appliquée en présence d'une clause de reprise du passé (Civ. 1ère, 3 juillet 2001, *Resp. civ. et ass.*, nov. 2001, chron. n° 21, H. GROUTEL).

[2071] En ce sens, cf. Y. LAMBERT-FAIVRE, note préc. sous Civ. 1ère, 16 décembre 1997, p. 288.

[2072] Ainsi, G. J. MARTIN (art. préc., p. 53) déplorait-il alors que "les assureurs pollution continuent de rédiger leur contrat sans tenir le moindre compte de la solution arrêtée par la Cour de cassation", la clause fixant la date du sinistre à celle de la première constatation vérifiable des dommages n'étant "qu'une clause «claims made» déguisée".

[2073] Civ. 1ère, 23 juin 1993 (déclarant valable la clause réclamation insérée dans la police d'assurance souscrite par un agent immobilier et conforme aux dispositions réglementaires régissant cette profession), *R.G.A.T.*, 1993, p. 891, note J. BIGOT.

[2074] En l'absence de telles dispositions, les juges appliquaient la jurisprudence de 1990. Ainsi, à propos de l'assurance responsabilité civile des avocats, cf. Civ. 1ère, 9 mai 1994, préc.

d'assurance, souscrits par les centres de transfusion sanguine, prévoyaient une limitation de la garantie dans le temps en application de l'arrêté du 27 juin 1980. En effet, ce texte réglementaire, qui étendait aux receveurs le bénéfice de l'assurance obligatoire initialement prévue par la loi pour les seuls donneurs de sang, comportait une annexe réservant la garantie des dommages corporels, matériels et immatériels causés par le sang et ses dérivés "aux réclamations se rattachant à des produits livrés pendant la durée du contrat et portées à la connaissance de l'assuré dans un délai maximum de cinq ans après la date d'expiration du contrat". Devant les tribunaux, les assureurs ont contesté la validité de cette "clause réclamation" assortie d'une garantie subséquente. Tandis que la Cour de cassation, dans une décision en date du 9 mars 1999[2075], a jugé valable ce type de clause, au motif qu'elle était autorisée par un texte légal, le Conseil d'Etat, dans un arrêt du 29 décembre 2000[2076], a refusé de faire produire effet à la clause et déclaré que l'arrêté en application duquel elle avait été prévue était entaché d'illégalité[2077]. Il est vrai que, à la différence de la Cour de cassation, le Conseil d'Etat disposait de la compétence nécessaire pour régler le problème à sa source[2078]. Après cette décision, les pouvoirs publics ont procédé à la suppression des clauses limitant la garantie dans le temps de plusieurs assurances obligatoires[2079]. Cette jurisprudence, favorable aux victimes de dommages constituant la réalisation de risques scientifiques et techniques, c'est-à-dire de dommages résultant d'un défaut de prévention ou de précaution a été, depuis, fermement condamnée par le législateur.

[2075] Civ. 1ère, 9 mars 1999, *D.*, 1999, jur. p. 714, note E. SERVERIN.

[2076] CE, 29 déc. 2000, *Beule*, *P.A.*, 18 mai 2001, n° 99, p. 14, concl. S. BOISSARD ; *J.C.P.*, 2001, II, 10486, note J. BIGOT ; *D.*, 2001, jur. p. 1265, note Y. LAMBERT-FAIVRE ; *Resp. civ. et ass.*, mai 2001, p. 23, note H. GROUTEL ; *R.G.D.A.*, 2001, p.33, note C. DELPOUX et p. 101, note F. VINCENT ; *Dr. adm.*, mai 2001, comm. n°133, p. 33, note J. HARDY.

[2077] Dans sa motivation, le Conseil d'Etat reprend à son compte la formule de la Haute juridiction judiciaire dans ses décisions de 1990, estimant "qu'une telle clause conduit à créer un avantage illicite dépourvu de cause, et par conséquent contraire aux dispositions de l'article 1131 du Code civil, au profit du seul assureur, qui aurait perçu les primes sans contrepartie".

[2078] Depuis la jurisprudence *Septfonds* du Tribunal des conflits (TC, 16 juin 1923, *D.*, 1924, 3, p.41, concl. MATTER ; *S.*, 1923, 3, p. 49, note M. HAURIOU) le règlement participant du caractère de la loi, le juge judiciaire, à la différence du juge administratif, n'est pas compétent pour en apprécier la légalité.

[2079] Arrêté du 5 février 2002 (*J.O.*, 15 février 2002) relatif aux professionnels de l'immobilier, aux commissaires aux comptes et aux experts en automobile. Décrets n°2002-207 et 2002-208 du 12 février 2002 (*J.O.*, 19 février 2002) respectivement relatifs aux courtiers d'assurance et aux experts immobiliers ; décret n° 2002-836 du 2 mai 2002 (*J.O.*, 5 mai 2002) concernant les agents de voyage et décret n° 2002-722 du 3 mai 2002 (*J.O.*, 4 mai 2002) relatif aux promoteurs de recherche biomédicale. Sur les modifications apportées par ces textes, cf. S. BERTOLASO, "Une nouvelle gestion du temps dans les contrats d'assurance de responsabilité professionnelle", *D.*, 2002, Actualité, 144.

2) La durée de la garantie des risques environnementaux et sanitaires après les lois du 30 décembre 2002 et du 1er août 2003

784. La loi du 30 décembre 2002 relative à la responsabilité civile médicale, intervenue sous la pression des assureurs afin de compléter et préciser la loi du 4 mars 2002 relative aux droits des malades et à la qualité du système de santé, a réhabilité les "clauses réclamations"[2080]. En effet, elle insère un article L. 251-2 dans le Code des assurances dont l'alinéa 3 dispose que "tout contrat d'assurance conclu en application de l'article L. 1142-2 du [Code de la santé publique][2081] garantit l'assuré contre les conséquences pécuniaires des sinistres pour lesquels la première réclamation est formée pendant la période de validité du contrat, quelle que soit la date des autres éléments constitutifs du sinistre, dès lors que le fait dommageable est survenu dans le cadre des activités de l'assuré garanties au moment de la première réclamation". La suite du texte assortit cette disposition d'une garantie subséquente qui ne peut être inférieure à cinq ans[2082] et d'une clause de reprise du passé d'une durée minimum de dix ans[2083]. Ces deux clauses témoignent d'une prise en considération du sort des victimes de dommages corporels résultant, en particulier, des effets différés de certains produits de santé. Cependant, elles demeurent insuffisamment protectrices de ces dernières compte tenu de l'importance du délai de latence afférent à la survenance de ces types de dommages pouvant s'étendre, en pratique, sur plusieurs dizaines d'années.

2080 J. BIGOT, "La loi n° 2002-1577 du 30 décembre 2002 sur l'assurance de la responsabilité médicale. Une lueur d'espoir pour les «clauses réclamations»", *J.C.P.*, 2003, I, 118.

2081 C'est-à-dire des contrats souscrits par les professionnels de santé exerçant des activités de prévention, de diagnostic ou de soins ainsi que par les producteurs, exploitants et fournisseurs de produits de santé à l'état de produits finis.

2082 En vertu de l'article L. 251-2 alinéa 4 du Code des assurances, "le contrat d'assurance garantit également les sinistres dont la première réclamation est formulée pendant un délai fixé par le contrat, à partir de la date d'expiration ou de résiliation de tout ou partie des garanties, dès lors que le fait dommageable est survenu pendant la période de validité du contrat et dans le cadre des activités garanties à la date de résiliation ou d'expiration des garanties, qu'elle que soit la date des autres éléments constitutifs du sinistre. Ce délai ne peut être inférieur à cinq ans".

2083 En vertu de l'article L. 251-2 alinéa 5 du Code des assurances, "le dernier contrat conclu, avant sa cessation d'activité professionnelle ou son décès, par un professionnel de santé mentionné à la quatrième partie du Code de la santé publique exerçant à titre libéral, garantit également les sinistres pour lesquels la première réclamation est formulée pendant un délai fixé par le contrat, à partir de la date de résiliation ou d'expiration de tout ou partie des garanties, dès lors que le fait dommageable est survenu pendant la période de validité du contrat ou antérieurement à cette période dans le cadre des activités de l'assuré garanties à la date de résiliation ou d 'expiration des garanties, quelle que soit la date des autres éléments constitutifs du sinistre Ce délai ne peut être inférieur à dix ans […]".

785. La loi de sécurité financière du 1er août 2003[2084] a généralisé la solution retenue pour l'assurance des risques médicaux à l'ensemble des contrats d'assurance de responsabilité. Le principe retenu est celui d'une liberté contractuelle encadrée puisque les parties peuvent choisir d'opter pour une garantie déclenchée soit par le fait dommageable, soit par la réclamation[2085]. La notion de fait dommageable est définie par la loi comme "celui qui constitue la cause génératrice du dommage"[2086]. Autrement dit, elle renvoie non pas au dommage mais au fait générateur de celui-ci, expression qu'il aurait sans doute été préférable de retenir.

786. La possibilité de contracter des contrats en base réclamation met définitivement fin à la jurisprudence de 1990 condamnant les "clauses réclamations"[2087] puisque désormais la levée de l'interdiction jurisprudentielle s'applique à toutes les assurances de responsabilité. Certes, à l'instar de la loi du 30 décembre 2002 sur la responsabilité civile médicale, le législateur a tenté de compenser les effets négatifs des contrats fondés sur un déclenchement de la garantie par la réclamation du tiers lésé, en instaurant une garantie subséquente d'une durée ne pouvant être inférieure à cinq ans[2088]. Mais là encore, bien qu'il ne s'agisse que d'un délai minimum, l'assureur étant libre, en théorie, d'augmenter contractuellement la durée de cette garantie, cette disposition ne paraît pas suffisamment protectrice des victimes de risques à effets différés pouvant excéder plusieurs dizaines d'années. A cet égard, la lecture des travaux préparatoires de la loi du 1er août 2003 est sans ambiguïté sur ses objectifs. Ainsi, peut-on y lire que la règle jurisprudentielle posée en 1990 "rendait pratiquement impossible l'assurance des risques «longs», c'est-à-dire de ceux pour lesquels un grand décalage temporel peut se produire entre le moment où le fait à l'origine du dommage est commis et le moment où le sinistre qui en résulte est connu de l'assuré et de l'assureur"[2089]. Le but de la loi était "d'éviter que ne surviennent de nouvelles crises, comme celle que traverse depuis plusieurs mois l'activité de l'assurance du risque médical"[2090]. On ne saurait mieux exprimer la volonté de limiter la garantie des risques aux effets différés,

---

[2084] E. SERVERIN, "Assurance de responsabilité : modification du régime des garanties fondées sur la réclamation", *D.*, 2003, Le point sur..., p. 1699 ; L. MAYAUX, "La durée de la garantie en assurances de responsabilité depuis la loi de sécurité financière du 1er août 2003 : les rayons et les ombres", *R.G.D.A.*, 2003, p. 647 ; P. BICHOT, "La réforme de l'assurance de responsabilité civile", *Dr. et pat.*, janvier 2004, n° 122, p. 79.

[2085] Article L. 124-5 alinéa 1 du Code des assurances.

[2086] Article L. 124-1-1 du Code des assurances.

[2087] Sur cette jurisprudence, cf. *supra*, n° 777.

[2088] Article L. 124-5 alinéas 4 et 5 du Code des assurances.

[2089] *Rapport fait au nom de la Commission des finances, de l'économie générale et du plan sur le projet de loi, adopté avec modifications par le Sénat en deuxième lecture,* de *sécurité financière*, par F. GOULARD, Assemblée Nationale, 11 juin 2003, n° 908, p.58.

[2090] Rapport Assemblée Nationale, n° 908, préc.

afin de satisfaire les intérêts des assureurs. Et ce, bien que le nouvel article L.124-1-1 du Code des assurances institue, comme pour les risques médicaux, une globalisation des sinistres résultant d'une même cause technique[2091]. Appliquées aux risques environnementaux, dont nous avons déjà souligné la particularité temporelle[2092], ces différentes dispositions se révèlent donc insuffisantes pour garantir une réelle indemnisation des dommages causés.

787. En réalité, la portée du choix offert aux parties entre les contrats en base fait générateur ou en base réclamation paraît largement tributaire de la qualité de l'information fournie aux assurés. Sur ce point, la loi de sécurité financière complète l'article L. 112-2 du Code des assurances en imposant que l'assureur remette à l'assuré une fiche d'information, dont le modèle devra être fixé par arrêté, décrivant le fonctionnement des garanties déclenchées par le fait dommageable ainsi que celles déclenchées par la réclamation. Il reste donc à savoir si une telle disposition sera suffisamment efficace pour permettre aux assurés de souscrire des polices en toute connaissance de cause, en particulier afin de couvrir les conséquences dommageables résultant de risques à effets différés.

CONCLUSION DE LA SECTION I

788. L'examen des règles relatives à l'assurabilité et à la garantie des risques scientifiques et techniques résultant d'un défaut de prévention ou de précaution a permis de mettre en évidence les limites de l'assurance de responsabilité en la matière[2093]. A cet égard, il convient de souligner que *si la distinction de la prévention et de la précaution, du risque avéré et du risque suspecté, n'est pas de nature à remettre en cause les fondements traditionnels de la responsabilité civile que sont la faute et le risque, dans la mesure où elle est fondée sur la norme scientifique*[2094]*, en revanche, elle vient perturber les règles du droit des assurances qui reposent précisément sur une notion scientifique de risque. Autrement dit, si la possibilité de calculer le risque n'est pas une condition nécessaire à l'existence de la catégorie* juridique *de risque, elle est un élément* essentiel[2095] *de la catégorie* assurancielle *de risque. Cette*

[2091] Aux termes de l'article L. 124-1-1 du Code des assurances : "Un ensemble de faits dommageables ayant la même cause technique est assimilé à un fait dommageable unique".
[2092] Cf. *supra*, n° 713 et s.
[2093] Pour une distinction entre les "limites structurelles", tenant notamment à l'ampleur catastrophique des dommages et les "limites conjoncturelles", de l'assurance, en raison d'un "trop plein de responsabilité", cf. H. GROUTEL, "Quelle prise en charge ?", *Resp. civ. et ass*, hors-série, juin 2001, p. 66.
[2094] Cf. 1ère partie, *supra*, n° 621 et s.
[2095] Au sens étymologique du mot, comme essence c'est-à-dire comme élément qui fait que la notion de risque, du point de vue du droit des assurances, est ce qu'elle est et sans quoi elle ne serait pas.

dernière suppose, en effet, que le risque garanti est scientifiquement avéré pour l'assureur et rend donc plus délicate l'assurance d'un risque seulement suspecté. C'est la raison pour laquelle d'autres sources d'indemnisation se sont développées pour garantir les risques scientifiques et techniques, comme en témoigne la multiplication des fonds de garantie.

SECTION II

L'ESSOR DE LA SOCIALISATION INDIRECTE DES RISQUES ET LES LIMITES DE LA MULTIPLICATION DES FONDS DE GARANTIE

789. Les limites de la collectivisation des risques opérée par l'assurance ont engendré une multiplication des fonds de garantie[2096]. Ces derniers participent de l'émiettement, déjà souligné, du droit de l'indemnisation des dommages. La technique des fonds de garantie a d'abord été utilisée pour garantir les victimes d'accidents de la circulation et de la chasse[2097], puis celles d'actes de terrorisme[2098] et d'infractions ordinaires[2099]. Elle a connu un remarquable essor, en droit interne, dans le domaine de la santé et, à l'étranger, dans celui de l'environnement (§1). Pourtant, en dépit des avantages que représente la mise en place de tels fonds de garantie, leur développement ne semble pas pouvoir s'étendre à l'infini et ce, d'autant que leur mise en œuvre ne satisfait pas toujours les victimes en quête d'une réparation intégrale de leur préjudice (§2).

§ 1 L'ESSOR DES FONDS DE GARANTIE EN MATIERE SANITAIRE ET ENVIRONNEMENTALE

790. Face aux crises engendrées par la multiplication des risques sanitaires, de nombreux fonds de garantie, destinés à assurer une meilleure indemnisation des victimes en ce domaine, ont été créés (A). Il a été proposé d'étendre cette technique aux risques environnementaux, pour lesquels il n'existe pas actuellement de tels fonds en droit interne (B).

[2096] Cf. M. MEKKI, "Les fonctions de la responsabilité civile à l'épreuve des fonds d'indemnisation des dommages corporels", *P.A.*, 12 janvier 2005, n° 8, p. 3

[2097] Depuis la loi n° 2003-699 du 30 juillet 2003, relative à la prévention des risques technologiques et naturels et à la réparation des dommages (*J.O.*, 31 juillet 2003), le fonds de garantie des accidents de circulation, instauré en 1951, et étendu aux accidents de chasse en 1966, a été rebaptisé fonds de garantie des assurances obligatoires de dommages.

[2098] Loi n° 86-1020 du 9 septembre 1986 (*J.O.*, 10 septembre 1986).

[2099] Loi n° 90-589 du 6 juillet 1990 (*J.O.*, 11 juillet 1990).

A – LES FONDS DE GARANTIE DES RISQUES SANITAIRES

791. Lancé par la loi du 31 décembre 1991, pour indemniser les victimes du Sida[2100], le mouvement de création de fonds de garantie en matière de risques sanitaires n'a cessé de se développer depuis cette date. Ainsi, au cours de l'année 2000 a été mis en place un fonds de garantie pour les victimes de l'amiante[2101], puis, en 2002, un fonds d'indemnisation pour les victimes d'accidents médicaux[2102]. Le phénomène ne semble pas, d'ailleurs, devoir s'arrêter là[2103]. La technique des fonds de garantie est, en effet, particulièrement adaptée à l'indemnisation des victimes de risques sériels. En effet, elle permet de surmonter les obstacles tenant aux limitations de la garantie opérées par l'assurance, ayant pour effet de laisser de côtés les victimes les plus vulnérables[2104]. Son intérêt premier est d'offrir une indemnisation aux victimes indépendamment de la mise en jeu des mécanismes de la responsabilité civile, dès lors que l'intervention du fonds est principale et non pas seulement subsidiaire[2105].

792. La socialisation des risques, opérée par l'instauration de fonds de garantie, réside dans les modalités de leur financement qui fait appel à la solidarité nationale. Il peut s'agir d'une solidarité fondée sur une répartition indirecte, à travers les organismes sociaux existants, ou directe, à travers une contribution versée par l'Etat[2106]. Ici, plus qu'ailleurs, se manifeste l'unité des notions de prévention et de précaution, sous l'égide du concept d'intérêt général, la précaution étant de nature à étendre le domaine de ce dernier. En effet, de par leur ampleur, les risques scientifiques et techniques, qu'ils soient avérés ou suspectés, n'ont pas vocation à être supportés individuellement. Ils doivent être assumés par l'ensemble de la collectivité. Tandis que pour certains la

---

[2100] Article 47 de la loi n° 91-1406 du 31 décembre 1991 (*J.O.*, 4 janvier 1992).

[2101] Article 53 de la loi n° 2000-1257 du 23 décembre 2000 (*J.O.*, 24 décembre 2000).

[2102] Articles L. 1142-14 et s. du Code de la santé publique, issus de la loi n° 2002-303 du 4 mars 2002 (*J.O.*, 5 mars 2002).

[2103] Pour une proposition récente d'instauration d'un nouveau fonds d'indemnisation, en même temps que l'établissement d'un "droit d'exception pour l'indemnisation des dommages de masse", cf. A. GUEGAN-LECUYER, op. cit., n° 286.

[2104] Sur la notion de vulnérabilité, concept ignoré du droit de l'assurance, cf. C.-J. BERR, "Vulnérabilité et assurance", *in Vulnérabilité et droit. Le développement de la vulnérabilité et ses enjeux en droit*, op. cit., p. 234.

[2105] Ce qui est le cas pour le fonds de garantie des victimes du Sida et celui de l'amiante. Sur la portée de la distinction entre obligation principale et obligation subsidiaire des fonds, cf. Ph. CASSON, *Les fonds de garantie*, Paris, L.G.D.J., 1999, n° 88 et s.

[2106] Ainsi, le Fonds d'indemnisation des victimes de l'amiante et l'Office national d'indemnisation des accidents médicaux sont alimentés à la fois par une contribution des organismes d'assurance maladie et par une dotation versée par l'Etat.

socialisation s'apparente alors à une forme de publicisation du droit, elle participe, pour d'autres, à la mise en œuvre d'un droit commun à la sécurité[2107].

793. Cependant, si aujourd'hui la nécessité de recourir à la solidarité nationale pour l'indemnisation des risques scientifiques et techniques est souvent évoquée, en revanche, les modalités de développement des fonds de garantie demeurent encore incertaines. La question se pose, en effet, de savoir s'il convient de poursuivre le mouvement de diversification des fonds, en instaurant un fonds différent pour chaque type de risque, ou s'il est préférable d'instituer un fonds unique pour la garantie de tous ces risques. La seconde solution aurait le mérite de la simplicité. Néanmoins, elle pourrait nuire à la rapidité d'indemnisation des victimes[2108].

B – LES FONDS DE GARANTIE DES RISQUES ENVIRONNEMENTAUX

794. Le mécanisme des fonds de garantie est largement utilisé à l'étranger pour assurer l'indemnisation des risques de pollution dans des domaines particuliers. Ainsi, la loi américaine CERCLA a instauré, dès 1980, un Superfonds pour assurer le nettoyage des décharges toxiques sur le sol des Etats-Unis[2109]. De même, au niveau international, le Fonds d'indemnisation pour les dommages dus à la pollution par les hydrocarbures (FIPOL) a été mis en place en 1971 pour lutter contre les marées noires. A l'heure actuelle il n'existe rien de comparable en France, alors pourtant que les avantages d'un tel fonds, pour la réparation du préjudice écologique pur, sont largement reconnus[2110]. En effet, l'instauration d'un fonds de garantie pourrait permettre de surmonter les difficultés tenant à la nature spécifique du dommage écologique, telles que l'incertitude affectant son origine causale (et donc son imputation à un auteur déterminé) ou encore son ampleur souvent catastrophique, qui se heurte alors à l'insolvabilité de son ou de ses responsable(s). En outre, un tel fonds permettrait d'opérer une mutualisation des risques financée par les secteurs industriels souvent à l'origine des dommages, en application du principe pollueur-payeur.

795. Les conditions et les modalités relatives à l'institution d'un Fonds d'Indemnisation des Pollutions Accidentelles (FIPA) ont été développées

---

[2107] Sur ces deux thèses et leur critique, cf. Introduction, *supra*, n° 18 et s.
[2108] En ce sens, Ph. CASSON (op. cit., n° 245) évoque un "gigantisme nuisible pour les victimes".
[2109] Cf. T. T. SMITH Jr. "Le dommage écologique et le droit américain", *in Le dommage écologique en droit interne, communautaire et comparé*, op. cit., p. 79.
[2110] Cf. M. REMOND-GOUILLOUD, "Les fonds d'indemnisation et le préjudice écologique", *in Le dommage écologique en droit interne, communautaire et comparé*, op. cit., p. 165 ; J. HUET, "Le développement de la responsabilité civile pour atteinte à l'environnement", *P.A.*, 14 janvier 1994, n° 6, p. 7 ; G. VINEY, "Les principaux aspects de la responsabilité civile des entreprises pour atteinte à l'environnement en droit français", *J.C.P.*, 1996, I, 3900, n° 32.

par Henri Smets[2111]. Ce dernier propose que le FIPA indemnise les victimes de pollutions accidentelles dès lors qu'elles apportent la preuve qu'elles ont subi des dommages, qu'elles établissent qu'elles n'ont pas été indemnisées ou ne pourront pas l'être sans une procédure longue et coûteuse, et enfin, qu'elles ne sont pas à l'origine de l'accident. Le fonds pourrait intervenir d'une part, à titre principal en cas d'insolvabilité, d'irresponsabilité du pollueur ou d'impossibilité d'identifier un responsable, et supporter alors la totalité de l'indemnisation. Il pourrait d'autre part, être sollicité à titre complémentaire lorsque l'accident serait très coûteux et payer alors les dommages subis par les tiers au-delà d'un certain plafond. Conformément au principe pollueur-payeur, le FIPA serait alimenté par des cotisations des pollueurs. En cas d'accident survenant dans une installation n'ayant pas contribué au financement du FIPA, ce dernier pourrait en demander le remboursement intégral. En cas d'accident ayant eu lieu dans une installation contributrice au FIPA, celui-ci ne réclamerait que les coûts éventuellement payés en dessous du plafond. Enfin, comme son nom l'indique, le fonds n'interviendrait que dans l'hypothèse d'une pollution accidentelle, ce qui exclurait qu'il prenne en charge les rejets habituels ou normaux résultant d'une activité. En revanche, le fonds pourrait intervenir lorsque la pollution accidentelle résulterait d'une faute intentionnelle de l'exploitant et se retourner ensuite contre ce dernier. La proposition de cet auteur mériterait d'être enfin concrétisée. En ce sens, la directive européenne du 21 avril 2004 sur la responsabilité environnementale en ce qui concerne la prévention et la réparation des dommages environnementaux[2112] incite les Etats membres à prendre des mesures visant à encourager le développement de garanties financières en la matière, en particulier de "mécanismes financiers couvrant les cas d'insolvabilité"[2113].

§ 2 LIMITES ET INCONVENIENTS DES FONDS DE GARANTIE

796. Par delà les avantages que présente la collectivisation des risques, fondée sur la multiplication des fonds de garantie[2114], nombreux sont les obstacles auxquels se heurte un tel mouvement. Tout d'abord, il convient de souligner que la création d'un fonds de garantie dépend du bon vouloir du

---

[2111] H. SMETS, "Pour une indemnisation garantie des victimes de pollution accidentelle", *L'assurance française*, 1990, p. 18 et "L'indemnisation complète des victimes de la pollution accidentelle", *Risques*, juillet-septembre 1992, n° 11, p. 49.

[2112] Sur cette directive, cf. P. THIEFFRY, art. préc., *P.A.*, 21 mai 2004, n° 102, p. 5 ; I. DOUSSAN, art. préc., *P.A.*, 25 août 2005, n° 169, p. 3 ; F. NESI et D. GUIHAL, art. préc., *Dr. env.*, septembre 2007, IV, p. 230.

[2113] Article 14 § 1 de la directive.

[2114] Sur ces avantages tant du point de vue de leur souplesse de création que pour les victimes elles-mêmes, en terme de délais, de preuve et d'indemnisation, cf. A. GUEGAN-LECUYER, op. cit., n° 164 et 165.

législateur[2115]. Ce dernier peut donc choisir de privilégier l'indemnisation d'un type de dommage plutôt qu'un autre. En outre, c'est également lui qui détermine la liste des préjudices réparables[2116]. Par ailleurs, le montant des sommes susceptibles d'être attribuées aux victimes reste largement tributaire de l'importance des sources de financement du fonds de garantie[2117]. De plus, si plusieurs fonds, tels le fonds d'indemnisation des victimes du Sida[2118] ou celui des victimes de l'amiante[2119], assurent une réparation intégrale des préjudices subis, cela n'est pas le cas de l'ONIAM qui limite l'indemnisation en fonction de la gravité du dommage[2120]. Dans ce dernier cas la technique est alors hautement critiquable[2121]. Enfin, lorsque les victimes optent pour une transaction avec le fonds les sommes obtenues sont généralement inférieures à celles qui auraient pu être allouées par les tribunaux[2122].

797. Mais surtout, l'inconvénient majeur que présente le mécanisme du fonds de garantie est que, bien qu'indépendant des règles de la responsabilité civile traditionnelle, il continue d'en emprunter la méthode en intervenant seulement *a posteriori*, après la survenance du dommage. Or, pour banale qu'elle puisse paraître, l'idée selon laquelle il "vaut mieux prévenir que guérir" milite en faveur d'une anticipation des dommages dès lors qu'ils dépassent un certain seuil de gravité. Il reste que l'instauration d'une obligation de prévenir certains types de dommages ne sera pas nécessairement de nature à empêcher la survenance effective de ces deniers. C'est pourquoi le chemin vers un élargissement du concept de responsabilité civile, en direction de l'anticipation des dommages[2123], ne saurait être conçu que comme un complément nécessaire à l'indemnisation des dommages déjà réalisés relevant de la responsabilité civile curative classique.

2115 En ce sens, cf. V. BOST-LAGIER, "Réparation intégrale et solidarité nationale", *P.A.*, 20 sept. 2005, n° 187, p. 18 ; A. GUEGAN-LECUYER, op. cit., n° 177.
2116 V. BOST-LAGIER, art. préc., p. 19.
2117 A. GUEGAN-LECUYER, op. cit., n° 178.
2118 Article L. 3122-1 du Code de la santé publique.
2119 Article 53 § I de la loi n° 2000-1257 du 23 décembre 2000 (*J.O.*, 24 déc. 2000).
2120 Le décret n° 2003-314 du 4 avril 2003 (*J.O.*, 5 avril 2003) limite l'indemnisation aux victimes de dommages corporels les plus graves ayant entraîné le décès, une incapacité temporaire de six mois ou une incapacité permanente d'au moins 24%.
2121 En ce sens, cf. Y. LAMBERT-FAIVRE, "De la gravité à géométrie variable d'un dommage corporel", *D.*, 2004, Point de vue, p. 811.
2122 Sur ce grief, cf. notamment S. PORCHY-SIMON, "La nécessaire réforme du droit du dommage corporel", *in Etudes offertes à Hubert Groutel. Responsabilité civile et assurances*, Paris, Litec, 2006, p. 370.
2123 Sur cette évolution, cf. *infra*, 812 et s.

Conclusion de la Section II

798. La spécificité des dommages résultant d'un défaut de prévention ou de précaution nécessite l'élaboration de mécanismes de garantie adaptés à la gravité matérielle et temporelle de ces derniers. Sur ce point, la voie ouverte par le développement des fonds d'indemnisation paraît opportune lorsque les dommages n'ont pu être évités et se sont déjà produits, même si les modalités à venir du chemin ainsi emprunté méritent d'être précisées. En revanche, les inconvénients et les limites du mécanisme des fonds de garantie militent en faveur d'un élargissement des règles de responsabilité civile en direction de l'anticipation des dommages. A cet égard, l'accentuation de la socialisation des risques ne peut que favoriser une dissociation toujours plus grande entre l'indemnisation et la responsabilité.

Section III

Les consequences de la socialisation du risque sur l'articulation des fonctions de la responsabilite civile : vers une dissociation de l'indemnisation et de la responsabilite

799. La fonction d'une institution a pu être définie comme "la correspondance entre la nature de cette institution et les besoins généraux de la société à laquelle elle appartient"[2124]. Dès lors, "rechercher la fonction des règles établissant une responsabilité, c'est rechercher le résultat à venir qu'attendait de l'établissement de ces règles la société qui les a édictées"[2125]. La responsabilité civile se voit ainsi généralement assigner trois fonctions : "réparer le dommage, punir le coupable, prévenir en dissuadant les comportements dommageables"[2126]. La collectivisation des risques opérée par l'assurance et le développement des fonds de garantie ont conduit à un réaménagement du rôle joué par chacune de ces fonctions. Tandis que la fonction indemnitaire de la responsabilité civile fait figure de fonction principale, les fonctions punitive et dissuasive tendent à devenir seulement résiduelles (§1). Derrière ce constat se profile alors la question de l'opportunité d'une dissociation entre la responsabilité et l'indemnisation dont il conviendra d'analyser les enjeux (§2).

2124 P. FAUCONNET, *La responsabilité. Etude de sociologie*, Paris, Felix Alcan, 1920, p. 282.

2125 L. BACH, "Réflexion sur le problème du fondement de la responsabilité civile en droit français", *R.T.D.civ.*, 1977, p. 17, n° 6.

2126 Y. FLOUR, "Faute et responsabilité civile : déclin ou renaissance ?", *Droits*, 1987, p. 29.

§ 1 La place residuelle des fonctions punitive et dissuasive de la responsabilite

800. L'articulation entre les différentes fonctions de la responsabilité civile et les principaux fondements susceptibles de justifier cette dernière[2127] conduit le plus souvent à rattacher les fonctions punitive et préventive de la responsabilité à la faute et la fonction indemnitaire au risque ou à la garantie. Dans cette perspective, la substitution progressive du risque à la faute, qui tend à conférer à celle-ci un rôle seulement résiduel dans le fondement de la responsabilité[2128], est alors généralement analysée comme le signe d'une extension de la fonction de réparation de la responsabilité civile au détriment de ses fonctions punitive et préventive. Une telle présentation doit être relativisée. Si, en effet, l'objectivation de la notion de faute en fait désormais un instrument à caractère principalement indemnitaire, de leurs côtés le risque et la garantie sont susceptibles de jouer un rôle non négligeable dans la prévention, au sens classique des dommages[2129]. La fonction dissuasive et préventive de la responsabilité civile revêt donc à la fois un aspect subjectif, fondé sur la menace de la sanction qui pèse sur l'auteur du dommage, et un aspect objectif, fondé sur l'anticipation du dommage.

801. Le développement de l'assurance, nourri par le mouvement d'objectivation de la responsabilité civile, a conduit à transformer l'assurance de responsabilité d'une "garantie de la dette du responsable" en une "garantie de la créance de la victime"[2130]. Elle tend ainsi à renforcer la place de la fonction indemnitaire de la responsabilité au détriment de ses fonctions de punition du responsable et de dissuasion. Ces dernières, cependant, ne sont pas totalement écartées. Plusieurs techniques témoignent, au contraire, de leur maintien résiduel[2131], particulièrement dans les deux domaines d'application de la distinction de la prévention et de la précaution, que sont la santé et

---

[2127] Sur la distinction entre *fonction* et *fondement* de la responsabilité civile, cf. 1ère partie, *supra*, n° 331.

[2128] En particulier au travers des notions de faute inexcusable et intentionnelle. En ce sens, cf. notamment Y. SAINT-JOURS, "De la garantie des victimes d'accidents corporels par les générateurs de risques", *D.*, 1999, chron. p. 12.

[2129] C'est-à-dire comme anticipation du dommage et non par référence à la distinction de la *prévention* et de la *précaution*.

[2130] Y. LAMBERT-FAIVRE, "Le sinistre en assurance de responsabilité et la garantie de l'indemnisation des victimes", *R.G.A.T.*, 1987, p. 193. Dans le même sens, cf. C. RUSSO, op. cit., n° 63 et s.

[2131] "Par le jeu de la personnalisation des tarifs de primes, et de la disponibilité de l'assurance, ainsi que l'application d'autres techniques dites de "prévention" (telle que la personnalisation *a posteriori* de la prime, la franchise ou le recours de l'assureur contre son assuré), l'assurance échappe à la critique qu'elle enlèverait à la responsabilité civile toute valeur préventive", H. COUSY, "Evolution comparé des droits européens de la responsabilité", *Risques*, avril-juin 1992, p. 52.

l'environnement. Ainsi, en est-il, notamment des recours subrogatoires susceptibles d'être exercés par l'assureur contre le tiers responsable, et dont le domaine s'est constamment élargi. Traditionnellement réservée aux assurances de dommages, la possibilité d'exercer un tel recours a été étendue aux assurances de personnes visant à garantir l'indemnisation des préjudices corporels[2132]. Cette évolution, corollaire de l'émergence d'une nouvelle forme d'assurance de personnes à caractère indemnitaire, l'assurance de dommages corporels[2133], confirme le rôle prééminent joué désormais par la fonction réparatrice de la responsabilité civile. Elle traduit, en effet, l'attraction exercée par le principe indemnitaire qui permet à la victime d'obtenir une réparation à la mesure du préjudice qu'elle a réellement subi, conformément au principe de la réparation intégrale applicable en droit de la responsabilité.

802. Symptôme de cette voie "vers la généralisation de l'assurance directe de personnes"[2134] ainsi ouverte, l'obligation désormais faite aux professionnels et aux établissements de santé "exerçant des activités de prévention, de diagnostic ou de soins" de souscrire une assurance destinée à les garantir pour leur responsabilité civile ou administrative en raison des dommages subis par des tiers et résultant d'atteintes à la personne survenues dans le cadre de cette activité[2135]. Or, si l'assureur estime que le dommage n'engage pas la responsabilité de la personne qu'il assure, il dispose d'une action

[2132] Contrairement aux assurances de dommages régies par le principe indemnitaire, en vertu duquel le montant de la réparation est fonction du préjudice réellement subi par la victime, les assurances de personnes conduisent, en principe, à une indemnisation forfaitaire du préjudice déterminée au moment de la conclusion du contrat ("En matière d'assurance sur la vie et d'assurance contre les accidents atteignant les personnes, les sommes assurées sont fixées par le contrat", art. L. 131-1 du Code des assurances). Cette distinction allait généralement de pair avec le principe de la subrogation de l'assureur dans les droits de l'assuré contre le tiers responsable, caractéristique de l'assurance de dommages ("L'assureur qui a payé l'indemnité d'assurance est subrogé, jusqu'à concurrence de cette indemnité, dans les droits et actions de l'assuré contre les tiers qui, par leur fait, ont causé le dommage ayant donné lieu à la responsabilité de l'assureur", art. L. 121-12, al. 1 du Code des assurances) et l'inexistence d'un tel recours en cas d'assurance de personnes. Une telle opposition était, en effet, fondée sur la nécessité d'alléger le coût de la réparation, susceptible d'être plus élevée pour l'assureur, en matière d'assurance de dommages, qui ne se rencontrait pas s'agissant des assurances de personnes régies par l'indemnisation forfaitaire. Or, depuis la loi n° 92-665 du 16 juillet 1992, le législateur a reconnu à l'assureur la faculté d'être subrogé dans les droits du contractant ou des ayants droit contre le tiers responsable, pour le remboursement des prestations à caractère indemnitaire prévues dans les contrats garantissant l'indemnisation des préjudices résultant d'une atteinte à la personne (art. L. 131-2 al. 2 du Code des assurances).

[2133] En ce sens, cf. C. RUSSO, op. cit., n° 420 et s.

[2134] C. RUSSO, op. cit., n° 433.

[2135] Article L. 1142-2 du Code de la santé publique résultant de la loi du 4 mars 2002 relative aux droits des malades et à la qualité du système de santé.

subrogatoire contre le tiers responsable[2136]. Cette action participe du maintien de la fonction punitive et dissuasive de la responsabilité par-delà la collectivisation de la réparation par l'assurance.

803. La même analyse peut être faite à propos des garanties offertes par les fonds d'indemnisation des victimes d'une contamination par le virus du Sida à la suite d'une transfusion sanguine[2137], des victimes de l'amiante[2138] ou encore par l'Office national d'indemnisation des accidents médicaux, des affections iatrogènes et des infections nosocomiales[2139] qui peuvent être subrogés dans les droits et actions de la victime à l'encontre de l'auteur responsable ou de son assureur. Ces recours témoignent de la persistance de la notion de faute dans le cadre de la contribution à la dette[2140] ou à défaut, lorsque le recours n'est pas expressément conditionné par l'existence d'une faute à l'origine du dommage[2141], de la fonction dissuasive de la responsabilité.

804. Le rôle résiduel des fonctions punitive et préventive de la responsabilité civile par-delà la collectivisation des dommages est également susceptible de se manifester à propos des dommages à l'environnement[2142]. Ainsi en est-il de l'exclusion par les polices d'assurances de la garantie des dommages résultant de l'inobservation des textes légaux et réglementaires, de ceux causés par l'insuffisance d'entretien des installations ou encore de l'exclusion de l'application des plafonds de garantie en cas de faute du responsable, qu'il s'agisse d'une faute ordinaire ou d'une faute lourde ou encore

---

[2136] Article L. 1142-14 alinéa 8 du Code de la santé publique. L'action peut également être exercée contre l'Office national d'indemnisation des accidents médicaux, des affections iatrogènes et des infections nosocomiales (ONIAM).

[2137] Article 47 IX de la loi du 31 décembre 1991. La loi n° 2004-806 du 9 août 2004 relative à la politique de santé publique organise le transfert de l'indemnisation des victimes contaminées par le VIH à l'ONIAM (art. 119 de la loi).

[2138] Article 53 VI de la loi du 23 décembre 2000 (loi de financement de la sécurité sociale pour 2001).

[2139] Article L. 1142-17 alinéa 7 du Code de la santé publique. Dans cette hypothèse, la subrogation joue alors un rôle de coordination entre les deux régimes d'indemnisation par l'assurance et par la solidarité nationale dans la mesure où elle permet de "reporter sur un régime la charge définitive de l'indemnisation supportée provisoirement par l'autre", l'assureur ayant un recours contre le fonds et vice versa (H. GROUTEL, "Faute et assurance", *Resp. civ. et ass.*, juin 2003, chron. 17, p. 58).

[2140] En ce sens, cf. M. MEKKI, "Les fonctions de la responsabilité civile à l'épreuve des fonds d'indemnisation des dommages corporels", art. préc., n° 41 et s.

[2141] Ainsi, pour le recours exercé par le fonds d'indemnisation des victimes de l'amiante, à la différence de celui exercé par l'ONIAM.

[2142] "le droit de l'environnement se montre plus sensible que d'autres à l'utilité d'un recours à la fonction punitive de la responsabilité civile", S. CARVAL, *La responsabilité civile dans sa fonction de peine privée*, Paris, L.G.D.J. (coll. "Bibliothèque de droit privé"), tome 250, 1995, n°74 .

inexcusable[2143]. De même, le fait d'associer de plus en plus l'assureur à la gestion des risques des entreprises potentiellement polluantes constitue un moyen de conférer à l'assurance un rôle préventif[2144]. Enfin, dans le cadre de l'institution d'un fonds de garantie des dommages en matière de pollution, de nombreux auteurs préconisent la mise en place de recours récursoires du fonds à l'encontre du responsable[2145], en particulier en cas de faute grave[2146], à l'instar des solutions retenues pour certains fonds étrangers[2147]. Une telle solution contribue, en effet, à attribuer au fonds "une force dissuasive déterminante"[2148].

805. La critique en vertu de laquelle la collectivisation des risques par la voie de l'assurance ou des fonds de garantie serait de nature à déresponsabiliser les auteurs de dommages doit donc être relativisée. Les fonctions punitive et préventive de la responsabilité civile sont encore susceptibles de jouer un rôle, en particulier dans les deux domaines de prédilection de la distinction de la prévention et de la précaution que sont l'environnement et la santé. Cependant, ce rôle n'en demeure pas moins désormais résiduel au point que l'articulation entre ces différentes fonctions conduit à s'interroger à nouveau sur l'opportunité d'un détachement complet entre la responsabilité et l'indemnisation.

2143 Ainsi, l'article V § 2 de la Convention de Bruxelles du 29 novembre 1969 sur la responsabilité civile du propriétaire de navire pour les dommages dus à la pollution par les hydrocarbures prévoyait que "si l'événement est causé par une faute personnelle du propriétaire, ce dernier n'est pas recevable à se prévaloir de la limitation...". Depuis sa modification par le protocole du 25 mai 1984, la convention soumet la perte du bénéfice du plafond à la commission par l'auteur de la pollution d'une faute inexcusable. Sur l'incidence du comportement du responsable sur les plafonnements de garantie, cf. G. VINEY et P. JOURDAIN, *Traité de droit civil. Les effets de la responsabilité*, Paris, L.G.D.J., 2001 (2ème éd.), n° 316 et s.

2144 Le "management des risques" consiste à "demander à l'assureur de participer à une politique de prévention des accidents et pollutions en intervenant dans l'ingénierie de l'entreprise" afin notamment de réaliser des états des lieux sur les risques avérés ou potentiels, d'inciter à la mise en conformité des équipements avec la réglementation etc., P. LASCOUMES "L'assurance des risques environnementaux", *in Droit du travail et droit de l'environnement*, op. cit., p. 71. Sur ce "partenariat assureur-industriel", cf. également M.-L. DEMEESTER, "Assurance et environnement", *G.P.*, 28-29 novembre 1997, doctr. p. 9 ; G. J. MARTIN, "Responsabilité et assurance", *G.P.*, 3-7 juin 2001, doctr. p. 53.

2145 H. SMETS, "L'indemnisation complète des victimes de la pollution accidentelle", *Risques*, juil.-sept. 1992, n° 11, p. 19 ; J. HUET, "Le développement de la responsabilité civile pour atteinte à l'environnement", *P.A.*, 14 janv. 1994, n° 6, p. 8 ; F. OST, "La responsabilité, fil d'Ariane du droit de l'environnement", *Droit et Société*, 1995, n° 30-31, p. 313 ; F. ARHAB, thèse préc., n° 819 et s.

2146 En ce sens, S. CARVAL, op. cit., p. 108.

2147 Tel le "Superfund" américain. Cf. T. T. SMITH Jr., art. préc. p. 83.

2148 M. REMOND-GOUILLOUD, op. cit., p. 183.

§ 2 Les enjeux d'une dissociation entre la responsabilite et l'indemnisation

806. La question de l'opportunité de dissocier la responsabilité de l'indemnisation est un thème récurrent du discours sur la responsabilité civile. Ainsi, dès le début du siècle dernier, Louis Hugueney soulignait que "subordonnée à la preuve d'un dommage, étroitement liée à son montant, la réparation ne suffit point, dans bien des cas, à prévenir les négligences ou à briser les résistances de ceux qui par insouciance ou mauvaise foi seraient portés à le causer" et insistait alors sur la "nécessité d'améliorer la prévention", en rendant notamment "la sanction indépendante du dommage"[2149]. En 1965, Geneviève Viney précisait que "si la responsabilité individuelle se trouve ainsi condamnée, sur le plan indemnitaire, par des techniques douées, à ce point de vue, d'une efficacité supérieure, elle reste, par contre, irremplacée dans sa fonction de répression et de prévention"[2150]. Elle rappelait récemment encore que "l'indemnisation indépendante de la responsabilité est un concept d'avenir qui n'en est encore qu'à ses débuts"[2151]. L'idée d'une nécessaire déconnexion entre les mécanismes d'indemnisation et l'établissement de la responsabilité a été défendue, depuis, par de nombreux auteurs[2152]. Dans son rapport de 2005, consacré à la responsabilité et à socialisation du risque, le Conseil d'Etat ne manquait pas de l'évoquer[2153].

807. Mais aujourd'hui la question se présente sous un jour nouveau. Désormais, en effet, l'inadaptation des mécanismes actuels de garantie aux dommages les plus graves, en particulier dans les domaines de la santé et de l'environnement[2154], conduit à s'interroger sur l'opportunité d'en prévenir la réalisation. Or, la reconnaissance d'une responsabilité civile préventive, que favorise l'interprétation de la distinction de la prévention et de la précaution en dehors du paradigme traditionnel de la responsabilité civile fondé sur l'existence

---

2149 L. HUGUENEY, *L'idée de peine privée en droit contemporain*, Paris, Arthur Rousseau, 1904, p. 315.

2150 G. VINEY, *Le déclin de la responsabilité individuelle*, op. cit., p. 384.

2151 G. VINEY, "L'avenir des régimes d'indemnisation indépendants de la responsabilité civile", *in Le juge entre deux millénaires. Mélanges offerts à Pierre Drai*, Paris, Dalloz, 2000, p. 687.

2152 Cf. notamment F. TERRE, "Propos sur la responsabilité civile", *A.P.D.*, 1977, p. 43; F. EWALD, "Responsabilité. Solidarité. Sécurité. La crise de la responsabilité en France à la fin du XXe siècle", *Risques*, avril-juin 1992, n° 10, p. 22 ; L. ENGEL, "Vers une nouvelle approche de la responsabilité. Le droit français face à la dérive américaine", *Esprit*, juin 1993, p. 24 ; S. CARVAL, op. cit., n° 260 ; C. LIENHARD, art. préc., p. 91, n° 39 ; FONDATION NATIONALE ENTREPRISE ET PERFORMANCE (Mission 1994), *Responsabilité individuelle, garanties collectives*, Paris, P.U.F., 1998, p. 153.

2153 CONSEIL D'ETAT, Rapport public 2005. *Responsabilité et socialisation du risque*, Paris, La documentation française, 2005, p. 324.

2154 Cf. *supra*, n° 747 et s., 789 et s.

d'un dommage, pourrait conduire précisément à renforcer la séparation entre la logique de la réparation et celle de la responsabilité[2155]. Tandis que la responsabilité civile curative classique se trouverait principalement orientée vers l'indemnisation des dommages passés, la responsabilité civile préventive nouvelle aurait alors pour vocation d'assurer la sanction du seul fait de la création de risques de dommages[2156]. Plus qu'une dissociation définitive entre les fonctions indemnitaire d'une part, préventive et punitive de la responsabilité d'autre part, la consécration d'un versant préventif de la responsabilité civile pourrait ouvrir la voie à un important réaménagement du rôle joué par chacune de ces fonctions. Chacune des formes curative et préventive de la responsabilité civile pourrait ainsi se voir attribuer une dominante indemnitaire, pour la première, préventive pour la seconde[2157].

808. Tandis que traditionnellement la question récurrente de la séparation entre l'indemnisation et la responsabilité était fondée sur celle de la place qu'il convenait d'accorder à la faute et au risque dans le cadre du paradigme classique de la responsabilité civile, en présence d'un dommage, elle revêt désormais une dimension inédite. L'opportunité de dissocier plus nettement la réparation et la responsabilité ne se présente plus seulement aujourd'hui comme une problématique propre au discours sur la responsabilité civile dans sa forme curative traditionnelle mais tend à devenir l'un des enjeux majeurs de la consécration d'une nouvelle forme de responsabilité civile à caractère préventif.

CONCLUSION DE LA SECTION III

809. Le mouvement de socialisation des risques à travers le développement de l'assurance et des fonds de garantie tend à faire prévaloir la

---

2155 En ce sens à propos de la précaution, F. EWALD estime que "la logique de précaution accentue la dissociation entre responsabilité et indemnisation qui caractérisait déjà la figure de la solidarité", "Le retour du malin génie", *in Le principe de précaution dans la conduite des affaires humaines*, op. cit., p. 124. Sur "la nouvelle hiérarchie des fonctions de la responsabilité" résultant de l'intégration juridique du principe de précaution, cf. G. MARTIN, "Principe de précaution et responsabilités", *in Les transformations de la régulation juridique*, sous la dir. de G. MARTIN et J. CLAM, Paris, L.G.D.J. (coll. "Droit et société"), 1998, p. 417.

2156 Pour A. GUEGAN-LECUYER (op. cit., n° 222), un tel objectif de prévention, au sens classique, des dommages milite au contraire en faveur d'une réhabilitation des vertus de la responsabilité civile traditionnelle face aux dommages de masse. Ainsi, pour cet auteur, "l'impératif de prévention des dommages de masse impose de la maintenir [la responsabilité civile] comme cadre de référence de la réparation".

2157 Sur le maintien résiduel de la notion de réparation à travers l'octroi de dommages et intérêts punitifs dans le cadre du régime de la responsabilité préventive, cf. *infra*, n°1025 et s. Tandis que de son côté, la responsabilité curative ne saurait être définitivement dépourvue de tout rôle préventif, en raison de la fonction dissuasive que remplie tant la responsabilité pour faute (à travers la menace de la sanction morale) que la responsabilité pour risque (à travers la menace de la sanction pécuniaire).

fonction indemnitaire de la responsabilité civile sur ses fonctions préventive et punitive. Néanmoins, ce constat doit être relativisé dans la mesure où plusieurs techniques, telles que les recours susceptibles d'être exercés par l'assureur ou les fonds d'indemnisation à l'encontre du responsable, permettent de maintenir le rôle dissuasif de la responsabilité civile. Il reste que cette évolution conduit à s'interroger sur l'opportunité, déjà évoquée par de nombreux auteurs, de détacher plus nettement la responsabilité de l'indemnisation des dommages. En effet, face à la gravité des nouveaux types de dommages résultant de la réalisation de risques scientifiques et techniques, avérés ou suspectés, la question se pose de l'extension du droit de la responsabilité civile en direction de l'anticipation des dommages. Une telle évolution aurait alors pour conséquences de contribuer au détachement des règles de la responsabilité de celles de l'indemnisation.

CONCLUSION DU CHAPITRE II

810. L'étude des modalités actuelles de garantie des dommages résultant d'un défaut de prévention ou de précaution a permis de mettre en évidence l'insuffisance de ces dernières. En effet, face aux dommages graves et irréversibles, résultant de la réalisation d'un risque avéré ou suspecté, en particulier dans les domaines de l'environnement et de la santé, les mécanismes assuranciels ainsi que les systèmes d'indemnisation indépendants de la responsabilité civile, fondés sur les fonds de garantie semblent bien trouver leurs limites. Par-delà les difficultés financières posées par la réparation de tels dommages, c'est la question même de l'opportunité de les prévenir qui se pose désormais avec acuité. Une telle évolution ne ferait que prolonger le mouvement actuel qui tend à détacher les règles de la responsabilité civile de celles de l'indemnisation.

CONCLUSION DU TITRE I

811. Les dommages résultant d'un défaut de prévention ou de précaution présentent une spécificité tant matérielle que temporelle. En effet, leur particulière gravité témoigne du saut qualitatif qui tend à s'opérer en la matière et que traduit la notion de catastrophe. La figure classique de l'accident, résultant du "coup du sort", apparaît désormais sans commune mesure avec les dommages technologiques que peuvent engendrer les sociétés modernes. Ceux-ci sont non seulement susceptibles de s'étendre dans l'espace mais également dans le temps, revêtant alors souvent un aspect transgénérationnel. Ces différents caractères viennent perturber les règles traditionnelles de la responsabilité civile fondée sur la seule réparation des dommages. Et ce, d'autant que les mécanismes de relais de cette responsabilité que sont l'assurance ou les fonds de garantie se révèlent inadaptés à l'ampleur et à l'incertitude caractérisant ces nouveaux dommages, en particulier dans les domaines de l'environnement et de la santé. Devant ces limites la question de se pose alors de l'opportunité d'un nouveau détachement des règles de la responsabilité de celles de l'indemnisation à travers un élargissement du concept de responsabilité civile en direction de l'anticipation des dommages.

TITRE II

L'ANTICIPATION DES DOMMAGES RESULTANT D'UN DEFAUT DE PREVENTION OU DE PRECAUTION, ELEMENT CREATEUR D'UNE RESPONSABILITE CIVILE PREVENTIVE

812. Interprétée à l'intérieur du paradigme classique de la responsabilité civile, c'est-à-dire en présence d'un dommage, la distinction de la prévention et de la précaution conduit à une dissociation entre deux formes de responsabilité : la responsabilité pour *défaut de prévention*, en cas de risque scientifique et technique avéré, et la responsabilité pour *défaut de précaution*, en cas de risque suspecté. En revanche, analysée en dehors de ce paradigme classique, c'est-à-dire en l'absence de la condition relative au dommage, cette distinction favorise la reconnaissance d'une responsabilité préventive. Qu'il soit avéré ou suspecté, le risque ne renvoie plus ici, par hypothèse, à la réalisation d'un dommage, mais fait référence à l'élément dont la responsabilité a pour objet d'éviter la survenance. Il en résulte un nécessaire déplacement de la responsabilité, reportée en amont de la condition dommageable et consistant alors en une anticipation d'un risque, avéré ou suspecté, de dommage. Il convient de s'interroger sur les termes du débat relatif à l'opportunité d'introduire une responsabilité civile préventive (ChapitreI), avant d'en préciser les conditions (Chapitre II) ainsi que les fondements (Chapitre III)[2158].

[2158] Il s'agit des fondements techniques ou "immédiats" (sur la distinction entre ces derniers et le fondement "rationnel" ou "médiat" de la responsabilité qui renvoie à la norme méta-juridique qui justifie cette dernière, cf. 1ère partie, *supra*, n° 621), qui ne peuvent être recherchés "qu'autant qu'a été préalablement précisé le régime de cette responsabilité, plus précisément qu'autant qu'ont été précisées les conditions relatives à la désignation de la personne déclarée responsable", L. BACH, "Réflexions sur le problème du fondement de la responsabilité civile en droit français", *R.T.D.civ.*, 1977, p. 20.

CHAPITRE I

LE DEBAT SUR LA RESPONSABILITE CIVILE PREVENTIVE

813. Par-delà les arguments qui s'opposent à la reconnaissance d'une responsabilité civile préventive, et qui peuvent être aisément réfutés (Section I), plusieurs raisons peuvent être invoquées au soutien d'une telle responsabilité (Section II).

SECTION I

LES ARGUMENTS QUI S'OPPOSENT A LA RECONNAISSANCE D'UNE RESPONSABILITE CIVILE PREVENTIVE ET LEUR REFUTATION

814. La reconnaissance d'une responsabilité civile préventive, sous l'impulsion des notions de prévention et de précaution, implique de dépasser trois types d'arguments. En premier lieu, en effet, en tant qu'elle postule une transformation des règles du droit de la responsabilité elle suppose d'adhérer à une certaine conception du droit qui ne saurait se réduire à une simple description de celui-ci (Sous-Section I). En second lieu, pour pouvoir être intégrée à l'ordre juridique, elle doit être conciliée tant avec le principe constitutionnel de responsabilité qu'avec les postulats de base du droit de la responsabilité civile que constituent l'exigence de la survenance d'un dommage ainsi que l'existence d'une victime ayant un intérêt à agir (Sous-Section II). En troisième lieu, elle postule d'accepter d'étendre le jeu de la responsabilité civile par-delà les critiques tirées du risque d'une américanisation du droit de cette dernière (Sous-Section III).

SOUS-SECTION I

L'ARGUMENT TIRE DE LA CONCEPTION DU DROIT

815. Insusceptible d'être entièrement déduite de la seule consécration constitutionnelle du devoir de prévention et du principe de précaution[2159], l'admission d'une responsabilité civile pour risque de dommage en vue de prévenir les atteintes graves à l'environnement et à la santé implique une transformation du droit de la responsabilité civile. Or l'appel à une telle évolution des règles juridiques postule d'adhérer à une certaine conception du droit. Dès lors, la question de l'opportunité de la reconnaissance d'une

---

[2159] Sur l'argument constitutionnel susceptible de s'opposer à la reconnaissance d'une responsabilité civile préventive, cf. *infra*, n° 821 et s.

responsabilité civile préventive, à l'instar de nombre de problématiques juridiques, ne saurait faire l'économie d'un détour par l'évocation de la distinction traditionnelle entre les deux principales conceptions du droit que sont d'une part, le positivisme juridique et d'autre part, l'ensemble des théories qui se rattachent de près ou de loin à l'école du droit naturel[2160].

816. A cet égard, il apparaît avec évidence qu'une conception positiviste du droit qui postule d'opérer une distinction entre le droit et son objet, de se borner à connaître cet objet sans chercher à le modifier et qui assigne enfin à la science du droit la mission de décrire cet objet qui lui est extérieur par des propositions susceptibles d'être vraies ou fausses[2161] ne saurait permettre une transformation des règles de droit existant en matière de responsabilité civile. Un tel objectif ne saurait être atteint qu'à la condition de renoncer à ces différents postulats. Autrement dit, la question de savoir si l'intégration des principes juridiques de prévention et de précaution est susceptible d'être opérée à l'intérieur du paradigme classique de la responsabilité civile, fondé sur l'existence d'un dommage, relève de la théorie du droit dans la mesure où elle n'implique pas de jugement de valeur sur les règles juridiques. En revanche, le dépassement de cette question, qu'engendre le constat d'une inadaptation des règles actuelles de responsabilité civile à certains types de dommages, nécessite de quitter les sphères descriptives du droit pour accueillir les arguments qui n'impliquent pas une telle posture[2162]. Ainsi libéré du joug de

---

[2160] L'opposition entre ces deux courants est entendue ici dans son sens méthodologique, comme mode d'approche du droit, le positivisme se définissant comme une approche empirique du droit fondée sur "la volonté de construire une science positive du droit sur le modèle des sciences de la nature" (selon la définition inspirée par N. BOBBIO et retenue par C. GRZEGORCZYK, F. MICHAUT et M. TROPER, *in Le positivisme juridique*, Paris, L.G.D.J., 1992, p. 27) et dont le postulat principal est d'opérer une distinction entre la science juridique et son objet, "entre le langage du législateur et le méta-langage du juriste, qui se borne à décrire le langage du législateur" (C. GRZEGORCZYK, F. MICHAUT et M. TROPER, op. cit., p. 24), à l'opposé des conceptions jusnaturalistes qui peuvent être définies comme celles qui nient précisément une telle distinction.

[2161] Sur ces différents postulats, cf. M. TROPER, "Le positivisme juridique", *Revue de synthèse*, avril-septembre 1985, p. 187.

[2162] Autant, en effet, la démarche consistant à relever les conséquences de la consécration juridique des principes de prévention et de précaution sur les règles existantes du droit de la responsabilité civile se présente comme une démarche scientifique dans la mesure où elle se borne à décrire des faits qui lui sont extérieurs, à savoir l'articulation entre les règles du droit de la responsabilité et les principes de prévention et de précaution, autant, en revanche, on ne saurait qualifier de scientifique la démarche visant à proposer une transformation de ces mêmes règles (sur le grief d'escroquerie adressé à "la doctrine qui prétendrait décrire un devoir-être objectif" et "faire passer ses propres désirs pour le produit d'une recherche scientifique", cf. M. TROPER, art. préc., p. 195). C'est là la principale différence à laquelle aboutit l'usage de la notion de paradigme employée par T.S. KUHN pour décrire l'évolution des sciences de la nature, et l'usage de cette notion en droit qui ne saurait porter que sur les règles juridiques alors considérées comme des choses objectives et non sur le contenu du droit lui-même, lequel exprime nécessairement des valeurs qui ne sauraient être scientifiquement appréhendées. Tandis que la *question de savoir* si la

l'argument positiviste, l'extension du concept de responsabilité civile est susceptible de trouver appui sur de multiples conceptions du droit.

817. L'obligation de prévenir la survenance des dommages les plus graves en particulier dans les domaines de la santé et de l'environnement se présente, en effet, comme l'expression d'une demande sociale. Elle traduit un souci de sécurité porté par une sensibilisation toujours plus grande des sociétés modernes aux risques[2163]. Or si l'on en croit nombre d'auteurs, une telle aspiration ne saurait être indifférente à l'émergence d'une nouvelle règle de droit. Elle participe ainsi du "donné" de la vie juridique, lequel renvoie selon Geny à "cet ensemble, complexe et mouvant, de faits matériels, de forces physiques, de phénomènes économiques, de situations politiques, de pratiques de toute sorte, de sentiments, de désirs, de volitions, de croyances, d'idées, de jugements, de raisonnements, d'aspirations morales et religieuses [...] qui composent le milieu brut, où s'agite l'humanité" et dont il conviendrait de "tirer les directions, qui permettront de tracer les règles de conduite, que postulent, dans le for extérieur, les rapports ainsi créés entre les hommes [...]"[2164]. Qu'il s'agisse, en effet, du "donné réel"[2165], qu'expriment à la fois la présence de l'homme au milieu de la nature, la multiplication et l'aggravation des dommages qu'engendre le développement des sciences et des techniques ou l'émergence des mouvements écologiques et des associations de protection des consommateurs ; du "donné historique"[2166] à l'origine de la naissance du droit de l'environnement et des multiples lois destinées à assurer la protection des plus faibles, en particulier dans les domaines de la consommation et de santé ; du "donné rationnel"[2167] qui tend à conférer à l'homme un droit naturel à la sécurité ou encore du "donné idéal"[2168] qu'aurait précisément pour vocation de réaliser la

---

consécration juridique des principes de prévention et de précaution est de nature à engendrer un changement de paradigme du droit de la responsabilité civile relève de la science du droit, l'*objet* du changement relève du droit lui-même. Le passage de l'une à l'autre problématique implique nécessairement d'opérer un mouvement d'une démarche descriptive vers une démarche prescriptive.

[2163] En ce sens, à propos du principe de précaution, cf. notamment M. BOUTONNET et A. GUEGAN, "Historique du principe de précaution", *in Le principe de précaution. Rapport au Premier ministre*, op. cit., spéc. p. 266 et s. ; D. BOURG et J.-L. SCHLEGEL, op. cit., p. 23 ; A. GOSSEMENT, op. cit., p. 337 et s. ; M. BOUTONNET, op. cit., n° 429 et s.

[2164] F. GENY, *Science et technique en droit privé positif*, Paris, Sirey, 1915, tome II, p.4-5.

[2165] Ce dernier renvoie aux conditions de fait où se trouve placée l'humanité, conditions physiques, morales, économiques, ainsi qu'aux forces politiques ou sociales existantes. Cf. F. GENY, op. cit., p. 371 et s.

[2166] Lequel correspond au droit existant, "coutumes caractérisées, loi écrite et autres sources formelles du droit qui s'y peuvent rattacher", F. GENY, op. cit., p. 376.

[2167] "Ce *donné rationnel* représente le fonds essentiel du droit naturel classique". Il renvoie aux règles "que la raison dégage de la nature de l'homme et de son contact avec le monde", F. GENY, op. cit., p. 381.

[2168] Celui-ci correspond à "un ensemble de considérations, d'ordre physique, psychologique, moral, religieux, économique, politique, qui, sans déterminer, de façon nécessitante, de nouveaux

consécration d'une dimension préventive de la responsabilité civile, nombreux sont ainsi les facteurs susceptibles de justifier la reconnaissance de cette dernière[2169].

818. On pourrait multiplier les exemples tant il vrai que la liste des auteurs qui estiment que de telles aspirations participent de près ou de loin aux "forces créatrices du droit"[2170], contribuant à façonner "l'expérience juridique"[2171], est plus longue que ceux qui, tout en refusant de participer à ces transformations, n'en nient pas pour autant les effets. Ainsi, en est-il notamment de ceux qui estiment que "c'est au moment où la masse des esprits a le sentiment que le respect de [la] règle est si essentiel au maintien de la solidarité sociale qu'elle en réclame la sanction organisée"[2172]. Les auteurs qui, depuis l'Ecole historique, soutiennent la thèse d'un droit émanant du peuple se présentent comme autant de défenseurs potentiels d'un élargissement du concept de responsabilité civile sous l'impulsion des notions de prévention et de précaution. A cet égard, le succès dans l'opinion du principe de précaution a atteint un degré rarement égalé pour un principe juridique, au point d'ailleurs d'en pervertir fréquemment le sens initial[2173]. Il est vrai que les destinataires d'une nouvelle norme contribuent fréquemment à en révéler la signification[2174].

---

préceptes de conduite sociale, en projettent, en quelque façon, l'inclinaison, ou du moins, suggèrent la direction à suivre", F. GENY, op. cit., p.384. Il "ne représente, ni des réalités saisissables, ni des conditions rationnelles, moins encore un acquis historique" mais "se ramène à de simples tendances vers une organisation désirable des rapports du droit", F. GENY, op. cit., p.385.

2169 Sur le rôle joué par l'exigence de sécurité dans l'élaboration de la règle de droit, cf. R. DEMOGUE, *Les notions fondamentales de droit privé*, Paris, Arthur Rousseau, 1911, p. 63 ("Nous touchons ici peut-être au plus grand des desiderata de la vie juridique et sociale, au moteur central, le besoin de sécurité"). De son côté J. DABIN, qui entend "prendre parti pour la thèse du construit total" et s'oppose aux défenseurs de l'existence d'un contenu du droit qui serait donné, souligne que pour ces derniers "le besoin de sécurité, dans la société et dans le droit lui-même, est rangé parmi les exigences du droit naturel et de la justice" (*Théorie générale du droit*, Bruxelles, Bruylant, 1953, 2ème éd., p. 140).

2170 G. RIPERT, *Les forces créatrices du droit*, Paris, L.G.D.J., 1955.

2171 G. GURVITCH, *L'expérience juridique et la philosophie pluraliste du droit*, Paris, Pédone, 1935.

2172 L. DUGUIT, *Traité de droit constitutionnel*, Paris, E. Boccard, 1921, (2ème éd.), tome 1, § 8 p.49.

2173 La précaution étant souvent confondue avec la prévention.

2174 Sur la notion de codétermination de la norme juridique par ses destinataires, cf. G. TIMSIT, *Les noms de la loi*, Paris, P.U.F., 1991. Pour ce dernier, en effet, "le champ du décodage de la norme ne peut être ramené ou limité à son contexte écrit -les autres normes inscrites dans le texte normatif ou dans d'autres qui en formeraient l'ensemble ou le cadre. Le champ, c'est en fait l'ensemble des principes, idées, valeurs, croyances ou usages auxquels adhèrent les membres d'une société et qui commandent à leurs comportements, leurs réactions et leurs interprétations - une culture, pour tout dire" (op. cit., p. 54). Aussi, la signification de la norme est-elle "non seulement prédéterminée par l'auteur de la norme, non seulement codéterminée par le destinataire de la norme, mais aussi surdéterminée par le champ dans lequel sont faites émission et réception

En outre, il n'est pas sans intérêt de noter qu'un tel phénomène est rarement le fruit de revendications individuelles et isolées mais traduit le plus souvent les besoins d'une collectivité d'individus, unis entre eux dans l'espace et dans le temps[2175]. La nécessité de prévenir la survenance de dommages collectifs aux effets différés se présente ainsi comme l'expression de l'une de ces forces vives de nature à favoriser l'élaboration d'une nouvelle règle de droit[2176]. L'extension du concept de responsabilité civile en direction de l'anticipation des dommages contribuerait ainsi à faire des règles de droit restitutives un instrument au service des générations futures traditionnellement délaissées par ces dernières[2177]. Il convient néanmoins de préciser ici qu'une telle évolution ne serait évidemment pas admissible si elle ne trouvait pas précisément à s'appuyer sur une inadaptation des règles actuelles du droit de la responsabilité civile à saisir certains types de risques[2178] et que la demande sociale de sécurité ne fait que contribuer à révéler.

819. La reconnaissance d'une responsabilité civile préventive implique donc d'adhérer à une conception large du droit et de ses sources qui ne saurait être réduite aux lois existantes mais au contraire susceptible d'accueillir les opinions de nature à "suggérer de nouvelles règles plus propices à l'application des meilleures solutions"[2179]. Elle suppose donc de renoncer à unc

---

de la norme" (op. cit., p. 161). Ainsi, les principes de prévention et de précaution, dont le sens est prédéterminé à l'article L. 110-1 du Code de l'environnement sont-ils susceptibles d'être codéterminés par ceux à qui ils s'adressent, qu'ils s'agissent des personnes privées ou des personnes publiques (sur cette question, cf. Introduction, *supra*, n° 17 et s.), et même surdéterminés par d'autres notions comme celles de générations futures ou de développement durable (sur ces notions, cf. *infra*, n° 1003 et s.) et de favoriser ainsi la reconnaissance d'une responsabilité civile préventive.

2175 Ainsi, pour G. Morin, ("L'individualisme de la Révolution française et du Code civil et la structure nouvelle de la vie économique", *Revue de métaphysique et de morale*, 1917, t. XXIV, p.567) "l'individualisme absolu ne peut fournir la base des reconstructions. Il ignore la coexistence des hommes dans l'espace. Il ignore leur succession dans le temps, la continuité des générations, la communion des morts, des vivants et de ceux qui naîtront".

2176 Sur le fondement social et politique des règles de responsabilité civile, cf. A. TUNC, "Logique et politique dans l'élaboration du droit, spécialement en matière de responsabilité civile", *in Mélanges en l'honneur de Jean Dabin*, Paris, Sirey, 1963, tome 1, p. 317.

2177 Ainsi, pour E. DURKHEIM (*De la division du travail social* [1893], Paris, P.U.F., coll. "Quadrige", 1998, 5ème éd., p. 220), la division du travail social, à l'origine de l'apparition de règles de droit restitutives parmi lesquelles figurent les règles de responsabilité civile, ne saurait être expliquée par la recherche du bonheur, en particulier parce que les générations qui les inaugurent "n'en recueillent pas les fruits" et "n'en ont que la peine". Sur la place qu'il convient de faire aux intérêts futurs, cf. R. DEMOGUE, op. cit., p. 181.

2178 Sur cette inadaptation, cf. *supra*, n° 662 et s.

2179 C. ATIAS, "La mission de la doctrine universitaire en droit privé", *J.C.P.*, 1980, I, 2999. Plus généralement, sur le rôle de la doctrine en droit, cf. Ph. JESTAZ et C. JAMIN, *La doctrine*, Paris, Dalloz, 2004.

connaissance objective du droit de la responsabilité civile pour participer à son évolution[2180].

SOUS-SECTION II

LES ARGUMENTS JURIDIQUES

820. L'intégration d'une responsabilité civile préventive dans l'ordre juridique implique de s'interroger sur ses modalités de coexistence d'une part, avec le principe constitutionnel de responsabilité curative (§1) et d'autre part, avec les deux postulats du droit de la responsabilité civile traditionnelle que sont l'existence d'un dommage et d'une victime (§2).

§ 1 L'ARGUMENT CONSTITUTIONNEL : LA COEXISTENCE DU PRINCIPE CONSTITUTIONNEL DE RESPONSABILITE CURATIVE AVEC LE DEVOIR CONSTITUTIONNEL DE PREVENTION ET LE PRINCIPE CONSTITUTIONNEL DE PRECAUTION

821. Depuis l'extension du contenu du "principe de constitutionnalité"[2181], sous l'impulsion de la décision du 16 juillet 1971 du Conseil Constitutionnel, ayant intégré le Préambule de la Constitution de 1958 dans le bloc de constitutionnalité[2182], l'influence du droit constitutionnel sur les diverses branches du droit n'est plus à démontrer. Les voies de la "constitutionnalisation du droit"[2183], en particulier du droit privé, tout autant que celles de la "civilisation du droit constitutionnel"[2184], ont été largement mises en évidence[2185], même si le chemin est loin d'être terminé[2186]. A cet égard, la

[2180] "La matière de la responsabilité civile extra-contractuelle est sans doute l'un des sujets les plus rebelles à l'élaboration d'une théorie pure du droit, tant ont gardé de vigueur certaines idéologies profondément ancrées dans les esprits", M. PUECH, *L'illicéité dans la responsabilité civile extracontractuelle*, Paris, L.G.D.J., 1971, p. 21. Sur l'influence du savoir juridique sur le droit, cf. notamment C. ATIAS, *Epistémologie du droit*, Paris, P.U.F. (coll. "Que sais-je ?"), 1994, p. 53 et s.

[2181] L. FAVOREU, "Le principe de constitutionnalité. Essai de définition d'après la jurisprudence du Conseil Constitutionnel", *in Recueil d'études en hommage à Charles Eisenmann*, Paris, Cujas, 1975, p. 33.

[2182] Décision n° 71-44 D.C., *A.J.D.A.*, 1971, p. 537, note J. RIVERO.

[2183] L. FAVOREU, "La constitutionnalisation du droit", *in L'unité du droit. Mélanges en hommage à Roland Drago*, Paris, Economica, 1996, p. 25.

[2184] C. ATIAS, "La civilisation du droit constitutionnel", *R.F.D.C.*, 1991, p.435. Sur les rapports du droit civil et du droit constitutionnel, cf. F. LUCHAIRE, "Les fondements constitutionnels du droit civil", *R.T.D.civ.*, 1982, p. 245 ; J.-Y. CHEROT, "Les rapports du droit civil et du droit constitutionnel. Réponse à Christian Atias", *R.F.D.C.*, 1991, p.439 ; B. MATHIEU, "Droit constitutionnel et droit civil : «de vieilles outres pour un vin nouveau»", *R.T.D.civ.*, 1994, p. 59.

[2185] N. MOLFESSIS, *Le Conseil constitutionnel et le droit privé*, Paris, L.G.D.J. (coll. "Bibliothèque de droit privé"), tome 287, 1997 ; N. MOLFESSIS, "Le droit privé, source de la constitutionnalisation du devoir de prévention, du principe de précaution et de l'obligation de contribuer à la réparation des dommages causés à l'environnement[2187] pourrait bien marquer une nouvelle étape dans la recherche des fondements constitutionnels du droit de la responsabilité civile[2188]. Elle conduit, en effet, à s'interroger sur les modalités de coexistence du principe de responsabilité posé à l'article 1382 du Code civil, qui a désormais valeur constitutionnelle[2189], d'une part, avec l'obligation de contribution à la réparation des dommages causés à l'environnement, résultant de l'article 4 de la Charte de l'environnement[2190], et d'autre part, avec les obligations constitutionnelles de prévention et de précaution[2191]. La question de l'articulation entre l'article 1382

---

jurisprudence du Conseil Constitutionnel", *in La légitimité de la jurisprudence du Conseil Constitutionnel*, sous la dir. de G. DRAGO, B. FRANCOIS et N. MOLFESSIS, Paris, Economica (coll. "Etudes juridiques"), 1999, p. 15 ; G. ROUHETTE, "La jurisprudence du Conseil constitutionnel dans le droit privé", *ibid.*, p.141.

2186 Cf. N. MOLFESSIS ("L'irrigation du droit par les décisions du Conseil Constitutionnel", *Pouvoirs*, 2003, n° 105, p. 100) qui souligne que "l'ordre juridique n'est pas adapté à la constitutionnalisation du droit" et que "celle-ci avance assurément, mais en désordre et sans cohérence".

2187 Résultant respectivement des articles 3, 5 et 4 de la Charte de l'environnement, ayant valeur constitutionnelle depuis la loi constitutionnelle n° 2005-205 du 1er mars 2005 relative à la Charte de l'environnement (*J.O.*, 2 mars 2005). Sur cette dernière, cf. 1ère partie, *supra*, n° 338 et s.

2188 Sur les rapports entre le droit constitutionnel et le droit de la responsabilité civile, cf. S. DION LOYE, "Les impératifs constitutionnels du droit de la responsabilité", *P.A.*, 29 juillet 1992, n° 91, p. 11 ; N. MOLFESSIS, "Les sources constitutionnelles du droit des obligations", *in Le renouvellement des sources du droit des obligations*, ASSOCIATION HENRI CAPITANT DES AMIS DE LA CULTURE JURIDIQUE FRANCAISE, Lille, 1996, tome I, Paris, L.G.D.J., 1997, spéc. p. 78 et s. ; C. RADE, "Le principe de responsabilité personnelle dans la jurisprudence du Conseil Constitutionnel", *P.A.*, 8 sept. 1995, n° 108, p. 4 et "«Liberté, égalité, responsabilité» dans la jurisprudence du Conseil Constitutionnel", *Les cahiers du Conseil Constitutionnel*, octobre 2003-mars 2004, n° 16, p. 111 ; Ph. BRUN, "La constitutionnalisation de la responsabilité pour faute", *in La responsabilité pour faute*, Actes du colloque du 17 janvier 2003, *Resp. civ. et ass.*, juin 2003, p. 37.

2189 Déc. n° 99-419, D.C., 9 novembre 1999 relative à la loi sur le Pacte Civil de Solidarité ; G. DRAGO, "La Constitution «en réserves»", *Dr. fam.*, H.S., déc. 1999, p.46 ; J.-E. SCHOETTL, "Le pacte civil de solidarité à l'épreuve du contrôle de constitutionnalité", *P.A.*, 1er déc. 1999, n°239, p. 6 ; N. MOLFESSIS, "La réécriture de la loi relative au PACS par le Conseil Constitutionnel", *J.C.P.*, 2000, I, 210 ; *J.C.P.*, 2000, I, 280, chron. G. VINEY, n° 1 ; *D.*, 2000, somm. p. 424 et *R.F.D.C.*, 2000, p. 104, note S. GARNERI ; *P.A.*, 26 juil. 2000, n° 148, p. 11, chron. B. MATHIEU, M. VERPEAUX, S. AIVAZZADEH et L. BAGHESTANI-PERREY ; P. BLACHER et J.- B. SEUBE, "Le PACS à l'épreuve de la Constitution", *R.D.P.*, 2000, p. 203. Déc. n°2005-522 D.C., 22 juillet 2005 relative à la loi de sauvegarde des entreprises.

2190 En vertu de ce dernier : "Toute personne doit contribuer à la réparation des dommages qu'elle cause à l'environnement, dans les conditions définies par la loi". Sur cet article, cf. notamment Ph. BILLET, "La (dé)responsabilisation des auteurs d'atteintes à l'environnement par l'article 4 de la Charte constitutionnelle", *Environnement*, avril 2005, comm. n° 32, p. 25 ; Y. JEGOUZO, "De certaines obligations environnementales : prévention, précaution et responsabilité", *A.J.D.A.*, 2005, p. 1164.

2191 Il ne sera ici question que de la coexistence *horizontale* entre le principe constitutionnel de responsabilité civile et les devoirs de prévention et de précaution, sans égard pour le problème

du Code civil et l'article 4 de la Charte de l'environnement se présente comme une problématique interne au droit de la responsabilité civile dans sa forme curative classique[2192]. En revanche, celle de la conciliation entre l'article 1382 du Code civil et les articles 3 et 5 de la Charte, respectivement relatifs au devoir de prévention et au principe de précaution, renvoie à la question de la possibilité d'existence d'une responsabilité préventive, ayant pour objet la prévention et la précaution, compte tenu de la valeur constitutionnelle du principe traditionnel de responsabilité curative. Sur ce point, il convient de souligner que l'argument en vertu duquel la constitutionnalisation du principe de responsabilité, posé à l'article 1382 du Code civil, serait de nature à faire obstacle à la reconnaissance d'une responsabilité sans dommage pour défaut de prévention ou de précaution repose sur une confusion entre la responsabilité et la réparation (A), que la notion de responsabilité préventive a précisément pour objet de dépasser dans la mesure où elle a vocation à intervenir avant la survenance de tout dommage. L'extension du concept de responsabilité juridique se présente alors comme un facteur de conciliation entre les devoirs constitutionnels de responsabilité, de prévention et de précaution (B).

---

que pose la coexistence *verticale* entre les obligations constitutionnelles de prévention et de précaution et leurs homologues légaux (résultant de l'article L. 110-1 du Code de l'environnement), communautaires (résultant de l'article 174 du Traité instituant la Communauté européenne. Sur la confrontation du principe constitutionnel de précaution avec les normes communautaires, cf. notamment L. BAGHESTANI-PERREY, "La constitutionnalisation du principe de précaution dans la charte de l'environnement ou la consécration d'un principe à effet direct", *P.A.*, 30 juillet 2004, n° 152, p. 8) ou internationaux (Sur les assises des principes de prévention et de précaution en droit international, cf. notamment N. de SADELEER, op. cit., p.107 et s. et p. 138 et s.).

2192 L'articulation entre le principe constitutionnel de responsabilité, posé à l'article 1382 du Code civil, et l'article 4 de la Charte se présente sous deux aspects. D'une part, quant au domaine de la responsabilité civile, tandis que l'article 1382 du Code civil a vocation à s'appliquer à tout type de dommage, l'article 4 de la charte est relatif aux seuls dommages causés à l'environnement. D'autre part, quant au régime de la responsabilité civile, la question se pose de savoir si l'obligation de *contribution* à la réparation doit être combinée avec le principe de réparation intégrale, ce qui implique de savoir si ce dernier principe a ou non valeur constitutionnelle. Sur ce point les auteurs sont divisés. Tandis que certains estiment que ce principe a bien une valeur constitutionnelle, d'autres se prononcent en sens contraire (S. DION LOYE, art. préc., p. 17 ; C. RADE, "«Liberté, égalité, responsabilité» dans la jurisprudence du Conseil Constitutionnel", art. préc., p.111 § 31) ou sont plus nuancés (N. MOLFESSIS, "Les sources constitutionnelles du droit des obligations", art. préc., n° 24 et s. ; G. VINEY et P. JOURDAIN, *Les effets de la responsabilité*, op. cit., n° 59-2 et n° 307 et s.).

A – LA CONSTITUTIONNALISATION DU PRINCIPE DE RESPONSABILITE POUR FAUTE, FAUX OBSTACLE A LA RECONNAISSANCE D'UNE RESPONSABILITE CIVILE SANS DOMMAGE POUR DEFAUT DE PREVENTION OU DE PRECAUTION

822. Sans revenir sur les étapes qui ont conduit à la constitutionnalisation de la responsabilité pour faute[2193], il convient de rappeler, ici, que jusqu'à la décision du 9 novembre 1999 portant sur la loi relative au pacte civil de solidarité[2194], le Conseil constitutionnel n'avait jamais conféré une valeur constitutionnelle au principe de responsabilité issu de l'article 1382 du Code civil, qu'il rattachait alors au principe d'égalité[2195]. En revanche, lors de l'examen de la loi relative au PACS, les juges du Palais royal ont été amenés à se prononcer sur le grief tiré de l'atteinte au principe de la sauvegarde de la dignité de la personne humaine, invoqué par les auteurs de la saisine, à l'encontre de la faculté de rupture unilatérale ouverte par la loi aux partenaires du pacte civil de solidarité. Dans sa décision de 1999, le Conseil Constitutionnel a rejeté cet argument aux motifs que "le partenaire auquel la rupture est imposée pourra demander réparation du préjudice éventuellement subi, notamment en cas de faute tenant aux conditions de la rupture ; que, dans ce dernier cas, l'affirmation de la faculté d'agir en responsabilité met en oeuvre l'exigence constitutionnelle posée par l'article 4 de la Déclaration des droits de l'homme et du citoyen de 1789, dont il résulte que tout fait quelconque de l'homme qui cause à autrui un dommage oblige celui par la faute duquel il est arrivé, à le réparer". Cette motivation a été unanimement interprétée comme une "constitutionnalisation du principe de responsabilité pour faute"[2196].

823. Ainsi élevé au rang suprême dans la hiérarchie des normes, le principe de responsabilité civile posé à l'article 1382 du Code civil, dont le Conseil Constitutionnel, sans le citer, certes, reprend le contenu, pourrait apparaître de nature à faire obstacle à la reconnaissance d'une autre forme de responsabilité, détachée de l'article 1382 du Code civil. L'argument se présenterait alors en ces termes : le principe de responsabilité, issu de l'article 1382, ayant une valeur constitutionnelle, toute autre forme de responsabilité qui n'y serait pas réductible ne pourrait qu'être contraire à la Constitution. A moins que cette dernière elle-même n'érige au même rang un autre principe de

---

[2193] Sur les étapes de l'élaboration du droit constitutionnel de la responsabilité civile, cf. N. MOLFESSIS, op. cit., n° 370 et s. et les notes précédemment citées.
[2194] Déc. n° 99-419, D.C., 9 novembre 1999, préc.
[2195] En ce sens, à propos de la décision du Conseil Constitutionnel du 22 octobre 1982 (Déc. n°82-144 D.C., du 22 octobre 1982, *D.*, 1983, jur. p. 189, note F. LUCHAIRE ; *G.P.*, 1983, 1, p. 60, note F. CHABAS), cf. N. MOLFESSIS, op. cit., n° 370 et s. ; G. VINEY et P. JOURDAIN, *Les effets de la responsabilité*, op. cit., n° 306 et s.
[2196] N. MOLFESSIS, "La réécriture de la loi relative au PACS par le Conseil Constitutionnel", *J.C.P.*, 2000, I, 210.

responsabilité. Or, en constitutionnalisant le devoir de prévention et le principe de précaution la Charte de l'environnement élève ces deux normes au même niveau que le devoir de responsabilité, en cas de dommage, issu de l'article 1382 du Code civil. On n'objectera, certes, tout d'abord que l'article 3 relatif au devoir de prévention s'impose à toute personne "dans les conditions définies par loi". Mais, comme nous avons déjà eu l'occasion de le souligner précédemment, cette précision ne signifie nullement que cette disposition est inopposable aux particuliers, tous les articles de la charte ayant vocation à s'appliquer directement à tous[2197]. On pourrait ensuite faire valoir que l'article 5 de la charte, relatif au principe de précaution, ne s'impose pas aux particuliers mais aux "autorités publiques". Pourtant, quand bien même une telle précision serait de nature à réduire les potentialités d'expansion de la notion de précaution, comme objet d'une forme préventive de la responsabilité, elle ne ferait pas obstacle à sa reconnaissance en droit public. Dès lors, on ne saurait nier que l'invocabilité des devoirs constitutionnels de prévention et du principe de précaution pourrait conduire à élargir le domaine de la responsabilité en direction de l'anticipation des dommages.

824. On pourrait, néanmoins, encore douter de l'existence d'un conflit réel entre la constitutionnalisation de l'article 1382 du Code civil et les obligations de prévention et de précaution en faisant valoir que, à l'instar de la solution retenue par le Conseil constitutionnel en 1982, la décision de 1999 tend moins à imposer une obligation pour l'auteur du dommage de réparer les conséquences de sa faute, que pour la victime d'obtenir le droit de demander réparation du préjudice subi[2198]. Il en résulterait, par conséquent, que seule une norme constitutionnelle qui empêcherait qu'un dommage causé soit réparé serait alors susceptible d'engendrer un conflit. Or le devoir de prévention et le principe de précaution ne débouchent nullement sur la reconnaissance du droit de causer un dommage sans obligation de réparation. Ils se contentent d'imposer une obligation d'anticiper le dommage. Mais une telle argumentation serait tout à fait contestable. En effet, contrairement à la décision du 22 octobre 1982, à propos de laquelle un tel raisonnement avait été évoqué, la décision du 9 novembre 1999, en constitutionnalisant le principe de responsabilité tiré de l'article 1382 du Code civil, impose tant à la victime le droit d'obtenir réparation de son préjudice, qu'à l'auteur du dommage l'obligation de réparer les

---

[2197] Sur cette controverse, cf. 1ère partie, *supra*, n° 341 et s.

[2198] En ce sens à propos de la décision du 22 octobre 1982 (préc.), cf. N. MOLFESSIS, op. cit., n°371 et la formule de J. CARBONNIER selon laquelle "s'il y a quelque chose de constitutionnel dans l'article 1382, c'est la réparation du dommage, non la sanction de la faute" (*Droit civil. Introduction.*, Paris, P.U.F., coll. "Thémis", 1997, 25ème éd., n°123). Pour une extension de cette interprétation à la décision du 9 novembre 1999 (préc.), cf. P. BLACHER et J.- B. SEUBE, art. préc., p. 224.

conséquences de son fait[2199], que ce dernier soit ou non fautif[2200]. Dès lors, elle conduit à se demander si ce principe de responsabilité civile, fondé sur l'existence d'un dommage, est conciliable avec une obligation d'anticipation du dommage. S'il ne saurait, en effet, y avoir de conflit en termes *d'obligation de réparation*, entre le devoir traditionnel de responsabilité et les devoirs de prévention et de précaution, on ne saurait nier l'existence d'une opposition en terme de *responsabilité*. Avec la constitutionna-lisation du contenu de l'article 1382 du Code civil c'est le principe de "l'affirmation de la faculté d'agir *en responsabilité*"[2201], en cas de dommage, autrement dit le principe même de l'existence d'une responsabilité civile curative, qui se trouve élevé au rang constitutionnel. Non seulement le dommage oblige à réparation mais il ouvre l'action en responsabilité, puisque par hypothèse, dans le système issu de l'article 1382 du Code civil, la mise en oeuvre de la responsabilité suppose l'existence d'un dommage.

825. Dès lors, la question de l'articulation des obligations de prévention et de précaution avec le principe constitutionnel de responsabilité curative, à l'égard duquel la jurisprudence du Conseil Constitutionnel n'opère pas de distinction entre sa nature privée ou publique[2202], renvoie bien à celle des modalités de conciliation entre principes constitutionnels[2203].

[2199] Ainsi, N. MOLFESSIS ("Les sources constitutionnelles du droit des obligations", art. préc., n°20) à propos de la décision du Conseil Constitutionnel du 22 octobre 1982 (préc.), avait souligné que cette décision "n'impose donc pas d'obligation, à la charge de l'auteur du fait dommageable, de réparer les conséquences de sa faute, *contrairement à ce qu'aurait imposé un principe constitutionnel formulé dans les termes de l'article 1382 du Code civil* [...]". Or c'est bien ce à quoi aboutit la décision du 9 novembre 1999.

[2200] En ce sens, cf. G. VINEY (*J.C.P.*, 2000, I, 280, n° 1) qui souligne que, dans la mesure où le Conseil Constitutionnel fonde sa décision du 9 novembre 1999 (préc.) sur l'article 4 de la Déclaration des droits de l'homme et du citoyen, en vertu duquel "la liberté consiste à faire tout ce qui ne nuit pas à autrui", la portée du principe de responsabilité civile ainsi constitutionnalisé ne saurait être limitée à la responsabilité pour faute. On devrait, au contraire, "y voir la justification de toutes les règles de responsabilité -civile et même pénale- pour dommage causé à autrui".

[2201] Déc. n° 99-419, D.C., 9 novembre 1999, préc.

[2202] En ce sens, cf. S. DION LOYE, art. préc., p. 13.

[2203] Sur cette question, cf. notamment J.-M. AUBY, "Sur l'étude de la hiérarchie des normes en droit public. Eléments de problématique", *in Mélanges dédiés à Robert Pelloux*, Lyon, L'Hermès, 1980, p. 21 (spéc. p. 28) ; G. DRAGO, "La conciliation entre principes constitutionnels", *D.*, 1991, chron. p. 265 ; B. MATHIEU et M. VERPEAUX, *Contentieux constitutionnel des droits fondamentaux*, Paris, L.G.D.J., 2002, p. 474 et s.

B – L'EXTENSION DU CONCEPT DE RESPONSABILITE JURIDIQUE, FACTEUR DE CONCILIATION ENTRE LES NORMES CONSTITUTIONNELLES DE RESPONSABILITE, DE PREVENTION ET DE PRECAUTION

826. Il apparaît que le conflit supposé entre le principe constitutionnel de responsabilité curative, issu de l'article 1382 du Code civil, et les normes constitutionnelles de prévention et de précaution se révèle largement factice, dans la mesure où il peut être réglé tant par la voie de la reconnaissance d'un champ d'application différent des normes en cause, que par la possibilité d'une application cumulative de ces dernières[2204]. En effet, d'une part, l'article 1382 du Code civil et les normes constitutionnelles de prévention et de précaution n'ont pas le même champ d'application et ce, non pas tant en raison du domaine matériel de la charte qui est relatif à l'environnement[2205], que parce que le principe de responsabilité civile issu de l'article 1382 du Code civil s'applique en présence d'un dommage, là où le devoir de prévention et le principe de précaution ont vocation à intervenir avant la survenance d'un dommage. D'autre part, il apparaît possible de procéder à une application cumulative de ces normes, dès lors que l'on élargit le domaine de la notion de responsabilité, en faisant de la prévention et de la précaution non plus seulement des objets de la responsabilité civile curative classique mais des notions susceptibles d'être l'objet d'une nouvelle forme de responsabilité civile tournée vers l'anticipation des dommages. La remontée au concept de responsabilité se présente alors comme un facteur de conciliation entre l'article 1382 du Code civil et les devoirs de prévention et de précaution.

[2204] Cf. G. DRAGO (art. préc., p. 266) qui cite les trois solutions, retenues par G. VEDEL, en cas de conflit entre principes constitutionnels qui peut être résolu parce que les principes prétendument antagonistes ont des champs d'application différents, parce qu'il y a possibilité d'application cumulative ou "parce que le conflit de normes peut être évité par une actualisation du contenu de la norme la plus ancienne".

[2205] Ainsi, à propos de la limitation au domaine de l'environnement du principe de précaution résultant de l'article 5 de la charte a-t-on pu souligner qu' "il s'avérera rapidement que cette restriction est intenable" (M. PRIEUR, "L'environnement entre dans la Constitution", *P.A.*, 7 juillet 2005, n° 134, p. 17). Non seulement, en effet, en raison de l'extension, déjà réalisée, de l'application de ce principe au domaine de la santé, par les juridictions administratives, mais également en raison de l'article 1 de la Charte de l'environnement qui lie expressément la protection de l'environnement à celle de la santé en énonçant que "Chacun a le droit de vivre dans un environnement équilibré et respectueux de la santé". A cet égard, l'application du devoir constitutionnel de prévention et du principe constitutionnel de précaution à la santé pourrait favoriser la reconnaissance d'un droit subjectif à la santé par-delà la valeur actuelle de ce dernier qui constitue déjà un objectif à valeur constitutionnelle. Sur cette question, cf. V. SAINT-JAMES, "Le droit à la santé dans la jurisprudence du Conseil Constitutionnel", *R.D.P.*, 1997, p. 457 ; J. MOREAU, "Le droit à la santé", *A.J.D.A.*, 1998, n° spécial, p. 185 ; B. MATHIEU, "La protection du droit à la santé par le juge constitutionnel. A propos et à partir de la décision de la Cour constitutionnelle italienne n° 185 du 20 mai 1998", *Les cahiers du Conseil Constitutionnel*, 1999, n° 6, p. 59.

827. Par conséquent, il apparaît que la valeur constitutionnelle du principe de responsabilité, issu de l'article 1382 du Code civil, ne saurait faire obstacle à la reconnaissance d'une responsabilité sans dommage ayant pour objet les normes constitutionnelles de prévention et de précaution. Une telle responsabilité orientée vers l'anticipation des dommages est tout à fait compatible avec le principe constitutionnel de responsabilité curative dès lors que l'une et l'autre sont susceptibles d'être subsumés sous un concept élargi de responsabilité juridique.

§ 2 LES ARGUMENTS LEGAUX : VERS UNE RESPONSABILITE SANS DOMMAGE ET SANS VICTIME ?[2206]

828. La notion traditionnelle de responsabilité civile curative, définie comme l'obligation pour l'auteur d'un dommage causé à autrui de le réparer en offrant à la victime une compensation, repose sur deux postulats. En effet, elle conditionne la responsabilité d'une part, à la survenance d'un dommage et d'autre part, à l'existence d'une victime ayant un intérêt à agir. La reconnaissance d'une responsabilité civile préventive ayant pour objet l'anticipation de certains dommages nécessite donc de dépasser l'un (A) et l'autre (B) de ces deux arguments.

A – L'ARGUMENT TIRE DE L'EXIGENCE DE LA SURVENANCE D'UN DOMMAGE

829. L'argument tiré de l'exigence de la survenance d'un dommage est fondé sur une confusion entre la réparation et la responsabilité (1). Son dépassement implique donc d'opérer une dissociation entre ces deux dernières (2).

1) Présentation de l'argument : la confusion entre la réparation et la responsabilité

830. Par hypothèse, la responsabilité curative ayant précisément pour objet la réparation d'un dommage[2207], la notion de réparation ne saurait être envisagée en dehors de ce dernier. Non seulement le dommage se présente comme une condition de la responsabilité curative, mais il est consubstantiel à l'idée de réparation, comme en témoigne la signification du verbe réparer qui

---

[2206] Sur cette interrogation, cf. D. MAZEAUD, "Responsabilité civile et précaution", *Resp. civ. et ass.*, 2001, p. 75

[2207] "Lorsqu'on pose, en termes de droit, la question de la responsabilité civile, il s'agit essentiellement de savoir en quels cas et à quelles conditions une personne devra réparer (en nature ou en argent, -en tout ou en partie) le dommage subi par une autre soit dans sa personne, soit dans les biens qui composent son patrimoine", F. GENY, "Risques et responsabilité", *R.T.D.civ.*, 1902, p. 816.

désigne le fait de "remettre en état (ce qui a été endommagé, ce qui s'est détérioré)"[2208], au point que la définition traditionnelle de la responsabilité civile comme obligation de réparer le dommage causé paraît quelque peu redondante puisqu'on ne saurait réparer que ce qui a été abîmé. C'est là la principale différence entre la responsabilité civile d'une part, et les responsabilités morale et pénale[2209], d'autre part, lesquelles existent indépendamment de leur résultat[2210]. Tandis que le dommage se présente seulement comme une "condition existentielle" de la responsabilité pénale, il constitue "l'élément essentiel" de la responsabilité civile[2211]. Ainsi estimait-on traditionnellement que "si l'on peut concevoir une responsabilité civile «sans faute», en revanche personne ne songe à imaginer une responsabilité sans préjudice"[2212]. Le dommage a pu être alors présenté comme le fondement de la responsabilité "en ce sens que pour qu'il y ait responsabilité, il faut nécessairement qu'il y ait un préjudice, quelque chose qui n'aurait pas dû se produire"[2213].

831. Par essence, la responsabilité civile classique curative tend à la réparation, laquelle suppose la réalisation d'un dommage ou du moins, s'il s'agit d'un dommage futur, la certitude que ce dernier va se produire[2214]. Que l'on parte de la définition de la responsabilité civile ou de celle de la réparation, on aboutit nécessairement à l'exigence d'un dommage. Il en résulte que la responsabilité civile ne saurait avoir pour objet que la compensation du dommage et non la prévention, au sens traditionnel, de celui-ci. Cette thèse a été défendue, jadis, par Lucienne Ripert[2215]. Pour cette dernière, il n'existe qu'une seule forme de réparation: la réparation pécuniaire. Ainsi, "l'obligation de réparation en matière de responsabilité civile a uniquement et nécessairement

---

2208 Définition du *Dictionnaire Robert.*

2209 Sur les liens entre ces trois responsabilités, cf. M. LABORDE-LACOSTE, *De la responsabilité pénale dans ses rapports avec la responsabilité civile et la responsabilité morale*, Bordeaux, Imprimerie de l'Université, 1918.

2210 "Par opposition à la responsabilité pénale, être civilement responsable, c'est être obligé de réparer, au moyen d'une indemnité pécuniaire, un dommage souffert par une autre personne" (M. PLANIOL, "Etudes sur la responsabilité civile. Première étude. Du fondement de la responsabilité", *Rev. crit. Leg. et Jur.*, 1905, p. 277). "L'acte fautif n'est atteint par la loi civile que s'il cause un dommage à autrui" (G. RIPERT, *La règle morale dans les obligations civiles*, Paris, L.G.D.J., 1949, 4ème éd., n° 129). Dans le même sens, cf. F. TERRE, Ph. SIMLER et Y. LEQUETTE, op. cit., n° 696 ; G. VINEY et P. JOURDAIN, *Les conditions de la responsabilité*, op. cit., n° 247.

2211 A. PIROVANO, *Faute civile et faute pénale*, Paris, L.G.D.J., (coll. "Bibliothèque de droit privé"), tome 70, 1966, n° 269 et n° 270.

2212 A. PIROVANO, op. cit., n° 87.

2213 M. PUECH, *L'illicéité dans la responsabilité civile extracontractuelle*, Paris, L.G.D.J., 1971, n° 62 et n° 320.

2214 Sur cette question, cf. *supra*, n° 705 et s.

2215 L. RIPERT, *La réparation du préjudice dans la responsabilité délictuelle*, Paris, Dalloz, 1933.

pour objet la compensation par une somme d'argent du préjudice causé"[2216]. Le problème de la responsabilité civile "suppose en effet nécessairement l'existence du dommage et l'action qui tend à la disparition du dommage n'est pas l'action en responsabilité"[2217]. Et d'affirmer que "réparer, ce n'est pas accomplir une prestation quelconque en faveur de la victime, c'est légalement compenser par une somme d'argent le préjudice souffert"[2218]. Il convient donc de distinguer clairement l'action en responsabilité destinée à compenser le dommage qui s'est produit, et les autres actions en réparation qui se trouvent ainsi "hors du domaine de la responsabilité civile"[2219]. Les actions qui tendent à prévenir la survenance du dommage ne sauraient être assimilées à des actions en responsabilité[2220].

832. Cette thèse a été critiquée par Aktham El Kholy[2221] qui estime, à l'inverse, que la notion de réparation ne saurait être réduite à la compensation des dommages passés. Ainsi, la réparation "qui a pour but de remédier au mal une fois fait doit logiquement se préoccuper de prévenir le dommage dès que cela est possible". Et d'estimer que "l'article 1382 formule aussi bien un principe d'indemnité qu'un principe de prévention"[2222]. Cette argumentation, en vertu de laquelle la réparation englobe à la fois la compensation pécuniaire des dommages et l'anticipation de ceux-ci, repose sur une conception extensive de la notion de dommage. Pour cet auteur, en effet, cette notion comprend à la fois le dommage réalisé et la simple menace de dommage, la distinction entre l'une et l'autre forme de préjudice n'étant pas de nature mais uniquement de degré[2223]. Il en résulte que la réparation en nature tendant à compenser le dommage qui s'est produit ne saurait être opposée à la cessation d'une situation illicite qu'impose la simple menace de dommage[2224].

2216 L. RIPERT, op. cit., n° 11.
2217 L. RIPERT, op. cit., n° 18.
2218 L. RIPERT, op. cit., n° 20.
2219 L. RIPERT, op. cit., n° 33.
2220 Que ces mesures préventives aient un caractère principal ou seulement subsidiaire. Dans ce dernier cas, en effet, "la condamnation se divise en deux parties" : seul le dommage présent est *réparé*, la mesure tendant à la non réalisation du dommage futur ne saurait relever d'une action en responsabilité, L. RIPERT, op. cit., n° 36 et s.
2221 A. EL KHOLY, *La réparation en nature en droit français et en droit égyptien*, thèse, dactyl., Paris, 1954.
2222 A. EL KHOLY, thèse préc., n° 6.
2223 "Qu'il s'agisse d'un dommage simplement matériel, ou d'un dommage «juridique», la jurisprudence ne tient compte que du préjudice actuel et certain. Dans tous les cas où il s'agit de prévenir une menace, on est en présence d'une mesure réparatrice au sens technique du mot, et non d'une simple prévention. Il n'y a qu'une différence de degré et de temps entre la menace et le préjudice majeur redouté", A. EL KHOLY, thèse préc., n° 11.
2224 A. EL KHOLY, thèse préc., n° 14.

833. Autrement dit, tandis que pour Lucienne Ripert, l'exigence d'un dommage conduit à une conception stricte de la notion de réparation, elle implique au contraire pour Aktham El Kholy, qui en adopte une version hypertrophiée, une extension de la réparation en direction des mesures préventives. Mais en réalité l'une et l'autre de ces deux thèses participent d'une même analyse de la responsabilité civile à l'intérieur de son paradigme classique. Pour ces deux auteurs, la responsabilité ne saurait être pensée en dehors de la notion de dommage. En effet, réduire la responsabilité à la compensation du dommage *stricto sensu* ou l'étendre à la prévention d'une menace de dommage par le biais de l'assimilation de cette dernière au dommage lui-même consiste toujours, en fin de compte, à ramener la responsabilité civile à une seule et même forme curative de la responsabilité là où l'acceptation d'une version préventive de cette dernière implique précisément de penser la responsabilité en dehors de l'exigence d'un dommage.

834. La même analyse peut être faite à propos de l'argument qui tendrait à dépasser l'exigence d'un dommage en opérant une distinction entre le *dommage* et le *préjudice*. Tandis que le dommage renvoie à l'atteinte matérielle portée à l'intégrité d'une chose, d'une personne, d'une activité ou d'une situation et relève donc du fait, le préjudice désigne les conséquences découlant du dommage, c'est-à-dire l'atteinte aux droits subjectifs patrimoniaux ou extra-patrimoniaux et relève donc du droit[2225]. La jurisprudence n'opère pas généralement de distinction entre ces deux notions, qu'elle tient le plus souvent pour synonymes. Cependant, certaines décisions, relayant ainsi les positions de quelques auteurs[2226], ont pu être interprétées comme une application de cette distinction[2227]. Dans le système curatif, la distinction entre le dommage et le préjudice présente un intérêt limité puisque, par hypothèse, l'atteinte au droit (le préjudice) suppose l'existence d'un dommage[2228]. En revanche, la dissociation

---

2225 Sur cette distinction, cf. G. VINEY et P. JOURDAIN, *Les conditions de la responsabilité*, op. cit., n° 246-1.

2226 F.-P. BENOIT, "Essai sur les conditions de la responsabilité en droit public et privé (Problèmes de causalité et d'imputabilité)", *J.C.P.*, I, 1351, n° 9 et s. ; Y. LAMBERT-FAIVRE, *Rapport sur l'indemnisation du dommage corporel*, juin 2003, p. 9 ; P. CATALA, *Avant-projet de réforme du droit des obligations et de la prescription*, préc., p. 173, note 2.

2227 Ainsi à propos de la détermination de la loi applicable à la responsabilité d'une agence de voyage à l'égard des proches parents, victimes par ricochet, de personnes décédées au cours d'une excursion au Cambodge, cf. Civ. 1ère, 28 octobre 2003, *P.A.*, 23 déc. 2003, n° 255, p. 11, note P. ANCEL ; *Rev. crit. D.I.P.*, 2004, p. 83, note D. BUREAU ; *Resp. civ. et ass.*, février 2004, comm. n° 30, note H. GROUTEL ; *P.A.*, 4 août 2004, n° 155, p. 13, note M. AZAVANT ; *J.C.P.*, 2004, I, 163, chron. G. VINEY, obs. n° 13 ; *D.*, 2004, jur. p. 233, note Ph. DELEBECQUE ; *J.D.I.*, 2004, p. 499, note G. LEGIER.

2228 Cependant, du point de vue de l'application de la distinction de la prévention et de la précaution, du risque avéré et du risque suspecté, dans le paradigme classique de la responsabilité civile, la dissociation du *dommage* et du *préjudice* permet de localiser la part du lien causal susceptible d'être affectée par la distinction de la prévention et de la précaution. Cette dernière a

des deux notions pourrait permettre, *a priori*, dans le système préventif, de spécifier l'atteinte portée au droit, résultant de la menace de dommage, et constituant un préjudice, indépendamment de la réalisation matérielle d'un dommage. En effet, par définition, la notion de responsabilité préventive, intervenant en l'absence de dommage, n'en ouvre pas moins droit à réparation pour le préjudice constitué par l'atteinte résultant du défaut de prévention ou de précaution. Autrement dit, la distinction du dommage et du préjudice pourrait permettre de traduire, sur le plan sémantique, l'idée caractéristique de la notion de responsabilité préventive, d'un droit à réparation fondé sur la lésion d'un intérêt conçu indépendamment de l'existence factuelle d'un dommage[2229]. Mais, ici encore l'argument se heurte à la question de la détermination des personnes titulaires du droit subjectif dont le préjudice a pour objet de spécifier l'atteinte. Dès lors, l'admission d'une responsabilité préventive ne saurait intervenir qu'au prix d'une dissociation entre la notion de réparation, fondée sur le concept de dommage, et celle de responsabilité.

2) Réfutation de l'argument : la dissociation de la réparation et de la responsabilité

835. Tandis que la notion de responsabilité curative est fondée sur la réparation, laquelle implique l'existence d'un dommage, la reconnaissance d'une responsabilité préventive, ayant pour objet l'anticipation des dommages, postule de renoncer non seulement au terme de réparation mais au concept lui-même, car on ne saurait "remettre en état" ce qui n'a pas encore été détérioré.

836. L'idée d'un nécessaire détachement entre la réparation et la responsabilité a été parfaitement mise en lumière par Marie-Eve Roujou de Boubée dans son *Essai sur la notion de réparation*[2230]. Ainsi, pour cette dernière "*absorber* les mesures préventives du préjudice dans la réparation serait non seulement commettre un abus de langage, mais donner de cette notion une interprétation extensive déformante"[2231]. Selon cet auteur, une telle démarche procède d'une "erreur de qualification" car "il ne peut s'agir de réparer un préjudice non encore réalisé : il s'agit bien plutôt de prévenir ce préjudice, en même temps d'ailleurs que de sanctionner une attitude fautive du

---

son siège dans le fait matériel que désigne le *dommage*, dont l'existence est fondée sur la notion de causalité scientifique ou efficiente et non dans le *préjudice*, lequel procède d'une imputation juridique, distincte de la causalité scientifique. Cf. 1ère partie, *supra*, n° 126.

2229 Conformément à la définition du *préjudice* qui se présente comme "le résultat d'une construction juridique" (P. ANCEL, note préc., p. 18).

2230 M.-E. ROUJOU DE BOUBEE, *Essai sur la notion de réparation*, Paris, L.G.D.J. (coll. "Bibliothèque de droit privé"), tome 135, 1974.

2231 M.-E. ROUJOU DE BOUBEE, op. cit., p. 203.

demandeur"[2232]. Dès lors, si la cessation du préjudice a pu être qualifiée par cette dernière de réparation, c'est uniquement dans l'hypothèse où il y a non pas anticipation d'un préjudice futur mais seulement prévention de la continuation d'un préjudice à venir, déjà réalisé en partie[2233]. Lorsque, en revanche, l'action tend uniquement à empêcher la survenance du dommage à sa source, comme l'implique la notion de responsabilité préventive, on ne saurait parler de réparation. Ainsi libérées du vêtement sémantique inadéquat de "réparation", les mesures destinées à prévenir le dommage sont susceptibles d'être envisagées de manière autonome sous l'égide d'une conception préventive de la responsabilité civile. Le débat se trouve alors déplacé d'un problème de qualification[2234] vers une question de recevabilité de l'action[2235].

837. Par définition, la responsabilité civile préventive ne saurait tendre à réparer le dommage qui ne s'est pas encore produit. Elle implique donc de dissocier d'une part, la réparation, liée à la survenance d'un dommage et qui constitue le seul objet de la responsabilité traditionnelle curative, et d'autre part, la responsabilité qui postule d'être désormais également pensée dans sa dimension prospective[2236]. Elle nécessite donc d'attribuer à la responsabilité civile un objet autre que celui qui tend à la seule réparation pour lui adjoindre une nouvelle fonction, celle de prévenir la survenance d'un dommage[2237].

B – L'ARGUMENT TIRE DE L'EXISTENCE D'UNE VICTIME AYANT UN INTERET A AGIR

838. Définie comme l'obligation de réparer le dommage causé à autrui, la responsabilité civile curative traditionnelle suppose donc de pouvoir identifier une victime susceptible de se prévaloir en justice d'une dette de réparation à l'encontre de l'auteur du dommage. Or par hypothèse, la notion de responsabilité préventive n'implique pas la réalisation d'un dommage et rend donc plus délicate la détermination d'une victime. Est-ce à dire, pour autant,

---

2232 M.-E. ROUJOU DE BOUBEE, op. cit., p. 204.

2233 M.-E. ROUJOU DE BOUBEE, op. cit., p. 206-207.

2234 La question de savoir si la notion de réparation englobait ou non les mesures de prévention du dommage a ainsi été présentée comme "une controverse verbale", A. EL KHOLY, thèse préc., p.37.

2235 En ce sens, M.-E. ROUJOU DE BOUBEE (op. cit., p. 201), qui souligne que "c'est bien un problème de recevabilité de l'action que soulève essentiellement la prévention du dommage". A cet égard, les analyses de cet auteur se révèlent donc particulièrement précieuses pour l'instauration d'une responsabilité préventive, à ceci près qu'elles ne sauraient être limitées à expliquer le versant préventif de la responsabilité civile traditionnelle, qui tend parfois à prévenir certains dommages, mais ont désormais vocation à justifier les mesures intervenant, à titre principal, dans le cadre d'une responsabilité préventive conçue de manière autonome, comme une seconde espèce de responsabilité, aux côtés de la responsabilité curative traditionnelle.

2236 Sur les arguments en faveur de cette dimension prospective, cf. *infra*, n° 864 et s.

2237 Sur les modalités pratiques de cette nouvelle fonction, cf. *infra*, n° 944 et s.

qu'une telle responsabilité est insusceptible d'être juridiquement reconnue ? Rien n'est moins sûr. Aussi, convient-il de s'interroger sur les conditions de possibilités de l'intégration d'une telle responsabilité en droit. A cet égard, il apparaît que la reconnaissance d'une responsabilité civile préventive implique d'élargir le domaine de ce qui n'est pas juridiquement permis, autrement dit de l'illicite[2238]. En effet, actuellement, tant qu'un comportement ne cause pas de dommage, il ne saurait être appréhendé par le droit de la responsabilité civile. Pour parvenir à un tel résultat et faire de la seule création d'une menace de dommage un acte sanctionné par le droit civil, deux voies sont susceptibles d'être empruntées, selon la conception que l'on adopte de ce qui est jugé illicite. Soit on retient une conception objective de l'illicéité, centrée sur la victime et le dommage. Soit on adopte une conception subjective de l'illicéité, centrée sur la faute de l'agent[2239]. La première solution tend à maintenir artificiellement le lien entre la notion de responsabilité et l'exigence d'un dommage, pour les besoins de l'indemnisation, tandis que la seconde solution aboutit à rompre définitivement ce lien. Or, il apparaît que l'argument tiré de l'existence d'une victime ayant un intérêt à agir, comme condition de la responsabilité, est fondé sur une confusion entre le dommage et l'illicéité, à laquelle conduit la conception objective de l'illicéité (1). Son dépassement implique donc d'opérer une dissociation entre le dommage et l'illicéité, que seule permet l'adoption d'une conception subjective de l'illicéité (2).

1) Responsabilité préventive et illicéité objective

839. En vertu de la théorie objective de l'illicéité, l'acte illicite désigne celui qui est accompli "contrairement au droit"[2240], qui enfreint une règle de l'ordre juridique. L'illicéité renvoie alors à la "lésion d'un droit subjectif"[2241] ou d'un intérêt juridiquement protégé. Dès lors, pour savoir s'il y a ou non illicéité il convient de se demander si une norme juridique protégeant le droit subjectif ou l'intérêt protégé a été violée. Une telle conception implique

---

2238 L'illicéité se présentant, selon la formule d'un auteur, comme "l'envers du droit", J. DARBELLAY, *Théorie générale de l'illicéité en droit civil et en droit pénal*, Fribourg, Editions Universitaires, 1955, p. 5. Sur la notion d'illicéité en droit civil, cf. J. DELIYANNIS, *La notion d'acte illicite considéré en sa qualité d'élément de la faute délictuelle*, Paris, L.G.D.J., 1952 ; M. PUECH, *L'illicéité dans la responsabilité civile extracontractuelle*, Paris, L.G.D.J., 1971 ; J. LIMPENS, "La faute et l'acte illicite en droit comparé", *in Mélanges en l'honneur de Jean Dabin*, Paris, Sirey, 1963, tome II, p.723 ; G. MARTY, "Illicéité et responsabilité", *in Etudes juridiques offertes à Léon Julliot de la Morandière*, Paris, Dalloz, 1964, p. 339.

2239 Qu'elle soit assimilée à la faute ou au dommage, l'illicéité est alors envisagée pour elle-même, et non comme "la partie d'un tout", le tout renvoyant à la notion de faute en tant qu'elle est composée d'un élément subjectif (l'imputabilité) et d'un élément objectif (l'illicéité). Sur cette présentation, cf. A. PIROVANO, op. cit., n° 217.

2240 J. DARBELLAY, op. cit., n° 28.

2241 M. PUECH, op. cit., 2ème partie, n° 280 et s.

donc de reconnaître l'existence de droits subjectifs. Ceux-ci peuvent être définis comme "les prérogatives (on dit aussi les intérêts) que le droit objectif consacre et sauvegarde au profit des *sujets de droit*"[2242]. Les avantages que présente une telle théorie, qui définit l'illicéité comme l'atteinte à un droit subjectif (a) ou à un intérêt juridiquement protégé (b), pour la construction d'une responsabilité préventive ne semblent pas pourtant de nature à permettre d'en surmonter les inconvénients.

a) Illicéité objective, droit subjectif et responsabilité préventive

840. Fonder l'obligation de prévenir la survenance d'une simple menace de dommage sur l'existence d'un droit subjectif suppose de définir au préalable ce dernier. L'affaire n'est pas mince quand on sait combien a été vive la controverse entre partisans et adversaires[2243] d'une telle notion[2244]. Si l'on s'en tient aux auteurs qui reconnaissent l'existence de droits subjectifs, force est de reconnaître que quelle que soit la définition qu'ils en donnent, qu'il s'agisse d'une relation d'appartenance[2245], d'une prérogative[2246] ou d'un pouvoir d'agir[2247], le droit subjectif correspond toujours à l'idée d'une relation entre un sujet, individu ou collectivité, et une chose.

841. En matière de responsabilité civile, le recours à la notion de droit subjectif a permis à plusieurs auteurs de fonder l'obligation de réparer le dommage causé sur l'existence d'un droit à la sécurité. Ainsi, l'objet de la théorie de la garantie, inventée par Boris Starck, est précisément d'étudier la responsabilité "sous l'angle d'un conflit de droits opposant l'auteur du dommage et la victime, à l'effet de savoir dans quelle mesure l'ordre juridique positif garantit aux hommes leurs libertés ou leur sécurité"[2248]. Le fait d'infliger un dommage à autrui renvoie alors à "la violation du droit à la sécurité qui

---

[2242] F. TERRE, *Introduction générale au droit*, Paris, Dalloz, 1996 (3ème éd.), n° 255.

[2243] L. DUGUIT, op. cit., § 19 et § 32 ; H. KELSEN, op. cit., § 29 et s.

[2244] Sur cette controverse, cf. J. DABIN, *Le droit subjectif*, Paris, Dalloz, 1952, p 5 et s.; P. ROUBIER, *Droits subjectifs et situations juridiques*, Paris, Dalloz, 1963, n° 9 et s. Sur la notion de droit subjectif, cf. "Le droit subjectif en question", *A.P.D.*, tome IX, 1964.

[2245] En ce sens, J. DABIN (op. cit., p. 105) estime que "le droit subjectif est la prérogative, concédée à une personne par le droit objectif et garantie par des voies de droit, de disposer en maître d'un bien qui est reconnu lui appartenir, soit comme sien, soit comme dû". Sur la thèse de J. DABIN, cf. notamment C. EISENMANN, "Une nouvelle conception du droit subjectif : la théorie de M. Jean Dabin", *R.D.P.*, 1954, p.153.

[2246] En ce sens, P. ROUBIER (op. cit., p. 128) estime qu'il y a "à la base du droit subjectif, un avantage, une prérogative à laquelle le bénéficiaire de ce droit peut prétendre".

[2247] En ce sens, O. IONESCU ("Théories nouvelles sur le droit subjectif", Athènes, Katsikalis, 1973, extrait de Xenion Festschrift für Pan. J. ZEPOS, I. Band, p. 151) définit le droit subjectif comme "le pouvoir d'une personne individuelle ou collective en vue de réaliser un intérêt dans les limites de la loi".

[2248] B. STARCK, op. cit., p. 43.

appartient à chacun de nous"[2249]. Tandis que pour le Procureur général Leclercq, la responsabilité suppose non seulement l'existence d'un dommage mais la preuve d'une "lésion du droit d'autrui"[2250]. A cet égard, le droit de chacun à l'intégrité de sa personne se présente comme "le droit fondamental de toute société civilisée"[2251].

842. Dès lors, on pressent l'intérêt de ces deux théories dans le cadre de l'institution d'une responsabilité civile préventive dans la mesure où elles s'articulent parfaitement avec la justification d'une telle responsabilité tirée de la notion de sécurité. En privilégiant le point de vue de la victime, elles coïncident avec les objectifs assignés à la responsabilité préventive qui tend à remédier au problème de l'évitement de certains types de dommages particulièrement graves, susceptibles notamment de porter atteinte à l'intégrité corporelle. Il est donc tentant de rattacher la notion de responsabilité préventive à l'existence d'un droit à la sécurité.

843. Pourtant, une telle démarche n'est pas sans inconvénients. En effet, justifier l'obligation de prévenir la survenance d'un risque de dommage par l'existence d'un droit subjectif à la sécurité se heurte en premier lieu à la question de la détermination des sujets de droit titulaires d'une telle prérogative. Et ce, dès lors que les risques encourus sont susceptibles de porter atteinte non seulement à des choses dépourvues de personnalité juridique comme les éléments de la nature[2252], mais également à une multitude d'individus appartenant à des générations différentes[2253]. L'argument tiré de la notion de sujet de droit ne semble pas d'ailleurs pouvoir être dépassé par la distinction opérée par certains auteurs entre la lésion d'intérêt que constitue le dommage et la lésion de droit, qui peut se rencontrer sans préjudice[2254], dans la mesure où elle aboutit encore à la question de la détermination des titulaires du droit en cause.

[2249] B. STARCK, op. cit., p. 39.

[2250] J. FAURES et J. DE MEYER, op. cit., p. 87 et 113 ("Il est certain que tout dommage causé à autrui n'en rend pas l'auteur responsable ; pour qu'il y ait responsabilité, il faut, comme le disaient déjà les Romains, un dommage causé sans droit ; le demandeur en dommages-intérêts devra donc prouver que le défendeur a lésé son droit [...]").

[2251] J. FAURES et J. DE MEYER, op. cit., p. 114.

[2252] Sur le courant doctrinal visant à reconnaître à la nature la qualité de sujet de droit, cf. *supra*, n° 672.

[2253] Sur l'étiquette de "non-sujets de droit" utilisée pour qualifier "tous les cas où des individus se fondent dans une masse" et "ne peuvent, faute d'identité, être porteurs de droits *individuels*", J. CARBONNIER, "Sur les traces du non-sujet de droit", *A.P.D.*, 1989, p. 199.

[2254] J. DABIN, "Lésion d'intérêt ou lésion de droit comme condition de la réparation des dommages en droit privé et en droit public", *Annales de droit et de sciences politiques* (Louvain), oct. 1948, p. 7.

844. Mais surtout, le détour par la notion de droit subjectif et la conception objective de l'illicéité aboutit à assimiler cette dernière au dommage, défini comme l'atteinte au droit à la sécurité. L'idée de garantie, en effet, "conduit à poser que l'unique condition de l'obligation de réparer le préjudice est le caractère illicite du dommage"[2255]. Ainsi, a-t-on pu affirmer que la confusion entre le dommage et l'illicéité se présentait comme "la pièce unique de la théorie de la garantie"[2256]. Or le fait d'assimiler l'illicéité au dommage[2257], qu'il s'agisse d'un dommage de fait ou d'un dommage dit de droit, conduit toujours à penser la responsabilité civile à l'intérieur de son paradigme traditionnel fondé sur l'exigence d'un dommage, là où au contraire, la notion de responsabilité préventive implique de quitter ce dernier. Car, en effet, le dommage se présente comme "une condition nécessaire de la dette de réparation et non comme une propriété essentielle de l'illicéité"[2258]. Il convient de distinguer, d'une part, la transgression de la norme imposant l'obligation de ne pas causer de dommage à autrui et d'autre part, le droit à réparation qui ne naît que si la violation a engendré un dommage[2259]. Autrement dit, on ne saurait confondre l'illicéité et le préjudice[2260]. Il importe alors de distinguer "les mesures tendant à supprimer le préjudice" et celles "tendant à supprimer la situation illicite elle-même"[2261]. Tandis que les premières s'apparentent à des mesures curatives, les secondes se présentent comme des mesures préventives, dans la mesure où elles agissent sur la source du préjudice. Pour autant, une telle distinction ne suffit pas à écarter l'argument que constitue l'existence d'une victime ayant un intérêt à agir, si elle est envisagée sous l'angle d'une conception objective de l'illicéité, dans la mesure où elle se heurte précisément à la détermination de la victime dont le droit a été lésé[2262].

[2255] B. STARCK, op. cit., p. 153.

[2256] M. PUECH, op. cit., n° 282. Dans le même sens, A. PIROVANO (op. cit., n° 218) souligne que "tant que la responsabilité demeurera la sanction suprême de nos actes et ne sera pas évincée par l'idée de garantie, il ne sera pas possible de voir dans le préjudice le critère de l'illicéité [...]". Tandis que de son côté, J. LIMPENS (art. préc., n° 9) ne manque pas d'évoquer la théorie du Procureur général Leclercq qui définit la faute comme la lésion du droit d'autrui, au rang des auteurs qui ont contribué à faire glisser le problème de l'illicéité "de la faute dans le camp du dommage".

[2257] Sur cette assimilation à la quelle conduit la conception objective de l'illicéité, cf. M. PUECH, op. cit., n° 282 ("Enoncer que la lésion d'un droit subjectif est le critère de l'illicéité, revient à dire que cette notion se confond avec le dommage"). Pour une tentative de dépassement de cette assimilation, cf. J. DELIYANNIS (op. cit., n° 100) qui propose de distinguer d'une part, l'atteinte au droit d'autrui et d'autre part, le préjudice.

[2258] M. PUECH, op. cit., n° 28.

[2259] En ce sens, cf. J. DARBELLAY (op. cit., n° 35), qui adopte une conception subjective de l'illicéité, et estime ainsi que "l'illicéité civile consiste dans la transgression fautive de la *règle de civilité* et qu'elle engendre une obligation de réparer lorsqu'elle entraîne un dommage".

[2260] En ce sens, cf. M.-E. ROUJOU DE BOUBEE, op. cit., p. 211.

[2261] M.-E. ROUJOU DE BOUBEE, op. cit., p. 210.

[2262] Ainsi, bien qu'elle énonce la nécessité de distinguer l'illicite du préjudice, M.-E. ROUJOU DE BOUBEE (op. cit.) n'en adopte pas moins une conception objective de l'illicéité, définie comme la

b) Illicéité objective, intérêt juridiquement protégé et responsabilité préventive

845. La thèse selon laquelle les droits seraient des "intérêts juridiquement protégés" a été défendue, en son temps, par Ihering[2263]. Pour ce dernier, en effet, le principe du droit est constitué par deux éléments : "l'un *substantiel*, dans lequel réside le but pratique du droit, et qui est l'utilité, l'avantage, le gain assuré par le droit, l'autre *formel* qui se rapporte à ce but uniquement comme moyen, à savoir : la *protection* du droit, l'*action en justice*", cette dernière se présentant comme "l'enveloppe protectrice" du droit[2264]. Il en résulte que "tout droit établi est l'expression d'un intérêt reconnu par le législateur comme méritant et demandant protection", et que "les droits se transforment donc à mesure que changent les intérêts de la vie"[2265].

846. L'influence romaine de cette conception, dans la mesure où Ihéring "se représente les droits subjectifs de la même manière que le prêteur romain se représentait les intérêts qui lui paraissaient dignes de protection"[2266], a été à l'origine de la principale critique qui lui a été adressée, à savoir le fait qu'elle conditionne l'existence du droit au bon vouloir de l'Etat[2267]. En dépit du fait qu'une telle critique ne semble pas propre à la conception de Ihéring mais se présente plutôt comme une donnée commune à l'ensemble des définitions du droit subjectif, elle révèle, au contraire, l'avantage que présente une telle théorie dans le cadre de la justification d'une responsabilité préventive. L'aspect casuistique de cette conception, qui tend à concevoir l'illicéité comme un "catalogue des intérêts protégés"[2268], s'articule parfaitement avec l'élargissement du concept de responsabilité civile en direction de l'anticipation des dommages. L'adjonction d'une dimension prospective de la responsabilité ne saurait, en effet, se concevoir de manière infinie. C'est là la principale différence avec la responsabilité curative qui peut être définie comme l'obligation de réparer "tout fait quelconque" de l'homme qui cause à autrui un dommage. La responsabilité préventive, en revanche, ne pouvant par définition se trouver limitée par le fait de la survenance d'un dommage, nécessite d'être encadrée avec précision. Elle

---

lésion des intérêts de la victime. Or une telle conception se révèle difficilement compatible avec la notion de responsabilité préventive, destinée à prendre en compte non seulement des intérêts collectifs mais également des intérêts différés dans le temps, sauf à reconnaître un droit subjectif aux générations futures…

2263 R. von IHERING, *L'esprit du droit romain dans les diverses phases de son développement*, Paris, A. Marescq, Aîné, 1877-1878, tome IV, p. 326.

2264 R. von IHERING, op. cit., tome IV, p. 325-326.

2265 R. von IHERING, op. cit., tome IV, p. 329.

2266 P. ROUBIER, op. cit., p. 69.

2267 Sur l'évocation de cette critique, cf. J. DABIN, *Le droit subjectif*, op. cit., p. 67.

2268 J. DARBELLAY, op. cit., p. 61.

ne saurait exister que pour les dommages qui en ont justifié la reconnaissance, à savoir les dommages majeurs à l'environnement et à la santé.

847. Pourtant, le caractère séduisant d'une telle conception dans le cadre de la justification d'une responsabilité civile préventive ne doit pas en masquer les inconvénients. Qu'il soit, en effet, qualifié de droit subjectif ou d'intérêt, l'élément protégé par le droit conduit toujours sur le chemin de la question du sujet de ce dernier. Ainsi, Ihéring estimait-il que "dans tout droit il faut d'abord considérer le sujet"[2269]. Et d'ajouter que "le destinataire de tout droit, c'est l'homme"[2270]. Qu'en est-il en revanche lorsque ce dernier n'est plus envisagé dans son individualité mais à travers le genre qu'il incarne ? Une telle objection n'avait d'ailleurs pas échappé à Ihéring, lequel soulignait déjà l'existence de certains droits ayant "pour objet les intérêts de tout un genre, voire des générations à venir". Et de préciser alors que "si le droit de la génération actuelle prime celui de la génération à naître", il appartient en revanche à l'Etat de "se préoccuper des générations futures"[2271].

848. Il en résulte que l'illicéité soit conçue de manière objective comme la violation d'un droit subjectif ou d'un intérêt juridiquement protégé, elle ne saurait être envisagée indépendamment de la détermination des sujets auxquels elle s'applique. Dès lors, il apparaît que seule une conception subjective de l'illicéité est susceptible d'être opposée à l'objection, fondée sur l'absence d'une victime ayant un intérêt à agir, formulée à l'encontre de la reconnaissance d'une responsabilité préventive.

2) Responsabilité préventive et illicéité subjective

849. Selon la conception subjective de l'illicéité, un acte est qualifié d'illicite dès lors qu'il a été accompli non pas "contrairement au droit", mais "sans droit" ou encore "sans autorisation"[2272]. Il en résulte que "est illicite toute action qui transgresse les prescriptions du droit objectif"[2273]. A l'inverse de la théorie objective, qui adopte le point de vue de la victime, la conception subjective de l'illicéité définit cette dernière à partir de l'agent et des droits et des autorisations que la loi lui confère. L'illicéité civile se présente alors comme

---

[2269] R. von IHERING, op. cit., tome III, p. 56.

[2270] R. von IHERING, op. cit., tome IV, p. 326.

[2271] "L'on ne peut ainsi au moyen d'une règle fixe concilier les intérêts et les droits des générations, établir l'accord entre la volonté qui a présidé, dans le passé, à la fondation, et les exigences du présent et les espérances de l'avenir. C'est là une question de haute justice historique que le pouvoir suprême de l'Etat doit être seul à résoudre ; c'est une question de politique législative", R. von IHERING, tome IV, op. cit., p. 348.

[2272] J. DARBELLAY, op. cit., n° 24.

[2273] J. DARBELLAY, op. cit., n° 24.

"la violation de la norme de comportement insérée dans les articles 1382 et 1383 du Code civil"[2274].

850. Dès lors, on perçoit l'intérêt d'une telle théorie pour la reconnaissance d'une responsabilité préventive dans la mesure où elle permet de faire du comportement créateur de risque un acte contraire au droit, indépendamment de tout dommage et de toute victime. Ainsi se trouvent évitées les difficultés auxquelles conduit le passage par la reconnaissance d'un droit subjectif à la sécurité ou d'un intérêt juridiquement protégé qui tend à maintenir artificiellement l'exigence d'un dommage et d'une victime comme condition du droit de la responsabilité là où la notion de responsabilité préventive conduit à une rupture avec ce paradigme traditionnel. Pour parvenir à un tel résultat il suffirait donc que le juge intègre dans la norme de civilité, susceptible de conduire à une condamnation de l'agent créateur de risque, l'obligation de prévenir une simple menace de dommage. Dans cette perspective, l'atteinte susceptible d'être portée aux intérêts que viserait à protéger la notion de responsabilité préventive se présenterait plutôt comme l'effet réflexe de la violation de la norme de comportement postulant de prévenir certains risques. Tandis, en effet, que la conception objective de l'illicéité implique de reconnaître l'existence de droits subjectifs, la théorie subjective de l'illicéité permet précisément de concevoir l'existence d'un droit d'action indépendamment de la lésion d'un droit subjectif[2275].

851. L'absence de dommage et de victime ayant un intérêt à agir ne constitue donc un pas un obstacle à la reconnaissance juridique d'une responsabilité civile préventive. En effet, le premier, comme la seconde, ne se présentent que comme des conditions du droit à réparation, laquelle est précisément exclue de l'objet de la responsabilité préventive. En revanche, pour faire de la seule création d'un risque un acte sanctionné par le droit, indépendamment de l'existence d'un dommage et d'une victime, il importe alors de pouvoir concevoir un droit d'action défini en dehors de la considération de la lésion des intérêts protégés par la norme. Or seule une conception subjective de l'illicéité, qui permet de définir l'obligation de prévenir les risques majeurs à l'environnement et à la santé du seul point de vue de l'agent, est susceptible de conduire à un tel résultat.

[2274] M. PUECH, op. cit., n° 25.

[2275] En ce sens, cf. J. DARBELLAY (op. cit., n° 74) qui souligne que "si tout droit véritable est muni d'un droit d'action, le droit d'action, en revanche ne postule pas toujours l'existence d'un droit subjectif". Ainsi, en est-il de la *possession* qui tout en ne s'analysant pas comme un droit subjectif n'en est pas moins protégée par le droit. Et de remarquer alors que l'illicéité, dans ce cas, "ne peut être conçue que comme la violation d'une norme".

CONCLUSION SUR LES ARGUMENTS LEGAUX QUI S'OPPOSENT A LA NOTION DE RESPONSABILITE PREVENTIVE : VERS UN RAPPROCHEMENT DU DROIT CIVIL ET DU DROIT PUBLIC ?

852. Fonder l'obligation de prévenir les risques majeurs à l'environnement et à la santé sur la seule nécessité de respecter la règle de droit objectif qui prescrit une telle obligation n'est-ce pas en réalité concevoir la responsabilité préventive comme une forme de "situation juridique objective" qui tendrait alors à la rapprocher d'une règle de droit public ?[2276] En effet, la distinction opérée par le droit administratif entre le contentieux objectif, qui vise à "confronter une décision à la légalité, c'est-à-dire à l'ensemble des normes d'origines diverses qui régissent l'action de l'administration"[2277] et le contentieux subjectif, répondant à la question de "savoir si une personne doit être reconnue comme ayant dans son patrimoine un droit dont elle est titulaire, tel un droit de créance, et par exemple un droit à des dommages-intérêts"[2278], conduit généralement à classer la responsabilité dans ce dernier contentieux. Mais pour les auteurs qui nient l'existence des droits subjectifs[2279], l'ouverture d'une voie de droit ne saurait être fondée sur la lésion d'un droit préexistant, mais résulte de la seule violation de la règle de droit objectif. Le contentieux de la responsabilité se présente alors comme un contentieux objectif[2280]. L'intérêt d'une telle conception est précisément d'éviter le débat sur la reconnaissance de sujets de droit et de permettre notamment d'expliquer la recevabilité des actions indépendamment de l'existence d'un préjudice[2281]. Ainsi, pour Paul Roubier si

---

2276 Tandis que la *distinction* de la prévention et de la précaution se présente de manière *relativement* autonome en droit privé dans la mesure où elle est fondée sur la norme scientifique (cette dernière étant susceptible d'être appliquée de la même manière en droit privé et en droit public), la *notion de responsabilité préventive* qui tend à intégrer la prévention et la précaution, en tant qu'elle participe d'une mise en œuvre de l'intérêt général est susceptible de contribuer à un rapprochement du droit public et du droit privé. Sur cette question, cf. Introduction, *supra*, n° 14 et s.

2277 R. CHAPUS, *Droit administratif général*, Paris, Montchrestien, 1996 (10ème éd.), tome 1, n°857.

2278 R. CHAPUS, op. cit., n° 857.

2279 En particulier, L. DUGUIT, op. cit. et H. KELSEN, op. cit.

2280 "Il y a juridiction objective toutes les fois que la question posée au juge est une question de droit objectif [...] ainsi tout le contentieux de la responsabilité pénale et de la responsabilité civile est du contentieux objectif" (L. DUGUIT, op. cit., tome 2, § 31, p. 357). En s'adressant aux tribunaux, l'individu victime du préjudice "n'invoque pas un droit subjectif qu'il n'a pas, ne peut pas avoir ; il soutient seulement que la loi a été violée, et il demande que le juge tire la conséquence logique de la constatation par lui faite de la violation de la loi ; cette conséquence est une réparation" (L. DUGUIT, op. cit., tome 2, § 31, p. 365). En revanche, et toujours selon DUGUIT, une fois la condamnation rendue il naît entre l'auteur et la victime une situation juridique subjective.

2281 En ce sens, cf. L. DUGUIT, op. cit., tome 1, § 19, p. 160 (A propos de la recevabilité d'actions en réparation au profit de collectivités "desquelles il est impossible de dire que, comme telles, elles aient subi un préjudice").

"l'intérêt de la victime d'un dommage à obtenir réparation apparaît comme un intérêt juridiquement protégé, car il est protégé par l'action en responsabilité [...] l'action en responsabilité n'est pas du tout la même que celle qui sanctionne un droit subjectif ; elle tend à réparer les conséquences de ce qui est une infraction à un devoir"[2282]. Il s'agit alors "d'une réaction de l'ordre juridique pour redresser une situation qui résulte de la violation d'un devoir". Et de souligner que "ce caractère objectif s'accusera encore plus nettement dans l'hypothèse où il y a une infraction pénale"[2283]. Un tel rapprochement avec le droit pénal est particulièrement révélateur si l'on en croit l'analogie susceptible d'être opérée entre la notion de responsabilité préventive et l'infraction de mise en danger[2284].

853. Pour autant, toute difficulté n'est pas écartée dans la mesure où il convient alors de définir les personnes habilitées à agir pour demander en justice la condamnation du responsable créateur de risque. A cet égard, même conçue de manière objective la responsabilité préventive n'échappe pas à la question des destinataires de la norme susceptible de l'invoquer[2285]. Pour résoudre cette question il convient alors d'adopter une conception "structurale" du droit subjectif, défini comme le fait "*d'être habilité par l'ordre juridique à faire jouer «l'effet juridique» d'une règle de droit*"[2286]. Une telle conception tend à prendre ses distances avec la notion de sujet de droit, même s'il importe alors de définir précisément les personnes habilitées à agir[2287].

SOUS-SECTION III

L'ARGUMENT SOCIOLOGIQUE : VERS UNE AMERICANISATION DU DROIT DE LA RESPONSABILITE CIVILE ?

854. L'extension du concept de responsabilité civile, sous l'impulsion de la prévention et de la précaution, est-elle de nature à renforcer la thèse d'une américanisation du droit[2288] de la responsabilité civile dont il conviendrait, selon certains, de limiter les effets ? Pour répondre à cette question il est nécessaire de rappeler tout d'abord les arguments généralement avancés au soutien de cette thèse (§1) avant d'examiner dans quelle mesure la reconnaissance d'une

---

[2282] P. ROUBIER, op. cit., n° 9, p. 69.
[2283] P. ROUBIER, op. cit., n° 9, p. 74.
[2284] Sur cette analogie cf. *infra*, 917 et s.
[2285] Sur le caractère indépassable de l'exigence de destinataires de la règle de droit, cf. F. GENY, "Les bases fondamentales du droit civil en face des théories de L. Duguit", *R.T.D.civ.*, 1922, p.779, spéc. n° 13 ; J. DABIN, *Le droit subjectif*, op. cit., p. 23.
[2286] H. MOTULSKY, *Principes d'une réalisation méthodique du droit privé. La théorie des éléments générateurs des droits subjectifs* [1948], Paris, Dalloz, 2002, n° 26.
[2287] Sur cette question, cf. *infra*, n° 973 et s.
[2288] *L'américanisation du droit*, *A.D.P.*, Paris, Dalloz, 2001, tome 45.

responsabilité civile préventive pourrait être analysée comme le signe d'une "dérive américaine"[2289] de la responsabilité (§2).

§ 1 LES ARGUMENTS AU SOUTIEN DE LA THESE D'UNE AMERICANISATION DU DROIT DE LA RESPONSABILITE CIVILE

855. Par-delà la signification première qu'elle véhicule, comme tendance du droit français à ressembler à son homologue d'outre-Atlantique, l'idée d'une américanisation du droit renvoie à une double similitude des règles procédurales et des règles substantielles des droits de ces deux pays[2290]. Ainsi se présente-t-elle comme une "propension nouvelle à invoquer le droit et à recourir aux tribunaux"[2291], civils ou pénaux[2292]. Elle tend à "substituer le juge au législateur dans la révélation du droit"[2293], favorisant l'émergence d'une société de plus en plus contentieuse[2294]. Cette conception américaine de la justice[2295] débouche sur une extension de la liste des droits protégés. L'hypothèse d'une américanisation du droit de la responsabilité civile s'inscrit dans cette double problématique entre multiplication des recours en responsabilité et objectivation constante du droit de la responsabilité qui tend à en étendre constamment le champ d'application[2296].

856. L'idée d'une américanisation du droit français renvoie donc tout d'abord à celle d'une dérive procédurale de la société. Plusieurs traits caractéristiques de l'organisation judiciaire américaine ont, en effet, rendu possible une explosion du contentieux aux Etats-Unis. Ainsi, en est-il de la possibilité de choisir son juge (*forum shopping*), de la pratique des honoraires de résultat (pacte *quota litis*), de l'existence de jurys en matière pénale comme

---

[2289] L. ENGEL, "Vers une nouvelle approche de la responsabilité. Le droit français face à la dérive américaine", *Esprit*, juin 1993, p. 5.

[2290] Sur l'origine du terme "américanization", "utilisé d'abord pour décrire la transformation subie par la *common law* aux Etats-Unis au XVIIIème siècle, marquant l'émergence d'un génie juridique spécifiquement américain, affranchi du joug anglais", cf. H. MUIR WATT, "Propos liminaires sur le prestige du modèle américain", *A.P.D.*, 2001, p. 30.

[2291] B. AUDIT, "L'américanisation du droit. Introduction", *A.P.D.*, 2001, p. 7.

[2292] S. BONIFASSI, "Judiciarisation à l'américaine et/ou pénalisation à la française : sortir de l'équivoque", *G.P.*, nov-déc. 2002, doctr. p. 1597.

[2293] F. TERRE, "L'américanisme et le droit français", *Philosophie politique*, 1995, n° 7, p. 138.

[2294] L. CADIET, "Le spectre de la société contentieuse", *in Droit civil, procédure, linguistique juridique. Ecrits en hommage à Gérard Cornu,* Paris, P.U.F., 1994, p. 29 ; F. TERRE, "Une crise de la justice…Quelle crise ?", *Philosophie politique*, 1996, n° 9, p. 67.

[2295] R. SEVE et I. PAPADOPOULOS, "La conception américaine de la justice", *Philosophie politique*, 1996, n° 9, p. 83.

[2296] En ce sens, cf. S. SCHILLER, "Hypothèse de l'américanisation du droit de la responsabilité", *A.P.D.*, 2001, p. 177 ; J.-F. KRIEGK, "L'américanisation de la justice, marque d'un mouvement de privatisation du droit de la responsabilité civile ?", *G.P.*, 3-5 avril 2005, doctr. p. 2.

en matière civile[2297], du statut des juges qui sont élus, de la possibilité d'intenter des actions au nom d'une classe (*class actions*), du prononcé de dommages et intérêts punitifs, de celui de dommages et intérêts généraux[2298] ou encore du recours au dédommagement fluide (*fluid recovery*) permettant de répartir le poids des condamnations sur l'ensemble des membres d'une collectivité donnée. En matière de responsabilité civile ces différentes institutions et pratiques ont conduit à une recrudescence des recours débouchant sur une multitude de condamnations en réparation aux montants particulièrement élevés, engendrant une hausse des primes d'assurance[2299]. Le droit processuel a ainsi favorisé une large application des règles de droit substantiel de la responsabilité dont l'objectivation croissante, en particulier en matière de produits défectueux et d'environnement, a engendré une extension permanente des frontières de la responsabilité civile. A cet égard, l'évolution du droit français de la responsabilité civile est tout à fait comparable à celle du droit américain[2300].

857. Hier encore, pourtant, la crainte d'une américanisation des pratiques judiciaires pouvait paraître relever du mythe plus que de la réalité[2301], l'influence exercée sur le droit français étant plutôt à rechercher du côté du droit européen[2302]. Aujourd'hui, il est permis de se demander si les modalités de mise en oeuvre d'une conception élargie de la responsabilité civile, en direction de

---

[2297] Dans les procès de *common law*, dès lors que la valeur du litige civil est supérieure à vingt dollars. Sur l'importance du rôle des jurys, cf. A. DEYSINE, *La justice aux Etats-Unis*, Paris (coll. "Que sais-je ?"), 1998, p. 57 ; E. ZOLLER, *Le droit des Etats-Unis*, Paris (coll. "Que sais-je ?"), 2001, p. 110.

[2298] Ces derniers sont "ceux qui ont pour objet d'indemniser la victime d'un préjudice dont le montant ne peut être prouvé", P. GREGOIRE, *Le droit anglo-américain de la responsabilité civile*, Bruxelles, 1971, n° 110.

[2299] Cf. A. TUNC, "Le spectre de la responsabilité civile", *R.I.D.C.*, 1978, p. 1032 et "Ou va la responsabilité civile aux Etats-Unis ?", *R.I.D.C.*, 1989, p. 711.

[2300] En ce sens, cf. S. SCHILLER, art. préc., p. 197.

[2301] En ce sens, cf. L. COHEN-TANUGI et M. RUEGG ("Responsabilité civile : la dérive des continents", *Le Débat*, sept.-oct. 1993, p. 142) qui estiment que le particularisme de l'évolution de la responsabilité aux Etats-Unis "est en réalité lié à des causes beaucoup plus profondes : l'absence d'Etat-providence, notamment d'un système de sécurité sociale à l'européenne, la complexité du système juridique résultant du fédéralisme, et la centralité du modèle judiciaire dans la culture juridique américaine". De son côté, L. CADIET ("L'hypothèse de l'américanisation de la justice française. Mythe et réalité", *A.P.D.*, 2001, p. 91), souligne que "la plupart des traits caractéristiques de la justice américaine, susceptibles, pour certains, d'expliquer la processivité des Américains ne se retrouvent pas dans le système français : ni *forum shopping*, ni *class actions*, ni *quota litis*, ni jury, ni juge élus". Enfin, S. SCHILLER (art. préc., p. 187) relève que les montants élevés des dommages et intérêts versés par les juridictions judiciaires aux Etats-Unis, lors de procès en responsabilité civile, tiennent précisément aux spécificités de la procédure américaine, en particulier au rôle des jurys particulièrement enclins à accorder aux victimes des sommes importantes, au titre de la réparation de leurs préjudices, et à sanctionner pécuniairement les responsables.

[2302] En ce sens, cf. L. CADIET, art. préc., *A.P.D.*, 2001, p. 114 ; M.-D. TRAPET, "L'hypothèse de l'américanisation de l'institution judiciaire", *A.P.D.*, 2001, p. 135.

l'anticipation des dommages, n'est pas de nature à renforcer le grief d'une dérive américaine de cette dernière.

§ 2 LA RESPONSABILITE CIVILE PREVENTIVE FACE AU GRIEF DE L'AMERICANISATION DU DROIT

858. La consécration d'une responsabilité préventive destinée à empêcher la survenance de dommages sanitaires et environnementaux collectifs participe de l'idée que le temps du droit n'est pas seulement celui du passé et qu'il est, au contraire, de "l'essence du juridique de modifier l'ordre établi pour le rendre meilleur"[2303]. Non seulement le temps du droit de la responsabilité civile ne saurait se réduire au passé mais la mise en œuvre d'une "responsabilité de l'avenir"[2304] tend à révéler le rôle du droit comme outil de changement.

859. Il apparaît "probablement fatal, voire souhaitable, qu'une certaine protection des droits et des libertés conduise à privilégier la fonction d'accueil de l'institution judiciaire par rapport à quelque fonction dissuasive"[2305]. A cet égard, l'extension du concept de responsabilité civile se présente comme un instrument précisément de nature à protéger les victimes potentielles de risques aux conséquences particulièrement dramatiques. Pour ce faire, la notion de responsabilité préventive implique de renforcer les moyens de mise en œuvre de la protection qu'elle accorde en permettant aux victimes d'agir collectivement, d'accentuer la fonction punitive de la responsabilité, en particulier en octroyant des dommages et intérêts punitifs, et de permettre au juge du principal d'agir à titre préventif avant toute réalisation du dommage[2306]. Il est clair qu'une telle évolution serait de nature à renforcer les pouvoirs du juge et à étendre encore le champ d'action de la responsabilité civile. On ne saurait nier qu'elle serait constitutive d'une certaine forme d'américanisation de la société.

860. Pour autant, il ne nous semble pas que l'importation de certaines pratiques d'outre-Atlantique constitue, comme on a pu l'écrire "une menace grave pour notre société"[2307]. Au contraire, il semble bien qu'il s'agisse là d'une "menace injustifiée"[2308]. D'une part, en effet, il convient de souligner que le fait,

---

2303 F. TERRE, "Temps sociologiques et temps juridiques", *Annales de la Faculté de droit d'Istanbul*, XXX / n° 46, mars 1996, p. 173.

2304 C. THIBIERGE, "Avenir de la responsabilité, responsabilité de l'avenir", *D.*, 2004, chron. p.577.

2305 F. TERRE, "L'américanisme et le droit français", art. préc., p. 144.

2306 Sur ces questions cf. *infra*, n° 1014 et s.

2307 F. TERRE, "L'américanisme et le droit français", art. préc., p. 139.

2308 A. GUEGAN-LECUYER (op. cit., n° 59) qui souligne, en particulier, qu' "à l'égard des *mass torts*, il revient au droit américain le mérite d'avoir su mettre en évidence une réalité incontestable, celle de situations dommageables d'une ampleur exceptionnelle par le grand nombre de victimes

par exemple, de reconnaître en droit français l'action au profit de toute une classe de victimes ne ferait que rendre effective sur le plan de la procédure l'évolution des règles de droit substantiel de la responsabilité civile. Ce qui ne signifie pas d'ailleurs qu'il conviendrait d'admettre toutes les formes d'actions quelles qu'elles soient. Ainsi, l'épouvantail des procès en responsabilité dirigés à l'encontre des fabricants de cigarettes souvent agité à l'appui du "spectre américain" ne saurait être utilisé pour priver les victimes dont le seul tort est d'appartenir à un groupe d'individus ayant eu recours à un produit ou à une technique présentant des risques souvent mortels dont les diffuseurs n'ont pas pris soins d'empêcher les effets. Sur ce point, la reconnaissance d'une responsabilité préventive tend précisément à responsabiliser à nouveau les créateurs de risques.

861. D'autre part, il importe de préciser que le recours à certaines pratiques américaines ne rend pas inéluctable une explosion du contentieux de l'ampleur de celle que connaissent les Etats-Unis, tout comme elle ne saurait déboucher sur un gouvernement des juges. Ces deux dérives, en effet, sont profondément liées au système judiciaire américain qu'il ne saurait être question d'importer en bloc en France. Ici, comme ailleurs, tout est question de proportion. Ainsi, et pour reprendre à nouveau l'exemple des actions de classe, ces dernières ne sauraient engendrer les mêmes méfaits que ceux qu'elles provoquent aux Etats-Unis, en raison notamment de l'existence d'honoraires de résultat que les règles légales et déontologiques du droit français interdisent[2309].

862. Il nous semble donc que plus qu'un risque réel de dérive contentieuse à l'américaine, l'adoption de certains mécanismes juridiques déjà en vigueur aux Etats-Unis, corollaire d'une extension du concept de responsabilité civile, serait plutôt de nature à confirmer l'hypothèse d'un rapprochement entre les modes de pensée français et américain. L'opposition classique entre d'un côté, la rationalité conceptuelle déductive et de l'autre, la rationalité empiriste inductive[2310] pourrait se trouver atténuée. En effet, l'extension de la responsabilité civile en direction de l'anticipation des dommages va de pair avec une appréhension plus pragmatique des problèmes de responsabilité civile à partir de la nature des dommages qu'il s'agit de

atteintes". Et de préciser que "les juristes américains ont pu mieux isoler cette hypothèse particulière de dommages, en envisager les remèdes et faire des propositions. En cela, ils sont précurseurs".

2309 L'article 10 alinéa 3 de la loi n° 71-1130 du 31 décembre 1971 portant réforme de certaines professions judiciaires et juridiques et l'article 11.3 du Règlement intérieur national de la profession d'avocat interdisent aux avocats de percevoir des honoraires qui seraient fondés exclusivement sur le résultat judiciaire de l'affaire.

2310 Sur cette opposition, cf. B. AUDIT, art. préc., p. 8 et H. MUIR WATT, art. préc., p. 33.

prévenir et non plus seulement à partir d'un principe général de responsabilité caractéristique d'une forme curative de la responsabilité.

CONCLUSION DE LA SECTION I

863. La réception de la notion de responsabilité civile préventive par le système juridique suppose d'adhérer à une conception large du droit et de ses sources. Elle implique de renoncer à une approche purement descriptive des règles de droit pour participer à leur évolution. Plusieurs arguments juridiques peuvent certes être invoqués à l'encontre de la reconnaissance d'une responsabilité civile préventive. Mais ils se révèlent en réalité aisément réfutables. Il en est ainsi du conflit supposé entre le principe d'une responsabilité sans dommage pour défaut de prévention ou de précaution et le principe constitutionnel de responsabilité pour faute. En effet, l'élargissement du concept de responsabilité permet précisément d'accueillir, à côté de la responsabilité curative traditionnelle, une responsabilité à caractère préventif. Il en est de même des postulats légaux de la responsabilité civile classique. Ainsi, l'exigence de survenance d'un dommage procède en réalité d'une confusion entre la notion de réparation et celle de responsabilité que la notion de responsabilité préventive a précisément pour objet de dissocier. De même, l'argument tiré de la nécessité de l'existence d'une victime ayant un intérêt à agir repose sur une conception objective de l'illicéité centrée sur la victime et le dommage. L'adoption d'une conception subjective de l'illicéité, fondée sur la faute de l'agent, est de nature à faciliter la réception de la notion de responsabilité préventive. Elle tend ainsi à rapprocher cette dernière d'une règle de droit public dans la mesure où le contentieux de la responsabilité publique peut être analysé comme un contentieux objectif même si un tel rapprochement ne permet pas de dépasser la question des personnes habilitées à invoquer la règle de responsabilité. Enfin, l'extension de la notion de responsabilité civile en direction de l'anticipation des dommages résultant d'un défaut de prévention ou de précaution conduit à l'admission en droit français de certaines pratiques largement développées aux Etats-Unis, telles que la possibilité pour un groupe d'individus d'agir collectivement ou encore celle pour le juge de condamner le responsable à des dommages et intérêts punitifs. Bien qu'elle s'apparente incontestablement à une forme d'américanisation du droit français, une telle évolution ne saurait être rejetée dans la mesure où les dérives du système américain, souvent dénoncées en France, procèdent avant tout du particularisme de la procédure américaine.

SECTION II

LES ARGUMENTS EN FAVEUR DE LA RECONNAISSANCE D'UNE RESPONSABILITE CIVILE PREVENTIVE

864. Plusieurs arguments philosophiques (Sous-Section I) et juridiques (Sous-Section II) militent en faveur de la reconnaissance juridique d'une responsabilité civile préventive[2311].

SOUS-SECTION I

LES ARGUMENTS PHILOSOPHIQUES[2312]

865. Il convient ici de rappeler la teneur des réflexions philosophiques (§1) avant de préciser l'intérêt qu'elles présentent pour la construction d'une responsabilité juridique préventive (§2).

§ 1 LA TENEUR DES ARGUMENTS PHILOSOPHIQUES

866. L'interrogation sur la valeur et la portée de la notion de responsabilité est une constante de la réflexion éthique et philosophique. Mais, depuis quelques années déjà, on assiste à un renouveau de l'éthique[2313] de la responsabilité caractérisée par une orientation prospective. Cette nouvelle éthique n'est plus tournée vers l'imputation d'actes passés mais vers l'anticipation d'actes à venir (A), renouant ainsi avec la question de la possibilité d'instaurer une justice entre les générations (B).

A – LE RENOUVEAU DE L'ETHIQUE DE LA RESPONSABILITE

867. De nombreux écrits, émanant de philosophes, attestent l'émergence d'un nouvel usage du mot "responsabilité" en morale. Le concept de responsabilité développé par l'Allemand Hans Jonas, dans son ouvrage

---

[2311] Pour un plaidoyer novateur en faveur de cette idée, cf. C. THIBIERGE, "Libres propos sur l'évolution du droit de la responsabilité. (Vers un élargissement de la fonction de la responsabilité civile ?)", *R.T.D.civ.*, 1999, n° 3, p. 561 et "Avenir de la responsabilité, responsabilité de l'avenir", *D.*, 2004, chron. p. 577 ; M. BOUTONNET, op. cit., n° 507 et s.

[2312] Ces derniers s'apparentent aux fondements "médiats" ou "rationnels" de la responsabilité civile qui renvoient à la norme méta-juridique qui justifie l'obligation d'anticipation des dommages. Sur cette notion, et sa distinction avec les fondements "immédiats" ou "techniques" de la responsabilité civile, déduits du régime de cette dernière, cf. 1ère partie, *supra*, n° 621.

[2313] Cette dernière peut être définie comme "une orientation de l'agir humain par des normes", P. RICŒUR, "Postface au Temps de la responsabilité", *in Lectures 1. Autour du politique*, Paris, Seuil (coll. "Points/Essais"), 1991, p. 273.

intitulé *Le principe responsabilité. Une éthique pour la civilisation technologique*[2314] qui a connu un retentissement majeur en Allemagne, avant d'être traduit en français en 1990[2315], est sans conteste à l'origine de ce phénomène. La thèse de Jonas dans ce livre[2316], reprise par d'autres philosophes comme Paul Ricœur[2317] ou encore Alain Etchegoyen[2318], repose sur l'idée que les progrès de la technique moderne sont à l'origine d'une transformation de l'agir humain (1) rendant nécessaire la formulation d'une nouvelle éthique fondée sur le concept de responsabilité[2319] (2).

1) La transformation de l'agir humain

868. Le point de départ de Jonas est que "la promesse de la technique moderne s'est inversée en menace"[2320]. En effet, jusqu'à présent, les interventions de l'homme dans la nature étaient essentiellement superficielles mais n'en perturbaient pas l'équilibre. Les technologies antérieures avaient déjà consacré l'invasion de l'homme dans les différents secteurs naturels ainsi que sa

---

2314 H. JONAS, *Le Principe responsabilité, une éthique pour la civilisation technologique* [Insel Verlag,1979, Frankfurt], Les Editions du Cerf, Paris, 1990 (trad. J. Greisch) ; Paris, Flammarion (coll. "Champs"), 1998. Les pages citées dans les notes qui suivent renvoient à cette dernière édition.

2315 La date de la traduction française explique l'écho tardif des thèses de Hans Jonas dans le débat actuel consacré au renouveau des fondements de la responsabilité civile.

2316 Reprise dans une série d'entretiens publiés en 1993 sous le titre *Une éthique pour la nature* ([Francfort-sur-le-Maine, 1993], Desclée de Brouwer, Paris, 2000, trad. de S. Courtine-Denamy), ainsi que dans différents articles. Cf. H. JONAS, "Technologie et responsabilité. Pour une nouvelle éthique", *Esprit*, sept. 1974, p. 163 ; "De la gnose au Principe de responsabilité. Un entretien avec Hans Jonas", *Esprit*, mai 1991, p. 5 ; "La technique moderne comme sujet de réflexion éthique", *in La responsabilité. Questions philosophiques*, sous la dir. de M. NEUBERG, Paris P.U.F. (coll. "Philosophie morale"), 1997, p. 231. Sur l'œuvre de H. JONAS, cf. G. HOTTOIS et M.-G. PINSART (Coordination scientifique), *Hans Jonas. Nature et responsabilité*, Paris, Vrin 1993 ; D. MÜLLER et R. SIMON (dir.), *Nature et descendance. Hans Jonas et le principe "Responsabilité"*, Genève, Labor et Fides (coll. "Le champ éthique"), 1993 ; B. SEVE, "Hans Jonas et l'éthique de la responsabilité", *Esprit*, oct. 1990, p. 72 ; J. DECORNOY, "L'exigence de responsabilité", *Le Monde diplomatique*, mai 1992, p. 21 ; J. GREISCH, "L'amour du monde et le principe responsabilité", *Autrement* (La responsabilité condition de notre humanité), janv. 1994, n° 14, p. 72 ; Ph. CORCUFF, "De l'heuristique de la peur à l'éthique de l'inquiétude. Penser avec Hans Jonas, contre Hans Jonas", *in De quoi sommes-nous responsables ?* textes réunis par T. FERENCZI, op. cit., p. 383 ; O. FUCHS, "Le *Principe responsabilité* de Hans Jonas. Contribution à l'étude de la médiation juridique des rapports de l'homme à la nature", *R.R.J.*, 2006, p.1027.

2317 P. RICŒUR, *Soi- même comme un autre*, Paris, Seuil (coll. "Points/Essais"), 1990, spéc. p.341 et "Postface au Temps de la responsabilité", art. préc., p. 271.

2318 A. ETCHEGOYEN, *Le temps des responsables*, Julliard, 1993 et *La vraie morale se moque de la morale*, Paris, Seuil, 1999.

2319 Le second aspect de la thèse de Jonas, qui ne sera pas étudié ici, est d'attribuer un fondement objectif à l'éthique de responsabilité en déduisant les impératifs de cette dernière d'une métaphysique de la nature.

2320 H. JONAS, *Le Principe responsabilité*, op. cit., p. 15.

faculté de construire des objets artificiels, telle la cité, l'atteinte portée à la nature et la civilisation allant de pair. Mais cette double action de l'homme n'était pas infinie et Jonas de rappeler, non sans quelque accent pascalien, que "nonobstant toute la grandeur de son ingéniosité illimitée, l'homme, comparé aux éléments est toujours encore petit"[2321].

869. Or, pour Jonas, ce constat ne vaut plus aujourd'hui. L'homme dispose désormais d'un pouvoir inédit sur la nature. Ce qu'il peut faire maintenant "n'a pas son équivalent dans l'expérience passée"[2322]. La technique moderne peut avoir des effets d'un ordre de grandeur totalement nouveau : désormais l'action de l'homme peut non seulement affecter l'existence même de la planète, rendant ainsi la nature vulnérable, mais également mettre en danger la survie de l'homme comme espèce vivante. Ces effets peuvent être cumulatifs et s'avérer irréversibles. Ainsi, Jonas dénonce les risques liés au non-renouvellement de certaines ressources, au réchauffement de la planète ("l'effet de serre") ou encore aux déchets radioactifs. Jonas insiste sur le "saut qualitatif" que représente l'extension de la puissance technologique de l'homme, dans l'infiniment grand, comme dans l'infiniment petit[2323].

870. De son côté, Paul Ricœur dresse le même constat. Il souligne le "caractère *inédit, sans précédent*, résultat des applications techniques des sciences", en particulier dans deux domaines : celui de l'environnement, d'abord, en raison "des effets même non voulus de l'intervention de l'homme à l'échelle planétaire" ; celui des sciences de la vie, ensuite, où les techniques "sont à même de modifier l'évolution des espèces". Dans les deux cas, les mutations de l'agir humain révèlent un "changement d'échelle" des phénomènes[2324].

871. Pour Jonas, cet accroissement de la puissance technologique de l'homme -qu'il appelle la "transformation de l'essence de l'agir humain"- impose la formulation d'une nouvelle éthique. "Notre thèse, écrit-il, est que les nouveaux types et les nouvelles dimensions de l'agir réclament une éthique de la prévision et de la responsabilité qui leur soit commensurable et qui est aussi nouvelle que les éventualités auxquelles elle a affaire"[2325]. L'éthique traditionnelle se révèle inapte à répondre à l'extension du pouvoir de l'homme sur la nature et sur lui-même. Cette éthique, en effet, se caractérisait par un objet limité et stable -le bien suprême ou l'impérissable-, par sa dimension

---

[2321] H. JONAS, *Le Principe responsabilité*, op. cit., p. 24.
[2322] H. JONAS, *Le Principe responsabilité*, op. cit., p. 15.
[2323] *Discours de remerciement à l'occasion de la remise du prix de la Paix des libraires allemands*, in *Une éthique pour la nature*, op. cit., p. 137, spéc. p. 144 et 145.
[2324] P. RICŒUR, "Postface au Temps de la responsabilité", art. préc., p. 272 et s.
[2325] H. JONAS, *Le Principe responsabilité*, op. cit., p. 51.

temporelle -le présent- et enfin par sa perspective individuelle et anthropocentrique -elle concernait les rapports individuels d'homme à homme. L'éthique de la responsabilité formulée par Jonas rompt avec ces présupposés.

872. Dans le même sens, Paul Ricœur estime que "à ce changement qualitatif de l'agir humain correspond une demande de régulation éthique proportionnée à la portée et à l'échelle des interventions considérées" et que cette demande "prend d'emblée figure d'une demande de redéfinition de la responsabilité"[2326]. La transformation de l'agir humain appelle donc, pour ces auteurs, la formulation d'une nouvelle éthique de la responsabilité dont il convient de préciser les caractéristiques.

2) Les caractéristiques de l'éthique de la responsabilité

873. L'éthique proposée par ces auteurs consacre une triple extension de la notion de responsabilité : quant à son objet, quant à sa dimension temporelle et quant à ses sujets. D'une part, en effet, elle porte sur un objet d'un type entièrement nouveau, rien de moins que la biosphère entière de la planète ainsi que la survie future de l'espèce humaine. L'éthique n'a donc plus pour objet le bien éternel mais "le périssable" car "une chose que le temps ne saurait affecter, à laquelle rien n'arrive, ne peut pas être un objet de responsabilité"[2327].

874. D'autre part, -et c'est sa deuxième caractéristique- l'éthique de la responsabilité se conjugue au futur. Selon Jonas, il convient de distinguer deux types de responsabilité : "la responsabilité comme imputation causale des actes commis" et "la responsabilité pour ce qui est à faire : l'obligation du pouvoir"[2328]. La première est celle selon laquelle l'acteur doit répondre de son acte : il est tenu pour responsable de ses conséquences et le cas échéant on lui en fait porter la responsabilité. Ainsi comprise la responsabilité suppose la commission d'un acte ou du moins son commencement d'exécution et implique que l'on puisse demander des comptes à son auteur. En ce sens, elle a donc d'abord une signification juridique avant d'avoir une signification morale dont elle n'est qu'une condition préalable. L'éthique de la responsabilité prônée par Jonas doit être comprise en tant qu'elle renvoie à une deuxième forme de responsabilité : la responsabilité pour ce qui est à faire. Cette responsabilité "ne concerne pas le calcul *ex post facto* de ce qui a été fait" mais est "un concept en vertu duquel je me sens donc responsable non en premier lieu de mon comportement et de ses conséquences, mais de la *chose* qui revendique mon

---

2326 P. RICŒUR, "Postface au Temps de la responsabilité", art. préc., p. 275.
2327 H. JONAS, *Le Principe responsabilité*, op. cit., p. 242.
2328 H. JONAS, *Le Principe responsabilité*, op. cit., p. 179-182.

agir"[2329]. Le devoir de responsabilité est pensé "non à partir du faire effectif mais à partir du pouvoir faire. *Pouvoir oblige*"[2330]. C'est parce qu'il a acquis la possibilité de se détruire lui-même et de détruire son environnement que l'homme doit en être responsable. Le *pouvoir* crée un *devoir* moral de conservation. Ainsi, avec la théorie de Jonas, le concept de responsabilité "bascule de la perspective rétrospective à la perspective prospective"[2331].

875. La nécessité de penser désormais la responsabilité comme réponse à une action future se retrouve également sous la plume de Paul Ricœur. Ce dernier part du constat de la confusion trop fréquente entre responsabilité et imputabilité qui serait à l'origine d'une limitation de la responsabilité à l'imputation des actes déjà réalisés. Pour lui, "l'idée de responsabilité, d'abord tournée vers l'action passée, commence à se diriger vers le futur, celui des conséquences prévisibles dont on assume la charge", car "la condition nouvelle faite à la responsabilité à l'âge technologique demande une orientation plus franchement dirigée vers un futur lointain qui dépasse celui des conséquences prévisibles"[2332]. L'opposition avec la responsabilité juridique traditionnelle est patente. Ainsi, Alain Etchegoyen remarque que "le juridique, péjoratif, renvoie toujours au passé", la question "qui est responsable relevant d'un passé recomposé, dans la mesure où elle s'apparente à l'interrogation "qui *a été* responsable". En revanche, "la dimension morale dit des devoirs pour le futur [...] si je suis responsable, *je dois faire, j'ai à faire*"[2333].

876. La responsabilité a donc pour objet, non plus le passé mais l'avenir, un avenir lointain, qui va jusqu'à la possibilité d'une perpétuation de la vie humaine dans le futur. Elle consiste à ne rien entreprendre qui puisse mettre en danger l'humanité à venir. Du même coup, cette nouvelle forme de responsabilité constitue une relation non réciproque, chacun étant responsable pour les générations à venir. A l'instar de Kant, Jonas énonce ce nouveau concept de responsabilité sous la forme d'un impératif catégorique : "Agis de façon que les effets de ton action soient compatibles avec la Permanence d'une

---

[2329] H. JONAS, *Le Principe responsabilité*, op. cit., 182.
[2330] B. SEVE, art. préc., p. 74.
[2331] J. GREISCH, "L'amour du monde et le principe responsabilité", art. préc., p. 81. D'un point de vue pratique, cette responsabilité est fondée sur ce que Jonas nomme une "heuristique de la peur". Cette dernière joue un rôle mobilisateur. Son but est d'éviter que certains risques aux conséquences encore inconnues soient pris. L'homme, en effet, ne saurait connaître avec certitude les conséquences lointaines de ses actions. A la différence du pronostic à court terme, tout pronostic à long terme n'énonce que des effets probables ou simplement possibles. Il convient donc d'imaginer ce péril afin de pouvoir mieux s'en prémunir, il s'agit là d'une obligation morale. Cf. H. JONAS, *Le Principe responsabilité*, op. cit., p. 65 et s.
[2332] P. RICŒUR, "Postface au Temps de la responsabilité", art. préc., p. 283.
[2333] A. ETCHEGOYEN, *Le temps des responsables*, op. cit., p. 22.

vie authentiquement humaine sur terre" ou encore "Ne compromets pas les conditions pour la survie indéfinie de l'humanité sur terre"[2334].

877. Cette formulation met l'accent sur la troisième caractéristique de cette nouvelle éthique : l'extension des sujets de responsabilité. Le sujet moralement responsable n'est plus d'abord l'individu mais la collectivité tout entière. "Il est manifeste, écrit Jonas, que le nouvel impératif s'adresse beaucoup plus à la politique publique qu'à la conduite privée"[2335]. Le danger auquel le nouveau concept de responsabilité a pour but de parer est à la fois "collectif et anonyme" car "la puissance de la technologie n'a pas de sujet". Le péril est "partout et nulle part". Il en résulte que "le sujet d'une responsabilité à la mesure de ce danger ne peut être lui-même que collectif : la société, c'est-à-dire en fait les responsables politiques"[2336].

878. Ainsi tournée vers le futur, celui des générations à venir, l'éthique de la responsabilité proposée par ces auteurs renoue ici avec une problématique, déjà ancienne, relative à la possibilité d'instaurer une justice entre les générations.

B – Le probleme de la justice entre les generations

879. La préoccupation d'une justice entre les générations n'est pas nouvelle. Elle apparaît ainsi dans la pensée utilitariste. Cette dernière fait de l'utilité le seul critère de la moralité. Sur le plan individuel, elle fait du plaisir le seul bien et de la douleur le seul mal. Au niveau collectif, elle conduit à un critère de justice fondé sur l'utilité générale correspondant à la somme des biens et des maux individuels. Dans la mesure où une action est ainsi jugée bonne ou mauvaise en fonction de ses conséquences futures pour le bien de l'individu ou du groupe, l'utilitarisme se présente comme une "philosophie de l'avenir"[2337]. Dès lors, la question se pose de savoir quelle est la portion des avantages présents qu'il convient de sacrifier en faveur de la probabilité d'un bénéfice futur. Dans cette perspective, la version économique de l'utilitarisme, en situation de croissance, conduit à une "maximisation du bien-être intergénérationnel [qui] requiert alors l'adoption d'un taux d'épargne positif tant

[2334] H. JONAS, *Le Principe responsabilité*, op. cit. p. 40.
[2335] H. JONAS, *ibid.*
[2336] B. SEVE, préc., p. 87.
[2337] R. SEVE, "L'utilitarisme comme philosophie de l'avenir", *in Le droit et le futur*, J.J. AUSTRUY, P. BAUCHET, P. BENETON, A. NOVARA, F. OST, S. SAID, A. SERIAUX, R. SEVE, F. TERRE et J.M. TRIGEAUD, Paris, P.U.F. (Série philosophie du droit), 1985, p. 49.

que le gain marginal de bien-être engendré au profit des générations suivantes est supérieur à la perte de bien-être subie par la génération épargnante"[2338].

880. Le problème de la justice entre les générations a été formalisé par John Rawls dans sa célèbre *Théorie de la justice*[2339]. Pour ce dernier, la question de la justice intergénérationnelle passe par la recherche d'un juste principe d'épargne. Le point de départ de la construction de Rawls est la "position originelle" dans laquelle se trouvent les hommes, qui se caractérise par un "voile d'ignorance" en vertu duquel les individus ne connaissent ni leur place dans la société (leur position de classe ou leur statut social), ni leurs atouts naturels et leurs capacités. Il estime que "chaque génération doit non seulement conserver les acquisitions de la culture et de la civilisation et maintenir intactes les institutions justes qui ont été établies, mais elle doit aussi mettre de côté, à chaque période, une quantité suffisante de capital réel accumulé"[2340]. Pour créer et maintenir ce processus d'accumulation les membres d'une même génération doivent se mettre d'accord sur un principe d'épargne qui assigne un taux approprié à chaque développement de la société. Pour parvenir à un juste plan d'épargne les "partenaires" doivent mettre en balance d'une part, le montant de ce qu'ils sont disposés à épargner pour leurs descendants plus immédiats et d'autre part, ce qu'ils peuvent, à juste titre, demander à leurs prédécesseurs plus immédiats.

881. Mais, pour Rawls, la justice entre les générations n'exige pas que les générations précédentes épargnent pour que les suivantes soient plus riches. En réalité, le modèle se divise en deux étapes. Ainsi, dans une première phase, une phase d'accumulation, chaque génération est appelée à adopter un taux d'épargne positif. Chaque génération doit donc transmettre à la suivante plus que ce qu'elle a reçu. Puis, au cours d'une seconde période, à l'issue de quelques générations, le modèle entre dans une phase de croisière. Chaque génération est alors contrainte à un taux d'épargne non négatif, c'est-à-dire qu'elle doit transmettre à la suivante au moins l'équivalent de ce qu'elle a reçu de la génération précédente[2341]. Enfin, ce juste principe d'épargne doit être combiné avec les deux principes rawlsiens de la justice que sont d'une part, le principe de liberté et d'autre part, le principe de différence combiné avec celui

---

2338 A. GOSSERIES, "La justice entre les générations. Faut-il renoncer au maximum intergénérationnel ?", *Revue de métaphysique et de morale*, janv.-mars, 2002, n°1, p. 67.

2339 J. RAWLS, *Théorie de la justice* [Cambridge, The Belknap Press of Harvard University Press, 1971], Paris, Seuil (coll. "Points/Essais"), 1987, p. 324 et s. Sur J. RAWLS, cf. notamment *Individu et justice sociale, autour de J. RAWLS*, ouvrage collectif, préface de F. TERRE, Paris, Seuil, (coll. "Points"), 1988.

2340 J. RAWLS, op. cit., p. 325.

2341 A. GOSSERIES, art. préc., p. 69.

de la juste égalité des chances[2342]. Pour cela il convient de supposer que le juste principe d'épargne est défini du point de vue des moins favorisés dans chaque génération. Ce sont eux qui doivent définir le taux d'accumulation. Ainsi, "l'épargne est réalisée par l'acceptation politique des mesures destinées à améliorer le niveau de vie des catégories les plus défavorisées des générations futures, c'est-à-dire en s'abstenant de gains immédiatement disponibles"[2343].

§ 2 L'APPORT DES ARGUMENTS PHILOSOPHIQUES A LA CONSTRUCTION D'UNE RESPONSABILITE CIVILE PREVENTIVE

882. S'agissant, en premier lieu, de la réflexion éthique autour de la dimension morale de la responsabilité, il convient de souligner ici que son intégration au droit est désormais souhaitée par plusieurs auteurs[2344]. C'est sans doute parce que loin d'être une simple incantation performative dans le sens d'une évolution de la notion juridique de responsabilité, tout en s'apparentant encore à une prescription doctrinale, elle constitue un argument pertinent au regard de l'évolution des données de fait de la responsabilité civile. En effet, la pertinence de la prédiction doctrinale est "fonction de la justesse du facteur posé en déterminant, c'est-à-dire du bien fondé de la démarche analogique qui conduit à la transposition"[2345]. L'argument majeur avancé au soutien de l'exigence d'une éthique de responsabilité est le point de rupture auquel serait arrivée l'histoire humaine du fait des pouvoirs inédits de l'homme sur la nature. Ainsi, la sémantique jonassienne se réfère fréquemment au thème de la rupture. Il y est question de "seuil"[2346] ou de "saut qualitatif"[2347] désormais atteint par l'homme, s'agissant de ses pouvoirs sur lui-même et sur son environnement, de la nature "inédite"[2348] de ses actions, de "césure de l'histoire humaine", d'un "chapitre nouveau"[2349] de cette histoire etc. Jonas, d'ailleurs, revendique pleinement cette sémantique en n'hésitant pas à se référer à "l'apocalypse rampante"[2350] présente dans sa pensée. Mais la situation est-elle aussi nouvelle

---

2342 En vertu du premier principe, les libertés fondamentales doivent être également distribuées entre tous. En vertu du second principe, les inégalités sociales et économiques doivent être organisées de façon à ce que l'on puisse raisonnablement s'attendre à ce qu'elles soient à l'avantage de chacun, d'une part, et qu'elles soient attachées à des positions et à des fonctions ouvertes à tous, d'autre part. Cf. J. RAWLS, op. cit., p. 91 et s.

2343 J. RAWLS, op. cit., p. 332.

2344 C. THIBIERGE, articles préc. Cf. également F. OST, *La nature hors la loi. L'écologie à l'épreuve du droit*, Paris, La Découverte, 1995, p. 265 et s.

2345 N. MOLFESSIS, "Les prédictions doctrinales", art. préc., p. 157.

2346 H. JONAS, "De la gnose au Principe de responsabilité…", art. préc., p. 11.

2347 *Discours de remerciement à l'occasion de la remise du prix de la Paix des libraires allemands*, préc., p. 144.

2348 H. JONAS, *Le Principe responsabilité*, op. cit., p. 22.

2349 H. JONAS, "De la gnose au Principe de responsabilité...", art. préc., p. 11.

2350 H. JONAS, "De la gnose au Principe de responsabilité…", art. préc., p. 11.

que Jonas nous la décrit ?[2351] L'importance de cette question est soulignée tant par les commentateurs de l'œuvre de Jonas[2352], que par le discours juridique sur le principe de précaution[2353].

883. En effet, de la validité du constat apocalyptique décrit par Jonas et repris, dans une moindre mesure par d'autres auteurs comme Paul Ricœur, dépend le bien fondé de la réponse proposée par ces derniers, et par la suite, la validité de la construction d'un concept juridique de responsabilité fondé sur une telle réflexion philosophique. Or sur ce point, le constat opéré par les partisans d'une extension de la responsabilité morale rejoint sans conteste celui auquel aboutit la question de l'indemnisation des dommages résultant de risques scientifiques et techniques. Rappelons que la spécificité de la nature de ces types de dommages achoppe face aux mécanismes actuels de garantie et appelle une réponse nouvelle du droit[2354]. En effet, "pour les risques dont l'ampleur dépasse un certain seuil -celui des possibilités de l'assurance et des autres procédés de la réparation déjà pratiqués- et dont les manifestations peuvent se prolonger très longtemps dans l'avenir, menaçant les générations futures, la réparation devient utopique ; il faut à tout prix prévenir les dommages que ces risques peuvent provoquer [...]"[2355]. Dès lors, les réflexions éthiques sur la responsabilité, qui mettent l'accent sur la dimension prospective de cette dernière, constituent un apport précieux à la construction d'une responsabilité juridique préventive.

884. Il est vrai que la nouveauté d'une telle exigence doit être relativisée. En effet, les réflexions doctrinales consacrées à la réparation du dommage écologique soulignent, depuis plus de trente ans déjà, l'inadaptation des mécanismes traditionnels de la responsabilité civile face à ces types de dommages et la nécessité, pour le droit, d'en prévenir la réalisation[2356]. Mais la consécration juridique des principes de prévention et de précaution est venue donner un souffle nouveau à cette exigence et permettre peut-être d'assigner

---

[2351] "Si la tolérance naît du doute, qu'on enseigne à douter des modèles et des utopies, à récuser les prophètes de salut, les annonciateurs de catastrophes", R. ARON, *L'opium des intellectuels* [Calmann-Lévy, 1955], Paris, Hachette (coll. "Pluriel"), p. 334.

[2352] Cf. notamment la critique de R. MARIENSTRAS, *Esprit*, sept. 1974, p. 185 et s.

[2353] En ce sens, cf. C. LEPAGE et F. GUERY, op. cit., p. 205.

[2354] Cf. *supra*, n° 662 et s.

[2355] G. VINEY, "Rapport de synthèse", *in La responsabilité civile à l'aube du XXIème siècle. Bilan prospectif.* Colloque des 7-8 décembre 2000, organisé par la Faculté de droit et d'économie de l'Université de Savoie et le Barreau de l'Ordre des avocats de Chambéry, *Resp. civ. et ass.*, juin 2001, chron. 12, p. 82.

[2356] "si le droit doit participer à une mobilisation générale contre la pollution, il paraît évident que c'est surtout à prévenir les dommages que son imagination doit s'employer", P. GIROD, *La réparation du dommage écologique*, Paris, L.G.D.J. (coll. "Bibliothèque de droit public"), tome 120, 1974, p. 17.

enfin à la responsabilité civile, par-delà la seule réparation des dommages, un rôle concret dans l'anticipation de certains d'entre eux.

885. S'agissant, en second lieu, de l'apport de la théorie de Rawls, son intérêt pour l'élaboration d'une responsabilité préventive est qu'elle pourrait constituer, par son orientation économique, un complément technique indispensable à la mise en œuvre pratique d'une responsabilité envers les générations futures[2357] ou d'une justice pour ces dernières[2358]. Si, en effet, la responsabilité ne devait plus être fondée sur la seule considération d'événements passés mais devait également intégrer l'anticipation de certains événements à venir, susceptibles de survenir après une ou plusieurs générations, la question des modalités de la répartition financière du poids de cette responsabilité sans réciprocité ne pourra être éludée. Il conviendra alors de repenser les mécanismes d'indemnisation des dommages à la lumière de cette nouvelle orientation prospective de la responsabilité.

SOUS-SECTION II

LES ARGUMENTS JURIDIQUES

886. Est-il possible, comme l'affirment certains auteurs, que "de même qu'on peut, en principe, concevoir la réparation d'un dommage en l'absence de faute, on peut également concevoir la rétribution d'une faute en l'absence de tout dommage ou, *a fortiori*, indépendamment de toute considération de celui-ci"[2359] ? La reconnaissance d'une responsabilité civile pour risque de dommage peut être justifiée non seulement par des arguments tirés de l'évolution du droit de la responsabilité civile (§1) mais aussi par l'évolution du droit de la responsabilité pénale et la création du délit de mise en danger délibérée d'autrui (§2).

2357 D. BIRNBACHER, *La responsabilité envers les générations futures* [Stuttgart, Philipp Reclam jun, 1988], Paris, P.U.F. (coll. "Philosophie morale"), 1994.

2358 E. BROWN WEISS, *Justice pour les générations futures*, Paris, éd. Sang de la terre, UNESCO, 1993 ; A. GOSSERIES, *Penser la justice entre les générations : de l'affaire Perruche à la réforme des retraites*, Paris, Aubier, 2004.

2359 F. OST et M. VAN DE KERCHOVE, "Le présent, horizon paradoxal des sanctions réparatrices ?", *in Philosophie du droit et droit économique : quel dialogue ? Mélanges en l'honneur de Gérard FARJAT*, Paris, Frison-Roche, 1999, p. 483.

§ 1 LES ARGUMENTS TIRES DE L'EVOLUTION DU DROIT DE LA RESPONSABILITE CIVILE

887. Par-delà l'assouplissement de la condition relative au dommage en jurisprudence résultant du recours au concept de perte de chance[2360], de l'admission par les juges de présomptions de dommage, en particulier au travers de la notion de trouble[2361] ou encore de l'indemnisation d'un simple dommage moral[2362], l'émergence d'une responsabilité civile pour risque de dommage (A) constitue incontestablement un pas significatif sur le chemin d'une extension de la signification du concept de responsabilité juridique (B).

A – L'EMERGENCE D'UNE RESPONSABILITE CIVILE POUR RISQUE DE DOMMAGE

888. Nous avons déjà eu l'occasion de souligner comment la jurisprudence avait parfois eu recours à la notion de création d'un risque pour faciliter l'établissement d'un lien de causalité entre le fait générateur et le dommage[2363]. Dans toutes ces hypothèses, le risque, avéré ou suspecté, au regard des données de la science et de la technique, s'était réalisé et s'apparentait alors à un dommage réparable. Une telle solution participait d'une interprétation des notions de prévention et de précaution en conformité avec les conditions traditionnelles d'engagement de la responsabilité civile, en particulier avec l'exigence afférente à la réalisation d'un dommage. En revanche, elle laissait ouverte la question de *la réparation autonome du fait d'exposition à un risque de dommage*, avant sa survenance effective, et par-là même celle du rôle que la prévention et la précaution étaient appelées à jouer en dehors du paradigme classique de la responsabilité civile. La consécration de la notion de risque, comme fait générateur de responsabilité, indépendamment de la réalisation effective d'un dommage pourrait trouver à s'appuyer sur le constat de l'émergence d'une responsabilité contractuelle (1) et délictuelle sans dommage (2), ainsi que d'une responsabilité pour risque de dommage fondée sur la théorie des troubles anormaux de voisinage (3).

[2360] Sur l'évolution du droit en la matière, cf. 1ère partie, *supra*, n° 159 et s.

[2361] Sur le trouble, à la fois "précurseur" et "distinct" du dommage, cf. C. GUILLEMAIN, *Le trouble en droit privé*, Aix-en-Provence, P.U.A.M., 2000, n° 47 et s. Pour des applications de cette notion en matière de concurrence déloyale où le préjudice est fréquemment présumé à partir de l'existence d'un trouble, cf. Com. 22 mai 1984, *B.C.*, IV, n° 172 ; Com. 22 octobre 1985, *B.C.*, IV, n° 245 ; Com. 10 janvier 1989, *D.*, 1990, somm. p. 75, note Y. SERRA ; Com 25 février 1992, *B.C.*, n° 88 ; Com. 9 octobre 2001, *R.T.D.civ.*, 2002, p. 304, obs. P. JOURDAIN.

[2362] G. VINEY et P. JOURDAIN, *Les conditions de la responsabilité*, op. cit., n° 253 ; Y. CHARTIER, op. cit., p. 35 et 66.

[2363] Cf. 1ère partie, *supra*, n° 188 et s.

1) L'émergence d'une responsabilité contractuelle sans dommage

889. La reconnaissance d'une responsabilité civile préventive pourrait être fondée sur le courant jurisprudentiel qui tend à supprimer la condition relative au dommage (a) et sur le courant doctrinal qui nie le concept de responsabilité contractuelle et conduit à faire disparaître l'exigence d'un dommage (b).

a) La suppression de la condition relative au dommage

890. Pour que l'inexécution ou la mauvaise exécution du contrat engage la responsabilité du débiteur, encore faut-il que cette dernière ait causé un dommage au créancier. C'est là une exigence conforme aux principes généraux de la responsabilité civile curative. Il convient néanmoins de nuancer une telle affirmation. D'une part, en effet, la démonstration d'un dommage n'est pas exigée lorsque a été stipulée une clause pénale. Cette dernière, en effet, constitue une sanction contractuelle du manquement d'une partie à ses obligations et a donc vocation à s'appliquer du seul fait de cette inexécution[2364]. Elle se présente ainsi comme édictant "un principe de responsabilité sans préjudice"[2365].

891. D'autre part, la portée de la condition relative au dommage varie en fonction du type de réparation poursuivie par le créancier[2366]. En effet, lorsque celui-ci opte pour la réparation en nature, il n'a pas à rapporter la preuve d'un dommage puisque seule l'exécution du contrat est recherchée. L'exécution est un droit qui résulte de la seule constatation de la défaillance du débiteur[2367].

[2364] En ce sens, cf. Civ. 3ème, 12 janvier 1994, *B.C.*, III, n° 5 ; *R.T.D.civ.*, 1994, p. 605, obs. J. MESTRE ; *Rép. Defrénois* 1994, p. 804, obs. D. MAZEAUD ; *J.C.P.*, 1994, I, 3809, n° 18, obs. G. VINEY.

[2365] D. MAZEAUD, *La notion de clause pénale*, Paris, L.G.D.J. (coll. "Bibliothèque de droit privé"), tome 223, 1992, n° 566. Ce dernier souligne "l'importance déterminante de l'inexécution illicite en matière de clause pénale, et au contraire, le rôle subalterne joué par le préjudice" (op. cit., n° 565) qui fait de la clause pénale "une peine privée contractuelle" (op. cit., n° 555 et s.). Sur l'indépendance de la peine et du dommage en matière de clause pénale, cf. L. HUGUENEY, *L'idée de peine privée en droit contemporain*, Paris, Arthur Rousseau, 1904, p. 189.

[2366] En ce sens, cf. G. VINEY, "Exécution de l'obligation, faculté de remplacement et réparation en nature en droit français", *in Les sanctions de l'inexécution des obligations contractuelles. Etudes de droit comparé*, M. FONTAINE et G. VINEY, Bruxelles, Bruylant, Paris, L.G.D.J., 2001, p. 167 n° 2 ; C. LARROUMET (dir.), *Droit civil. Les obligations. Le contrat.*, tome III, Paris, Economica (5ème éd.), 2003, n° 643.

[2367] Cf. Civ. 27 avril 1948, *J.C.P.*, II, note E. BECQUE (recevabilité de l'action tendant à faire constater la résiliation d'un bail commercial à la suite d'une modification de l'usage et de la destination de la chose louée par le preneur, alors même que celle-ci n'était pas susceptible de causer un préjudice au bailleur). Civ. 3ème, 18 novembre 1980, *B.C.*, III, n° 177 (aucun texte n'exige que le propriétaire qui poursuit contre son locataire l'exécution des obligations nées du

En revanche, lorsque le créancier sollicite une réparation par équivalent en demandant des dommages et intérêts il doit alors prouver que l'inexécution lui a causé un dommage[2368]. Ainsi le droit à l'exécution, effet direct du contrat, se distingue-t-il du droit à la réparation des conséquences de l'inexécution.

892. Or, certaines décisions judiciaires n'ont pas hésité à reconnaître une responsabilité contractuelle sans dommage alors même que le créancier de l'obligation inexécutée demandait l'attribution de dommages et intérêts. Ainsi, la Cour de cassation, dans un arrêt en date du 25 janvier 1995[2369], a cassé, sur le fondement de l'article 1143 du Code civil, la décision des juges du fond qui avaient rejeté la demande de deux syndicats de copropriétaires tendant à la remise des lieux dans leur état antérieur à la réalisation de certains travaux au motif qu'ils ne justifiaient d'aucun préjudice. Puis, le 13 novembre 1997 la Haute juridiction a, en vertu du même texte, censuré l'arrêt d'une cour d'appel qui, à la suite d'une cession de bail commercial ordonnée par un liquidateur, avait débouté le bailleur de son action en dommages et intérêts à l'encontre du cessionnaire qui avait supprimé une cloison et modifié la distribution des lieux sans autorisation, au motif notamment que le demandeur ne rapportait pas la preuve d'un préjudice[2370].

893. Cette solution a été pleinement affirmée par la Cour de cassation dans un arrêt du 30 janvier 2002[2371] qui a jugé, sur le fondement des articles 1147 et 1732 du Code civil, que "l'indemnisation du bailleur en raison de l'inexécution par le preneur des réparations locatives prévues au bail n'est subordonnée ni à l'exécution de ces réparations ni à la justification d'un préjudice". Compte tenu du visa de l'article 1147 du Code civil, la portée de cette décision est de nature à dépasser le seul cadre des obligations nées du

---

bail justifie d'un préjudice). En sens contraire, cf. Cour de cassation 19 novembre 1996, *B.C.*, I, n°404 ; *R.T.D.civ.*, 1997, p. 156, obs. P.-Y. GAUTIER et p. 437 obs. P. JOURDAIN (à propos de la violation d'une clause de non-concurrence).

2368 Cf. Civ. 1ère, 26 février 2002, *B.C.*, I, n° 68 ; *R.T.D.civ.*, 2002, p. 809, note J. MESTRE et B. FAGES ; *Rép. Defrénois* 2002, p. 759, obs. E. SAVAUX ; Com. 9 avril 2002, *J.C.P.*, 2003, II, 10067, note J.-M. TENGANG (violation d'un pacte de préemption) ; Civ. 1ère, 13 novembre 2002, *R.T.D.civ.* 2003, p. 98, obs. P. JOURDAIN, *Con. Conc. Cons.*, avril 2003, comm. n° 52, obs. L. LEVENEUR (violation de l'obligation d'information pesant sur le médecin).

2369 Civ. 3ème, 25 janvier 1995, *B.C.*, III, n° 29.

2370 Civ. 3ème, 13 novembre 1997, *B.C.*, III, n° 202 ; *D. Aff.*, 1997, p. 1457 ; *R.T.D.civ.*, 1998, p.124, obs. P. JOURDAIN et p. 696, obs. P.-Y. GAUTIER.

2371 Civ. 3ème, 30 janvier 2002, *D.*, 2002, jur. p. 2288, note J.-L. ELHOUEISS ; *D. Aff.*, 2002, A.J., p. 888, obs. Y. ROUQUET ; *J.C.P.*, 2002, I, 186, n° 7, chron. G. VINEY ; *R.T.D.civ.*, 2002, p.321, obs. P.-Y. GAUTIER et p. 816, obs. P. JOURDAIN ; *P.A.*, 13 sept. 2002, n° 184, p. 3, chron. S. BEAUGENDRE ; *P.A.*, 18 nov. 2002, n° 230, p. 7, chron. Ph. STOFFEL-MUNCK ; *D.*, 2003, somm. p. 458, obs. D. MAZEAUD.

contrat de bail[2372]. Il est vrai que, depuis, la Cour de cassation a eu l'occasion de revenir sur une telle jurisprudence en jugeant le 3 décembre 2003, dans une espèce similaire, que les dommages et intérêts réclamés par le bailleur en raison de l'inexécution par le preneur des réparations locatives "ne peuvent être alloués que si le juge, au moment où il statue, constate qu'il est résulté un préjudice de la faute contractuelle"[2373]. Mais ici comme ailleurs le revirement opéré par la Haute juridiction judiciaire ne saurait constituer un argument définitif à l'encontre de la reconnaissance d'une responsabilité préventive sans dommage[2374]. En tout état de cause, l'idée d'une telle responsabilité pourrait encore trouver une justification dans les thèses qui tendent à nier le concept même de responsabilité contractuelle.

b) La négation du concept de responsabilité contractuelle

894. La célèbre controverse entre partisans de la dualité [2375] et défenseurs de l'unité[2376] des responsabilités contractuelle et délictuelle, qui avait conduit sur le chemin de la délimitation des deux ordres de responsabilité[2377], a été récemment renouvelée par plusieurs auteurs qui remettent en cause l'existence du concept de responsabilité contractuelle[2378]. Or cette dernière thèse

---

[2372] En ce sens, cf. S. BEAUGENDRE, note préc. Pour une position plus nuancée, cf. P. JOURDAIN, note préc.

[2373] Civ. 3ème, 3 décembre 2003, *B.C.*, III, n° 221 ; *R.T.D.civ.*, 2004, p. 295, obs. P. JOURDAIN.

[2374] A moins que ne soit officiellement levée la fiction de l'absence de rôle normatif de la jurisprudence. En faveur de cette idée, cf. N. MOLFESSIS (dir.), *Les revirements de jurisprudence. Rapport remis à Monsieur le Premier Président Guy Canivet*, Paris, Litec, 2005, p.12.

[2375] C. SAINCTELETTE, *De la responsabilité et de la garantie*, Bruxelles et Paris 1884.

[2376] GRANDMOULIN, *De l'unité de la responsabilité ou nature délictuelle de la responsabilité pour violation des obligations contractuelles*, 1892.

[2377] A. BRUN, Rapports et domaines des responsabilités contractuelle et délictuelle, thèse Lyon, 1931 ; J. HUET, *Responsabilité contractuelle et responsabilité délictuelle. Essai de délimitation entre les deux ordres de responsabilité*, thèse, Paris II, 1978 (dactyl.).

[2378] D. TALLON, "Pourquoi parler de faute contractuelle", *in Ecrits en hommage à G. Cornu*, Paris, P.U.F., 1994, p. 429 et "L'inexécution du contrat : pour une autre présentation", *R.T.D.civ.*, 1994, p. 223 ; Ph. REMY, "Critique du système français de responsabilité civile", *Droit et cultures*, 1996, p. 31 et "La responsabilité contractuelle" : histoire d'un faux concept, *R.T.D.civ.*, 1997, p. 323 ; L. LETURMY, "La responsabilité délictuelle du contractant", *R.T.D.civ.*, 1998, p.839. Pour une critique de cette position doctrinale, cf. P. JOURDAIN, "Réflexion sur la notion de responsabilité contractuelle", *in Les métamorphoses de la responsabilité*, SIXIEME JOURNEES RENE SAVATIER, Colloque, Poitiers 15-16 mai 1997, P.U.F., 1997, p. 65 ; E. SAVAUX, "La fin de la responsabilité contractuelle ?", *R.T.D.civ.*, 1999, p. 1 ; G. VINEY, "La responsabilité contractuelle en question", *in Le contrat à la fin du XXème siècle. Etudes en l'honneur de J. Ghestin*, L.G.D.J., 2001, p. 921 ; G. DURRY, "Responsabilité délictuelle et responsabilité contractuelle : dualité ou unité ?", *Resp. civ. et ass.*, juin 2001, n° 6 bis, hors série, p. 20 ; P. CATALA, *Avant-projet de réforme du droit des obligations et de la prescription*, préc., p. 163. Pour une analyse des dispositions de l'avant-projet sur cette question, cf. E. SAVAUX, "Brèves observations sur la responsabilité contractuelle dans l'avant-projet de réforme du droit de

constitue un argument majeur au service de la reconnaissance d'une responsabilité civile préventive sans dommage[2379]. En effet, il convient de rappeler que pour ce courant doctrinal, historiquement les dommages et intérêts contractuels n'auraient pas eu initialement de fonction de réparation. Ils s'apparentaient seulement à un moyen d'exécution forcée ou par équivalent du contrat. La prétendue responsabilité contractuelle serait ainsi un "faux concept", produit d'une invention de la doctrine. Elle ne saurait remplir aucune fonction de réparation, laquelle relèverait uniquement de la responsabilité délictuelle[2380]. Ainsi réduite à sa seule vraie nature d'instrument au service de l'exécution par équivalent la mise en jeu de la responsabilité contractuelle ne saurait être subordonnée à la réalisation d'un dommage[2381]. On comprend, dès lors, qu'une telle thèse puisse favoriser la reconnaissance d'une responsabilité préventive. Là où le dommage exprimait l'autonomie de la responsabilité contractuelle par rapport à l'exécution par équivalent[2382], sa disparition comme condition de la responsabilité contractuelle conduit à assimiler cette dernière à un mode d'exécution forcée susceptible d'être utilisé préventivement. A l'instar de la responsabilité pénale résultant d'une mise en danger[2383], la responsabilité contractuelle préventive se trouverait avant tout fondée sur la violation d'une obligation indépendamment de la réalisation effective d'un dommage. A cet égard, il convient de souligner que les auteurs qui contestent la thèse du "faux concept" de responsabilité contractuelle n'en soulignent pas moins les vertus de

---

la responsabilité", *R.D.C.*, janvier 2007, p. 45. Pour un commentaire critique de la position retenue par l'avant projet, cf. Ph. LE TOURNEAU, "Brefs propos critiques sur «la responsabilité contractuelle» dans l'avant-projet de réforme du droit de la responsabilité", *D.*, 2007, chron. p.2180.

[2379] Sur l'évocation de cette thèse à propos de l'application de la distinction de la prévention et de la précaution dans le paradigme classique de la responsabilité civile en présence d'un dommage, en raison de ses conséquences sur l'obligation de sécurité, cf. 1ère partie, *supra*, n° 580 et s.

[2380] Pour les défenseurs de cette thèse, plusieurs dispositions du Code civil attestent la fonction d'exécution forcée des dommages et intérêts. Ainsi en est-il du principe en vertu duquel toute obligation de faire ou de ne pas faire se résout en dommages et intérêts, en cas d'inexécution de la part du débiteur (art. 1142 du Code civil), sauf les cas où la loi autorise l'exécution forcée en nature (art. 1143 et 1144 du Code civil), de l'article 1147 du Code civil qui dispose que le débiteur est condamné à des dommages et intérêts à raison de "l'inexécution de l'obligation" et non à raison du dommage causé au créancier, et enfin de l'article 1150 du Code civil duquel il résulte que, sauf en cas de dol, le débiteur est tenu, non de rétablir le créancier en l'état où il se trouverait si un dommage ne lui avait pas été causé, mais de lui procurer l'équivalent de l'avantage qu'il attendait du contrat. Pour une application jurisprudentielle de cette doctrine, cf. Soc. 4 décembre 2002, *R.T.D.civ.* 2003, p. 711, obs. P. JOURDAIN.

[2381] En ce sens, cf. E. SAVAUX, "La fin de la responsabilité contractuelle ?", art. préc., n° 32 ; P. ANCEL, "La responsabilité contractuelle", *in Les concepts contractuels français à l'heure des Principes du droit européen des contrats*, Paris, Dalloz, 2003, p.243, n° 9.

[2382] En ce sens, cf. P. JOURDAIN, "Réflexion sur la notion de responsabilité contractuelle", art. préc., p. 73.

[2383] Sur cette dernière, cf. *infra*, n° 917 et s.

l'unification des deux ordres de responsabilité dès lors qu'est en cause un simple risque de dommage[2384].

895. La question des moyens mis en œuvre pour consacrer l'existence d'une responsabilité préventive en cas de violation d'un contrat sans dommage reste donc ouverte. Ce qui est sûr, en revanche, c'est que les thèses qui conduisent à un rapprochement entre les responsabilités contractuelle et délictuelle[2385], en mettant l'accent sur la violation de l'obligation, sont de nature à favoriser la reconnaissance d'une responsabilité préventive détachée de tout dommage. Ainsi, tandis que dans le cadre de la responsabilité curative l'exigence d'un dommage se présente comme un élément fédérateur des deux types de responsabilité contractuelle et délictuelle sous le primat d'une conception indemnitaire de la responsabilité[2386], son absence est également un facteur de rapprochement entre les deux ordres de responsabilité, sous l'égide cette fois d'une conception "sanctionnatrice" de la responsabilité centrée sur la notion de faute conçue comme la violation d'une obligation préexistante, par-delà la réalisation effective d'un dommage.

2) L'émergence d'une responsabilité délictuelle sans dommage

896. Bien qu'elle ait pu, récemment encore, rappeler que le dommage constitue une condition de la responsabilité délictuelle, la Cour de cassation[2387] ne s'est pas pour autant déclarée hostile à la possibilité d'une responsabilité pour simple risque de dommage dont elle a admis le principe dans certaines de ses décisions. Ainsi, dans une affaire jugée par la Cour de cassation le 18 décembre

---

2384 Ainsi, G. VINEY estime que "l'idée de risque [...] paraît transcender la distinction entre les régimes contractuel et délictuel [...] un régime unique se justifierait dans cette hypothèse" ("La responsabilité contractuelle en question", art. préc., p. 944). De son côté C. LARROUMET souligne qu' "il est souhaitable d'unifier les régimes délictuel et contractuel lorsque les créanciers contractuels et les tiers peuvent éprouver le même dommage, parce qu'ils sont exposés au même risque" ("Pour la responsabilité contractuelle", *in Le droit privé français à la fin du XXème siècle. Etudes offertes à Pierre Catala*, Paris, Litec, 2001, p. 554).

2385 Qu'il s'agisse d'un rapprochement par absorption dans le cas de la doctrine du "faux concept" de responsabilité contractuelle ou par unification ponctuelle en raison du risque encouru, dans le cas du maintien du principe de la distinction entre les deux ordres de responsabilité.

2386 En ce sens, cf. P. JOURDAIN, "Réflexion sur la notion de responsabilité contractuelle", art. préc., p. 73.

2387 Civ. 2ème, 18 décembre 2003, *B.C.*, II, n° 405 ; *R.T.D.civ.*, 2004, p. 294, obs. P. JOURDAIN (En l'espèce, le propriétaire d'un terrain avait agi à l'encontre de son voisin en vue d'obtenir la démolition de deux postes de chasse à la palombe que ce dernier avait élevés sur son propre fonds en infraction à un arrêté ministériel ainsi que la réparation de son préjudice en résultant. Les juges du fond avaient fait droit à sa demande de démolition mais l'avaient, en revanche, débouté de sa demande indemnitaire. La Cour de cassation a cassé l'arrêt estimant que la cour d'appel qui "n'a pas constaté l'existence d'un trouble excédant les inconvénients normaux du voisinage et qui a en outre exclu toute relation de causalité entre l'infraction à l'arrêté ministériel et un préjudice personnel quelconque" du demandeur s'est contredite et a violé l'article 1382 du Code civil).

1996[2388], les propriétaires d'une villa, implantée sur un terrain au sommet d'une falaise, avaient demandé réparation à la commune des préjudices résultant de la perte d'une partie de leur terrain consécutive à l'effondrement de la falaise, de la dépréciation de leur propriété, déclassée en zone non constructible, des dégradations de la villa, occupée par des squatters, ainsi que de la privation de jouissance de leur bien, à la suite de leur expropriation par la commune. Les juges du fond avaient fait droit à la demande relative à la perte d'une partie de la propriété. Ils avaient, en revanche, rejeté les autres demandes estimant que "les conséquences d'un arrêté de péril devaient être appréciées par le juge administratif et que la dégradation de la villa du fait de son occupation par des squatters et de son pillage relevait de la seule responsabilité du propriétaire". Or la Cour de cassation a cassé l'arrêt d'appel, pour manque de base légale, sur le fondement de l'article 1382 du Code civil, aux motifs que les juges du fond n'avaient pas recherché "si, indépendamment de l'arrêté de péril, par le seul effet de la menace d'écroulement de la falaise, les consorts Allard [propriétaires] n'avaient pas été privés de la jouissance de leur bien et si la partie restante de la propriété n'avait pas subi une dépréciation du fait de l'effondrement survenu en 1976". La formulation retenue par les juges qui se sont référés au "*seul effet* de la menace d'écroulement" tend à conférer au risque de dommage une autonomie propre à générer, par lui-même, un dommage indépendamment de la réalisation effective du risque.

897. Cette solution a été confirmée, à propos d'une espèce similaire dans laquelle des blocs rocheux étaient tombés d'une falaise faisant partie du domaine privé d'une commune et en contrebas de laquelle se trouvait un hôtel-restaurant. Après une étude technique, le maire de la commune avait demandé aux propriétaires de l'établissement de le fermer pendant les travaux de confortement de la falaise. Ces derniers avaient alors assigné la commune sur le fondement de l'article 1384 alinéa 1er du Code civil afin d'obtenir la réparation de leurs préjudices commerciaux et financiers. La Cour d'appel avait rejeté les demandes aux motifs que "c'était non le fait de la falaise mais la mise à exécution de l'arrêté municipal [...] qui était exclusivement à l'origine directe de la cessation d'exploitation et de ses conséquences" et que "le seul risque d'éboulement n'a pas eu d'effet direct dans la survenance des dommages dont il était demandé réparation". Or la Cour de cassation, dans une décision du 26 septembre 2002[2389], a cassé l'arrêt sur le fondement de l'article 1384 alinéa 1er du Code civil. Elle a estimé que "l'arrêté municipal ne trouvait lui-même sa justification qu'au regard du risque d'éboulement de la falaise, n'en étant que la conséquence, et que ce risque constituait donc la cause de la cessation d'exploitation de l'établissement".

[2388] Civ. 2ème, 18 décembre 1996, *B.C.*, II, n° 287 ; *R.T.D.civ.*, 1997, p. 440 obs. P. JOURDAIN.
[2389] Civ. 2ème, 26 septembre 2002, *D.*, 2003, jur. p. 1257, note O. AUDIC ; *J.C.P.*, 2003, I, 154, chron. G. VINEY ; *R.T.D.civ.*, 2003, p. 100, obs. P. JOURDAIN.

898. En affirmant que "le risque constituait donc la cause" du dommage, la Cour de cassation érige de manière explicite, cette fois, la notion de risque de dommage en fait générateur de responsabilité. La notion de risque n'est plus alors utilisée comme une technique permettant de faciliter l'imputation du dommage au fait générateur, autrement dit de favoriser l'établissement du lien de causalité entre ces deux éléments. Elle devient par elle-même le fait générateur à l'origine du dommage. Une telle évolution est rendue possible grâce à l'adoption d'une conception souple du lien de causalité, celle de l'équivalence des conditions qui permet de rattacher le dommage non pas seulement au fait qui l'a produit directement mais à un fait antérieur. Ainsi, l'arrêté de péril dans la première espèce ou celui de fermeture de l'hôtel-restaurant, dans la seconde, perd le statut de fait générateur ou de cause adéquate du dommage pour revêtir celui de cause intermédiaire, le fait générateur étant reporté en amont à une cause antérieure.

899. Dès lors, en se détachant ainsi nettement du lien de causalité le risque apparaît comme un fondement de la responsabilité doublement autonome: par rapport à la causalité et par rapport au dommage, puisqu'il est envisagé indépendamment de la réalisation effective de celui-ci. Cette double autonomie confère à la notion de risque une spécificité par rapport à son utilisation traditionnelle comme fondement de la responsabilité civile. En effet, il se trouvait alors à la fois mêlé à la causalité de trop prêt, puisqu'il s'apparentait à la cause adéquate du dommage, et était intimement lié au dommage qui en constituait la réalisation. Ayant ainsi quitté le "lieu" de la causalité et celui du dommage le risque peut ainsi faire son entrée dans celui du fait générateur.

900. Pour autant, le risque n'est pas encore réparé pour lui-même, puisque l'indemnisation intervient en présence d'un dommage, qu'il s'agisse de la perte de jouissance de la propriété dans la première espèce ou de la cessation d'exploitation de l'établissement, dans la seconde. Le dommage réparé ne correspond pas à celui qui aurait constitué la réalisation du risque si ce dernier s'était transformé en dommage. En effet, dans les deux affaires évoquées ce dernier était constitué, dans le premier cas, par l'écroulement effectif de la falaise, et dans le second cas, par son éboulement. Seule, l'indemnisation ayant pour effet de réparer la menace portant sur l'un ou l'autre de ces préjudices aurait alors conféré au risque une pleine autonomie de nature à engendrer une rupture au sein du paradigme classique de la responsabilité civile, en en faisant une source de responsabilité indépendante de la survenance effective d'un dommage.

901. Dès lors, la portée des fondements de la responsabilité retenus par les juges dans ces deux espèces, qu'il s'agisse de l'article 1382 ou de l'article

1384 alinéa 1er du Code civil ne saurait être interprétée en dehors du paradigme classique de la responsabilité civile fondé sur l'exigence d'un dommage, puisque, comme nous l'avons souligné, dans l'une et l'autre de ces affaires le risque de dommage n'était pas réparé pour lui-même. Sur ce dernier point, il convient de souligner que le fait d'ériger le risque de dommage en fait générateur de responsabilité pourrait, à première vue, paraître engendrer des conséquences radicalement différentes selon que l'on se trouve dans l'hypothèse d'une responsabilité du fait des choses ou du fait personnel. Tandis que dans le premier cas, qui correspond à la seconde affaire évoquée, la remontée au risque d'éboulement de la falaise n'empêche pas d'imputer la responsabilité civile à un responsable identifié, en l'espèce la commune, gardienne de la falaise, dans le second cas, qui correspond à la première espèce, un tel raisonnement ne permet pas d'imputer directement le fait générateur à un responsable identifié. Dans ce dernier cas, en effet, la commune ne peut être tenue de réparer le dommage qu'en raison d'un artifice technique, qui n'apparaît pas dans la motivation de la décision, en vertu duquel, elle est jugée responsable parce qu'elle a créé un risque en ne prenant pas les mesures de nature à empêcher la survenance du dommage. Il en résulte que dans un cas comme dans l'autre, qu'elle soit fondée sur l'article 1384 alinéa 1er ou sur l'article 1382 du Code civil, la responsabilité civile intervient toujours pour sanctionner un risque (celui de l'éboulement de la falaise) dont la survenance n'a pas été empêchée par une faute, faute dans la garde ou faute consistant à avoir créé un risque. La faute résulte de l'absence d'empêchement de la survenance d'un risque[2390].

902. Parfois, l'exposition à un risque ne résulte pas d'une simple abstention, comme dans l'espèce du 18 décembre 1996, mais trouve sa source dans un comportement actif. Ainsi, dans une affaire jugée par la Cour de cassation le 17 décembre 2002[2391] le propriétaire d'un étang avait construit un barrage de fortune ayant pour effet de maintenir l'eau à un niveau artificiellement élevé. Il a été condamné à réparer, sur le fondement de l'article 1382 du Code civil, les préjudices subis par son voisin résultant non seulement de l'inondation régulière de son fonds mais également du risque de rupture de la digue qui aurait engendré des conséquences plus dramatiques encore. Cependant, la globalisation des préjudices opérée par les juges, en l'espèce, ne permet pas d'affirmer que le risque de dommage était indemnisé pour lui-même, indépendamment des dommages passés.

903. Plus récemment encore, la Cour de cassation a rejeté les pourvois formés contre des décisions de juges du fond qui avaient retenu la responsabilité de sociétés du fait de dommages non encore réalisés. Ainsi, dans

---

[2390] Sur la notion de faute de risque, cf. 1ère partie, *supra*, n° 645 et s.

[2391] Civ. 3ème, 17 décembre 2002, *J.C.P.*, 2004, I, 101, n° 5, chron. G. VINEY ; *R.D.I.*, juillet-août 2003, p. 322, obs. F.-G. TREBULLE.

une décision du 25 mai 2005 la Haute juridiction judiciaire[2392] a approuvé une cour d'appel ayant condamné un constructeur après avoir relevé que "les défauts de conformité aux règlements parasismiques étaient multiples, portaient sur des éléments essentiels de la construction et constituaient un facteur d'ores et déjà avéré et certain de perte de l'ouvrage par séisme". Dans le même sens, dans un arrêt du 31 octobre 2007, la Cour de cassation[2393] a rejeté le pourvoi contre une décision qui avait condamné un propriétaire et un exploitant agricoles à réparer les préjudices subis par les propriétaires de parcelles voisines. En l'espèce, les hauts magistrats ont repris les motifs de la cour d'appel qui s'était référée aux "risques et dommages" des demandeurs.

904. Le fait de prendre en compte une simple menace de dommage constitue une étape sur le chemin de la reconnaissance d'une responsabilité civile préventive. Une telle évolution est d'ailleurs loin d'être utopique, comme en témoigne le récent règlement du Parlement européen et du Conseil du 11 juillet 2007 sur la loi applicable aux obligations non contractuelles ("Rome II")[2394] qui "s'applique également aux obligations non contractuelles *susceptibles de survenir*"[2395]. La possibilité d'existence juridique d'une forme préventive de responsabilité impliquerait alors une redéfinition des contours de la notion même de responsabilité, dans le sens d'une prise en considération non plus seulement des dommages passés déjà réalisés mais également de celle des dommages susceptibles de se produire à l'avenir, c'est-à-dire des risques de dommages.

3) L'émergence d'une responsabilité pour risque de dommage fondée sur la théorie des troubles anormaux de voisinage

905. La responsabilité pour troubles de voisinage, dont la doctrine se plait à rappeler l'autonomie par rapport aux responsabilités de droit commun[2396], a été récemment appliquée en présence d'un simple risque de dommage. Ainsi, dans une première espèce une personne avait acquis un terrain sur lequel elle avait fait construire une villa au sein d'un lotissement situé en bordure d'un golf. Se plaignant de dégâts causés par la projection incessante de balles de golf sur

---

[2392] Civ. 3ème, 25 mai 2005, *B.C.*, III, n° 113.

[2393] Civ. 3ème, 31 octobre 2007, pourvoi n° 06-19128.

[2394] Règlement CE n° 864/2007 du Parlement européen et du Conseil (*J.O.C.E.*, 31 juillet 2007, L. 199/40). Sur ce règlement, cf. G. LEGIER, "Le règlement «Rome II» sur la loi applicable aux obligations non contractuelles", *J.C.P.*, 2007, I, 207.

[2395] Règlement préc., art. 2.2.

[2396] G. VINEY et P. JOURDAIN, *Les conditions de la responsabilité*, op. cit., n° 959 ; Y. CHARTIER, op. cit., p. 29. L'*Avant-projet de réforme du droit des obligations et de la prescription* (préc.) prévoit d'inscrire la construction jurisprudentielle du régime des troubles anormaux de voisinage dans le Code civil (art. 1361). Cependant, il en limite le domaine au trouble provoqué par "le propriétaire, le détenteur ou l'exploitant d'un fonds".

sa propriété, elle assigna la société exploitant le golf afin d'obtenir la modification de son parcours et des indemnités. La cour d'appel fit droit à sa demande, sur le fondement de l'article 544 du Code civil. La Cour de cassation, dans une décision en date du 10 juin 2004[2397], rejeta le pourvoi formé par la société exploitante aux motifs que la plaignante, "contrainte de vivre sous la menace constante d'une projection de balles qui devait se produire d'une manière aléatoire et néanmoins inéluctable, et dont le lieu et la force d'impact, comme la gravité des conséquences potentielles, étaient totalement imprévisibles, continuait à subir des inconvénients qui excédaient dans de fortes proportions ceux que l'on pouvait normalement attendre du voisinage d'un parcours de golf". Comme l'a souligné l'un des commentateurs de l'arrêt "ce ne sont donc pas tant les dommages passés résultant des projections de balles de golf, que l'on imagine minimes, qui justifiaient la responsabilité de l'exploitant du golf que les *risques* de dommages futurs, en l'occurrence les risques de tirs aux conséquences graves pour une propriété particulièrement exposée"[2398].

906. La même analyse peut être faite à propos d'un arrêt rendu par la Cour de cassation le 24 février 2005[2399]. Dans cette affaire, la Haute juridiction judiciaire a approuvé les juges du fond d'avoir retenu que le fait pour un exploitant agricole de stocker de la paille constituait, pour les habitants de l'immeuble situé à proximité, un trouble anormal de voisinage en raison du risque d'incendie qui en résultait. En érigeant à nouveau ainsi une simple menace de dommage au rang de trouble de voisinage, la Cour de cassation fait un pas supplémentaire en direction de la reconnaissance d'une responsabilité civile préventive[2400].

907. La théorie des troubles anormaux de voisinage n'a pas été seulement invoquée en présence de risques avérés de dommages. Elle tend, en effet, à être de plus en plus souvent utilisée par les juridictions du fonds afin de contester l'installation d'antennes-relais de téléphonie mobile dont les risques sur la santé sont encore seulement suspectés[2401]. Le pas a été ouvert avec le

---

[2397] Civ. 2ème, 10 juin 2004, *R.D.I.*, 2004, p. 348 obs. F.-G. TREBULLE ; *R.T.D.civ.*, 2004, p. 738, obs. P. JOURDAIN ; *D.*, 2005, panorama jur. p. 185, n° 3, obs. D. MAZEAUD.
[2398] P. JOURDAIN, note préc.
[2399] Civ. 2ème, 24 février 2005, *B.C.*, II, n° 50.
[2400] En ce sens, à propos des arrêts du 10 juin 2004 et du 24 février 2005, préc, cf. A. PENNEAU ("De quelques nouvelles variations sur le thème de la théorie du trouble anormal de voisinage", *Rev. Lamy dr. civ.*, janvier 2006, p. 15, spéc. p. 16) qui souligne que l' "on voit ici comment la théorie des troubles anormaux du voisinage échappe, dans une certaine mesure, aux canons du droit de la responsabilité qui assume plus naturellement une fonction de réparation du dommage qu'une fonction de prévention".
[2401] Sur cette question, cf. 1ère partie, *supra*, n° 378 et s.

jugement du Tribunal de grande instance de Grasse rendu le 17 juin 2003[2402]. Une commune avait sollicité le déplacement d'une antenne-relais de téléphonie mobile implantée sur la parcelle d'un particulier, à la suite d'une convention entre ce dernier et un opérateur de télécommunication. La commune soutenait d'une part, que le voisinage des installations, dont le fonctionnement ne respectait pas les normes requises par le décret n° 2002-775 du 3 mai 2002, faisait courir des risques aux élèves et enseignants de l'école située à proximité. D'autre part, elle invoquait le fait que l'installation d'un tel dispositif constituait, sur la base du principe de précaution, un trouble anormal de voisinage. A ce titre, elle rappelait "qu'aucune étude scientifique, au regard des données actuelles de la science ne peut confirmer ou infirmer l'innocuité d'une exposition permanente aux radiofréquences". Les juges ont estimé tout d'abord que l'opérateur n'avait pas, en effet, respecté les valeurs limites d'exposition aux champs électriques fixées par les dispositions réglementaires. Le tribunal a rappelé qu'une telle violation ne justifiait pas en elle-même une action sur le fondement des troubles anormaux de voisinage en l'absence de preuve d'un dommage. Puis, il a ordonné le déplacement de l'antenne "au nom du principe de précaution renforcé". Par cette dernière expression les juges ont voulu signifier qu'ils ne concevaient pas le principe de précaution comme une obligation générale d'abstention, mais selon leurs propres termes, comme "une obligation de prudence renforcée qui consiste, en fait, à abaisser le seuil de probabilité du risque à compter duquel il faut prendre des mesures de prévention". Après avoir rappelé la définition du principe de précaution donnée par la Commission des Communautés européennes[2403], ils ont estimé que "les conclusions du rapport Zmirou, les symptômes relevés par l'étude réalisée par le Docteur Santini, en 2001, sur les personnes établies à proximité d'une antenne relais, ainsi que les manifestations physiologiques, combinées aux incertitudes sur les effets réels des champs électromagnétiques à long terme sur l'être humain, et les nombreuses études sur les effets biologiques avérés sur l'homme, constituent en l'espèce des troubles excédant les troubles normaux de voisinage s'agissant d'enfants d'une école maternelle, en bas âge, bien plus exposés et fragiles que des personnes adultes". Pour apprécier l'anormalité du trouble, condition nécessaire au bien fondé de l'action en réparation des troubles de voisinage, les juges, conformément à la jurisprudence, ont pris en compte la

---

[2402] S. KOWOUVIH, "Les troubles anormaux de voisinage et les antennes relais de téléphonie mobile : une utilisation inédite du principe de précaution en matière de responsabilité civile", *Resp. civ. et ass.*, nov. 2003, chron. n° 29.

[2403] En vertu de laquelle, le principe de précaution "couvre les circonstances particulières où les données scientifiques sont insuffisantes, peu concluantes ou incertaines, mais où, selon des indications découlant d'une évaluation scientifique objective et préliminaire, il y a des motifs raisonnables de s'inquiéter que les effets potentiellement dangereux sur l'environnement et la santé humaine, animale ou végétale soient incompatibles avec le niveau de protection choisi", *Communication de la Commission sur le recours au principe de précaution*, du 2 février 2000, COM (OO) 153 final, *J.O.C.E.*, C 2000/58 du 2 février 2000.

réceptivité des victimes[2404]. En l'espèce, la fragilité naturelle du groupe de personnes exposées, constitué d'enfants, rendait les troubles anormaux.

908. Mais le principal intérêt du jugement du Tribunal de grande instance de Grasse est d'appliquer la théorie des troubles anormaux de voisinage en présence de dommages (que les juges prennent soin de relever en évoquant "les plaintes des enseignants comme des élèves faisant état de maux de tête, de difficultés d'endormissement et de troubles du sommeil") dont la relation de causalité avec le fait générateur, à savoir l'implantation de l'antenne-relais, est scientifiquement douteuse. Dès lors, l'application du principe de précaution est ici largement novatrice. En effet, elle intervient non pour favoriser la mise en jeu d'une responsabilité civile curative classique élargie à la prise en considération d'un risque scientifique suspecté mais tend à instituer le principe de précaution au fondement de la décision d'ordonner la cessation d'un trouble éventuel. Elle participe ainsi de l'émergence d'une responsabilité préventive pour seul risque de dommage.

909. Il convient néanmoins de rester prudent sur la portée d'une telle décision. Certes, en effet, le 8 juin 2004, la Cour d'appel d'Aix-en-Provence[2405] a confirmé le jugement du Tribunal de grande instance de Grasse. Cependant, elle n'a pas repris à son compte la motivation des premiers juges basée sur le principe de précaution. Elle s'est contentée de fonder sa décision d'ordonner le déplacement du pylône sur l'article 544 du Code civil, estimant que la commune subissait un trouble qui excédait les inconvénients normaux de voisinage.

910. Il reste que le jugement du Tribunal de grande instance de Grasse[2406] n'a pas manqué d'inspirer d'autres juridictions du fonds. Ainsi, dans une décision du 20 mars 2006, le Tribunal de grande instance de Toulon[2407] a condamné, pour trouble de voisinage, la société Bouygues Telecom à enlever une antenne-relais aux motifs qu' "il ne peut être imposé à un voisin, contre son gré, l'exposition à risque même hypothétique [...]". Les juges se sont expressément référés au principe de précaution. Selon eux, ce principe "doit d'autant plus être privilégié qu'à ce jour il ne s'est pas écoulé un nombre d'années suffisant pour avoir le recul nécessaire et pour pouvoir affirmer qu'il n'existe aucun risque".

[2404] Cf. J. HUET, "Le développement de la responsabilité civile pour atteinte à l'environnement", *P.A.*, 5 janvier 1994, n° 2, p. 10 § 9.
[2405] Aix-en-Provence, 8 juin 2004, *D.*, 2005, jur. p. 2678, note M. BOUTONNET.
[2406] T.G.I. Grasse, 17 juin 2003, préc.
[2407] T.G.I. Toulon, 20 mars 2006, *Dr. env.*, juin 2006, II, p. 164, note D. DEHARBE et E. HICTER.

911. Ces dernières décisions traduisent incontestablement la pénétration du principe de précaution en jurisprudence. Néanmoins la portée d'une telle évolution demeure encore incertaine compte tenu de l'absence de prise de position de la Cour de cassation qui n'a pas, à ce jour, été saisie de cette question. Enfin, il convient de souligner que le recours au principe de précaution, dans le but de justifier une injonction du juge, aboutit à donner à la responsabilité civile un fondement préventif en situation de risque suspecté, alors même qu'un tel résultat n'est pas admis en présence d'un risque avéré[2408]. Un tel paradoxe résulte de l'agitation médiatique et juridique provoquée par la consécration légale, puis constitutionnelle, du principe de précaution porteur d'une nouvelle notion. Cette "cacophonie"[2409] engendrée par la précaution a contribué à focaliser le débat du renouvellement de la responsabilité civile sur cette seule notion par-delà l'existence de la prévention. Pourtant, les contours de la précaution ne peuvent être définis que par rapport à la prévention[2410]. Mais surtout, l'élaboration d'une responsabilité préventive ne saurait être fondée sur l'un plutôt que l'autre des principes porteurs de ces deux notions[2411]. Au contraire, l'enrichissement de la responsabilité civile en direction de l'anticipation des dommages a vocation à transcender la nature avérée ou suspectée du risque que la nouvelle forme de responsabilité a pour objet de prévenir. Une telle évolution passe par l'extension de la signification du concept de responsabilité juridique.

B – L'EXTENSION DE LA SIGNIFICATION DU CONCEPT DE RESPONSABILITE JURIDIQUE

912. L'histoire du mot "responsabilité", d'apparition récente dans la langue française[2412], révèle que le concept classique de responsabilité juridique est le résultat d'une sédimentation des significations successivement attachées à la notion de responsable[2413]. Ainsi, le sens actuel de la responsabilité, comme imputation d'un dommage passé à un auteur, procède d'une réduction sémantique opérée par la morale chrétienne du sens étymologique du terme *respondere*, à l'origine de la notion de responsabilité. Ce dernier renvoie au

---

[2408] Sur l'évocation implicite de ce paradoxe, cf. O. GODARD ("L'ambivalence de la précaution et la transformation des rapports entre science et décision", *in Le principe de précaution dans la conduite des affaires humaines*, op. cit., p. 48) qui se demande "pourquoi donc, à niveau égal de dommage, faudrait-il faire plus pour éviter un dommage incertain que pour éviter un dommage certain ?".

[2409] Cf. D. MAZEAUD, "Responsabilité civile et précaution", art. préc., p. 73.

[2410] En ce sens, cf. Chp. préliminaire, *supra*, n° 48 et s.

[2411] Sur les principes de prévention et de précaution, comme fondements rationnels de la responsabilité civile préventive, cf. *infra*, n° 1048 et s.

[2412] J. HENRIOT, "Note sur la date et le sens de l'apparition du mot «responsabilité»", *A.P.D.*, 1977, p. 59.

[2413] M. VILLEY, "Esquisse historique du mot responsable", *A.P.D.*, 1977, p. 45.

sponsor, le débiteur, ainsi qu'au *responsor*, la caution, c'est-à-dire celui obligé de répondre de la dette principale d'autrui. Or, initialement le mot répondre implique "l'idée de se tenir garant du cours *d'événements à venir*"[2414]. Mais le passage du mot dans le discours de la morale chrétienne en a transformé la signification pour l'assimiler au seul fait de répondre des actes passés dont l'homme était comptable devant Dieu. Ainsi, "tandis que la justice de l'homme est utile, vise une prestation future, Dieu ne regarde qu'au passé. Nous n'y répondons pas d'une dette, d'une charge, d'un service à remplir, mais de notre conduite une fois accomplie dans notre pèlerinage terrestre" [...] Dieu juge des actes [...] L'acte fautif devient la *cause* de cette forme de responsabilité"[2415].

913. Dès lors, si la notion de responsabilité civile devait s'étendre à la prise en charge des dommages futurs, elle serait pleinement conforme à cette signification première. Encore que, à y regarder de plus près, bien que l'étymologie du mot "responsable" milite en faveur d'une responsabilité tournée vers le futur, le régime romain de réparation des dommages, qui n'était pas la faute mais "la défense d'une juste répartition entre les biens répartis entre les familles, d'un juste équilibre"[2416], plaçait le dommage au cœur de la responsabilité. Celle-ci intervenait précisément pour rétablir l'équilibre rompu, le désordre entraîné par la survenance du fait dommageable. Mais en réalité, ce dernier sens attaché au mot "responsable", loin de faire obstacle à la reconnaissance d'une responsabilité préventive, constitue un argument supplémentaire en faveur d'une telle évolution dans la mesure où la nécessité de prévenir certains dommages avant leur réalisation procède précisément du constat de leur particulière gravité dans l'espace et dans le temps[2417].

914. Enfin, par-delà l'étymologie[2418], la polysémie[2419] du mot "responsabilité" milite en faveur d'une extension de la signification juridique traditionnelle de la notion de responsabilité. Ainsi, Paul Ricœur souligne le paradoxe résultant d'un côté, de la "fermeté de la définition juridique" et de l'autre, de "la prolifération et [de] la dispersion des emplois du terme dans son usage courant", prolifération qu' "encourage la polysémie du verbe répondre : non seulement répondre de..., mais répondre à une question, à un appel, à une

---

[2414] M. VILLEY, art. préc., p. 46.
[2415] M. VILLEY, art. préc., p. 53.
[2416] M. VILLEY, art. préc., p. 49.
[2417] Cf. *supra*, n° 664 et s.
[2418] Sur les potentialités étymologiques de la notion de responsabilité, cf. C. THIBIERGE, "Libres propos sur l'évolution du droit de la responsabilité (Vers un élargissement de la fonction de la responsabilité civile ?)", art. préc., p. 572 ; M. BOUTONNET, op. cit., n° 524 et s.
[2419] G. PIGNARRE, "La responsabilité : débat autour d'une polysémie", *Resp. civ. et ass.*, juin 2001, chron. n° 2, p. 10.

injonction, etc."[2420]. Le terme "responsabilité" ne coïncide plus seulement avec l'obligation de réparer le dommage causé mais tend à renvoyer à un pouvoir, entraînant l'obligation de respecter certains engagements à l'égard d'autrui. Cette signification morale de la responsabilité, "comme engagement pour le futur"[2421], dont la réflexion éthique et philosophique a favorisé l'extension[2422], vient aujourd'hui questionner le sens juridique attribué à la responsabilité en lui ouvrant de nouvelles perspectives d'évolution. Ainsi, on peut se demander "si l'inflation présumée du concept moral de responsabilité n'est pas à mettre en rapport avec un déplacement vers l'amont de la signification juridique elle-même, reportée plus haut que l'action et ses effets dommageables, en direction des démarches de précaution et de prudence susceptibles de *prévenir* le dommage"[2423].

915. Si la notion juridique de responsabilité devait ainsi s'enrichir d'une nouvelle dimension prospective, en direction de la prise en considération du seul risque de dommage, encore faudrait-il lui trouver un nom qui en exprime la spécificité. Sur ce point, la notion de précaution ne paraît qu'imparfaitement adaptée à saisir une telle signification. En effet, le critère substantiel de cette dernière qu'est l'incertitude, compte tenu des connaissances scientifiques et techniques, empêcherait l'appréhension d'un risque de dommage avéré. Or la responsabilité pour risque de dommage est susceptible de s'étendre à la fois aux risques avérés et aux risques suspectés. En outre, on rechercherait vainement une filiation entre la notion légale de précaution et l'usage moral du terme "responsabilité"[2424]. En effet, force est de constater l'absence de définition lexicale, c'est-à-dire d'un "usage linguistique répandu dans une communauté donnée de locuteurs"[2425], du mot "précaution" chez les partisans d'une extension de la responsabilité morale en direction de l'anticipation des dommages. Autrement dit, il n'y a pas, en philosophie morale, de lien établi entre la précaution comme terme (ou signifiant) et la précaution comme concept (ou

---

2420 P. RICŒUR, "Le concept de responsabilité. Essai d'analyse sémantique", *Esprit*, novembre 1994, p. 28-29.

2421 A. ETCHEGOYEN, "La notion de responsabilité", *Risques*, n° 32, oct.-déc. 1997, p.17.

2422 Sur cette réflexion, cf. *supra*, n° 867 et s.

2423 P. RICŒUR, art. préc., *Esprit*, nov. 1994, p. 42.

2424 En sens contraire, cf. M. BOUTONNET (op. cit., n° 511) qui estime qu' "une grande majorité de la doctrine établit clairement une filiation philosophique entre le principe de précaution et l'ouvrage du philosophe allemand Hans Jonas, *Le principe responsabilité, une éthique pour la civilisation technologique*". Or, en dépit de sa récurrence, une telle association entre le *Principe responsabilité* et le principe de précaution est critiquable. En effet, si le principe philosophique de responsabilité de Hans Jonas renvoie certes à une conception préventive de la responsabilité, il ne saurait être assimilé au seul principe légal de précaution, faute de nier alors la spécificité de ce dernier par rapport au principe de prévention.

2425 Article "Définition en droit", *in Dictionnaire encyclopédique de théorie et de sociologie du droit*, op. cit.

signifié)[2426]. Ainsi, dans son ouvrage le *Principe responsabilité*, Hans Jonas ne l'emploie qu'à une seule reprise[2427]. De son côté, lorsqu'il fait usage du mot "précaution", Paul Ricœur l'associe à chaque fois au terme "prudence". En effet, il se réfère à plusieurs reprises aux "démarches de précaution et de prudence"[2428] et écrit "qu'une fois l'idée de précaution substituée à celle de réparation, le sujet est alors à nouveau responsabilisé par l'appel à la vertu de prudence"[2429].

916. Par conséquent, l'extension de la notion juridique de responsabilité civile ne paraît pouvoir trouver à s'exprimer qu'à travers une expression suffisamment large pour saisir tous les types de risques de dommages, qu'ils soient avérés ou suspectés, compte tenu des données de la science. La notion de "responsabilité préventive" répond à cette exigence[2430]. De son côté, la distinction de la prévention et de la précaution, fondée sur la spécificité de la nature du risque, compte tenu des connaissances scientifiques et techniques, a vocation à transcender les deux formes curative et préventive de responsabilité[2431].

§ 2 L'ARGUMENT TIRE DE L'EVOLUTION DU DROIT DE LA RESPONSABILITE PENALE : L'EXEMPLE DU DELIT DE MISE EN DANGER DELIBEREE D'AUTRUI

917. Introduit par le Nouveau code pénal de 1993, le délit de mise en danger délibérée d'autrui constitue un exemple remarquable et encore unique de responsabilité sans dommage[2432]. Les raisons qui ont conduit à son adoption (A)

2426 Sur la distinction entre signifié et signifiant, cf. F. de SAUSSURE, *Cours de linguistique générale* [1915], Paris, Payot, 1995, p. 97 et s.

2427 H. JONAS, *Le Principe Responsabilité*, op. cit., p. 359.

2428 P. RICŒUR, art. préc., *Esprit*, nov. 1994, p. 42 et 44.

2429 P. RICŒUR, art. préc., *Esprit*, nov. 1994, p. 48.

2430 Cette expression est notamment employée par C. THIBIERGE (art. préc., *R.T.D.civ.*, 1999, p.572 et art. préc., *D.*, 2004, p. 577), par G. PIGNARRE (art. préc.) ou encore A. SERIAUX, "L'avenir de la responsabilité civile. Quel(s) fondement(s) ?", *Resp. civ. et ass.*, H.S., juin 2001, chron. n° 10. De son côté, M. BOUTONNET (op. cit., n° 627 et s.) qualifie de "préventive", l'action en responsabilité civile résultant des conséquences du principe de précaution en droit de la responsabilité civile.

2431 En ce sens le schéma proposé par C. THIBIERGE (art. préc., *R.T.D.civ.*, 1999, p.584) qui fait de la précaution le fondement commun des responsabilités civiles curative et préventive ne nous paraît pas conforme à la définition juridique de la précaution caractérisée par l'incertitude scientifique, par opposition à la prévention fondée sur le risque avéré. Or ces deux notions ont vocation à être appliquées tant dans le paradigme curatif traditionnel que dans le nouveau paradigme préventif.

2432 Sur ce délit, cf. R. MERLE et A. VITTU, *Traité de droit criminel* [1967], tome I, Paris, Cujas, 1997 (7ème éd.), n° 612 et s. ; Y. MAYAUD, *Rép. Pén. Dalloz*, juin 2002, "Risques causés à autrui" ; D. CARON, *Juriscl.*, art. 223-1 et 223-2, oct. 2004 ; M.-L. RASSAT, *Droit pénal spécial*, Paris, Dalloz, 2004 (4ème éd.), n° 339 et s. ; F. DESPORTES et F. LE GUNEHEC, *Droit pénal général*, Paris, Economica (Coll. "Corpus droit privé"), 2004, n° 492 et s. ; A. CHAVANNE, "Les délits de mise en danger. Rapport français", *in Colloque préparatoire du*

ainsi que ses éléments constitutifs (B) en font un candidat idéal au service de l'élaboration d'une responsabilité civile préventive[2433].

A – LES RAISONS D'UN DELIT : DE LA REPRESSION A LA PREVENTION TRADITIONNELLE

918. Que le droit pénal remplisse une fonction de prévention, au sens traditionnel, par-delà la seule répression des atteintes à l'ordre social, nul ne saurait le contester. En particulier, depuis que l'Ecole positiviste et celle de la défense sociale, en mettant l'accent sur la dangerosité du délinquant plus que sur la considération de son acte, ont contribué au développement de la responsabilité subjective[2434]. La question de l'appréhension du comportement criminel, indépendamment du résultat pénal[2435] a toujours été au cœur des interrogations des pénalistes. Mais elle était le plus souvent étudiée sous l'angle de la tentative ou à travers la distinction doctrinale des infractions matérielles et formelles[2436] ou encore par le biais de la catégorie des infractions-obstacles[2437]

Xème Congrès international de droit pénal, Rome, 28-31 mai, 1968, *Rev. inter. dr. pénal*, 1968, p. 125 ; G. ACCOMANDO et C. GUERY, "Le délit de risque causé à autrui ou de la malencontre à l'article 223-1 du nouveau code pénal", *Rev. sc. crim.*, oct.-déc. 1994, p. 681 ; J. PRADEL, "La mise en danger", *Rev. jurid. Centre Ouest*, juillet 1994, n°14, p. 63 ; M. PUECH, "De la mise en danger d'autrui", *D.*, 1994, chron. p. 153 ; L. MAYAUD, "Des risques causés à autrui. Applications et implications, ou de la naissance d'une jurisprudence", *Rev. sc. crim.*, juil.-sept. 1995, p. 17 ; D. MAYER, "La mise en danger des personnes", *in Problèmes actuels de science criminelle*, vol. VIII, Aix-en-Provence, P.U.A.M., 1995, p. 7 ; M. PRALUS, "Le délit de risques causés à autrui dans ses rapports avec les infractions voisines", *J.C.P.*, 1995, I, 3830 ; P. BORDESSOULE DE BELLEFEUILLE et M. HAAS, "La mise en danger", *Rev. pén. dr. pén.*, 1996, p. 289 ; V. MALABAT, "Le délit dit de «mise en danger». La lettre et l'esprit", *J.C.P.*, 1999, I, 208 ; J. SIMOLA, "L'article 223-1 du Code pénal", *G.-P.*, 26-28 mars 2000, doctr. p.576 ; C. RUSSO, "Le risque dans le délit de mise en danger délibérée d'autrui", *P.A.*, 18 août 2000, n°165, p. 6.

2433 Le droit pénal se présente ici comme un facteur d'évolution du droit, évolution que génère le phénomène d'imitation juridique. En ce sens, cf. G. TARDE (*Les transformations du droit. Etude sociologique*, Paris, Berg International, coll. "Histoire des idées", 1994, p. 27, note 1) qui remarque "qu'en tout temps la refonte législative, le greffage de nouvelles idées sur l'arbre juridique, débute par la branche pénale, la première éclose et toujours la plus en vue".

2434 Sur cette évolution, cf. P. FAUCONNET, *La responsabilité. Etude de sociologie*, Paris, Felix Alcan, 1920. Plus généralement sur l'évolution des idées en droit pénal, cf. notamment R. MERLE et A. VITTU, op. cit., n° 54 et s.

2435 Sur cette notion, cf. S. KEYMAN, "Le résultat pénal", *Rev. sc. crim.*, 1968, p. 781.

2436 Tandis que l'infraction matérielle est "celle dans la définition de laquelle la loi inclut la réalisation effective d'un préjudice", l'infraction formelle est "celle que la loi définit comme un comportement qui est de nature à porter atteinte à un intérêt protégé, mais sans se soucier du point de savoir si le dommage envisagé s'est ou non produit", J.-H. ROBERT, *Droit pénal général*, Paris, P.U.F., 2001 (5ème éd.), p. 210. Sur cette distinction, cf. R. MERLE et A. VITTU, op. cit., n° 514 et s. ; M.-L. RASSAT, *Droit pénal général*, Paris, P.U.F., 1999 (2ème éd.), n° 235 ; F. DESPORTES et F. LE GUNEHEC, op. cit., n° 460 ; G. STEFANI, G. LEVASSEUR, B. BOULOC, *Droit pénal général*, Paris, Dalloz, 2005 (19ème éd.), n° 227. Sur la notion d'infraction formelle, cf. P. SPITERI, "L'infraction formelle", *Rev. sc. crim.*, 1966, p. 407.

dont l'ancien Code pénal fournissait de nombreux exemples[2438]. Toutes ces notions constituaient autant d'instruments au service de la prévention, au sens classique, des dommages[2439]. Cependant, bien que ponctuellement présente dans la législation pénale, la répression des comportements créant un risque grave d'atteinte à la vie ou à l'intégrité corporelle n'était pas alors consacrée pour elle-même de façon générale. L'institution du délit de mise en danger délibérée d'autrui est venue combler cette lacune. L'article 223-1 du Nouveau code pénal incrimine, en effet, désormais, de manière autonome, "le fait d'exposer directement autrui à un risque immédiat de mort ou de blessures de nature à entraîner une mutilation ou une infirmité permanente par la violation manifestement délibérée d'une obligation particulière de sécurité ou de prudence imposée par la loi ou le règlement"[2440].

919. L'instauration de cette nouvelle infraction trouve sa source dans un souci affiché de prévention des dommages au sens traditionnel[2441]. Elle procède, en effet, d'un double constat. Elle tend tout d'abord à remédier à un vide du droit antérieur qui ne sanctionnait les imprudences très graves que lorsque le risque corporel s'était effectivement réalisé, laissant ainsi hors du champ de la répression le fait d'exposer autrui à risque fût-il particulièrement

---

[2437] L'infraction-obstacle se définit comme "l'incrimination d'un comportement dangereux, mais sans conséquence dommageable immédiate et donc inoffensif en lui-même". Elle tend à "éviter la commission d'une infraction éventuelle, qui serait dommageable", J. PRADEL, *Manuel de droit pénal général*, Paris, Cujas, 2004, n° 399. Elle se distingue néanmoins de l'infraction formelle "par le fait que le résultat, s'il se produit, *caractérise une autre infraction*", F. DESPORTES et F. LE GUNEHEC, op. cit., n° 461.

[2438] Tels que la conduite sous l'empire d'un état alcoolique ou en état d'ivresse (art. L. 1er du Code de la route) ou encore le port d'arme prohibé (art. 32 du décret-loi du 18 avril 1939).

[2439] Sur le rôle des délits-obstacles dans la prévention, au sens classique, des dommages, cf. A. CHAVANNE, art. préc., p. 129 ; J.-P. DOUCET, "Les infractions de prévention", *G.P.*, 18 déc. 1973, doctr. p. 764. S'agissant des infractions formelles, leur fonction de prévention résulte du fait qu'elles permettent de sanctionner prématurément un processus criminel en érigeant une infraction simplement tentée en infraction consommée. En ce sens, cf. L. ROZES, "L'infraction consommée", *Rev. sc. crim.*, 1975, p. 605.

[2440] Cette disposition spéciale constitue une application de l'article 121-3 du Nouveau code pénal, lequel après avoir rappelé le principe en vertu duquel "il n'y a point de crime ou de délit sans intention de le commettre", précise, dans un deuxième alinéa, que "toutefois, lorsque la loi le prévoit, il y a délit en cas de mise en danger délibérée de la personne d'autrui". La mise en danger est donc susceptible de se présenter également comme une circonstance aggravante dès lors qu'elle cause un dommage.

[2441] En ce sens, cf. M. KIEJMAN, *J.O.*, Sénat, 30 avril 1991 ("Dans un but pédagogique de dissuasion, de prévention, nous voulons que chacun sache qu'il peut être condamné même s'il n'a pas fait de victime, mais simplement parce qu'il a pris délibérément le risque") ; Y. MAYAUD, *Rép. Pén. Dalloz*, n°1 ; D. CARON, *Juriscl.*, n° 4 (L'infraction de mise en danger délibérée est expressément qualifiée par ces auteurs d' "infraction de prévention") ; A. CHAVANNE, art. préc., p. 127 ("Il apparaît en effet que, quel que soit le résultat, certains «actes de mise en danger» méritent d'être réprimés en eux-mêmes avec rigueur car ils dénotent chez leur auteur un mépris du respect de la sécurité d'autrui gravement antisocial").

important[2442]. Elle vise ainsi à prendre en compte un type intermédiaire de comportement : celui de l'individu qui sans violer la loi pénale avec l'intention de parvenir à un certain résultat ne cause pas non plus un dommage par imprudence ou négligence, sans en avoir conscience, mais "prend un risque de façon délibérée, tout en espérant que ce risque ne provoque aucun dommage"[2443]. La notion de mise en danger délibérée se définit donc avant tout par la sanction d'un type de comportement. Elle trouve en outre sa raison d'être dans la prise en considération de certains dommages aux conséquences particulièrement graves, tels que les accidents de la circulation ou du travail[2444].

920. Dès lors, il est aisé de percevoir l'intérêt que cette infraction peut présenter pour l'élaboration d'une responsabilité civile préventive. En effet, il existe une similitude entre les raisons qui militent en faveur de l'instauration de cette dernière et celles qui ont conduit à la consécration du délit de mise en danger délibérée. La création de ce délit trouve sa source dans le caractère collectif des intérêts auxquels il est porté atteinte comme des dommages eux-mêmes[2445]. Or la reconnaissance d'une responsabilité civile préventive se justifie précisément par l'impossibilité de réparer pleinement certains types de dommages collectifs tels que les dommages environnementaux ou sanitaires, dans le cadre des règles classiques de la responsabilité civile. Elle fonde la nécessité d'empêcher l'apparition de ces dommages en érigeant en fait générateur de responsabilité le seul acte ayant concouru au risque de leur survenance.

2442 En ce sens, cf. F. DESPORTES et F. LE GUNEHEC, op. cit., n° 492 ; M.-L. RASSAT, op. cit., n° 339 ; M. PRALUS, art. préc., n° 1.

2443 F. DESPORTES et F. LE GUNEHEC, op. cit., n° 492.

2444 Cet objectif résulte clairement de la circulaire du 14 mai 1993 présentant le commentaire des dispositions de la partie législative du Code pénal (livre I à V) et des dispositions de la loi du 16 décembre 1992 relative à son entrée en vigueur (non publiée au *J.O*).

2445 Ainsi, bien avant 1993, certains auteurs (A. CHAVANNE et M.-C. FAYARD, "Les délits d'imprudence", *Rev. sc. crim.*, 1975, p. 11) déploraient-ils que "la responsabilité pénale [fût] liée *qualitativement* à l'importance du préjudice individuel souffert par la victime, mais non *quantitativement* au nombre des victimes" et appelaient à une transformation du droit en ce sens, en particulier autour du concept de mise en danger "qui désolidarise la faute de son résultat", tandis que d'autres estimaient que "le droit pénal de l'avenir [devait] précisément s'efforcer de détacher la faute de ses résultats" (A. PIROVANO, op. cit., n° 262), et s'étaient ainsi interrogés sur l'opportunité d'incriminer l'imprudence indépendamment de son résultat dès lors que cette dernière était susceptible d' "entraîner la destruction de millions de vies humaines" (A. PIROVANO, op. cit., n° 263. Dans le même sens, cf. J. LARGUIER, *J.C.P.*, 1959, II, 10941 et *J.C.P.*, 1959, II, 11324). Au lendemain de l'adoption du Nouveau code pénal, un autre auteur regrettait, de son côté, que le législateur ait défini de manière relativement stricte le délit de mise en danger là où "l'application du nouveau code pénal à l'ensemble des risques de masse caractéristiques de la société post-industrielle présenterait de gros avantages de politique criminelle, car elle permettrait une prévention efficace", tout en remarquant néanmoins qu' "il était peut-être difficile de faire du droit pénal un «droit pilote» dans la prévention de l'ensemble des risques post-industriels", D. MAYER, art. préc., p. 13.

B – LES ELEMENTS CONSTITUTIFS DU DELIT DE MISE EN DANGER DELIBEREE D'AUTRUI : DE L'IMPRUDENCE PENALE A LA PRUDENCE PREVENTIVE

921. De même qu'il est possible d'établir un lien entres les raisons ayant conduit à la création du délit de mise en danger délibérée et celles qui militent en faveur d'une responsabilité civile sans dommage, il peut s'avérer utile de rechercher, parmi les éléments constitutifs de ce délit, les traits caractéristiques susceptibles d'être ensuite rapprochés de ceux qui devraient contribuer à définir les contours de la responsabilité civile préventive[2446]. A cet égard, l'infraction de mise en danger délibérée se présente comme la synthèse juridique de deux idées essentielles. Elle révèle l'accent désormais mis sur le risque de dommage, par-delà la réalisation effective de ce dernier (1). Elle traduit l'attention portée au comportement du responsable et le rôle joué par la notion de risque qui vient désormais s'insérer au cœur de la faute (2).

1) La mise en danger délibérée : un risque apparemment sans dommage

922. Bien qu'officiellement absent des éléments constitutifs de l'infraction de mise en danger délibérée d'autrui (a) le dommage n'en demeure pourtant pas moins présent, de manière officieuse, en raison de la place qu'il occupe désormais au sein de l'élément moral de cette dernière (b).

a) L'absence officielle du dommage dans la définition de la mise en danger délibérée d'autrui

923. Que le délit de mise en danger délibérée d'autrui ait été institué dans le but de prévenir certains comportements indépendamment de tout dommage c'est là une évidence qui résulte tant de la circulaire d'application de la partie législative du Nouveau code pénal[2447] que des commentaires doctrinaux relatifs à cette infraction[2448]. Tandis que l'imprudence pénale classique supposait

---

[2446] Il ne s'agit donc pas ici de faire du délit de mise en danger délibérée un *modèle* sur lequel devrait être calquée la notion de responsabilité civile préventive, mais plutôt d'en extraire les traits essentiels afin d'en dégager en quelque sorte une espèce "d'idéal-type", c'est-à-dire un outil d'analyse au service de l'élaboration d'une telle responsabilité. Sur la notion d'idéal-type, comme construction intellectuelle permettant de penser le réel, cf. M. WEBER, *Essais sur la théorie de la science*, Paris, Plon, 1965 (1ère éd.), coll. "Pocket Agora", 1992, p. 172. (L'idéal-type "n'est pas lui-même une «hypothèse», mais il cherche à guider l'élaboration des hypothèses […] il n'est pas un *exposé* du réel, mais se propose de doter l'exposé de moyens d'expression univoques").

[2447] Cette dernière précise, en effet, que "le délit de risques causés à autrui est constitué en l'absence de tout résultat dommageable".

[2448] "Parce qu'ils représentent un dommage en soi, les risques visés sont sanctionnés indépendamment de leurs suites, eu égard à leur simple potentialité. Là est toute l'originalité du délit, dans cette dissociation du comportement et de son résultat […]. Point n'est besoin d'attendre le dommage […]", Y. MAYAUD, *Rép. Pén. Dalloz*, n° 1 ; "Le caractère indéniablement novateur

la réalisation d'un dommage, la mise en danger délibérée d'autrui se présente comme une forme nouvelle de prudence préventive[2449], sorte de "superimprudence"[2450]. Cela tend à la distinguer clairement des autres types d'atteintes involontaires à la vie ou à l'intégrité de la personne[2451]. La mise en danger délibérée ne suppose pas, en effet, que le risque encouru se trouve réalisé. A cet égard, la référence à autrui doit être entendue dans son sens générique et ne suppose pas qu'un tiers se trouve effectivement en danger au moment de la violation de l'obligation de sécurité[2452].

924. Pour autant, bien qu'elle se présente ainsi comme une "responsabilité sans préjudice"[2453], la notion de mise en danger délibérée d'autrui n'en tombe pas moins sous le coup de la loi pénale. Elle implique donc de distinguer d'une part, le dommage concret résultant de la survenance effective du risque et d'autre part, le trouble porté à l'ordre social du fait de la prise de risque. Si le premier n'est pas une condition constitutive du délit, le second intervient nécessairement dans sa définition. Une telle analyse fait écho à la distinction opérée, jadis, par Henri Donnedieu de Vabres, à propos du faux documentaire, entre le préjudice de fait ou l'atteinte individuelle portée à une victime et le préjudice de droit ou préjudice social résultant du désordre provoqué par l'infraction au sein de la collectivité publique[2454]. Tandis que le

---

de cette infraction réside dans le fait qu'est opérée une dissociation complète entre le risque et le résultat. Le risque est incriminé en tant que tel indépendamment de ses suites", D. CARON, *Juriscl.*, n° 1 ; "L'*originalité* de l'article 223-1 est de poser la possibilité de retenir la mise en œuvre de l'infraction sans qu'aucun résultat ne soit survenu", G. ACCOMANDO et C. GUERY, art. préc., n° 13 ; "il n'y a ici par hypothèse aucun préjudice", J. PRADEL, art. préc., p. 65.

2449 "pour la première fois l'imprudence devient punissable sans avoir produit de résultat dommageable ; jusqu'alors elle ne l'était que dans des cas limités, désormais il s'agit d'un principe général", Ph. SALVAGE, "L'imprudence en droit pénal", *J.C.P.*, 1996, I, 3984, n° 13.

2450 M.-L. RASSAT, *Droit pénal spécial*, op. cit., n° 340.

2451 En ce sens, cf. M. PRALUS, art. préc., n° 2.

2452 "des faits commis alors qu'aucune personne n'était présente et qui ne pouvaient donc effectivement entraîner une atteinte corporelle pourront cependant tomber sous le coup de l'article 223-1, dès lors qu'ils étaient susceptibles d'entraîner une telle atteinte, justement en raison du risque qu'une personne se trouve sur les lieux", Circulaire du 24 juin 1994 relative à l'application, en matière de circulation routière, des dispositions relatives à la mise en danger, non publiée au *J.O.* "Autrui ne s'entend pas d'une ou de personnes identifiées ou identifiables. Il n'est pas nécessaire que quelqu'un se soit trouvé effectivement en danger au moment où l'obligation particulière de prudence ou de sécurité a été violée : il s'agit de victimes potentielles", D. CARON, *Juriscl.*, n° 20. "il est clair que l'accident de la route auquel on expose «autrui» concerne l'autre comme généralité et non comme individu identifiable", G. ACCOMANDO et C. GUERY, art. préc., n° 17. Dans le même sens, M. PUECH (art. préc., p. 156) estime que le délit s'apparente ainsi à une "mise en danger aveugle".

2453 J. SIMOLA, art. préc., p. 577.

2454 H. DONNEDIEU DE VABRES, *Essai sur la notion de préjudice dans la théorie générale du faux documentaire*, Paris, Sirey, 1943. La thèse développée par cet auteur est que le préjudice individuel causé à la victime n'est pas une condition constitutive du faux, lequel se trouve

préjudice de fait s'entend d'un dommage actuel, le préjudice de droit correspond à un dommage éventuel[2455]. Cette distinction a été reprise par d'autres auteurs, sous l'angle de l'opposition entre le résultat pénal et le préjudice[2456]. Le résultat tend à une modification du monde extérieur, il renvoie au trouble social qui est au fondement de l'intervention de la loi pénale. Le préjudice se présente comme le dommage spécifique causé à la victime. Il en résulte que "l'infraction formelle n'est pas celle qui est réprimée indépendamment de la réalisation d'un résultat, mais celle qui est réprimée indépendamment d'un préjudice actuel"[2457]. Cela a conduit certains auteurs à estimer que toute infraction comprend nécessairement un résultat, qualifié de juridique, constitué par l'atteinte ou la lésion de l'intérêt pénalement protégé[2458].

925. L'apport de ces analyses à l'élaboration d'une responsabilité civile préventive se présente sous deux aspects. D'une part, elles permettent de combiner l'absence de dommage, caractéristique d'une telle responsabilité, avec l'existence d'une sanction légale à travers la notion d'intérêt lésé. La responsabilité civile pourra, en effet, être mise en jeu dès lors que certains intérêts, préalablement déterminés, seront menacés, indépendamment de la survenance effective d'un dommage. D'autre part, elles se révèlent propices à l'appréhension des dommages collectifs, c'est-à-dire ceux-là même qui justifient la mise en place d'un système préventif de responsabilité civile[2459].

926. Mais l'intérêt que revêt le délit de mise en danger délibérée d'autrui dans le cadre de la construction d'une responsabilité civile préventive pourrait également se faire sentir à travers la place désormais occupée par le dommage au sein de la définition de cette infraction.

---

constitué dès lors qu'existe un préjudice social, résultant de l'atteinte à un intérêt collectif, en l'espèce la foi publique. Sur la dualité de la notion de préjudice cf. notamment, p. 123.

[2455] Sur l'éventualité du préjudice et son rapprochement avec la catégorie des "délits de mise en péril", cf. H. DONNEDIEU DE VABRES, op. cit., p. 109 et s.

[2456] Sur cette distinction, cf. R. MERLE et A. VITTU, op. cit., n° 518 et s. ; S. KEYMAN, art. préc., p. 786.

[2457] S. KEYMAN, art. préc., p. 786.

[2458] Pour une présentation de cette doctrine italienne, cf. P. SPITERI, art. préc., p. 512. Pour une distinction tripartite entre le *résultat réel* qui renvoie au dommage concret, le *résultat juridique* qui correspond à l'atteinte ou à la menace d'une valeur sociale protégée et le *résultat légal* qui concerne l'infraction en cause, cf. Y. MAYAUD, *Le mensonge en droit pénal*, Lyon, L'hermès, 1979, p. 237.

[2459] Sur ces dommages, cf. *supra*, n° 664 et s.

b) La présence officieuse du dommage dans la définition de la mise en danger délibérée d'autrui

927. Certes le dommage est en principe exclu des éléments constitutifs du délit de mise en danger délibérée d'autrui puisque par hypothèse ce dernier n'implique pas que le risque encouru se réalise. Cependant, il n'en est pas moins implicitement mais nécessairement présent en raison du rôle qu'il est appelé à jouer au sein de l'élément moral de cette infraction. Dès lors, en effet, que l'intention ou le dol criminel peuvent être définis comme "la volonté tendue vers un certain but"[2460], le dommage, dont l'évitement constitue précisément l'objet de l'incrimination de mise en danger, ne saurait être absent de la définition de cette notion. Ainsi, le délit de mise en danger délibérée d'autrui a été présenté, par certains auteurs[2461], comme une consécration du dol éventuel. Cette notion renvoie à "l'état d'esprit de l'agent qui, tout en sachant que son comportement est dangereux pour autrui, s'y engage néanmoins, et cela sans nullement vouloir le résultat dommageable"[2462]. Le dol éventuel se situe entre l'intention, qui suppose que l'agent ait prévu et voulu le résultat de son acte, et la faute d'imprudence, qui implique que ce dernier n'ayant pu prévoir le résultat n'a pas alors pu le vouloir[2463].

928. La notion de mise en danger délibérée aboutit à réintégrer le dommage au cœur de l'élément moral de l'infraction. En effet, bien que n'ayant pas voulu que le dommage se réalise, l'agent n'en a pas moins envisagé sa possibilité de survenance tout en décidant néanmoins de courir le risque. La mise en danger délibérée se présente ainsi comme une faute intermédiaire à mi-chemin entre l'hostilité à autrui que révèle l'intention et l'indifférence à autrui sur laquelle se fonde l'imprudence ordinaire[2464], et ce en raison d'une objectivation du résultat dommageable. Ce dernier, en effet, n'est pas pris en compte lors de l'analyse de l'état d'esprit de l'agent *au moment de la commission*

[2460] G. STEFANI, G. LEVASSEUR, B. BOULOC, op. cit., n° 256.

[2461] En ce sens, cf. Circulaire du 14 mai 1993 présentant les dispositions du Nouveau code pénal ; F. DESPORTES et F. LE GUNEHEC, op. cit., n° 492 ; G. ACCOMANDO et C. GUERY, art. préc., n° 12 ; J. PRADEL, art. préc., p. 63 ; D. MAYER, art. préc., p.11 ; J. CEDRAS, "Le dol éventuel : aux limites de l'intention", *D.*, 1995, chron. p. 18 ; A. d'HAUTEVILLE, "La gradation des fautes pénales en matière d'atteinte à la vie et à l'intégrité physique", *in Réflexions sur le Nouveau code pénal*, sous la dir. de C. LAZERGES, Paris, Pédone, 1995, p. 40 ; P. BORDESSOULE DE BELLEFEUILLE et M. HAAS, art. préc., p. 290 ; En sens contraire, cf. M.-L. RASSAT, *Droit pénal spécial*, op. cit., n° 342 (qui estime qu'il s'agit d'une "infraction autonome").

[2462] J. CEDRAS, art. préc.

[2463] G. STEFANI, G. LEVASSEUR, B. BOULOC, op. cit., n° 269.

[2464] En ce sens, cf. A. d'HAUTEVILLE, art. préc., p. 40 ; M.-L. RASSAT, "Libres propos sur le Nouveau code pénal", *in Problèmes actuels de science criminelle*, vol. VII, Aix-en-Provence, P.U.A.M., 1994, p. 83.

de l'infraction, la jurisprudence ayant précisé que la prévisibilité subjective du dommage n'était pas une condition constitutive du délit[2465]. Il importe peu que l'agent ait pu se représenter ou non le danger qui se présentait à lui. En revanche, la considération du dommage intervient dans la mesure où l'agent doit en avoir prévu objectivement la possibilité de survenance en raison de sa détermination à violer l'obligation de sécurité. Ainsi, l'élément moral de la mise en danger se trouve-t-il réduit au caractère manifestement délibéré de la violation de la norme destinée à éviter la réalisation du risque encouru. Autrement dit, le dommage, absent des éléments constitutifs de l'infraction, se trouve néanmoins présent précisément à travers la considération objective de son absence, ce qui traduit bien la fonction préventive de l'incrimination[2466].

929. C'est à une analyse similaire que devrait conduire la notion de responsabilité civile préventive. A l'instar de la mise en danger délibérée d'autrui, le dommage, évincé des conditions de la responsabilité, devrait ressurgir comme élément dont la responsabilité a précisément pour objet de prévenir la survenance[2467].

[2465] Après que certaines décisions des juges du fond eurent adopté une conception objective de la prévisibilité du risque en jugeant qu'il n'était "pas nécessaire d'établir spécialement la conscience chez l'agent d'exposer directement autrui à un risque immédiat de mort ou de blessures, l'article 223-1 du code pénal se contentant de poser la nécessité d'une violation manifestement délibérée d'une obligation de sécurité" (T.G.I. Saint-Etienne, 10 août 1994, *Rev. sc. crim.*, 1995, p. 575, chron. Y. MAYAUD), tandis que d'autres s'étaient, au contraire, prononcées en faveur d'une conception subjective de cette prévisibilité, estimant que "l'intention exigée par l'infraction volontaire de mise en danger d'autrui est celle de mettre autrui en danger et non celle d'enfreindre la réglementation [...] (qu') il faut donc que soient constatées et la présence de l'autrui mis en danger, et la connaissance par l'auteur de la présence d'autrui, et la volonté spéciale de l'auteur de le mettre en danger, c'est-à-dire la conscience qu'il sera nécessairement mis en danger par son comportement" (Grenoble, 19 février 1999, *J.C.P.*, 1999, II, 10171, note P. LE BAS ; *D.*, 1999, jur. p. 480, note M. REDON), la Cour de cassation a consacré la conception objective. Elle a, en effet, estimé dans une première décision (Crim. 16 février 1999, *B. Crim.*, n° 24 ; *Rev. sc. crim.*, 1999, p. 581, chron. Y. MAYAUD) qu'une cour d'appel "n'était pas tenue de constater que l'auteur du délit avait eu connaissance de la nature du risque particulier effectivement causé par son manquement". Puis, elle a confirmé sa position en jugeant que "l'élément intentionnel de l'infraction résulte du caractère manifestement délibéré de la violation d'une obligation particulière de prudence ou de sécurité imposée par la loi ou le règlement, de nature à causer un risque immédiat de mort ou de blessures graves à autrui" (Crim. 9 mars 1999, *B. Crim.* n° 34 ; *Rev. sc. crim.*, 1999, préc.).

[2466] En ce sens, cf. H. SEILLAN ("Le nouveau code pénal et la santé/sécurité au travail", *D.*, 1994, Actualité, p. 216) qui s'interroge en ces termes à propos de l'article 223-1 du Nouveau code pénal : "comment penser que ce texte puisse exercer sa fonction de prévention s'il paraissait possible aux personnes poursuivies de faire valoir leur inconscience ou leur réflexion à l'appui de leur défense".

[2467] Sur l'élément moral du fait générateur de risque dans le cadre de la responsabilité civile préventive, cf. *infra*, n° 955 et s.

2) La mise en danger délibérée : un risque au cœur d'une faute

930. L'originalité de la notion de mise en danger est de placer le risque au cœur de la faute. En effet, cette infraction suppose d'une part, l'existence d'un risque qualifié (a) et d'autre part, un comportement de nature à exposer autrui à un tel risque (b).

a) Un risque qualifié

931. Ici plus qu'ailleurs se manifeste le rôle préventif du délit de mise en danger dont les composantes sont susceptibles d'être rapprochées des futurs éléments constitutifs de la responsabilité civile préventive. Le législateur, en effet, n'a pas entendu viser toute sorte de risque. Il a voulu sanctionner les comportements les plus dangereux. Ainsi, il a exigé que le risque soit déterminé, et ce, à un double titre. Tout d'abord, le risque doit résulter de la violation d'une obligation particulière de sécurité ou de prudence. En réalité, loin de constituer un facteur d'aggravation de la responsabilité, cette exigence, qui est aujourd'hui interprétée strictement par la jurisprudence[2468] conformément au principe de légalité, se révèle plutôt de nature à en limiter le champ d'application.

932. Mais surtout, il résulte de l'article 223-1 du Nouveau code pénal que le danger encouru, dont l'incrimination tend à empêcher la réalisation, doit être particulièrement grave. Il doit s'agir d'un risque "de mort ou de blessures de nature à entraîner une mutilation ou une infirmité permanente". C'est donc bien la gravité du dommage qui se trouve au fondement de la reconnaissance juridique de la mise en danger délibérée d'autrui[2469]. Dans le même sens, c'est la nécessité de prévenir la réalisation de certains risques majeurs qui justifie que soit aujourd'hui consacrée la notion de responsabilité civile préventive. Ici encore, cependant, le principe d'interprétation stricte de la loi pénale se présente comme un facteur de nature à limiter le domaine de la responsabilité, la loi exigeant que le risque de mort ou de blessures soit "immédiat". A l'inverse, le souci d'indemnisation des victimes conduit souvent le juge civil à une

---

[2468] En ce sens, cf. Aix-en-Provence, 22 novembre 1995, *G.-P.*, 1996, 1, jur. p. 112, note J.-P. DOUCET ; *D.*, 1996, jur. p. 405, note J. BORRICAND ; Crim. 25 juin 1996, *B.Crim.*, n° 274 ; *Rev. sc. crim.*, 1997, p. 106, chron. Y. MAYAUD. Grenoble, 19 février 1999, préc. Cette dernière décision pose un principe de distinction entre l'obligation générale de prudence qui pèse de façon subjective sur tout un chacun et la réglementation qui pose des règles objectives précises immédiatement perceptibles et clairement applicables de façon obligatoire sans faculté d'appréciation individuelle du sujet dont la violation est seule constitutive du délit de mise en danger délibérée d'autrui.

[2469] En ce sens, cf. Y. MAYAUD (*Rép. Pén. Dalloz*, n° 78) qui estime que l'infraction tend à prévenir des "dommages extrêmes".

interprétation large des principes du droit de la responsabilité[2470]. Cependant, une telle approche ne devrait pas pouvoir être appliquée en matière de responsabilité civile préventive, cette dernière ayant vocation à intervenir pour prévenir la survenance de certains types de dommages particulièrement graves[2471].

b) Une exposition au risque

933. En incriminant le fait d'exposer autrui à un risque, non seulement le Nouveau code pénal consacre l'existence d'une responsabilité sans dommage mais il vient perturber l'agencement des catégories traditionnelles du droit que sont la faute et le risque. Désormais le second se trouve intégré à la première, la responsabilité découlant précisément de la création d'un risque conçu de manière autonome, comme l'éventualité de survenance d'un événement et non par référence à cet événement. Il en résulte un nécessaire déplacement du lien de causalité qui tend désormais non plus à relier une faute à un dommage mais une faute à un risque de dommage. En l'espèce, ce risque étant fondé sur l'existence d'une obligation particulière de prudence ou de sécurité, l'accusation doit rapporter la preuve du lien de causalité entre la violation de cette dernière et le risque qualifié[2472]. Dès lors, en intégrant ainsi la notion de risque, la faute pénale s'en trouve renforcée[2473].

934. Cette inscription du risque au cœur de la faute est confirmée par l'exigence d'une violation "manifestement délibérée" de la norme de sécurité ou de prudence. La faute délibérée se présente, en effet, comme "une attitude persistante dans une conduite négligente, elle est la conscience du péril ou des risques que l'on fait courir par son comportement, doublée de la volonté de s'y engager malgré tout"[2474]. Ainsi, la volonté intervient-elle alors "dans la faute, en l'aggravant par une détermination particulière, ce qui en rend la réalisation plus coupable"[2475]. L'originalité du délit de mise en danger réside dans le fait qu'il sanctionne avant tout un comportement "pour ce qu'il représente de potentialité

[2470] Ainsi le juge civil retient-il souvent une conception assouplie du lien de causalité juridique. Sur cette question, cf. 1ère partie, *supra*, n° 118 et s.

[2471] Sur la limitation du champ d'application de la responsabilité civile préventive aux dommages sanitaires et environnementaux, cf. *infra*, n° 949 et s.

[2472] A cet égard, la jurisprudence rejette toute présomption, cf. Crim. 16 février 1999, *B.Crim.*, n°24 ; *Rev. sc. crim.*, 1999, p. 581, chron. Y. MAYAUD.

[2473] En ce sens, cf. P. COUVRAT ("La responsabilité et le nouveau code pénal", *Droit et cultures*. Les métamorphoses de la responsabilité, 1996, n° 31, p. 103) qui estime que si le risque a acquis progressivement du terrain en droit pénal, "la faute subsiste et il s'agit d'une faute personnelle. Le risque ne fait que s'intégrer à la faute et c'est le contenu de cette dernière qui s'affine".

[2474] Y. MAYAUD, "La volonté à la lumière du Nouveau code pénal", *in Mélanges en l'honneur du Professeur Jean Larguier*, Grenoble, P.U.G., 1993, p. 211.

[2475] Y. MAYAUD, art. préc.

acceptée de résultat dommageable"[2476], l'agent ne recherchant pas la réalité d'un tel résultat[2477].

935. A l'instar du délit de mise en danger délibérée d'autrui, la notion de responsabilité civile préventive devrait conduire à un report, en amont, de la causalité juridique, le lien de causalité ayant désormais vocation à relier un fait générateur à un risque de dommage. Un tel résultat devrait ainsi également conduire à une intégration du risque au cœur de la faute[2478].

CONCLUSION SUR L'ARGUMENT TIRE DE LA NOTION DE MISE EN DANGER DELIBEREE D'AUTRUI : VERS UN RAPPROCHEMENT DES RESPONSABILITES CIVILE ET PENALE

936. La consécration par le droit pénal de la notion de mise en danger délibérée d'autrui se présente comme un argument de nature à favoriser la reconnaissance d'une responsabilité civile préventive. Tout d'abord les raisons qui ont présidé à l'instauration de cette incrimination sont largement similaires à celles qui peuvent être invoquées au soutien d'une nouvelle forme de responsabilité civile. Ensuite, l'analyse des éléments constitutifs du délit de mise en danger témoigne d'un renouvellement des liens entre la faute et le dommage qui se trouve au cœur de la question de l'opportunité d'une extension du concept de responsabilité civile. La notion de mise en danger constitue, en effet, une synthèse entre deux idées *a priori* contradictoires. D'une part, elle traduit un renforcement du rôle de la faute au détriment du dommage[2479], au point que certains ont pu y voir le signe d'une consécration de la catégorie de la faute lourde que le droit civil assimile au dol[2480]. Cette dernière analyse traduit la prééminence de la fonction préventive de la responsabilité pénale sur sa fonction répressive et rétributive[2481]. D'autre part, le délit de mise en danger délibérée d'autrui tend à rappeler l'importance accordée au dommage, en particulier aux dommages corporels graves au point de faire de la législation

---

[2476] Y. MAYAUD, *Rev. sc. crim.*, 1996, chron. p. 651.

[2477] En ce sens, cf. Douai 11 janvier 1995, *Rev. sc. crim.*, 1996, p. 651.

[2478] Sur ce constat cf. *infra*, n° 1037 et s.

[2479] Ce recentrage de la responsabilité autour de la faute, souligné par de nombreux auteurs ("Par une sorte de jeu de compensation, le recul de l'importance donnée au dommage est suppléé par un regain donné à la faute au point d'ailleurs que, dans certains cas, l'exigence d'un préjudice est carrément écartée", P. COUVRAT, "Les infractions contre les personnes dans le nouveau code pénal", *Rev. sc. crim.*, 1993, p.475. "Avant 1994, l'accent était mis sur le préjudice ou résultat. Il est aujourd'hui mis sur la faute", J. PRADEL, art. préc., p. 65) se présente comme une caractéristique générale du droit pénal actuel, qui "se préoccupe davantage de la faute que du dommage", A. PONSEILLE, "La faute caractérisée en droit pénal", *Rev. sc. crim.*, 2003, p. 79.

[2480] En vertu de la maxime "*culpa lata dolo aequiparatur*". En ce sens, cf. G. ACCOMANDO et C. GUERY, art. préc., p. 690.

[2481] En ce sens, cf. A. d'HAUTEVILLE, art. préc., p. 32-33.

pénale un instrument essentiel de prévention, au sens classique, de ces derniers. Une telle combinaison est rendue possible en raison d'une dissociation entre la faute et son résultat, entre l'acte créateur de risque et le risque réalisé que constitue le dommage. L'ambivalence de la notion même de risque, lequel désigne à la fois le danger générateur du dommage et l'événement que représente le dommage[2482], cristallise cette évolution.

937. L'institution du délit de mise en danger participe du déplacement de la fonction du droit pénal dont la traditionnelle discontinuité entre culpabilité et dangerosité "fait place à une normalisation continue où se conjuguent prévention et répression en une «justice sociale du crime» qui tend à modeler les comportements -ceux des individus comme ceux des groupements- par des prescriptions toujours plus détaillées et plus précises"[2483]. En effet, la faute n'est alors plus tant conçue de manière subjective que de manière objective comme la violation d'une obligation préexistante. L'élément moral de l'infraction réside désormais essentiellement dans la conscience de violer la norme prescrite[2484]. Cela tend à rapprocher le délit de mise en danger d'un délit matériel[2485] dont la fonction est précisément de contribuer à la prévention, au sens traditionnel, des comportements antisociaux[2486].

938. Dès lors, l'infraction de mise en danger délibérée d'autrui se présente comme un élément de rapprochement entre la responsabilité civile et la responsabilité pénale, rapprochement que la notion de responsabilité civile préventive aurait pour effet de consacrer pleinement. Une telle analyse ne ferait d'ailleurs qu'exprimer la parenté d'évolution entre le droit pénal et le droit civil depuis que le premier, initialement centré sur la répression des dommages, contribue à jouer un rôle de prévention de ceux-ci[2487], tandis que le second, à

[2482] Sur cette dissociation à propos de la notion de mise en danger, cf. G. ACCOMANDO et C. GUERY, art. préc., p. 682 ; P. BORDESSOULE DE BELLEFEUILLE et M. HAAS, art. préc., p.295.

[2483] M. DELMAS-MARTY, *Pour un droit commun*, Paris, Seuil, 1994, p. 24.

[2484] Sur la notion de "faute normative" en droit pénal, cf. A.-C. DANA, *Essai sur la notion d'infraction pénale,* Paris, L.G.D.J., tome XXIII, 1982, n° 273 et s.

[2485] Catégorie officiellement supprimée depuis le Nouveau code pénal, puisqu'en vertu de l'article 121-3 de ce dernier, "il n'y a point de crime ou de délit sans intention de le commettre".

[2486] Sur les liens entre la notion de délit matériel et le pouvoir de police de l'Etat, cf. J.-P. MARTY, "Les délits matériels", *Rev. sc. crim.*, 1982, p. 43.

[2487] En ce sens, cf. M. DELMAS-MARTY (op. cit., p. 24) qui remarque que "s'il est clair que le crime est bien l'acte qui rompt la solidarité sociale -c'est même à ce point de rupture que se rencontrent culpabilité et dangerosité- la conséquence nouvelle que Durkheim n'avait pas prévue est que la notion de peine s'en trouve transformée, et l'opposition entre sanctions répressives et restitutives fortement atténuée, car la solidarité sociale impose désormais à la collectivité moins de punir que de prendre en charge la prévention. Ou même -c'est la dernière étape du processus qui pourrait annoncer la fin du droit pénal- de prendre en charge la réparation". Sur la distinction entre les règles de droit répressives, qui expriment une solidarité mécanique fondée sur la

l'instar du premier[2488], tendrait désormais, non plus seulement à régir les relations interindividuelles mais s'attellerait à prévenir les risques collectifs[2489]. Cette convergence des fonctions des responsabilités civile et pénale devrait trouver à s'exprimer à travers une similitude des techniques se caractérisant en premier lieu, par une intensification de la faute pénale ou civile (conçue comme la violation délibérée d'une obligation[2490], en particulier d'une obligation de sécurité) et en second lieu, par une dissociation entre les mécanismes de responsabilité et d'indemnisation, chacune de ces deux techniques étant de nature à se nourrir l'une de l'autre[2491].

CONCLUSION DE LA SECTION II

939. Tant l'évolution de la responsabilité civile que celle de la responsabilité pénale peuvent être invoquées au soutien de l'instauration d'une

---

similitude des comportements, et les règles de droit restitutives, expression d'une solidarité organique fondée sur la division du travail, cf. E. DURKHEIM, op. cit. De son côté, L CADIET ("Sur les faits et les méfaits de l'idéologie de la réparation", *in Le juge entre deux millénaires. Mélanges offerts à Pierre Drai*, Paris, Dalloz, 2000, p. 507-508) souligne que "dans la période contemporaine, le brouillage des fonctions de la responsabilité civile et de la responsabilité pénale n'ont cessé de s'accroître. D'un côté, la *responsabilité civile* n'a pas qu'une fonction réparatrice. L'indemnisation de la victime, à certains égards, constitue une *punition* de l'auteur du dommage dès lors qu'il doit personnellement supporter la charge de la réparation sur son patrimoine ; elle a même une fonction *préventive* dès lors qu'elle permet de prévenir la réalisation de dommages par la crainte légitime de la sanction pécuniaire qu'elle engendre [...] et à l'inverse, la *responsabilité pénale* n'a pas qu'une fonction répressive. Non seulement la peine peut être considérée comme une *réparation* [...] mais encore, l'idéologie de la réparation a profondément pénétré le droit pénal [...]".

2488 Sur la spécificité du droit pénal tiré du caractère collectif du préjudice, cf. J.-M. VERDIER, "La réparation du dommage matériel en droit pénal", *in Quelques aspects de l'autonomie du droit pénal. Etudes de droit criminel*, sous la dir. de G. STEFANI, Paris, Dalloz, 1956, p. 351, n° 1.

2489 Il est aisé de voir combien une telle analyse est de nature à faciliter un rapprochement entre le droit privé et le droit public en raison d'une appréhension collective du risque, même si la remontée aux sources d'un tel rapprochement a mis en évidence les obstacles rencontrés en faveur d'une telle interprétation (cf. Introduction, *supra*, n° 14 et s.).

2490 Sur le rapprochement entre la faute civile et la faute pénale sous l'égide du principe de droit privé, cf. P. MORVAN, *Le principe de droit privé*, Paris, Editions Panthéon-Assas, 1999, n° 601 ("Au triptyque *civil* et *légal* de la faute, du préjudice et du lien de causalité, il échet de substituer un nouveau *triptyque*, de nature *pénale* et *jurisprudentielle*. La répression judiciaire du délit civil, en d'autres termes, suppose réunis les trois éléments de l'infraction pénale : un élément *légal* qu'incarne le principe de droit privé, véritable titre de légalité à cet égard ; un élément *matériel* constitué de l'acte excessif, "anormal" ou d'un acte illicite propre à chaque principe ; un élément *moral*, enfin, également variable, qui s'estompe parfois au point de disparaître, conférant alors au délit un caractère "matériel" similaire à celui des infractions pénales dites matérielles. La faute et le préjudice ne sont pas des éléments constitutifs des délits civils mais des éléments adventices dont le juge n'est plus tenu de caractériser l'existence").

2491 A l'instar du phénomène d'influence réciproque, fréquemment souligné, entre l'assurance et la responsabilité. Sur les liens entre l'intensification de la faute civile et le développement des mécanismes d'indemnisation collective, cf. notamment G. VINEY, "Remarques sur la distinction entre faute intentionnelle, faute inexcusable et faute lourde", *D.*, 1975, chron. p. 263.

responsabilité civile *préventive*. D'une part, en effet, plusieurs décisions judiciaires témoignent de l'émergence d'une responsabilité civile contractuelle ou délictuelle sans dommage ainsi que de celle d'une responsabilité civile pour risque de dommage fondée sur la théorie des troubles anormaux de voisinage. De son côté, le courant doctrinal qui nie l'existence d'une responsabilité civile contractuelle est également de nature à favoriser la reconnaissance d'un versant préventif de la responsabilité civile. Ces différents arguments sont susceptibles de justifier l'anticipation des risques avérés et des risques suspectés de dommages et de conduire à un élargissement du concept de responsabilité civile que favorisent l'étymologie et la polysémie du mot "responsabilité".

940. D'autre part, les raisons ayant conduit à la consécration par le Nouveau code pénal du délit de mise en danger délibérée d'autrui sont similaires à celles qui justifient aujourd'hui la mise en place d'une responsabilité civile préventive. En effet, l'un et l'autre trouvent leurs sources dans le constat de la particulière gravité de certains dommages dont il importe de prévenir la survenance. De même, l'examen des éléments constitutifs du délit de mise en danger délibérée d'autrui révèle une dissociation entre la faute et son résultat et une intégration de la faute au risque. Or c'est à une évolution semblable que devrait conduire la reconnaissance d'une responsabilité civile préventive.

CONCLUSION DU CHAPITRE I

941. Par-delà les raisons épistémologiques, juridiques ou sociologiques qui pourraient s'opposer à la reconnaissance d'une responsabilité civile sans dommage, plusieurs arguments militent en faveur de cette dernière. Qu'il s'agisse, en effet, de la portée philosophique de la notion de responsabilité, de la prise en considération par les juges judiciaires de la notion de risque de dommage ou des potentialités d'évolution de la signification de la responsabilité à partir d'une relecture de son sens étymologique premier et de sa polysémie, nombreuses sont les raisons d'étendre le champ d'action de la responsabilité civile en direction de l'anticipation des dommages.

942. Cette nouvelle forme de responsabilité civile *préventive*, par opposition à la responsabilité civile traditionnelle *curative*, ne saurait être fondée exclusivement sur le principe de précaution. Ce dernier, en effet, a vocation à appréhender les seuls risques suspectés de dommages là où la responsabilité préventive doit également permettre de prévenir les risques avérés de dommages. La distinction de la prévention et de la précaution, fondée sur la nature du risque encouru, transcende la distinction des responsabilités curative et préventive. Les notions de prévention et de précaution sont non seulement susceptibles d'être des objets de la responsabilité curative classique mais également de la responsabilité préventive nouvelle. A cet égard, le principe constitutionnel de responsabilité, fondé sur l'article 1382 du Code civil, ne constitue aucunement un obstacle à la reconnaissance d'une responsabilité civile sans dommage. L'une et l'autre forme de responsabilité peuvent, en effet, être subsumées sous un concept élargi de responsabilité civile dotée d'un versant curatif et d'un versant préventif.

943. Une telle évolution constituerait un facteur de rapprochement entre les responsabilités civile et pénale, à l'heure où le principe d'unité des fautes civile et pénale, depuis longtemps critiqué[2492], est battu en brèche[2493]. A l'instar du délit de mise en danger délibérée d'autrui, figurant à l'article 223-1 du Nouveau code pénal, la responsabilité civile pourrait se trouver constituée indépendamment de la réalisation effective d'un risque. Ainsi étendue à la sanction d'une simple menace de dommage, les contours de la notion de responsabilité, sous sa forme préventive, tendraient à en faire une responsabilité objective, la rapprochant d'une règle de droit public.

[2492] A. PIROVANO, op. cit., n° 126 et 319 et s. Sur cette question, cf. notamment P.-H. DELVAUX et G. SCHAMPS, Les enjeux d'une dissociation des fautes pénale et civile", *in Le défaut de prévoyance à l'épreuve des faits et du droit. Droit belge et droit comparé*, Séminaire "Université-Monde judiciaire", Louvain-la-Neuve, 1993, sous la dir. de C. HENNAU-HUBLET, *Rev. dr. pén. crim*, mars-avril 1994, p. 237 ; P. JOURDAIN, "Faute civile et faute pénale", *Resp. civ. et ass.*, juin 2003, chron. n° 20, p.74.

[2493] Depuis la loi n° 2000-647 du 10 juillet 2000 (*J.O.*, 11 juillet 2000. Sur cette loi, cf. J. PRADEL, "De la véritable portée de la loi du 10 juillet 2000 sur la définition des délits non intentionnels", *D.*, 2000, Actualité, p. V ; Ph. SALVAGE, "La loi n° 2000-647 du 10 juillet 2000. Retour vers l'imprudence pénale", *J.C.P.*, 2000, I, 281 ; M.-E. CARTIER, "La nouvelle définition des délits non intentionnels par la loi du 10 juillet 2000", *Rev. sc. crim.*, 2001, p. 725 ; P. JOURDAIN, "Les conséquences de la loi du 10 juillet 2000 en droit civil", ibid., p. 748) l'article 4-1 du Code de procédure pénale a mis fin au principe d'unité des fautes pénale et civile posé dans un arrêt fondateur en 1912 (Civ. 18, décembre 1912, *D.*, 1915, 1, jur. p. 17, note L. S. ; *S.*, 1914, 1, jur. p. 249, note MOREL). Cet article dispose, en effet, que "l'absence de faute pénale non intentionnelle au sens de l'article 121-3 du Code pénal ne fait pas obstacle à l'exercice d'une action devant les juridictions civiles afin d'obtenir la réparation d'un dommage sur le fondement de l'article 1383 du Code civil si l'existence de la faute civile prévue par cet article est établie ou en application de l'article L. 452-1 du Code de la sécurité sociale si l'existence de la faute inexcusable prévue par cet article est établie". S'inspirant de cette disposition, sans s'y référer expressément, la Cour de cassation l'a appliquée à des faits antérieurs à sa promulgation en jugeant, sur le fondement des articles 1351, 1147 et 1383 du Code civil, que "la déclaration par le juge répressif de l'absence de faute pénale non intentionnelle ne fait pas obstacle à ce que le juge civil retienne une faute civile d'imprudence ou de négligence", Civ. 1ère, 30 janvier 2001, *J.C.P.*, 2001, I, 338, chron. G. VINEY, n° 4 ; *D.*, 2001, IR p. 677 ; *R.T.D.civ.*, 2001, p. 376, obs. P. JOURDAIN.

CHAPITRE II

LE REGIME DE LA RESPONSABILITE CIVILE PREVENTIVE

944. La reconnaissance d'une responsabilité civile préventive nécessite que soient déterminées les conditions de sa mise en œuvre (Section I) ainsi que la sanction susceptible d'en permettre la réalisation (Section II).

SECTION I

LES CONDITIONS DE LA RESPONSABILITE CIVILE PREVENTIVE

945. Il convient de préciser tant les caractères relatifs au risque de dommage susceptible de conduire à la mise en jeu d'une responsabilité civile préventive (§1) que le fait générateur de celui-ci (§2) ainsi que le lien de causalité entre ces deux derniers (§3).

§ 1 LES CARACTERES DU RISQUE DE DOMMAGE, OBJET DE LA RESPONSABILITE CIVILE PREVENTIVE

946. Dans la mesure où la responsabilité civile préventive n'a pas vocation à remplacer la responsabilité civile curative traditionnelle, elle ne peut que constituer une espèce de responsabilité, aux côtés de cette dernière, dont la mise en œuvre doit être réservée aux situations qui en ont précisément justifié la reconnaissance. L'identité de nature entre les risques scientifiques et techniques d'une part, et les accidents collectifs et les risques sériels, d'autre part[2494], constitue un facteur d'extension du domaine de la responsabilité préventive (A). En revanche, la spécificité matérielle de ces derniers, particulièrement susceptibles de se manifester dans les domaines de l'environnement et de la santé, se présente comme un élément de limitation de cette responsabilité (B).

A – L'IDENTITE DE NATURE ENTRE LES RISQUES SCIENTIFIQUES ET TECHNIQUES, ET LES ACCIDENTS COLLECTIFS ET LES RISQUES SERIELS, FACTEUR D'EXTENSION DU DOMAINE DE LA RESPONSABILITE CIVILE PREVENTIVE

947. Qu'il soit avéré ou suspecté, qu'il résulte d'un défaut de prévention ou de précaution, le risque scientifique et technique trouve sa source dans une conception objective ou fréquentielle de la notion de probabilité, au

---

[2494] Sur les notions d'accident collectif et de risque sériel, cf. *supra*, n° 698 et s.

fondement de la norme scientifique[2495]. Dès lors, il existe une identité de nature entre d'une part les risques scientifiques et techniques, et d'autre part, l'appréhension collective des risques à travers les notions d'accident collectif et de risque sériel. Non seulement les risques scientifiques et techniques, résultant d'un défaut de prévention ou de précaution, se caractérisent par l'ampleur de leurs manifestations matérielles, revêtant le plus souvent un aspect catastrophique, mais leur structure interne participe de leur nature collective, c'est-à-dire de leur propension à toucher un grand nombre de personnes. Autrement dit, la norme scientifique, au fondement de la distinction de la prévention et de la précaution, permet de faire le pont entre le critère fréquentiel sur lequel repose la notion même de risques scientifiques et le critère fréquentiel tiré de la multiplicité de leur survenance ou de leurs conséquences. Dès lors, il est permis de se demander dans quelle mesure la notion de responsabilité préventive doit être étendue à tous les risques scientifiques et techniques en raison de leur caractère collectif ou être limitée à certains domaines, particulièrement sensibles à l'évolution des connaissances scientifiques et techniques. La notion de responsabilité préventive doit-elle être définie de manière symétrique par opposition à la responsabilité curative ou être limitée dans son domaine d'application ?

948. Concevoir la responsabilité préventive comme une forme de prudence préventive qui serait le pendant de l'obligation juridique de prudence de la responsabilité civile traditionnelle paraît difficilement envisageable. En effet, tandis que dans sa forme curative l'importance du domaine de la responsabilité, susceptible d'être engagée à la suite de "tout fait quelconque de l'homme", se trouve limitée par l'exigence d'un dommage, dans sa forme préventive, la responsabilité ne peut être précisément restreinte par cette dernière. Il nous semble donc qu'il convient d'encadrer avec précision les conditions de mise en œuvre de la responsabilité préventive. A cet égard, nous avons pu constater que la spécificité des risques scientifiques et techniques en matière d'environnement et de santé, qu'ils soient avérés ou suspectés, c'est-à-dire des risques résultant d'un défaut de prévention ou de précaution, achoppe sur les mécanismes de garantie traditionnels[2496]. Par conséquent, il apparaît que ceux-là et ceux-là seuls appellent une réponse inédite du droit. Le risque de dommage générateur de responsabilité civile doit donc être circonscrit aux menaces de dommages constitutifs d'une atteinte à l'environnement ou à la santé, lesquelles peuvent se révéler particulièrement graves.

[2495] Sur la notion de probabilité objective comme critère de définition de la norme scientifique au fondement de la distinction de la prévention et de la précaution, cf. Chp. préliminaire, *supra*, n°55.

[2496] Cf. *supra*, n° 746 et s.

B – La specificite materielle des risques scientifiques et techniques, element de limitation de la responsabilite civile preventive

949. Il convient de préciser également, à côté de la nature du risque générateur de responsabilité préventive, le degré que doit revêtir un tel risque. En effet, "l'idée même de dangerosité, comme celle de solidarité, est par nature illimitée et ne peut être juridiquement saisie qu'à travers la fixation d'un seuil, car le risque n'est jamais totalement supprimé, ni la garantie totalement mise en œuvre"[2497]. Sur ce point, la construction d'une responsabilité civile préventive pourrait s'inspirer de la solution retenue par le droit pénal à travers la notion de mise en danger délibérée d'autrui, issue de l'article 223-1 du Nouveau code pénal. Cette dernière suppose l'existence d'un risque de mort ou de blessures graves, autrement dit d'un risque particulièrement important[2498].

950. En matière civile, il importe donc de limiter les cas d'engagement de la responsabilité préventive aux risques collectifs de dommages graves et irréversibles à l'environnement ou à la santé[2499]. Concrètement la gravité du dommage, justifiant la mise en jeu de la responsabilité préventive, pourrait être appréciée tant d'un point de vue matériel que temporel[2500]. La nature irréversible et le caractère de gravité du risque, retenus par la définition légale du principe de précaution, se verraient donc étendus non seulement aux risques sanitaires mais également aux risques avérés, compte tenu des connaissances scientifiques et techniques. En effet, contrairement au principe de précaution, la définition légale du principe de prévention, issue de l'article L. 110-1 du Code de l'environnement[2501], n'exige pas que le dommage soit grave et irréversible. Mais du point de vue du droit de la responsabilité civile, la spécificité des dommages à l'environnement et à la santé ne justifie pas de traiter de manière distincte les risques scientifiques et techniques dans ces deux domaines selon qu'ils sont avérés ou seulement suspectés. En revanche, la reconnaissance d'une responsabilité civile préventive, conséquence de l'interprétation des principes de prévention et de précaution en dehors du paradigme classique de la responsabilité civile, constituerait alors un facteur de différenciation par rapport à l'interprétation de ces mêmes principes dans le paradigme traditionnel de la responsabilité civile. En effet, dans ce

---

2497 M. DELMAS - MARTY, *Pour un droit commun*, op. cit., p. 28.

2498 Sur le parallèle avec la mise en danger délibérée d'autrui, cf. *supra*, n° 917 et s.

2499 En ce sens déjà, à propos du principe de précaution,cf. M. BOUTONNET,op. cit., n°1065 et s.

2500 Sur la spécificité matérielle et temporelle des dommages résultant d'un défaut de prévention ou de précaution, cf. *supra*, n° 664 et s.

2501 Comme d'ailleurs la version constitutionnelle du devoir de prévention (article 3 de la Charte de l'environnement, intégrée dans le préambule de la Constitution par la loi constitutionnelle n°2005-205 du 1er mars 2005, *J.O.*, 2 mars 2005).

dernier cas la distinction de la prévention et de la précaution est susceptible de s'appliquer au-delà des seuls risques environnementaux et sanitaires[2502].

§ 2 Le fait generateur de risque constitutif de la responsabilite civile preventive

951. Fondée sur la nécessité d'empêcher la réalisation de certains dommages particulièrement graves, la notion de responsabilité préventive ne peut être limitée par la nature du lien existant entre l'auteur du fait générateur et la victime, surtout si cette dernière est difficilement individualisable. Par conséquent, la responsabilité résultant du défaut d'anticipation de la survenance de certains risques a vocation à transcender la distinction des responsabilités civiles délictuelle et contractuelle. Il n'est certes pas question de rattacher la responsabilité préventive aux autres types de responsabilités curatives, dont elle tend précisément à se détacher. Néanmoins, il convient de relever les éléments caractéristiques de l'évolution de ces dernières de nature à favoriser la réception et la mise en œuvre d'une responsabilité pour simple risque de dommage (A). En revanche, l'engagement de la responsabilité civile préventive pourrait se trouver limité par les critères concernant la mesure destinée à prévenir le dommage, issus des définitions légales des principes de prévention et de précaution (B).

A – Responsabilite preventive et conditions generales de la responsabilite curative

952. Si les principes de prévention et de précaution devaient constituer des fondements autonomes de la responsabilité civile, l'extension du domaine de la responsabilité en résultant pourrait bénéficier des transformations ayant affecté la responsabilité civile curative classique. Ainsi, il apparaît opportun d'analyser l'apport des évolutions afférentes à la définition de l'élément matériel (1) et de l'élément moral du fait générateur de la responsabilité civile traditionnelle (2) à l'élaboration de la responsabilité préventive.

1) Responsabilité préventive et élément matériel du fait générateur de risque

953. Dans le système curatif classique, la jurisprudence n'exige pas que le fait reproché ait été commis en violation d'une disposition précise d'un texte législatif ou réglementaire[2503]. Si une telle analyse devait être transposée en matière de responsabilité préventive il en résulterait une extension

---

[2502] Cf. conclusion de la 1ère partie, *supra*, n° 658.
[2503] G. VINEY et P. JOURDAIN, *Les conditions de la responsabilité*, op. cit., n° 450.

considérable du champ de la responsabilité civile. En effet, il importerait peu alors que la prise de risque soit intervenue en violation d'une disposition légale ou réglementaire, contrairement à la solution actuellement retenue par le droit pénal à propos de la mise en en danger délibérée d'autrui[2504].

954. De même, la conception extensive du comportement répréhensible, dans le système curatif, englobant à la fois la faute de commission et celle d'omission[2505] devrait, si elle était transposée au système préventif, conduire à un élargissement significatif du domaine de la responsabilité civile. Elle aboutirait à sanctionner à la fois les comportements actifs des individus ayant entraîné la création d'un risque de dommage comme les absentions ayant favorisé la survenance du risque. A cet égard, l'admission actuelle par la jurisprudence tant de l'abstention dans l'action que de l'abstention pure et simple devrait se trouver limitée par la considération de la nature du risque de dommage susceptible de conduire à la mise en jeu de la responsabilité préventive. Techniquement la responsabilité pour abstention pourrait être subordonnée à la sanction d'une prise de risque résultant d'une abstention intervenue dans le cadre d'une activité comportant un danger grave pour l'environnement ou la santé[2506]. La solution inverse conduirait, en effet, à consacrer une sorte de responsabilité illimitée sanctionnant tous les comportements indépendamment de la nature du risque encouru.

2) Responsabilité préventive et élément moral du fait générateur de risque

955. Dans le système curatif, l'évolution du rôle de l'élément moral de la faute a conduit à une objectivation constante de cette notion, résultant de la disparition progressive de la condition d'imputabilité[2507]. Transposée au système préventif une telle évolution devrait conduire à sanctionner les comportements de ceux dont l'activité est de nature à engendrer un risque de dommage indépendamment de l'établissement de la conscience par l'agent de la possibilité de survenance du risque.

956. En revanche, l'exigence d'une connaissance objective du risque ne devrait pas pouvoir être supprimée, sous peine de conduire là encore à une

---

[2504] Article 223-1 du Nouveau code pénal. Sur cette infraction cf. *supra*, n° 917 et s.

[2505] Sur cette conception élargie de la notion de faute, cf. 1ère partie, *supra*, n° 324.

[2506] En ce sens, cf. la définition du principe de précaution recommandée par Ph. KOURILSKY et G. VINEY (op. cit., p. 215) et en vertu de laquelle ce principe désigne "l'attitude que doit observer toute personne qui prend une décision concernant une activité dont on peut raisonnablement supposer qu'elle comporte un danger grave pour la santé ou la sécurité des générations actuelles ou futures, ou pour l'environnement [...]".

[2507] Sur cette évolution, cf. G. VINEY et P. JOURDAIN, *Les conditions de la responsabilité*, op. cit., n° 444 ; J. FLOUR, J.-L. AUBERT et E. SAVAUX, op. cit., n°99 et s.

forme illimitée de responsabilité. Sur ce point, les notions de prévention et de précaution aboutissent à sanctionner les comportements ayant permis la survenance d'un risque de dommage avéré ou suspecté compte tenu d'un critère objectif, celui des connaissances scientifiques et techniques[2508].

957. Dès lors, l'élément moral du fait fautif, dans la responsabilité préventive, pourrait présenter des similitudes avec celui de l'infraction de mise en danger délibérée d'autrui prévue à l'article 223-1 du Nouveau code pénal. En effet, la jurisprudence est venue préciser que l'élément intentionnel de cette infraction résulte du caractère délibéré de la violation de l'obligation particulière de sécurité ou de prudence visée par l'article 223-1 du Nouveau code pénal[2509]. Autrement dit, l'élément moral du délit s'apparente à "la volonté déterminée d'agir malgré la conscience d'un danger éventuel pour autrui"[2510]. En outre, dans la mesure ou la conscience du danger est appréciée non pas *in concreto*, par référence à l'état d'esprit de l'agent mais *in abstracto*, par référence à la question de savoir si l'agent aurait dû avoir conscience du danger[2511], la lucidité de l'auteur sur l'illégalité de son comportement suffit à prouver la conscience des conséquences éventuelles de la violation[2512]. Or l'élément moral du fait fautif dans la responsabilité préventive devrait conduire à une analyse similaire, l'agent étant précisément sanctionné pour n'avoir pas tenu compte d'un danger, avéré ou suspecté, dont il aurait dû avoir conscience.

B – RESPONSABILITE PREVENTIVE ET CRITERES LEGAUX DES PRINCIPES DE PREVENTION ET DE PRECAUTION

958. Interprétés *stricto sensu* les principes légaux de prévention et de précaution pourraient conduire à juger de la responsabilité pour risque de dommage en fonction de deux types de nouveaux critères, d'une part, ceux du caractère effectif et proportionné des mesures destinées à prévenir les dommages (1) et d'autre part, celui du coût économiquement acceptable de ces dernières (2)[2513].

[2508] En ce sens, à propos de la précaution, cf. la définition du principe de précaution recommandée par Ph. KOURILSKY et G. VINEY (cf. note *supra*.) qui renvoie à une activité dont il est objectivement possible de soupçonner qu'elle présente un risque, comme en témoigne la référence au pronom "on".

[2509] Crim. 9 mars 1999, *J.C.P.*, 1999, II, 10 188, note J.-M. DO CARMO SILVA.

[2510] C. RUSSO, "Le risque dans le délit de mise en danger délibérée d'autrui", *P.A.*, 18 août 2000, n° 165, p. 6, n° 39.

[2511] A l'instar de la notion de faute inexcusable en droit du travail, cf. 1ère partie, *supra*, n°565 et s.

[2512] En ce sens, C. RUSSO, art. préc., n° 34 et 35.

[2513] En revanche ces critères ne sont pas repris par le devoir constitutionnel de prévention et le principe constitutionnel de précaution. Ce dernier se réfère néanmoins au caractère proportionné des mesures provisoires mises en œuvre pour parer à la réalisation du risque. Cf. art. 3 et 5 de la

1) L'apport des critères du caractère effectif et proportionné des mesures préventives

959. Aux termes de la définition légale du principe de précaution, issue de l'article L. 110-1 du Code de l'environnement, les mesures prises pour prévenir la réalisation du risque de dommages doivent être "effectives" (a) et "proportionnées" (b).

a) L'apport du critère de l'effectivité des mesures préventives

960. Selon le *Vocabulaire juridique Cornu* l'adjectif "effectif" renvoie à la fois à ce "qui produit l'effet recherché", ce "qui a été réalisé, accompli, fait" et à ce "qui correspond à la réalité"[2514]. Autrement dit, la notion d'effectivité est liée à celle de résultat. Dès lors, l'exigence de mesures effectives visant à prévenir un risque de dommages, posée par la définition légale du principe de précaution, fait écho, en droit de la responsabilité civile, à la distinction classique entre les obligations de moyens et les obligations de résultat[2515]. L'obligation de précaution, interprétée en dehors du paradigme classique de la responsabilité civile (en l'absence de dommage), renvoie donc à une obligation de résultat. L'agent ne doit pas, en effet, se contenter de mettre en œuvre tous les moyens pour éviter la survenance du risque de dommages. Par hypothèse, il sera sanctionné pour n'avoir pas empêché l'apparition d'un tel risque. La condition d'effectivité des mesures implique que ces dernières aboutissent dans leur objectif, lequel est de prévenir le risque de dommages. Seul compte alors la considération du résultat. Or, si les dommages se réalisent, malgré les mesures ayant visé à en prévenir le risque d'apparition, cela signifie que les mesures n'ont pas produit l'effet recherché. Elles n'ont pas été effectives sans quoi les dommages ne se seraient pas produits. La survenance des dommages eux-mêmes fait donc présumer l'ineffectivité des mesures préventives portant sur le risque de dommages.

961. L'interprétation de la prévention et de la précaution dans le paradigme classique de la responsabilité civile avait conduit à constater que les devoirs de prévention et de précaution pouvaient être constitutifs d'une obligation de moyens ou de résultat[2516]. En revanche, la sortie de ce paradigme confère au contraire au devoir de précaution le caractère d'une obligation de

---

Charte de l'environnement, intégrée dans le préambule de la Constitution par la loi constitutionnelle n° 2005-205 du 1er mars 2005 (*J.O.*, 2 mars 2005).

[2514] G. CORNU, *Vocabulaire juridique*, op. cit., p. 345.

[2515] Cette distinction pouvant être appliquée à la fois aux obligations contractuelles et aux obligations délictuelles. En ce sens, cf. G. VINEY et P. JOURDAIN, *Les conditions de la responsabilité*, op. cit., n° 457.

[2516] Cf. 1ère partie, *supra*, n° 434 et s.

résultat. S'agissant du devoir de prévention, certes l'article L. 110-1 du Code de l'environnement ne se réfère pas au critère de l'effectivité de la mesure. Cependant, rien ne justifie, dans le cadre d'une responsabilité préventive, de soumettre l'anticipation de risques suspectés à une obligation de résultat et celle de risques avérés à une simple obligation de moyens. La solution inverse serait même inéquitable. Elle aboutirait à exiger plus de celui qui n'a pas prévenu un risque seulement suspecté par rapport à celui n'ayant pas empêché la survenance d'un risque avéré.

962. Une telle solution qui fait des obligations de prévention et de précaution des obligations de résultat est logique puisque dans le système préventif la responsabilité se trouve reportée en amont vers la menace de dommage. Le résultat à atteindre est l'absence de survenance de cette dernière. Dans le système curatif, en revanche, le résultat à atteindre ne porte pas sur l'éventualité de survenance du risque mais sur sa réalisation à travers l'existence du dommage. Or celui-ci peut tout aussi bien s'être produit alors même que l'agent avait mis en œuvre tous les moyens dont il disposait pour l'empêcher[2517].

[2517] L'exigence du caractère effectif des mesures transparaît dans les arrêts du Conseil d'Etat rendus le 9 avril 1993, à propos de la responsabilité de l'Etat du fait de la contamination des hémophiles par le Sida (CE Ass. 9 avril 1993, *R.F.D.A.*, p. 583, concl. H. LEGAL ; *A.J.D.A.*, 1993, p. 381 et p. 344, chron. C. MAUGÜE et L. TOUVET ; *J.C.P.*, 1993, II, 22110, note C. DEBOUY). La Haute assemblée administrative avait, en effet, estimé que si l'Etat n'était pas responsable pour son inaction pendant la période qui s'étendait du début de l'épidémie à la date du 22 novembre 1984 (date à laquelle l'autorité administrative avait été informée du risque), il était, en revanche responsable pour son abstention à partir du 22 novembre 1984 jusqu'au 20 octobre 1985 (date de la circulaire interdisant la délivrance de produits sanguins non chauffés). Les juges avaient pris soin de souligner que non seulement le risque de contamination était tenu pour établi par la communauté scientifique dès novembre 1983 mais que "l'*efficacité* du procédé du chauffage pour inactiver le virus était reconnue au sein de cette communauté dès octobre 1984", que dès lors, l'autorité administrative était donc informée à partir du 22 novembre 1984 de "l'existence d'un risque sérieux de contamination des transfusés et de *la possibilité d'y parer* par l'utilisation des produits chauffés qui étaient alors disponibles sur le marché international". Par conséquent, la question qui avait permis à l'Assemblée du contentieux de juger de la responsabilité de l'Etat n'était pas seulement "à partir de quand la transmissibilité du virus par transfusion sanguine avait-elle constitué un risque sérieux?" mais également "à partir de quel moment avait-il été possible de prévenir le risque par une mesure efficace ?". Cette exigence fait écho aux propos du commissaire du gouvernement dans cette affaire, selon lesquels : "Ce qui importe n'est pas ici de savoir qui savait quoi à quelle date, et quelles étaient les intentions des différents acteurs, mais ce que l'on pouvait raisonnablement tenir au fil du temps comme suffisamment établi dans la connaissance générale du phénomène *et de ses solutions* (c'est nous qui soulignons) pour rendre nécessaire la prise de mesures sanitaires" (Conclusions de H. LEGAL, préc., p. 595). La condition d'efficacité des mesures destinées à prévenir le risque équivaut à l'exigence d'effectivité des mesures destinées à prévenir le risque de dommages, posée par la définition légale du principe de précaution, l'adjectif "efficace" désignant ce "qui produit l'effet qu'on en attend" (*Dictionnaire Robert*).

b) L'apport du critère de la proportionnalité des mesures préventives

963. L'exigence d'une mesure proportionnée au risque devrait être de nature à limiter le domaine de la responsabilité civile préventive. La proportionnalité peut s'entendre soit d'un point de vue quantitatif, comme adéquation, au sens mathématique, entre le but visé et les moyens empruntés pour l'atteindre, soit d'un point de vue qualitatif, comme adaptation non mesurable d'une décision à un objectif poursuivi[2518]. Dans l'esprit des rédacteurs de la loi du 2 février 1995 relative au renforcement de la protection de l'environnement[2519], la proportionnalité correspond au fait que "toute décision dans le domaine de l'environnement se fonde sur une adéquation entre les moyens mis en œuvre et les objectifs visés, assurant l'équivalence des avantages et des charges qui en découlent, et qui tient compte du degré de certitude des connaissances scientifiques"[2520]. Dans l'impossibilité technique de procéder à une pesée des avantages et des charges d'un point de vue purement quantitatif, la notion de proportionnalité ne peut renvoyer qu'à une appréciation qualitative de la décision. Elle s'apparente ainsi à l'idée d'un juste milieu entre deux extrêmes que cristallise l'idée de justice[2521].

964. S'agissant de son application à un risque, le critère de proportionnalité ne peut être interprété de manière absolue. En effet, le concept de risque zéro, théoriquement envisageable, se révèle pratiquement intenable[2522]. Toute décision, tout choix est susceptible de receler des risques et se présente alors nécessairement comme une option entre un ou plusieurs types de risques. Le phénomène est patent en droit de l'environnement où les choix politiques ou individuels se heurtent à de multiples intérêts généraux et privés, et expliquent l'essor du principe de proportionnalité en ce domaine[2523]. La même analyse peut être faite en droit de la santé où les choix opérés, tant au niveau général qu'individuel, se définissent toujours par la décision de privilégier un autre intérêt, celui de la collectivité ou celui d'un individu en particulier, donc

---

[2518] De ce point de vue, l'idée de proportionnalité se rapproche de celle de normalité susceptible d'être appréciée à la fois quantitativement et qualitativement.

[2519] Loi n° 95-101 ayant défini le principe de précaution figurant désormais à l'article L. 110-1 du Code de l'environnement.

[2520] Amendement n° 360 de A. GUELLEC, *J.O.*, Débats, Ass. Nat., séance du 6 décembre 1994, p. 8297.

[2521] Sur la justice comme "médiété", cf. ARISTOTE, op. cit., V, 9.

[2522] C. HUGLO, "Le concept de risque zéro, fausse solution, mais vrai problème", *Philosophie politique*, mai 2000, n° 11, p. 57.

[2523] Pour un examen critique de la confrontation entre le principe de proportionnalité et les principes de prévention et de précaution, en droit public de l'environnement, cf. N. de SADELEER, op. cit., p. 352 et s.

d'éviter un risque plutôt qu'un autre[2524]. A cet égard, la distinction de la prévention et de la précaution ne fait qu'ajouter un nouveau critère concernant la décision de prévenir un risque. Elle conduit à superposer aux oppositions existantes risques collectifs / risques individuels et risques collectifs ou individuels contradictoires, l'opposition risque avéré / risque suspecté.

965. La reconnaissance d'une responsabilité civile préventive devrait donc favoriser l'utilisation, par le juge judiciaire, de la technique du bilan "coût/avantage", déjà largement employée par le juge administratif. Cependant, son application devrait être compliquée par l'obligation de tenir compte, désormais, du risque seulement suspecté[2525]. Concrètement, l'application du critère de proportionnalité devrait conduire à sanctionner les excès comme les défauts de prévention ou de précaution. A cet égard, l'exigence du caractère proportionné des mesures préventives devrait se présenter comme une limitation positive de la responsabilité civile. En effet, elle favorise l'exonération des comportements adaptés au risque encouru, à condition toutefois que les dommages ne se soient pas produits, les critères d'effectivité et de proportionnalité étant cumulatifs. Le contenu du critère de proportionnalité devrait comprendre à la fois des données techniques d'adaptation de la mesure au risque, compte tenu de la pertinence des connaissances scientifiques sur le risque mais également des données subjectives relatives à l'acceptabilité psychologique du risque.

2) L'apport du critère du coût économiquement acceptable des mesures préventives

966. Tant la définition légale du principe de prévention que celle du principe de précaution impose que le coût des mesures préventives soit "économiquement acceptable". La considération du coût des mesures destinées à prévenir le risque est particulièrement importante s'agissant de la dimension publique des principes de prévention et de précaution, comme principes d'action politique. En effet, la question du type et du seuil de risque qu'une société est prête à accepter est susceptible d'être définie par l'Etat, et ce d'autant que si le niveau de risque acceptable se révèle trop élevé pour être supporté individuellement par les particuliers, même sous forme mutualisée, c'est finalement seulement grâce à des mécanismes de financements publics que le

---

2524 Exemple de cette opposition entre un intérêt collectif et des intérêts individuels, la question des risques liés à la vaccination contre l'hépatite B. Cf. J.-F. GIRARD, *Quand la santé devient publique*, Paris, Hachette (coll. "Littératures"), 1998, p. 57.

2525 En ce sens, cf. Ph. KOURILSKY et G. VINEY, op. cit., p. 149.

risque pourra alors être supporté[2526]. Mais une telle analyse repose sur une définition de l'acceptabilité du risque fondée sur son caractère indemnisable là où, au contraire, la seule réparation du risque ne suffit plus à le rendre acceptable par les individus. Ces derniers sont aujourd'hui en quête de responsables identifiés pour leur personne et non plus pour leur seule capacité financière à répondre du préjudice, comme en témoigne le développement du recours à la responsabilité pénale[2527].

967. La notion de responsabilité préventive cristallise cette évolution du droit de la responsabilité civile en direction de la sanction des comportements individuels ou collectifs par-delà la seule recherche de réparation. Le critère du coût économique du risque n'est plus envisagé comme un indice de son indemnisation qui, par hypothèse, n'a pas vocation à se réaliser. Il se trouve déplacé en amont vers la détermination du coût des mesures de prévention ou de précaution destinées à empêcher la survenance du dommage. Le prix du risque n'est plus celui du dommage puisque, par définition, ce dernier ne doit pas se produire, mais devient celui de la menace de dommage. Ainsi a-t-on pu souligner que "l'indemnisation comme mesure de défense sociale se limite au seuil du risque acceptable ou raisonnable, c'est-à-dire compatible avec les données économiques du moment"[2528]. Par conséquent, la considération du coût économique des mesures d'anticipation du dommage devrait s'apparenter à une norme destinée à orienter le juge appelé à statuer sur la responsabilité civile fondée sur un défaut de prévention ou de précaution. Certes dès lors que la menace de dommage affecte plusieurs individus l'acceptabilité économique du risque se définit du point de vue de l'intérêt général[2529]. Cependant, elle demeure susceptible d'être mise en œuvre par le juge civil, à l'instar d'autres standards normatifs tels que la notion de normalité[2530].

968. Enfin, le critère du coût économiquement acceptable des mesures de prévention ou de précaution pourrait trouver quelque fondement dans l'analyse économique du droit de la responsabilité[2531]. Dans son célèbre

---

2526 Sur le rapprochement du droit privé et du droit public en matière de valeurs, cf. R. SAVATIER, "Le droit et l'échelle des valeurs", *in Mélanges en l'honneur de P. Roubier*, Paris, Dalloz, 1961, spéc., p. 456.

2527 Pour une critique du postulat "risque acceptable, risque indemnisable", cf. C. NOIVILLE, *Du bon gouvernement des risques*, Paris, P.U.F. (coll. "Les voies du droit"), 2003, p. 179 et s.

2528 M. DELMAS-MARTY, *Pour un droit commun*, Paris, Seuil, 1994, p. 28.

2529 En ce sens, à propos du principe de précaution, M. BOUTONNET (op. cit., n°1008) souligne que ce dernier pourrait "inciter à dépasser la notion d'acceptation individuelle des risques et à admettre celle d'acceptabilité sociale".

2530 Ainsi, en matière de troubles anormaux de voisinage susceptibles d'affecter l'environnement dont la préservation relève de l'intérêt général.

2531 Sur cette question, cf. G. MAITRE, *La responsabilité civile à l'épreuve de l'analyse économique du droit*, Paris, L.G.D.J. (coll. "Droit et Economie"), 2005. Plus généralement sur l'analyse économique du droit, cf. notamment R. A. POSNER, *Economic analysis of law*, New

article sur le coût social, Coase[2532] a montré que, en l'absence de coût de transaction, c'est-à-dire de coûts engendrés par les parties pour la négociation d'un contrat ou le règlement d'un différend entre eux, les règles d'attribution de la responsabilité sont équivalentes : elles sont sans effet sur les personnes qui ne sont pas parties au contrat ou sur les tiers victimes. En revanche, dès lors qu'il existe des coûts de transaction, les individus rationnels vont essayer de les minimiser. Par conséquent, l'Etat n'a pas besoin d'intervenir régulièrement pour neutraliser les effets externes qui vont se résorber d'eux-mêmes, il lui suffit d'attribuer une fois pour toute les droits de propriété. Le principe pollueur-payeur, figurant à l'article L. 110-1 du Code de l'environnement, constitue une application de ce théorème[2533]. Le critère du coût économiquement acceptable des mesures de prévention ou de précaution conduit également à une internalisation du coût de la responsabilité. Il impose aux individus de prévenir les risques de dommages dès lors que le coût engendré par les mesures préventives est jugé acceptable. Il participe ainsi d'une appréhension sociale et non plus individuelle des problèmes de responsabilité[2534].

969. Ainsi, pour Guido Calabresi l'objet de la responsabilité civile est de minimiser le coût de la réparation et le coût de la prévention, au sens traditionnel, des accidents. Cela conduit à réduire le coût des accidents si la partie qui pouvait les éviter au moindre coût se voit imputer les pertes survenues[2535]. De son côté, Posner estime qu'une personne doit être tenue à réparation dès lors que le coût du dommage qu'elle a engendré par sa négligence est supérieur au coût des précautions par lesquelles elle aurait pu le prévenir, compte tenu de la probabilité de survenance de l'accident[2536]. Pour ces auteurs, la considération du coût de l'accident est donc un élément de détermination du montant de la réparation dans la mesure où il a pu être intégré lors de l'anticipation du dommage. L'application du critère du coût économiquement acceptable des mesures visant à prévenir le risque de dommages, issu des définitions légales des principes de prévention et de précaution, conduit à

York, Aspen Law and Business, 1998 ; R. H. COASE, *Le coût du droit*, Paris, P.U.F. (coll. "Droit, éthique, société"), 2000 ; E. MACKAAY, "La règle juridique observée par le prisme de l'économiste", *Rev. inter. dr. éco.*, 1986, tome 1, p. 43 ; Th. KIRAT, "Les lois sont-elles efficientes ? La réponse de l'analyse économique", *Science économique*, 28 octobre 1998, n°2588, p. 18.

2532 R. COASE, "The Problem of Social Cost", *Journal of Law and Economics*, 1960, p.1.

2533 En vertu de ce principe, "les frais résultant des mesures de prévention, de réduction de la pollution et de lutte contre celle-ci doivent être supportés par le pollueur".

2534 En ce sens, cf. F. SEUROT, "La théorie économique de la responsabilité et le positivisme juridique", *Droits*, 1986, p. 137.

2535 G. CALABRESI, *The cost of Accidents*, Yale University Press, 1970.

2536 R.A. POSNER, "A theory of negligence", *Journal of Legal Studies*, 1, 1972, p. 29.

transposer cette analyse en situation de risque avéré ou suspecté[2537]. Dans cette perspective, le coût des mesures préventives ne serait plus seulement un critère venant justifier *a posteriori* l'étendue du droit à réparation après la réalisation des dommages. Il deviendrait un élément au fondement de l'attribution de la sanction du défaut d'action préventive[2538].

§ 3 LE LIEN DE CAUSALITE ENTRE LE FAIT GENERATEUR ET LE RISQUE DE DOMMAGE

970. La condition relative au dommage supprimée, la question de la causalité, dans le système préventif de responsabilité, se trouve reportée au lien qui unit non plus le fait générateur au dommage mais à celui qui permet de rattacher le fait générateur au risque de dommage. Sur ce point, toutes les évolutions concernant l'assouplissement du lien de causalité juridique dans le système de responsabilité curative traditionnelle constituent autant de facteurs de nature à élargir le concept de responsabilité en direction de l'anticipation des dommages. Il en est ainsi de l'extension de la théorie de l'équivalence des conditions, du recours des juges aux présomptions ou à diverses notions comme celles de perte de chance ou de création d'un risque[2539]. A l'instar de la responsabilité curative, la responsabilité préventive est susceptible de s'appliquer en présence de risques avérés ou de risques suspectés de dommages. La *prévention* et la *précaution* ont, en effet, vocation à être objets de réparation comme d'anticipation de dommages graves et irréversibles.

CONCLUSION DE LA SECTION I

971. Si la notion de responsabilité civile préventive devait être consacrée, elle devrait contribuer à élargir considérablement le droit de la responsabilité. En effet, elle aurait pour conséquence d'intégrer l'extension quantitative du domaine des comportements répréhensibles résultant de l'interprétation de la distinction de la prévention et de la précaution dans le paradigme curatif traditionnel[2540]. Ces deux dernières notions auraient alors vocation à se redéployer pleinement au sein d'une responsabilité désormais privée de l'exigence de réalisation d'un dommage. Mais ce phénomène d'expansion de la responsabilité devrait trouver ses limites dans une définition restrictive du risque de dommage réservé aux domaines de l'environnement et

---

[2537] Pour une application en cas de risque incertain, cf. G. BRUGGERMEIER, "The control of Corporate Conduct and Reduction of uncertainty by Tort law, *in Law and uncertainty. Risks and legal processes*, sous la dir. de R. BALDWIN, Londres, Kluwer Law International, 1997, p. 57.

[2538] Conférant ainsi à l'analyse économique du droit de la responsabilité civile une véritable portée normative. Sur cette portée de la thèse de POSNER, cf. E. MACKAAY, art. préc., p. 64.

[2539] Sur l'assouplissement de la causalité juridique dans le paradigme classique de la responsabilité civile, en présence d'un dommage, cf. 1ère partie, *supra*, n° 118 et s.

[2540] Sur cette extension, cf. conclusion de la 1ère partie, *supra*, n° 657 et s.

de la santé. En outre, une interprétation stricte des critères des mesures destinées à prévenir le risque, issus des définitions légales des principes de prévention et de précaution, devrait également conduire à limiter l'étendue de la responsabilité civile préventive.

SECTION II

LA SANCTION DE LA RESPONSABILITE CIVILE PREVENTIVE

972. Si les principes de prévention et de précaution devaient constituer des fondements autonomes de la responsabilité à travers la reconnaissance d'une responsabilité civile préventive, il conviendrait alors d'élargir la liste des titulaires de l'action en responsabilité (§1) et de développer les mesures d'anticipation des risques de dommages (§2).

§ 1 LES TITULAIRES DE L'ACTION EN RESPONSABILITE CIVILE PREVENTIVE

973. La reconnaissance juridique d'une responsabilité civile préventive, sous l'impulsion des principes de prévention et de précaution, implique un élargissement des titulaires de l'action en responsabilité à la fois dans l'espace (A) et dans le temps (B).

A – L'EXTENSION DES TITULAIRES DE L'ACTION EN RESPONSABILITE CIVILE DANS L'ESPACE

974. Pour être réparable le dommage doit être personnel. Cette exigence, posée par la jurisprudence[2541] et soulignée par la doctrine[2542] signifie que, en principe, seul celui qui a subi le dommage peut en demander réparation et que cette dernière n'est possible que si l'atteinte a été portée à une personne physique[2543]. Cette condition est interprétée avec souplesse puisque le droit admet la réparation des préjudices subis par ricochet par les personnes indirectement affectées par le dommage initial[2544]. Mais surtout, la transformation sociale des modes de production et de consommation, issue de la société industrielle, a favorisé l'émergence de rapports inter-collectifs qui se sont substitués aux rapports inter-individuels classiques. Elle a entraîné, depuis longtemps déjà, une multiplication des dommages de caractère diffus. Le

[2541] Civ. 2ème, 17 octobre 1979, *D.*, 1980, IR p. 415, obs. C. LARROUMET.

[2542] G. VINEY et P. JOURDAIN, *Les conditions de la responsabilité*, op. cit., n° 288 et s. ; J. CARBONNIER, *Les obligations*, op. cit., n° 205 ; Y. CHARTIER, op. cit., p. 5.

[2543] L'argument généralement invoqué est tiré de l'article 2 alinéa 1 du Code de procédure pénale qui ouvre l'action civile à ceux qui ont "souffert" du dommage.

[2544] Cf. G. VINEY et P. JOURDAIN, *Les conditions de la responsabilité*, op. cit., n°304 et s. ; F. TERRE, Ph. SIMLER et Y. LEQUETTE, op. cit., n° 711.

système de protection individuelle, fondé sur le caractère personnel du dommage, s'est révélé inadapté. Cela a conduit à la prise en considération progressive par le droit des atteintes portées à certains intérêts collectifs[2545]. Ainsi, les membres d'un groupe peuvent demander réparation du préjudice qu'ils subissent à titre individuel, et parfois même de celui subi par la collectivité. En outre, la loi autorise, dans certains cas, les personnes morales à agir en réparation des atteintes portées aux intérêts qu'elles ont pour but de représenter[2546].

975. Cependant, malgré ces avancées, les actions collectives actuelles demeurent encore inadaptées à la réparation des dommages collectifs à l'environnement ou à la santé, symptômes d'une massification des rapports juridiques à son apogée (1). Il convient donc de s'interroger sur l'opportunité d'introduire en droit français une action de groupe (2).

1) L'inadaptation des actions collectives actuelles aux dommages collectifs résultant d'un défaut de prévention ou de précaution

976. Tant les actions associatives pour la défense d'un intérêt collectif (a), que l'action en représentation conjointe (b), se révèlent insuffisamment protectrices des victimes de dommages collectifs résultant d'un défaut de prévention ou de précaution.

a) Les limites des actions associatives pour la défense d'un intérêt collectif

977. L'action collective prévue à l'article L. 421-1 du Code de la consommation permet aux associations agréées de consommateurs d'exercer les droits reconnus à la partie civile relativement aux faits portant un préjudice direct ou indirect à l'intérêt collectif des consommateurs. Les associations peuvent ainsi demander au juge d'ordonner la cessation d'agissements illicites, le cas échéant sous astreinte, solliciter des dommages et intérêts ou encore la publication du jugement aux frais du condamné. Mais l'inconvénient de cette action est qu'elle n'est possible qu'en cas d'infraction pénale, ce qui en limite grandement son intérêt dans le cadre de dommages collectifs qui ne résultent pas d'actes pénalement répréhensibles.

978. De même, l'action en suppression des clauses abusives, prévue à l'article L. 421-6 du Code de la consommation, qui permet à une association agréée de consommateurs de demander au juge civil de déclarer non écrite une

---

[2545] Sur cette évolution, cf. M. CAPPELLETTI, "La protection d'intérêts collectifs et de groupe dans le procès civil" (Métamorphoses de la procédure civile)", *R.I.D.C.*, 1975, p.571.

[2546] Cf. G. VINEY et P. JOURDAIN, *Les conditions de la responsabilité*, op. cit., n°290 et s.

clause contractuelle jugée abusive, est limitée dans sa portée. D'une part, en effet, la décision rendue n'a autorité qu'à l'égard du professionnel directement concerné par le jugement. D'autre part, la décision ne vaut que pour les contrats à venir et non pour les contrats en cours.

979. Enfin, la possibilité, ouverte par l'article L. 421-7 du Code de la consommation, pour une association d'intervenir devant les juridictions civiles dans une action introduite par un consommateur est précisément conditionnée à la diligence de ce dernier. Dès lors, elle ne constitue pas un instrument efficace pour assurer sans aléa la défense d'un grand nombre de victimes.

b) Les limites de l'action en représentation conjointe

980. La loi du 18 janvier 1992 a institué une action en représentation conjointe qui ouvre aux associations légalement agréées, en particulier aux associations de défense des consommateurs[2547] ou de protection de l'environnement[2548], la possibilité d'agir au nom de deux ou plusieurs victimes en réparation de préjudices individuellement causés à celles-ci par une même personne et ayant une origine commune. Contrairement aux actions précédemment évoquées, ce recours n'a donc pas vocation à réparer ou faire cesser un préjudice collectif transcendant les intérêts particuliers. Il tend à réparer une multitude de préjudices individuels causés par un même auteur.

981. Mais ici encore, les conditions de mise en œuvre d'une telle action en limitent considérablement la portée pratique. En effet, l'association n'a pas un droit d'action propre. Elle ne peut agir que si elle est mandatée expressément et par écrit par deux victimes au moins. En outre, l'association n'agissant que comme support des consommateurs, le jugement rendu ne profitera qu'aux victimes l'ayant mandatée. Qualifiée d' "action mort née" plus que de *class action* française[2549], l'action en représentation conjointe se révèle inadaptée aux dommages à grande échelle faisant des centaines de milliers de victimes. Comme l'a souligné un auteur, l'action en représentation conjointe "loin d'être un premier pas vers l'action de groupe, a plutôt constitué un moyen élégant de l'enterrer"[2550].

[2547] Article L. 422-1 du Code de la consommation.
[2548] Article L. 142-3 du Code de l'environnement.
[2549] L. BORE, "L'action en représentation conjointe : *class action* française ou action mort née ?", *D.*, 1995, chron. p. 267.
[2550] L. BORE, *La défense des intérêts collectifs par les associations devant les juridictions administratives et judiciaires*, Paris, L.G.D.J. ("Bibliothèque de droit privé"), tome 278, n° 444, 1997.

982. Dès lors, pour que la réparation des dommages résultant d'un défaut de prévention ou de précaution puisse être efficace il conviendrait de reconnaître aux associations le pouvoir de défendre un intérêt collectif distinct d'elles-mêmes et de leurs membres ainsi que celui d'agir en l'absence d'identification de toutes les victimes[2551]. Il faudrait également ouvrir plus largement le droit d'agir de manière collective. Une telle évolution pourrait avoir lieu si le droit français consacrait enfin l'action de groupe ou la *class action*.

2) L'opportunité d'introduire une action de groupe en droit français

983. Depuis plusieurs années déjà, les *class actions* anglo-saxonnes (a), ont fait l'objet d'un vif débat en France. Vivement critiquées en raison des abus auxquels elles ont conduit dans les pays outre Atlantique, nombreux sont les auteurs qui se sont interrogés sur l'opportunité de les introduire en droit français[2552] (b). Plusieurs projets se sont déjà succédés[2553]. La question est

---

[2551] En ce sens, cf. M.-A. FRISON-ROCHE, "Le pouvoir processuel des associations et la perspective de la «*class action*»", *P.A.*, 24 avril 1996, n° 50, p. 28, § 15 et s. Sur l'extension du pouvoir des associations à la défense d'un intérêt altruiste, cf. L. BORE, "Pour la recevabilité de l'action associative fondée sur la défense d'un intérêt altruiste", *Rev. sc. crim.*, oct.-déc. 1997, p.751.

[2552] Cf. *Accès à la justice et Etat-Providence*, sous la dir. de M. CAPELLETTI, Paris, Economica, 1984, spéc., pp. 103 et 308 ; M.-A. FRISON-ROCHE, art. préc., *P.A.*, 24 avril 1996, n° 50, p. 28 ; *Pour mieux réparer les préjudices collectifs. Une "class action" à la française ?* Table ronde organisée par DROIT ET DEMOCRATIE, *G.P.*, 28-29 sept. 2001, doctr. p. 1469 ; C. SORDET, "Vers des «securities class actions» à la française ?", *P.A.*, 8 déc. 2003, n° 244, p. 4 ; FACULTE DE DROIT DE L'UNIVERSITE D'EVRY, *Les "class actions" devant le juge français : rêve ou cauchemar ?* Colloque du 18 novembre 2004, *P.A.*, 10 juin 2005, n° 115 ; CONSEIL NATIONAL DES BARREAUX, *La "class action" à la française. Faut-il étendre "l'action collective" ou "action de groupe" ?* Rapport de la Commission transversale, janvier 2005 et *La "class action" à la française*, Rapport n° 2, janvier 2006 ; Y. PICOD, "Le charme discret de la *class action*", *D.*, 2005, Tribune, p. 657 ; J. ROUSSEL, "Les avocats favorables à une «class action» à la française ?", *P.A.*, 1er fév. 2005, n° 22, p. 3 ; J.-M. GOLDNADEL, "L'introduction des class actions en France", *G.P.*, 25-27 sept. 2005, doctr. p. 3072 ; G. CERUTTI et M. GUILLAUME, *Rapport sur l'action de groupe, remis le 16 décembre 2005 à Thierry Breton, ministre de l'économie, des finances et de l'industrie et Pascal Clément, ministre de la justice, garde des* sceaux ; S. GUINCHARD, "Une *class action* à la française", *D.*, 2005, chron. p. 2180 ; C. YOUNES, "L'action en justice des groupements : au nom de qui ?", *R.R.J.*, 2006, p. 2303 ; M. VERPEAUX, "L'action de groupe est-elle soluble dans la Constitution ?", *D.*, 2007, Point de vue, p. 258.

[2553] Sur ces projets, cf. *infra*, n° 992. En outre, dans un rapport remis au Premier Ministre, en date du 9 juillet 2003 (L. CHATEL, *De la conso méfiance à la conso confiance. Rapport au Premier ministre de la mission parlementaire auprès du Secrétaire d'Etat aux petites et moyennes entreprises, au commerce, à l'artisanat, aux professions libérales et à la consommation sur "l'information, la représentation et la protection du consommateur"*, 9 juillet 2003, p. 111), un groupe de parlementaires, après avoir souligné qu'il est "illusoire de croire que la France pourra demeurer longtemps à l'écart d'un mouvement général qui touche de proche en proche l'ensemble

aujourd'hui au cœur de l'actualité depuis que, le 4 janvier 2005, Jacques Chirac a demandé à son gouvernement "de proposer une modification de la législation pour permettre à des groupes de consommateurs et à leurs associations d'intenter des actions collectives contre les pratiques abusives observées sur certains marchés". Deux propositions de loi sur le recours collectif ainsi qu'un projet de loi en faveur des consommateurs ont été déposés en 2006. Cependant la portée de ces textes dans le cadre de l'instauration d'une responsabilité civile préventive demeure limitée (c).

a) Le mécanisme des *class actions*

984. La *class action* est "une action introduite par un représentant pour le compte de toute une classe de personnes ayant des droits identiques ou similaires qui aboutit au prononcé d'un jugement ayant autorité de la chose jugée à l'égard de tous les membres de la classe"[2554]. Elle trouve son origine dans la procédure anglaise et a été introduite aux Etats-Unis et au Québec où elle a connu un formidable essor dans les années 1960. Dans un premier temps, le juge examine la recevabilité de la demande du représentant du groupe. Il vérifie, en particulier, que les membres de la classe, dont le nombre peut atteindre plusieurs millions, se trouvent dans une situation similaire et que le demandeur est en mesure de les représenter convenablement. Puis, le juge informe les membres du groupe du déclenchement de la procédure.

985. Deux types de systèmes existent. La législation peut prévoir qu'une fois informées, seules les personnes qui manifesteront leur volonté de se faire représenter seront parties à l'instance (système de l'*opt in*). Au contraire, la loi peut décider que l'individu qui s'est vu notifier la mise en œuvre de l'action est présumé l'approuver à moins de déclarer expressément qu'il désire être exclu de la procédure (système de l'*opt out*). A l'issue de la procédure, le jugement rendu a autorité pour tous les membres du groupe.

b) Le débat sur l'action de groupe en France

986. Plusieurs arguments procéduraux sont généralement invoqués à l'encontre de l'introduction d'une action de groupe en droit français. Ainsi, en premier lieu il est souvent fait état de la maxime "nul ne plaide par procureur". En vertu de cette dernière, une personne ne peut agir en justice pour le compte d'une autre. Mais, selon la majorité des auteurs, cette règle est de pure forme. Elle implique seulement que le mandataire indique dans tous les actes de

---

de nos voisins", préconisait à nouveau l'institution d'un recours collectif afin de garantir les droits des consommateurs.

[2554] L. BORE, op. cit., n° 353.

procédure le nom du ou des mandants[2555]. Le Conseil Constitutionnel a eu l'occasion de préciser la portée de cette règle lors de l'examen d'une disposition relative au droit d'ester en justice des organisations syndicales au lieu et place de leurs salariés, en l'absence de mandat de ces derniers. Dans une décision en date du 25 juillet 1989[2556] il a validé ce type d'action "à la condition que l'intéressé ait été mis à même de donner son assentiment en pleine connaissance de cause et qu'il puisse conserver la liberté de conduire personnellement la défense de ses intérêts et de mettre un terme à cette action". Ce qui implique, pour les magistrats du Palais Royal, que soient contenues dans la lettre recommandée, adressée à l'intéressé, "toutes précisions utiles sur la nature et l'objet de l'action exercée, sur la portée de son acceptation et sur le droit à lui reconnu de mettre un terme à tout moment à cette action"[2557].

987. Il est clair qu'une telle solution ne s'oppose donc pas à l'introduction d'une action de groupe fondée sur le système de l'*opt in*, précédemment évoqué, et en vertu duquel les personnes parties à l'instance sont celles qui ont manifesté leur volonté d'agir. Mais en réalité, elle ne fait pas non plus obstacle à la consécration d'une action de classe fondée sur le mécanisme de l'*opt out*, en vertu duquel les individus auxquels ont été notifié la mise en œuvre de l'action sont présumés l'approuver, à moins de manifester leur volonté d'être exclus de la procédure. En effet, ce dernier système demeure compatible avec le principe de la liberté personnelle d'ester en justice[2558], dès lors que les victimes d'une part, sont personnellement informées par lettre recommandée de la procédure et d'autre part, conservent la possibilité d'y renoncer[2559].

[2555] Pour une interprétation en contradiction avec cette opinion commune, cf. F. CABALLERO ("Plaidons par procureur ! De l'archaïsme procédural à l'action de groupe", *R.T.D.civ.*, 1985, p.247) qui estime que la règle est "une règle de fond destinée à vérifier que le représentant d'une ou plusieurs personnes dispose bien du pouvoir -et partant de la qualité- pour agir à leur place" (p.257).

[2556] Déc. n° 89-25 (*Rec. Lebon*, p. 59) relative à la loi sur la prévention du licenciement économique et au droit à la conversion.

[2557] Ainsi, "l'acceptation tacite du salarié ne peut être considérée comme acquise qu'autant que le syndicat justifie, lors de l'introduction de l'action, que le salarié a eu personnellement connaissance de la lettre comportant les mentions susindiquées".

[2558] Laquelle tend précisément, à la différence de la liberté individuelle, à "protéger une catégorie spécifique de personnes", et constitue comme telle "une application catégorielle de la liberté, au sens générique qui est consacrée à l'article 4 de la Déclaration" de 1789, N. MOLFESSIS, *Le Conseil constitutionnel et le droit privé*, op. cit., n° 166.

[2559] En ce sens, cf. L. BORE, *G.P.*, 28-29 sept. 2001, p. 1474 ; M.-A. FRISON-ROCHE ("Les résistances mécaniques du système juridique français à accueillir la *class action* : obstacles et compatibilités", Colloque du 18 novembre 2004, préc., p. 26) qui souligne que le critère retenu par le Conseil Constitutionnel "n'est pas tant la réalité du mandat tacite, mais le fait que la «liberté du salarié» ne soit pas atteinte par le procédé", que "ce n'est donc pas le procédé technique qui est en cause mais sa conséquence sur la liberté du justiciable potentiel", et que dès lors, "la solution d'une loi compatible avec la Constitution consiste à organiser un droit de sortie légal au bénéfice de toute personne membre naturel -c'est-à-dire par un effet de nature et non pas par un effet de

988. Le second argument généralement opposé à l'introduction de l'action de groupe en France est la prohibition des arrêts de règlement et l'autorité relative de la chose jugée. En effet, l'article 5 du Code civil interdit aux juges "de se prononcer par voie de disposition générale et réglementaire sur les causes qui leur sont soumises". De son côté, l'article 1351 du Code civil énonce le principe de l'autorité relative de la chose jugée dès lors que la chose demandée est la même, que la demande est fondée sur la même cause et qu'elle a lieu entre les mêmes parties agissant en la même qualité. Or par définition, l'action de groupe aboutit à prononcer un jugement ayant autorité de la chose jugée à l'égard de tous les membres du groupe. Elle confère ainsi à la décision rendue une portée "quasi réglementaire"[2560]. Cependant, contrairement à un arrêt de règlement dont la solution vaut pour l'avenir, le jugement obtenu à la suite d'une *class action* "ne joue pas pour les situations à venir, il est très classiquement un acte juridictionnel qui apure le passé, qui fait les comptes du passé, certes à l'égard de multiples et anonymes personnes mais en n'ayant d'effet que sur des situations déjà passées"[2561]. En outre, bien que la décision rendue à la suite d'une action de groupe ait autorité à l'égard de tous les membres de ce dernier, "elle ne supprime pas le droit individuel d'action qui est le seul objet de l'autorité de la chose jugée"[2562]. Ce droit appartient à toute personne qui n'aurait pas été personnellement informée de la procédure ou qui y aurait expressément renoncé.

989. Enfin, le principe du contradictoire[2563], qui a depuis longtemps déjà valeur constitutionnelle[2564], est également souvent présenté comme un obstacle à l'introduction d'une action de groupe en droit français. Ce principe

---

volonté- de la classe". De son côté (S. GUINCHARD, art. préc., *D.*, 2005, p. 2183 et s.) tout en estimant que la décision du Conseil Constitutionnel condamne le système de l'*opt out*, juge que cet obstacle n'est pas insurmontable. Ainsi, "l'action de groupe *opt out* trouverait sa légitimité d'atteinte au principe de la liberté individuelle de ne pas agir en justice dans l'atteinte collective aux droits des consommateurs ; l'individuel cèderait devant le collectif". Enfin, pour M. VERPEAUX (art. préc., p. 259) "loin de condamner toute réforme, la décision du Conseil souligne simplement [...] que la question de la publicité est primordiale pour préserver la liberté d'agir des consommateurs, en tant qu'élément de la liberté personnelle". A l'inverse, pour les membres du CNB (Rapport n° 2, préc., p. 7.) la décision du Conseil Constitutionnel "interdirait en Droit français l'option «opting out»".

[2560] S. GUINCHARD, *Droit et pratique de la procédure civile*, Paris, Dalloz (coll. "Dalloz Action"), 2006-2007, n° 102-82.

[2561] M.-A. FRISON-ROCHE, "Les résistances mécaniques du système juridique français à accueillir la *class action* : obstacles et compatibilités", art. préc., p. 24. Dans le même sens, cf. M. VERPEAUX, art. préc., p. 259

[2562] M.-A. FRISON-ROCHE, art. préc., p. 24.

[2563] Sur ce principe, cf. M.-A. FRISON-ROCHE, *Généralités sur le principe du contradictoire*, thèse (dactyl.) Paris II, 1988.

[2564] D'abord implicitement à travers la référence aux droits de la défense, puis explicitement depuis une décision du 18 janvier 1985 (Déc. n° 84-183, *Rec. Lebon*, p.32), cf. N. MOLFESSIS, *Le Conseil constitutionnel et le droit privé*, op. cit., n° 283.

signifie que le jugement doit être l'aboutissement d'une confrontation entre les parties en cause. Appliqué aux parties, il implique que le défendeur ait été au moins appelé[2565]. Il impose à ces dernières de se faire connaître mutuellement les moyens de fait et de droit qu'elles invoquent[2566]. Appliqué au juge, il signifie que celui-ci doit faire observer et observer lui-même le principe de la contradiction[2567]. Or lorsqu'elle est fondée sur le mécanisme de l'*opt out*, la *class action* aboutit à ce qu'un individu qui n'a pas déclaré expressément vouloir être exclu de la procédure se voit appliquer un jugement rendu sans qu'il ait pu faire valoir ses observations. Mais en réalité l'objection n'est qu'apparente. Elle peut être dépassée dès lors que l'action de groupe est conditionnée à une notification individuelle de sa mise en œuvre aux victimes qu'elles concernent[2568].

990. Aucun des arguments généralement avancés à l'encontre de l'introduction d'une action de groupe en France ne résiste donc à l'analyse. Tant le système de l'*opt in* que celui de l'*opt out* sont compatibles avec les principes du droit français. Et à en croire certains auteurs, ce dernier serait même de nature à "mieux prendre en compte les exigences constitutionnelles" dans la mesure où il assure "le droit de tous les justiciables au recours effectif, garanti par l'article 16 de la Déclaration des droits et repris par l'article 13 de la Convention européenne des droits de l'homme"[2569].

991. A l'inverse, les bienfaits que présente une "collectivisation de l'action en justice"[2570] ne manquent pas. Ainsi, dans son rapport de 2005, le Conseil national des Barreaux[2571] rappelait les trois principaux avantages d'une action de groupe par rapport aux actions individuelles. Tout d'abord, une telle action "facilite l'accès à la justice", en permettant notamment de reporter la charge des honoraires d'avocat. En second lieu, elle "participe d'une bonne administration de la justice en évitant la multiplicité des recours". Enfin, elle favorise "la moralisation du comportement des acteurs économiques". Ces différents arguments expliquent que l'opportunité d'introduire une action de groupe en France ait à nouveau récemment conduit à l'élaboration de plusieurs projets en ce sens.

2565 Article 14 du Nouveau code de procédure civile.
2566 Article 15 du Nouveau code de procédure civile.
2567 Article 16 du Nouveau code de procédure civile.
2568 Sur cette exigence, cf. la décision du Conseil Constitutionnel du 25 juillet 1989, préc.
2569 M. VERPEAUX, art. préc., p. 258.
2570 R. MARTIN et J. MARTIN, "L'action collective", *J.C.P.*, 1984, I, 3162.
2571 *Rapport*, janvier 2005, préc.

c) Apports et limites des textes de 2006 en préparation relatifs aux actions collectives au regard de l'instauration d'une responsabilité civile préventive

992. L'opportunité d'introduire une action de groupe en droit français n'est pas nouvelle. Plusieurs projets ont d'ailleurs déjà été rédigés en ce sens sans jamais aboutir[2572]. En 2003 et en 2005 l'idée d'instaurer une *class action* en droit des sociétés a été évoquée sans être retenue[2573], tandis que d'autres auteurs ont plaidé, récemment encore, en faveur d'une telle action[2574]. Les propositions de loi d'avril 2006 sur les recours collectifs ainsi que le projet de loi en faveur des consommateurs du 8 novembre 2006 se contentent d'introduire un modèle d'action de groupe "à dose homéopathique"[2575]. Ces textes sont donc largement décevants au regard de la nécessité d'assurer une réelle indemnisation des préjudices de masse et encore moins de contribuer à en prévenir la réalisation (β).

α) Les apports limités des textes de 2006 en préparation

993. L'article 12 du projet de loi en faveur des consommateurs du 8 novembre 2006[2576] institue une action de groupe. Mais cette dernière, à l'instar du recours collectif instauré par la proposition de loi du 25 avril 2006[2577] et par celle du 26 avril 2006[2578], est limitée au droit de la consommation. En outre, l'action a seulement pour objet de réparer "le préjudice matériel, à l'exclusion

---

[2572] Ainsi, dans son rapport rendu en 1990 la Commission pour la codification du droit de la consommation avait proposé que lorsque plusieurs consommateurs non aisément identifiables subissent du fait du même professionnel des préjudices ayant une origine commune, une organisation agréée de consommateur puisse agir dans l'intérêt du groupe sans avertir individuellement les intéressés (J. CALAIS AULOY, *Propositions pour un code de la consommation*, Paris, La documentation française, 1990, p. 111 et s.). De son côté, une proposition de loi avait suggéré que soit reconnue l'action de groupe "par laquelle un plaideur soumet au juge, outre ses propres prétentions, celles des personnes placées dans une situation similaire à la sienne dans l'instance qu'il introduit" (Proposition de loi de MM. Stasi, Proriol et Zeller, relative à l'action de groupe, *in* L. BORE, op. cit., p. 467, Annexe 4).

[2573] Cf. Rapport d'information sur la réforme du droit des sociétés, Assemblée nationale, 2 décembre 2003, n° 1270, p. 51 et s. ; V. MAGNIER, *L'opportunité d'une action de groupe en droit des sociétés*, Paris, Ceprisca, 2005.

[2574] Pour "une action en responsabilité civile adaptée aux particularités des dommages de masse", cf. A. GUEGAN-LECUYER, op. cit., n° 372 et s. Pour l'instauration d'une "*class action* à la française" afin d'assurer "une plus grande prise en compte des atteintes au vivant touchant un grand nombre de victimes", cf. L. NEYRET, op. cit., n° 505 et s.

[2575] "Feu vert prudent du gouvernement aux «class actions»", *Les échos*, 4 août 2006.

[2576] Projet de loi *en faveur des consommateurs*, Assemblée nationale, 8 novembre 2006, n° 3430. Sur ce projet, cf. notamment D. FENOUILLET,"Premières remarques sur le projet de loi «en faveur des consommateurs»", *D.*, 2006, chron. p. 2987 et *R.D.C.*, 2007, p. 359.

[2577] Proposition de loi *sur le recours collectif*, Sénat, n° 322.

[2578] Proposition de loi *visant à instaurer les recours collectifs de consommateurs*, Assemblée nationale, n° 3055.

des atteintes à l'intégrité physique, et le trouble de jouissance subis individuellement par plusieurs consommateurs, personnes physiques, ayant pour origine commune l'inexécution ou la mauvaise exécution par un même professionnel des obligations contractuelles nées d'un même type de contrat afférent à une vente de produits ou à une prestation de services". Comme dans les propositions de loi de 2006, l'action ne peut être intentée que par une association agréée de consommateurs[2579].

994. La procédure se déroule en deux phases. Tout d'abord, le juge saisi se prononce sur la responsabilité du professionnel. La saisine de la juridiction interrompt la prescription pendant la durée de la procédure et, au plus tard, jusqu'au jour du prononcé du jugement statuant sur la responsabilité. Le juge ordonne, aux frais du professionnel, la diffusion, par tous moyens appropriés, de l'information sur le jugement déclarant sa responsabilité. Puis il appartient à chaque consommateur estimant avoir subi un dommage, de la nature de celui ayant fait l'objet du jugement, de demander au professionnel une indemnisation de son préjudice sans que le montant de cette indemnité puisse excéder un plafond fixé par décret. Le professionnel doit alors, dans un certain délai, faire une offre d'indemnité au consommateur ou lui indiquer les motifs de son refus. Lorsque le consommateur refuse l'offre ou qu'un refus lui a été opposé dans le délai imparti, il adresse une demande à la juridiction ayant prononcé le jugement déclaratoire de responsabilité. Si aucune offre d'indemnité n'a été faite dans le délai imparti ou si l'offre proposée par le professionnel est manifestement insuffisante, le juge qui fixe l'indemnité peut d'office condamner le professionnel à verser à titre de pénalité au consommateur une somme au plus égale à 50 % de l'indemnité allouée. Enfin, le contentieux des actions de groupe est réservé à certains tribunaux de grande instance spécialement désignés par décret.

995. L'action de groupe instituée par le projet de loi du 8 novembre 2006 n'est donc pas une action générale susceptible d'intervenir chaque fois qu'un même problème juridique est posé, quelle que soit la matière concernée, contrairement à ce que préconisaient certains auteurs[2580] ou praticiens[2581] ainsi

---

[2579] Le projet de loi reprend ici la solution préconisée par les auteurs du rapport ministériel de 2005 (*Rapport sur l'action de groupe*, préc., p. 34). Il s'inscrit dans le prolongement du projet élaboré en 1990 par la Commission de refonte du Code de la consommation (préc.) et dans celui du Rapport Chatel (*De la conso méfiance à la conso confiance*, rapport préc.). Il diffère, en revanche, de la procédure envisagée par le Conseil national des Barreaux qui proposait que le tribunal désigne un ou plusieurs avocats "chefs de file" de l'action collective (CNB, rapport janvier 2005, préc.). Enfin, l'idée de réserver l'action de groupe aux associations avait été critiquée par certains auteurs, cf. notamment S. BONIFASSI, *Les "class actions" devant le juge français : rêve ou cauchemar ?* Colloque préc., p. 40.

[2580] S. GUINCHARD, art. préc., *D.*, 2005, p. 2185.

[2581] Dans le même sens, cf. J.-M. GOLDNADEL, art. préc., p. 3073.

que le Conseil national des Barreaux[2582]. Les auteurs du rapport ministériel du 16 décembre 2005 ont, en effet, estimé qu'une telle solution excédait le mandat assigné au groupe de travail. Mais surtout ils ont jugé qu'elle risquait de rendre beaucoup plus difficile le contrôle de la recevabilité de l'action et pouvait être source d'insécurité juridique[2583]. Le système retenu par le projet ressemble à celui de l'*opt in* puisque les victimes doivent se manifester pour être indemnisées[2584]. Il diffère cependant de ce dernier mécanisme dans la mesure où il appartient à chaque consommateur de négocier son indemnisation avec le professionnel[2585].

996. L'analyse du projet de loi et des propositions de loi de 2006 révèle le décalage entre le constat opéré par la majorité de la doctrine concernant le caractère totalement inadapté des actions existant en droit français face à la réalité des dommages actuels et la perspective minimalise des textes en préparation. Là où tous les auteurs et les rapports déplorent l'essor des dommages de masse, "dommages à grande échelle, faisant des centaines de milliers de victimes"[2586], les types d'actions proposées par le gouvernement ou les parlementaires répondent droit de la consommation, limitation des personnes pouvant intenter l'action et même limitation de l'indemnité accordée[2587]. La réflexion doit donc être prolongée. L'action de groupe ou action collective doit, en effet, non seulement permettre de mieux indemniser les dommages collectifs déjà réalisés mais elle pourrait également constituer un instrument efficace au service de leur anticipation.

2582 Ce dernier avait estimé que l'action de groupe pouvait être envisagée en droit de la consommation, en droit de la responsabilité, en droit des sociétés, en droit des contrats, en droit social, en droit de la concurrence et en droit bancaire (Rapport n° 2, préc.).

2583 *Rapport sur l'action de groupe*, préc., p. 36.

2584 Ce système est celui généralement privilégié par les auteurs ou les praticiens (cf. G. CANIVET, dont la position est rappelée par le CNB dans son rapport n° 2, préc., p. 4) soucieux d'instaurer une action de groupe "à la française" et d'éviter les dérives de la *class action* américaine.

2585 Sur ce point, les dispositions du projet de loi témoignent du caractère encore nettement individuel du recours, à la différence de ceux instaurés par les propositions de loi d'avril 2006 (préc.) en vertu desquels, après le déclenchement de l'action, les victimes potentielles constituent un groupe dont les membres sont informés soit individuellement soit collectivement de la procédure en cours.

2586 J. CALAIS-AULOY, "La class action et ses alternatives en droit de la consommation", *in Les "class actions" devant le juge français : rêve ou cauchemar ?* Colloque préc. Dans son intervention lors de la table ronde de 2001 (*Pour mieux réparer les préjudices collectifs. Une "class action" à la française ?* préc., p. 1478) cet auteur évoquait expressément les dommages causés par l'amiante, la vache folle, la listéria ou encore le tabac.

2587 En ce sens, cf. D. FENOUILLET à propos du projet de loi de 2006 (obs. préc., *R.D.C.*, 2007, p. 359-360) qui s'interroge en ces termes : "*quid* de la victime non contractante ? [...] *quid* des dommages de masse en dehors de ces textes ?".

β) La nécessité d'instaurer une action de groupe à vocation curative et préventive

997. Si le droit français devait consacrer la notion de responsabilité préventive, il serait souhaitable de reconnaître enfin l'action de groupe afin d'en permettre la mise en œuvre effective[2588]. A cet égard, il convient de préciser qu'une action collective aurait alors vocation à s'appliquer à la fois aux victimes de dommages collectifs déjà réalisés en vue de favoriser leur indemnisation, et aux risques de dommages collectifs. Elle se présenterait ainsi comme un instrument commun à la responsabilité curative et préventive. Il importe ici de préciser tant les conditions d'ouverture d'une telle procédure (1°/) que le contenu et les effets du jugement rendu en vertu de cette dernière (2°/).

1°/ Les conditions d'ouverture d'une action de groupe en droit français

998. Pour que la mise en place d'une action de groupe se révèle réellement efficace dans l'anticipation des dommages il conviendrait de l'ouvrir non seulement au représentant d'un groupe déjà constitué mais plus généralement à toute personne placée dans une situation similaire[2589]. Il appartiendrait alors au juge d'examiner la recevabilité de la demande en fonction de l'homogénéité du groupe et de l'identité des risques de dommages. Pour les mêmes raisons d'efficacité il ne semble pas opportun de limiter l'introduction d'une telle action à un domaine particulier du droit. Il conviendrait, au contraire, de la rendre possible chaque fois que le même problème juridique se trouvera posé[2590]. Le juge serait tenu de rendre public le projet d'action afin de permettre aux personnes concernées de se faire représenter, comme dans le système de l'*opt in* évoqué précédemment. Il est également possible de retenir une action fondée sur le mécanisme de l'*opt out* à

[2588] En sens contraire, cf. M. BOUTONNET (op. cit., n° 759) qui rejette l'idée d'une action de groupe. L'auteur milite néanmoins pour une action en responsabilité civile préventive collective (op. cit., n° 627 et s.). Les développements consacrés à l'élaboration d'une telle action se révèlent particulièrement précieux dans le cadre de la reconnaissance d'une responsabilité civile tournée vers l'anticipation des dommages. Il nous semble, en revanche, que cette action ne saurait être fondée sur le seul principe de précaution qu'au prix d'une dénaturation de ce dernier. En effet, l'anticipation des dommages a vocation à s'appliquer tant aux risques suspectés qu'aux risques avérés. C'est d'ailleurs pour tenter de résoudre ce paradoxe, dont elle ne manque pas de faire état, que M. BOUTONNET souligne à nouveau que, selon elle, le principe de précaution englobe le principe de prévention (op. cit., n° 708). Or, on l'a vu, ces deux principes ne sauraient être confondus.

[2589] En ce sens, cf. CONSEIL NATIONAL DES BARREAUX, Rapport 2005, préc. En sens contraire, cf. R. MARTIN ("Le recours collectif au Québec et prospective pour la France", *J.C.P.*, 1986, I, 3255) qui se prononce pour une limitation de l'action aux associations agréées. De même le Rapport CHATEL (préc., p. 118) proposait de limiter l'ouverture de l'action aux associations nationales agréées, aux associations locales, au juge et au médiateur national de la consommation.

[2590] En ce sens, cf. CONSEIL NATIONAL DES BARREAUX, Rapport 2005, préc.

condition toutefois, pour que soient respectés les principes procéduraux du droit français, d'une part, de prévoir une notification individuelle, et d'autre part, de permettre aux victimes de s'exclure à tout moment de la procédure afin de pouvoir engager elles-mêmes une action.

2°/ Le jugement rendu à la suite d'une action de groupe en droit français

999. Qu'il s'agisse d'une action collective intentée dans le cadre d'une action en responsabilité curative ou seulement préventive, en cas de risque de dommage, il semble que le juge devrait pouvoir prendre deux types de mesures principales. D'une part, il devrait pouvoir prononcer des condamnations à des dommages et intérêts à valeur essentiellement réparatrice en cas de réalisation du dommage ou à valeur seulement punitive dans l'hypothèse d'un risque de dommage[2591]. D'autre part, il conviendrait de lui reconnaître le pouvoir d'enjoindre des mesures curatives sous forme de réparation en nature ou préventives afin de faire cesser l'activité créatrice du risque. Une fois rendu, le jugement devrait faire l'objet d'une publicité afin de permettre aux personnes victimes ou menacées par le risque de faire la preuve qu'elles font parties du groupe. Compte tenu du caractère collectif des dommages résultant d'un défaut de prévention ou de précaution, tant du côté des victimes que de leurs auteurs[2592], l'action en réparation pourrait avoir pour effet d'imputer la charge globale du dommage à l'auteur assigné en responsabilité, à l'instar du concept anglo-saxon de réparation fluide[2593]. Enfin, la question du financement de l'action doit pouvoir être résolue. Sur ce point, il conviendrait de maintenir les règles déontologiques de la profession d'avocat, en particulier l'interdiction du pacte *de quota litis*[2594] ou le démarchage des victimes[2595], afin d'éviter toute dérive à l'américaine. La prise en charge du coût de la procédure pourrait être assurée soit par la création d'un fonds d'aide aux recours collectifs[2596], soit par les bureaux d'aide judiciaire[2597].

[2591] Sur l'opportunité d'introduire la possibilité, pour le juge civil, de condamner le ou les responsable(s) à des dommages et intérêts punitifs dans le cadre de l'élaboration d'une responsabilité préventive, cf. *infra*, n° 1025 et s.

[2592] Cf. *supra*, n° 664 et s.

[2593] Sur la notion de réparation fluide, cf. F. CABALLERO, art. préc., n° 21 .

[2594] Article 10 alinéa 3 de la loi n° 71-1130 du 31 décembre 1971 portant réforme de certaines professions judiciaires et juridiques et article 11.3 du Règlement intérieur national de la profession d'avocat (RIN).

[2595] Article 66-4 de la loi du 31 décembre 1971 (préc.) et article 10.1 du RIN.

[2596] A l'instar de celui qui existe au Québec. Cette solution avait été en partie retenue par le Rapport CHATEL (préc.), qui prévoyait la création d'un fonds d'aide et de garantie aux consommateurs.

[2597] En faveur de cette solution, cf. L. BORE, op. cit., n° 428.

1000. Il reste, cependant, que la consécration d'une telle action de groupe laisserait ouverte la question des modalités d'anticipation des risques de dommages susceptibles d'affecter non pas des personnes mais des choses, comme c'est le cas en matière de préjudice écologique pur. Pour résoudre cette difficulté il conviendrait alors d'ouvrir aux associations de défense de l'environnement la possibilité d'agir pour empêcher la réalisation d'un risque collectif affectant le milieu naturel, et ce, sans qu'il soit nécessaire de reconnaître l'existence d'un tuteur de la nature ou d'un contrat avec cette dernière[2598].

1001. Compte tenu de l'ampleur des délais susceptibles d'affecter la réalisation des risques scientifiques et techniques, résultant d'un défaut de prévention ou de précaution, il conviendrait également d'étendre dans le temps la liste des titulaires d'une telle action.

B – L'EXTENSION DES TITULAIRES DE L'ACTION EN RESPONSABILITE CIVILE DANS LE TEMPS

1002. Le caractère transgénérationnel de nombreux dommages résultant d'un défaut de prévention ou de précaution[2599] appelle une réponse adaptée à l'anticipation des risques de survenance de tels dommages. Cette dernière pourrait être élaborée à partir des notions de générations futures (1) et de patrimoine commun de l'humanité (2).

1) La notion de générations futures

1003. Tout d'abord, il convient de souligner que l'une des principales difficultés inhérentes à la notion de générations futures tient à la détermination précise des personnes auxquelles elle renvoie. Selon la définition lexicale, la "génération" désigne d'une part, "l'ensemble des êtres qui descendent de quelqu'un à chacun des degrés de filiation" et d'autre part, "l'ensemble des individus ayant à peu près le même âge"[2600]. Mais c'est généralement dans un troisième sens qu'elle est entendue au sein de l'expression "générations futures", en tant que "cohortes de naissances"[2601], c'est-à-dire de personnes nées à l'intérieur d'une période donnée[2602].

[2598] M. SERRES, *Le contrat naturel*, [François Bourin, 1990], Paris, Flammarion (coll. "Champs"), 1992.
[2599] Cf. *supra*, n° 711 et s.
[2600] *Dictionnaire Robert.*
[2601] A. GOSSERIES, "La justice entre les générations. Faut-il renoncer au maximum intergénérationnel ?", art. préc., p. 63.
[2602] En ce sens, cf. D. BIRNBACHER, op. cit., p. 15.

1004. La notion de générations futures est entrée pour la première fois dans le champ juridique en 1945 lorsqu'elle a été intégrée dans le préambule des Nations unies. Son succès est ensuite lié au développement de la problématique environnementale. Elle constitue, en effet, l'un des instruments de réponse à l'extension temporelle des dommages susceptibles d'affecter l'environnement et à l'irréversibilité de leurs manifestations[2603]. Ainsi, elle figure dans la Déclaration de la Conférence de Stockholm sur l'environnement humain adoptée en 1972 qui proclame, dans son premier principe, le devoir de l'homme de protéger et d'améliorer l'environnement pour les générations présentes et futures. Diverses conventions internationales y font également référence, telles que la Convention de Washington sur le commerce international, en date du 3 mars 1973, la Convention sur les effets transfrontières des accidents industriels, adoptée à Helsinki le 17 mars 1992 ou encore la Convention sur les changements climatiques signée à Rio de Janeiro en juin 1992. En droit interne, la notion de générations futures figure à l'article L.110-1 du Code de l'environnement en vertu duquel la protection des espaces, ressources et milieux naturels concoure à l'objectif de développement qui vise à "satisfaire les besoins de développement et la santé des générations présentes sans compromettre la capacité des générations futures"[2604]. Cette disposition témoigne du lien entre le concept de générations futures et celui de développement durable[2605].

[2603] Cf. A. KISS, "L'irréversibilité et le droit des générations futures", *R.J.E.*, 1998, p.49.

[2604] Le décret n° 93-298 du 8 mars 1993 (*J.O.*, 10 mars 1993) avait institué un Conseil pour les droits des générations futures chargé des questions relatives à l'intégration de l'environnement dans les politiques publiques, mais celui-ci a été abrogé par le décret n°2003-758 du 30 juillet 2003 (*J.O.*, 6 août 1993).

[2605] A l'instar de la notion de générations futures, le concept de développement durable ou "soutenable" (Cette dernière terminologie renvoie à la version anglaise du concept de "sustainable development") tend à opérer une conciliation entre le progrès économique et social et la préservation de l'équilibre écologique de la planète. Il exprime "l'idée que les ressources vivantes ne doivent pas être ponctionnées à un point tel qu'elles ne puissent, à moyen ou long terme se renouveler" (M. PRIEUR, *Droit de l'environnement*, op. cit., p. 68). Le concept de développement durable, évoqué dès 1972 à la Conférence de Stockholm, puis en 1980 lors de la déclaration de la *Stratégie Mondiale pour la Conservation* (Déclaration publiée par l'Union Internationale pour la Conservation de la Nature et de ses Ressources, le Programme des Nations unies pour l'Environnement et le Fonds Mondial pour la Nature), est défini pour la première fois dans le rapport Brundtland, rendu public par la Commission mondiale sur l'environnement et le développement en 1987, comme "un développement qui satisfait les besoins présents sans compromettre la faculté des générations futures de répondre aux leurs". Il est repris, en 1992, dans la Déclaration de Rio et a été inscrit ensuite dans divers textes internationaux. Il entre dans la législation française avec la loi du 2 février 1995 sur la protection de l'environnement et figure depuis à l'article L. 110-1 du Code de l'environnement. Depuis cette date plusieurs textes de loi y font référence. Ainsi, la loi n° 99-553 du 25 juin 1999 d'orientation pour l'aménagement et le développement durable du territoire et portant modification de la loi n° 95-115 du 4 février 1995 d'orientation pour l'aménagement et le développement du territoire (*J.O.*, 29 juin 1999) ou encore l'article 1er de la loi n° 2000-1208 du 13 décembre 2000 relative à la solidarité et au renouvellement urbain (*J.O.*, 14 déc. 2000) qui impose aux documents d'urbanisme de respecter "les objectifs de développement durable". En 2005 il intègre le préambule de la Constitution à

1005. Bien que la notion de générations futures soit ainsi de plus en plus souvent consacrée dans le discours juridique, la pertinence de son utilité pratique en droit de la responsabilité civile se heurte à une double difficulté. D'une part, il est particulièrement délicat de lui donner un contenu concret en terme d'identification des personnes auxquelles elle renvoie. D'autre part, elle présente une difficulté tenant à son inscription dans un temps qui n'est pas celui de la création du risque de dommage. En effet, la possibilité de survenance du risque est par hypothèse susceptible d'affecter des personnes non encore nées au moment de sa création. Cependant, l'impossibilité d'attribuer à la notion de générations futures un rôle pratique pour élargir les titulaires de l'action en responsabilité civile ne fait pas obstacle à la reconnaissance de devoirs susceptibles d'être juridiquement sanctionnés envers ces dernières[2606]. De ce point de vue, elle pourrait alors constituer l'intérêt auquel pourrait être affectée une obligation juridique[2607], à l'instar de la notion de patrimoine commun de l'humanité.

2) La notion de patrimoine commun de l'humanité

1006. Concept à "caractère transtemporel"[2608], le patrimoine commun de l'humanité[2609] exprime lui aussi l'idée d'une solidarité entre les générations

---

travers la Charte de l'environnement où il est énoncé à l'article 6 (cf. notamment D. DEHARBE, "Le principe d'intégration ou une méthodologie pour le développement durable", *Environnement*, avril 2005, p. 29). Enfin, il obtient son propre cadre institutionnel avec la création du Conseil national du développement durable (Décret n° 2003-36 du 13 janvier 2003) destiné à prolonger la mise en œuvre du plan d'action adopté en 2002 à Johannesbourg, lors du Sommet mondial pour le développement durable. Sur l'origine de ce concept, cf. K. BARTENSTEIN, "Les origines du concept de développement durable", *R.J.E.*, 2005, p.289.

2606 En ce sens, cf. H. Ph. VISSER'T HOOF, "Développement technologique et responsabilité envers les générations futures", *A.P.D.*, 1991, p. 47.

2607 En ce sens, cf. L. NEYRET (op. cit., n° 427 et s.) qui propose de renouveler la notion d'intérêt personnel à agir en lui conférant une dimension collective. La proposition de cet auteur se fonde notamment sur la mise en évidence de l'incohérence de "l'immunité civile des auteurs d'atteintes au vivant" par rapport aux devoirs juridiques de respect du vivant qui existent déjà (op. cit., n°356 et s.)

2608 M. DELMAS-MARTY, *Trois défis pour un droit mondial*, Paris, Seuil, 1998, p.193.

2609 Sur cette notion, cf. A. KISS, "Le patrimoine commun de l'humanité", *in Académie de droit international, Recueil des cours*, La Haye, Boston, Londres, M. Nijhoff, 1983, p. 103 ; C. de KLEMM, "Le patrimoine naturel de l'humanité", *in L'avenir du droit international de l'environnement*, Colloque La Haye, 12-14 novembre 1984, La Haye, Boston, Londres, M. Nijhoff, 1985, p. 117 ; R.-J. DUPUY, "Réflexions sur le patrimoine commun de l'humanité", *Droits*, 1985, p. 63 ; M. REMOND-GOUILLOUD, op. cit., p. 147 ; R. ROMI, "Sur la notion de «patrimoine commun de l'humanité» en droit de l'environnement", *Actes*, sept. 1989, p. 64 ; A. MICOUD, "Du «patrimoine naturel de l'humanité» considéré comme un symptôme", *Droit et Société*, n° 30/31, 1995, p. 265 ; J. CHARPENTIER, "L'humanité : un patrimoine, mais pas de personnalité juridique", *in Les hommes et l'environnement : quels droits pour le XXIème siècle. Etudes en hommage à A. Kiss*, Paris, Frison-Roche, 1998, p. 17 ; Ph. KAHN, "Les patrimoines communs de l'humanité : quelques réflexions", ibd., p. 307 ; F. TERRE, "L'humanité, un

dans le temps. La remontée aux origines du *patrimoine* dans sa version romaine atteste le lien qui unit les deux aspects réel et personnel de la notion, révélant qu' "il y a entre l'être et l'avoir une continuité qui interdit de projeter sur un tel univers notre antithèse moderne du sujet et de l'objet"[2610]. La doctrine civiliste définit le patrimoine comme "l'ensemble des rapports de droit appréciables en argent, qui ont pour sujet actif ou passif une même *personne* et qui sont envisagés comme formant une universalité juridique"[2611]. Cette conception a conservé quelque chose de cette indissociabilité originelle entre la masse de droits et d'obligations que représente le patrimoine et la personnalité. En effet, seules les personnes ont un patrimoine. Toute personne a nécessairement un patrimoine et le patrimoine est lié à la personne aussi longtemps que dure la personnalité. Il est inaliénable et ne se transmet qu'à cause de mort. Dès lors, la notion implique à la fois un lien avec le passé, comme héritage, et un élan vers l'avenir, comme objet appelé à être transmis, postulant alors l'idée de conservation et de gestion prudente, en bon père de famille.

1007. Aujourd'hui le concept de patrimoine a retrouvé "un sang neuf au service de l'environnement"[2612] avec l'émergence de la notion de patrimoine commun de l'humanité. Cette dernière vise à préserver pour les générations à venir les ressources de la planète en empêchant qu'il y soit porté atteinte de manière irréversible[2613]. Au patrimoine traditionnel de chacun se substitue celui attaché à l'humanité tout entière et portant non plus sur les choses susceptibles d'une appropriation individuelle mais sur les choses communes. Ce nouveau patrimoine renoue ainsi avec la fonction romaine de ces dernières qui postulait "la limite du droit d'usage posée par le droit d'autrui, fondée sur le caractère commun du bien"[2614]. Mais désormais, c'est moins la recherche d'une filiation passée, qui avec Filmer et Locke tentait d'expliquer la transmission originelle du

---

patrimoine sans personne", *in Droit et politique à la croisée des cultures. Mélanges Philippe Ardant*, Paris, L.G.D.J., 1999, p. 339 ; S. PAQUEROT, *Le statut des ressources vitales en droit international. Essai sur le concept de patrimoine commun de l'humanité*, Bruxelles, Bruylant, (coll. "Mondialisation et Droit international"), 2002 ; C. GROULIER, "Quelle effectivité juridique pour le concept de patrimoine commun ?", *A.J.D.A.*, 2005, p. 1034.

2610 Y. THOMAS, "Res, chose et patrimoine", *A.P.D.*, 1980, p. 422.

2611 F. TERRE et Ph. SIMLER, *Droit civil. Les biens*, Paris, Dalloz, 2006 (7ème éd.), n°18.

2612 M. REMOND-GOUILLOUD, op. cit., p. 148.

2613 L'utilisation de la notion de patrimoine participe d'un mouvement de réappropriation par le droit de l'environnement des catégories traditionnelles du droit. Sur ce mouvement, cf. S. BOURAOUI, "De l'analyse substantielle en droit de l'environnement", *in Philosophie du droit et droit économique. Quel dialogue ? Mélanges en l'honneur de Gérard Farjat*, Paris, Frison-Roche, 1999, p. 11.

2614 S. PAQUEROT, op. cit., p. 18. A propos de cette idée, cf. M. REMOND-GOUILLOUD, op. cit., p. 150 ("La *res communis* comporte une double face : exploitée pour le profit de tous, elle doit également être préservée pour continuer à être utilisée pour le profit de tous").

patrimoine commun[2615], que le destin futur de ce dernier qui est à présent privilégié.

1008. L'idée d'un droit de jouir de la surface de la terre qui appartiendrait en commun au genre humain est énoncée dès le XVIIIème siècle par Kant[2616]. En droit, la notion est évoquée à la fin du XIXème siècle par l'internationaliste français Albert de Lapradelle. Elle est ensuite reprise en 1966 par le président américan Lyndon B. Johnson. Puis, elle fait une première apparition dans le champ juridique dans la convention créant l'UNESCO qui se réfère à un "patrimoine universel" dans le domaine de la culture, avant d'être définitivement lancée au cours de la Conférence des Nations unies sur le droit de la mer en 1967, par l'ambassadeur Arvid Pardo[2617]. Depuis, la notion a fait fortune. On la retrouve ainsi dans la Déclaration universelle sur le génome humain et les droits de l'homme, adoptée par l'UNESCO le 11 novembre 1997[2618]. En droit interne, les références ne manquent pas, comme en témoigne la notion de "patrimoine commun de la nation" consacrée par la loi sur l'eau du 3 janvier 1992[2619] ou par celle du 2 février 1995 relative à la protection de l'environnement[2620].

1009. Défi lancé par l'humanité à sa mortalité[2621], le patrimoine commun de l'humanité constitue un relais entre les générations passées et les générations à venir[2622]. Il rend les générations présentes dépositaires d'une universalité dont elles doivent assurer la gestion et la conservation afin d'en permettre la transmission aux membres de l'humanité future. Il fait ainsi de la planète une sorte d' "'indivis mondial partagé par chaque génération"[2623]. Dès lors, loin de constituer un instrument au service de l'économie de marché,

---

[2615] A l'idée d'une transmission divine de la souveraineté sur les hommes et sur les choses, conférée à Adam puis à ses descendants, défendue par Robert Filmer (R. FILMER, *Patriarcha and others writings* [1684], Cambridge University Press, 1991), John Locke oppose la thèse selon laquelle Dieu "a donné en commun la terre au genre humain" (J. LOCKE, *Traité du gouvernement civil*, deuxième traité, [1690], Paris, G-Flammarion, 1992, p. 162).

[2616] E. KANT, *Projet de paix perpétuelle. Essai philosophique* [1795], *Vers la paix perpétuelle*, Paris, G.-Flammarion, 1991, p. 94.

[2617] A. KISS, art. préc., p. 113 et s.

[2618] Article 1er.

[2619] Article L. 210-1 du Code de l'environnement.

[2620] Article L. 110-1 du Code de l'environnement.

[2621] R.-J. DUPUY, art. préc., p. 63.

[2622] "D'un côté, les générations passées, lointains aïeux qui ont commencé à édifier l'héritage, de l'autre, les générations futures, bénéficiaires indistincts de la dotation. Entre les deux, les générations présentes, fugitifs relais de la transmission", F. OST, "Un héritage sans testament. Patrimoine et générations futures", Conférence prononcée à l'UNESCO le 18 septembre 1998 dans le cadre des *Dialogues du XXIème siècle*.

[2623] E. BROWN WEISS, op. cit., p. 45.

destiné à justifier une exploitation de l'espace[2624], la notion de patrimoine commun de l'humanité se révèle propice à l'appréhension des dommages transgénérationnels dont elle tend à éviter la réalisation.

1010. Il reste, cependant, que la notion de patrimoine commun de l'humanité, comme la réalité qu'elle a pour objet de saisir, est elle-même en devenir. Les modalités pratiques de sa mise en œuvre juridique[2625] nécessitent que soit précisé le statut du titulaire du patrimoine. Tout patrimoine supposant l'existence d'un sujet de droit, la notion conduit inévitablement à la question de l'opportunité de reconnaître à l'humanité une personnalité juridique[2626] et surtout aux conditions de possibilité d'une telle reconnaissance. Or, force est de constater que la notion trouve ici son principal point d'achoppement[2627]. Cet obstacle pourrait être surmonté en ayant recours à la théorie allemande du patrimoine d'affectation en vertu de laquelle "le patrimoine se caractérise comme un ensemble de biens affectés à des destinations particulières"[2628]. Les éléments du patrimoine ne se définissent plus par leur rattachement commun à une même personne, comme dans la théorie classique en droit français, mais par une affectation commune à un but déterminé qui en assure la cohérence, le but devenant le propriétaire du patrimoine[2629].

1011. Dès lors, un patrimoine commun pourrait être ainsi affecté à l'intérêt de l'humanité sans que soit reconnue une personnalité morale à cette

---

[2624] Pour une telle critique, cf. B. EDELMAN et M.-A. HERMITTE (dir.), *L'homme, la nature et le droit*, Paris, Christian Bourgois, 1988, p. 138 et s.

[2625] Pour R. ROMI (art. préc., p. 66), "le concept de Patrimoine commun de l'Humanité n'est pas opératoire en lui-même [...] Il ne saurait représenter plus qu'une ligne directrice, qui doit être mise en œuvre sur le plan pratique".

[2626] En ce sens, cf. J. CHARPENTIER, art. préc. ; F. TERRE, art. préc. ; M. CHEMILLIER-GENDREAU, "L'humanité peut-elle être un sujet de droit international?", *Actes*, septembre 1989, p. 14.

[2627] A cet égard, ce n'est pas sans quelque paradoxe que la notion de patrimoine commun vienne heurter les catégories traditionnelles du droit, en particulier la notion de droit subjectif, alors même que l'émergence conceptuelle de cette dernière trouve sa source dans les analyses de Guillaume d'Occam, à propos de la célèbre querelle de la pauvreté qui s'articulait précisément autour de la question de la nature du droit détenu sur leurs biens par l'ordre franciscain. Sur cette controverse, cf. M. VILLEY, "La genèse du droit subjectif chez Guillaume d'Occam", *A.P.D.*, 1964, p. 97.

[2628] F. TERRE et Ph. SIMLER, *Droit civil. Les biens*, op. cit., n° 21.

[2629] M. XIFARAS, *La propriété. Etude de philosophie du droit*, P.U.F., 2004, p. 298. A cet égard la récente consécration, par le droit français, de la fiducie en vertu de laquelle "un ou plusieurs constituants transfèrent des biens, des droits ou des sûretés, ou un ensemble de biens, de droits ou de sûretés, présents ou futurs, à un ou plusieurs fiduciaires qui, les tenant séparés de leur patrimoine propre, agissent dans un but déterminé au profit d'un ou plusieurs bénéficiaires" (articles 2011 et s. du Code civil, issus de la loi n° 2007-211 du 19 février 2007) constitue un premier pas vers un assouplissement du principe de l'unicité du patrimoine et consacre implicitement la notion de patrimoine d'affectation. Sur la fiducie, cf. *D.*, 2007, dossier p. 1346 et s.

dernière[2630]. Une telle solution s'inscrit dans un courant à mi-chemin entre l'écologie environnementaliste, anthropocentrique, qui dénie à la nature la qualité de sujet de droit et l'écologie profonde qui conduit à la reconnaissance de droits à tous les êtres vivants même non humains[2631]. Ainsi, "plutôt que de dire que nous sommes titulaires d'un droit «sur» la nature (ou «à» la nature), ce qui supposerait encore une manière d'appropriation de celle-ci en raison de l'influence qu'exerce le modèle de la propriété sur le champ entier des droits subjectifs, il est préférable de dire que nous sommes titulaires d'un «intérêt légitime», juridiquement protégé, à bénéficier d'une nature qui conserve ses potentiels écologiques fondamentaux"[2632]. La même analyse peut être faite à propos de l'application de la qualification de patrimoine commun de l'humanité au génome humain qui tend à la "reconnaissance d'une affectation universelle"[2633] des ressources génétiques humaines.

CONCLUSION SUR L'EXTENSION DES TITULAIRES DE L'ACTION EN RESPONSABILITE CIVILE : VERS UNE OBJECTIVATION DU CONTENTIEUX DE LA RESPONSABILITE CIVILE ?

1012. La reconnaissance d'une responsabilité civile préventive, destinée à empêcher la survenance de risques de dommages graves et irréversibles à l'environnement ou à la santé, passe donc par un élargissement de la liste des personnes menacées par de tels risques et susceptibles d'agir pour en éviter la réalisation. Deux voies se révèlent possibles. D'une part, la catégorie des titulaires de l'action peut être étendue grâce à la consécration d'une action de groupe. D'autre part, la notion d'intérêt à agir peut être élargie afin de ne pas être limitée à l'intérêt d'une personne physique. L'intérêt pourrait alors désigner l'objet constitutif d'un but à atteindre. Ce dernier serait alors la préservation[2634] des générations futures et de l'humanité dont la mise en danger serait sanctionnée par le droit[2635].

1013. Une telle évolution aurait évidemment pour conséquence d'objectiver le contentieux de la responsabilité civile dans sa forme préventive.

[2630] En ce sens, cf. L. MORDEFROY, op. cit., 1999, n° 308.

[2631] En faveur de cette position moyenne, cf. notamment L. FERRY, op. cit., p. 190 et s.; F. OST, "Le juste milieu. Pour une approche dialectique du rapport homme-nature", *in Images et usages de la nature en droit*, op. cit., p. 13.

[2632] F. OST, "Le juste milieu. Pour une approche dialectique du rapport homme-nature, art. préc., p. 61-62.

[2633] J.-C. GALLOUX, "Les enjeux d'une déclaration universelle sur la protection du génome humain", *D.*, 1996, chron. p. 141.

[2634] Sur la notion de préservation, comme "fondement doctrinal du principe de précaution en droit de la responsabilité civile", cf. M. BOUTONNET, op. cit,n°551 et s.

[2635] Sur le parallèle avec la notion de mise en danger délibérée d'autrui figurant à l'article 223-1 du Nouveau code pénal, cf. *supra*, n° 917 et s.

En effet, il convient de souligner que la responsabilité curative traditionnelle relève du contentieux subjectif non seulement parce qu'elle est liée à un comportement du défendeur mais parce qu'elle conduit à attribuer à la victime, à qui un dommage a été causé, un droit à réparation. Elle se présente ainsi comme la sanction d'un droit subjectif. A l'inverse, la notion de responsabilité préventive ne saurait être fondée sur l'existence d'un droit subjectif. D'une part, en effet, le caractère collectif des risques qu'elle a pour objet de prévenir tend à la rapprocher d'un contentieux objectif de la légalité[2636]. Ainsi, la notion d'action collective se présente-t-elle comme une "action quasi-publique"[2637]. C'est d'ailleurs pour cette raison, qu'estimant que le mécanisme de la *class action* pose davantage de difficultés d'ordre constitutionnel lorsque le contentieux est subjectif, que certains auteurs ont proposé d'en limiter le recours au contentieux objectif concernant les stipulations contractuelles ou la sécurité des biens[2638]. D'autre part, le caractère transgénérationnel des risques, objet de la responsabilité préventive, ne permet pas de fonder cette responsabilité sur la notion de droit subjectif. On voit mal, en effet, comment reconnaître aux générations futures une telle prérogative[2639]. En revanche, il demeure possible de préserver les intérêts de ces dernières, en reconnaissant que les générations présentes ont des devoirs envers elles, devoirs de préservation et de conservation du patrimoine commun et de l'espèce humaine[2640]. Cela implique alors de pouvoir sanctionner les comportements créateurs de risques à effets différés dans le temps indépendamment de la survenance effective d'un dommage et de l'identification d'une victime[2641].

§ 2 LES MESURES VISANT A PREVENIR UN RISQUE DE DOMMAGE

1014. La mise en œuvre pratique d'une responsabilité préventive, conséquence de l'interprétation des principes de prévention et de précaution en

---

2636 Ainsi, a t-on pu souligner à propos d'une application collective de la responsabilité curative que "le jugement qui constate la violation de milliers de droits subjectifs et condamne un défendeur au paiement de dommages-intérêts est donc une victoire de la légalité et un remède très efficace contre l'illégalité" et proposé que la notion de contentieux objectif ne soit pas limitée aux simples déclarations d'illégalité gouvernementale mais "soit élargie pour inclure toute mesure de justice collective", P. H. GLENN, "A propos de la maxime «nul ne plaide par procureur»", *R.T.D.civ.*, 1988, p. 67.

2637 H. DUPEYRON, "L'action collective", *D.*, 1952, chron. p. 153.

2638 M.-A. FRISON-ROCHE, "Les résistances mécaniques du système juridique français à accueillir la *class action* : obstacles et compatibilités", art. préc., p. 28.

2639 Sur les limites de la notion de droit subjectif, cf. *supra*, n° 840 et s.

2640 En ce sens, cf. B. MATHIEU et M. VERPEAUX (*Contentieux constitutionnel des droits fondamentaux*, Paris, L.G.D.J., 2002, p. 464) qui soulignent que "l'espèce humaine, pas plus que les générations futures, ne peuvent être titulaires de fantômes de droits subjectifs. Elles sont cependant protégées par le droit".

2641 Sur les arguments opposables à la notion de responsabilité préventive, tirés de l'absence de dommage et de victime, et leur réfutation, cf. *supra*, n° 828 et s.

dehors du paradigme classique de la responsabilité civile, fondé sur l'existence d'un dommage, devrait conduire à sanctionner le fait même de ne pas avoir empêché la survenance d'une menace de dommage[2642]. Un tel objectif pourrait être atteint grâce à une double évolution consistant d'une part, en un élargissement des mesures procédurales permettant de prévenir la survenance d'un dommage (A) et d'autre part, en un élargissement de la fonction des dommages et intérêts (B).

A – L'ELARGISSEMENT DES MESURES PROCEDURALES PERMETTANT DE PREVENIR LA SURVENANCE D'UN DOMMAGE

1015. Plusieurs dispositions du Nouveau code de procédure civile permettent au Président du tribunal de grande instance ou à celui du tribunal d'instance d'agir en référé. Ainsi, en vertu des articles 808 et 848 de ce code, les présidents de ces deux juridictions peuvent, en cas d'urgence, "ordonner en référé toutes les mesures qui ne se heurtent à aucune contestation sérieuse ou que justifie l'existence d'un différend". En outre, aux termes des articles 809 alinéa 1 et 849 alinéa 1 du même code, ces deux magistrats peuvent "même en présence d'une contestation sérieuse, prescrire en référé les mesures conservatoires ou de remise en état qui s'imposent, soit pour prévenir un dommage imminent, soit pour faire cesser un trouble manifestement illicite". Enfin, lorsque l'existence de l'obligation n'est pas sérieusement contestable, ils peuvent ordonner l'exécution de l'obligation, même s'il s'agit d'une obligation de faire[2643].

1016. En matière de responsabilité civile il n'est pas rare que le juge utilise ces dispositions, en particulier en cas de trouble de voisinage ou d'atteinte à l'environnement[2644]. Cependant, leur mise en oeuvre reste subordonnée à l'existence de conditions précises qui en limitent le champ d'application. Ainsi, les référés des articles 808 et 848 du Nouveau code de procédure civile supposent, outre une situation d'urgence, l'absence de contestation sérieuse ou l'existence d'un différend. De leurs côtés, ceux des articles 809 alinéa 1 et 849 alinéa 1 du même code sont subordonnés au caractère imminent du dommage ou à l'illicéité manifeste du trouble[2645]. C'est pourquoi plusieurs auteurs ont

---

[2642] Sur la notion de peine préventive, comme moyen de prévenir "non le préjudice actuel, mais le danger", cf. R. DE LA GRASSERIE, "Des peines préventives", *Rev. crit. Leg. et Jur.*, 1898, p.307.
[2643] Article 809 alinéa 2 et 849 alinéa 2 du Nouveau code de procédure civile.
[2644] G. VINEY et P. JOURDAIN, *Les effets de la responsabilité*, op. cit., n° 34 et s.
[2645] Toutes ces notions constituent autant de limites à "l'irrésistible ascension" du référé, R. PERROT, "L'évolution du référé", *in Mélanges offerts à Pierre Hébraud*, Toulouse, Université des sciences sociales de Toulouse, 1981, p. 645.

proposé de supprimer ces exigences afin de favoriser le recours au juge des référés[2646].

1017. Plus fondamentalement, il conviendrait également de reconnaître au juge civil du principal le pouvoir de prendre les mesures conservatoires nécessaires pour prévenir les menaces de dommages graves et irréversibles à la santé ou à l'environnement[2647]. En attendant une telle réforme, il semble que la jurisprudence soit prête à ouvrir la voie. Ainsi, rappelons tout d'abord qu'en matière d'installation classée causant un trouble anormal de voisinage, les juridictions judiciaires s'autorisent, depuis longtemps déjà, à allouer des dommages et intérêts aux tiers lésés par l'installation[2648] mais également à ordonner des mesures propres à faire cesser le préjudice. En particulier, les juges peuvent enjoindre à l'exploitant de procéder à des travaux et même ordonner la fermeture temporaire de l'exploitation tant que ces derniers ne sont pas réalisés[2649]. En revanche, compte tenu du principe de séparation des autorités administratives et judiciaires, ils ne peuvent prescrire de telles mesures qu'à la condition que ces dernières ne contrarient pas les prescriptions édictées par l'administration[2650]. Le principe de la séparation des pouvoirs s'oppose également à ce que les juges prononcent la fermeture définitive de l'installation[2651].

1018. En outre, dans un arrêt en date du 3 novembre 2004 la Cour de cassation[2652] a approuvé une cour d'appel d'avoir rejeté une demande d'indemnisation formée par une commune à l'encontre d'une association de défense du patrimoine de la commune qui avait fait obstruction à une opération de démolition d'une caserne ordonnée par la collectivité. Les juges du fond avaient relevé l'absence de tout permis de démolir en l'espèce et le fait que le bâtiment était situé "dans le champ d'un édifice classé ou inscrit". Mais surtout la Haute juridiction judiciaire a estimé que la cour avait "relevé à bon droit tant par motifs propres, qu'adoptés, que l'action de l'association constituait la

---

[2646] Cf. Ph. KOURILSKY et G. VINEY, op. cit., p. 180-181 et 228 ; C. RADE, "Le principe de précaution, une nouvelle éthique de la responsabilité", art. préc., p. 88.

[2647] En ce sens, cf. Ph. KOURILSKY et G. VINEY, op. cit. ; M. BOUTONNET, op. cit., n° 809 et s. De même, s'agissant de la prévention, au sens classique, des atteintes au vivant, cf. L. NEYRET (op. cit., n° 956 et s.) qui propose une "action en cessation de l'illicite en cas de trouble permanent portant atteinte au vivant".

[2648] Sur ce point la Cour de cassation a eu l'occasion de rappeler que la compétence exclusive du préfet en matière d'installation classée ne fait pas obstacle à la mise en jeu de la responsabilité de l'exploitant pour trouble de voisinage devant le juge judiciaire (Civ. 1ère, 15 mai 2001, *B.C.*, I, n°135).

[2649] Civ. 2ème, 20 octobre 1976, *B.C.*, II, n° 280.

[2650] Req. 11 juin 1877, *D.*, 1878, 1, p. 409 ; T.C., 23 mai 1927, *S.*, 1927, 3, p. 94 ; Civ.1ère, 13 juillet 2004, *B.C.*, I, n° 209 ; *A.J.D.A.*, 2005, p. 1235, note M. MOLINER-DUBOST.

[2651] Civ. 1ère, 23 janvier 1996, *B.C.*, I, n° 43.

[2652] Civ. 1ère, 3 novembre 2004, *D.*, 2005, jur. p. 1683, note M. MICHALAUSKAS.

réponse à l'action totalement illégale de la commune, laquelle ne pouvait exciper de sa propre turpitude, et qu'elle avait permis, au moins partiellement, de faire respecter la loi". Une telle motivation a ainsi conduit un commentateur de l'arrêt à se demander si la Cour de cassation n'amorçait pas là "l'idée d'une responsabilité préventive"[2653].

1019. Malgré certaines résistances[2654], l'élargissement de la responsabilité civile en direction de l'anticipation des dommages semble promis à un certain avenir. A cet égard, bien que les auteurs de l'avant-projet de réforme du droit des obligations et de la prescription n'aient pas souhaité présenter la prévention "comme l'une des fonctions spécifiques de la responsabilité"[2655], plusieurs dispositions de ce texte lui réservent une petite place. Ainsi, aux termes de l'article 1369-1 du Code civil, issu de l'avant-projet, "lorsque le dommage est susceptible de s'aggraver, de se renouveler ou de se perpétuer, le juge peut ordonner, à la demande de la victime, toute mesure propre à éviter ces conséquences, y compris au besoin la cessation de l'activité dommageable". Dans le même sens, l'article 1344 de l'avant-projet prévoit que "les dépenses exposées pour prévenir la réalisation imminente d'un dommage ou pour éviter son aggravation, ainsi que pour en réduire les conséquences, constituent un préjudice réparable, dès lors qu'elles ont été raisonnablement engagées".

B – L'ELARGISSEMENT DE LA FONCTION DES DOMMAGES ET INTERETS

1020. Dans le système curatif traditionnel, la fonction réparatrice de la responsabilité civile a pour corollaire le principe de la réparation intégrale du

---

[2653] M. MICHALAUSKAS, note préc.

[2654] Ainsi, dans une décision du 19 décembre 2006 (Civ. 1ère, 19 décembre 2006, *R.T.D.civ.*, 2007, p. 352, obs. P. JOURDAIN ; *D.*, 2007, panorama p. 2897, obs. Ph. BRUN ; *Resp. civ. et ass.*, 2007, comm. n° 64, note C. RADE) la Cour de Cassation a approuvé un arrêt de la cour d'appel de Lyon ayant rejeté une demande d'indemnisation d'un patient à qui avait été implanté une sonde cardiaque défectueuse et dont le retrait, qu'il avait sollicité à titre préventif, lui avait causé un préjudice. Les juges du fond avaient, en effet, constaté qu'il "existait un défaut de conception de la sonde créant un risque de rupture du fil de rétention, que pour contrôler ce risque, il avait été convenu d'augmenter la surveillance médicale des patients porteurs de telles sondes, que le changement de sonde, effectué à titre préventif et sans preuve que cette surveillance aurait été insuffisante, n'avait pas posé de problème et que le patient avait été ainsi soumis à un risque qui ne s'était pas réalisé". La cour d'appel avait donc pu en déduire que "le risque avait un caractère éventuel". Pour Ph. Brun cependant (obs. préc.), le préjudice dont le patient demandait réparation était bien certain. Il s'agissait de la crainte de subir un accident cardiaque. Selon cet auteur, l'arrêt était donc critiquable non pas pour avoir "refusé de succomber à la mode de la fascinante responsabilité anticipative", mais pour avoir "failli dans l'application des règles les plus classiques de la responsabilité".

[2655] P. CATALA, *Avant-projet de réforme du droit des obligations et de la prescription*, préc., p.168.

préjudice. En vertu de ce dernier il convient de "rétablir aussi exactement que possible l'équilibre détruit par le dommage et de replacer la victime, aux dépens du responsable, dans la situation où elle se serait trouvée si l'acte dommageable n'avait pas eu lieu"[2656]. L'action en responsabilité civile doit donc permettre de réparer tout le dommage, mais rien que le dommage. Il en résulte que pour fixer le montant de la réparation, les juges ne doivent prendre en considération que l'ampleur du dommage subi. Ils ne sauraient, en principe, tenir compte d'autres éléments, en particulier de ceux destinés à favoriser l'empêchement de la survenance du dommage par la victime. En revanche, si la responsabilité civile devait se voir attribuer un rôle préventif, du fait de l'interprétation autonome des principes de prévention et de précaution, il en résulterait un nécessaire élargissement de la fonction des dommages et intérêts. Ceux-ci ne seraient alors plus destinés à réparer le dommage, qui par hypothèse n'aurait pas eu lieu, mais viseraient à prévenir son apparition, soit par l'obligation faite à la victime de modérer son dommage (1), soit par la condamnation du responsable à des dommages et intérêts punitifs (2).

1) L'obligation pour la victime de modérer son dommage

1021. L'obligation de modérer le dommage signifie qu'après la survenance d'un dommage, la victime doit prendre des mesures raisonnables afin d'en éviter l'aggravation ou de le réduire. Elle postule de distinguer d'une part, le dommage initial provoqué par le responsable assigné en responsabilité et d'autre part, le dommage final résultant du comportement passif de la victime qui a laissé le dommage initial s'aggraver[2657]. Bien qu'elle se distingue de l'obligation d'empêcher la survenance du dommage[2658], puisqu'elle intervient en amont de la réalisation de ce dernier, elle pourrait constituer une norme de comportement dont la considération pourrait être de nature à favoriser la mise en œuvre d'une responsabilité préventive. En effet, sachant qu'elle serait susceptible de répondre du fait qu'elle a laissé son dommage initial s'aggraver, la victime pourrait préférer contribuer à en empêcher la réalisation. La perspective de la sanction, résultant de la prise en charge de l'aggravation, contribuerait ainsi à conférer une vertu préventive à l'obligation de modérer le dommage.

[2656] Civ. 2ème, 28 octobre 1954, *J.C.P.*, 1955, II, 8765, note R. SAVATIER ; Civ. 2ème, 7 décembre 1978, *B.C.*, II, n° 269.
[2657] En ce sens, cf. S. REIFEGERSTE, *Pour une obligation de minimiser le dommage*, Aix-en-Provence, P.U.F. d'Aix-Marseille, PUAM, 2002, n° 12 *in fine* ; D. GENCY-TANDONNET, "L'obligation de modérer le dommage dans la responsabilité extracontractuelle", *G.P.*, 5-6 mai 2004, doctr. p. 27, spéc., p. 36.
[2658] Cf. S. REIFEGERSTE, op. cit.

1022. Largement consacrée dans les systèmes de *common law*[2659], l'obligation de modérer le dommage est encore inconnue du droit français où elle ne trouve à s'appliquer qu'en raison de l'insertion de la Convention de Vienne du 11 avril 1980, sur la vente internationale de marchandise, entrée en vigueur en France le 1er janvier 1988. L'article 77 de cette convention dispose que "la partie qui invoque la contravention au contrat doit prendre toutes les mesures raisonnables, eu égard aux circonstances, pour limiter la perte, y compris le gain manqué, résultant de la contravention"[2660]. Malgré plusieurs décisions susceptibles d'être interprétées en faveur d'une obligation de modérer le dommage[2661], la Cour de cassation s'est prononcée clairement contre sa reconnaissance. Ainsi, dans deux arrêts en date du 19 juin 2003, elle a jugé que si l'auteur d'un accident est tenu d'en réparer toutes les conséquences, "la victime n'est pas tenue de limiter son préjudice dans l'intérêt du responsable"[2662]. Cette solution a été réaffirmée par la Haute juridiction judiciaire dans une décision du 3 mai 2006[2663].

1023. Pourtant, selon ses défenseurs l'obligation de modérer le dommage pourrait trouver quelques traces chez Domat ou Pothier[2664], tandis que certaines dispositions législatives y feraient écho. C'est le cas de l'article 1151 du Code civil, en vertu duquel en cas de dol commis par le débiteur d'une obligation contractuelle, "les dommages et intérêts ne doivent comprendre à l'égard de la perte éprouvée par le créancier et du gain dont il a été privé, que ce

---

2659 Technique de la "mitigation", cf. H. MUIR-WATT, "La modération des dommages en droit anglo-américain", *P.A.*, 20 nov. 2002, n° 232, p. 45 ; L. REISS, *Le juge et le préjudice. Etude comparée des droits français et anglais*, Aix-en-Provence, Presses Universitaires d'Aix-Marseille, 2003, n° 374 et s.

2660 Cf. S. REIFEGERSTE, op. cit., n° 124 et s.

2661 Cf. S. REIFEGERSTE, op. cit., n° 144 et s. ; A. LAUDE, "L'obligation de minimiser son propre dommage existe-telle en droit français ?", *P.A.*, 20 nov. 2002, p.55.

2662 Civ. 2ème, 19 juin 2003 (2 espèces) *B.C.*, 2003, II, n° 203 ; *D.*, 2003, jur. p. 2326, note J.-P. CHAZAL ; *R.T.D.civ.*, 2003, p. 716, obs. P. JOURDAIN ; *Rép. Defrénois*, 2003, art. 37845, note J.-L. AUBERT ; *J.C.P.*, 2004, I, 101, chron. G. VINEY ; G. DURRY, "Est-on obligé de minimiser son propre dommage ?", *Risques*, janvier-mars 2004, n° 57, p. 111. Dans la première espèce, la Cour de cassation a jugé qu'une victime qui exploitait un fonds de boulangerie et qui avait subi, du fait de l'accident, pendant de nombreux mois une incapacité temporaire totale et partielle de travail, puis une incapacité permanente partielle l'empêchant de reprendre son activité de boulangerie, n'était pas tenue de faire exploiter le fonds par un tiers et devait obtenir l'indemnisation de son préjudice résultant de la perte de son fonds. Dans la seconde espèce, les juges ont estimé qu'une victime qui demandait l'indemnisation de l'aggravation de son préjudice corporel consécutif à l'accident n'avait pas l'obligation de se soumettre aux actes médicaux préconisés par ses médecins.

2663 Civ. 1ère, 3 mai 2006, *B.C.*, I, n° 214 ; *R.T.D.civ.*, 2006, p. 562, obs. P. JOURDAIN. La Cour de cassation a approuvé les juges du fond d'avoir retenu que le refus d'une victime, contaminée par le VHC, de se soumettre aux traitements préconisés, dès lors qu'elle n'avait pas l'obligation de les suivre, "ne pouvait entraîner ni la perte ou la diminution de son droit à indemnisation, ni la prise en compte d'une aggravation susceptible de découler d'un tel choix".

2664 Cf. S. REIFEGERSTE, op. cit., n° 132 et s.

qui est une suite immédiate et directe de l'inexécution de la convention". De même, aux termes de l'article L. 172-23 du Code des assurances l'assuré doit "contribuer au sauvetage des objets assurés et prendre toutes mesures conservatoires de ses droits contre les tiers responsables". En outre, "il est responsable envers l'assureur du dommage causé par l'inexécution de cette obligation résultant de sa faute ou de sa négligence". Enfin, l'obligation de modérer le dommage pourrait être fondée sur diverses notions juridiques, telles que l'équité, la bonne foi, la faute de la victime[2665], l'acceptation des risques ou encore l'abus de droit[2666].

1024. L'interprétation des principes de prévention et de précaution en dehors du paradigme classique de la responsabilité civile, fondé sur l'existence d'un dommage, milite en faveur de la réception par le droit français d'une obligation pour la victime de modérer son dommage[2667]. L'avant-projet de réforme du droit des obligations et de la prescription de 2006[2668] va dans ce sens. En effet, le nouvel article 1373 du Code civil prévoit que "lorsque la victime avait la possibilité, par des moyens sûrs, raisonnables et proportionnés, de réduire l'étendue de son préjudice ou d'en éviter l'aggravation, il sera tenu compte de son abstention par une réduction de son indemnisation, sauf lorsque les mesures seraient de nature à porter atteinte à son intégrité physique". Tout comme la notion de responsabilité préventive, l'obligation de modérer le dommage participe d'une responsabilisation de la victime[2669] alliée à la prise en considération d'intérêts économiques résultant du coût de l'indemnisation[2670]. Un résultat similaire pourrait être atteint si le droit français officialisait la condamnation à des dommages et intérêts punitifs.

[2665] L'admission de l'effet partiellement exonératoire de la faute de la victime ou du fait du créancier ayant contribué à l'aggravation du dommage initial, dont l'évaluation intervient au jour du jugement, permet au juge de modérer le dommage, cf. G. VINEY, "Rapport de synthèse", *in Faut-il moraliser le droit français de la réparation du dommage ?* Colloque organisé par le Centre de droit des affaires et de gestion de la Faculté de droit de Paris, le 21 mars 2002, *G.P.*, 20 nov. 2002, n° 232, p. 68.

[2666] Sur ces fondements, cf. S. REIFEGERSTE, op. cit., n° 234 et s.

[2667] S. REIFEGERSTE (op. cit., n° 139) propose ainsi que soient insérés deux articles dans le Code civil : un article 1151-1, prévoyant, en matière de responsabilité contractuelle, que "le débiteur ne répond pas des dommages que le créancier aurait pu éviter en prenant des mesures raisonnables" et un article 1386-19, concernant la responsabilité extracontractuelle, disposant que "la personne tenue à réparation ne répond pas des dommages que la victime aurait pu éviter en prenant des mesures raisonnables". Pour l'élaboration d'un régime de l'obligation de modérer le dommage, cf. S. REIFEGERSTE, op. cit., n° 329 et s.

[2668] P. CATALA, *Avant-projet de réforme du droit des obligations et de la prescription*, préc.

[2669] Sur cette fonction de l'obligation de modérer le dommage, cf. P. JOURDAIN, "Rapport introductif", Colloque, préc., p. 6 et *Avant-projet*, préc., p. 168.

[2670] Pour G. VINEY (Rapport préc., p. 71) cette fonction économique constitue le fondement essentiel de l'obligation de modérer le dommage. A l'inverse, D. GENCY-TANDONNET (art. préc., p. 39 et s.) privilégie la dimension morale d'une telle obligation.

2) La condamnation du responsable à des dommages et intérêts punitifs

1025. Comme leur nom l'indique, les dommages et intérêts punitifs sont destinés non pas tant à réparer le dommage subi par la victime qu'à sanctionner le comportement de leur l'auteur. Ils sont l'expression d'une peine privée et constituent un instrument de dissuasion de nature à prévenir la réalisation des dommages. Dès lors, ils pourraient favoriser la mise en œuvre d'une responsabilité préventive[2671]. A l'exception de leur application ponctuelle dans le cadre d'une clause pénale, ils ne sauraient être officiellement prononcés par le juge, compte tenu du principe de la réparation intégrale[2672]. En pratique, pourtant, les juges y recourent dans de nombreux domaines, tels que celui de l'atteinte aux droits de la personnalité par voie de presse ou celui du droit de la concurrence[2673]. Mais surtout, leur officialisation pourrait se révéler particulièrement efficace dans les deux domaines de prédilection de l'application de la distinction de la prévention et de la précaution que sont l'environnement et la santé. Si, en effet, en matière de dommages de pollution, les condamnations prononcées ont souvent la nature d'une peine privée, il serait opportun qu'elles revêtent également ce caractère s'agissant des atteintes à l'intégrité corporelle[2674].

1026. Les conditions de la reconnaissance du droit pour les juges de prononcer des dommages et intérêts punitifs s'articulent parfaitement avec l'infléchissement des règles du droit de la responsabilité civile auquel conduit l'intégration d'une obligation d'anticipation des dommages. En effet, les dommages et intérêts punitifs postulent à la fois l'exigence d'une faute aggravée et l'amenuisement du rôle du préjudice[2675]. Or nous avons vu que l'interprétation des principes de prévention et de précaution en dehors du paradigme traditionnel de la responsabilité civile, fondé sur l'exigence d'un dommage, conduit précisément à une telle évolution. Elle tend, en effet, à supprimer la condition relative au dommage et à reporter la responsabilité en amont de ce

---

2671 En ce sens, cf. C. RADE, "Le principe de précaution, une nouvelle éthique de la responsabilité ?", art. préc., p. 84 ; S. PIEDELIEVRE, "Les dommages et intérêts punitifs : une solution d'avenir ?", *Resp. civ. et ass.*, juin 2001, chron. n° 13, p. 69 ; P. JOURDAIN, "Rapport introductif", *P.A.*, 20 nov. 2002, Colloque préc., p. 5.

2672 Sur ce principe, cf. *supra*, n° 1020.

2673 Pour G. VINEY ("L'appréciation du préjudice", *P.A.*, 19 mai 2005, n° 99, p. 89) ainsi pratiqué "couramment sous le manteau", le recours non officiel aux dommages et intérêts punitifs contribue à rejeter la technique "dans le domaine du non-droit", ce qui "ne permet ni d'élaborer un régime approprié [...] ni de les cantonner dans des cas où ils présentent une réelle utilité". Pour une comparaison des droits anglais et français en la matière, cf. L. REISS, op. cit., n° 342 et s.

2674 En ce sens, cf. S. CARVAL, op. cit., n° 75 et 260.

2675 Sur ces deux conditions, cf. S. PIEDELIEVRE, art. préc.

dernier, sur le fait générateur de risque caractérisé par sa nature particulièrement grave[2676].

1027. Il va de soi que l'objectif de dissuasion qui s'attache à la notion de dommages et intérêts punitifs ne pourrait se trouver pleinement rempli qu'à la condition que l'auteur du risque de dommage ne puisse pas s'assurer contre ces derniers. Pour qu'une telle solution ne pénalise pas la victime, il conviendrait également de distinguer clairement le jugement sur la condamnation à "réparation" pour le risque créé, de celui sur la peine privée qui ne pourrait intervenir qu'à titre complémentaire et non en substitution de l'indemnisation de la victime. C'est d'ailleurs en ce sens que s'inscrit la solution retenue par l'avant-projet de réforme du droit des obligations et de la prescription de 2006[2677] qui introduit la possibilité de recourir à des dommages et intérêts punitifs. En effet, l'article 1371 de l'avant-projet prévoit que "l'auteur d'une faute manifestement délibérée, et notamment d'une faute lucrative, peut être condamné, outre les dommages-intérêts compensatoires, à des dommages-intérêts punitifs dont le juge a la faculté de faire bénéficier pour une part le Trésor public". La suite du texte précise que "la décision du juge d'octroyer de tels dommages-intérêts doit être spécialement motivée et leur montant distingué de celui des autres dommages-intérêts accordés à la victime". Enfin, "les dommages-intérêts punitifs ne sont pas assurables".

1028. La notion de faute lucrative peut être définie comme celle "dont son auteur tire un profit supérieur au montant de la condamnation qu'il encourt pour l'avoir commise, et qu'il commet dans ce dessein, agissement non expressément prévu par la loi, mais entaché de fraude à la loi en ce qu'il tend à braver la loi sous couvert du principe indemnitaire"[2678]. Qualifiée d' "innovation majeure"[2679] et de "révolu-tion"[2680], l'opportunité de son insertion en droit français[2681] ne fait pas l'unanimité. Pour certains auteurs, en effet, la reconnaissance de dommages et intérêts punitifs à laquelle elle conduit n'est pas souhaitable en droit civil, la fonction punitive de la responsabilité relevant du seul droit pénal[2682]. Ce qui est sûr, en revanche, c'est que, à l'instar de l'obligation pour la victime de modérer son dommage, l'introduction de

---

2676 Cf. *supra*, n° 946 et s.

2677 P. CATALA, *Avant-projet de réforme du droit des obligations et de la prescription*, préc.

2678 G. CORNU, *Vocabulaire juridique*, op. cit., p. 564.

2679 P. JOURDAIN, "Présentation des dispositions de l'avant-projet sur les effets de la responsabilité", *R.D.C.*, janvier 2007, p. 145.

2680 Y. LAMBERT-FAIVRE, "Les effets de la responsabilité (les articles 1367 à 1383 nouveaux du Code civil)", *R.D.C.*, janvier 2007, p. 165.

2681 Cf. D. FASQUELLE, "L'existence des fautes lucratives en droit français", *P.A.*, 20 novembre 2002, n° 232, p. 27 ; J. MEADEL, "Faut-il introduire la faute lucrative en droit français ?", *P.A.*, 17 avril 2007, n° 77, p. 6.

2682 En ce sens, cf. Y. LAMBERT-FAIVRE, art. préc., *R.D.C.*, janvier 2007, p. 165.

dommages et intérêts punitifs contribuerait à renforcer la fonction préventive de la responsabilité civile[2683].

1029. Par ailleurs, la distinction de la prévention et de la précaution, dont nous avons pu constater les limites dans le cadre du paradigme traditionnel de la responsabilité civile[2684], pourrait trouver ici l'occasion de présenter un intérêt pratique quant à l'ampleur de la sanction de la responsabilité civile préventive. En effet, l'absence d'anticipation d'un risque avéré pourrait être plus sévèrement sanctionnée que le défaut d'anticipation d'un risque seulement suspecté.

1030. Concrètement, la mise en œuvre d'une telle sanction pourrait ainsi conduire à une dissociation entre d'une part, l'action en responsabilité en vue d'obtenir la réparation du dommage subi par la victime, et d'autre part, l'action en responsabilité pour le risque de dommage produit[2685]. Une telle solution consacrerait alors la séparation, souhaitée par de nombreux auteurs, entre indemnisation et responsabilité[2686] de nature à favoriser un rapprochement, déjà souligné, entre la responsabilité civile et la responsabilité pénale[2687].

CONCLUSION DE LA SECTION II

1031. Pour être efficacement sanctionnée, la responsabilité civile préventive devrait conduire à un élargissement des personnes titulaires de l'action en responsabilité dans l'espace. Ainsi, face à l'inadaptation des actions collectives actuelles, il conviendrait de consacrer enfin l'action de groupe en droit français. Cette dernière pourrait alors constituer un instrument commun au service de la responsabilité curative traditionnelle et à la mise en œuvre d'une responsabilité en cas de risque de dommage. De même, il conviendrait d'étendre dans le temps le champ d'application de la responsabilité civile. Sans reconnaître un quelconque droit subjectif au profit des générations futures ou la personnalité juridique à l'humanité, il s'avère possible en revanche, grâce à la consécration d'une responsabilité civile préventive, d'imposer aux générations présentes des devoirs envers les générations à venir ainsi que l'obligation de préserver le patrimoine commun de l'humanité. En pratique, une telle évolution impliquerait alors d'élargir les mesures procédurales permettant de prévenir la survenance d'un dommage, en particulier en autorisant le juge du principal à

2683 En ce sens, cf. P. JOURDAIN, art. préc., *R.D.C.*, janvier 2007, p. 146.

2684 Dans la mesure où elle tend essentiellement à révéler l'apport quantitatif de la précaution au droit de la responsabilité civile, cf. 1ère partie, *supra*, n° 657 et s.

2685 Sur la dissociation entre dommage subi et dommage produit, cf. M. CAPPELLETTI, "La protection d'intérêts collectifs et de groupe dans le procès civil (Métamorphoses de la procédure civile)", art. préc., p. 597.

2686 Sur cette séparation, cf. *supra*, n° 806 et s.

2687 En ce sens, cf. S. CARVAL, op. cit., n° 338.

prendre des mesures préventives en cas de menace de dommage grave à la santé ou à l'environnement. Elle pourrait également conduire à étendre la fonction des dommages et intérêts, à l'instar de ce que préconise l'avant-projet de réforme du droit des obligations et de la prescription de 2006, en imposant à la victime de modérer son dommage et en autorisant le juge à prononcer officiellement des dommages et intérêts punitifs.

CONCLUSION DU CHAPITRE II

1032. L'instauration d'un régime de responsabilité civile préventive devrait conduire à un élargissement des conditions d'engagement de la responsabilité ainsi qu'à une extension des mesures de sanction susceptibles d'être prononcées par le juge. La responsabilité préventive, par définition sans dommage, conduit à reconnaître la possibilité d'engager la responsabilité civile en présence d'un seul risque de dommage (avéré ou suspecté), d'un fait générateur de risque et d'un lien de causalité, reporté en amont, entre ces deux éléments. Tandis que la responsabilité curative classique a vocation à intervenir en présence de tout type de dommage, la responsabilité préventive devrait, faute d'être extensible à l'infini, être subordonnée à certains types de risques. Il s'agirait des risques environnementaux et sanitaires dont la gravité qualitative et quantitative nécessite d'intervenir avant leur réalisation. Dès lors, tant l'élément matériel que l'élément moral du fait générateur de risque devraient être interprétés avec circonspection afin de permettre de limiter le champ d'application de la responsabilité dans sa forme préventive. Un tel objectif devrait également être atteint si les juges devaient faire usage des critères issus des définitions légales des principes de prévention et de précaution, relatifs au caractère effectif et proportionné de la mesure d'anticipation du risque ou à son coût économiquement acceptable.

1033. Afin de rendre pleinement efficace la reconnaissance juridique d'une responsabilité civile préventive, destinée à prévenir les risques de dommages collectifs, il conviendrait de consacrer en droit français une action de groupe. En outre, compte tenu du caractère transgénérationnel des dommages résultant d'un défaut de prévention ou de précaution, les notions de générations futures et de patrimoine d'affectation pourraient être utilisées afin de constituer l'intérêt auquel pourrait être affectée une obligation juridique pesant sur certains créateurs de risques. Enfin, la sanction des risques de dommages pourrait être facilitée si le juge civil du principal pouvait prendre des mesures conservatoires pour prévenir les simples menaces de dommages graves et irréversibles à l'environnement ou à la santé. De même, la reconnaissance d'une obligation pour la victime de modérer son dommage ou l'insertion en droit français de dommages et intérêts punitifs seraient de nature à favoriser la mise en œuvre d'une responsabilité tournée vers l'anticipation des dommages.

CHAPITRE III

LES FONDEMENTS DE LA RESPONSABILITE CIVILE PREVENTIVE

1034. A l'instar de celle des fondements de la responsabilité civile curative, l'analyse des fondements de la responsabilité civile préventive ne saurait se passer de la distinction préalablement rappelée entre d'une part, les fondements "immédiats" ou "techniques" et d'autre part, les fondements "médiats" ou "rationnels"[2688]. Les premiers renvoient aux conditions d'engagement de la responsabilité civile. Les seconds se présentent comme les raisons rationnelles qui justifient une telle responsabilité, ces dernières pouvant trouver leurs sources dans une norme juridique ou méta-juridique. D'un point de vue technique, la responsabilité civile préventive peut toujours être rattachée aux concepts de faute et de risque (Section I). De son côté, le fondement rationnel de cette nouvelle forme de responsabilité pourrait être trouvé dans une interprétation des *principes* de prévention et de précaution en dehors du paradigme classique de la responsabilité civile (Section II).

SECTION I

LES FONDEMENTS TECHNIQUES DE LA RESPONSABILITE CIVILE PREVENTIVE

1035. Dans quelle mesure les fondements techniques traditionnels de la responsabilité civile, que sont la faute et le risque, seront-ils ou non susceptibles de jouer un rôle en présence d'une responsabilité sans dommage ? Rappelons, en effet, que l'interprétation de la distinction de la prévention et de la précaution à l'intérieur du paradigme classique de la responsabilité civile, fondé sur l'existence d'un dommage, n'était pas de nature à engendrer une remise en cause des fondements techniques traditionnels de cette dernière. Les responsabilités pour *défaut de prévention*, en cas de risque avéré, ou pour *défaut de précaution*, en cas de risque suspecté, étaient susceptibles d'être subsumées sous les catégories de faute, de risque et même de "faute de risque"[2689].

1036. En revanche, l'interprétation de la distinction de la prévention et de la précaution en dehors du paradigme curatif classique renouvelle les données du problème. Désormais, la question ne porte plus sur la capacité des fondements techniques traditionnels à saisir le risque scientifique et technique

---

[2688] Sur cette distinction dans le cadre du paradigme curatif classique de la responsabilité civile, cf. 1ère partie, *supra*, n° 621.

[2689] Cf. 1ère partie, *supra*, n° 637 et s.

avéré ou suspecté lorsque le risque est l'élément dont le dommage constitue la réalisation, puisque par hypothèse la condition relative au dommage est supprimée. Elle porte sur le rôle que sont appelés à jouer ces fondements lorsque le risque est envisagé de manière autonome. En supprimant la condition relative au dommage, la notion de responsabilité préventive rend nécessaire la distinction du risque comme événement que concrétise le dommage et du risque comme éventualité de survenance d'un dommage. Elle conduit à une intégration du premier à la faute (§1). De son côté, le risque, comme éventualité de survenance d'un dommage est intégré au fait générateur (§2). La responsabilité préventive se trouve ainsi techniquement fondée à la fois sur la faute et sur le risque (§3). En outre, un auteur a proposé d'attribuer au principe de précaution un fondement, la préservation[2690]. Cette dernière aurait vocation à constituer un "nouveau fondement doctrinal"[2691], à l'instar des fondements traditionnels de la faute, du risque ou de la garantie. Il conviendra d'examiner l'apport et les limites d'une telle proposition dans le cadre de l'élaboration d'une responsabilité civile préventive (§4).

§ 1 L'INTEGRATION DU RISQUE-EVENEMENT A LA FAUTE

1037. Si la responsabilité civile devait sanctionner le risque de dommage, indépendamment de la réalisation de ce dernier, cela signifierait que le seul risque de survenance d'un dommage serait par lui-même de nature à engendrer un droit à réparation de la victime menacée par cette possibilité de survenance. Il en résulterait une extension du rôle de la faute, susceptible d'intervenir non seulement pour justifier l'imputation d'un dommage à un responsable mais également l'imputation d'une simple menace de dommage à celui qui en est l'auteur. La notion de faute, comme catégorie juridique, gagnerait en intensité dès lors que le seul fait d'exposer une personne à un risque, en l'absence de toute réalisation de celui-ci, constituerait une faute engageant la responsabilité de son auteur. En revanche, la qualification opérée par le juge tendant à ériger la menace de dommage en faute sera délicate. En effet, par hypothèse, l'absence de réalisation du dommage empêchera toute possibilité de rechercher des indices de la faute à partir du fait de la réalisation du dommage. Sur ce point, le juge civil sera donc confronté à la même difficulté que le juge pénal dans l'appréciation du fait d'exposition au risque en cas de mise en danger délibérée d'autrui[2692]. En outre, l'opération de qualification sera d'autant plus délicate lorsque le risque encouru sera seulement suspecté.

[2690] M. BOUTONNET, op. cit., n° 551 et s.

[2691] M. BOUTONNET, op. cit., n° 556.

[2692] Sur le parallèle avec cette infraction, cf. *supra*, n° 917 et s.

1038. En supprimant l'exigence relative au dommage, la notion de responsabilité préventive ne devrait pas, cependant, aboutir à évincer complètement la considération du dommage dans l'appréciation de la responsabilité. Elle devrait seulement conduire à reporter en amont de la responsabilité une telle considération. Bien que désormais exclu des conditions d'engagement de la responsabilité civile, le dommage devrait néanmoins continuer d'exister de manière résiduelle, comme objet dont la menace de survenance sera, elle, constitutive de responsabilité. La question de l'existence du dommage devrait se trouver déplacée vers celle de la prévisibilité objective de sa possibilité de survenance. Or, dans le système curatif, fondé sur l'hypothèse de réalisation d'un dommage, la *prévisibilité subjective* du dommage n'est pas une condition nécessaire de la faute puisque la responsabilité peut être engagée sur le fondement du risque, dans la responsabilité délictuelle, ou du non-respect d'une obligation de résultat, dans la responsabilité contractuelle[2693]. En revanche et pour les mêmes raisons, dans le système curatif, la *prévisibilité objective* du dommage est une condition de la notion de faute, la jurisprudence appréciant la conduite de l'agent par référence à ce qu'il aurait dû prévoir.

1039. Dès lors, la notion de faute devrait continuer à jouer un rôle comme fondement de la responsabilité civile, même si cette dernière devait intervenir à titre préventif. Dans cette hypothèse, en effet, l'agent à l'origine de la menace de dommage ne pourra voir sa responsabilité engagée qu'à la condition d'avoir au moins dû prévoir une telle menace, à défaut de l'avoir effectivement prévue d'un point de vue subjectif et concret. Il devrait donc en résulter une intégration du risque, comme événement, à la faute[2694]. En effet, le dommage, évincé des conditions de la responsabilité civile, se trouverait alors intégré au cœur même de la faute, à travers la prise en considération de la simple menace de dommage. Cette dernière cristallise la notion de danger, avec pour corollaire, une entrée du risque, comme éventualité de survenance d'un dommage, dans le domaine du fait générateur[2695].

[2693] En ce sens, cf. R. O. DALCQ, "La prévisibilité du dommage est-elle une condition nécessaire de la faute?", *in Hommage à Jacques Heenen*, Bruxelles, Bruylant, 1994, p.87. Sur cette question, cf. également G. SCHAMPS, "La prévisibilité du dommage en responsabilité civile. De son incidence sur la faute et sur le rapport de causalité", *in Le défaut de prévoyance à l'épreuve des faits et du droit. Droit belge et droit comparé*, sous la dir. de C. HENNAU-HUBLET, op. cit., p.375.

[2694] La faute s'en trouverait alors renforcée, comme en droit pénal, cf. *supra*, n° 933 et s.

[2695] Sur le rôle de la possibilité d'éviter le dommage comme fondement de la responsabilité civile, cf. S. R. PERRY, "Risk, Harm, and Responsability", *in Philosophical Foundations of Tort Law*, sous la dir. de G. D. OWEN, Oxford, Clarendon Press, 1995, p. 321, spéc. p. 342 et s. L'auteur critique l'argument invoqué en faveur de la responsabilité pour risque, qu'il nomme "l'argument libéral" (libertarian argument) selon lequel celui qui choisit d'agir dans le monde est responsable des dommages qu'il crée tout comme il profite des gains résultant de son action. Cet argument suppose qu'une personne a le choix d'agir ou de ne pas agir. Or cela n'est pas le cas, la condition humaine étant telle que tout individu est obligé d'agir. L'auteur reprend ici les critiques de Holmes

§ 2 L'INTEGRATION DU RISQUE, COMME EVENTUALITE DE SURVENANCE D'UN DOMMAGE, AU FAIT GENERATEUR

1040. A l'instar de la part du risque, comme événement que concrétise le dommage, intégré à la faute, celle afférente au risque, comme éventualité de survenance d'un événement devrait se trouver reportée vers le fait générateur. En effet, tandis que le "risque-événement" s'apparente au dommage, le "risque-éventualité" relève de la causalité. Or la suppression du dommage, corollaire de la notion de responsabilité préventive, engendre un nécessaire report de la causalité en amont de la responsabilité[2696]. Cette dernière traduit alors non plus le lien qui unit, dans la responsabilité curative, le fait générateur au dommage, mais celui permettant de rattacher le fait générateur à une simple menace de dommage c'est-à-dire au risque, défini alors comme l'éventualité de survenance d'un dommage.

1041. Quittant ainsi la place qu'il occupait dans la causalité, au sein de la responsabilité curative, comme élément d'imputation du fait générateur au dommage, le risque entrerait alors pleinement dans le domaine du fait générateur. Il désignerait alors le risque de causer une faute résultant de l'exposition à une menace de dommage ou de l'absence d'anticipation d'une telle menace, autrement dit, un "risque de faute". Ce dernier est l'un des deux aspects du risque fautif[2697]. Il renvoie au "critère qui permet de sanctionner tous ceux dont le comportement constitue un risque jugé anormal ou excessif, qui est sanctionné par ce seul fait"[2698]. Pour être mise en œuvre, la notion de "risque de faute" devrait alors s'accompagner de l'établissement d'un critère d'anormalité

(*The Common Law*) et de Coase (*The Problem of Social Cost*) à l'encontre de "l'argument libéral". Selon le premier il est inexact de présenter l'auteur d'un dommage comme une personne active et la victime comme une personne passive. L'auteur d'un dommage est nécessairement actif, non par choix mais parce ce que l'activité est inévitable et s'il en est ainsi la victime doit aussi être présentée comme un individu actif. Il fait de la notion de prévisibilité du dommage la pierre de touche de la responsabilité puisqu'en effet en l'absence de prévisibilité le dommage est seulement le résultat de l'interaction entre deux personnes. Il n'y a pas de raison, en terme d'équité, d'attribuer le dommage à une partie plutôt qu'à une autre. Nul ne peut éviter un dommage à moins d'avoir pu le prévoir. Le second estime que tout préjudice est le résultat de l'interaction entre deux décisions d'agir, ainsi celle du conducteur de conduire et celle du piéton de marcher. Il en résulte, **selon R. Perry, que le fondement de la responsabilité pour risque ne doit pas être recherché dans la notion de profit mais dans la possibilité d'éviter le dommage, cette dernière supposant à son tour la possibilité de prévoir le dommage.** Il rejette la notion de responsabilité pour risque et se prononce en faveur d'une forme plus restreinte de responsabilité qu'il nomme "outcome-responsability". Cette responsabilité est fondée sur "l'évitabilité" du dommage et fournit une base morale tant à la responsabilité pour faute (*negligence*) qu'à la responsabilité pour risque (*strict liability*).

[2696] Sur la causalité dans le cadre de la responsabilité civile préventive, cf. *supra*, n°970.

[2697] Sur l'évocation du second aspect de cette notion (la faute de risque) dans le cadre du paradigme classique de la responsabilité civile, cf. 1ère partie, *supra*, n° 648.

[2698] J. et C. de MAILLARD, op. cit., p. 51.

ou d'un seuil à partir duquel la prise d'un tel risque serait alors jugée inacceptable et devrait engendrer une mise en cause de la responsabilité civile de son auteur[2699].

§ 3 LA DUALITE DE FONDEMENTS DE LA RESPONSABILITE CIVILE PREVENTIVE

1042. La reconnaissance d'une responsabilité préventive, à côté de la responsabilité curative classique, devrait donc cristalliser le double mouvement qui affecte aujourd'hui l'évolution du droit de la responsabilité, symptôme d'un "droit schizophrène"[2700]. Ce dernier est, en effet, écartelé entre d'une part, une objectivation croissante de la responsabilité, centrée sur l'indemnisation de la victime et d'autre part, la demande pressante des victimes en direction de la recherche d'un responsable, que traduit une pénalisation accrue des comportements. D'un côté, la notion de responsabilité civile préventive, en mettant l'accent sur le comportement du responsable, apparaît comme un élément de nature à favoriser une résurgence de la responsabilité subjective. De l'autre, cette notion tend, au contraire, à accentuer le mouvement d'objectivation de la responsabilité civile, dans la mesure où elle se trouve alors fondée sur la considération du dommage dont la gravité particulière justifie que soit posée l'obligation d'en empêcher la survenance.

1043. La responsabilité civile préventive trouverait alors son fondement à la fois dans la notion de risque, à travers la considération de la menace de dommage, et dans celle de faute, à travers la considération du comportement du responsable. Cette double caractéristique procède d'une forme moralisée de la responsabilité objective[2701]. Dès lors, loin de constituer une

---

[2699] Cf. *supra*, n° 949 et s.

[2700] D. SALAS, "Du déclin de la faute à la tentation du bouc émissaire", *Droit et cultures*. Les métamorphoses de la responsabilité, 1996, n° 31, p. 13.

[2701] La mixité d'un tel système de responsabilité, ni purement objectif, ni purement subjectif, apparaît d'ailleurs précisément sous la plume de P. FAUCONNET, à propos de la notion de négligence. Pour lui, en effet, "la responsabilité engendrée par la négligence, dans la mesure où elle ne résulte pas de l'omission volontaire d'effort, est donc en quelque sorte une forme spiritualisée de la responsabilité objective, résultant de la participation passive ou du contact. Elle repose sur cette affirmation que l'idée de la règle s'est, en fait, présentée à la conscience de l'agent parce qu'il était normal et obligatoire qu'elle s'y présentât ; il a passé sans la voir, il n'a donc pas eu à délibérer ni à vouloir. Mais bien qu'elle soit restée en dehors de sa conscience, elle était toute proche. Et cette proximité produit, sous une forme atténuée, les mêmes effets que l'adoption volontaire d'une maxime contraire au devoir" (op. cit., p. 374-375). Il y a négligence "si l'agent, se mouvant dans le voisinage d'une chose sacrée comme la vie humaine ou la maniant, n'a pas gardé l'attitude prescrite en pareil cas". P. FAUCONNET qualifie cette attitude de "tension morale", l'état de tension résultant "du rayonnement qu'exercent autour d'elles les choses sacrées" (op. cit., p. 372). On ne saurait mieux exprimer la dualité de la responsabilité résultant de la négligence, qui, à l'instar de la notion de responsabilité préventive, lorsqu'elle s'apparente à une omission,

régression du droit de la responsabilité civile[2702], elle s'inscrirait alors pleinement dans l'évolution contemporaine de ce dernier en direction d'une prise en considération toujours plus grande du sort des victimes.

§ 4 APPORTS ET LIMITES DU FONDEMENT DE LA "PRESERVATION"

1044. Dans sa thèse sur le *Principe de précaution en droit de la responsabilité civile*, Mathilde Boutonnet propose de "nommer le nouveau fondement animant le principe de précaution, «la préservation»"[2703]. Un tel fondement est particulièrement adapté au rôle dévolu à la responsabilité préventive. En effet, de la plume de l'auteur lui-même, "ce qui justifie la prévention des dommages, c'est la nécessité de préserver au mieux certains intérêts que la société considère comme essentiels"[2704]. En l'espèce, il s'agit de préserver les intérêts "essentiels pour l'humanité, notion englobant la santé des hommes la composant, la nature la faisant vivre et l'espèce humaine la symbolisant"[2705]. Dès lors, on peut s'interroger sur le cantonnement d'un tel fondement au seul principe de précaution. N'est-il pas également nécessaire de préserver l'humanité des risques avérés de dommages comme des risques suspectés? L'inverse serait pour le moins paradoxal. Le concept de préservation tend à justifier à la fois la prévention et la précaution. Il a donc vocation à "fonder" la responsabilité préventive et non le seul principe de précaution.

1045. En outre, l'apport de la notion de préservation doit être précisé au regard de la distinction, préalablement rappelée, entre le fondement "immédiat" ou "technique" et le fondement "médiat" ou "rationnel". En effet, selon son défenseur, le fondement de la préservation est présenté comme "le fondement doctrinal" du principe de précaution, par opposition au "fondement moral" de ce dernier[2706]. Il se situerait dans la lignée des fondements de la faute, du risque et de la garantie[2707]. Or, si la notion de préservation, à l'instar de la garantie, se présente comme un fondement rationnel[2708], elle se distingue

---

trouve sa source dans l'imputation d'un devoir d'empêcher la survenance d'un dommage résultant précisément de la spécificité de ce dernier.

2702 Sur l'interprétation de l'objectivation de la responsabilité civile comme indice de régression du droit, cf. B. OPPETIT, "Les tendances régressives dans l'évolution du droit contemporain", *in Mélanges dédiés à Dominique Holleaux*, Paris, Litec, 1990, p.322.

2703 M. BOUTONNET, op. cit., n° 580.

2704 M. BOUTONNET, *ibid.*

2705 M. BOUTONNET, *ibid.*

2706 M. BOUTONNET, op. cit., n° 502 et s.

2707 M. BOUTONNET, op. cit., n° 570 et s.

2708 Sur la distinction entre le contenu de la garantie et celui de la préservation, cf. la remarque de M. BOUTONNET (op. cit., n° 591) qui souligne que le fondement de la préservation "renouvelle le fondement de la garantie en se positionnant en termes de devoirs plus que de droits : les devoirs des générations présentes sont en effet tournés vers les intérêts que la société considère comme essentiels pour l'humanité".

néanmoins de la faute et du risque qui constituent des fondements techniques[2709]. Autrement dit, si le concept de préservation devait présenter quelque intérêt pour l'élaboration de la notion de responsabilité préventive c'est en tant que fondement rationnel ou norme méta-juridique, comme justification de l'obligation d'anticiper les risques de dommages et non comme instrument technique de mise en œuvre de cette dernière.

1046. Par ailleurs, il nous semble que les principes de prévention et de précaution, interprétés en dehors du paradigme classique de la responsabilité civile, sans dommage, ne sauraient être placés sur le même plan que les notions de faute et de risque. En effet, le passage de la faute au risque ne saurait être analysé comme un changement de paradigme[2710]. C'est là le principal apport de la notion de paradigme issue de la théorie de Thomas Kuhn[2711] et en vertu de laquelle les véritables changements de paradigmes ne s'opèrent pas par accumulations successives mais par remplacement du paradigme ancien[2712]. Or, on ne saurait ici que trop rappeler que l'ascension de la théorie du risque n'a pas supprimé le rôle de la faute en droit de la responsabilité civile. Dès lors, loin d'engendrer un changement de paradigme l'invention de la théorie du risque ne peut être analysée que comme une simple évolution dans le cadre de ce que Thomas Kuhn désigne par le terme de science normale[2713], laquelle présente un caractère cumulatif[2714]. En réalité, seule la condition relative au dommage, exigée dans le cadre de la responsabilité civile curative traditionnelle, est de nature à faire obstacle à la reconnaissance d'une responsabilité civile préventive.

2709 Rappelons, en effet, que la notion de fondement technique suppose que soient préalablement déterminées les conditions de la responsabilité civile (L. BACH, art. préc., p. 20). Or tel n'est pas le cas de la notion de préservation qui est indépendante des conditions d'engagement de la responsabilité préventive que sont le risque de dommage et le lien de causalité entre ce risque et le fait générateur de responsabilité civile.

2710 En sens contraire, cf. C. THIBIERGE (art. préc., *R.T.D.civ.*, 1999, p. 579) qui estime que "l'évolution du droit de la responsabilité peut se lire par changement de paradigmes successifs, chacun dépassant le précédent sans s'y substituer". De son côté, M. BOUTONNET, tout en soulignant que le fondement de la préservation qu'elle propose "franchit une nouvelle étape" (op. cit., n° 587), tend à l'inscrire dans le prolongement des fondements doctrinaux antérieurs, tels que la faute, le risque ou la garantie. Ainsi, pour cet auteur, si le processus de changement de paradigme "se reflète parfaitement dans l'évolution des fondements doctrinaux et a, jusqu'à aujourd'hui, permis de justifier la réparation des dommages, il pourrait demain s'accélérer pour justifier leur prévention" (op. cit., n° 571).

2711 Sur le sens de cette notion, cf. Introduction, *supra*, n° 10.

2712 T. S. KUHN, *La structure des révolutions scientifiques*, op. cit., p. 133 et s. ("les révolutions scientifiques sont ici considérées comme des épisodes non cumulatifs de développement, dans lequel un paradigme plus ancien est remplacé, en totalité ou en partie, par un nouveau paradigme incompatible").

2713 Cette dernière désigne "la recherche solidement fondée sur un ou plusieurs accomplissements scientifiques passés, accomplissements que tel groupe scientifique considère comme suffisants pour fournir le point de départ d'autres travaux" (T. S. KUHN, op. cit., p. 29).

2714 T. S. KUHN, op. cit., p. 139.

Par là même, elle seule se présente comme le véritable obstacle au maintien du paradigme traditionnel.

CONCLUSION DE LA SECTION I

1047. Les catégories traditionnelles du droit de la responsabilité civile curative devraient continuer à jouer un rôle au sein de la responsabilité civile préventive. En effet, les trois conditions de mise en œuvre de cette dernière, à savoir le risque de dommage, le fait générateur de risque et le lien de causalité entre ces éléments, témoignent de la persistance des notions de faute et de risque, comme fondements techniques de la responsabilité préventive. Ainsi, le risque-événement ou dommage, par hypothèse désormais exclu des conditions d'engagement de la nouvelle espèce de responsabilité civile, devrait néanmoins continuer d'exister au sein de la faute de prévention ou de précaution, ayant consisté à ne pas avoir prévenu la survenance d'un risque avéré ou suspecté que l'on aurait dû prévoir. Le risque, ainsi intégré à la faute, devrait venir renforcer cette dernière. De même, le risque, comme éventualité de survenance d'un dommage, aurait désormais vocation à constituer le fait générateur autonome de responsabilité civile. La responsabilité préventive se trouverait ainsi à la fois fondée sur le risque et sur la faute. De son côté, la notion de préservation permettrait de justifier tant le principe de précaution, comme l'a suggéré un auteur, que le principe de prévention, la responsabilité préventive ayant vocation à permettre l'anticipation des risques avérés comme des risques suspectés. Enfin, seule la consécration d'une responsabilité civile sans dommage serait de nature à constituer un changement de paradigme du droit de la responsabilité civile, les évolutions précédentes, telles le passage de la faute au risque, n'étant pas assimilables à un tel changement dans la mesure où elles s'inscrivent au sein d'une responsabilité de type curatif, fondée sur l'exigence d'un dommage.

SECTION II

LES FONDEMENTS RATIONNELS DE LA RESPONSABILITE CIVILE PREVENTIVE

1048. S'agissant des fondements rationnels de la responsabilité civile préventive, il convient de souligner ici que si le principe de précaution, figurant à l'article L. 110-1 du Code de l'environnement, peut être utilisé afin de justifier l'obligation de prévenir un risque suspecté de dommage, il ne pourra servir à fonder une éventuelle responsabilité pour risque avéré de dommage qu'aux prix d'une extension de son sens initial. Une telle évolution est parfaitement concevable[2715]. Cependant, elle ferait alors perdre à la précaution sa

[2715] C'est là, nous semble-t-il, le parti pris par M. BOUTONNET (op. cit.). Ainsi, après avoir rapidement évoqué la spécificité du principe de prévention, lequel tend à éviter "les dommages

caractéristique première qui est d'être subordonnée à l'existence d'une incertitude scientifique et tendrait alors à la réduire à la prévention.

1049. En revanche, la responsabilité préventive pourrait être fondée sur les principes de prévention et de précaution, interprétés en dehors du paradigme traditionnel de cette responsabilité. La nécessité d'anticiper les dommages graves et irréversibles à l'environnement et à la santé a vocation à s'appliquer tant aux risques avérés qu'aux risques suspectés. Il serait, en effet, pour le moins paradoxal que le juge consacre la notion de responsabilité civile pour défaut de précaution, en l'absence de dommage et en présence d'une incertitude scientifique, sans sanctionner les comportements créateurs de risques avérés au regard des données de la science.

1050. Par ailleurs, il convient de souligner que l'interprétation de la distinction de la prévention et de la précaution dans le paradigme classique de la responsabilité civile, fondé sur l'existence d'un dommage, ne rendait pas nécessaire la référence aux *principes* de prévention et de précaution. En effet, dans le système curatif, les juges se passent de l'existence de devoirs écrits pour fonder la responsabilité civile dès lors qu'ils constatent une violation à "la norme générale de comportement"[2716]. Par conséquent, il en résultait que, dans le paradigme curatif traditionnel, la distinction de la prévention et de la précaution avait pu être essentiellement envisagée par référence aux seules *notions* de prévention et de précaution[2717].

---

exclusivement connus" l'auteur estime que "le principe de prévention n'est donc pas apte à permettre l'évitement de certains dommages graves et bien souvent incertains. Au contraire, le principe de précaution s'appliquant aux risques malgré leur incertitude scientifique, tend à l'englober tout en le dépassant" (op. cit., n° 36). Cette vocation extensive ainsi conférée au principe de précaution, qui tend à absorber la prévention, ne permet donc pas de dissocier clairement les deux notions, comme en témoignent les nombreuses évocations de la *prévention* des dommages. Ainsi, selon cet auteur, "la prévention devient un moyen essentiel pour combattre (l)es nouveaux dommages [...]" (op. cit., n° 500). De même, l'auteur fait état de la "justification nouvelle de la prévention des dommages" (op. cit., n° 576) ou estime qu' "en acceptant le fondement de la préservation, le droit fondamental inciterait maintenant à l'élaboration d'un régime spécifique du principe de précaution, adapté à sa véritable signification En particulier, justifiant l'impératif de prévention, prônant l'évitement des dommages d'une gravité importante [...]" (op. cit., n° 605). A l'inverse, le schéma des principes du droit de la responsabilité civile, proposé par l'auteur en annexe de son ouvrage (Annexe I, p. 596), fait du principe de précaution un cas particulier du principe de prévention des dommages.

[2716] G. VINEY et P. JOURDAIN, *Les conditions de la responsabilité*, op. cit., n° 450. Sur ce point l'*Avant-projet de réforme du droit des obligations et de la prescription* (préc.) consacre cette jurisprudence. Il énonce, en effet, dans son article 1352 alinéa 2 que "constitue une faute la violation d'une règle de conduite imposée par une loi ou un règlement ou le manquement au devoir général de prudence ou de diligence".

[2717] Sur l'apport néanmoins de la constitutionnalisation du devoir de prévention et du principe de précaution dans le cadre du paradigme classique de la responsabilité civile, cf. 1ère partie, *supra*, n° 337 et s.

1051. En revanche, le recours aux *principes* de prévention et de précaution se révèle particulièrement précieux dans le cadre de l'instauration d'une responsabilité civile préventive. Envisagés en tant que principes, la prévention et la précaution sont alors de nature à contribuer à justifier tant d'un point de vue textuel que rationnel cette nouvelle forme de responsabilité civile. Les principes de prévention et de précaution se présenteraient alors comme les deux fondements rationnels de la responsabilité civile préventive.

CONCLUSION DE LA SECTION II

1052. Interprétés en dehors du paradigme classique de la responsabilité civile, en l'absence de dommage, les principes de prévention et de précaution sont de nature à justifier la notion de responsabilité civile préventive dont la finalité est de permettre l'anticipation des risques scientifiques et techniques avérés ou suspectés d'atteintes graves à l'environnement ou à la santé. Ainsi, ces deux principes sont susceptibles de constituer les deux fondements rationnels du versant préventif de la responsabilité civile qu'il conviendrait de consacrer.

CONCLUSION DU CHAPITRE III

1053. Au sens technique la recherche des fondements de la responsabilité civile préventive conduit à s'interroger sur le rôle que seront appelés à jouer la faute et le risque au sein de cette nouvelle forme de responsabilité. Sur ce point, l'analyse des conditions de la responsabilité, dirigée vers l'anticipation des dommages, témoigne de la persistance de ces deux notions comme justification technique de cette responsabilité.

1054. De leurs côtés, les *principes* de prévention et de précaution, interprétés en dehors du paradigme curatif traditionnel de la responsabilité, pourraient constituer, à l'avenir, les fondements rationnels de la nouvelle forme de responsabilité civile de nature préventive. Ces deux principes pourraient permettre d'anticiper tant les risques avérés que les risques suspectés de dommages graves et irréversibles à l'environnement et à la santé.

CONCLUSION DU TITRE II

1055. La nécessité d'éviter la survenance de dommages sanitaires et environnementaux graves et irréversibles milite pour la création d'une responsabilité civile préventive. En dépit des arguments qui pourraient être opposés à l'encontre de cette dernière, de nombreuses raisons philosophiques et juridiques plaident en faveur d'une telle responsabilité. L'extension du domaine de la responsabilité civile en direction de l'anticipation des dommages résultant de risques scientifiques et techniques avérés ou suspectés implique un élargissement du concept de responsabilité. A côté de la responsabilité *curative* traditionnelle, serait alors consacrée une responsabilité *préventive* nouvelle. Cette dernière, par hypothèse sans dommage, pourrait être engagée en présence de trois conditions : un risque de dommage particulièrement grave à la santé ou à l'environnement, un fait générateur de risque et un lien de causalité, reporté en amont, entre ces deux éléments. La sanction d'une telle responsabilité supposerait alors d'élargir la liste des personnes susceptibles d'agir en responsabilité, en particulier grâce à la création d'une action de groupe. En outre, compte tenu du caractère transgénérationnel des dommages résultant d'un défaut de prévention ou de précaution, il conviendrait d'étendre le champ de la responsabilité civile dans le temps en imposant aux générations présentes des devoirs envers les générations futures, en vue notamment de favoriser la préservation du patrimoine commun de l'humanité. Une telle évolution pourrait être assurée si le législateur développait les mesures procédurales préventives, consacrait l'obligation pour la victime de modérer son dommage et autorisait le juge civil à prononcer officiellement des dommages et intérêts punitifs. Enfin, les catégories traditionnelles du droit de la responsabilité civile que sont la faute et le risque pourraient continuer à jouer un rôle comme fondements techniques de la responsabilité préventive. En revanche, cette nouvelle responsabilité prospective pourrait être rationnellement fondée sur les principes de prévention et de précaution, désormais interprétés en dehors du paradigme classique de la responsabilité civile, fondé sur l'exigence d'un dommage. Il en résulterait un nécessaire changement de paradigme du droit de la responsabilité.

CONCLUSION DE LA DEUXIEME PARTIE

1056. L'interprétation de la distinction de la prévention et de la précaution dans le paradigme classique de la responsabilité civile, fondé sur l'exigence d'un dommage, conduit à analyser le risque dans son résultat, comme le fait constitué par la réalisation d'un dommage. Dès lors, du point de vue du dommage, la distinction de la prévention et de la précaution tend alors à s'effacer quelque peu devant la spécificité de la nature des risques scientifiques et techniques indépendamment de leur caractère avéré ou suspecté. La gravité particulière de ces dommages se traduit à la fois d'un point de vue matériel par un glissement de l'accident à la catastrophe et d'un point de vue temporel par un allongement de la durée entre le fait générateur et la survenance du dommage pouvant s'étendre sur plusieurs générations.

1057. Une telle évolution vient perturber la conception classique du dommage réparable, conçu de manière individuelle, directe et certaine et rend délicate l'application des mécanismes traditionnels de garantie des dommages, telles que l'assurance ou les fonds de garantie, fondés sur une collectivisation toujours plus grande des risques. Elle en révèle les inconvénients et les limites. La spécificité des dommages engendrés par les risques scientifiques et techniques, en particulier dans les domaines de l'environnement et de la santé, appelle donc une réponse inédite du droit. Cette dernière pourrait être trouvée dans un élargissement du concept de responsabilité civile en direction de l'anticipation des dommages environnementaux et sanitaires. En effet, par-delà les démonstrations susceptibles d'être développées à l'encontre d'une telle évolution, plusieurs arguments philosophiques et juridiques militent en faveur de la reconnaissance d'une telle responsabilité préventive.

1058. Le régime de cette nouvelle forme de responsabilité civile devrait alors s'articuler autour de trois conditions. D'une part, l'existence d'un risque particulièrement grave de dommage environnemental ou sanitaire, d'autre part, d'un fait générateur d'un tel risque et enfin d'un lien de causalité entre ces deux éléments. Dans le cadre de la mise en œuvre de ces conditions, le juge pourrait être amené à se référer aux autres critères tirés des principes légaux de prévention et de précaution que sont le caractère effectif et proportionné de la mesure ou son coût économiquement acceptable. Afin d'assurer pleinement la sanction de l'obligation d'anticipation des dommages résultant d'un défaut de prévention ou de précaution, il conviendrait d'étendre la liste des titulaires de l'action en responsabilité civile dans l'espace en consacrant l'action de groupe. Par ailleurs, compte tenu du caractère transgénérationnel de ces nouveaux types de dommages, il importerait d'étendre le champ d'action de la responsabilité civile dans le temps en imposant aux générations présentes des devoirs de protection des intérêts essentiels à la survie de l'espèce humaine et de préservation du patrimoine commun de l'humanité. Dès lors, le développement de mesures procédurales visant à prévenir les dommages telles que la reconnaissance de l'obligation pour la victime de modérer son dommage ou le recours officiel aux dommages et intérêts punitifs pourrait contribuer à faciliter la mise en œuvre d'une forme préventive de la responsabilité civile. En ce sens, l'avant-projet de réforme du droit des obligations et de la prescription de 2006, qui prévoit d'intégrer en droit de telles mesures, pourrait favoriser l'extension de la responsabilité civile.

1059. Quant à son fondement, la responsabilité préventive pourrait puiser sa source dans une interprétation autonome des *principes* de prévention et de précaution, détachée du paradigme classique de la responsabilité civile, fondé sur l'exigence de réalisation d'un dommage. Ces principes pourraient ainsi contribuer à promouvoir le nouveau versant préventif de la responsabilité civile dont ils constitueraient les fondements rationnels. Tandis que de leurs côtés, les catégories traditionnelles de la faute et du risque ne seraient pas complètement évincées et continueraient à jouer un rôle résiduel comme fondements techniques de cette responsabilité.

CONCLUSION

1060. Au terme de cette étude, il apparaît désormais possible de répondre à la question posée au commencement de celle-ci, à savoir quelle doit-être la nature de la prévention et de la précaution si elles doivent constituer l'objet d'une théorie de la responsabilité civile ?

1061. Pour constituer l'objet d'une théorie de la responsabilité civile curative la prévention et la précaution se doivent d'être conçues par référence à l'existence d'un risque scientifique et technique réalisé, avéré pour la première, et suspecté, pour la seconde. En revanche, elles ne peuvent être conçues par référence à l'existence d'une simple menace de risque (avéré ou suspecté) qu'à la condition de devenir l'objet d'une autre espèce de responsabilité civile (II). La reconnaissance de cette nouvelle forme préventive de responsabilité civile implique une transformation du concept traditionnel de responsabilité civile engendrant ainsi un changement de paradigme de cette dernière (II).

I – DE LA PREVENTION ET DE LA PRECAUTION COMME OBJETS DE LA RESPONSABILITE CIVILE *CURATIVE* A LA PREVENTION ET A LA PRECAUTION COMME OBJETS DE LA RESPONSABILITE CIVILE *PREVENTIVE*

1062. Pour résoudre notre problématique de départ, nous avions choisi de retenir une définition provisoire de la prévention et de la précaution. Ainsi, la première a été définie comme l'obligation de prévenir un risque avéré et la seconde comme le devoir de prévenir un risque seulement suspecté, compte tenu des connaissances scientifiques et techniques. Et ce, dans le but de tester la résistance du paradigme actuel de la responsabilité civile, fondé sur l'existence d'un fait générateur, d'un lien de causalité et d'un dommage, à l'insertion de ces deux notions. Par hypothèse, donc, le risque scientifique et technique contenu dans ces deux notions était alors conçu à la fois comme l'éventualité de survenance d'un dommage et comme le risque-événement, synonyme de dommage.

1063. Or, il est apparu que si le risque-événement, avéré ou suspecté, était bien susceptible de constituer l'objet de la responsabilité curative, le risque comme éventualité de survenance d'un dommage se présentait comme l'objet d'une responsabilité préventive. Ainsi, le fait que le risque fût avéré ou suspecté ne faisait pas obstacle à sa réception par les catégories traditionnelles du droit de la responsabilité civile que sont le fait générateur (faute ou risque) et le lien de causalité, dans la mesure où il était alors toujours défini comme l'événement que réalise le dommage. Les notions de risque avéré et suspecté, de prévention et de précaution étaient, en effet, susceptibles d'être subsumées sous les catégories traditionnelles du droit de la responsabilité civile curative. A cet égard, les analyses menées ont permis de conclure à un simple enrichissement quantitatif du domaine de la responsabilité civile, en particulier de la responsabilité du fait personnel et du fait des choses, sous l'impulsion de la notion de précaution.

1064. La distinction de la prévention et de la précaution a permis de circonscrire les obligations susceptibles d'être rattachées à un risque scientifique et technique. Au sein de ces dernières elle a conduit à classer les différents cas de responsabilité civile en fonction du degré de connaissance du risque. Il en est résulté une dissociation entre la responsabilité civile pour *défaut de prévention* et la responsabilité civile pour *défaut de précaution*, ces deux formes de responsabilité ayant vocation à transcender la distinction des obligations contractuelles et délictuelles puisque le risque avéré, comme le risque suspecté, sont susceptibles de se manifester au sein de ces deux dernières.

1065. Une telle opposition entre les devoirs traditionnels de prudence, fondés sur la norme morale, et les devoirs de prévention et de précaution, fondés sur la norme scientifique, a cependant pu être relativisée dans la mesure où tout type de risques peut être rattaché, en dernière analyse, à un risque scientifique, favorisant ainsi la révélation d'une obligation de prévention. En effet, il est apparu que l'exigence d'un lien de causalité entre le fait générateur et le dommage renvoyait toujours, en fin de compte, à la cause efficiente ou scientifique du dommage, quand bien même le rattachement juridique du fait générateur au dommage était effectué en application de la théorie de l'équivalence des conditions. La norme scientifique, au fondement de la distinction de la prévention et de la précaution, a donc permis de faire le pont entre les risques pouvant être explicitement rattachés à l'évolution des connaissances scientifiques et techniques, particulièrement susceptibles de se manifester dans les domaines environnementaux et sanitaires, et les autres types de risques. Et ce, en raison de la notion même de risque, définie comme l'éventualité de survenance d'un événement, laquelle renvoie à la cause efficiente de l'événement que réalise le risque, c'est-à-dire à la cause scientifique du dommage. Il en est résulté que dans le paradigme classique de la responsabilité civile, en présence d'un dommage, les notions de prévention et de précaution avaient vocation à recouvrir tous les cas de prudence dont elles se présentaient comme les deux espèces d'un même genre. Sur ce point, le domaine de la distinction de la prévention et de la précaution, dans le système curatif classique de responsabilité civile, s'est révélé particulièrement extensible, tout type de risques étant, en dernière analyse, susceptible d'être rattaché aux données de la science et de la technique.

1066. En revanche, dès lors que, quittant le domaine de la responsabilité pour celui de la socialisation du risque, nous nous sommes interrogés sur les modalités de réception de la distinction de la prévention et de la précaution par les mécanismes actuels de garantie, fondés sur une conception assurancielle du risque, comme instrument de répartition des dommages, il est apparu que la norme scientifique, au fondement du concept assuranciel de risque, se heurtait alors au critère de distinction de la prévention et de la précaution. Non seulement le concept assuranciel de risque s'avérait inapte à saisir le risque suspecté mais la nature même des risques scientifiques et techniques (avérés ou suspectés), à savoir leur gravité spécifique tant matérielle que temporelle, militait en faveur de la mise en place de mécanismes tendant à en éviter la survenance. A cet égard, la définition retenue de la science comme mesure de la possibilité de survenance d'un phénomène en fonction de ses occurrences a pu être mise en relation avec le caractère collectif des dommages caractéristiques d'un défaut de prévention et de précaution.

1067. Dès lors, il est apparu que le risque devait[2718] désormais être conçu non plus de manière duelle comme l'éventualité de survenance d'un dommage et l'événement que réalise ce dommage mais uniquement par référence à son premier aspect causal. Or, par hypothèse, ce dernier ne pouvait continuer, à lui seul, de constituer l'objet d'une théorie de la responsabilité civile curative, précisément fondée sur l'existence d'un dommage (ou encore le risque-événement) mais se devait d'être désormais envisagé comme l'objet d'une nouvelle forme de responsabilité à caractère préventif, détachée de l'exigence de survenance d'un dommage.

1068. Par hypothèse, la responsabilité civile préventive ne pouvant être limitée par le fait même de la survenance du dommage, il convenait alors d'en circonscrire le domaine d'application aux risques qui en avaient précisément justifié la reconnaissance, c'est-à-dire aux risques scientifiques et techniques collectifs majeurs (avérés ou suspectés) susceptibles de porter atteinte à l'environnement ou à la santé. Une telle obligation d'anticipation des dommages, s'est révélée susceptible d'être rationnellement fondée sur les *principes* légaux de prévention et de précaution, tandis qu'il est apparu que les catégories traditionnelles du droit de la responsabilité civile, la faute et le risque, pouvaient continuer à jouer un rôle résiduel comme fondements techniques tirés des conditions de mise en œuvre de la responsabilité civile préventive.

[2718] Il s'agit là d'une exigence doctrinale et non d'un impératif scientifique.

II – De la responsabilite civile *curative* a la responsabilite civile *preventive* ou du changement de paradigme du droit de la responsabilite civile

1069. Il convient désormais de s'interroger sur la portée d'une telle évolution de la responsabilité civile en direction de l'anticipation des dommages, au regard des conditions constitutives du paradigme classique de la responsabilité civile, fondé sur l'exigence d'un dommage. Il est clair que la suppression de la condition relative au dommage ne pourra permettre le maintien de l'existence d'une responsabilité civile qu'à la condition d'opérer une transformation de ce concept, en l'étendant à la sanction de l'absence d'empêchement de survenance de certains événements à venir, par-delà la sanction des seuls événements passés. Pour autant, une telle évolution est-elle de nature à engendrer un changement de paradigme de la responsabilité civile ?

1070. Pour répondre à cette question, il convient de rappeler la signification de la notion de paradigme. Ce dernier désigne "l'ensemble de croyances, de valeurs reconnues et de techniques qui sont communes aux membres d'un groupe donné"[2719]. Or, il s'avère que la reconnaissance d'une responsabilité *préventive*, aux côtés d'une responsabilité *curative*, est de nature à engendrer un changement de paradigme, au sens où l'entend Thomas Kuhn. Pour s'en convaincre, il convient d'examiner, tout d'abord, l'argument qui milite en faveur d'une analyse de l'intégration de la notion de responsabilité préventive dans le sens d'un maintien du paradigme traditionnel, avant de relever celui qui, au contraire, conduit à interpréter la reconnaissance d'une responsabilité préventive comme le signe d'un changement de paradigme.

1071. En faveur de l'absence de changement de paradigme, il est possible d'arguer du fait que ce qui caractérise les révolutions scientifiques par changement de paradigme, pour l'auteur de ce dernier concept, c'est précisément qu'elles ne peuvent être réduites à un processus cumulatif d'évolution de la connaissance[2720]. Autrement dit, pour qu'un tel changement se produise en droit de la responsabilité civile il faudrait que la notion de responsabilité préventive supplante la conception classique de la responsabilité fondée sur la réparation des dommages passés. Il faudrait que la responsabilité civile ne puisse plus être pensée dans le paradigme traditionnel, fondé sur la nécessité de réalisation d'un dommage. Or, quel que soit l'avenir de la responsabilité civile, il est presque

---

[2719] T. S. KUHN, *La structure des révolutions scientifiques*, op. cit., postface, p. 238.

[2720] Sur ce point, cf. T. S. KUHN, op. cit., p. 133 et s. ("les révolutions scientifiques sont ici considérées comme des épisodes non cumulatifs de développement, dans lequel un paradigme plus ancien est remplacé, en totalité ou en partie, par un nouveau paradigme incompatible").

certain qu'il ne conduira pas à une élimination de la responsabilité curative[2721], mais que la responsabilité préventive viendra alors plus probablement s'ajouter à cette dernière. Une telle évolution ne ferait alors que traduire le "phénomène de sédimentation" du savoir juridique en vertu duquel "aucune conception juridique ne remporte jamais un succès total qui provoquerait l'élimination radicale et définitive des thèses adverses [...] C'est une des particularités notables du savoir juridique que son absence d'épuration absolue"[2722]. Dès lors, l'apport des principes de prévention et de précaution au droit de la responsabilité civile, loin de révolutionner ce dernier, n'aurait été qu'un instrument de nature à dynamiser le travail de la "science normale"[2723].

1072. Mais un tel argument ne résiste pas à l'analyse. En effet, la reconnaissance d'une responsabilité préventive aura pour effet de faire de la responsabilité curative un cas particulier de la responsabilité civile, dont l'existence aura été rendue possible grâce à une transformation du concept de responsabilité. Dès lors, la question qui se pose est celle de savoir si une telle transformation aurait été possible dans le paradigme classique de la responsabilité civile. Sur ce point la réponse ne peut être que négative dans la mesure où seule une extension du concept de responsabilité est susceptible de conduire à une intégration de la dimension prospective de la responsabilité. Ainsi, comme le souligne Thomas Kuhn, "une théorie dépassée peut toujours être considérée comme un cas particulier de la théorie moderne qui lui a succédé, mais alors il faut lui faire subir une transformation dans ce sens". Et de poursuivre en précisant que "cette transformation ne saurait être entreprise qu'avec l'avantage d'une vue rétrospective, sous la conduite explicite de la théorie la plus récente"[2724], avant de conclure que "l'admission d'un nouveau paradigme nécessite souvent une définition nouvelle de la science correspondante"[2725]. Autrement dit, si la responsabilité civile devait être également pensée comme la sanction de l'absence d'empêchement de réalisation d'un risque de dommage (avéré ou suspecté), ce ne pourrait être qu'en raison d'un changement de perspective[2726] consistant à envisager cette institution par référence à son origine étymologique première, comme capacité à *répondre* d'un acte, qu'il s'agisse d'un acte passé ou d'un acte futur. Une telle évolution

---

[2721] Sur la nécessité de conserver la fonction réparatrice de la responsabilité civile, Ph. KOURILSKY et G. VINEY, op. cit., p. 179.

[2722] C. ATIAS, *Epistémologie du droit*,Paris, P.U.F.(coll."Que sais-je ?"), 1994, p.70-71.

[2723] Cette dernière désigne "la recherche solidement fondée sur un ou plusieurs accomplissements scientifiques passés, accomplissements que tel groupe scientifique considère comme suffisants pour fournir le point de départ d'autres travaux" (T. S. KUHN, op. cit., p. 29). Elle se caractérise par son caractère cumulatif (T. S. KUHN, op. cit., p. 139).

[2724] T. S. KUHN, op. cit., p. 147.

[2725] T. S. KUHN, op. cit., p. 148.

[2726] Sur l'apport des démonstrations des gestaltistes à la notion de paradigme, cf. T. S. KUHN, op. cit., p. 157 et s.

traduirait alors un changement de paradigme du droit de la responsabilité civile, la responsabilité *curative* et la responsabilité *préventive* se présentant alors comme les deux espèces d'un même concept de responsabilité désormais redéfini[2727]. De son côté, la distinction de la prévention et de la précaution aurait vocation à transcender ces deux formes de responsabilité civile, les responsabilités pour *défaut de prévention* ou *défaut de précaution* étant susceptibles d'exister tant dans le modèle curatif que dans le modèle préventif.

1073. Il convient néanmoins de préciser que ce qui "fait craquer" le paradigme classique de la responsabilité civile curative n'est pas la nature particulièrement grave des dommages résultant de risques scientifiques et techniques (avérés ou suspectés) qui postule d'éviter que ces dommages se réalisent. Il s'agit là d'un impératif normatif, doctrinal, qui ne saurait être présenté comme une nécessité scientifique. Mais c'est bien *l'impossibilité de concevoir une telle responsabilité dans le cadre actuel des concepts régissant cette matière.* La reconnaissance d'une notion de responsabilité préventive, déplorée par certains[2728], à côté de la notion traditionnelle de responsabilité curative, est de nature à engendrer une transformation du concept de responsabilité civile[2729]. En effet, tandis que les relations entre le fait et le droit, entre les dommages résultant de risques scientifiques et techniques et les règles actuelles de la responsabilité civile se présentent comme une problématique *du* droit de la responsabilité civile, la question de savoir dans quelle mesure le changement des règles permettant la mise en jeu de la responsabilité postule ou non une transformation du *concept* de responsabilité civile appartient au discours sur cette dernière, la notion de changement de paradigme étant une notion de la science du droit (c'est-à-dire du discours sur le droit) et non du droit

---

[2727] Ainsi serait alors confirmée la "loi psychologique de la bipolarité des erreurs" énoncée par G. BACHELARD (*La formation de l'esprit scientifique*, op. cit., p. 20) en vertu de laquelle "d'une manière générale, les obstacles à la culture scientifique se présentent toujours par paires", l'esprit scientifique étant alors le plus souvent "entravé à sa naissance par deux obstacles en quelque manière opposés". Sur l'application de cette loi au développement de la pensée juridique, comme en témoignent les multiples oppositions de paradigmes qui le caractérisent (jusnaturalisme et positivisme juridique, subjectivisme et objectivisme, normativisme et réalisme etc.), cf. F. OST et M. VAN DE KERCHOVE, "De la bipolarité des erreurs ou de quelques paradigmes de la science du droit", *A.P.D.*, 1988, tome 33, p. 177 et "De la théorie de l'argumentation au paradigme du jeu. Quel entre-deux pour la pensée juridique", *R.I.E.J.*, 1991, p. 27.

[2728] Cf. A. GUEGAN-LECUYER (op. cit., n° 149) qui souligne que la proposition d'une responsabilité civile fondée sur le principe de précaution peut "s'interpréter comme une négation de l'essence de la responsabilité civile".

[2729] Tandis que la notion "est le moyen par lequel les juristes appréhendent des faits en vue de déterminer quelles règles de droit leur sont applicables", se présentant ainsi comme un instrument de qualification, le concept "est l'expression de la réalité véritable d'une institution à un stade de son évolution : au-delà des apparences superficielles des simples faits, il exprime le niveau atteint par l'institution, dans sa progression vers le rationnel absolu de l'Idée, à un moment donné", F.-P. BENOÎT, "Notions et concepts, instruments de la connaissance juridique. Les leçons de la *Philosophie du droit de Hegel*", *in Mélanges Peiser*, Grenoble, P.U.G., 1995, p. 23.

lui-même. Ainsi, et pour paraphraser un auteur[2730], la notion de responsabilité préventive ne se présente pas seulement comme le produit d'une révolte des faits contre le droit mais bien comme une révolte du droit objectif lui-même contre les catégories qui permettent de le penser, en l'occurrence des règles de responsabilité civile contre les concepts qui appartiennent au discours sur cette dernière.

[2730] G. MORIN, *La révolte des faits contre le Code : les atteintes à la souveraineté des individus, les formes actuelles de la vie économique : les groupements, esquisse d'une structure nouvelle des forces collectives*, Paris, Grasset, 1920 (4ème éd.).

BIBLIOGRAPHIE

I – TRAITES, MANUELS, OUVRAGES SPECIAUX, THESES, COLLOQUES, MONOGRAPHIES

ACADEMIE DES SCIENCES, *Les plantes génétiquement modifiées*, Rapport sur la science et la technologie, n° 13, Paris, Lavoisier, 2002

ACADEMIE NATIONALE DE MEDECINE, *Principe de précaution, santé et décision médicale*, Journée du 16 mai 2000, actes non-publiés

AGENCE FRANCAISE DE SECURITE SANITAIRE DES PRODUITS DE SANTE, *Analyse du risque de transmission de la variante de la maladie de Creutzfeldt-Jakob par les produits de santé et par les tissus fluides d'origine humaine. Actualisation des données du rapport ad hoc de décembre 2000*, Rapport de février 2004

AGENCE FRANCAISE DE SECURITE SANITAIRE ENVIRONNEMENTALE, *Plan national santé environnement. Rapport final de la Commission d'orientation*, 12 février 2004

ALLAN Denis et RIALS Stéphane (dir.), *Dictionnaire de la culture juridique*, Paris, P.U.F. (coll. "Quadrige"), 2003

AMSELEK Paul (dir.), *Théorie du droit et science*, Paris, P.U.F. (coll. "Léviathan"), 1994

ANTONMATTEI Paul-Henri, *Contribution à l'étude de la force majeure*, Paris, L.G.D.J. (coll. "Bibliothèque de droit privé"), tome 220, 1992

ARHAB Farida, *Le dommage écologique*, thèse (dactyl.), Tours, 1997

ARISTOTE, *Ethique à Nicomaque*, traduction de J. TRICOT, Paris, Vrin, 1990

ARNAUD André-Jean, *Les juristes face à la société du XIXe siècle à nos jours*, Paris, P.U.F. (coll "SUP"), 1975

ARNAUD André-Jean, BELLEY Jean-Guy, CARTY Anthony et COMMAILLE Jacques, *Dictionnaire encyclopédique de théorie et de sociologie du droit*, Paris, L.G.D.J., Bruxelles, Story-Scienta, 1988

ARON Raymond, *L'opium des intellectuels* [Calmann-Lévy, 1955], Paris, Hachette (coll. "Pluriel")

ASSEMBLEE NATIONALE, *Rapport de la commission d'enquête sur l'état des connaissances scientifiques et les actions menées à l'égard de la transmission du Sida au cours des dix dernières années en France et à l'étranger*, U.G.E (coll. "10/18"), 1993

ASSOCIATION DES AMIS DE MICHEL DEBATISSE, *Le principe de précaution et l'industrie agro-alimentaire française*, Colloque du 16 février 2000, *Paysans*, juillet-août 2000, n° 262

ASSOCIATION DES AMIS DU PROFESSEUR HENRI SOULEAU, *La responsabilité médicale*, Colloque du 26 mai 1998, *Les petites affiches*, 22 septembre 1999, n° 189

ASSOCIATION HENRI CAPITANT, *Les choses dangereuses*. Travaux de l'association H. Capitant, 1967, Paris, Dalloz, 1971, tome XIX

ATIAS Christian, *Epistémologie du droit*, Paris, P.U.F. (coll. "Que sais-je ?"), 1994

AUBENQUE Pierre, *La prudence chez Aristote*, Paris, P.U.F.(coll. "Quadrige"), 1993

AUBERT Marie-Hélène, Rapport d'information sur *la dissémination volontaire des OGM dans l'environnement*, Assemblée nationale, n° 2538, 6 juillet 2000, Les documents d'information de l'Assemblée nationale

AUBRY et RAU, *Droit civil français. Responsabilité délictuelle*, tome VI-2, par N. DEJEAN DE LA BATIE, Paris, Librairies Techniques, 1989 (8ème édition)

AUSTIN J. L., *How To Do Things With Words* [1962], traduction française de G. LANE, Paris, Seuil, 1970

AUSTRUY Jacques-Jean, BAUCHET Pierre, BENETON Philippe, NOVARA Antoinette, OST François, SAID Suzanne, SERIAUX Alain, SEVE René, TERRE François et TRIGEAUD Jean-Marc, *Le droit et le futur*, Paris, P.U.F. (Série philosophie du droit), 1985

BACHELARD Gaston, *La formation de l'esprit scientifique*, Paris, [Vrin, 1938] Vrin, 1996

BALDWIN Robert (dir.), *Law and uncertainty. Risks and legal processes*, Londres, Kluwer Law International, 1997

BANDRAC Monique, *La nature juridique de la prescription extinctive en matière civile*, Paris, Economica, (coll. "Droit civil"), 1986

BECHILLON (de) Denys, *Qu'est-ce qu'une règle de droit*, Paris, Odile Jacob, 1997

BECHILLON (de) Marielle, *La notion de principe général en droit privé*, P.U.A.M., 1998

BECHMANN Pierre et MANSUY Véronique, *Le principe de précaution*, Paris, Litec, 2002

BECK Ulrich, *La société du risque*, [1986], Paris, Aubier, 2001

BENABENT Alain, *La chance et le droit*, Paris, L.G.D.J., 1973

BENKIMOUN Paul, *Démocratie et sécurité alimentaire. La peur au ventre*, Paris, Textuel, 2000

BERNARD Claude, *Introduction à l'étude de la médecine expérimentale* [1865], Paris, Flammarion (coll. "Champs"), 1984

BERNARD Jean et DAUSSET Jean, *La mosaïque humaine. Entretiens sur les révolutions de la médecine et le devenir de l'homme*, Paris, Calmann-Lévy, 2000

BIGOT Jean (dir.), *Traité de droit des assurances. Le contrat d'assurance*, tome 3, Paris, L.G.D.J., 2002

BIRNBACHER Dieter, *La responsabilité envers les générations futures* [Stuttgart, Philipp Reclam jun, 1988], Paris, P.U.F. (coll. "Philosophie morale"), 1994

BIZET Jean, Rapport d'information sur *les organismes génétiquement modifiés*, Sénat, n° 440, 20 mai 1998

BIZET Jean, Rapport sur *la responsabilité environnementale en vue de la prévention et de la réparation des dommages environnementaux*, Sénat, n° 317, 27 mai 2003

BLANC B. (dir.), *Les enfants du distilbène*, Paris, Arnette, 1991

BOISSON DE CHAZOURNES Laurence, DESGAGNE Richard et ROMANO Cesare, *Protection internationale de l'environnement. Recueil d'instruments juridiques*, Paris, Pédone, 1998

BOIVIN Jean-Pierre, *Les installations classées. Traité pratique de droit de l'environnement industriel*, Le Moniteur, (coll. "Analyse juridique"), 2003 (2ème édition)

BORE Louis, *La défense des intérêts collectifs par les associations devant les juridictions administratives et judiciaires*, Paris, L.G.D.J. ("Bibliothèque de droit privé"), tome 278, 1997

BORGHETTI Jean-Sébastien, *La responsabilité du fait des produits défectueux. Etude de droit comparé*, Paris, L.G.D.J. (coll. "Bibliothèque de droit privé"), tome 428, 2004

BOUIX Aurore, *Le risque de développement*, Presse Universitaire d'Aix-Marseille, 1995

BOURG Dominique (dir.), *La nature en politique ou l'enjeu philosophique de l'écologie*, Paris, L'Harmattan (coll. "La philosophie en commun"), 1993

BOURG Dominique, *Les scénarios de l'écologie*, Paris, Hachette (coll. "Questions de société"), 1996

BOURG Dominique, *L'homme artifice. Le sens de la technique*, Paris, Gallimard (coll. "Le Débat"), 1996

BOURG Dominique, *Nature et technique. Essai sur l'idée de progrès*, Paris, Hatier (coll. "Optiques Philosophie"), 1997

BOURG Dominique, *Planète sous contrôle*, Paris, Textuel, 1998

BOURG Dominique et SCHLEGEL Jean-Louis, *Parer aux risques de demain. Le principe de précaution*, Paris, Seuil, 2001

BOUTONNET Mathilde, *Le principe de précaution en droit de la responsabilité civile*, Paris, L.G.D.J. (coll. "Bibliothèque de droit privé"), tome 444, 2005

BOUVERESSE Renée, *Karl Popper et la science d'aujourd'hui.* Colloque du Centre culturel de Cerisy-La-Salle, 1981, Paris, Aubier, 1989

BOUVERESSE Renée, *Karl Popper ou le rationalisme critique*, Paris, Vrin, 1998 (2éme édition)

BROWN WEISS Edith, *Justice pour les générations futures*, Paris, éd. Sang de la terre, UNESCO, 1993

BRUN André, *Rapports et domaines des responsabilités contractuelle et délictuelle*, thèse Lyon, 1931

BRUSCHI Marc, *La prescription en droit de la responsabilité civile*, Paris, Economica, 1997

CABALLERO Francis, *Essai sur la notion juridique de nuisance*, Paris, L.G.D.J., 1981

CABALLERO Francis et BISIOU Yann, *Droit de la drogue*, Paris, Dalloz, 2000 (2ème édition)

CADIET Loïc (dir.), *Dictionnaire de la justice*, Paris, P.U.F., 2004

CALABRESI Guido, *The cost of Accidents*, Yale University Press, 1970

CALAIS-AULOY Jean, *Propositions pour un code de la consommation*, Paris, La documentation française, 1990

CALLENS Stéphane, *Les maîtres de l'erreur : mesure et probabilité au XIXe siècle*, Paris, P.U.F. (coll. "Sciences, histoire, société"), 1997

CALMEJANE-COURSE Jean et MOURGEON Lucien, *Le bang. Les dommages causés à terre par les avions supersoniques*, Paris, Librairies Techniques, 1969

CAPELLETTI Mauro (dir.), *Accès à la justice et Etat-Providence*, Paris, Economica, 1984

CAPITANT Henri, LEQUETTE Yves, TERRE François, *Les grands arrêts de la jurisprudence civile*, Paris, Dalloz, 2000 (11ème édition)

CARBONNIER Jean, *Flexible droit* [1969], Paris, L.G.D.J., 1992 (7ème édition)

CARBONNIER Jean, *Droit civil. Les obligations*, tome 4, Paris, P.U.F., 1996 (20ème édition)

CARVAL Suzanne, *La responsabilité civile dans sa fonction de peine privée*, Paris, L.G.D.J. (coll. "Bibliothèque de droit privé"), tome 250, 1995

CASSON Philippe, *Les fonds de garantie*, Paris, L.G.D.J., 1999

CASTAING Cécile, *La théorie de la décision administrative et le principe de précaution*, thèse Bordeaux IV, 2001 (dactyl.)

CASTELLI Enrico (dir.), *Temporalité et aliénation*, Actes du colloque organisé par le Centre International d'Etudes Humanistes et par l'Institut d'Etudes Philosophiques de Rome, 3-8 janvier 1975, Paris, Aubier-Montaigne, 1975

CATALA Pierre, *Avant-projet de réforme du droit des obligations et de la prescription*, Ministère de la justice, Paris, La documentation française, 2006

CENTRE D'ETUDE ET DE RECHERCHE DE DROIT INTERNATIONAL ET DE RELATIONS INTERNATIONALES, *Les risques résultant de l'utilisation pacifique de l'énergie nucléaire*, Académie de droit international de La Haye, 1993

CENTRE DE DROIT DE LA RESPONSABILITITE DE L'UNIVERSITE DU MAINE ET CENTRE DE RECHERCHE EN DROPIT PRIVE DE TOURS, *La responsabilité pour faute*, Actes du colloque du 17 janvier 2003, *Resp. civ. et ass.*, juin 2003, p. 33

CENTRE DE RECHERCHE EN DROIT PRIVE DE L'UNIVERSITE DE PARIS I (Panthéon-Sorbonne), *Le principe de précaution*, Colloque, Palais du Luxembourg, 10 décembre 1999, *P.A.*, 30 novembre 2000, n° 239

CERUTTI Guillaume et GUILLAUME Marc, *Rapport sur l'action de groupe, remis le 16 décembre 2005 à Thierry Breton, ministre de l'économie, des finances et de l'industrie et Pascal Clément, ministre de la justice, garde des sceaux*

CESARO Jean-François, *Le doute en droit privé*, Paris, Editions Panthéon-Assas, 2003

CHALMERS Alan F., *Qu'est-ce qu'une science ?* Paris, La découverte, 1987

CHAPUS René, *Responsabilité publique et responsabilité privée. Les influences réciproques des jurisprudences administrative et judiciaire*, Paris, L.G.D.J., 1954 (1ère édition) et "Bibliothèque de droit public", 1957 (2ème édition), tome VIII

CHAPUS René, *Droit administratif général*, Paris, Montchrestien, 1996 (10ème édition), tome 1

CHARTIER Yves, *La réparation du préjudice*, Paris, Dalloz (coll. "Connaissance du droit"), 1996

CHATEAURAYNAUD Francis et TORNY Didier, *Les sombres précurseurs. Une sociologie pragmatique de l'alerte et du risque*, Paris, Ecole des Hautes Etudes en Sciences Sociales, 1999

CHATEL Luc, *De la conso méfiance à la conso confiance. Rapport au Premier ministre de la mission parlementaire auprès du Secrétaire d'Etat aux petites et moyennes entreprises, au commerce, à l'artisanat, aux professions libérales et à la consommation sur «l'information, la représentation et la protection du consommateur»*, 9 juillet 2003

CHAVET Michel et OLIVIER Louis, *La biodiversité. Enjeu planétaire*, Paris, Sang de la Terre, 1993

CHEVALLIER Daniel, *Les applications des biotechnologies à l'agriculture et à l'industrie agro-alimentaire*, Office parlementaire d'évaluation des choix scientifiques et technologiques, Paris, Economica, 1991

CHEVASSUS-au-LOUIS Bernard, EWALD François, GODARD Oliver, LAUTMAN Jacques, MALATERRE Gilles, PERROT Etienne et WORMS Jean-Pierre, Risque et précaution, *Projet*, printemps 2000, n° 261

CLAM Jean et MARTIN Gilles, *Les transformations de la régulation juridique*, Paris, L.G.D.J. (coll. "Droit et société. Recherches et travaux"), 1998

COASE Ronald H., *Le coût du droit*, Paris, P.U.F. (coll. "Droit, éthique, société"), 2000

COHET-CORDEY Frédérique (dir.), *Vulnérabilité et droit. Le développement de la vulnérabilité et ses enjeux en droit*, Presse Universitaire de Grenoble, 2000

COLSON Jean-Philippe, *La réparation des dommages catastrophiques. Travaux des XIIIème Journées d'études juridiques Jean Dabin*, Bruxelles, Bruylant (coll. "Bibliothèque de droit de l'Université de Louvain"), 1990

CONSEIL D'ETAT, *Rapport public 1998. Réflexions sur le droit de la santé*, Paris, La Documentation française, 1998

CONSEIL D'ETAT, *Rapport public 2005. Responsabilité et socialisation du risque*, Paris, La documentation française, 2005

CONSEIL NATIONAL DES BARREAUX, *La "class action" à la française. Faut-il étendre "l'action collective" ou "action de groupe ?"*, Rapport de la Commission transversale, janvier 2005

CONSEIL NATIONAL DES BARREAUX, *La "class action" à la française*, Rapport n° 2, janvier 2006

CORNU Gérard, *Etude comparée de la responsabilité délictuelle en droit privé et en droit public*, Reims, Matot-Braine, 1951

CORNU Gérard (dir.), *Vocabulaire juridique*, Paris, P.U.F. (coll. "Quadrige"), 2007 (8ème édition)

COURBE Patrick (réunion de textes), *Les désordres de la prescription*, Rouen, Publications de l'Université de Rouen, 2000

COURNOT Alain, *Exposition de la théorie des chances et des probabilités* [1843], Paris, Vrin, 1984

DABIN Jean, *La philosophie de l'ordre juridique positif, spécialement dans les rapports de droit privé*, Paris, Sirey, 1929

DABIN Jean, *Le droit subjectif*, Paris, Dalloz, 1952

DABIN Jean, *Théorie générale du droit*, Bruxelles, Bruylant, 1953 (2ème édition)

DACUNHA-CASTELLE Didier, *Chemins de l'aléatoire. Le hasard et le risque dans la société moderne*, Paris, Flammarion (coll. "Champs"), 1996

DANA Adrien-Charles, *Essai sur la notion d'infraction pénale,* Paris, L.G.D.J., tome XXIII, 1982

DARBELLAY Jean, *Théorie générale de l'illicéité en droit civil et en droit pénal*, Fribourg, Editions Universitaires, 1955

DEJEAN DE LA BATIE Noël, *Appréciation* in abstracto *et appréciation* in concreto *en droit civil français*, Paris, L.G.D.J., 1965

DELIYANNIS Jean, *La notion d'acte illicite considéré en sa qualité d'élément de la faute délictuelle*, Paris, L.G.D.J., 1952

DELMAS-MARTY Mireille, *Pour un droit commun*, Paris, Seuil, 1994

DELMAS-MARTY Mireille, *Vers un droit commun de l'humanité*, Paris, Textuel, 1996

DELMAS-MARTY Mireille, *Trois défis pour un droit mondial*, Paris, Seuil, 1998

DELMAS-MARTY Mireille, *Le relatif et l'universel*, Paris, Seuil, 2004

DEMOGUE René, *Les notions fondamentales de droit privé*, Paris, Arthur Rousseau, 1911

DERIOT Gérard et GODEFROY Jean-Pierre, *Le drame de l'amiante en France : comprendre, mieux réparer, en tirer des leçons pour l'avenir*, Rapport d'information fait au nom de la mission commune d'information sur le bilan et les conséquences de la contamination par l'amiante, Sénat n° 37, 2005-2006

DESPAX Michel, *Droit de l'environnement*, Paris, Litec, 1980

DESPORTES Frédéric et LE GUNEHEC Francis, *Droit pénal général*, Paris, Economica (Coll. "Corpus droit privé"), 2004 (11ème édition)

DESROSIERE Alain, *La politique des grands nombres. Histoire de la raison statistique*, Paris, La Découverte (coll. "Anthropologie des sciences et des techniques"), 1993

DEYSINE Anne, *La justice aux Etats-Unis*, Paris (coll. "Que sais-je ?"), 1998

DICTIONNAIRE PERMANENT BIOETHIQUE ET BIOTECHNOLOGIES, Editions Législatives, 1994

DICTIONNAIRE PERMANENT DES ASSURANCES, Editions Législatives

DOMAT, *Les loix civiles dans leur ordre naturel*, Paris, Nyon, 1777

DONNEDIEU DE VABRES Henri, *Essai sur la notion de préjudice dans la théorie générale du faux documentaire*, Paris, Sirey, 1943

DRAGO Guillaume, FRANCOIS Bastien et MOLFESSIS Nicolas, *La légitimité de la jurisprudence du Conseil Constitutionnel*, Paris, Economica (coll. "Etudes juridiques"), 1999

DREYFUSS Didier, LEMAIRE François, OUTIN Hervé-Dominique et RAMEIX Suzanne, *L'aléa thérapeutique*, Journées d'éthique médicale Maurice Rapin, Paris, Flammarion (coll. "Médecine-Sciences"), 1999

DROIT ET DEMOCRATIE, *Pour mieux réparer les préjudices collectifs. Une "class action" à la française ?* Table ronde, *G.P.*, 28-29 septembre 2001, doctr. p. 1469

DUGUIT Léon, *Traité de droit constitutionnel*, Paris, E. Boccard, 4 tomes, 1921-1924 (2ème édition)

DUPEYROUX Jean-Jacques, *Droit de la sécurité sociale*, Paris, Dalloz, 2001 (14ème édition)

DUPUY Jean-Pierre, *Pour un catastrophisme éclairé*, Paris, Seuil, 2002

DURKHEIM Emile, *De la division du travail social* [1893], Paris, P.U.F., 1930 (1ère édition), P.U.F. (coll. "Quadrige"), 1998 (5ème édition)

EDELMAN Bernard et HERMITTE Marie-Angèle (dir.), *L'homme, la nature et le droit*, Paris, Christian Bourgois, 1988

ELIASHBERG Constant, *Risques et assurances de responsabilité civile*, Paris, L'Argus, 2002 (4ème édition)

EL KHOLY Aktham, *La réparation en nature en droit français et en droit égyptien*, thèse, dactyl., Paris, 1954

ENGEL Laurence, *La responsabilité en crise*, Paris, Hachette (coll. "Questions de société"), 1995

ETCHEGOYEN Alain, *La vraie morale se moque de la morale*, Paris, Seuil, 1999

ETCHEGOYEN Alain, *Le temps des responsables*, Julliard, 1993

EWALD François, *Le problème français des accidents thérapeutiques. Enjeux et solutions*, Paris, La documentation française, 1992

EWALD François, *L'Etat providence*, Paris, Grasset et Fasquelle, 1986

EWALD François, *Histoire de l'Etat providence*, Paris, Grasset et Fasquelle (coll. "Livre de poche"), 1996

EWALD François et LORENZI Jean-Hervé (dir.), *Encyclopédie de l'assurance*, Paris, Economica, 1997

EWALD François, GOLLIER Christian et de SADELEER Nicolas, *Le principe de précaution*, Paris, P.U.F. (coll. "Que sais-je ?"), 2001

FABRE-MAGNAN Muriel, *De l'obligation d'information dans les contrats. Essai d'une théorie*, Paris, L.G.D.J. (coll. "Bibliothèque de droit privé"), tome 221, 1992

FACULTE DE DROIT DE L'UNIVERSITE D'EVRY, *Les "class actions" devant le juge français : rêve ou cauchemar ?* Colloque du 18 novembre 2004, *P.A.*, 10 juin 2005, n° 115

FACULTE DE DROIT ET D'ECONOMIE DE L'UNIVERSITE DE SAVOIE, *La responsabilité civile à l'aube du XXIe siècle. Bilan prospectif*, Colloque des 7 et 8 décembre 2000, *Resp. civ. et ass.*, juin 2001, n° 6 bis (hors série)

FAUCONNET Paul, *La responsabilité. Etude de sociologie*, Paris, Felix Alcan, 1920

FAURES Jean et DE MEYER Jan, *La pensée juridique du procureur général Paul Leclercq*, Buxelles, Bruylant, 1953

FAVRE-TROSSON Jean-Pierre, *Amiante : les dangers*, Paris, Flammarion, 1997

FERENCZI Thomas (textes réunis par), *De quoi sommes-nous responsables ?* Paris, Le Monde-Editions, 1997

FERRY Luc, *Le nouvel ordre écologique*, Paris, Grasset, 1992

FILMER Robert, *Patriarcha and others writings* [1684], Cambridge University Press, 1991

FLOUR Jacques, AUBERT Jean-Louis et SAVAUX Eric, *Les obligations, 2. Le fait juridique*, Paris, Armand Colin, 2001 (9ème édition)

FONDATION NATIONALE ENTREPRISE ET PERFORMANCE (Mission 1994), *Responsabilité individuelle, garanties collectives*, Paris, P.U.F., 1998

FONTAINE Marcel et VINEY Geneviève (dir.), *Les sanctions de l'inexécution des obligations contractuelles. Etudes de droit comparé*, Bruxelles, Bruylant, Paris, L.G.D.J., 2001

FOUCHER Karine, *Principe de précaution et risque sanitaire. Recherche sur l'encadrement juridique de l'incertitude scientifique*, Paris, L'Harmattan (coll. "Logiques juridiques"), 2002

FREESTONE David and HEY Ellen, *The Precautionary Principle and International Law*, The Hague, Londres, Boston, Kluwer Law International, 1996

FRISON-ROCHE Marie-Anne, *Généralités sur le principe du contradictoire*, thèse (dactyl.), Paris II, 1988

GAUTIER R., LE RUZ P.,OBERHAUSEN D. et SANTINI R., *Votre GSM / Votre santé. On vous ment. Livre blanc sur les incidences de la téléphonie mobile et des antennes relais sur votre santé*, éd. Marco Pietteur (coll. "Résurgence"), 2004

GENARD Jean-Louis, *La grammaire de la responsabilité*, Paris, Les éditions du Cerf (coll. "Humanités"), 1999

GENY François, *Méthode d'interprétation et sources en droit privé positif*, Paris, L.G.D.J., 1919 (2ème édition)

GENY François, *Science et technique en droit privé positif*, Paris, Sirey, 4 tomes, 1913-1924

GERARD Philippe, OST François et VAN DE KERCHOVE Michel (dir.), *Images et usages de la nature en droit*, Bruxelles, Facultés universitaires de Saint-Louis, 1993

GERARD Philippe, OST François et VAN DE KERCHOVE Michel (dir.), *L'accélération du temps juridique*, Bruxelles, Facultés universitaires de Saint-Louis, 2000

GHESTIN Jacques (dir), *Sécurité des consommateurs et responsabilité du fait des produits défectueux*, Colloque des 6 et 7 novembre 1986, Centre de droit des obligations, Université de Paris I - Panthéon-Sorbonne, Paris, L.G.D.J. (coll. "Bibliothèque de droit privé"), tome 193, 1987

GHESTIN Jacques, *Traité de droit civil. La formation du contrat*, Paris, L.G.D.J., 1993 (3ème édition)

GIRARD Jean-François, *Quand la santé devient publique*, Paris, Hachette (coll. "Littératures"), 1998

GIRAUD Alexandra et JOLLY Dominique (dir.), *Le consensus en médecine. Analyse et bilan des conférences de consensus dans le monde*, Paris, Doin et Assistance Publique- Hôpitaux de Paris, 1991

GIROD Patrick, *La réparation du dommage écologique*, Paris, L.G.D.J. (coll. "Bibliothèque de droit public"), tome 120, 1974

GODARD Olivier (dir.), *Le principe de précaution dans la conduite des affaires humaines*, Paris, Maison des sciences de l'homme et de l'INRA, 1997

GOLDMAN Berthold, *La détermination du gardien responsable du fait des choses inanimées*, Paris, Sirey, 1947

GOSSEMENT Arnaud, *Le principe de précaution. Essai sur l'incidence de l'incertitude scientifique sur la décision et la responsabilité publiques*, L'Harmattan (coll. "Logiques juridiques"), 2003

GOSSERIES Axel, *Penser la justice entre les générations : de l'affaire Perruche à la réforme des retraites*, Paris, Aubier, 2004

GOUZIEN Annie et LE LOUARN Patrick (dir.), *Environnement et politique. Constructions juridico-politiques et usages sociaux*, Rennes, P.U.R. (coll. "Des sociétés"), 1996

GRANGER Gilles-Gaston, *Le probable, le possible et le virtuel. Essai sur le rôle du non-actuel dans la pensée objective*, Paris, Odile Jacob, 1995

GREGOIRE Pierre, *Le droit anglo-américain de la responsabilité civile*, Bruxelles, 1971

GROSIEUX Patrick, *Principe de précaution et sécurité sanitaire*, Aix-en-Provence, P.U.A.M. (coll. "Droit de la santé"), 2003

GRZEGORCZYK Christophe, MICHAUT Françoise et TROPER Michel (dir.), *Le positivisme juridique*, Paris, L.G.D.J., 1992

GUEGAN-LECUYER Anne, *Dommages de masse et responsabilité civile*, Paris, L.G.D.J. (coll. "Bibliothèque de droit privé"), tome 472, 2006

GUILLEMAIN Caroline, *Le trouble en droit privé*, Aix-en-Provence, P.U.A.M., 2000

GUILLOD Olivier (dir.), *Développements récents de la responsabilité civile*, Colloque du Centre d'études juridiques européennes, Zürich, Schulthess Polygraphischer Verlag, 1991

GUINCHARD Serge, *Droit et pratique de la procédure civile*, Paris, Dalloz (coll. "Dalloz Action"), 2006-2007

GURVITCH Georges, *L'expérience juridique et la philosophie pluraliste du droit*, Paris, Pédone, 1935

HAGE-CHAHINE Fayez, *Les conflits dans l'espace et dans le temps en matière de prescription. Recherches sur la promotion du fait au droit*, Paris, Dalloz (coll. "Bibliothèque de droit privé"), 1977

HART H. L. A., *Le concept de droit* [1961], Bruxelles, Facultés Universitaires de Saint-Louis, 1976

HART H. L. A. et HONORE Tony, *Causation in the law*, Oxford, Clarendon press, 1985 (2ème édition)

HAYEK Friedrich August, *Droit, législation et liberté*, [1973], Paris, P.U.F. (coll. "Quadrige"), 1995

HENNAU-HUBLET Christiane (dir.), *Le défaut de prévoyance à l'épreuve des faits et du droit. Droit belge et droit comparé*, Séminaire "Université-Monde judiciaire", Louvain-la-Neuve, 1993, *Revue de droit pénal et de criminologie*, mars-avril 1994, p.228

HERMITTE Marie-Angèle, *Le sang et le droit. Essai sur la transfusion sanguine*, Paris, Seuil, 1996

HONORAT Jean, *L'idée d'acceptation des risques dans la responsabilité civile*, Paris, L.G.D.J., 1969

HOTTOIS Gilbert et PARIZEAU Marie-Hélène (dir.), *Les mots de la bioéthique : un vocabulaire encyclopédique*, Bruxelles, De Boeck Université (coll. "Sciences, éthiques, sociétés"), 1993

HOTTOIS Gilbert et PINSART Marie-Geneviève (Coordination scientifique), *Hans Jonas. Nature et responsabilité*, Paris, Vrin 1993

HUET Jérôme, *Responsabilité contractuelle et responsabilité délictuelle. Essai de délimitation entre les deux ordres de responsabilité*, thèse, Paris II, 1978 (dactyl.)

HUET Jérôme, *Les principaux contrats spéciaux*, Traité de droit civil, sous la direction de J. GHESTIN, Paris, L.G.D.J., 1996

HUGUENEY Louis, *L'idée de peine privée en droit contemporain*, Paris, Arthur Rousseau, 1904

HUME David, *Traité de la nature humaine* [1739-1740], Flammarion, Paris, 2 tomes, 1993

HUSSON Léon, *Les transformations de la responsabilité. Etude sur la pensée juridique*, Paris, P.U.F. (coll. "Bibliothèque de philosophie contemporaine"), 1947

HUSSON Léon, *Nouvelles études sur la pensée juridique*, Paris, Dalloz (coll. "Philosophie du droit), 1974

IHERING (von) Rudolf, *L'esprit du droit romain dans les diverses phases de son développement*, Paris, A. Marescq, Aîné, 1877-1878

INSERM, *Effets sur la santé des principaux types d'exposition à l'amiante.* Les Editions INSERM, Paris, 1997

INTERNATIONAL ENCYCLOPEDIA OF COMPARATIVE LAW, New York, J.C.B. Mohr, 1971

ISAAC Guy et BLANQUET Marc, *Droit communautaire général*, Paris, A. Colin, 2001 (8ème édition)

JACQUARD Albert, *Les probabilités*, Paris, P.U.F. (coll. "Que sais-je ?"), 1992 (5ème édition)

JESTAZ Philippe et JAMIN Christophe, *La doctrine*, Paris, Dalloz, 2004

JOBARD-BACHELLIER Marie-Noëlle et BACHELLIER Xavier, *La technique de cassation*, Paris, Dalloz (coll. "Méthodes du droit"), 1994 (3ème édition)

JONAS Hans, *Le Principe responsabilité, une éthique pour la civilisation technologique* [Insel Verlag,1979, Frankfurt], traduction de J. GREISCH, Les Editions du Cerf, Paris, 1990 ; Paris, Flammarion (coll. "Champs"), 1998

JONAS Hans, *Une éthique pour la nature* [Suhrkamp Verlag, Francfort-sur-le-Maine, 1993], Desclée de Brouwer, traduction de S. COURTINE-DENAMY, Paris, 2000,

JOSSERAND Louis, *De la responsabilité du fait des choses inanimées*, Paris, Arthur Rousseau, 1897

JOSSERAND Louis, *Cours de droit civil positif français. Théorie générale des obligations*, Paris, Sirey, tome II, 1933 (2ème édition)

JOURDAIN Patrice, *Recherche sur l'imputabilité en matière de responsabilités civile et pénale*, thèse (dactyl.), Paris II, 1982

KANT Emmanuel, *Critique de la faculté de juger*, Paris, Vrin, 1965, tr. A. PHILONENKO

KANT Emmanuel, *Projet de paix perpétuelle. Essai philosophique* [1795], *Vers la paix perpétuelle*, Paris, G.-Flammarion, 1991

KELSEN Hans, *Théorie pure du droit*, traduction de C. EISENMANN, Paris, Dalloz, 1962 (2ème édition)

KEYNES John Maynard, *Théorie générale de l'emploi, de l'intérêt et de la monnaie*, Paris, Payot, 1969

KEYNES John Maynard, *Treatise on probability* [1921], Collected Writings, vol. VIII, Cambridge, Macmillan, 1973

KLEIN Frédéric-Edouard (dir.), *Colloque franco-germano-suisse sur les fondements et les fonctions de la responsabilité civile (Bâle 1er et 2 novembre 1968)*, Bâle et Stuttgart, Helbing & Lichtenhahn, 1973

KNIGHT Frank H., *Risk, Uncertainty and Profit*, New York, Sentry Press, 1921

KOPP Nicolas, TISSOT-GUERRAZ F. et BARON Th., *Maladie de Creutzfeldt-Jakob, maladie de la vache folle*, Paris, Ellipses, 1998

KORNPROBST, *La responsabilité du médecin devant la loi et la jurisprudence françaises*, Paris, Flammarion, 1957

KOURILSKY Philippe, *La science en partage*, Paris, Odile Jacob, 1998

KOURILSKY Philippe, *Du bon usage du principe de précaution*, Paris, Odile Jacob, 2002

KOURILSKY Philippe et VINEY Geneviève, *Le principe de précaution. Rapport au Premier ministre*, Paris, Odile Jacob, 2000

KUHN Thomas S., *La structure des révolutions scientifiques* [University of Chicago, 1970], Paris, Flammarion (coll. "Champs"), 1983

KUHN Thomas S., *La tension essentielle. Tradition et changement dans les sciences* [1977], Paris, Gallimard (coll. "Bibliothèque des sciences humaines"), 1990

LABORDE-LACOSTE Marcel, *De la responsabilité pénale dans ses rapports avec la responsabilité civile et la responsabilité morale*, Bordeaux, Imprimerie de l'Université, 1918

LABRUSSE-RIOU Catherine (dir.), *Le droit saisi par la biologie. Des juristes au laboratoire*, Paris, L.G.D.J., 1996

LAFFINEUR Marc, Rapport d'information déposé par la délégation de l'Assemblée nationale pour l'Union européenne sur *la réglementation des organismes génétiquement modifiés dans l'Union européenne*, Assemblée nationale n° 247, 3 octobre 2007

LAGADEC Patrick, *Retour d'expérience : théorie et pratique. Le rapport de la Commission d'enquête britannique sur l'encéphalopathie spongiforme bovine au Royaume-Uni entre 1986 et 1996*, Cahiers du GIS, Grenoble, CNRS, Maison des sciences de l'Homme-Alpes, 2001

LAKATOS Imre et MUSGRAVE Alan (dir), *Criticism and the Growth of knowledge*, Cambridge, Cambridge University Press, 1970

LAKATOS Imre, *Histoire et méthodologies des sciences*, [1986] Paris, P.U.F. (coll. "Bibliothèque d'histoire des sciences"), 1994

LALANDE André, *Vocabulaire technique et critique de la philosophie*, P.U.F. (coll. "Quadrige"), 1992 (2ème édition)

LAMBERT-FAIVRE Yvonne, *Droit des assurances*, Paris, Dalloz, 1998 (10ème édition)

LAMBERT-FAIVRE Yvonne, *Droit du dommage corporel. Systèmes d'indemnisation*, Paris, Dalloz, 2004 (5ème édition)

LARRERE Catherine et LARRERE Raphaël, *Du bon usage de la nature. Pour une philosophie de l'environnement*, Paris, Aubier (coll. "Alto"), 1997

LARROUMET Christian (dir.), *Droit civil. Les obligations. Le contrat*, Paris, Economica, tome III, (5ème édition), 2003

LAUDON Anne et NOIVILLE Christine, *Le principe de précaution, le droit de l'environnement et l'OMC.* Rapport remis au Ministère de l'Environnement le 16 novembre 1998 (dactyl.)

LE DEAUT Jean-Yves et REVOL Henri, *Rapport sur l'amiante dans l'environnement de l'homme : ses conséquences et son avenir*, Office parlementaire d'évaluation des choix scientifiques et technologiques, Assemblée nationale, 1997

LE DEAUT Jean-Yves, *De la connaissance des gènes à leur utilisation*, Rapport, Office parlementaire d'évaluation des choix scientifiques et technologiques, n° 545 et 1054, 8 juillet 1998, tome 1

LE DEAUT Jean-Yves, *Rapport fait au nom de la mission d'information sur les enjeux des essais et de l'utilisation des organismes génétiquement modifiés*, Assemblée nationale, n° 2254, 13 avril 2005

LE GARREC Jean et LEMIERE Jean, *Rapport fait au nom de la mission d'information sur les risques et les conséquences de l'exposition à l'amiante*, Assemblée nationale n° 2884, 22 février 2006

LEBEN Charles et VERHOEVEN Joe, *Le principe de précaution. Aspects de droit international et communautaire*, Paris, Editions Panthéon-Assas, 2002

LECOURT Dominique (dir.), *Dictionnaire d'histoire et de philosophie des sciences*, Paris, P.U.F., 1999

LEGAL Alfred, *De la négligence et de l'imprudence comme source de responsabilité civile délictuelle*, Paris, Jouve & C. éditeurs, 1922

LENGLET Roger, *L'affaire de l'amiante*, Paris, La découverte, 1996

LEPAGE Corinne et GUERY François, *La politique de précaution*, Paris, P.U.F. (coll. "Questions actuelles"), 2001

LEPAGE Corinne, VINEY Geneviève et JACQUET Chantal, *Risque et responsabilité : Le principe de précaution, une nouvelle norme juridique ?* Colloque du 22 mars 2000, *La lettre du juriste d'affaires*, actes non publiés

LEPELTIER Serge, *Rapport d'information fait au nom de la délégation du Sénat pour la planification sur les instruments économiques et fiscaux visant à limiter les émissions de gaz à effet de serre*, 11 mai 1999, n° 346

LES THEMIALES DE RIOM, *Actes du colloque organisé à la Cour d'appel de Riom les 9 et 10 septembre 1999 par l'Association Riom/Justice/Pays de Volvic sur* Le principe de précaution, *Revue juridique d'Auvergne*, 2000, vol. 1, n° spécial

LE TOURNEAU Philippe et CADIET Loïc, *Droit de la responsabilité et des contrats*, Paris, Dalloz (coll. "Dalloz Action"), 2000/2001

LEVASSEUR Alain (dir.), *Droit des Etats-Unis*, Paris, Dalloz, 1994 (2ème édition)

LLEDO Pierre-Marie, *Histoire de la vache folle*, Paris, P.U.F., 2001

LOCKE John, *Traité du gouvernement civil*, deuxième traité, [1690], Paris, G-Flammarion, 1992

LOCKE John, *Essai philosophique concernant l'entendement humain* [1755], traduction de P. COSTE, Paris, Vrin, 1998

LORAIN Jean-Louis et RAOUL Daniel, *Rapport sur l'incidence éventuelle de la téléphonie mobile sur la santé*, Office parlementaire d'évaluation des choix scientifiques et technologiques, Sénat, 6 novembre 2002

LUCAS-BALOUP Isabelle et LORIT Bruno, *Médecins / Caisses, 20 questions sur les références médicales opposables*, Paris, SCROF, 1995

MAGNIER Véronique, *L'opportunité d'une action de groupe en droit des sociétés*, Paris, Ceprisca, 2005

MAILLARD (de) Jean et MAILLARD (de) Camille, *La responsabilité juridique*, Paris, Flammarion (coll. "Dominos"), 1999

MAITRE Grégory, *La responsabilité civile à l'épreuve de l'analyse économique du droit*, Paris, L.G.D.J. (coll. "Droit et Economie"), 2005

MALAURIE Philippe et AYNES Laurent, *Droit civil. Les obligations*, Paris, Cujas, 1999, (12ème édition)

MALHERBE Michel, *Qu'est-ce que la causalité ?* Paris, Vrin (coll. "Pré-textes"), 1994

MARKOVITS Yvan, *La directive CEE du 25 juillet 1985 sur la responsabilité du fait des produits défectueux*, Paris, L.G.D.J. (coll. "Bibliothèque de droit privé"), tome 211, 1990

MARTEAU Pierre, *La notion de causalité dans la responsabilité civile*, Marseille, Barlatier, 1913

MARTIN Gilles, *Le droit à l'environnement, de la responsabilité civile pour faits de pollution*, PPS, 1978

MARTIN Thierry, *Probabilités et critique philosophique selon Cournot*, Paris, Vrin (coll. "Mathesis"), 1996

MARTY Gabrielle et RAYNAUD Pierre, *Traité de droit civil, Les obligations*, tome 1, *Les sources*, Paris, Sirey, 1987 (2ème édition)

MATHIEU Bertrand et VERPEAUX Michel, *Contentieux constitutionnel des droits fondamentaux*, Paris, L.G.D.J., 2002

MATHIEU Bertrand et VERPEAUX Michel, *Droit constitutionnel*, Paris, P.U.F., 2004

MAYAUD Yves, *Le mensonge en droit pénal*, Lyon, L'hermès, 1979

MAZEAUD Denis, *La notion de clause pénale*, Paris, L.G.D.J. (coll. "Bibliothèque de droit privé"), tome 223, 1992

MAZEAUD Henri, Léon et TUNC André, *Traité théorique et pratique de la responsabilité civile délictuelle et contractuelle*, Paris, Montchrestien, 1965 (6ème édition), 2 tomes

MAZEAUD Henri, Léon, Jean et CHABAS François, *Leçons de droit civil. Les obligations*, tome 2, vol. 1, Paris, Montchrestien, 1998 (9ème édition)

MEMETEAU Gérard, *Traité de la responsabilité médicale*, Bordeaux, Les Etudes Hospitalières, 1996

MERLE Roger et VITTU André, *Traité de droit criminel* [1967], tome I, Paris, Cujas, 1997 (7ème édition)

MEYER Philippe et TRIADOU Patrick, *Leçons d'histoire de la pensée médicale. Sciences humaines et sciences sociales en médecine*, Paris, Odile Jacob, 1996

MINISTERE DE L'ECOLOGIE ET DU DEVELOPPEMENT DURABLE, *Rapport de la Commission Coppens de préparation de la Charte de l'environnement*, 8 avril 2003

MINISTERE DE L'EMPLOI ET DE LA SOLIDARITE, *Sida et hépatite C : les chiffres clefs*, Paris, Flammarion (coll. "Médecine-sciences"), 2000

MOLFESSIS Nicolas, *Le Conseil constitutionnel et le droit privé*, Paris, L.G.D.J. (coll. "Bibliothèque de droit privé"), tome 287, 1997

MOLFESSIS Nicolas (dir.), *Les mots de la loi*, Paris, Economica, 1999

MOLFESSIS Nicolas (dir.), *Les revirements de jurisprudence. Rapport remis à Monsieur le Premier Président Guy Canivet*, Paris, Litec, 2005

MOLL Manfred et Nicole (dir.), *Sécurité alimentaire du consommateur*, Londres, Paris, New York, Lavoisier, 2002 (2ème édition)

MONDELLO Gérard (dir.), *Principe de précaution et industrie*, Paris, L'Harmattan, 1998

MONOD Jacques, *Le hasard et la nécessité. Essai sur la philosophie naturelle de la biologie moderne*, Paris, Le Seuil, 1970

MOR Gisèle et GREARD Maggy, *La responsabilité du fait des produits pharmaceutiques et la protection des victimes*, Paris, Eska (coll. "Dommage corporel-Expertise médicale"), 2001

MORDEFROY Laurent, *Le dommage génétique*, Paris, Les Etudes hospitalières, 1999

MORELLE Aquilino, *La défaite de la santé publique*, Paris, Flammarion, 1996

MORIN Gaston, *La révolte des faits contre le Code : les atteintes à la souveraineté des individus, les formes actuelles de la vie économique : les groupements, esquisse d'une structure nouvelle des forces collectives*, Paris, Grasset, 1920 (4ème édition)

MORVAN Patrick, *Le principe de droit privé*, Paris, Editions Panthéon-Assas, 1999

MOTULSKY Henri, *Principes d'une réalisation méthodique du droit privé. La théorie des éléments générateurs des droits subjectifs* [1948], Paris, Dalloz, 2002

MOTULSKY Henri, *Droit processuel*, Paris, Montchrestien, 1973

MÜLLER Denis et SIMON René (dir.), *Nature et descendance. Hans Jonas et le principe "Responsabilité"*, Genève, Labor et Fides (coll. "Le champ éthique"), 1993

NAIM-GESBERT Eric, *Les dimensions scientifiques du droit de l'environnement. Contribution à l'étude des rapports de la science et du droit*, Bruxelles, VUBPress et Bruylant, 1999

NAUCHE Philippe, *Rapport fait au nom de la Commission des affaires culturelles familiales et sociales sur la proposition de résolution (n° 2930) de M. André Aschieri visant à la création d'une commission d'enquête relative aux circonstances dans lesquelles s'est déroulée la campagne de vaccination de masse contre l'hépatite B, à la responsabilité de l'Etat en la matière, à la prise en charge et à l'indemnisation des victimes*, enregistré à la Présidence de l'Assemblée nationale le 9 mai 2001, document Ass. nat. n° 3043

NEUBERG Marc (dir.), *La responsabilité. Questions philosophiques*, Paris P.U.F. (coll. "Philosophie morale"), 1997

NEYRET Laurent, *Atteintes au vivant et responsabilité civile*, Paris, L.G.D.J. (coll. "Bibliothèque de droit privé"), tome 468, 2006

NICOLAS Guy, *La responsabilité médicale*, Paris, Flammarion (coll. "Dominos"), 1996

NOIVILLE Christine, *Ressources génétiques et droit. Essai sur les régimes juridiques des ressources génétiques marines*, Pédone, 1997

NOIVILLE Christine, *Du bon gouvernement des risques*, Paris, P.U.F. (coll. "Les voies du droit"), 2003

NOIVILLE Christine (Coordination), *Principe de précaution*, Dossier au Recueil Dalloz, 2007, n° 22, p. 1514

O'RIORDAN Timothy et CAMERON James (dir.), *Interpreting the Precautionary principle* [Cameron May Ltd, 1994], Londres, Earthscan Publications Ltd, 1994

OST François, *La nature hors la loi. L'écologie à l'épreuve du droit*, Paris, La découverte, 1995

OST François, *Le temps du droit*, Paris, Odile Jacob, 1999

OST François et GUTWIRTH Serge, *Quel avenir pour le droit de l'environnement*, Bruxelles, Facultés universitaires de Saint-Louis, 1996

OST François et VAN DE KERCHOVE Michel, *Entre la lettre et l'esprit. Les directives d'interprétation en droit*, Bruxelles, Bruylant, 1989

OWEN G. David (dir.), *Philosophical Foundations of Tort Law*, Oxford, Clarendon Press, 1995

PAQUEROT Sylvie, *Le statut des ressources vitales en droit international. Essai sur le concept de patrimoine commun de l'humanité*, Bruxelles, Bruylant, (coll. "Mondialisation et Droit international"), 2002

PAVIA Marie-Luce et REVET Thierry, *La dignité de la personne humaine*, Paris, Economica (coll. "Etudes juridiques"), 1999

PEDROT Philippe (dir.), *Traçabilité et responsabilité*, Paris, Economica, 2003

PENNEAU Anne, *Règles de l'art et normes techniques*, Paris, L.G.D.J. (coll. "Bibliothèque de droit privé"), tome 203, 1989

PENNEAU Jean, *Faute et erreur en matière de responsabilité médicale*, Paris, L.G.D.J. (coll. "Bibliothèque de droit privé"), tome 133, 1973

PENNEAU Jean, *La responsabilité du médecin*, Paris, Dalloz (coll. "Connaissance du droit"), 1992

PERELMAN Chaïm, *Le raisonnable et le déraisonnable en droit : au-delà du positivisme juridique*, Paris, L.G.D.J. (coll. "Bibliothèque de philosophie du droit"), 1984

PICARD Maurice et BESSON André, *Les assurances terrestres. Le contrat d'assurance*, Paris, L.G.D.J., tome 1, 1982

PIROVANO Antoine, *Faute civile et faute pénale*, Paris, L.G.D.J., (coll. "Bibliothèque de droit privé"), tome 70, 1966

PLANIOL Marcel, *Traité élémentaire de droit civil*, tome II, Paris, L.G.D.J., 1949 (3ème édition)

PLANIOL Marcel et RIPERT Georges, *Traité pratique de droit civil français. Les obligations* (par P. ESMEIN), tome VI, Paris, L.G.D.J., 1952

POISSON Siméon-Denis, *Recherches sur la probabilité en matière criminelle et en matière civile*, Paris, Bachelier, 1837

POPEE Karyn, *La téléphonie mobile*, Paris, P.U.F.(coll."Que sais-je"), 2003

POPPER Karl, *La logique de la découverte scientifique* [Londres, Hutchinson, 1959], Payot (coll. "Bibliothèque scientifique Payot"), traduction de N. THYSSEN-RUTTEN et Ph. DEVAUX, Paris, 1973

POPPER Karl, *La connaissance objective* [Oxford University Press, 1979], Paris, Flammarion (coll. "Champs"), 1991

POSNER Richard A., *Economic analysis of law*, New York, Aspen Law and Business, 1998

POYNARD Thierry, *Hépatite C, le virus caché : vérités pour un demi-million de Français*, Paris, Hachette, 1995

PRADEL Jean, *Manuel de droit pénal général*, Paris, Cujas, 2004

PRADEL Xavier, *Le préjudice dans le droit civil de la responsabilité*, Paris, L.G.D.J. (coll. "Bibliothèque de droit privé"), tome 415, 2004

PRETOT Xavier, *Les grands arrêts du droit de la sécurité sociale*, Paris, Dalloz, 1998 (2ème édition)

PRIEUR Michel, *Droit de l'environnement*, 3ème édition, Dalloz, 1996

PRIGOGINE Ilya, *La fin des certitudes*, Paris, Odile Jacob (coll. "Opus"), 1998

PUECH Marc, *L'illicéité dans la responsabilité civile extracontractuelle*, Paris, L.G.D.J., 1971

QUARANTA Jean-François, REBOULOT Brigitte, CASSUTO Jill-Patrice, *Les hépatites*, Paris, P.U.F. (coll. "Que sais-je"), 1995

RABUT Albert, *De la notion de faute en droit privé*, Paris, L.G.D.J., 1948

RADE *Droit du travail et responsabilité civile*, Paris, L.G.D.J. (coll. "Bibliothèque de droit privé") tome 282, 1997

RAFFENSPERGER Carolyn and TICKNER Joel (dir.), *Protecting Public health and the Environment. Implementing the Precautionary Principle*, Washington D.C., Island Press, 1999

RAMBAUD MARTEL, *Télécommunications et environnement. Le cas des réseaux de téléphonie mobile*, Etude réalisée pour l'Autorité de régulation des télécommunications, novembre 2002

RASHED Roshdi, *Condorcet. Mathématique et société*, Paris, Hermann (coll. "Savoir"), 1974

RASSAT Michèle-Laure, *Droit pénal général*, Paris, P.U.F., 1999 (2ème édition)

RASSAT Michèle-Laure, *Droit pénal spécial*, Paris, Dalloz, 2004 (4ème édition,)

RAWLS John, *Théorie de la justice* [Cambridge, The Belknap Press of Harvard University Press, 1971], Paris, Seuil (coll. "Points/Essais"), 1987

RAYNAUD Philippe et RIALS Stéphane (dir.), *Dictionnaire de philosophie politique*, Paris, P.U.F., 1996

RAYNAUD Philippe et RIALS Stéphane (dir.), *Une prudence moderne ?* Paris, P.U.F. (coll. "Politique d'aujourd'hui"), 1992

REED David (dir.), *Ajustement structurel, environnement et développement durable*, Paris, L'Harmattan, 1999

REIFEGERSTE Stéphan, *Pour une obligation de minimiser le dommage*, Aix-en-Provence, P.U.F. d'Aix-Marseille, PUAM, 2002

REISS Lydie, *Le juge et le préjudice. Etude comparée des droits français et anglais*, Aix-en-Provence, Presses Universitaires d'Aix-Marseille, 2003

REMOND-GOUILLOUD Martine, *Du droit de détruire, essai sur le droit de l'environnement*, Paris, P.U.F.(coll. "Les voies du droit"), 1989

REY Alain (dir.), *Dictionnaire historique de la langue française*, Paris, Dictionnaires Le Robert, 2000 (3ème édition)

RICŒUR Paul, *Lectures 1. Autour du politique*, Paris, Seuil (coll. "Points/Essais"), 1991

RICŒUR Paul, *Soi- même comme un autre*, Paris, Seuil (coll. "Points/Essais"), 1990

RIPERT Georges, *La règle morale dans les obligations civiles*, Paris, L.G.D.J., 1949 (4ème édition)

RIPERT Georges, *Le déclin du droit*, Paris, LG.D.J., 1949

RIPERT Georges, *Le régime démocratique et le droit civil moderne*, Paris, L.G.D.J., 1938 (1ère édition), 1948 (2ème édition)

RIPERT Georges, *Les forces créatrices du droit*, Paris, L.G.D.J., 1955

RIPERT Lucienne, *La réparation du préjudice dans la responsabilité délictuelle*, Paris, Dalloz, 1933

ROBERT Jacques-Henri, *Droit pénal général*, Paris, P.U.F., 2001 (5ème édition)

RODIERE René (dir.), *Faute et lien de causalité dans la responsabilité délictuelle. Etude comparative dans les pays du marché commun*, Paris, A. Pédone, 1983

ROLAND Henri et BOYER Laurent, *Adages du droit français*, Paris, Litec, 1999 (4ème édition)

ROMI Raphaël, *Droit et administration de l'environnement*, Montchrestien, 1997 (2ème édition)

ROSANVALLON Pierre, *La nouvelle question sociale*, Paris, Seuil (coll. "Points"), 1995

ROUBIER Paul, *Droits subjectifs et situations juridiques*, Paris, Dalloz, 1963

ROUJOU DE BOUBEE Marie-Eve, *Essai sur la notion de réparation*, Paris, L.G.D.J. (coll. "Bibliothèque de droit privé"), tome 135, 1974

RUSSO Chantal, *De l'assurance de responsabilité à l'assurance directe. Contribution à l'étude d'une mutation de la couverture des risques*, Paris, Dalloz ("Nouvelle Bibliothèque des thèses"), 2001

SADELEER (de) Nicolas, *Les principes du pollueur-payeur, de prévention et de précaution. Essai sur la genèse et la portée juridique de quelques principes du droit de l'environnement*, Bruxelles, Bruylant, 1999

SAINCTELETTE Charles, *De la responsabilité et de la garantie*, Bruxelles et Paris, 1884

SAINRAPT Christian, *Dictionnaire général de l'assurance*, Arcature, 1996

SAINT-JOURS Yves (dir.), *Traité de sécurité sociale*, tome I, Paris, L.G.D.J., 1980

SALEILLES Raymond, *Les accidents de travail et la responsabilité civile, essai d'une théorie objective de la responsabilité délictuelle*, Paris, Arthur Rousseau , 1897

SAUSSURE (de) Ferdinand, *Cours de linguistique générale* [1915], Paris, Payot, 1995

SAVAGE Leonard J., *The foundations of statistics* [1954], New York, Dover Publications, INC., 1972 (2ème édition)

SAVATIER René, *Du droit civil au droit public à travers les personnes, les biens et la responsabilité civile*, Paris, L.G.D.J., 1945 (1ère édition), 1950 (2ème édition)

SAVATIER René, *Les métamorphoses économiques et sociales du droit civil aujourd'hui*, Paris, Dalloz [1959], 1964 (3ème édition)

SAVATIER René, *Traité de la responsabilité civile en droit français civil, administratif, professionnel, procédural*, Paris, L.G.D.J., 1951

SCHAMPS Geneviève, *La mise en danger : un concept fondateur d'un principe général de responsabilité. Analyse de droit comparé*, Bruxelles, Bruylant et Paris, L.G.D.J., 1996

SCHLANGER Jacques, *Une théorie du savoir*, Paris, Vrin, 1978

SCHWARTZ Maxime, *Comment les vaches sont devenues folles*, Paris, Odile Jacob, 2001

SCHWARZ-LIEBERMANN VON WAHLENDORF H. A. (dir.), *Exigence sociale, jugement de valeur et responsabilité civile en droit français, allemand et anglais*, Paris, L.G.D.J., 1983

SERRES Michel, *Le contrat naturel* [François Bourin, 1990], Paris, Flammarion (coll. "Champs"), 1992

SEYRAT Serge, *Le bon père de famille (Etude sur l'origine, la signification et la fonction de l'expression dans le droit)*, thèse dactyl., Paris II, 1985

SIXIEME JOURNEES RENE SAVATIER, *Les métamorphoses de la responsabilité*, Colloque, Poitiers 15-16 mai 1997, P.U.F., 1997

SOCIETE FRANCAISE POUR LE DROIT DE L'ENVIRONNEMENT, *Le dommage écologique en droit interne, communautaire et comparé*, Paris, Economica, 1992

SOCIETE FRANCAISE POUR LE DROIT DE L'ENVIRONNEMENT, *Droit du travail et droit de l'environnement*, Actes du colloque de la Société française pour le droit de l'environnement, Toulouse, 30 sept.-1er oct. 1993, Paris, Litec, 1994 (coll. "Droit et économie de l'environnement")

SOCIETE FRANCAISE POUR LE DROIT DE L'ENVIRONNEMENT, *L'environnement et la Constitution*, Actes de la journée d'étude organisée à l'Université de Paris I le 29 avril 2003, *R.J.E.*, septembre 2003, n° spécial

SOCIETE FRANCAISE POUR LE DROIT DE L'ENVIRONNEMENT et CENTRE NATIONAL DE LA RECHERCHE SCIENTIFIQUE, *La Charte Constitutionnelle de l'environnement en vigueur*, *R.J.E.*, 2005, n° spécial

SOULEAU Isabelle, *La prévisibilité du dommage contractuel*, thèse (dactyl.), Paris II, 1979

STARCK Boris, *Essai d'une théorie générale de la responsabilité civile considérée en sa double fonction de garantie et de peine privée*, thèse, Paris, L. Rodstein, 1947

STARCK Boris, ROLAND Henri et BOYER Laurent, *Obligations. 1. Responsabilité délictuelle*, Paris, Litec, 1996 (5ème édition)

STEFANI Gaston (dir.), *Quelques aspects de l'autonomie du droit pénal. Etudes de droit criminel*, Paris, Dalloz, 1956

STEFANI Gaston, LEVASSEUR Georges, BOULOC Bernard, *Droit pénal général*, Paris, Dalloz, 2005 (19ème édition)

STEICHEN Pascale, *Les sites contaminés et le droit*, Paris, L.G.D.J. (coll. "Bibliothèque de droit privé"), tome 269, 1996

STONE C. D., *Should trees have standing ? Toward legal rights for natural objects*, Los Altos, Kaufman, 1974

STRAZZULLA Jérôme, *Le Sida 1981-1985. Les débuts d'une pandémie*, Paris, La documentation française, 1993

TABUTEAU Didier, *La sécurité sanitaire*, Paris, Berger-Levrault, 2002 (2ème édition)

TABUTEAU Didier, *Risque thérapeutique et responsabilité hospitalière*, Paris, Berger-Levrault, 1995

TARDE Gabriel, *Les transformations du droit. Etude sociologique*, Paris, Berg International (coll. "Histoire des idées"), 1994

TEISSEIRE M. *Essai d'une théorie générale sur le fondement de la responsabilité*, (thèse, Aix), Paris, Arthur Rousseau, 1901

TERRE François, *L'influence de la volonté individuelle sur les qualifications*, Paris, L.G.D.J. (coll. "Bibliothèque de droit privé"), tome 2, 1957

TERRE François, *Introduction générale au droit*, Paris, Dalloz, 1996 (3ème édition)

TERRE François et SIMLER Philippe, *Droit civil. Les biens*, Paris, Dalloz, 2006 (7ème édition)

TERRE François, SIMLER Philippe et LEQUETTE Yves, *Droit civil. Les obligations*, Paris, Dalloz, 2005 (9ème édition)

THIEFFRY Patrick, *Droit européen de l'environnement*, Paris, Dalloz, 1998

TIMSIT Gérard, *Les noms de la loi*, Paris, P.U.F. (coll. "Les voies du droit"), 1991

TRAN Ky, GUILBERT Jean-Michel, ALBERTINI Marie-Thérèse et CARTON Sophie, *Chronique d'un massacre annoncé. Les animaux malades de nos folies*, Montpellier, Sauramps, 1997

TRAVAUX DE L'ASSOCIATION HENRI CAPITANT POUR LA CULTURE JURIDIQUE FRANCAISE, Journée de Droit civil de Lausanne, 5 juin 1946, Paris, Dalloz, 1947, tome II : *L'influence du droit public sur le droit privé*, Rapport de J. Flour et les séances de discussion

TREICH Nicolas, *Economie de l'incertain : analyse de la précaution*, thèse (dactyl.), Université des Sciences Sociales de Toulouse, 1997

TRUCHET Didier (dir.), *L'indemnisation de l'aléa thérapeutique*, Paris, Sirey, 1995

TUBIANA Maurice, *Histoire de la pensée médicale. Les chemins d'Esculape*, Paris, Flammarion (coll. "Champs"), 1995

TUNC André, *La responsabilité civile*, Paris, Economica, 1989

UNIVERSITE D'ARTOIS, *Les principes généraux du droit de l'environnement*, Colloque des 17 et 18 mai 2001, *Dr. env.*, juillet-août 2001, n° 90

UNIVERSITE DE BOURGOGNE, *La décision publique et le droit de la responsabilité face au principe de précaution*, Colloque des 27 et 28 avril 2000, *R.J.E.*, 2000, n°spécial

UNIVERSITE PANTHEON-SORBONNE (PARIS I), Actes du colloque du 12 mai 2006, *L'avant-projet de réforme du droit de la responsabilité*, *R.D.C.*, janvier 2007

UNIVERSITE PARIS II PANTHEON-ASSAS, *Clés pour le siècle. Droit et science politique, information et communication, sciences économiques et de gestion*, Paris, Dalloz, 2000

UNIVERSITE PARIS II PANTHEON-ASSAS, ORDRE DES AVOCATS A LA COUR DE PARIS, CHAMBRE DE COMMERCE ET DE L'INDUSTRIE DE PARIS, *La responsabilité du fait des produits défectueux* (loi du 19 mai 1998), Colloque du 27 octobre 1998, *P.A.*, 28 décembre 1998, n° 155

VACQUIN Monette (dir.), La responsabilité : condition de notre humanité, Paris, *Autrement* (coll. "Série Morales"), janvier 1994, n° 14

VAN DE KERCHOVE Michel (dir.), *L'interprétation en droit. Approche pluridisciplinaire*, Bruxelles, Facultés Universitaires Saint-Louis, 1978

VANDER EYCKEN Paul, *Méthode positive de l'interprétation juridique*, Bruxelles, Falk Fils, Paris, Félix Alcan, 1907

VANNEUVILLE Rachel et GANDREAU Stéphane, *Le principe de précaution saisi par le droit. Les enjeux sociopolitiques de la juridicisation du principe de précaution*, Paris, La documentation française, 2006

VEYNE Paul, *Comment on écrit l'histoire*, Paris, Seuil (coll. "Points"), 1971

VINEY Geneviève, *Le déclin de la responsabilité individuelle*, Paris, L.G.D.J., 1965

VINEY Geneviève, *Traité de droit civil*, sous la direction de J. GHESTIN, *Introduction à la responsabilité*, Paris, L.G.D.J., 1995 (2ème édition)

VINEY Geneviève (dir.), *L'indemnisation des accidents médicaux*, Actes du colloque du 24 avril 1997, Centre de droit des obligations de l'Université de Paris I, Paris, L.G.D.J. (coll. "Bibliothèque de droit privé"), tome 289, 1997

VINEY Geneviève et JOURDAIN Patrice, *Traité de droit civil*, sous la direction de J. GHESTIN, *Les conditions de la responsabilité*, Paris, L.G.D.J., 2006 (3ème édition)

VINEY Geneviève et JOURDAIN Patrice, *Traité de droit civil*, sous la direction de J. GHESTIN, *Les effets de la responsabilité*, Paris, L.G.D.J., 2001 (2ème édition)

WEBER Max, *Essais sur la théorie de la science*, Paris, Plon, 1965 (1ère édition), Paris, Plon (coll. "Pocket Agora"), 1992

XIFARAS Mikhaïl, *La propriété. Etude de philosophie du droit*, P.U.F., 2004

ZACCAI Edwin et MISSA Jean Noel, *Le principe de précaution. Significations et conséquences*, Editions de l'Université de Bruxelles, Bruxelles, 2000

ZOLLER Elisabeth, *Le droit des Etats-Unis*, Paris (coll. "Que sais-je ?"), 2001

II – ARTICLES, CHRONIQUES

ACCOMANDO Gilles et GUERY Christian, "Le délit de risque causé à autrui ou de la malencontre à l'article 223-1 du nouveau code pénal", *Rev. sc. crim.*, oct.-déc. 1994, p.681

AL-SANHOURY A.-A, "Le standard juridique", *in Recueil d'études sur les sources du droit en l'honneur de François Gény*, Paris, Sirey, 1935, tome II, p. 144

ALT Eric, "La responsabilité civile environnementale", *P.A.*, 21 avril 1995, n° 48, p. 7

ALT-MAES Françoise, "L'information médicale du patient au cœur de la distinction entre responsabilité délictuelle et responsabilité contractuelle", *R.D.S.S.*, 1994, p. 381

ALVES Carlos-Manuel, "L'unification de la prescription médicale à l'épreuve de la prescription quadriennale", *P.A.*, 14 septembre 2004, n° 184, p. 3

AMSELEK Paul, "Norme et loi", *A.P.D.*, 1980, p. 89

AMSELEK Paul, "Lois juridiques et lois scientifiques", *Droits*, 1987-6, p. 131

AMSELEK Paul, "La part de la science dans l'activité des juristes", *D.*, 1997, chron. p.337

ANCEL Pascal, "La responsabilité contractuelle", *in Les concepts contractuels français à l'heure des Principes du droit européen des contrats*, Paris, Dalloz, 2003, p. 243

ANTONMATTEI Paul-Henri, "Ouragan sur la force majeure", *J.C.P.*, 1996, I, 3907

ARBOUSSET Hervé, "L'amiante : la création d'un fonds d'indemnisation pour canaliser une bombe à retardement", *R.J.J.*, 2001, p. 873

ARBOUSSET Hervé, "Incertitude, climat et droit public", *P.A.*, 13 janvier 2006, n° 10, p. 8

ARLIE Didier, "L'obligation de sécurité du vendeur professionnel", *R.J.D.A.*, juin 1993, p. 409

ARNOULD Jacques, GOUYON Pierre-Henri, LAVIGNE Claire et REBOUD Xavier, "Quelques données scientifiques sur les risques ", *R.J.E.*, 1993, n°3, p. 353

ARTUS Didier, "Hépatite C post-transfusionnelle : des voies et des réponses contentieuses désormais clarifiées, *D.*, 2001, chron. p. 1745

ASSOULINE Gérard et JOLY Pierre-Benoît, "Biotechnologies et société : les enjeux du débat public", *Biofutur*, septembre 1997, n° 170, p. 30

ATIAS Christian et LINOTTE Didier, "Le mythe de l'adaptation du droit au fait", *D.*, 1977, chron. p. 251

ATIAS Christian, "La mission de la doctrine universitaire en droit privé", *J.C.P.*, 1980, I, 2999

ATIAS Christian, "La civilisation du droit constitutionnel", *R.F.D.C.*, 1991, p. 435

ATIAS Christian, "Les références médicales opposables et l'anesthésie : Aspects médico-légaux", *R.R.J.*, 1995, n° 3, p. 759

ATIAS Christian, "Les références médicales opposables : révolution ou continuité ?", *R.D.S.S.*, 1995, n° 1, p.21

ATIAS Christian, "Sur les reversements et les références médicales opposables", *Dr. soc.*, septembre-octobre 1997, n° 9/10, p. 830

ATTARD Jérôme, "Comment faire du principe de précaution un principe d'action préventive? L'exemple des produits de santé", *P.A.*, 22 février 2007, n° 39, p. 14

AUBERT Jean-Luc, "Indemnisation d'une existence handicapée qui, selon le choix de la mère, n'aurait pas dû être", *D.*, 2001, chron. p. 489

AUBY J.-M. "Sur l'étude de la hiérarchie des normes en droit public. Eléments de problématique", *in Mélanges dédiés à Robert Pelloux*, Lyon, L'Hermès, 1980, p. 21

AUDIT Bernard, "L'américanisation du droit. Introduction", *A.P.D.*, 2001, p. 7

AYNES Laurent, "Le préjudice de l'enfant handicapé : la plainte de job devant la Cour de cassation", *D.*, 2001, chron. p. 492

BACH Louis, "Réflexion sur le problème du fondement de la responsabilité civile en droit français", *R.T.D.civ.*, 1977, p. 17

BAGHESTANI-PERREY Laurence, "Le principe de précaution : nouveau principe fondamental régissant les rapports entre le droit et la science", *D.*, 1999, chron., p. 457

BAGHESTANI-PERREY Laurence, "La constitutionnalisation du principe de précaution dans la charte de l'environnement ou la consécration d'un principe à effet direct", *P.A.*, 30 juillet 2004, n° 152, p. 4

BANDRAC Monique, "Les tendances récentes de la prescription extinctive", *R.D.I. comp.*, 1994, p. 359

BÄR Stefani et MAZUREK Anne-Gabrielle, "Le droit européen de l'environnement à la lecture du Traité d'Amsterdam : modifications et perspectives", *R.J.E.*, 1999, n° 3, p. 375

BARBIERI Jean-François, "Défaut d'information et responsabilité médicale : les principes de droit privé", *P.A.*, 4 janvier 1995, p. 16

BARNIER Michel, "L'apport de la loi [du 2 février 1995]", *R.F.D.A.*, mars-avril 1996, n° 2, p. 200

BARROT Robert, "Remarques sur la notion de cause et sur ses applications", *R.G.A.T.*, 1989, p. 495

BARTENSTEIN Kristin, "Les origines du concept de développement durable", *R.J.E.*, 2005, p. 289

BAUCOMONT Michel, "Directive du Conseil du 24 septembre 1996 relative à la prévention et à la réduction intégrées de la pollution", *B.D.E.I.*, 1997, n° 2, p. 11

BAVOILLOT François, "La réparation des dommages causés à l'environnement : l'exemple français de la réhabilitation des sites pollués", *G.P.*, 5 mai 1994, doctr. p. 546

BAVOILLOT François, "Les réponses actuelles du droit au problème du risque environnement et leurs applications pratiques, *P.A.*, 8 mars 1995, n °29, p. 18

BAVOILLOT François et ROUGER de GRIVEL Laurence, "Quelques réflexions sur la proposition modifiée de directive du Conseil relative à la prévention et à la réduction intégrées de la pollution", *B.D.E.I.*, 1995, n°4, p. 3

BELLIARD Edwige, "Responsabilité et socialisation du risque", *J.C.P. éd. Adm. et coll. terr.*, 21 mars 2005, n°12, p. 1139

BENABENT Alain, "Le chaos du droit de la prescription extinctive", *in Mélanges dédiés à Louis Boyer*, Toulouse, Université des sciences sociales de Toulouse, 1996, p.123

BENOIT Francis-Paul, "Essai sur les conditions de la responsabilité en droit public et privé (Problèmes de causalité et d'imputabilité)", *J.C.P.*, 1957, I, 1351

BENOIT Francis-Paul, "Notions et concepts, instruments de la connaissance juridique. Les leçons de la *Philosophie du droit de Hegel*", *in Mélanges Peiser*, Grenoble, P.U.G., 1995, p.23

BENOIT Lilian, "Le principe de précaution reste…un principe", *Environnement*, avril 2005, comm. n° 33, p.27

BERAUD R., "Les mythes de la responsabilité civile", *J.C.P.*, 1964, I, 1837

BERG Olivier, "La notion de risque de développement en matière de responsabilité du fait des produits défectueux", *J.C.P.*, 1996, I, 3945

BERGER Jean-Sylvestre, "Risque et faute dans la contamination transfusionnelle", *G.P.*, 13 juillet 1996, doctr. p. 737

BERNFELD Claudine, "L'indemnisation de la «perte de chance» dans le domaine des accidents médicaux : une situation dramatique pour les victimes", *G.P.*, 12-13 juillet 2006, doctr. p. 2221

BERTELLA-GEFFROY Marie-Odile, "Le point de vue d'un praticien sur les nouvelles dispositions concernant les risques sanitaires incluses dans la loi du 4 mars 2002 sur les droits des malades", *G.P.*, 15-17 décembre 2002, doctr. p. 45

BERTOLASO Sabine, "Une nouvelle gestion du temps dans les contrats d'assurance de responsabilité professionnelle", *D.*, 2002, Actualité, 144

BESSIERES-ROQUES Isabelle, "Le préjudice de contamination : un nouveau préjudice?", *Rev. fr. dom. corp.*, 1993, p. 79

BESSIERES-ROQUES Isabelle, "Problèmes juridiques posés par la contamination par les produits humains", *Rev. fr. dom. corp.*, 2000, p. 51

BETSCH J.-M., "Sur quelques aspects scientifiques relatifs à la protection des écosystèmes, des espèces et de la diversité biologique", *R.J.E.*, 1991, p. 443

BEURIER Jean-Pierre, "Le droit de la biodiversité", *R.J.E.*, 1996, p. 5

BICHOT Pierre, "La réforme de l'assurance de responsabilité civile", *Dr. et pat.*, janvier 2004, n° 122, p. 79

BIGOT Jean, "La loi n° 2002-1577 du 30 décembre 2002 sur l'assurance de la responsabilité médicale. Une lueur d'espoir pour les «clauses réclamations»", *J.C.P.*, 2003, I, 118

BIGOT Jean, "La loi Bachelot et l'assurance. Loi n° 2003-699 du 30 juillet 2003", *J.C.P.*, 2004, I, 167

BILLET Philippe, "La (dé)responsabilisation des auteurs d'atteintes à l'environnement par l'article 4 de la Charte constitutionnelle", *Environnement*, avril 2005, comm. n° 32, p. 25

BLAEVOET Ch., "De l'anormal devant les hautes juridictions civile et administrative", *J.C.P.*, 1946, I, 560

BLAEVOET Ch., "Normalité, sécurité et garde", *D.*, 1955, chron., p. 37

BLIN Olivier, "La politique sanitaire de la Communauté européenne à l'épreuve des règles de l'Organisation mondiale du commerce : le contentieux des hormones", *R.T.D.eur.*, janvier-mars 1999, n°1, p. 44

BLOCH-MAUREL Muriel, "L'indemnisation des accidents médicaux", *P.A.*, 4 juillet 1997, n° 80, p. 7

BLUMBERG-MOKRI Myriam, "Le régime modifié des organismes réglementairement disséminés", *P.A.*, 11 septembre 2001, n° 181, p. 5

BOISTARD Pierre, "Expertise scientifique et débat démocratique", *in Université de tous les savoirs*, sous la direction d'Yves MICHAUD, vol. I (Qu'est ce que les technologies ?), Paris, Odile Jacob, 2001, p. 223

BOIVIN Jean-Pierre et PENNAFORTE Manuel, "La loi Barnier : premières réflexions sur ses implications en droit de l'environnement industriel", *B.D.E.I.*, 1995, n° 1, p. 32

BOIVIN Jean-Pierre, "A propos du principe de réversibilité des déchets", *B.D.E.I.*, 1996, n° 3, p. 2

BOIVIN Jean-Pierre, "Le principe de réversibilité du stockage des déchets", *B.D.E.I.*, n°spécial, 1998, p. 34

BONIFASSI Stéphane, "Judiciarisation à l'américaine et/ou pénalisation à la française : sortir de l'équivoque", *G.P.*, novembre-décembre 2002, doctr. p. 1597

BONNY Sylvie, "L'agriculture française : le double risque des OGM", *Risques*, juin 1999, n° 38, p. 67

BORDESSOULE DE BELLEFEUILLE Pierre et HAAS Marion, "La mise en danger", *Rev. pén. dr. pén.*, 1996, p. 289

BORE Jacques, "L'indemnisation pour les chances perdues : une forme d'appréciation quantitative de la causalité d'un fait dommageable", *J.C.P.*, 1974, I, 2620

BORE Louis, "L'action en représentation conjointe : *class action* française ou action mort née ?", *D.*, 1995, chron. p. 267

BORE Louis, "Pour la recevabilité de l'action associative fondée sur la défense d'un intérêt altruiste", *Rev. sc. crim.*, octobre-décembre 1997, p. 751

BORIACHON Sophie et TAMBURINI-BONNEFOY Catherine, "OMC et viande aux hormones : un exemple de désaccord entre la Communauté européenne, les Etats-Unis et le Canada", *G.P.*, 20-21 mai 1998, p. 19

BOSSIS Gaëlle, "La notion de sécurité alimentaire et l'Europe : entre harmonisation et précaution", *R.D.rur.*, mai 2001, p. 266

BOST-LAGIER Véronique, "Réparation intégrale et solidarité nationale", *P.A.*, 20 septembre 2005, n° 187, p.16

BOU Christine, "Les apports de la loi du 4 mars 2002 concernant l'indemnisation des accidents médicaux", *G.P.*, 4-5 juin 2003, doctr. p. 2

BOUDANT Joël, "L'encadrement juridique communautaire du risque biotechnologique", *A.J.D.A.*, 1991, p.438

BOUDANT Joël, "Les institutions communautaires face à la crise. Le recours aux comités d'experts ou la perversion de la décision communautaire", *R.D.rur.*, avril 1997, n° 252, p. 207

BOULANGER Jean, "Principes généraux du droit et droit positif", *in Le droit privé français au milieu du XXe siècle. Etudes offertes à Georges Ripert*, Paris, L.G.D.J., tome I, 1950 p. 51

BOURAOUI Soukaïna, "De l'analyse substantielle en droit de l'environnement", *in Philosophie du droit et droit économique. Quel dialogue ? Mélanges en l'honneur de Gérard Farjat*, Paris, Frison-Roche, 1999, p. 11

BOURG Dominique, GODARD Olivier et HOURCADE Jean-Charles, "Charte de l'environnement : enjeux et controverses", *Futuribles*, mai 2004, n° 297, p. 59

BOURGEAULT Guy, "L'éthique et le droit aujourd'hui : quand les fondations sont ébranlées...", *Les cahiers de droit*, juin 1993, vol. 34, n° 2, p. 517

BOURTHOUMIEUX Jacques, "Durée de l'assurance de responsabilité et réassurance", *R.G.D.A.*, 1998, p.239

BOURTHOUMIEUX Jacques, "Garantie d'assurance sur base réclamation et réassurance", *R.G.D.A.*, 2004, p.13

BOUVIER Françoise, "Le consentement à l'acte thérapeutique : réalités et perspectives. Les enseignements du colloque *Génétique, procréation et droit* de janvier 1995", *J.C.P.*, 1986, I, 3249

BOY Laurence, "La référence au principe de précaution et l'émergence de nouveaux modes de régulation ?", *P.A.*, 8 janvier 1997, n°4, p. 4

BOY Laurence, "Le principe de précaution, de la morale au droit", *La Recherche*, décembre 1999, n° 326, p.86

BOY Laurence, "La place du principe de précaution dans la directive UE du 12 mars 2001 relative à la dissémination volontaire d'organismes génétiquement modifiés dans l'environnement", *R.J.E.*, 2002, p. 5

BOY Laurence, "Les organismes génétiquement modifiés entre le principe de précaution et l'ordre scientifico-concurrentiel (l'exemple des plantes transgéniques)", *in Philosophie du droit et droit économique, quel dialogue ? Mélanges en l'honneur de Gérard Farjat*, Paris, Frison-Roche, 1999, p. 333

BRINGUY Sophie et GOSSEMENT Arnaud, "Réflexions engagées sur le projet de loi relatif aux OGM : l'oubli des principes directeurs du droit de l'environnement", *Dr. env.*, juin 2006, p. 176

BRISSY Yves, "Les produits défectueux et leur responsabilité. Problématique du risque de développement", *D. Aff.*, 17 décembre 1998, n° 142, p. 2004

BROUSSOLLE Denis, "Principe de précaution : la science en détention préventive", *J.C.P.*, 2004, Actualité, 328

BUY Michel, "La responsabilité civile de l'employeur", *Dr. et pat.*, septembre 2003, n°118, p. 65

CABALLERO Francis, "Plaidons par procureur ! De l'archaïsme procédural à l'action de groupe", *R.T.D.civ.*, 1985, p. 247

CADIET Loïc, "Le spectre de la société contentieuse", *in Droit civil, procédure, linguistique juridique. Ecrits en hommage à Gérard Cornu*, Paris, P.U.F., 1994, p. 29

CADIET Loïc, "Sur les faits et les méfaits de l'idéologie de la réparation", *in Le juge entre deux millénaires. Mélanges offerts à Pierre Drai*, Paris, Dalloz, 2000, p. 465

CADIET Loïc, "L'hypothèse de l'américanisation de la justice française. Mythe et réalité", *A.P.D.*, 2001, p. 89

CALAIS-AULOY Jean, "Les rapports entre la directive de 1985 sur la responsabilité du fait des produits et celle de 1992 concernant la sécurité des produits", *R.E.D.C.*, 1994, p.159

CALAIS-AULOY Marie-Thérèse, "La libération du droit de la responsabilité par l'abandon de la notion de faute", *D.*, 1998, Dernière actualité, p. 1

CALVO Jean, "La responsabilité du fait des effets secondaires des produits de santé", *P.A.*, 16 février 1999, n° 33, p. 14

CAMERON James et ABOUCHAR Juli, "The Precautionary Principle : A Fundamental Principle of Law and Policy for the Protection of the Global Environment", *Boston College International and Comparative Law Review*, hiver 1991, vol. XIV, n° 1, p. 1

CAMPROUX-DUFFRENE Marie-Pierre, "Réflexions sur l'indemnisation des victimes de catastrophes technologiques", *G.P.*, 21-22 février 1997, doctr. p. 2

CAMPROUX-DUFFRENE Marie-Pierre, "La loi du 19 mai 1998 sur la responsabilité du fait des produits défectueux et la protection de l'environnement", *R.J.E.*, 1999, n° 2, p. 189

CAMPROUX-DUFFRENE Marie-Pierre, "La prise en charge par le vendeur de la réhabilitation d'un terrain pollué sur le fondement de l'article L. 514-20 du Code de l'environnement", *J.C.P.*, 2006, I, 156

CANIVET Guy, "Le principe de précaution dans la jurisprudence de la Cour de cassation", *Risques*, janvier-mars 2004, n° 57, p. 68

CANS Chantal, "Grande et petite histoire des principes généraux du droit de l'environnement dans la loi du 2 février 1995", *R.J.E.*, 1995, n° 2, p. 195

CANS Chantal, "Le principe de précaution, nouvel élément du contrôle de légalité", *R.F.D.A.*, 1999, p. 750

CAPPELLETTI Mauro, "La protection d'intérêts collectifs et de groupe dans le procès civil (Métamorphoses de la procédure civile)", *R.I.D.C.*, 1975, p. 571

CARBONNIER Jean, "La règle *contra non valentem agere non currit praescriptio*", *Rev. crit. Leg. et Jur.*, 1937, p. 155

CARBONNIER Jean, "Notes sur la prescription extinctive", *R.T.D.civ.*, 1952, p. 171

CARBONNIER Jean, "Sur les traces du non-sujet de droit", *A.P.D.*, 1989, p. 197

CARPI Servane, "Regards sur la causalité (A propos de l'arrêt Quarez du Conseil d'Etat et de l'arrêt Perruche de la Cour de cassation)", *P.A.*, 8 juin 2001, n° 114, p. 12

CARTIER Marie-Elisabeth, "La nouvelle définition des délits non intentionnels par la loi du 10 juillet 2000", *Rev. sc. crim.*, 2001, p. 725

CARTON Olivier, "De l'inutilité d'une constitutionnalisation du droit de l'environnement ?", *P.A.*, 2 septembre 2005, n°175, p. 3

CARTOU Etienne, "La transposition en droit français de la directive sur la responsabilité du fait des produits", *P.A.*, 11 avril 1997, n° 44, p. 4

CASSE Francine, "Le maïs et la résistance aux antibiotiques", *La Recherche*, janvier 2000, n° 327, p. 35

CASSIN Isabelle, "La dissémination volontaire dans l'environnement d'organismes génétiquement modifiés : vers quelle responsabilité civile ?", *B.D.E.I.*, 1998, n° 2, p. 2

CASSIN Isabelle, "Les organismes génétiquement modifiés et le nouveau régime de la responsabilité du fait des produits défectueux", *G.P.*, 22-23 janvier 1999, p. 7

CAUDAL Sylvie, "Le devoir de prévention : une exigence fondamentale fortement dépendante du législateur", *Environnement*, avril 2005, comm. n° 31, p. 23

CAUSSE J. et COMBALDIEU R., "Les «bangs supersoniques» et leurs effets nocifs. Recherche et mise en œuvre de la responsabilité civile, en raison des dommages corporels et matériels occasionnés par les déflagrations", *D.*, 1967, chron. p. 65

CAYLA Jean-Simon "Le principe de précaution, fondement de la sécurité sanitaire", *R.D.S.S.*, juillet-septembre 1998, n ° 3, p. 491

CEDRAS Jean, "Le dol éventuel : aux limites de l'intention", *D.*, 1995, chron. p. 18

CHABANNE-POUZYNIN Laurence, "La prise en compte de la santé dans les études d'impact des installations classées", *Dr. env.*, juillet-août 2000, n° 80, p. 14

CHABAS François, "Vers un changement de nature de l'obligation médicale", *J.C.P.*, 1973, I, 2541

CHABAS François, "La notion de préjudice de contamination", *Resp. civ. et ass.*, mai 1998, p. 20

CHABAS François, "La responsabilité pour défaut de sécurité des produits, dans la loi du 19 mai 1998", *G.P.*, 1998, doctr. p. 2

CHABAS François, "La loi du 19 mai 1998 et le droit commun", *G.P.*, 1999, doctr. p.565

CHABAS François, "L'obligation d'information médicale en danger", *J.C.P.*, 2000, I, 212

CHADELAT Catherine, "Risque de développement", *R.G.D.A.*, 1998, n° 3, p. 452

CHAGNOLLAUD Dominique, "Le principe de précaution est-il soluble dans la loi ? A propos de l'article 5 de la charte de l'environnement", *D.*, 2004, chron. p. 1103

CHAHID-NOURAÏ Noël, "La portée de la Charte pour le juge ordinaire", *A.J.D.A.*, 2005, p. 1175

CHARAF ELDINE A., "La théorie de la perte d'une chance sanitaire (devant la Cour de cassation et le Conseil d'Etat)", *R.T.D.S.S.*, 1983, p. 48

CHARBONNEAU Simon, "La nature du droit de la prévention des risques techniques", *R.F.D.A.*, 1988, p.529

CHARLIER Christophe, "Précaution sous les auspices de la traçabilité (Application au cas de l'ESB)", *in Face au droit rural et à ses pratiques. Une approche conjointe des économistes, des juristes et des sociologues*, SOCIETE FRANCAISE D'ECONOMIE RURALE, Paris, L'Harmattan, 2001, p. 131

CHARPENTIER Jean, "L'humanité : un patrimoine, mais pas de personnalité juridique", *in Les hommes et l'environnement : quels droits pour le XXIème siècle. Etudes en hommage à A. Kiss*, Paris, Frison-Roche, 1998, p. 17

CHAUMET Francis et EWALD François, "Autour de la précaution", *Risques*, juillet-septembre 1992, n° 11, p. 99

CHAVANNE Albert, "Les délits de mise en danger. Rapport français", *in* Colloque préparatoire du Xème Congrès international de droit pénal, Rome, 28-31 mai, 1968, *Rev. inter. dr. pénal*, 1968, p. 125

CHAVANNE Albert et FAYARD Marie-Claude, "Les délits d'imprudence", *Rev. sc. crim.*, 1975, p. 5

CHEMILLIER-GENDREAU Monique, "L'humanité peut-elle être un sujet de droit international ?", *Actes*, septembre 1989, p. 14

CHEROT Jean-Yves, "Les rapports du droit civil et du droit constitutionnel. Réponse à Christian Atias", *R.F.D.C.*, 1991, p. 439

CHESSON Andrew et JAMES Philip, "Les aliments avec OGM sont-ils sans danger ?", *La Recherche*, janvier 2000, n° 327, p. 27

CHUPEAU Yves et TUBIANA Maurice, "Une perception plus sereine des plantes transgéniques", *Risques*, juin 1999, n° 38, p. 59

CLEMENT Cyril, "L'obligation d'information médicale : les divergences des juges administratifs et civil", *P.A.*, 9 juin 1999, n° 114, p. 12

COASE Ronald H. , "The Problem of Social Cost", *Journal of Law and Economics*, 1960, p. 1

COCHOY Franck, "Les effets d'un trop-plein de traçabilité", *La Recherche*, février 2001, n° 339, p. 66

COHEN Jon, "L'hépatite C, infection silencieuse et bombe à retardement", *La Recherche*, nov. 1999, n° 325, p. 68

COHEN-TANUGI Laurent et RUEGG Maria, "Responsabilité civile : la dérive des continents", *Le Débat*, septembre-octobre 1993, p. 137

COLLART DUTILLEUL François, "Regards sur les actions en responsabilité civile à la lumière de l'affaire de la vache folle", *R.D.rur.*, avril 1997, n° 252, p. 226

COLSON Jean-Philippe et SCHAPIRA Jean- Paul, "La gestion des déchets radioactifs et la nécessité d'une loi nucléaire en France", *R.J.E.* 1996, n° 3, p. 247

COMBY Jean-Yves, "L'assurabilité des risques de pollution", *Risques*, juillet-septembre 1992, n° 11, p. 39

COMBREXELLE Jean-Denis, "Chronique annuelle de jurisprudence communautaire", *C.J.E.G.*, novembre 1998, p. 419

COMBY Jean-Yves, "L'assurabilité des risques de pollution", *Risques*, juillet-septembre 1992, n° 11, p. 39

CORNU Gérard, "Les définitions dans la loi", *in Langage du droit et traduction*, sous la direction de J.-C., GEMAR, Montréal, Linguatech, Conseil de la langue française, 1982, p. 15

COUMET Ernest, "La théorie du hasard est-elle née par hasard ?", *Annales. Economie, Sociétés, Civilisation*, mai-juin 1970, n°3, p. 574

COURVALIN Patrice, "De la résistance aux antibiotiques et des organismes génétiquement modifiés", *G.P.*, 20-21 mai 1998, p. 23

COUSTOU Frank, "L'évolution de la notion de responsabilité dans le droit pharmaceutique et dans le droit de la santé", *Bull. Ord. Pharm.*, février 1978, n° 208, p.161

COUSY Herman, "Evolution comparé des droits européens de la responsabilité", *Risques*, avril-juin 1992, p.41

COUSY Herman, "A propos de la notion de précaution", *Risques*, janvier-mars 1995, n°21, p. 149

COUTANT-LAPALUS Christelle, "Variation autour de l'imprévisibilité de la cause étrangère", *P.A.*, 26 février 2002, n° 41, p. 15

COUTRELIS Nicole, "Le principe de précaution : aspects juridiques", *La lettre scientifique de l'Institut Français pour la Nutrition*", mai 2000, n° 75, p. 1

COUVRAT Pierre, "Les infractions contre les personnes dans le nouveau code pénal", *Rev. sc. crim.*, 1993, p.469

COUVRAT Pierre, "La responsabilité et le nouveau code pénal", *Droit et cultures*. Les métamorphoses de la responsabilité, 1996, n° 31, p. 97

CRUCIS Henry-Michel, "Le parlement face aux sciences et technologies", *A.J.D.A.*, 1991, p. 448

DABIN Jean, "Lésion d'intérêt ou lésion de droit comme condition de la réparation des dommages en droit privé et en droit public", *Annales de droit et de sciences politiques* (Louvain), octobre 1948, p. 7

DABIN Jean, "Droit et politique", *in Mélanges offerts à René Savatier*, Paris, Dalloz, 1965, p. 183

DAILLE-DUCLOS Brigitte, "Le rejet général des actions en responsabilité engagées contre les fabricants de tabac par les juridictions européennes", *P.A.*, 5 avril 2005, n° 67, p. 6

DALCQ Christine, "La transmission du virus du SIDA à l'occasion de transfusions sanguines et la responsabilité civile : enseignements de la jurisprudence française", *in Mélanges R. O. DALCQ, Bruxelles*, Maison Larcier, 1994, p. 67

DALCQ Roger O., "La prévisibilité du dommage est-elle une condition nécessaire de la faute?", *in Hommage à Jacques Heenen*, Bruxelles, Bruylant, 1994, p. 83

DASTON Lorraine, "L'interprétation classique du calcul des probabilités", *Annales. Economie, Sociétés, Civilisation*, mai-juin 1989, n° 3, p. 715

DAVID Georges, "La médecine saisie par le principe de précaution", *Bull. Acad. Nat. Méd.*, 1998, tome 182, n° 6, p. 1219

DAVIS Alan, "La directive du Conseil des Communautés européennes relative à la sécurité générale des produits", *R.E.D.C.*, 1992, p. 132

DEBOUY Christian, "Le droit français de la responsabilité administrative : métamorphose ou permanence ?", *C.J.E.G.*, octobre 1997, p. 327

DECORNOY Jacques, "L'exigence de responsabilité", *Le Monde diplomatique*, mai 1992, p. 21

DE GUILLENCHMIDT Michel, "Le livre vert de la Commission : état de la procédure", *G.P.*, 5 mai 1994, doctr. p. 541

DE GUILLENCHMIDT Michel et BANDON Diane, "Des réticences du juge français envers la référence au principe de précaution en matière de santé", *G.P.*, 6-7 avril 2007, n° spécial, Droit de la santé, chron. p. 19

DEFFERRARD Fabrice, "Une analyse de l'obligation de sécurité à l'épreuve de la cause étrangère", *D.*, 1999, chron. p. 364

DEFRANCE Gérard, "Risque thérapeutique, l'assurance des atteintes à l'environnement, risque de développement...La pression des assureurs", *L'argus*, 30 avril 1993, p. 24

DEGROOTE D. et BENAICHE L., "Responsabilité civile du fait d'un produit de santé défectueux : nouvelles perspectives au regard des arrêts du 25 avril 2002 de la Cour de justice des communautés européennes", *Méd. et dr.*, mai-juin 2003, n° 60, p. 73

DEHARBE David, "Les ambiguïtés de l'approche intégrée de la pollution des milieux récepteurs : la directive n° 96/61/CE du Conseil de l'Union européenne du 24 septembre 1996", *R.J.E.*, 1998, n° 2, p. 171

DEHARBE David, "Le principe d'intégration ou une méthodologie juridique pour le développement durable", *Environnement*, avril 2005, comm. n° 34, p. 29

DE LA GRASSERIE Raoul, "Des peines préventives", *Rev. crit. Leg. et Jur.*, 1898, p.304

DELEBECQUE Philippe, "La dispersion des obligations de sécurité dans les contrats spéciaux", *G.P.*, 23 septembre 1997, n° spécial, p. 1184

DELEBECQUE Philippe, "Responsabilité et indemnisation des dommages dus à la pollution par les hydrocarbures. A propos de la catastrophe de l' «Erika»", *J.C.P.*, 2000, Actualité, p. 215

DELHOSTE Marie-France, "Portables et antennes : une protection sanitaire des populations insuffisante", *R.R.J.*, 2006, p. 1579

DELHOSTE Marie-France, "Risque et responsabilité : la nécessité d'une théorie du contrôle des risques", *Méd. et dr.*, 2007, p. 33

DELHOSTE Marie-France, "Rapport ministériel critique sur l'expertise scientifique : les juges administratifs ferment les yeux", *Environnement*, octobre 2007, étude, p. 12

DELPOUX Claude, "Loi d'indemnisation des personnes contaminées par le virus du sida", *Risques*, décembre 1991, p. 167

DELPOUX Claude, "Responsabilité civile du fait des atteintes à l'environnement : les réponses actuelles de l'assurance", *G.P.*, 1994, 1, doctr. p. 558

DELPOUX Claude, "Contaminations par transfusion sanguine : responsabilité et assurance après les récents arrêts de la Cour de cassation et du Conseil d'Etat", *Risques*, juillet-septembre 1995, n° 23, p. 177

DEL VECCHIO Giorgio, "Les principes généraux du droit", in *Recueil d'études sur les sources du droit en l'honneur de François Geny*, Paris, Sirey, tome II, 1934, p. 69

DEMEESTER Marie-Luce, "Assurance et environnement", *G.P.*, 28-29 novembre 1997, doctr. p. 6

DEMEESTER Marie-Luce, "La responsabilité civile de l'entreprise pour fait de pollution", *Dr. et pat.*, septembre 2003, n° 118, p. 89

DENDONCKER Denis, "Les contaminations virales post-transfusionnelles devant les deux ordres juridictionnels", *R.R.J.*, 2002, p. 743

DEPRIMOZ J., "Evolution de la notion de responsabilité civile des produits en France et son traitement par l'assurance", *J.C.P.*, 1979, I, 2964

DESBARATS Isabelle, "Le droit à réparation des victimes directes du tabagisme", *D.*, 1998, chron. p. 167

DESCAMPS Marc-Alain, "Catastrophe et responsabilité", *Revue française de sociologie*, 1972, tome XIII, p.376

DESCHENEAUX Henri, "Norme et causalité en responsabilité civile", *in Stabilité et dynamisme du droit dans la jurisprudence du tribunal fédéral Suisse. Recueil offert au Tribunal Fédéral à l'occasion de son centenaire par les Facultés de droit suisses*, Helbing & Lichtenhahn Verlag Basel, 1975, p. 399

DESCORPS DECLERE Frédéric, "La cohérence de la jurisprudence de la Cour de cassation sur la perte de chance consécutive à une faute du médecin", *D.*, 2005, chron. p. 742

DESIDERI Jean-Pierre, "La précaution en droit privé", *D.*, 2000, chron., p. 238

DESPAX Michel, "La loi n° 95-101 du 2 février 1995, relative au renforcement de la protection de l'environnement", *in Les hommes et l'environnement : quels droits pour le XXIème siècle. Etudes en hommage à A. Kiss*, Paris, Frison-Roche, 1998, p. 391.

DIDIER Jean-Pierre, "Les fonctionnaires vaccinés contre l'hépatite B et la sclérose en plaques : les conséquences juridiques du doute scientifique", *J.C.P. éd. Adm. et coll. terr.*, mai 2006, étude 1104

DIETZ André, "Les produits défectueux et leur responsabilité. Le cas des produits de grande consommation", *D. Aff.*, 17 décembre 1998, n° 142, p. 2000

DINETY Erwan, "Règlement éco-audit et normes ISO 14 000 : systèmes de management environnemental et risques contentieux", *B.D.E.I.*, 1996 n°4, p. 2

DION LOYE Sophie, "Les impératifs constitutionnels du droit de la responsabilité", *P.A.*, 29 juillet 1992, n°91, p. 11

DORMONT Dominique, "Encéphalopaties subaiguës spongiformes transmissibles : le risque pour la santé publique humaine", *in Université de tous les savoirs*, sous la dir. d'Yves MICHAUD, vol. II (Qu'est-ce que l'humain ?), Paris, O. Jacob, 2000, p. 385

DORSNER-DOLIVET Annick, "SIDA et responsabilité des cliniques", *J.C.P.*, 1995, I, 3824

DORSNER-DOLIVET Annick, "La responsabilité consécutive à la pratique du diagnostic préimplantatoire", *Méd. et dr.*, septembre-octobre 1999, n° 38, p. 10

DORSNER-DOLIVET Annick, "De l'interdiction du clonage à la réification de l'être humain. Loi n° 2004-800 du 6 août 2004", *J.C.P.*, 2004, I, 172

DOUCET Jean-Paul, "Les infractions de prévention", *G.P.*, 18 décembre 1973, doctr. p.764

DOUCET Jean-Paul, "Les familles d'infractions", *Rev. dr. pén. crim.*, 1975, p. 769

DOUSSAN Isabelle, "Le droit de la responsabilité civile français à l'épreuve de la «responsabilité environnementale» instaurée par la directive du 21 avril 2004", *P.A.*, 25 août 2005, n° 169, p. 3

DOUSSIN Jean-Pierre et VERGER Philippe, "Le rôle de l'analyse des risques dans le processus d'élaboration des réglementations concernant les aliments", *Rev. conc. cons.*, mars-avril 1998, n° 102, p. 28

DOUSSIN Jean-Pierre, "Le principe de précaution en matière de sécurité des aliments, démarche rationnelle ou irrationnelle ?", *Option qualité*, avril 2001, n° 193, p. 11

DRAGO Guillaume, "La conciliation entre principes constitutionnels", *D.*, 1991, chron. p. 265

DRAGO Guillaume, "L'environnement saisi par la Constitution", *Risques*, janvier-mars 2004, n° 57, p. 87

DRAGO Guillaume, "Principes directeurs d'une charte constitutionnelle de l'environnement", *A.J.D.A.*, 2004, études, p. 133

DREIFUSS-NETTER Frédérique, "Observations hétérodoxes sur la question du préjudice de l'enfant victime d'un handicap congénital non décelé pendant la grossesse", *Méd. et dr.*, 2001, n° 46, p. 1

DUBOUIS Louis, "Le droit à cheval sur les principes généraux", *in Drôle(s) de droit(s). Mélanges en l'honneur de Elie Alfandari*, Dalloz, 2000, p. 251

DUBY Jean-Jacques, "Les risques de précaution", *Risques*, juil.-sept. 1992, n° 11, p. 97

DUNEAU Michel, "Le médicament et *les risques de développement* après la loi du 19 mai 1998", *Méd. et dr.*, janvier-février 1999, n° 34, p. 23

DUPEYRON Henry, "L'action collective", *D.*, 1952, chron. p. 153

DUPRAT Jean-Pierre, "La sécurité des produits et la protection de la santé publique", *A.J.D.A.*, 2006, p. 2046

DUPUY René-Jean, "Réflexions sur le patrimoine commun de l'humanité", *Droits*, 1985, p. 63

DURRY Georges, "Est-on obligé de minimiser son propre dommage ?", *Risques*, janvier-mars 2004, n° 57, p.111

EDELMAN Bernard, "Vers une approche juridique du vivant", *D.*, 1980, chron, p. 329

EISENMANN Charles, "Sur le degré d'originalité du régime de la responsabilité extra-contractuelle des personnes (collectivités) publiques", *J.C.P.*, 1949, I, 751

EISENMANN Charles, "Droit public, droit privé (En marge d'un livre sur l'évolution du droit civil français du XIXe au XX siècle)", *R.D.P.*, 1952, p. 903

EISENMANN Charles, "Nouvelle conception du droit subjectif : la théorie de M. Jean Dabin", *R.D.P.*, 1954, p. 153

EISENMANN Charles, "Quelques problèmes de méthodologie des définitions et des classifications en science juridique", *A.P.D.*, tome XI, 1966, p. 25

ENCINAS DE MUNAGORRI Rafael, "La communauté scientifique est-elle un ordre juridique ?", *R.T.D.civ.*, avril-juin 1998, n° 2, p. 247

ENGEL Laurence, "Vers une nouvelle approche de la responsabilité. Le droit français face à la dérive américaine", *Esprit*, juin 1993, p. 5

ENGEL Laurence, *Le Débat*, novembre-décembre 1993, p. 191

EOCHE-DUVAL Christophe, "Le principe de précaution et le juge constitutionnel français : la décision IVG du 27 juin 2001", *Dr. env.*, octobre 2001, n° 92, p. 232

EPPRECHT Thomas, "Le génie génétique et l'assurance de responsabilité civile", *Risques*, juin 1999, n° 38, p.86

ESMEIN Paul, "Les Principes de la responsabilité délictuelle", *Rev. crit. Leg. et Jur.*, 1932, p. 458

ESMEIN Paul, "Trois problèmes de responsabilité civile. Causalité. Concours des responsabilités. Convention d'irresponsabilité", *R.T.D.civ*, 1934, p. 317

ESMEIN Paul, "La faute et sa place dans la responsabilité civile", *R.T.D.civ.*, 1949, p.481

ESMEIN Paul, "Le nez de Cléopâtre ou les affres de la causalité", *D.*, 1964, chron. p.205

ESPER Claudine, "La nouvelle réparation des conséquences des risques sanitaires", *Méd. et dr.*, 2002, n° 55, p. 3

ETCHEGOYEN Alain, "La notion de responsabilité", *Risques*, n° 32, octobre-décembre 1997, p. 9

EWALD François, "La société assurancielle", *Risques*, juin 1990, n°, p. 5

EWALD François, "Responsabilité. Solidarité. Sécurité. La crise de la responsabilité en France à la fin du XXe siècle", *Risques*, avril-juin 1992, n° 10, p. 9

EWALD François, "Un entretien avec F. Ewald : Après l'ère de la prévoyance et celle de la prévention nous entrons dans l'âge de la précaution", *Le Monde*, 21 avril 1993

EWALD François, "La véritable nature du risque de développement et sa garantie", *Risques*, n° 14, avril-juin 1993, p. 9

EWALD François, "Un entretien avec François Ewald. Le principe de précaution", *Prévenir*, n° 24, 1993, p.187

EWALD François, "Responsable mais pas coupable", *Magazine littéraire*, n° 367, juillet-août 1998, p.44

EWALD François, "Génétique et assurance", *R.G.D.A.*, 1999, p. 539

EWALD François, "La précaution une responsabilité de l'Etat", *Le Monde*, 11 mars 2000

EWALD François, "Le risque dans la société contemporaine", *in Université de tous les savoirs*, sous la direction d'Yves MICHAUD, vol. V (Qu'est ce que les technologies ?), Paris, Odile Jacob, 2001, p. 573

EWALD François et MARGEAT Henri, "Le risque thérapeutique", *Risques*, juin 1991, n° 6, p. 9

FABRE-MAGNAN Muriel, "Avortement et responsabilité médicale", *R.T.D.civ.*, 2001, p. 287

FAGNART Jean-Luc, "Recherches sur le droit à réparation", *in Responsabilités et assurances, Mélanges Roger O. Dalcq*, Bruxelles, Maison Larcier, 1994, p. 135

FAVOREU Louis, "Le principe de constitutionnalité. Essai de définition d'après la jurisprudence du Conseil Constitutionnel", *in Recueil d'études en hommage à Charles Eisenmann*, Paris, Cujas, 1975, p. 33

FAVOREU Louis, "La constitutionnalisation du droit", *in L'unité du droit. Mélanges en hommage à Roland Drago*, Paris, Economica, 1996, p. 25

FAVOREU Louis, "Légalité et constitutionnalité", *Les Cahiers du Conseil constitutionnel*, 1997, n° 3, p. 80

FARJAT Gérard, "Réflexions sur les codes de conduite privés", *in Le droit des relations économiques internationales. Etudes offertes à Berthold GOLDMAN*, Paris, Litec, 1982, p. 47

FASQUELLE Daniel, "L'existence des fautes lucratives en droit français", *P.A.*, 20 novembre 2002, n° 232, p.27

FAVRET Jean-Marc, "Le principe de précaution ou la prise en compte par le droit de l'incertitude scientifique et du risque virtuel", *D.*, 2001, chron. p. 3462

FELDMAN Jean-Philippe, "Le projet de loi constitutionnelle relatif à la Charte de l'environnement", *D.*, 2004, chron. p. 970

FENOUILLET Dominique, "Pour une humanité autrement fondée", *Dr. fam.*, avril 2001, chron. 7, p. 4

FENOUILLET Dominique, "Premières remarques sur le projet de loi «en faveur des consommateurs»", *D.*, 2006, chron. p. 2987

FEUERBACH-STEINLE Marie-France, "Le droit des catastrophes et la règle des trois unités de temps de lieu et d'action", *P.A.*, 28 juillet 1995, n° 90, p. 9

FLICOTEAUX Nadine, "Assurer les risques liés aux OGM", *Risques*, juin 1999, n° 38, p. 81

FLORIN Pierre, "L'assurance confrontée au principe de précaution", *Risques*, janvier-mars 2004, n° 57, p. 106

FLOUR Yvonne, "Faute et responsabilité civile : déclin ou renaissance ?", *Droits*, 1987, p. 29

FONBAUSTIER Laurent, "Environnement et pacte écologique. Remarques sur la philosophie d'un nouveau «droit à»", *Les cahiers du Conseil Constitutionnel*, n° 15, 2003, p. 140

FONBAUSTIER Laurent, "Recherche, innovation et environnement : difficultés d'un ménage à trois", *Environnement*, avril 2005, comm. n° 37, p. 34

FOREST Denise, "Les produits défectueux et leur responsabilité. Réactions des assureurs de responsabilité civile", *D. Aff.*, 17 décembre 1998, n° 142, p. 2006

FOUASSIER Eric, "Responsabilité civile liée au médicament industriel : la nouvelle donne. Analyse critique de quelques conséquences de la directive «produits défectueux» du 25 juillet 1985 et du décret du 11 février 1998 relatif aux établissements pharmaceutiques", *R.D.S.S.*, 1998, p. 296

FOUASSIER Eric, "Responsabilité du fait des produits défectueux. De la directive à la loi… en passant par Cervantès", *Méd. et dr.*, mai-juin 1999, n° 36, p. 2

FOUASSIER Eric, "Les fondements juridiques de la responsabilité du producteur de spécialités pharmaceutiques : vers un retour à la raison ?", *Méd. et dr.*, 2006, p. 103

FOURCAN André, "Un principe à manier avec précaution", *Risques*, janvier-mars 2004, n° 57, p. 93

FOURGOUX Jean-Claude, "La loi du 21 juillet 1983 : la sécurité des consommateurs et le reste", *G.P.*, 1983, doctr. p. 395

FRAISSEIX Patrick, "L'opposabilité des références médicales obligatoires aux médecins de ville et aux médecins hospitaliers", *P. A.*, 29 juillet 1994, n° 90, p. 23

FRANC Michel, "Traitement juridique du risque et principe de précaution", *A.J.D.A.*, 2003, études, p. 360

FRANCK Jérôme, "L'intégration en droit français de la directive communautaire du fait des produits défectueux : une loi défectueuse ?", *R.E.D.C.*, 1998, p. 187

FREMEAUX Eliane, "Le nouveau rôle de la responsabilité civile", *P.A.*, 27 avril 1994, n° 50, p. 71

FREMEAUX Eliane, "La pollution des sols et la responsabilité contractuelle", *G.P.*, 5 mai 1994, doctr. p. 563

FRISON-ROCHE Marie-Anne, "Le pouvoir processuel des associations et la perspective de la «*class action*»", *P.A.*, 24 avril 1996, n° 50, p. 28

FUCHS Olivier, "Le *Principe responsabilité* de Hans Jonas. Contribution à l'étude de la médiation juridique des rapports de l'homme à la nature", *R.R.J.*, 2006, p. 1027

FUNCK-BRENTANO, Jean Louis, "Limites et dangers du *principe de précaution*", *Le Monde*, 29-30 octobre 1995

GAFTARNIK Eric, "La responsabilité civile à l'épreuve du principe de précaution", *P.A.*, 13 mars 2006, n°51, p. 3

GAILLOT-MERCIER Valérie, "Les conditions de la responsabilité en matière d'environnement", *Dr. et pat.*, janvier 2001, n° 89, p. 58

GALLOUX Jean-Christophe, "Les enjeux d'une déclaration universelle sur la protection du génome humain", *D.*, 1996, chron., p. 141

GALLOUX Jean-Christophe, "Chronique de droit des biotechnologies", *D.*, 1998, somm. p. 163

GALLOUX Jean-Christophe, "Timides avancées sur la réglementation des OGM", *D.*, 2007, chron. p. 1672

GARAY Alain, "La nouvelle législation française relative aux droits des malades et à la qualité du système de santé", *R.R.J.*, 2002, p. 1305

GAUTIER Pierre-Yves, "Les distances du juge à propos d'un débat éthique sur la responsabilité civile", *J.C.P.*, 2001, I, 287

GENCY-TANDONNET Dominique, "L'obligation de modérer le dommage dans la responsabilité extracontractuelle", *G.P.*, 5-6 mai 2004, doctr. p. 27

GENY François, "Risques et responsabilité", *R.T.D.civ.*, 1902, p. 812

GENY François, "Les bases fondamentales du droit civil en face des théories de L. Duguit", *R.T.D.civ.*, 1922, p. 779

GHESTIN Jacques, "Droit public-Droit privé. Institutions publiques-Institutions privées. Le point de vue d'un privatiste", *in La pensée de Charles Eisenmann*, sous la dir. de Paul AMSELEK, Paris, Economica, 1986, p.157

GHESTIN Jacques, "La directive communautaire du 25 juillet 1985", *D.*, 1986, chron. p.135

GHESTIN Jacques, "Le nouveau titre IV bis du Livre III du Code civil : *De la responsabilité du fait des produits défectueux*. L'application en France de la directive sur la responsabilité du fait des produits défectueux après l'adoption de la loi n° 98-389 du 19 mai 1998", *J.C.P.*, 1998, I, 148

GIARD Bénédicte, "La pollution environnementale par l'amiante", *P.A.*, 31 mai 2001, n° 108, p. 17

GIMBERT Bernadette, "Responsabilité médicale et transfusion sanguine", *P.A.*, 4 mars 1998, n° 27, p. 10

GINI Corrado, "Concept et mesure de la probabilité", *Dialectica*, vol. 3, n° 9/10, mars-juin 1949, p. 36

GIRARD Marc, "Expertise médicale : questions et … réponses sur l'imputabilité médicamenteuse, *D.*, 2001, Point de vue, p. 1251

GIRAUD Catherine, "Le droit et le principe de précaution : leçons d'Australie", *R.J.E.*, 1997, n° 1, p. 21

GIULJ Sylvie, "Les quotas d'émission de gaz à effet de serre (La problématique de la nature juridique des quotas et ses implications en matière comptable et fiscale)", *P.A.*, 13 février 2004, n° 32, p. 10

GLEMAIN Antoine, "Probabilités et statistiques à l'époque moderne", *Revue de synthèse*, IVe S. n° 2, avril-juin 1991, p. 299

GLENN Patrick H. "A propos de la maxime «nul ne plaide par procureur»", *R.T.D.civ.*, 1988, p. 59

GLORION Bernard, "De la prévention à la précaution", *Bull. Ord. Nat. Méd.*, mai 2000, n° 5

GOBERT Michelle, "La Cour de cassation méritait-elle le pilori ? (A propos de l'arrêt de l'Assemblée plénière du 17 novembre 2000)", *P. A.*, 8 décembre 2000, n° 245, p. 4

GODARD Olivier, "De l'usage du principe de précaution en univers controversé", *Futuribles*, février-mars 1999, n° 239-240, p. 37

GODARD Olivier, "Le principe de précaution, une nouvelle logique de l'action entre science et démocratie", *Philosophie politique*, mai 2000, n° 11, p. 17

GODARD Olivier, "Charte de l'environnement : pour le principe de précaution", *Futuribles*, mai 2004, n°297, p. 75

GOLDMAN Berthold, "Garde de la structure et garde de comportement", *in Mélanges Paul Roubier*, Librairie Dalloz et Sirey, Paris, 1961, tome II, p. 51

GOLDNADEL Jean-Marc, "L'introduction des class actions en France", *G.P.*, 25-27 septembre 2005, doctr. p.3072

GOLLIER Christian, "Le risque de développement est-il assurable ?", *Risques*, n° 14, avril-juin 1993, p. 49

GOLLIER Christian, "Face au principe de précaution : que croire ? qui croire ?", *Risques*, janvier-mars 2004, n° 57, p. 98

GONZALEZ VAQUE Luis, EHRING Lothar et JACQUET Cyril, "Le principe de précaution dans la législation communautaire et nationale relative à la protection de la santé", *Revue du Marché Unique Européen*, 1999, n° 1, p. 79

GORY Cyril, "La loi n° 2003-699 du 30 juillet 2003 relative à la prévention des risques technologiques et naturels et à la réparation des dommages", *R.G.D.A.*, 2004, p. 21

GOSSEMENT Arnaud, "Les conditions de l'action directe en responsabilité civile du vendeur d'un sol pollué par son sous-acquéreur, au terme d'une chaîne de contrats de vente", *P.A.*, 18 août 2004, n° 165, p. 6

GOSSERIES Axel, "La justice entre les générations. Faut-il renoncer au maximum intergénérationnel ?", *Revue de métaphysique et de morale*, janvier-mars, 2002, n° 1, p.61

GOUESSE Etienne, "Réflexions sur l'aléa thérapeutique et son indemnisation", *P.A.*, 25 janvier 2000, n° 17, p. 10

GOUPILLON Catherine, "Les risques de la dissémination des plantes transgéniques pour l'environnement", *Courrier de l'environnement de l'INRA*, avril 1996, n° 27, p. 45

GOUT Olivier, "Les avancées discrètes du principe de précaution", *Resp. civ. et ass.*, juillet-août 2006, chron. 11, p. 7

GRAF André, "Sida, responsabilité civile et assurance", *Risques*, décembre 1990, n° 3, p. 192

GRIDEL Jean-Pierre, "La Cour de cassation française et les principes généraux du droit privé", *D.*, 2002, p.228

GROULIER Cédric, "Quelle effectivité juridique pour le concept de patrimoine commun ?", *A.J.D.A.*, 2005, p. 1034

GROUTEL Hubert, "Garde de la structure-garde du comportement :le glas sonne-t-il ?", *Resp. civ. et ass.*, mai 2007, repère, p. 5

GRZEGORCZYK Christophe, "Le rôle du performatif dans le langage du droit", *A.P.D.*, 1974, tome 19, p.229

GUEDON Jean-Philippe, "Lutte contre le tabagisme. La répression au service de la prévention. Loi n° 2003-715 du 31 juillet 2003", *J.C.P.*, 2004, I, 104

GUEGAN Anne, "L'apport du principe de précaution au droit de la responsabilité civile", *R.J.E.*, 2000, n° 2, p. 147

GUEGAN-LECUYER Anne, "Le nouveau régime d'indemnisation des victimes de catastrophes technologiques", *D.*, 2004, chron., p. 17

GUEGUEN Elisabeth, "La normalisation de l'environnement contrainte ou atout pour l'entreprise ?", *Dr. env.*, octobre-novembre 1993, n° 21, p. 112

GUETTIER Christophe, "Le fonds d'indemnisation des victimes de l'amiante", *Resp. civ. et ass.*, novembre 2002, chron. n° 19

GUETTIER Christophe, "Du droit de la responsabilité administrative dans ses rapports avec la notion de risque", *A.J.D.A.*, 2005, p. 1499

GUIGUE Jean et ESPER Claudine, "Le juge judiciaire et le juge administratif se prononcent sur l'information médicale du malade", *G.P.*, 24-25 octobre 1997, doctr. p. 3

GUIGUE Jean, "Aléa thérapeutique : le droit privé peut-il s'aligner sur la jurisprudence du Conseil d'Etat ?", *G.P.*, 22-23 mars 2000, doctr. p. 2

GUINCHARD Serge, "L'action de groupe en procédure civile française", *R.I.D.C.*, 1990, p. 599

GUINCHARD Serge, "Une *class action* à la française", *D.*, 2005, chron. p. 2180

GUINIER Daniel, "Justifications du principe de précaution. Application aux antennes radio-téléphoniques", *Expertises*, juillet 2001, p. 263 et août septembre 2001, p. 298

GUTWIRTH Serge et NAIM-GESBERT Eric, "Science et droit de l'environnement : réflexions pour le cadre conceptuel du pluralisme de vérités", *R.I.E.J.*, 1995. 34, p. 33

GUYOT Isabelle, "Le caractère extérieur de la force majeure", *R.R.J.*, 2001, p. 213

HAGEGE Béatrice, "La reconnaissance de la force majeure à l'occasion de catastrophes naturelles : mythe ou réalité ?", *P.A.*, 6 septembre 2002, n° 179, p. 3

HALPERIN Jean-Louis, "La naissance de l'obligation de sécurité", *G.P.*, 23 septembre 1997, doctr. p. 1176

HARANG Laurence, "Au nom du principe de précaution", *R.R.J.*, 2005, n°4, p. 2111

HARDY J., "La création d'un fonds d'indemnisation des victimes de l'amiante", *J.C.P. éd. E.*, 2001, p. 605

HARICHAUX Michèle, "L'obligation du médecin de respecter les données de la science", *J.C.P.*, 1987, I, 3306

HASSLER Théo, "Le gauchissement des règles de la responsabilité civile en cas d'accidents collectifs ou de risques majeurs", *P.A.*, 8 juin 1994, n° 68, p. 19

HASSLER Théo, "Le point sur l'obligation de sécurité", *P.A.*, 12 fév. 1997, n° 19, p. 17

HAUSER Jean, "Le préjudice d'être né, question de principe, *Dr. et pat.*, janvier 2001, n° 89, p. 6

HAUTEVILLE (d') Anne, "La gradation des fautes pénales en matière d'atteinte à la vie et à l'intégrité physique", *in Réflexions sur le Nouveau code pénal*, sous la dir. de C. LAZERGES, Paris, Pédone, 1995, p. 31

HEAS Franck, "La maxime *res ipsa logitur* : à propos d'une application censurée en matière de responsabilité médicale", *P.A.*, 2 juillet 1999, n° 131, p. 8

HEBRAUD Pierre, "La notion de temps dans l'oeuvre du Doyen Maurice Hauriou", *in La pensée du doyen Maurice Hauriou et son influence*, Journées Hauriou organisées par la Faculté de droit et des sciences économiques de Toulouse, 11-14 mars 1968, *Annales de la Faculté de droit et des sciences sociales de Toulouse*, tome XVI, fasc. 2, p. 179

HEBRAUD Pierre, "Observations sur la notion du temps dans le droit civil", *in Etudes offertes à P. Kayser*, P.U.F. d'Aix-en-Provence, 1979, tome II, p. 1

HEERS Mireille, "L'indemnisation de la perte d'une chance", *G.P.*, 22-23 mars 2000, p.7

HENRIOT Jacques, "Note sur la date et le sens de l'apparition du mot «responsabilité»", *A.P.D.*, 1977, p. 59

HERMITTE Marie-Angèle, "Pour un statut juridique de la diversité biologique", *Rev. fr. adm. publ.*, 1990, n°53, p. 33

HERMITTE Marie-Angèle, "La Convention sur la diversité biologique", *Ann. fr. dr. inter.*, 1992, p. 844

HERMITTE Marie-Angèle, "Disséminations volontaires d'organismes génétiquement modifiés", *Risques*, avril-juin 1993, n° 14, p. 101

HERMITTE Marie-Angèle, "Droit du marché, territoire et précaution", *in La Communauté européenne et l'environnement. Travaux de la C.E.D.E.C.E., Colloque d'Angers, sous la direction de Jean-Claude MASCLET*, Paris, La documentation française, 1997, p. 361

HERMITTE Marie-Angèle, "L'expertise scientifique à finalité politique, réflexions sur l'organisation et la responsabilité des experts", *Justices*, octobre 1997, n° 8, p. 79

HERMITTE Marie-Angèle, "Santé, environnement, pour une deuxième révolution hygiéniste", *in Les hommes et l'environnement : quels droits pour le XXIème siècle. Etudes en hommage à A. Kiss*, Paris, Frison-Roche, 1998, p. 23

HERMITTE Marie-Angèle et NOIVILLE Christine, "La dissémination volontaire d'organismes génétiquement modifiés dans l'environnement. Une première application du principe de prudence", *R.J.E.*, 1993 n° 3, p. 391

HERMON Carole, "La réparation du dommage écologique. Les perspectives ouvertes par la directive du 21 avril 2004", *A.J.D.A.*, 2004, études, p. 1792

HOSTIOU René, "Loi Barnier. L'Etat au secours de l'environnement", *Etudes foncières*, mars 1995, n° 66, p.39

HUET Jérôme, "Le paradoxe des médicaments et les risques de développement", *D.*, 1987, chron. p. 73

HUET Jérôme, "Le développement de la responsabilité civile pour atteinte à l'environnement", *P.A.*, 5 janvier 1994, n° 2, p. 10, 7 janvier 1994 n° 3, p. 9 et 14 janvier 1994, n° 6, p. 6

HUET Jérôme, "Une loi peut en cacher une autre : mise en perspective de la loi sur la responsabilité du fait des produits défectueux", *D. Aff.*, 1998, p. 1160

HUGLO Christian, "La réparation du dommage écologique au milieu marin à travers deux expériences judiciaires : les affaires «Montedison» et «Amoco-Cadiz »", *G.P.*, 1992, 2, doctr. p. 582

HUGLO Christian, "Les évolutions récentes du droit de la responsabilité du fait des sols contaminés par une activité industrielle", *G.P.*, 1999, doctr. p. 1450

HUGLO Christian, "Le concept de risque zéro, fausse solution, mais vrai problème", *Philosophie politique*, mai 2000, n° 11, p. 57

HUGLO Christian et LEPAGE-JESSUA Corinne, "La véritable nature du droit de l'environnement", *Esprit*, mai 1995, n° 5, p. 70

HUGLO Jean-Guy, "La directive du Conseil du 25 juillet 1985 sur la responsabilité du fait des produit défectueux et les difficultés de son intégration en droit français", *J.C.P. éd. E.*, 1990, II, 15687

HUSSON Gérard, "L'assurance pollution", *Risques*, juillet-septembre 1992, n° 11, p. 43

IONESCU Octavian, "Théories nouvelles sur le droit subjectif", Athènes, Katsikalis, 1973, extrait de Xenion Festschrift für Pan. J. ZEPOS, I. Band, p. 151

IZORCHE Marie-Laure, "Réflexions sur la distinction", *in Mélanges Christian Mouly*, Paris, Litec, 1998, p.53

JEANNIN Marie Véronique, "Sécurité et insécurité alimentaire au troisième millénaire", *G.P.*, 2-4 janvier 2000, p. 69

JEGOUZO Yves, "La loi n° 95-101 du 2 février 1995 relative au renforcement de la protection de l'environnement", *R.D.I.*, avril-juin 1995, p. 201

JEGOUZO Yves, "Les principes généraux du droit de l'environnement", *R.F.D.A.*, 1996, n° 2, p. 209

JEGOUZO Yves, "Quelques réflexions sur le projet de Charte de l'environnement", *Les cahiers du Conseil Constitutionnel*, n° 15, 2003, p. 123

JEGOUZO Yves, "De certaines obligations environnementales : prévention, précaution et responsabilité", *A.J.D.A.*, 2005, p. 1164

JEGOUZO Yves et LOLOUM François, "La portée juridique de la charte de l'environnement", *Dr. adm.*, mars 2004, p. 5

JESTAZ Philippe, "Une question d'épistémologie (à propos de l'affaire Perruche)", *R.T.D.civ.*, 2001, p. 547

JOLY André, "Vers un critère juridique du rapport de causalité au sens de l'article 1384, alinéa 1er, du Code civil", *R.T.D.civ.*, 1942, p. 257

JOLY Sophie, "La nouvelle génération des doubles délais extinctifs", *D.*, 2001, chron. p. 1450

JONAS Hans, "Technologie et responsabilité. Pour une nouvelle éthique", *Esprit*, septembre 1974, p. 163

JONAS Hans, "De la gnose au Principe de responsabilité. Un entretien avec Hans Jonas", *Esprit*, mai 1991, p.5

JONAS Hans, "Surcroît de responsabilité et perplexité. Un entretien avec Hans Jonas", *Esprit*, novembre 1994, p. 8

JONQUET Nicolas et VIALLA François, "La perversion de la solidarité nationale et la déresponsabilisation des acteurs de santé", *D.*, 2002, Point de vue, p. 3211

JOSSERAND Louis, "Le travail de refoulement de la responsabilité du fait des choses inanimées", *D.*, 1930, chron. p. 5

JOSSERAND Louis, "Le gardien de l'automobile, le voleur et la victime d'un accident", *D.*, 1936, chron. p. 37

JOUAN Y., "Les conséquences des vols à vitesse supersonique : effets physiques, sociaux et juridiques", *Revue générale de l'air et de l'espace*, 1969, p. 172

JOUHAUD Yves, "L'indemnisation des transfusés et hémophiles victimes de contamination par le virus d'immunodéficience humaine. Doctrine adoptée par la Commission du Fonds d'indemnisation", *Bull. info. Cour Cass.*, 1er octobre 1992, p. 6

JOURDAIN Patrice, "L'obligation de sécurité (A propos de quelques arrêts récents)", *G.P.*, 25 septembre 1993, doctr. p. 1171

JOURDAIN Patrice, "Le fondement de l'obligation de sécurité", *G.P.*, 23 septembre 1997, doctr. p. 1196

JOURDAIN Patrice, "Commentaire de la loi n° 98-389 du 19 mai 1998 sur la responsabilité du fait des produits défectueux", *J.C.P. éd. E.*, 1998, p. 1204

JOURDAIN Patrice, "Une loi pour rien ? (à propos de la loi du 19 mai 1998 relative à la responsabilité du fait des produits défectueux)", *Resp. civ. et ass.*, juillet-août 1998, p. 4

JOURDAIN Patrice, "Le préjudice et la jurisprudence", *Resp. civ. et ass*, juin 2001, chron. n° 8, p. 45

JOURDAIN Patrice, "Les conséquences de la loi du 10 juillet 2000 en droit civil", *Rev. sc. crim.* 2001, p. 748

KAMTO Maurice, "Les nouveaux principes du droit international de l'environnement", *R.J.E.*, 1993, n° 1, p.11

KAYSER Pierre, "Un arrêt de l'Assemblée plénière de la Cour de cassation sans fondement juridique ?", *D.*, 2001, chron. p. 1889

KERVEN Georges-Yves, "Epistémologies des cindyniques", *Risques*, décembre 1991, n° 8, p. 139

KEYMAN S., "Le résultat pénal", *Rev. sc. crim.*, 1968, p. 781

KIMBALL M. S., "Precautionary saving in the small and in the large", *Econometrica*, 1990, vol. 58, n° 1, p.53 et s

KIMMEL-ALCOVER Anne, "A propos des accidents médicaux : vers l'indemnisation de l'aléa thérapeutique?", *P. A.*, 25 décembre 1996, n° 155, p. 17

KIRAT Thierry, "Les lois sont-elles efficientes ? La réponse de l'analyse économique", *Science économique*, 28 octobre 1998, n° 2588, p. 18

KISS Alexandre, "Le patrimoine commun de l'humanité", *in Académie de droit international, Recueil des cours*, La Haye, Boston, Londres, M. Nijhoff, 1983, p. 103

KISS Alexandre, "Risque et droit", *A.P.D.*, 1991, p. 49

KISS Alexandre, "L'irréversibilité et le droit des générations futures", *R.J.E.*, 1998, n°spécial, p. 49

KISS Alexandre et DOUMBE-BILLE Stéphane, "La conférence des Nations unies sur l'environnement et le développement (Rio-de-Janeiro, 3-14 juin 1992)", *Ann. fr. dr. inter.*, 1992, p. 823

KLEMM (de) C., "Le patrimoine naturel de l'humanité", *in L'avenir du droit international de l'environnement*, Colloque La Haye, 12-14 novembre 1984, La Haye, Boston, Londres, M. Nijhoff, 1985, p. 117

KLEMM (de) C., "La conservation de la diversité biologique, obligation des Etats et devoirs des citoyens", *R.J.E.*, 1989, p. 397

KNIGHT Frank H., "Risque et incertitude", *Risques*, n° 3, décembre 1990, p. 36

KOZCIUSKO-MORIZET Nathalie, "Le principe de précaution, pilier d'un droit moderne de la sécurité", *Risques*, janvier-mars 2004, n° 57, p. 78

KRIEGK Jean-François, "L'obligation de sécurité : de sa maturation à l'admission du risque de développement", *G. P.*, 24 avril 1993, p. 519

KRIEGK Jean-François, "L'américanisation de la justice, marque d'un mouvement de privatisation du droit de la responsabilité civile ?", *G.P.*, 3-5 avril 2005, doctr. p. 2

KROMAREK Pascale et JACQUEAU Mathilde, "Réflexions autour de la transposition de la directive sur la responsabilité environnementale en droit français", *Environnement*, novembre 2004, p. 7

LABBEE Xavier, "Esquisse d'une définition civiliste de l'espèce humaine", *D.*, 1999, chron. p. 437

LABROUSSE Françoise, "Amiante et responsabilité", *P.A.*, 5 avril 1996, n° 42, p. 4

LABRUSSE-RIOU Catherine et MATHIEU Bertrand, "La vie humaine peut-elle être un préjudice ?", *D.*, 2000, Point de vue, p. III

LACHAUD Yves, "La responsabilité médicale pour défaut d'information. De l'évolution de la jurisprudence à une nécessaire réforme législative", *G.P.*, 16-17 juin 1999, doctr. p. 4

LACHAUD Yves, "La mise en œuvre de l'action en responsabilité civile médicale après la loi du 4 mars 2002", *Dr. et pat.*, janvier 2003, n° 111, p. 95

LACOEUILHE Georges, "A propos de la loi du 30 décembre 2002 relative à la responsabilité civile médicale", *D.*, 2003, Point de vue, p. 499

LAJARTRE (de) Arnaud, "La responsabilité hospitalière relative aux premières médicales", *A.J.D.A.*, 1997, doctr. p. 562

LAMARCHE Marie, "Heurs et malheurs de l'obligation d'information en matière médicale", *R.R.J.*, 1998, p. 1223

LAMBERT-FAIVRE Yvonne, "Le sinistre en assurance de responsabilité et la garantie de l'indemnisation des victimes", *R.G.A.T.*, 1987, p. 193

LAMBERT-FAIVRE Yvonne, "L'évolution de la responsabilité civile d'une dette de responsabilité à une créance d'indemnisation", *R.T.D.civ.*, 1987, p. 1

LAMBERT-FAIVRE Yvonne, "La durée de la garantie dans les assurances de responsabilité : fondement et portée de la nullité des clauses «réclamation de la victime»", *D.*, 1992, chron. p. 13

LAMBERT-FAIVRE Yvonne, "Principes d'indemnisation des victimes post-transfusionnelles du sida", *D.*, 1993, chron. p. 68

LAMBERT-FAIVRE Yvonne, "L'hépatite C post-transfusionnelle et la responsabilité civile", *D.*, 1993, chron. p. 291

LAMBERT-FAIVRE Yvonne, "L'indemnisation des victimes post-transfusionnelles du sida, hier, aujourd'hui et demain", *R.T.D.civ.*, 1993, p. 1

LAMBERT-FAIVRE Yvonne, "Dommage corporel : de l'hétérogénéïté des systèmes de réparation à l'unicité d'une méthodologie de l'indemnisation", *in Responsabilités et assurances. Mélanges Roger O. Dalcq*, Bruxelles, Maison Larcier, 1994, p. 349

LAMBERT-FAIVRE Yvonne, "Fondement et régime de l'obligation de sécurité", *D.*, 1994, chron. p. 81

LAMBERT-FAIVRE Yvonne, "Le dommage corporel entre l'être et l'avoir, *Resp. civ. et ass.*, décembre 1997, chron. n° 31, p. 5

LAMBERT-FAIVRE Yvonne, "L'éthique de la responsabilité", *R.T.D.civ.*, 1998, p.1

LAMBERT-FAIVRE Yvonne, "La réparation de l'accident médical. Obligation de sécurité : oui ; aléa thérapeutique : non", *D.*, 2001, chron. p. 570

LAMBERT-FAIVRE Yvonne, "La loi n° 2002-303 du 4 mars 2002 relative aux droits des malades et à la qualité du système de santé. III - L'indemnisation des accidents médicaux", *D.*, 2002, chron. p. 1367

LAMBERT-FAIVRE Yvonne, "La responsabilité médicale : la loi du 30 décembre modifiant la loi du 4 mars 2002", *D.*, 2003, chron. p. 361

LANOY Laurence, "Réflexions sur la place et la portée des principes généraux du droit de l'environnement", *B.D.E.I.*, 1996, n°2, p. 2

LANOY Laurence, "Le principe de précaution : dernières évolutions et perspectives", *B.D.E.I.*, 2001, n° 1, p.2

LANTRES Olivier, "Les acteurs pharmaceutiques face au principe de précaution", *P.A.*, 21 octobre 2004, n°211, p. 3

LARRERE Catherine et LARRERE Raphaël, "Les OGM entre hostilité de principe et principe de précaution", *Le courrier de l'environnement de l'INRA*, mai 2001, n° 43

LARROUMET Christian, "La responsabilité civile en matière d'environnement. Le projet de Convention du Conseil de l'Europe et le livre vert de la Commission des communautés européennes", *D.*, 1994, chron. p. 101

LARROUMET Christian, "La responsabilité du fait des produits défectueux après la loi du 19 mai 1998, *D.*, 1998, chron. p. 311

LARROUMET Christian, "L'indemnisation de l'aléa thérapeutique", *D.*, 1999, chron. p.33 et *P.A.*, 22 septembre 1999, n° 189, p. 16

LARROUMET Christian, "Pour la responsabilité contractuelle", *in Le droit privé français à la fin du XXème siècle. Etudes offertes à Pierre Catala*, Paris, Litec, 2001

LARROUMET Christian et FABRY Charles, "Le projet de Convention du Conseil de l'Europe sur la responsabilité civile des dommages résultant de l'exercice d'activités dangereuses pour l'environnement", *G.P.*, 1994, 1, doctr. p. 554

LASCOUMES Pierre, "Construction sociale des risques et contrôle du vivant", *Prévenir*, n° 24, 1993, p. 23

LASCOUMES Pierre, "La précaution comme anticipation des risques résiduels et hybridation de la responsabilité", *L'année sociologique*, vol. 46/1996 n° 2 , p. 359

LASCOUMES Pierre, "La précaution, un nouveau standard de jugement", *Esprit*, novembre 1997, p. 129

LASSERRE-KIESOW Valérie, "La prescription, les lois et la faux du temps", *J.C.P. éd. N*, 2004, I, 1225

LATOUR Bruno, "Prenons garde au principe de précaution", *Le Monde*, 4 janvier 2000

LAUDE Anne, "La force juridique des références médicales opposables", *Méd. et dr.*, janvier-février 1998, n° 28, p. 1

LAUDE Anne, "La responsabilité des produits de santé", *D.*, 1999, chron. p. 189

LAUDE Anne, "La responsabilité du fait des effets secondaires des produits de santé", *P.A.*, 16 février 1999, n° 33, p. 14

LAUDE Anne, "L'obligation de minimiser son propre dommage existe-telle en droit français ?", *P.A.*, 20 novembre 2002, p. 55

LE BARS Benoît, "La nature juridique des quotas d'émission de gaz à effet de serre après l'ordonnance du 15 avril 2004. Réflexions sur l'adaptabilité du droit des biens", *J.C.P.*, 2004, I, 148

LEBEAU Martin, "Responsabilité et contamination post-transfusionnelles, *G.P.*, 16-17 juin 1999, p. 35

LECUYER Hervé, "Prescription trentenaire", *Juris-Classeur notarial*, art. 2260 à 2264, fasc. 72, 1997

LE DAMANY Sylvie, "Les limites du recours à l'assurance face aux risques d'atteinte à l'environnement", *B.D.E.I.*, 1995, n° 3, p. 35

LEDUC Fabrice, "Handicap génétique ou congénital et responsabilité civile", *Resp. civ. et ass.*, février 2001, chron. 4, p. 4

LEDUC Fabrice, "Le droit de la responsabilité civile hors le Code civil", *P.A.*, 6 juillet 2005, n° 133, p. 3

LEFEUVRE André, "De la prescription décennale en matière de responsabilité médicale", *A.J.D.A.*, 2003, p.270

LEGIER Gérard, "Le règlement «Rome II» sur la loi applicable aux obligations non contractuelles", *J.C.P.*, 2007, I, 207

LEGROS Bérangère, "Etat des lieux sur les différents régimes d'indemnisation des conséquences des accidents médicaux", *Méd. et dr.*, janvier 2004, n° 64, p. 1

LEMIEUX Cyril et BARTHE Yannick, "Les risques collectifs sous le regard des sciences du politique", *Politix*, 1998, n° 44, p. 7

LEPAGE-JESSUA Corinne, "Responsabilité civile des entreprises en matière d'environnement", *Dr. et pat.*, juillet-août 1994, p. 33

LEPAGE Corinne, "Révolution ou gadget dans le processus de prise de décision : les conférences de consensus", *G.P.*, 20-21 mai 1998, p. 2

LEPAGE Corinne, "L'utilisation des OGM pour les matières fertilisantes et les supports de culture", *G.P.*, 21 mai 1998, p. 658

LEPAGE Corinne, "Entre responsabilité morale et responsabilité juridique : quelles responsabilités pour les technologies du vivant ?", *G.P.*, 22-23 janvier 1999, p. 21

LEPAGE Corinne, "Que faut-il entendre par principe de précaution ?", *G.P.*, 8-9 octobre 1999, n° spécial *Droit de l'environnement et entreprise*, p. 7

LERICHE Hélène, "Le Distilbène trente ans plus tard", *Le Monde diplomatique*, février-mars 2004, n° 73, p.77

LESOURD Noëlle, "La perte d'une chance", *G.P.*, 1963, 2, doctr. p. 49

LE TOURNEAU Philippe, "La verdeur de la faute dans la responsabilité civile (ou la relativité de son déclin)", *R.T.D.civ.*, 1988, p. 505

LE TOURNEAU Philippe, "Brefs propos critiques sur «la responsabilité contractuelle» dans l'avant-projet de réforme du droit de la responsabilité", *D.*, 2007, chron. p. 2180.

LETURMY Laurence, "La responsabilité délictuelle du contractant", *R.T.D.civ.*, 1998, p. 839

LEVENEUR Laurent, "SIDA post-transfusionnel et responsabilité : obligation de résultat ou de moyens pour les fournisseurs de sang ?", *Con. Conc. Cons.*, octobre 1995, chron. p. 9

LEVENEUR Laurent, "Produits défectueux : attention un défaut peut en cacher un autre", *Con. Conc. Cons.*, décembre 1998, n° 12, p. 3

LIBCHABER Rémy, "Que faut-il attendre de l'arrêt de l'Assemblée plénière de la Cour de cassation ?", *R.T.D.civ.*, 2001, p. 226

LIENHARD Claude, "Pour un droit des catastrophes", *D.*, 1995, chron. p. 91

LIMPENS J., "La faute et l'acte illicite en droit comparé", *in Mélanges en l'honneur de Jean Dabin*, Paris, Sirey, 1963, tome II, p. 723

LIMPENS J., "La théorie de la «relativité aquilienne» en droit comparé", *in Mélanges offerts à R. Savatier*, Paris, L.G.D.J., 1965, p. 559

LOLIES Isabelle, "L'insertion de la loi du 19 mai 1998 dans le droit de la responsabilité", *R.R.J.*, 1999, p. 349

LONDON Caroline, "Protection de l'environnement : normes et réglementation pour un management environnemental", *P.A.*, 17 février 1995, n° 21, p. 17

LONDON Caroline, "Le contrôle de pollution intégrée en droit communautaire", *P.A.*, 28 octobre 1996, n° 130, p. 4

LONDON Caroline, "Risques industriels d'accidents majeurs : de la non-application du principe de prévention?", *P.A.*, 29 avril 2002, n° 85, p. 7

LORVELLEC Louis, "L'action des autorités publiques françaises dans la crise de la vache folle", *R.D.rur.*, avril 1997, n° 252, p. 214

LUCHAIRE François, "Les fondements constitutionnels du droit civil", *R.T.D.civ.*, 1982, p. 245

MACKAAY Ejan, "La règle juridique observée par le prisme de l'économiste", *Rev. intern. dr. éco.*, 1986, tome 1, p. 43

MAGNIER Véronique, "L'opportunité d'une *class action* en droit des sociétés", *D.*, 2004, Point de vue, p. 554

MAINGUY Daniel, "L'avenir de l'obligation de sécurité dans la vente", *Dr. et pat.*, décembre 1998, n° 66, p.68

MAINGUY Daniel, "Les directives non transposées. Libres propos sur une étrange lumière", *in Mélanges Christian MOULY*, Paris, Litec, 1998, p. 89

MALABAT Valérie, "Le délit dit de «mise en danger». La lettre et l'esprit", *J.C.P.*, 1999, I, 208

MALAFOSSE (de) Jehan, "Les principes généraux du droit de l'environnement", *in Mélanges dédiés à Louis Boyer*, Presse de l'Université des sciences sociales de Toulouse, 1996, p. 405

MANAOUIL Cécile et CALLIES Ingrid, "Les différentes voies de recours après un accident vaccinal : étude juridique de la vaccination contre l'hépatite B", *P.A.*, 23 février 2006, n° 39, p. 3

MANSART Béatrice, "Le risque de développement des produits issus du corps humain", *Méd. et dr.*, 1999, n°36, p. 11

MANSUY Véronique, "L'allocation des quotas d'émission de gaz à effet de serre", *Environnement*, août-septembre 2004, p. 7

MANSUY Véronique, "Le principe de précaution : un principe en quête de méthodologie ?", *Environnement*, juin 2004, p. 6

MARGEAT Henri, "Séropositivité, SIDA et jurisprudence", *G.P.*, 13-15 octobre 1991, doctr. p. 6

MARGEAT Henri, "Déclin, permanence ou renaissance de la responsabilité civile", *Risques*, avril-juin 1992, n° 10, p. 25

MARKESINIS Basil, "Réflexions d'un comparatiste anglais sur et à partir de l'arrêt *Perruche*", *R.T.D.civ.*, 2001, p. 77

MARTIN Gilles J., "Le risque, concept méconnu du droit économique", *R.I.D.E.*, 1990, n°2, p. 173

MARTIN Gilles J., "La responsabilité civile du fait des déchets en droit français", *R.I.D.C.*, 1992, n°1, p. 65

MARTIN Gilles J., "La convention du Conseil de l'Europe du 8 mars 1993 dite *convention de Lugano*", *P.A.*, 27 avril 1994, n° 50, p. 95

MARTIN Gilles J., "La responsabilité civile pour les dommages à l'environnement et la Convention de Lugano", *R.J.E.*, 1994, n° 2-3, p. 121

MARTIN Gilles J., "Précaution et évolution du droit", *D.*, 1995, chron. p.299

MARTIN Gilles J., "Les risques tenant à la pollution des sols", *R.D.I.*, 1997, p. 559

MARTIN Gilles J., "Mesures provisoires et irréversibilité en droit français", *R.J.E.*, 1998, n° spécial, p. 131

MARTIN Gilles J., "La mise en œuvre du principe de précaution et la renaissance de l'action en responsabilité pour faute", *J.C.P. éd. E.*, 15 avril 1999, n° 1, p. 3

MARTIN Gilles J., "La gestion mondiale des risques majeurs", *in La mondialisation du droit*, sous la dir. de E. LOQUIN et C. KESSEDJIAN, Paris, Litec, 2000, p. 415

MARTIN Gilles J., "Le livre blanc sur la responsabilité environnementale", *J.C.P.*, 2000, Actualité, p. 723

MARTIN Gilles J., "Responsabilité et assurance", *G.P.*, 3-7 juin 2001, doctr. p. 51

MARTIN Gilles J., "Responsabilité, risque et précaution", *in Université de tous les savoirs*, sous la direction d'Yves MICHAUD, vol. V (Qu'est ce que les technologies ?), Paris, Odile Jacob, 2001, p. 593

MARTIN Gilles J., "Observations d'un «privatiste» sur la Charte de l'environnement", *R.D.P.*, 2004, p. 1207

MARTIN Gilles J., "Principe de précaution, prévention des risques et responsabilité : quelle novation, quel avenir ?", *A.J.D.A.*, 2005, p. 2222

MARTIN Raymond, "Le recours collectif au Québec et prospective pour la France", *J.C.P.*, 1986, I, 3255

MARTIN Raymond, "Les mots du droit et les choses d'ailleurs", *D.*, 1999, chron. p. 231

MARTIN Raymond et MARTIN Jacques, "L'action collective", *J.C.P.*, 1984, I, 3162

MARTIN Yves, "Effet de serre. Controverses scientifiques et stratégies économiques", *Risques*, septembre 1992, n° 11, p. 87

MARTIN-BIDOU Pascale, "Le principe de précaution en droit international de l'environnement", *R.G.D.I.P.*, 1999, tome 103, n° 3, p. 631

MARTINET Laurent et FASSIER Laurence, "De la nécessaire orthodoxie juridique en matière d'hépatite C post transfusionnelle", *G.P.*, 17-19 décembre 2000, doctr. p. 2284

MARTY Gabriel, "La relation de cause à effet comme condition de la responsabilité civile (Etude comparative des conceptions allemande, anglaise et française)", *R.T.D. civ.*, 1939, p. 685

MARTY Gabriel, "Illicéité et responsabilité", *in Etudes juridiques offertes à Léon Julliot de la Morandière*, Paris, Dalloz, 1964, p. 339

MARTY Jean-Pierre, "Les délits matériels", *Rev. sc. crim.*, 1982, p. 41

MASCRET Caroline, "La loi sur les produits défectueux et les «éléments ou produits issus du corps humain»", *P.A.*, 2 février 1999, n° 23, p. 15

MATALON Benjamin, "Epistémologie des probabilités", *in Logique et connaissance scientifique*, Encyclopédie de la Pleiade, sous la dir. de J. PIAGET, Paris, Gallimard, 1967, p. 526

MATHIEU Bertrand, "Droit constitutionnel et droit civil : «de vieilles outres pour un vin nouveau»", *R.T.D.civ.*, 1994, p. 59

MATHIEU Bertrand, "La protection du droit à la santé par le juge constitutionnel. A propos et à partir de la décision de la Cour constitutionnelle italienne n° 185 du 20 mai 1998", *Les cahiers du Conseil Constitutionnel*, 1999, n° 6, p. 59

MATHIEU Bertrand, "L'avenir du principe de précaution", *D.*, 2001, Actualité, p. 2025

MATHIEU Bertrand, "Observations sur la portée normative de la Charte de l'environnement", *Les cahiers du Conseil Constitutionnel*, n° 15, 2003, p. 145

MATHIEU Bertrand, "La portée de la Charte pour le juge constitutionnel", *A.J.D.A.*, 2005, p. 1170

MAURY F., "Victimes du VHB (vaccin contre l'hépatite B) : faut-il attendre une certitude scientifique pour les indemniser ?", *Méd. et dr.*, 2004, p. 125

MAYAUD Yves, "La volonté à la lumière du Nouveau code pénal", *in Mélanges en l'honneur du Professeur Jean Larguier*, Grenoble, P.U.G., 1993, p. 203

MAYAUD Yves, "Des risques causés à autrui. Applications et implications, ou de la naissance d'une jurisprudence", *Rev. sc. crim.*, juillet-septembre 1995, p. 17

MAYAUX Luc, "Naissance d'un enfant handicapé : la Cour de cassation au péril de la causalité (réflexions sur Cass. ass. plén., 17 novembre 2000)", *R.G.D.A.*, 2001, n° 1, p.13

MAYAUX Luc, "La durée de la garantie en assurances de responsabilité depuis la loi de sécurité financière du 1er août 2003 : les rayons et les ombres", *R.G.D.A.*, 2003, p. 647

MAYAUX Luc, "Réflexions sur le principe de précaution et le droit des assurances", *R.G.D.A.*, 2003, p. 269

MAYER Danièle, "La mise en danger des personnes", *in Problèmes actuels de science criminelle*, vol. VIII, Aix-en-Provence, P.U.A.M., 1995, p. 7

MAZEAUD Denis, "Le régime de l'obligation de sécurité", *G.P.*, 23 septembre 1997, doctr. p. 1201

MAZEAUD Denis, "Naissance, handicap et lien de causalité", *D.*, 2000, interview, p. V

MAZEAUD Denis, "Réflexions sur un malentendu", *D.*, 2001, jur., p. 332

MAZEAUD Henri, "La faute dans la garde", *R.T.D.civ.*, 1925, p. 793

MAZEAUD Henri, "Essai de classification des obligations : Obligations contractuelles et extra-contractuelles; obligations déterminées et obligation générale de prudence et de diligence", *R.T.D.civ.*, 1936, p. 1

MAZEAUD Henri, "En attendant l'arrêt des Chambres réunies : garde matérielle et garde juridique", *D.*, 1937, chron. p. 45

MAZEAUD Henri, "Le fait actif de la chose", *in Etudes de droit civil à la mémoire de Henri Capitant*, Paris, Dalloz, 1939, p. 517

MAZEAUD Henri, "La *faute objective* et la responsabilité sans faute", *D.*, 1985, chron. p. 13

MAZEAUD M.M., "Défense du droit privé", *D.*, 1946, chron. p. 17

MEADEL Juliette, "Faut-il introduire la faute lucrative en droit français ?", *P.A.*, 17 avril 2007, n° 77, p. 6

MEKKI Mustapha, "Les fonctions de la responsabilité civile à l'épreuve des fonds d'indemnisation des dommages corporels", *P.A.*, 12 janvier 2005, n° 8, p. 3

MEMETEAU Gérard, "Perte de chances et responsabilité médicale", *G.P.*, 24-25 octobre 1997, p. 22

MEMETEAU Gérard, "L'action de vie dommageable", *J.C.P.*, 2000, I, 279

MEMMI Françoise, "SIDA et responsabilité civile", *G.P.*, 27 avril 1993, doctr. p. 533

MEMMI Françoise, "La responsabilité du fabricant de médicaments : un refus manifeste de garantir le risque de développement", *G.P.*, 7-9 janvier 1996, doctr. p. 2

MER Rémi, "La *vache folle* vue par les médias", *R.D.rur.*, avril 1997, n° 252, p. 234

METADIER P. et COUSTOU F., "Responsabilité du fait des produits. Directive du 25 juillet 1985 C.E.E.", *Bull. Ord. Pharm.*, mars 1987, n° 300, p. 404

MICHELOT Agnès, "Utilisation durable et irréversibilité(s). Du *jeu* de la temporalité aux enjeux de la durabilité", *R.J.E.*, 1998, n° spécial, p. 15

MICOUD André, "Du «patrimoine naturel de l'humanité» considéré comme un symptôme", *Droit et Société*, n° 30/31, 1995, p. 265

MIDRIER Laurent et POUGET Julien, "OGM : les champs de la controverse", *Réalités industrielles. Annales des Mines*, février 2003, p. 41

MISTRETTA Patrick, "La loi n° 2002-303 du 4 mars 2002 relative aux droits des malades et à la qualité du système de santé. Réflexions critiques sur un droit en pleine mutation", *J.C.P.*, 2002, I, 141

MODERNE Franck, "Actualité des principes généraux du droit", *R.F.D.A.*, 1998, p. 495

MODERNE Franck, "La légitimité des principes généraux et théorie du droit", *R.F.D.A.*, 1999, p. 722

MOLFESSIS Nicolas, "Les sources constitutionnelles du droit des obligations", *in Le renouvellement des sources du droit des obligations*, ASSOCIATION HENRI CAPITANT DES AMIS DE LA CULTURE JURIDIQUE FRANCAISE, Lille, 1996, tome I, Paris, L.G.D.J., 1997, p. 65

MOLFESSIS Nicolas, "Les prédictions doctrinales", *in L'avenir du droit : mélanges en hommage à François Terré*, Paris, P.U.F., Editions du Juris-classeur, 1999, p. 141

MOLFESSIS Nicolas, "La réécriture de la loi relative au PACS par le Conseil Constitutionnel", *J.C.P.*, 2000, I, 210

MOLFESSIS Nicolas, "La notion de principe dans la jurisprudence de la Cour de cassation", *R.T.D.civ.*, 2001, p. 699

MOLFESSIS Nicolas, "L'irrigation du droit par les décisions du Conseil Constitutionnel", *Pouvoirs*, 2003, n° 105, p. 89

MOLINER Marianne, "Le principe de précaution dans le dossier climatique", *Dr. env.*, mai 2003, n° 108, p.90

MONDELLO Gérard, "Une approche économique de la notion de prudence", *Rev .fr. éco.*, octobre-novembre 1993, n° 4, p. 37

MONTEIL Alberto, "Considérations en matière de réforme de la prescription", *R.T.D.civ.*, 1936, p. 637

MORANCAIS-DEMEESTER Marie-Luce, "Contamination par transfusion du virus du SIDA : responsabilités et indemnisation", *D.*, 1992, chron. p. 189

MOREAU Jacques, "Le droit à la santé", *A.J.D.A.*, 1998, n° spécial, p. 185

MORELLE Aquilino, "L'institution médicale en question, retour sur l'affaire du sang contaminé", *Esprit*, octobre 1993, p. 5

MORELLET Jean, "L'interpénétration du droit public et du droit privé ", *in Introduction à l'étude du droit comparé. Recueil d'études en l'honneur d'Edouard Lambert*, Paris, L.G.D.J., 1938, tome III, p. 136, § 144

MORIN Gaston, "L'individualisme de la Révolution française et du Code civil et la structure nouvelle de la vie économique", *Revue de métaphysique et de morale*, 1917, t.XXIV, p. 518

MORRAND-DEVILLER Jacqueline, "Renforcement de la protection de l'environnement, commentaire de la loi n° 95-101 du 2 février 1995", *A.J.D.A.*, 1995, doctr. p. 439

MOUSTARDIER Alexandre, "Installations classées, étude d'impact et loi sur l'air : à votre santé", *G.P.*, 1999, doctr. p. 1457

MOYSE Danielle, "Naissances coupables ? A propos de l'affaire Nicolas Perruche et d'autres du même genre", *Esprit*, janvier 2001, p. 6

MUIR WATT Horatia, "Propos liminaires sur le prestige du modèle américain", *A.P.D.*, 2001, p. 29

MUIR WATT Horatia, "La modération des dommages en droit anglo-américain", *P.A.*, 20 novembre 2002, n°232, p. 45

NAESS Arne, "The Shallow and the Deep, Long-Range Ecology Movement. A summary", *Inquiry*, 1973, n°16, 1973, p. 95

NAHON Eve, "L'obligation d'information du médecin et de l'avocat", *G.P.*, 15-16 février 2002, doctr. p. 25

NAST Marcel, "La cause en matière de responsabilité du fait des choses", *J.C.P.*, 1941, I, 221

NATOWICZ Irène, "Qui supporte le risque d'atteintes à l'environnement ? Le pollueur, l'assureur, le consommateur final...", *in La communauté européenne et l'environnement, Travaux de la CEDECE*, sous la dir. de J.-C. MASCLET, Paris, La documentation française, 1997, p. 655

NAVARRO Juan-Santos, "Standards et règles de droit", *R.R.J.*, 1998, n° 4, p. 833

NESI Françoise et GUIHAL Dominique, "Le nouveau dispositif de responsabilité environnementale et le droit commun", *Dr. env.*, septembre 2007, IV, p. 230

NICOLI Marie-Josée et SIMON Joelle, "La position des consommateurs et des fabricants", *Dr. et pat.*, juin 1997, p. 57

NOIVILLE Christine, "Evolution comparée des grands modèles de réglementation des disséminations d'organismes génétiquement modifiés (Etats Unis, Europe)", *Natures-Sciences-Sociétés*, 1995, n° 3, p. 117

NOIVILLE Christine, "Science, décision, action : trois remarques à propos du principe de précaution", *P.A.*, 1er-2 novembre 2004, n° 218-219, p. 10

OLIVEIRA LEITE Sophie, "Environnement : les nouvelles responsabilités des entreprises", *Option finance*, 22 octobre 2001, n° 661, p. 35

OPPETIT Bruno, "Les tendances régressives dans l'évolution du droit contemporain", *in Mélanges dédiés à Dominique Holleaux*, Paris, Litec, 1990, p. 317

OSMAN Filali, "Avis, directives, codes de bonne conduite, recommandations, déontologie, éthique, etc. : réflexion sur la dégradation des sources privées du droit", *R.T.D.civ.*, 1995, p. 509

OST François, "La responsabilité, fil d'Ariane du droit de l'environnement", *Droit et Société*, 1995, n° 30-31, p. 281

OST François et VAN DE KERCHOVE Michel, "De la bipolarité des erreurs ou de quelques paradigmes de la science du droit", *A.P.D.*, 1988, tome 33, p. 177

OST François et VAN DE KERCHOVE Michel, "De la théorie de l'argumentation au paradigme du jeu. Quel entre-deux pour la pensée juridique", *R.I.E.J.*, 1991, p. 27

OST François et VAN DE KERCHOVE Michel, "Le présent, horizon paradoxal des sanctions réparatrices ?", *in Philosophie du droit et droit économique : quel dialogue ? Mélanges en l'honneur de Gérard FARJAT*, Paris, Frison-Roche, 1999, p. 477

OUDOT Pascal, "Le piège communautaire de la responsabilité du fait des produits défectueux", *Dr. et pat.*, janvier 2003, n° 111, p. 40

PAGNOUX Alain et BABIN Laurent, "Organismes génétiquement modifiés", *R.D.rur.*, janvier 1999, n° 269, p. 15

PAILLOTIN Guy, "Applications des biotechnologies à l'agriculture et à l'agro-alimentaire : quelques questions d'éthique", *Courrier de l'environnement de l'INRA*, décembre 1996, n° 29, p. 5

PAISANT Gilles, "L'obligation de sécurité et le droit de la consommation", *G.P.*, 23 septembre 1997, doctr. p.1189

PAPP Roger, "Le concept de meilleure technologie disponible", *B.D.E.I*, 1995, n° 2, p.39

PAPP Roger, "Directive du Conseil du 24 septembre 1996 relative à la prévention et à la réduction intégrées de la pollution : une approche technique", *B.D.E.I.*, 1997, n° 2, p.35

PATTARO Enrico, "Les dimensions éthiques de la notion de standard", *R.R.J.*, 1998, n°4, p. 813

PAUL François, "La causalité en matière de produits défectueux : une question de pur droit interne ou tributaire de l'harmonisation totale ?", *Con. Conc. Cons.*, février 2004, chron. p. 6

PAULIN Alexandre, "L'allocation des quotas d'émission de gaz à effet de serre", *R.R.J.*, 2006, p. 2461

PEANO Marie-Annick, "Les centres de transfusion sanguine devant le juge judiciaire et le juge administratif", *Resp. civ. et ass.*, juillet 1995, p. 3

PEIS-HITIER Marie-Pierre, "Recherche d'une qualification juridique de l'espèce humaine", *D.*, 2005, chron. p. 865

PENNEAU Anne, "De quelques nouvelles variations sur le thème de la théorie du trouble anormal de voisinage", *Rev. Lamy dr. civ.*, janvier 2006, p. 15

PENNEAU Jean, "La perte de chance. Dommage aléatoire ou préjudice aléatoire d'un dommage certain", *Rev. fr. dom. corp.*, 1997, p. 11

PENNEAU Michel et PENNEAU Jean, "Recommandations professionnelles et responsabilité médicale", *Méd. et dr.*, janvier-février 1998, n° 28, p. 4

PERELMAN Chaïm, "L'interprétation juridique", *A.P.D.*, 1972, tome XVII, p. 29

PEREZ PERDOMO Rogelio, "L'argument d'autorité dans le raisonnement juridique", *A.P.D.*, 1971, tome XVI, p. 227

PERI Alexandra, "La charte de l'environnement : reconnaissance du droit à l'environnement comme droit fondamental", *P.A.*, 24 février 2005, n° 39, p. 8

PERIER Michel, "L'assureur et l'aversion aux risques" *in Etudes offertes à Hubert Groutel. Responsabilité civile et assurances*, Paris, Litec, 2006, p. 329

PERROT Roger, "L'évolution du référé", *in Mélanges offerts à Pierre Hébraud*, Toulouse, Université des sciences sociales de Toulouse, 1981, p. 645

PERRY Stephen R., "Risk, Harm, and Responsability", *in Philosophical Foundations of Tort Law*, sous la dir. de G. D. OWEN, Oxford, Clarendon Press, 1995, p. 321

PETEV Valentin, "Les standards et les principes généraux du droit", *R.R.J.*, 1998, n° 4, p. 825

PETIT Benoît, "La dimension sociale du développement durable : le parent pauvre du concept", *P.A.*, 16 janvier 2004, n° 12, p. 8

PHILIPON Patrick, "Dossier : Plantes transgéniques", *Biofutur*, février 1997, n° 164, p.11

PHILIPPE Denis-M., "La théorie de la relativité aquilienne", *in Mélanges Roger O. Dalcq*, Bruxelles, Maison Larcier, 1994, p. 467

PICOD Yves, "Le charme discret de la *class action*", *D.*, 2005, Tribune, p. 657

PIEDELIEVRE Stéphane, "Les dommages et intérêts punitifs : une solution d'avenir ?", *Resp. civ. et ass.*, juin 2001, chron. n° 13, p. 69

PIERATTI Gertrude, "Risque de pollution et sécurité : un défi pour les assureurs maritimes", *G.P.*, 12-13 juillet 2000, doctr. p. 12

PISSALOUX Jean-Luc, "La constitutionnalisation non sans risque du droit de l'environnement", *G.P.*, 12-13 janvier 2005, p. 3

PITET Laurent, "Responsabilité du fait des produits : sagesse et force du lien de causalité. (A propos de Cass. 1ère civ., 23 septembre 2003)", *G.P.*, 4-6 avril 2004, doctr. p. 869

PIZZIO Jean-Pierre, "La responsabilité du fait des produits. *La sécurité des produits*", *Dr. et pat.*, juin 1997, p. 48

PLANIOL Marcel, "Etudes sur la responsabilité civile (Première étude. Du fondement de la responsabilité)", *Rev. crit. Leg. et Jur.*, 1905, p. 277

PLANIOL Marcel, "Etudes sur la responsabilité civile (Deuxième étude. Responsabilité civile du fait des choses)", *Rev. crit. Leg. et Jur.*, 1906, p. 80

POLLAK Michael, "La régulation technologique : le difficile mariage entre le droit et la technologie", *Revue française de science politique*, avril 1982, p. 165

PONSEILLE Anne, "La faute caractérisée en droit pénal", *Rev. sc. crim.*, 2003, p. 79

PORCHY Stéphanie, "Lien causal, préjudices réparables et non respect de la volonté du patient", *D.*, 1998, chron. p. 379

PORCHY-SIMON Stéphanie, "La nécessaire réforme du droit du dommage corporel", *in Etudes offertes à Hubert Groutel. Responsabilité civile et assurances*, Paris, Litec, 2006, p. 359

POSNER R.A., "A theory of negligence", *Journal of Legal Studies*, 1, 1972, p. 29

POUPET Pascal, MATHIEU Stéphane et REVOIL Gilles, "L'ISO 14001 et les normes de management de l'environnement", *Dr. env.*, septembre 1996, n° 41, p. 10

PRADEL Jean, "La mise en danger", *Rev. jurid. Centre Ouest*, juillet 1994, n°14, p. 63

PRADEL Jean, "De la véritable portée de la loi du 10 juillet 2000 sur la définition des délits non intentionnels", *D.*, 2000, Actualité, p. V

PRALUS Michel, "Le délit de risques causés à autrui dans ses rapports avec les infractions voisines", *J.C.P.*, 1995, I, 3830

PRETOT Xavier, "L'indemnisation des victimes de catastrophes naturelles", *Administration*, juillet-septembre 1992, p. 107

PRIEUR Michel, "Les déchets radioactifs, une loi de circonstance pour un problème de société", *R.J.E.*, 1992, n° 1, p. 19

PRIEUR Michel, "L'environnement entre dans la constitution", *Dr. env.*, n° 106, mars 2003, chron. p. 38

PRIEUR Michel, "Vers un droit de l'environnement renouvelé", *Les cahiers du Conseil Constitutionnel*, n° 15, 2003, p. 130

PRIEUR Michel, "Du bon usage de la Charte constitutionnelle de l'environnement", *Environnement*, avril 2005, études, p. 7

PRIEUR Michel, "Les nouveaux droits", *A.J.D.A.*, 2005, p. 1157

PRIEUR Michel, "L'environnement entre dans la Constitution", *P.A.*, 7 juillet 2005, n°134, p. 14

PUECH Marc, "De la mise en danger d'autrui", *D.*, 1994, chron. p. 153

RACINE Jean-Baptiste, "La valeur juridique des codes de conduites privés dans le domaine de l'environnement", *R.J.E.*, 1996, p. 409

RADE Christophe, "Le principe de responsabilité personnelle dans la jurisprudence du Conseil Constitutionnel", *P.A.*, 8 septembre 1995, n° 108, p. 4

RADE Christophe, "L'impossible divorce de la faute et de la responsabilité civile", *D.*, 1998, chron. p. 301

RADE Christophe, "Réflexions sur les fondements de la responsabilité civile. 1. L'impasse", *D.*, 1999, chron. p. 314

RADE Christophe, "Réflexions sur les fondements de la responsabilité civile. 2. Les voies de la réforme : la promotion du droit à la sûreté", *D.*, 1999, chron. p. 323

RADE Christophe, "Etre ou ne pas naître ? Telle n'est pas la question ! (premières réflexions après l'arrêt Perruche)", *Resp. civ. et ass.*, janvier 2001, chron. n° 1, p. 4

RADE Christophe, "La réforme de la responsabilité médicale après la loi du 4 mars 2002 relative aux droits des malades et à la qualité du système de santé", *Resp. civ. et ass.*, mai 2002, p. 4

RADE Christophe, "La solidarité au secours de la responsabilité", *Resp. civ. et ass.*, février 2003, chron. n° 5, p. 7

RADE Christophe, "Plaidoyer en faveur d'une réforme de la responsabilité civile", *D.*, 2003, chron., p. 2247

RADE Christophe, "«Liberté, égalité, responsabilité» dans la jurisprudence du Conseil Constitutionnel", *Les cahiers du Conseil Constitutionnel*, octobre 2003-mars 2004, n°16, p. 111

RAFFI Rémy, "Réflexions sur le rôle du temps en assurance de responsabilité", *D.*, 1998, chron., p. 245

RASSAT Michèle Laure, "Libres propos sur le Nouveau code pénal", *in Problèmes actuels de science criminelle*, vol. VII, Aix-en-Provence, P.U.A.M., 1994, p. 63

RAYMOND Guy, "La responsabilité civile du fait de jouets défectueux (A propos du jugement du Tribunal de Lons-le-Saulnier du 25 juin 1991)", *Resp. civ. et ass.*, novembre 1991, chron. p. 1

RAYMOND Guy, "Premières vues sur la loi n° 98-389 du 19 mai 1998 relative à la responsabilité du fait des produits défectueux", *Con. Conc. Cons.*, juin 1998, p.7

RAZAFINDRATANDRA Yvan, "Pour l'adhésion volontaire à un système de management environnemental", *Dr. env.*, septembre 1996, n° 41, p. 19

RAZAFINDRATANDRA Yvan, "Les apports au droit français de la Directive dite *IPPC*", *Dr. env.*, décembre 1996, n° 44, p. 19

REBOUL-MAUPIN Nadège, "Environnement et responsabilité civile", *P.A.*, 3 septembre 2003, n° 176, p. 3

REISSZADEH Marie-Catherine, "La loi du 2 février 1995 relative au renforcement de la protection de l'environnement", *C.J.E.G.*, mai 1995, p. 179

REMOND-GOUILLOUD Martine, "Leçons d'un naufrage (à propos de l'indemnisation des victimes de l'Amoco-Cadiz)", *D.*, 1979, chron. p. 133

REMOND-GOUILLOUD Martine, "Le prix de la nature (A propos de l'affaire du Zoé Colocotroni)", *D.*, 1982, chron. p. 33

REMOND-GOUILLOUD Martine, "Du préjudice écologique", *D.*, 1989, chron. p. 259

REMOND-GOUILLOUD Martine, "Le prix de la nature : l'évaluation du patrimoine naturel", *Rev. fr. adm. publ.*, janvier-mars 1990, p. 61

REMOND-GOUILLOUD Martine, "Droit et prévention", *Risques*, janvier 1991, n° 4, p. 109

REMOND-GOUILLOUD Martine, "Terrains à vendre : poison compris", *D.*, 1992, p.137

REMOND-GOUILLOUD Martine, "Une tempête transatlantique. Le problème juridique des terres contaminées", *Etudes foncières*, juin 1992, n° 55, p. 31

REMOND-GOUILLOUD Martine, "A la recherche du futur : la prise en compte du long terme par le droit de l'environnement", *R.J.E.*, 1992/1, p. 5

REMOND-GOUILLOUD Martine, "Du risque à la faute", *Risques*, juillet-septembre 1992, n° 11, p. 11

REMOND-GOUILLOUD Martine, "Le risque de l'incertain : la responsabilité face aux avancées de la science", *La vie des sciences*, comptes rendus, série générale, t.10, 1993, n°4, p. 341

REMOND-GOUILLOUD Martine, "L'incertitude et le droit", *Resp. et envir.*, 1996/2, p.101

REMOND-GOUILLOUD Martine, "Entre *bêtises* et précaution. A propos de vaches folles", *Esprit*, novembre 1997, p. 118

REMOND-GOUILLOUD Martine, "L'irréversibilité : de l'optimisme dans l'environnement", *R.J.E.*, 1998, n°spécial, p. 7

REMOND-GOUILLOUD Martine, "Les OGM au Conseil d'Etat (Commentaire de l'arrêt rendu par le conseil d'Etat le 25 septembre 1998)", *G.P.*, 22-23 janv. 1999, p. 13

REMY Philippe, "Critique du système français de responsabilité civile", *Droit et cultures*. Les métamorphoses de la responsabilité, 1996, n° 31, p. 31

REMY Philippe, "La responsabilité contractuelle" : histoire d'un faux concept, *R.T.D.civ.*, 1997, p. 323

RETTERER Stéphane, "Traçabilité et protection alimentaire", *Dr. et pat.*, mai 2001, n°93, p. 92

REVEAU Romain, "L'évolution du droit relatif à l'information médicale : l'élaboration d'un régime commun de responsabilité civile et administrative, *Dr. adm.*, juin 2002, chron. p. 5

REVEL Janine, "La prévention des accidents domestiques : vers un régime spécifique de la responsabilité du fait des produits ?", *D.*, 1984, chron. p. 69

REVEL Janine, "La coexistence du droit commun et de la loi relative à la responsabilité du fait des produits défectueux", *R.T.D.com.*, 1999, p. 317

REVET Thierry, "Les quotas d'émission de gaz à effet de serre (ou l'atmosphère à la corbeille ?)", *D.*, 2005, chron. p. 2632

RIALS Stéphane, "Les standards, notions critiques du droit", *in Les notions à contenu variable en droit*, sous la dir. de C. PERELMAN et R. VANDER ELST, Bruxelles, Bruylant, 1984, p. 39

RICŒUR Paul, "Le concept de responsabilité. Essai d'analyse sémantique", *Esprit*, novembre 1994, p. 28

RIEZLER Erwin, "Oblitération des frontières entre le droit privé et le droit public", *in Introduction à l'étude du droit comparé. Recueil d'études en l'honneur d'Edouard Lambert*, Paris, L.G.D.J., 1938, tome III, p. 117, § 143

RIVERO Jean, "Droit public et droit privé, conquête ou statu quo ?", *D.*, 1947, chron. p.69

ROBERT Jacques-Antoine et REGNIAULT Alexandre, "Les personnes atteintes de l'hépatite C sont-elles des victimes comme les autres ?", *Méd. et dr.*, 2002, n° 52, p. 20

ROBERT Jacques-Antoine et REGNIAULT Alexandre, "La loi n° 2002-1577 du 30 décembre 2002 relative à la responsabilité civile médicale", *P.A.*, 5 mars 2003, n° 46, p.3

ROBERT Jacques-Antoine et REGNIAULT Alexandre, "Les effets indésirables des médicaments : information et responsabilités", *D.*, 2004, chron. p. 510

ROLSTON Holmes, "Is there an ecological ethic ?", *Ethics*, january 1975, vol. 85, n° 2, p. 93

ROMI Raphaël, "Sur la notion de «patrimoine commun de l'humanité» en droit de l'environnement", *Actes*, septembre 1989, p. 64

ROMI Raphaël, "A propos du *Contrat naturel* de Michel Serres : un petit livre pour une grande idée", *Le quotidien juridique*, 16 juin 1990, p. 14

ROMI Raphaël, "Science et droit de l'environnement : la quadrature du cercle", *A.J.D.A.*, 1991, p. 432

ROMI Raphaël, "Politiques publiques d'environnement : à nouveaux concepts, nouveaux principes ?", *Dr. env.*, février-mars 1995, n° 29, p. 1

ROMI Raphaël, "Quelques réflexions sur l'*affrontement économie-écologie* et son influence sur le droit", *Droit et société*, 1998, n° 38, p. 131

ROMI Raphaël, "L'amiante, carrefour entre droit de la santé publique et droit de l'environnement", *Dr. env.*, juillet-août 2000, n° 80, p. 13

ROMI Raphaël, "La constitutionnalisation des principes du droit de l'environnement : de la grandeur à la mesquinerie ? Les contours du rapport Coppens", *Dr. env.*, n° 109, juin 2003, p. 114

ROUBIER Paul, "Les prérogatives juridiques", *A.P.D.*, 1960, p. 65

ROUGE-MAILLART Cl., JOUSSET N., GUILLAUME N. et PENNEAU M., "Complications neurologiques et vaccination contre l'hépatite B : l'impossible conciliation entre la preuve scientifique et la preuve judiciaire. Conséquences sur la pratique expertale", *Méd. et dr.*, 2005, p. 89

ROUSSEAU Nicole, "La responsabilité en droit de l'environnement", *L'Assurance française*, 1992, n°656, p.828

ROUSSEAUX Sandrine et ROMI Raphaël, "Le Protocole de Kyoto sur la couche d'ozone", *P.A.*, 24 juin 1998, n° 75, p. 9

ROUSSEL Jeanne, "Les avocats favorables à une «class action» à la française ?", *P.A.*, 1er février 2005, n° 22, p. 3

ROUYERE Aude, "L'exigence de précaution saisie par le juge. Réflexions inspirées par quelques arrêts du Conseil d'Etat", *R.F.D.A.*, 2000, p. 266

ROZES Louis, "L'infraction consommée", *Rev. sc. crim.*, 1975, p. 603

RUELLAN Caroline, "La perte de chance en droit privé", *R.R.J.*, 1999, n° 3, p. 729

RUSSO Chantal, "Le risque dans le délit de mise en danger délibérée d'autrui", *P.A.*, 18 août 2000, n° 165, p.6

SADELEER (de) Nicolas, "La convention du Conseil de l'Europe sur la responsabilité civile des dommages résultant de l'exercice d'activités dangereuses pour l'environnement", *Revue générale des assurances et des responsabilités* (Bruxelles), novembre 1994, n° 12367, p. 772

SADELEER (de) Nicolas, "Les avatars du principe de précaution en droit public, effet de mode ou révolution silencieuse ?", *R.F.D.A.*, 2001, p. 547

SAINT-JAMES Virginie, "Le droit à la santé dans la jurisprudence du Conseil Constitutionnel", *R.D.P.*, 1997, p. 457

SAINT-JOURS Yves, "Le remodelage des effets de la faute inexcusable en matière d'accidents du travail", *J.C.P.*, 1987, II, 14972

SAINT-JOURS Yves, "De la garantie des victimes d'accidents corporels par les générateurs de risques", *D.*, 1999, chron. p. 11

SAINT-JOURS Yves, "Handicap congénital - Erreur de diagnostic prénatal - Risque thérapeutique sous-jacent (à propos de l'arrêt P… du 17 novembre 2000)", *D.*, 2001, chron. p. 1263

SAINT-JOURS Yves, "La dialectique conceptuelle de la faute inexcusable de l'employeur en matière de risques professionnels", *Dr. ouvr.,* février 2003, p. 41

SAINT-JOURS Yves, "La réhabilitation de la présomption d'imputabilité spécifique aux risques professionnels", *D.*, 2003, chron. p. 2975

SAINT-JOURS Yves, "La part du risque dans le projet de réforme de la responsabilité civile", *D.*, 2006, chron. p. 2960

SAINT-JOURS Yves, "De l'obligation contractuelle de sécurité de résultat de l'employeur", *D.*, 2007, chron. p. 3024

SAINTE-ROSE Jerry, "La réparation du préjudice de l'enfant empêché de ne pas naître handicapé. Conclusions orales dans l'affaire P…", *D.*, 2001, Le point sur…, p. 316

SALAS Denis, "L'arrêt Perruche, un scandale qui n'a pas lieu", *Justices*, mai 2001, hors série, p. 14

SALAS Denis, "Du déclin de la faute à la tentation du bouc émissaire", *Droit et cultures*. Les métamorphoses de la responsabilité, 1996, n° 31, p. 7

SALOMON Jean-Jacques, "Pour une éthique de la science. De la prudence au principe de précaution", *Futuribles*, septembre 1999, n° 245, p. 5

SALVAGE Philippe, "L'imprudence en droit pénal", *J.C.P.*, 1996, I, 3984

SALVAGE Philippe, "La loi n° 2000-647 du 10 juillet 2000. Retour vers l'imprudence pénale", *J.C.P.*, 2000, I, 281

SANDIN Per, "Dimensions of the Precautionary Principle", *Human and Ecological Risk Assesment*, 1999, vol. 5, n° 5, p. 889

SANSON Christophe, "La genèse de la loi [du 2 février 1995]", *R.F.D.A.*, 1996, p. 203

SARGOS Pierre, "Réflexions sur les accidents médicaux et la doctrine jurisprudentielle de la Cour de cassation en matière de responsabilité médicale", *D.*, 1996, chron. p. 365

SARGOS Pierre, "La jurisprudence civile de la Cour de cassation en matière de faute médicale", *in Rapport de la Cour de cassation 1996*, Paris, La documentation française, 1997, p. 189

SARGOS Pierre, "L'information sur les médicaments. Vers un bouleversement majeur de l'appréciation des responsabilités", *J.C.P.*, 1999, I, 144

SARGOS Pierre, "Approche judiciaire du principe de précaution en matière de relation médecin/patient", *J.C.P.*, 2000, I, 226

SARGOS Pierre, "L'aléa thérapeutique devant le juge judiciaire", *J.C.P.*, 2000, I, 202

SARGOS Pierre, "Les principes généraux du droit privé dans la jurisprudence de la Cour de cassation", *J.C.P.*, 2001, p. 589

SARGOS Pierre, "L'évolution du concept de sécurité au travail et ses conséquences en matière de responsabilité, *J.C.P.*, 2003, I, 104

SARGOS Pierre, "La révolution éthique des codes de déontologie des professions médicales et ses conséquences juridiques et judiciaires", *D.*, 2007, chron. p. 811

SAVATIER René, "Droit privé et droit public", *D.*, 1946, chron. p. 25

SAVATIER René, "Le droit et l'échelle des valeurs", *in Mélanges en l'honneur de P. Roubier*, Paris, Dalloz, 1961, p. 441

SAVATIER René, "Personnalité et dépersonnalisation de la responsabilité civile", *in Mélanges de droit, d'histoire et d'économie offerts à Marcel Laborde-Lacoste*, Bordeaux, Bière, 1963, p. 321

SAVATIER René, "Une faute peut-elle engendrer un dommage sans l'avoir causé ?", *D.*, 1970, chron. p. 123

SAVATIER René, "Le droit des chances et des risques dans les assurances, la responsabilité civile dans la médecine, et sa synthèse dans l'assurance de responsabilité médicale", *R.G.A.T.*, 1973, p. 457

SAVAUX Eric, "La fin de la responsabilité contractuelle ?", *R.T.D.civ.*, 1999, p. 1

SAVEY Marc, "Les leçons de la *vache folle*", *Esprit*, novembre 1997, p. 101

SAVIN Patricia et MARTINET Yvon, "Risques technologiques et réparation des dommages : points saillants de la loi du 30 juillet 2003", *P.A.*, 10 oct. 2003, n° 203, p. 4

SCHILLER Sophie, "Hypothèse de l'américanisation du droit de la responsabilité", *A.P.D.*, 2001, p. 177

SCHNEIDER André, "Jussieu : indemnisation des victimes de l'amiante", *Jour. Accid. Catastr.*, 16 novembre 2001

SCHNEIDER André, "Chronique d'une naissance : le préjudice d'anxiété", *Jour. Accid. Catastr.*, 7 mai 2002

SEILLAN Henri, "Le nouveau code pénal et la santé/sécurité au travail", *D.*, 1994, Actualité, p. 209

SERVERIN Evelyne, "Assurance de responsabilité : modification du régime des garanties fondées sur la réclamation", *D.*, 2003, Le point sur…, p. 1699

SEUROT François, "La théorie économique de la responsabilité et le positivisme juridique", *Droits*, 1986, p.137

SEVE Bernard, "Hans Jonas et l'éthique de la responsabilité", *Esprit*, oct. 1990, p. 72

SEVE R. et PAPADOPOULOS I., "La conception américaine de la justice", *Philosophie politique*, 1996, n° 9, p. 83

SHELTON Dinah, "Certitude et incertitude scientifiques", *R.J.E.*, 1998, n° spécial, p.39

SIEVERS Joseph, "Le droit allemand et la responsabilité civile en matière d'environnement : la loi du 10 décembre 1990", *G.P.*, 1994, 1, doctr. p. 572

SIMOLA Jean, "L'article 223-1 du Code pénal", *G.-P.*, 26-28 mars 2000, doctr. p. 576

SMETS Henri, "Pour une indemnisation garantie des victimes de pollution accidentelle", *L'assurance française*, 1990, p. 18

SMETS Henri, "L'indemnisation complète des victimes de la pollution accidentelle", *Risques*, juillet-septembre 1992, n° 11, p. 49

SMOUTS Marie-Claude, "Risque planétaire et sécurité environnementale", *Esprit*, mai 2001, p. 133

SOKOLSKY Catherine, "Hormone de croissance. Les dessous d'un scandale", *Que choisir*, avril 1999, p. 14

SOL Vincent, "Le point sur la réhabilitation des sites pollués : un droit en pleine évolution", *P.A.*, 8 août 2000, n° 157, p. 4

SORDET Caroline, "Vers des «securities class actions» à la française ?", *P.A.*, 8 décembre 2003, n° 244, p. 4

SOROSTE Alain, "Responsabilité du fait des produits défectueux", *Option Qualité*, juillet 1998, n° 163

SOROSTE Alain, "Principe de précaution ou excès de prudence", *Option Qualité*, mars 2000, n° 181, p. 289

SOROSTE Alain, "Principe de précaution et responsabilité dans le domaine alimentaire", *Option qualité*, novembre 2001, n° 199, p. 2

SOUTY Pierre, "La prescription trentenaire doit disparaître", *G.P.*, 1948, 1, doctr. p. 43

SPIRA A., GOUJARD J., HENRION R., LEMERLE J., ROBEL P., TCHOBROUTSKY C., "L'administration de diéthylstiboestrol (DES) pendant la grossesse, un problème de santé publique", *Rev. épidém. et santé publ.*, 1983, vol. 31, n°3, p. 249

SPITERI Pierre, "L'infraction formelle", *Rev. sc. crim.*, 1966, p. 407

STÄHLBERG Pauli, "Causalité et problème de la preuve en matière de dommages nucléaires", *Bull. droit nucléaire*, juin 1994, n° 53, p. 22

STARCK Boris, "Domaine et fondement de la responsabilité sans faute", *R.T.D.civ.*, 1958, p. 475

STORRER Pierre, "Bon an mal an, la loi relative à la responsabilité du fait des produits défectueux", *Lamy droit économique*, n° 108, juillet 1998

TACCHINI-LAFOREST Valérie, "Réflexions à propos de la perte de chances", *P.A.*, 19 juillet 1999, n° 142, p. 7

TALLON Denis, "L'inexécution du contrat : pour une autre présentation", *R.T.D.civ.*, 1994, p. 223

TALLON Denis, "Pourquoi parler de faute contractuelle", *in Ecrits en hommage à G. Cornu*, Paris, P.U.F., 1994, p. 429

TAMBURINI-BONNEFOY Catherine et BILLETTE DE VILLEMEUR Thierry, "Hormone de croissance et maladie de Creutzfeldt-Jakob : éthique de l'information", *Journal intern. bioéth.*, décembre 1997, vol. 8, n° 4, p. 77

TAPIE Jean, "Les recommandations de bonne pratique et les références médicales, des outils à généraliser", *Dr. soc.*, septembre-octobre 1997, n° 9/10, p. 828

TERCIER Pierre, "Quelques considérations sur les fondements de la responsabilité civile", *Revue de droit suisse*, 1976, p. 1

TERRASSON DE FOUGERES Aline, "Périsse le jour qui me vit naître (à propos de l'arrêt Ass. plén. 17 nov. 2000)", *R.D.S.S.*, 2001, p. 1

TERRE François, "Propos sur la responsabilité civile", *A.P.D.*, 1977, p. 37

TERRE François, "Le médicament : risques et responsabilités", *Bull. Ord. Pharm.*, juin 1984, n° 276, p. 404

TERRE François, "L'américanisme et le droit français", *Philosophie politique*, 1995, n°7, p. 137

TERRE François, "Temps sociologiques et temps juridiques", *Annales de la Faculté de droit d'Istanbul*, XXX/ n° 46, mars 1996, p. 160

TERRE François, "Une crise de la justice…Quelle crise ?", *Philosophie politique*, 1996, n° 9, p. 67

TERRE François, "L'humanité, un patrimoine sans personne", *in Droit et politique à la croisée des cultures. Mélanges Philippe Ardant*, Paris, L.G.D.J., 1999, p. 339

TERRE François, "Le prix de la vie", *J.C.P.*, 2000, actualité, p. 2267

TESTU François-Xavier, "La distinction du droit public et du droit privé est-elle idéologique?", *D.*, 1998, chron. p. 345

TESTU François-Xavier, "Les produits défectueux et leur responsabilité. Présentation de la réforme du 19 mai 1998", *D. Aff.*, 17 décembre 1998, n° 142, p. 1996

TESTU François-Xavier et MOITRY Jean-Hubert, "La responsabilité du fait des produits défectueux", *D. Aff.*,16 juillet 1998, supplément au n° 125, p. 3

THEVENOT Jean, "Introduction au concept d'irréversibilité. Approche en droit international de l'environnement", *R.J.E.*, 1998, n° spécial, p. 31

THEYS Jacques, "L'environnement au XXIe siècle, entre continuités et ruptures", *Futuribles*, février-mars 1999, n° 239-240, p. 5

THIBIERGE Catherine, "Libres propos sur l'évolution du droit de la responsabilité (Vers un élargissement de la fonction de la responsabilité civile ?)", *R.T.D.civ.*, 1999, p.561

THIBIERGE Catherine, "Avenir de la responsabilité, responsabilité de l'avenir", *D.*, 2004, chron., p. 577

THIEFFRY Patrick, "La responsabilité civile du pollueur : les projets communautaires et la convention du Conseil de l'Europe", *G.P.*, 4-5 août 1993, p. 2

THIEFFRY Patrick, "L'opportunité d'une responsabilité communautaire du pollueur. Les distorsions entre les Etats membres et les enseignements de l'expérience américaine", *R.D.I. comp.*, 1994, p. 104

THIEFFRY Patrick, "Le contentieux naissant des organismes génétiquement modifiés : précaution et mesures de sauvegarde", *R.T.D.eur.*, janvier-mars 1999, n° 1, p. 81

THIEFFRY Patrick, "Le droit des OGM : précaution et information", *Risques*, juin 1999, n° 38, p. 91

THIEFFRY Patrick, "Droits d'émission et éco-fiscalité : de nouveaux instruments de lutte contre les changements climatiques à géométrie variable", *P.A.*, 1er avril 2004, n°66, p. 4 et *P.A.*, 2 avril 2004, n° 67, p. 6

THIEFFRY Patrick, "La directive sur la responsabilité environnementale enfin adoptée", *P.A.*, 21 mai 2004, n° 102, p. 5

THIEFFRY Patrick, "Le renforcement de la responsabilité environnementale des entreprises : tendances législatives françaises et européennes divergentes", *G.P.*, 11-12 juin 2004, doctr. p. 22

THOMAS Yan, "Res, chose et patrimoine", *A.P.D.*, 1980, p. 413

THOMPSON Katharine, "Légalité de l'action de l'Union européenne concernant l'ESB", *R.D.rur.*, janvier 1998, n° 259, p.13

THOUVENIN Dominique, "La loi relative à la bioéthique ou comment accroître l'accès aux éléments biologiques d'origine humaine", *D.*, 2005, chron. p. 116 et 172.

TIXIER Jean-Luc et ELFASSI Paul, "Le principe de précaution : un relais efficace du pouvoir de police en matière de téléphonie mobile ?", *Collectivités Territoriales. Intercommunalité*, novembre 2001, p. 4

TORNY Didier, "La traçabilité comme technique de gouvernement des hommes et des choses", *Politix*, n° 44, 1998, p. 51

TOUILLY Pascal, "Le devoir de prendre part à la préservation et à l'amélioration de l'environnement : obligation morale ou juridique ?", *Environnement*, avril 2005, comm. n° 30, p. 21

TRAPET Marie-Domnique, "L'hypothèse de l'américanisation de l'institution judiciaire", *A.P.D.*, 2001, p. 117

TREBULLE François Guy, "Les sites pollués dans la loi relative à la prévention des risques technologiques", *Dr. env.*, n°113, novembre 2003, p. 229

TREBULLE François Guy, "OGM : Une illustration de la mise en œuvre du principe de précaution", *Environnement*, octobre 2004, p. 9

TREBULLE François Guy, "Du droit de l'homme à un environnement sain", *Environnement*, avril 2005, comm. n° 29, p. 18

TREICH Nicolas, "Vers une théorie économique de la précaution ?" *Risques*, octobre-décembre 1997, n° 32, p. 117

TREICH Nicolas, "Décision séquentielle et principe de précaution", *Cahiers d'économie et de sociologie rurale*, 2000, n° 55-56, p. 5

TREICH Nicolas, "Le principe de précaution est-il économiquement acceptable ?", *INRA. Sciences sociales*, juillet 2000, n° 6

TROPER, "Le positivisme juridique", *Revue de synthèse*, avril-septembre 1985, p. 187

TROPER Michel, "Pour une définition stipulative du droit", *Droits*, 1989, n° 10, p. 101

TRUCHET Didier, "Douze remarques simples sur le principe de précaution", *J.C.P.*, 2002, Actualité, 138

TUNC André, "Garde du comportement et garde de la structure dans la responsabilité du fait des choses inanimées", *J.C.P.*, 1957, I, 1384

TUNC André, "La détermination du gardien dans la responsabilité du fait des choses inanimées", *J.C.P.*, 1960, I, 1592

TUNC André, "Logique et politique dans l'élaboration du droit, spécialement en matière de responsabilité civile", *in Mélanges en l'honneur de Jean Dabin*, Paris, Sirey, 1963, tome 1, p. 317

TUNC André, "Responsabilité civile et dissuasion des comportements anti-sociaux", *in Aspects nouveaux de la pensée juridique. Recueil d'études en hommage à Marc Ancel*, Paris, Pédone, 1975, p. 407

TUNC André, "Le spectre de la responsabilité civile", *R.I.D.C.*, 1978, p. 1032

TUNC André, "Ou va la responsabilité civile aux Etats-Unis ?", *R.I.D.C.*, 1989, p. 711

TUNC André, "Evolution du concept juridique de responsabilité", *Droit et cultures*. Les métamorphoses de la responsabilité, 1996, n° 31, p. 19

TURPIN Michel, "Décharges, déchets et réversibilité", *B.D.E.I.*, 1997, n° 1, p. 33

VACARIE Isabelle, "La perte d'une chance", *R.R.J.*, 1987, n° 2, p. 903

VAYRE P., PLANQUELLE D. et FABRE H., "Le lien de causalité en matière de responsabilité médicale", *Méd. et dr.*, 2005, p. 78

VERPEAUX Michel, "La charte de l'environnement ou le triomphe de l'obstination", *J.C.P.*, 2005, Actualité,183

VERPEAUX Michel, "La Charte de l'environnement, texte constitutionnel en dehors de la Constitution", *Environnement*, avril 2005, études, p. 12

VERPEAUX Michel, "L'action de groupe est-elle soluble dans la Constitution ?", *D.*, 2007, Point de vue, p.258

VEZINET Isabelle, "Le risque de développement en matière de responsabilité du fait des produits défectueux", *Dr. et pat.*, juin 1997, p. 54

VIALE Béatrice, "En réponse à la crise de la *vache folle*, plaidoyer en faveur d'une politique communautaire de l'alimentation", *R.D.rur.*, mars 1997, n° 251, p. 158

VIANDIER A., "Garantie des vices cachés et accident pharmaceutique", *Bull. Ord. Pharm.*, juillet-septembre 1984, n° 277, p. 547

VILLEY Michel, "Esquisse historique du mot responsable", *A.P.D.*, 1977, p. 45

VINEY Geneviève, "Remarques sur la distinction entre faute intentionnelle, faute inexcusable et faute lourde", *D.*, 1975, chron. p. 263

VINEY Geneviève, "De la responsabilité personnelle à la répartition des risques", *A.P.D.*, 1977, p.5

VINEY Geneviève, "La responsabilité", *A.P.D.*, 1990, p. 275

VINEY Geneviève, "La clause dite «de réclamation de la victime» en assurance de responsabilité", *J.C.P.*, 1994, I, 3778

VINEY Geneviève, "Les principaux aspects de la responsabilité civile des entreprises pour atteinte à l'environnement en droit français", *J.C.P.*, 1996, I, 3900

VINEY Geneviève, "L'introduction en droit français de la directive européenne du 25 juillet 1985 relative à la responsabilité du fait des produits défectueux", *D.*, 1998, chron. p. 291

VINEY Geneviève, "Le préjudice écologique", *Resp. civ. et ass.*, n° 5 bis, mai 1998, p.6

VINEY Geneviève, "La responsabilité et ses transformations (responsabilité civile et pénale)", *in Université de tous les savoirs*, sous la direction d'Yves MICHAUD, vol. II (Qu'est ce que l'humain ?), Paris, Odile Jacob, 2000, p. 144

VINEY Geneviève, "L'avenir des régimes d'indemnisation indépendants de la responsabilité civile", *in Le juge entre deux millénaires. Mélanges offerts à Pierre Drai*, Paris, Dalloz, 2000, p. 671

VINEY Geneviève, "Brèves remarques à propos d'un arrêt qui affecte l'image de la justice dans l'opinion", *J.C.P.*, 2001, 1, 286, p. 65

VINEY Geneviève, "La responsabilité contractuelle en question", *in Le contrat à la fin du XXème siècle. Etudes en l'honneur de J. Ghestin*, L.G.D.J., 2001, p. 921

VINEY Geneviève, "L'appréciation du préjudice", *P.A.*, 19 mai 2005, n° 99, p. 89

VISSER'T HOOFT H. Philippe, "Développement technologique et responsabilité envers les générations futures", *A.P.D.*, tome 36, 1991, p. 31

VOIRIN Pierre, "La notion de chose dangereuse", *D.*, 1929, chron. p. 1

VON BREITENSTEIN Detlev, "La loi allemande relative à la responsabilité en matière d'environnement : pierre angulaire du droit de l'environnement ?", *R.J.E.*, 1993, n° 2, p.231

WALINE Jean, "Droit public-Droit privé. Institutions publiques-Institutions privées. Le point de vue d'un publiciste", *in La pensée de Charles Eisenmann*, sous la dir. de P. AMSELEK, Paris, Economica, 1986, p. 147

WEBER Max, Etudes critiques pour servir à la logique des sciences de la "culture" [1906], "Possibilité objective et causalité adéquate en histoire", *in Essais sur la théorie de la science*, Paris, Plon, 1992 (Coll. "Agora"), p. 269

WELSCH Sylvie, "Contaminations virales post-transfusionnelles et responsabilités des centres de transfusion: essai sur le droit positif", *P.A.*, 16 avril 1997, n° 46, p. 10

WELSCH Sylvie, "Médicament et responsabilité", *Méd. et dr.*, 1997, n° 23, p. 18

WERTENSCHLAG Bruno, "Propriétaires immobiliers : les réflexes en matière de pollution des sols", *A.J.D.I*, janvier 2003, p. 20

WIEDERKEHR Georges, "Dommage écologique et responsabilité civile", *in Les hommes et l'environnement : quels droits pour le XXIème siècle. Etudes en hommage à A. Kiss*, Paris, Frison-Roche, 1998, p. 513

WITZ Claude, "La nouvelle jeunesse du BGB insufflée par la réforme du droit des obligations", *D.*, 2002, chron. p. 3156

WYNNE Brian, "Uncertainty and environmental learning. Reconceiving science and policy in the preventive paradigm", *Global environmental change*, vol. 2, numb. 2, june 1992, p. 111

YOUNES Carole, "L'action en justice des groupements : au nom de qui ?", *R.R.J.*, 2006, p. 2303

ZENATI Frédéric et FOURNIER Stéphanie, "Essai d'une théorie unitaire de la prescription", *R.T.D.civ.*, 1996, p. 339

INDEX ALPHABETIQUE

(Les chiffres renvoient aux numéros des paragraphes)

A
Accident, 666 et s.
- Collectif, *698 et s.*, 714, 754, 946 et s.
- Définition, 664
- Nucléaire, 152

Accident médical / accident thérapeutique, V° Aléa thérapeutique
Action de groupe, 983 et s.
Action en représentation conjointe, 980 et s.
Actions associatives pour la défense d'un intérêt collectif, 977 et s.
Agence française de sécurité sanitaire de l'environnement et du travail (AFSSET), 420
Agence française de sécurité sanitaire des aliments (AFSSA), 412
Agence française de sécurité sanitaire des produits de santé (AFSSAPS), 354, 420, 458
Aléa médical, 123
Aléa thérapeutique, 229 et s., 258, *260* (définition), *282 et s.*, 294, 295, 297, 753
Américanisation (droit de la responsabilité civile), 854 et s.
Amiante
- Fonds d'indemnisation, V° FIVA
- Obligation contractuelle de sécurité de l'employeur, 558 et s.
- Préjudice, *690 et s.*, 702, 723, 740
- Réglementation, 373 et s.
- Responsabilité civile du fait des choses, 520 et s.

Amphocycline, 425 et s.
Analyse économique du droit de la responsabilité, 968 et s.
Antenne-relais, V° Ondes électromagnétiques liées à la téléphonie mobile
Asbestose, V° Amiante
Assurpol, 758, 763, 779, 781

B
Bianchi, 228
Biodiversité, 671, *674*
Bioéthique, 727

C
Cancer du poumon, V° Amiante, V° Tabac
Catastrophe, 666 et s.
Causalité du dommage / du préjudice, 126
Causalité juridique, 116, 117, *118 et s.*, 537, 538, 541, 601
- Causalité adéquate (théorie), 120, 121, *208 et s.*, 499
- Définition, 113, 114
- Equivalence des conditions (théorie), 120, 121, *122 et s.*, *204 et s.*, 367, 572
- Présomptions, V° ce mot
- Preuve par exclusion, 135 et s.
- Relativité aquilienne, 212 et s.

Causalité scientifique, 115 et s., *219 et s.*, 493, 502, 503, 537, 540, 541, 601, 642 et s., 749
- Connaissance du lien de causalité, 221 et s.
- Définition, 113, 114
- Ignorance du lien de causalité, 260 et s.
- Incertitude du lien de causalité, 232 et s.

Cause étrangère, 293 et s., 299 et s.
Charte de l'environnement, 17, 59, *338 et s.*, 422, 671, 672, *821 et s.*
Choses dangereuses, *482 et s.*, 519
Class actions, 856, *983 et s.*
Clauses de réclamations, 776 et s., 784 et s.
Codes de conduites privés : V° Normes de conduite
Collectivisation (risque), 747 et s.
Conférences de consensus, 456 et s.
Constitutionnalisation
- Devoir de prévention, 341 et s., 821 et s.
- Obligation de contribuer à la réparation des dommages causés à l'environnement, V° ce mot
- Principe de précaution, 341 et s., 821 et s.
- Responsabilité pour faute, 821 et s.

Contaminations virales post-transfusionnelles, V° Hépatite C, V° Sida
Coût économiquement acceptable, 421, *966 et s.*
Creutzfeldt-Jakob, 142 et s., 255 et s., 277, 375 et s., 408, 574, 610, 688, 702, 723

D

Danger, 482 et s., 566 et s.
Déchets, 152, 153, 869
Défaut de précaution, 118 et s., 232 et s.
- Acte médical, 259
- Aléa thérapeutique, 292
- Amphocycline (antibiotique), 425
- Distilbène, 240 et s., 407, 600 et s., 606 et s.
- ESB, 542
- Hépatite C, 235, 574, 577
- Hormone de croissance, 257, 410, 574, 610
- Isoméride, 146, 472, 599, 607
- OGM, 542
- Sida, 234, 574 et s.
- Vaccin contre l'hépatite B, 244 et s., 252, 526, 527, 603, 605, 611 et s.

Défaut de prévention, 118 et s., 221 et s.
- Acte médical, 226 et s., 259
- Aléa thérapeutique, 292
- Amiante, 520, 558 et s.
- Appareils électriques, 594 et s.
- Carburant, 515
- Distilbène, 240 et s., 407, 606 et s.
- Hépatite C, 224
- Listéria, 538

- Myxomatose (virus), 197
- Nimaol, 471
- Orge (fermentation), 514
- Panogen (produit toxique), 536
- Pyralène, 761
- Risque exceptionnel, 469
- Salmonelle, 538
- Sida, 223, 273, 555 et s.
- Syndrome de Lyell, 145
- Syphilis, 452
- Tabac, 364 et s., 523
- Trichinellose, 539 et s.

Développement durable, 413 (Charte), 1004
Devoir d'évaluation du risque, 417 et s.
Devoir de précaution, 403, 407, 410, 415, 430 et s., 470, 961
Devoir de prévention, 4, 342 et s., 815, *821 et s.* (devoir constitutionnel), 364, 396, 400, 403, 407, 430 et s., 470, 961
Devoir de recherche sur le risque, 422 et s.
Devoir de traçabilité

- Définition, 389
- Responsabilité, 397 et s.
- Sources, 390 et s.

Dig Bill (médicament), 356
Distilbène, 127, 140, 141, *237 et s.*, 406, 407, *600 et s.*, 606, 607, 689, 702, 723, 724, 740
Dol éventuel, 927
Dommage

- Actuel, 705 et s.
- Assiette, 695 et s.
- Collectif, 20, 818, 858, 920, 925, *976 et s.*, V° Accident collectif
- Futur, 705 et s.
- Génétique, 726
- Gravité, 107, *664 et s.*
- Irréversibilité, V° ce mot
- Modération, 1021 et s.
- Prévisibilité objective, 209, *210 et s.*, 213, 214, 483, 486, 1038
- Responsabilité sans dommage, 828 et s., 889 et s. (responsabilité contractuelle), 896 et s. (responsabilité délictuelle)
- Transgénérationnel, *711 et s.*, 1002, 1009

Dommage / préjudice (distinction), 126, 834
Dommages de masse, 7, 742, 996, V° Risque sériel
Dommages et intérêts punitifs, 856, 859, 999, *1025 et s.*
Dommages résultant d'un défaut de prévention ou de précaution, 662 et s., 812 et s.
Données acquises / actuelles de la science, 444 et s.
Droit subjectif, 839, *840 et s.*

E

Ecologie profonde, 672, 1011

Effectivité, 960 et s.
Effet de serre, *715 et s.*, 869
Encéphalopathie spongiforme bovine (ESB)
- Réglementation, 363, *375 et s.*
- Responsabilité, 277, 529 (fait des choses), 542 (vice caché)

Environnement, 670 et s. (définition)
Equivalence des conditions, V° Causalité juridique
Espèce humaine, *725*, 742, 873
Ethique de la responsabilité, *867 et s.*, 882 et s
Etude d'impact, 369 et s.
Evaluation du risque, V° Devoir d'évaluation du risque
Exonération de la responsabilité, V° Cause étrangère, V° Ignorance du lien de causalité scientifique
Expertise scientifique, 419

F

Fait de la chose, V° Responsabilité du fait des choses
Fait personnel, V° Responsabilité du fait personnel
Faute
- Abstention, *129 et s.*, 324 et s., 625, 954
- Définition, 39, 319
- Incluse, 600
- Inexcusable, *565 et s.*, 804
- Lucrative, 1027 et s.
- Non-précaution, 129
- Non-prévention, 129
- Virtuelle, 600

Faute de précaution, *43*, 186, 200, 207, 346, 349, 372, 414, 424, *427*, 473, 626, *638 et s.*
Faute de prévention, *43*, 200, 207, 372, 414, 569
FIPA, 795
FIPOL, 794
FIVA, 149, 374, 692, 791, 796, 803
Fonction (responsabilité civile), 799 et s.
- Préventive, 10, 40, 160, 167, 168, 191, 208, 213, *331 et s.*, *800 et s.*, 1019, 1028

Fondation santé et radiofréquences, 420
Fondements (responsabilité civile)
- Devoir général de ne pas nuire à autrui, 622
- Droit à la sûreté, 622
- Droit général à l'intégrité physique, 622, 841 et s.
- Faute, 427, *621 et s.* (responsabilité curative), 1042, 1043 (responsabilité préventive)
- "Faute de risque", *645 et s.*, 901
- Fondement immédiat ou technique, *621 et s.*(responsabilité curative), *1035 et s.* (responsabilité préventive)
- Fondement médiat ou rationnel, *621 et s.*(responsabilité curative), *1048 et s.* (responsabilité préventive)
- Garantie, 646, 841 et s.
- Principe de précaution, 1048 et s.

- Principe de prévention, 1049 et s.
- Risque, 621 et s. (responsabilité curative), 1042, 1043 (responsabilité préventive)

Fonds d'indemnisation et de garantie
- Accidents médicaux, V° ONIAM
- Amiante, V° FIVA
- Environnement, V° FIPA, V° FIPOL, 804
- Hépatite C, V° ONIAM
- Sida, 147, 679, 683, 791, 796, 803

Force majeure, V° Cause étrangère

G

Garde de la chose, 504 et s.
Générations
- Définition, 711
- Futures, 20, 818, 847, 881, 885, *1003 et s.*
- Justice, *879 et s.*, 885

Gomez, 259
Guillain-Barré, V° Syndrome de Guillain-Barré

H

Haute autorité de santé, 458
Hépatite B, V° vaccin
Hépatite C, 123, 137, 148, 222, *224*, 235, 274, 574, 577, *684 et s.*, 702, 723, 740, 782
Hormone de croissance, 142 et s., *255 et s.*, 408 et s., 574, 610, 688, 696, 702, 723, 740

I

Ignorance (risque), 88 et s., 260 et s.
Illicéité
- Objective, 839 et s.
- Subjective, 849 et s.

Imprudence pénale, 921 et s.
Incertitude / risque (distinction), V° Risque
Installation classée, 370, 475, 1017
Institut national de veille sanitaire, 412
Intérêt juridiquement protégé, *845 et s.*, 850
Intérêt légitime à agir, 215
Interprétation économique de la précaution, 79 et s.
Irréversibilité, 673 et s., *719 et s.*
Isoméride, 146, 472, 599, 607

J

Jonas (Hans), 17, *867 et s.*, *882*, 883, 915

K

Kuhn (Thomas S.), V° paradigme

L
Listéria, 538

M
Management environnemental, 413, 414
Mésothéliome, V° Amiante
Mesures préventives, 999, *1014 et s.*
Mise en danger délibérée d'autrui, *917 et s.*, 949, 953, 957, 1037

N
Nelly (cerceau brisé), 583 et s.
Nimaol, 471
Normalité, 495 et s.
Norme
- Définition, 41
- Ethique / scientifique (distinction), 41 et s.

Normes de conduite et normes scientifiques et techniques
- Environnement, 413 et s.
- Santé, 412

Notions (de prévention / de précaution), 7, *8 et s.*, *10 et s.*, 28, 344, 1050

O
Obligation contractuelle de sécurité de *précaution*, 574 et s.
Obligation contractuelle de sécurité de *prévention*
- Centres de transfusion sanguine, 556
- Cliniques, 557
- Contrat de travail, V° Amiante
- Contrat de vente, 547 et s.

Obligation contractuelle d'information
- Environnement, 475 et s.
- Médecin, 466 et s.
- Médicaments, 471 et s.
- Ondes électromagnétiques liées à la téléphonie mobile, 473 et s.

Obligation de contribuer à la réparation des dommages causés à l'environnement, 821
Obligation de sécurité
- Obligations jurisprudentielles, 544 et s. (contractuelles), 582 et s. ("décontractualisées")
- Obligations légales, 348 et s.

Obligation de suivi
- Responsabilité, 405 et s.
- Sources, 400 et s.

Obligations de moyens / de résultat (distinction), 434 et s. (responsabilité curative), 960 et s. (responsabilité préventive)
Obligations extra-contractuelles d'information et d'étiquetage, 352 et s.
Ondes électromagnétiques liées à la téléphonie mobile
- Obligation contractuelle d'information, 473 et s.
- Réglementation, 378 et s.
- Responsabilité du fait des choses, 529

- Troubles anormaux de voisinage, 907 et s.
ONIAM, 147, 148, 257, 791, 796, 803
Organismes génétiquement modifiés (OGM)
- Etiquetage, 362
- Réglementation, 381 et s.
- Responsabilité du fait des choses, 528
- Traçabilité, 393
- Vice caché, 542

P

"Pain maudit", 536
Paradigme
- Changement, 1046, *1069 et s.*
- Notion, 10
- Paradigme classique de la responsabilité civile, 10, 32, 34 et s.
Patrimoine commun de l'humanité, 695, *1006 et s.*
Pharmacovigilance, 354, 395, 404
Phronésis, 21, 36, *45 et s.*
Pentasa, 275
Période de latence (ou d'incubation), 723
Période de *précaution*, 15, 106, 110
- Amiante, 373
- Distilbène, 243
- Encéphalopathie spongiforme bovine (ESB), 376
- Hépatite C, 235
- Hormone de croissance, 256
- Sida, 234
- Vaccin contre l'hépatite B, 244
Période de *prévention*, 15, 106, 110
- Amiante, 373
- Distilbène, 243
- Encéphalopathie spongiforme bovine (ESB), 376
- Hépatite C, 224
- Hormone de croissance, 256
- Sida, 223
Période d'*ignorance*, 106, 110
- Encéphalopathie spongiforme bovine (ESB), 376
- Hépatite C, 274
- Sida, 267
- Vaccin contre l'hépatite B, 244
Perruche, 124 et s.
Perspective objective ou *fréquentiste*, *64*, 68, 72, 73, 176, 209, 483 et s., *628 et s.*, *635 et s.*
Perspective subjective ou *épistémique*, *63*, 66, 72, 73, 186
Perte de chance, *159 et s.*, 189, 708, 887, 970
Popper (Karl), 51
Positivisme juridique, 815 et s.
Précaution

- Défaut de précaution, V° ce mot
- Définition, 12, 105

Préjudice de fait / de droit (distinction), 924
Préjudice écologique pur, *668 et s.*, 695, 713 et s.,760 et s., 794, 1000
Préjudice spécifique de contamination, 676 et s.
- Amiante, 690 et s.
- Distilbène, 689
- Hépatite C, 684 et s.
- Hormone de croissance, 688
- Sida, *678 et s.*, 709

Prescription, 728 et s.
Préservation, 422, 1012, 1013, *1044 et s.*
Présomptions, 134 et s.
- Judiciaires, 135 et s.
- Légales, 147 et s. (droit de la santé), 151 et s. (droit de l'environnement)

Preuve
- Lien de causalité, V° Causalité juridique
- Renversement de la charge de la preuve, 327, 435, 436

Prévention
- Défaut de prévention, V° ce mot
- Définition, 12

Prévention (concept traditionnel)
- Responsabilité civile, *332*, *333*, 348, 369, *483 et s.*, 494, *505 et s.*, 516, 519, 563, 593, 800, 831 et s.
- Responsabilité pénale, *918 et s.*, 936 et s.

Prévisibilité (subjective), 198, 210, *439 et s.*, 490, *495 et s.*, 501, 503, 511, 541, 637, 641, 928, 1038
Prévision (objective), 198, *439 et s.*, *499 et s.*, 641
Principe constitutionnel de responsabilité, V° Constitutionnalisation
Principe de causalité / principe d'imputation (distinction), 42
Principe de précaution
- Constitutionnalisation, V° ce mot
- Définition, 1
- Fondement de la responsabilité civile, V° ce mot

Principe de prévention
- Définition, 1, 4
- Fondement de la responsabilité civile, V° ce mot

Principe pollueur-payeur, 718, 794 et s., 968
Principe responsabilité, V° Jonas (Hans)
Principes généraux du droit, 8 et s.
Principes /règles juridiques (distinction), 8 et s.
Privé / public (distinction), 14 et s.
Probabilité, 62 et s.
- Objective, *64 et s.*, 69 et s., 77, 172 et s., 208 et s., *483 et s.*, 596, 628 et s., 635, 947
- Subjective, *63 et s.*, 69 et s., 77, 184, 628

Produits défectueux, V° Responsabilité du fait des produits défectueux
Proportionnalité, 963 et s.

Prudence, 35 et s.
- Antique, V° *Phronésis*
- Juridique, 10, 32, 36, *38 et s*

R

Rationalité substantielle / procédurale, V° Règle de fond / de procédure (distinction)
Rawls (John), *880 et s.*, 885
Recherche sur le risque, V° Devoir de recherche sur le risque
Recours collectif, V° Action de groupe
Référé, 1015 et s.
Références médicales opposables (RMO), 456 et s.
Règle de fond /Règle de procédure (distinction), 431 et s.
Règles de droit repressives / restitutives (distinction), 818
Relativité aquilienne, V° Causalité juridique
Réparation
- Fluide, 856, 999
- Intégrale, 573, 679, 692, 796, 801, *1020*, 1025
- Nature / équivalent, 891
- Réparation et responsabilité, 829 et s.

Res ipsa logitur, 600
Responsabilité civile contractuelle (concept), 580, *894 et s.*
Responsabilité civile contractuelle /délictuelle (uniformisation), 410, *580 et s.*, 951
Responsabilité civile curative, *111 et s.*, 821 et s., 828 et s., 862, 946 et s., 951 et s., 970
Responsabilité civile préventive, 807, *812 et s*
Responsabilité du fait des choses, 480 et s.
Responsabilité du fait des produits défectueux, 257, 262 et s., 403, 548 et s., 574, 585, 589, 608, *611 et s.*, 700, 731
Responsabilité du fait personnel, 319 et s.
- Contractuelle, 442 et s.
- Délictuelle, 321 et s.

Ricœur (Paul), 867, 870, 872, 875, 883, 914, 915
Risque
- Acceptabilité, 966 et s.
- Assurabilité, 748 et s.
- Création, *188 et s.*, 888, 901, 933, 954, 970
- Définition, 70, 482, 628, 635 (assuranciel)
- Exceptionnel, 227, 228, 258, 286, 289, 355, 466 et s., 471
- Garantie, 756 et s.
- Grave, 466, et s.
- Risque avéré / suspecté (distinction), 12, 31, 49 et s., 85 et s., 105
- *Risque certains / résiduels / incertains* (distinction), 102
- *Risque de faute*, 648, 1041
- Risque-événement, 936, *1037 et s.*
- Risque-éventualité de survenance d'un dommage, 936, *1040 et s.*
- Risque ignoré, *88 et s.*, 105
- *Risque imaginaire / potentiel / avéré* (distinction), 105
- *Risque / incertitude* (distinction), *76 et s.*, 81, 85, 170, 185, 186, 641

- Risque sériel, 20, 687, 693, 700, *701 et s.*, 754, 768 et s., 773, 776, 782, 791, *947 et s.*

Risque de développement, *88 et s.*, 105, *262 et s.*, 293, 295 et s., 753, 760
- Aliments, 277 et s.
- Contaminations virales post-transfusionnelles, 267 et s (Sida), 274 (Hépatite C)
- Définition, 88, 260
- Environnement, 279 et s.
- Médicaments, 275 et s., 359, 360, 426

Risque de dommage
- Caractères du risque de dommage, 946 et s.
- Fait générateur de risque de dommage, 951 et s.
- Lien de causalité entre le risque de dommage et le dommage, 970, 1040
- Responsabilité pour risque de dommage, V° Responsabilité préventive

S

Salmonelles, 537 et s.
Science (définition), 55
Sciences de la nature / sciences sociales (distinction), 42, 50
Sclérose en plaques, V° Vaccin (hépatite B)
Seuil (de risque de précaution), *92 et s.*, 176, 211, 307, 379, 492 et s., 750, 752, 907
Sida, 123, 137, 147, 222, 223, 234, 267 et s., 555 et s., 574 et s., 586 et s., 678 et s., 702, 709, 710, 723, 740, 766 et s., 782, 791, 796, 803
Sites / sols pollués, 279 et s.
Socialisation (risque), 789 et s.
Stalinon, 423 et s.
Standard juridique, 39, 308, 340, 967
Suivi, V° Obligation de suivi
Syndrome de Guillain-Barré, 246 et s., 250 et s., 254, 525 et s., 617 et s.
Syndrome de Lyell, 145

T

Tabac, 364 et s., 523
Technique (définition), 56
Thérapeutique nouvelle, 259
Thorens, 275, *357 et s.*
Traçabilité, V° Devoir de traçabilité
Trichinellose, 539 et s.
Troubles anormaux de voisinage, *905 et s.*, 1016, 1017

V

Vaccin (hépatite B), 139, *244 et s.*, 525 et s., *603*, 605, 611 et s., 702, 723

Viande bovine
- Etiquetage, 363
- Traçabilité, 391 et s.

Vice caché, 532 et s.
- Alimentation, 535 et s.
- Environnement, 534

Victime

- Intérêt à agir, 838 et s.
- Responsabilité sans victime, 828 et s.

Vorsorgeprinzip, 17, 98

X

Xylomucine, 355

TABLE DES MATIERES

INTRODUCTION 17
I – Les arguments au soutien de la thèse de la dépendance du principe de précaution en droit privé à l'égard du droit public 32
A – L'hypothèse de la dépendance du principe de précaution en droit privé au principe de précaution en droit public en raison du contenu de la règle 32
B – L'hypothèse de la dépendance du principe de précaution en droit privé au principe de précaution en droit public en raison des sources de la règle 35
II – L'absence de pertinence des arguments au soutien de la thèse de la dépendance du principe de précaution en droit privé à l'égard du droit public au regard de la distinction de la prévention et de la précaution 36

CHAPITRE PRELIMINAIRE : Le principe de la distinction de la prévention et de la précaution dans le paradigme classique de la responsabilité civile 41
Section I : La spécificité de la *prevention* et de la *precaution* par rapport à la prudence 41
§ 1 De la prudence à la distinction de la prévention et de la précaution 42
A – Prévention, précaution et prudence juridique 42
B – Prévention, précaution et prudence antique (*phronésis*) 46
§ 2 La spécificité de la prévention par rapport à la précaution 48
A – Le principe de la distinction entre la prévention et la précaution 48
B – La consécration de la distinction de la prévention et de la précaution par la loi et la Constitution 52
Section II : La détermination des éléments constitutifs de la *prévention* et de la *précaution* 55
§ 1 La distinction de la prévention et de la précaution dans ses rapports avec la notion de probabilité 56
A – Probabilités subjectives et probabilités objectives 56
B – L'apport de la distinction des probabilités objectives et subjectives à la distinction de la prévention et de la précaution 58
§ 2 La distinction de la prévention et de la précaution dans ses rapports avec la différenciation du risque et de l'incertitude 62
A – Risque et incertitude 63
B – L'apport de la distinction du risque et de l'incertitude à la distinction de la prévention et de la précaution : l'interprétation économique de la précaution 64
§ 3 L'influence de la connaissance du risque sur le champ d'application de la prévention et de la précaution 66
A – Précaution et ignorance 67
B – Précaution et risque avéré 69
1) Position du problème 69
2) Eléments de détermination d'un seuil de connaissance du risque caractérisant la précaution 71
a) Sources internationales 71
b) Sources européennes 72
c) Sources nationales 74
Conclusion du chapitre préliminaire 77

PREMIERE PARTIE : PREVENTION, PRECAUTION ET RENOVATION DE LA RESPONSABILITE CIVILE CURATIVE 79

TITRE I : La distinction de la prévention et de la précaution et l'exigence d'un lien de causalité 83

CHAPITRE I : L'assouplissement de la causalité juridique, facteur commun d'intégration des responsabilités civiles pour défaut de prévention et de précaution 87
Section I : L'assouplissement de la définition de la causalité juridique 87
§ 1 Les progrès de la théorie de l'équivalence des conditions 88
§ 2 Le rôle causal de la faute d'abstention 93
Conclusion de la section I 94
Section II : L'assouplissement de la preuve de la causalité juridique 95
§ 1 Les présomptions 95
A – La preuve de la causalité par exclusion et/ou la constatation de la concomitance entre le fait générateur et le dommage 95
B – Les présomptions légales de causalité en droit de la santé 103
C – Les présomptions légales de causalité en droit de l'environnement 106
§ 2 La perte de chance 111
A – Perte de chance et mesure d'évitement du dommage 112
B – Perte de chance, prévention et précaution 117
1) Perte de chance et intervention médicale 118
2) Perte de chance et information médicale 121
a) L'incertitude sur la réalisation de l'intervention médicale, compte tenu des connaissances relatives au choix du patient 123
b) L'absence d'incertitude sur la survenance du risque médical, inhérent à l'intervention, compte tenu des connaissances scientifiques et techniques de la médecine 126
§ 3 La création d'un risque 128
A – Création d'un risque et mesure d'évitement du dommage 128
B – Création d'un risque, prévention et précaution 129
Conclusion de la section II 133
Section III : Le rôle des théories juridiques de la causalité au regard des responsabilités pour défaut de prévention et de précaution 133
§ 1 La théorie de l'équivalence des conditions, instrument commun au service de la *prévention* et de la *précaution* 135
§ 2 La théorie de la causalité adéquate, instrument spécifique au service de la *prévention* ? 137
A – Les critères du "cours habituel des choses" et de "l'expérience de la vie" 137
B – La prévisibilité objective du dommage 138
§ 3 Les prédispositions de la théorie de la relativité aquilienne à saisir les fautes de *prévention* et de *précaution* 140
A – La relativité aquilienne, instrument au service de la prévisibilité du dommage 140
B – La relativité aquilienne, instrument commun au service de la *prévention* et de la *précaution* 141

Conclusion de la section III 142
Conclusion du chapitre I 143

CHAPITRE II : La prise en compte du lien de causalité scientifique comme critère de distinction des responsabilités civiles pour défaut de prévention et de précaution 145
Section I : L'incidence de la causalité scientifique sur la qualification de la responsabilité civile 145
§ 1 La connaissance du lien de causalité scientifique, condition nécessaire de la responsabilité pour *défaut de prévention* 145
A - Prévention et responsabilité du fait des produits de santé 146
B - Prévention et responsabilité du fait d'un acte médical 150
§ 2 L'incertitude du lien de causalité scientifique, condition autonome de la responsabilité pour *défaut de précaution* 153
A - Précaution et responsabilité du fait des produits de santé 153
1) Les contaminations virales post-transfusionnelles 154
2) Les médicaments 155
a) Le Distilbène 155
b) Le vaccin contre l'hépatite B 158
c) L'hormone de croissance 168
B - Précaution et responsabilité du fait d'un acte médical 171
§ 3 L'ignorance du lien de causalité scientifique en quête de qualification juridique 173
A - Les manifestations de l'ignorance du lien de causalité scientifique 174
1) Ignorance du lien de causalité scientifique et risque de développement 174
a) L'introduction du risque de développement dans le droit français 175
b) La notion de risque de développement 176
c) Les manifestations du risque de développement en droit 177
α) Risque de développement et sécurité sanitaire 178
1°/ Les contaminations virales post-transfusionnelles 178
2°/ Les médicaments 181
β) Risque de développement et sécurité alimentaire 183
γ) Risque de développement et sécurité environnementale 184
2) Ignorance du lien de causalité scientifique et aléa thérapeutique 186
a) Avant la loi du 4 mars 2002 186
α) L'ignorance de la causalité scientifique au regard de la pluralité des définitions de l'aléa thérapeutique 186
β) L'ignorance du lien de causalité scientifique au regard de la jurisprudence civile et administrative 189
b) Après la loi du 4 mars 2002 191
B - Le rôle de l'ignorance du lien de causalité scientifique : de la cause d'exonération à la détermination de la nature de la responsabilité civile 192
Conclusion de la section I 195
Section II : L'incidence de la causalité scientifique sur les causes d'exonération de la responsabilité civile 196
§ 1 Prévention, précaution et extériorité de la force majeure 197

§ 2 Prévention, précaution et imprévisibilité de la force majeure ... 199
§ 3 Prévention, précaution et irrésistibilité de la force majeure ... 201
Conclusion de la section II ... 202
Conclusion du chapitre II ... 202
Conclusion du Titre I ... 203

TITRE II : La distinction de la prévention et de la précaution et l'exigence d'un fait générateur de responsabilité civile ... 205

CHAPITRE I : Le renouvellement du contenu du fait personnel ... 207
Section I : Prévention, précaution et responsabilité civile délictuelle ... 208
§ 1 Prévention, précaution et élément matériel de la faute ... 209
§ 2 Prévention, précaution et élément légal de la faute ... 212
I – L'élargissement de la fonction préventive de la responsabilité civile ... 212
II – L'extension des devoirs traditionnels de prévention ... 215
A – L'extension des devoirs légaux du fait de la normativité juridique des principes de prévention et de précaution ... 216
1) La valeur normative des principes de prévention et de précaution avant la loi constitutionnelle du 1er mars 2005 relative à la Charte de l'environnement ... 217
2) La valeur normative des principes de prévention et de précaution depuis la loi constitutionnelle du 1er mars 2005 relative à la Charte de l'environnement ... 219
a) Le *devoir de prévention* et le *principe de précaution* dans la Charte de l'environnement ... 219
b) L'incidence limitée de la distinction constitutionnelle du *devoir* de prévention et du *principe* de précaution dans le paradigme classique de la responsabilité civile ... 222
B – L'extension des devoirs légaux du fait de la prise en compte du risque scientifique suspecté dans la loi ou les règlements ... 223
1) L'extension des devoirs légaux existants ... 224
a) L'extension des obligations légales de sécurité ... 224
b) L'extension des obligations légales d'information et d'étiquetage ... 226
α) Les dispositions générales en matière d'information et d'étiquetage ... 226
β) Les dispositions spécifiques en matière de médicaments ou de produits de santé soumis à autorisation ... 226
γ) Les dispositions spécifiques en matière alimentaire ... 231
δ) L 'obligation d'information sur les dangers du tabac ... 233
ε) Les dispositions spécifiques en matière d'environnement ... 237
c) La réglementation des activités ou des produits en proie à l'évolution des connaissances scientifiques et techniques dans les domaines de l'environnement et de la santé ... 240
α) La réglementation progressive de l'utilisation de l'amiante ... 240
β) La réglementation de l'encéphalopathie spongiforme bovine ... 244
γ) La réglementation du risque résultant des ondes électromagnétiques liées à la téléphonie mobile ... 247
δ) La réglementation des organismes génétiquement modifiés ... 250
2) L'émergence de nouveaux devoirs ... 255

a) Le devoir de traçabilité 255
α) Les sources du devoir de traçabilité 256
β) La responsabilité du fait d'un manquement au devoir de traçabilité 260
b) L'obligation de suivi 261
α) Les sources de l'obligation de suivi 261
β) La responsabilité du fait d'un manquement à l'obligation de suivi 263
C – L'extension des devoirs du fait de l'essor des normes de conduite et des normes scientifiques et techniques portant sur un risque suspecté 267
1) Normes de conduite et normes techniques relatives à la santé 267
2) Normes de conduite et normes techniques relatives à l'environnement 268
D – L'extension des devoirs, inspirés par un souci de sécurité, créés par la jurisprudence 270
1) Le devoir d'évaluation du risque 271
2) Le devoir de recherche sur le risque 274
III – La portée des devoirs de prévention et de précaution 278
A – La portée de l'obligation de précaution au regard de la distinction entre règle de fond et règle de procédure 279
B – La portée des devoirs de *prévention* et de *précaution* au regard de la distinction entre les obligations de moyens et les obligations de résultat 281
§ 3 Le renouvellement de l'appréciation de l'élément moral de la faute : de la prévisibilité subjective à la prévision objective 284
Conclusion de la section I 286
Section II : Prévention, précaution et responsabilité civile contractuelle 286
§ 1 L'absence d'influence de la distinction de la prévention et de la précaution sur la qualification juridique de la norme scientifique dans le domaine médical 287
A – L'émergence de l'incertitude en médecine : des données *acquises* aux données *actuelles* 287
1) La donnée est dite "actuelle" mais est seulement acquise 291
2) La donnée est dite "actuelle" mais n'est pas acquise 291
3) La donnée est dite "acquise" alors qu'elle est seulement actuelle 294
B – L'émergence d'une incertitude relative aux énoncés de la science médicale : d'une science de données à une science de références 296
1) La normalisation, symptôme d'une science toujours réfutable 296
2) L'incompatibilité d'une science médicale de références avec la distinction de la prévention et de la précaution 299
§ 2 L'incidence de la distinction de la prévention et de la précaution sur la détermination du contenu matériel de la norme contractuelle : l'extension de l'obligation d'information 301
A – L'élargissement de l'obligation d'information relative aux risques sanitaires 301
1) L'obligation contractuelle d'information du médecin 301
2) L'obligation contractuelle d'information du fabricant de médicaments 305
3) L'obligation contractuelle d'information de l'opérateur de téléphonie mobile 306
B – L'élargissement de l'obligation d'information relative aux risques environnementaux 308
Conclusion de la section II 310
Conclusion du chapitre I 310

CHAPITRE II : L'extension de la responsabilité du fait des choses 313
Section I : Prévention, précaution et responsabilité délictuelle du fait des choses en droit commun 313
§ 1 Les conséquences de la distinction de la prévention et de la précaution sur la définition de la chose instrument du dommage : la résurgence du débat sur les choses dangereuses 313
A – La notion de chose dangereuse et le concept traditionnel de prévention 314
1) Probabilités objectives, chose dangereuse et faute du gardien 315
2) Probabilités objectives, chose dangereuse et dommage 317
B – La notion de chose dangereuse et la distinction de la *prévention* et de la *précaution* 319
§ 2 Les conséquences de la distinction de la prévention et de la précaution sur l'interprétation du fait de la chose 321
A – La normalité, condition de la prévisibilité subjective du risque de dommage 322
B – La norme scientifique et technique, critère de la prévision objective du risque de dommage 325
§ 3 L'appréhension de la distinction de la prévention et de la précaution par la notion de garde de la chose 329
A – La notion de garde et le concept traditionnel de prévention 329
B – La notion de garde et la distinction de la *prévention* et de la *précaution* 332
1) L'application traditionnelle de la notion de garde en présence d'un risque scientifique avéré, expression d'une responsabilité délictuelle pour *défaut de prévention* 332
a) La référence implicite à un risque scientifique et technique avéré 333
b) La référence explicite à risque scientifique et technique avéré 337
2) Les potentialités d'application de la notion de garde en présence d'un risque scientifique suspecté ou l'émergence possible d'une responsabilité délictuelle pour *défaut de précaution* 340
Conclusion de la section I 345
Section II : Prévention, précaution et responsabilité contractuelle du fait des choses 346
Sous-section I : Le renouvellement de la garantie des vices cachés 346
§ 1 Le recours traditionnel à la garantie des vices cachés en présence d'un risque scientifique avéré 347
A – Prévention et vice caché en droit de l'environnement 347
B – Prévention et vice caché en matière alimentaire 348
§ 2 Le recours à la garantie des vices cachés en présence d'un risque scientifique suspecté 354
Conclusion de la sous-section I 354
Sous-section II : L'extension de l'obligation contractuelle de sécurité 354
§ 1 La consécration d'une obligation contractuelle de sécurité en présence d'un risque scientifique avéré, expression d'une responsabilité civile pour *défaut de prévention* 355
A – La référence implicite à un risque scientifique avéré dans la jurisprudence relative à l'obligation de sécurité dans le contrat de vente 356
1) L'existence d'une *obligation de sécurité de prévention* à la charge du vendeur professionnel 356

2) La portée de l'*obligation de sécurité de prévention* pesant sur le vendeur professionnel 359
B - La référence explicite à un risque scientifique avéré dans la jurisprudence relative à l'obligation de sécurité dans d'autres contrats 361
1) La responsabilité contractuelle des fournisseurs de sang pour *défaut de prévention* des risques de contamination par le virus du Sida 361
a) L'*obligation de sécurité de prévention* à la charge des centres de transfusion sanguine 361
b) L'*obligation de sécurité de prévention* à la charge des cliniques 363
2) La responsabilité contractuelle de l'employeur pour *défaut de prévention* des risques de contamination liés à l'amiante 363
a) La consécration d'une obligation de sécurité de résultat dans le contrat de travail 366
b) Une conception renouvelée de la faute inexcusable 368
α) La conscience du danger qu'avait ou qu'aurait dû avoir l'employeur 369
β) L'absence de mesures prises par l'employeur pour préserver le salarié du danger 371
§ 2 L'extension de l'obligation contractuelle de sécurité du fait de la prise en compte d'un risque scientifique suspecté ou l'émergence d'une responsabilité civile pour *défaut de précaution* 375
Conclusion de la sous-section II 377
Conclusion de la section II 378
Section III : Prévention, précaution et uniformisation de la responsabilité civile 378
§ 1 La distinction de la prévention et de la précaution à l'aune de la "décontractualisation" jurisprudentielle de l'obligation de sécurité 380
A - "Decontractualisation" de l'obligation de sécurité et *prévention* 380
B - "Décontractualisation" de l'obligation de sécurité et *précaution* 382
§ 2 Les obligations de sécurité de *prévention* et de *précaution* à la recherche d'un fondement autonome légal 385
A - La percée de l'article L. 221-1 du Code de la consommation comme fondement autonome des obligations de sécurité de *prévention* et de *précaution* 386
1) La percée de l'article L. 221-1 du Code de la consommation comme fondement autonome de l'obligation de *prévention* 386
2) La percée de l'article L. 221-1 du Code de la consommation comme fondement autonome de l'obligation de *précaution* 388
a) L'article L. 221-1 du Code de la consommation et l'affaire de l'Isoméride 388
b) L'article L. 221-1 du Code de la consommation et l'affaire du Distilbène 389
c) L'article L. 221-1 du Code de la consommation et l'affaire du vaccin contre l'hépatite B 391
B - Le refoulement de l'article L. 221-1 du Code de la consommation comme fondement des obligations de sécurité de *prévention* et de *précaution* 392
C - Les articles 1147 et 1382 du Code civil comme fondements des obligations de *prévention* et de *précaution* 394
D - Le rôle des articles 1147 et 1382 du Code civil interprétés à la lumière de la directive CEE n° 85-374 du 25 juillet 1985 comme fondements possibles des obligations de *prévention* et de *précaution* 396
Conclusion de la section III 401

Conclusion du chapitre II 401

CHAPITRE III : La distinction de la prévention et de la précaution à l'épreuve des fondements de la responsabilité civile 403
<u>Section I</u> : La tentative d'affranchissement de la distinction de la prévention et de la précaution des catégories traditionnelles du droit de la responsabilité civile 405
§ 1 Faute et exigence de certitude 406
§ 2 Risque et exigence de certitude 407
A – L'ancrage de la pensée des fondateurs de la théorie du risque dans la perspective fréquentiste 407
B – L'ancrage de la loi du 9 avril 1898 sur les accidents du travail dans la perspective fréquentiste 412
Conclusion de la section I 413
<u>Section II</u> : La soumission de la distinction de la prévention et de la précaution aux catégories traditionnelles du droit de la responsabilité civile 414
§ 1 Prévention, précaution et faute 414
§ 2 Prévention, précaution et risque 417
§ 3 Prévention, précaution et "faute de risque" 420
Conclusion de la section II 423
Conclusion du chapitre III 424
Conclusion du Titre II 424
CONCLUSION DE LA PREMIERE PARTIE 427

DEUXIEME PARTIE : PREVENTION, PRECAUTION ET PROMOTION DE LA RESPONSABILITE CIVILE PREVENTIVE 429

TITRE I : Les dommages résultant d'un défaut de prévention ou de précaution, éléments perturbateurs de la responsabilité civile curative 433

CHAPITRE I : La spécificité des dommages résultant d'un défaut de prévention ou de précaution 435
<u>Section I</u> : Les manifestations matérielles de la gravité des dommages résultant d'un défaut de prévention ou de précaution : de l'accident à la catastrophe 436
§ 1 La gravité du dommage, critère qualitatif 436
A – Le préjudice écologique pur 437
1) La notion d'environnement 438
2) L'intensité du préjudice écologique pur 441
B – Le préjudice spécifique de contamination 443
1) Le préjudice spécifique de contamination causé par une transfusion sanguine 443
a) Le préjudice spécifique de contamination par le virus du Sida 444
b) Le préjudice spécifique de contamination par le virus de l'hépatite C 447
2) L'extension de la notion de préjudice spécifique de contamination aux dommages résultant de l'exposition à un médicament ou à un produit nocif 449
§ 2 La gravité du dommage, critère quantitatif 453
A – L'extension de l'assiette du dommage 453

B – La multiplication du nombre des victimes du dommage 455
1) L'accident collectif 455
2) Le risque sériel 457
Conclusion de la section I 460
Section II : Les manifestations temporelles de la gravité des dommages résultant d'un défaut de prévention ou de précaution : du dommage actuel au dommage transgénérationnel 460
§ 1 Du dommage actuel au dommage futur 460
§ 2 Du dommage futur au dommage transgénérationnel 464
A – Les manifestations de dommages transgénérationnels 464
1) Les dommages transgénérationnels à l'environnement 465
a) Le rôle du temps dans l'apparition du préjudice écologique pur 465
b) L'irréversibilité du préjudice écologique pur 469
2) Les dommages transgénérationnels à la santé 471
a) Le rôle du temps dans l'apparition de certains dommages corporels 471
b) L'extension temporelle du dommage résultant d'une atteinte à l'espèce humaine 472
B – L'inadaptation des règles actuelles de prescription aux dommages transgénérationnels 474
1) Dommages transgénérationnels et délais de prescription 475
a) L'insuffisante durée des délais de prescription 475
b) La difficile détermination des points de départ des délais de prescription 480
2) Dommages transgénérationnels et régime de la prescription 482
Conclusion de la section II 483
Conclusion du chapitre I 484

CHAPITRE II : Les limites des modalités actuelles de garantie des dommages résultant d'un défaut de prévention ou de précaution 485
Section I : Les limites de la collectivisation du risque opérée par l'assurance 485
§ 1 L'assurabilité des risques scientifiques et techniques résultant d'un défaut de prévention ou de précaution 486
A – Prévention, précaution et réalisation du risque 486
B – Prévention, précaution et connaissance du risque 487
1) L'assurabilité du risque suspecté 488
2) L'assurabilité du risque ignoré 489
C – Prévention, précaution et importance du risque 490
§ 2 La garantie des risques scientifiques et techniques résultant d'un défaut de prévention ou de précaution 490
A – L'étendue de la garantie des risques scientifiques et techniques 491
1) L'étendue de la garantie des risques environnementaux 491
2) L'étendue de la garantie des risques sanitaires 494
a) La garantie des risques sanitaires avant les lois du 4 mars 2002 et du 30 décembre 2002 494
b) La garantie des risques sanitaires après les lois du 4 mars 2002 et du 30 décembre 2002 498
B – La durée de la garantie des risques scientifiques et techniques 500

1) La durée de la garantie des risques environnementaux et sanitaires avant les lois du 30 décembre 2002 et du 1er août 2003 500
2) La durée de la garantie des risques environnementaux et sanitaires après les lois du 30 décembre 2002 et du 1er août 2003 507
Conclusion de la section I 509
Section II : L'essor de la socialisation indirecte des risques et les limites de la multiplication des fonds de garantie 510
§ 1 L'essor des fonds de garantie en matière sanitaire et environnementale 510
A – Les fonds de garantie des risques sanitaires 511
B – Les fonds de garantie des risques environnementaux 512
§ 2 Limites et inconvénients des fonds de garantie 513
Conclusion de la section II 515
Section III : Les conséquences de la socialisation du risque sur l'articulation des fonctions de la responsabilité civile : vers une dissociation de l'indemnisation et de la responsabilité 515
§ 1 La place résiduelle des fonctions punitive et dissuasive de la responsabilité 516
§ 2 Les enjeux d'une dissociation entre la responsabilité et l'indemnisation 520
Conclusion de la section III 521
Conclusion du chapitre II 522
Conclusion du Titre I 522

TITRE II : L'anticipation des dommages résultant d'un défaut de prévention ou de précaution, élément créateur d'une responsabilité civile préventive 525

CHAPITRE I : Le débat sur la responsabilité civile préventive 527
Section I : Les arguments qui s'opposent à la reconnaissance d'une responsabilité civile préventive et leur réfutation 527
Sous-section I : L'argument tiré de la conception du droit 527
Sous-section II : Les arguments juridiques 532
§ 1 L'argument constitutionnel : la coexistence du principe constitutionnel de responsabilité curative avec le devoir constitutionnel de prévention et le principe constitutionnel de précaution 532
A – La constitutionnalisation du principe de responsabilité pour faute, faux obstacle à la reconnaissance d'une responsabilité civile sans dommage pour défaut de prévention ou de précaution 535
B – L'extension du concept de responsabilité juridique, facteur de conciliation entre les normes constitutionnelles de responsabilité, de prévention et de précaution 538
§ 2 Les arguments légaux : vers une responsabilité sans dommage et sans victime ? 539
A – L'argument tiré de l'exigence de la survenance d'un dommage 539
1) Présentation de l'argument : la confusion entre la réparation et la responsabilité 539
2) Réfutation de l'argument : la dissociation de la réparation et de la responsabilité 543
B – L'argument tiré de l'existence d'une victime ayant un intérêt à agir 544

1) Responsabilité préventive et illicéité objective 545
a) Illicéité objective, droit subjectif et responsabilité préventive 546
b) Illicéité objective, intérêt juridiquement protégé et responsabilité préventive 549
2) Responsabilité préventive et illicéité subjective 550
Conclusion sur les arguments légaux qui s'opposent à la notion de responsabilité préventive : vers un rapprochement du droit civil et du droit public ? 552
Sous-section III : L'argument sociologique : vers une américanisation du droit de la responsabilité civile ? 553
§ 1 Les arguments au soutien de la thèse d'une américanisation du droit de la responsabilité civile 554
§ 2 La responsabilité civile préventive face au grief de l'américanisation du droit 556
Conclusion de la section I 558
Section II : Les arguments en faveur de la reconnaissance d'une responsabilité civile préventive 559
Sous-section I : Les arguments philosophiques 559
§ 1 La teneur des arguments philosophiques 559
A – Le renouveau de l'éthique de la responsabilité 559
1) La transformation de l'agir humain 560
2) Les caractéristiques de l'éthique de la responsabilité 562
B – Le problème de la justice entre les générations 564
§ 2 L'apport des arguments philosophiques à la construction d'une responsabilité civile préventive 566
Sous-section II : Les arguments juridiques 568
§ 1 Les arguments tirés de l'évolution du droit de la responsabilité civile 569
A – L'émergence d'une responsabilité civile pour risque de dommage 569
1) L'émergence d'une responsabilité contractuelle sans dommage 570
a) La suppression de la condition relative au dommage 570
b) La négation du concept de responsabilité contractuelle 572
2) L'émergence d'une responsabilité délictuelle sans dommage 574
3) L'émergence d'une responsabilité pour risque de dommage fondée sur la théorie des troubles anormaux de voisinage 578
B – L'extension de la signification du concept de responsabilité juridique 582
§ 2 L'argument tiré de l'évolution du droit de la responsabilité pénale : l'exemple du délit de mise en danger délibérée d'autrui 585
A – Les raisons d'un délit : de la répression à la prévention traditionnelle 586
B – Les éléments constitutifs du délit de mise en danger délibérée d'autrui : de l'imprudence pénale à la prudence préventive 589
1) La mise en danger délibérée : un risque apparemment sans dommage 589
a) L'absence officielle du dommage dans la définition de la mise en danger délibérée d'autrui 589
b) La présence officieuse du dommage dans la définition de la mise en danger délibérée d'autrui 592
2) La mise en danger délibérée : un risque au cœur d'une faute 594
a) Un risque qualifié 594
b) Une exposition au risque 595

Conclusion sur l'argument tiré de la notion de mise en danger délibérée d'autrui : vers un rapprochement des responsabilités civile et pénale 596
Conclusion de la section II 598
Conclusion du chapitre I 599

CHAPITRE II : Le régime de la responsabilité civile préventive 601
Section I : Les conditions de la responsabilité civile préventive 601
§ 1 Les caractères du risque de dommage, objet de la responsabilité civile préventive 601
A – L'identité de nature entre les risques scientifiques et techniques, et les accidents collectifs et les risques sériels, facteur d'extension du domaine de la responsabilité civile préventive 601
B – La spécificité matérielle des risques scientifiques et techniques, élément de limitation de la responsabilité civile préventive 603
§ 2 Le fait générateur de risque constitutif de la responsabilité civile préventive 604
A – Responsabilité préventive et conditions générales de la responsabilité curative 604
1) Responsabilité préventive et élément matériel du fait générateur de risque 604
2) Responsabilité préventive et élément moral du fait générateur de risque 605
B – Responsabilité préventive et critères légaux des principes de prévention et de précaution 606
1) L'apport des critères du caractère effectif et proportionné des mesures préventives 607
a) L'apport du critère de l'effectivité des mesures préventives 607
b) L'apport du critère de la proportionnalité des mesures préventives 609
2) L'apport du critère du coût économiquement acceptable des mesures préventives 610
§ 3 Le lien de causalité entre le fait générateur et le risque de dommage 613
Conclusion de la section I 613
Section II : La sanction de la responsabilité civile préventive 614
§ 1 Les titulaires de l'action en responsabilité civile préventive 614
A – L'extension des titulaires de l'action en responsabilité civile dans l'espace 614
1) L'inadaptation des actions collectives actuelles aux dommages collectifs résultant d'un défaut de prévention ou de précaution 615
a) Les limites des actions associatives pour la défense d'un intérêt collectif 615
b) Les limites de l'action en représentation conjointe 616
2) L'opportunité d'introduire une action de groupe en droit français 617
a) Le mécanisme des *class actions* 618
b) Le débat sur l'action de groupe en France 618
c) Apports et limites des textes de 2006 en préparation relatifs aux actions collectives au regard de l'instauration d'une responsabilité civile préventive 622
α) Les apports limités des textes de 2006 en préparation 622
β) La nécessité d'instaurer une action de groupe à vocation curative et préventive 625
1°/ Les conditions d'ouverture d'une action de groupe en droit français 625
2°/ Le jugement rendu à la suite d'une action de groupe en droit français 626
B – L'extension des titulaires de l'action en responsabilité civile dans le temps 627

1) La notion de générations futures 627
2) La notion de patrimoine commun de l'humanité 629
Conclusion sur l'extension des titulaires de l'action en responsabilité civile : vers une objectivation du contentieux de la responsabilité civile ? 633
§ 2 Les mesures visant à prévenir un risque de dommage 634
A – L'élargissement des mesures procédurales permettant de prévenir la survenance d'un dommage 635
B – L'élargissement de la fonction des dommages et intérêts 637
1) L'obligation pour la victime de modérer son dommage 638
2) La condamnation du responsable à des dommages et intérêts punitifs 641
Conclusion de la section II 643
Conclusion du chapitre II 644

CHAPITRE III : Les fondements de la responsabilité civile préventive 645
Section I : Les fondements techniques de la responsabilité civile préventive 645
§ 1 L'intégration du risque-événement à la faute 646
§ 2 L'intégration du risque, comme éventualité de survenance d'un dommage, au fait générateur 648
§ 3 La dualité de fondements de la responsabilité civile préventive 649
§ 4 Apports et limites du fondement de la "préservation" 650
Conclusion de la section I 652
Section II : Les fondements rationnels de la responsabilité civile préventive 652
Conclusion de la section II 654
Conclusion du chapitre III 654
Conclusion du Titre II 654

CONCLUSION DE LA DEUXIEME PARTIE 657

CONCLUSION 659
I – De la prévention et de la précaution comme objets de la responsabilité civile *curative* à la prévention et à la précaution comme objets de la responsabilité civile *préventive* 659
II – De la responsabilité civile *curative* à la responsabilité civile *préventive* ou du changement de paradigme du droit de la responsabilité civile 662

BIBLIOGRAPHIE 667
I – Traités, manuels, ouvrages spéciaux, thèses, colloques, monographies 667
II – Articles, chroniques 683

INDEX ALPHABETIQUE 717

L'HARMATTAN, ITALIA
Via Degli Artisti 15 ; 10124 Torino

L'HARMATTAN HONGRIE
Könyvesbolt ; Kossuth L. u. 14-16
1053 Budapest

L'HARMATTAN BURKINA FASO
Rue 15.167 Route du Pô Patte d'oie
12 BP 226
Ouagadougou 12
(00226) 50 37 54 36

ESPACE L'HARMATTAN KINSHASA
Faculté des Sciences Sociales,
Politiques et Administratives
BP243, KIN XI ; Université de Kinshasa

L'HARMATTAN GUINÉE
Almamya Rue KA 028
En face du restaurant le cèdre
OKB agency BP 3470 Conakry
(00224) 60 20 85 08
harmattanguinee@yahoo.fr

L'HARMATTAN CÔTE D'IVOIRE
M. Etien N'dah Ahmon
Résidence Karl / cité des arts
Abidjan-Cocody 03 BP 1588 Abidjan 03
(00225) 05 77 87 31

L'HARMATTAN MAURITANIE
Espace El Kettab du livre francophone
N° 472 avenue Palais des Congrès
BP 316 Nouakchott
(00222) 63 25 980

L'HARMATTAN CAMEROUN
BP 11486
(00237) 458 67 00
(00237) 976 61 66
harmattancam@yahoo.fr

644825 - Mars 2016
Achevé d'imprimer par

1livre.com
du rêve à la réalité !

www.ingramcontent.com/pod-product-compliance
Lightning Source LLC
LaVergne TN
LVHW011214061026
849535LV00001BA/25
* 9 7 8 2 2 9 6 0 6 2 5 7 3 *